民事判例研究

〔XLVII〕

民事判例研究會 編

博 英 社

Journal of Private Case Law Studies

〔XLVII〕

Academy of Private Case Law Studies

2025

Parkyoung Publishing & Company
Seoul, Korea

머 리 말

지난 2024년에도 많은 일이 있었지만 그 막바지에 와서 한국은 격동의 시절을 맞이하였고, 그 중심에는 여러 법률가들이 있습니다. 민사판례연구회가 다루고 있는 민사법상의 쟁점들이, 현재 우리나라를 뒤흔들고 있는 법률적 문제들과 거리가 있다는 점이 한편으로는 안도감을 주면서도 다른 한편으로는 한국 사회의 구성원으로서 여러 염려를 하지 않을 수 없습니다.

이런 격동 속에서도 민사판례연구회는 변함없이 본연의 임무인 판례연구 및 토론을 계속하여 왔고, 그 결과물을 모아 민사판례연구 제47권을 내게 되었습니다.

이번에도 예년과 마찬가지로 10번의 월례회에서 발표된 논문들과 하계 심포지엄에서 발표된 글들을 모았습니다. 이렇게 활발히 연구활동을 하고 또 그 가시적인 성과물을 발간할 수 있는 것에 깊이 감사드립니다.

2024년 하계 심포지엄에서는 “소송대리의 제 문제”를 대주제로 삼았습니다. 이익충돌과 쌍방대리금지, 의뢰인-변호사 간 비밀유지권 제도 설계의 고려사항, 민사소송 당사자 및 대리인의 진실의무, 변호사 마케팅, 리걸테크와 법률서비스 시장의 규율 등 최근에 부각된 민사소송 관련 쟁점들을 다수 다루었습니다. 그 결과를 담은 제47권은 향후 학계의 귀중한 자산이 되리라 믿습니다.

올해 하계 심포지엄의 대주제는 “근로관계의 민사법적 문제”입니다. 한국 사회에서 노동관계법의 중요성이 더할 나위 없이 높아진 지가 오래여서 법률가라면 이에 관한 공부가 반드시 필요한 상황입니다. 올해 민사판례연구회의 하계 심포지엄에서는 그중에서 민사법적 쟁점을 위주로 집중적으로 공부하고자 합니다.

마지막으로 발간을 위하여 애써 주신 조인영 교수님, 범선윤 판사님, 그리고 번거로운 출판작업을 맡아 주신 박영사의 여러분께도 감사의 뜻을 전합니다.

2025년 2월

민사판례연구회 **회장 전 원 열**

目 次

신의칙에 기한 변호사 보수 감액 법리에 대한 소고
 -대법원 2022다293937 판결 및 2023년 하급심 판결을
 중심으로- ……………………………………………… 〈한성민〉 1
파생상품거래의 착오취소와 민법 제109조 제1항의 적용
 ……………………………………………… 〈김태균〉 51
해제권 발생 후 미행사 중 본래 채권이 시효소멸된 경우
 해제권 행사의 가부 ……………………………… 〈나진이〉 89
유치권자의 선관주의의무 위반에 대한 유치권소멸청구권의
 청구권자에 관한 고찰 ……………………………… 〈문 혁〉 125
무효등기유용의 효력 및 대위채권자의 항변의 범위
 ……………………………………………… 〈김병선〉 161
채권자취소권에서 인정되는 기초적 법률관계론의 의미와
 적용에 관한 비판적 검토 ………………………… 〈성창희〉 215
추심채권자와 제3채무자의 상계 가능성에 대한 연구
 ……………………………………………… 〈김세용〉 255
임대차계약 종료 후 계속 점유자에 대한 임대인의 부당이득
 반환 청구 -대법원 2023. 3. 30. 선고 2022다296165 판결을
 계기로- ……………………………………………… 〈이종욱〉 293
과소 대지지분을 보유한 구분소유자의 대지공유자에 대한
 부당이득반환의무 및 그 예외 사유 ……………… 〈이종문〉 337

환경소송에서 원인물질과 손해 사이의 인과관계가 불분명한 경우 피해자의 구제 방법 ―원자력발전소 인근 주민의 갑상선암 발병 사건을 중심으로― ······ 〈허성욱〉 377

현저히 불성실한 진료로 인한 위자료 배상에 대한 이론적 검토 ······ 〈안병하〉 423

자녀의 성·본 결정과 모의 성으로의 변경기준 ······ 〈김현진〉 459

유증과 사인증여의 관계 ······ 〈이성범〉 507

유체의 사후처리에 관한 사망자의 인격적 이익의 법적 존중과 보호 ―대법원 2023. 5. 11. 선고 2018다248626 전원합의체 판결과 대법원 2023. 6. 29. 선고 2021다286000 판결에 관하여― ······ 〈김찬미〉 551

즉시연금보험 사건에서 보험약관을 통한 보험금의 확정과 약관의 편입 ······ 〈이병준〉 617

지역주택조합 추진위원회와 신탁업자 사이에 체결된 자금관리계약에 기한 신탁업자의 대항범위와 채권자의 권리실현방법 ······ 〈정문경〉 659

통신사실확인자료에 대한 문서제출명령의 가부 및 제도개선방안 ······ 〈장두영〉 703

사적 계약에 의한 기업지배구조의 개편 ―대법원 2021다293213 판결이 재정립한 주주평등원칙의 함의를 중심으로― ······ 〈이윤재〉 753

자본시장법상 회사의 부실공시로 인한 주주의 손해배상 청구에서의 인과관계 ―대법원 2022. 9. 7. 선고 2022다228056 판결을 중심으로― ······ 〈남궁주현〉 795

〈附 錄〉「訴訟代理의 諸問題」

◇ 附錄에 부치는 말 ………………………………………… 837

이익충돌과 쌍방대리금지 ……………………… 〈현낙희〉 839
의뢰인-변호인 간 비밀유지권 제도 설계의 고려사항 …· 〈정준혁〉 897
민사소송 당사자 및 대리인의 진실의무 ……………… 〈곽희경〉 937
변호사 마케팅의 규제 ……………………………… 〈이희준〉 989
리걸테크와 법률서비스의 규율-일반인용 리걸테크 서비스에
관한 영미법계의 동향을 중심으로 ………………… 〈한애라〉 1041

◇ 民事判例研究會 日誌 ……………………………………… 1113
◇ 民事判例研究會 2024年度 會務日誌 ……………………… 1117
◇ 民事判例研究會 2026年度 新入會員 募集 案內 ………… 1120
◇ 民事判例研究會 定款 ……………………………………… 1121
◇ 民事判例研究 간행규정 …………………………………… 1127
◇ 民事判例研究會 會員 名單 ………………………………… 1129

Contents

Case Comments

A Review on the Case Law of Reducing Attorney's Fee Based on the Rule of Good Faith –Focusing on the Supreme Court's 2022Da293937 decision and the lower court's decisions in 2023– ⋯⋯ 〈Han, Seong Min〉 1

Mistake-Based Rescission of Derivatives Transactions and the Application of Article 109(1) of the Civil Code –Supreme Court Decision 2017Da227264, delivered on April 27. 2023– ⋯⋯ 〈Kim, Tae Kyoon〉 51

The Validity of Exercising the Right of Rescission After the Completion of Extinctive Prescription for the Original Claim ⋯⋯ 〈Na, Jin Ie〉 89

A Study on the Entitlement to Claim Extinction of a Lien Due to the Breach of the Duty of Care by the Lien Holder –Supreme Court's Dicision of 2019Da295278 on August 31, 2023– ⋯⋯ 〈Moon, Hyuk〉 125

The Effectiveness of Utilizing an Invalid Registration and the Scope of Defenses a Subrogated Creditor can Assert ⋯⋯ 〈Kim, Byung Sun〉 161

A Critical Review of the Meaning and Application of the High Probability Theory in the Creditor's Right of Revocation ⋯⋯ 〈Sung, Chang Hee〉 215

A Study on the Possibility of Set-off between a Collecting

Creditor and a Garnishee ································ 〈Kim, Se Yong〉 255

The Lessor's Claim in Unjust Enrichment Against the Continuous Possessor of the Leased Object After the Lease Termination —With a Review of the Supreme Court Decision 2022Da296165 Decided March 30, 2023— ········ 〈Lee, Jong Wook〉 293

The Obligation of Sectional Owners of the Condominium Building Who Possess an Insufficient Land Share to Return the Unjust Enrichment to the Co-owner of the Land, and the Exceptional Cases —Supreme Court en banc Decision 2016Da12823 Decided September 14, 2023— ·· 〈Lee, Jong Moon〉 337

A Study on Remedy for Victims in Environmental Tort Litigation When the Causation between the Causative Substance and the Damage is Unclear —Focused on the Thyroid Cancer Cases Near Nuclear Power Plants— ·· 〈HEO, Seongwook〉 377

Eine theoretische Betrachtung zur Zubilligung des Schmerzensgeldes bei der erheblich untreuen arztlichen Behandlung (A theoretical consideration of the award of compensation for pain and sufferingin cases of significantly improper medical treatment) —Unter derbesonderen Berucksichtigung des Urteils vom KOG, 2022Da306185— ······························ 〈Ahn, Byung Ha〉 423

The Determination and Change of a Child's Surname —Comments on the Supreme Court Decision 2021Se3— ·· 〈Kim, Hyun Jin〉 459

Verhaltnis zwischen Vermachtnis und Schenkung von Todes wegen ·· 〈Lee, Seong Bum〉 507

Legal protection of a decedent's personality rights regarding the disposal of the dead body —Commentary on Supreme Court en banc Decision 2018Da248626 Decided May 11, 2023 and Supreme Court Decision2021Da286000 Decided June 29, 2023— ······ 〈Kim, Chan Mi〉 551

Die Festlegung von Versicherungssumme durch ABG und die Einbeziehung von AGB im Fall von sofortigen Rentenversicherung —Entscheidung des Obersten Gerichtshofs von Seoul 2021na2041465, vom 16. Februar 2023— ······ 〈Lee, Byung Jun〉 617

Issues Regarding the Execution of Claims through a Lawsuit Filed by a Creditor of a Local-Based Housing Association Promotion Committee against a Trust Business Entity ······ 〈Chung, Moon Kyung〉 659

Permissibility of Court Orders to Produce Documents for Communication Confirmation Data and Systemic Improvement Proposals ······ 〈Jang, Duyoung〉 703

Restructuring Corporate Governance via Private Contract —Focusing on the Implication of the Principle of Shareholder Equality Reestablished by Supreme Court Decision 2021Da293213— ······ 〈Lee, Youn Jae〉 753

Causation in Shareholders' Claims for Damages due to False Disclosure under the Financial Services and Capital Markets Act —Focusing on the Supreme Court Judgment 2022Da228056 Delivered on September 7, 2022— ······ 〈Namgung, Ju Hyun〉 795

Articles

Conflict of Interests: Current Clients —Korean Supreme Court Judgment 2023Da225580— ································ ⟨Hyun, Nak Hee⟩ 839

Designing the Attorney-Client Privilege System in Korea ··· ⟨Chung, Joon Hyug⟩ 897

The Duty of Truthfulness of Parties and Representatives in Civil Litigation ·· ⟨Kwak, Hee Kyung⟩ 937

Regulation of Legal Marketing ······························ ⟨Lee, Hee Jun⟩ 989

Regulation of Legal Tech and Legal Services: Focusing on Trends in Common Law Jurisdictions Regarding Legal Tech Services for the General Public ··················· ⟨Han, Ae Ra⟩ 1041

신의칙에 기한 변호사 보수 감액 법리에 대한 소고*
-대법원 2022다293937 판결 및 2023년 하급심 판결을 중심으로-

한 성 민**

■요 지■

우리 사법질서의 근간인 사적자치의 원칙은 계약자유 및 계약준수의 원칙으로 이어지고, 이에 따라 법원은 계약의 이행을 주장하는 당사자를 보호하여야 한다. 그러나 우리 법원은 변호사와 의뢰인 사이의 위임계약에서 약정한 보수액이 부당하게 과다한 경우에는 신의성실의 원칙과 형평의 관념에 근거하여 적정 금액을 초과하는 부분에 대한 변호사의 지급 청구는 받아들일 수 없다는 법리를 오랜 기간 견지해오고 있다.

이러한 법리의 타당성에 대하여는 2018년 전원합의체 판결의 다수의견과 별개의견의 대립을 비롯하여 다툼이 여전하다. 그러나 변호사가 의뢰인의 사무를 처리하고 받기로 한 약정 보수액이 의뢰인이 사무처리로부터 얻는 이익이나 변호사가 그 이익의 실현에 기여한 정도 등에 비추어 지나치게 많고, 이러한 보수약정이 의뢰인과 변호사 사이의 정보력, 교섭력의 불균형 등으로부터 기인한 것이라면, 적정 금액을 초과하는 금액에 대하여는 법원이 이를 보호하지 않는 것이 타당하다. 또한 실제 사안들에서 약정 보수액이 부당하

* 토론과 격려로 큰 도움을 주신 서울대학교 이계정 교수님, 대법원 이종기 재판연구관(부장판사)님을 비롯한 여러 분들께 깊이 감사드린다.
** 서울중앙지방법원 판사.

게 과다하다고 여겨지게 만드는 구체적인 사정들은 민법 제103조, 제104조, 제109조, 제110조나 사정변경의 법리만으로는 온전히 포섭하기 어려운 특징이 있어 신의성실의 원칙에 근거한 해법이 부득이한 측면이 있다.

다만, 일반조항인 신의성실의 원칙의 적용은 신중하고 엄격할 필요가 있음에도, 2023년에 선고된 하급심 판결을 분석한 결과에 따르면 신의성실의 원칙의 적용을 인정한 경우가 절반이 넘고, 개별 실정법 규정으로 해결할 수 있을 만한 사안에도 신의성실의 원칙이 적용되고 있음이 확인된다. 또한 법원이 변호사와 의뢰인 사이의 보수약정에 개입할 수 있을 만큼 약정 보수액이 부당하게 과다한 경우가 구체적으로 어떤 경우인지, 그 판단 시 구체적으로 어떤 요소들을 고려하거나 고려하지 않아야 하는지, 고려할 요소들의 중요도나 체계적 지위는 어떠한지 등에 대하여는 충분한 정립이 이루어지지 못한 것으로 보인다.

대상판결은 신의성실의 원칙에 기하여 변호사와 의뢰인 사이의 약정 보수액을 수정할 수 있다는 기존 법리를 다시 확인하면서도, 법원이 만연히 변호사의 사무처리 가치를 지나치게 낮게 평가하는 태도나 계약자유의 원칙이 무색할 정도로 보수액을 지나치게 감액하는 태도에 대하여 경고하고, 신의성실의 원칙의 적용은 신중하여야 하며 그 적용의 결과는 진정한 의미에서 계약자유의 원칙의 회복이 되어야 함을 보여주었다는 점에서 의의가 있다. 다만, 대상판결의 소송경과를 살펴보면, 해당 법리의 구체적인 적용 요건과 결과에 대하여 일반 국민이 예측가능성을 갖기는 여전히 어려워 보여 이에 대한 실무적 연구가 누적될 필요성이 있어 보인다.

[주 제 어]

- 변호사 약정 보수 감액
- 계약준수의 원칙
- 신의성실의 원칙
- 형평의 관념
- 위임계약

대상판결 : 대법원 2023. 8. 31. 선고 2022다293937 판결

[사안의 개요]

Ⅰ. 사실관계

1. 피고는 A와 부부관계를 유지해오던 중, A로부터 이혼, 위자료, 재산분할 등을 구하는 소(이하 '이 사건 이혼 등 사건'이라 한다)를 제기당하였다. A는 위자료로 5,000만 원, 재산분할로 1억 원(향후 변경 예정)의 각 지급을 구하였다.

2. 이에 피고는 법무법인인 원고와 이 사건 이혼 등 사건 및 추후 제기할 반소를 위임하는 위임계약(이하 '이 사건 위임계약'이라 한다)을 체결하였다. 원고와 피고는 이 사건 위임계약에서 착수보수를 500만 원으로 정하였고, 위임계약서상 성과보수 비율 부분은 빈칸으로 남겨두었다.

3. A는 재산분할에 관하여 A와 피고의 순재산 합계액이 1,506,690,000원, 재산분할 비율은 50%라고 주장하며, 재산분할 청구취지를 591,016,774원으로 확장하였다.

4. 원고와 피고는 이 사건 위임계약의 성과보수를 다음과 같이 정하는 조항(이하 '이 사건 성과보수 조항'이라 한다)을 추가하여 위임계약서를 다시 작성하였다.

성과보수: 승소로 얻은 경제적 이익가액의 5%에 해당하는 금액
경제적 이익가액: ① 금전청구 – A의 피고에 대한 청구금액에서 기각된 금액과 반소청구액 중 인용금액의 합 ② 재산분할청구 – 소제기 전 재산의 소유권이 누구에게 있었는지를 불문하고 최종적으로 의뢰인인 피고에게 귀속되는 재산가치의 합

5. 법원은 피고와 A는 이혼하고, 피고는 A에게 위자료로 4,000만 원, 재산분할로 384,000,000원(피고 순재산 1,329,970,511원)을 각 지급하라는 판결(소송비용 부담은 피고 85%, A 15%)을 선고하였고, 위 판결은 그 무렵 그대로 확정되었다.

6. 원고는 피고를 상대로 이 사건 성과보수 조항에 따른 성과보수금 52,578,377원[= {위자료 청구 기각 금액 10,000,000원 + 재산분할에 따라 피고에게 귀속된 재산 945,970,511원(= 1,329,970,511원 – 384,000,000원)} × 5% × 부가가치세 1.1]의 지급을 구하며 이 사건 소를 제기하였다.

Ⅱ. 소송의 경과[1)]

1. 제1심(전체 성과보수의 65% 감액, 18,402,431원 인정)

제1심 판결은 원고가 피고를 위하여 소송 수행에 상당한 노력을 기울인 사실은 인정되지만, ① 이 사건 성과보수 조항 중 재산분할청구 사건의 '경제적 이익 가액의 정의' 부분은 소송의 경과가 아닌 의뢰인의 재산 상태에 따라 보수액이 상당 부분 정해져 상당한 불합리가 발생하고, 이는 상대방의 청구금액에서 기각되는 금액을 경제적 이익 가액으로 정하는 변호사업계의 일반적인 성과보수 계약 내용과도 다른 점, ② 피고가 이 사건 이혼 등 사건에서 승소한 비율이 높다고 보기 어려운 점, ③ 이 사건 위임계약 체결 이후에 이 사건 성과보수 조항이 삽입된 점 등을 고려하면, 이 사건 성과보수 조항에 따른 성과보수금은 부당하게 과다하여 신의성실의 원칙이나 형평의 관념에 반한다고 보아 약정 보수액의 65%를 감액하였다. 원고와 피고 모두 항소하였다.

2. 원심(재산분할 관련 성과보수의 90% 감액, 5,752,837원 인정)

원심판결은 ① 이 사건 성과보수 조항은 이 사건 이혼 등 사건에서 재산관계가 상당 부분 정리된 이후에 추가되었는데, 위 조항에 따르면 A가 재산분할청구에서 전부 승소할 경우에도 피고가 원고에게 36,947,686원[=(피고 순재산 인정액 1,329,970,511원 - A의 재산분할 청구금액 591,016,774원) × 5%]을 지급하여야 하는 납득하기 어려운 결과가 도출되는 점, ② 최종적으로 의뢰인에게 귀속되는 재산가치의 합을 재산분할 사건의 승소 내지 성공보수 산정의 기준으로 삼는 것은 불합리한 점, ③ 피고가 재산분할 사건에서 실질적으로 승소한 금액은 207,016,774원(= 청구금액 591,016,774원 - 인정금액 384,000,000원)에 불과한 점, ④ 재산분할 사건은 가사비송사건으로 직권탐지주의가 적용되므로 소송대리인의 업무량 및 판결 결과에 대한 기여도를 일반 민사소송사건에서의 그것과 동일하게 판단할 수 없는 점 등을 고려하면, 이 사건 성과보수 조항에 따른 성과보수금 중 재산분할 사건에 관한 부분은 부당하게 과다

---

1) 한편, 피고는 제1심 및 원심에서 '피고가 이혼 등 사건에서 승소하였다고 볼 수 없다', '원고가 불성실하게 업무를 수행하였다', '이 사건 성과보수 조항은 약관에 해당하는데, 원고가 설명의무를 위반하였거나 불공정하므로, 약관의 규제에 관한 법률에 따라 무효이다', '이 사건 성과보수 조항은 현저하게 불공정하여 민법 제104조에 따라 무효이다'라고도 주장하였으나, 모두 받아들여지지 않았다.

하여 신의성실의 원칙이나 형평의 관념에 반한다고 보아 약정 보수액의 90%를 감액하였다. 원고가 상고하였다.

3. 대법원의 판단(파기환송)

(1) 대법원은 먼저 신의칙에 기한 보수 감액 법리를 다시 한번 확인하였다. 즉, "변호사의 소송위임 사무처리 보수에 관하여 변호사와 의뢰인 사이에 약정이 있는 경우 위임사무를 완료한 변호사는 원칙적으로 약정 보수액 전부를 청구할 수 있다. 다만 의뢰인과의 평소 관계, 사건 수임 경위, 사건처리 경과와 난이도, 노력의 정도, 소송물 가액, 의뢰인이 승소로 인하여 얻게 된 구체적 이익, 그 밖에 변론에 나타난 여러 사정을 고려하여, 약정 보수액이 부당하게 과다하여 신의성실의 원칙이나 형평의 관념에 반한다고 볼 만한 특별한 사정이 있는 경우에는 예외적으로 적당하다고 인정되는 범위 내의 보수액만을 청구할 수 있다. 그런데 이러한 보수 청구의 제한은 어디까지나 계약자유의 원칙에 대한 예외를 인정하는 것이므로, 법원은 그에 관한 합리적인 근거를 명확히 밝혀야 한다(대법원 2018. 5. 17. 선고 2016다35833 전원합의체 판결, 대법원 2018. 9. 13. 선고 2017다256224 판결 등 참조). 위와 같은 특별한 사정의 존재에 대한 증명책임은 약정된 보수액이 부당하게 과다하다고 주장하는 측에 있다(대법원 2012. 8. 17. 선고 2010다60172 판결 등 참조)."

(2) 그러면서 대법원은 다음과 같은 제반 사정에 비추어 볼 때 원심이 이 사건 성과보수 조항에 따른 약정 보수액을 10%로 감액한 것은 위법하다고 판단하였다.

(가) 원고는 이 사건 위임계약을 체결하면서 성과보수의 비율 부분을 공란으로 하였다가 A가 재산분할 청구취지를 확장하여 쌍방의 재산, 분할 비율 등 주장을 확정한 다음 성과보수에 관하여 피고와 합의하여 성과보수 조항을 추가하였는데, 이는 재산분할을 정하는 판결 또는 심판의 경우 청구취지와 주문을 단순히 비교하는 방법으로는 '승소로 얻은 경제적 이익'을 계산할 수 없는 경우가 존재하는 특수성을 고려한 것으로 보인다.

(나) 소송과정에서 A와 피고의 구체적 재산내역과 관련 쟁점이 상당 부분 드러나고 청구취지가 확장된 시점에 약정이 이루어짐으로써 피고 역시 관련 사정을 고려한 후 약정에 임할 수 있었을 것으로 보인다.

(다) 피고는 원고에게 성과보수 조항 중 산정 비율을 낮춰 달라는 요청을 하였다가 거절당하였으나, 나머지 부분에 대해서는 이의를 제기하지 않은 것으로 보인다.

(라) 원심이 A의 재산분할 청구금액과 판결에서 인정된 재산분할액의 차액에 대해 이 사건 성과보수 조항에서 정한 약정 산정 비율을 적용하여 산정되는 성과보수보다도 적은 금액만을 인정한 것은 보수액을 과다 감액하여 현저히 불합리하다고 볼 여지가 충분하다.

〔硏 究〕

Ⅰ. 서 언

우리의 사법질서는 개인이 자신의 법률관계를 그의 자유로운 의사에 의하여 형성할 수 있다는 사적자치의 원칙을 근간으로 한다.[2] 사적자치의 원칙은 계약법 영역에서 계약 당사자가 자유롭게 계약을 체결할 수 있다는 계약자유의 원칙으로 나타나고, 계약 당사자는 스스로 자유롭게 체결한 계약이기에 그 계약에 구속된다는 계약준수의 원칙으로도 이어진다.[3] 계약은 지켜져야 하고, 계약을 지키지 아니하려는 당사자에 맞서 계약이 계약대로 지켜져야 한다고 주장하는 당사자를 보호하는 것이 법원의 역할이다.[4]

그런데 우리 법원은 일찍부터 변호사가 의뢰인과 약정한 보수일지라도 제반 사정에 비추어 약정 보수액이 부당하게 과다하여 신의성실의 원칙이나 형평의 관념에 반한다고 볼 수 있는 경우에는 적당하다고 인정되는 범위 내의 보수액만을 청구할 수 있다는 법리(이하 '신의칙에 기한 보수 감액 법리'라 한다)를 발전시켜왔다. 신의칙에 기한 보수 감액의 가능성과 타당성에 대하여 여러 의견이 있어왔지만, 대법원은 2018. 5. 17. 선고 2016다35833 전원합의체 판결(이하 '2018년 전원합의체 판결'이라 한다)을 통해 신의칙에 기한 보수 감액 법리에 대한 재신임을 밝힌 바 있다.

---

2) 대법원 2016. 8. 24. 선고 2014다9212 판결.

3) 권영준, "한국 민법과 사적 자치", 「우리 법 70년 변화와 전망」, 청헌 김증한 교수 30주기 추모논문집 간행위원회(편)(2018), 128, 132면.

4) 대법원 2020. 6. 18. 선고 2019도14340 전원합의체 판결의 반대의견.

그러나 일반조항인 신의칙을 매개로 당사자들의 계약 내용을 변경하는 것은 사적자치의 원칙에 대한 예외로서 신중하게 이루어져야 함에도, 제반 사정을 고려한 종합적인 판단을 요하는 법리가 종종 그러하듯, 신의칙에 기한 보수 감액 법리에 관한 판례의 기준, 즉 '의뢰인과의 평소 관계, 사건 수임 경위, 사건처리 경과와 난이도, 노력의 정도, 소송물 가액, 의뢰인이 승소로 인하여 얻게 된 구체적 이익, 그 밖에 변론에 나타난 여러 사정을 고려할 때 약정 보수액이 부당하게 과다한지 여부'가 구체적으로 어떻게 적용되고 있고 또 적용되어야 하는지 알기 어렵다

따라서 본 글에서는 ① 신의칙에 기한 보수 감액 법리의 발전 과정을 간략히 살펴본 후, ② 2023년에 선고된 하급심 판결을 기초로 신의칙에 기한 보수 감액 법리가 실제 적용되는 모습을 파악하고, ③ 하급심 판결에서 확인되는 구체적인 제반 사정을 토대로 신의칙의 아닌 다른 실정법 규정이나 법리의 적용 가능성을 검토해보며, ④ 이를 바탕으로 신의칙에 기한 보수 감액 법리의 타당성과 적용 시 유의점을 논의해보고자 한다.

Ⅱ. 신의칙에 기한 보수 감액 법리의 발전[5)]

1. 신의칙에 기한 보수 감액 법리의 발전 과정

(1) 구 변호사법에 근거한 보수 감액

구 변호사법(1982. 12. 31. 법률 제3594호로 전부개정되기 전까지)은 '변호사는 현저히 불상당한 보수를 받지 못[한다]'고 규정하고 있었다(제17조). 이 시기 판례는 대체로 신의칙을 원용하지 않고 '변호사법 제17조 규정에 위배한 보수계약은 무효'라고 판단하였다.[6)]

---

5) 이양희, "민법상 일반원칙인 '신의성실의 원칙이나 형평의 원칙'에 의한 변호사 보수의 감액 여부", 사법 제45호(2018), 442-452면; 이승규, "수임인의 보수에 대한 법원의 감액", 민사판례연구(30)(2008), 233-235, 242-244면; 정형근, "변호사 보수에 관한 고찰", 법조 제645호(2010), 221-223, 228면.

6) 대법원 1967. 9. 5. 선고 67다1322 판결; 대법원 1968. 12. 6. 선고 67다1201 판결 등.

(2) 신의칙에 기한 보수 감액 법리의 등장

1982. 12. 31. 법률 제3594호로 전부개정된 구 변호사법에서는 보수 제한 규정은 폐지되고 '변호사의 보수기준은 대한변호사협회가 이를 정한다'는 규정이 신설되었다(제19조, 이하 위 전부개정된 변호사법을 '개정 구 변호사법'이라 한다). 이에 따라 대한변호사협회는 '변호사 보수 기준에 관한 규칙'을 제정하기는 하였으나,[7)] 강제적인 구속력을 갖지 못하였다. 판례도 약정 보수액이 위 규칙에 따라 산정된 상한액을 초과한다는 사정만으로 보수계약이 무효라고 볼 수는 없다는 태도를 취하였다.[8)]

다만, 판례는 "사건 수임의 경위, 사건 처리의 경과와 난이도, 소송물가액, 승소로 인하여 당사자가 얻은 구체적 이익과 소속변호사회 보수규정 기타 변론에 나타난 제반 사정에 비추어 그 약정 보수액이 부당하게 과다하여 신의성실의 원칙이나 형평의 원칙에 반하는 특별한 사정이 있는 경우 상당하다고 인정되는 범위를 초과하는 보수액의 지급을 청구할 수 없다."고 보았다.[9)]

이후 1999. 2. 5. 변호사를 비롯한 전문직역 단체가 보수기준을 정하지 못하도록 하는 법률[10)]이 시행되면서 개정 구 변호사법 제19조는 삭제되었고 대한변호사협회의 변호사 보수기준도 폐지되었다. 이제 변호사의 보수 제한은 오롯이 법원의 통제에 맡겨지게 되었다.[11)]

한편, 대법원은 신의칙에 기한 보수 감액 법리를 위임계약의 성격을

7) 해당 규칙은 민사사건 수임료에 관하여 1백만 원까지는 착수금과 성공보수 각 10%, 합 20% 이하, 5백만 원 초과 부분은 각 5%씩, 합 10%, 1억 원 초과 부분은 각 2%씩, 합 4% 등과 같이 정하고 있었고, 전심급 변호사 비용의 합이 소송물 가액의 40%를 넘지 못한다고 정하였다.

8) 대법원 1991. 12. 13. 선고 91다8722, 91다8739(반소) 판결.

9) 대법원 1991. 12. 13. 선고 91다8722, 91다8739(반소) 판결; 대법원 1995. 4. 25. 선고 94다57626 판결.

10) 독점규제 및 공정거래의 법률의 적용이 제외되는 부당한공동행위 등의 정비에 관한 법률. 변호사법, 행정사법, 공인회계사법, 세무사법, 관세사법 등에서 보수 기준 관련 조항을 모두 삭제하였다.

11) 대법원 2002. 4. 12. 선고 2000다50190 판결; 대법원 2012. 8. 17. 선고 2010다60172 판결; 대법원 2013. 7. 11. 선고 2011다18864 판결 등.

띠는 다른 직군, 즉 공사감리, 세무사,[12] 공인중개사,[13] 신탁계약에서 수탁자[14]의 보수에 관하여도 확대 적용하였다.[15]

(3) 신의칙에 기한 보수 감액 법리에 대한 재신임-대법원 2018. 5. 17. 선고 2016다35833 전원합의체 판결

판례는 계속하여 신의칙에 기한 보수 감액 법리를 유지하면서도 "이러한 보수 청구의 제한은 어디까지나 계약자유의 원칙에 대한 예외를 인정하는 것이므로, 법원은 그에 관한 합리적인 근거를 명확히 밝혀야 한다."는 설시를 추가하였다.[16] 이는 대법원도 일반조항인 신의칙을 근거로 당사자가 이미 약정해둔 보수액을 감액하는 것에 대한 다소 간의 부담을 느끼고 있었음을 보여준다.

이러한 긴장은 2018년 전원합의체 판결의 다수의견과 별개의견의 대립으로 나타났다. 2018년 전원합의체 판결의 다수의견과 별개의견은 모두 해당 사건에서 변호사의 약정 보수액을 감액하여서는 안 된다는 결론에는 일치하였으나, 신의칙에 기한 보수 감액 법리의 유지 또는 폐기에 관하여는 입장을 달리하였다. 즉, 다수의견은 계약자유 원칙의 한계, 신뢰관계에 기초한 위임관계의 특성, 변호사의 공공적 지위, 변호사와 의뢰인 사이의 정보와 교섭력의 불균형, 민법 제103조·제104조를 통한 해결

12) 대법원 2006. 6. 16. 선고 2004다59393 판결. 조세 관련 기장 대행 및 신고 대리에 관한 세무사와 납세자와의 법률관계가 위임관계와 같다는 점에 관하여는 대법원 2005. 1. 14. 선고 2003다63968 판결 등 참조.

13) 대법원 2012. 4. 12. 선고 2011다107900 판결; 대법원 2012. 7. 12. 선고 2010다78043 판결. 부동산중개업자와 중개의뢰인과의 법률관계가 위임관계와 같다는 점에 관하여는 대법원 1993. 5. 11. 선고 92다55350 판결 등 참조.

14) 대법원 2006. 6. 9. 선고 2004다24557 판결;대법원 2012. 12. 26. 선고 2012다74328 판결; 대법원 2015. 9. 10. 선고 2013다6872 판결; 대법원 2018. 2. 28. 선고 2013다26425 판결. 신탁법상 신탁관계에서의 수탁자의 선관주의의무가 민법상 위임에 있어서 수임인의 주의의무와 같다는 점에 관하여 위 2004다24557 판결 참조.

15) 이승규(주 5), 245, 246면; 이양희(주 5), 451면; 이계정, "변호사 보수청구 제한의 근거로서 신의칙과 신인관계", 민사판례연구(42)(2020), 71면.

16) 대법원 2009. 9. 10. 선고 2009다40677 판결; 대법원 2014. 7. 10. 선고 2014다18322 판결.

의 한계 등을 고려할 때, 해당 법리의 신중한 적용과 합리적 근거의 명확한 제시라는 조건에서 신의칙에 기한 보수 감액 법리는 계속 적용되어야 한다고 보았다. 그러나 별개의견은 계약자유 원칙의 중요성과 법원의 역할, 무효·감액에 관한 다른 개별 조항의 존재, 법원의 계약 수정 권한에 관한 규정 부존재, 신의칙을 통한 계약 수정의 위험성, 민법 제103조·제104조를 통한 해결 가능성, 적당한 보수액의 모호성과 이로 인한 법적 분쟁의 증가, 신의칙에 기한 보수 감액 법리의 확장 경향에 대한 우려, 법률의 결단에 대한 존중과 입법적 해결의 필요성 등을 근거로 신의칙에 기한 보수 감액 법리는 그만 적용되어야 한다고 보았다.

2. 신의칙에 기한 보수 감액 법리에 대한 견해들

변호사와 의뢰인이 약정한 보수액을 신의칙에 기하여 감액할 수 있는지에 관하여 ① 신의칙에 기한 감액을 긍정하는 견해,[17] ② 관련 실정법 규정인 민법 제103조, 제104조 등으로 규율하여야 하고 일반조항인 신의칙을 적용하는 것은 부당하다는 견해,[18] ③ 사전에 제공·형성된 신

17) 권영준, "2018년 민법 판례 동향", 서울대학교 법학 제60권 제1호(2019), 263-266면. 다만, 이 견해는 "[판례는 보수 감액의 법적 성격을] 위임계약의 일부 무효로 파악하는 듯하다. (중략) 그러나 엄밀히 말하면 계약이 신의칙에 위반된다고 하여 무효가 되지는 않는다. 신의칙에 기한 권리행사가 허용되지 않을 뿐이다. 보수 감액이라는 동일한 결과에 이른다는 이유로 「신의칙 위반 = 무효」라는 일반 법리를 쉽게 승인해서는 안 된다. 신의칙의 이름 아래 계약을 무효화하는 것은 무효사유를 한정적으로 열거하고 그 요건도 엄격하게 정한 민법의 태도를 우회하는 것[이다]"라고 지적하면서, 신의칙의 법률관계 수정 기능이 발현된 것이라고 본다; 박경재, "변호사의 법적 지위와 변호사보수계약", 법학연구 제51권 제1호(2010), 937면. 이 견해는 현실적으로 과다한 변호사 보수를 규제할 수 있는 근거가 마련되지 않은 이상, 법원이 제시하는 신의칙과 형평성의 원칙에 따라 이를 규제하는 것은 불가피하고, 다만, 법원이 신의칙과 형평성을 논거로 제시하면서 그 판단기준으로 들고 있는 제반 사정 역시 추상적이므로, 법원이 판결을 사례별로 분석하여 유사한 사안에서 서로 현저한 차이가 나는 판결이 나오지 않도록 체계적이고 통일된 기준을 확립할 필요가 있음을 제안한다; 이선희, "2018년 민법총칙 및 물권법 중요판례평석", 인권과 정의(2019. 3.), 31면; 이승규(주 5), 248-249면. 다만, 이러한 법리는 실정법적 근거가 약하고, 법관에 의한 재량 감액의 적절성에 의문이 있기 때문에, 함부로 모든 수임인의 경우로 일반화시킬 일은 아니라고 한다(257면).

뢰가 없는데도 신의칙을 적용하는 것은 타당하지 않고 판례가 제시한 신의칙 적용의 논거에 따라 감액 여부를 판단하기도 어렵다고 하며, 다만 일정한 표지를 충족하는 위임계약에는 선관주의의무에 포함되어 있는 신인의무(信認義務, fiduciary duty)가 있다고 보고, 신인관계가 형성된 경우 법원이 후견적 입장에서 위임인 보호를 위해 개입하여 보수를 감액할 수 있다는 견해[19] 등이 있다.

Ⅲ. 신의칙에 기한 보수 감액 법리의 실무상 적용: 2023년 하급심 판결을 중심으로

1. 감액 인정 비율 및 감액 비율

분석 대상으로 추출한 93건의 2023년 선고 하급심 판결[20] 중 신의칙에 기한 보수 감액을 인정한 경우는 53건, 감액을 부정한 경우는 40건으로, 감액을 인정하는 비율이 약 57%(≒53건/93건)로 낮지 않은 것으로 확인되었다.

보수를 감액하는 경우, 감액 비율은 개별 사안의 구체적인 사정에 따라 상이하였으나, 약정 보수의 10~20%만을 감액한 경우도 적지 않게 발견되었다.[21]

---

18) 이창희, "변호사 보수의 적정성과 투명성", 「법률가의 윤리와 책임」, 박영사(2007), 258, 291면; 정형근(주 5), 229-230면.

19) 이계정(주 15), 67-68, 81-83면. 나아가 신인관계가 발생하는 위임계약의 표지로는 "① 타인의 사무를 처리함에 있어 상당한 재량이 인정될 것, ② 본인의 최선의 이익을 위하여 사무처리 할 것이 기대될 것, ③ 본인이 그 사무처리를 감독하거나 통제하는 것이 어려운 취약한 지위에 있을 것"을 밝히고 있다(81면).

20) 2023년에 선고된 판결 중 '대법원 2018. 5. 17. 선고 2016다35833 전원합의체 판결'을 원용한 판결을 검색한 후 신의칙에 기한 보수 감액 법리와 관련 없는 일부 사건을 제외하는 방식으로 추출하였다.

21) 인천지방법원 2023. 3. 22. 선고 2022가단237288 판결(항소기각, 미상고 확정); 의정부지방법원 고양지원 2023. 5. 12. 선고 2022가단88909 판결(항소심 계속 중); 서울중앙지방법원 2023. 7. 20. 선고 2021가합573990 판결(신탁자 항소 일부 인용, 상고심 계속 중); 수원지방법원 2023. 7. 21. 선고 22가단582947 판결(미항소 확정).

2. 적용 영역의 확장

대법원이 신의칙에 기한 보수 감액 법리를 변호사 외에도 공사감리, 세무사, 공인중개사, 신탁계약에서 수탁자로 확장 적용하였음은 앞서 본 바와 같다. 이러한 경향은 하급심 판결에서도 확인된다. 즉, 하급심에서 신의칙에 기한 보수 감액 법리는 변호사 외에도 회계사,[22] 노무사,[23] 손해사정사[24] 등 전문자격증 취득을 요하는 직군에 적용되고 있고, 나아가 사무처리 시 수임인의 재량의 여지가 큰 여러 위임적 성격의 계약, 즉 건물 신축·분양사업에서 사업관리용역,[25] 경영컨설팅,[26] 채권추심,[27] 분양대행[28] 등에도 적용되고 있다.

3. 감액 여부 판단 시 고려하는 사정들

하급심 법원이 신의칙에 기한 보수 감액 법리를 적용하면서 고려한 개별적·구체적 사정들을 대법원 판결이 설시한 법리에 따라 정리하면 다음과 같다.

(1) 변호사와 의뢰인의 평소 관계

변호사가 종전부터 의뢰인과 자문위임계약과 소송위임계약 등을 체결해오며 보수를 받아온 것을 약정 보수액이 과다하다는 한 근거로 삼은 예가 있다.[29] 이는 변호사가 의뢰인과의 관계를 통해 이미 상당한 경제

22) 서울남부지방법원 2023. 2. 10. 선고 2022나56379 판결(미상고 확정); 서울중앙지방법원 2023. 6. 23. 선고 2022가단5029719 판결(항소취하간주 확정).

23) 서울중앙지방법원 2023. 3. 23. 선고 2022가단5203579 판결(항소기각, 미상고 확정); 서울중앙지방법원 2023. 4. 6. 선고 2021가합538690 판결(항소기각, 미상고 확정).

24) 서울북부지방법원 2023. 6. 8. 선고 2021나41366 판결(심리불속행기각 확정).

25) 서울고등법원 2023. 6. 2. 선고 2022나2036064 판결(미상고 확정); 울산지방법원 2023. 8. 23. 선고 2022가합12172 판결(항소심 계속 중); 대전지방법원 천안지원 2023. 11. 15. 선고 2023가단103488 판결(항소심 계속 중).

26) 서울중앙지방법원 2023. 8. 25. 선고 2022나45052 판결(미상고 확정).

27) 광주지방법원 순천지원 2023. 9. 5. 선고 2023가단51547 판결(미항소 확정).

28) 서울중앙지방법원 2023. 9. 13. 선고 2022가합504168 판결(항소심에서 화해권고결정).

29) 대구고등법원 2023. 7. 5. 선고 2022나26510 판결(심리불속행기각 확정).

적 이익을 얻었다는 점과 의뢰인의 변호사에 대한 신뢰관계가 두텁다는 점을 고려한 것으로 보인다.

(2) 사건 수임 경위

변호사가 의뢰인으로부터 이미 사건을 수임한 상태에서 추가로 관련 사건을 수임하였다면[30] 약정 보수액이 과다하다고 평가될 여지가 있다. 변호사에게 이미 기존 사건의 사무처리를 위임한 의뢰인으로서는 변호사와의 교섭력이 상대적으로 약해지기 때문으로 보인다.

한편, 변호사가 의뢰인으로부터 사건을 수임하면서 착수금을 받지 않기로 하였다면, 다소 큰 금액의 성공보수라도 용인될 여지가 있다.[31] 이와 같은 방식에서는 해당 사건의 처리에 관하여 본인인 의뢰인은 손해의 위험을 부담하지 않지만, 변호사는 사무처리의 비용을 지출하고도 소송에서 패소하여 손해를 입게 될 위험을 부담하기 때문이다.

(3) 사건처리 경과와 난이도, 노력의 정도

(가) 사건처리의 경과 및 노력의 정도

사건 진행 중 소송 외에서 임의변제, 합의 등이 이루어져 일찍 소를 취하하게 된 경우 등에는 약정 보수액이 과다하다고 판단될 여지가 크다.[32] 또한 사건처리 중 위임계약이 중도 해지된 경우,[33] 명시적으로 해

---

30) 대전지방법원 2023. 1. 20. 선고 2022가소115649 판결(미항소 확정); 인천지방법원 2023. 3. 22. 선고 2022가단237288 판결(항소기각, 미상고 확정).

31) 서울고등법원 2023. 6. 1. 선고 2022나2033966 판결(미상고 확정); 서울중앙지방법원 2023. 10. 27. 선고 2023가합50965 판결(미항소 확정).

32) 서울동부지방법원 2023. 5. 17. 선고 2023가소564 판결(미항소 확정); 서울중앙지방법원 2023. 5. 24. 선고 2021나69006 판결(심리불속행기각 확정); 서울중앙지방법원 2023. 10. 17. 선고 2023가단5083994 판결(미항소 확정); 서울중앙지방법원 2023. 12. 21. 선고 2023가합68119 판결(항소심 계속 중). 다만, 이와 달리 "성공보수 약정 당시에는 의뢰인은 물론 변호사로서도 무변론 판결이 선고되리라는 점을 쉽게 예측하기는 어려웠을 것"임을 지적한 예로는 전주지방법원 2023. 11. 23. 선고 2022나7511 판결(미상고 확정).

33) 서울서부지방법원 2023. 2. 9. 선고 2022나46548 판결(미상고 확정); 창원지방법원 2023. 7. 20. 선고 2022나58985 판결(미상고 확정); 서울중앙지방법원 2023. 8. 17. 선고 2023가소1537660 판결(항소심에서 강제조정); 서울중앙지방법원 2023. 10. 19. 선고 2022나60952 판결(미상고 확정).

지에 이른 것은 아니나 신임관계가 사실상 해소되어 연락을 주고받지 않은 경우,[34] 다른 변호사가 추가 선임되었고 추가 선임된 변호사가 주로 사무를 처리한 경우[35]에도 약정 보수액이 과다하다고 판단될 가능성이 높다. 의뢰인이 당초 변호사와 위임계약을 체결할 때 생각하였던 것보다 변호사의 사무처리 및 노력의 정도가 적어졌기 때문에 당초 정한 약정 보수액도 그대로 유지될 수 없다는 것이다.

이와 관련하여, 의뢰인이 소송위임계약을 중도 해지하거나 임의로 소를 취하하는 등으로 위임관계가 종료된 경우에도 변호사에게 착수금의 반환을 구할 수 없고 소송에서 전부승소한 것으로 보고 성공보수를 전액 지급하기로 하는 이른바 '승소간주조항'을 어떻게 취급할 것인지도 문제된다. 판례는 승소간주조항이 ① 약관에 해당하고 불공정한 경우에는 이를 무효로 보고,[36] ② 약관에 해당하기는 하나 불공정하여 무효로 볼 정도에는 이르지 않는 경우 또는 약관에 해당하지 않는 경우에는 신의칙에 기한 보수 감액의 한 근거로 평가[37]하는 방법으로 이를 통제하고 있는 것으로 보인다.

한편, 기존에 선임된 변호사가 있는 상황에서 해당 변호사가 추가로 선임되었으나 특별한 역할은 없었다거나[38] 기존 변호사와 공동으로 사무를 처리한 것[39]도 약정 보수액이 과다하다고 판단할 근거가 되기도 한다.

(나) 사건처리의 난이도 및 노력의 정도

다수의 하급심은 "재산분할사건은 직권탐지주의에 의하는 가사비송

34) 서울중앙지방법원 2023. 12. 8. 선고 2023가단5253809 판결(미항소 확정).

35) 서울중앙지방법원 2023. 5. 26. 선고 2022나23229 판결(미상고 확정).

36) 대법원 2007. 9. 21. 선고 2005다43067 판결 및 원심판결인 서울고등법원 2005. 6. 30. 선고 2004나69934, 2004나69941(병합) 판결.

37) 부산고등법원 2015. 8. 13. 선고 2014나53967 판결(미상고 확정); 서울중앙지방법원 2023. 12. 21. 선고 2023가합68119 판결(항소심 계속 중). 위 2023가합68119 판결은 "승소간주에 따른 성공보수는 수임인의 위임 사무가 완료되지 않았음에도 실제로 전부 승소한 경우와 동일한 금액의 보수를 지급한다는 점에서 그 자체로 금액을 감액할 합리적 필요성이 있다."는 입장이다.

38) 전주지방법원 2023. 6. 1. 선고 2020나12519 판결(미상고 확정).

39) 창원지방법원 진주지원 2023. 9. 7. 선고 2022가단41972 판결(항소기각, 미상고 확정).

사건에 해당하므로 법원은 당사자의 변론이나 주장에 구애되지 아니하고 자기의 권능과 책임으로 재판의 기초가 되는 자료를 수집하여 적정한 재산분할 방법을 정하므로 이 과정에서 의뢰인의 재산으로 인정되거나 인정되지 않은 부분이 있다 하더라도 이를 곧바로 소송대리인의 노력에 따른 소송의 승패로 보기 어렵다"는 표현을 반복하여 사용하며 재산분할사건에서 변호사의 사무처리 난이도, 노력의 정도 및 기여도가 크지 않다는 입장을 취하고 있다.[40] 그러나 대상판결이 지적한 것처럼 가정법원이 당사자의 주장이나 증거 제출이 전혀 이루어지지 않은 재산을 탐지하여 재산분할대상에 포함시키거나 재산형성경위를 인정하는 것은 사실상 불가능하고 소송대리인은 그 범위에서 관련된 주장과 증거자료 제출을 하여야 하므로, 재산분할사건이라고 하여 곧바로 사건처리의 난이도나 변호사의 노력을 정도가 낮다고 평가하거나 약정 보수액을 감액하려 하는 실무적 경향에 관하여는 비판적 검토가 필요해 보인다.

나아가 본소와 반소를 모두 수임하였는데 본소와 반소의 견련성이 큰 경우,[41] 횡령 등 사건에서 형사사건과 민사사건을 함께 수임한 경우,[42] 여러 사람으로부터 각기 사건을 수임받았으나 사해행위취소소송의 채무자와 수익자와 같이 그 분쟁의 실질이 매우 밀접하게 관련되어 있는 경우,[43] 제1심 사건을 수임받아 승소한 후 항소심도 수임한 경우,[44] 항소심에서 이미 승소한 사건의 상고심을 맡은 경우[45] 등에는 변호사의

40) 수원지방법원 성남지원 2023. 6. 22. 선고 2022가소643580 판결(항소심에서 조정성립); 대구지방법원 2023. 6. 16. 선고 2022나324969 판결(미상고 확정); 수원지방법원 성남지원 2023. 10. 26. 선고 2022가소647605 판결(미항소 확정).

41) 서울중앙지방법원 2022. 4. 21. 선고 2021가소1997640 판결. 다만, 항소심은 제1심의 판단을 뒤집고 약정 보수액 전액을 인정하였다(서울중앙지방법원 2023. 2. 15. 선고 2022나25157 판결).

42) 수원지방법원 안산지원 2023. 4. 21. 선고 2023가단60028 판결(항소심에서 강제조정).

43) 수원지방법원 2023. 5. 4. 선고 2021가합28788 판결(항소심에서 화해권고결정); 수원지방법원 2023. 6. 28. 선고 2022가합21920 판결(항소취하 확정).

44) 대구고등법원 2023. 7. 5. 선고 2022나26510 판결(심리불속행기각 확정).

45) 대구지방법원 2023. 5. 26. 선고 2022나319080 판결(미상고 확정).

사건처리 난이도 및 노력의 정도가 상대적으로 크지 않아 약정 보수액이 과다하다고 판단될 수 있다. 다만, 이 경우 변호사가 관련성 없는 사건들을 따로 수임한 경우보다 상대적으로 쉽게 노력을 덜 들이고 사무를 처리할 수 있다는 측면도 있지만, 의뢰인으로서도 해당 법적 분쟁을 이미 잘 알고 있는 변호사에게 사무처리를 위임함으로써 원활하게 사무를 처리하고 좋은 결과를 얻고자 하는 유인이 존재한다고 보이므로, 이러한 사정을 약정 보수 감액의 근거로 삼는 것은 다소 신중할 필요가 있다고 생각된다.

(다) 기타 노력의 정도

변호사가 소송에서 특별한 주장을 개진하지 않았거나 개진한 주장들이 대체로 받아들여지지 않았다는 사정[46]도 변호사의 노력 및 기여도가 크지 않아 약정 보수액이 과다하다고 판단할 근거가 될 수 있다.

소송수행을 위한 자료 정리, 서면 작성 등을 의뢰인 측이 주로 담당하였다는 이유로 약정 보수액이 과다하다고 판단한 예가 있다.[47] 그러나 소송당사자 본인이 스스로 자료를 준비하고 노력하는 것은 당연하다거나[48] 이러한 활동이 사건 당사자가 알고 있는 사실관계와 증거자료를 대리인에게 제공하고 협의한 수준을 넘지 않았다[49]고 본 경우도 있다.

(4) 소송물 가액

구체적 판단 부분에서 소송물 가액 관련 사정을 설시한 하급심 판결은 많지 않다.[50]

(5) 의뢰인이 승소로 인하여 얻게 된 구체적 이익

재산분할이나 상속분쟁 사건에서 의뢰인이 승소로 인하여 얻게 된

46) 서울중앙지방법원 2023. 1. 19. 선고 2020가합555810 판결(해당 쟁점에 대하여는 항소기각, 상고심 계속 중).

47) 수원지방법원 2023. 5. 11. 선고 2022나69193 판결(미상고 확정).

48) 서울중앙지방법원 2023. 9. 1. 선고 2022가단5185060 판결(미항소 확정).

49) 서울중앙지방법원 2023. 10. 20. 선고 2023가단5293838 판결(미항소 확정).

50) 서울중앙지방법원 2023. 12. 20. 선고 2023가합64155 판결(미항소 확정)은 상속재산분할심판 사건에서 분할 대상 상속재산의 가액이 약 400억 원에 이르는 점을 고려하였다.

이익이 소송위임계약에서 정한 성공보수 산정의 기준에 비하여 지나치게 적은 경우 약정 보수액이 과다하다고 판단될 가능성이 높다.[51] 이른바 '조상 땅 되찾기' 소송에서 밝혀진 계쟁 토지의 경제적 가치가 당초 정액으로 정한 성과보수금보다 적다는 이유로 약정 보수액이 과다하다고 본 예도 있다.[52]

또한 소송위임계약에서 성공보수의 산정기준을 당해 제1심 소송결과로 정하였는데, 항소심에서 제1심에서 승소한 부분이 뒤집혀 전부 또는 일부 패소하게 된 것을 이유로, 약정 보수액이 과다하다고 판단한 예도 다수 있다.[53]

나아가 소송 상대방이 재산이 없는 등의 이유로 의뢰인이 판결을 받아 집행에 나아가더라도 실질적인 이익을 얻기 어렵다는 점을 약정 보수액이 과다하다고 판단한 근거로 삼은 예도 있다.[54]

이러한 판단은 변호사의 보수는 어디까지나 의뢰인의 사무를 대신 처리해주는 대가로 보수를 받는 것이므로, 그 보수가 의뢰인이 사무처리로 얻은 이익을 초과하거나 그 이익 중 지나치게 높은 비중을 차지하는 것은 부당하다는 관념에 기초하고 있는 것으로 보인다.

(6) 기타 사정들

(가) 수임인의 불완전한 사무처리

신탁관계 사안에서, 수탁자가 신탁자의 사무처리 요청을 정당한 이

---

51) 서울중앙지방법원 2023. 1. 19. 선고 2020가합555810 판결(해당 쟁점에 대하여는 항소기각, 상고심 계속 중); 대구지방법원 2023. 6. 16. 선고 2022나324969 판결(미상고 확정). 서울북부지방법원 2023. 6. 8. 선고 2021나41366 판결(심리불속행기각 확정)도 손해사정사의 보수 사안에서 보수 산정의 기준이 되는 손해인정액과 달리 책임제한 등으로 실제 회복된 손해액은 매우 적은 점을 고려하였다.

52) 서울중앙지방법원 2023. 12. 20. 선고 2022가합556503 판결(항소취하 확정).

53) 창원지방법원 거창지원 2023. 6. 1. 선고 2022가합10103 판결(해당 쟁점에 대하여는 항소기각, 심리불속행기각 확정); 서울중앙지방법원 2023. 8. 4 선고 2022가단5355760 판결(항소심에서 화해권고결정); 인천지방법원 2023. 9. 15. 선고 2023가단8913 판결(미항소 확정).

54) 청주지방법원 2023. 1. 19. 선고 2022가단1626 판결(항소심 계속 중); 수원지방법원 안산지원 2023. 4. 21. 선고 2023가단60028 판결(항소심에서 강제조정).

유 없이 지연하여 처리한 것을 약정 보수액 감액의 주된 근거로 삼은 예가 있다.[55] 한편, 변호사의 잘못된 소송 전략 제안과 관련하여, 변호사가 의뢰인에게 주위적 청구취지를 포기하라고 하였다고 하더라도 최종적인 선택이 의뢰인에게 유보된 이상 약정 보수액을 감액할 이유가 되지 않는다고 본 경우가 있다.[56]

이와 관련하여서는 아래에서 보듯 변호사의 불완전한 사무처리가 채무불이행을 구성하는 경우, 이를 실정법 규정이 존재하는 채무불이행 책임으로 포섭하지 않고, 신의칙에 기한 보수 감액의 한 사정으로 논의하는 것이 과연 타당한지 생각해볼 필요가 있다.

(나) 변호사의 설명 정도

변호사가 의뢰인에게 승소가능성이나 소송위임계약에서 정한 보수조항의 내용에 대하여 충분히 설명했는지를 약정 보수액의 과다 여부 판단에 고려하기도 한다.[57] 2018년 전원합의체 판결의 다수의견이 언급한 바와 같이 현실 세계에서 나타나는 변호사와 의뢰인 간의 정보 불균형은 신의칙에 기한 보수 감액 법리의 주된 논거 중 하나이다. 이러한 관점에서 보수를 약정하는 단계에서 변호사가 사건 관련 정보를 의뢰인에게 성실하게 제공하였는지 여부 및 의뢰인이 이러한 정보를 토대로 보수의 적정성을 충분히 검토할 수 있었는지 여부는 당초 보수가 적정하게 결정됐는지 판단하는 데 중요한 요소가 될 수 있다.

(다) 공동으로 사무를 처리한 변호사의 약정 보수액

공인중개사나 손해사정사의 보수에 관한 규정[58]이 약정 보수액의 과

---

55) 서울중앙지방법원 2023. 7. 20. 선고 2021가합573990 판결(신탁자 항소 일부인용, 상고심 계속 중).

56) 서울중앙지방법원 2023. 9. 1. 선고 2022가단5185060 판결(미항소 확정).

57) 서울중앙지방법원 2023. 1. 13. 선고 2022나15860 판결(미상고 확정); 대전지방법원 2023. 1. 20. 선고 2022가소115649 판결(미항소 확정).

58) 공인중개사법 시행규칙 제20조 제1항에 따라 지방자치단체가 제정한 조례를 고려한 의정부지방법원 남양주지원 2023. 8. 23. 선고 2022가단33399 판결(미항소 확정); 의정부지방법원 2023. 10. 5. 선고 2021나224867 판결(상고이유서부제출기각 확정); 한국손해사정원 보수기준표를 고려한 서울북부지방법원 2023. 6. 8. 선고 2021나41366 판결(심리불속행기각 확정).

다 여부를 판단하는 데 고려되는 것과 달리, 변호사의 보수에 관하여는 아무런 규정이 없어 이를 고려할 수 없다. 다만, 공동으로 사무를 처리한 다른 변호사가 있는 경우 다른 변호사의 약정 보수액을 일응의 기준으로 삼기도 한다.[59)]

Ⅳ. 기존 실정법 규정 및 법리를 통한 해결 가능성 검토

지금까지 2023년 선고 하급심 판결을 기초로 신의칙에 기한 보수 감액 여부를 판단하는 데 고려하여야 할 6가지 요소들이 실제 사건에서 어떤 모습으로 나타나는지 살펴보았다. 그런데 2018년 전원합의체 판결의 다수의견과 별개의견이 공통하여 언급하고 있듯이, 신의칙에 기한 보수 감액이 다퉈지는 사안은 민법 제103조, 제104조가 적용될 여지가 있는 사안이기도 하다. 민법상 사기 또는 착오를 이유로 한 취소나 사정변경의 법리도 주장될 수 있다. 혹은 중도 해지에 따른 보수 정산이나 채무불이행의 영역으로 다뤄져야 하는 경우도 있을 수 있다. 이러한 점에 근거하여 신의칙에 기한 보수 감액이 다퉈지는 사안에서 문제되는 사정들을 위와 같은 인접 규정 내지 법리의 적용 가능성에 따라 재분류하여 검토해봄으로써 신의칙에 기한 보수 감액 법리의 필요성과 타당성을 살펴보고, 이를 토대로 아래 Ⅴ.항에서는 해당 법리 적용 시 유의점을 논해 보고자 한다.

1. 약정한 사무처리가 완료되지 않은 채 위임계약이 중도해지된 경우

위임계약은 각 당사자가 언제든지 해지할 수 있다(민법 제689조 제1항). 다만, 수임인이 위임사무를 처리하는 중에 수임인의 책임 없는 사유로 인하여 위임이 종료된 때에는 수임인은 이미 처리한 사무의 비율에 따른 보수를 청구할 수 있고(민법 제686조 제3항), 당사자 일방이 부득이한 사유 없이 상대방의 불리한 시기에 계약을 해지한 때에는 그 손해를 배

59) 서울중앙지방법원 2023. 9. 8 선고 2022가합500456 판결(항소취하 확정); 서울중앙지방법원 2023. 12. 21. 선고 2023가합68119 판결(항소심 계속 중).

상하여야 한다(같은 조 제2항). 대법원도 "수임인이 중도 해지 시까지 처리한 사무의 정도와 난이도, 사무처리를 위하여 수임인이 기울인 노력의 정도, 처리된 사무에 대하여 가지는 위임인의 이익 등 여러 사정을 참작하여 상당하다고 인정되는 보수금을 지급할 의무가 있다."는 입장이다.[60]

따라서 변호사와 의뢰인이 약정한 사무처리가 완료되지 않은 경우에는 신의칙에 기한 보수 감액 법리를 적용하는 것이 아니라, 위임계약 중도 해지 시 처리된 사무 비율에 따른 보수 지급 문제로 다뤄지면 충분할 것이다.[61]

2. 약정한 사무처리가 완료된 경우

(1) 사무처리가 불완전한 경우

수임인이 선관주의의무를 위반하여 위임계약에서 정한 대로 사무처리를 이행하지 않은 경우, 우선 채무불이행책임의 성립 여부를 살펴보아야 한다. 채무불이행책임이 성립한다면, 위임인은 수임인에 대한 손해배상채권을 갖게 되므로, 이를 자동채권으로 하여 수임인의 보수청구권과 상계하여 그 상당의 보수지급의무를 면할 수 있다.

그런데 판례 중에는 신탁관계에서 수탁자가 선관주의의무를 위반하였다고 볼 여지가 있다고 하면서도, 이러한 과실은 수탁자의 비용상환청구 또는 보수청구의 범위를 제한하는 고려 요소가 될지언정 신탁자에 대하여 별도의 손해배상책임을 부담하는 채무불이행이 된다고 볼 수 없다고 한 것이 있다.[62] 이러한 판례에 근거하여 수임인이 손해배상책임이 인정될 채무불이행의 정도는 아니지만 수임사무를 처리하면서 선관주의의무를 다하지 못한 경우 신의칙에 기한 보수 감액 법리가 적용될 수 있다고 보는 견해도 있다.[63]

---

60) 대법원 2008. 12. 11. 선고 2006다32460 판결(착수금), 대법원 2012. 6. 14. 선고 2010다52584 판결(성공보수).

61) 이양희(주 5), 446-447면.

62) 대법원 2006. 6. 9. 선고 2004다24557 판결.

63) 이승규(주 5), 260면.

선관주의의무를 위반하였지만 손해배상책임은 성립하지 않고 수임인의 보수 감액의 고려요소가 되는 경우를 일반화하여 이론적으로 설명하기는 쉽지 않아 보인다.[64] 다만, 선관주의의무가 매매계약 등과 같은 대립당사자관계와는 구별되는 위임인과 수임인 사이의 특별한 신뢰관계로부터 발생한다는 점[65]을 고려하면, 예를 들어, 결과적으로 사건처리 결과 및 이에 따른 의뢰인의 이익에는 아무런 영향을 주지 않았지만, 변호사가 소송에서 준비서면을 늦게 제출한 경우, 의뢰인에게 사건 진행 상황을 늦게 또는 충분하지 않게 전달한 경우, 변호사가 의뢰인의 연락을 잘 받지 않고 답장도 제대로 하지 않은 경우와 같이 손해배상책임까지는 성립한다고 보기 어렵더라도 변호사의 행위가 의뢰인과의 신뢰관계를 훼손하였다고 평가할 만한 경우에는, 이를 보수 감액의 한 고려요소로는 삼을 수 있다고 보인다.

(2) 사무처리 자체는 적정하게 이루어진 경우

(가) 보수약정에 원시적으로 불공정 요소가 있었던 경우

사건의 통상적인 난이도, 사무를 처리하는 데 필요한 통상적인 노력의 정도 등에 비하여 보수가 과다하게 약정된 경우,[66] 변호사가 설계한

64) "위임계약에 있어서 수임인이 위임의 본지에 좇은 업무처리를 하지 아니한 까닭에 만약 수임인이 위임의 본지에 좇은 업무처리를 하였더라면 지출하지 아니하여도 될 비용을 위임인이 지출한 경우에, 수임인의 채무불이행으로 인하여 위임인이 입게 된 손해액은 그 지출한 비용"이라는 판례(대법원 1996. 12. 10. 선고 96다36289 판결, 대법원 2017. 1. 25. 선고 2015다205796 판결 등)의 태도를 고려하면, 대법원 2006. 6. 9. 선고 2004다24557 판결의 위 설시가 일반화될 수 있는 것인지는 검토를 요한다. 해당 사안이 신탁자가 수탁자에게 아직 비용 및 보수를 지급하지 않은 사안이라는 점에서 더욱 그러하다. 만약 선관주의의무 위반을 엄밀한 요건 판단, 특히 손해액의 증명 과정을 거쳐야 하는 손해배상책임 대신 상대적으로 느슨한 논증이 허용될 수 있는 신의칙에 기한 보수 감액으로 해결하게 된다면, 이는 당사자 및 법원에게 좋지 않은 우회로를 열어주는 셈이 된다. 관련하여 재산적 손해액의 주장 · 입증 및 분류 · 확정이 가능한 계약상 채무불이행으로 인한 손해를 심리 · 확정함에 있어서까지 함부로 위자료의 보완적 기능을 확장하는 편의한 방법은 허용될 수 없다는 대법원 2004. 11. 12. 선고 2002다53865 판결 등의 취지는 참고해볼 만하다.

65) 지원림, 민법강의(제20판), 홍문사(2023), 1215면; 송덕수, 신민법강의(제12판), 박영사(2019) 1279-1280면.

66) 물론 사건의 난이도와 변호사의 노력 정도, 기여도 등은 사무처리를 마친 이후

약정 보수의 산정방식 자체가 변호사에게 유리하고 의뢰인에게 불리한 경우, 변호사가 사건의 승소가능성 등에 대한 설명을 잘못하거나 현저히 불성실하게 한 경우에는 보수약정에 원시적인 불공정 요소가 있다고 볼 여지가 있다. 이러한 경우 신의칙에 기한 보수 감액 법리가 적용되기에 앞서 민법 제103조, 제104조에 의하여 무효가 되거나 사기, 착오를 이유로 취소할 수 있는지 살펴볼 필요가 있다.

1) 민법 제103조의 적용 가능성

소송위임계약 내지 보수약정의 내용이 선량한 풍속 기타 사회질서에 반한다면, 이는 민법 제103조에 따라 무효가 된다. 판례 중에는 수임인이 행정청의 허가 등을 신청하는 사무의 처리를 위임받으면서 신청행위 자체는 전문성이 크게 요구되지 않음에도 보수액이 다액이고 그 보수액에 공무원에게 로비를 하는 자금이 포함되어 있는 것으로 보인다면, 그 위임계약은 반사회질서적인 조건이 결부됨으로써 반사회질서적 성질을 띠고 있어 민법 제103조에 의하여 무효로 보아야 한다고 한 것이 있다.[67]

그러나 신의칙에 기한 보수 감액 사안들은 대체로 범죄행위 등과는 결부되지 않은 채 변호사가 처리한 사무의 양과 질, 그리고 이에 따른 의뢰인의 이익에 비하여 변호사의 보수가 과다한 경우들, 즉 급부와 반대급부의 불균형이 문제되는 경우들이다. 판례는 위약벌에 관하여 민법 제398조 제2항의 유추적용을 부정하면서도 의무의 강제에 의하여 얻어지는 채권자의 이익에 비해 약정된 벌이 과도하게 무거울 때에는 그 일부 또는 전부가 공서양속에 반하여 무효로 된다는 입장이기는 하나,[68] 소송

에야 비로소 확정되므로, 약정 보수가 사건의 난이도와 변호사의 노력 정도, 기여도 등에 비해 과다하다는 것은 대개 위임계약의 원시적인 불공정 요소가 아니라 후발적인 불공정 요소로 평가될 여지가 크다. 그러나 변호사와 의뢰인이 사건의 통상적인 난이도와 필요 노력 등을 논의하여 이를 전제로 보수를 약정하였고 실제로 소송이 통상적인 경과에 따라 종료된 경우에 당초부터 약정 보수가 과다하였다면, 이는 원시적인 불공정 요소로 평가할 수 있을 것이다.

67) 대법원 2016. 2. 18. 선고 2015다35560 판결.

68) 대법원 1993. 3. 23. 선고 92다46905 판결; 대법원 2022. 7. 21. 선고 2018다248855(본소), 2018다248862(반소) 전원합의체 판결.

위임계약에서 정한 보수액이 변호사의 사무처리에 비하여 과다하게 정해졌다는 이유만으로 보수약정이 공서양속에 반한다고 판단할 수 있을 만한 경우는 많지 않을 것으로 보인다.

2) 민법 제104조의 적용 가능성

변호사의 보수가 사무처리의 양과 질, 의뢰인의 이익 등에 비하여 지나치게 과다하고, 나아가 변호사가 의뢰인의 궁박한 상황이나 경솔·무경험을 이용하여 이러한 보수약정을 체결한 것이라면, 그 보수약정은 민법 제104조에 따라 무효가 될 수 있다.

그런데 민법 제104조의 요건을 충족하였는지 여부는 그 행위시를 기준으로 판단하여야 한다.[69] 반면, 신의칙에 기한 보수 감액 사안들 중에는 위임계약 체결 이후에 비로소 발생한 사정들로 인하여 당초 약정한 급부와 반대급부 간의 균형이 훼손된 경우가 많은데, 이러한 사정들은 민법 제104조의 적용영역을 벗어나 있다. 다만, 보수 감액이 다퉈지는 사안들 중 기존 사건과 관련성이 큰 사건(본소·반소, 형사·민사사건, 분쟁의 실질이 공통된 사건 등)을 추가로 수임하거나 이미 승소한 사건의 상소심을 수임한 경우에는 위임계약 체결 시 이미 급부와 반대급부의 불균형이 존재한다고 평가할 수도 있을 것이다.[70]

한편, 변호사에게 사무처리를 위임하는 의뢰인은 대개 법적 지식이 충분하지 않고 이미 법적 분쟁에 휘말려있는 상태일 것이므로, 이와 같은 일반적인 사정들만으로 곧바로 보수약정이 불공정한 법률행위에 해당한다고 쉽게 인정하는 것은 적절하지 않아 보인다. 의뢰인이 사무처리를 위임한 법적 분쟁의 내용, 해당 분쟁에서 의뢰인이 처한 구체적인 상황, 의뢰인의 기존 법적 분쟁 경험 유무 및 그 내용, 변호사가 설계한 보수

---

69) 곽윤직·김재형, 민법총칙(제9판), 291면; 양창수·김재형, 계약법(제3판), 박영사(2020), 727면; 판례도 같은 취지이다(대법원 2013. 9. 26. 선고 2012다13637 전원합의체 판결).

70) 그러나 변호사가 기존에 맡았던 당해 사건 또는 관련 사건을 맡아 사무처리에 노력을 덜 들여도 된다는 점과 함께 의뢰인의 입장에서는 당해 사건 또는 관련 사건을 숙지하고 있는 변호사에게 의뢰하고자 하는 유인이 있다는 점도 보수 산정에 고려되어야 함은 앞서 지적한 바와 같다.

약정의 내용, 불공정성 및 이에 대한 변호사의 설명 정도 등을 종합하여 일반적인 소송위임계약에 비하여 의뢰인이 궁박, 경솔 또는 무경험한 상태에 있었고 변호사가 이를 이용해 자신의 사무처리에 비하여 지나치게 과다한 보수를 정하였다는 점이 분명하게 드러나는 경우에 한하여 민법 제104조의 적용을 긍정하는 것이 타당해 보인다. 그런데 의뢰인이 처한 법적 상황이 복잡하고 의뢰인에게 불리할수록 의뢰인의 궁박함이나 무경험을 인정하기는 상대적으로 쉽겠지만, 동시에 변호사의 사무처리의 양과 질, 의뢰인의 이익은 높게 평가될 것이므로 급부와 반대급부의 현저한 불균형을 인정하기 어려울 수 있다.[71)]

3) 사기를 이유로 한 취소 가능성

변호사가 자신에게 유리한 내용으로 보수약정을 체결하기 위하여 의뢰인에게 사건의 난이도나 사무처리에 필요한 노력의 정도, 보수약정의 내용, 승소가능성에 대해 거짓된 설명을 하였다면, 의뢰인은 변호사의 기망을 이유로 보수약정의 전부 또는 일부를 취소할 수 있을 것이다. 다만, 변호사가 의뢰인에게 사건의 난이도나 사무처리에 필요한 노력의 정도, 승소가능성 등을 설명하는 것은 장래에 대한 예측에 기반하는 것이므로, 변호사의 설명과 실제 결과 간에 다소 간의 차이가 있다는 이유만으로 쉽게 변호사의 기망행위를 인정하기는 어려울 것이다.

문제는 변호사가 위와 같은 사정에 관하여 적극적인 고지의무까지 부담하는가 하는 점이다. 예를 들어, 사건이 매우 쉽거나 조기에 종결될 것 같은 경우 또는 패소가능성이 상당히 명백해 보이는 경우, 보수약정의 내용이 변호사업계의 일반적인 관행과는 차이가 있고 의뢰인에게 불리한 측면도 있는 경우 등에 의뢰인이 묻지 않았더라도 변호사가 의뢰인에게 이러한 사정을 모두 설명하고 보수를 협상하여야 하는지 문제된다. 판례는 매매계약이나 분양계약과 같이 대립당사자로서 각자 스스로의 이

---

71) 변호사에게 위임계약 당시 의뢰인의 궁박, 경솔, 무경험을 이용하려는 악의가 있었음을 인정하기 어려울 것이어서 민법 제104조가 적용되기는 어려울 것이라는 견해로는 박경재(주 17), 936면.

익을 추구하는 거래에 있어서 당사자는 거래 관련 정보를 스스로 수집·평가하여 거래 여부를 결정하여야 하는 것이므로, 일방이 거래관념상 용납될 수 없는 방법으로 상대방으로 하여금 잘못 판단하게 함으로써 계약에 이르게 하였다는 등의 특별한 사정이 없는 한, 일방이 상대방의 이익에 영향을 미칠 가능성이 있는 사항들에 관하여 자신이 가지는 정보를 밝혀야 할 신의칙상의 의무가 있다거나, 나아가 그러한 정보를 밝혀 고지하지 아니하면 그것이 부작위에 의한 기망에 해당한다고 쉽사리 말할 수 없다고 본 바 있다.[72] 변호사도 소송위임계약을 체결하면서 자신의 이익을 추구하기 위하여 의뢰인에게 다소 간의 불리한 정보를 알리지 않는 것이 일응 용인된다고 볼 여지가 없는 것은 아니다. 그러나 변호사법이 규정하는 변호사의 전문성·공공성과 사회정의 실현의 사명, 성실의무, 품위유지의무, 진실의무(변호사법 제1조, 제2조, 제24조[73])와 대한변호사협회 변호사윤리장전이 정하고 있는 과다한 보수 약정 금지, 사건 진행 및 수임료 등에 대한 설명의무, 승소가능성에 대한 과장·확언 금지(변호사윤리장전 제20조 제1항, 제2항, 제31조 제1항, 제2항[74]) 등에 비추어 보면,

---

72) 대법원 2010. 2. 25. 선고 2009다86000 판결.

73) 변호사법 제1조(변호사의 사명) ① 변호사는 기본적 인권을 옹호하고 사회정의를 실현함을 사명으로 한다.
② 변호사는 그 사명에 따라 성실히 직무를 수행하고 사회질서 유지와 법률제도 개선에 노력하여야 한다.
제2조(변호사의 지위) 변호사는 공공성을 지닌 법률 전문직으로서 독립하여 자유롭게 그 직무를 수행한다.
제24조(품위유지의무 등) ① 변호사는 그 품위를 손상하는 행위를 하여서는 아니된다.
② 변호사는 그 직무를 수행할 때에 진실을 은폐하거나 거짓 진술을 하여서는 아니 된다.

74) 변호사윤리장전 제20조(수임 시의 설명 등) ① 변호사는 의뢰인이 사건 위임 여부를 결정할 수 있도록 의뢰인으로부터 제공받은 정보를 기초로 사건의 전체적인 예상 진행과정, 수임료와 비용, 기타 필요한 사항을 설명한다.
② 변호사는 의뢰인이 기대하는 결과를 얻을 가능성이 없거나 희박한 사건을 그 가능성이 높은 것처럼 설명하거나 장담하지 아니한다.
제31조(원칙) ① 변호사는 직무의 공공성과 전문성에 비추어 부당하게 과다한 보수를 약정하지 아니한다.
② 변호사의 보수는 사건의 난이도와 소요되는 노력의 정도와 시간, 변호사의

변호사는 의뢰인에게 사건의 예상 난이도, 예상 진행 경과, 보수약정의 구체적인 내용 등[75]에 대하여 스스로 알고 예측하는 범위 내에서 적극적으로 알릴 의무를 부담하고, 만약 변호사가 불리한 사정을 알고도 의뢰인에게 알리지 않았다면 이는 민법 제110조의 기망행위에 해당한다고 봄이 타당하다.[76] 다만, 보수약정을 사기를 이유로 취소하기 위해서는 변호사에게 기망의 고의가 인정되어야 하므로, 보수 감액을 다투는 소송에서 변호사가 자신은 그러한 사정을 알거나 예측하지 못하였다고 항변하는 데 대하여 의뢰인이 변호사의 고의를 증명하기란 쉽지 않을 것으로 보인다.

4) 착오를 이유로 한 취소 가능성

의뢰인이 소송위임계약을 체결하면서 사건의 통상적인 난이도, 사무를 처리하는 데 필요한 통상적인 노력의 정도, 예상되는 승소가능성 등에 비하여 보수가 과다한지 여부, 변호사가 설계한 약정 보수의 산정방식의 구체적인 내용이나 유불리 등에 관하여 잘못 생각한 경우도 있을 수 있다.[77]

그러나 민법 제109조에서 규정한 바와 같이 의사표시에 착오가 있다고 하려면 법률행위를 할 당시에 실제로 없는 사실을 있는 사실로 잘못

경험과 능력, 의뢰인이 얻게 되는 이익의 정도 등 제반 사정을 고려하여 합리적으로 결정한다.

75) 기망은 널리 재산상의 거래관계에 있어 서로 지켜야 할 신의와 성실의 의무를 저버리는 모든 적극적 또는 소극적 행위를 말하는 것이고, 그 중 소극적 행위로서의 부작위에 의한 기망은 법률상 고지의무 있는 자가 일정한 사실에 관하여 상대방이 착오에 빠져 있음을 알면서도 그 사실을 고지하지 아니함을 말하는 것으로서, 일반거래의 경험칙상 상대방이 그 사실을 알았더라면 당해 법률행위를 하지 않았을 것이 명백한 경우에는 신의칙에 비추어 그 사실을 고지할 법률상 의무가 인정된다(대법원 2000. 1. 28. 선고 99도2884 판결 등).

76) 프랑스 판례 중에는 변론계약과 관련하여 "변호사는 고객에게 승소율은 물론 수임료 결정 조건에 대해서 알려야 한다"고 한 것이 있다[Civ.1re, 18 juill. 2000. RTD civ. 2000. 828; 남궁술, "2016 개정 프랑스 민법에서의 신의칙의 지위", 법학논총 제35호 제4호(2018), 336면에서 재인용].

77) 이러한 맥락에서 변호사의 보수 감액이 다퉈지는 사건은 '의뢰인이 보수가 과다하다는 점을 인식하고도 이를 감내한 경우'와 '의뢰인이 보수가 적정하다고 생각하였으나 사실은 보수가 과다했던 경우'로 구분할 수도 있을 것이다.

깨닫거나 아니면 실제로 있는 사실을 없는 것으로 잘못 생각하듯이 표의자의 인식과 그 대조사실이 어긋나는 경우라야 하므로, 표의자가 행위를 할 당시 장래에 있을 어떤 사항의 발생이 미필적임을 알아 그 발생을 예기한 데 지나지 않는 경우는 표의자의 심리상태에 인식과 대조의 불일치가 있다고 할 수 없어 이를 착오로 다룰 수는 없다.[78] 그런데 사건의 난이도, 사건처리에 소요되는 노력의 정도, 승소가능성 등은 소송위임계약 체결 이후 사건이 진행되면서 비로소 확정되는 사항들로서 소송위임계약 체결 당시에는 변호사가 이를 설명하거나 의뢰인이 그 설명을 기초로 일정한 판단을 하였다고 할지라도, 위 사항에 관한 의뢰인의 인식과 대조의 불일치가 있다고 보기는 어려워 보인다. 즉, 이러한 사정에 관한 의뢰인의 잘못된 생각(예상)은 동기의 착오에조차 해당하지 않는 것이다.[79]

다만, 의뢰인이 보수조항의 내용 자체를 착오한 경우에는 민법 제109조가 적용될 여지가 있다. 성공보수 조항에서 산정기준이 되는 개념이나 승소간주조항에서 승소로 간주되는 상황을 잘못 이해한 경우가 그

78) 대법원 1972. 3. 28. 선고 71다2193 판결, 대법원 2010. 5. 27. 선고 2009다94841 판결 등. 대법원 2011. 6. 24. 선고 2008다44368 판결은 갑 회사가 온라인연합복권 운영기관인 을 은행과, 갑 회사가 온라인연합복권 시스템 구축 및 운영용역을 제공하는 대가로 을 은행이 온라인연합복권 매회 매출액의 일정 비율에 해당하는 수수료를 지급하기로 하는 내용의 계약을 체결한 사안에서, 을 은행이 회계법인의 검토에 따른 예상매출액을 토대로 수수료율 등 계약 내용을 정하였고 실제 매출액이 예상매출액보다 현저하게 많이 발생하였더라도 이는 계약 당시를 기준으로 장래의 미필적 사실의 발생에 대한 기대나 예상이 빗나간 것에 불과하고, 을 은행이 예상매출액이 그대로 실현될 것이라고 확신하였다고 보기도 어려우므로, 을 은행이 계약을 체결하면서 장래의 매출액에 관하여 착오를 일으켰다고 할 수 없고, 한편 온라인연합복권 판매액이 예상매출액을 훨씬 초과하게 되어 판매액에 비례한 수수료를 지급받는 갑 회사가 결과적으로 예상액을 훨씬 초과하는 수수료를 지급받게 되었다는 점만으로 신의칙에 반하는 결과가 초래되었다고 볼 수 없으므로, 착오를 이유로 한 계약의 일부 취소를 인정할 수 없다고 봄 원심판단을 수긍하였다.

79) 전원열, "착오 개념의 정립을 위한 소고", 저스티스 통권 제146-1호(2015), 166, 182면은 "민법상 착오 제도는 의사표시 시점에 표의자의 인식과 그 인식대상인 객관적 사정이 불일치하는 경우에 관한 것이고, 법률행위 후 장래의 예상과 달리 전개된 경우에 그에 대한 구제수단으로서 마련된 것이 아니며, 예외적으로 예상과 다른 사태 전개에 따른 위험의 부담이 정의와 형평에 어긋날 정도로 심하다고 생각되면 비로소 신의칙이 개입"하는 것임을 강조한다.

런 경우일 것이다. 그러나 계약서의 관련 문구가 일반인의 입장에서 오해할 만큼 불분명하거나 복잡하다는 등의 특별한 사정이 없는 이상, 의뢰인이 보수 감액을 주장하며 자신의 착오 및 중과실의 부존재를 증명하기란 쉽지 않아 보인다.

(나) 보수약정에 후발적으로 불공정 요소가 발생한 경우

소송위임계약 체결 이후 ① 소송 외에서 당사자 간 합의가 이루어진 경우, 변론기일이 몇 번 열리지 않고 사건이 일찍 종결된 경우, 의뢰인이 추가 선임한 다른 변호사가 주로 업무를 수행한 경우, 변호사가 적극적으로 소송상 주장을 하지 않거나 그 주장이 받아들여지지 않은 경우, 변호사보다 의뢰인 측이 자료 정리, 서면 작성 등에 주도적인 역할을 한 경우 등과 같이 보수약정 당시 예상했던 것보다 변호사의 노력이나 기여도가 적어졌거나 ② 성공보수조항에 따라 산정된 변호사의 보수에 비해 의뢰인이 소송의 결과로 얻은 실질적 이익이 지나치게 적은 경우, 당초 생각했던 것보다 계쟁물의 경제적 가치가 매우 낮은 것으로 판명된 경우, 제1심 결과가 항소심에서 뒤집혀 의뢰인의 실제 이익이 감소한 경우, 소송 상대방에게 별다른 책임재산이 없는 것으로 밝혀진 경우 등과 같이 예상했던 것보다 의뢰인의 이익이 적어져 그에 비해 변호사의 보수가 과다해진 경우이다. 이러한 경우 사정변경의 법리가 적용될 여지가 있다.[80)]

사정변경의 법리는 '계약+의 성립 당시에 있었던 환경 또는 그 행위를 하게 된 기초가 되는 사정이 그 후 현저하게 변경되어 당초 정해진 계약의 내용을 그대로 유지하고 강제하는 것이 신의칙과 공평에 반하는 부당한 결과를 가져오는 경우, 당사자가 그 법률행위의 효과를 신의·공평에 맞도록 변경하거나 소멸시킬 수 있다'는 법리이다.[81)] 판례[82)]는 ① 계약

80) 이영준, "사정변경의 원칙", 민사법학 제82호(2018), 28-29면에서도 사정변경으로 인한 급부와 반대급부의 대가성이 근본적으로 파괴된 경우의 예로 신의칙에 기한 변호사 보수 감액 사안을 들고 있다.

81) 이동진, "계약위험의 귀속과 그 한계 : 사정변경, 불능, 착오", 비교사법 제26권 제1호(2019), 43면.

82) 판례는 사정변경의 법리를 오랫동안 인정해오지 않다가 2007. 3. 29. 선고 2004다31302 판결을 통해 사정변경의 법리에 기한 해제(해지)의 가능성을 인정하였고,

성립의 기초가 된 사정이 현저히 변경되고 ② 당사자가 계약의 성립 당시 이를 예견할 수 없었으며, ③ 그로 인하여 계약을 그대로 유지하는 것이 당사자의 이해에 중대한 불균형을 초래하거나 계약을 체결한 목적을 달성할 수 없는 경우에는 계약준수 원칙의 예외로서 사정변경을 이유로 계약을 해제하거나 해지할 수 있고, ④ 여기에서 말하는 사정이란 당사자들에게 계약 성립의 기초가 된 사정을 가리키고, 당사자들이 계약의 기초로 삼지 않은 사정이나 어느 일방당사자가 변경에 따른 불이익이나 위험을 떠안기로 한 사정은 포함되지 않는다고 한다.

당초 의뢰인이 보수액을 약정하면서 생각했던 것보다 소송이 쉽거나 일찍 마쳐지는 등 변호사의 사무처리의 양과 질이 약정 보수액에 비해 현저히 적어진 경우, 당초 기대했던 것보다 소송 결과에 따른 이익이 상당히 적은 것으로 밝혀진 경우 의뢰인의 입장에 보수약정을 체결하는 데 기초로 삼았던 사정이 변경되었다고 볼 수 있다. 변호사는 소송위임계약을 체결하기에 앞서 사건의 전체적인 예상 진행과정, 수임료, 의뢰인이 기대하는 결과를 얻을 가능성 등을 설명할 의무가 있고, 통상 이러한 설명이 이루어지므로, 의뢰인이 생각한 사무처리의 수준과 기대이익은 대체로 의뢰인의 주관적인 사정에 그치는 것이 아니라, 보수약정 성립의 기초가 된 사정으로 포섭될 수 있을 것이다.

그런데 계약은 대체로 그 체결시점과 이행시점 사이에 시간적 간격이 있고 그 사이에 사정변경이 일어날 수밖에 없다. 그럼에도 불구하고 당사자가 계약을 체결하는 것은 계약 체결 이후 당사자의 이익상황 변화로 인한 불이익한 영향에도 불구하고 당초의 계약 내용에 따르겠다는 결정을 포함하는 것이다.[83] 법적 분쟁의 당사자인 의뢰인은 그간의 경험을 통해 법적 분쟁이 소송 외 화해 등으로 조기에 해소될 수 있다는 가능성, 승소하더라도 실질적인 이익은 크지 않을 수도 있다는 가능성, 소송

최근에는 대법원 2021. 6. 30. 선고 2019다276338 판결, 대법원 2021. 6. 30. 선고 2019다276338 판결에서 사정변경을 이유로 한 해지를 인정하였다.

83) 이동진(주 81), 42, 69면; 지원림(주 65), 61면.

상대방에게 별다른 책임재산이 없을 가능성[84] 등과 같이 당초 예상했던 것보다 변호사가 처리한 사무의 가치가 크지 않거나 의뢰인이 얻은 이익이 적어지는 경우를 충분히 예견하거나 예견할 수 있는 경우가 많을 것이다. 또한 승소간주조항이 포함된 위임계약을 체결하였다면, 승소간주조항 자체의 타당성은 별론으로 하더라도, 적어도 일단 승소로 간주되는 상황의 발생으로 인한 장래의 위험은 의뢰인이 인수하기로 정하였다고 보아야 한다. 나아가 의뢰인이 변호사와 소송위임계약을 체결하기 이전에 이미 다른 변호사를 선임하고 있었다면 공동선임으로 인하여 단독선임에 비하여 변호사의 노력의 정도나 기여도가 낮을 수 있다는 점을 인식하였거나 인식할 수 있었다고 보이고, 위임계약 체결 이후 추가로 다른 변호사를 선임하였다면, 공동선임으로 인하여 변호사가 단독선임에 비하여 노력을 덜 하거나 기여도가 적다고 하더라도 이는 계약체결 이후에 있은 의뢰인의 행위로 인한 것이므로 그로 인한 불이익도 변호사가 아닌 의뢰인이 부담하는 것이 타당하다고 볼 수 있다.

이와 같이 보면, 보수 감액을 다투는 사건에서 의뢰인이 사정변경법리를 주장할 수 있을 만한 경우는 많지 않을 것으로 보인다. 예상할 수 없을 정도로 현저한 사정의 변경에 해당하지 않거나, 소송이라는 사무의 특성이나 승소간주조항에 따라 의뢰인이 위험을 부담하는 것으로 해석될 여지가 크기 때문이다.[85]

---

84) 급여 이용목적은 원칙적으로 계약의 내용이 아니고, 그 목적의 좌절 위험은 채권자가 부담한다[이동진(주 82), 73면]. 이러한 관점에서, 소송위임계약이 종국적으로 상대방의 책임재산의 집행을 통한 권리의 실현을 목적으로 한다고 본다면, 소송 상대방의 책임재산 유무에 따른 위험은 원칙적으로 의뢰인이 부담한다고 보아야 할 것이다. 비슷한 취지에서 계약의 1차적 목적과 2차적 목적을 구분하고 2차적 목적의 장애를 이유로 계약구속의 완화를 인정하는 것은 거래의 안정을 지나치게 해친다는 견해도 있다[박영목, "사정변경으로 인한 등가관계 장애의 법적 해결", 고려법학 제17호(2013), 448-449면].

85) 대법원은 이른바 'KIKO 판결'에서 "환율의 변동가능성은 이 사건 각 통화옵션계약에 이미 전제된 내용이거나 내용 자체이고, 원고와 피고는 환율이 각자의 예상과 다른 방향과 폭으로 변동할 경우의 위험을 각자 인수한 것이지, 환율이 일정 범위 내에서 유지됨을 계약의 기초로 삼았다고 볼 수 없다"고 한 원심의 판단을 정당한 것으로 보았다(대법원 2013. 9. 26. 선고 2012다13637 전원합의체 판결).

3. 소결-신의칙에 기한 보수 감액 법리의 필요성과 타당성

신의칙에 기한 보수 감액이 다퉈지는 여러 사안에서 나타난 구체적인 사정들을 살펴본 결과, 해당 사안들에 민법 제103조, 제104조, 제109조, 제110조 및 사정변경의 법리가 적용될 만한 측면이 있기는 하나, 대체로 이들 실정법상 개별 규정 및 법리가 단독으로 적용되어서는 해결되기 어려워 보인다. 2018년 전원합의체 판결의 다수의견이 민법 제103조, 제104조의 적용만으로는 구체적 타당성을 실현하는 데 한계가 있고, 소송위임계약 체결 당시의 정보 불균형, 교섭력 차이와 그 이후 소송경과에 따른 사정변경을 함께 내세우고 있는 것은 이러한 이유 때문으로 보인다. 즉, 변호사의 보수 감액이 다퉈지는 사안에서 발견되는 부당함은 하나의 규정 내지 법리만으로는 오롯이 풀어낼 수 없기 때문에, 구체적 타당성의 실현을 위해서는 최후의 보루인 신의칙에 기댈 수밖에 없는 현실적인 필요가 있다.

이에 대하여 2018년 전원합의체 판결의 별개의견은 민법 제103조, 제104조 등 실정법 규정에 해당하지 않는 경우에는 계약자유의 원칙으로 돌아가 계약 내용대로 효력을 인정하여야 하고, 법원이 신의칙에 기하여 계약 내용을 수정하는 것은 사적 자치의 원칙을 침해하고 법률관계에 불안정을 초래한다고 지적한 바 있다. 그러나 민법이 여러 법률관계를 규율하는 개별적·구체적인 조항을 두면서도 별도로 요건과 효과가 공백인 일반조항으로서 신의칙을 두고 있는 이유는, 모든 상황에서 구체적으로 타당하도록 미리 규정할 수 없기 때문이다. 따라서 실정법상 개별 규정의 적용 영역에 해당하지 않는다는 점은 그만큼 신의칙의 적용에 신중하여야 한다는 근거가 되지만, 더 나아가 신의칙의 적용을 전면적으로 배

소송위임계약 체결 후 당초 예상하였던 것보다 소송이 길어지거나 난이도가 높아진다고 하여 변호사에게 일방적으로 약정 보수의 인상을 요구할 수 있는 권리가 인정될 수 있을지를 생각해보면, 위임계약 체결 이후 나타나는 소송의 실제 경과나 난이도에 관한 위험은 당사자가 각자 인수한 것으로 보는 것이 타당할 여지가 크다.

제하는 것은 타당하지 않다.

다만, 무엇이 신의칙에 기한 보수 감액을 허용하게 하는지는 더 살펴볼 필요가 있다. 즉, 매매계약[86]과 같은 다른 법률관계와 달리 변호사와 의뢰인 간의 위임계약에서 신의칙에 근거해 계약 내용을 수정할 수 있는 이유는 무엇인가. 첫째, 매매계약과 같은 일반적인 거래의 경우 당사자의 이익은 각자 주관적으로 평가한 거래목적물의 가치의 차이에서 나오는 반면, 소송위임계약에서 의뢰인은 변호사에게 맡긴 소송의 결과로 경제적 이익을 얻고 변호사는 그 경제적 이익의 일부를 보수로 나눠 받는 구조를 띤다는 점에서 의뢰인과 변호사는 상호 대립하는 관계가 아니라 이해관계를 같이 하는 측면이 있다. 다만, 소송의 결과로 얻은 이익을 본인인 의뢰인과 소송대리인인 변호사 사이에서 어떻게 분배하는 것이 거래관념 내지 형평의 관념에 부합하는지의 문제가 남는 것이다.

이는 수임인의 신인의무에 근거하여 위임인이 수임인의 사무처리 내지 재량 행사를 감독하기 어려운 경우 법원의 후견적 개입이 필요하다는 견해[87]와는 다소 결을 달리하는 것이다. 우선, 선관주의의무나 신인의무는 위임계약 체결 이후에 비로소 발생하는 것이므로 변호사와 의뢰인이 소송위임계약을 체결하는 교섭 과정에서 나타난 불공정 요소에 대한 통제의 근거가 되기에는 어려운 측면이 있다.[88] 나아가 이러한 신인의무는 그 내용상 수임인이 재량 행사를 잘못해 사무처리 결과가 나쁘거나 수임인의 이익을 추구하여 위임인에게 부당하게 과다한 부담을 지우는 경우에 대한 통제의 근거로 사용될 것인데,[89] 앞서 하급심 판결을 분석한 결

86) 민법 제2조가 천명한 신의성실의 원칙은 사적자치의 원칙이 지배하는 특정 개인 간의 거래관계에 있어서 그 권리의 행사와 의무의 이행에 관하여 사회공동체의 일원으로서 상호간 신뢰를 저버리지 않는 성실성을 요구하는 것으로 부동산의 매매계약을 체결함에 있어서 그 매매대금이 시세에 비하여 비싸다는 것을 들어 신의칙에 반하는 것이라고 할 수는 없다(대법원 1985. 4. 23. 선고 84다카890 판결).

87) 이계정(주 15), 73-76면.

88) 비슷한 맥락에서 변호사의 공공성은 일단 수임한 사무에 관한 활동에 요구되는 것이지 수임행위까지 공공적 성격을 갖는 것은 아니라는 견해로는 박경재(주 19), 927-928면.

89) 이중기, "신의칙과 위임법리에의 접목을 통한 충실의무법리의 확대와 발전: 신뢰

과에서 볼 수 있듯이 실무상 변호사의 보수 감액이 문제되는 사안에서 변호사의 잘못된 재량 행사 및 이로 인한 나쁜 결과가 보수 감액의 근거가 되는 경우는 많지 않아 보인다.

둘째, 변호사와 의뢰인이 보수액을 약정할 때 정보력, 이해력 및 교섭력에 현실적인 차이가 있다. 사건의 난이도, 향후 예상되는 진행 경과, 필요한 노력의 정도, 승소가능성과 최종 이익 등 보수액을 정하면서 고려할 요소에 관하여 변호사는 잘 알고 있는 반면, 의뢰인은 이를 알기 어렵다. 보수조항의 구체적인 의미 역시 의뢰인은 잘 이해하지 못하는 경우가 있을 수 있다. 이러한 정보력과 이해력의 차이는 교섭력의 차이로 이어질 수밖에 없다.[90] 예를 들어, 이 사건에서 의뢰인인 피고가 재산분할청구에서 전부 패소하더라도 변호사인 원고에게 성과보수를 지급하여야 한다는 결과가 이 사건 성과보수 조항에 내포되어 있었음을 온전히 인식하였을지 의문이다. 또한 의뢰인으로서는 향후 소송의 경과에 따라 승소간주조항이 부당한 결과를 야기할 수 있음을 진지하게 인식하기 어렵고, 설령 이해한다고 하더라도 변호사 업계에서 승소간주조항이 관행적으로 사용되는 이상 이를 계약 내용에서 배제할 만한 교섭력을 갖기 어렵다. 결국 소송위임계약 체결 당시 존재하는 사정, 장래 예측되는 사정 및 사정변경의 가능성 등을 종합하여 적정 보수액 및 관련 조항을 정하여야 사무처리 결과에 따른 이익이 적정하게 분배될 수 있는데, 이러한

와 신임에 관한 법원칙의 사법상의 지위와 발전방향을 중심으로", 홍익법학 제12권 제2호(2011), 326면. 관련하여, 대법원 2016. 1. 28. 선고 2014다11888 판결(주식회사의 이사가 회사의 재무상황이나 영업실적 등에 비추어 지나치게 과다하여 합리적 수준을 현저히 벗어나는 보수 지급 기준을 마련한 사안); 대법원 2020. 9. 3. 선고 2017다218987, 218994 판결(재건축사업의 수행결과에 따라 차후에 발생하는 추가이익금의 상당한 부분에 해당하는 금액을 조합 임원들에게 인센티브로 지급하도록 결의하였는데 그 내용이 부당하게 과다한 사안) 등 참조.

90) 물론 오늘날 의뢰인도 인터넷 검색을 통해 필요한 정보를 어느 정도 수집할 수 있고, 등록변호사의 수가 약 10년간 2배로 급증하여 변호사에게 예전과 같은 우월한 교섭력이 있다고 단정하기 어려운 측면도 있다. 2021년 변호사윤리장전에 '변호사는 건전한 수임질서를 교란하는 과당 염가 경쟁을 지양함으로써 법률사무의 신뢰와 법률시장의 건강을 유지한다'는 조항(제31조 제3항)이 신설된 것도 이와 같은 상황 변화를 간접적으로 보여준다.

결정 요소를 알고 이해하며 이를 기초로 협상하는 데 실질적인 힘의 차이가 있는 이상, 보수약정에 무조건적인 구속력을 인정하는 것은 변호사와 의뢰인 사이에 사무처리의 이익을 적정하게 분배하는 데 오히려 장애가 되는 경우가 있음을 부인할 수 없다.[91)]

V. 신의칙에 기한 보수 감액 법리 적용 시 유의점

1. 적용 영역의 축소

신의칙에 기한 보수 감액 법리가 일반조항으로의 도피라는 비난을 피하려면, 우선 보수 감액이 다퉈지는 사안 중 신의칙이 아닌 실정법 규정으로 해결 가능한 영역은 해당 법리의 적용 영역에서 제외하여야 한다. 민법 제103조, 제104조, 제109조, 제110조가 우선 적용될 수 있다면 해당 규정을 적용하는 것뿐만 아니라, 위임계약에서 정한 사무처리가 완료되지 않은 상태에서 중도 해지된 경우에는 민법 제686조 제3항에 따라 처리된 사무의 비율 등을 고려하여 보수액을 정하고, 변호사의 사무처리가 불완전하여 채무불이행을 구성하는 경우에는 민법 제390조의 채무불이행 책임의 성립 여부를 먼저 살펴보아야 한다.

민법 제686조 제3항 또는 민법 제390조의 적용 결과는 많은 경우에

---

91) 2018년 전원합의체 판결의 다수의견이 언급한 바와 같이 신의칙에 기한 변호사 보수 감액 법리를 뒷받침하는 전통적인 논거 중 하나는 변호사는 단순히 영리를 추구하는 상인이 아니라 공공적 지위를 갖는다는 것이다. 즉, 변호사는 상법상 당연상인으로 볼 수 없고, 변호사의 영리추구 활동을 엄격히 제한하고 그 직무에 관하여 고도의 공공성과 윤리성을 강조하는 변호사법의 여러 규정과 제반 사정을 참작하여 볼 때, 변호사를 상법 제5조 제1항이 규정하는 의제상인에 해당하지 않는다는 것이다(대법원 2007. 7. 26.자 2006마334 결정; 대법원 2023. 7. 27. 선고 2023다227418 판결). 그러나 변호사가 상법상 상인에 해당하는지는 별론으로 하더라도 구 사법시험 합격자 수 확대와 법학전문대학원 제도 도입으로 변호사의 수가 꾸준히 증가하면서 변호사의 지위나 행태가 점점 더 상인적 성격을 갖게 되고 있음은 부정할 수 없다[이미 2003년에 이러한 주장을 밝힌 이재목, "변론과오와 변호사의 민사책임에 관한 일고", 법학연구 제14권(2003), 271-272면]. 또한 앞서 본 바와 같이 신의칙에 기한 보수 감액 법리가 공공적 지위와는 무관한 영역에도 널리 적용되고 있는 것이 하급심의 실무이기도 하다. 따라서 변호사의 공공성이라는 논거는 더 이상 큰 설득력을 갖기는 어려워 보인다.

신의칙에 기한 보수 감액 법리가 적용된 결과와 크게 다르지 않을 수 있다. 그러나 위임계약이 중도 해지된 때의 보수 산정에는 수임인이 처리한 사무의 양과 질, 이로부터 위임인이 얻은 이익과 같이 사무처리와 관련된 요소만을 고려하고, 의뢰인과의 평소 관계, 사건 수임 경위 등 사무처리와 무관한 요소는 고려하지 않는다는 점에서 보수 감액 여부 및 감액 정도에 차이가 있을 가능성을 배제할 수는 없어 보인다. 채무불이행에 따른 손해배상액을 정하는 것도 신의칙에 기한 보수 감액의 정도를 정하는 것과는 관점이나 고려 요소를 달리하기 때문에 그 결과가 동일하다고 단정할 수 없다.[92)]

나아가 위임계약의 중도 해지나 변호사의 채무불이행을 포함하여 신의칙에 기하여 보수가 감액되어야 하는 여러 사정이 혼재하는 경우에, 처리된 사무의 비율에 따라 적정한 보수액을 정하거나 약정 보수액으로부터 손해배상채권 상당액을 제한 나머지 보수액을 산정한 후 해당 보수액이 제반 사정에 비추어 부당하게 과다한지 여부를 다시 판단한 결과(2단계)가 곧바로 이들 사정을 종합하여 신의칙에 기한 보수 감액을 적용한 것(1단계)과 반드시 같다고 할 수도 없다.

2. 구체적인 사정의 중요도 분별

보수액이 부당하게 과다한지 여부를 판단할 때 고려하는 사정들, 즉 의뢰인과의 평소 관계, 사건 수임 경위, 사건처리 경과와 난이도, 노력의 정도, 소송물 가액, 의뢰인이 승소로 인하여 얻게 된 구체적 이익과 관련

---

92) 예를 들어 의정부지방법원 고양지원 2023. 5. 12. 선고 2022가단88909 판결은 항소심에서 패소할 가능성이 높은데도 변호사가 승소가능성이 높다고 잘못 설명하여 의뢰인이 항소를 제기하여 항소심에서 약 2,000만 원의 소송비용을 추가 부담하게 되었다는 점을 이유로 신의칙에 기하여 약정 보수액의 15%를 감액하였는데, 그 감액된 액수가 추가 부담 소송비용에 상응하는 약 2,000만 원이었다. 만약 의뢰인이 변호사에게 채무불이행에 따른 손해배상을 별도로 구하는 경우였다면, 항소 제기 여부에 대한 최종적인 결정은 의뢰인이 내리는 것임을 고려할 때 책임제한이나 과실상계가 이루어지지 않고 2,000만 원 전부에 대하여 손해배상책임이 인정되었을지는 의문이다.

된 사정들을 그 중요도에 따라 체계화할 필요가 있다. 앞서 본 바와 같이 수임인인 변호사가 본인인 의뢰인의 사무를 처리하고 받는 보수가 의뢰인이 그 사무처리로부터 얻은 이익에 비하여 지나치게 큰 것이 위임계약의 특성상 부적절하다는 점으로부터 신의칙에 기한 변호사 보수 감액 법리의 정당성이 도출된다고 본다면, 의뢰인이 사무처리로부터 얻은 이익이 가장 핵심적인 사정이 된다고 봄이 타당하다. 변호사의 기여도에 비하여 약정 보수액이 큰 경우라도 의뢰인이 사무처리로부터 얻은 이익이 충분히 크다면 약정 보수액의 지급이 의뢰인에게 지나치게 부당한 결과를 낳는다고 보기는 원칙적으로 어려울 것이다. 다음으로는 의뢰인이 얻은 이익에 대한 변호사의 기여도(사건의 난이도, 변호사의 노력 정도)를 살펴보아야 할 것이다. 사무처리의 결과로 얻는 이익을 본인인 의뢰인과 수임인인 변호사 사이에 분배함에 있어서 변호사의 몫을 어느 정도까지 인정할 수 있는지는 변호사가 그 이익의 실현에 어느 정도로 기여했는지에 따라 달리질 것이다. 선례가 없는 사건, 승소가능성이 낮은 사건, 오랫동안 많은 노력이 투입된 사건 등이라면, 상대적으로 큰 약정 보수액도 정당화될 수 있을 것이다. 그리고 이러한 핵심사정들과 함께 병렬적으로, 보수약정 당시 변호사가 의뢰인에게 사무처리로부터 얻을 이익(크기와 승소가능성)과 예상되는 변호사의 기여도에 관하여 얼마나 충분히 설명하였는지도 매우 중요하게 다뤄져야 한다. 약정 보수액에 비하여 의뢰인의 이익이나 변호사의 기여도가 크지 않더라도, 보수약정 당시 변호사가 의뢰인에게 그러한 사정에 대하여 충분히 설명하였고 그 설명을 들은 의뢰인이 보수약정에 동의한 것이라면, 단순히 그러한 사정만을 내세워 당사자가 정한 보수액에 법원이 개입하는 것이 바람직하지 않다. 반면, 변호사가 의뢰인에게 보수약정과 관련된 사정들을 충분하게 설명하지 않아 보수약정 당시 의뢰인이 올바른 판단을 할 수 없었던 경우라면, 과다한 약정 보수액에 대한 통제의 필요성은 높아진다.

나아가 약정 보수액의 불공정 요소가 발생한 시점과 지점(지배영역)도 함께 살펴보아야 한다. 보수약정에 원시적인 불공정 요소가 있는 경우는 대체로 변호사가 설계한 약정 보수의 산정방식이 불공정하거나 보수약정을 체결할 때 변호사가 의뢰인에게 충분히 정보를 제공하지 않을 경우일 것이고, 이러한 사정은 보수 감액 여부 및 정도를 판단함에 있어 비중 있게 고려될 필요가 있다. 다만, 의뢰인이 보수약정의 내용을 이해한 정도, 그와 같은 내용의 보수약정이 체결된 경위를 함께 살펴야 할 것이다. 또한 보수약정에 후발적으로 불공정 요소가 발생한 경우에는 그 원인이 누구의 지배영역에 있는지, 누가 그 위험을 인수하기로 정하였거나 인수하는 것이 타당한지 등을 나누어 보아야 한다. 예를 들어, 소송이 당초 예상했던 것보다 일찍 마쳐져 변호사의 사무처리의 양이나 기여도가 적어진 경우일지라도, 변호사가 불성실한 태도로 사무를 처리하였기 때문인지, 의뢰인이 변호사와 상의 없이 상대방과 소송 외 합의를 하였기 때문인지, 또는 법원의 소송지휘 때문인지 등에 따라 보수 감액 여부 및 정도는 달라질 것이다. 의뢰인이 소송의 결과로 얻은 이익이 예상보다 적은 경우 역시 변호사가 승소가능성이나 이익을 과장해서 설명했기 때문인지, 의뢰인이 계쟁물의 가치를 잘 알아보지 않았기 때문인지, 또는 상대방에게 별다른 책임재산이 없었기 때문인지 등에 따라 나눠서 보아야 한다.

3. 신중하고 예외적인 적용의 원칙 확립

판례는 채권자의 권리행사가 신의칙에 비추어 용납할 수 없는 것인 때에는 이를 부정하는 것이 예외적으로 허용될 수 있을 것이나 일단 유효하게 성립한 계약상 책임을 공평의 이념 및 신의칙과 같은 일반원칙에 의하여 제한하는 것은 자칫하면 사적 자치의 원칙이나 법적 안정성에 대한 중대한 위협이 될 수 있으므로 신중을 기하여 가능한 한 예외적으로 인정하여야 한다는 입장을 일관되게 밝히고 있고,[93] 신의칙에 기한 보수

93) 대법원 2015. 10. 15. 선고 2012다64253 판결;, 대법원 2016. 12. 1. 선고 2016다240543 판결; 대법원 2024. 4. 4. 선고 2022다239131, 239148 판결[공동주택을 신축, 분양하는 내용의 사업과 관련하여 시행대행사인 갑 주식회사, 시행사인 을 공

감액 법리 또한 그 적용에 신중함이 요구되는 예외적인 경우라는 태도를 취하고 있다.

그런데 본 연구의 분석 대상으로 선정된 2023년 선고 하급심 판결 중 신의칙에 기한 보수 감액을 인정한 경우가 50%를 넘는다는 점은 앞서 본 바와 같다. 물론 신의칙에 기한 보수 감액 법리가 적용될 만한 사안이었기에 당초부터 보수 감액 여부가 다퉈졌다고 볼 수도 있으나, 일반적으로 소송에서 신의칙에 기한 주장이 받아들여지는 비율에 비하면 현저히 높아 보인다. 이러한 실무의 태도는 변호사는 원칙적으로 의뢰인에게 약정 보수액 전부를 청구할 수 있고, 다만 예외적으로만 신의칙에 기한 보수 감액이 신중하게 이루어져야 한다는 판례의 설시를 무색하게 만드는 측면이 있다.

특히 신의칙에 기한 보수 감액은 보수 약정의 부당함이 민법 제103조, 제104조, 제109조, 제110조로는 해소될 수 없는 경우에야 비로소 보충적으로 적용되는 것이다. 따라서 비록 개별 사안의 구체적인 사정이 실정법 규정에서 각기 정하는 요건의 관점에서 분석할 경우 법원의 개입 권한이 발동될 만한 수준에 미치지 못하더라도, 적어도 사안의 전체적인 부당함은 법원이 실정법 규정에 기초하여 계약관계에 개입하는 다른 사안들에서 나타나는 부당함의 수준에 이르러야 한다고 보아야 한다. 신의

제회, 시공사인 병 주식회사 등이 체결한 사업약정의 이익금 정산 조항은 세전수익에서 금융비용(을 공제회가 투입한 금액에 대해 정산시점까지 약정 비율로 계산한 금액 상당)을 공제한 금액을 기준으로 사업이익을 배분하기로 정하였는데, 위 사업약정에서 예정하였던 사업기간 이후에 발생한 금융비용도 그 전부가 세전수익에서 공제되어야 하는지 문제된 사안에서, 세전수익에서 을 공제회가 투입한 금액에 대한 금융비용을 공제하고 남은 금액을 기준으로 사업이익을 배분하는 것은 갑 회사와 을 공제회의 사업약정에 따른 것인데도, 사업의 시행자와 금융기관의 지위를 겸유하는 을 공제회가 사업시행자금 집행에 주도적인 역할을 하였고, 사업계획 변경이나 시공사와 협의 지연 등으로 사업 진행의 지연에 영향을 미쳤으며, 갑 회사를 상대로 부당하게 해지통보를 하였다는 사정만을 근거로 공평과 신의성실의 원칙에 따라 위 이익금 정산조항의 효력을 일부 제한하여 금융비용 중 사업약정에서 예정하였던 사업기간 이후에 발생한 금액은 일부만 세전이익에서 공제하는 것이 타당하다고 본 원심판단에 신의성실의 원칙이나 형평의 원칙에 관한 법리오해 등의 잘못이 있다고 한 사례].

칙의 적용은 실정법이 규정한 요건의 한계를 극복하는 불가피한 수단일 뿐, 실정법이 규정하고 있는 계약관계에 대한 개입의 문턱을 임의로 낮추는 우회로가 되어서는 안 된다.

법원이 신의칙에 기하여 보수를 감액하는 것이 허용되는 부당함의 수준을 일률적으로 명확하게 설정하기는 어려울 것이나, 민법 제104조 및 사정변경의 법리를 적용함에 있어서 급부와 반대급부의 불균형이나 이행비용의 증가가 200%를 초과하는 것을 기준으로 하자는 견해는 충분히 참고할 만하다고 생각된다.[94] 신의칙에 기한 보수 감액이 다퉈지는 사안에서 양적 요소로 치환하기 어려운 질적 요소도 다수 포함된 경우가 많지만, 제반 사정을 고려했을 때 법원이 판단한 적정 보수액의 200%를 초과하지 않는 한, 쉽사리 약정 보수액이 감액할 정도로 과다하다고 판단하지 않는 것도 일응의 기준이 될 수 있을 것이다.

나아가 법원이 약정 보수액이 과다한지 여부를 판단하는 데 기준으로 삼는 적정 보수액은 특정 금액이 아닌 일정 범위의 금액으로 이해되어야 한다.[95] 실제로 동종 사건에 관하여 변호사 업계에서 통용되는 보수액 또한 일정 범위에 걸쳐 형성되어 있고, 법원이 의뢰인과 변호사만큼 적정 보수액을 판단하기도 쉽지 않기 때문이다. 나아가 이와 같이 적정 보수액의 범위를 설정한다면, 약정 보수액이 부당하게 과다한지 여부를 판단하는 기준 금액은 그 범위의 상단이 되어야 할 것이다.

이러한 논의를 종합하여 보면 다음과 같은 결론에 이르게 된다. 즉, 법원이 제반 사정을 고려했을 때 적정 보수액이 80~120만 원(= 100만 원 ± 20%)의 범위에 있다고 본다면, 약정 보수액이 240만 원(= 120만 원 × 200%)을 초과하지 않는 한 법원이 신의칙에 기하여 약정 보수액을 감액하는 방법으로 변호사와 의뢰인이 형성한 법률관계에 개입하는 것은 자제되어야 한다.

---

94) 이동진(주 81), 79면. 이계정(주 15), 88면 또한 변호사 보수가 과다하다고 하여 감액을 하여서는 아니 되고 부당하게 과다하다고 판단되는 경우에 한하여 변호사 보수를 감액할 수 있음에 강조한다.

95) 이계정(주 15), 88면.

4. 감액의 정도에 대한 관점 마련

법원이 제반 사정에 비추어 약정 보수액이 신의칙에 반할 정도로 과다하여 감액되는 것이 타당하다고 판단하였다면, 다음으로는 약정 보수액을 어느 수준으로 감액할 것인지가 문제된다.[96] 약정 보수액에 적정한 수준, 과다한 수준, 부당하게 과다한 수준이 있음을 인정한다면, 즉, 예를 들어 앞서 본 바와 같이 약정 보수액이 적정 보수액의 200%를 초과하지 않는 이상 약정 보수액이 적정 보수액의 상단을 초과하더라도 곧바로 신의칙에 기하여 보수가 감액되어서는 안 된다고 본다면, 법원이 인정하여야 하는 변호사의 보수액은 100만 원(최적정 보수액), 120만 원(적정 보수액의 상단), 230만 원(신의칙에 반하지 않은 수준에서 최고 보수액) 중 어느 금액이 되어야 하는가 하는 문제이다.

이에 대하여는 법원이 신의칙에 기하여 법률관계에 대한 개입·수정 권한을 행사하는 이상 계약 내용 중 법질서에 반하는 영역만 제거하는 소극적인 개입만 이루어져야 한다는 견해와 계약 내용에 얽매이지 않고 법질서에 비추어 가장 바람직한 상태를 만드는 적극적인 개입이 이루어져야 한다는 견해를 상정해볼 수 있을 것이다.[97] 그런데 신의칙에 기한 보수 감액은 당사자들이 스스로 형성한 법률관계의 내용이 존재하지 않는 경우(손해배상책임의 제한)와 달리 당사자들이 이미 법률관계의 내용을 스스로 정하고 이에 구속되기로 약속한 점, 신의칙에 기한 보수 감액에 관한 법원의 판단은 아무리 노력하더라도 그 타당성·정확성에 의문의 여지가 생길 가능성이 높은 점,[98] 약정 보수액이 적정 보수액을 초과하

---

96) 손해배상 예정액의 감액에 관하여 판례는 감액의 비율을 정하는 것은 원칙적으로 사실심의 전권에 속하는 사항이지만, 그것이 형평의 원칙에 비추어 현저히 불합리하다고 인정되는 경우에는 위법한 것으로서 허용되지 않는다고 한다(대법원 2023. 8. 18. 선고 2022다227619 판결 등).

97) 권영준, "계약법의 사상적 기초와 그 시사점-자율과 후견의 관점에서-", 저스티스 통권 제124호(2011), 181면; 권영준(주 17), 263면; 태기정, "신의칙 위반의 효과", 동북아법연구 제13권 제1호(2019), 160면.

98) 이계정(주 15), 88면; 이선희(주 17), 31면.

더라도 신의칙에 반하는 정도에 이르지 않는 경우 법원의 개입이 이루어지지 않는 것과의 형평성을 고려할 필요가 있는 점 등에 비추어 보면, 법원은 엄밀하게 최적정 보수액을 다시 정하려는 적극적인 태도보다는 설령 인정 보수액이 적정 보수액을 다소 초과하게 되더라도 신의성실의 원칙과 형평의 관념에 반하지는 않도록 조정하는 것을 목표로 하는 조심스러운 태도로 사안을 접근하는 편이 바람직해 보인다.

한편, 하급심 판결 중에는 약정 보수액의 10~20%만을 감액한 경우가 있음은 앞서 본 바와 같고, 이와 같은 낮은 정도 감액 비율에 대하여 부적절하다는 견해도 있다.[99] 그러나 법원의 감액이 적정 보수액으로의 복귀가 아니라 신의칙에 반하여 위법한 부분만을 해소하는 쪽에 주안점을 두고 있는 것이라면, 낮은 비율의 감액이 반드시 부당하다고 볼 수는 없다. 다만, 그와 같은 낮은 비율의 감액이 약정 보수액이 적정 보수액을 10~20% 정도 초과한다는 판단에 기초하고 있는 것이라면, 이는 다소 과다한 정도에 그칠 뿐 신의칙에 반할 정도로 부당하게 과다하지는 않은 약정 보수액에 법원이 개입하는 것으로 적절하지 않다고 보아야 한다.

Ⅵ. 대상판결에 대한 평가

1. 신의칙에 기한 보수 감액 법리를 확인하면서도 이 사건에서 약정 보수액의 90%를 감액하고 10% 상당액의 지급만을 인정한 원심판결은 부당하다고 본 대상판결의 결론은 타당하다. 특히 원심판결이 감액하고 인정한 보수액은 이 사건에서 불공정의 원인이 된 경제적 이익가액의 정의 부분을 의뢰인에게 유리하게 수정하더라도 변호사가 받았을 보수액에 미달한다는 대상판결의 지적은 신의칙에 기하여 계약 내용을 수정할 수 있다고 하더라도 이는 어디까지나 계약준수의 원칙에 대한 예외로서 인정되는 것임을 분명히 하였다는 점에서 의의가 있다.[100]

---

99) 이승규(주 5), 254면.

100) 손해배상액 예정이 없더라도 채무자가 당연히 지급의무를 부담하여 채권자가 받을 수 있던 금액보다 적은 금액으로 감액하는 것은 손해배상액 예정에 관한 약정

2. 이 사건 이혼 등 사건의 경과가 일반적인 재산분할 사건의 경우보다 쉽거나 짧았다는 특별한 사정은 없다. 오직 이 사건 성과보수 조항에서 정한 재산분할청구 관련 성과보수의 산정기준의 타당성이 문제되는데, 이 사건 성과보수 조항의 문구는 일반인의 입장에서 법적·경제적 의미를 알기 어려울 만큼 복잡하거나 모호하다고 보이지는 않고, 특히 이 사건의 의뢰인인 피고가 변호사인 원고에게 이 사건 성과보수 조항에서 정한 산정 비율을 낮춰달라고 요구한 적이 있다는 사정은 피고가 이 사건 성과보수 조항의 내용에 대하여 그 경제적 결과 등을 충분히 검토하고 이해하였음을 보여준다. 또한 통상 재산분할청구의 성공보수 요율이 5~10% 정도로 정해지는데, 이 사건 성과보수 조항에서 요율을 그 하단인 5%로 정한 것은 산정기준의 특수성을 고려한 것일 가능성도 있다. 이러한 사정들을 종합하여 보면, 약정 보수액의 90%를 감액한 원심판결은 계약자유의 원칙과 계약준수의 원칙을 형해화하는 수준의 것으로서 도저히 받아들일 수 없는 것이다.

3. 한편, 대상판결 이후 환송심 판결[101)]에서 항소심 법원은 제반 사정에 비추어 약정 보수액을 50% 감액하여 인정하여야 한다고 보았고, 위 판결에 대하여 원고와 피고 모두 재상고하였으나 심리불속행기각되어 위 판결은 그대로 확정되었다. 결국 법원이 적정하다고 인정한 보수액은 약정 보수액의 35%(제1심), 10%(환송 전 항소심), 50%(환송 후 항소심)로 나뉘었고, 상고 및 재상고를 거쳐 비로소 확정되었다. 이러한 모습은 "소송위임계약에서 유효하다고 인정되는 보수액의 범위는 법원의 판단을 받아야 분명해지고, 법관마다 기준이 달라 하급심과 상급심의 결론이 엇갈리면 대법원의 판단까지 있어야 보수액이 최종적으로 정해진다. 이는 법률관계의 불확실성을 야기하고, 법적 분쟁의 증가를 초래한다"는 2018년 전원

자체를 전면 부인하는 것과 같은 결과가 되기 때문에 감액의 한계를 벗어나는 것이라는 대법원 2023. 8. 18. 선고 2022다227619 판결도 참고할 만하다.

101) 청주지방법원 2023. 12. 15. 선고 2023나57825 판결(심리불속행기각 확정).

합의체 판결의 별개의견의 지적을 다시 한번 환기시키고, 신의칙에 기한 보수 감액 법리의 구체적인 기준을 보다 발전시켜 당사자들에게 예측가능성을 부여하고 법률관계의 안정을 도모할 필요가 있음을 보여준다.[102)]

Ⅶ. 결 론

사적 자치의 원칙은 충분한 정보, 합리적인 이해와 판단, 대등한 협상력을 전제로 하므로, 이러한 전제가 충족되지 못한 경우에는 법원의 후견적 개입이 이뤄질 수 있고, 민법 제2조의 신의칙 또한 그 통로 중 하나이다.[103)] 변호사와 의뢰인 사이의 위임계약은 정보, 이해, 협상의 모든 측면에서 변호사의 상대적 우위가 두드러진다. 그러한 우위가 변호사의 사무처리 정도와 의뢰인의 이익 정도에 비추어 지나치게 과다한 약정 보수액이라는 결과로 이어졌다면, 법원이 신의칙을 매개로 약정 보수액을 감액하는 것도 가능하다. 특히 하급심 판결에서 나타나는 구체적인 사정들을 보면, 민법 제103조, 제104조, 제109조, 제110조나 사정변경의 법리만으로는 이러한 문제점을 해결하기 어려운 경우가 많아 보인다.

그러나 실정법상 개별 규정으로 해결하기 어려워 일반조항인 신의칙에 의존하는 만큼, 신의칙에 기한 보수 감액 법리의 적용은 신중하여야 한다. 특히 사안의 전체적인 부당성이 실정법상 개별 규정이 적용될 만한 수준에도 이르지 못하였는데도, 법관이 변호사가 받아 마땅한 보수를 임의로 정할 수 있는 전지전능한 지위에 있다고 생각하여서는 안 된다.[104)] 기존 규정이나 법리로 해결될 수 있을 만한 사안을 간이하게 해

---

102) 이와 달리 위임관계에서 충실의무에 근거하여 법관이 후견적 보충적인 재량통제를 할 수 있게 되면, 사회 전체적으로 위임계약의 체결에 드는 당사자의 노력과 감시비용을 줄일 수 있다는 견해로는 이중기(주 89), 327면. 그러나 당사자들이 법원에 후견적 개입을 요청하는 것이 예외에서 원칙으로 변질될 우려, 당사자가 아닌 법원이 이익상황을 적정하게 평가하고 조정하는 것의 한계 등을 고려하면, 이러한 법리 적용이 과연 사회 전체의 비용을 감소시키는 방향으로 이어질지는 의문이다.

103) 권영준(주 3), 118면.

104) 이선희(주 17), 31면도 법관이 비교적 익숙한 분야라고 하여 변호사 직역에 다른 직역보다 엄격한 잣대를 들이대서는 안 된다고 지적한다.

결하고자 신의칙으로 풀어나가서도 안 된다.

일반조항인 신의칙의 신중하고 예측가능한 적용을 위해서는 실무 사안의 유형화와 분석을 통한 보다 구체적인 기준 마련이 필요하다.[105] 관련된 제반 사정 중 의뢰인의 이익, 변호사의 기여도, 보수 관련 변호사의 설명 내지 의뢰인의 이해 정도에 관한 사정들에 중점을 두고 판단하는 것이 바람직하고, 약정 보수액의 불공정 요소가 발생한 시점과 경위 등도 함께 살펴보아야 한다. 나아가 구체적으로 법원의 후견적 개입이 정당화될 만한 상황은 언제인지, 또 그러한 경우 법원의 후견적 개입은 어느 정도의 감액으로 이어져야 하는지에 대한 연구도 계속되어야 한다.

한편, 법률관계의 예측가능성을 높이기 위해 변호사의 구체적인 법정 보수기준을 마련하자는 견해도 있기는 하나,[106] 소송과 자문의 대상이 되는 법적 분쟁마다 내용·성격·난이도 및 의뢰인이 갖는 이해관계를 달리하므로, 이러한 보수기준을 마련하더라도 결국에는 법원의 판단을 거치게 되는 경우가 많을 것이어서 그 의의는 크지 않을 것으로 생각된다. 다만, 보수 감액 문제가 변호사와 의뢰인 사이에 정보, 이해, 협상력의 상당한 불균형이 존재한다는 문제로부터 출발한다는 점을 고려하면, 위임계약상 의뢰인에게 불리할 수 있는 조항은 관련된 상황을 보다 구체적으로 나누어 정하고 의뢰인에게 그 법적 의미나 경제적 결과를 상세히 설명하는 방식으로 변호사와 의뢰인 간 위임계약의 관행을 개선해 나간다면,[107] 법원의 불필요한 개입을 줄일 수 있지 않을까 생각해본다. 나아가 법원이 개입 여부 및 정도를 판단하는 데 있어 법원이 파악할 수 있는 변호사 업계의 관행과 동향에는 한계가 있다는 점과 법원이 자칫 약정

105) 윤영미, “민법상 일반조항과 기본권”, 공법연구 제39집 제4호(2011), 233면.

106) 정형근(주 5), 228면

107) 예를 들어, 착수금 반환 금지 조항의 경우 어느 정도의 시간 또는 사무처리가 이루어졌는지에 따라 착수금의 일부 또는 전부가 반환되지 않는 것으로 정하고, 승소간주조항의 경우에도 승소로 간주되는 구체적인 상황마다 약정 성공보수의 일부 또는 전부를 지급하여야 하는 것으로 정하는 것이다. 또한 성공보수 조항에 따를 경우 의뢰인이 전부 승소, 일부 승소, 전부 패소할 경우 지급하여야 하는 금액을 구체적으로 설명하는 것이 바람직하다.

보수액과 관련하여 의뢰인과 변호사가 처한 상황보다는 염결성에 치우쳐 그 적정성을 판단하는 오류를 범할 위험이 있는 점 등을 고려하여, 심리 과정에서 변호사협회[108]나 사건당사자가 아닌 다른 여러 변호사들에게 약정 보수액의 적정성과 감액 시 인정할 보수액에 관한 의견을 조회하는 식으로 실무 운영을 보완하는 것도 필요해 보인다.

108) 독일의 변호사 보수에 관한 법률(Gesetz über die Vergütung der Rechtsanwältinnen und Rechtsanwälte) 제3a조 제3항은 "합의된 보수, 제2조 제1항에 따라 변호사협회 이사회가 결정한 보수 또는 제4a조에 따른 성공보수가 모든 상황을 고려하여 불합리하게 높은 경우, 법정 보수액 한도 내에서 법적 분쟁이 있을 경우 적정한 금액으로 삭감될 수 있다. 감액에 앞서 법원은 변호사협회 이사회로부터 의견을 얻어야 한다(Ist eine vereinbarte, eine nach Absatz 2 Satz 1 von dem Vorstand der Rechtsanwaltskammer festgesetzte oder eine nach § 4a für den Erfolgsfall vereinbarte Vergütung unter Berücksichtigung aller Umstände unangemessen hoch, kann sie im Rechtsstreit auf den angemessenen Betrag bis zur Höhe der gesetzlichen Vergütung herabgesetzt werden. Vor der Herabsetzung hat das Gericht ein Gutachten des Vorstands der Rechtsanwaltskammer einzuholen)"고 정하고 있다.

[Abstract]

A Review on the Case Law of Reducing Attorney's Fee Based on the Rule of Good Faith

−Focusing on the Supreme Court's 2022Da293937 decision and the lower court' s decisions in 2023−

Han, Seong Min*

The principle of private autonomy, which is the basis of our judicial order, leads to the principles of freedom of contract and compliance with contracts, and according to this, the court must protect the parties who insist on the performance of the contract. However, our court, based on the principle of good faith and the concept of equity, holds that if the amount of fee agreed upon in the delegation contract between the attorney and the client is unreasonably excessive, the attorney's claim for payment exceeding the appropriate amount cannot be accepted.

There are still disputes regarding the validity of this case law, including the conflict between the majority opinion and separate opinions in Supreme Court en banc decision in 2018. However, if the agreed amount of fee that the attorney agrees to receive for handling the client's affairs is excessive in light of the benefits the client derives from handling the affairs and the extent to which the lawyer contributes to realizing those benefits, and if the fee agreement results from an imbalance in information and bargaining power between the attorney and the client, there is a realistic need for the court not to protect the attorney's claim for payment exceeding the appropriate amount.

* Judge, Seoul Central District Court.

However, although the application of the principle of good faith, which is a general provision, needs to be careful and strict, according to the results of analysis of the lower court decisions in 2023, more than half of the cases accepted the application of the principle, and the principle is applied even to cases that can be resolved through individual positive law provisions. In addition, what are the specific cases where the agreed fee is unreasonably excessive enough for the court to intervene in the agreement between the attorney and the client, what specific factors should or should not be considered, and the importance or systematic status of those factors have not been sufficiently clarified.

The subject judgment reaffirms the case law that the amount of fee agreed between the attorney and the client can be modified based on the principle of good faith. Furthermore, it is significant that, it warns against the lower court's careless attitude of overly lowly evaluating the value of attorneys' handling of affairs and excessively reducing the amount of fee to the point where the principle of freedom of contract is put to shame, and it emphasizes that the application of the principle of good faith must be cautious and that the result of its application must be the restoration of the principle of freedom of contract in the true sense. However, looking at the litigation progress of the subject judgment, it seems that it is still difficult for the general public to have predictability regarding the specific application requirements and results of this case law, so there is a need to accumulate practical research on this case law.

[Key word]

- Reduction in attorney' agreed fees
- Principle of contract compliance
- Principle of good faith
- Concept of equity
- Delegation contract

참고문헌

[단 행 본]

곽윤직 · 김재형, 민법총칙(제9판), 박영사(2013)

송덕수, 신민법강의(제12판), 박영사(2019)

양창수 · 김재형, 계약법(제3판), 박영사(2020)

지원림, 민법강의(제20판), 홍문사(2023)

[논 문]

권영준, "한국 민법과 사적 자치", 「우리 법 70년 변화와 전망」, 청헌 김증한 교수 30주기 추모논문집 간행위원회(편), 법문사(2018).

______, "계약법의 사상적 기초와 그 시사점－자율과 후견의 관점에서", 저스티스 통권 제124호(2011).

______, 2018년 민법 판례 동향, 서울대학교 법학 제60권 제1호(2019).

남궁술, "2016 개정 프랑스 민법에서의 신의칙의 지위", 법학논총 제35호 제4호(2018).

박경재, "변호사의 법적 지위와 변호사보수계약", 법학연구 제51권 제1호(2010).

박영목, "사정변경으로 인한 등가관계 장애의 법적 해결", 고려법학 제17호(2013).

윤영미, "민법상 일반조항과 기본권", 공법연구 제39집 제4호(2011).

이계정, "변호사 보수청구 제한의 근거로서 신의칙과 신인관계", 민사판례연구(42)(2020).

이동진, "계약위험의 귀속과 그 한계: 사정변경, 불능, 착오", 비교사법 제26권 제1호(2019).

이선희, "2018년 민법총칙 및 물권법 중요판례평석", 인권과 정의(2019. 3.).

이승규, "수임인의 보수에 대한 법원의 감액", 민사판례연구(30)(2008).

이양희, "민법상 일반원칙인 '신의성실의 원칙이나 형평의 원칙'에 의한 변호사 보수의 감액 여부", 사법 제45호(2018).

이영준, "사정변경의 원칙", 민사법학 제82호(2018).

이재목, "변론과오와 변호사의 민사책임에 관한 일고", 법학연구 제14권(2003).

이중기, "신의칙과 위임법리에의 접목을 통한 충실의무법리의 확대와 발전: 신뢰와 신임에 관한 법원칙의 사법상의 지위와 발전방향을 중심으로", 홍익법학 제12권 제2호(2011).

이창희, "변호사 보수의 적정성과 투명성", 「법률가의 윤리와 책임」, 박영사(2007).

전원열, "착오 개념의 정립을 위한 소고", 저스티스 통권 제146-1호(2015).

정형근, "변호사 보수에 관한 고찰", 법조 제645호(2010).

태기정, "신의칙 위반의 효과", 동북아법연구 제13권 제1호(2019).

파생상품거래의 착오취소와 민법 제109조 제1항의 적용*

김 태 균**

요 지

이 글은 대법원 2023. 4. 27. 선고 2017다227264 판결에 관한 평석이다. 대상판결은 금융투자업자가 한국거래소가 설치한 파생상품시장에서 소프트웨어에 의해 자동으로 호가가 생성·제출되는 방식으로 파생상품거래를 함에 있어 변수를 잘못 입력하여 시장가격에 비추어 이례적인 가격으로 다수의 파생상품거래가 체결된 사안에서 민법 제109조 제1항에 의한 착오취소를 부정하였다.

대상판결은 대법원 2014. 11. 27. 선고 2013다49794 판결, 1955. 11. 10. 선고 4288민상321 판결에 이어 착오가 표의자의 중대한 과실로 인한 때에도 상대방이 표의자의 착오를 알고 이를 이용한 경우에는 의사표시의 취소가 가능하다는 판례의 법리를 다시 확인하였다. 이로써 민법 제109조 제1항 단서가 명시적으로 선언하지 않았지만 표의자의 중과실에도 불구하고 상대방의 보호가치에 따라 착오취소가 허용될 수 있게 된다.

대상판결이 한국거래소를 통하여 이루어진 금융상품거래에 관하여 그 고유한 특성에도 불구하고 민법 제109조 제1항을 적용하여 사법심사가 가능함을 전제로 판단한 점도 주목할 부분이다. 다만 대상사건의 착오가 자동화된

---

* 이 논문은 2024. 6. 17. 민사판례연구회 제472회 월례회에서 발표한 글이다. 부족한 발표에 대하여 귀중한 지정토론을 해 주신 김형석 교수님과 조은경 부장판사님께 감사드린다.

** 대구지방법원 부장판사.

의사표시의 특성을 고려할 때 단지 계산의 기초가 되는 사정에 관한 동기의 착오가 아니라 법률행위 내용의 착오에 해당한다는 점을 명시적으로 밝히지 않은 점은 아쉬운 부분이다.

상대방이 표의자의 착오를 알고 이를 이용한 경우에는 착오가 표의자의 중대한 과실로 인한 것이라고 하더라도 표의자가 의사표시를 취소할 수 있다는 대상판결의 입장은 그 자체로는 타당하다. 다만 반드시 '착오를 알고 이용한 경우'에 국한하여서만 상대방의 보호가치가 부정되는 것은 아닌바, '악의' 외에 '이용 여부'까지 추가로 고려할 필요는 없다. 경우에 따라서는 상대방이 조금만 주의를 기울여도 표의자의 착오를 쉽게 알 수 있었던 때에도 취소권의 행사를 허용하여 표의자를 보호하는 것이 타당하다. 나아가 상대방이 법인이 경우 착오에 관한 인식 또는 인식의 귀속은 규범적인 평가로서 타당하게 조정되어야 하고, 알고리즘거래 프로그램을 사용한 경우에는 그 설정내용과 작동방식까지 검토되어야 한다.

근본적으로는 중과실 착오에 의한 의사표시로부터 보호받지 못하는 상대방의 범위를 반드시 '악의'와 같은 주관적 용태를 기준으로 선별할 것이 아니라 표의자와 상대방 그리고 거래의 안전 등을 직접 형량하는 방법을 고려해 볼 수 있다. 민법 제109조 제1항 단서는 애초에 상대방의 주관적 인식에 관하여 아무런 언급을 하고 있지 않다는 점을 상기할 필요가 있다.

[주 제 어]

- 착오에 의한 의사표시의 취소
- 파생상품거래
- 오입력거래
- 알고리즘거래 프로그램
- 동기의 착오
- 자동화된 의사표시
- 표의자의 중과실
- 상대방의 악의
- 법인의 인식

대상판결 : 대법원 2023. 4. 27. 선고 2017다227264 판결

[사안의 개요]

1. 사실관계

(1) 당사자들의 지위

한맥투자증권 주식회사(이하 '한맥투자증권')는 금융투자업자로서 주식회사 한국거래소(이하 '한국거래소')의 회원이다. 한맥투자증권은 이 사건 소 제기 후 파산선고를 받아 파산관재인으로 선임된 예금보험공사가 소송을 수계하였다.

피고(캐시아 캐피탈 피티이 엘티디, Cassia Capital Pte. Ltd.)는 주식 및 파생상품 등의 매매를 주된 업무로 하는 싱가포르 법인이다. 피고는 한국거래소의 회원인 복수의 투자중개업자들에게 매매거래를 위탁하고 파생상품계좌를 개설하였다.

(2) 주가지수옵션에 관한 매매계약의 체결

한맥투자증권은 주식회사 와이즈시스템트레이딩(이하 '와이즈시스템')으로부터 사용권을 구매한 소프트웨어(이하 '이 사건 소트프웨어')를 설치하고 와이즈시스템 직원으로 하여금 이자율 등 변수를 입력하도록 하여 그 입력된 조건에 따라 이 사건 소프트웨어에 의하여 자동으로 호가가 생성·제출되는 방식으로 파생상품거래를 하였다.[1]

그런데 와이즈시스템 소속 직원 이○○은 2013. 12. 12. 파생상품시장 개장 전인 08:58:02 이 사건 소프트웨어에 입력할 변수 중 이자율을 계산하기 위한 설정값에 '잔존일수/365'를 입력한다는 것을 '잔존일수/0'로 잘못 입력하였다(이하 '이 사건 오입력').

복수의 투자중개업자들을 통한 피고의 호가 제시와 그 호가를 좇은 한맥투자증권의 호가 제출로 한국거래소의 파생상품거래시스템을 통하여 한맥투자증권의 계좌와 피고의 파생상품계좌들 사이에 2013년 12월물 코스피200 콜옵션 또는 풋옵션 등에 관하여 2013. 12. 12. 09:00:00부터 09:02:23 사이에 약 37,000건가량의 매매거래(이하 통틀어 '이 사건 매매거래')가 체결되었다.

---

1) 사전에 정한 일정한 규칙에 따라 투자의 판단, 호가의 생성 및 제출 등을 자동으로 실행한다는 점에서 알고리즘 거래에 해당한다. 당시 한국거래소 파생상품시장 업무규정(2013. 9. 11. 규정 제951호) 제156조의3 등 참조.

(3) 매매거래 취소 주장 및 부당이득금 청구

한맥투자증권은 이 사건 매매거래 체결과정에 관하여 다음과 같이 설명한다.

"이 사건 소프트웨어는 입력된 금리 등 각종 외부 지표들과 실시간으로 변동하는 현물주가지수 등을 기반으로 매수가격의 상한과 매도가격의 하한을 정하는 이른바 '박스'를 설정하고, 설정된 박스의 한도 안에서 다른 당사자 사이의 체결호가들과 가장 유리한 최우선호가들을 검토하여 거래가 이익으로 판단되면 호가를 자동으로 제시하여 거래를 체결한다. 그런데 이 사건 오입력으로 인하여 박스의 상하한이 없어지게 되었고 이 사건 소프트웨어는 현물주가지수 등과 상관없이 체결호가와 최우선주문호가만을 좇아서 호가를 제출하게 되었다."

한맥투자증권은 매매거래 당일 한국거래소에 이 사건 매매거래가 착오거래임을 주장하면서 정정·구제를 신청하고, 이후 피고 및 피고의 투자중개업자들에게 착오를 이유로 이 사건 매매거래를 취소하는 의사표시를 하였다.

한맥투자증권은 이 사건 매매거래를 포함하여 2013. 12. 12.자 코스피 200 옵션 등 거래로 부담하게 된 결제대금 총액 58,444,186,250원 중 1,340,806,096원을 납부하였고, 한국거래소는 나머지 57,103,380,154원을 결제하였다.

이 사건 매매거래로 인하여 한맥투자증권은 약 460억 원가량의 손해를 입었고, 그 중 피고가 355억 원가량의 이익을 얻었으므로 매매거래의 착오취소와 부당이득금 중 일부로 100억 원의 반환을 구하며 이 사건 소를 제기하였다.

2. 소송의 경과

(1) 제1심(서울남부지방법원 2015. 9. 11. 선고 2014가합3413 판결)[청구기각]

－금융투자상품시장에서 이루어지는 파생상품 거래의 경우 거래의 안전과 상대방의 신뢰보호 필요성이 크다 하더라도 착오취소를 규정한 민법 제109조가 적용된다.

－이 사건 매매거래 중 거래가액과 옵션의 예상가치에 상응하는 가액에

큰 차이가 있는 부분은 법률행위 내용의 중요부분이 착오에 의하여 이루어진 의사표시에 해당한다.

– 한맥투자증권은 고도의 전문성이 요구되는 금융투자업자에 해당하는데 투자매매업자가 아닌 와이즈시스템 직원으로 하여금 호가에 영향을 줄 수 있는 수치를 입력하도록 하고 그에 따라 이 사건 오입력이 발생하였는바 이는 한맥투자증권의 중대한 과실에 의한 착오에 해당한다.

– 이 사건 매매거래 중 일부가 이례적인 가격으로 체결되기는 하였으나 피고 역시 알고리즘거래 소프트웨어를 이용하여 호가를 제출한 것으로 보이므로 피고가 한맥투자증권의 이례적인 호가제출을 확인한 후 그에 상응하는 주문을 제출한 것으로 보이지 않는다. 피고가 한맥투자증권의 착오를 알고 이를 이용하여 이 사건 매매거래를 체결하였다고 보기 어렵다.

(2) 원심(서울고등법원 2017. 4. 7. 선고 2015나2055371 판결) [항소기각]

– 한국거래소의 업무규정과 민법 제109조는 병존적으로 적용되어 각각의 요건에 따른 효과가 발생할 수 있는 것이고 한국거래소의 업무규정에 의하여 민법 제109조의 적용이 전적으로 배제되지 않는다.

– 한맥투자증권은 자신이 제출하려는 호가를 계산하는 과정에서 그 계산의 기초가 되는 사정에 관해 착오를 일으킨 것으로서 이는 동기의 착오에 불과하고 이를 매매거래의 내용으로 삼을 것을 표시하였다고 인정할 증거가 없으므로 이 사건 매매거래를 취소할 수 없다.

– 이 사건 오입력은 한맥투자증권이 증권투자업자에게 통상 요구되는 주의를 현저히 결여한 중대한 과실에 기한 것이다.

– 제반사정에 비추어 볼 때 피고가 상대방의 착오를 이용하여 부정한 이익을 취득할 수 있도록 설계된 알고리즘거래 프로그램을 사용하거나 착오로 인한 호가제출 사실을 아는 피고 직원이 개입하여 한맥투자증권의 착오를 유발하거나 그의 중과실을 이용하여 이 사건 매매거래가 체결되었음을 인정할 증거가 부족하다.

(3) 대상판결(대법원 2023. 4. 27. 선고 2017다227264 판결) [상고기각]

– 한맥투자증권은 금융투자업자로서 호가를 입력하기 전에 적합성 등을 점검해야 할 의무가 있고, 자본시장법에 위반하여 투자매매업자가 아닌 회사의 직원에게 호가에 영향을 줄 수 있는 수치를 입력하도록 한 점 등에 비추어 이 사건 매매거래에 관한 착오는 중대한 과실로 인한 것이다.

– 피고는 매매거래 중 상당 부분에 대하여 개장 전에 호가를 제출하였고, 개장 후 호가를 제출한 부분도 알고리즘거래 소프웨어를 이용하여 제출한 것으로 보이는 점, 피고가 제출한 호가가 우연히 발생할지도 모르는 거래상대방의 착오를 이용할 목적으로 사전에 마련된 것이라고 단정할 수 없는 점 등에 비추어 피고가 한맥투자증권의 착오를 이용하여 매매거래를 체결하였다고 보기도 어렵다.

– (민법 제109조의 적용여부, 동기의 착오에 불과한지 여부 등에 관해서는 직접적인 언급을 하지 아니한 채) 착오를 이유로 이 사건 매매거래를 취소할 수 없다고 한 원심이 정당하다고 보았다.

3. 비교사례

(1) 2002년 12월 신흥증권사건 [풋옵션 → 콜옵션] [착오취소 부정]

– 신흥증권 주식회사 직원이 2002. 12. 11. 옵션마감일에 코스피200 2002년 12월물 풋옵션을 매도하려고 하였으나 거래단말기에 콜옵션을 매도한다고 잘못 입력하였다. 당시 해당 콜옵션의 가격은 9포인트가량이었는데 0.21포인트에 계약이 체결되어 거래상대방 현대증권 주식회사가 약 46억 원 상당의 이득을 얻게 되었다.

– 법원은 주가지수옵션거래에는 착오를 이유로 한 취소권이 배제된다고 보았고, 설령 민법 제109조를 적용하더라도 중대한 과실로 인한 착오로서 피고가 이를 이용하였다고 볼 증거가 없다는 이유로 착오 취소를 부정하였다.[2)]

(2) 2010년 2월 미래에셋증권사건 [0.80원 → 80원] [착오취소 긍정]

– 미래에셋증권 주식회사 직원이 2010. 2. 9. 2010년 2~3월 미국달러선물스프레드를 매수함에 있어 주문가격을 위탁받은 0.80원이 아닌 80원으로 잘못 입력하였다. 그에 따라 거래상대방 동양증권 주식회사는 해당 선물스프레드를 시가 보다 훨씬 높은 가격으로 계약당 80원에 8,700계약을 매도하고 약 78억 원 상당의 이익을 얻었다.

– 법원은 동양증권 주식회사가 표의자의 중대한 과실로 인한 착오를 알면서도 이를 이용하였다고 보아 착오 취소를 인정하였다.[3)]

---

2) 서울남부지방법원 2004. 7. 30. 선고 2003가합3356 판결, 서울고등법원 2005. 6. 24. 선고 2004나68412 판결.

(3) 2011년 1월 골든브릿지투자증권사건 [1월물 풋옵션 → 3월물 선물]

[거래소 등 손해배상책임 부정] [직원의 손해배상책임 긍정]

– 골든브릿지투자증권 주식회사의 직원이 2011. 1. 13. 코스피200 2011년 1월물 풋옵션을 매도할 의사였으나 종목번호를 잘못 입력하여 착오로 코스피200 2011년 3월물 선물 56,000계약을 매도주문하게 되었다. 개장 후 위 직원이 착오를 발견하고 선물을 매수하여 매도계약을 청산하였는데 그 과정에서 회사는 254억 원 이상의 손해를 입게 되었다.

– 법원은 담당직원이 골든브릿지투자증권 주식회사에 대하여 과실에 의한 불법행위 책임을 부담한다고 판단하고 다만 그 책임범위를 50%로 제한하여 손해배상금 지급을 인정하였다.[4)]

– 법원은 한국거래소가 개별적인 착오주문을 방지하여 잘못된 주문에 의한 경제적인 손실이 발생하지 않도록 예방할 의무를 부담하지 않는다고 보아 한국거래소와 주식회사 코스콤의 손해배상책임은 부정하였다.[5)·6)]

(4) 2013년 12월 한맥투자증권사건 [잔존일수/365 → 잔존일수/0]

[착오취소 부정] [거래소 손해배상책임 부정] [임원 등 손해배상책임 부정]

– 대상판결에서 앞서 본 바와 같이 착오 취소에 따른 부당이득금반환청구는 부정되었다.

– 한국거래소의 구상금청구 본소에 관하여 한맥투자증권이 반소로 한국거래소의 불법행위 손해배상책임을 청구한 사건에서는 한국거래소가 파생상품시장에서 발생하는 모든 상황을 감시·통제하는 데에는 한계가 있으므로 거래소가 이 사건에 관하여 위법한 행위를 하였다고 보기는 어렵다는 등의 이유로 불법행위 책임이 부정되었다.[7)]

---

3) 대법원 2014. 11. 27. 선고 2013다49794 판결.

4) 서울서부지방법원 2012. 10. 12. 선고 2011가합14572(본소), 2012가합2767(반소) 판결.

5) 서울남부지방법원 2014. 11. 14. 선고 2014가합100284 판결.

6) 이와 달리 일본에서는 '미즈호증권 오발주사건'에서 동경증권거래소가 이상거래에 관하여 매매정지권을 행사하지 아니한 것은 중과실에 해당한다고 보아 미즈호증권이 입은 손해액 중 70%에 관한 거래소의 손해배상책임이 인정되었다(東京地判 平成21·12·4 金判1330号16頁, 東京高判 平成25·7·24 金判1422号20頁). 위 사건은 2005. 12. 8. 미즈호증권의 직원이 제이콤 주식에 관하여 '61만 엔에 1주 매도'하는 주문을 한다는 것이 실수로 '61만 주를 1엔에 매도'하는 주문을 입력하였고, 이후 다수의 매매거래가 체결되어 미즈호 증권이 약 407억 엔의 손실을 입은 사건이다.

– 골든브릿지투자증권사건과는 달리 한맥투자증권의 당시 대표이사 및 준법감시인의 한맥투자증권에 대한 불법행위에 따른 손해배상책임은 부정되었다.[8)]

(5) 2018년 2월 케이프투자증권사건 [콜옵션 → 풋옵션] [착오취소 긍정]

– 케이프투자증권 주식회사 직원이 2018. 2. 5. 코스피200 2018년 2월물 콜옵션을 매도하는 주문을 입력하려다가 실수로 풋옵션을 매도하는 주문을 입력하였다. 그에 따라 오스트레일리아 법인이 옵션이론가와 비교하여 현저히 낮은 가격에 풋옵션을 매수하게 되었고 케이프투자증권 주식회사는 60억 5,000만 원 이상의 손해를 입게 되었다.

– 법원은 오스트레일리아 법인이 표의자의 중대한 과실로 인한 착오를 알면서도 이를 이용하였다고 보아 착오 취소를 인정하였다.[9)]

〔研 究〕

Ⅰ. 서 론

미래에셋증권사건에서 담당직원이 매수주문가격을 '0.80'원 대신 '80원'으로 잘못 입력한 경우에는 그에 따른 파생상품거래의 착오취소가 인정되었다. 이와 달리 대상사건에서는 담당직원이 거래용 소프트웨어에 입력변수를 '잔존일수/365' 대신 '잔존일수/0'로 잘못 입력하였는데 착오취소가 인정되지 않았다. 언뜻 유사해 보이는 사건인데 어떤 이유로 대법원의 결론이 달라지게 되었는지 살펴 볼 필요가 있다. 표의자가 중과실로 착오에 의한 의사표시를 하였더라도 상대방이 이를 알고 이용하였다면 취소할 수 있는지가 문제된 사안이 공통적으로 한국거래소에서 이루어진 파생상품거래라는 점도 흥미롭다. 이와 관련하여 비교사례에 기재한 바와 같이 유사한 쟁점이 문제된 하급심 사건들도 확인할 수 있었다. 이하

7) 대법원 2023. 4. 27. 선고 2017다238486, 238493 판결.

8) 서울중앙지방법원 2018. 2. 26. 선고 2016가단5290541 판결, 서울중앙지방법원 2019. 5. 31. 선고 2018나21332 판결.

9) 서울남부지방법원 2019. 9. 20. 선고 2018가합101865 판결, 항소심인 서울고등법원 2019나2048210 사건에서 2020. 9. 21. 조정성립.

에서는 민법 제109조 제1항의 규정을 중심으로 각 사안들을 비교, 검토하고 파생상품거래에 관한 착오취소의 가능성에 관하여 다음과 같이 살펴본다.

우선 거래소 장내에서 이루어진 파생상품거래에 관하여 착오취소에 관한 민법 제109조 제1항의 적용이 가능한지 검토한다. 온라인 주식매매와 같이 개인적으로 금융상품거래를 해 본 경험이 있는 사람이라면 실수로 잘못 입력한 주문에 대해서 민법에 따라 착오취소를 주장할 수 있다는 생각 자체를 떠올리기 어려울 수 있다(Ⅱ. 제109조 제1항).

다음으로 대상사건에서 담당직원이 이자율 산정에 필요한 변수를 잘못 입력한 것이 내부적인 계산과정의 문제에 불과하여 표시되지 아니한 동기의 착오로서 취소할 수 없는 것은 아닌지 살펴본다. 알고리즘거래 프로그램에 의해 호가가 제출되었다는 특성을 감안하여 자동화된 의사표시에 관한 종래의 논의를 참고하였다(Ⅲ. 제109조 제1항 본문).

또한 금융투자회사 등의 직원이 파생상품거래를 담당하면서 실수로 잘못된 입력을 한 것은 중대한 과실에 의한 착오로서 취소권의 행사가 배제되는지도 문제이다(Ⅳ. 제109조 제1항 단서).

마지막으로 대상사건을 비롯하여 오입력거래 사건들에서 중과실에 의한 착오에도 불구하고 거래상대방이 착오를 알고 이용하였다는 이유로 취소권의 행사가 확장될 수 있는지 살펴본다. 특히 대상사건과 같이 금융투자회사인 법인들 사이에 알고리즘 프로그램에 의한 거래가 이루어진 경우 상대방의 악의와 같은 주관적 용태를 어떻게 평가할 것인지를 검토한다(Ⅴ. 제109조 제1항 단서의 예외).

Ⅱ. 민법 제109조 규정의 적용 여부

1. 적용 배제설

민법 제109조 제1항은 법률행위 내용의 중요부분에 착오가 있는 때에는 의사표시를 취소할 수 있도록 규정하면서 다만 그 착오가 표의자의 중대한 과실로 인한 때에는 취소를 제한하고 있다. 이러한 민법상 착오

규정이 이 사건 매매거래와 같이 한국거래소 장내에서 이루어진 파생상품거래에 대해서도 적용이 있는지에 관해서는 논란이 있다.

대상사건에서 피고는 한국거래소의 거래시스템을 통하여 이루어지는 옵션거래는 거래의 안정성 및 거래조건의 공정성에 관한 고도의 신뢰가 중시되어야 하고, 알고리즘 소프트웨어 등을 통하여 거래가 이루어지는 경우가 많아 통상의 의사표시와 성질을 달리하며, 거래가 연속적으로 일어나 시장가격이 결정되는 특성이 있으므로 이 사건 매매거래에 민법 제109조의 착오취소 규정이 적용될 수 없다고 주장하였다.

실제로 신흥증권사건에서 제1심법원과 항소심법원은 증권거래소를 통한 주가지수옵션거래에 대하여 착오를 이유로 한 취소권은 배제된다고 하였다.[10] 법원은 그 근거로 주가지수옵션거래는 그 특성상 상대방의 신뢰보호 및 거래의 안전성이 강하게 요구되고,[11] 자치법규로 볼 수 있는 한국거래소의 업무규정이 착오 취소권의 배제를 전제로 하고 있다는 점[12] 등을 제시하였다.

---

10) 서울남부지방법원 2003가합3356 판결, 서울고등법원 2004나68412 판결.

11) 구체적으로 ① 주가지수옵션거래는 거래대상이 정형화, 표준화되어 있어 거래가 대량으로 신속하게 이루어지고 하나의 거래가 성립한 후 파생되는 거래가 연속적, 반복적으로 이루어지는 점, ② 옵션거래의 경쟁매매방식에서는 일반적인 두 당사자 간의 대면거래에서와 같이 당사자 사이의 개별적인 교섭에 의하여 의사표시 당시 확정적인 의사에 따라 계약내용과 거래 상대방이 결정되는 것이 아니라 미리 정해진 규칙에 따라 거래에 참가한 다수 당사자들 사이의 의사 합치에 따라 최종적인 거래가 성립되는 점, ③ 단일가매매에 의하여 성립된 거래에 관하여 의사표시 착오를 인정하게 되면 자신이 취소하고자 하는 거래뿐만 아니라 단일가매매에서 성립된 나머지 제3자 간의 거래에도 파생적, 연쇄적으로 영향을 미치게 되는 점, ④ 주가지수옵션거래에 참여하는 한국거래소 회원들은 요건을 갖춘 증권회사로서 시장에서 성립된 거래의 안전성 및 거래조건의 공정성에 대하여 고도의 신뢰를 바탕으로 거래에 참여하는 점, ⑤ 주관적 사정에 의한 착오취소를 허용한다면 증권거래소를 통한 거래의 유효성에 대한 다수의 신뢰가 상실되고 결국 증권거래소를 통한 거래 전체의 기반이 흔들릴 수 있는 점 등의 사정이 고려되었다.

12) 당시 한국증권거래소 선물옵션 업무규정에 의하면 주문의 접수, 호가의 입력 등을 함에 있어 착오를 일으킨 경우 그 거래를 자기매매로 인수함으로써 정정할 수 있다고 규정하고 있을 뿐 거래 상대방에 대하여 착오를 이유로 당해 거래를 정정하거나 무효화시킬 수 있는 규정을 두고 있지 아니하였는바, 이는 착오취소가 불가함을 당연한 전제로 하고 있다는 것이다.

미즈호증권 오발주사건 후 구성된 법률문제연구회에서는 증권거래소 거래에 있어서는 익명성, 대량성, 연쇄성을 특징으로 하는 시장거래에 참가자들 사이에는 착오 등 의사표시에 관한 하자의 주장을 하지 않는다는 것에 관하여 묵시적인 합의나 관습이 존재한다는 견해가 제시되기도 하였다.[13)]

흥미롭게도 이는 종래 '전자적 의사표시' 또는 '자동화된 의사표시'에 관하여 주로 대량거래 영역에서 적용되고 신속·정형화된 거래를 특징으로 하고 있으며 표의자의 의사가 구체적인 형태로 존재하지 않고 구체적인 사항은 표의자조차 인식하지 못하는 경우가 많기에 상대방의 신뢰를 보호하는 표시주의적 관점에서 민법 제109조에 의한 착오 취소를 제한하여야 한다는 견해[14)]와 유사해 보인다. 민법 제109조와 같이 표의자에게 중과실이 있는 경우에만 취소할 수 없도록 하는 것은 상대방의 신뢰보호에 미흡하므로 모든 요건을 갖추더라도 착오 취소권이 배제되는 사유로 인정되는 '모험적인 행위'에 포섭하자는 견해[15)]도 같은 맥락이다.[16)]

거래소에 따라서는 프랑크푸르트 증권거래소와 같이 거래소 운영위원회에 의한 거래의 취소와 조정(다만 착오 취소에 국한하는 것은 아니고 이상거래에 대한 조치를 포괄함)에 관하여 민사소송에 의한 불복이나 상호 손해배상청구를 금지하는 명시적인 규정을 둔 경우도 있다.[17)]

---

13) 誤発注に関する法律問題研究会(川口恭弘), "誤発注に関する法律問題研究会報告書", 2006, 6면.

14) 염규석, "의사표시의 구성요소와 본질에 대한 음미 : 소위 정보처리시설에 의한 의사표시의 논의를 중심으로", 법학논고 제15집, 경북대학교 법학연구원, 1999, 258-260면.

15) 오병철, "전자적 의사표시에 관한 연구", 연세대학교 법학박사논문, 1996, 168-169면.

16) 알고리즘 프로그램을 통한 금융투자업자의 고빈도 자기매매가 아니더라도 선물·옵션과 같이 레버리지를 크게 일으킬 수 있는 금융상품을 거래하는 행위는 모험적 특성을 가지므로, 착오에 의한 의사표시를 포함하여 거래에 따르는 위험을 행위자가 자기책임으로 부담하여야 한다는 생각으로 이어질 수 있다.

17) 프랑크푸르트 증권거래소 거래조건(Conditions for Transactions on the Frankfurter Wertpapier böorse 2024. 4. 8.자)은 거래소 관리위원회가 오거래에 대한 취소신청(제23, 24조)이 있거나 시장가격과 명백히 불일치하는 거래(제25~28조) 등 비정상

2. 적용 긍정설

달러선물스프레드의 착오거래가 문제된 미래에셋증권사건에서 대법원은 '민법 제109조의 법리는 그 적용을 배제하는 취지의 별도의 규정이 있거나 당사자의 합의로 그 적용을 배제하는 등의 특별한 사정이 없는 한 원칙적으로 모든 사법상 의사표시에 적용되고, 거래소가 개설한 금융투자상품시장에서 이루어진 증권이나 파생상품 거래의 경우 거래의 안전과 상대방의 신뢰를 보호할 필요성이 크다 하더라도 거래소의 업무규정에서 민법 제109조의 적용을 배제하거나 제한하고 있는 등의 특별한 사정이 없는 한 그 거래에 대해 민법 제109조가 적용되고 거래의 안전과 상대방의 신뢰에 대한 보호도 민법 제109조의 적용을 통해 도모되어야 한다'고 하였다.[18)]

이는 한국거래소를 통한 파생상품거래의 특성과 거래에 참가하는 당사자들의 성격 등을 고려하더라도 민법 제109조의 적용을 배제하기로 하는 묵시적 합의를 인정하기에는 부족하고, 한국거래소의 파생상품시장 업무규정 등에서 착오취소 등에 관한 독자적인 규정을 두고 있더라도 민법 제109조의 적용을 배제하는 취지로 보기는 어렵다는 것이다.

같은 사건에서 원심은 사건 당시 시행되던 한국거래소의 파생상품시장 업무규정(2009. 12. 29. 규정 제567호)과 시행세칙에는 민법 제109조의 적용을 배제한다는 취지의 명문 규정이 없고, 이후 개정된 업무규정(2011. 12. 28. 규정 제800호)과 시행세칙은 투자자착오거래의 구제규정[19)]을 신설

적인 거래에 대하여 취소 등 조치할 수 있도록 규정하면서(제29~31조), 이에 대하여 민사소송에 의하여 불복하거나 상호 손해배상 청구하는 것을 허용하지 아니한다(제32조, Exclusion of Claims by Civil Law).

18) 대법원 2013다49794 판결.

19) 파생상품시장 업무규정(2011. 12. 28. 규정 제800호) 제81조의2(착오거래의 구제)
① 거래소는 회원 또는 위탁자의 착오로 인하여 본래의 의사와 다르게 성립된 거래(투자자착오거래) 중 세칙이 정하는 요건을 충족하는 경우 이를 구제할 수 있다. 다만, 시장상황의 급변, 그 밖에 시장관리상 필요하다고 인정하는 경우에는 그러하지 아니하다.
② 제1항의 착오거래 구제방법, 그 밖에 필요한 사항은 세칙으로 정한다.

하였으나 손실액이 10억 원 이상이고 상호 합의가 있는 경우에만 한국거래소가 착오거래를 취소해주도록 정하고 있는바, 민법상 착오취소 규정의 적용을 배제하는 것으로 해석하기는 어렵다고 보았다.[20]

3. 검 토

거래소가 개설한 시장에서 이루어지는 파생상품 거래가 연속성, 익명성, 대량성, 정형성 등의 특성을 가지지만 그럼에도 사법상 매매계약으로서의 성질이 부정되는 것은 아니다. 사적자치에 따라 이루어지는 파생상품 거래에 있어서도 당사자들의 흠결 없는 의사표시에 따라 법률관계를 형성할 필요가 있음은 마찬가지이고 만일 의사표시에 하자가 있는 경우 표의자의 자기결정과 상대방의 신뢰보호 및 거래의 안전성을 조화시킬 수 있는 기준이 필요하다. 자본시장과 금융투자업에 관한 법률(이하 '자본시장법') 또는 그 위임을 받은 한국거래소 업무규정 등에서 사기나 착오 등 의사표시의 하자에 관한 민법 규정에 대하여 명시적인 배제규정(예컨대 프랑크푸르트 증권거래소 거래조건 제32조와 같이)을 두고 있지 않는 한 그리고 당사자들 사이에 다른 합의가 있지 않는 한 이 사건 매매거래와 같이 거래소에서 이루어진 파생상품 매매에 관해서도 민법 제109조 규정은 적용된다고 봄이 타당하고,[21] 법원은 그에 따라 사후적으로 거래의

같은 업무규정 시행세칙(2012. 5. 9. 규정 제842호) 제78조의2(착오거래의 구제요건), 제78조의3(착오거래의 구제신청), 제78조의4(착오거래의 구제방법), [별표 24 착오거래구제제한범위], 주요내용은 착오거래로 인한 손실액이 10억 원 이상이고 그 체결가격이 착오거래구제제한범위를 초과할 경우 착오회원과 상대방회원이 착오발생 직후부터 장종료 15분 이내에 합의 및 구제신청을 하는 경우 일정한 가격범위 안에서 당사자 사이에 합의된 가격으로 정정을 의제한다는 것이다.

20) 서울고등법원 2012나65647 판결, 별도 배제규정의 예시로 상법 제320조 제1항(주식인수의 무효 주장, 취소의 제한)을 들고 있다.

21) 오발주에관한법률문제연구회 역시 거래소 시장의 매매에 관해서도 착오를 포함하여 의사표시의 하자에 관한 민법상 규율이 그대로 적용된다고 보았다. 다만 민법의 착오 규정을 적용하더라도 표의자가 무중과실 요건을 충족하거나 중과실에 대한 상대방의 악의를 입증하는 것이 매우 어렵기 때문에 오발주에 관한 착오 주장이 인정될 여지는 희박할 것으로 평가하였다. 誤発注に関する法律問題研究会報告書(각주 13), 5-6면.

유효성을 심사할 수 있다.

또한 이 사건 매매거래에 관한 한국거래소의 파생상품시장 업무규정(2013. 9. 11. 규정 제951호) 및 그 시행세칙(2013. 9. 17. 규정 제958호)에 의하면, ① 회원이 주문의 접수, 호가의 입력 등에서 착오 거래한 경우 자기거래로 인수하여 정정하는 규정(업무규정 제81조 제2항, 시행세칙 제77조 제2항, 제3항), ② 회원 또는 위탁자의 착오로 본래 의사와 다르게 성립된 거래에 관하여 상호 합의에 의한 즉시구제 신청에 따른 가격정정 규정(업무규정 제81조의2 제1항, 시행세칙 제78조의3, 제78조의4) 등을 두고 있을 뿐이다. 이러한 규정은 민법 제109조가 정하는 요건이나 효과와 상당한 차이가 있는바 민법 제109조의 적용을 배제하는 규정으로 보기 어렵다.[22)]

한편 대법원은 한맥투자증권이 이 사건 매매거래에 관하여 한국거래소를 상대로 제기한 손해배상청구 사건에서 이미 체결된 거래에 관하여 그 주문 및 거래에 법적 효력이 있는지 여부를 한국거래소가 판단할 수 있는 법적 권한이 없다는 이유로 착오주문을 취소하지 않거나 매매거래를 정지하지 아니한 것에 관한 불법행위 손해배상책임을 부정하였다.[23)]

한국거래소 스스로도 착오 거래가 문제된 상황에서 민법상 착오 규정의 적용을 배제한다는 입장을 주장하지 않고 그러한 취지의 업무규정을 두고 있지도 아니한바, 이와 같이 한국거래소가 착오거래에 관하여 취소 여부를 판단하고 그에 관한 조치를 취할 최종적인 권한을 가진다는 점에 관하여 의문이 있는 한 민법 제109조의 적용이 배제된다고 보기 어려울 것이다. 착오거래에 따라 막대한 손해를 입었다고 주장하는 표의자는 한국거래소에 구제를 요청하고 그에 승복하지 못할 경우 취소권 행사를 주장하며 민사소송을 제기할 수 있기 때문이다. 사건을 접수한 법원이 민법 제109조의 적용을 부정하고 실질적인 사법심사에 나아가지 않기 위해서는, 관계법령 등에서 민법 규정의 적용을 배제하는 명확하고 유효

22) 대상판결 원심(서울고등법원 2015나2055371 판결).

23) 대법원 2017다238486, 238493 판결.

한 규정이 있거나, 한국거래소에 의한 착오거래에 대한 통제가 시장에서 충분히 받아들여진 상태가 전제되어야 한다.

이와 같이 거래소 장내에서 이루어진 파생상품 매매에 대하여 민법 제109조의 규정의 적용이 배제되는지 여부는 착오 거래 분쟁에 관한 종국적인 판단권한을 법원이 아니라 한국거래소 등 다른 주체에 부여할 수 있는지의 문제이기도 하다. 파생상품거래의 특수성에도 불구하고 현 단계에서는 민법의 적용을 배제하는 것이 어렵다고 보인다. 따라서 적용긍정설이 타당하며, 대상판결 역시 이 사건 매매거래에 관하여 민법 제109조가 적용된다는 전제에서 판단하였다.[24]·[25]

Ⅲ. 착오에 의한 의사표시에 해당하는지 여부

1. 대상사건에서 법원의 판단

(1) 원심: 동기의 착오

착오가 고려되기 위해서는 법률행위의 내용에 착오가 있어야 하고 또한 중요부분에 착오가 있어야 한다(민법 제109조 제1항). 여기에 동기의 착오를 어떻게 고려할 것인지에 관하여 다양한 논의가 있으나[26] 대법원은 '동기를 의사표시의 내용으로 삼을 것을 상대방에게 표시하고 의사표시 해석상 법률행위의 내용으로 되어 있어야 하며 그 착오가 중요한 부분에 관한 것이어야 한다'고 판시한다.[27]

대상판결의 원심은 이 사건 매매거래에 있어 한맥투자증권은 자신이 제출하려는 호가를 계산하는 과정에서 그 계산의 기초가 되는 사정에 관해 착오를 일으킨 것으로서 이는 호가 제출의 동기에 착오가 있는 것인

24) 다만 대상판결이 이 쟁점에 관하여 미래에셋증권사건의 판시 등을 원용하여 민법 제109조의 적용이 있다는 점을 따로 밝히지 않은 점은 의문이다.

25) 2018. 2. 5.자 착오 거래에 관한 케이프투자증권사건에서도 민법 제109조의 적용이 긍정되었다. 서울남부지방법원 2018가합101865 판결.

26) 예컨대 송덕수, "민법총칙(제6판)", 박영사, 2021, 288-291면; 지원림, "민법강의(제21판)", 홍문사, 2024, 72-75면.

27) 대법원 2000. 5. 12. 선고 2000다12259 판결 등.

데, 그와 같은 동기를 이 사건 매매거래의 내용으로 삼을 것을 표시하였다는 사실을 인정할 아무런 증거가 없으므로 동기의 착오를 이유로 취소할 수 없다고 하였다.

이러한 관점은 이 사건 오입력이 최종적인 옵션매매 주문 자체를 착오 입력한 것이 아니라 알고리즘 소프트웨어를 사용하여 자동화된 방식으로 주문을 제출하기에 앞서 이자율을 계산하기 위한 설정값을 잘못 입력한 것으로 일종의 계산의 착오와 같이 파악한 것으로 이해할 수 있다.

이는 '전자적 의사표시론'에서 전자적 의사표시의 착오를 컴퓨터이용자의 포괄적으로 형성된 효과의사와 컴퓨터의 표시간의 불일치로 파악하고, 자판조작의 실수, 자판의미의 오해, 데이터입력의 하자 등으로 인하여 효과의사와 컴퓨터 표시간의 불일치가 발생하는 '입력행위과정의 하자'를 자연적 의사표시에 있어서와 달리 입력행위 자체가 표시기능을 하지 않는다는 점에서 오기, 오타와 구분하여 포괄적 효과의사를 구체화하기 전단계의 문제로서 동기의 착오로 다루는 것과 유사하다.[28)]

(2) 제1심: 법률행위 내용의 착오

이와 달리 대상판결 제1심은 '착오가 법률행위 내용의 중요부분에 있다고 하기 위해서는 표의자에 의하여 추구된 목적을 고려하여 합리적으로 판단하여 볼 때 표시와 의사의 불일치가 객관적으로 현저하여야 하고 보통 일반인이 표의자의 입장에 섰더라면 경제적인 불이익을 입게 되는 결과 등을 가져오게 됨으로써 그와 같은 의사표시를 하지 아니하였으리라고 여겨져야 한다'는 판례[29)]를 인용하면서, ① 이 사건 매매거래 중

---

28) 오병철, 앞의 논문, 150-152면, 전자적 의사표시의 착오를 그 진행단계에 따라, ① 포괄적(심리적) 의사형성에 있어서의 하자, ② 전자적 의사로의 전환의 하자, ③ 입력행위과정의 하자, ④ 컴퓨터 의사구체화의 하자, ⑤ 컴퓨터 표시과정의 하자, ⑥ 전달의 하자로 구분한다. 이 가운데 ⑤ 컴퓨터 표시과정의 하자는 예컨대 모니터나 프린터의 하자로 인하여 효과의사와 표시간의 불일치가 있는 경우로서 자연적 의사표시의 오타나 오기와 다를 바 없어 표시상의 착오로 다룬다. 그와 달리 ④ 컴퓨터 의사구체화의 하자는 예컨대 소프트웨어나 하드웨어의 비정적인 작동으로 인하여 효과의사와 컴퓨터 표시간의 불일치가 발생한 경우로서 컴퓨터이용자의 의사를 구체화시키는 과정에서 발생한 하자로서 동기의 착오로 다루는 것이 타당하다고 한다.

거래가격과 옵션의 예상가치에 상응하는 가액(전일의 현물주가지수와 해당 종목의 권리행사가격의 차액)이 서로 근접한 부분은 이례적이라고 보기 어려워 법률행위 내용의 중요부분에 대한 착오가 있다고 볼 수 없으나, ② 이 사건 매매거래 중 거래가격과 옵션의 예상가치에 상응하는 가액에 큰 차이가 있는 부분(권리행사가격이 225포인트인 콜옵션을 0.51포인트에 매도하거나 권리행사가격이 287.5포인트인 풋옵션을 1.33포인트에 매도하는 거래[30] 등)은 이례적인 경우로 착오에 의한 의사표시에 해당한다고 보았다.

이는 이 사건 오입력에 의한 호가 제출이 동기의 착오에 불과한 것이 아니라 법률행위 내용의 착오에 해당하는 것을 전제로 이 사건 매매거래 중 일부가 중요부분의 착오에 해당한다고 본 것이다. 다만 제1심판결은 중요부분의 착오에 해당하는 판단기준과 예시를 들었을 뿐 구체적으로 어느 정도의 가격차이가 있어야 중요부분의 착오에 해당하는지를 명확히 밝히지는 않았다.

(3) 대상판결

대상판결은 이 사건 매매거래에 관한 한맥투자증권의 주문이 법률행위 내용의 중요부분의 착오에 해당할 수 있음을 전제로 표의자의 중과실 및 상대방이 이를 알고 이용하였는지에 관하여 판시하였을 뿐 그 착오가 동기의 착오에 불과한지에 관하여 별도의 밝히지는 않았다.[31]

2. 다른 사건들과의 비교

신흥증권사건에서 담당직원이 코스피200 풋옵션의 종목코드(3012C080)와 콜옵션의 종목코드(2012C080)를 혼동하여 약 90만 원 상당의 콜옵션을

29) 대법원 1998. 2. 10. 선고 97다44737 판결 등.

30) 이 사건 매매거래 전일인 2023. 12. 11. 코스피200 종가는 260.55포인트이고, 거래 당일인 2023. 12. 12. 코스피 200 종가는 258.95포인트이다.

31) 그에 따라 대상판결에 대한 평석으로, 이정수, "2023년 금융법 중요판례평석", 인권과정의 제520호, 대한변호사협회, 2023, 216-219면; 김정연, "2023년 자본시장법 판례 회고", 상사판례연구 제37집 제1권, 한국상사판례학회, 2024, 102-109면 등에서도 한맥투자증권의 착오가 동기의 착오에 불과한지에 관하여 별도로 논하지 않는다.

2,000원에 매도한다는 호가 주문을 제출한 것에 관하여 법원은 '신흥증권이 제출한 호가와 실제 가격에 현격한 차이가 있는바, 담당직원이 단말기에 종목 코드번호를 잘못 입력하는 착오에 의하여 옵션의 매도호가를 한 것이고 이러한 착오는 의사표시의 목적물에 대한 착오로서 법률행위의 내용의 중요부분에 관한 착오'에 해당한다고 하였다.[32)]

미래에셋증권사건에서 법원은 '달러선물스프레드의 매수 주문가격을 0.80원이 아닌 80원으로 잘못 입력한 것은 미래에셋증권의 착오에 해당하고, 80원은 해당 달러선물스프레드의 그 무렵 시장가격 등과 현격한 차이가 있는바, 표의자에 의하여 추구된 목적을 고려하여 합리적으로 판단하여 볼 때 표시와 의사의 불일치가 객관적으로 현저하여 법률행위 내용의 중요부분에 착오가 있는 때에 해당한다'고 보았다.[33)]

케이프투자증권사건에서도 법원은 '담당직원이 코스피200 2018년 2월물 콜옵션(이론가격 0.056포인트)을 0.06포인트에 매도하는 주문을 입력하려다가 실수로 같은 풋옵션(이론가격 11.963포인트)을 0.06포인트에 매도하는 주문을 입력한 것은 법률행위 내용의 중요부분의 착오에 해당한다'고 하였다.[34)]

위 사건들은 모두 최종적인 주문 자체가 담당직원에 의하여 실수로 입력된 경우로서 소프트웨어에 의한 자동화된 주문 제출에 앞서 계산에 필요한 설정값이 잘못 입력된 대상사건과는 차이가 있다. 따라서 다른 사건들에서는 동기의 착오인지는 문제되지 않고 법률행위 내용의 착오인 점이 인정되었으며 나아가 이례적인 가격편차 등을 고려하여 모두 중요부분의 착오로 인정된 것이다.

---

32) 서울남부지방법원 2003가합3356 판결, 사건거래일 전일과 당일을 기준으로 코스피200 지수 종가는 89.02~88.51포인트, 해당 풋옵션(행사가 80)의 가격은 0.01포인트~0.02포인트, 해당 콜옵션(행사가 80)의 가격은 8.35포인트~9.0포인트였다.

33) 서울고등법원 2012나65647 판결.

34) 서울남부지방법원 2018가합101865 판결, 법원은 전 거래일 종가가 327.1포인트인 코스피200을 불과 3일 후 337.5포인트의 높은 가격에 팔 수 있는 풋옵션을 0.06포인트의 낮은 가격에 매도한다는 것은 당시 지수의 변동성이 컸다는 사정을 고려하더라도 상당히 이례적이라고 평가하였다.

3. 대상사건의 검토

이 사건 소프트웨어는 입력된 금리 등 각종 외부 지표들과 실시간으로 변동하는 현물주가지수 등을 기반으로 가격범위를 설정하고 그 한도 안에서 거래가 이익으로 판단되면 호가를 자동으로 제시하여 거래를 체결한다. 이는 사전에 정해진 규칙에 따라 투자의 판단, 호가의 생성 및 제출 등을 자동으로 실행한다는 점에서 (사전에 설정한 규칙을 기계적으로 적용하는 것이 아니라 머신러닝 등을 기반으로 독자적인 결정을 내리는 인공지능에까지는 이르지 아니한) 알고리즘 소프트웨어에 해당하고 그에 따른 주문은 일종의 자동데이터처리시스템에 의한 자동화된 의사표시로 볼 수 있다.

전자적 의사표시에 있어서 컴퓨터이용자의 의사는 기존의 자연적 의사표시처럼 표시행위를 할 때 존재하는 것이 아니라 사전에 컴퓨터에 입력할 때 존재한다. 컴퓨터를 이용하는 사람은 단지 포괄적 행위의사와 포괄적 표시의식만 가지고 컴퓨터의 표시행위를 위한 사실상의 전제조건을 형성하므로, 자연적 의사표시와 동일한 정도로 구체적 · 개별적인 효과의사는 존재하지 않는다. 컴퓨터이용자의 포괄적이고 개략적인 의사는 컴퓨터가 프로그램에 따라 데이터와 작업명령을 처리함으로써 구체적인 의사로 발전된다.[35)]

자동화된 의사표시의 흠에 관한 문제는, ① 입력된 자료(가격이나 단위표시 등)가 잘못된 경우, ② 프로그램 자체에 흠이 있는 경우, ③ 설비이용에 잘못이 있는 경우로 나누어 살펴 볼 수 있다.[36)] 이 사건은 이자율 계산을 위한 변수값이라는 자료입력이 잘못된 경우로서 ① 입력된 자

---

35) 지원림, "자동화된 의사표시", 저스티스 제31권 제3호, 한국법학원, 1998, 47면; 오병철, 앞의 논문, 57-62, 109-114면; 염규석, 앞의 논문 246-250면.

36) 김상용, "자동화된 의사표시와 시스템계약", 사법연구 제1집, 청헌법률문화재단, 1992, 51면; 김종현, "인터넷쇼핑몰거래에 있어 착오취소에 관한 주요쟁점–독일연방대법원 판결(BGH, Urteil v. 26. 1. 2005-Ⅷ ZR 79/04)에 대한 고찰–", 재산법연구 제27권 제2호, 한국재산법학회, 2011, 422-423면.

료가 잘못된 경우에 해당하는데, 서면에 의한 주문서에 목적물, 단위, 가격 등을 잘못 표시한 경우와 컴퓨터에 잘못 입력하여 전송된 경우를 구별할 근거가 없고, 물론 자동데이터처리시스템에 있어서는 일반적인 오타, 오기와 그대로 동일시하기는 어렵지만 컴퓨터이용자의 포괄적인 의사가 잘못 나타났다는 점에서 규범적으로는 통상의 표시상의 착오와 동일하게 취급하는 것이 타당하다.[37] 컴퓨터이용자가 잘못된 자료를 올바른 것으로 착각하여 입력한 경우에는 자동화된 의사표시의 특수성이 없으므로 자연적인 의사표시의 경우와 마찬가지로 동기의 착오로 다루면 될 것이나,[38] 이 사건에서 와이즈시스템의 직원이 이자율을 계산하기 위한 설정값을 입력함에 있어 '잔존일수/0'가 올바른 것으로 오인하여 입력하였다고 보기는 어렵다. 이 사건 소프트웨어의 구체적인 작동 규칙이 밝혀진 것은 아니지만, 주가지수 옵션가격 등을 계산함에 있어 연율 이자를 일할로 계산하기 위하여 '잔존일수/365'를 입력해야 함은 이론의 여지가 없는 것이고, 와이즈시스템 직원이 '잔존일수/0'를 올바른 값으로 인식하였다고 볼 수는 없기 때문이다.[39]

따라서 이 사건에서 한맥투자증권의 착오는 호가 제출에 관한 동기의 착오에 불과한 것이 아니라고 표시상의 착오로서 법률행위 내용의 착오에 해당한다고 봄이 타당하다. 이러한 경우까지 동기의 착오로 포섭하는 것은 과도하게 표의자의 의사를 배제하는 결과로 이어져 부당하다.[40] 앞서 살펴본 신흥증권사건 등 다른 오입력 거래(Fat Finger Errors)와 비교하여 보더라도 금융상품 주문과정에서 입력실수를 일으켰다는 근본적인 동일성에도 불구하고 이 사건과 같이 변수값의 입력을 실수한 경우에만 동기의 착오로 취급하여 착오 취소를 제한하는 것은 설득력이 떨어진다.

---

37) 지원림, 앞의 논문, 56면.

38) 지원림, 앞의 논문, 56면.

39) 서희석, "알고리즘거래에서 착오주문의 문제-H증권사건 하급심판결에 대한 비판적 고찰-", 상사법연구 제39권 제2호, 한국상사법학회, 2020, 663면.

40) 지원림, 앞의 논문, 제59면, ③ 입력행위과정의 하자뿐만 아니라 ④ 컴퓨터 의사구체화의 하자로서 소프트웨어 오류 등의 경우에도 동기의 착오가 아니라 표시의 착오로 보아야 한다고 지적하는바, 합당한 구분이라 생각한다.

다만 법률행위 내용의 착오로 인정하는 경우에도 중요부분의 착오에 해당하는지에 관해서는 추가로 검토해야 한다. 이에 관해서는 제1심판결과 같이 '거래가격이 이례적이어서 보통 일반인이 표의자의 입장에 섰더라면 그와 같은 의사표시를 하지 아니하였으리라고 여겨지는지 여부'를 기준으로 함이 타당하다.

Ⅳ. 표의자의 중대한 과실

1. 대상판결의 판단

민법 제109조 제1항 단서는 착오가 표의자의 중대한 과실로 인한 때에는 취소하지 못한다고 규정한다. 여기서 '중대한 과실'이란 표의자의 직업, 행위의 종류, 목적 등에 비추어 보통 요구되는 주의를 현저히 결여한 것을 의미한다.[41]

대상판결은 이러한 법리를 설시한 후 ① 한맥투자증권은 자본시장법상 금융투자업자로서 파생상품거래 시스템에 호가를 입력하기 전에 호가의 적합성 등을 점검할 의무를 부담하는 점, ② 금융투자상품의 매매를 위한 호가제시 업무는 자본시장법[42]상 투자매매업자에게만 위탁할 수 있음에도 이를 위반하여 투자매매업자가 아닌 와이즈시스템의 직원에게 호가 제출에 영향을 줄 수 있는 수치를 입력하도록 한 점 등을 이유로 이 사건 매매거래에 관한 한맥투자증권의 착오가 중대한 과실로 인한 것이라는 원심의 판단이 정당하다고 하였다.

여기에 더하여 원심은 ③ 한맥투자증권이 옵션거래의 주문수량 및 손실한도를 관리하기 위하여 이 사건 매매거래 이전부터 TOPS라는 전용 프로그램을 보유하고 있었음에도 속도저하 등을 이유로 이를 사용하지 않는 등 오입력에 관하여 사전·사후적으로 통제할 수 있는 조치를 강구

41) 대법원 1992. 11. 24. 선고 92다25830, 25847 판결, 대법원 2003. 4. 11. 선고 2002다70884 판결 등 참조. 같은 취지 송덕수, 앞의 책, 295면; 지원림, 앞의 책 79-80면.

42) 구 자본시장법(2014. 1. 28. 법률 제12383호로 개정되기 전의 것) 제42조 제4항, 같은 법 시행령 제47조 제1항 제1호 나목.

하지 아니한 점을 중과실 판단의 근거로 제시하였다.[43)]

2. 다른 사건들과의 비교

신흥증권사건에서 법원은 신흥증권의 지위 및 업무(한국거래소의 회원으로서 파생상품거래를 영업으로 하는 증권회사), 주가지수옵션거래의 특성(거래가 연속적으로 신속하게 대량으로 이루어지고 위험성이 높으며 시장참가자들의 신뢰를 보호할 필요가 있음), 주문과정의 문제(옵션호가의 정확성을 확인하는 데 짧은 시간이 소요될 뿐임에도 종목코드를 확인하지 아니함), 담당직원의 주의의무(수년간 선물 · 옵션거래를 담당한 직원으로서 주문을 정확하게 입력하고 이를 재검토할 의무가 있음), 신흥증권의 주의의무(담당직원의 착오로 인한 거래가 성립하지 않도록 지휘 · 감독할 의무 및 오입력에 따른 착오거래가 성립하지 않도록 할 의무가 있음) 등을 이유로 해당 착오가 주의의무를 현저히 해태한 것으로서 중대한 과실로 인한 것이라고 보았다.[44)]

미래에셋증권사건에서 원심은, 미래에셋증권의 지위 및 업무(한국거래소 회원으로서 장내파생상품거래 등을 영업으로 하는 회사), 입력차이의 정도(매수가격으로 정한 0.80원과 실제 입력한 80원은 100배에 달하는 차이), 주문과정의 문제(담당직원은 주문입력 후 전송하기까지 이를 확인할 시간적 여유가 있었고, 주문내용을 복명복창하였으나 오류를 인식하지 못함), 착오주문 방지를 위한 대책미비 등을 이유로 미래에셋증권의 착오는 보통 요구되는 주의를 현저히 결여한 중대한 과실에 기한 것이라고 평가하였다.[45)]

케이프투자증권사건에서도 법원은 고도의 전문성을 갖춘 금융투자업

---

43) 이에 관하여 전자거래는 착오에 의한 입력이 일어날 가능성을 배제할 수 없기에 그 방지를 위한 기술적 조치를 취하도록 하는 것이 제도정비의 중요한 과제인바, 원심이 추가로 설시한 사정이 중대한 과실 판단에 있어서 가장 중요한 논거에 해당한다는 지적에는 서희석, 앞의 논문, 665-666면.

44) 서울남부지방법원 2003가합3356 판결.

45) 서울고등법원 2012나65647 판결, 다만 대법원은 중과실에 의한 착오에 해당하는지를 직접적으로 판단하지는 않았고, 상대방이 표의자의 착오를 알고 이를 인용한 경우에는 표의자에게 중과실이 있더라도 착오취소가 가능하다고 하여 가정적인 판단을 하였을 뿐이다.

자로서 파생상품거래 시스템에 호가를 입력하기 전에 호가의 적합성, 종목코드 등을 점검해야 할 의무가 있음에도 주문입력 착오에 관하여 통제조치를 강구하지 아니한 점에 비추어 볼 때 표의자에게 보통 요구되는 주의를 현저히 결여한 중대한 과실이 인정된다고 하였다.[46)]

위 사건들은 표의자인 증권회사의 파생상품거래 담당직원이 최종 호가주문(종목 또는 가격)을 잘못 제출한 사건들로, 모두 착오에 관하여 표의자의 중대한 과실이 인정되었다. 공통적인 판단요소로, 표의자인 증권회사들이 고도의 전문성을 갖춘 금융투자업자에 해당하고, 주문 과정에서 오류를 확인하는 것이 어렵지 아니함에도 사전 통제조치가 제대로 이루어지지 아니하였으며, 오주문 사고에 대한 대응조치가 미흡하였다는 점 등이 인정되었다고 할 것이다.

3. 대상사건의 검토

착오에 관하여 중과실을 '거의 고의에 가까운 것'으로 제한하여 볼 필요가 없음은 물론이다.[47)] 통설, 판례와 같이 구체적인 사실관계에 있어 표의자의 직업, 행위의 종류와 목적 등에 비추어 보통인에게 요구되는 주의의무를 표준으로 이를 심하게 결한 것인지를 따져야 할 것이다.

예컨대 대법원은 건물을 임차하여 공장을 경영하던 표의자가 공장이 협소하게 되어 새로운 공장을 성립할 목적으로 토지를 매수하는 경우 해당 토지에 공장을 건축할 수 있는지를 관할관청에 알아보아야 할 주의의무가 있음에도 그러한 주의의무를 다하지 아니한 것은 중대한 과실에 해당한다고 보았다.[48)] 표의자의 직업, 행위의 종류와 목적 등을 고려하여

---

46) 서울남부지방법원 2018가합101865 판결.

47) 이충상, "중과실을 거의 고의에 가까운 것으로 볼 것인가? 중과실의 광협을 조문 내지 영역별로 다르게 파악할 필요성", 저스티스 제159호, 한국법학원, 2017, 231-232면.

48) 대법원 1993. 6. 29. 선고 92다38881 판결, 이와 달리 대법원은 1997. 8. 22. 선고 96다26657 판결에서는 고려청자로 믿고 구매한 도자기가 진품이 아닌 것으로 확인된 사안에서 매수인이 자신의 식별 능력과 소개한 사람을 과신한 나머지 소장자에게 출처를 확인하거나 전문적인 감정을 거치지 않았다 하더라도 매수인에게

볼 때 용이하게 실행할 수 있는 확인절차를 거치지 않았다는 점에서 표의자의 중대한 과실을 인정한 판단에 수긍할 수 있다.

대상사건에서 한맥투자증권은 자본시장법에 따른 금융투자업자이자 한국거래소의 회원으로서 파생상품거래에 관한 고도의 전문성이 기대되고 스스로 호가의 적합성 등을 점검할 의무를 부담한다. 또한 주가지수 옵션거래에는 짧은 시간에 대량의 거래가 연속으로 이루어지는 경우가 빈번하고 높은 레버리지를 사용하여 상당한 위험성이 수반된다. 따라서 파생상품거래에 참여하는 보통의 금융투자업자라면 오입력 사고에 관하여 충분히 예상하고 거래수량 및 손실한도를 초과하는 거래를 차단하거나 거래를 실시간으로 모니터링하는 등의 사전, 사후 대응조치가 요구된다. 그럼에도 한맥투자증권은 이러한 조치를 다하지 못하였는바(와이즈시스템과 이 사건 소프트웨어 사용계약을 하면서 입력실수 등 비정상거래를 방지하기 위한 안전장치를 갖추도록 조건을 부가하지도 아니하였다)[49], 이는 통상의 주의의무를 현저히 결여한 것으로서 착오에 관한 중대한 과실로 인정할 수 있다.[50]

흥미로운 것은 대상판결이 중과실로 판단한 근거 중 '자본시장법에 위배하여 호가제시 업무를 투자매매업자가 아닌 와이즈시스템에 위탁한 점'에 관해서는 관련 손해배상사건에서 달리 판단되었다는 점이다. 이 사건 매매거래 당시 한맥투자증권의 대표이사 등이 한맥투자증권에 대하여 불법행위에 따른 손해배상책임을 부담하는지가 문제된 사안에서 법원은 '위탁이란 타인에게 책임을 맡기는 것인데, 이 사건 소프트웨어는 사용계약에 따라 한맥투자증권의 전산실에 설치되었고, 다만 와이즈시스템의 직원이 단순 입력변수(만기일까지 잔여일수)를 설정하고 이 사건 소프웨어의 실행 및 정지를 수행하였을 뿐이므로 호가제시 업무가 위탁된 경우로 볼

요구되는 통상의 주의의무를 현저하게 결여한 것은 아니라고 하였다.

49) 서울중앙지방법원 2015. 10. 20. 선고 2014가합502280 판결, 와이즈시스템 및 담당직원의 한맥투자증권에 대한 손해배상책임이 문제된 사안으로 법원은 책임범위를 50%로 제한하여 와이즈시스템과 담당직원의 약정위반 또는 불법행위에 따른 손해배상책임을 인정하였다.

50) 서희석, 앞의 논문, 665-666면.

수 없다'고 하였다.[51] 그러나 후자는 법인 내부에서 대표이사 등의 회사에 대한 손해배상책임이 문제된 경우로서 법인의 대외적인 의사표시의 효력이 문제된 대상판결의 사안과는 차이가 있다. 착오에 관해서는 한맥투자증권이 금융투자업자로서 호가제출 업무에 관하여 비정상주문이 실행되지 않도록 사전, 사후적인 대응체계를 충분히 마련하였는지가 핵심적인 문제이므로, 자본시장법령이 금지하는 위탁의 개념에 포섭되지 않더라도 중과실을 인정하는 것에 그 자체로 장애가 되는 것은 아니다.

Ⅴ. 상대방의 악의 등과 취소가능성

1. 같은 기준, 다른 결론

대법원은 미래에셋사건과 대상사건에서 공통적으로 대법원 4288민상321 판결[52]을 인용하면서, '민법 제109조 제1항 단서는 표의자의 상대방의 이익을 보호하기 위한 것이므로 상대방이 표의자의 착오를 알고 이를 이용한 경우에는 그 착오가 표의자의 중대한 과실로 인한 것이라고 하더라도 표의자는 그 의사표시를 취소할 수 있다'고 하였다.

다만 사안에 대한 결론은 달리 하였는데, 미래에셋사건에서는 거래상대방인 피고가 표의자의 착오를 알고 이를 이용하였다고 보아 중대한 과실에도 불구하고 착오 취소가 허용되었으나, 대상사건에서는 피고가 한맥투자증권의 착오를 이용하여 매매거래를 체결하였다고 보기 어렵다는 이유로 착오 취소가 인정되지 않았다.

이와 같이 결론이 달라진 이유는 무엇일까? 두 사건에 있어서 대법원이 제시한 민법 제109조 제1항 단서에 관한 해석론과 판단기준은 앞서

51) 서울중앙지방법원 2018나21332 판결.

52) 대법원 1955. 11. 10. 선고, 개인들 사이에 서울시 소재 점포에 관한 매매계약의 효력이 문제된 사안으로 대법원은 민법 제109조 제1항 단서(구 민법 제95조 단서)에 관한 위 판례 법리를 설시하면서, '매도인인 피고가 매매계약 이전부터 매매대상 점포가 도시계획에 따라 조만간 철거처분을 당하리라는 사실을 알고 있으면서도 이를 매수인인 원고에게 고지하지 않고 오히려 이를 이용하여 매매계약을 체결한 것으로 볼 수 있으므로 피고는 원고의 중과실을 주장할 수 없다'고 하였다.

본 바와 같이 동일하다. 물론 대상판결에서는 처음으로 장내 파생상품 거래와 관련하여 상대방이 표의자의 착오를 알고 이용했는지 여부를 판단하는 세부적인 기준을 밝히기도 하였으나,[53] 이는 종래 기준의 구체화에 그치는 것이고 판단기준 자체를 실질적으로 변경한 것은 아니다.

각 판결문에 제시된 근거들을 비교하여 볼 때 두 사건 모두 한국거래소가 개설한 파생상품시스템에서 이루어진 장중 매매로서 개장 직후 단기간에 이례적인 가격으로 다수의 거래가 체결된 점 등은 유사하다.[54] 가장 차이가 나는 부분은 거래상대방의 매매행태에 있다고 할 것인데, 미래에셋증권사건에서는 피고의 담당직원이 표의자의 착오 주문에 따라 이례적인 가격에 거래가 체결되는 것을 확인하고 단기간에 평소보다 많은 주문을 제출하여 거래를 성립시켰다.[55]·[56] 반면 대상사건에서는 피

53) 대상판결은 한국거래소가 설치한 파생상품시장에서 이루어지는 파생상품 거래와 관련하여 상대방 투자중개업자나 위탁자가 표의자의 착오를 알고 이용했는지 여부를 판단할 때에는 파생상품시장에서 가격이 결정되고 계약이 체결되는 방식, 당시의 시장 상황이나 거래관행, 거래량, 관련 당사자 사이의 구체적인 거래형태와 호가 제출의 선후 등을 종합적으로 고려하여야 하고, 단순히 표의자가 제출한 호가가 당시 시장가격에 비추어 이례적인 사정만으로 표의자의 착오를 알고 이용하였다고 단정할 수 없다고 하였다.

54) 이 사건 매매거래에는 옵션의 예상 가치에 근접한 가격의 거래도 포함되어 있으나 이는 애초에 중요부분에 관한 착오가 아니기에 상대방의 악의에 따른 착오 취소의 가능성이 문제되지 않는다.

55) 피고 담당직원은 개장 전인 08:54경 1.1원에 해당 달러선물스프레드 332계약을 매도하겠다는 주문을 입력해두었다가 09:00:03:60 위 주문이 80원에 체결되자, 거래화면에 나온 매수호가 80원을 클릭하여 주문가격을 80원으로, 주문수량을 300계약으로 하여 09:00:08:46 매도주문을 하고, 이후 주문가격과 주문수량을 고정하여 09:00:11:88부터 09:00:15:73까지 불과 몇 초 만에 추가로 28회의 매도주문을 하였다. 피고 담당직원은 사건 이전에는 해당 달러선물스프레드에 관하여 하루 1,000계약 이상의 주문은 하지 않았으나 사건 당일에는 10,000계약의 주문을 하였다.

56) 케이프투자증권사건에서도 유사한 거래행태가 인정되어 착오 취소가 인정되었다. 케이프투자증권은 개장 전에 이론가격 11.963포인트의 코스피200 풋옵션을 착오로 0.06포인트에 매도하는 주문을 하였는데 피고는 이에 대하여 대량 매수주문을 하여 해당 풋옵션의 예상체결가격을 상승하게 하였다가 개장 직전에 대량 매수주문을 취소하여 그때까지 표의자의 매도주문이 남아 있는지 여부 및 수량을 확인한 후 다시 호가를 나누어 대량의 매수주문을 하여 3.00포인트라는 낮은 가격에 풋옵션을 다량 매수하였다. 법원은 피고가 표의자의 매도주문이 착오로 인한 것임을 충분히 알고 있었고 이를 이용하여 다른 매수자들을 배제하고 보다 많은 매매

고가 이 사건 매매거래 중 상당부분에 대하여 개장 이전에 호가를 제출하였고, 개장 이후 호가를 제출한 부분도 거래 관행 및 거래 수량, 간격 등에 비추어 볼 때 이 사건 소프트웨어와 유사한 알고리즘 소프트웨어를 이용하여 호가를 제출한 것으로 추정되었다. 그에 따라 한맥투자증권의 이례적인 호가 제출을 확인하고 그에 상응하는 주문을 제출한 것으로 보이지 않는다는 점이 착오 취소가 허용되지 않은 중요한 근거로 제시되었다.[57)]

2. 합리적인 판단기준의 모색

(1) 대상판결에 대한 의문점

판례가 반복하여 설시한 위 판단기준에 따를 때, 그리고 대상사건과 착오취소가 인정된 다른 두 사건과의 사실관계 차이 등을 고려할 때 대상판결에서 결론이 달라진 것을 일응 수긍할 수는 있다.[58)]

그럼에도 의문점이 없지 않은데, 사건들마다 세부적인 차이가 있기는 하여도 근본적으로는 오입력에 따라 비정상적인 가격에 따른 거래가 체결된 공통점이 있음에도 착오취소를 허용하지 않는 것이 표의자에게 지나치게 가혹하지 않는가 하는 점이다. 한맥투자증권은 한순간의 오입력으로 약 460억 원의 손실을 입고 결국 파산에 이르게 되었는데, 그 반대편에서 피고가 355억 원가량의 이익을 얻은 것은 과연 그만큼의 보호가치가 있는 것인지 의문이 아닐 수 없다. 이러한 의문은 '악의'에서 나아가 '이용할 것'까지 요구하는 것이 지나치게 엄격한 것은 아닌지, 개인들 사이에 이루어진 부동산매매계약에 관하여 자연인의 심리적, 주

계약을 체결하여 시가와의 차액을 얻을 목적으로 옵션거래를 성립시켰다고 판단하였다. 서울남부지방법원 2018가합101865 판결.

57) 서울고등법원 2012나65647 판결, 서울중앙지방법원 2011가합112747 판결.

58) 다만 '상대방이 표의자의 착오를 알고 이를 이용한 경우'라는 판단기준이 실제 분쟁해결에서 일관되게 적용되는지는 의문이 없지 않다. 신흥증권사건에서 원고는 '피고가 착오를 알고 있었거나 적어도 주문실수를 확신하고 이를 이용하였으므로 취소권이 배제되지 않는다'고 주장하였는데, 법원은 '피고로서도 누군가 착오로 옵션의 호가를 하였을 가능성이 있다고 생각하고 거래하였더라도 파생상품거래의 매매방식과 거래의 안전성이 요청되는 특성에 비추어 볼 때 취소권이 인정될 수 없다'고 하였다.

관적 용태를 기준으로 취소권 행사를 인정한 오래 전 판결을 법인들 사이의 알고리즘 프로그램 매매에 대해서까지 그대로 적용하는 것이 타당한지의 질문으로도 이어진다. 어떤 사실 또는 사정에 관한 주관적 인식에 따라 법률효과가 달라지는 경우 법인에 관해서는 대표기관의 인식을 기준으로 한다는 견해가 일반적인데,[59] 대상사건과 같은 경우에 과연 누구를 기준으로 또는 어떠한 요소를 기준으로 판단하는 것이 옳은지도 문제이다.

(2) 검 토

먼저 악의 외에 이용 여부까지 따지는 것은 불필요한 것으로 보인다. 애초에 상대방이 표의자의 착오를 알고 이용한 경우 중대한 과실에도 불구하고 취소를 허용하는 것은 민법 제109조 제1항에서 정하고 있지 않은 기준을 도입하여 착오취소의 범위를 확장하는 것이다.[60] 그 근거는 표의자의 착오를 알고 이용한 상대방은 표의자의 진의를 희생하여 보호할 가치가 없다는데 있다. 그런데 의사표시의 착오취소가 문제되는 상황이라면 상대방이 표의자의 착오를 알고도 이를 토대로 법률행위를 하였다는 것이고, 단지 알고만 있고 이용하지 아니한 상태에서 착오취소가 문제되는 경우는 쉽사리 상정하기 어렵다.

악의에서 나아가 이용 여부까지 고려하는 판단기준의 출발점은 분명하지 않으나,[61] 대법원 4288민상321 판결에서 그 적용을 확인할 수 있다. 위 판결의 사안은 부동산 매매계약에서 매도인이 정보제공의무를 다하지 아니하고 오히려 매수인의 부지를 기회로 삼아 매매계약을 체결한 경우

59) 예를 들면 지원림, 앞의 책, 제276면, 하급심 판결문이나 결정문에서도 종종 비슷한 입장을 확인할 수 있다.

60) 양창수, "표의자의 중과실 있는 착오와 상대방의 악의 등", 법률신문 제5106호, 법률신문사, 2023. 8. 21.자 17면. 위 평석에서는 악의에서 나아가 '이용하는 것'이 단지 의례적인 장식 문구에 그치는 것인지 아니면 실제로 입증되어야 하는 취소 허용의 요건인지 의문이 있다고 지적한다. 실제로 대상판결에서는 원심의 판단을 끌어 와 '이러한 사정을 고려하면 피고가 착오를 이용하여 이 사건 매매거래를 체결하였다고 보기 어렵다'고 판단하여 이용 여부 역시 주장·입증의 대상이 되는 요건사실과 같이 설시하였다.

61) 김정연, 앞의 평석, 106면.

이다. 여기서 대법원이 '표의자의 착오를 알고 이용하였다'고 한 것은 상대방의 행태를 설명하는 표현으로 볼 수 있고, 반드시 그러한 경우에만 착오취소가 허용된다고 제한할 것은 아니다. 애초에 민법 제109조 제1항 단서에는 표의자의 중과실에도 불구하고 보호가치가 없는 상대방에 관해서 규정하고 있지 않으므로, 상대방과 비교하여 표의자를 보호하는 것이 타당하다면 '이용한 경우'가 아니더라도 착오취소를 허용할 수 있기 때문이다.[62)]

다음으로 대상사건과 같이 금융투자를 업으로 하는 법인들 사이에 알고리즘 프로그램에 의한 매매계약이 체결된 경우 상대방 법인의 착오에 관한 인식 또는 인식의 귀속을 판단함에 있어서는 규범적, 정책적 관점에서 알고리즘 프로그램의 설정 단계의 의사까지도 고려함이 타당하다. 법인은 법률이 법인격을 부여한 의제적 인격체이고, 법인의 인식, 법인의 기관, 인식의 귀속이라는 각 개념도 법인법이 법률효과의 부여를 목적으로 자연인의 인식과정을 의제하는 것이기에 구체적인 상황에서 법인의 인식 또는 인식의 귀속은 해당기관의 인식태양, 당해 법인에 요구되는 조직의무의 정도, 상대방에 대한 신뢰보호의 필요성, 보호법익 등을 구체적으로 고려하여 규범적 평가에 따라 정책적으로 조정될 수 있다.[63)] 한국거래소의 파생상품거래는 전자적으로 거래되는 특성상 착오에 의한 주문이 빈번하게 발생하고, 그럼에도 일반적인 시장참가자들이 착오에 의한 거래취소를 주장하는 것이 용이하지 않기에 상대방의 실수를 기대하거나 경우에 따라서는 착오 등에 기한 비정상적인 호가에 대응하

62) 같은 관점에서 상대방이 표의자의 착오에 대하여 악의인 경우뿐만 아니라 중대한 과실로 알지 못한 경우에도 착오 취소가 허용되는 경우가 있을 수 있다고 생각한다. 일본 민법은 2017년 개정을 통해 표의자에게 착오에 관한 중과실이 있는 경우에도 상대방이 악의인 경우뿐만 아니라 모르는데 중대한 과실이 있을 때에도 착오취소가 가능한 것으로 규정하였다(개정 일본 민법 제95조 제3항 제1호). 표의자의 착오를 쉽게 알 수 있었던 경우에도 상대방의 신뢰를 보호할 가치가 없음은 마찬가지이기 때문이다. 서희석, "일본 착오법의 현대화-일본 개정민법(2017)상 착오규정의 검토-", 법학연구 제62권 제3호, 부산대학교, 2021, 175면.

63) 이중기, "법인에서의 '인식의 귀속'과 이익충돌의 인식 : 거대회사에서 '정보차단장치'의 효력을 중심으로", 서울대학교 법학 제55권 제4호, 2014, 427면.

여 우선적으로 거래를 체결할 수 있는 알고리즘 프로그램을 사용하고자 하는 유인이 있다.[64] 또한 즉시에 정확한 가치측정이 곤란한 부동산이나 다른 실물자산 또는 비상장 주식 등과 다르게 장내에서 거래되는 주가지수 선물옵션이나 달러스프레드와 같은 파생상품은 그 가격 측정과 평가가 용이하여 평균적인 시장참여자라면 착오에 의한 이상주문이라는 사정을 인식할 가능성도 높다.[65] 이러한 특성을 고려할 때 알고리즘 프로그램에 의한 파생상품거래의 경우 통상적인 거래의 범위를 현저히 벗어나는 부분에 대해서까지 프로그램에 의한 매매가 가능하도록 거래조건을 설정하고, 실제로 그에 따라 착오 등 이상주문에 대응하는 거래를 성립시킨 경우에는 알고리즘 프로그램의 설정 당시의 의사를 고려하여 착오에 대한 악의를 추단할 여지가 상당하다.[66] 대상판결의 표현을 빌리자면 단순히 표의자가 제출한 호가가 당시 시장가격에 비추어 이례적이라는 사정만으로 표의자의 착오를 알고 이용하였다고 단정할 수 없듯이 단순히 상대방이 알고리즘거래 소프트웨어를 이용하여 호가주문을 제출한 사정만으로 표의자의 착오에 관하여 선의(또는 무중과실)라고 단정할 수도 없는 것이다.[67]

이와 같이 표의자가 중대한 과실이 있는 경우에도 상대방이 착오를

64) 박선종, "전자거래시 착오에 관한 연구 : 금융투자상품의 장내거래를 중심으로", 증권법연구 제14권 제3호, 2013, 80면.

65) 박선종, 앞의 논문, 76-77면, 실제로 케이프투자증권사건에서 피고의 업무용 스크린에는 옵션의 예상체결가가 이론가격가 차이가 큰 경우 호가 옆에 노란색으로 표시가 되는데 사건 당시 거래대상 옵션에 관하여 노란색 표시가 나타나 있었다.

66) 서희석, 앞의 논문(각주 39), 668-669면, 같은 취지로 이정수, 앞의 평석, 218면에서는 애당초 대량으로 체결가능성이 희박한 주문을 내어 놓은 것은 거래 상대방의 착오를 이용하기 위한 것으로 볼 여지가 상당하다고 하였다.

67) 싱가포르 국제상사법원은 가상자산거래소에서 거래소프로그램이 제대로 동작하지 않아 2017. 4. 19. 시장가격과 250배가량 차이가 나는 교환비율로 비트코인(BTC)과 이더리움(ETH)의 자동거래가 이루어지자 거래소운영회사가 이를 취소한 사건에서, '인간이 할 작업을 단순히 대신해 주는 기계로서 예컨대 믹서기는 재료를 넣고 작동하는 사용자의 주관적 인식이 중요하겠지만, 이와 달리 사전에 프로그래밍된 작업을 수행하는 알고리즘거래 프로그램은 그 작동에 앞서 프로그램을 설정할 당시 프로그래머의 의사와 의도를 고려하여야 한다'고 하였다. B2C2 Ltd v Quoine Pte Ltd [2019] SGHC(I) 3.

알고 있었던 경우(또는 조금만 주의를 기울여도 이를 쉽게 알 수 있었던 경우)에 취소권의 행사를 허용하고, 알고리즘 프로그램의 이용한 파생상품거래에 관하여 프로그램 설정 단계의 의사까지 규범적으로 평가하여 고려한다면, 대상판결에서 중요부분의 착오로 인한 거래부분에 관하여 착오취소가 인정될 여지가 있어 보인다.

다만 이렇게 알고리즘거래 프로그램의 설정 당시의 의도까지 거슬러 올라가게 된다면, 상대방 법인의 인식 또는 인식의 귀속과 관련하여 다른 문제가 제기될 수도 있다. 예컨대 한맥투자증권이 와이즈시스템으로부터 소프트웨어 구매계약을 체결하여 사용한 것처럼 알고리즘거래 프로그램을 외부에서 도입한 경우 상대방 법인이 그 설정 단계의 내용을 알지 못하거나 관여하지 않았다고 주장할 수도 있다.[68] 법인의 인식에 관한 정책적 관점의 조정이 가미될수록 그러한 분쟁의 여지는 커질 것이다.

이에 근본적으로는 중과실 착오에 의한 의사표시로부터 보호받지 못하는 상대방의 범위를 반드시 악의와 같은 주관적 용태를 기준으로 선별할 것이 아니라 착오 규정의 취지 등을 고려하여 표의자와 상대방 그리고 거래의 안전성에 관한 이익형량을 직접 시도하는 방법도 고려해볼 수 있을 것이다. 대상사건에서도 알고리즘 프로그램의 설정내용까지 파악하여 의제적 인격체로서 법인의 악의를 평가하는 것은 쉽지 않은 과정이겠지만, 착오에 의하여 체결된 거래가격이 시장의 일반적인 가격범주와 얼마나 차이가 있는지, 그에 따라 표의자가 입은 손실과 상대방이 얻은 이득이 어느 정도의 규모이고 어느 쪽이 더 보호할 가치가 있는지 등을 따져 취소권의 허용여부를 판단하는 것은 상대적으로 수월할 수 있다. 민법 제109조 제1항 단서는 애초에 상대방의 주관적 인식에 관하여 아무런 규정을 두지 않았다는 점을 상기할 필요가 있다.

---

68) 이는 그나마 알고리즘의 내용이 밝혀진 후의 문제인데, 각 회사들이 금융투자에 사용하는 프로그램의 알고리즘은 그 자체로 중요한 영업상 비밀 또는 자산에 해당하여 재판에서 규명하는 것 자체가 어려울 수 있다.

Ⅵ. 결　　론

대상판결은 미래에셋증권사건에 이어 표의자의 중과실에도 불구하고 상대방이 이를 알고 이용한 경우에는 착오취소가 가능하다는 판례의 법리를 다시 확인하였다. 나아가 한국거래소 장내에서 이루어진 파생상품거래에 관하여 상대방이 알고 이용했는지 여부를 판단할 때 고려하여야 할 사정들도 구체적으로 제시하였다. 이로써 민법 제109조 제1항 단서가 명문으로 정하지 아니하였지만 표의자의 중과실에도 불구하고 착오취소가 가능한 범위가 확장된다는 점에서 중요한 의미가 있다.[69] 한국거래소에서 이루어진 금융상품거래에 관해서도 그 고유한 특성에도 불구하고 민법 제109조 제1항에 따른 사후적인 사법심사가 가능함을 전제로 판결한 점도 주목할 만하다. 다만 자동화된 의사표시의 특성에 따라 대상사건이 단순히 동기의 착오에 그치지 않는다는 점을 명시적으로 밝히지 않은 점은 아쉬운 부분이다.

표의자가 중대한 과실로 착오에 의한 의사표시를 한 경우라도 상대방이 표의자의 착오를 알고 이용한 경우에는 취소권 행사가 가능하다는 판례는 그 자체로는 타당하다. 다만 반드시 '착오를 알고 이용한 경우'에 국한하여서만 상대방의 보호가치가 부정되는 것은 아니다. 착오를 알고 있으면서도 이용하지 않았다면 애초에 취소권 행사가 문제되지 않으므로, '악의' 외에 불필요하게 요건을 엄격하게 만드는 '이용 여부'는 추가로 고려할 필요가 없어 보인다. 또한 상대방이 착오를 알고 있었거나 경우에 따라서는 조금만 주의를 기울여도 쉽게 알 수 있었던 때에는 취소권의 행사를 허용하여 표의자를 보호하는 것이 마땅하다. 나아가 상대방이 법인이 경우 착오에 관한 인식 또는 인식의 귀속은 규범적인 평가로서 타당하게 조정되어야 하고, 알고리즘거래 프로그램을 사용한 경우에는 그 설정내용과 작동방식까지 검토되어야 한다.

---

69) 양창수, 앞의 평석, 17면.

종래 자동화된 의사표시론에서 컴퓨터 프로그램은 인간의 보조수단에 불과하여 전통적인 의사표시론의 근본적인 수정이 필요하지 않다는 위안은 앞으로 인공지능 프로그램의 사용 확대와 함께 지속적으로 도전받을 것이다. '악의' 또는 '알고 이용하였는지'와 같이 기본적으로 자연인의 심리적, 주관적 용태에 기초를 둔 판단기준은 점차 거래과정의 비정상성, 손실과 이득의 비교, 보호가치 있는 법익의 형량과 같이 비주관적인 판단기준으로 수정되어야 할지 모른다. 대상판결이 제시한 착오취소권 행사범위의 판단기준과 판단과정에 관하여 일응 수긍이 가면서도 막대한 손해를 입은 표의자가 보호받지 못한 결과를 마냥 받아들이기 어려운 간극이 그러한 변화를 통해 메워질 수 있기를 기대한다.

[Abstract]

Mistake-Based Rescission of Derivatives Transactions and the Application of Article 109(1) of the Civil Code

– Supreme Court Decision 2017Da227264, delivered on April 27. 2023 –

Kim, Tae Kyoon*

This article examines on the Supreme Court's decision in Case No. 2017Da227264, delivered on April 27, 2023. The subject case addressed a situation where a financial investment company executed transactions in the derivatives market established by the Korea Exchange, using software that automatically generates and submits quotes. In this case, the company entered incorrect variables, resulting in the execution of numerous derivative transactions at anomalous prices compared to the market price. The Court denied the rescission of the transactions due to mistake under Article 109(1) of the Korean Civil Code.

The subject case reaffirmed the legal principle established in prior decisions, including Supreme Court decisions 2013Da49794 (delivered on November 27, 2014) and 4288MinSang321 (delivered on November 10, 1955). These precedents hold that even if a mistake results from the gross negligence of the declarant, the declaration of intention may be voidable if the other party was aware of the mistake and exploited it. Thus, while Article 109(1) of the Korean Civil Code does not explicitly provide for this, the declarant may rescind a declaration of intention made under a mistake, notwithstanding gross negligence on the part of the declarant, depending on

* Judge, Daegu District Court.

whether the other party is worth protecting.

A notable aspect of the subject case is the Court's recognition that financial transactions conducted through the Korea Exchange, despite their unique characteristics, are subject to judicial review and that Article 109(1) of the Civil Code applies. However, it is regrettable that the Court did not explicitly clarify whether the mistake in this case constituted "a mistake in regard to any essential elements of the juristic act" rather than merely a motivational error regarding the circumstances forming the basis for calculation, especially in light of the automated nature of the declarations of intention.

The Court's stance—that a declaration of intention under mistake may be voidable even if the declarant's mistake results from gross negligence, as long as the other party was aware of and exploited the mistake—is reasonable. However, it should not be limited to cases where the other party actually "was aware of and exploited" the mistake, since there may be other cases where the other party is equally undeserving of protection. It may also be justifiable to protect the declarant by allowing rescission in situations where the other party could have easily recognized the mistake with minimal effort. Furthermore, when the other party is a corporation, the recognition of a mistake and its attribution should be normatively assessed, and in cases involving algorithmic trading programs, the program's configuration and operational methods must be carefully examined.

Fundamentally, the scope of protection for the other party in cases of declarations of intention made under a mistake caused by gross negligence should not solely depend on subjective factors such as the other party's awareness. Instead, a direct balancing of the interests of the declarant, the other party and the security of transactions should be considered. It is worth recalling that Article 109(1) of the Civil Code does not explicitly address the subjective awareness of the other party.

[Key word]

- Rescission of Declaration of Intention Under Mistake
- Derivatives Transactions
- Fat Finger Trade
- Algorithmic Trading Programs
- Mistake in Motive
- Automated Declarations of Intention
- Gross Negligence of the Declarant
- Awareness of the Other Party
- Perception of Corporate

참고문헌

1. 단 행 본

송덕수, “민법총칙(제6판)”, 박영사, 2021.

지원림, “민법강의(제21판)”, 홍문사, 2024.

2. 논 문

김상용, “자동화된 의사표시와 시스템계약”, 사법연구 제1집, 청헌법률문화재단, 1992년

김정연, “2023년 자본시장법 판례 회고”, 상사판례연구 제37집 제1권, 한국상사판례학회, 2024.

김종현, “인터넷쇼핑몰거래에 있어 착오취소에 관한 주요쟁점–독일연방대법원 판결(BGH, Urteil v. 26. 1. 2005-Ⅷ ZR 79/04)에 대한 고찰–”, 재산법연구 제27권 제2호, 한국재산법학회, 2011.

박선종, “전자거래시 착오에 관한 연구 : 금융투자상품의 장내거래를 중심으로”, 증권법연구 제14권 제3호, 2013.

서희석, “알고리즘거래에서 착오주문의 문제–H증권사건 하급심판결에 대한 비판적 고찰–”, 상사법연구 제39권 제2호, 한국상사법학회, 2020.

______, “일본 착오법의 현대화–일본 개정민법(2017)상 착오규정의 검토–”, 법학연구 제62권 제3호, 부산대학교, 2021.

양창수, “표의자의 중과실 있는 착오와 상대방의 악의 등”, 법률신문 제5106호, 법률신문사, 2023. 8. 21.자.

염규석, “의사표시의 구성요소와 본질에 대한 음미 : 소위 정보처리시설에 의한 의사표시의 논의를 중심으로”, 법학논고 제15집, 경북대학교 법학연구원, 1999.

오병철, “전자적 의사표시에 관한 연구”, 연세대학교 법학박사논문, 1996.

이정수, “2023년 금융법 중요판례평석”, 인권과정의 제520호, 대한변호사협회, 2023.

이중기, “법인에서의 인식의 귀속과 이익충돌의 인식 : 거대회사에서 정보차단

장치의 효력을 중심으로", 서울대학교 법학 제55권 제4호, 2014.
이충상, "중과실을 거의 고의에 가까운 것으로 볼 것인가? 중과실의 광협을 조문 내지 영역별로 다르게 파악할 필요성", 저스티스 제159호, 한국법학원, 2017.
지원림, "자동화된 의사표시", 저스티스 제31권 제3호, 한국법학원, 1998.

誤発注に関する法律問題研究会(川口恭弘), "誤発注に関する法律問題研究会報告書", 2006.

해제권 발생 후 미행사 중 본래 채권이 시효소멸된 경우 해제권 행사의 가부

나 진 이*

■요 지■

대상판결은 채무자의 채무불이행 이후 채권자가 해제권을 행사하지 않던 중에 본래 채권의 소멸시효가 완성된 경우 해제권의 행사 가능 여부가 문제된 사안이다.

기존 학계에서는 '본래의 채권에 관한 소멸시효 완성 시 법정해제권의 소멸 여부'와 관련하여, ① '행사기간이 따로 정해지지 않은 형성권의 제척기간을 별도로 인정할 필요가 없고 그 기초로 되는 채권관계가 소멸하면 형성권도 행사할 수 없으므로 본래의 채권이 시효로 소멸하면 당연히 해제권도 행사할 수 없다'고 보는 견해와, ② '채무불이행으로 인한 손해배상청구권은 본래의 채권의 변형물에 지나지 않으므로 본래의 채권을 행사할 수 있을 때로부터 소멸시효가 진행하고 따라서 본래 채권이 시효로 소멸하면 손해배상청구권도 시효로 같이 소멸하며, 이와 같은 취지에서 본래 채권이 소멸하면 법정해제권의 존속도 인정할 수 없다'는 견해, ③ '법정해제권은 본래 채권의 시효소멸 여부와 상관없이 10년의 제척기간이 적용된다'고 보는 견해 등이 있었다.

대법원은 '계약해제권에 대하여 10년의 제척기간이 적용되고, 손해배상청구권 역시 채무불이행 시부터 소멸시효가 진행된다'고 판시함으로써 위 ①, ② 견해와는 다른 입장을 명백히 해 왔고, 2018다288877 판결에서는 대상판결과 유사한 사안에서 해제권 행사를 긍정하는 결론을 내린 바도 있었다. 그

* 서울행정법원 부장판사.

러나 대상판결은 민법 제167조(소멸시효는 그 기산일에 소급하여 효력이 생긴다)를 근거로 '본래 채권이 시효로 인하여 소멸하였다면 그 채권은 그 기산일에 소급하여 더는 존재하지 않는 것이 되어 채권자는 그 권리의 이행을 구할 수 없는 것이고, 이와 같이 본래 채권이 유효하게 존속하지 않는 이상 본래 채무의 불이행을 이유로 계약을 해제할 수 없다'고 판단하였다.

대상판결은 종전 학설이나 기존 판례를 통하여 논쟁이 가능했던 쟁점에 대한 법리를 명확히 하고 '본래 채권의 소멸시효 완성 후 채무불이행을 원인으로 한 법정해제권의 행사 가부'에 관한 법리를 명시한 최초의 판결로서 그 의의가 있다. 그러나 한편으로 소멸시효의 소급효를 우선하는 법리를 취함으로써 본래 채권의 소멸시효 완성 시 손해배상청구권 역시 소멸된다고 볼 가능성이 높게 되었고 그럴 경우에는 '채무불이행 시부터 독자적으로 손해배상청구권의 소멸시효가 진행된다'고 보는 종전 판례의 의미가 퇴색되는 측면이 있음을 부인할 수 없다. 향후 '본래 채권이 시효로 소멸한 경우 손해배상청구권은 허용될 수 있는지', 나아가 '본래 채권의 시효소멸 전까지 채무불이행으로 인한 해제권 행사만을 하면 되는지 아니면 원상회복청구권까지도 행사하여야 하는지'에 대하여도 추가 논의 및 대법원의 명시적인 법리판단이 이루어질 필요가 있다.

[주 제 어]
• 소멸시효의 효과
• 계약해제권
• 형성권
• 제척기간
• 손해배상청구권
• 원상회복청구권

대상판결 : 대법원 2022. 9. 29. 선고 2019다204593 판결

[사안의 개요]

1. 사실관계

(1) A 회사는 2007. 1. 10. 피고와 쟁점 부동산을 3억 원에 매수하는 내용의 매매계약(이하 '이 사건 계약'이라 한다)을 체결하고, 2007. 1. 12. 매매대금 중 계약금 3,000만 원을 지급하였다.

(2) 이 사건 계약은 A 회사가 2007. 2. 28.에 중도금으로 6,000만 원을, 사업계획승인 후 10일 이내 잔금으로 2억 1,000만 원을 지급하고, 피고는 잔금 수령과 동시에 소유권이전등기의무를 이행하도록 정하고 있었다.

(3) A 회사는 중도금 및 잔금을 지급하지 않았고 2012. 2.경까지도 사업계획승인을 얻지 못했다. 피고는 2012. 2. 10. 소외인에게 쟁점 부동산을 매도하고, 2012. 2. 13. 위 부동산에 관한 소유권이전등기를 마쳐 주었다.

(4) 원고는 A 회사에 대하여 원고에게 약정금 13억 7,030만 원과 지연손해금의 지급을 명하는 지급명령을 받았고, 위 지급명령은 2016. 8. 2. 확정되었다.

(5) 원고는 2017. 1. 5. 위 지급명령에 기한 채권을 집행채권으로, A 회사를 채무자, 피고를 제3채무자로 하여 피고의 채무불이행에 따른 이 사건 계약의 해제로 인하여 A가 피고에 대하여 가지는 계약금 등 반환채권에 대하여 압류·추심명령(이하 '이 사건 압류·추심명령'이라 한다)을 받았고, 이는 2017. 2. 11. 피고에게 송달되었다.

(6) 피고는 원고의 이 사건 압류 · 추심명령에 기한 이 사건 추심금 청구에 대하여 원고의 청구는 이미 시효로 인하여 소멸한 채권에 기한 청구라는 항변을 하였다.

2. 원심의 판단

원심[1)]은 피고가 2012. 2. 13. 소외인에게 쟁점 부동산에 관한 소유권을

---

1) 1심은 A 회사가 중도금 6,000만 원을 그 지급시기인 2007. 2. 28.까지 지급하지 않았으므로 '매수인이 계약을 어겼을 경우 계약금은 무효가 되고 매도인에게 귀속된다'는 이 사건 계약 제7조 규정에 따라 이 사건 매매계약은 실효되었다고 판단하여 원고의 청구를 기각하였다.

그러나 원심은 이 사건 계약 제7조 규정은 손해배상액 예정의 성질을 가지는

이전함으로써 이 사건 매매계약은 이행불능이 되었고, 원고는 추심채권자로서 위 채권을 추심하기 위하여 자기의 이름으로 위 매매계약을 해제하고 위 채권의 지급을 구할 수 있으므로(대법원 2009. 6. 23. 선고 2007다26165 판결 등 참조), 이 사건 매매계약은 위 이행불능을 원인으로 해제되었다고 판단하였다.

나아가 계약금 반환청구권이 상사시효로 소멸하였다는 피고의 항변에 대하여도, 계약의 해제로 인한 원상회복청구권의 소멸시효는 해제 시, 즉 원상회복청구권이 발생한 때부터 진행하는바(대법원 2009. 12. 24. 선고 2009다63267 판결 등 참조), 원고가 2017. 10. 27. 피고에게 송달된 지급명령정본을 통하여 A 회사의 추심채권자로서 이행불능을 원인으로 위 매매계약을 해제함과 동시에 계약금의 반환을 구하는 취지의 의사표시를 하였으므로, 위 계약금 반환청구권이 시효로 소멸하였을 여지는 없다고 보아 피고의 항변을 배척하였다.

3. 대상판결의 요지: 파기환송

이행불능 또는 이행지체를 이유로 한 법정해제권은 채무자의 채무불이행에 대한 구제수단으로 인정되는 권리이다. 따라서 채무자가 이행해야 할 본래 채무가 이행불능이라는 이유로 계약을 해제하려면 그 이행불능의 대상이 되는 채무자의 본래 채무가 유효하게 존속하고 있어야 한다.

민법 제167조는 “소멸시효는 그 기산일에 소급하여 효력이 생긴다.”라고 정한다. 본래 채권이 시효로 인하여 소멸하였다면 그 채권은 그 기산일에 소급하여 더는 존재하지 않는 것이 되어 채권자는 그 권리의 이행을 구할 수 없는 것이고, 이와 같이 본래 채권이 유효하게 존속하지 않는 이상 본래 채무의 불이행을 이유로 계약을 해제할 수 없다고 보아야 한다(대법원 1987. 6. 23. 선고 86다카2549 판결, 대법원 2010. 11. 25. 선고 2010다56685 판결 등 참조). 결국 채무불이행에 따른 해제의 의사표시 당시에 이미 채무불이행의 대상이 되는 본래 채권이 시효가 완성되어 소멸하였다면, 채무자가 소멸시효의 완성을 주장하는 것이 신의성실의 원칙에 반하여 허용될 수 없다는 등의 특

것으로서 계약을 종료시키기 위해서는 적어도 위약당사자에게 위약금을 청구하거나 계약금을 위약금으로 귀속시키는 의사표시를 하여야 하고, 이러한 의사표시 없이 계약위반과 동시에 자동적으로 계약이 종료된다고 하기 위해서는 당사자 사이에 이에 관한 특별한 약정이 있어야 하는데, 이 사건 계약 제7조의 약정만으로는 그러한 특별한 약정이 있었다고 보기에 부족하다고 보고, 이 사건 계약은 피고의 채무불이행(이행불능)으로 해제되었다고 판단하여 원고 승소판결을 선고하였다.

별한 사정이 없는 한, 채권자는 채무불이행 시점이 본래 채권의 시효 완성 전인지 후인지를 불문하고 그 채무불이행을 이유로 한 해제권 및 이에 기한 원상회복청구권을 행사할 수 없다.

이 사건 계약에 기하여 A 회사가 피고에 대하여 가지는 이 사건 부동산에 관한 소유권이전등기청구권은 상사채권으로서 그 소멸시효기간은 5년이다. 이 사건 계약에서는 A 회사의 소유권이전등기청구권의 이행기를 매매대금 잔금지급기일로 정한 것으로 볼 수 있는데, 잔금지급기일은 사업계획승인 후 10일 이내의 불확정기한이다. 당사자가 불확정한 사실이 발생한 때를 이행기로 정하였다면 그 사실이 발생한 때는 물론 그 사실의 발생이 불가능하게 된 때에도 이행기가 도래하였다고 보아야 한다(대법원 2018. 4. 24. 선고 2017다205127 판결 참조). A 회사는 피고에게 계약금만 지급하고는 이 사건 계약에 따른 이행을 전혀 하지 않았고, 이 사건 사업도 상당한 기간 진행되지 않았던 것으로 보인다.

이러한 사정에 비추어 보면 사업계획승인은 이미 불가능하게 됨으로써 A 회사의 소유권이전등기청구권의 이행기가 도래하였고, 원고의 이 사건 계약에 관한 해제의 의사표시가 포함된 이 사건 압류·추심명령이 피고에게 도달한 2017. 2. 11.에는 그 이행기로부터 5년이 지나 A 회사의 소유권이전등기청구권이 시효가 완성되어 이미 소멸한 상태였을 개연성이 있다. 본래 채권인 A 회사의 소유권이전등기청구권이 시효로 인하여 소멸하였다면 그 기산일에 소급하여 그 채권은 존재하지 않는 것이 되므로, 피고가 쟁점 부동산을 소외인에게 매도하였더라도 A 회사는 피고의 채무불이행을 이유로 이 사건 계약을 해제하거나 계약해제를 전제로 한 원상회복청구권을 행사할 수 없다.

〔研　　究〕

Ⅰ. 들어가며

소멸시효 완성의 효과에 관하여 학설은 크게 소멸시효가 완성되면 권리가 당연히 소멸한다고 보는 절대적 소멸설과 소멸시효 완성만으로는 권리가 소멸하지는 않고 당사자의 원용권이 생길 뿐이며 그러한 원용권이 행사되어야 권리가 소멸한다고 보는 상대적 소멸설로 나뉘나, 두 견해 모두 시효의 완성으로 '권리가 소멸'된다는 점에는 다툼이 없다.[2] 이는 민법 제766조 및 제369조의 문언[3]에도 부합하는 것으로, 판례 역시 소멸시효가 완성되면 그 권리가 소멸한다고 판시하고 있다.[4]

위와 같은 소멸시효의 효과를 온전하게 관철하는 경우, 본래 채권의 소멸시효가 완성되었다면 그 채권은 소멸되어 더 이상 존재하지 않게 되고, 존재하지 않는 채무에 대한 채무불이행은 없으므로 이를 이유로 한 계약해제 역시 있을 수 없게 될 것이다. 그렇다면 '채무불이행 대상이 되는 본래 채권이 시효가 완성되어 소멸한 경우 채권자는 그 채무불이행을 이유로 한 해제권을 행사할 수 없다'고 판시한 대상판결은 어쩌면 당연한 결과로서 얼핏 더 이상 논의의 필요가 없다고 보이기도 한다.

그러나 '채무불이행 시점이 소멸시효 기간 완성 전인 경우' 즉 채무불이행으로 해제권이 이미 발생하였으나 해제권을 행사하지 않던 중에 본래 채권의 소멸시효가 완성된 경우에도 해제권을 행사할 수 없다고 볼 것인지 문제될 수 있다. 소멸시효 기간이 완성된 후 채무불이행이 발생한 경우에는 이미 채권이 소멸한 이후이므로 엄밀하게 말하여 채무불이행이나 그로 인한 해제권이 발생조차 하지 않는다고 볼 수 있다. 그런데

---

2) 그 외에 종래 권리가 소멸되지 않는다고 하는 견해로, ① 소멸시효가 완성하면 소송상 이행을 청구할 수는 없으나 채무 그 자체는 소멸하지 않고 자연채무로서 존재한다는 견해(자연채무설), ② 소멸시효가 완성하더라도 실체적 권리에는 아무런 영향을 주지 아니하고, 다만 시효기간이 완성되었다는 점이 일종의 증거방법(법정증거)이 되어 소송에서 증거로 제출하지 않으면 증명책임 있는 자에게 불리하게 된다고 하는 견해(법정증거설), ③ 소멸시효 제도는 이행요구를 거절할 수 있는 채무자의 실체법상의 항변권으로 하는 것이 가장 합리적이고 타당하며 실체적 권리의 소멸이라는 극단적인 방법을 피하는 것이 온당하다는 견해(항변권설)가 있었다. 여미숙, "소멸시효 완성의 효과-변론주의를 중심으로", 법학논총 제37권 제1호(2020), 375면.

3) 민법 제766조는 '불법행위로 인한 손해배상의 청구권은~이를 행사하지 않으면 시효로 인하여 소멸한다'고 규정하고 있고, 제369조는 '저당권으로 담보한 채권이 시효의 완성 기타 사유로 인하여 소멸한 때에는 저당권도 소멸한다'고 규정한다.

4) 대법원 1966. 1. 31. 선고 65다2445 판결, 대법원 1997. 2. 13. 선고 78다2157 판결, 대법원 1991. 7. 26. 선고 91다5631 판결 등 다수. 한편 판례가 절대적 소멸설과 상대적 소멸설 중 어느 설을 취하고 있는지에 대하여는, 절대적 소멸설이라고 보는 견해, 절대적 소멸설을 기본으로 하나 상대적 소멸설에 가까운 입장이라고 보는 견해, 상대적 소멸설을 취하고 있다고 보는 견해 등이 있다. 여미숙, 앞의 글, 379면 참조.

채무불이행으로 해제권이 발생하였으나 해제권을 행사하지 않던 중에 본래 채권의 소멸시효가 완성된 경우에는 본래 채권이 기산일에 소급하여 소멸한다고 하더라도 이미 발생한 채무불이행이라는 비법률행위적 사실까지 소멸한다고 보기는 어려우므로, 채무불이행의 효과로서 이미 발생한 해제권이 당연 소멸되는 것은 아니라고 볼 수도 있다.

학계에서도 '본래의 채무에 관한 소멸시효 완성 시 법정해제권의 소멸 여부'에 관하여 견해 대립이 있고, 대법원은 2019. 7. 24. 선고 2018다288877 판결에서 대상판결과 같이 채무불이행으로 해제권이 이미 발생하였으나 해제권을 행사하지 않던 중에 본래 채권의 소멸시효가 완성된 사안에서 대상판결과 달리 해제권 행사를 긍정하는 결론을 내린 바도 있다.

따라서 이하에서는 대상판결에서 쟁점이 된 '본래 채권이 시효소멸하는 경우 특히 채무불이행으로 해제권이 발생하였으나 아직 행사하지 않던 중에 본래 채권의 소멸시효가 완성된 경우 해제권의 행사 여부'에 대하여 살피기로 하되, 위 쟁점이 학계에서는 해제권의 제척기간에 관한 논의와 함께 다루어지고 있으므로 이를 비롯한 해제권의 일반론을 간단히 살핀 후, 위 쟁점과 관련된 학설과 대법원 선례들을 살펴보고 각 견해들이 취하고 있는 근거 등을 검토한 후 대상판결의 의미 등을 살피고자 한다.

Ⅱ. 해제권의 발생과 소멸 등

1. 해제권의 의의

계약의 해제는 유효하게 성립하고 있는 계약을 당사자 일방의 의사표시에 의하여 그 계약이 처음부터 존재하지 아니하는 것과 같은 상태로 회복시키는 것을 말하며, 이러한 일방적 의사표시에 의하여 계약을 해소시키는 권리를 해제권이라고 한다.[5]

로마법에서는 계약이 체결되면 그 구속력에 따라 일방적으로 계약으로부터 벗어나는 것은 배제되었으므로 일반적 해제권을 인정하지 않았

5) 곽윤직, 채권각론(제6판), 박영사(2014), 80면.

다. 즉 계약은 이행되어야 한다(pacta sunt servanda)는 법언과 같이 일단 성립한 계약은 어디까지나 이행되고 준수되는 것만이 요구되었을 뿐이다. 그러나 로마법에 있어서도 매수인이 매매대금을 적시에 지불하지 않을 때에 매도인에게 계약을 폐기할 수 있는 권한을 부여하는 실권약관(lex commissoria)을 두는 등 채무불이행의 경우에 채권자가 계약을 폐기할 수 있는 특약은 할 수 있었다. 이후에도 로마법에 있어서와 같이 계약으로부터의 탈퇴를 인정하지 않았기 때문에 해제제도가 발달하지 못하였고 독일 보통법 시대에도 역시 일반적인 해제제도는 없었으며 실권약관의 형식에 의한 해제가 인정되는 정도였다.[6)]

근대법에서 일반적인 법정해제제도를 확립하여 그 발달에 획기적인 영향을 준 것은 프랑스 민법이다. 프랑스 민법은 쌍무계약에 있어서 당사자 일방의 채무불이행은 묵시적으로 해제조건을 이루는 것으로 간주하여 채권자는 계약의 이행을 강제하거나 손해배상과 함께 계약해제를 청구할 수 있는 선택권을 가지고 그 계약의 해제는 법원에 청구하여서 재판상 행사하여야 하도록 규정하였다(제1184조). 이후 2016년 민법 개정을 통하여 해제를 모든 계약에 적용하고, 법원을 통한 재판상 해제뿐만 아니라 일방적 의사표시로 인한 해제를 명문화하였다(제1224조).

해제제도를 해제조건 등 타제도로부터 분리하여 이를 명확히 한 것은 독일민법이다. 독일민법은 약정해제와 쌍무계약에 관한 법정해제 모두를 인정할 뿐만 아니라 해제를 법원에 청구함이 없이 상대방에 대한 일방적 의사표시로 할 수 있게 하였다. 우리 민법의 해제제도는 상당 부분 독일민법의 영향을 받았다고 볼 수 있다.

2. 해제권의 발생과 효과, 소멸

(1) 해제권의 발생

당사자 일방의 의사표시에 의하여 계약관계를 해소시키는 것은 기본

---

6) 김승진, "계약해제권의 발생요건", 사법논집(1976) 참조.

적으로 사적 자치의 원칙에 반하기 때문에 이러한 권리는 당사자 사이의 약정이 있거나 법률의 규정에 의하는 경우가 아닌 이상 인정하기 어렵다. 당사자 사이의 약정으로 발생하는 해제권을 '약정해제권'이라 하며, 계약일반에 대하여 인정되는 해제권을 '법정해제권'이라 한다. 이하에서는 법정해제권을 중심으로 살핀다.

민법은 채무불이행의 유형에 따라 제544조에서 '이행지체와 해제', 제545조에서 '정기행위와 해제', 제546조에서 '이행불능과 해제'로 나누어 규정하면서, ① 당사자 일방이 그 채무를 이행하지 아니하는 때에는 채무자에게 상당한 기간을 정하여 그 이행을 최고하였음에도 그 기간내에 이행하지 않는 경우 발생하고(제544조 본문), 다만 ② 채무자가 미리 불이행의 의사표시를 하거나 계약의 성질 또는 당사자의 의사표시에 의하여 일정한 기간 내에 행하여지지 않으면 계약의 목적을 달성할 수 없을 경우에는 최고 없이 해제권이 발생하며(제545조), ③ 채무자의 책임있는 사유로 이행불능된 경우에도 별도의 최고 없이 해제권이 발생한다(제546조)고 규정하고 있다. 민법은 그 외에 각종 전형계약에 따라 특별한 해제권[7)]을 규정하고 있고, 민법에서 명문으로 규정한 외의 채무불이행, 즉 불완전이행과 채권자지체, 부수적 채무의 불이행 및 사정변경에 의하여 해제권이 발생하는가에 대한 논의가 있다.

(2) 해제의 효과

민법은 해제의 효과와 관련하여, 당사자 일방이 계약을 해제한 때에는 각 당사자는 상대방에게 '원상회복의무'가 있고(제548호 제2항), 서로의 원상회복의무에는 동시이행항변권에 관한 규정을 준용하며(제549조), 계약의 해제는 '손해배상'의 청구에 영향을 미치지 않는다(제551조)고 규정한다. 민법 제551조가 계약의 해제와 손해배상의 청구가 모두 성립할 수

---

7) ① 사전해제권(제601조, 제612조, 제673조, 제674조의3), ② 파산에 의한 법정해제권(제674조), ③ 채무불이행에 의한 해제를 주의적으로 다시 규정한 경우(제727조), ④ 증여에 있어서의 해제(제555조, 제556조, 제557조), ⑤ 담보책임의 경우(제570조, 제571조, 제572조, 제575조, 제576조, 제578조, 제581조) 등이 있다.

있다고 규정하고 있으므로, 채무불이행의 경우 채권자는 계약을 해제하거나, 손해배상을 청구하거나, 계약을 해제하면서 손해배상을 청구하는 것이 가능하다. 통설, 판례는 계약당사자의 일방이 계약해제와 함께 하는 손해배상의 청구는 채무불이행으로 인한 손해배상으로 보고 있다.

(3) 해제권의 소멸

해제권은 형성권으로 보는 것이 통설이므로 권리자의 포기, 실효, 제척기간의 도과 등 일반적인 권리의 소멸원인으로 소멸한다. 또한 민법은 해제권의 특수한 소멸원인으로, 상대방이 해제권자에게 상당한 기간을 정하여 그 기간 내에 해제 여부를 확답할 것을 최고하고 만일 그 기간 내에 해제의 통지를 받지 못하면 해제권은 소멸하고(제552조), 해제권자의 고의나 과실로 인하여 계약의 목적물이 현저히 훼손되거나 반환할 수 없게 된 때 또는 가공이나 개조로 인하여 다른 종류의 물건으로 변경된 때에도 해제권은 소멸한다(제553조)고 규정하고 있다. 해제권의 일반 소멸원인 중 제척기간에 대하여는 아래에서 별도로 살피도록 한다.

3. 해제권의 제척기간에 관한 일반적인 논의

(1) 제척기간

(가) 해제권의 법적 성격에 관하여, 통설과 판례는 일방적 의사표시로 권리관계의 변동을 가져오는 권리로서 형성권에 해당한다고 보고 있다. 그런데 채무불이행으로 발생하는 법정해제권과 같이 법률 또는 약정에서 권리의 행사기간을 정하지 않은 형성권의 경우 그 행사기간(제척기간)을 어떻게 볼 것인지에 관하여 논의가 있다.

① 10년의 제척기간에 걸린다고 하는 견해[8)]와 ② 형성권의 행사기간은 형성권을 발생시킨 기초적인 법률관계에 의하여 결정되어야 하고 그에 의하여 결정되지 않는 경우에는 신의성실의 원칙에 의하여야 한다는 견해[9)] 등이 그것이다.[10)] ① 견해는, 해제권의 행사에 의하여 발생하

---

8) 곽윤직/김재형, 민법총칙, 박영사(2012), 416면; 고상용, 민법총칙, 법문사(2005); 730면; 김상용, 민법총칙, 화산미디어(2014), 711면.

는 원상회복청구권이나 손해배상청구권과 같은 채권적 권리의 소멸시효가 10년이라는 것과 균형을 맞추기 위하여 해제권과 같은 형성권도 원칙적으로 10년의 기간 내에 행사하여야 한다고 한다. 반면 ② 견해는, 형성권 행사의 결과로 채권만이 발생하는 것도 아니고, 근본적으로 제척기간은 법률의 규정에 의하여 정해지는 것인데 그런 규정이 없음에도 해석으로 제척기간을 10년으로 정하는 것이 가능한지도 의문이라고 하거나, 형성권의 존속은 그 발생원인인 계약이나 기타의 법률관계와 존속을 같이 하는 것이 바람직하므로 특히 법률에 그 형성권에 관하여 제척기간을 정하지 않는 한 기본계약과 함께 소멸한다고 해석하는 것이 옳다고 한다. 채무가 존속함에도 불구하고 그 채무를 불이행한 경우에 행사할 수 있는 해제권을 행사할 수 없다는 것은 도저히 납득할 수 없는 결과라고도 한다.[11)]

(나) 법률의 규정이 없는 상태에서 해석만으로 권리 행사기간을 정하는 것의 적절성 등을 지적하는 ② 견해도 타당한 측면이 있다고 생각하나, 형성권 행사에 의한 권리변동의 불안정을 단기간에 해소하고 권리관계를 확정시키기 위하여 제척기간을 인정하는 취지를 고려하면, 해제권의 제척기간을 정하는 것이 해석상 불가능하다고 보이지는 않는다. 다만 그 제척기간을 정한다면, 해제권의 행사로 비로소 발생하는 원상회복청구권 등 채권적 권리의 소멸시효 기간과 균형을 맞추기 보다는 해제권의 (발생원인의) 기초가 되는 법률관계인 본래 채권의 소멸시효 기간과 결부하는 것이 더 타당하지 않을까 싶다. 이에 의하는 경우라면, 일반 민사계약에서의 해제권은 10년, 상사계약에서는 5년의 제척기간을 인정하게 될 것이다.

---

9) 편집대표 곽윤직, 민법주해Ⅲ 총칙 (3), 박영사, 428면(윤진수 집필부분); 이은영, 민법총칙(제5판), 박영사, 301면.

10) 이 외에 형성권은 소유권 이외의 재산권이므로 20년의 소멸시효 기간을 준용하여 20년의 제척기간을 주장하는 견해도 있다. 이영준, (새로운 체계에 의한) 한국민법론: 총칙편(수정판), 박영사, 687면.

11) 황경웅, "행사기간이 법정되지 않은 해제권의 행사기간과 기산일", 법학논문집 제42집 제3호(중앙대학교 법학연구원).

(다) 판례[12)] 역시 계약해제권에 대하여 10년의 제척기간이 적용된다고 판시하고 있다. 상사계약에서의 해제권 행사기간에 관하여 이를 명시적으로 판시한 대법원 판결은 발견하기 어렵다. 다만 하급심에서는 상사거래관계에 있어 발생한 매매계약의 해제권의 제척기간을 5년으로 판단한 예들이 있고(일부는 상고기각으로 확정되기도 하였다)[13)], 최근 대법원은 비록 해제권에 대한 사안은 아니나 형성권인 약정 주식매수청구권에 대하여 상사소멸시효를 유추하여 5년의 제척기간을 인정한 바 있다(대법원 2022. 7. 14. 선고 2019다271661 판결).

(2) 원상회복청구권의 행사기간

해제권을 행사하여 발생하는 원상회복청구권에 관하여 별도로 소멸시효가 진행하는 것으로 해석할 것인지 아니면 원상회복청구권 역시 해제권의 제척기간 내에 행사되어야 하는 것인지에 대한 논의가 있다.

먼저 해제권의 제척기간 내에 원상회복청구권도 행사되어야 한다는 견해이다.[14)] 해제권은 계약을 해소하여 원상회복을 청구하기 위한 수단이므로 해제권의 행사와 원상회복은 양자가 일체를 이룬다고 보아야 하며, 해제권 행사의 결과로서 생기는 원상회복의무에 관하여 독립한 소멸시효를 생각할 여지는 없다고 한다.

반면 원상회복청구권은 계약해제 시 발생하고 그때부터 소멸시효가 진행한다고 보는 견해가 있다.[15)] 원상회복청구권은 해제권이 적법하게 행사된 이후의 문제이고 본래의 채무와 내용을 달리하며, 형성권의 행사에 관하여 단기의 제척기간을 정한 취지는 불확정의 법률관계를 조속히

---

12) 대법원 2004. 11. 25. 선고 2004다31418 판결, 대법원 2014. 6. 26. 선고 2013다63356 판결, 대법원 2017. 6. 15. 선고 2017다204230 판결 등.

13) 대전지법 2004. 7. 8. 선고 2003나9740 판결(소액사건, 상고기각), 부산고법 2006. 6. 7. 선고 2005나10555 판결(미상고), 서울고법 2015. 12. 3. 선고 2015나4841 판결(상고기각), 대전고법 2019. 7. 19. 선고 2019나13887 판결(미상고), 서울동부지법 2020. 11. 6. 선고 2019나28128 판결(상고기각) 등. 양승우, “약정에 기한 형성권 행사기간의 법적 성질에 관한 고찰”, 사법 67호, 사법발전재단(2024). 316면 참조.

14) 편집대표 곽윤직, 민법주해 XIII 채권 6, 박영사, 337면.

15) 편집대표 김용덕, 주석민법(채권각칙 1)(제5판), 한국사법행정학회, 491면

확정적인 법률관계로 정착시키려는 의도이므로, 형성권 행사에 의하여 법률관계가 확정되면 그에 기한 청구권은 다소 행사가 지연되어도 무방하다고 한다. 그 소멸시효 기간은 민사상 계약이 해제된 경우 10년, 상행위인 계약의 해제로 인한 경우 5년으로 보고 있다.

후자가 다수 견해인 것으로 보이고, 판례 역시 계약의 해제로 인한 원상회복청구권의 소멸시효는 해제시 즉 원상회복청구권이 발생한 때부터 진행한다고 판시하고 있어 같은 입장이라고 할 수 있다.[16]

Ⅲ. 해제권 발생 후 미행사 중 본래 채권이 시효소멸된 경우 해제권 행사의 가부

1. 학 설

대상판결 전까지 '본래 채권이 시효완성된 경우 해제권의 소멸 여부'에 대하여 본격적인 연구가 있었던 것으로 보이지는 않는다.[17] 다만 학계에서는 대상판결 전에도 '해제권의 제척기간'에 관한 논의 부분에서 '본래의 채무에 관한 소멸시효 완성 시 법정해제권의 소멸 여부'를 언급하고 있었다.

(1) 먼저 앞서 본 바와 같이 해제권의 제척기간은 10년이라고 하면서도, 본래의 채무가 시효로 소멸하면 법정해제권의 존속을 인정할 수 없으므로 법정해제권도 소멸하고, 따라서 법정해제권에 있어서는 특별한 제척기간이나 소멸시효를 생각할 여지가 없다는 견해가 있고,[18] 통설로 소개되기도 한다.[19] 법정해제권은 채무자의 채무불이행에 대한 채권자

16) 대법원 1993. 9. 14. 선고 93다21569 판결, 대법원 2009. 12. 24. 선고 2009다63267 판결 등 참조.

17) 대상판결 이후 위 쟁점을 직접 다룬 논문으로는, 고유강, "본래 채권의 시효소멸이 손해배상과 해제에 미치는 영향", 법조 제72권 제5호, 법조협회(2023) 등이 있다.

18) 곽윤직, 채권각론(제6판), 박영사(2014), 108면; 민법주해ⅩⅢ, 채권 6, 337면(김용덕 집필부분); 주석민법(채권각칙 1)(제5판), 545면. 한편 지원림 교수 역시 '해제권은 10년의 제척기간에 걸린다고 하면서도 계약상의 채무가 시효로 소멸하면 해제권도 소멸한다'고 하나(지원림, 민법강의, 홍문사, 2016, 1347면), 구체적인 이유는 기재하지 않고 있다.

19) 지원림, 민법강의, 홍문사, 2016, 1347면.

의 구제수단으로서 채무자의 채무불이행책임을 묻기 위하여 인정되는 권리이므로, 채무불이행에 의한 손해배상청구권과 마찬가지로 본래의 채무가 시효로 소멸한 후까지 법정해제권의 존속을 인정할 이유가 없고, 따라서 '법정해제권 및 그 행사의 결과로 생기는 원상회복청구권과 손해배상청구권 모두 본래의 계약상 채무가 시효로 소멸하면 행사할 수 없다'고 한다.[20] 위 견해는 '채무불이행으로 인한 손해배상청구권 역시 본래의 채권의 변형물에 지나지 않으므로 본래의 채권을 행사할 수 있을 때로부터 소멸시효가 진행하고 따라서 본래 채무가 시효로 소멸하면 손해배상청구권도 시효로 같이 소멸한다는 입장을 취하면서 이와 같은 취지에서 본래 채무가 소멸하면 법정해제권의 존속도 인정할 수 없다'고 한다.[21]

이러한 견해에 대하여는, 형성권인 해제권의 제척기간에 관하여 민법총칙에서 말하는 것('10년')과 채권각론에서 말하는 것('법정해제권은 특별한 제척기간을 인정할 필요가 없다')이 달라 혼란을 야기하고 해제권의 제척기간에 대한 통일적인 이해를 더욱 어렵게 한다는 비판도 있다.[22]

한편 최근에는 해제사유가 발생한 때로부터 10년의 제척기간이 적용되고 제척기간이 만료하기 전이라도 본래 채권이 시효소멸하면 해제권도 소멸한다고 보면서, 다만 시효완성 전 해제권을 행사하였다면 그로 인하여 발생하는 원상회복청구권은 그때부터 독자적인 소멸시효에 걸린다는

20) 위와 같은 견해에 부가하여, "다만, 본래의 채무 시효로 소멸하기 전에 채무불이행 등의 해제사유가 발생한 경우 해제권을 행사할 수 있는지 여부는 당사자 사이의 약정내용, 소멸시효 진행을 저지할 장애사유의 존부, 해제권의 제척기간 경과 여부 등을 살펴보아야 한다"는 견해가 있다. 주석민법(채권각칙 1)(제5판), 492면(김형진 집필부분). 위 내용은 '채무불이행이 본래 채권의 시효소멸 전에 발생한 경우에는 해제권의 행사여부를 달리 판단할 수 있다'는 의미로 보이나, 한편으로 법정해제권 행사에 있어 약정내용을 어떻게 고려한다는 것인지, 또한 소멸시효 진행을 저지할 장애가 있는 경우에는 본래 채권이 아예 소멸되지 않는 것인데 이를 고려하여 해제권의 행사 여부를 판단한다는 것은 어떤 의미인지 등의 의문이 있으나, 추가 설명이 없어 그 내용을 명확히 알기는 어렵다.

21) 주석민법(채권각칙 1)(제5판), 513면.

22) 황경웅, '행사기간이 법정되지 않은 해제권의 행사기간과 기산일', 법학논문집 제42집 제3호(중앙대학교 법학연구원).

견해가 있다.[23] 본래 채권이 시효소멸하면 소급효로 기산일부터 해제사유인 채무불이행이 없었다고 보게 되어 해제권 행사 당시에는 해제사유가 없던 것으로 하는 효과를 가져온다고 한다.

(2) 다음으로 법정해제권 역시 다른 형성권과 마찬가지로 10년의 제척기간을 독자적으로 인정해야 한다는 견해가 있다. 해제권은 채무불이행에 대한 구제책으로 인정되는 것이므로 손해배상청구권이 존속하는 동안 행사할 수 있어야 하고 손해배상청구권은 채무불이행 시로부터 새로이 시효기간이 진행된다고 보아야 하므로, 법정해제권도 (본래 채권의 시효소멸 여부와 상관없이) 10년의 제척기간에 걸린다고 보아야 한다는 것이다.[24]

이에 대하여는, 해제권의 제척기간을 그와 동등한 지위에 있으나 별개의 손해배상청구권에 관한 시효기간에 연동시킨다는 것은 무리한 해석이라는 반박이 있다. 만약 손해배상청구권의 시효가 중단될 경우 그만큼 해제권의 행사기간도 연장된다고 해석한다면, 제척기간에 허용되지 않는 중단을 우회적으로 인정하는 결과여서 받아들일 수 없고, 그 밖에도 이행지체에 따른 해제권은 언제까지 행사할 수 있는지에 관하여 제대로 설명할 수 없다는 단점이 있다고 한다.[25]

(3) 한편 앞서 본 바와 같이 해제권을 비롯한 형성권의 제척기간을 별도로 인정할 필요가 없고 다만 형성권이 일정한 채권관계를 기초로 하는 경우 그 채권관계가 소멸하면 형성권도 소멸한다고 보는 입장에서는, 채무가 존속하는 한 해제권은 소멸하지 않는다고 보아야 할 것이므로 본래의 채무가 시효로 소멸하면 당연히 해제권도 행사할 수 없다고 보게 된다.[26]

---

23) 고유강, 앞의 글, 251-252면.

24) 송덕수, 민법강의, 박영사, 2016, 1372면.

25) 고유강, 앞의 글, 252면.

26) 이은영 교수는 '해제권은 채권과 직접 관련을 맺는 권리이므로 채권이 시효로 소멸한 후에는 그 채권에 기한 해제권도 발생하지 않는다'고 한다. 이은영, 채권각론(제5판), 박영사, 233면.

2. 관련 판례

대상판결은 본래 채권이 시효로 인하여 소멸하였다면 본래 채무의 불이행을 이유로 한 계약을 해제할 수는 없다고 하면서 대법원 2010다56685 판결과 86다카2549 판결을 인용하고 있다. 따라서 위 판결들을 대상판결 사안에 대한 선례로 볼 수 있을지 살피고, 한편 대상판결과 같이 '채무불이행(이행불능) 이후 해제권을 행사하지 않고 있던 중 본래 채권의 소멸시효가 완성된 사안'임에도 대상판결과 다른 결론을 도출한 대법원 2018다288877 판결을 살피기로 한다.

(1) 대법원 2010. 11. 25. 선고 2010다56685 판결

(가) 사안의 개요

원고는 피고로부터 승강기 제작ㆍ설치공사를 도급받아 이를 완료한 후 공사대금을 청구하였는데, 피고가 공사대금채권의 시효소멸을 주장하면서 지급을 거절하자, 원고는 피고의 공사대금 지급거절로 공사비 회수가 불가능해지는 등 계약 제15조 제2항[27]에서 정한 약정 해제사유가 있다는 이유로 공사계약을 해제하고 그 손해배상청구를 하였다.

(나) 원심의 판단: 원고 승

당해 계약은 순수한 도급계약이 아니라 원고가 승강기를 제작하고 그 제작된 제품을 설치하는 계약으로서 매매계약과 도급계약이 혼합된 계약으로 보아야 하고, 그중 승강기에 관한 소유권이 대금완불시까지 원고에게 유보되어 있어, 피고가 이 사건 계약에 따른 대금 중 승강기 매매에 상응하는 대금 지급의무에 대하여는 피고가 승강기의 소유권을 취득할 때까지 그 소멸시효기간이 진행된다고 할 수 없다고 판단하였다.

27) 계약 제15조 제2항: 다음 각 호에 해당하는 경우 원고는 계약의 전부 또는 일부를 해제하기 전에 이를 최고하고, 피고가 응하지 않을 때에는 계약의 전부 또는 일부를 해제할 수 있다.
1. 피고가 정당한 이유 없이 계약을 위반하여 공사의 이행이 불가능한 때
2. 원고의 공사비 회수가 불가능한 때
3. 기타 피고의 귀책사유로 인하여 공사수행이 불가능한 때

나아가 원고가 계약 제15조 제2항 제1호, 제2호, 제3호의 사유를 들어 계약을 해제한 것은 정당하다고 판단하였다.

(다) 대법원의 판단: 파기환송

쟁점 계약은 대체가 어렵거나 불가능한 제작물의 공급을 목적으로 하는 계약으로서 도급의 성질을 띠고 있음을 알 수 있고, (중략) 위 계약금 및 중도금 채권은 각각 2000. 8. 4. 및 2000. 11. 25. 변제기가 도래한 것으로 볼 수 있고, 원고가 2001. 8. 14. 공사대금의 지급을 최고한 후 6개월이 지난 2022. 2. 14.부터 약 6년 7개월이 되는 2008. 9. 5.경에야 이 사건 소를 제기하였으므로, 공사대금 채권의 단기소멸시효 기간인 3년이 경과하였거나 적어도 상인 간의 거래에 따른 채권으로서 상사소멸시효 기간인 5년이 경과하였음이 분명하여 이미 시효로 소멸하였다고 할 것이다.

원심이 계약 제15조 제2항 제1호 및 제2호에 해당하는 것으로 본 계약해제 사유들은 계약에 따른 피고의 공사대금채무가 있음을 전제로 한 것으로서, 앞서 본 바와 같이 공사대금 채권이 이미 시효로 소멸하였다고 보는 이상, 피고가 공사대금을 지급하지 않는다고 하여 계약 제15조 제2항 제1호 및 제2호에 기한 해제 사유가 성립한다고 할 수는 없다.

(라) 검 토

위 판결은 당사자 사이의 계약에서 정한 약정해제권에 관한 사안으로, 엄밀하게 말하면 공사대금채권의 소멸시효가 완성된 상태에서 피고가 그 지급을 거절한 것이 계약 15조 제2항에서 정한 약정해제권의 해제 사유에 해당하는지 그 해석이 문제된 사안이라고 볼 수 있다.[28] 또한 위 사안은 '채무불이행 시점이 소멸시효 기간 완성 후인 경우'로서 대상판결

28) 한편 위 판결에 대한 평석인 방태경, "소유권유보부 제작물 공급계약에서 소멸시효 완성시의 법률관계", 민사판례연구 제34권(2012)에서는, '해제권이 독자적인 형성권이라고 하더라도 그 법률적인 존속 등은 그 원인이 되는 채무불이행 상태의 법률적인 존속 여부에 유인적으로 결부되어 있다고 보고, 해제권을 행사하지 않고 있는 사이에 본래의 채권의 소멸시효가 완성되면 본래의 채권이 소급하여 소멸함에 따라 해제권도 소멸된다'고 기재하고 있다.

과 사안이 다르다. 위 판결을 대상판결 사안에서의 직접 선례로 삼기는 어렵다고 생각한다.

(2) 대법원 1987. 6. 23. 선고 86다카2549 판결

(가) 사안의 개요

피고들은 1970년경 및 1971년경 원고에게 공사비채권에 갈음하여 당해 부동산에 관한 소유권이전등기를 해주기로 약정하였다. 피고들은 1974년, 1980년, 1981년경 약정 대상인 부동산을 각 제3자에게 처분하였다.

(나) 원심 및 대법원의 판단

원심은 피고들에게 이행불능으로 인한 손해배상의무를 인정하였다. 그러나 대법원은 원고의 공사비채권은 민법 제163조 제3호의 '도급을 받은 자의 공사에 관한 채권'에 해당하여 3년의 소멸시효기간 도과로 1975. 10. 21. 소멸하였고, 본래 채권인 공사비채권이 시효 소멸된 이상 채권이 이행불능이 되었다고 하여 이를 원인으로 한 손해배상청구권이 허용될 수 있는 것도 아니라는 이유로 파기환송하였다.

(다) 검　토

위 판결은 본래 채권이 시효로 소멸한 이상 이행불능을 이유로 한 손해배상청구권은 허용될 수 없다고 판단한 것으로, '같은 취지에서 본래 채권이 시효로 소멸하면 그 해제권도 더는 행사할 수 없다'는 설명과 함께 소개되고 있다.[29] 피고들의 1980년, 1981년의 처분은 공사비 채권의 소멸시효 완성 이후이나 1974년 처분은 소멸시효 완성 전에 발생한 것으로 보인다. 따라서 위 판결은 이행불능으로 인한 손해배상청구권이 발생한 이후에 본래 채권이 시효 소멸된 경우에도 손해배상청구권은 허용되지 않는다고 판단한 것으로 볼 수 있으나, 위 판결에서 이를 명확히 법리로서 판시하고 있지는 않다. 이후 이에 대하여 명시적으로 판단한 후속 판결은 찾아볼 수 없어 위 판결만으로 대법원이 본래 채권이 시효로 소멸하는 경우 손해배상청구권도 소멸한다고 명시적 판단을 하였다고 단

---

29) 주석민법(채권각칙 1)(제5판), 492면.

정하기는 어렵지 않나 싶다.[30)]

(3) 대법원 2019. 7. 24. 선고 2018다288877

(가) 사안의 개요

○ 원고는 서울 광진구 자양동 일대에 복합쇼핑몰 신축 및 분양사업을 하기 위해 그 사업구역 내에 위치한 다수의 토지를 매입하는 과정에서, 2007. 9. 12. 피고로부터 쟁점 부동산을 대금 195억 원에 매수하고, 피고에게 2007. 10. 2. 계약금 19억 5,000만 원을, 2008. 3. 26. 잔금 중 일부로서 3억 원을 각 지급하였다.

○ 피고는 2010. 12. 1. 제3자에게 쟁점 부동산을 증여하고 2010. 12. 3. 소유권이전등기를 마쳐주었다.

○ 원고는 위 매매계약에 기한 피고의 소유권이전등기의무가 이행불능되었음을 이유로 2017. 8. 29. 위 매매계약을 해제하고 그 원상회복으로 피고가 지급받은 계약금과 잔금의 반환을 구하였다.

(나) 원심[31)]의 판단: 원고 패

원고의 피고에 대한 소유권이전등기청구권은 상사채권으로 그 소멸시효기간은 5년이고, (중략) 2013년 7월~8월 또는 늦어도 2013. 12. 31. 무렵 시효기간의 도과로 소멸하였다.

다만, 피고가 쟁점 부동산을 2010. 12. 3. 제3자에게 증여함으로써 피고의 소유권이전등기의무가 이행불능에 이르렀고 그 당시는 원고의 소유권이전등기청구권이 시효로 소멸된 상태가 아니었다는 점에서 앞서 본 다른 피고들의 경우[32)]와는 다소간에 다른 측면이 있고, 나아가 원고는 해제권 행사의 제척기간인 위 이행불능 일시로부터 10년 이내인 2017. 8. 29. 피고의 이행불능을 이유로 해제 의사표시를 하였다는 점에서 다른 피고들의 경우와는 달리 원고의 해제 의사표시가 적법하다고 해석할 여

30) 같은 취지로, 고유강, 앞의 글, 238면.

31) 서울고등법원 2018. 10. 11. 선고 2017나2039960 판결.

32) 다른 피고들은 소유권이전등기청구권에 대한 소멸시효기간이 도과된 이후 제3자에게 매도하였다.

지가 있기는 하다.

그러나 이행불능 또는 이행지체를 이유로 한 법정해제권은 채무자의 채무불이행에 대한 구제수단으로 인정되는 권리로서, 상대방이 이행해야 할 본래 채무가 이행불능이라는 이유로 해제하려면 그 이행불능의 대상이 되는 상대방의 본래 채무가 유효하게 존속하고 있어야 하는데, 해제 의사표시 당시에 이미 상대방의 본래 채무가 시효로 소멸하였다면 그 채무는 더 이상 존재하지 않는 것이고, 이처럼 존재하지 않는 채무의 이행불능이란 있을 수 없고 이를 이유로 한 계약의 해제 역시 있을 수 없으므로, 결국 이행불능의 대상이 되는 본래의 채무가 소멸되면 그 해제권 및 이에 기한 원상회복청구권도 더 이상 행사할 수 없거나 소멸되는 것으로 봄이 타당하다.

따라서 원고로서는 피고가 매매대상 부동산을 제3자에게 증여한 2010. 12. 3.부터 이행불능을 이유로 계약을 해제할 수 있었으나 해제권 행사를 하지 아니한 채 2013. 12. 31.이 경과함으로써 소유권이전등기청구권이 시효로 소멸하였고, 원고는 그 이후인 2017. 8. 29.자 항소이유서를 통해 비로소 이행불능을 이유로 위 피고에 대하여 위 매매계약에 대한 해제의 의사표시를 하였으므로, 이러한 원고의 계약해제 의사표시는 아무런 효력이 없어 원상회복의무가 발생하는 것으로 볼 수도 없다.

(다) 대법원의 판단 : 파기환송(일부)

채무자의 책임 있는 사유로 이행이 불가능하게 된 때에는 채권자는 계약을 해제할 수 있다(민법 제546조). 계약해제권은 일종의 형성권으로 당사자 사이에 그 행사 기간에 관한 약정이 있는 때에는 그 기간 내에, 그러한 약정이 없는 때에는 그 권리가 발생한 때부터 10년 내에 행사하여야 하고, 이 기간을 도과한 때에는 해제권은 제척기간의 경과로 인하여 소멸한다(대법원 2014. 6. 26. 선고 2013다63356 판결 등 참조). 매도인의 매매계약상 의무가 이행불능이 되어 이를 이유로 매매계약을 해제함에 있어서는 상대방인 원고의 잔금지급의무가 매도인의 위 의무와 동시이행 관계에 있다고 하더라도 그 이행의 제공을 필요로 하는 것이 아니다(대법원 2003. 1. 24. 선고 2000다22850 판결 등 참조). 계약의 해제로 인한 원상회복청구권의 소멸시효는 해제시, 즉 원상회복청구권이 발생한 때부터 진행한다(대법원 2009. 12. 24. 선고 2009다63267 판결 등 참조).

(중략) 피고가 제3자에게 이 사건 부동산에 관한 소유권이전등기를 마쳐줌으로써 원고에 대한 소유권이전등기의무의 이행이 불가능하게 되어 그때 원고에게 매매계약에 대한 해제권이 발생되었고, 원고는 그로부터 10년 내에 계약해제권을 행사하였으므로, 매매계약은 적법하게 해제되었고, 피고는 원상회복으로 원고에게 계약금 및 잔금 일부를 반환할 의무가 있다.

그런데도 원심은 피고의 원고에 대한 소유권이전등기의무가 이행불능이 된 이후에도 원고의 위 피고에 대한 소유권이전등기청구권에 대한 소멸시효가 진행된다고 보아, 잔금지급기일로부터 5년이 지나 소멸시효가 완성되었고 본래 채무가 시효소멸로 존재하지 않은 이상 계약해제 역시 가능하지 않으므로, 원고의 계약해제 의사표시는 아무런 효력이 없고 피고의 원상회복의무가 발생한다고 볼 수도 없다고 판단하였다. 이러한 원심판단에는 이행불능을 이유로 한 계약해제요건에 관한 법리를 오해하여 판결에 영향을 미친 잘못이 있다.

(라) 검 토

위 판결은 대상판결과 상반된 결론을 도출하고 있다. 대상판결과 마찬가지로 '채무불이행(이행불능) 시점이 본래 채권의 소멸시효 완성 전'인 사안에서, 원심은 대상판결과 같이 이행불능을 이유로 한 해제권 및 이에 기한 원상회복청구권을 행사할 수 없다고 판단하였으나, 대법원은 이를 파기한 것이다. 특히 대법원은 위 판결에서, '채무불이행 시점이 본래 채권의 소멸시효 완성 후'인 다른 피고들에 대하여는 해제권을 인정하지 않은 원심을 수긍하여 상고기각하면서, '채무불이행 시점이 본래 채권의 소멸시효 완성 전'인 피고에 대하여는 해제권을 인정하여 그 구별을 분명히 하였다.

그런데 대법원은 위 판결에서 '피고의 원고에 대한 소유권이전등기의무가 이행불능이 된 이후에도 원고의 위 피고에 대한 소유권이전등기청구권에 대한 소멸시효가 진행된다'고 본 원심의 잘못을 언급하면서 '이행불능을 원인으로 한 계약해제요건에 관한 법리 위반'을 이유로 원심을 파기하였다. 즉 대법원은 '이행불능시 본래의 채권은 소멸'하므로 이후 본래 채권의 소멸시효가 계속 진행하여 시효가 완성된다는 논리는 상정하기 어렵고, 따라서 본래 채권의 소멸시효 완성으로 인한 해제권의 소멸문제는 더 이상 생기지 않으므로, 이행불능이 발생하면 해제권의 제척기간 내에 해제권 행사가 가능하다는 취지로 이해된다.

그러나 본래 급부가 이행불능되었더라도 곧바로 본래 채권이 소멸된다고 볼 수 있는지 의문이다.[33] 매매계약의 매도인이 목적부동산을 제3자에게 소유권이전해 줌으로써 매도인의 소유권이전등기의무가 이행불능되었으나 아직 매수인이 해제권을 행사하지 않고 있던 중에 여하의 사정으로 매도인에게 다시 그 소유권이 귀속된 경우라면 매수인은 매도인에게 여전히 소유권이전등기청구권을 행사할 수 있다고 보아야 할 것인데, 만일 이행불능시 본래의 채권이 바로 소멸하였다고 본다면 매수인은 위와 같은 경우에도 매도인에게 소유권이전등기청구권을 행사할 수 없게 된다. 이행불능이 되었더라도 채권은 존속하고 추후 채권자가 계약해제의 의사표시를 함으로써 비로소 본래 채권도 소급하여 소멸한다고 보는 것이 타당하다.

대법원 2012. 5. 17. 선고 2010다28604 전원합의체 판결에서 다수의견에 대한 보충의견(양창수 전 대법관님)도 "매매계약에 있어서 매도인이

---

33) 이미 이행불능된 채무의 소멸시효 진행과 완성이 가능한지 여부는 생각보다 까다로운 문제로서, 채권의 시효기산일 이후 본래대로의 권리행사가 곤란 또는 불가능한 상태에 빠졌을 때 시효기간의 진행을 일시적으로 멈추는 제도를 독일에서는 '계속정지' 유형의 시효정지라고 하는데, 계속정지 규정을 두지 않은 우리 민법의 해석으로는 명문에 없는 시효정지사유를 받아들이기 어렵다고 하고, 다만 이행 불능 이후 채권자는 본래 채권을 행사하는 게 무의미할 뿐만 아니라, 본래 채권에 관한 시효중단 조치를 취하여 예정된 만료일을 늦추는 게 힘들어지므로, 불능 이후 계속되는 시효의 진행과 완성은 일종의 관념적인 것에 가깝다는 견해가 있다. 고유강, 앞의 글, 242면 참조.

소유권이전 또는 인도의 채무를 부담하는 물건이 멸실하였다고 하더라도, 그것만으로 매도인의 소유권이전 또는 인도의 채무가 바로 소멸하지 아니한다. 매수인이 그 채무의 이행불능을 이유로 채무불이행책임을 물을 수 있는 한 매도인의 그러한 채무는 여전히 존속한다. (중략) 이러한 채무의 존속은 그 채권자인 매수인이 채무불이행책임의 다른 한 내용으로 계약의 해제를 선택하는 경우에 더욱 명백하게 드러난다. 이때에 매수인이 계약 해제의 의사표시를 함으로써 비로소 매매계약은 효력을 상실하게 되고, 이로 인하여 매도인의 채무가-매수인의 대금지급채무와 함께-소멸한다. 즉 매도인의 채무는 목적물의 멸실에도 불구하고 계속 그 존재를 유지하며, 위와 같은 계약해제의 의사표시가 있는 때에 비로소 그 해제의 효과로써 소멸하는 것이다."라고 하였다.

그렇다면 '이행불능시 본래 채권은 소멸하므로 이후 본래 채권의 소멸시효 완성으로 인한 해제권의 소멸 문제는 발생하지 않는다'는 논리는 이행불능된 채무의 소멸시효 진행에 대한 논의가 부족한 현재로서는 그대로 받아들이기 어렵지 않나 생각한다.

3. 종합검토

본래 채권이 시효완성으로 소멸한 경우 해제권도 소멸하여 행사할 수 없다는 입장을 편의상 '소멸설'. 그렇지 않고 이후에도 해제권을 행사할 수 있다는 입장을 '비소멸설'이라 부르고, 앞서 본 학설이나 판례 등을 기초로 상정가능한 근거 등을 살핀다.

(1) 민법 제183조의 적용 여부

민법 제183조는 "주된 권리의 소멸시효가 완성한 때에는 종속된 권리에 그 효력이 미친다."라고 규정하고 있다. 만일 계약해제권을 주된 권리에 종속된 권리로 볼 수 있다면, '본래 채권이 시효완성된 경우 해제권의 소멸 여부'에 대하여는 더 이상 논쟁할 필요도 없을 것이므로, 이를 먼저 검토한다.

위 규정은 소멸시효 효력의 객관적 범위에 관한 규정으로, 절대적 소멸설을 취하는 견해에서는 이론적으로는 위 규정이 없더라도 소멸시효의 소급효를 인정한 민법 제167조에 의하여 같은 결과를 인정할 수 있다고 한다.[34] 이때 '종속된 권리'란 주된 권리를 전제로 하여 그로부터 유출되는 권리로서 이자, 지연손해금, 과실 등이 언급되고 있으며, 담보물권, 보증채무 등도 이에 해당한다고 한다.

계약해제권을 '종속된 권리'로 볼 수 있는지에 대한 논의는 거의 찾아보기 어렵다.[35] 다만 채무불이행으로 인한 손해배상청구권에 관하여 '손해배상청구권은 원래의 채권과는 별개의 요건에 기하여 발생하는 별도의 독립된 권리이고, 이를 원래의 채권에 종된 권리라고 할 수는 없다'는 논의에 비추어 보면,[36] 해제권 역시 손해배상청구권과 마찬가지로 채무불이행에 대한 중요한 구제수단 중 하나로서 본래 채권이 아닌 채무불이행이라는 별개의 요건에 기하여 발생하는 별도의 권리라고 볼 수 있으므로, 이를 본래 채권에 '종속된 권리'로 보아 민법 제183조를 직접 적용하기는 어렵다고 생각한다. 해제권은 엄밀하게는 본래 채권이 아니라 그 배경에 있는 기초적 계약관계에 종속된 권리라고 파악하는 것이 더 적절하므로 제183조의 적용대상은 아니라는 견해도 있다.[37]

(2) 소멸설과 비소멸설

(가) 본래 채권의 소멸시효 완성 후에 해제권이 발생한 경우에는 해제권을 행사할 수 없다는 데 별다른 다툼이 없을 것으로 보인다. 특히 앞서 본 바와 같이 소멸시효의 효과에 관하여 절대적 소멸설을 취하는 경우에는, 본래 채권의 소멸시효가 완성되었다면 그 채권은 당연히 소멸되어 이에 대한 채무불이행이나 그로 인한 해제권이 발생조차 하지 않았다고 볼 수 있기 때문이다.

---

34) 민법주해Ⅲ, 총칙 3, 551면(윤진수 집필부분).

35) 해제권의 제척기간을 별도로 인정할 필요가 없고 다만 그 원래 채권관계가 소멸하면 해제권도 소멸한다고 보는 입장에는 사실상 해제권을 본래 채권에 '종속된 권리'로 보고 있는 것이 아닌가 싶기도 하나, 위 견해에서도 민법 제183조를 언급하지는 않고 있다.

36) 양창수/김재형, 계약법(제2판), 박영사(2015), 504면.

37) 고유강, 앞의 글, 253면.

구체적 타당성 측면에서도 '본래 채권에 대하여 오랜 기간 권리행사를 하지 않은 채권자'와 '소멸시효 완성 후 비로소 채무불이행 행위를 한 채무자'를 비교해 보더라도 채권자를 더 보호하여야 할 필요성이 있다고 보기 어렵다.

결국 소멸설과 비소멸설의 대립이 의미가 있는 것은 '채무불이행으로 해제권이 발생하였으나 해제권을 행사하지 않던 중에 본래 채권의 소멸시효가 완성된 경우에 해제권을 행사할 수 있을지' 여부라고 할 것이다.

(나) 기존 학계에서 '소멸설'을 취하는 입장은 크게 두 개의 논리 구조로 정리할 수 있다. 하나는 '행사기간이 따로 정해지지 않은 형성권의 제척기간을 별도로 인정할 필요가 없고 그 기초로 되는 채권관계가 소멸하면 형성권도 행사할 수 없다고 보는 전제에서 본래의 채무가 시효로 소멸하면 당연히 해제권도 행사할 수 없다'고 보는 것이고, 다른 하나는 '채무불이행으로 인한 손해배상청구권은 본래의 채권의 변형물에 지나지 않으므로 본래의 채권을 행사할 수 있을 때로부터 소멸시효가 진행하고 따라서 본래 채무가 시효로 소멸하면 손해배상청구권도 시효로 같이 소멸하며, 이와 같은 취지에서 본래 채무가 소멸하면 법정해제권의 존속도 인정할 수 없다'는 것이다.

두 견해 모두 채무불이행으로 발생하는 해제권이나 손해배상청구권의 독자성을 부인하고 있다고 볼 수 있는데, 앞서 본 바와 같이 최근 다수설과 판례는 해제권에 대하여 10년의 제척기간이 적용되고 해제권 행사로 인하여 발생하는 원상회복청구권도 본래의 채권과 그 내용을 달리하는 것으로 별도의 소멸시효가 진행됨을 분명히 하고 있다. 또한 손해배상청구권에 대하여도 '손해배상청구권은 채무불이행에 대한 중요한 구제수단으로서 본래의 채권이 시효소멸한 후에도 그 존재의의를 인정하여야 할 뿐만 아니라 채무불이행이 있어야 비로소 성립한다는 이유로 원래 채권과 별개로 채무불이행시부터 소멸시효가 진행한다'는 견해가 다수인 것으로 보이고,[38] 판례 역시 손해배상청구권은 채무불이행 시부터 소멸시효가 진행된다고 한다.[39] 위와 같은 견해들은 앞서 본 두 가지 논리와는 상충되는 것으로 보인다.

따라서 위와 같은 판례 등의 견해를 취한다면 그 근거는 민법 제167조에서 찾을 수밖에 없다. 즉 민법 제167조에서 '소멸시효는 그 기산일에 소급하여 효력이 생긴다'고 규정하는 이상 '채무불이행 시점이 소멸시효 완성일 이전'이라도 소멸시효 완성으로 본래 채권이 그 기산일에 소급하여 소멸하면 해제사유인 채무불이행이 없게 되므로 해제권 역시 행사할 수 없다고 설명하는 것이 가장 간명하면서도 중요한 근거가 된다. 최근 원상회복청구권이나 손해배상청구권의 독자적인 소멸시효를 인정하면서도 '소멸설'의 입장을 취하고 있는 견해도 이를 근거로 하고 있으며,[40] 대상판결에서 민법 제167조만을 근거조문으로 기재한 것 역시 같은 취지로 이해된다.

그렇다면 '소멸설'의 입장에서 해제권의 제척기간과 손해배상청구권 및 원상회복청구권의 독자적인 소멸시효를 인정하는 판례 등의 태도와는 어떻게 조화롭게 해석할 수 있을까. 이는 대상판결의 검토에서 다시 살피기로 한다.

(다) 반면 '비소멸설'은 해제권이 발생한 이상 이후 본래 채권이 소멸하였더라도 해제권의 제척기간 내에 해제권을 행사할 수 있다는 견해라고 할 수 있다. 앞서 본 바와 같이 본래 채권이 소멸시효 완성으로 기산일에 소급하여 소멸한다고 하더라도 이미 발생한 채무불이행이라는 비법률행위적 사실과 그에 따라 발생한 해제권이 당연히 소멸하는 것은 아니라는 것이다.

특히 해제권의 제척기간과 원상회복청구권 및 손해배상청구권의 독자적인 소멸시효 진행을 모두 인정하는 경우에는 해제권 및 손해배상청구권의 독자적 권리성을 인정한다고 볼 수 있으므로 본래 채권의 소멸에

---

38) 민법주해 Ⅲ, 총칙 3, 472면(윤진수 집필부분).
39) 대법원 1995. 6. 30. 선고 94다54269 판결, 대법원 2005. 1. 14. 선고 2002다57119 판결 등.
40) 각주 22 참조.

영향을 받지 않는 것이 보다 논리 일관된다고 볼 수 있다. 해제권과 손해배상청구권이 본래 채권의 시효완성으로 소멸한다는 것은 결국 해제권과 손해배상청구권의 존속기간이 본래 채권과 같다는 것이므로 해제권의 독자적인 제척기간과 원상회복청구권 및 손해배상청구권의 독자적인 소멸시효를 인정하는 최근 다수의 견해 및 판례 입장에 상충된다고 볼 수 있기 때문이다.

구체적 타당성 측면에서도 비소멸설은 유용할 수 있다. 부동산 매매계약에서 매도인이 목적부동산을 제3자에게 임의로 처분하여 그 소유권이전등기의무가 이행불능되었으나 매수인이 이를 알지 못하고 있던 상태에서 위 소유권이전등기의무의 소멸시효가 완성된 경우를 상정하여 보면, 소멸설에 따를 때 매수인은 해제권을 행사하지 못하여 매도인에게 이미 지급한 매매대금을 반환받지 못하게 된다. 그러나 이러한 경우에는 자신의 채권에 대하여 권리행사를 소홀히 하였을 뿐인 채권자를 소멸시효 완성 전에 배신행위로서 채무불이행을 행한 채무자보다 더 보호할 필요가 있다고 볼 수 있으므로 비소멸설에 따라 해제권을 행사할 수 있도록 할 필요가 있을 수 있다.[41)]

비소멸설에서는 해제권 행사 가능 기간이 장기화되는 문제는 민법 제552조에 따라 상대방이 해제권자에게 상당한 기간을 정하여 그 기간 내에 해제 여부를 확답할 것을 최고하는 등의 방법으로 해결이 가능하다고 할 수 있을 것이다.

4. 대상판결의 검토

앞에서 본 바와 같이 '해제권 발생 후 미행사 중 본래 채권이 시효소멸된 경우'에 있어 소멸설, 비소멸설 모두 이론 구성이 가능한 견해라고 보인다. 대상판결은 그중 소멸설을 취하면서 '채무불이행에 따른 해제

41) 이에 대하여 소멸설에서는, 채권자가 본래 채권에 대하여 권리를 행사하지 않은 이상 채무자의 채무불이행이 있었더라도 더 이상 이에 대한 권리구제의 필요성은 없다고 반박할 것으로 보인다.

의 의사표시 당시에 이미 채무불이행의 대상이 되는 본래 채권이 시효가 완성되어 소멸하였다면, (중략) 채권자는 채무불이행 시점이 본래 채권의 시효완성 전인지 후인지를 불문하고 그 채무불이행을 이유로 한 해제권 및 이에 기한 원상회복청구권을 행사할 수 없다'고 판시하였다.

(1) 대상판결은 소멸설에 따라 시효완성으로 인하여 본래 채권이 소멸하는 경우에는 이에 기한 채무불이행이 있을 수 없으므로 해제권을 행사할 수 없다는 간명한 논리를 따르고 있다. 이는 '채무불이행으로 해제권이 발생하였으나 해제권이 행사되기 전에 채무자가 본래의 채무 내용에 좇은 이행과 지연배상을 한 경우 해제권이 소멸한다'고 보는 대법원 판결[42]**과**도 맞닿아 있다. 물론 채무자가 본래의 채무 내용에 좇은 이행을 한 경우와 본래 채무가 시효로 소멸한 경우를 같이 볼 수는 없으나, 해제권 행사 당시를 기준으로 채무불이행이 더 이상 존재하지 않는다고 보아 해제권 발생요건을 갖추지 못하였다고 보는 점에서 유사하다고 볼 수 있다.[43]

(2) 구체적 타당성에 있어 당해 사안에서는 원고 측을 보호할 가치가 크지 않다. 당해 사안에서 계약당사자인 A 회사는 공동주택 건설사업을 하는 회사로서 피고를 비롯한 다수와 사이에 일대 토지를 매수하였다가 사업계획승인신청 반려되어 사실상 계약이 자동해제되었다고 볼 수 있는 상황으로, 본래 채권(소유권이전등기청구권)뿐만 아니라 손해배상청구권까지 5년의 상사시효 완성으로 이미 소멸한 것으로 보여[44] 이후까지

---

42) 대법원 2022. 9. 29. 선고 2019다204593. 대법원은 지상권소멸청구에 있어서도 지상권자가 2년 이상의 지료를 지급하지 아니하여 지상권설정자가 지상권의 소멸을 청구할 수 있음에도 이를 청구하지 않고 있는 동안 지상권자가 연체된 지료 일부를 지급한 경우 종전에 지상권자가 2년분의 지료를 연체하였다는 사유를 들어 지상권 소멸을 청구할 수 없다고 하였다(대법원 2014. 8. 28. 선고 2012다102384 판결).

43) 홍승면, "채무불이행의 대상이 되는 채권이 시효가 완성되어 소멸한 경우, 채권자가 채무불이행을 이유로 한 해제권을 행사할 수 있는지 여부(원칙적 소극)", 서울고등법원 판례공보스터디(2023).

44) 이중매매가 2012. 2. 13. 이루어졌으므로 그로 인한 손해배상청구권도 5년이 경과한 2017. 2. 13. 소멸시효 완성되었다고 볼 수 있다. 계약해제는 원고가 지급명

계약해제권의 행사를 인정하는 것은 오히려 구체적 타당성에 반한다. 대상판결은 이러한 사정도 고려하였을 수 있다. 나아가 대상판결은 '채무자가 소멸시효의 완성을 주장하는 것이 신의성실의 원칙에 반하여 허용될 수 없다는 등의 특별한 사정이 있는 경우'에는 해제권 행사를 가능할 수 있다고 하여 향후 개별 사안에서 구체적 타당성을 도모할 수 있도록 하고 있다.

(3) 비교법적으로 해제권의 행사기간을 본래 채권의 시효완성 시까지 허용하는 입법례가 있다.[45] 독일민법 제218조는 채무불이행을 이유로 한 해제는 급부청구권 또는 추완급부청구권의 소멸시효가 완성되고 채무자가 원용하는 경우에는 효력이 없다고 규정하고 있다. 독일민법은 형성권인 해제권은 소멸시효가 적용되지 않는데, 소멸시효가 완성된 청구권의 불이행을 이유로 해제를 인정하면, 채무자가 계약상 급부청구권의 이행을 거절할 수 있음에도 채권자가 해제권을 행사하여 자기 급부의 반환청구가 가능해지는 균형을 방지하기 위한 목적으로 도입된 것이라고 한다. 소멸설과 비소멸설이 모두 이론적 구성이 가능하다고 보는 경우, 이는 적어도 본래 채권의 소멸시효 완성시 계약해제권의 행사를 불인정하는 것이 법정책적으로도 수용할 만한 것이라는 점을 시사한다고 볼 수도 있다.

(4) 그런데 앞서 본 바와 같이 판례는 해제권의 제척기간과 손해배상청구권의 독자적인 소멸시효를 인정하고 있다. 그럼에도 대상판결이 비소멸설이 아닌 소멸설을 취한 것은 어떻게 조화롭게 해석할 수 있을까. 우선 대법원이 해제권의 제척기간을 인정하는 것은 그 독자성을 인정하는 것이 아니라 본래 채권이 시효중단 등으로 소멸시효 기간이 장기화되거나 남아있는 경우에 권리관계의 조속한 확정을 위한 것이라는 점을 전제로 한다고 해석할 수 있다. 즉 해제권의 제척기간을 10년으로 인정하는 대법원 판결은 결국 본래 채권이 소멸시효 중단 등으로 해제권의 제척기간보다 더 오래 존속하는 경우 권리관계의 조속한 확정이라는 의

령을 통해 이 사건 계약의 해제를 통보한 2017. 10. 27.경 이루어졌다.

45) 고유강, 앞의 글, 254면. 이하 내용은 위 논문에서 인용한 것이다.

미만을 가지게 되었다. 손해배상청구권은 어떨까? 해제권과 손해배상청구권이 모두 채무불이행의 구제수단으로 인정된다는 점을 고려하면, 대상판결의 논리를 따르는 경우 손해배상청구권의 경우를 해제권과 달리 판단하기가 용이하지는 않을 것이라고 생각한다. 특히 대상판결은 86다카2549 판결을 참조판례로 기재하고 있는데, 위 판결은 앞서 본 바와 같이 '본래 채권이 시효로 소멸한 경우 이행불능을 이유로 한 손해배상청구권의 허용 여부'가 문제된 건이기도 하다. 만일 손해배상청구권 역시 본래 채권의 시효소멸로 소멸하여 행사할 수 없다고 본다면, 손해배상청구권에 대한 독자적인 발생과 그 소멸시효 진행을 인정하는 것 역시 본래 채권보다 단기에 권리관계의 조속한 확정을 위한 것이라고 볼 수밖에 없지 않을까 싶다. 그러나 본래 채권이 이행불능된 사안에서 본래 채권의 시효중단 등이 용이하지 않다는 점을 고려하면, 본래 채권의 시효기간이 해제권의 제척기간이나 손해배상청구권의 소멸시효 기간보다 장기화되는 경우가 사실상 많지 않을 것으로 보여,[46] 위와 같이 해제권이나 손해배상청구권의 독자적인 제척기간과 소멸시효를 인정하는 것이 실질적인 의미를 가질 수 있을지는 의문이다.

(5) 나아가 대상판결에서는 직접 쟁점이 되지 않았으나, '본래 채권의 시효소멸 전까지 채무불이행으로 인한 해제권 행사만을 하면 되는지' 아니면 '원상회복청구권까지 행사하여야 하는지'도 문제될 수 있다. 이는 앞서 보았던 '원상회복청구권 역시 해제권의 제척기간 내에 행사되어야 하는 것인지'에 대한 논의와 같은 연장선상에 있다고 볼 수 있다. 개인적으로는, 원상회복청구권의 별도의 소멸시효를 인정한 판례의 태도를 그대로 견지하여 '해제권이 본래 채권의 시효소멸 전에 적법하게 행사된 경우 원상회복청구권은 시효소멸 이후 행사되었더라도 그 자체의 소멸시효 기간 내에 이루어진 이상 소멸하지 않는다'고 보는 것이 권리관계의 조속한 확정과 채권자의 권리구제(원상회복관계) 등을 균형 있게 고려하는 것이라

46) 본래 채무가 이행불능된 경우에는 채무자의 승인 이외에 다른 소멸시효 중단 조치를 취하기가 쉽지 않을 것으로 보인다.

는 생각도 든다. 그러나 대상판결과 같이 법정해제권은 채무자의 채무불이행에 대한 구제수단으로 인정되는 권리라는 점과 권리관계의 조속한 확정 등에 방점을 둔 채 '시효소멸로 본래 채권이 유효하게 존속되지 않는 이상 해제권을 행사할 수 없다'는 논리를 전제한다면 원상회복청구권 역시 더 이상 원상회복할 채권채무관계가 존재하지 않는다고 볼 수 있어 본래 채권의 시효소멸로 소멸된다고 볼 수 있다.

5. 관련 문제: 약정해제권의 경우

대상판결 사안을 비롯하여 앞선 논의들은 대체로 채무불이행을 이유로 한 법정해제권에 관한 것이었다.

그런데 앞서 본 바와 같이 약정해제권에 관한 사안이었던 대법원 2010다56685 사건에서, 대법원은 공사대금 채권이 이미 시효로 소멸하였다고 보는 이상, 피고가 공사대금을 지급하지 않는다고 하여 계약 제15조 제2항 제1호 및 제2호에 기한 약정해제 사유가 성립한다고 할 수는 없다고 판시하였다.

또한 대법원[47]은 주택 분양계약 당시 '건설사의 준공지체 등의 이유로 입주예정일로부터 3개월을 초과하여 입주를 할 수 있게 되는 경우 수분양자가 계약해제를 할 수 있도록' 약정한 사안에서, 입주지연에 따른 약정해제권의 발생 후 미행사 중 채무자의 이행제공(입주가능한 상태의 제공)이 있는 경우에는 발생된 약정해제권이 소멸한다고 판단한 원심[48]을 수긍하기도 하였다.

약정해제권은 그 발생사유나 행사방법 등에 관한 약정유형 등이 매우 다양할 수 있어 일률적으로 단정하여 말하기는 어려우나, 위 판결들

47) 대법원 2020. 5. 28. 선고 2018다265904 판결.

48) '해제권의 행사방법, 효과, 해제권의 소멸 등의 민법 규정은 당사자가 달리 정하지 않는 한 약정해제에 있어서도 보충적으로 적용되고, 이행지체로 해제권이 발생한 후라도 채권자가 해제권을 행사하기 전에 채무자가 채무내용에 좇은 이행을 하면 해제권은 소멸하므로, 해제권 유보약정은 입주지연 상태가 계속 중인 경우에 한하여 적용되고 그 후 피고의 적법한 이행제공으로 그와 같은 상태가 종료되었다면 더 이상 해제권을 행사할 수 없다'고 하였다.

에 비추어 보면, 대법원이 추후 약정해제권에 있어서도 대상판결에서 설시한 법리와 유사한 법리를 적용하여 본래 채권이 시효소멸한 경우 약정해제권 역시 소멸한다고 볼 가능성이 있다.

Ⅳ. 결　　론

대상판결은 '본래 채권의 소멸시효 완성 후 채무불이행을 원인으로 한 법정해제권의 행사 가부'에 관한 법리를 명시한 최초의 판결로서 그 의의가 있다.

대상판결은 본래 채권이 시효완성으로 소멸되었다면 채무불이행 시점이 본래 채권의 시효 완성 전인지 후인지를 불문하고 그 채무불이행을 이유로 한 해제권 및 이에 기한 원상회복청구권을 행사할 수 없다고 판시함으로써 종전에 학설이나 기존 판례를 통하여 쉽게 판단하기 어려웠던 쟁점에 대한 법리를 명확히 하고, 한편으로는 소멸설을 취함으로써 생길 수 있는 개별사안에서의 구체적 타당성을 도모하기 위하여 '채무자가 소멸시효의 완성을 주장하는 것이 신의성실의 원칙에 반하여 허용될 수 없다'는 등의 특별한 사정이 있는지를 살펴 해제권 행사를 가능할 수 있도록 하였다.

대상판결이 선고됨으로써 해제권의 제척기간을 10년으로 인정하는 대법원 판결은 결국 본래 채권이 소멸시효 중단 등으로 해제권의 제척기간보다 더 오래 존속하는 경우 권리관계의 조속한 확정이라는 의미를 가지는 것으로 해석할 수 있다.

한편 대상판결은 86다카2549 판결을 참조판례로 기재하였는데, 위 판결은 본래 채권이 시효로 소멸한 경우 이행불능을 이유로 한 손해배상청구권의 허용 여부가 문제된 건으로, 향후 '본래 채권이 시효로 소멸한 경우 손해배상청구권은 허용될 수 있는지', 그리고 나아가 '본래 채권의 시효소멸 전까지 채무불이행으로 인한 해제권 행사만을 하면 되는지 아니면 원상회복청구권까지도 행사하여야 하는지'에 대하여도 대법원의 명시적인 법리 판단이 이루어질 필요가 있다.

[Abstract]

The Validity of Exercising the Right of Rescission After the Completion of Extinctive Prescription for the Original Claim

Na, Jin Ie*

After the debtor's breach of obligation, if the creditor does not exercise the right to rescind the contract, a controversy arises as to whether the right to rescind can still be exercised after the completion of the extinctive prescription of the claim. The Supreme Court decision 2019da204593 issued on September 29, 2022 directly addresses the controversy.

The Supreme Court has consistently held that the right of rescission must be exercised within the ten-year exclusionary period from the time of the breach of obligation, and that the extinctive prescription for claims for damages arising from the breach also begins to run from the time of the breach. Such previous rulings appear to recognize the independent nature of the right of rescission and the right to claim damages. And the Supreme Court recently held in its judgment (Case 2018Da288877) that, regarding rescission of contracts, even where claims have expired due to the extinctive prescription, a creditor can still exercise rescission.

However, this Supreme Court ruling, based on Article 167(The effect of extinctive prescription shall be retroactive to the day on which it began to run) of the Civil Code, held that if the original claim is extinguished by the extinctive prescription, it is deemed to no longer exist retroactively from the day on which it began to run, and thus the creditor cannot pursue that

* Presiding Judge, Seoul Administrative Court.

right. Consequently, the Court determined that unless the original claim remains validly in effect, the contract cannot be rescinded on the grounds of non-performance of the original claim.

This ruling clarifies issues that were difficult to resolve through previous theories or existing precedents and is significant as the first decision to explicitly establish the legal principles regarding the exercisability of the statutory right of rescission based on non-performance after the completion of the extinctive prescriptions for the original claim. On the other hand, by adopting the principle that prioritizes the retroactive effect of the extinctive prescription, it is highly likely that the right to claim damages will also be deemed extinguished upon the completion of the extinctive prescription for the original claim. In such cases, the significance of previous rulings, which recognized the independent commencement of the extinctive prescription for claims for damages from the time of the breach of obligation, may be diminished. It would be necessary for the Supreme Court to explicitly establish legal principles on whether the right to claim damages can be allowed when the original claim has been extinguished by the extinctive prescription. Furthermore, clarification is needed on whether exercising the right of rescission due to non-performance before the completion of the original claim's extinctive prescription is sufficient, or if the right to claim restitution must also be exercised.

[Key word]

- effect of extinctive prescription
- right of rescission
- formative right
- exclusionary period
- claims for damages
- right to claim restitution

참고문헌

[단 행 본]

편집대표 곽윤직, 민법주해Ⅲ, 박영사(1992).
______, 민법주해 XIII, 박영사(1997).
편집대표 김용덕, 주석민법(채권각칙1), 한국사법행정학회(2021).

고상용, 민법총칙, 법문사(2005).
곽윤직, 채권각론(제6판), 박영사(2014).
곽윤직/김재형, 민법총칙, 박영사(2012).
김상용, 민법총칙, 화산미디어(2014).
양창수/김재형, 민법 I 계약법(제2판), 박영사(2015).
이은영, 민법총칙(제5판), 박영사(2009).
______, 채권각론(제5판), 박영사(2009).
지원림, 민법강의, 홍문사(2016).

[논 문]

고유강, "본래 채권의 시효소멸이 손해배상과 해제에 미치는 영향", 법조 제72권 제5호, 법조협회(2023).
김승진, "계약해제권의 발생요건", 사법논집7집, 법원행정처((1976).
방태경, "소유권유보부 제작물 공급계약에서 소멸시효 완성시의 법률관계", 민사판례연구 제34권(2012).
양승우, "약정에 기한 형성권 행사기간의 법적 성질에 관한 고찰", 사법 제67호, 사법발전재단(2024).
여미숙, "소멸시효 완성의 효과-변론주의를 중심으로", 법학논총 제37권 제1호 (2020).
임정윤, "본래 채권의 소멸시효 완성 시 그 채무불이행을 이유로 한 해제권 행사의 가부", 대법원판례해설 제133호, 법원도서관(2023).
홍승면, "채무불이행의 대상이 되는 채권이 시효가 완성되어 소멸한 경우, 채권자가 채무불이행을 이유로 한 해제권을 행사할 수 있는지 여부(원칙적 소극)", 서울고등법원 판례공보스터디(2023).
황경웅, "행사기간이 법정되지 않은 해제권의 행사기간과 기산일", 법학논문집 제42집 제3호, 중앙대학교 법학연구원(2018).

유치권자의 선관주의의무 위반에 대한 유치권소멸청구권의 청구권자에 관한 고찰*

문 혁**

■요 지■

유치권에 관련된 사건에서 유치권자의 적극적인 사용·수익을 이유로 한 유치권소멸청구 주장이 자주 등장하게 되는데, 이에 관하여 대상판결은 크게 (1) 민법 제324조 제3항에 의한 유치권소멸청구의 청구권자에 유치물의 소유자가 포함되는지 여부, (2) 유치물에 관한 소유권이 변동되기 전에 이루어진 유치권자의 선관주의의무 위반을 이유로 새롭게 소유권을 취득한 유치물의 소유자가 유치권소멸청구를 할 수 있는지 여부를 다루고 있다. 대상판결은 채무자뿐만 아니라 유치물의 소유자도 민법 제324조 제3항의 유치권소멸청구를 할 수 있다는 기존의 입장을 재확인하였고, 소유권 취득 이전에 발생한 유치권자의 의무위반에 대하여도 원칙적으로 유치권소멸청구를 할 수 있다는 것을 처음으로 판시하였다는 점에서 의미가 있다.

쟁점 (1)에 관하여 민법의 제반 규정 및 기존의 해석론에 기초하여 볼 때 채무자뿐만 아니라 유치물의 소유자도 민법 제324조 제3항의 유치권소멸청구를 할 수 있다는 대상판결의 결론은 타당하다.

그러나 쟁점 (2) 에 관한 대상판결의 결론에는 다음과 같은 이유로 동의하기 어렵다. 대상판결은 이른바 '제재설'과 '위험설'의 관점을 근거로 소유권

* 이 글은 2024. 1. 22. 민사판례연구회 월례회에서 발표한 글을 수정·보완한 것으로, 이후 발간된 대상판결에 관한 대법원 판례해설의 견해를 일부 발췌 인용하였다. 지정토론 과정에서 좋은 의견을 주신 김영희 교수님(연세대학교 법학전문대학원), 대법원 이새롬 재판연구관(판사)님께 감사드린다.

** 서울중앙지방법원 판사.

변동 이후의 새로운 소유자도 유치권소멸청구를 할 수 있다고 보는 것이 형평에 부합한다는 전제에 있는 것으로 보인다. 하지만 형평의 관점에서 보더라도 대상판결은 유치권자의 무단 임대에 대한 제재 및 신소유자의 보호에 치우친 것으로 볼 여지가 있다. 뿐만 아니라 대상판결의 견해는 ① 유치권소멸청구권의 발생, 이전의 관점에서 이론 구성이 어렵다는 점, ② 만일 유치권소멸청구권을 새로운 소유권자의 고유의 권리로 보게 되면 소유권의 이전으로 제척기간 중단의 효과를 가져오게 되어 권리관계의 조속한 확정이라는 제척기간 제도의 취지에 벗어나게 되는 점, ③ 차임 연체로 인한 임대차 해지에 관한 기존 대법원 판례의 취지와 어긋나는 것으로 보이는 점 등의 문제도 있다.

결국 원칙적으로 유치물의 새로운 소유자는 소유권 취득 이전에 발생한 유치권자의 의무위반을 이유로 유치권소멸청구를 할 수 없고, 다만 개별 법률행위의 해석을 통해 당사자들이 유치권소멸청구권을 양도한 것으로 볼 수 있거나 새로운 소유자가 기존 소유자의 유치권소멸청구권을 대위하여 행사할 수 있는 경우에는 제척기간 내에 유치권소멸청구를 할 수 있다고 보는 것이 타당하다고 생각된다. 따라서 대상판결의 견해에 동의하기 어렵다.

향후 대상판결에 관한 활발한 논의를 통하여 유치권자, 구소유자, 신소유자, 채무자 사이의 법률관계를 둘러싼 유치권소멸청구에 관한 법리가 보다 정치하게 확립되기를 기대한다.

[주 제 어]

• 유치권
• 법률해석
• 유치권자의 선관의무
• 유치권소멸청구
• 형성권의 제척기간
• 형성권의 양도성

대상판결 : 대법원 2023. 8. 31. 선고 2019다295278 판결

[사안의 개요]

Ⅰ. 사실관계

1. 주식회사 A는 부산에 주상복합건물을 신축, 분양하기 위해 2003. 3.경 주식회사 B를 시공사로 선정하고, 공사도급계약을 체결하였다. B 회사는 도급받은 공사를 여러 업체에 하도급하였고, 피고[1]는 그 중 도배, 장판, 온돌마루 등의 공사를 하도급받았다.

B 회사는 2005. 10.경 기성고율 92.41% 상태에서 부도가 났고, 피고를 포함한 하도급업체들은 2005. 11.경 B 회사가 A 회사에 대하여 가지는 일체의 채권을 양수하고, 2005. 12. 10.경 A 회사와 사이에, '하도급업체들이 비용을 들여 공사를 마무리하되, A 회사는 하도급업체들에게 위 주상복합건물 각 세대(전유부분)에 관하여 가압류, 근저당권, 가등기를 설정해 주기'로 합의하여 공사를 완료하였다.

피고가 A 회사를 상대로 공사대금을 구하는 조정절차에서 2011. 6. 20. 'A 회사가 피고에게 4억여 원 등을 지급한다'는 내용의 조정이 이루어졌다.

2. 피고는 A 회사로부터 신축한 건물 중 이 사건 부동산을 포함하여 6세대를 배정받았다. 이 사건 부동산에 관하여 2006. 2. 23. A 회사 명의의 소유권보존등기가 마쳐졌고, C, D, E 앞으로 소유권이전등기가 마쳐졌다가, 2018. 5. 21. 원고 명의로 소유권이전등기가 마쳐졌다.

3. 피고는 공사대금에 기한 유치권의 행사로 2006. 12.경부터 이 사건 부동산을 점유하다가, 2007. 10. 4.경 K에게 이 사건 부동산을 임차보증금 60,000,000원, 임대차기간 24개월로 정하여 임대하였다. K는 그 무렵부터 2012. 2. 3.경까지 이 사건 부동산에 거주하다가 피고에게 이 사건 부동산을 인도하고, 피고로부터 임차보증금 60,000,000원을 반환받았다. 피고는 2012. 2. 4.부터 현재까지 이 사건 부동산을 직접 점유하고 있다.

4. 이 사건 부동산의 종전 소유자였던 C는 피고로부터 이 사건 부동산을 임차한 K를 상대로 부동산점유이전금지 가처분을 신청하여 2010. 3. 29. 법

---

1) 이 사건에서 원고는 이 사건 부동산을 직접 점유하면서 유치권을 행사하고 있는 피고 D1과 점유보조자인 아들(D2), 며느리(D3)를 상대로 소를 제기하였는데, 피고 D2, D3의 점유 여부는 쟁점과 무관하므로 이하에서는 이들을 구분하지 않고 통틀어 '피고'라고만 한다.

원으로부터 가처분 인용결정을 받고, 2010. 4. 6. 위 가처분을 집행하였다. 또한 C는 K를 상대로 이 사건 부동산의 인도소송을 제기하였고, 그 항소심 법원은 2013. 2. 6. 'K는 C에게 이 사건 부동산을 인도하라'는 내용의 판결을 선고하여, 그 무렵 위 판결이 확정되었다.[2)]

C는 위 확정 판결로 이 사건 부동산의 인도를 집행하려 하였으나, 피고는 C를 상대로 위 사건에 기한 강제집행을 불허한다는 내용의 제3자 이의의 소를 제기하였고, 법원은 2013. 7. 4. '피고(해당 사건에서는 원고)는 이 사건 아파트에 관한 도배 등 공사대금채권을 피담보채권으로 하여 2006. 12.경부터 이 사건 아파트를 직접 또는 간접 점유의 방법으로 점유해 온 유치권자로서 C가 이 사건 집행권원에 기하여 하는 인도청구를 저지할 수 있다고 할 것이므로 위 집행권원에 기한 이 사건 아파트에 대한 강제집행은 불허되어야 한다'는 이유로 원고 승소판결을 선고하여, 그 무렵 위 판결이 확정되었다.

5. 이 사건 부동산의 소유자인 원고는 피고가 이 사건 부동산을 무단 점유하고 있다고 주장하면서 피고를 상대로 부동산의 인도 및 사용이익 상당 부당이득의 반환을 구하는 소를 제기하였다. 원고는 제1심 계속 중 2018. 11. 27. 자 준비서면의 송달로써 피고가 K에게 이 사건 부동산을 무단으로 임대하였다는 이유로 민법 제324조 제3항에 기한 유치권소멸청구권을 행사한다는 의사를 표시하였다.

Ⅱ. 소송의 경과

1. 제1심(부산지방법원 2019. 4. 4. 선고 2018가단14379 판결, 청구 기각)

제1심판결은, 제3자 이의의 소에 관한 판결에서 '피고는 이 사건 아파트에 관한 도배 등 공사대금채권을 피담보채권으로 하여 2006. 12.경부터 이 사건 아파트를 직접 또는 간접점유의 방법으로 점유해 온 유치권자로서 C가 이 사건 집행권원에 기하여 하는 인도청구를 저지할 수 있다'고 판단한 점 등의 사정을 종합하여 피고의 이 사건 부동산의 점유는 유치권에 기한 정당한 점유라고 판단하였고, 이를 이유로 피고의 유치권 항변을 받아들여 원고의 청구를 전부 기각하였다.

---

2) K가 2012. 2. 3. 피고에게 이 사건 부동산을 인도하였으나, 점유이전금지 가처분의 집행 후 점유가 이전되었다고 하더라도 가처분 채무자는 여전히 가처분채권자에 대한 관계에 있어서는 점유자의 지위에 있다는 이유로 원고 승소 판결이 선고되었다.

2. 원심(부산지방법원 2019. 11. 14. 선고 2019나46459 판결, 청구 일부 인용)

원심은 다음과 같은 이유로 이 사건 부동산 인도청구를 일부 인용하고 부당이득반환청구를 받아들이지 않았다.

① 피고의 무단 임대는 원고가 이 사건 부동산에 관한 소유권을 취득하기 전에 있었으므로 원고가 이를 이유로 유치권소멸청구권을 행사할 수는 없다.

② 피고의 유치권 항변이 인용되므로 인도청구에 대하여 상환이행판결을 하되, 이 사건 유치권의 피담보채권액 439,597,390원에서 기변제액 187,257,440원, 2007. 1. 1.부터 원심 변론종결일인 2019. 9. 5.까지의 기간 중 위 임대기간을 제외한 나머지 기간의 차임 상당액 47,172,700원은 피고의 과실수취권에 기하여 피담보채권에 우선 변제충당되었으므로 이를 공제하여야 한다.

③ 피고가 이 사건 부동산에 거주하며 이를 사용하는 것은 유치권의 보존에 필요한 사용이므로 피고에게 과실수취권이 인정되고, 그 사용이익을 피담보채권에 충당하여도 피담보채권이 잔존하므로 원고에게 반환할 부당이득이 없다.

Ⅲ. 대상판결의 판단(파기환송)[3)]

1. 법리 판시

유치권은 점유하는 물건으로써 유치권자의 피담보채권에 대한 우선적 만족을 확보하여 주는 법정담보물권이다(민법 제320조 제1항, 상법 제58조). 한편 유치권자가 민법 제324조 제2항을 위반하여 유치물 소유자의 승낙 없이 유치물을 임대한 경우 유치물의 소유자는 이를 이유로 민법 제324조 제3항에 의하여 유치권의 소멸을 청구할 수 있다. 민법 제324조에서 정한 유치권소멸청구는 유치권자의 선량한 관리자의 주의의무 위반에 대한 제재로서 채무자 또는 유치물의 소유자를 보호하기 위한 규정이므로(대법원 2022. 6. 16. 선고 2018다301350 판결 참조), 특별한 사정이 없는 한 민법 제324조 제2항을 위반한 임대행위가 있은 뒤에 유치물의 소유권을 취득한 제3자도 유치권소멸청구를 할 수 있다.

2. 사안에의 적용

(1) 피고는 소유자의 승낙 없이 이 사건 부동산을 K에게 4년 4개월간 임대함으로써 민법 제324조 제2항 위반행위를 하였다. 이 사건 부동산의 소유

---

3) 아래 소제목은 필자가 임의로 구분한 것이다.

권을 취득한 원고는 2018. 11. 27. 자 준비서면의 송달로써 유치권소멸청구의 의사표시를 하였으므로 특별한 사정이 없는 한 피고의 유치권은 그때부터 소멸하였다. 따라서 위 준비서면이 피고에게 송달되었음이 기록상 명백한 2018. 11. 28.부터는 피고는 이 사건 부동산을 점유할 권원이 없으므로 원고에게 이 사건 부동산을 인도하여야 하고 피고는 그 인도 완료일까지 이 사건 부동산을 점유·사용하여 얻은 차임 상당 이익을 부당이득으로 반환하여야 한다. 원고는 2013. 6. 28.부터 유치권이 소멸할 때까지 피고의 이 사건 부동산 점유·사용으로 인한 이익도 부당이득으로 반환을 구하나, 이 기간 동안의 사용은 유치물의 보존에 필요한 사용으로 피고에게 민법 제323조의 과실수취권이 인정되고 이에 따라 피고가 그 사용이익 상당을 피담보채권 변제에 충당한 이상 원고는 부당이득 반환을 구할 수 없다.

(2) 그럼에도 원심은 원고가 유치권소멸청구를 할 수 없고 피고가 여전히 이 사건 부동산의 유치권자라고 보아, 원고의 이 사건 부동산 인도청구에 대해서는 피고가 원고로부터 원심이 인정한 피담보채권액을 지급받음과 동시에 이 사건 부동산을 인도하라는 상환이행을 명하였고, 원고의 부당이득반환청구는 모두 받아들이지 않았다. 이러한 원심의 판단에는 민법 제324조 제3항에서 정한 유치권소멸청구권에 관한 법리를 오해하여 필요한 심리를 다하지 않음으로써 판결에 영향을 미친 잘못이 있다.

〔研　　究〕

Ⅰ. 들어가며

유치권(留置權)은 타인의 물건 또는 유가증권을 점유하는 자가 그 물건 또는 유가증권에 관하여 생긴 채권의 변제를 받을 때까지 그 물건 또는 유가증권을 유치할 수 있는 권리이다(민법 제320조 제1항). 유치권은 법률에서 정하는 일정한 요건이 있는 경우에는 당연히 발생하는 법정담보물권으로, 민법이 이러한 제도를 두고 있는 것은 오로지 '공평(公平)'을 위해서라고 한다.[4)]

---

4) 김용덕 편집대표, 주석 민법 물권(3)(제5판), 한국사법행정학회(2019), 437면(호문혁 작성 부분). 대법원도 다수의 판례에서 "유치권 제도 본래의 취지인 공평의 원

유치권은 법정담보물권으로서 등기 없이 점유만으로 성립한다는 점에서 물건 중 특히 부동산을 둘러싼 분쟁에서 빈번하게 문제가 되고 있다. 본 판결의 사안과 같이 집합건물을 건축하는 과정에서 공사대금을 받지 못한 하수급인들이 일단 전유부분을 인도받아 유치권을 행사하면서 원도급인 등으로부터 채권의 만족을 받고자 하는 경우가 있는데, 점유기간이 길어지게 되면 유치권자가 단순히 점유하는 것을 넘어 적극적인 사용·수익을 하게 되기 쉽다. 따라서 유치권에 관련된 사건에서 이를 이유로 한 유치권소멸청구 주장이 자주 등장하게 된다.

이에 관하여 민법은 유치권자에게 선관주의의무 및 유치물 사용금지의무를 부여하면서(민법 제324조 제1항, 제2항), 유치권자가 이를 위반할 경우 문언상 '채무자'에게 유치권의 소멸을 청구할 수 있도록 정하고 있다(민법 제324조 제3항). 그럼에도 본 판결은 유치물의 '소유자' 또한 유치권의 소멸을 청구할 수 있다고 판시하고 있을 뿐만 아니라, 유치권자가 선관주의의무를 위반한 이후에 유치물의 소유권을 취득한 소유자도 유치권의 소멸을 청구할 수 있다고 판시하면서도, 그 근거로는 단순히 '민법 제324조에서 정한 유치권소멸청구는 유치권자의 선량한 관리자의 주의의무 위반에 대한 제재로서 채무자 또는 유치물의 소유자를 보호하기 위한 규정'이라는 점만을 내세우고 있다. 유치권 제도가 유치물의 소유자, 유치권자, 채무자 사이의 공평을 추구하는 것이라는 점에서, 대상판결이 내세우는 사정은 원론적인 내용을 반복하는 것과 다르지 않아 결론을 뒷받침하는 적절한 논거라고 보기 어렵다.

대상판결은 크게 '민법 제324조 제3항에 의한 유치권소멸청구의 청구권자에 유치물의 소유자가 포함되는지 여부'(쟁점 ①), '유치물에 관한 소유권이 변동되기 전에 이루어진 유치권자의 선관주의의무 위반을 이유로 새롭게 소유권을 취득한 유치물의 소유자가 유치권소멸청구를 할 수 있는지 여부'(쟁점 ②)를 다루고 있다.

칙"이라는 표현을 사용하고 있다(대법원 2007. 9. 7. 선고 2005다16942 판결, 대법원 2008. 11. 27. 선고 2008다61509 판결 등 참조).

이하에서는 먼저 쟁점 ①에 관하여 유치권의 제반 규정에 기재된 '채무자'의 해석에 관한 기존의 논의 및 법률해석의 방법론을 살펴보고, 이를 기초로 민법 제324조 제3항의 유치권소멸청구권자에 유치물의 소유자가 포함될 수 있는지 검토한다(Ⅱ.항). 다음으로 쟁점 ②에 관하여 민법 제324조 제2항의 유치물 사용 승낙에 관한 기존의 논의를 개관하고, 이를 토대로 유치권자의 의무위반 이후에 유치물의 소유권을 취득한 신소유자가 유치권소멸청구를 할 수 있다는 견해의 문제를 살펴봄으로써 대상판결의 당부를 검토하기로 한다(Ⅲ.항).

Ⅱ. 민법 제324조 제3항에 의한 유치권소멸청구의 청구권자에 유치물의 소유자가 포함되는지 여부

1. 들어가며

민법은 유치권에 관하여 '채무자'를 주체로 한 여러 규정을 두고 있다. 유치권자의 선관주의의무 및 유치물 사용에 관한 민법 제324조 제1, 2항, 담보 제공에 의한 유치권소멸청구에 관한 민법 제327조, 그리고 대상판결의 쟁점이 되는 유치권자의 선관주의의무 위반에 대한 유치권소멸청구에 관한 민법 제324조 제3항이 그러한 규정들이다. 이러한 조항들에 규정된 '채무자'의 해석에 관한 기존의 논의를 살펴보고, 법률해석 방법론에 기초하여 민법 제324조 제3항의 유치권소멸청구를 할 수 있는 청구권자에 유치물의 소유자가 포함되는지 여부를 검토한다.

2. 유치권 제반 규정의 '채무자' 해석에 관한 기존의 논의

(1) 유치권자의 선관주의의무 및 유치물 사용권(민법 제324조 제1, 2항)

(가) 개 관

많은 사건에서 유치권자가 유치물을 점유하여 유치권을 행사하는 동안에 채무자의 승낙 없이 유치물을 임대하여 차임을 받거나 자금 차용을 위하여 담보로 제공하는 경우가 문제가 된다. 이에 관하여 민법 제324조는 '유치권자의 선관의무'라는 표제 하에 유치권자에게 선량한 관리자의 주의로 유치물을 점유할 의무(제1항) 및 채무자의 승낙 없이 유치물을 사용하지 않을 의무(제2항)를 부여하고 있다. 이는 유치권자에게 유치물 관리 및 사용에 관한 의무를 부여하는 동시에, 유치권자의 유치물 사용권에 관하여 규정하는 것이다.

유치권자가 유치물의 보존에 필요한 정도를 넘어 유치물을 사용, 임대하거나 담보로 제공하기 위해서는 그 사용에 관한 승낙이 필요한데, 민법 제324조 제2항의 문언은 '채무자의 승낙'이라고 명시하고 있어, 유치물 사용을 승낙할 수 있는 자의 범위가 문제될 수 있다.

(나) 학 설

민법 제324조 제2항은 유치권자에 대하여 유치물의 사용을 승낙할 수 있는 자를 '채무자'로 명시하고 있지만, 이는 소유자와 채무자가 동일한 전형적인 경우만을 고려하여 규정된 것으로 유치물의 소유자와 채무자가 동일하지 않은 경우에는 유치물의 소유자만이 유치물의 사용을 승낙할 수 있다는 것이 통설의 입장이고 별다른 이견을 찾을 수 없다.[5)]

(다) 대법원 판례

민법 제324조 제2항에 관한 대법원의 최초 판시는 대법원 2002. 11. 27. 자 2002마3516 결정으로 보인다. 위 결정은 "유치권의 성립요건인 유치권자의 점유는 직접점유이든 간접점유이든 관계없지만, 유치권자는 채무자의 승낙이 없는 이상 그 목적물을 타에 임대할 수 있는 처분권한이 없으므로(민법 제324조 제2항 참조), 유치권자의 그러한 임대행위는 소유자의 처분권한을 침해하는 것으로서 소유자에게 그 임대의 효력을 주장할 수 없고, 따라서 소유자의 동의 없이 유치권자로부터 유치권의 목적물을 임차한 자의 점유는 구 민사소송법(2002. 1. 26. 법률 제6626호로 전문 개정되기 전의 것) 제647조 제1항 단서에서 규정하는 '경락인에게 대항할 수 있는 권원'에 기한 것이라고 볼 수 없다."고 판시하였다. 즉, 위 결정은 민법 제324조 제2항이 '채무자의 승낙'으로 규정하고 있다고 밝히면서도

5) 곽윤직 편집대표, 민법주해(Ⅵ) 물권(3), 박영사(1992), 320면; 김용덕 편집대표, 앞의 책, 530면(호문혁 작성 부분).

'소유자'가 목적물의 임대를 동의할 수 있다고 판시한 것이다.

이후 대법원 2004. 2. 13. 선고 2003다56694 판결은 "유치권자는 채무자 또는 소유자의 승낙이 없는 이상 그 목적물을 타에 대여할 수 있는 권한이 없으므로(민법 제324조 제2항 참조), 유치권자의 그러한 대여행위는 소유자의 처분권한을 침해하는 것으로서 소유자에게 그 대여의 효력을 주장할 수 없다."고 판시함으로써, 민법 제324조 제2항의 법문에도 불구하고 승낙의 주체를 '채무자 또는 소유자'로 해석할 수 있음을 명시적으로 밝혔다.

이러한 대법원 판례의 입장은 대법원 2009. 5. 28. 선고 2009다2095 판결 및 대법원 2011. 2. 10. 선고 2010다94700 판결로 이어졌는데, 특히 위 2010다94700 판결은 위와 같은 법리를 설시한 다음 '이 사건 건물의 소유자인 A 회사 또는 이후 소유자가 된 소외 3, 원고로부터 이에 관한 승낙을 받았다는 점에 관한 입증이 있어야 하는데, 피고가 주장하는 소외 1에 대한 위 공사대금 채무자인 소외 2의 동의만으로는 민법 제324조 제2항에 따른 동의가 있었다고 볼 수 없다'고 판단한 원심의 사실인정과 판단을 수긍하였다. 즉, 위 판결로써 대법원은 유치권의 피담보채무의 채무자가 유치물의 사용을 동의하였다고 하더라도 소유자가 이를 승낙하지 않은 이상 민법 제324조 제2항에 따른 동의가 있다고 볼 수 없다는 견해를 밝힌 것으로 보인다.

(2) 담보제공에 의한 유치권소멸청구(민법 제327조)

민법 제327조는 '채무자'가 상당한 담보를 제공하고 유치권의 소멸을 청구할 수 있다고 정하고 있다. 이 규정의 경우에도 문언상으로는 '채무자'가 유치권소멸청구의 청구권자이다.

그럼에도 학설은 이 조문에 관하여 채무자뿐만 아니라 유치물의 소유자도 담보를 제공하고 유치권의 소멸을 청구할 수 있는 것으로 본다. 다만, 채무자와 유치물의 소유자가 다를 경우 민법 제324조 제2항에 관한 해석과 달리 채무자와 유치물의 소유자가 모두 유치권소멸청구를 할 수 있는 것으로 보는 것이 일반적인 학설의 입장인 것으로 보인다.[6)]

대법원은 2001. 12. 11. 선고 2001다59866 판결에서 처음으로 "유치물에 관하여 이해관계를 가지고 있는 자인 채무자나 유치물의 소유자는 상당한 담보가 제공되어 있는 이상 유치권소멸청구의 의사표시를 할 수 있다."고 판시하였고, 근래에 선고된 대법원 2021. 7. 29 선고 2019다216077 판결은 "유치권소멸청구는 민법 제327조에 규정된 채무자뿐만 아니라 유치물의 소유자도 할 수 있다."고 하여 채무자 및 유치물 소유자 모두가 민법 제327조에 의한 유치권소멸청구의 청구권자가 될 수 있음을 명시적으로 밝히기도 하였다.

이처럼 학설과 판례의 입장을 모두 보더라도, 채무자와 유치물의 소유자가 다른 경우 양자 모두 민법 제327조에 의한 유치권소멸청구를 할 수 있다는 것에 별다른 이견을 찾을 수 없다.

(3) 유치권자의 의무위반에 대한 유치권소멸청구(민법 제324조 제3항)

(가) 개 관

앞서 살펴본 것과 같이 유치권자는 선량한 관리자의 주의로 유치물을 점유하여야 하고, 채무자나 유치물 소유자의 승낙 없이 사용, 임대하거나 담보로 제공하여서는 아니 된다. 민법 제324조 제3항은 유치권자가 위와 같은 의무를 위반할 경우 '채무자'가 유치권의 소멸을 청구할 수 있다고 정하고 있다. 이와 같은 유치권소멸청구권의 법적 성질을 형성권의 행사로 보는 것이 일반적인 학설의 견해이다.[7]

한편, 위 조항은 유치권소멸청구권을 행사할 수 있는 자를 '채무자'로 규정하고 있는바 '채무자'에 유치물의 소유자가 포함되는 것으로 해석할 수 있는지 문제된다.

(나) 학설의 입장

민법 제324조 제3항에 규정된 '채무자'에 유치물의 소유자가 포함된다는 것이 일반적인 학설의 견해이고 이에 반대하는 견해는 찾을 수 없다. 채무자와 유치물의 소유자가 일치하지 않을 경우에 양자 모두 유치

6) 곽윤직 편집대표, 앞의 책, 338면; 김용덕 편집대표, 앞의 책, 552면(호문혁 작성 부분).
7) 김용덕 편집대표, 앞의 책, 529면(호문혁 작성 부분).

권소멸청구를 할 수 있다는 것이다.[8)]

(다) 대법원 판례의 입장

민법 제324조 제3항의 유치권소멸청구에 관하여 최초로 판시한 판결은 대법원 2006. 2. 23. 선고 2005다57523 판결로 보인다. 위 판결은 '민법 제324조에 의하면, 유치권자는 선량한 관리자의 주의로 유치물을 점유하여야 하고, 소유자의 승낙 없이 유치물을 보존에 필요한 범위를 넘어 사용하거나 대여 또는 담보제공을 할 수 없으며, 소유자는 유치권자가 위 의무를 위반한 때에는 유치권의 소멸을 청구할 수 있다'고 법리를 판시함으로써 '소유자'가 유치권소멸청구의 주체가 될 수 있음을 명시적으로 밝혔다. 대법원 2010. 11. 11. 선고 2010다46657 판결 또한 위와 같은 취지로 판시하였는데, 다만 민법 제324조 제3항에 의한 유치권소멸청구의 청구권자를 '채무자 또는 소유자'라고 하여 기존 판례의 판시 문구를 다소 수정하였고,[9)] 이는 대법원 2012. 2. 9. 선고 2011다45880 판결에서 반복하여 설시되었다.

나아가 대법원은 하나의 채권을 피담보채권으로 하여 여러 필지의 토지에 대하여 유치권을 취득한 유치권자가 그중 일부 필지의 토지에 대하여 선량한 관리자의 주의의무를 위반한 사안에 관하여, 유치물의 소유자가 민법 제324조 제3항에 의한 유치권소멸청구권자에 해당함을 전제로 '특별한 사정이 없는 한 위반행위가 있었던 필지의 토지에 대하여 유치권소멸청구가 가능하다고 해석하는 것이 타당하다'고 판시하였다.[10)]

---

8) 곽윤직 편집대표, 앞의 책, 338면; 김용덕 편집대표, 앞의 책, 529면(호문혁 작성 부분).

9) "민법 제324조에 의하면, 유치권자는 선량한 관리자의 주의로 유치물을 점유하여야 하고(제1항), 유치권자는 유치물의 보존에 필요한 사용을 제외하고는 소유자의 승낙 없이 유치물을 사용, 대여 또는 담보제공을 하지 못하며(제2항), 유치권자가 이를 위반하는 때에는 채무자 또는 소유자는 유치권의 소멸을 청구할 수 있다(제3항)."

10) 위 판결은 그 근거로 다음과 같은 세 가지 이유를 제시하였다.

① 여러 필지의 토지에 대하여 유치권이 성립한 경우 유치권의 불가분성으로 인하여 각 필지의 토지는 다른 필지의 토지와 관계없이 피담보채권의 전부를 담보한다. 이때 일부 필지 토지에 대한 점유를 상실하여도 나머지 필지 토지에 대하여 피담보채권의 담보를 위한 유치권이 존속한다. 같은 취지에서 일부 필지 토지에 대한 유치권자의 선량한 관리자의 주의의무 위반을 이유로 유치권소멸

3. 법률해석 방법 일반론[11)]

(1) 개 관

독일 법학자인 사비니가 초석을 놓은 법해석방법론은 여러 학파에 의하여 보충, 발전을 거친 결과, 오늘날 법의 해석기준으로 ① 언어적·문법적 해석, ② 체계적 해석, ③ 역사적 해석, ④ 목적론적 해석의 네 가지를 드는 것이 보편적이고, 이를 '해석카논'(Kanones der Auslegung)이라 한다. 위 네 가지 해석기준의 순위에 관여 전통적 견해는, 언어적·문법적 해석을 출발점으로 하되 여기에 나머지 해석기준을 종합적으로 활용하여 문언의 가능한 의미를 확정해야 한다는 입장을 취한다고 한다.

(2) 각 해석기준의 의의

언어적·문법적 해석은 법해석의 출발로서 '문언의 통상적인 의미'를 탐구하는 것이다. 그리고 체계적 해석이란, 개별 법조문의 의미를 규명할 때 그 법조문이 전체 법률의 구조, 그 법률이 속한 법질서 부분영역의 구조, 그리고 전체 법질서의 구조에서 갖는 체계적 위치와 맥락을 고려하는 것을 말한다. 역사적 해석은 '제정 시점의 입법자의 의사'에 기초하여 해석하는 것이다. 끝으로 목적론적 해석은 해석대상 법조문의 배후에 있는 법정책적 목적이나 근본 사상을 탐구하는 해석방법으로, '법의 목적'

청구가 있는 경우에도 그 위반 필지 토지에 대하여만 소멸청구가 허용된다고 해석함이 타당하다.

② 민법 제321조에서 '유치권의 불가분성'을 정한 취지는 담보물권인 유치권의 효력을 강화하여 유치권자의 이익을 위한 것으로서 이를 근거로 오히려 유치권자에게 불이익하게 선량한 관리자의 주의의무 위반이 문제 되지 않는 유치물에 대한 유치권까지 소멸한다고 해석하는 것은 상당하지 않다.

③ 유치권은 점유하는 물건으로써 유치권자의 피담보채권에 대한 우선적 만족을 확보하여 주는 법정담보물권이다(민법 제320조 제1항, 상법 제58조). 한편 민법 제324조에서 정한 유치권소멸청구는 유치권자의 선량한 관리자의 주의의무 위반에 대한 제재로서 채무자 또는 유치물의 소유자를 보호하기 위한 규정이다. 유치권자가 선량한 관리자의 주의의무를 위반한 정도에 비례하여 유치권소멸의 효과를 인정하는 것이 유치권자와 채무자 또는 소유자 사이의 이익균형을 고려한 합리적인 해석이다.

11) 강지웅, "담보권실행경매의 공신력 규정에 관한 해석의 한계", 법조 제72권 제6호(2024), 8-23면.

이란 입법자의 의사로부터 독립된 것으로서, 현재의 법질서가 객관적으로 요구하는 이성적인 목적을 말한다. 목적론적 해석에서는 법관이 역사적 입법자의 결정에 종속되는 것이 아니라, 현재 상황에 맞게 법의 목적을 새롭게 밝혀냄으로써 '법적용의 구체적 타당성'을 도모하는 것이다. 다만, 목적론적 해석에 치우치면 해석의 범위가 지나치게 넓어져 해석과 입법의 경계가 불분명해지고 법치국가원리에 반할 소지가 있으므로, 목적론적 해석은 언어적·문법적 해석, 체계적 해석, 역사적 해석과의 상호보완을 통해 자의적 해석이 되지 않도록 제한되어야 한다.

만일 어떤 상황에 대하여 위와 같은 여러 법률 해석의 방법을 동원하더라도 법률을 직접 적용할 수 없을 때에는 법률의 유추적용을 검토하게 된다.

(3) 법률의 유추적용[12)]

법적 규율이 없는 사안에 대하여 그와 유사한 사안에 관한 법규범을 적용하는 것을 유추적용 또는 유추해석이라고 한다. 유추는 법규범이 법의 공백을 메우기 위하여 그 문언의 통상적인 의미를 벗어나 적용되는 것으로 법률의 흠결 보충이라고 할 수 있다. 이것은 해석을 통하여 문언의 가능한 의미를 찾아내는 법발견이 아니라, 법관이 있어야 한다고 판단하는 법을 다른 법규범을 매개로 만들어내는 법형성이다. 이러한 유추를 위해서는 먼저 법적 규율이 없는 사안과 법적 규율이 있는 사안 사이에 공통점 또는 유사점이 있어야 한다. 그러나 이것만으로 유추적용을 긍정할 수는 없다. 법규범의 체계, 입법의도와 목적 등에 비추어 유추적용이 정당하다고 평가되는 경우에 비로소 유추적용을 인정할 수 있다.

4. 대상판결에 관한 검토

(1) 유치권의 채무자와 유치물의 소유자가 서로 다른 경우, 앞서 살펴본 것과 같이 민법 제324조 제2항, 제3항, 제327조의 문언이 명시적으

12) 대법원 2018. 3. 22. 선고 2012다74236 전원합의체 판결의 다수의견에 대한 대법관 김재형의 보충의견을 인용하였다.

로 '채무자'로 정하고 있음에도 학설과 판례는 모두 유치물의 소유자도 유치권자의 유치물 사용을 승낙하거나 유치권의 소멸을 청구할 수 있다고 한다. 이와 같이 일관된 학설의 입장은 '우리 민법은 유치권에 관하여 목적물의 소유자가 채무자인 보통의 경우만을 생각한 것'이라는 관점에 근거하고 있다.[13)]

그런데 앞서 살펴본 법률의 해석기준에 비추어 볼 때 위와 같은 근거의 취지가 무엇인지 명확하지 않아 보인다. 따라서 이른바 '해석 카논'에 기초하여 민법 제324조 제2항 및 제3항에 규정된 '채무자'의 범위에 '유치물의 소유자'가 포함되는 것으로 해석할 수 있는지 살펴본다.

(2) 먼저 언어적·문법적 해석에 의하여 볼 때, 유치권의 피담보채무를 부담하는 '채무자'와 유치물의 '소유자'는 그 문언의 의미가 명백히 구별이 된다는 점에서 유치물의 소유자를 채무자의 범위에 포섭하기는 어려워 보인다. 더구나 유치권자의 상환청구권을 규정하고 있는 민법 제325조가 유치물에 관한 권리자를 '채무자'와 구분하여 '소유자'로 명시하고 있다는 점에 비추어 보면 언어적·문법적 해석으로는 민법 제324조 제2항에 규정된 '채무자'에 '소유자'가 포함되는 것으로 보기 어렵다.

역사적 해석 방법에 의하면, 민법 제324조를 제정한 입법자의 의사를 규명할 필요가 있으나, 민법 제정 당시의 입법 자료를 살펴보더라도 민법 제324조 제2항의 '채무자'의 구체적 해석에 관한 내용을 찾기 어려우므로, 역사적 해석의 방법을 통하여도 '채무자'의 범위에 '유치물의 소유자'를 포함시키기는 어렵다.

(3) 결국 민법 제324조 제2항 및 제3항에 관하여 '유치물의 소유자'가 유치물의 사용 승낙을 하고, 유치권자의 의무위반에 대하여 유치권소멸청구를 할 수 있다고 보려면 위 각 규정에 대한 체계적 해석 및 목적론적 해석에서 찾을 수밖에 없을 것으로 보인다.

유치권은 유치권자의 목적물 점유를 통하여 소유자의 사용, 수익권

---

13) 곽윤직, 물권법(제7판), 박영사(2002), 291면.

을 제한하는 담보물권이므로 소유권의 내용과 조화롭게 해석하여야 한다. 유치물의 사용을 승낙하는 것은 유치물의 소유권의 내용인 사용권을 행사하는 모습이므로 원칙적으로 그 권한은 유치물의 소유자에게 있다. 따라서 민법 제324조 제2항이 없다고 하더라도 유치물의 소유자가 유치권자에게 유치물의 사용을 승낙하였다면 유치권자의 유치물 사용은 적법한 권리자로부터 권한을 부여받은 것이므로 부적법한 것으로 볼 수 없다. 이와 달리 소유자가 아닌 유치권의 채무자는 유치물에 관하여 아무런 권리가 없고, 민법 제324조 제2항의 내용을 보더라도 채무자의 승낙이 없을 경우 유치권자가 유치물을 사용할 수 없다는 것일 뿐 이러한 규정이 유치물에 관하여 아무런 권리가 없는 채무자에게 유치물 사용에 관한 '승낙 권한'을 창설하는 취지라고 보기 어려우므로, 단지 유치물에 관하여 유치권이 성립하였다는 이유만으로 채무자에게 유치물의 사용을 승낙할 권리가 생긴다고 볼 수 없다. 유치권의 채무자와 유치물의 소유자가 일치하지 않은 경우 유치물의 사용을 승낙할 수 있는 권한은 유치물의 소유자에게 있을 뿐이므로, 유치권자가 유치물을 사용하기 위해서는 소유자로부터 승낙을 받을 수밖에 없는 것이다. 따라서 이러한 경우에는 민법 제324조 제2항의 '채무자의 승낙'에 '유치물 소유자의 승낙'이 포함되는 것으로 해석하는 것이 소유권의 내용을 고려한 체계적 해석 방법에 부합한다.

물론 민법 제324조 제3항의 유치권소멸청구에 관하여는 소유권의 내용을 고려하더라도 유치권소멸청구권을 행사하는 주체에 소유권자가 포함되어야 할 필연적 이유는 없는 것으로 보인다. 하지만 앞서 민법 제324조 제2항의 '승낙'을 유치물의 소유자가 할 수 있는 것으로 해석할 수 있다면 이러한 유치물 소유자의 승낙이 없는 사용에 대해 유치물의 소유자 또한 유치권소멸청구를 할 수 있다고 보는 것이 합리적이고, 민법 제327조의 유치권소멸청구에 관하여 통설 및 판례가 유치물의 소유권자가 유치권소멸청구를 할 수 있는 것으로 보고 있는 것과 비교할 때 민법 제324조 제3항에 관하여만 소유자의 유치권소멸청구를 배제할 이유를 찾을 수 없으므로, 유치물의 소유자 또한 민법 제324조 제3항의 유치권소멸청구권을 행사할 수 있는 것으로 보는 것이 타당하다.

(4) 목적론적 해석의 관점에서 볼 때, 유치권 제도의 목적, 취지인 '공평'에 따른 해석을 하여야 하는데, 유치권자는 채무자뿐만 아니라 소유자도 유치물의 사용을 승낙할 수 있는 것으로 보는 것이 승낙의 주체가 다수라는 점에서 오히려 유리할 뿐만 아니라, 유치권자가 민법 제324조 제1항 또는 제2항의 의무를 위반하였을 경우 직접적인 이해관계를 가지는 것은 유치물의 소유자이므로, 유치물의 소유자가 유치권소멸청구를 할 수 있다고 해석하여야 유치권자와 소유자 사이의 형평이 유지될 수 있다고 보인다. 따라서 이와 같이 해석하는 것이 '공평'이라는 유치권 제도의 목적이나 취지에 부합한다.

(5) 만일 이와 달리 '유치물의 소유자'가 '채무자'의 해석 범위에서 벗어나는 것으로 보게 되면, 유치물의 소유자가 유치권자의 선관주의의무위반을 제재할 수 있는 규정이 없게 되고, 이는 법률의 흠결에 해당한다고 할 것이다. 유치물의 소유자는 유치권으로 인하여 소유권의 내용인 사용, 수익 권능이 제한되고 있어 채무자보다 유치권 소멸에 관하여 보다 깊은 이해관계를 가지고 있고, 선관주의의무나 유치물 사용금지의무를 위반한 유치권자 입장에서 채무자와 소유자 둘 중 누가 유치권소멸청구를 하더라도 큰 차이가 없을 것으로 보이는 점 등을 고려하면, 민법 제324조 제3항의 유추적용을 통하여 유치물의 소유자도 의무를 위반한 유치권자에 대하여 유치권의 소멸을 청구할 수 있다고 보는 것이 타당하다.

(6) 이상에서 검토한 바와 민법 제324조 제3항이 유치권소멸청구의 청구권자를 '채무자'로 명시하고 있다고 하더라도, 민법 제324조 제3항에 대한 체계적 해석 및 목적론적 해석 또는 위 조항의 유추적용을 통하여, 위 '채무자'에 '유치물의 소유자'가 포함되는 것으로 볼 수 있으므로, 대상판결에서 유치물의 소유자가 유치권소멸청구를 할 수 있다고 판시한 것은 타당하다.

Ⅲ. 유치물의 소유권이 이전된 경우 신소유자가 민법 제324조 제3항에 기한 유치권소멸청구를 할 수 있는지 여부

1. 들어가며

앞서 검토한 것과 같이 유치물의 소유자는 유치권자의 선관주의의무 위반을 이유로 민법 제324조 제3항에 따라 유치권소멸청구를 할 수 있다. 나아가 유치물의 소유권이 변동된 경우를 고려하더라도, 유치권자가 소유권 변동 이후에도 선관주의의무를 계속하여 위반하고 있거나 아무런 승낙 없이 유치물의 사용을 계속하고 있다면, 신소유자로서는 자신이 소유한 유치물에 관하여 유치권자의 의무위반 행위가 계속되고 있음을 이유로 유치권소멸청구를 할 수 있다는 것에 별다른 이견이 없을 것으로 보인다. 하지만 유치권자가 선관주의의무를 위반하거나 유치물을 무단으로 사용한 뒤 위반 행위를 중단하여 소유권 변동 이후에는 더 이상 무단사용이나 선관주의의무 위반이 없는 경우에 소유권 변동 이전에 발생한 유치권자의 선관주의의무 위반을 이유로 유치권소멸청구를 할 수 있는지에 관하여는 견해가 나뉠 것으로 보이나, 이에 관한 기존의 본격적인 논의는 찾아볼 수 없다. 따라서 이하에서는 먼저 유치물의 소유권 변동과 관련하여 기존에 논의가 전개되어 왔던 '유치권자가 유치물의 소유권 변동 전 기존 소유자의 사용 승낙을 받은 경우'에 관한 학설 및 판례에 관하여 살펴보고, '유치권소멸청구권'이라는 권리에 집중하여 대상판결의 당부를 검토하기로 한다.

2. 유치권자가 기존 소유자로부터 사용 승낙을 받은 후 소유권이 이전된 경우에 관한 기존의 논의 및 검토

(1) 학　　설

유치권자가 기존 소유자로부터 유치물 사용에 관한 승낙을 받은 후 소유권이 이전된 경우 새로운 소유자가 유치권소멸청구를 할 수 있는지 여부에 관하여 학계의 본격적 논의는 찾아볼 수 없으나, ① 유치권은 법정담보물권으로 유치물의 소유자가 변동되더라도 소멸되지 않는데, 당초 소유자의 승낙을 받아 유치물을 적법하게 시용하던 유치권자의 점유가 유치물의 소유권 변동이라는 우연한 사정만으로 부적법하게 되어 신소유자의 소멸청구에 의해 유치권이 소멸된다는 것은 부당하다는 점, ② 신소유자는 일반적으로 유치권 행사 사실을 알고 있었을 것이므로 그와 같은 제한이 있는 상태의 유치물을 취득한 것으로 보는 것이 타당하며, 적법한 점유·사용이더라도 유치권자는 점유·사용으로 인한 이득을 부당이득으로 반환하여야 한다는 판례의 입장에 따르면 구체적으로도 부당한 결과가 초래된다고 보기 어려운 점 등의 이유로, 원칙적으로 유치권자는 종전 소유자의 사용 승낙으로 신소유자에게 대항할 수 있다고 보는 것이 타당하다는 견해가 있다.[14)]

(2) 대법원 판례

위 쟁점에 관하여 명시적인 법리 판시를 한 대법원 판례는 아직 없는 것으로 보인다. 다만, 다음과 같이 원심의 판단을 수긍한 대법원판결의 태도에 비추어 볼 때, 대법원은 종전 소유자의 사용 승낙의 효과가 새로운 소유자에게 미친다는 입장에 있는 것으로 보인다.[15)]

○ 대법원 2008. 11. 27. 선고 2008다61509 판결

(원심: 서울남부지방법원 2008. 7. 24. 선고 2008나2246 판결)

유치권자가 채무자로부터 무상사용 승낙을 받아 부동산을 점유하면서 유치권을 행사하자 부동산의 새로운 소유자가 인도청구를 한 사건이다.

원심판결은 "유치권자가 채무자의 사용 승낙을 받은 경우에 그 승낙의 효과로서 신소유자에게 대항할 수 있어 그 유치물의 사용을 이유로 신소유자가 유치권소멸청구 등을 할 수는 없다"고 판단하였다.

대법원은 이에 대하여 명시적인 판단은 하지 않았으나, 피고의 유치권 항변 자체는 문제 삼지 않은 점에 비추어 위와 같은 원심의 판단을

14) 김용덕 편집대표, 앞의 책, 531면(호문혁 작성 부분); 권순형, "유치물의 사용에 관한 법률관계", 사법논집 제54집, 법원도서관(2012), 31-32면.

15) 김용덕 편집대표, 앞의 책, 530-531면(호문혁 작성 부분).

수긍한 것으로 보인다.[16)]

○ **대법원 2011. 2. 10. 선고 2010다94700 판결**

(원심: 서울서부지방법원 2010. 10. 14. 선고 2010나808 판결)

유치권이 설정된 부동산을 취득한 새로운 소유자가 유치권자로부터 부동산을 임차한 임차인을 상대로 부동산의 인도를 구하자 임차인이 채무자의 동의를 받고 임차한 것이라고 주장하면서 유치권자의 유치권을 원용한 사건이다.

원심은 '설령 소외 1이 소외 2로부터 공사대금을 지급받을 때까지 이 사건 건물에 대한 유치권을 가진다고 하더라도, 피고가 소외 1의 위 유치권을 원용하여 원고의 이 사건 건물에 관한 인도청구를 거절하기 위해서는 피고가 소외 1로부터 이 사건 건물을 임차함에 있어 당시 이 사건 건물의 소유자인 J 회사 또는 이후 소유자가 된 소외 3, 원고로부터 이에 관한 승낙을 받았다는 점에 관한 입증이 있어야 하는데, 피고가 주장하는 소외 1에 대한 위 공사대금 채무자인 소외 2의 동의만으로는 민법 제324조 제2항에 따른 동의가 있었다고 볼 수 없다'는 취지로 판단하였다.

대법원은 '원심의 판단에 유치권에 관한 법리를 오해하는 등의 위법이 없다'고 판시하였는데, 원심 판결이 '임차 당시 소유자 및 신소유자'의 승낙을 받아야 한다는 것이 아니라 '임차 당시 소유자 또는 신소유자'의 승낙을 받아야 한다고 판단한 것에 비추어 볼 때, 종전 소유자의 사용승낙의 효과가 신소유자에게도 미친다는 입장에 있다고 한다.[17)]

○ **대법원 2019. 8. 14. 선고 2019다205329 판결**

(원심: 서울고등법원 2018. 12. 20. 선고 2016나2085102 판결)

위 대법원판결은 '원심은 유치권자인 참가인이 이 사건 부동산의 종전 소유자인 소외 조합으로부터 위 부동산의 사용 등에 관하여 승낙을 받았고 그 승낙을 받은 범위 내에서 사용 등을 하였음을 전제로, 참가인이 새로운 소유자인 원고로부터 별도의 승낙을 받지 않았다고 하여 민법

16) 권순형, 앞의 글, 28-29면도 같은 취지이다.

17) 권순형, 앞의 글, 29-30면.

제324조 제2항에 따른 유치물 사용금지의무를 위반하였다고 볼 수는 없다고 판단하였는데, 이러한 원심의 판단에 유치권소멸청구에 관한 법리를 오해하는 등으로 인해 판결에 영향을 미친 잘못이 없다'고 판단하였다.

이는 기존의 대법원 판례와 비교하여 보다 직접적으로 '유치권자가 종전 소유자의 사용 승낙으로써 새로운 소유자의 유치권소멸청구에 대항할 수 있다'는 입장을 밝힌 것으로 보인다.[18)]

(3) 일본 판례

한편, 일본최고재판소는 우리 민법 제324조와 같은 내용을 규정하고 있는 일본 구 민법 제298조에 대하여 '유치물의 소유권이 양도 등에 의해 제3자에게 이전된 경우, 그 대항요건을 구비하기 전에 유치권자가 유치물의 사용 또는 임대차에 관하여 승낙을 받은 때에는 신소유자는 유치권자에 대해 그 사용 등을 이유로 유치권의 소멸청구를 할 수 없다'고 판시하였다고 한다.[19)]

(4) 검 토

유치물의 기존 소유자가 유치권자에게 유치물의 사용을 승낙하는 행위는 유치물의 소유권자 스스로 사용권을 제한하는 것으로 볼 수 있다. 토지 소유자 스스로 그 소유의 토지를 일반 공중을 위한 용도로 제공하는 것도 스스로 사용권을 제한한다는 점에서 유치물의 소유자가 유치물의 사용을 승낙하는 것과 유사한 면이 있는데, 전자의 경우에 관하여 대

---

18) 위 대법원판결 이후 선고된 서울고등법원 2019. 12. 20. 선고 2019나2006117 판결은 "유치권자가 종전 소유자의 승낙을 받아 타인에게 유치물을 임대하였으나 그 이후에 소유권의 변동이 있었고 새로운 소유자로부터 종전 임대행위에 관하여 승낙을 얻지 아니하고 유치물을 계속 사용한 경우, 유치권자가 소유권 변동 사실을 알 수 없어 새로운 소유자의 승낙을 받을 수 있는 시간적 여유가 없었다거나, 유치권자가 소유권 변동을 알게 된 후 곧바로 유치물의 사용 등을 중단하거나, 새로운 소유자의 유치권소멸청구가 신의칙에 위반하여 권리남용에 해당된다는 특별한 사정이 없는 한 유치권자는 종전 소유자의 승낙을 기초로 새로운 소유자에 대항할 수 없고, 새로운 소유자는 민법 제324조 제2항의 위반을 이유로 민법 제324조 제3항에 따라 유치권의 소멸을 청구할 수 있다."는 법리를 판시하였는데, 위 판결에 대한 상고가 2020. 5. 14. 심리불속행으로 기각되었다.

19) 最判平成9年7月3日民集51卷6号2500頁; 권순형, 앞의 글, 30-31면.

법원 2019. 1. 24. 선고 2016다264556 전원합의체 판결은 "원소유자의 독점적·배타적인 사용·수익권의 행사가 제한되는 토지의 소유권을 경매, 매매, 대물변제 등에 의하여 특정승계한 자는, 특별한 사정이 없는 한 그와 같은 사용·수익의 제한이라는 부담이 있다는 사정을 용인하거나 적어도 그러한 사정이 있음을 알고서 그 토지의 소유권을 취득하였다고 봄이 타당하므로, 그러한 특정승계인은 그 토지 부분에 대하여 독점적이고 배타적인 사용·수익권을 행사할 수 없다."고 판시한 바 있다.

유치물의 소유자가 유치물의 사용을 승낙하는 것과 토지 소유자가 소유 토지를 일반 공중을 위한 용도로 제공하는 것은 소유권의 내용인 사용권을 스스로 제한한다는 점에서 유사하고, 유치권이 성립된 물건을 양수한 새로운 소유자는 통상 해당 물건에 유치권이 성립되어 있는 사실을 알고 소유권을 취득할 가능성이 높으므로, 기존 소유자가 유치권자에게 사용을 승낙한 후 유치물의 소유권을 양도하는 경우는 위와 같은 이른바 '토지소유자의 배타적 사용수익권 포기 법리'의 사안과 유사한 측면이 있다.

따라서 위와 같은 법리를 유치물의 사용 승낙에 관하여 원용하여 본다면, 기존 소유자는 유치권자에 대한 유치물 사용 승낙을 통하여 소유권의 사용권을 제한하였고, 새로운 소유자는 특별한 사정이 없는 한 해당 유치물에 대한 사용 승낙이 있었다는 사정을 용인하거나 적어도 그러한 사정이 있음을 알고서 토지 소유권을 취득하였다고 봄이 타당하다. 그렇다면 새로운 소유자가 유치권자에 대하여 자신의 사용 승낙이 없었음을 이유로 유치권소멸청구를 하는 것은 신의칙을 위반하거나 권리남용에 해당하는 것으로 볼 수 있다.

결국 위에서 살핀 기존의 학설 및 판례의 입장이 타당한 것으로 생각된다.

3. 대상판결의 검토

(1) 대상판결에 동의하는 견해의 논거[20)]

일본민법 제298조는 우리 민법 제324조와 동일한 내용으로 규정되어 있는데, 이에 관하여 일본의 일반적 학설은 일본민법 제298조 제3항의 유치권소멸청구의 취지에 관하여 '유치물의 가치가 훼손되거나 상실될 위험으로부터 채무자를 보호하려는 데 있다'는 '위험설'의 입장에 있으나, 과거에는 '유치권자의 의무위반에 대한 제재'로 보는 '제재설'의 입장이 더 유력하였다고 한다. 이에 관하여 일본 최고재판소는, 제재설의 관점에서 '의무위반이 있으면 위반행위의 종료 여부 또는 그로 인하여 손해를 입었는지 여부를 묻지 않고 유치권의 소멸을 청구할 수 있다'고 보았고,[21] '유치권자가 민법 제298조 제1항 및 제2항의 규정을 위반한 때 그 유치권의 제3취득자가 있는 경우에 제3취득자인 소유자도 동조 제3항에 의한 유치권의 소멸청구권을 행사할 수 있다고 해석하는 것이 타당하다'고 판단하였으며,[22] '소유권이전의 대항요건 구비보다도 전 소유자의 승낙이 먼저 이루어진 때에 신소유자는 유치권자를 상대로 소멸청구를 할 수 없다'고 판시하였다.[23]

대상판결에 동의하는 견해는 위와 같은 논의를 전제하면서, ① 민법 제324조는 유치권자가 선관주의의무를 다하지 않거나 승낙 없는 임대행위 등을 한 경우 유치권소멸청구권을 행사할 수 있다고 정하고 있을 뿐 그 행위로 인하여 손해가 발생할 것이나 유치물의 가치가 훼손될 것 등을 요건으로 하고 있지 않는 점, ② 유치권소멸청구의 취지, 그 행사요건을 어떻게 볼 것인가에 관하여는 앞서 본 '제재설'과 '위험설'의 대립의 관점에서 파악할 필요가 있는 점, ③ 우리 대법원 판례[24]는 제재설과 위험설의 두 관점을 모두 취하고 있는 점, ④ 따라서 개개 사안에서 위반행위의 정도, 중대성, 현재의 시점에서 과거의 위반행위가 유치물의 가치나 상실, 소유자에 대하여 미치는 영향 등을 고려할 여지가 있는 점, ⑤ 유치

20) 임정윤, "유치권자의 유치물 무단임대를 이유로 한 소유자의 유치권소멸청구권 행사", 대법원판례해설 제137호, 법원도서관, 2024.

21) 最判略和38年5月31日民集17권4号570貞.

22) 最判略和40年7月15日民集19巻5号1275貞.

23) 最判平成9年7月3日民集51巻6号2500貞.

24) 대법원 2022. 6. 16. 선고 2018다301350 판결.

물의 소유자와 채무자가 동일인이 아니거나 소유자가 변동된 경우 결국 유치물의 인도청구에 관한 이익은 현재 유치물의 소유자가 갖고 있다고 보아야 하고, 유치물에 대한 소유자의 처분권한을 침해하는 것인 무단임대 행위가 언제(누구의 소유일 때) 행해진 것인지는 중요하다고 볼 수 없는 점, ⑥ 유치권자가 구소유자로부터 임대 승낙을 얻은 경우 그 승낙을 신소유자에게 대항할 수 있다면,[25] 승낙 없이 임대를 하였을 때 그로 인한 불이익도 소유권의 변경과 관계없이 부담시키는 것이 형평에 맞는 점, ⑦ 채무자와 소유자가 다른 경우 및 소유권에 변동이 있는 경우 사용이익에 관한 부당이득 반환, 과실수취권의 행사와 상계의 가부 등의 문제까지 종합하여 고려할 때 선관주의의무 위반행위 이후 소유권을 취득한 소유자에게도 유치권소멸청구권을 행사할 수 있게 하는 것이 형평상 타당한 점 등을 근거로, 유치권자가 무단임대를 한 경우 무단임대 이후 소유권을 취득한 신소유자도 원칙적으로 유치권소멸청구권을 행사할 수 있다는 대상판결이 타당하다고 한다.

(2) 대상판결에 대한 비판

그러나 대상판결의 이러한 견해는 ① 유치권소멸청구권의 발생, 이전의 관점에서 이론 구성이 어렵다는 점, ② 만일 유치권소멸청구권을 새로운 소유권자의 고유의 권리로 보게 되면 소유권의 이전으로 제척기간 중단의 효과를 가져오게 되어 권리관계의 조속한 확정이라는 제척기간 제도의 취지에 벗어나게 되는 점, ③ 차임 연체로 인한 임대차 해지에 관한 기존 대법원 판례의 취지와 어긋나는 것으로 보이는 점 등의 문제가 있다고 보인다. 이하에서 위와 같은 각 논거에 관하여 보다 상세하게 서술한다.

(가) 유치권소멸청구권의 발생 및 이전에 관하여

대상판결은 '유치물의 소유권을 취득한 제3자도 유치권소멸청구를

25) 대법원 2008. 11. 27. 선고 2008다61509 판결, 대법원 2011. 2. 10. 선고 2010다94700 판결 참조

할 수 있다'고 판시하였을 뿐, 새로운 소유자가 자신의 권리를 행사할 수 있다는 것인지 채무자 또는 기존 소유자의 권리를 행사할 수 있다는 것인지를 밝히지 않았다. 그렇다면 새로운 소유자가 유치권소멸청구권을 행사할 수 있는 방법은 유치권자의 의무 위반에 의하여 발생한 유치권소멸청구권을 원시취득 또는 승계취득하여 행사하거나 채무자 또는 기존 소유자가 취득한 유치권소멸청구권을 대위 행사하는 것 중 하나일 것이다.

먼저 새로운 소유자가 유치권소멸청구권을 원시취득할 수 있는지 살펴보자. 유치권자가 선관주의의무나 유치물 사용금지의무를 위반한 경우 위반 당시의 채무자나 유치물의 소유자가 민법 제324조 제3항에 따라 발생한 유치권소멸청구권을 원시취득하게 됨은 이론의 여지가 없다. 그런데 이후 유치물의 소유권이 변경되었다고 하여 새로운 소유자가 같은 내용의 의무 위반을 원인으로 한 유치권소멸청구권을 다시 취득할 수 있다는 것은 그 이론적 근거를 찾기 어려워 보인다.

유치물의 소유권 변동에 따라 새로운 소유자가 유치권소멸청구권을 승계취득할 수 있는지에 관하여 보더라도, 소유권의 이전과 같은 특정승계에서 소유권의 고유한 내용이 아닌 유치권소멸청구권이 소유권과 함께 이전된다고 보기 어렵다. 유치권소멸청구권이 담보물권인 유치권에 관한 권리이기는 하나, 유치권 자체로부터 곧바로 파생된 권리라고 보기는 어려우므로, 유치권에 부수하여 새로운 소유자에게 그대로 이전된다고 보기도 어렵다. 이에 관하여 민법의 취소권을 중심으로 특정승계인이 취득한 소유권에 기존 소유자의 취소권이 포함되어 있는지에 관한 논의가 있고, 이러한 논의를 토대로 특정승계인이 형성권을 승계할 수 있다는 견해가 있다는 것이나,[26] 취소권의 경우 민법 제140조가 '승계인'을 법률행위의 취소권자로 정하고 있다는 점에서 이러한 논의를 일반적인 형성권이나 민법 제324조 제3항의 유치권소멸청구권에 관하여 그대로 적용할 수는 없다고 생각된다.

26) 박찬주, "형성권", 법학논총 제15집 제2호, 조선대학교 법학연구소(2008. 10.), 269-272면.

이에 관하여 이른바 독일의 '비독립적 형성권의 양도성'에 관한 논의를 근거로 소유권 이전 시 그에 부종 내지 내재하는 형성권으로서 유치권소멸청구권이 더불어 양도된다는 논리구성이 가능하다는 견해가 있을 수 있다. 그러나 독일에서의 논의를 보더라도,[27] 형성권자가 가지고 있는 여타의 권리적 지위나 의무적 지위와 연결되어 있는 경우에 해당하는 '비독립적 형성권'의 양도에 관하여, 채권견련 형성권(forderungsbezogenes Gestaltungsrecht) 또는 채무견련 형성권(verpflichtungsbezogenes Gestaltungsrecht)은 각기 견련된 채권 또는 채무에 강한 부종성을 보여 형성권자인 채권자 또는 채무자로서의 법적 지위와 법적 운명을 함께 하는 일환으로서 양도된다는 것이나, 이와 같은 사례는 선택채무에서의 선택권과 같이 명확히 채권과 견련된 형성권에 관한 것이므로 소유권과 유치권소멸청구권과 같이 필연적으로 견련되어 있다고 보이지 않는 논의에 적용하기는 어렵다고 생각된다. 또한, 계약견련 형성권(vertragsbezogenes Gestaltungsrecht)은 법률관계 전체와 견련을 가지는 것으로, 계약당사자로서의 전체적 지위가 이전되는 경우 또는 주된 채권이 양도되는 경우 형성권이 양도될 수 있다는 것인데, 이는 계약의 인수 또는 주된 채권의 양도에 따른 형성권의 양도 가능성에 관한 논의이고, 주된 채권의 양도가 있다고 해서 계약견련 형성권이 주된 채권에 수반하여 바로 그 양수인에게 이전되는 것이 아니라 형성권의 양도에 관한 합의를 필요로 한다는 것이므로, 물권(소유권)의 변동에 따른 유치권소멸청구권의 양도성 및 부종성에 관한 논의에 원용하기에는 적절하지 않다.

다만, 법률행위의 해석을 통하여 새로운 소유자가 소유권과 더불어 종전 소유자의 유치권소멸청구권을 양수한 것으로 구성할 수 있는 가능성은 존재한다. 유치물을 양도하는 경우 양도인과 양수인 모두 유치권의 부담을 안고 있는 소유권을 이전하기로 합의하였다면, 유치권소멸청구권 등 유치권에 관한 권리까지 양도의 대상으로 삼았다고 볼 여지가 있기

27) 김영희, 형성권 연구, 경인문화사(2007), 146-149면.

때문이다. 하지만 이는 개별적인 법률행위의 해석을 통하여 해결할 문제이고, 모든 유치물의 양도에 관하여 일반화할 수는 없을 것으로 보인다.

또한, 유치물의 매수인이 유치권의 부담을 알지 못하였고 유치물에 관한 매매계약 과정에서 그에 관한 합의도 없었다면, 매수인은 유치권의 부담이 없는 완전한 소유권 취득을 위하여 매도인을 대위하여 유치권소멸청구권을 행사할 수 있는 가능성도 있다. 그러나 위와 같은 경우를 모든 유치물 양도에 관하여 일반화할 수 없을 것으로 보일 뿐만 아니라, 새로운 소유권자가 채권자대위권 행사의 요건을 갖추어 구소유자가 가지고 있는 유치권소멸청구권을 대위 행사하는 것을 두고 새로운 소유권자에게 유치권소멸청구권 있다고 평가할 수는 없다.

(나) 유치권소멸청구권의 제척기간에 관하여

새로운 소유자가 소유권 취득 이전에 발생한 유치권자의 의무위반을 이유로 유치권소멸청구를 할 수 있는 것으로 보더라도 제척기간이 문제된다.

유치권소멸청구권의 성격이 형성권이라는 데에 별다른 이견이 없고, 형성권의 권리행사기간은 제척기간이고 제척기간 내에 권리를 행사하지 않을 경우 기간의 도과로 권리가 소멸한다는 것이 일관된 판례의 입장이다(대법원 2019. 7. 25. 선고 2019다227817 판결 등). 따라서 유치권자가 선관주의의무 또는 유치물 사용금지의무를 위반하여 채무자 또는 소유권자가 유치권소멸청구권을 취득하는 경우 채무자나 소유권자는 곧바로 유치권자에 대한 의사표시로써 유치권의 소멸을 청구할 수 있으므로, 이때로부터 제척기간이 기산된다.

그런데 새로운 소유자가 유치물의 소유권을 취득하였다는 이유로 소유권 취득 이전에 발생한 의무 의반에 따른 유치권소멸청구권을 원시취득하는 것으로 보게 되면, 새로운 소유자로서는 그로부터 다시 새로운 제척기간 내에 유치권 소멸청구를 할 수 있게 되므로,[28] 유치권자의 입

28) 대상판결 사안의 경우 상사유치권이라는 점에서 그에 관한 유치권소멸청구권의 제척기간에 관하여는 5년 또는 10년이라는 견해가 대립할 수 있을 것으로 생각된다.

장에서는 새로운 의무 위반이 없었음에도 또다시 새로운 제척기간 내에 유치권소멸청구를 당하는 위험에 놓이게 된다. 이는 유치권자의 지위를 장기간 불안에 놓이게 할 수 있다는 점에서 유치권자에게 과도하게 불리한 해석이라고 보인다. 더구나 소유권의 이전으로 신소유자가 새로운 제척기간 내에 유치권소멸청구를 할 수 있게 된다면, 제척기간에 있어서는 소멸시효와 같이 기간의 중단이 있을 수 없음에도(대법원 2003. 1. 10. 선고 2000다26425 판결 참조) 소유권의 이전이 제척기간의 중단 사유로 작용하게 된다는 점에서 '권리자로 하여금 당해 권리를 신속하게 행사하도록 함으로써 법률관계를 조속히 확정'시키려는 제척기간 제도의 취지를 훼손하게 된다.

이러한 점을 보더라도 새로운 소유자가 유치권소멸청구권을 원시취득하는 것으로 이론 구성하기는 어려워 보인다. 따라서 법률행위의 해석으로 유치물의 새로운 소유자가 기존 소유자가 취득한 유치권소멸청구권을 승계한 것으로 구성하거나 새로운 소유자가 기존 소유자의 유치권소멸청구권을 대위 행사하는 것으로 구성할 수밖에 없는데, 이렇게 본다면 새로운 소유자가 소유권 취득 이전에 발생한 유치권자의 의무위반을 이유로 유치권소멸청구를 하더라도 이는 의무위반 당시를 기산점으로 하여 제척기간 내에 이루어져야 한다.[29)]

(다) 차임 연체로 인한 임대차 해지에 관한 기존 대법원 판례에 관하여

한편, 대상판결은 형성권에 해당하는 유치권소멸청구권이 발생한 뒤 유치물의 소유권을 취득한 새로운 소유자가 동일한 내용의 유치권소멸청구를 할 수 있는지 여부가 쟁점이므로, 임차인의 차임연체액이 3기의 차임액에 이른 후에 양수인이 임대인의 지위를 승계한 사례에 관한 대법원 판례를 참고할 필요가 있다. 대상판결의 사안과 위와 같은 임대차 사례 모두 양수인이 물건을 양수하기 이전에 성립된 형성권을 행사할 수 있는지가 문제되기 때문이다.

29) 같은 취지로 배상현, "무단임대행위 후 유치물의 소유권을 취득한 제3자도 유치권소멸청구권을 행사할 수 있는지 여부", 법률신문 2023. 11. 9. 자 판례평석.

위와 같은 임대차 사안에서 대법원은 양수인이 따로 채권양도의 요건을 갖추어 이미 발생한 연체차임의 채권을 양수하지 아니한 이상, 양수인은 승계 이전의 차임연체를 이유로 임대차계약을 해지할 수 없다는 취지로 판시하였다(대법원 2008. 10. 9. 선고 2008다3022 판결). 이는 양수인이 임대차계약을 승계하였다는 사정만으로 곧바로 해지권을 승계하는 것이 아니라 임대차계약 승계 이후의 차임연체액을 기준으로 해지권 발생 여부를 판단한다는 것이다.[30]

위와 같은 대법원 판례의 취지를 일관되게 관철한다면, 대상판결의 사안에 관하여도 유치물의 새로운 소유권자가 유치권이 담보하는 물건의 소유권을 취득하였다는 사정만으로 곧바로 유치권소멸청구권을 승계하는 것이 아니라 소유권 이전 이후의 의무위반 여부를 기준으로 유치권소멸청구 여부를 판단하는 것이 타당한 것으로 생각된다.

(3) 소 결

민법 제324조 제3항의 해석상 채무자뿐만 아니라 유치물의 소유자도 유치권소멸청구를 할 수 있다고 보는 이상, 유치물의 소유권이 이전된 경우 유치물의 새로운 소유자가 그 소유권 취득 이전에 발생한 유치권자의 의무위반을 이유로 유치권소멸청구를 할 수 있다고 해석하는 것이 가능한 법률해석의 범위를 넘는다고 보기는 어렵다. 또한, 유치권 제도가 '공평'에 기초하고 있다는 점에서 유치물의 신소유자가 유치권소멸청구를 할 수 있는지 여부를 결정하는 논거로 신소유자와 유치권자 사이의 형평을 고려할 필요도 있다고 보인다.

그러나 다음과 같은 이유로 대상판결의 견해는 유치권자에 대한 제재 및 신소유자의 보호에 치우친 것이 아닌가 하는 의문이 든다. 우리 대법원 판례가 제재설과 위험설의 두 관점을 모두 취하고 있는 것으로 보임에도 대상판결은 불명확한 '특별한 사정' 외에는 신소유자가 유치권소멸청구를 할 수 있다고 하여 사실상 제재설의 입장을 채택한 것이 아

30) 김용덕 편집대표, 주석 민법 채권각칙(3)(제5판), 한국사법행정학회(2021), 241면 (방웅환 작성 부분).

닌가 생각된다. 유치물의 인도청구에 관한 이익이 현재 유치물의 소유자에게 있다고 하더라도, 유치물 무단임대 행위가 이루어진 시기에 따른 유치권소멸청구권의 행사 여부는 유치물의 가치 평가나 유치권자의 유치권 상실 여부 등 구소유자나 유치권자의 이해관계에 중대한 영향이 있다고 보인다. 또한, 유치권자가 구소유자로부터 임대 승낙을 얻은 경우와 승낙 없이 임대하는 경우는 구소유자의 명시적인 개입 여부에 차이가 있으므로, 구소유자로부터 임대 승낙을 받은 경우 유치권자가 신소유자에게 대항할 수 있다고 하여 승낙 없는 임대로 인한 불이익을 소유권의 변경과 관계없이 유치권자에게 부담시키는 것이 반드시 형평에 부합하는 것인지도 다소 의문이다. 임대 승낙 없이 유치물을 임대한 유치권자로서는 유치물의 소유권에 변동이 없는 경우는 소유자의 선택에 따라 유치물 임대로 인한 부당이득을 피담보채권에서 공제(상계)하고 유치권을 계속 보유할 가능성이 있지만, 소유권에 변동이 있을 경우 신소유자로서는 무단임대로 인한 부당이득을 피담보채권에서 공제(상계)할 수 없어 경제적 이익을 위해서라도 사실상 유치권소멸청구권을 행사할 수밖에 없게 되는바, 결국 대상판결은 형평의 관점에서도 유치권자보다는 신소유자의 이익을 존중하는 입장에 있는 것으로 보인다.

뿐만 아니라 대상판결의 견해는 이를 뒷받침할 이론적 근거가 빈약하다는 것도 난점이다. 유치물의 새로운 소유자가 유치권소멸청구를 하기 위해서는 그러한 권리를 취득하여야 하는데, 단순히 소유권을 이전한 사정만으로 새로운 소유자가 독자적인 유치권소멸청구권을 원시취득하는 것으로 보기 어렵고, 기존 소유자의 유치권소멸청구권을 승계취득하는 것으로 구성하기에도 이론적 난점이 있으며. 승계취득으로 구성하더라도 유치권소멸청구권이 형성권이라는 점에서 제척기간의 문제가 남게 된다.

물론 유치물의 양도에 관한 법률행위의 해석을 통해 양도인과 양수인 사이에 유치권소멸청구권을 이전하는 합의가 있는 것으로 구성할 여지는 있지만, 대부분의 유치물 양도에 관하여 그와 같은 합의가 있는 것으로 단정하기는 어려울 것으로 생각된다. 법률행위의 해석에 기댈 경우,

새로운 소유자가 유치권소멸청구권을 행사할 수 있는지 여부는 개별 사안에서 나타나는 소유권 양도, 양수인의 의사를 해석하여 해결할 문제가 되는 것이므로, 그로부터 대상판결의 일반적인 법리를 도출하기는 쉽지 않다.

대상판결은 명시적인 논거로서 대법원 2022. 6. 16. 선고 2018다301350 판결을 인용하여 '민법 제324조에서 정한 유치권소멸청구는 유치권자의 선량한 관리자의 주의의무 위반에 대한 제재로서 채무자 또는 유치물의 소유자를 보호하기 위한 규정'이라고 판시하고 있는데, 위 2018다301350 판결을 살펴보면 하나의 채무를 담보하는 여러 유치물 중 일부에 대하여만 의무위반이 있을 경우 그 일부에 한하여 유치권소멸청구를 할 수 있다는 점을 뒷받침하기 위하여 위와 같은 사정을 내세운 것이므로,[31] 이러한 사정에 근거하여 유치물의 새로운 소유자가 그 소유권 취득 이전에 발생한 유치권자의 의무위반을 이유로 유치권소멸청구를 할 수 있다는 결론을 도출할 수 있는지도 의문이다. '유치권자가 선량한 관리자의 주의의무를 위반한 정도에 비례하여 유치권소멸의 효과를 인정하는 것이 유치권자와 채무자 또는 소유자 사이의 이익균형을 고려한 합리적인 해석'이라는 위 선행 대법원판결의 논거에 비추어 보면, 유치권자의 유치물 무단 사용이나 선관주의의무 위반에 대하여 기존 소유자가 유치권소멸청구를 하지 않은 상황에서 위와 같은 의무위반에 대하여 아무런 관련도 없던 새로운 소유자가 소유권을 취득하였다는 이유로 유치권소멸청구를 할 수 있다고 보는 것이 오히려 유치권자 및 기존 소유자와 새로운 소유자 사이의 이익균형을 무너뜨리는 것이 아닌가 생각된다.

결국 원칙적으로 유치물의 새로운 소유자는 소유권 취득 이전에 발생한 유치권자의 의무위반을 이유로 유치권소멸청구를 할 수 없고, 다만 개별 법률행위의 해석을 통해 당사자들이 유치권소멸청구권을 양도한 것으로 볼 수 있거나 새로운 소유자가 기존 소유자의 유치권소멸청구권을

---

31) 앞의 각주 10) 참조.

대위하여 행사할 수 있는 경우에는 제척기간 내에 유치권소멸청구를 할 수 있다고 보는 것이 타당하다고 생각된다. 따라서 대상판결의 견해에 동의하기 어렵다.

Ⅳ. 결 론

대상판결은 채무자뿐만 아니라 유치물의 소유자도 민법 제324조 제3항의 유치권소멸청구를 할 수 있다는 기존의 입장을 재확인하였고, 소유권 취득 이전에 발생한 유치권자의 의무위반에 대하여도 원칙적으로 유치권소멸청구를 할 수 있다는 것을 처음으로 판시하였다는 점에서 의미가 있다.

하지만 대상판결은 새로운 소유자가 유치권소멸청구를 할 수 있다고 보는 법률적 근거를 명확히 제시하지 않았고, 기존의 논의를 바탕으로 법률적 근거를 검토하여 보더라도 이론적인 법리 구성이 어렵다는 점에서 대상판결의 판시에도 불구하고 유사한 사안에서 분쟁이 계속될 수 있다고 보인다.[32] 나아가 대상판결이 새로운 소유자가 유치권소멸청구를 할 수 없는 '특별한 사정'에 관하여도 명확히 밝히지 않고 있는 이상,[33] 유치권이 성립된 부동산의 거래에 관하여 혼란이 발생될 여지도 있다(예컨대, 과거 유치물에 관하여 유치권자의 의무위반이 있었던 경우에 새로운 소유자가 형성권의 제척기간이 도과된 후 유치권의 부담만큼 낮은 가격에 유치물을 매

32) 배상현, 앞의 글에 의하면, 저자는 상사유치권에 관하여는 유치권소멸청구권의 제척기간이 5년이라고 주장하는데, 위 주장에 따르면 대상판결 사안의 경우 유치권자의 의무위반이 종료된 2012. 2. 3.경(무단 임대 종료일)으로부터 5년이 도과하였으므로 새로운 소유자가 유치권소멸청구를 할 수 없다는 결론에 이르게 된다. 만일 상사유치권의 경우에도 유치권소멸청구권의 제척기간을 10년으로 본다면 대상판결에서 제척기간 도과의 문제는 발생하지 않는다. 이처럼 대상판결의 법리를 존중한다고 하더라도 여전히 제척기간에 관련된 분쟁의 여지가 남아 있다고 보인다.

33) 다만, 임정윤, 앞의 글에 의하면, 대법원은 '특별한 사정'으로 '선관주의 위반행위 당시의 유치물 소유자가 유치권자를 상대로 유치권소멸청구권의 행사를 포기한 경우', '선관주의의무 위반의 정도가 매우 경미하고 그로부터 상당한 기간이 경과되어 현재 시점에서 공평의 관점에서 인도거절권능을 소멸시키는 것이 부당하다고 판단되는 경우' 등을 예정한 것으로 보인다.

수한 다음 유치권소멸청구를 하여 부동산의 가치 상승을 추구하는 경우가 생길 수 있다).

따라서 이러한 분쟁이나 혼란의 가능성을 낮추기 위해서는 대상판결의 결론을 보강하는 법리 판시가 필요할 것으로 보인다. 향후 대상판결에 관한 활발한 논의를 통하여 유치권자, 구소유자, 신소유자, 채무자 사이의 법률관계를 둘러싼 유치권소멸청구에 관한 법리가 보다 정치하게 확립되기를 기대한다.

[Abstract]

A Study on the Entitlement to Claim Extinction of a Lien Due to the Breach of the Duty of Care by the Lien Holder

−Supreme Court's Dicision of 2019Da295278 on August 31, 2023−

Moon, Hyuk*

In cases related to liens, claims for the extinction of a lien based on the lien holder's active use or enjoyment of the retained property frequently arise. The case at hand primarily addresses two major issues: (1) whether the owner of the retained property is included among the claimants entitled to request the extinction of a lien under Article 324, Paragraph 3 of the Civil Code, and (2) whether a new owner of the retained property, who acquired ownership after a breach of the duty of care by the lien holder, may assert a claim for the extinction of a lien based on such a breach. The ruling reaffirmed the established position that not only the debtor but also the owner of the retained property may file a claim for the extinction of a lien under Article 324, Paragraph 3 of the Civil Code. Additionally, it is noteworthy as the first case to hold, in principle, that a claim for the extinction of a lien may also be asserted concerning a breach of duty by the lien holder that occurred before the acquisition of ownership.

Regarding issue (1), based on the relevant provisions of the Civil Code and existing interpretative theories, the conclusion of the judgment that both the debtor and the owner of the retained property may claim the extinction of a lien under Article 324, Paragraph 3 is reasonable and appropriate.

---

* Judge, Seoul Central District Court.

However, the conclusion of the judgment on issue (2) is difficult to agree with for the following reasons. The ruling appears to be premised on the view that allowing the new owner of the retained property to claim the extinction of a lien after the change of ownership aligns with the principles of fairness, relying on the so-called "sanction theory" and "risk theory." However, even from the perspective of fairness, the decision seems overly focused on penalizing the lien holder for unauthorized leasing and protecting the new owner. Moreover, the ruling faces several theoretical and practical challenges: (ⅰ) difficulties in constructing a coherent theory regarding the creation and transfer of the right to claim the extinction of a lien; (ⅱ) if the claim for the extinction of a lien is regarded as an inherent right of the new owner, the interruption of the exclusion period due to the transfer of ownership would conflict with the purpose of the statutory exclusion period to promptly finalize legal relationships; and (ⅲ) the ruling appears inconsistent with the rationale of existing Supreme Court precedents on lease termination due to overdue rent.

Therefore, as a general principle, a new owner of the retained property cannot claim the extinction of a lien based on breaches of duty by the lien holder that occurred before the acquisition of ownership. However, such a claim may be permissible within the statutory exclusion period if it is interpreted that the parties agreed to transfer the right to claim the extinction of a lien or if the new owner subrogates the original owner's claim for the extinction of a lien. Therefore, I find it difficult to agree with the conclusions of the judgment in this case.

[Key word]

- Lien
- Legal Interpretation
- Duty of Care of the Lien Holder
- Claim for the Extinction of a Lien, Statutory Exclusion Period for Exercising Formative Rights
- Transferability of Formative Rights

참고문헌

1. 단 행 본

곽윤직 편집대표, 민법주해(Ⅵ) 물권(3), 박영사(1992).

곽윤직, 물권법(제7판), 박영사(2002).

______, 민법총칙(제7판), 박영사(2002).

김영희, 형성권 연구, 경인문화사(2007).

김용덕 편집대표, 주석 민법 물권(3)(제5판), 한국사법행정학회(2019).

______, 주석 민법 채권각칙(3)(제5판), 한국사법행정학회(2021).

김주수 · 김상용, 민법총칙(제6판), 삼영사(2011).

양창수, 민법전 제정자료 집성, 박영사(2023).

2. 논 문

강지웅, "담보권실행경매의 공신력 규정에 관한 해석의 한계", 법조 제72권 제6호(2024).

강태성, "유치권의 성립요건으로서의 견련성 및 유치권소멸사유", Jurist 제410호, 청림인터랙티브(2006. 8.).

권순형, "유치물의 사용에 관한 법률관계", 사법논집 제54집, 법원도서관(2012).

박찬주, "형성권", 법학논총 제15집 제2호, 조선대학교 법학연구소(2008. 10.).

배상현, "무단임대행위 후 유치물의 소유권을 취득한 제3자도 유치권소멸청구권을 행사할 수 있는지 여부", 법률신문 2023. 11. 9. 자 판례평석.

신국미, "유치권제도에 관한 연구", 고려대학교 학위논문(2003).

임정윤, "유치권자의 유치물 무단임대를 이유로 한 소유자의 유치권소멸청구권 행사", 대법원판례해설 제137호, 법원도서관(2024).

최봉경, "민법에서의 유추와 해석", 법철학연구 제12권 제2호, 세창출판사(2009).

무효등기유용의 효력 및 대위채권자의 항변의 범위*

김 병 선**

■요 지■

대상판결 1, 2는 무효인 가등기 유용에 의하여 본등기 또는 가등기이전의 부기등기를 마친 경우, ⓐ 등기상 이해관계 있는 제3자인 가압류채권자에 대해서는 등기유용을 주장할 수 없지만, ⓑ 유용합의의 당사자 사이에서는 여전히 유용합의와 유용된 등기의 유효를 주장할 수 있으며, 한편 ⓒ 채무자를 대위하여 위 가등기 등의 말소를 구하는 대위채권자는 제3채무자에 대하여 위와 같은 사유를 주장할 수 없으므로, 제3채무자는 가등기 유용의 합의로 대항할 수 있다고 해석하고 있다. 그리하여 대상판결들의 사안에서 등기상 이해관계 있는 제3자인 가압류채권자는, 채무자(유용합의의 한 당사자)를 대위하여서만 가등기 등의 말소를 청구할 수 있는 결과, 자기에게 대항할 수 없는 무효등기 유용의 당사자들에 대하여 유용합의와 유용된 등기의 무효를 주장할 수 없게 된다.

본고는 두 가지 문제의식에서 출발하였는데, 우선 첫째는 위 ⓑ의 결론은 올바르지 않으며 그 때문에 대상판결들의 결론도 타당하다고 할 수 없다. 등기상 이해관계 있는 제3자가 존재하는 경우 유용합의 및 유용된 등기가

* 이 논문은 2024. 2. 19. 민사판례연구회 월례회에서 발표한 논문을 수정 · 보완한 것으로 민사판례연구회의 지침에 따라 먼저 민사법학 제106호(2024. 3.)(무효등기 유용의 효력 부분)에 게재하였고, 대위채권자의 항변의 범위 부분을 추가로 작성하여 동북아법연구 제18권 제3호(2025. 1.)에 게재하였다. 논문의 문제점을 지적해 주신 윤진수 교수님, 김재형 교수님, 송재일 교수님, 오대석 부장판사님께 감사드린다.

** 이화여자대학교 법학전문대학원 교수.

그 제3자에 대한 관계에서만 무효이고, 유용의 당사자 사이에서는 여전히 유효라는 해석은 물권의 상대적 효력을 인정하는 것으로서 타당하지 않다. 등기상 이해관계 있는 제3자가 있는 경우에는 유용합의와 유용등기는 실체관계에 부합하지 않는 것으로서 '모든 사람에 대하여' 무효라고 할 것이다.

둘째, 무효등기 유용에 관한 종래 판례의 입장에 따르더라도 위 ⓒ의 결론은 타당하다고 할 수 없으며, 등기유용 전에 부동산을 가압류한 대위채권자가 '등기부상 이해관계 있는 제3자'로서 직접 제3채무자에 대하여 등기유용과 유용에 의한 등기의 무효를 주장하는 것이 허용되어야 한다.

채권자대위권 轉用型 사례의 경우에는 예외적으로 대위채권자는 제3채무자와 사이에서 발생한 독자적인 사유를 가지고 제3채무자에게 주장할 수 있다고 하여야 한다. 특히 대위채권자가 압류 또는 가압류에 의하여 강제집행의 준비 또는 실행에 나아간 경우에는 그 독자적인 이익과 지위가 인정되므로, 이러한 예외를 적용하여야 한다.

[주 제 어]
• 무효등기유용
• 등기상 이해관계 있는 제3자
• 말소회복등기
• 채권자대위권
• 전용형

대상판결 1 : 대전지방법원 2016. 12. 13. 선고 2016나105785 판결

(대법원 2022. 7. 28. 선고 2017다204629 판결의 원심판결)

[사안의 개요]

1. 사실관계

B 소유 부동산에 1985. 11. 25. C(피고) 명의로 매매예약을 원인으로 소유권이전청구권 가등기가 경료된 후 2005. 8.경 B의 채권자 A(원고) 명의의 가압류등기가 마쳐졌다. C는 2005. 9. 15. 매매를 원인으로 가등기에 기한 본등기를 마치고 점유를 개시하였으며, 이로 인하여 A의 가압류등기가 직권 말소되었다. D(피고)는 2015.경 C로부터 위 부동산을 매수하고 소유권이전등기를 마쳤다.

A는 C의 매매예약완결권이 제척기간 만료로 소멸하였으므로 위 가등기와 본등기 및 이전등기는 모두 원인무효등기라고 주장하면서, B를 대위하여 C와 D에 대하여 그 말소를 구하는 소를 제기하였다.

2. 소송의 경과

(1) 제 1 심[1)]

제1심판결은 원고청구를 인용하였고, C와 D가 항소하였다. A는 D에 대하여 등기상 이해관계 있는 제3자로서 가압류 회복등기절차에 대한 승낙의 의사표시를 구하는 청구를 예비적으로 추가하였고, 한편 D는 등기부취득시효에 의한 소유권취득을 주장하였다.[2)]

(2) 원 심[3)]

「매매예약완결권이 제척기간 경과로 소멸하였으므로 이 사건 가등기는 실효된 등기이고, 이에 기초하여 이루어진 본등기는 실효된 가등기를 C와 B가 유용하기로 합의한 후 마쳐진 것이다. <u>C(피고)는 가등기 유용의 합의로써 합의의 당사자인 B에게 대항할 수 있으나, 가등기에 의한 본등기 전에 가압</u>

---

1) 대전지방법원 2016. 7. 6. 선고 2015가단225544 판결.

2) 대상판결 상고심에서는 '자기 소유 부동산에 대한 점유를 취득시효의 기초되는 점유로 인정할 수 있는지 여부'가 중요한 쟁점으로 다루어졌으나, 본 논문에서는 이에 대해서는 다루지 않는다.

3) 대전지방법원 2016. 12. 13. 선고 2016나105785 판결.

류등기를 마침으로써 등기부상 이해관계를 가지게 된 A(원고)에 대하여는 가등기 유용의 합의 사실을 들어 가등기 및 이에 기초한 본등기의 유효를 주장할 수 없다.[4]

채권자대위권은 채무자의 제3채무자에 대한 권리를 행사하는 것이므로, 제3채무자는 채무자에 대해 가지는 모든 항변사유로 채권자에게 대항할 수 있으나, 채권자는 채무자 자신이 주장할 수 있는 사유의 범위 내에서 주장할 수 있을 뿐 자기와 제3채무자 사이의 독자적인 사정에 기한 사유를 주장할 수는 없다.

이 사건 가압류등기가 마쳐진 후 C 앞으로 본등기가 마쳐졌으나, 이는 A가 B를 대위하여 청구하는 이 사건에서 채무자 B가 제3채무자 C에 대하여 주장할 수 있는 사유가 아니라 채권자인 A가 제3채무자 C와 사이에서 독자적으로 주장할 수 있는 사유일 뿐이므로, B를 대위하여 가등기 등의 말소를 구하는 A로서는 C에 대하여 위와 같은 사유를 주장할 수 없다. 따라서 C는 B와의 가등기 유용의 합의로써, B를 대위하여 가등기 및 본등기의 말소를 청구하는 A에게 대항할 수 있다」는 이유로, 각 등기의 말소를 구하는 청구를 모두 기각하고, D에 대하여 가압류 회복등기절차에 대한 승낙을 구하는 예비적 청구만 인용하였다.

(3) 대법원의 판단

원심판결에 대하여 D가 상고하였고, 대법원은 「피고가 적법·유효한 소유권이전등기까지 마치고 소유하고 있으므로 그 점유는 취득시효의 기초가 되는 점유가 될 수 없다」고 하여, D의 취득시효 주장을 배척하고 상고를 기각하였다.

대상판결 2 : 대법원 2009. 5. 28. 선고 2009다4787 판결

[사안의 개요]

1. 사실관계

B 소유 부동산에 1981. 7. 1. C(피고) 명의로 매매예약을 원인으로 소유권이전청구권 가등기가 경료되었고, 1991.경 B의 채권자 A(원고) 명의의 가압

---

4) 밑줄은 필자가 추가(이하 같음).

류등기가 마쳐졌다. B는 1999. 8.경 위 부동산에 관하여 D(피고)와 매매계약을 체결하면서, 먼저 소유권이전청구권 가등기를 경료하되 C 명의 가등기에 대하여 소유권이전등기청구권 양도를 원인으로 부기등기 하는 방식에 의하기로 합의하고, D가 2006. 7. 19. 가등기이전의 부기등기를 마쳤다.

A는 2008년경 B를 대위하여 D(피고)에 대하여 C 명의의 가등기말소를 구하는 소를 제기하였다.

2. 소송의 경과

(1) 제 1 심[5)]

B와 C 사이의 매매예약에 따른 예약완결권은 1991. 7. 1. 제척기간 경과로 소멸하여 가등기가 효력을 상실하였으나, D는 B에 대하여 가등기 유용의 합의를 주장하여 가등기 말소청구에 대항할 수 있고, B를 대위하여 가등기의 말소를 구하는 A에 대하여도 같은 사유로 대항할 수 있다고 판단하여 원고 청구를 기각하였다.

(2) 원 심[6)]

D는 가등기유용의 합의에 따른 부기등기가 경료되기 이전에 가압류등기를 경료한 이해관계인 A에 대하여는 유용합의로써 대항하지 못하므로, 이 사건 가등기 및 부기등기는 모두 원인무효 등기라고 판단하여, 원고의 대위에 의한 가등기말소청구를 인용하였다.[7)]

3. 대법원의 판단

부동산소유자가 제3자와 사이에 새로운 매매예약을 체결하고 그에 기한 소유권이전등기청구권 보전을 위하여 이미 효력이 상실된 <u>가등기를 유용하기로 합의하고 실제로 가등기이전의 부기등기를 경료하였다면,</u> 가등기이전의 부기등기를 경료받은 제3자로서는 <u>언제든지 부동산소유자에 대하여 가등기유</u>

---

5) 서울중앙지방법원 2008. 4. 3 선고 2007가합49293 판결.

6) 서울고등법원 2008. 12. 11 선고 2008나43497 판결.

7) 가압류집행 후 10년간 본안의 소가 제기되지 않았다는 이유로 2007.경 가압류취소결정에 의하여 A의 가압류가 말소되었는데, 원심은 가압류등기의 효력이 소급하여 소멸한다고 보기 어렵고, 등기유용 당시 경료되어 있던 가압류등기가 나중에 말소되었더라도 무효로 된 가등기유용 합의가 그 때로부터 효력이 발생한다고 볼 수 없다고 하였다.

용의 합의를 주장하여 가등기말소청구에 대항할 수 있고, 다만 그 가등기이전의 부기등기 이전에 등기부상 이해관계를 가지게 된 자에 대하여는 가등기유용합의 사실을 들어 가등기의 유효를 주장할 수는 없다고 할 것이다.

한편 채권자대위권은 채무자의 제3채무자에 대한 권리를 행사하는 것이므로, 제3채무자는 채무자에 대해 가지는 모든 항변사유로써 채권자에게 대항할 수 있으나, 채권자는 채무자 자신이 주장할 수 있는 사유의 범위 내에서 주장할 수 있을 뿐, 자기와 제3채무자 사이의 독자적 사정에 기한 사유를 주장할 수는 없는 것이다.」

그리하여 대법원은 D(피고)는 가등기유용의 합의로써 B에게 대항할 수 있고, B를 대위하여 가등기말소를 구하는 A(원고)에게도 대항할 수 있으며, A는 유용합의에 따른 가등기이전의 부기등기가 경료되기 전에 부동산을 가압류하였으므로 D는 그 범위 내에서 A에게 가등기유용 합의로써 대항할 수 없지만, 그렇다고 하여 B를 대위하여 가등기말소를 구하는 A로서는 B가 아닌 A 자신이 D에 대하여 가지는 위와 같은 사유를 주장할 수 없다고 판단하여, 원심판결을 파기하였다.

〔研　　究〕

I. 서　　론

대상판결 1, 2의 취지는 (1) 무효인 가등기 유용에 의하여 본등기 또는 가등기이전의 부기등기를 마친 경우, ⓐ 등기상 이해관계 있는 제3자인 가압류채권자에 대해서는 등기유용을 주장할 수 없지만, ⓑ 유용합의의 당사자 사이에서는 여전히 유용합의와 유용된 등기의 유효를 주장할 수 있다. (2) 채무자를 대위하여 가등기 및 본등기명의자에 대하여 등기말소를 구하는 가압류채권자는 자신이 '등기상 이해관계 있는 제3자'라는 독자적인 사유를 주장할 수 없으므로, 피고인 등기명의자는 가등기유용의 합의로써 원고에게 대항할 수 있다는 것이다.

본고는 두 가지 문제의식에서 출발하였는데, 우선 첫째는 위 ⓑ의 결론은 올바르지 않으며 그 때문에 대상판결들의 결론도 타당하다고 할 수 없다. 즉 등기상 이해관계 있는 제3자가 존재하는 경우 그 제3자에 대한 관계에서만 유용합의 및 유용된 등기가 무효이고, 유용의 당사자 사이에서는 여전히 유용합의와 유용된 등기의 유효를 주장할 수 있다는 해석은 물권의 상대적 효력을 인정하는 것으로서 타당하지 않다.

둘째, 무효등기 유용에 관한 종래 판례의 입장에 따르더라도 위 (2)의 결론은 타당하다고 할 수 없으며, 등기유용 전에 부동산을 가압류한 대위채권자가 '등기상 이해관계 있는 제3자'로서 직접 제3채무자에 대하여 등기유용과 유용에 의한 등기의 무효를 주장하는 것이 허용되어야 한다. 즉 채권자대위권은 채무자의 제3채무자에 대한 권리를 행사하는 것이므로 채권자는 채무자 자신이 주장할 수 있는 사유의 범위 내에서 주장할 수 있을 뿐이라는 대위의 성질론에 따른 제한에 대해서, 예외적으로 대위채권자가 직접 제3채무자에 대하여 주장할 수 있는 항변이 있을 수 있는 것은 아닌지에 대한 문제제기이다. 이와 관련하여 채권자대위권에 관하여 우리와 유사한 규율을 가지고 있는 일본의 판례와 학설상으로는 대위채권자로부터의 항변 제출에 관하여 위와 같은 일반론의 예외라고 할 수 있는 사례와 관련 논의들이 나타나고 있다. 그래서 이 글의 후반부에서는 대위채권자가 제출할 수 있는 항변의 범위에 관한 일본의 판례와 학설을 살펴보고, 그러한 논의의 결론을 우리 민법상 채권자대위권에 관한 해석에 참고할 수 있는지 검토하고자 한다.

이하에서는 무효등기 유용의 효력, 특히 등기상 이해관계 있는 제3자가 존재하는 경우 무효등기유용의 효력에 관한 학설과 판례의 입장(Ⅱ), 대위의 성질론에 따른 대위채권자와 제3채무자의 지위-원칙(Ⅲ), 예외 즉 대위채권자가 직접 제3채무자에게 주장할 수 있는 항변(Ⅳ), 그리고 대상판결들의 결론과 관련하여 타당한 해결방안(Ⅴ)을 모색해 보고자 한다.

Ⅱ. 등기상 이해관계 있는 제3자가 존재하는 경우 등기유용의 효력에 관한 학설 및 판례의 입장

1. 학설의 논의

(1) 무효등기유용의 인정 여부에 관한 학설의 입장

어떤 등기가 실체적 권리관계에 부합하지 않아 무효로 된 뒤에 그 등기에 부합하는 새로운 실체적 권리관계가 생긴 경우 그 등기를 새로운 권리관계의 공시방법으로 사용할 수 있는지 문제된다. 이것이 무효등기 유용의 문제이다.

근래의 학설은 주로 저당권등기의 유용에 대하여 논의하면서 일치하여 이해관계 있는 제3자가 나타나지 않는 한 유용할 수 있다고 하고 있다.[8)] 즉 무효등기 유용 전에 새로운 이해관계를 가진 제3자가 없는 한 유효성을 인정할 수 있지만, 당사자가 무효등기를 유용하기로 합의하기 전에 등기부상 이해관계 있는 제3자가 있는 경우에는 그 합의로써 등기부상 이해관계인에게 대항하지 못한다는 것이다. 등기는 현재의 진실한 권리관계를 공시하면 충분하고 그 변동과정까지 정확하게 반영하고 있을 필요는 없으며, 등기의 유효요건을 너무 엄격하게 해석하면 무효 등기가 빈번하게 생겨서 거래의 안전을 크게 저해할 수 있으므로 이해관계 있는 제3자가 있기 전까지는 등기의 유용을 허용하는 것이 타당하다는 점을 논거로 들고 있다.[9)·10)]

---

8) 곽윤직, 물권법(제7판), 박영사, 2003, 94면; 곽윤직 · 김재형, 물권법(제9판), 박영사, 2024, 115-116면; 김상용, 물권법, 화산미디어, 2009, 169면; 김증한 · 김학동, 물권법(제9판), 박영사, 1998, 86면; 박동진, 물권법강의, 법문사, 2022, 80면; 송덕수, 물권법(제6판), 박영사, 2023, 158면; 이상태, 물권법(七訂版), 법원사, 2011, 103면; 이영준, 물권법(全新訂版), 박영사, 2009, 138면; 이은영, 물권법(제4판), 박영사, 2006, 202면; 지원림, 민법강의(제21판), 홍문사, 2024, 364 · 547면 등.

9) 여기의 '제3자'에는 등기의 무효 당시 이미 존재하는 제3자도 포함된다는 견해로 양창수 · 권영준, 민법Ⅱ–권리의 변동과 구제(제5판), 박영사, 2023, 109면.

10) 무효등기유용으로 대항할 수 없는 제3자를 등기가 있는 자로 한정하는 것에 반대하는 견해에서는, 그 등기가 무효임을 알고 거래한 선의의 제3자는 아직 권리보전의 등기가 없더라도 등기유용을 부인할 수 있다고 한다(이재성, "무효인 부동산

(2) 효력의 범위에 관한 학설의 입장(상대적, 절대적)

판례와 통설에 따르면, 무효등기의 유용에 관하여 등기상 이해관계 있는 제3자가 있는 경우 유용 합의는 그러한 제3자에 대한 관계에서 효력이 없다고 한다. '제3자에 대한 관계에서 효력이 없다'는 의미에 대해서는 i) 유용하기로 한 등기는 전적으로 무효라는 의미(절대적 무효) 또는 ii) 등기상 이해관계 있는 제3자에 대해서만 등기 유용 합의로써 대항할 수 없다는 의미(상대적 무효)로 해석할 수 있다.[11)]

예를 들어 甲 소유 부동산에 설정된 乙 명의 저당권이 변제로 소멸하였으나 저당권설정등기가 말소되지 않은 채 남아 있던 중 丙 명의로 저당권이 설정된 후 甲과 乙이 乙 명의 저당권설정등기를 유용하기로 합의한 경우, 절대적 무효설을 취한다면 乙은 등기상 이해관계 있는 제3자 丙이 존재하므로 저당권을 취득할 수 없다. 상대적 무효설을 취한다면 乙은 등기유용 합의에 따라 저당권을 취득하나, 丙에게 등기유용 합의로 대항할 수 없으므로, 丙 다음의 후순위저당권을 취득하게 된다.[12)]

등기의 유용의 범위", 이재성판례평석집 제10권, 법률문화원, 1989, 551면; 박은경, "부동산저당권설정등기 유용과 금융실무", 경성법학, 제13집 제2호, 2004, 137면). 이재성, 앞의 글, 554면 이하는 유용합의의 당사자 사이에서는 유용합의와 유용된 등는 언제나 유효하고, 이는 설사 유용 전에 등기상 이해관계 있는 제3자가 존재하는 경우에도 마찬가지라고 해석한다.

한편 대항력 또는 우선변제권을 취득한 주택임차인(주택임대차보호법 제3조, 제8조)이나 상가임차인(상가건물임대차보호법 제3조, 제5조) 역시 등기 유용합의를 가지고 대항할 수 없는 제3자에 해당한다고 해석하여야 한다는 견해도 있다[편집대표 김용덕 주석민법(물권1)(제5판), 2019, 235면(손철우 집필부분); 박은경, 앞의 글, 137면; 지원림, 앞의 책, 364면].

11) 이를 그 제3자에 대해서만 대항할 수 없어 후순위자로 될 뿐이라는 의미에서 '후순위 존속'이라고 하는 견해가 있다[윤진호 · 최은석 · 김제완, "무효인 가등기의 유용으로 취득한 자기 소유 부동산에 대한 등기부시효취득과 등기부상 이해관계 있는 제3자의 지위-대상판결: 대법원 2022. 7. 28. 선고 2017다204629 판결-", 고려법학(고려대학교 법학연구원) 제109호(2023), 41면 이하].

12) 일본에서는 日大判 1933(昭和8). 11. 7. 民集 12巻, 2691면은, 甲 소유 부동산에 乙은 제1순위, 丙은 제2순위 저당권을 가지고 있었는데, 甲은 乙에게 채무를 완제하고 저당권 말소등기를 하지 않은 채 다시 丁으로부터 금전을 빌리면서 그 담보를 제공하기 위해 乙로부터 반환받은 차용증서를 이용하여 乙이 그 채권 및 저당권을 丁에게 양도한 형식을 취해, 저당권양도의 부기등기를 한 사안에서, 丁은 제1순위 저당권을 가질 수는 없으나 제2순위 저당권을 가지는 것은 인정되

이에 관하여 구체적으로 언급하고 있는 문헌이 많지는 않다.

1) 무효 등기의 유용을 제한하는 이유는 등기상 이해관계 있는 제3자를 보호하는 데 있으므로, 등기상 이해관계 있는 제3자가 있더라도 그의 권리를 침해하는 결과를 가져오지 않는 범위 내에서는 무효등기 유용의 효력을 인정하여도 무방하다는 점에서 상대적 무효설에 찬성하는 견해가 있다.[13)]

2) 유용 대상 등기와 제3자의 등기의 양립가능성을 기준으로, 즉 소유권과 소유권의 경우와 같이 양자가 양립할 수 없는 관계라면 유용 대상 등기는 절대적 무효이고(물권변동이 무효라고 함), 소유권과 저당권의 경우와 같이 양자가 양립할 수 있는 관계라면, 유용 대상 등기는 유효하되 다만 서로간의 순위에서 불이익을 입는 것에 그치는 상대적 무효라고(물권변동 자체는 유효하다고 함) 보는 것이 합리적이라는 견해가 있다.[14)]

2. 일본에서의 논의

판례는 처음에 실질관계를 결여하여 무효인 등기가 후에 실질관계를 구비하면 현재의 실체적 권리상태와 일치하게 되므로, 그 시점 이후 권리취득을 제3자에게 대항할 수 있다고 한다. 가장매매에 의한 양수인의 소유권이전등기는 양수인이 소유권을 취득한 때부터[日最判 1954(昭和29). 1. 28. 民集8券1号, 276면], 매도인이 권리가 없어 소유권을 취득하지 못했던 매수인의 보존등기는 그 후 매수인이 소유권을 취득한 때부터[日

고, 따라서 丁으로부터 다시 저당권을 양수한 자는 저당권을 실행할 수 있다고 하였다.

13) 주석민법(물권1)(제5판), 236-237면(손철우 집필부분); 박은경, 앞의 글, 138면.

14) 윤진호 · 김제완, "청산절차를 거치지 않은 무효의 본등기에 기한 소유권이전등기의 효력: 담보가등기에 대한 임의대위가 무효등기의 유용에 미치는 영향 고찰-대상판결: 대법원 2021. 2. 25. 선고 2016다232597 판결-", 법조 제70권 제6호, 2021, 389면; 윤진호 · 최은석 · 김제완, 앞의 글, 42면; 최은석 · 김제완, "무효인 가등기의 유용에 있어서 제3자의 지위-본등기에 따라 촉탁으로 말소된 경매기입등기의 회복을 중심으로-(대상판결: 대법원 2019. 5. 16. 선고 2015다253573 판결)", 법학논총(한양대학교 법학연구소) 제37권 제3호, 2019, 102면. 양형우, 「물권법」, 정독, 2024, 45면도 같은 취지라고 할 수 있다.

大判 1932(昭和7). 12. 21. 法学2券, 824면], 또한 대물변제에 의한 소유권이 전등기는 등기명의인이 그 후 대물변제에 의하여 실제로 소유권을 취득한 때부터 유효로 된다[日最判 1948(昭和23). 7. 20. 民集2券 9号, 205면]. 증여계약 성립 이전에 행하여진 수증자 명의의 소유권이전등기도 후에 증여계약이 행하여진 때부터 유효로 된다[日最判 1967(昭和42). 1. 13. 判タ 189号, 108면].

한편 처음에 유효하였던 등기가 실질관계의 소멸로 무효로 된 후 이를 별개 유사의 실질관계에 유용하는 경우에 관해서는, 저당권등기와 채권담보를 위한 소유권이전청구권보전의 가등기 유용이 문제되었다.

저당권이 피담보채권의 변제로 소멸한 후 그 등기를 나중에 설정되는 같은 내용의 저당권에 유용한 경우에 관하여 판례는 이를 무효라고 하였다. 「피담보채권의 변제로 저당권이 소멸한 후 우연히 같은 금액의 채권이 당사자 사이에 발생하였더라도, 이미 소멸한 저당권의 등기를 이용하여 그 효력을 유지하는 것으로 하여 다시 동일한 목적물에 동일한 금액의 채권담보를 위한 저당권을 설정한다는 계약은 무효」라고 한다[日大判 1931(昭和6). 8. 7. 民集10券, 875면. 日大判 1928(昭和3). 7. 4. 法律新聞 2876号, 7면; 日大判 1923(昭和8). 11. 7. 民集12券, 2691면도 같은 취지이다]. 학설로서는 판례에 찬성하는 견해[15]와 반대하는 견해[16]가 주장되었다.

日最判 1962(昭和37). 3. 15. 民集59号, 243면은, 저당권설정자와 저당권자 사이에서 구채무에 관하여 마쳐진 저당권설정등기를 그 후의 저당권을 위하여 유용하기로 한 경우에 저당권설정자는 유용등기의 무효를 주장할 정당한 이익이 없다고 하였다. 이는 당사자간에서는 유용한 등기의 무효를 주장할 수 없다고 한 것으로, 제3자에 대한 대항력에 관하여

---

15) 吾妻光俊, 擔保物權法, 青林書院, 1958, 85면 등.

16) 末弘嚴太郎, "抵当権－消滅したる抵当権の登記を他の抵当権の登記として利用するの能否", 民事法判例研究録(昭和六年度)(一五)九〇, 法学協会雑誌 51巻11号, 1933. 11., 2151-2152면. 1순위 저당권을 변제한 채무자와 순위승진을 기대하는 2순위 저당권자 가운데 채무자를 보호하는 것이 타당하고, 제3자의 변제자대위에 의하여 담보권이 변제자에게 이전되는 점, 판례가 중간생략등기의 유효성을 인정하고 있는 점 등을, 무효등기 유용을 인정하여야 하는 근거로 들고 있다.

판시한 것은 아니다.

또한 日大判 1936(昭和11). 1. 14. 民集15券, 89면은, A가 C로부터 금원을 빌려 B에 대한 저당권부 채무를 변제하고 새로 C를 위하여 저당권을 설정하면서, B의 저당권설정등기를 말소하지 않고 B의 채권 및 저당권을 C에게 이전하는 부기등기를 한 사안에서, 부기등기 후 부동산을 매수한 D는 C의 저당권등기의 흠결을 주장할 정당한 이익이 없다고 하였다.

이 판결은, D는 저당권의 부담이 있는 것을 전제로 부동산 시가에서 저당권의 피담보채권액을 공제한 대금으로 구입한 것으로 인정되고, C의 저당권의 대항력을 인정하더라도 손익계산상 불이익을 받는 것은 아니라는 사정에 입각하여 D에게 등기흠결을 주장할 정당한 이익이 없다는 취지로 판시한 것이며, 이에 대해서는 오히려 C의 등기가 무효인 것이 전제되어 있고, 다만 D에게 등기흠결을 주장할 정당한 이익이 없기 때문에 결과적으로 C의 저당권의 대항력이 인정된 것과 같은 결론으로 된 것이라고 해석되고 있다.[17)]

또한 日最判 1974(昭和49). 12. 24. 民集28券10号, 2117면은, 채권담보를 위한 소유권이전청구권보전의 가등기에 관해서, 구채권자를 위한 가등기를 신채권자를 위하여 유용하기로 하고 신채권자에게 가등기이전의 부기등기가 마쳐진 사안에서, 이 부기등기는 현재의 실체상의 권리관계와 일치하는 것으로 부기등기 후 부동산에 관하여 이해관계를 가지게 된 제3자는 특별한 사정이 없는 한 유용에 의한 등기의 무효를 주장할 수 없다고 판시하여, 부기등기 후 부동산을 취득한 제3자의 가등기의 말소청구를 배척하였다. 이 판결에서도 등기유용이 무효인 것을 전제로 부기등기 후의 제3자는 무효를 주장할 수 없다고 하고 있어, 유용된 등기가 유효라고 한 것은 아니라는 해석이다.

학설로서는 ① 등기가 유용되기 전에 그 부동산에 이해관계를 가지게 된 제3자와 ② 등기의 유용 후에 출현한 제3자로 구별하여, 전자의

17) 編集代表 谷口知平 外, 新版注釋民法(6)物權(I)(補訂版), 有斐閣, 2009, 455면.

경우에는 유용된 등기의 효력을 부정하고 후자의 경우에는 유용된 등기의 효력을 인정하는 입장이 통설로 되어 있다.[18]

종래 학설이 구채무를 위한 저당권을 신채무를 위하여 유용하는 것에 관하여 그러한 저당권설정등기는 원칙적으로 유효하고 다만 그 유용 전에 이해관계를 가진 제3자가 나타난 경우는 예외라고 설명하는 것에 대해서는, 원칙과 예외가 역전된 것이라는 비판적 견해가 많은 것으로 보인다. 즉 등기법상 무효등기의 유용은 인정될 수 없고, 저당권설정등기는 구채무의 변제로 무효로 된 것이며, 다만 거래의 경과를 알면서 이를 전제로 이해관계를 맺은 제3자는 새로운 채무를 담보하는 저당권에 관하여 등기의 부존재를 주장할 정당한 이익을 가지지 않는다고 해석해야 한다는 것이다(이때 등기부존재를 주장할 정당한 이익이 없다는 점에 대해서는 새로운 저당권자가 주장입증책임을 부담한다). 유용등기의 유효를 원칙으로 인정하는 것은 등기원인을 존중하는 부동산등기제도에 대한 의식을 약화시키는 폐해를 가져오게 된다. 판례도 유용된 등기는 등기로서는 무효임을 전제로 하고 있으며, 다만 구체적 사안에서 그 무효를 주장하는 자에게 정당한 이익이 없는 경우 무효 주장이 인정되지 않는 결과, 그 자와의 관계에서 마치 유효한 등기가 구비되어있는 것과 같은 결과가 생기는 것인 만큼, 등기자체가 일반적으로 유효로 되는 것은 아니라고 해석해야 한다는 것이다.[19]

한편 高松高判 1958(昭和33). 7. 15. 高民集11巻5号, 376면은, 채무자와 채권자 사이에 채권 담보를 위하여 무효인 소유권이전청구권 보전의 가등기를 유용하기로 합의하였는데, 그에 앞서 채무자의 다른 채권자에 의하여 위 부동산에 가압류등기 및 저당권설정 가등기가처분 등기가 마쳐진 사안에서, 실체적 유효요건을 결여한 무효등기에 대하여 그 후 등

18) 幾代 通・徳本伸一, 不動産登記法(法律学全集)(第4版), 有斐閣, 1994, 487면; 我妻榮, 擔保物權法, 岩波書店, 1968, 231면; 內田貴, 民法Ⅲ 債権総論・担保物権(第4版), 東京大学出版会, 2021, 480면; 田山輝明, 民法要義3 擔保物權法(第3版), 成文堂, 2013, 87면 등.

19) 新版注釋民法(6)物權(I), 454-456면; 道垣內弘人, 担保物権法(第 3 版), 有斐閣, 2008, 134면; 山野目章夫, 不動産登記法, 商事法務, 2010, 552-553면 등.

기에 해당하는 실체관계가 존재하게 된 경우에는 무효등기를 그대로 새로운 실체관계를 공시하는 등기로서 유효하게 볼 수 있지만, 무효등기 유용 전에 이미 등기상 이해관계를 가진 자가 있는 경우에는 그러한 유용등기를 유효하다고 할 수 없다고 한 다음, 당사자들은 위 채권자에게 무효인 가등기의 유용의 효력을 주장할 수 없다고 하여 가등기말소청구를 인용하였다.

3. 판례의 입장

(1) 저당권설정등기의 유용에 관한 판례

〈저당권 사안 1〉 대법원 1998. 3. 24. 선고 97다56242 판결: 무효인 저당권 등기의 유용과 저당부동산의 양수인의 관계

채무자(A)가 자기 소유 부동산에 관하여 채권자 B와 C에게 저당권을 설정한 후 피담보채무를 변제하였으나 저당권등기를 말소하지 않고 있던 중, A가 C로부터 다시 금원을 차용하면서 이를 담보하기 위하여 종전의 저당권등기를 유용하기로 A, B, C가 합의하였는데, 그 무렵 부동산이 제3자 D(원고)에게 양도되었고, D가 A를 대위하여 B와 C를 상대로 저당권설정등기의 말소를 청구하였다.

대법원은, 저당권 이전의 부기등기를 경료하지 못한 경우 … 부동산 소유자와 종전의 채권자 그리고 새로운 제3의 채권자 등 3자가 합의하여 저당권설정등기를 유용하기로 합의한 경우라면, 종전의 채권자는 부동산 소유자의 저당권설정등기말소청구에 대하여 위 3자 사이의 등기 유용의 합의 사실을 들어 대항할 수 있으며, 부동산 소유자로부터 그 부동산을 양도받기로 하였으나 아직 소유권이전등기를 경료받지 아니하여 그 소유자를 대위하여 저당권설정등기의 말소를 구할 수밖에 없는 자에 대하여도 대항할 수 있다고 한 다음, C의 저당권등기 부분은 등기유용의 합의에 의하여 새로 실체관계에 부합하는 유효한 등기가 되었고, B의 저당권등기 부분에 대하여 아직 C가 저당권 이전 부기등기를 경료하지 못한 경우에도 B는 부동산 소유자(A)—를 대위한 D—의 저당권설정등기말소청구에 대하여 등기유용의 합의로 대항할 수 있다고 한 원심의 판단을 그대로 인정하였다(원고청구 기각).

〈저당권 사안 2〉 대법원 1994. 1. 28. 선고 93다31702 판결: 무효인 근저당권설정등기의 유용과 처분금지가처분 사안

A(원고)가 B로부터 부동산을 매수하고 처분금지가처분을 하였는데, 그 후 D(피고)와 B 사이에 B의 D에 대한 채무담보를 위하여 근저당권을 설정하면서 이미 경료되어 있던 C 명의의 원인무효 근저당권설정등기를 유용하기로 합의하고 D 앞으로 근저당권이전 부기등기를 마쳤다. 위 부동산에 관하여 소유권이전등기를 마친 A가 D에 대하여 근저당권이전등기말소를 청구하였다.

대법원은, D와 B 사이의 위와 같은 합의는 원인무효인 C 명의의 근저당권설정등기에 터 잡아 역시 원인무효의 등기가 될 수밖에 없는 D 명의로 경료될 근저당권이전등기를 유용하기로 하는 합의로서, 이러한 등기유용 합의는 유용하기로 한 D 명의의 근저당권이전등기가 경료되기 이전에 위 부동산에 처분금지가처분을 함으로써 등기상 이해관계를 가지게 된 A에 대한 관계에 있어서는 그 효력이 없으며, 따라서 그 범위 내에서 위 근저당권이전등기는 실체관계에 부합하지 아니하는 무효의 등기라고 판시하였다(원고청구 인용).

〈저당권 사안 3 〉 대법원 1999. 5. 25 선고 99다13706 판결: 무효인 근저당권설정등기의 유용과 가압류 사안

B는 C에 대한 채무의 담보로 그 소유 부동산에 근저당권을 설정하였다가 채무를 모두 변제한 후 다시 C와 위 근저당권을 C에 대한 새로운 채무의 담보로 유용하기로 합의하였는데, 유용합의 이전에 A(원고) 앞으로 가압류등기가 마쳐졌다.

대법원은, A가 C를 상대로 제기한 배당이의의 소에서 대법원은, B와 C의 유용합의는 유용 합의 이전에 가압류등기를 마친 A에 대하여 효력이 없다고 하였다.

〈저당권 사안 4〉 대법원 1974. 9. 10. 선고 74다482 판결: 무효인 근저당권 등기의 유용과 가등기 사안

B는 C(피고)에 대한 채무담보를 위하여 그 소유 염전에 근저당권설정등기를 경료하였다가 근저당권설정계약을 해지하였고, 그 후 C에 대한 새로운 채무를 담보하기 위하여 위 근저당권을 유용하기로 합의하였다. A(원고)는 C와 B의 등기유용 합의 전에 매매예약을 원인으로 소유권이전청구권 가등기를 경료하였다. A는 가등기에 기하여 본등기를 마친 후 C에 대하여 근저당권설정등기의 말소를 청구하였다.

대법원은, C와 B의 유용합의 전에 가등기권자 A가 있으므로 유용합의는 A에 대한 관계에 있어서 그 효력이 없으며 그 범위 내에서 위 등기는 실체관계에 부합하지 않는 무효의 등기라고 판시하였다(원고청구를 기각한 원심판결 파기).

(2) 가등기 유용에 관한 판례의 입장

〈가등기 사안 1〉 대법원 1989. 10. 27. 선고 87다카425 판결[20]: 무효인 가등기의 유용과 소유권이전등기 사안–소유권이전등기가 말소된 경우

B가 그 소유 토지에 관하여 C(피고)와 매매계약을 체결하고 소유권이전청구권 가등기를 하여 준 후 매매계약을 해제하고, A(원고)와 매매계약을 체결하면서 피고명의 가등기를 해결해주기로 하고 소유권이전등기를 마쳐주었다. B는 다시 D(피고)와 매매계약을 체결하면서 C 명의의 무효인 가등기를 이용하여 소유권이전등기를 하기로 하고, C와의 무효등기 유용 합의에 따라 C 명의로 가등기에 기한 소유권이전등기를 마쳐주었으며, 이 등기를 기초로 D 명의로 소유권이전등기가 마쳐졌다. A가 C와 D를 상대로 각 소유권이전등기의 말소를 청구하였다.

대법원은, C 명의의 소유권이전의 본등기는 그 등기유용 합의 전에

20) 대법원 1992. 5. 12. 선고 91다26546 판결(무효인 가등기의 유용 전에 소유권이전등기가 마쳐진 사안), 대법원 1994. 4. 12. 선고 93다52853 판결(담보가등기가 경료된 부동산의 경매로 경락인이 소유권을 취득한 후 담보가등기에 기하여 본등기가 마쳐진 경우)도 같은 취지이다.

이미 소유권이전등기를 마친 등기상 이해관계인인 A에 대한 관계에서는 실질관계를 결한 무효의 등기로 평가되므로, C 명의 소유권이전등기나 이 등기를 기초로 마쳐진 D 명의 소유권이전등기가 원인무효 등기로 말소될 때에는, 직권말소된 A 명의 소유권이전등기에 관하여 등기공무원이 직권으로 회복등기를 하여야 하는 것으로서, 말소회복등기가 되기 전이라도 A는 등기명의인으로서의 권리를 그대로 보유하고 있기 때문에 소유자로 추정된다고 하였다(원고청구 인용).

〈가등기 사안 2〉 대법원 2009. 5. 28. 선고 2009다4787 판결(대상판결 2): 무효인 가등기의 유용과 부동산가압류 사안 (1)-가압류가 말소되지 않은 경우

B 소유 부동산에 C 명의로 소유권이전등기청구권 가등기가 경료된 후, B와 D(피고)가 예약완결권의 제척기간 만료로 무효로 된 가등기를 유용하기로 합의하고 D가 가등기 이전의 부기등기를 경료하였는데, 부기등기 당시 B의 채권자 A(원고) 명의의 가압류등기가 마쳐져 있었다(A의 가압류는 그 후 가압류취소로 말소). A가 B를 대위하여 D에 대하여 C 명의의 가등기말소[21]를 청구하였다.

대법원은, D는 가등기유용 합의로 B에게 대항할 수 있고, B를 대위하여 가등기 말소를 구하는 A에게도 대항할 수 있으며, A는 유용합의에 따른 가등기이전의 부기등기가 경료되기 전에 부동산을 가압류하였으므로 D는 그 범위 내에서 A에게 유용의 합의로써 대항할 수 없지만, B를 대위하여 가등기말소를 구하는 A로서는 A 자신이 D에 대하여 가지는 위와 같은 사유를 주장할 수 없다고 하였다(원고청구를 인용한 원심판결 파기).

21) 가등기 이전의 부기등기가 있을 경우 그 말소를 구함에 있어서는 부기등기 명의자를 상대로 주등기말소를 청구하여야 하고 그 경우 부기등기는 주등기 말소에 따라 직권말소되기 때문이다(대법원 1994. 10. 21. 선고 94다17109 판결 참조).

〈가등기 사안 3〉 대법원 2019. 5. 16. 선고 2015다253573 판결: 무효인 가등기의 유용과 경매개시결정등기(압류) 사안

1) 사안의 개요 및 판결요지

B 명의로 소유권보존등기가 되어 있던 부동산 지분에 관하여 위조된 B와 C 명의의 매매예약계약서로 매매예약을 원인으로 하는 C 명의의 지분전부이전청구권가등기가 마쳐진 상태에서 A(원고)가 B의 채권자로서 강제경매개시신청을 하여 위 지분에 관한 강제경매개시결정 기입등기가 마쳐졌는데, 그 후 C가 B로부터 위 지분을 매수하면서 무효인 가등기를 유용하기로 합의하고 가등기에 기하여 매매를 원인으로 C 명의의 지분이전등기를 마쳤으며, 강제경매개시결정등기가 가등기에 의하여 보전되는 권리를 침해하는 등기로서 직권 말소되자, A가 C에 대하여 주위적으로 B를 대위하여 가등기와 본등기 말소를 청구하고, 예비적으로 강제경매개시결정 기입등기의 말소회복등기에 대한 승낙의 의사표시를 청구하였다.

원심판결[22]은 가등기와 본등기 말소청구에 대해서는, C는 가등기 유용합의로써 그 합의의 상대방인 B에 대하여 가등기의 유효를 주장할 수 있고, 유용합의 전에 강제경매개시결정 기입등기를 마쳐 등기부상 이해관계를 가지게 된 A에게는 대항할 수 없지만, B를 대위하여 등기 말소를 구하는 A는 A 자신이 C에 대하여 가지는 위와 같은 사유를 주장할 수 없다는 이유로, 모두 기각하였다. C에 대하여 가등기 및 본등기 명의자로서 말소된 강제경매기입등기 회복에 대하여 승낙을 구하는 청구에 대해서는 말소회복 될 강제경매개시결정등기와 본등기는 양립할 수 없어[23] 본등기를 먼저 말소하지 않는 한 말소회복등기를 할 수 없으므로 당사자적격이 없다[24]는 이유로 부적법 각하하였다.

---

22) 서울중앙지방법원 2015. 11. 10. 선고 2015나31765 판결.

23) 강제경매개시결정기입등기는 강제경매 대상 부동산이 B 소유임을 전제로 한 등기인 반면, 본등기는 가등기의 순위보전적 효력에 따라 C의 소유를 표상하는 등기이므로, 강제경매개시결정기입등기의 말소등기가 회복된다면, C 소유 부동산에 대한 강제경매를 허용하는 셈이 되어 가등기의 순위보전적 효력 및 물권의 배타성과 어긋난다는 점을 근거로 들고 있다(대법원 2010. 3. 19.자 2008마1883 결정 참조).

24) 회복될 등기와 등기부상 양립할 수 없는 등기가 된 경우 그 등기는 회복등기에

대법원은 C는 유용합의 전에 등기부상 이해관계를 가지게 된 A에게 유용합의로써 대항할 수 없고, 강제경매개시결정등기는 가등기의 순위보전의 효력에 반하지 아니하여 직권으로 말소될 것이 아닌데 원인 없이 말소되었으므로 강제경매개시결정등기의 말소등기는 무효이며, 말소회복될 강제경매개시결정등기와 본등기는 양립 가능하여 C는 말소회복등기에 관하여 등기상 이해관계 있는 제3자로서 승낙의 의사표시를 할 의무가 있다고 판단하였다(원심판결 파기).

2) 말소회복 될 강제경매등기와 가등기 유용에 의한 본등기의 양립가능 여부

일반적으로 강제경매등기와 그 후에 마쳐진 소유권이전등기의 경우 압류의 처분금지효의 상대적 효력에 따라 양립가능하다고 할 수 있다. 그러나 가등기 유용에 의하여 본등기가 마쳐지고 강제경매등기가 가등기 후의 중간등기로서 직권말소된 경우(부동산등기법 제92조), 말소회복 될 강제경매등기와 본등기를 양립할 수 있다고 볼 수 있는지는 문제이다.

앞에서 살펴본 유력설은, 이를 양립가능한 것으로 보아 강제경매등기가 회복되면 등기부상 가등기 → 강제경매등기 → 본등기가 존재하게 되는데, 이는 가등기의 순위보전적 효력을 배제하여 가등기의 존재 의의를 소멸시키고 등기체계를 훼손하여 물권법과 부동산등기법이 허용할 수 없는 권리상태를 만들게 된다는 점에서 양 등기는 양립할 수 없다고 한다. 나아가 위 견해는 위 판결은, 등기상 이해관계 있는 제3자가 있는 경우 무효유용등기의 효력에 관하여, 유용 등기와 제3자의 등기상 권리가 양립가능한 경우에는 상대적 무효(후순위 존속)를 인정한다는 입장이 반영된 것으로 해석할 여지가 있다고 한다.[25]

생각건대 회복될 강제경매개시결정 기입등기와 C의 본등기는 그 경위와 순위를 생각해 보면 논리적으로 양립가능하다고 할 수 없다. 강제

앞서 말소의 대상이 될 뿐이므로, 그 등기의무자를 등기상 이해관계 있는 제3자로 보아 승낙을 받을 필요는 없다(대법원 1982. 1. 26. 선고 81다2329, 2330 판결; 대법원 2002. 2. 27.자 2000마7937 결정; 대법원 2004. 2. 27. 선고 2003다35567 판결; 대법원 2013. 7. 11. 선고 2013다18011 판결 참조).

25) 윤진호 · 최은석 · 김제완, 앞의 글, 50-51면.

경매등기가 '가등기에 의하여 보전되는 권리를 침해하는 등기'로서 말소되었기 때문이다. 또한 C의 본등기에 의한 소유권취득을 인정하여 C 소유 부동산에 관하여 강제경매등기가 회복되는 것은, 가등기의 순위보전 효력을 인정하지 않는 것과 같은 결과를 가져온다. 가령 C의 가등기가 없는 상태에서 부동산이 압류된 후 C가 바로 소유권이전등기를 마친 경우와 사이에 결과에 있어서 차이가 없게 되는 것이다.

그러나 위 판결이 양 등기를 양립가능하다고 한 것은, 그 등기의 경위를 고려하지 않고, 현재의 상태 즉 강제경매개시결정등기와 소유권이전등기가 등기법상 양립할 수 있는 등기인가를 판단한 것이라고 생각되며, 현재의 권리상태를 반영한다는 점에서 위와 같은 결론은 수긍할 수 있다고 할 것이다.

다만 판례가 무효등기 유용의 효력에 관하여 유용등기와 제3자의 등기상 권리의 양립가능성을 기준으로 판단하였다고는 생각되지 않는다. 뒤에서 서술하겠지만, 판례는 무효등기의 유용의 효력에 관하여 '제3자의 등기와의 양립가능성'에 대하여 특별히 의식하고 있는 것으로 보이지 않는다. 위 판결에서의 '양립가능'이라는 용어는 종래부터 판례가—무효등기 유용과 무관하게—말소회복등기에서 등기부상 이해관계 있는 제3자 여부 판단에서 사용하고 있는 기준이다.

〈가등기 사안 4〉 대법원 2022. 7. 28. 선고 2017다204629 판결(대상판결 1): 무효인 가등기의 유용과 부동산가압류 사안 (2)—가압류가 말소된 경우

대상판결 1의 사안이다. 등기와 관련하여 대위채권자 A의 법적 지위에 대해서 살펴보고자 한다.

1) A(원고)가 C와 D의 가등기, 본등기 및 이전등기 말소를 구할 수 있는지 여부

가등기 등이 무효이더라도 A에게 그 말소를 구할 수 있는 권원이 없다면 A의 청구는 인용될 수 없다. 그런데 A는 가압류채권자이고, 가압류의 효력은 부동산에 대한 법률상 또는 사실상 처분을 금지하는 것일

뿐 등기말소를 구할 권원이라고 보기는 어렵다.

한편 C는 등기유용 합의로써 B에게 가등기의 유효를 주장할 수 있으므로 B를 대위하여 등기말소를 구하는 A에 대해서도 대항할 수 있다. C는 가등기 유용에 따른 본등기 전에 가압류를 마친 A에게 유용합의로 대항할 수 없지만, B를 대위하여 본등기의 말소를 구하는 A로서는 B가 아닌 A 자신이 C에 대하여 가지는 위와 같은 사유를 주장할 수 없다.

이처럼 가압류채권자나 강제경매신청채권자의 경우 자신의 적법, 유효한 등기가 자신에게 대항할 수 없는 가등기유용에 의한 본등기로 인하여 원인 없이 말소된 경우, 채무자를 대위해서만 말소청구를 할 수 있는데 채무자가 유용합의에 기속되므로, 결국 본등기명의인을 상대로 등기말소를 구할 수 없게 된다.[26)]

2) A가 가압류등기의 말소회복등기를 할 수 있는지 여부

C와 D는 유용합의 전에 등기부상 이해관계를 가지게 된 A에게 유용합의로써 대항할 수 없고, 가압류등기는 가등기의 순위보전의 효력에 반하지 아니하여 직권으로 말소될 것이 아닌데 원인없이 말소되었으므로 그 말소등기는 무효이다. 원심은 D는 말소회복등기에 관하여 등기상 이해관계 있는 제3자로서 승낙의무가 있다고 판단하였고, 이에 대해서는 불복이 없어 확정되었다.[27)]

(3) '유효를 주장할 수 없다'는 의미에 관한 판례의 입장 정리

1) 저당권설정등기의 유용에 관하여 판례는 유용의 합의 (또는 저당권이전의 부기등기) 전에 등기상 이해관계 있는 제3자가 있는 경우, 유용합

---

26) 위의 유력설은, 무효가등기 유용에 의한 본등기는 등기상 이해관계 있는 제3자인 가압류채권자의 권리를 침해하는 것이어서 등기되어서는 아니 되므로, 등기관은 본등기 신청에 대해서 이를 "사건이 등기할 것이 아닌 때"에 해당함을 이유로 각하하여야 하고(부동산등기법 제29조 제2호), 만약 본등기가 경료되었다면 이는 결과적으로 잘못 등기된 무효의 것이므로, 사후에 이를 발견하였을 때에는 부동산등기법 제58조를 적용하여 본등기를 직권말소하는 방안을 제안하였다(윤진호 · 최은석 · 김제완, 앞의 글, 53-55면).

27) 이때 회복될 A의 가압류등기와 C의 유용에 의한 본등기의 양립가능 여부가 문제되는데, 위 〈가등기 사안 3〉에서와 달리 이 문제가 쟁점으로 다루어지지 않았다.

의는 그 제3자에 대한 관계에 있어서 그 효력이 없으며 그 범위 내에서 유용된 등기는 실체관계에 부합하지 않는 무효의 등기라는 입장이다. 여기의 제3자에는 처분금지가처분 등기를 마친 사람, 가압류 등기를 마친 사람, 가등기를 마친 사람 등이 포함된다. 여기서 등기유용에 의하여 설정(이전)하려는 저당권과 제3자의 권리들이 양립할 수 있는가에 대해서 특히 의식하는 것으로 보이지는 않는다. 가령 위의 99다13706 판결(〈저당권 사안 3〉)에서는 저당권과 가압류등기의 양립을 전제로 우열을 판단할 수 있을 것인데, 그러한 의식의 흔적은 나타나지 않았다.

등기상 이해관계 있는 제3자가 존재하여 유용된 등기가 무효라고 인정되는 경우, 그 유용의 당사자 사이에서는 유용합의와 등기의 유효를 주장할 수 있는가? 저당권 유용에 관한 판례들은 유용합의는 '원고에 대한 관계에서' 효력이 없고 '그 범위 내에서' 등기는 무효라고 하였다. 당사자 사이에서의 효력에 대해서는 특히 언급하거나 문제된 사례가 없어서 판례의 입장을 명확히 알기는 어렵지만, '원고에 대한 관계에서' 또는 '그 범위 내에서'라는 표현으로 미루어 그 밖의 나머지 관계와 범위에서는 유효라고 전제하는 것으로 짐작할 수 있을 것이다.

저당부동산의 양수인이 유용된 저당권등기 말소를 청구한 사안(97다56242 판결, 〈저당권 사안 1〉)에서 양수인은 채권자로서 직접 저당권말소를 청구할 권원이 없고 저당권설정자를 대위해서만 청구할 수 있으며, 저당권자는 저당권설정자에 대해서 유용합의로 대항할 수 있다고 하였는데, 이 사안에서는 '등기상 이해관계 있는 제3자'가 존재하지 않았기 때문에 위의 의문에 대한 답이 되지는 못할 것 같다.

2) 가등기의 유용에 있어서 등기상 이해관계 있는 제3자의 등기가 소유권이전등기인 경우, 무효인 가등기유용에 따라 마쳐진 본등기는 실체관계를 결한 무효의 등기로 평가하고 있다. 이 경우에도 '원고에 대한 관계에서'라는 표현이 등장하는데 그 정확한 의미를 알기는 어렵다. 다만 이러한 사안에서는 원고가 소유권자이기 때문에—설사 가등기에 의한 본등기로 인하여 원고의 소유권이전등기가 말소되었더라도—원고는 직접 가

등기 및 본등기 명의자에 대하여 말소를 청구할 수 있어서, 원고의 소유권이전등기에도 불구하고 유용의 당사자 사이에서 그 유용 합의와 유용된 등기의 유효성이 인정되는지는, 문제되는 경우가 없는 것으로 보인다.

3) 문제는 가등기유용에 있어서 등기상 이해관계 있는 제3자의 등기가 가압류등기 또는 경매개시결정기입등기인 경우이다. 판례는 이 경우 유용된 가등기에 기하여 본등기를 마치더라도 가압류채권자 또는 경매신청채권자에게 유용합의와 유용된 등기의 유효를 주장할 수 없다고 한다. 저당권 유용의 경우와 다르게 이 경우에는 유용합의가 '효력이 없다'거나 그 범위에서 실체관계에 부합하지 않는 '무효의 등기'라고는 표현하지 않는다. 한편 가압류채권자나 경매신청채권자는 채무자를 대위해서만 가등기 및 본등기를 청구할 수 있는데, 등기명의자는 유용의 당사자인 채무자에 대해서-등기상 이해관계 있는 제3자의 존재에도 불구하고-유용합의로 대항할 수 있으므로, 결과적으로 이들 채권자들은 등기말소를 청구할 수 없다고 한다.

이처럼 무효인 가등기유용으로 본등기를 마친 경우 등기상 이해관계 있는 제3자인 가압류채권자 또는 경매신청채권자가 있더라도, '제3자'에 대해서는 등기유용을 주장할 수 없지만, 유용의 당사자 사이에서는 여전히 유용합의를 주장할 수 있다고 해석하는 것이 대상판결 1, 2를 통하여 드러난 판례의 입장이라고 할 수 있다.

Ⅲ. 대위의 성질론에 따른 대위채권자와 제3채무자의 지위-원칙

1. 대위채권자와 제3채무자의 지위

(1) 종래 일본의 통설은 대위채권자는 채무자의 권리를 행사하는 것이므로, 채권자대위소송의 피고인 제3채무자는 채무자가 스스로 권리를 행사하는 경우에 비하여 더 불리한 지위에 서지 않으며, 원고인 채권자 역시 채무자에 비하여 더 유리한 지위를 가질 수 없다. 따라서 제3채무자는 채무자에 대하여 가지는 변제, 상계, 동시이행 항변 등 모든 항변사유로 대위채권자에게 대항할 수 있다고 한다.[28)]

2017년 일본 개정민법은 제423조의 4에서 「채권자가 피대위권리를 행사한 때에는 상대방은 채무자에 대하여 주장할 수 있는 항변으로써 채권자에게 대항할 수 있다」고 규정함으로써 이러한 내용을 명문화하였다.

(2) 또한 제3채무자는 채무자가 스스로 권리를 행사하는 경우에 비하여 유리한 지위에 있어야 할 이유도 없으므로, 제3채무자는 채권자와의 개인적인 관계에 기하여 생긴 항변을 가지고 대항할 수 없다.[29] 다만 전용형 대위에서는 이러한 항변을 허용하지 않는 것이 문제이고 그 때문에 제3채무자에 대한 직접청구권 인정 필요성이 제기된다고 지적하면서, 제3채무자에 대하여 행사되는 권리가 채무자의 권리이지만 실질적인 행사자가 채권자이고, 형식적으로 대위권이 '채권자의 이름으로' 행사된다는 점에서, 제3채무자는 채권자에 대한 항변으로 대항할 수 있다고 해석해야 한다는 견해도 있다.[30]

판례 가운데에도 이를 인정한 것이 있다. 日最判 1965(昭和40). 5. 4. 民集19巻4号, 811면은 임차 토지 위의 건물에 저당권이 설정된 경우 토지임차권에도 원칙적으로 저당권의 효력이 미치고, 저당권 실행으로 경락인이 건물 소유권을 취득한 경우 민법 제612조(임차권의 양도 및 전대의 제한)의 적용상 임대인인 토지소유자에 대한 대항문제는 별론, 특별한 사정이 없는 한 토지임차권도 경락인에게 이전되므로, 임대인인 토지소유자가 임차권 이전을 승낙하지 않더라도 임차인은 임대인을 대위하여 경락인에

28) 石坂音四郎, 日本民法第三編債権第一巻, 有斐閣, 1911, 676면; 鳩山秀夫, 增訂改版 日本債権法(総論), 岩波書店, 1926, 195면; 勝本正晃, 債権総論(中巻第1), 巖松堂書店, 1934, 274면; 我妻栄, 債権総論, 岩波書店, 1940, 99면; 川島武宜, 債権法講義第一分册, 近代思想社, 1948, 74면 이하; 柚木馨 判例債権法総論上巻, 有斐閣 1952, 195면(이상의 문헌들의 논의는 池田辰夫 851 이하에서 재인용).

그 외에도 於保不二雄, 債權總論, 有斐閣, 1959, 159면; 松坂佐一, 債権者代位権の研究, 有斐閣, 1962, 149-150면; 三ケ月章, 民事訴訟法研究(第6巻), 有斐閣, 1972, 12면 등. 그 밖의 학설의 논의는 編集代表 奥田昌道 新版注釈民法(10) Ⅱ 債権(1) 有斐閣, 2011, 750면 이하(下森定 집필부분) 참조.

29) 松坂佐一・債権者代位権の研究, 150면; 新版注釈民法(10) Ⅱ 債権(1), 750면(下森定 집필부분).

30) 星野英一, 民法概論Ⅲ(債権総論), 良書普及會, 1981, 100-101면. 新版注釈民法(10) Ⅱ 債権(1), 750면(下森定 집필부분)도 같은 취지이다.

게 토지인도를 청구할 수 없다고 하였다.

(3) 종래 판례도 대위채권자와 제3채무자의 지위에 관하여 같은 입장을 취하고 있었다.

[1] 日大判 1910(明治43). 7. 6. 民録16輯, 546면은, 채권자가 채무자의 환매권을 대위행사하기 전에 채무자의 포기로 환매권이 소멸한 사안에서, 대위채권자는 채무자를 대신하여 권리를 행사하는 것이므로 제3채무자는 채무자에 대한 모든 항변으로 대위채권자에게 대항할 수 있으며, 대위채권자는 (매도인의) 환매권소멸 등기에 관하여 민법 제177조[31]의 '제3자'에 해당하지 않는다고 판시하였다.[32]

또한 상계항변에 관해서 [2] 日大判 1936(昭和11). 3. 23. 民集15巻, 551면은 채권자가 채무자의 채권을 대위행사하는 경우 제3채무자는 채무자에 대한 반대채권에 의한 상계로 채권자에게 대항할 수 있다고 하면서,[33] 이를 인정하지 않는다면 「제3채무자는 우연히 채권자가 채무자를 대신하여 권리를 행사함으로 인하여 본래 가지고 있던 상계의 이익을 부당하게 박탈당하게 되므로, 상계로써 대항받은 채권자는 그로 인한 불이익을 감수한 상태에서 채무자의 채권을 행사할 수밖에 없다」고 하였다.[34]

2. 문제점, 종래의 논의, 日最判 1979(昭和54). 3. 16.

日最判 1979(昭和54). 3. 16. 판결은 이러한 취지를 확장하여, 제3채무자의 상계항변에 대한 대위채권자의 독자적 사정에 기초한 재항변 제출을 부정하였다. 이에 관하여 자세히 살펴보고자 한다.

---

31) 일본민법 제177조(부동산에 관한 물권변동의 대항요건) 부동산에 관한 물권의 득실 및 변경은 부동산등기법 기타 등기에 관하여 법률이 정한 바에 따라 등기하지 않으면 제3자에 대항할 수 없다.

32) 제3채무자의 증여에 따른 소유권취득 주장에 관하여 본 판결과 같은 취지로 판시한 사례로 東控判 1917(大正6). 7. 18. 法律新聞 1309号, 27면; 東控判 1918(大正7). 10. 18. 法律新聞 1473号, 19면.

33) 이때 상계의 의사표시는 대위채권자에 대하여 한다(日大判 昭和 9. 5. 22. 民集13巻, 799면).

34) 같은 취지 日大判 1943(昭和 18). 12. 22. 民集22巻, 1263면.

〈사실관계〉

악기제조업체 X회사는 1969년 A무역회사에 다음과 같은 경위로 수출용 악기를 대금 30만 1천 엔에 판매하였다. A회사는 X회사에 대한 악기류 매수신청이 신용상태 불안을 이유로 거절당하자, Y은행에 대하여 향후 수출처로부터 받은 수출환어음의 추심을 의뢰함에 있어 추심금 중 30만 1천 엔을 X회사에게 송금할 것을 요청하였고, Y은행이 이를 승낙하여 수출대금 송금요청서가 작성되었다. A회사는 위 송금요청서를 X회사에 제시하면서 악기류 매도를 요청하였고, X회사는 대금지급이 확실하다고 믿고 A회사에 악기류를 매도하였다. 그 후 Y은행은 A회사로부터 수출환어음 추심을 위임받아 추심을 완료하였다(추심금 35만 3,167엔).

그런데 그 사이 A회사가 파산하게 되자, Y은행은 A회사에 대한 대출금채권을 자동채권으로 하여 위 추심금지급채무와 상계한다는 취지를 통지하고, X회사에게 송금하지 않았다.

〈소송의 경과〉

X회사는 Y은행에 대하여, A회사에 대한 악기대금채권을 보전하기 위해 무자력인 A회사를 대위하여 A회사와 Y은행 사이의 송금계약을 Y은행의 불이행을 이유로 해제하고, A회사가 취득하게 되는 추심금채권 중 대금 상당액의 지급을 청구하였다. 이에 대하여 Y은행은 위 추심금채권과 A회사에 대한 대출금채권의 상계항변을 제출하였고, X회사는 재항변으로 그러한 상계주장은 권리남용이라고 주장하였다.

원심판결은, 「자금력이 부족한 중소무역업자가 거래은행에 수출처 거래은행이 발행한 신용장에 의한 수출환어음 매입 또는 추심을 의뢰하면서 그 매입 또는 추심금 중 대금 상당액을 수출물품 판매처인 생산업체에게 송금하도록 요청하고 은행의 승낙서를 받아 이를 담보로 수출상품을 매수하는 것이 일반적인 관행으로, X회사는 위 송금요청서를 신뢰하여 A회사와 거래하였으며, Y은행도 그러한 사정을 알고 있었던 점 등을 인정한 후, Y은행의 상계주장은, Y은행이 A회사가 마침 파산하자 Y은행의 행위를 신뢰한 X회사의 권리를 무시하고 오로지 자신의 채권만 회수하려는 것으로서, A회사에 대한 관계에서는 그렇다 하더라도, X회사와의 관계에서는 신의칙에 반하는 권리남용으로서 허용되지 않는다」고 판시하고, X회사의 재항변을 받아들여 청구를 인용하였다. 이에 대하여 Y은행이 상고하였다.

〈최고재판소의 判決理由〉

「채권자대위소송에서 원고는 채무자에 대한 자신의 채권을 보전하기 위하여 채무자의 제3채무자에 대한 권리에 대한 관리권을 취득하고, 그 관리권의 행사로서 채무자를 대신하여 자기 명의로 채무자에게 속하는 권리를 행사하는 것이므로, 그 지위는 마치 채무자를 대신하는 것으로서 채무자 자신이 원고가 된 것과 같은 지위를 가지게 되므로,[35] 피고인 제3채무자는 채무자가 스스로 원고가 된 경우에 비하여 더 불리한 지위에 놓이는 것이 아니고 동시에 원고인 채권자 역시 채무자가 실제로 가지고 있는 법적 지위에 비해 더 유리한 지위를 누릴 수 있는 것은 아니다. 그렇다면 제3채무자인 피고가 제출한 채무자에 대한 채권을 자동채권으로 하는 상계의 항변에 대하여, 대위채권자인 원고가 제출할 수 있는 재항변은 채무자 자신이 주장할 수 있는 사유에 한정되어야 하고, 채무자와 관계없는 원고의 독자적 사정에 근거한 항변은 제출할 수 없다.

원심이 X회사의 권리남용 항변을 채택한 이유는, Y은행의 상계주장은 A회사에 대한 관계에서는 그렇다 하더라도 X회사와의 관계에서는 거래의 신의칙에 반하는 권리남용으로서 허용될 수 없다는 것이다. 그러나 추심금채권에 대한 상계 주장이 A회사에 대한 관계에서 권리남용이 아니므로 상계에 의한 채권 소멸이 인정되는 경우에, X회사와의 관계에서는 상계주장이 권리남용에 해당하여 허용되지 않는다고 하는 것은, 채권자대

35) 이 판결은 최고재판소가 최초로 채권자대위소송이 제3자 소송담당임을 인정한 것으로 중요한 의의를 가진다고 평가된다. 池田辰夫, "(1) 債権者代位訴訟の原告である債権者が被告である第三債務者の提出した抗弁に対し自己独自の事情に基づく再抗弁を提出することの可否, (2) 主位的請求を棄却し予備的請求を認容した控訴審判決に対し第一審被告のみが上告した場合と上告審における調査・判断の範囲", 民商法雑誌 81巻 6 号, 1980. 6., 846면 참조.

위소송에서 채권자인 원고의 지위를 채무자가 소송을 하는 경우보다 유리하게 하는 것으로서 허용되지 않는다」(파기 · 환송).

위 판결은 채권자대위권을 행사하는 채권자의 지위를 대위소송의 원고가 된 채권자가 제출할 수 있는 재항변의 내용이라는 측면에서 밝힌 것으로, 종래 판례, 학설에서 밝혀져 왔던 대위채권자의 지위에 관한 일반론이 구체적으로 적용된 것이다. 즉 원고로서의 지위는 소송상으로도 채무자를 대신하는 것이며, 채무자보다 유리한 지위에 서는 주장을 할 수 없다는 것이다.[36] 채권자대위소송에서 채권자가 독자적인 이익을 주장할 수 없다는 것은 종래의 통설이었는데, 판례상은 반드시 명확하지는 않았다. 위 판결은 이 점을 명확히 인정한 최초의 최상급심 판결이라고 할 수 있다.[37]

Ⅳ. 대위채권자가 직접 제3채무자에게 주장할 수 있는 항변 – 예외적인 경우

1. 대위의 성질론에 대해 예외를 인정한 판례–대위채권자가 직접 제3채무자에게 주장할 수 있는 항변의 존재를 인정

위와 같은 일반론이 소송상 항상 관철될 수 있는지, 즉 대위채권자가 직접 제3채무자에게 주장할 수 있는 종류의 항변이 있을 수 있는 것은 아닌지 의문이 없는 것은 아니다. 예를 들어 피고인 제3채무자가 상계항변을 제출하는 것이 원고인 대위채권자와의 관계에서 소송상 신의칙에 반하는 사정(상계 주장을 하지 않기로 소송 외에서 약속하는 등)이 있는 경우에는 이를 재항변으로 주장하는 것이 허용될 수 있을 것이다.[38] 또한

---

36) 吉井直昭, "(1) 債権者代位訴訟の原告である債権者が被告である第三債務者の提出した抗弁に対し自己独自の事情に基づく再抗弁を提出することの可否, (2) 主位的請求を棄却し予備的請求を認容した控訴審判決に対し第一審被告のみが上告した場合と上告審における調査 · 判断の範囲", ジュリスト 698号, 1983. 11., 142-143면.

37) 石田穣, "(1) 債権者は債権者代位訴訟で第三債務者の提出した抗弁につき自己独自の事情による再抗弁を主張できない, (2) 主位的請求を棄却し予備的請求を認容した控訴審判決に対し上告がなされた場合と上告審の調査 · 判断の範囲" 最高裁判所民事判例研究(民集三三巻二号)(一〇) 法学協会雑誌 97巻6号, 1980. 6., 882면.

38) 吉井直昭, 앞의 글, 143-144면.

판례상으로도 대위채권자의 항변 제출에서 위 원칙의 예외라고 할 수 있는 다음의 사례들이 나타난다.

(1) [3] 日大判 1943(昭和18). 12. 22. 民集22巻, 1263면

갑이 을에게 허위표시에 의하여 토지를 증여하였는데 을의 금전채권자가 채무자 을을 대위하여 갑에 대하여 을에게 소유권이전등기를 할 것을 청구한 사안에서, 제3채무자는 「대위의 목적이 되는 채무자의 권리가 허위표시에 의한 것이어서 존재하지 않는다는 주장과 같이 채무자에게 주장할 수 있는 사유를 채권자에 대해서도 주장할 수 있으며, 금전채권자가 그 채권과 직접 관련이 없는 채무자의 이전등기청구권을 대위행사하는 경우, 이전등기청구권의 발생원인인 법률행위가 허위표시라 하더라도, 그 무효 여부가 채권자가 보전하려는 채권의 존부에 아무런 영향을 미치지 않는 한, 채권자는 민법 제94조 제2항[39]의 제3자에 해당하지 않으므로, 제3채무자는 채권자의 선의 여부와 관계없이 해당 법률행위가 허위표시로서 무효라는 것을 대항할 수 있다」고 설시하며, 대위의 성질론에 의거하여 제3채무자의 허위표시 항변을 허용하였다.

그런데 傍論으로서, 다만 갑과의 허위표시에 의해 부동산을 매수한 을로부터 병이 그 부동산을 선의로 다시 매수한 경우와 같이, 채권자(병)가 보전하려는 채권 자체의 존부가 채무자와 상대방 간의 계약 효력 여부에 따라 영향을 받는 경우에는, 채권자는 민법 제94조 제2항의 제3자에 해당하게 되어, 채권자가 선의인 경우 제3채무자는 채무자와의 매매가 허위표시로서 무효임을 주장할 수 없다고 판시하였다. 즉 병은 재항변으로 자신의 선의를 주장할 수 있고 따라서 등기청구권 보전을 위한 등기청구권의 대위행사가 인정되게 된다.

(2) [4] 日最判 1958(昭和33). 6. 14. 民集12巻9号, 1449면

갑 소유로 등기된 토지가 갑과 을, 그리고 을과 병 사이에 순차적으로 매매되었으나, 갑에서 을로의 이전등기가 이루어지기 전에 갑과 을

39) 일본민법 제94조(허위표시) ① 상대방과 통하여 한 허위의 의사표시는 무효로 한다. ② 전항의 규정에 의한 의사표시의 무효는 선의의 제3자에 대항할 수 없다.

사이의 매매계약이 소급적으로 합의해제된 후 병이 을을 대위하여 갑에 대해 소유권이전등기를 청구한 사건에서, 원심은, 합의해제가 제3자의 권리를 침해할 수 없다는 점을 근거로, 을에게 등기를 이전하지 않아 병의 미등기를 초래한 갑은 병의 소유권취득 등기의 결여를 주장할 정당한 이익이 없으므로 병은 미등기상태에서도 그 소유권을 갑에게 주장할 수 있고 또한 대위에 의한 등기청구권도 합의해제로 침해될 수 없다고 판단하여 병의 청구를 인용하였다. 이에 대하여 최고재판소는 소급적 합의해제의 경우에도 법정해제와 마찬가지로 제3자의 권리를 침해할 수 없으나(민법 제545조 제1항 단서[40]), 그 제3자는 부동산 소유권에 관해서는 등기를 마쳐야 하고 미등기 상태에서는 제3자로서 보호받을 수 없으며(부동산이 을로부터 병 및 갑에게 이중으로 양도되고, 제2양수인인 갑이 먼저 등기를 마친 것과 유사한 관계에 있으므로, 갑은 해제에 의하여 취득한 소유권을 병에 대항할 수 있다고 함), 갑이 을로부터 직접 이전등기를 청구받은 경우 당연히 주장할 수 있는 합의해제 항변의 이익을 병이 을을 대위하는 경우 박탈할 이유는 없다고 하여, 파기환송하였다.

다만 합의해제가 갑과 을 사이의 통모에 의한 허위표시이고 병이 이에 대하여 선의이거나 또는 합의해제가 병의 권리를 해할 의도로 이루어진 신의칙에 반하는 특별한 사정이 인정되는 경우에는, 병은 을을 대위하여 갑에 대하여 을에게로의 소유권이전등기를 청구할 수 있다고 하였다.

소급적 합의해제에 의해 권리를 침해당하지 않을 제3자에 대해서 민법 제177조가 적용되며 대항요건을 갖추어야 한다는 것은 법정해제의 경우에 관한 같은 취지의 판결(日大判 1921(大正10). 5. 17. 民錄27, 929면) 및 학설의 입장에 따른 것이다. 등기를 갖추지 못한 병은 제545조 제1항 단서의 제3자에 해당하지 않으므로 채권자대위의 기초를 결여하게 되고,

---

40) 일본민법 제545조(해제의 효과) ① 당사자 일방이 해제권을 행사한 때에는 각 당사자는 그 상대방을 원상으로 회복시킬 의무를 부담한다. 다만 제3자의 권리를 해할 수 없다.

설령 대위가 인정되는 경우라 하더라도 대위의 성질론에 따라 갑은-을에 대하여 주장할 수 있는-합의해제 항변으로 병에게 대항할 수 있다. 반면 민법 제545조의 제3자에 관하여 등기불필요설을 취하는 입장에서는 허위표시의 경우와 마찬가지로 대위권 행사가 인정될 수 있을 것이다.[41]

한편 채권자대위권 자체를 해제에 의하여 해쳐지지 않는 제3자의 권리로 해석할 수 있다면 대항요건 문제를 회피하면서 병을 구제할 수 있으나, 여기의 제3자는 해제의 목적인 권리에 관하여 거래관계에 있는 자를 지칭하는 것이므로, 단순히 채무자의 일반담보 보전을 목적으로 하는 채권자대위권을 이와 동일시하기는 어렵다.[42].

갑은 한편으로 갑, 을, 병 간 매매에서 최초 매매의 매도인으로서 병의 소유권 취득에 대한 제3자의 지위를 가지며, 해제로 소유권 복귀 후에는 마치 병에 대한 이중매매에서 경쟁자인 매수인으로서의 제3자의 지위를 가진다는 이중성을 띠고 있다. 원심은 전자의 입장을 채택하여, 그러한 갑은 병의 등기 결함을 주장할 수 있는 제3자가 아니라고 판단하여 병의 청구를 인용하였으며, 상고이유에서는 후자의 입장의 갑을 무시했다고 주장하였고, 상고심은 이 주장을 받아들인 것이다.

방론에서 언급한 바와 같이 합의해제가 허위표시이고 병이 이에 대하여 선의라면 병은 등기 없이 갑에게 대항할 수 있고,[43] 갑이 등기를 갖추고 있으면서도 병의 소유권 취득을 승인해야 한다면 병에 대한 관계에서 갑은 무권리자가 된다. 이 경우 병은 갑에 대해서는 을을 통해 등기를 청구해야 하며, 을은 갑과 을 간의 해제 효과에 구속된다. 이때 갑의 을에 대한 항변이 제한되는 것인가, 병의 소유권이 갑에 대항할 수 있는 한에서 해제의 효과가 발생하지 않았다고 보고 갑에 대한 을의 등기청구권이 존속하는 것으로 되는가는 문제이다. 어쨌든 병이 등기

41) 新版注釈民法(10)Ⅱ債権(1), 752면(下森定 집필부분).

42) 北村良一, “不動産の売買の合意解除の場合と未登記の転得者の債権者代位による登記請求の許否”, 最高裁判所判例解説 民事篇 昭和33年度 1959. 11. 25., 157-158면.

43) 민법 제94조 제2항의 제3자에 대해 판례는 등기가 불필요하다는 입장이다[日最判 1969(昭44). 5. 27., 民集23巻6号, 998면].

없이 갑에 대항할 수 있는 경우에는 을의 권리를 대위행사할 수 있게 될 것이다.[44)]

2. 학설의 논의

(1) [3] 및 [4] 판례의 방론에서 제시된 예외에 대하여 반대하는 견해

[3] 및 [4] 판례의 방론에서 제시된 바와 같이 병이 갑에 대하여 독자적인 사유를 주장하여 대위청구를 할 수 있다는 예외적인 경우와 관련하여 학설의 논의가 다양하게 전개되었다.

대위의 성질론에 관한 판례의 기본적인 태도에 반대하는 학설은 보이지 않았지만, 위의 예외에 대해서는 반대의견이 강하였다. 그런데 이러한 비판의 중심에는 채권자대위권의 전용사례를 인정하는 판례의 입장 자체에 대한 반대의견이 전제되어 있는 것으로 보인다.

허위표시에서의 제3자 보호는 허위표시로 취득한 특정권리에 관하여 거래관계에 있는 자를 보호하기 위한 제도이고, 채권자대위권에 의한 채권자보호는 채무자의 재산을 일반담보로 삼는 채권자, 나아가 모든 채권자를 보호하려는 제도로서, 그 규율하는 경우를 완전히 달리하며 양자의 충돌은 애초에 발생하지 않는데, 판례는 종래 채권자대위권의 목적을 제도의 본래 취지보다 확장하여, 특정채권의 보전에 필요하다는 것으로 충분하다고 보고 또한 법률상 다른 구제수단이 있는 경우에도 대위권을 인정하려고 하여, 가령 등기청구권자의 대위권행사를 인정하고 있는 점에서, 논리적 모순(딜레마)을 초래한 원인이 잠재되어 있다는 지적이 있다.[45)] 판례가 이러한 이론을 적용한 사례는 등기청구권과 채권적 이용

44) 林良平, "不動産の売買の合意解除の場合と未登記の転得者の債権者代位による登記識求の許否", 民商法雑誌 40巻1号, 1959. 4, 144-145면. 이 견해는 원칙적으로는 갑에게 소유권이 회복된 후 병이 등기 말소를 청구할 수 있는 것으로 해석해야 할 것인데, 사안에서는 등기가 계속 갑의 명의로 되어 있었으므로, 판례의 입장에 따라 물권적 청구권으로서 병이 갑에 대해 직접 이전등기를 청구할 수 있는 것으로 보아야 한다고 한다.

45) 四宮和夫, "債権者代位権と虛偽表示", 民事法判例研究録(昭和一八年度)(一七), 法学協会雑誌 62巻11号, 1944. 11., 1176면.

권(특히 임차권)의 방해배제력에 관한 것으로, 그 근거는 중간생략등기의 효력 및 채권적 이용권의 방해배제력이 인정되지 않는다는 점인데, 현재는 이들 모두 인정되고 있는 만큼 대위제도를 전용할 필요는 없다는 것이다.[46)·47)]

또한 등기청구권의 대위행사라는 판례이론의 파탄을 보여주는 것이라는 강력한 비판[48)]이 있었고, 그밖에도 위의 예외에 대하여 타당성에 의문을 제기하며 비판적인 입장을 취하는 견해가 다수 있었다.[49)]

(2) [3] 및 [4] 판례의 방론에서 제시된 예외를 인정하는 견해

다른 한편으로는 이러한 예외를 인정하려는 입장도 존재하였다. 이들은 전용형에 관하여 소극적이지만 찬성하고 있다.

대위권을 행사한 것이 일반채권자가 아니라, 당해 토지를 채무자로부터 양수한 전득자인 경우 전득자는 채무자와 제3채무자 사이의 허위표시에 관하여 제3자의 지위에 있으므로, 그가 선의인 경우 채무자와 제3채무자 사이의 계약의 무효를 그에게 대항할 수 없고, 전득자는 채권자대위권을 행사할 수 있다고 해석하는 것이 타당하다고 한다. 즉 채무자가 주장할 수 있는 것 이상을 주장할 수 없다는 원칙은 전용형 사례에서는 수정된다고 한다.[50)]

---

46) 四宮和夫, 앞의 글, 1177면.

47) 참고로 2017년 개정민법은 채권자대위권의 전용형 사례에 관한 판례법을 반영하여 등기청구권의 대위행사(제423조의 7)와 임차권에 기한 방해배제청구권(제605조의4)을 명문화하였다.

48) 天野弘, 債権者代位権に関する実務的研究(序説)−登記請求権の代位行使という判例理論に関して−, 司法研究報告書 第24輯 第1号, 1973, 99면. 이 견해도 채권자대위권의 전용형을 인정하는 것 자체에 대하여 반대하는 입장이다. 下森定의 서평(天野弘著 「債権者代位権に関する実務的研究(序説)−登記請求権の代位行使という判例理論に関して−」, 民商法雑誌 70巻6号, 1974. 9.)도 참조.

49) 松坂佐一, 債権者代位権, 総合判例研究叢書民法(7), 有斐閣, 1971, 125면; 北村良一, 앞의 글, 157면 등.

50) 内田貴, 앞의 책, 344면. 瀬川信久·内田貴·森田宏樹, 民法判例集 担保物権·債権総論(第3版), 有斐閣, 2014, 176-177면은 나아가 日最判 1979(昭和54). 3. 16. 民集33巻2号, 270면 사건에서도 대위채권자(X회사)의 채권은, 그 성립에서부터 채무

특정채권(병의 을에 대한 등기청구권)을 보전하기 위한 대위를 인정하는 이상 다른 적당한 수단이 없다는 점도 근거이다.[51)·52)]

또한 채권자대위권에 있어서 강제집행의 준비기능에 착안하여, 대위채권자도 압류채권자와 동일하게 민법 제94조 제2항의 제3자인 독자적인 지위를 가진다고 보아, 갑은 정에게 무효를 대항할 수 없다는 견해가 주장되었다. 「채권에 대한 압류추심명령의 경우에도 압류된 채권의 주체는 채무자이고 압류채권자는 채무자를 대신하여 추심하는 것이므로, 제3채무자는 채무자에 대한 모든 항변으로 압류채권자에 대항할 수 있지만 그럼에도 불구하고 허위표시의 무효로는 압류채권자에 대항할 수 없다는 것이 판례와 학설상 인정되고 있는데, 대위채권자의 경우에는 채무자의 권리를 행사한다는 이유만으로 민법 제94조 제2항의 제3자에 해당하지 않는다고 단정하는 것은 타당하지 않으며, 대위채권자가 동조의 보호를 받을 가치있는 이해관계자인 지위에 있는가를 검토하여 결정하여야 한다. 대위채권자는 '자기의 채권을 보전하기 위하여' 채무자의 권리를 행사하는 것으로 즉 대위권이 채권의 대외적 효력으로서 인정되고 연혁상 대위가 강제집행의 준비행위로 취급되어 온 것에 의하여 명백한 것처럼, 채권자는 채무자의 권리를 행사한 결과에 의하여 자기 채권의 만족을 얻는 것이다. 그러므로 민법 제94조 제2항의 적용에 관해서는 대위채권자는 압류채권자와 마찬가지로 취급하여야 하고, 제3채무자는 대위채권자에 대하여 대위의 목적인 권리의 발생원인인 법률행위가 허위표시로서 무효라는 것을 주장할 수 없다고 할 것이다.」[53)]

자의 제3채무자(Y은행)에 대한 권리의 성립과 결부되어 있는 특별한 관계에 있으므로, 대위채권자와 제3채무자의 관계에 기한 항변을 인정할 수 있다고 한다.

51) 我妻栄, 債権総論, 岩波書店, 1987, 169-170면. 이 견해는 나아가 채권자대위권이 압류의 준비절차에 불과하지만 일반채권자로서 직접 압류할 수는 없는가에 대해 문제를 제기하고 있다.

52) 전용형의 경우 예외를 인정할 필요성을 인정하는 新版注釈民法(10) Ⅱ 債権(1), 750면(下森定 집필부분)도 참조.

53) 山木戸克己, "最新判例批評(民集二二卷二四號 · 二三卷一 · 二號) 債權者代位と民法第九四條第二項の適用", 民商法雑誌 20卷3号, 1944. 9., 37-38면. 다만 이 견해는 [3] 판례가 등기청구권 보전을 위하여 채무자의 제3채무자에 대한 등기청구권을 대

또한 채권자대위권의 강제집행의 준비적 기능에서 보면, 채무자의 처분제한(우리민법 제405조 제2항 참조), 대위채권자의 채권의 시효중단효와 함께 허위표시의 무효·사기취소와 같이 선의의 제3자에 대항할 수 없는 항변은 대위채권자에 대해서는 대항할 수 없는 것으로 해석하여야 한다고 한다.[54)·55)]

3. 평 가

(1) 선의의 제3자에게 대항할 수 없다고 규정된 경우(사기취소(제96조 제3항), 허위표시에 의한 무효(제94조 제2항)) 또는 제3자의 권리를 침해할 수 없다고 규정된 경우(해제(제545조 제1항), 합의해제), 이러한 사유로 대위채권자에게 대항할 수 있는가를 검토함에 있어서는, ① 제3자 해당성의 문제, 가령 갑에서 을로의 소유권 이전이 허위표시로 무효인 경우 을

위행사한 경우의 예외를 인정한 것에 대해서는 判旨의 일반이론하에서는 그러한 예외를 인정할 이유가 없다고 한다. 「채권자가 보전하려는 채권 자체의 존부가 채무자와 상대방 사이의 허위계약의 효력 여하에 영향을 받는 경우에는 채권자는 이 점에서 민법 제94조 제2항의 제3자에 해당'하지만, 위 판결의 이론을 관철하는 한, 그것은 어디까지나 피보전채권이 존재하는 것 자체 즉 대위채권자가 채무자에 대하여 채권을 가진다고 하는 범위에 한하여야 하고, 당해 채권에 기하여 행사하는 권리는 채무자의 권리이고 채권자는 그것을 대위행사하는 데 지나지 않으므로, 제3채무자는 채무자 스스로 이를 행사하는 경우에 비하여 불이익을 감수하지 않는다고 하여야 한다」(위의 문헌 39면).

54) 於保不二雄, 債權總論, 有斐閣, 1972, 175면(그런데 176면 각주 7)에서 판례가 허위표시에 의한 무효의 항변을 허용하였다고 하면서 [3] 판례를 인용한 것은 올바르지 않다). 林良平·石田喜久夫·高木多喜男, 債権総論, 青林書院 1987, 154-155면(155면에서 [3] 판례의 내용을, 갑으로부터 을, 을로부터 병에게 부동산이 양도된 경우 갑 을 사이의 양도가 허위표시이고 병이 선의의 전득자인 경우, 갑은 병에 대하여 허위표시에 의한 무효를 주장할 수 있다는 취지로 소개하고, 각주 10)에서 이에 반대하는 학설로 四宮和夫, 앞의 글, 1176면을 인용한 것은 정확하지 않다), 潮見佳男, 新債権総論Ⅰ, 信山社, 2017, 685-686면도 같은 취지에서 찬성하는 입장이다.

55) 채권자대위권이 강제집행의 준비절차로서의 기능을 가진다는 점만으로 대위채권자가 민법 제94조 제2항의 "제3자"에 해당한다는 결론을 도출할 수는 없으며, 또한 이익형량의 관점에서 보더라도 대위권 제도에 그러한 강력한 기능을 부여하는 것에 대해서 의문이 제기된다는 견해로 新版注釈民法(10)Ⅱ債権(1), 752면(下森定 집필부분).

로부터 권리를 취득한 전득자 병 또는 을의 일반채권자 정이 선의라면, 그들은 민법 제94조 제2항에 의하여 무효의 대항을 받지 않는 제3자에 해당하는가의 문제와 ② 대항 가능성에 관한 문제, 즉 위의 제3자에 해당한다고 하는 경우, 병 또는 정이 대위채권자의 지위에서 을의 지위 내지 권리를 갑에게 주장하였을 때(병은 전용형 사례의, 정은 본래형 사례의 채권자), 갑이 을에게 주장할 수 있는 무효를 병 또는 정에게도 대항할 수 있는가의 문제를 구분하여야 한다.[56)]

만일 ②의 문제에서 갑이 허위표시의 무효를 병에게 대항할 수 있다고 인정하면, 등기가 갑의 명의로 되어 있는 한 병은 등기청구권에 관한 현재의 판례이론에 따르면 등기를 청구할 방법이 없게 된다. 따라서 병이 민법 제94조 2항의 제3자에 해당한다고 보는 이상, 갑과 을 간의 소유권 이전 행위는 병과의 관계에서는 항상 유효로 취급되며, 병과의 관계에서는 을은 갑에 대하여 등기청구권을 가지고 있는 것으로 되어, 병의 대위행사를 인정하여야 한다.[57)] 이러한 논리를 따르면, 정에 대해서도, 만일 정이 민법 제94조 2항의 제3자에 해당한다고 본다면, 정과의 관계에서는 갑과 을 간의 행위가 유효로 취급되고, 본래 갑이 을에게 주장

56) 奧田昌道, 債權総論, 悠々社, 1992, 265면. 한편 四宮和夫, 앞의 글, 1176면도, 「일반적으로 채권자대위권에 의해 대위되는 채무자의 권리가 허위표시에 의한 것이라도 문제없는지에 관하여 위 판결은 우선 채권자대위권의 성질을 논의하며, 상대방은 채무자에 대항할 수 있는 사유는 모두 채권자에게도 대항할 수 있으므로 허위표시의 주장도 채무자에 대항할 수 있는 이상 원칙적으로 채권자에게도 대항할 수 있다고 하고, 다만 예외적으로 채권자가 민법 제94조 제2항의 '제3자'에 해당하는 경우에만 대항할 수 없다는 논리를 취하였지만, 반대로 채권자가 허위표시에서 '제3자'에 해당하는지 여부를 먼저 논하고, 허위표시는 일단 무효로 인정되므로 채권자가 '제3자'에 해당하지 않는다면 채무자는 상대방에게 어떠한 권리도 갖지 못하게 되어 대위는 처음부터 문제되지 않으며, 만일 '제3자'에 해당한다면 이 채권자와의 관계에서는 허위표시는 유효하게 되고 채권자대위권의 기초가 성립된다는 논리도 가능하다」고 하였다.

57) 奧田昌道, 앞의 책, 265면. 한편 四宮和夫, 앞의 글, 1176면은, 병이 '제3자'에 해당하여 대위권의 요건이 충족되는 경우 대위권행사의 결과는 허위표시의 원리를 그대로 관철하여 병만 향유하는 것인지 아니면 대위권의 원칙에 따라 을의 모든 채권자를 위해 을의 일반재산에 귀속하는 것으로 되는지, 어느 쪽으로 해석하든 그 근거는 무엇인지도 문제라고 한다.

할 수 있었던 무효를 정에게는 대항할 수 없게 되고 따라서 정은 갑에게 을로의 이전등기를 청구할 수 있게 된다고 할 것이다.[58]

결국 문제의 핵심은 병과 정이 민법 제94조 2항의 제3자에 해당하는가 여부이다. 이에 대해서는 앞에서 소개한 것처럼 채권자대위권에 있어서 강제집행의 준비기능에 착안하여, 대위채권자도 민법 제94조 2항의 제3자인 독자적인 지위를 가진다고 보는 견해들이 주장되고 있다.

(2) [3] 및 [4] 판례가 시사하는 예외적 경우를 대위의 성질론과의 관계에서 어떻게 정합적으로 해석할 것인가는 학설들이 지적하는 바와 같이 어려운 문제이다. [3] 및 [4] 판례는 모두 대위채권자가 선의의 제3자라는 고유의 사정을 주장할 수 있음을 인정한 선례이지만, [1] 및 [2] 판례가 일반채권 보전을 위한 대위제도 본래형 사안인 것과 달리, 이 경우들은 모두 특정채권(등기청구권)을 보전하기 위한 전용형 사안이다. 그렇다면 판례이론상 "채권자대위소송에서 제3채무자인 피고가 제출한 항변에 대하여 대위채권자인 원고가 제출할 수 있는 재항변은 채무자 자신이 주장할 수 있는 사유에 한정되고, 대위채권자의 독자적 사정에 근거한 항변은 제출할 수 없다"는 대위의 성질론에 따른 법리는 본래형의 경우에만 타당성을 갖는 것이고, 전용형의 경우에는 반드시 전적으로 타당하고 할 수 없다는 결론을 도출할 수 있을 것이다. 즉 판례법상 일반적으로 타당한 공리로서 관철될 수 없다.[59]

대위의 성질론은 그 자체로서는 지극히 정당하고 본래형의 경우 채무자의 지위에 의해 대위채권자의 주장이 제한되는 것에 대해서 이견이 없는 것으로 보인다.

日最判 1979(昭和54). 3. 16.은 일반채권 보전을 위해 채권자대위권을 행사하는 원칙적인 경우의 대위채권자의 지위를 명확히 한 것으로서 중요한 의의를 가진다고 평가되고 있다.[60] 원심판결은 위 사안이 본래형(대

58) 奧田昌道, 앞의 책, 265면.
59) 池田辰夫, 앞의 글, 851면.
60) 吉井直昭, 앞의 글, 144면.

위채권자 X회사의 채권이 악기대금채권)임에도 불구하고 전용형의 논리에 따라 처리하려고 한 점에 특이성이 있고, 이에 대해서는 그 이익형량은 수긍할 수 있으나 타당하지 않다는 지적[61]이 있는 한편, 대위채권자의 직접소송화 노선[62]을 취한 것으로, 대위소송제도가 나아가야 할 하나의 방향을 제시하였지만 실체법상의 문제를 어떻게 해결할 것인지에 대해서는 의문이 남는다는 전향적인 평가도 있다.[63]

실체법적으로는 갑의 을에 대한 항변이 제한되는 것으로 볼 것인지, 병의 소유권이 갑에게 대항할 수 있는 한 해제의 효과가 발생하지 않아 을의 갑에 대한 등기청구권이 존속한다고 볼 것인지 문제이고,[64] 다른 한편 병이 갑으로부터 직접 소유권을 취득한다고 볼 것인지, 병과의 관계에서는 갑과 을 사이의 행위가 유효한 것으로 취급되어 소유권이 갑-을-병으로 이전되었다고 해석할 것인지도 문제이다. 이에 관해서는 소유권은 갑-을-병으로 이전된 것으로 보고, 대위행사되는 을의 갑에 대한 등기청구권이 병에 대한 관계에서는 존재하는 것으로 해석하고 있으나,[65] 어느 경우든 대위의 성질론과 조화시키기 어려운 이론구성이라는 비판도 있다.[66]

오히려 이러한 경우에는 전득자 병에게 직접 갑에 대한 이전등기청구권을 인정하는 것이 이론적으로도 솔직하고 자연스러운 구성이라는 견해가 많다.[67] 다만 그 등기원인을 어떻게 할 것인가에 대해서는 「진정등기명의회복」에 의하는 방안이 제시된바 있다.[68]

---

61) 石田喜久夫, "債権者代位訴訟における原告の自己独自の事情に基づく再抗弁", 民法判例百選Ⅱ債権(第二版), 有斐閣, 1982. 7., 37면.

62) 天野弘, "取立訴訟と代位訴訟の関係(上)(下)", 判例タイムズ 308·310号, 1974. 8·1974. 10. 참조.

63) 池田辰夫, 앞의 글, 852면.

64) 林良平, 앞의 글, 137면.

65) 石田喜久夫, 앞의 글, 37면.

66) 池田辰夫, 앞의 글, 849면.

67) 天野弘, 앞의 책, 99면; 池田辰夫, 앞의 글, 849면; 石田喜久夫, 앞의 글, 37면; 林良平, 앞의 글, 137면.

68) 石田喜久夫 앞의 글, 37면. 물권적 청구권 행사를 시사하는 林良平, 앞의 글,

대위제도의 전용형을 인정하는 전제에는, 대위채권자의 독자적인 지위의 보장, 강화 경향이 내재되어 있으므로 대위의 성질론에 따른 대위채권자의 지위 제한이라는 판례 법리와의 충돌은 피할 수 없을 것이다. 그렇다면 본래형의 대위가 문제되는 경우에는 日最判 1979(昭和54). 3. 16.이 판시한 법리는 당연하다고 할 수 있고 다른 한편으로 특정채권을 보전하기 위한 전용형의 경우에는 대위채권자의 독자적 사정에 근거한 재항변 제출을 인정하더라도 그 사이에 모순은 존재하지 않는다고 할 수 있을 것이다.[69)]

Ⅴ. 대상판결들의 검토 – 해결방안

1. 무효등기유용의 효력–무효

(1) 등기상 이해관계 있는 제3자가 있는 경우 무효등기 유용의 효력

사견으로는 등기상 이해관계 있는 제3자가 있는 경우 무효등기의 유용은 인정되지 않는다고 하여야 한다. 등기상 이해관계 있는 제3자에 대해서만 그 범위에서 유용합의와 유용등기의 유효를 주장할 수 없는 것이 아니라, '등기상 이해관계 있는 제3자가 있는 경우'에는 유용합의와 유용등기는 실체관계에 부합하지 않는 것으로서 '모든 사람에 대하여' 무효라고 할 것이다. '유효를 주장할 수 없는 것'이 아니라 '무효'라고 하여야 한다. 그리고 여기의 '모든 사람'에는 유용합의의 당사자(상대방)도 포함된다.

일본의 근래의 학설들은 무효등기의 유용에서 유용된 등기는 무효인 것을 전제로 다만 구체적 사안에서 그 무효를 주장하는 자에게 정당한 이익이 없는 경우 무효 주장이 인정되지 않는 결과 그 자와의 관계에서 마치 유효한 등기가 있는 것과 같은 결과로 되는 것이라고 해석하고 있다. 그런데 물권변동에 관하여 성립요건주의를 취하는 우리 민법의 해석상 법률의 규정이나 다른 특별한 사정이 없는 한 물권관계의 상대적 효력을 인정하는 것은 타당하지 않다. 민법 제186조가 물권관계에서 상대

145면도 같은 취지라고 할 수 있다.

69) 石田喜久夫, 앞의 글, 37면; 池田辰夫, 앞의 글, 852면.

적 관계를 배제하는 것은 아니며, 물권변동의 무효의 범위를 확대하는 것은 등기의 공시기능을 약화시키고 법적 안정성을 해친다는 반론도 있을 수 있다. 그러나 물권의 효력에 관하여 관계적 귀속을 허용하는 것은 허용될 수 없으며, 구체적 사안에서 등기의 유효·무효 여부를 확정하지 않고 상대적으로 결정하려는 것은 물권법 체계를 훼손하게 된다.[70)]

등기상 이해관계 있는 제3자가 존재하여 유용된 등기가 무효로 되고 그 제3자에 대하여 등기의 유효를 주장할 수 없는데, 유용합의의 당사자 사이에서는 여전히 유용합의와 등기의 유효를 주장할 수 있다는 것은 논리적으로 모순이고, 이 경우 당사자 사이에서 유용합의의 유효 주장을 허용할 필요성도 인정하기 어렵다.

이러한 결론은 유용되는 등기의 유형(저당권설정등기, 가등기, 소유권이전등기 등) 및 유용되는 등기와 제3자의 등기상 권리의 양립 가능성을 묻지 않고 관철되어야 한다.[71)]

(2) (가)압류의 처분금지효의 상대적 효력과의 교착

대상판결 1의 사안에서 가압류등기는 부동산이 B 소유임을 전제로 한 등기인 반면 본등기는 D의 소유를 표상하는 등기이므로, 가압류등기가 회복되고 A가 이를 기초로 강제집행으로 나아간다면 D 소유 부동산에 대한 경매를 허용하는 결과가 된다.

이러한 결과는 (가)압류의 처분금지효의 상대적 효력과 관련하여 자

70) 대상판결들의 입장에서 A의 채권자대위소송에서 '피대위권리(말소등기청구권)가 인정되는가'라는 물음에 어떻게 답할 것인가는 의문이다. 피대위권리가 존재하지 않는 것인가, B와의 관계에서는 피대위권리가 존재하지 않고 A와의 관계에서는 존재하지만, C가 B와의 유용합의로써 A의 말소등기청구에 대항할 수 있는 것인가. A의 청구가 기각되는 이유를 어떻게 설명하여야 할지 의문이다.

71) 위의 유력설은 유용 대상 등기와 제3자의 등기가 양립할 수 있는 경우 상대적 무효를 인정하여, 가령 1번 저당권의 유용 전에 2번 저당권이 성립한 경우 유용에 의하여 1번 저당권이 후순위로 되는 식으로 처리하되 경정등기를 활용하여 순위번호를 경정하는 방안을 제안하고 있다(최은석·김제완, 앞의 글, 103면 이하). 이에 대한 사견은 김병선, "무효등기유용의 효력: 대전지방법원 2016. 12. 13. 선고 2016나105785 판결(대법원 2022. 7. 28. 선고 2017다204629 판결의 원심판결), 대법원 2009. 5. 28. 선고 2009다4787 판결", 민사법학 제106호(2024. 3.), 136-137면 참조.

연스럽게 받아들여질 수 있는 내용이다. 가압류에 위반한 처분행위라도 처분행위 당사자 사이에서는 유효하고 단지 가압류채권자 또는 가압류에 기초한 집행절차에 참가하는 일정 범위의 채권자에 대하여 이를 주장할 수 없다.

대상판결 1의 결론, 즉 A의 가압류가 회복되어 D의 본등기와 병존하는 상황은 가압류의 처분금지의 상대적 효력을 인정하는 것과 다르지 않다. 그 결론에 따르면 등기상 이해관계 있는 제3자인 가압류채권자 A의 존재에도 불구하고 B와 D의 등기유용 합의의 유효성을 '전면적으로' 인정하는 결과로 된다. 다만 'A의 가압류가 회복된다는 점'에서, 그 범위에서 무효등기유용의 효력이 제한되고 그 결과 D가 그 소유 부동산에 대하여 A의 가압류의 부담을 떠맡게 되지만, 이것은 무효등기 유용을 전제하지 않은, 즉 보통의 가압류 후의 처분행위의 경우와 전혀 차이가 없다. A의 가압류는 원래 말소되지 말았어야 하는데 잘못 말소된 것이므로, D가 가압류의 부담을 지게 되는 것은, 무효등기 유용이 '등기상 이해관계 있는 제3자에 대한 관계에서' '그 범위에서' 유효를 주장할 수 없는 결과가 아니라, 단순히 가압류의 처분금지효의 결과인 것이다.

(3) 소 결

대상판결 1의 사안에서 B와 C의 가등기유용 합의 전에 A의 가압류등기가 마쳐졌으므로 유용합의와 가등기는 무효이고, 이는 유용의 당사자인 B와 C 사이에서도 무효이므로 C는 유용합의로써 'B에 대해서도' 가등기의 유효를 주장할 수 없다. 그렇다면 B는 C에 대하여 가등기 무효를 이유로 가등기 및 본등기의 말소를 청구할 수 있고, A는-A뿐만 아니라 B의 채권자로서 보전의 필요성이 인정되는 모든 경우-B를 대위하여 C에 대하여 가등기 및 본등기의 말소를 청구할 수 있다고 하여야 한다.[72)]

---

72) 위의 유력설은 대상판결 1의 사안에서 A의 가압류등기와 유용에 의한 C의 본등기는 양립할 수 없으므로, C의 등기는 무효이고 말소되어야 한다는 입장이다. 다만 종래의 판례 및 학설과 마찬가지로 채권자인 A가 B를 대위해서는 C에 대하여 등기말소를 구할 수 없으므로(이 점에서 유력설 역시 유용합의의 당사자 사이에서는 그 등기가 유효인 것을 전제로 하고 있는 것으로 보인다), 등기관의 직권으로

대상판결 2의 사안에서는 C와 D의 유용합의 전에 A의 가압류가 있었으므로 유용합의와 D의 부기등기는 무효이고, B는 C의 가등기 및 D의 부기등기의 말소를 청구할 수 있으며, 따라서 A는 B를 대위하여 각 등기의 말소를 청구할 수 있다.

2. 대위채권자의 항변의 범위

(1) 의 의

앞에서 살펴본 일본에서의 논의와 같이 특정채권을 보전하기 위한 전용형의 경우에는 예외적으로 대위채권자와 제3채무자 사이의 독자적 사정에 근거한 사유의 주장이 허용된다는 입장은, 우리 민법의 해석론에서도 어느 정도 타당성을 인정할 수 있다고 생각한다.

우리의 문헌들에서는 대위권을 행사하는 채권자는 채무자 자신이 주장할 수 있는 항변사유의 범위 내에서 제3채무자에게 항변할 수 있을 뿐, 자기와 제3채무자 사이의 독자적인 사정에 기한 사유를 주장할 수 없다는 것이 일반적인 견해이며,[73] 판례도 대상판결 1, 2 및 위의 〈가등기 사안 3〉에 나타나는 것처럼 학설과 같은 입장을 취하고 있다.

(2) 대위채권자의 재항변의 범위에 관한 일본에서의 논의의 적용 가능성

(가) 대위채권자 A의 채권, 본래형, 전용형

대위채권자가 제3채무자에 대하여 예외적으로 자기의 독자적인 항변을 제출하는 것이 허용된다는 일본에서의 논의는 피보전채권이 특정채권인 경우, 즉 전용형 사례를 중심으로 한 것이다. 대상판결 1, 2 및 〈가등기 사안 3〉의 사안들에서 원고는 금전채권자이므로, 그 예외적인 법리를 참조한다고 하더라도, 원고가 제3채무자에 대하여 자신이 무효등기유용

말소되어야 한다는 방안을 제시한 것이다. 사견이나 유력설은 C의 등기가 무효로서 말소되어야 한다는 점에서는 같은 입장이지만, C의 등기가 유용합의의 당사자 B와의 관계에서도 무효인지에 관한 해석은 다르다고 할 수 있다.

73) 편집대표 곽윤직 민법주해(Ⅸ), 박영사, 2002, 779면(김능환 집필부분); 편집대표 박준서 주석민법 채권총칙(1)(제3판), 한국사법행정학회, 2000, 752면(이상경 집필부분); 편집대표 김용덕 주석민법 채권총칙(1)(제5판), 한국사법행정학회, 2020, 287면(한애라 집필부분) 등.

전에 등기상 이해관계를 가지게 되었음을 주장할 수 있다는 결론을 바로 도출하기는 어려워 보인다.

그런데 이들 사안에서 원고의 채권이 '금전채권'이므로 대위의 성질론에 따른 원칙으로 돌아가 대위채권자는 독자적인 주장을 할 수 없다고 하는 데에 주저를 느끼게 되고, 그러한 의문이 이 연구의 출발점의 하나가 되었다는 것은 서두에서 밝힌 바와 같다. 금전채권자가 그 채권을 보전하기 위해 가압류를 하거나 그 채권의 강제집행을 위해 경매를 청구하였다고 해서, 그 채권이 특정채권으로 바뀌는 것은 아니다. 그러나 가령 원고(A)가 가압류 또는 압류한 부동산 외에 채무자 소유 다른 부동산에 관하여 경료된 무효등기에 대하여 채무자를 대위하여 말소를 청구하는 경우와 비교하면, 원고의 지위가 다르다는 것을 알 수 있다.

대상판결 1, 2 및 위의 〈가등기 사안 3〉의 사안은 다음과 같은 이유에서 이른바 '전용형'으로 분류하는 것이 타당하다고 생각한다.

① 우리 판례는 피보전채권이 금전채권임에도 불구하고 일정한 경우에는 채무자의 무자력을 요구하지 않고 있다. 즉 「채권자가 보전하려는 권리와 대위하여 행사하려는 채무자의 권리가 밀접하게 관련되어 있고, 채권자가 채무자의 권리를 대위하여 행사하지 않으면 자기 채권의 완전한 만족을 얻을 수 없게 될 위험이 있어 채무자의 권리를 대위하여 행사하는 것이 자기 채권의 현실적 이행을 유효·적절하게 확보하기 위하여 필요한 경우에는 채권자대위권의 행사가 채무자의 자유로운 재산관리행위에 대한 부당한 간섭이 된다는 등의 특별한 사정이 없는 한 채권자는 채무자의 권리를 대위하여 행사할 수 있」다(이른바 '제3유형').[74)]

대상판결 1, 2 및 위의 〈가등기 사안 3〉의 사안들도 여기에 해당된다고 할 수 있다. 즉 원고(A)가 보전하려는 권리(가압류 또는 압류에 의해 보전 내지 실현되는 채권)와 대위하여 행사하려는 채무자의 권리(무효등기에 대한 말소등기청구권)가 밀접하게 관련되어 있고, 원고는 무효등

74) 대법원 2006. 1. 27. 선고 2005다39013 판결.

기에 대한 말소등기청구권을 대위 행사하지 않으면-가압류 또는 압류가 직권말소됨으로써-자기 채권의 완전한 만족을 얻을 수 없게 될 위험이 있어 위 말소등기청구권을 대위 행사하는 것이 자기 채권의 현실적 이행을 유효·적절하게 확보하기 위하여 필요한 경우에 해당한다.

② 본래형과 전용형의 구분은 피보전채권이 금전채권인가 특정채권인가에 따라서 분류하기보다 보전의 필요성으로서 '채무자의 무자력'이 요구되는지 여부에 따라 분류하는 것이 타당하다.[75] 이는 우리 판례가 인정하고 있는 '제3유형'에서 피보전채권이 금전채권이지만 채무자의 무자력을 요건으로 하지 않는 점에서도 이미 도출되는 결론이다. 말하자면 위의 '제3유형'은 본래형이 아니라 전용형으로 분류하는 것이 타당하다.

③ 금전채권자가 채권의 보전이나 실행을 위하여 채무자 소유 부동산에 대해 가압류 또는 압류를 한 경우 그의 채권은 여전히 금전채권이지만, 적어도 가압류 또는 압류 대상인 부동산에 관한 무효등기의 말소를 구하는 경우, 그는 단순히 금전채권자의 지위에 그치는 것이 아니다. '채권자가 보전하려는 채권 자체의 존부가 채무자와 제3채무자 간의 계약 효력 여하에 따라 영향을 받는 경우에 해당하기 때문이다(日大判 1943(昭和18). 12. 22. 民集22卷 1263면 참조). 본래형과 전용형의 구분에 있어서, 대위채권자의 권리가 채무자와 제3채무자의 행위에 의하여 영향을 받는 경우인지 즉 대위채권자의 채권이 그 성립·존속에서 채무자의 제3채무자에 대한 권리(=무효등기말소청구권)의 성립과 결부되어 있는 특별한 관계[76]에 있는지도 판단의 기준으로 삼아야 한다.

대상판결 1, 2 및 위의 〈가등기 사안 3〉에서 A가 금전채권을 보전 또는 실현하기 위하여 채무자 소유 부동산을 가압류 또는 압류하였는바, 채무자와 제3채무자 사이의 무효등기유용의 효력(=등기상 이해관계 있는 제3자가 있는 경우 무효등기 유용의 효력) 및 유용에 의한 등기의 말소 여부에 따라 대위채권자의 가압류 또는 압류의 직권말소 여부가 정해지

75) 新版注釈民法(10) Ⅱ 債権(1), 717면(下森定 집필부분).

76) 瀬川信久·内田貴·森田宏樹, 앞의 책, 176-177면 참조.

게 된다. 따라서 이 경우 대위채권자의 '금전채권' 자체가 채무자와 제3채무자의 행위에 직접 영향을 받는 것은 아니라고 하더라도, '채권자가 보전하려는 채권(='가압류에 의하여 보전되는' 채권 또는 '경매신청에 의하여 실현하고자 하는' 채권)의 존부가 채무자와 제3채무자 간의 계약(= 무효등기유용합의 및 등기) 효력 여하에 따라 직접 영향을 받는 지위에 있다고 할 것이다.

(나) 무효등기의 유용 전에 등기부상 이해관계를 가지게 된 제3자에 대하여 유용합의로 대항할 수 없는데, 이러한 사유로 대위채권자에게 대항할 수 있는가의 문제

앞서 일본의 [3] 판례에 관한 논의에 따라 다음 두 가지 단계로 구분하여 검토해 보자.

우선 무효인 가등기의 유용에 의한 본등기 전에 등기부상 이해관계를 가지게 된 제3자에 대하여 유용합의로써 본등기의 유효를 주장할 수 없는데, 사안에서 무효등기 유용 전에 가압류등기 또는 경매개시결정등기가 마쳐진 대위채권자 A가 '등기유용 합의로써 대항할 수 없는 제3자'에 해당하는가? 이 점은 대상판결들도 인정하는 것처럼 긍정할 수 있다.

다음으로, 위의 제3자에 해당한다면, A가 대위채권자(전용형 사례의 채권자)의 지위에서 B의 지위 내지 권리를 제3채무자 C(대상판결 1 및 〈가등기 사안 3〉) 또는 D(대상판결 2)(이하 'C'로 지칭함)에게 주장하는 경우, C가 채무자 B에게 주장할 수 있는 사유(등기유용에 의한 등기의 유효)를 A에게도 대항할 수 있는가의 문제이다.

A에게는 자기에게 대항할 수 없는 등기유용 당사자들에 대하여 유용의 무효를 주장하여 자신의 법적 지위를 방어할 수 있는 효과적인 방법은 없다. C와 D를 상대로 직접은 물론 채무자를 대위해서도 '무효인' 가등기와 본등기 말소를 청구할 수 없다. 즉 C가 무효등기유용에 의한 등기의 유효를 A에게 대항할 수 있다고 하면, A는 C의 등기의 효력을 다툴 방법이 없게 된다.

A의 (가)압류등기가 회복되면 A는 C 소유 부동산에 대해서 강제집

행으로 나아갈 수 있으므로 A의 권리는 어느 정도 보호된다고 할 수 있고, 대상판결 1과 〈가등기 사안 3〉 판결의 결론은 A와 C 등 모든 관계자의 이익을 적절히 조정한 나름대로 합리적이고 균형 있는 해법일 수 있다. 그런데 (가)압류채권자 A의 입장에서는 왜 그가 위와 같은 부담내지 불이익을 받아야 하는지 그리고 등기상 이해관계 있는 제3자에 대하여 무효등기 유용을 주장할 수 없다는 판례의 법리가 이 사안에서 과연 법적으로 어떻게 작동하는지에 대해서 설득력 있는 설명이 가능하지 않다. 대상판결 2 사안에서는 유용합의에 기한 본등기가 마쳐지지 않았고 A의 가압류가 말소되지도 않았다(A의 가압류는 가압류취소에 의하여 말소되었음). 이 경우에 A는 역시 등기유용과 가등기의 무효를 주장할 수 없고, 어떠한 대응도 할 수 없다.

A는 (가)압류채권자로서 그에게 대항할 수 없는 가등기 유용에 의하여 법적 지위에 불이익이 생겨서는 안 되며, 채권자의 지위에서 C와 D의 가등기와 본등기 및 D의 부기등기의 무효를 주장하여 그 말소를 구할 수 있는 길이 마련되어야 한다.

그 방법으로 앞에서 <u>무효등기유용의 효력</u>에 관하여, 등기상 이해관계 있는 제3자가 존재하는 경우 등기유용은 <u>모든 자에 대한 관계에서 즉 당사자 사이에서도 무효</u>라고 해석하는 방안을 제안하였지만, 무효등기유용의 효력에 관한 종래 판례의 입장(= 당사자 사이에서는 유효)에 따르더라도 <u>대위채권자의 항변의 범위</u>에 관하여, 대위채권자 A는 '등기부상 이해관계를 가진 자신에게 등기유용을 대항할 수 없다'는 <u>제3채무자 C에 대한 '독자적인 항변사유</u>'를 주장할 수 있다고 하여야 한다.

A가 유용 전 등기부상 이해관계를 가진 제3자에 해당하는 이상 B와 C 사이의 무효등기유용은 <u>A와의 관계에서는 무효</u>이므로, C는—B에 대한 관계에서는 유효라고 하더라도—A에 대해서는 등기유용의 유효를 주장할 수 없다. 따라서 A와의 관계에서는 B는 C에 대한 말소등기청구권을 가지고 있는 것으로 되어 A의 대위행사를 인정하여야 한다.

일본에서 위의 예외적인 법리에 찬성하는 많은 문헌들은 채권자대위권의 강제집행의 준비 기능에 착안하여, 대위채권자에게 압류채권자와 유사한 지위를 인정하거나 나아가 대위채권자가 제3채무자에 대하여 독자적인 사유를 주장하는 것을 인정할 가능성을 시사하고 있다. 대상판결 1, 2와 〈가등기 사안 3〉의 사안에서 대위채권자는 가압류 또는 압류 채권자로서 이미 일정 정도 강제집행에 나아갔다. 채권자대위권 자체에 강제집행의 준비기능을 인정할 수 있는 여지가 있다면, 한발 나아가 보전처분 또는 강제집행에 착수한 대위채권자에게는 더 강력한 지위에서 제3채무자와 사이의 독자적인 항변사유를 주장하는 것을 인정하여야 할 것이다.

(3) 소 결

무효등기유용의 효력에 관한 종래 판례의 입장에 따르더라도, 대상판결 1, 2의 사안은 전용형 사례에 해당하고 따라서 대위채권자 A는 '무효등기유용 전 등기부상 이해관계를 가지게 된 자신에 대하여 등기유용을 대항할 수 없다'는 C에 대한 '독자적인 항변사유'를 주장할 수 있고, B를 대위하여 각 등기의 말소를 청구할 수 있다.

Ⅵ. 결 론

1. 무효등기의 유용 전 등기상 이해관계 있는 제3자가 있는 경우 당사자 사이에서 유용합의와 등기의 유효성을 인정하면 대상판결들의 사안에서 보는 바와 같이 제3자의 법적 지위나 이익을 해치게 된다. 따라서 이러한 경우 무효등기의 유용은 인정되지 않는다고 하여야 한다. 등기상 이해관계 있는 제3자에 대해서만 그 범위에서 유용합의와 유용등기의 유효를 주장할 수 없는 것이 아니라, '등기상 이해관계 있는 제3자가 있는 경우'에는 유용합의와 유용등기는 실체관계에 부합하지 않는 것으로서 '모든 사람에 대하여' 무효이다.

2. 채권자대위권 전용형 사례의 경우 예외적으로 대위채권자는 제3채무자와 사이에서 발생한 독자적인 항변사유를 가지고 제3채무자에게 주장할 수 있다고 하여야 한다. 이러한 예외를 모든 전용형 사례에 일반

적으로 적용하기는 어려울 수 있으나, 대상판결 1, 2 및 〈가등기 사안 3〉의 사안과 같이 대위채권자가 압류 또는 가압류에 의하여 강제집행의 준비 또는 실행에 나아간 경우에는 그 독자적인 이익과 지위가 인정되므로, 적어도 이 경우에 대해서는 적용하여야 한다.

따라서 채무자와 제3채무자 사이의 무효등기유용 전에 채무자 소유 부동산에 가압류 또는 압류를 함으로써 등기부상 이해관계를 가지게 된 금전채권자는, 채무자를 대위하여 제3채무자에 대하여 그 무효등기유용에 의한 등기의 말소를 청구할 수 있고, 이 경우 제3채무자가 채무자에 대한 관계에서 그 등기의 유효를 주장할 수 있다고 하더라도, 대위채권자로서는 자기에 대한 관계에서 3채무자가 그 유효를 주장할 수 없음을 들어, 제3채무자의 주장을 배척하고 등기의 무효를 주장하여 그 말소를 대위 청구할 수 있다고 할 것이다.

[Abstract]

The Effectiveness of Utilizing an Invalid Registration and the Scope of Defenses a Subrogated Creditor can Assert

Kim, Byung Sun*

(1) If there is a third party with an interest in the registration before the utilization of an invalid registration, the validity of the utilization agreement and registration cannot be asserted against that third party.

Therefore, it is logically contradictory to claim that the validity of the utilization agreement and registration can still be asserted among the parties to the agreement. If the utilization agreement and registration are considered valid between the parties, it is logically contradictory and it would harm the legal position and interests of the third party.

When there is a third party with an interest in the registration before the utilization of an invalid registration, the utilization agreement and the registration, which do not correspond to the actual legal relationships, should be considered "invalid against everyone."

(2) In the case of 'Dedicated' subrogation, as an exception, the subrogated creditor can assert independent defense grounds arising from its relationship with the third-party debtor. At the very least, it should apply when the subrogated creditor has commenced enforcement through seizure or provisional seizure. This is because, in such cases, the subrogated creditor's independent interests and position are recognized.

Therefore, a monetary creditor, who has acquired an interest in the reg-

* Professor of Ewha Law School.

istration due to provisional seizure or attachment of the debtor's real estate before the utilization of an invalid registration, can claim the cancellation of the registration caused by the utilization of the invalid registration against the third debtor, subrogating the debtor. Even if the third debtor can assert the validity of the registration in relation to the debtor, the subrogated creditor can defend that the third debtor cannot assert its validity in relation to the subrogated creditor, thus rejecting the third debtor's claim.

[Key word]

- Utilization of Invalid Registration
- Third Parties with an Interest in Registration
- Registration Restoration of a Canceled Registration
- Creditor's right of subrogation
- Dedicated subrogation

참고문헌

1. 단 행 본

편집대표 곽윤직, 민법주해(Ⅸ), 박영사, 2002.

편집대표 김용덕 주석민법 채권총칙(1)(제5판), 한국사법행정학회, 2020.

______, 주석민법(물권1)(제5판), 한국사법행정학회, 2019.

편집대표 박준서 주석민법 채권총칙(1)(제3판), 한국사법행정학회, 2000.

곽윤직, 물권법(제7판), 박영사, 2003.

______, 부동산등기법(신정판), 박영사, 1993.

곽윤직 · 김재형, 물권법(제9판)」, 박영사, 2024.

김상용, 물권법, 화산미디어, 2009.

김증한 · 김학동, 물권법(제9판), 박영사, 1998.

박동진, 물권법강의, 법문사, 2022.

송덕수, 물권법(제6판), 박영사, 2023.

양창수 · 권영준, 민법Ⅱ－권리의 변동과 구제(제5판), 박영사, 2023.

양형우, 물권법, 정독, 2024.

이상태, 물권법(七訂版), 법원사, 2011.

이영준, 물권법(全新訂版), 박영사, 2009.

이은영, 물권법(제4판), 박영사, 2006.

이진기, 물권법, 박영사, 2020.

지원림, 민법강의(제21판), 홍문사, 2024.

編集代表 谷口知平 外, 新版注釋民法(6)物權(I)(補訂版), 有斐閣, 2009.

編集代表 奥田昌道 新版注釈民法(10) Ⅱ 債権(1) 有斐閣, 2011.

幾代 通 · 徳本伸一, 不動産登記法(法律学全集)(第4版), 有斐閣, 1994.

内田貴, 民法Ⅲ 債権総論 · 担保物権(第4版)」, 東京大学出版会, 2021.

道垣内弘人, 担保物権法(第3版), 有斐閣, 2008.

瀬川信久 · 内田貴 · 森田宏樹, 民法判例集 担保物権 · 債権総論(第3版), 有斐閣, 2014.

林良平 · 石田喜久夫 · 高木多喜男, 債権総論, 青林書院, 1987.

山野目章夫, 不動産登記法, 商事法務, 2010.
三ケ月章, 民事訴訟法研究(第6巻), 有斐閣, 1972.
星野英一, 民法概論Ⅲ(債権総論), 良書普及會, 1981.
松坂佐一, 債権者代位権, 総合判例研究叢書民法(7), 有斐閣 1971.
______, 債権者代位権の研究, 有斐閣, 1962.
我妻榮, 擔保物權法, 岩波書店, 1968.
______, 債権総論, 岩波書店, 1987.
於保不二雄, 債權總論, 有斐閣, 1959.
______, 債權總論, 有斐閣, 1972.
奥田昌道, 債権総論, 悠々社, 1992.
吾妻光俊, 擔保物權法, 青林書院, 1958.
田山輝明, 民法要義 3 擔保物權法(第3版), 成文堂, 2013.
潮見佳男, 新債権総論Ⅰ, 信山社, 2017.
天野弘, 債権者代位権に関する実務的研究(序説)－登記請求権の代位行使という判例理論に関して－, 司法研究報告書 24輯1号, 1973.

2. 논 문

박은경, "부동산저당권설정등기 유용과 금융실무", 경성법학, 제13집 제2호, 2004.
심재돈, "실체관계에 부합하는 등기", 등기에 관한 제문제(上)(재판자료 제43집), 법원행정처, 1988.
염기부, "무효등기의 유용", 협동조합연구 제12집, 농협대학교 협동조합경영연구소, 1990.
오세빈, "무효등기의 유용에 관한 합의의 효력" 대법원판례해설 제12호, 1990.
윤진호 · 김제완, "청산절차를 거치지 않은 무효의 본등기에 기한 소유권이전등기의 효력: 담보가등기에 대한 임의대위가 무효등기의 유용에 미치는 영향 고찰－대상판결: 대법원 2021. 2. 25. 선고 2016다232597 판결－", 법조 제70권 제6호, 2021.
윤진호 · 최은석 · 김제완, "무효인 가등기의 유용으로 취득한 자기 소유 부동산에 대한 등기부시효취득과 등기부상 이해관계 있는 제3자의 지위－대상판결: 대법원 2022. 7. 28. 선고 2017다204629 판결－", 고려법학(고려대학교 법학연구원) 제109호, 2023.

이재성, "무효인 부동산등기의 유용의 범위", 이재성판례평석집 제10권, 법률문화원, 1989.

이정민, "등기원인의 경정을 구하는 소의 적법 여부", 대법원판례해설 제95호, 2013.

조병갑, "등기유용에 관한 소고", 전남대 사회과학논총 제7집, 1980.

최은석 · 김제완, "무효인 가등기의 유용에 있어서 제3자의 지위−본등기에 따라 촉탁으로 말소된 경매기입등기의 회복을 중심으로−(대상판결: 대법원 2019. 5. 16. 선고 2015다253573 판결)", 법학논총 제37권 제3호, 한양대학교 법학연구소, 2019.

吉井直昭, "(1)債権者代位訴訟の原告である債権者が被告である第三債務者の提出した抗弁に対し自己独自の事情に基づく再抗弁を提出することの可否　(2)主位的請求を棄却し予備的請求を認容した控訴審判決に対し第一審被告のみが上告した場合と上告審における調査・判断の範囲", ジュリスト 698号 1983. 11.

林良平, "不動産の売買の合意解除の場合と未登記の転得者の債権者代位による登記識求の許否", 民商法雑誌 40巻1号, 1959. 4.

末弘嚴太郎, "抵当権−消滅したる抵当権の登記を他の抵当権の登記として利用するの能否", 民事法判例研究録(昭和六年度)(一五)九〇, 法学協会雑誌 51巻11号, 1933.

北村良一, "不動産の売買の合意解除の場合と未登記の転得者の債権者代位による登記請求の許否", 最高裁判所判例解説 民事篇 昭和33年度, 1959. 11

四宮和夫, "債権者代位権と虚偽表示" 民事法判例研究録(昭和一八年度)(一七), 法学協会雑誌 62巻11号, 1944. 11.

山木戸克己, "最新判例批評(民集二二巻二四號·二三巻一·二號) 債權者代位と民法第九四條第二項の適用", 民商法雑誌 20巻3号, 1944. 9.

石田穣, "(1)債権者は債権者代位訴訟で第三債務者の提出した抗弁につき自己独自の事情による再抗弁を主張できない　(2)主位的請求を棄却し予備的請求を認容した控訴審判決に対し上告がなされた場合と上告審の調査・判断の範囲" 最高裁判所民事判例研究(民集三三巻二号)(一〇) 法学協会雑誌 97巻6号, 1980. 6.

石田喜久夫, "債権者代位訴訟における原告の自己独自の事情に基づく再抗弁", 民法

判例百選Ⅱ債権(第二版), 有斐閣, 1982. 7.

池田辰夫, “(1)債権者代位訴訟の原告である債権者が被告である第三債務者の提出した抗弁に対し自己独自の事情に基づく再抗弁を提出することの可否, (2)主位的請求を棄却し予備的請求を認容した控訴審判決に対し第一審被告のみが上告した場合と上告審における調査・判断の範囲”, 民商法雑誌 81巻6号, 1980. 6.

天野弘, “取立訴訟と代位訴訟の関係(上)(下)”, 判例タイムズ 308・310号, 1974. 8・1974. 10.

下森定, 天野弘著 「債権者代位権に関する実務的研究(序説)−登記請求権の代位行使という判例理論に関して−」, 民商法雑誌 70巻6号 1974. 9.

채권자취소권에서 인정되는 기초적 법률관계론의 의미와 적용에 관한 비판적 검토

성 창 희*

요 지

채권자취소권에서 피보전채권은 원칙적으로 사해행위가 있기 전에 성립되어 있어야 하지만, 판례는 이른바 '기초적 법률관계론'을 채택하여 사해행위 이후에 성립한 채권도 예외적으로 채권자취소권의 피보전채권으로 인정하고 있다. 대상판결은 계속적 물품공급계약에 따라 물품을 공급받던 채무자가 유일한 재산인 부동산을 양도하였는데 그 이후 발생한 물품대금을 일부 변제하지 못한 사안에서, 물품공급계약에 수량, 단가 등이 구체적으로 정해져 있거나 외상공급의무가 규정되어 있지 않는 한, 계속적인 물품공급계약 자체만으로는 채권 성립의 기초가 되는 법률관계가 인정될 수 없다는 법리를 적용하여 채권자취소권의 행사를 배척하였다.

채권자취소권의 피보전채권에 대하여 사해행위 이전에 성립할 것을 요구하는 근거는 통상 그러한 채권에 관하여 채무자의 사해의사가 있다고 볼 수 있기 때문이다. 그렇다면 사해행위 이후에 성립한 채권에 관해서도 채무자의 사해의사가 인정되는 경우라면 채권자취소권의 행사를 허용하지 않을 이유가 없다. 따라서 피보전채권의 성립시기는 어디까지나 사해의사와 그에 기한 사해행위를 인정할 수 있는지 여부와 관련지어 그 의미를 찾아야 하고, 사해행위 이후에 발생한 채권을 예외적으로 피보전채권으로 인정하기 위해 마련된

* 서울서부지방법원 판사.

기초적 법률관계론도 이와 동일한 관점에서 이해하고 접근함이 타당하다. 이러한 관점에서 보면, 기초적 법률관계론에서 제시하는 요건 중 '기초적 법률관계'는 채무자의 사해의사를 인정하기 위해 요구되는 채권자와 채무자 사이의 최소한의 신뢰관계 정도로서 의미를 가질 뿐이고, '채권 성립의 고도의 개연성'이 사실상 사해의사의 정도와 다름없는 핵심 요건이라고 볼 수 있다. 기초적 법률관계론의 적용이 문제되는 사안에서는 '피보전채권의 존재 → 사해의사 및 사해행위'라는 기계적인 순서에 따라 판단하는 통상의 방식에서 벗어나 이를 유기적 · 종합적으로 검토하여 채권자취소권의 허용 여부를 결정하는 것이 바람직하다.

계속적 물품공급계약만으로도 거래당사자 상호 간에는 향후 개별 거래를 통해 발생할 물품대금채권 성립의 기초가 되는 법률관계가 성립되었다고 볼 수 있다. 이와 달리 계속적 물품거래관계에 관하여 기초적 법률관계론을 적용하면서 채무자의 사해의사는 고려하지도 않은 채 기초적 법률관계의 존재 자체를 부정한 대상판결의 태도는 쉽게 수긍하기 어렵다. 계속적 물품거래관계에서의 기초적 법률관계론에 관한 법리를 심도 있게 재검토하여 다른 판례와의 정합성, 구체적 타당성 등을 갖춘 전향적인 판결이 나오기를 기대해본다.

[주 제 어]

- 채권자취소권
- 기초적 법률관계론
- 기초적 법률관계
- 피보전채권의 성립시기
- 사해의사
- 사해행위
- 계속적 물품거래관계

대상판결 : 대법원 2023. 3. 16. 선고 2022다272046 판결

[사안의 개요]

Ⅰ. 사실관계

1. 원고와 A 주식회사 사이의 물품거래관계

(1) 원고는 2014. 10. 25. A 주식회사(이하 'A 회사'라고 한다)에 석유화학제품을 공급하기로 하는 내용의 물품공급계약(이하 '이 사건 공급계약'이라고 한다)을 체결하였다. 이 사건 공급계약에 따르면, A 회사는 물품을 구매할 때마다 원고에게 주문서를 제출해야 하고, 물품을 공급받으면 그 대금을 월 단위로 정산하여 공급받은 달의 다음 달 말일까지 지급해야 한다. 그리고 이 사건 공급계약에는 '외상 판매의 경우 A 회사가 물품대금을 완납할 때까지 그 물품은 원고의 소유로 한다'는 취지의 소유권 유보 조항이 존재한다.

(2) 원고는 A 회사로부터 2018. 5. 이전까지 공급한 물품의 대금은 모두 지급받은 반면, 2018. 5. 31. 공급한 물품대금 중 일부(6,372,000원)와 2018. 6. 27. 공급한 물품대금 전액(26,741,000원) 합계 33,113,000원을 지급받지 못하였다(이하 원고가 A 회사에 대해 갖는 위 금액 상당의 물품대금채권을 '이 사건 채권'이라고 한다).

(3) 이에 원고는 2019. 12. 4. A 회사 및 연대보증인이자 A 회사의 대표이사인 B를 상대로 이 사건 채권(지연손해금 포함)의 지급을 구하는 소를 제기하였는데, A 회사 및 B 모두에 대하여 공시송달로 진행되어 2020. 4. 23. 원고 승소 판결이 선고되었고, 위 판결은 2020. 5. 8. 그대로 확정되었다.

2. A 회사의 재산 처분 및 A 회사와 피고의 관계

(1) A 회사의 거래처인 피고는 2018. 2.경 감정평가법인에 A 회사 소유의 공장용지 4필지 및 그 지상의 공장 건물(이하 합쳐서 '이 사건 부동산'이라고 한다)에 대한 감정평가를 의뢰하여, 2018. 3. 22. 이 사건 부동산 및 기계, 기구의 감정가를 합계 1,755,996,480원으로 감정받았다.

(2) 그다음 날인 2018. 3. 23. 피고는 A 회사로부터 이 사건 부동산을 17억 8,500만 원에 매수하기로 하는 가계약을 체결하고, 약 한 달 후인 2018. 4. 24. 위와 동일한 내용의 매매계약(이하 '이 사건 매매계약'이라고 한다)을 체

결하였다. 그에 따라 2018. 6. 28. 이 사건 부동산에 관하여 피고 앞으로 이 사건 매매계약을 원인으로 하는 소유권이전등기가 마쳐졌고, 피고는 A 회사에 2018. 3. 23.부터 2018. 6. 26.까지 4차례에 걸쳐 매매대금을 전부 지급하였다.

3. 이 사건 소 제기

원고는 2021. 4. 27. 이 사건 매매계약이 사해행위에 해당한다고 주장하며 피고를 상대로 ① 이 사건 매매계약 중 이 사건 채권액인 33,113,000원의 한도 내에서의 취소, ② 그에 따른 원상회복으로서 위 33,113,000원 및 지연손해금의 지급을 구하는 이 사건 소를 제기하였다.

Ⅱ. 소송의 경과

1. 제1심(청주지방법원 충주지원 2021. 12. 23. 선고 2021가단22056 판결)

제1심은 다음과 같은 이유로 원고의 청구를 기각하였다.

(1) 우선, ① 이 사건 공급계약은 공급할 물품의 수량이나 단가, 거래시기 등을 구체적으로 정하고 있지 않고, 대금을 물품 공급 후 다음 달 말일까지 지급하도록 정하고 있을 뿐, 일정한 한도에서 외상으로 물품을 공급할 의무를 규정하고 있지 않은 점, ② 원고는 A 회사로부터 구체적인 물품 공급 의뢰를 받은 후 비로소 물품을 공급하고 대금을 정산받아 온 점 등을 종합하면, 이 사건 채권은 이 사건 매매계약 이후에 발생한 채권에 불과하여 사해행위취소의 피보전채권으로 보기 어렵다.

(2) 나아가 ① 이 사건 매매계약의 매매대금이 부당한 염가라고 보기 어렵고 피고가 이를 모두 지급한 점, ② 이 사건 부동산에 설정되어 있던 근저당권의 피담보채무(약 13억 원)는 이 사건 매매계약 이후 변제되었고, 위 피담보채무 및 원고에 대한 채무 외에 A 회사의 소극재산에 관한 자료가 제출되지 않은 점 등을 종합하면, A 회사가 이 사건 매매계약으로 변제자력을 유지할 수 없는 상태에 이르렀다거나, 다른 채권자를 해할 의사로 이 사건 매매계약을 체결하였다고 보기도 어렵다.

2. 원심(청주지방법원 2022. 8. 19. 선고 2022나50070 판결)

그러나 원심은 다음과 같은 이유로 제1심판결을 취소하고 원고의 청구를

인용하였다.[1)·2)]

(1) 우선, ① 원고는 2017. 9. 및 2018. 1.을 제외하고는 2017. 1.경부터 이 사건 공급계약에 따라 매달 A 회사에 물품을 꾸준히 공급하였으므로 2018. 5.경 및 2018. 6.경에도 물품을 공급할 것이 충분히 예상되는 점, ② 원고는 A 회사로부터 공급한 물품을 특정하여 대금을 지급받은 것이 아니라 수시로 지급받은 물품대금을 기존에 공급한 물품대금에 순차적으로 충당한 것으로 보이는 점, ③ 이 사건 채권은 원고가 2018. 5. 31. 공급한 물품대금 중 일부와 2018. 6. 27. 공급한 물품대금의 합계에 해당하여 이 사건 매매계약 체결 이후에 발생한 것으로 보이기는 하지만, 이는 이 사건 매매계약 체결 이전에 공급한 물품대금을 정산하고 남은 금액인 점 등을 종합하면, 이 사건 매매계약 체결 당시에 이미 이 사건 공급계약에 터 잡아 원고의 A 회사에 대한 채권이 성립되리라는 점에 대한 고도의 개연성이 있었고, 실제로 가까운 장래에 그 개연성이 현실화되어 이 사건 채권이 발생하였으므로, 이 사건 채권은 사해행위취소의 피보전채권이 된다고 봄이 타당하다.

(2) 이 사건 매매계약은 원고에 대하여 채무를 부담하고 있던 A 회사가 유일한 재산인 이 사건 부동산을 매도하는 것으로서 채권자인 원고에 대하여 사해행위가 되고, 채무자인 A 회사와 수익자인 피고의 악의는 추정된다.

(3) 이에 대하여 피고는 'A 회사와 원고의 거래관계를 알지 못한 채 B의 제의 및 피고의 사업 확장 필요에 따라 감정평가를 통해 산정한 객관적인 가격으로 이 사건 부동산을 매수하였으므로 선의의 수익자에 해당한다'고 항변하였지만, A 회사와 피고 사이의 인적 관계나 친분 관계, 이 사건 매매계약이 부동산 중개인을 통하지 않고 체결된 점 등에 비추어, 피고를 선의의 수익자로 인정하기 어렵다.

---

1) 피고는 원심에 이르러 '원고가 2019. 12. 4. A 회사 및 B를 상대로 물품대금 청구의 소를 제기한 때로부터 1년이 도과한 후 제기된 이 사건 소는 부적법하다'는 본안전항변을 추가하였지만, 위 소 제기 시점에 사해행위 취소 원인을 알았다고 볼 수 없다는 이유로 배척되었다.

2) 이 사건 매매계약 체결 당시 이 사건 부동산의 가액에서 이 사건 부동산에 설정되어 있던 근저당권 채권최고액 합계액을 뺀 공동담보가액보다 원고의 피보전채권액이 적으므로, 위 피보전채권액의 한도 내에서 사해행위인 이 사건 매매계약을 취소하고 원상회복으로서 가액배상을 명하였다(원고도 이와 같은 취지로 청구하였음은 앞서 본 바와 같다).

Ⅲ. 대상판결의 요지

대상판결은 다음과 같은 이유로 '원심의 판단에 채권자취소권의 피보전채권에 관한 법리를 오해하여 판결에 영향을 미친 잘못이 있다'고 보아 원심판결을 파기환송하였다.[3]

1. 관련 법리

채권자취소권에 의하여 보호될 수 있는 채권은 원칙적으로 사해행위라고 볼 수 있는 행위가 행하여지기 전에 발생된 것임을 요하지만, 그 사해행위 당시에 이미 채권 성립의 기초가 되는 법률관계가 발생되어 있고, 가까운 장래에 그 법률관계에 터 잡아 채권이 성립되리라는 점에 대한 고도의 개연성이 있으며, 실제로 가까운 장래에 그 개연성이 현실화되어 채권이 성립된 경우에는, 그 채권도 채권자취소권의 피보전채권이 될 수 있다(대법원 2004. 11. 12. 선고 2004다40955 판결, 대법원 2017. 9. 21. 선고 2015다53841 판결 등 참조).

계속적인 물품공급계약에서 대상이 되는 물품의 구체적인 수량, 거래단가, 거래시기 등에 관하여까지 구체적으로 미리 정하고 있다거나, 일정한 한도에서 공급자가 외상으로 물품을 공급할 의무를 규정하고 있지 않은 이상, 계속적 물품공급계약 그 자체에 기하여 거래당사자의 채권이 바로 성립하지는 아니하며, 주문자가 상대방에게 구체적으로 물품의 공급을 의뢰하고 그에 따라 상대방이 물품을 공급하는 별개의 법률관계가 성립하여야만 채권이 성립한다. 따라서 특별한 사정이 없는 한 사해행위 당시 계속적인 물품거래관계가 존재하였다는 사정만으로 채권 성립의 기초가 되는 법률관계가 발생하여 있었다고 할 수 없다(대법원 2017. 11. 29. 선고 2017다241819 판결).

2. 사안에의 적용

기록에 의하여 인정되는 사실관계를 위 법리에 비추어 보면, 원고가 이 사건 매매계약이 체결되기 전부터 채무자인 A 회사와 물품공급거래를 계속하여 왔

---

3) 파기환송 후 원심(청주지방법원 2023. 7. 14. 선고 2023나51988 판결)은 대상판결의 취지에 따라 이 사건 매매계약 체결 이후에 발생한 이 사건 채권은 피보전채권이 될 수 없다는 이유로 원고의 청구를 모두 기각하였고, 이에 대하여 원고가 상고하지 않음에 따라 위 판결은 그대로 확정되었다.

더라도 이 사건 매매계약이 체결된 후 A 회사로부터 구체적인 물품 공급을 의뢰받아 공급한 물품에 대한 대금채권은 사해행위 이후에 발생한 채권에 불과하므로, 다른 사정이 없는 한 채권자취소권의 피보전채권이 된다고 보기 어렵다.

〔研　　究〕

Ⅰ. 들어가며

일반적인 채권관계에서 채무의 이행은 기본적으로 채무자의 자유의사에 달려 있는 것으로, 채무자가 임의로 채무를 이행하지 않는 경우에는 강제이행과 손해배상 제도에 의한 구제가 인정되거나, 담보물권 등에 따른 우선변제권이 확보되어 있지 않는 한 궁극적으로 채무자의 일반재산에 대한 강제집행으로 귀결될 뿐이다. 다른 한편, 채무자는 파산선고, 압류 등과 같이 이미 재산이 책임실현의 목적으로 제공된 경우를 제외하고는 자기 재산에 대하여 자유를 갖는다. 그런데 채무자가 채권자를 해할 의사로 책임재산을 감소시킴으로써 채권의 공동담보가 부족한 상태를 유발하거나 심화시키는 경우 그 불이익은 고스란히 채권자에게 돌아가게 된다. 이에 채무자의 자기 재산에 대한 관재행위의 자유에 제동을 걸 필요성이 인정되고, 그 일환으로 채무자가 행한 사해행위의 효력을 부인할 수 있는 채권자취소권을 통해 채권자가 예외적으로 채무자의 재산행위에 간섭할 수 있도록 허용하고 있다.[4)]

채권자취소권 제도는 채권의 보전을 위하여 일반 채권자들의 공동담보에 제공되고 있는 채무자의 재산이 채무자의 재산처분행위로 감소되거나 산일(散逸)되는 경우 채권자의 청구에 의해 이를 취소하고 일탈된 재산을 채무자의 책임재산으로 환원하는 제도로,[5)] 채무자의 책임재산을 유

---

4) 김용덕 편집대표, 주석 민법 채권총칙(2)(제5판), 한국사법행정학회(2020), 319쪽(이백규 작성 부분, 이하 '주석 민법'이라고 한다); 김욱곤, "채권자취소권의 요건론 재고", 저스티스 제33권 제4호, 한국법학원(2000), 87쪽의 내용을 종합적으로 참고하였다.

5) 주석민법, 318쪽. 판례 역시 채권자취소권을 '채무자가 채권자를 해함을 알면서 자기의 일반재산을 감소시키는 행위를 한 경우에 그 행위를 취소하여 채무자의 재

지·보전하여 채권자가 채권을 종국적으로 실현할 수 있도록 한다는 점에서 강제집행의 준비 내지 전 단계의 기능을 한다.

우리 민법은 채권자취소권에 관한 조문으로 제406조와 제407조를 두고 있는데, 그중 제406조[6]는 '채권자취소권'이라는 표제 아래 채권자취소권의 행사 요건을 규정하고 있다. 이에 따르면, 채권자취소권을 행사하기 위해서는 객관적 요건으로 피보전채권의 존재 및 채무자의 사해행위, 주관적 요건으로 채무자의 사해의사 및 수익자 또는 전득자의 악의, 소송요건으로 제척기간의 준수가 필요하다. '피보전채권의 존재'는 위 조문에 명시되어 있지는 않지만, 채권자취소권이 채권에 부수하는 권리인 만큼 당연한 요건에 해당한다. 여기에서 나아가 통설과 판례는 피보전채권의 성립시기에 관하여 피보전채권은 원칙적으로 사해행위가 행하여지기 전에 성립되어 있어야 한다고 보고 있다.[7)·8)]

그러나 판례는 일정한 요건하에 '사해행위 이후에 발생한 채권'도 예외적으로 채권자취소권의 피보전채권으로 인정하고 있는데, 이는 통상 '기초적 법률관계론'이라고 불린다. 실제 채권자취소소송 실무에서 피보전채권성과 관련하여 기초적 법률관계론이 제시하는 요건을 갖추었는지 여

산을 원상회복시킴으로써 모든 채권자를 위하여 채무자의 책임재산을 보전하는 권리'로 정의하고 있다(대법원 1995. 2. 10. 선고 94다2534 판결, 대법원 2009. 6. 23. 선고 2009다18502 판결 등).

6) 제406조(채권자취소권)

① 채무자가 채권자를 해함을 알고 재산권을 목적으로 한 법률행위를 한 때에는 채권자는 그 취소 및 원상회복을 법원에 청구할 수 있다. 그러나 그 행위로 인하여 이익을 받은 자나 전득한 자가 그 행위 또는 전득 당시에 채권자를 해함을 알지 못한 경우에는 그러하지 아니하다.

② 전항의 소는 채권자가 취소원인을 안 날로부터 1년, 법률행위 있은 날로부터 5년 내에 제기하여야 한다.

7) 일본의 통설과 판례도 같다.

8) 판례는 일찍부터 "채무자가 법률행위를 할 당시에 그 행위로 인하여 해할지도 모르는 채권자의 채권이 이미 존재하고 있어야 함은 채권자취소권의 성질상 당연한 요건이라 할 것"이라고 설시하였고(대법원 1962. 2. 15. 선고 4294민상378 판결), 이후에도 "사해행위로 인하여 사해행위 이후에 권리를 취득한 채권자를 해친다고 할 수 없으므로 취소채권자의 채권은 사해행위가 있기 이전에 발생하고 있어야 함은 채권자취소권의 성질상 당연한 요건이라 할 것이다"라고 하는 등 계속해서 같은 취지의 설시를 이어왔다(대법원 1995. 2. 10. 선고 94다2534 판결 등).

부가 빈번하게 쟁점으로 다루어지고 있고, 대상판결 역시 기초적 법률관계론에 기초하여 피보전채권성을 판단하였다.

이하에서는 먼저 기초적 법률관계론의 내용에 관하여 판례의 유형별 분석을 중심으로 개관한다(Ⅱ항). 이어서 기초적 법률관계론의 요건을 재해석하고, 이를 사안에 적용하여 판단하는 바람직한 방식을 검토한 다음, 그에 따라 대상판결의 논리와 결론이 타당한지 살펴보기로 한다(Ⅲ항).

Ⅱ. 채권자취소권에서 인정되는 기초적 법률관계론의 개관

1. 판례의 확립된 태도

이른바 기초적 법률관계론은 대법원 1995. 11. 28. 선고 95다27905 판결이 '사해행위 당시 아직 성립되지 않은 채권이 예외적으로 채권자취소권의 피보전채권이 될 수 있는 경우'에 관하여 최초로 판시한 데에서부터 시작되었다. 위 판결은 "채권자취소권에 의하여 보호될 수 있는 채권은 원칙적으로 사해행위라고 볼 수 있는 행위가 행하여지기 전에 발생된 것임을 요하지만, 그 사해행위 당시에 이미 채권 성립의 기초가 되는 법률관계가 발생되어 있고, 가까운 장래에 그 법률관계에 기하여 채권이 성립되리라는 점에 대한 고도의 개연성이 있으며, 실제로 가까운 장래에 그 개연성이 현실화되어 채권이 성립된 경우에는, 그 채권도 채권자취소권의 피보전채권이 될 수 있다고 할 것이다. 왜냐하면 위와 같은 경우에도 채권자를 위하여 책임재산을 보전할 필요가 있고, 채무자에게 채권자를 해한다는 점에 대한 인식이 있었다고 볼 수 있기 때문이다."라고 함으로써, 피보전채권의 성립시기에 관한 일반원칙에 대한 예외를 명시적으로 인정하였을 뿐만 아니라, 그 이유와 판단기준까지 구체적으로 밝혔다. 이러한 법리는 그 이후 선고된 다수의 판례를 통해 그대로 유지되어 현재까지 확립된 판례로 자리하고 있다.

한편, 일본의 판례도 일찍부터 '사해행위 당시에는 아직 채권이 성립하지 않았지만, 이미 채권 성립의 기초가 되는 법률관계가 존재하고 있고, 장차 그 채권이 성립할 개연성이 높은 경우에는 사해행위 후에 성립한 채권도 채권자취소권의 피보전채권이 된다'는 입장을 취하여 왔는데,[9] 내용의 동일성에 비추어 우리나라의 기초적 법률관계론은 사실상 일본의 판례를 그대로 반영한 것으로 보인다. 일본은 2017년 민법을 전면 개정하면서 사해행위취소권에 관한 제424조에 '피보전채권이 사해행위 전의 원인에 기초하여 발생한 것인 경우에 한하여 사해행위취소청구를 할 수 있다'는 취지의 규정을 신설[10]하여, 사해행위 후에 발생한 채권이라도 그 원인이 사해행위 전에 있다면 피보전채권이 될 수 있음을 명문화하기도 하였다.[11]

2. 기초적 법률관계론의 요건

판례는 사해행위 당시 성립되지 않은 채권을 채권자취소권의 피보전채권으로 인정하기 위한 요건으로 다음과 같이 세 가지를 제시하였다.

9) 동경지판 소화 36. 3. 30. 판결, 대판지판 소화 54. 10. 30. 판결, 동경공 소화 12. 4. 22. 판결 등[윤경, "보증인의 추상적 구상권이 채권자취소권의 피보전채권이 될 수 있는지 여부: 사전구상권과 사후구상권의 차이", 대법원 판례해설 42호, 법원도서관(2003), 476쪽에서 재인용].

10) 구체적인 개정 내용은 아래와 같다.

개정 전	개정 후
第424조(사해행위취소권) ① 채권자는 채무자가 채권자를 해한다는 것을 알고 한 법률행위의 취소를 법원에 청구할 수 있다. 다만, 그 행위에 의해 이익을 받은 자 또는 전득자가 그 행위 또는 전득 시에 채권자를 해한다는 것을 알지 못한 때에는 그러하지 아니하다. ② 전항의 규정은 재산권을 목적으로 하지 않는 법률행위에 대해서는 적용하지 아니한다.	**第424조(사해행위취소청구)** ① 채권자는 채무자가 채권자를 해한다는 것을 알고 한 행위의 취소를 법원에 청구할 수 있다. 다만, 그 행위에 의해 이익을 받은 자(이하 이 관에 있어서 「수익자」라 한다)가 그 행위 시에 채권자를 해한다는 것을 알지 못한 때에는 그러하지 아니하다. ② 전항의 규정은 재산권을 목적으로 하지 않는 행위에 대해서는 적용하지 아니한다. ③ 채권자는 그 채권이 전항에 규정하는 행위 전의 원인에 기초하여 발생한 것인 경우에 한하여 전항의 규정에 의한 청구(이하 「사해행위취소청구」라 한다)를 할 수 있다. ④ 채권자는 그 채권이 강제집행에 의해 실현될 수 없는 것인 때에는 사해행위취소청구를 할 수 없다.

11) 신지혜, "사해행위취소권에 관한 일본 개정 민법상 쟁점과 시사점", 민사법학 제83호, 한국사법행정학회(2018), 75, 78-79쪽.

첫째, 사해행위 당시에 이미 채권 성립의 기초가 되는 법률관계가 발생되어 있을 것(기초적 법률관계의 존재), 둘째, 가까운 장래에 그 법률관계에 기하여 채권이 성립되리라는 점에 대한 고도의 개연성이 있을 것(고도의 개연성), 셋째, 실제로 가까운 장래에 그 개연성이 현실화되어 채권이 성립할 것(개연성의 현실화-채권의 실제 발생)이다.

(1) 기초적 법률관계의 존재

채권은 당사자 사이의 합의 내지 계약뿐만 아니라 사무관리나 부당이득, 불법행위, 그 밖의 법률 규정 등 법정채권 발생 원인으로부터도 발생할 수 있기 때문에, 채권 성립의 기초가 되는 '법률'관계라는 표현에도 불구하고 반드시 당사자 사이의 계약관계에 한정되지 않으며, 준법률관계나 사실관계, 기타 법정채권 발생 원인도 기초적 법률관계에 포함될 수 있다.[12] 판례도 동일한 취지로 설시하면서 "당사자 사이에 채권 발생을 목적으로 하는 계약의 교섭이 상당히 진행되어 그 계약 체결의 개연성이 고도로 높아진 단계도 채권 성립의 기초가 되는 법률관계에 포함되는 것으로 보아야 한다."고 한 바 있다.[13]

(2) 고도의 개연성

위와 같이 채권 성립의 기초가 되는 법률관계의 범위를 넓게 이해하는 이상, 기초적 법률관계론에서 논의의 핵심은 사실상 '채권 성립의 고도의 개연성'에 있다고 하여도 무방하고(개연성의 현실화라는 세 번째 요건이 남아 있기는 하지만, 뒤에서 보는 것처럼 해당 요건이 부정되는 경우는 없을 것이기 때문이다), 실무에서도 가장 많이 문제되고 있는 쟁점인 것으로

12) 조영철, "채권자취소권에 있어서의 피보전채권의 성립시기", 재판실무연구 제1권, 수원지방법원(1996), 113-114쪽.

13) 대법원 2002. 11. 8. 선고 2002다42957 판결. 1998. 6. 20. 연대보증 신청 서류들을 제출함으로써 채권자(은행)에게 연대보증계약에 대한 청약의 의사표시를 한 것이거나 채권자와 사이에 연대보증계약 체결을 위해 상당히 구체적인 교섭이 이루어져 앞으로 연대보증계약이 확실하게 체결되리라는 정당한 기대 내지 신뢰가 형성된 관계에 이르렀다고 볼 수 있어, 사해행위 당시인 1998. 6. 23. 이전에 연대보증채무 성립에 관한 기초적 법률관계 또는 사실관계가 형성되어 있었다고 본 사안이다.

보인다.

채권 성립의 고도의 개연성이란, 사해행위 시점을 기준으로 그 이전에 이미 존재하고 있던 기초적 법률관계에 따라 조만간 채권이 성립할 가능성이 매우 높은 단계를 의미하는 것으로, 판례는 “단순히 향후 채권이 발생할 가능성이 있는 정도에 그쳐서는 안 되고, 적어도 채무자의 사해의사를 추단할 수 있는 객관적 사정이 존재하여 일반적으로 누구라도 채권의 발생을 예견할 수 있을 정도에 이르렀다고 볼 만한 상태에서 채무자의 재산처분행위가 이루어졌어야” 한다고 설시하고 있다.[14] 나아가 구체적으로 이러한 고도의 개연성이 있는지 여부는 채권자와 채무자 사이의 기초적 법률관계의 종류 및 내용, 채무자의 재산상태 및 그 변화 내용, 일반적으로 그와 같은 상태에서 채권이 발생하는 빈도 및 그 빈도에 대한 일반인의 인식 정도, 채무자의 재산처분행위와 채권 발생과의 시간적 간격 등을 종합하여 객관적·규범적으로 판단하여야 하고, 그 판단은 채무자의 시각이 아닌 일반인의 시각에서 이루어져야 할 것이다.[15]

(3) 개연성의 현실화(채권의 실제 발생)

가까운 장래에 채권이 실현되어야 한다는 것으로, 채권자취소소송에서 원고의 채권이 성립되어 있지 않으면 사해행위취소 자체를 논할 필요가 없기 때문에 적어도 변론종결 시까지는 채권이 성립되어 있어야 한다.[16] ‘가까운 장래’라는 불확정 개념을 사용하고 있는 만큼 개별 사안에서 결과적으로 발생하는 채권의 성질과 발생을 둘러싼 제반 사정을 종합하여 판단되어야 한다고 설명되고 있지만,[17] 앞서 두 번째 요건 단계에서 이미 ‘가까운 장래에 채권이 성립될 고도의 개연성’이 인정된 이상, 세

14) 대법원 2013. 2. 14. 선고 2012다83100 판결.

15) 장희석, “채권자취소권에 의하여 보호되는 피보전채권의 성립시기 등”, 판례연구 제11집, 부산판례연구회(2000), 100쪽. 판례도 같은 입장이다(대법원 2002. 12. 6. 선고 2001다70788 판결, 대법원 2012. 2. 23. 선고 2011다76426 판결, 대법원 2013. 2. 14. 선고 2012다83100 판결 등).

16) 주석 민법, 351쪽; 서재국, “채권자취소소송에 있어서의 점검사항”, 충북법조 통권 제5호, 청주지방변호사회(2010), 22쪽.

17) 주석 민법, 351쪽; 장희석(주 15), 100-101쪽.

번째 요건과 관련하여 채권의 실제 발생 외에 별도로 따져보아야 할 사항은 없다고 생각된다.

3. 관련 판례의 유형별 검토

(1) 보증인의 구상금채권

기초적 법률관계론의 법리를 최초로 판시한 대법원 1995. 11. 28. 선고 95다27905 판결은 보증인의 구상금채권에 관한 사안이었다.[18] '금융기관에 대한 대출금채무 등 주채무의 발생 시점'과 '주채무자가 이를 변제하지 않아 보증인이 대위변제함으로써 주채무자 등에 대하여 구상금채권을 갖게 되는 시점' 사이에는 필연적으로 어느 정도의 시간적 간격이 존재할 수밖에 없기 때문에 그 사이에 사해행위로 볼 수 있는 재산처분행위가 행하여지는 경우 사해행위취소를 인정할 수 있는지가 자주 문제되고, 실제로도 기초적 법률관계론과 관련하여 보증인의 구상금채권에 관한 사례가 가장 많이 축적된 것으로 보인다.

사해행위취소를 긍정한 사례[19]와 부정한 사례[20]가 모두 존재하는데, 부정한 사례의 경우 대부분 '채권 성립의 고도의 개연성' 요건을 갖추지 못하였다는 이유로 부정되었다. 판례는 이와 같은 보증구상사건에서 고도의 개연성을 판단할 때 ① 사해행위 당시 주채무자의 재정상태와 ② 원고의 채권이 현실적으로 성립한 시기와 사해행위가 이루어진 시기의 근접성을 주된 기준으로 삼는 것으로 보인다. 즉, 사해행위 당시 주채무자의 재정상태가 악화되어 있을수록, 사해행위 시점과 피보전채권의 발생 시점이 가까울수록, 고도의 개연성이 인정될 가능성은 높아진다.

---

18) 다만, 결론적으로는 '사해행위가 있기까지 구상권 성립의 기초가 되는 신용보증약정조차 체결되지 않았음'을 이유로 사해행위취소를 인정하지 않았다

19) 대법원 1997. 10. 28. 선고 97다34334 판결, 대법원 2000. 2. 25. 선고 99다42384 판결, 대법원 2000. 2. 25. 선고 99다53704 판결, 대법원 2010. 4. 29. 선고 2009다80705 판결, 대법원 2011. 1. 13. 선고 2010다68084 판결, 대법원 2011. 11. 10. 선고 2011다53614 판결, 대법원 2012. 1. 12. 선고 2010다64792 판결 등.

20) 대법원 1996. 2. 9. 선고 95다14503 판결, 대법원 2000. 6. 27. 선고 2000다17346 판결, 대법원 2006. 9. 28. 선고 2005다8286, 8293 판결 등.

이처럼 보증인의 구상금채권으로부터 시작된 기초적 법률관계론의 법리는 이후 조세채권, 대환 등으로 점차 확장되었고, 신용카드 가입계약, 계속적인 물품공급계약, 공사대금 반환채권, 손해배상채권 등 다양한 법률관계에서 그 적용 여부가 문제되었다.[21)]

(2) 조세채권

조세채권은 통상 계약에 의하여 성립하는 일반채권과 달리 각종 세법이 정한 요건에 따라 성립하는 법정채권으로, 성립시기의 특성(과세기간이나 일정한 기한이 지나야 납세의무가 성립하거나,[22)] 과세대상이 되는 법률관계나 사실관계를 뒤늦게 적발하여 조세부과처분을 함으로써 비로소 납세의무가 성립하는 경우[23)] 등)과 성립 과정에서 채무자인 납세의무자의 자산상태가 전혀 고려되지 않는다[24)]는 특성으로 인하여 사해행위취소에서 피보전채권의 성립시기의 예외를 인정할 여지가 일반채권보다 더 크다. 이에 판례도 조세채권에 관해서는 기초적 법률관계론의 법리를 폭넓게 적용하여 사해행위취소의 피보전채권성을 긍정하고 있는 것으로 보인다.

(3) 대　　환

대환은 현실적인 자금의 수수 없이 형식적으로만 신규 대출을 하여 기존 채무를 변제하는 것으로, 판례는 실질적으로 기존 채무의 변제기 연장에 불과하여 그 법적 성질이 기존 채무가 여전히 동일성을 유지한 채 존속하는 '준소비대차'인 경우[25)]뿐만 아니라, 대환 과정에서 대출금액,

---

21) 다만, 이하의 논의 과정에서 필요한 유형에 한하여 언급하기로 한다.

22) 기간과세인 부가가치세와 관련된 판례로 대법원 2004. 7. 9. 선고 2004다12004 판결, 가산세와 관련된 판례로 대법원 2007. 6. 29. 선고 2006다66753 판결이 있다.

23) 가령, 소득처분에 따른 소득금액변동통지서를 받음으로써 원천납세의무 및 소득세 납세의무가 성립한다. 이와 관련된 판례로 대법원 2001. 3. 23. 선고 2000다37821 판결이 있다.

24) 윤경(주 9), 481쪽에서는 '민사채권의 경우 그 시점에서의 채무자의 자산상태를 고려해서 채권채무관계에 들어가는 것과 달리, 조세채권의 경우 채무자가 과세연도 중에 자신의 자산을 다 소비하였다고 해서 과세당국이 이를 고려하여 조세채권액을 정하는 것이 아니다'라는 취지로 설명하고 있다.

25) 대법원 2012. 2. 23. 선고 2011다76426 판결. 2007. 2. 14. 신용보증약정이 체결된 후 수회 기한이 연장되다가 최종적으로 2009. 4. 2. 종전 보증서를 회수하면서 새로 신용보증약정을 체결하였는데 그 이전인 2009. 2. 21. 채무자가 특허권을 양

이율, 변제기 등 대출의 내용이 달라짐에 따라 대환 전후 채무의 동일성이 없어 그 법적 성질이 '경개'로 인정되는 경우[26]에도 사해행위 이후에 발생한 신규 대출에 대한 보증인의 구상금채권 내지 채권자의 연대보증채권이 사해행위취소의 피보전채권이 될 수 있다고 보고 있다.

(4) 신용카드 가입계약

판례는 "신용카드 가입계약은 신용카드의 발행 및 관리, 신용카드의 이용과 관련된 대금의 결제에 관한 기본적 사항을 포함하고 있기는 하나 그에 기하여 신용카드업자의 채권이 바로 성립되는 것은 아니고, 신용카드를 발행받은 신용카드 회원이 신용카드를 사용하여 신용카드 가맹점으로부터 물품을 구매하거나 용역을 제공받음으로써 성립하는 신용카드매출채권을 신용카드 가맹점이 신용카드업자에게 양도하거나, 신용카드업자로부터 자금의 융통을 받는 별개의 법률관계에 의하여 비로소 채권이 성립하는 것이므로, 단순히 신용카드 가입계약만을 가리켜 여기에서 말하는 '채권 성립의 기초가 되는 법률관계'에 해당한다고 할 수는 없다."라고 하여, 신용카드 가입계약이 기초적 법률관계에 해당하지 않는다는 입장이다.[27] 다만, IMF 외환위기 이후 무분별한 신용카드 발급으로 인해 수많

도한 경우, 그 양도계약 당시 이미 채권자와 채무자 사이에 기존의 신용보증약정이 체결되어 있었을 뿐만 아니라 동일성을 유지하며 보증기한만 연장하여 신규 신용보증약정을 체결하기에 이른 것이므로, 특허권 양도계약 당시 채권자의 구상금채권 성립의 기초가 되는 법률관계가 발생되어 있다고 판단한 사안이다.

26) 대법원 2002. 3. 29. 선고 2001다81870 판결. 금융기관인 채권자가 1996. 1. 29. 법인에 '할인어음대출'을 하자 채무자가 연대보증을 하였다가, 1997. 2. 6. 미지급 어음금 상당액을 대출금액으로 하여 새롭게 '중소기업자금대출'을 하자 또 다시 채무자가 연대보증을 하였고, 1998. 4. 30.경 법인의 최종 부도로 인해 신규 대출에 따른 연대보증채무가 성립하였는데, 신규 대출 이전인 1997. 1. 21. 채무자가 자신의 유일한 재산인 부동산을 양도하고 소유권이전청구권 가등기를 마친 사안에서, 신규 대출에 따른 채무가 종래의 할인어음대출에 따른 채무와 동일성을 유지한 채 존속하는 채무라고 볼 수는 없다고 보면서도, 동일한 대출과목으로는 만기연장을 할 수 없고 새로운 대출을 실행하는 수밖에 없었던 점, 신규 대출은 실질적으로 종전 대출의 만기를 연장한 것에 불과하였던 점, 채무자는 법인의 대표이사로서 특별한 사정이 없는 한 신규 대출 시에도 연대보증인으로 될 것이 확실시되었던 점 등 신규 대출의 경위 및 경과에 비추어, 신규 대출에 따른 보증채권을 사해행위취소의 피보전채권으로 삼을 수 있다고 판단하였다.

27) 대법원 2004. 11. 12. 선고 2004다40955 판결. 채무자가 1997. 1. 6. 채권자와

은 신용불량자가 양산되고 신용카드사가 부도 위기에 처하게 된 이른바 '카드대란' 사태가 발생한 시기에 나온 판례라는 점을 고려하면, 신용카드사의 카드 남발행위에 대한 규제라는 정책적 판단이 상당 부분 반영된 것으로 평가할 여지가 있으므로,[28] 위 판례 법리를 모든 신용카드 가입계약 사안에 일반화할 것은 아니라고 생각된다.

(5) 계속적 물품공급계약

대법원은 2017년에 이르러 계속적인 물품공급계약 내지 임가공계약 등 계속적 거래관계에서 기초적 법률관계의 존부를 판단하는 기준에 관한 법리를 잇달아 판시하였다. ① 대법원 2017. 9. 21. 선고 2015다53841 판결은 "계속적인 물품공급계약 내지 임가공계약이 대상이 되는 물품의 종류와 임가공의 내용, 대금의 결제에 관하여 기본적인 사항을 포함하고 있기는 하나, 대상이 되는 물품의 구체적인 수량, 거래단가, 거래시기 등에 관하여서까지 미리 정하고 있지 아니하는 한 그에 기하여 거래당사자의 채권이 바로 성립하지는 아니하며, 주문자가 상대방에게 구체적으로 물품의 공급 내지 임가공을 의뢰하고 그에 따라 상대방이 물품을 공급하거나 임가공을 제공하는 별개의 법률관계가 성립하여야만 채권이 성립하므로, 다른 사정이 없는 한 사해행위 당시 계속적인 물품거래관계 또는 임가공거래관계가 존재하였다는 사정만으로 채권 성립의 기초가 되는 법률관계가 발생하여 있었다고 할 수 없다."라고 판시하였으며, ② 대법원 2017. 11. 29. 선고 2017다241819 판결[29]은 "계속적인 물품공급계약에서

신용카드 가입계약을 체결하고 신용카드를 발급받았지만 이를 사용하지 않고 있던 중, 2003. 4. 4. 자신의 유일한 부동산인 아파트를 매도하고 약 3주 후인 2003. 4. 26. 신용카드를 사용하기 시작하여 2003. 5.부터 신용카드대금을 연체한 사안이다.

28) 최재형, "채권자취소권의 피보전채권의 성립시기에 관한 연구(판례상 인정되고 있는 기초적 법률관계론과 관련하여)", 경영법무 통권 제126호, 한국경영법무연구소(2005), 23쪽도 같은 입장이다.

29) 채무자는 그 설립 당시부터 원고로부터 물품을 납품받으면서 지속적으로 거래하여 오던 중, 2014. 11. 3. 피고에게 공장 및 부지를 매도하고 2014. 11. 14. 소유권이전등기를 마쳐 주었는데, 2014. 11. 3. 당시 원고의 채무자에 대한 물품대금채권은 161,697,046원이었다가 2014. 11. 20.에는 162,627,288원으로 증가하였고, 2014. 11. 25. 1억 원이 변제되어 62,627,288원으로 감소하였지만 이후 다시 계속

대상이 되는 물품의 구체적인 수량, 거래단가, 거래시기 등에 관하여까지 구체적으로 미리 정하고 있다거나, 일정한 한도에서 공급자가 외상으로 물품을 공급할 의무를 규정하고 있지 않은 이상, 계속적 물품공급계약 그 자체에 기하여 거래당사자의 채권이 바로 성립하지는 아니하며, 주문자가 상대방에게 구체적으로 물품의 공급을 의뢰하고 그에 따라 상대방이 물품을 공급하는 별개의 법률관계가 성립하여야만 채권이 성립한다. 따라서 특별한 사정이 없는 한 사해행위 당시 계속적인 물품거래관계가 존재하였다는 사정만으로 채권 성립의 기초가 되는 법률관계가 발생하여 있었다고 할 수 없다."라고 하여, 앞선 대법원 2015다53841 판결이 제시한 판단기준에 '계약상 외상공급의무의 규정 여부'를 추가하였다. 대상판결도 위 대법원 2017다241819 판결의 법리를 그대로 인용하였다.

판례의 입장을 정리하면, 원칙적으로 계속적인 거래관계 자체만으로는 채권 성립의 기초가 되는 법률관계가 될 수 없고, 거래계약에서 구체적인 거래 내용이나 외상공급의무에 관한 규정을 두고 있는 경우에 한하여 예외적으로 기초적 법률관계로 인정할 수 있다는 것이다.

Ⅲ. 현행 기초적 법률관계론에 대한 비판적 검토

1. 피보전채권의 성립시기에 관한 일반원칙의 이론적 근거

앞서 본 것처럼 채권자취소권의 피보전채권이 원칙적으로 사해행위가 행하여지기 전에 발생된 것이어야 한다는 점에는 이론(異論)이 없는데, 그 근거에 관해서는 견해가 대립된다. 기초적 법률관계론에 관한 검토에 들어가기에 앞서, 논의의 전제로 피보전채권의 성립시기에 관한 일반원칙의 이론(理論)적 근거를 먼저 살펴본다.

(1) 학설 및 판례의 태도

우리나라의 지배적인 학설(통설)은 피보전채권이 사해행위 이전에 발

적으로 증가하여 원고와 채무자 사이의 거래가 종료된 2015. 2. 12. 무렵에는 134,361,618원이 되었고, 2014. 11. 25. 이후 추가로 변제된 물품대금은 없는 사안이다.

생하여야 하는 이유를 '채권자의 손해'라는 객관적 요소에서 찾는 견해로, 채권자는 채권이 발생한 당시 채무자의 자력을 신용의 기초로 하기 때문에 사해행위 당시에 존재하지 않았던 채권은 사해행위에 의하여 침해될 수 없다는 점을 근거로 든다.[30] 이에 반하여 피보전채권이 사해행위 이전에 발생하여야 하는 이유를 '채무자의 사해의사'라는 주관적 요소를 중심으로 설명하는 소수의 견해가 있는데,[31] 채권자취소권 제도는 특히 채권자에 대한 사해를 제재하는 것으로, 원칙적으로 채권이 발생하기 이전에 행하여진 채무자의 재산감소행위에서는 사해의사가 있을 수 없다는 취지이다.[32]

판례는 "사해행위로 인하여 사해행위 이후에 권리를 취득한 채권자를 해친다고 할 수 없으므로 취소채권자의 채권은 사해행위가 있기 이전에 발생하고 있어야 함은 채권자취소권의 성질상 당연한 요건"이라고 설시[33]한 점에 비추어 통설과 같은 입장인 것으로 보인다.

(2) 검　토

채권자취소권에 관한 민법 제406조 제1항 본문은 "채무자가 채권자를 해함을 알고 재산권을 목적으로 한 법률행위를 한 때에는 그 취소 및 원상회복을 법원에 청구할 수 있다."라고 규정함으로써 채권자취소권의 요건으로 채무자의 사해의사와 사해행위 두 가지만을 명시하고 있다(피보전채권의 존재는 채권자취소권에 당연히 내재되어 있는 요건이다). 따라서 피보전채권이 사해행위 이전에 발생하여야 함은 법률상 요구되는 요건이 아니며, 오히려 민법이 피보전채권의 성립시기에 관하여 아무런 언급을 하

30) 곽윤직 · 김재형, 채권총론(제7판), 박영사(2023), 182쪽; 김준호, 채권법: 이론 · 사례 · 판례(제14판), 법문사(2023), 232쪽; 윤철홍, 채권총론(제3판), 법원사(2018), 269쪽; 김상용, 채권총론(제3판), 화산미디어(2016) 241쪽; 정기웅, 채권총론(전정2판), 법문사(2014), 252쪽; 이은영, 채권총론(제4판), 박영사(2009), 461쪽; 곽윤직 편집대표, 민법주해[IX] 채권(2), 박영사(1995), 811쪽(김능환 집필 부분) 등.

31) 김대정 · 최창렬, 채권총론, 박영사(2020), 268-269쪽; 이상영, 채권총론(제1판), 박영사(2020), 135쪽; 최재형(주 28), 20쪽; 김욱곤(주 4), 88-89쪽 등.

32) 채권자의 손해와 채무자의 사해의사 모두를 근거로 하는 견해도 있다[김증한 · 김학동, 채권총론(제6판), 박영사(1998), 201쪽].

33) 대법원 1995. 2. 10. 선고 94다2534 판결 등.

고 있지 않은 것은 채권자취소권의 피보전채권을 사해행위 이전에 발생한 채권으로 한정해야 할 논리필연적 이유가 없음을 방증한다고 볼 수 있다. 그런데도 학설과 판례가 일치하여 채권자취소권의 피보전채권은 원칙적으로 사해행위 이전에 발생하고 있어야 한다고 보는 이유는 피보전채권의 성립시기가 채권자취소권의 요건인 채무자의 사해의사 및 사해행위성과 밀접한 관련이 있기 때문이다. 즉, 피보전채권이 사해행위 당시 이미 발생하여 있는 상태라면 그 채권을 보호할 필요가 있으므로 채무자의 행위가 채권자에 대한 사해의 의사에 기해 이루어진 사해행위로 인정될 여지가 큰 것이고, 반대로 피보전채권이 사해행위 당시 아직 발생하지 않은 상태라면 그 채권을 보호할 필요가 없어 사해의사 및 사해행위 요건을 충족할 여지가 적은 것이다.[34)]

그런데 통설과 같이 피보전채권이 사해행위 이전에 발생하여야 한다는 원칙의 논거를 채권자의 손해 발생 가능성에서만 찾는 경우, 우선 채권자취소권의 피보전채권이 될 수 있는 모든 채권을 아우르지 못한다는 커다란 난점에 부딪히게 된다. 통설의 논리는 특정 법률행위에 따라 효과가 발생하는 일반채권의 경우에는 타당하지만, 조세채권과 같이 법률에서 정한 요건에 따라 발생하는 법정채권의 경우에는 채무자의 자력이나 재산상태와 전혀 관계없이 채권채무관계가 형성되기 때문에 타당하지 않다. 또한, 통설에 따르면 피보전채권이 발생하기 전에 이루어진 법률행위도 예외적으로 사해행위가 될 수 있다는 점을 이론적으로 설명하기 어렵다는 문제도 있다. 반면, 소수설에 의하면 법정채권과 피보전채권 발생 이전의 법률행위에 대해서도 무리 없이 설명이 가능하다. 나아가 현실적으로도 금융기관과 같이 사전에 채무자의 자산 상황, 신용상태 등을 상세히 검토하여 자금을 대출하는 경우가 아닌 이상, 일반적으로 거래 과정에서 상대방인 채무자가 어떠한 재산을 보유하고 있는지 구체적으로 파악하기 어려운 점을 고려하면, 법률행위에 의한 채권에 관해서도 '채권

34) 장희석(주 15), 94-95쪽; 조영철(주 12), 113쪽도 같은 취지이다.

자'의 입장에서 채권 발생 당시 채무자의 자력을 신용의 기초로 삼았다고 보는 것보다는, 누구보다 스스로의 재산상태를 잘 알고 있는 '채무자'의 입장에서 채권자를 해하려는 의사가 있었다고 보는 것이 더 자연스럽다. 따라서 채무자의 사해의사에 초점을 맞추어 피보전채권의 성립시기를 이해하는 소수설이 논리적으로 훨씬 설득력이 있다고 생각된다.

2. 기초적 법률관계론의 요건 재해석 및 바람직한 적용방식

(1) 접근 관점

채권자취소권에서 피보전채권이 원칙적으로 사해행위가 있기 전에 성립하여야 하는 것은 통상 그러한 채권에 관해서 채무자의 사해의사가 있다고 볼 수 있기 때문이다. 그렇다면 사해행위가 있고 나서 성립한 채권에 관하여서도 채무자의 사해의사가 인정되는 경우라면 채권자취소권의 행사를 허용하지 않을 이유가 없다. 다시 말해, 채권자취소권에서 피보전채권이 사해행위 이전에 성립하였는지, 아니면 사해행위 이후에 성립하였는지는 그 자체로 독자적인 의미를 갖는다고 보기 어렵고, 어디까지나 채무자의 사해의사와 그에 기한 사해행위를 인정할 수 있는지 여부와 관련지어 그 의미를 찾아야 하는 것이다. 따라서 사해행위 이후에 발생한 채권을 예외적으로 피보전채권으로 인정하기 위해 마련된 기초적 법률관계론도 이와 동일한 관점에서 이해하고 접근함이 타당하다. 판례 또한 일정한 요건이 충족되는 경우에는 사해행위 이후에 발생한 채권도 예외적으로 피보전채권이 될 수 있다고 하면서 그 이유에 관하여 "채권자를 위하여 책임재산을 보전할 필요가 있고, 채무자에게 채권자를 해한다는 점에 대한 인식이 있었다고 볼 수 있기 때문"이라고 설시함으로써 기초적 법률관계론의 법리를 인정하는 근거로 채무자의 사해의사를 명시적으로 언급하였다.

(2) 요건 재해석

위와 같은 관점에 따르면, 기초적 법률관계론에서 제시하는 세 가지 요건은 피보전채권의 성립시기에 관한 예외를 인정하기 위한 직접적인 요건이라기보다는, 행위 당시 채무자의 사해의사를 인정하기 위한 간접적인 요건에 해당한다.[35] 이하에서는 각 요건별로 그 의미를 살펴본다.[36]

(가) 기초적 법률관계의 존재

사해행위 당시 채무자의 채권자에 대한 사해의사가 있었다고 보기 위해서는 최소한 그 이전에 이미 향후 서로가 채권자와 채무자라는 법적 지위로 만날 만한 연결 고리는 존재하고 있어야 하고, 그 연결 고리는 계약과 같은 법률행위뿐만 아니라 준법률관계나 사실관계 등 다양한 원인에 의해 만들어질 수 있다. 이를 판례는 '채권 성립의 기초가 되는 법률관계'라고 통칭하면서, 앞서 보았듯이 채권 성립의 개연성이 있는 준법률관계나 사실관계 등까지 포함하여 그 범위를 넓게 인정하고 있다. 기초적 법률관계의 존재 요건은 채무자의 사해의사를 인정하기 위한 기초적인 신뢰관계의 발생 근거를 요구하는 것에 중점이 있기 때문에 굳이 엄격하게 해석할 필요가 없다. 기초적 법률관계의 성립은 채무자의 입장에서 상대방과의 관계로부터 장래에 자신이 어떠한 채무를 부담하게 될 수도 있다고 예상할 수 있는 정도면 족하고, 채권자의 입장에서도 장래에 자신이 채권을 취득할 수 있다는 점을 예상할 수 있어야 하는 것은 아니다.[37]

이러한 관점에서 본다면, 신용카드 가입계약과 계속적인 물품거래관계에 대하여 채권 성립의 기초가 되는 법률관계를 부정한 판례의 태도는 수긍하기 어렵다. 판례가 두 유형에서 기초적 법률관계가 없었다고 판단한 공통적인 근거는 별개의 법률관계(신용카드 가입계약의 경우 회원이 신용카드 가맹점에서 신용카드를 사용함으로써 성립하는 신용카드매출채권의 신용카드업자에 대한 양도 또는 회원의 신용카드업자로부터의 자금 융통, 계속적인 물품

35) 김대정, "채권자취소권의 피보전채권의 성립시기", 민사법학 제17호, 한국사법행정학회(1999), 380쪽.

36) 다만, 마지막 요건인 '개연성의 현실화' 요건은 앞서 Ⅱ. 2. (3)항에서 검토한 것처럼 채권이 실제 발생한 이상 특별히 더 문제될 것이 없는 요건이므로, 따로 살펴보지 않는다.

37) 장희석(주 15), 99쪽.

거래관계의 경우 주문자의 구체적인 물품 공급 의뢰 및 그에 따른 상대방의 물품 공급)에 의해 비로소 채권이 성립한다는 것이었다. 신용카드 가입계약도 일종의 계속적 거래관계를 형성하는 계약이므로, 판례는 계속적 거래관계에 관하여 나름 일관된 입장을 보여 왔다고 볼 수 있다.

그러나 신용카드 가입계약은 장차 회원의 신용카드 사용을 당연히 예정하고 체결되는 것이고, 그 계약이 무효이거나 해제 · 해지 · 취소되지 않는 한, 즉 계약의 효력이 유지되는 동안에는 회원은 언제든지 신용카드를 사용할 수 있기 때문에, 실제 회원이 신용카드를 사용한 시점과 관계없이 신용카드업자가 갖게 될 신용카드대금채권 성립의 기초가 되는 법률관계가 되기 충분하다. 물론 신용카드 거래구조의 특성상 신용카드 회원, 신용카드업자 외에 신용카드 가맹점이라는 별개의 당사자가 개입되어 세 당사자 사이의 삼각관계가 형성되기는 하지만,[38] 궁극적으로 신용카드 회원이 신용카드업자에 대해서 카드이용대금채무를 부담한다는 점을 고려하면, 적어도 신용카드 회원과 신용카드업자 사이에서는 신용카드 가입계약을 통해 신용카드대금을 둘러싼 최소한의 신뢰관계가 생겼다고 볼 수 있다(나아가 판례 사안은 채무자가 신용카드를 발급받고 6년 이상이 지나서야 최초로 신용카드를 사용하였다는 특수한 사정이 있었는데, 이는 채권 성립의 고도의 개연성 단계에서 고려할 것이지, 기초적 법률관계 자체를 부정할 만한 사정이 된다고 보기는 어렵다).

계속적 물품거래관계의 경우에도 마찬가지이다. 거래당사자들은 계속적인 물품거래관계를 형성하는 과정에서 통상 공급 대상 물품, 대금 산정기준, 대금 지급시기 및 방법, 계약기간 등 거래의 기본적인 내용에 관하여 계약 내지 합의를 먼저 할 것인데, 이와 같은 기본계약 성격의 계속적 물품공급계약은 장차 물품을 공급받는 자가 정기적 또는 부정기

---

38) 신용카드 거래에서 카드이용대금 결제관계를 어떠한 법률관계로 이해할 것인지에 관하여 다양한 학설이 대립하고 있다. 자세한 내용은 김상찬 · 김상명, "신용카드거래의 사법적 검토", 법학연구 제35집, 한국법학회(2009), 77-78쪽에 정리되어 있다.

적으로 수량 등을 특정하여 주문을 넣는 방식에 의해 거래를 이어갈 것을 예정하고 있다. 그렇다면 계속적 물품공급계약과 그에 따른 구체적인 의뢰 및 공급은 동일한 당사자 사이에서 연속적으로 이루어진 동일한 거래 범주에 포함된다고 볼 것이지,[39] 구체적인 의뢰 및 공급을 별개의 법률관계로 이해하는 것은 적절하지 않다. 따라서 계속적 물품공급계약만으로도 거래당사자 상호 간에는 향후 개별 거래를 통해 발생할 물품대금채권 성립의 기초가 되는 법률관계가 성립되었다고 봄이 타당하다.

판례가 대표적으로 기초적 법률관계론의 법리를 적용하고 있는 보증인의 구상금채권과 비교해 보면 신용카드 가입계약과 계속적인 물품거래관계에서 기초적 법률관계를 인정하지 않은 것은 논리적으로 더더욱 이해가 되지 않는다. 판례는 보증계약을 구상금채권 성립의 기초적 법률관계로 보고 있는데, 보증계약 자체만으로 구상금채권이 성립하는 것이 아니라, 주채무의 이행기 도래 등 일정한 사유의 발생(사전구상권) 또는 보증인의 출재로 주채무가 소멸되는 행위(사후구상권)가 추가로 있어야만 구상금채권이 성립하게 된다. 채무자의 사해의사를 판단하기 위한 첫 번째 단계로서 기초적 법률관계를 요구한다는 점을 다시 한번 상기하면, 보증인의 구상금채권과 신용카드 사용행위를 통해 성립하는 신용카드대금채권, 개별 주문에 의한 공급행위를 통해 성립하는 물품대금채권을 달리 볼 이유가 없다(신용카드 사용행위와 개별 주문에 의한 공급행위가 각각 신용카드 가입계약, 계속적 물품공급계약 체결 당시부터 이미 예정되어 있던 것임을 고려하면 더욱 그러하다). 보증계약 체결의 개연성이 고도로 높아진 단계일 뿐 아직 보증계약 체결이 완료되지 않은 상태조차 기초적 법률관계로 인정한 판례의 태도와도 모순된다.

나아가 판례의 입장을 그대로 따를 경우, 신용카드 가입계약을 체결한 자가 신용카드를 사용할 의사가 있는 상태에서 자신의 재산을 처분한 다음 신용카드 사용을 시작하는 경우나, 계속적으로 물품거래를 해오던

39) 조해섭, 채권자취소권법(제2판), 법문사(2022), 53쪽.

중 자신의 재정난을 인지하고 재산을 처분하고도 추가 주문을 하는 경우와 같이 채무자의 사해의사가 다분한 사안에서도 단지 기초적 법률관계의 부재를 이유로 채권자취소권을 행사하지 못하는 결과가 되어 구체적 타당성 측면에서도 매우 부당하다.

이와 관련하여, 기초적 법률관계의 존부가 명확하지 않은 사안에서도 채무자의 사해의사를 인정할 수 있다면 채권자취소권의 행사를 긍정하여야 한다는 점에서 기초적 법률관계의 존재라는 요건은 채무자의 사해의사와의 관계에서 항상 '번복의 가능성이 있는 요건'에 불과한 반면, 채무자의 사해의사는 그것이 부정되는 경우 다른 요건에 의해서는 채권자취소권의 행사를 번복할 수 없는 핵심적 요건의 지위에 있는 것으로, 사해의사가 인정되는 사안에서는 기초적 법률관계의 존재가 부정될 수 없다고 보는 견해가 있다.[40)]

(나) 고도의 개연성

기초적 법률관계의 존재 요건을 위와 같이 해석하는 이상, 기초적 법률관계론의 적용 여부를 결정하는 핵심 역할은 자연스럽게 그 다음 단계인 '채권 성립의 고도의 개연성'으로 넘어가게 된다.[41)] 이미 강조한 것처럼 기초적 법률관계론은 채무자의 사해의사와 밀접한 관련이 있는 것으로, 채권이 발생할 개연성이 아주 높은 상황에서 채무자가 사해행위에 해당하는 행위를 하였다면 채권자에 대한 사해의 의사가 있었다고 볼 수 있어 채권자취소권의 대상이 된다고 이해되어야 한다. 결국 고도의 개연성 요건은 '사해의사의 정도'에 관한 문제라고 볼 수 있다. 판례도 고도의 개연성의 의미에 관하여 "적어도 채무자의 사해의사를 추단할 수 있는 객관적 사정이 존재하여 일반적으로 누구라도 채권의 발생을 예견할 수 있을 정도"라고 설시함으로써 위와 같은 시각을 반영하고 있다.

---

40) 남기정, "채권자취소권에서 기초적 법률관계론의 바람직한 적용에 대한 검토", 사법 제43호, 사법발전재단(2018), 243쪽.

41) 따라서 '기초적 법률관계론' 대신 '고도의 개연성론'으로 칭하는 것이 타당하다는 견해도 있다[남기정(주 40), 245쪽].

다만, 채권 성립의 고도의 개연성을 사해의사의 정도 문제로 이해하는 입장에서도 사해의사의 구체적인 의미를 두고 견해가 갈리는 것으로 보인다. 일반적으로 채권자취소권의 요건인 사해의사는, 채무자가 법률행위를 하면서 채권자를 해한다는 사실을 안다는 것으로, 의도나 의욕이 아닌 단순한 인식으로 충분하며, 나아가 이러한 인식은 일반 채권자에 대한 관계에서 있으면 족하고, 특정의 채권자를 해한다는 인식까지 있을 필요는 없다고 설명된다.[42] 그러나 고도의 개연성 단계에서 논의되는 사해의 의사란 일반적인 사해의사와 달리 '특정의 채권자에 대한 사해적 예견'을 말한다는 견해가 있다. 가까운 장래에 채권이 성립될 고도의 개연성이 있는 단계에서 채무자가 사해행위를 한 경우에는 그 개연성이 특정 채권의 발생에 관한 것인 데다 고도의 것인 이상, 그 사해의 의사는 단순히 일반 채권자를 해한다는 점을 넘어 특정의 채권자를 해하게 된다는 점에까지, 그리고 소극적인 인식의 정도를 넘어 적극적인 의욕의 정도에까지 이른다고 볼 수밖에 없다는 것이다.[43] 이에 대해서는 위와 같은 견해가 별도의 독자적인 판단을 요한다고 보면서도 일반적인 사해의사 판단기준과 구별되는 기준을 제시하지 못하고 있는 점, 일반적인 사해의사 기준으로도 충분히 사해행위 이후 발생한 채권에 대한 사해의사를 인정할 수 있는 점 등을 근거로 들면서 비판하는 견해가 있다.[44]

생각건대, 사해행위 당시 아직 채권이 성립하지 않았던 채권자(A)가 사해행위 이후 성립한 채권을 피보전채권으로 삼아 채권자취소권을 행사하기 위해서는, 채무자에게 사해행위 당시에 A를 해한다는 의사가 있었음이 밝혀져야 한다. 만일 A에 대한 기초적 법률관계만 성립한 상태에서 사해행위가 이루어지는 경우, 채무자가 사해행위를 하면서 A를 제외한 나머지 채권자들, 즉 이미 채권이 성립해 있는 채권자들만을 해한다는

42) 대법원 1998. 5. 12. 선고 97다57320 판결, 대법원 2009. 3. 26. 선고 2007다63102 판결 등.

43) 조영철(주 12), 115쪽.

44) 최재형(주 28), 26-27쪽.

의사를 갖고 있었다고 인정된다면, A의 채권은 그 성립의 개연성이 고도로 높아진 단계라고 인정될 수 없을 것이기 때문이다(다른 채권자들이 없는 경우 필연적으로 채무자의 사해의사는 A에 대한 사해의사일 수밖에 없음은 물론이다). 다만, 단순한 인식이 아닌 적극적 의도 내지 의욕까지 필요하다고 보아 일반적인 사해의사보다 높은 정도의 사해의사를 요구하는 것이 타당한 지는 의문이다. 채권자취소권은 책임재산 보전을 위한 권리인 만큼 채무자가 공동담보 부족 내지 그 부족의 심화를 단순히 인식하는 것만으로도 사해의사에 해당한다고 보는 것인데, 피보전채권이 사해행위 이후에 성립하였다고 하여 그 본질이 바뀐다고 보기는 어렵다. 또한, 다른 채권자들이 존재하는 상황에서 채무자가 기초적 법률관계만 존재하고 있던 특정 채권자(엄밀하게 말하면 사해행위 당시에는 아직 채권이 성립하지 않은 상태이므로 잠재적 채권자라고 해야 할 것이다)만을 해한다는 의사로 사해행위를 하는 경우는 거의 생각하기 어렵고, 특정 채권자를 포함한 일반 채권자 전체를 해한다는 의사를 갖고 있었을 것이므로, 특정 채권자에 대한 사해의사와 다른 채권자들에 대한 사해의사를 구별할 실익도 없다.

정리하면, 채권 성립의 고도의 개연성이란 채무자가 공동담보 부족 내지 그 부족의 심화로 인하여 기초적 법률관계가 존재하는 잠재적 채권자가 장차 채권변제를 받기 어렵게 될 위험이 생긴다는 사실을 인식하는 것을 의미하며, 일반적인 사해의사 판단기준과 같은 기준으로 판단하면 될 것이다.

(3) 적용방식

채권자취소소송의 실무에서는 채권자취소권의 요건사실로서 피보전채권의 존재를 선행적으로 판단한 다음, 이 요건이 충족되면 사해의사 및 사해행위를 판단하고, 이어서 수익자나 전득자의 선의 항변에 관하여 판단함으로써 '피보전채권의 성립'과 '사해의사 및 사해행위'를 순차적 요건으로 취급하는 것이 일반적이다. 이는 사해행위 이후에 발생한 채권에 대하여 기초적 법률관계론을 적용하는 경우에도 동일하다. 즉, 기초적 법률관계의 존재, 고도의 개연성, 개연성의 현실화를 차례대로 판단한 결과

'피보전채권의 존재' 요건을 충족하였다고 인정되면 비로소 사해의사 및 사해행위 요건 단계로 나아간다. 이와 같은 판단 순서는 피보전채권이 일반원칙에 따라 사해행위 이전에 성립하는 경우에는 아무런 문제가 되지 않는다. 피보전채권의 성립 시점이라는 객관적 사실만으로 피보전채권의 존재 여부를 판단할 수 있기 때문에 이를 먼저 판단하고 나서 다른 요건들을 판단해도 무방한 것이다. 그러나 기초적 법률관계론의 적용이 문제되는 사안에서는 다음과 같은 문제점이 존재한다. 앞서 본 것처럼 기초적 법률관계론의 각 요건은 사해의사와 밀접하게 관련지어서만 그 의미를 갖는 것인데, 위와 같은 순서로 판단하게 되면 기초적 법률관계론의 요건들을 피보전채권의 존재 요건의 틀 안에 가둠으로써 사해의사를 고려할 여지를 차단하는 결과가 되고 만다. 사해의사와 그 판단의 기초가 되는 제반 사정을 기초적 법률관계의 존재나 고도의 개연성 판단에도 반영하는 모습이 엿보이는 일부 판례가 발견되기는 하지만, 그 판례에서도 기초적 법률관계론에 따른 피보전채권의 적격과 채무자의 사해의사를 엄격하게 분리하여 판단하고 있다.[45)]

기초적 법률관계론에서 제시하는 세 가지 요건(특히 고도의 개연성)을 판단하는 과정에서 채무자의 사해의사에 관한 판단이 어느 정도 함께 이루어지기 때문에 피보전채권 요건과 사해의사 요건 사이의 경계는 자연스럽게 희미해질 수밖에 없다. 따라서 피보전채권이 사해행위 이후에 성립함으로써 기초적 법률관계론의 적용이 문제되는 경우에는 '피보전채권의 존재 → 사해의사 및 사해행위'라는 기계적인 순서에 따라 판단하는 방식에서 벗어나, 이를 유기적 · 종합적으로 검토하여 최종적으로 채권자취소권의 허용 여부를 결정하는 것이 바람직하다.

(4) 예상되는 비판과 해결방안

기초적 법률관계론을 적용함에 있어 채권 성립의 기초가 되는 법률관계의 범위를 넓게 인정하고, 고도의 개연성 판단 단계에서 원래는 후

---

45) 대법원 1997. 10. 10. 선고 97다8687 판결 등. 최재형(주 28), 28쪽.

행적 요건이던 사해의사를 앞당겨 판단하는 경우 결과적으로 채권자취소권의 인정 범위가 확장될 가능성이 높다. 그런데 채권자와 채무자의 관계에만 초점을 맞추면 채권자를 해할 의사로 사해행위를 한 채무자에 대하여 관재행위의 자유를 제한하는 것은 형평과 정의의 관념에서 볼 때 지극히 타당하겠지만, 채권자취소권의 행사를 통해 취소하는 대상은 어디까지나 채무자와 제3자(수익자) 사이에 이루어진 법률행위인 데다가 취소의 효력을 직접 받는 당사자 역시 제3자(수익자, 전득자)이기 때문에 채권자취소권을 넓게 허용한다는 것은 곧 거래의 안전을 해치는 결과를 가져오는 것이기도 하다는 점에서 비판이 제기될 수 있다.

그러나 채권자취소권이 인정되기 위해서는 피보전채권의 존재, 사해의사 및 사해행위 외에 추가적으로 수익자 또는 전득자의 악의까지 있어야 하고, 가장 마지막에 판단하게 되는 수익자 또는 전득자의 악의 단계에서 충분히 거래안전 보호라는 가치를 고려할 수 있기 때문에, 거래안전을 보호할 필요가 있다는 이유만으로 피보전채권의 성립을 넓게 인정하지 못한다고 볼 것은 아니다. 이 글에서 본격적으로 다룰 것은 아니지만, 우리나라 민법은 일본 민법을 그대로 따라 수익자 또는 전득자의 선의를 항변사항으로 규정하여 그 증명책임이 수익자 또는 전득자에게 있다는 입장[46]일 뿐만 아니라, 판례도 선의 여부에 대한 판단기준을 상당히 높게 설정하고 있는 점[47]을 고려하면, 수익자 또는 전득자의 악의에

46) 다만, 일본 민법은 2017년 개정을 통해 종전에 수익자와 전득자에 대해 함께 규정하던 것에서 전득자에 대한 요건을 분리하여 제424조의5를 신설하면서, 채권자가 전득자의 악의를 주장·증명해야 하는 것으로 변경하였다[신지혜(주 11), 76쪽].

47) 사해행위취소소송에서 수익자의 악의는 추정되므로 수익자로서는 자신의 책임을 면하려면 자신의 선의를 입증할 책임이 있다 할 것인데, 이 경우 수익자의 선의 여부는 채무자와 수익자의 관계, 채무자와 수익자 사이의 처분행위의 내용과 그에 이르게 된 경위 또는 동기, 그 처분행위의 거래조건이 정상적이고 이를 의심할 만한 특별한 사정이 없으며 정상적인 거래관계임을 뒷받침할 만한 객관적인 자료가 있는지 여부, 그 처분행위 이후의 정황 등 여러 사정을 종합적으로 고려하여 논리칙·경험칙에 비추어 합리적으로 판단하여야 할 것이다(대법원 2008. 7. 10. 선고 2007다74621 판결 등). 사해행위취소소송에 있어서 수익자가 사해행위임을 몰랐다는 사실은 그 수익자 자신에게 입증책임이 있는 것이고, 이 때 그 사해행위 당시 수익자가 선의였음을 인정함에 있어서는 객관적이고도 납득할 만한 증거자료 등이

대한 증명책임의 소재 전환[48]이나 증명책임의 완화 등을 통해 채권자취소권 제도가 내재적으로 안고 있는 거래안전 문제의 해결을 도모하는 것이 타당하다고 생각된다.

3. 대상판결의 검토

(1) 대상판결의 문제점

대상판결은 사해행위 이후에 성립한 물품대금채권에 대하여 사해행위 당시 기초적 법률관계의 존재를 인정하기 어렵다는 이유만으로 기초적 법률관계론의 적용을 부정하고, 채권자취소권의 피보전채권에 해당하지 않는다고 판단하여 채권자취소권의 행사를 배척하였다. 그러나 계속적인 물품공급계약을 채권 성립의 기초가 되는 법률관계로 충분히 볼 수 있다는 점은 이미 살펴본 바와 같다. 나아가 대상판결의 법리에 따르면, 계속적인 물품거래관계에서 기초적 법률관계가 인정되기 위해서는 계속적인 물품공급계약만으로는 부족하고, 그 계약에서 물품의 수량, 단가, 거래시기 등까지 구체적으로 정해놓거나 외상 공급의무를 규정하고 있어야 한다는 것인데, 만일 대상판결이 요구하는 대로 물품공급계약에 구체적인 수량 등까지 규정되어 있어 별도의 주문 없이 위 계약 자체만으로 채권이 성립하는 경우에는 사해행위 당시 이미 채권이 성립해 있을 것이므로 애초에 기초적 법률관계론을 논할 필요가 없다. 반면 대상판결의 사안과 같이 물품공급계약을 기초로 개별적인 주문 및 공급에 따라 채권이 성립하는 경우에는 언제나 기초적 법률관계가 존재하지 않는 것이 되어, 결국 계속적인 물품거래관계에서 사해행위 이후에 발생한 물품대금채

뒷받침되어야 할 것이고, 채무자의 일방적인 진술이나 제3자의 추측에 불과한 진술 등에만 터 잡아 그 사해행위 당시 수익자가 선의였다고 선뜻 단정하여서는 안 된다(대법원 2006. 4. 14. 선고 2006다5710 판결 등).

48) 외국의 입법례를 살펴보면 유상행위의 경우에는 채권자가 수익자의 악의를 증명하도록 규정하는 예가 많다고 한다. 2014년 민법 개정안에서도 수익자의 악의는 채권자가 증명하도록 하되, 수익자와 채무자 사이에 특별한 관계가 있으면 그 악의를 추정하도록 하는 방향의 개정을 제안한 바 있다[윤진수 · 권영준, "채권자취소권에 관한 민법 개정안 연구", 민법논고 8, 박영사(2021), 344-350쪽].

권은 무조건 채권자취소권에 의해 보전될 수 있는 채권의 범위에서 제외되어 버린다.

대상판결이 위와 같은 논리를 펼친 것은, 기초적 법률관계론을 적용하여 사해행위 이후에 성립한 채권을 채권자취소권의 피보전채권으로 인정하는 근거가 채무자의 사해의사에 있다는 점과 그에 따라 사해의사와 밀접하게 관련지어 기초적 법률관계론의 각 요건을 판단하여야 한다는 점을 간과하였기 때문이라고 보인다. 대상판결의 설시 중 인정사실 부분을 보더라도, 채무자의 사해의사를 판단하는 데 고려될 수 있는 사정(채무자의 재정상태, 수익자와의 관계 등)은 전혀 언급되어 있지 않다. 첫 번째 요건인 기초적 법률관계는 채무자의 사해의사를 인정하기 위해 요구되는 채권자와 채무자 사이의 최소한의 신뢰관계 정도로서 의미를 가질 뿐이고, 그 다음 요건인 채권 성립의 고도의 개연성이 사실상 사해의사의 정도와 다름없는 것으로서 기초적 법률관계론 적용의 핵심이라고 볼 수 있는데도, 대상판결은 기초적 법률관계 단계에서부터 배척함으로써 정작 핵심요건인 고도의 개연성에 관한 판단에는 나아가지도 않았다. 이와 같은 판단방식을 관철할 경우, 채무자가 계속적 물품거래관계를 이어오던 중 장차 채권의 발생을 예상하고 채권자를 해할 생각으로 사해행위를 한 것으로 인정될 가능성이 높은 사안에서도 채권자취소권의 행사가 허용되지 않는 부당한 결론에 이르게 된다.

한편, 대상판결의 논리에 따르면 다음과 같이 형평에 어긋나는 결과가 초래되기도 한다. ① 대상판결 사안에서 채권자가 피보전채권으로 삼은 물품대금채권이 사해행위 이후에 성립한 채권으로만 구성되어 있던 이유는, 채무자가 물품대금을 전액 지급하지 못하고 일부씩 수시로 지급하였고, 채권자는 채무자로부터 지급받은 물품대금으로 기존의 미수금 중 먼저 발생한 것부터 순차적으로 충당하였기 때문인 것으로 보인다(원심판결문 6쪽 참조). 그런데 이와 달리 채권자가 먼저 발생한 미수금이 아닌 최근에 발생한 미수금부터 충당하였다고 가정해 보면, 사해행위 이전에 성립한 물품대금채권만 남아 있었을 수 있고, 채권자는 이를 당연히 피보전채권으로 주장할 수 있었을 것이다. 채권자의 입장에서는 그때까지 발생한 전체 물품대금 중 일정 금액을 변제받지 못하였다는 사실이 가장 중요할 텐데, 변제받지 못한 대금이 어느 시점에 공급한 물품에 대한 것인지에 따라 달리 취급된다는 것은 불합리하다(나아가 사해행위 이후의 변제로써 사해행위 이전의 물품대금채무를 소멸시키고 사해행위 이후의 물품대금채무만 남긴 상황은, 종전 대출금채무를 소멸시키는 대신 신규 대출금채무를 발생시키는 대환의 경우와도 근본적으로 다르지 않다고 평가할 수 있다). ② 채무자가 재정상태가 악화된 상태에서 유일한 재산을 처분하는 등 사해행위를 하고 나서 추가 거래를 하지 않는 경우에는 그 이전까지 발생한 채권이 모두 피보전채권이 될 수 있는 반면, 대상판결 사안과 같이 사해행위 이후에도 계속 물품을 공급받는 등 거래를 이어나가는 경우에는 피보전채권으로 인정되지 않을 수 있다. 사해행위 이후의 추가 거래가 사업 계속을 통해 경제적 갱생을 도모하기 위한 최선의 방법이었다는 예외적인 사정이 인정되지 않는 이상, 전자의 경우가 후자의 경우보다 양심적인 채무자라고 볼 수 있는데도 후자의 경우를 더 보호하는 이상한 결과가 되는 것이다.[49]

(2) 사안의 구체적 검토

원고(채권자)와 A 회사(채무자) 사이에는 이 사건 공급계약이 체결되어 유효하게 존재하고 있었으므로, 사해행위 당시 채권 성립의 기초가 되는 법률관계가 발생되어 있었고('기초적 법률관계의 존재' 요건 충족), 이 사건 채권은 사해행위인 이 사건 매매계약 시점으로부터 불과 한두 달 뒤에 실제 발생하였다('개연성의 현실화 - 채권의 실제 발생' 요건 충족). 따라서 이 사건에서 채권자취소권의 인정 여부는 '채권 성립의 고도의 개연성' 요건에 달려 있는데, 다음과 같은 사정을 종합하면 위 요건을 충족하였다고 볼 수 있다고 판단된다.

① 우선, A 회사는 이 사건 매매계약 당시 이 사건 채권액 상당의

49) 남기정(주 40), 251쪽.

물품대금채무뿐만 아니라 금융기관 및 개인에 대한 채무(정확한 채무액은 확인되지 않지만, 이 사건 부동산에 설정된 근저당권 채권최고액의 합계액은 약 13억 원이다)를 부담하고 있었고, 이 사건 부동산 외에는 별다른 재산을 보유하고 있지 않았다. 이러한 사정에 비추어, A 회사의 재정상태가 상당히 악화되어 있었던 것으로 보인다.

② 원고와 A 회사는 이 사건 공급계약을 체결한 2014. 10. 25.경부터 거래관계를 시작한 이래 1년 단위로 이루어지는 자동 연장을 여러 차례 거듭하며 거래관계를 유지하여 온 것으로 보이는데, 2016. 12.까지의 구체적인 거래내역은 알 수 없지만, 적어도 2017. 1.부터는 일부 달을 제외하고 사해행위 시점인 2018. 4. 24.까지 매달 계속해서 거래를 하였으므로, 그 이후에도 거래가 이어질 것이 충분히 예상되었다. 또한, 이 사건 공급계약상 월 단위 정산, 즉 매 물품 공급마다 대금 결제가 이루어지도록 정하고 있었는데도, A 회사는 제때 물품대금을 지급하지 못하고 일정한 지급시기 없이 그때그때 마련한 자금으로 조금씩 변제하였던 것으로 보인다. 이와 같은 거래기간, 횟수 및 빈도, 대금 결제방법, 특히 미수금이 있는 상황에서도 물품을 공급한 점 등에 비추어, 원고와 A 회사는 이 사건 공급계약에 따라 형성된 거래상 신뢰관계에 기초하여, 월별로 별개의 거래라고 인식하였다기보다는 사실상 거래기간 중 이루어진 거래 전체를 단일한 거래로 인식한 것으로 보인다.

③ 만일 이 사건 매매계약 이전에 발생한 물품대금채권이 있었다면, 이에 관해서는 이 사건 매매계약이 A 회사가 유일한 재산인 부동산을 처분한 것이기 때문에 A 회사의 사해의사는 추정되었을 것이다.[50] 이 사건 채권은 비록 사해행위 이후에 발생한 물품대금채권이지만, 위 ②에서 본 계속적 거래관계의 특성을 고려할 때 사해행위를 전후하여 A 회사의 사해의사가 달라진다고 볼 수는 없다.

④ A 회사와 이 사건 매매계약의 상대방인 피고는 인적 구성 등에

---

50) 대법원 1998. 4. 14. 선고 97다54420 판결, 대법원 2001. 4. 24. 선고 2000다41875 판결 등.

비추어 상당히 가까운 관계에 있었던 것으로 보인다는 점도 A 회사의 사해의사를 강하게 뒷받침한다. A 회사의 대표이사인 B가 피고의 대표이사와 개인적인 친분이 있었을 뿐 아니라, B의 딸과 사위가 피고의 직원으로 등재되거나 근무하였고, B의 사위가 대표로 있는 회사가 피고로부터 공장용지를 매수하여 A 회사와 동일한 목적사업을 영위하고 있다. 이 사건 매매계약은 부동산 중개인을 통하지 않고 체결되기도 하였다.

Ⅳ. 결　론

채권자취소권은 엄격한 법이론에 의한 것이라기보다는 공평의 이념 아래 구체적 타당성의 실현을 도모하기 위하여 법이 특별히 인정한 권리인 만큼, 실제 사안에서도 그 근본적인 취지를 살리는 방향으로 해석 및 적용이 이루어질 필요가 있다. 기초적 법률관계론 역시 같은 연장선상에서 확립·발전되어 온 이론으로, 이를 적용할 때 가장 중점적으로 고려되어야 할 부분은 채무자의 사해의사이다.

대상판결은 계속적 물품거래관계에 관하여 기초적 법률관계론을 적용하면서 채권 성립에 별개의 법률관계가 요구된다는 이유를 들어 기초적 법률관계의 존재를 부정하였을 뿐, 채무자의 사해의사는 전혀 고려하지 않는 듯한 태도를 취하였는데, 법리적인 측면이나 결론적인 측면에서 모두 의문이다. 판례 스스로 기초적 법률관계론의 인정 근거를 분명히 채무자의 사해의사에서 찾고 있는 것과도 상당히 모순된다. 계속적 물품거래관계에서 채권자는 채무자가 거래를 중단하지 않는 이상 기존의 신뢰관계에 바탕을 두고 거래를 계속 이어나갈 것인 점을 고려하면, 사해행위 이후에 발생한 채권에 대하여 채권자취소권으로 보호할 필요성이 다른 유형에 비해 결코 적다고 할 수 없는데도, 유독 계속적 물품거래관계에 관하여서만 기초적 법률관계론을 엄격하게 적용하여 채권자취소권에 대한 진입장벽을 높이는 판례의 입장은 쉽게 수긍하기 어렵다.

대상판결은 기초적 법률관계론의 각 요건을 모두 충족하여 채권자취소권의 행사를 충분히 긍정할 수 있었던 사안으로 보인다. 대상판결과 같이 결론적으로 채권자취소권을 인정하지 않더라도, 기초적 법률관계의 존재 단계에서부터 배척할 것이 아니라, 기초적 법률관계는 인정하되 채권 성립의 고도의 개연성을 부정하는 것이 논리적으로 보다 설득력을 가졌을 것이다.

계속적 물품거래관계에서의 기초적 법률관계론에 관한 법리가 나온 지도 7년이 넘는 짧지 않은 시간이 흘렀다. 이 시점에서 법리를 심도 있게 재검토하여 기초적 법률관계론에 관한 다른 판례와의 정합성, 구체적 타당성 등을 갖춘 전향적인 판결이 나오기를 기대해 본다.

[Abstract]

A Critical Review of the Meaning and Application of the High Probability Theory in the Creditor's Right of Revocation

Sung, Chang Hee*

In the case of the creditor's right of revocation, the secured claim should generally be established before the fraudulent act takes place. However, case law has adopted the so-called "the high probability theory" which recognizes, as an exception, claims that arise after the fraudulent act as claims eligible for the creditor's right of revocation. The subject ruling involves a case where a debtor, who had been receiving goods under a continuous goods supply contract, transferred their only asset, real estate, and failed to repay part of the goods payment that occurred thereafter. The court applied the legal principle that, unless the quantity, unit price, etc., are specifically determined in the goods supply contract or unless the terms for deferred payment are stipulated, the continuous goods supply contract itself cannot be considered as a legal relationship forming the basis for the establishment of a claim, thus rejecting the exercise of the creditor's right of revocation.

The reason for requiring that the secured claim be established before the fraudulent act is typically because, in such cases, it can be presumed that the debtor has fraudulent intent regarding that claim. Therefore, if fraudulent intent is recognized concerning a claim established after the fraudulent act, there would be no reason to deny the exercise of the creditor's

* Judge, Seoul Western District Court.

right of revocation. Thus, the timing of the establishment of the secured claim should be understood in relation to whether fraudulent intent and the fraudulent act based on it can be acknowledged. The high probability theory, which exception applies to recognizing claims arising after a fraudulent act as secured claims, should also be understood and approached from this perspective. From this viewpoint, the "basic legal relationship" required in the theory only refers to the minimal level of trust between the creditor and the debtor needed to recognize the debtor's fraudulent intent, and the "high probability of the establishment of a claim" can be seen as a core requirement, essentially equivalent to the level of fraudulent intent. In cases where the application of the high probability theory is at issue, it is preferable to move away from the conventional approach of judging in a mechanical order of "existence of the secured claim → fraudulent intent and fraudulent act" and instead review it organically and comprehensively to determine the permissibility of the creditor's right of revocation.

Even with a continuous goods supply contract alone, a legal relationship that forms the basis for the establishment of claims for goods payment arising from individual transactions in the future can be considered to have been established between the parties. On the other hand, the attitude of the subject ruling, which applies the high probability theory to the continuous goods transaction relationship without considering the debtor's fraudulent intent and denying the very existence of the basic legal relationship, is difficult to accept easily. It is hoped that a forward-looking judgment that carefully reconsiders the legal principles regarding the high probability theory in continuous goods trading relationships will emerge, one that aligns with other precedents and has concrete validity.

[Key word]

- creditor's right of revocation
- the high probability theory
- basic legal relationship
- timing of the establishment of the secured claim

- fraudulent intent
- fraudulent act
- continuous goods transaction relationship

참고문헌

1. 단 행 본

곽윤직 · 김재형, 채권총론(제7판), 박영사(2023).

곽윤직 편집대표, 민법주해[IX] 채권(2), 박영사(1995).

김대정 · 최창렬, 채권총론, 박영사(2020).

김상용, 채권총론(제3판), 화산미디어(2016).

김용덕 편집대표, 주석 민법 채권총칙(2)(제5판), 한국사법행정학회(2020).

김준호, 채권법(제14판), 법문사(2023).

김증한 · 김학동, 채권총론(제6판), 박영사(1998).

윤철홍, 채권총론(제3판), 법원사(2018).

이상영, 채권총론(제1판), 박영사(2020).

이은영, 채권총론(제4판), 박영사(2009).

정기웅, 채권총론(전정2판), 법문사(2014).

조해섭, 채권자취소권법(제2판), 법문사(2022).

2. 논 문

김대정, "채권자취소권의 피보전채권의 성립시기", 민사법학 제17호, 한국사법행정학회(1999).

김상찬 · 김상명, "신용카드거래의 사법적 검토", 법학연구 제35집, 한국법학회(2009).

김욱곤, "채권자취소권의 요건론 재고", 저스티스 제33권 제4호, 한국법학원(2000).

남기정, "채권자취소권에서 기초적 법률관계론의 바람직한 적용에 대한 검토", 사법 제43호, 사법발전재단(2018).

서재국, "채권자취소소송에 있어서의 점검사항", 충북법조 통권 제5호, 청주지방변호사회(2010).

신지혜, "사해행위취소권에 관한 일본 개정 민법상 쟁점과 시사점", 민사법학 제83호, 한국사법행정학회(2018).

윤경, "보증인의 추상적 구상권이 채권자취소권의 피보전채권이 될 수 있는

지 여부: 사전구상권과 사후구상권의 차이", 대법원 판례해설 제42호, 법원도서관(2003).

윤진수 · 권영준, "채권자취소권에 관한 민법 개정안 연구", 민법논고 8, 박영사(2021).

장희석, "채권자취소권에 의하여 보호되는 피보전채권의 성립시기 등", 판례연구 제11집, 부산판례연구회(2000).

조영철, "채권자취소권에 있어서의 피보전채권의 성립시기", 재판실무연구 제1권, 수원지방법원(1996).

최재형, "채권자취소권의 피보전채권의 성립시기에 관한 연구(판례상 인정되고 있는 기초적 법률관계론과 관련하여)", 경영법무 통권 제126호, 한국경영법무연구소(2005).

추심채권자와 제3채무자의 상계 가능성에 대한 연구

김 세 용*

요 지

상계는 당사자 쌍방이 서로 같은 종류를 목적으로 한 채무를 부담한 경우 상대방에 대한 급부를 현실로 이행하는 대신 그 대등액에 관하여 채권과 채무를 서로 소멸시키는 제도이다. 상계는 기본적으로 당사자 쌍방의 대립되는 채권을 요건으로 하지만, 채권이 이전되거나 이해관계인의 등장으로 3자간 채권채무관계가 얽히는 경우들이 발생하고, 이 경우 당사자들은 상계의 방법으로 결제의 간이화를 꾀하거나 자신의 채무를 소멸시키려는 시도를 한다. 그러나 대법원은 이와 같은 경우의 상계에 대해 대체로 부정적이었고, 최근 추심채권자와 제3채무자 사이의 상계에 관한 대상판결에서도 서로 대립되는 채권이 아니라는 이유로 상계가 허용될 수 없음을 명확히 하였다.

하지만 형식적으로 대립되는 채권은 아니더라도 결국 서로 금전을 주고받을 상황에 놓이게 된 당사자들로서는 통상의 상계권 행사의 경우와 그 이해관계의 실질이 다르지 않을 수 있고, 이들에 대해 상계를 허용하는 것이 상계의 본질이나 기능에도 부합하는 경우가 있을 수 있다. 이러한 경우의 상계가 당사자나 이해관계인에게 불측의 손해를 가하거나 법률관계를 불안정하게 만들 우려가 없다고 한다면 이들에 대해 상계를 허용하는 것은 법률관계를 간이하고 효과적으로 정리하는 길이 될 수 있다.

본고에서는 추심채권자와 제3채무자 사이의 상계 가능성에 대해, 이론적 관점에서 상계를 허용할 필요성을 살펴보고, 실천적 관점에서 실제 법률관계

* 창원지방법원 통영지원 부장판사.

속에서도 이들의 상계를 허용하는 것이 가능할 것인지를 검토한다. 먼저 추심채권자가 피압류채권을 자동채권으로 하여 행사하는 상계는 추심의 신고 전에 다른 압류, 가압류 등으로 인한 경합채권자가 없는 경우 이를 허용하더라도 아무런 문제가 없고, 경합채권자가 있다고 하더라도 추심채권자가 상계로 소멸시킨 금액을 공탁하도록 하면 이해의 충돌이나 분쟁의 교착을 피하는 것이 충분히 가능하다고 보았다. 다음으로 제3채무자가 피압류채권을 수동채권으로 하여 행사하는 상계는 경합채권자의 존재로 인해 추심채권자가 불측의 손해를 입을 우려가 크고 법률관계를 불안정하게 만드는 문제가 있어 허용되기 어렵다고 보았다. 이와 같은 결론은 추심채권자와 제3채무자 사이의 상계를 논하면서도 추심채권자가 행사하는 상계권만 편면적으로 허용하는 결과가 되는데, 이는 추심채권자의 상계권 행사를 추심채권자가 선택한 '추심'의 한 방법으로 이해한다면 자연스러운 결론이라 볼 수 있을 것이다.

대상판결에 따라 추심채권자와 제3채무자 사이의 상계는 허용되지 않음이 분명해졌지만, 상계의 기능이자 본질, 즉 간이결제 기능, 공평유지 기능, 담보적 기능의 측면에서 본다면 추심채권자의 제3채무자에 대한 상계는 제한적으로 긍정하는 것이 이론적으로, 실천적으로 가능하였다고 본다.

[주 제 어]
• 상계
• 채권압류 및 추심명령
• 추심채권자
• 제3채무자
• 경합채권자

대상판결 : 대법원 2022. 12. 16. 선고 2022다218271 판결

[사안의 개요]

1. 사실관계

(1) 피고는 2010. 3. 24. A가 체납한 지방세 268,076,950원을 징수하기 위하여 A가 B에 대하여 갖는 아파트주택건설사업의 사업권양도대금 채권(이하 '이 사건 피압류채권')을 국세징수법에 따라 압류하였다.

(2) 피고는 2013. 10. 10. B를 상대로 이 사건 피압류채권에 대한 압류금의 지급을 구하는 소를 제기하여, 2016. 8. 18. 'B는 피고에게 386,612,920원 및 이에 대한 지연손해금을 지급하라'는 판결이 확정되었다.

(3) 한편, B는 2014. 6.경 피고에게 위 아파트주택건설사업에 관한 기반시설부담금 및 가산금으로 합계 814,893,220원을 납부하였는데, 2014. 12. 23. 위 사업의 공동사업시행자가 된 원고와 사이에 장래 발생할 피고에 대한 위 기반시설부담금 환급금 중 500,000,000원을 원고에게 지급하기로 약정하였다.

(4) 원고와 B는 2014. 12. 24. 피고에게 기납부한 기반시설부담금의 환급을 신청하였다가 거부당하자, 2015. 8. 12. 피고를 상대로 위 거부처분의 취소를 구하는 소를 제기하였고, 위 소송에서 2020. 4. 10. '피고의 기반시설부담금의 환급거부처분 중 346,024,720원을 초과하는 부분을 취소한다'는 판결이 확정되었다. B는 위 소송 중이던 2019. 12. 13. 피고에게 위 판결에 따른 환급금채권을 원고에게 양도한다는 통지를 하였다.

(5) 원고는 2020. 4. 27. B와 사이에 위 ③항과 같이 양수받은 기반시설부담금 환급채권의 금액을 468,868,500원(= 814,893,220원 − 346,024,720원, 이하 '이 사건 환급금')으로 합의하고, 그 무렵 피고에게 이 사건 환급금을 원고에게 지급하여 줄 것을 요청하였다.

(6) 피고는 2020. 6. 24. 원고에게, 원고가 구하는 이 사건 환급금과 피고가 B에 대한 확정판결에 따라 추심할 이 사건 피압류채권을 상계한다는 의사표시를 하였다.

(7) 원고는 2020. 9. 22. 피고를 상대로 이 사건 환급금을 구하는 이 사건 소를 제기하였다.

(8) 피고는 제1심 계속 중이던 2020. 10. 28. 집행법원에 '이 사건 피압류채권과 이 사건 환급금채권을 상계하는 방법으로 B로부터 522,411,990원을

추심하였다'는 내용으로 추심의 신고를 하였고, 위와 같은 추심의 신고 시까지 이 사건 피압류채권에 관하여 다른 채권자의 압류, 가압류 또는 배당요구는 없었다.

2. 소송의 경과

(1) 제1심(의정부지방법원 2021. 6. 29. 선고 2020가합58540 판결)

제1심은, 추심채권자는 압류한 채권에 관하여 단지 추심권능을 가질 뿐이므로 추심의 대상인 피압류채권은 제3채무자의 추심채권자에 대한 반대채권과 상계가 가능한 대립관계에 있다고 볼 수 없고, 추심 당시에는 경합하는 채권자가 없었더라도 추심신고를 할 때까지는 다른 채권자의 배당요구가 가능하다는 이유로, 추심채권자의 일방적 상계는 다른 채권자의 경합 여부를 불문하고 허용하지 않는 것이 타당하다고 보아, 피고의 상계 항변을 배척하고 원고 전부승소 판결을 하였다.

(2) 원심 (서울고등법원 2023. 6. 1. 선고 2021나2027766 판결)

원심은, ① 상계의 자동채권은 상계자 자신이 피상계자에 대하여 가지는 채권이어야 한다는 원칙에 대해서는 구상관계의 편의성, 공평의 요청 등의 합리적인 사유가 있는 때에는 예외적으로 제3자의 채권을 자동채권으로 하는 상계가 허용되는 예들이 이미 존재하고,[1] ② 피압류채권을 자동채권으로 하는 추심채권자의 상계를 허용할 것인지 여부는 우리 민사집행법이 채권의 추심과 관련하여 채권자 평등주의를 취하고 있다는 점과 보다 더 직접적으로 관련이 있는데, 다른 채권자의 권리를 해할 위험 없는 경우, 예컨대 추심채권자가 최우선순위 채권자인 경우, 채권자가 추심신고를 하기 전까지 다른 압류, 가압류 또는 배당요구가 없었던 경우 등과 같이 피압류채권에 관한 상계자의 독점적인 만족이 본래 가능한 경우에는 추심채권자의 상계를 굳이 불허할 필요가 없다는 점 등[2]을 근거로 피고의 상계 항변을 받아들여 제1심

---

1) 연대채무자의 경우(민법 제418조 제2항), 보증인의 경우(민법 제434조), 이행보증보험의 보험자가 보험계약자의 피보험자에 대한 채권으로 상계하는 경우(대법원 2002. 10. 25. 선고 2000다16251 판결), 보험가입자인 가해자가 보험자의 피해자에 대한 부당이득반환채권으로 상계하는 경우(대법원 1981. 7. 7. 선고 80다2271 판결)를 예로 들고 있다.

2) 원심은, 채권자대위소송에서는 대위채권자가 제3채무자에 대하여 그 판결금 채권을 자동채권으로 하여 상계할 수 없다(대법원 2019. 5. 16. 선고 2016다239420

판결을 취소하고 원고의 청구를 기각하였다.

3. 대상판결의 요지

(1) 상계는 당사자 쌍방이 서로 같은 종류를 목적으로 한 채무를 부담한 경우에 서로 같은 종류의 급부를 현실로 이행하는 대신 어느 일방 당사자의 의사표시로 그 대등액에 관하여 채권과 채무를 동시에 소멸시키는 것이고, 이러한 상계제도의 취지는 서로 대립하는 두 당사자 사이의 채권·채무를 간이한 방법으로 원활하고 공평하게 처리하려는 데 있으므로, 법률의 규정 등 특별한 사정이 없는 한 자동채권으로 될 수 있는 채권은 상계자가 상대방에 대하여 가지는 채권이어야 하고 제3자가 상대방에 대하여 가지는 채권으로는 상계할 수 없다(대법원 2019. 5. 16. 선고 2016다239420 판결 등 참조).

(2) 국세징수법에 의한 채권압류의 경우 압류채권자는 체납자에 대신하여 추심권을 취득할 뿐이고, 이로 인하여 채무자가 제3채무자에 대하여 가지는 채권이 압류채권자에게 이전되거나 귀속되는 것은 아니다(대법원 1985. 4. 9. 선고 82다카449 판결, 대법원 1997. 3. 14. 선고 96다54300 판결 등 참조). 따라서 압류채권자가 채무자의 제3채무자에 대한 채권을 압류한 경우 그 채권은 압류채권자가 제3채무자에 대하여 가지는 채권이 아니므로, 압류채권자는 이를 자동채권으로 하여 제3채무자의 압류채권자에 대한 채권과 상계할 수 없고, 이는 피압류채권에 대하여 이중압류, 배분요구 등이 없다고 하더라도 달리 볼 것은 아니다.

(3) 피고가 구 국세징수법에 기하여 이 사건 피압류채권을 압류하였다고 하더라도,[3] 이 사건 피압류채권이 피고에게 이전되거나 귀속되지 않는

판결)는 점에 대하여는, 채권자대위소송의 판결에서 제3채무자로 하여금 직접 대위채권자에게 금전을 지급하도록 하더라도, 그것은 채무자의 수령거절을 고려한 것에 불과하고, 대위채권자는 추심채권자와 달리 자신의 이름으로 변제를 수령할 권한을 가지지 못하는 점, 채권자대위소송의 경우에는 판결금 수령 이후의 추심신고 및 배당 등의 집행절차가 마련되어 있지 아니하여, 추심권 행사의 경우와 달리 대위채권자의 상계로 인하여 다른 채권자의 권리를 해하는지 여부를 판단할 수 있는 기준 시점이나 요건을 마련할 수 없는 점 등의 차이가 있어, 채권자대위소송에 관한 위 법리를 피압류채권을 자동채권으로 하는 추심채권자의 상계에 그대로 적용할 수 없다고 보았다.

3) 구 국세징수법(2011. 4. 4. 법률 제10527호로 개정되기 전의 것) 제41조 제2항(현행 국세징수법 제52조 제2항)은 관할 세무서장이 채권을 압류하고 이를 제3채무자에게 통지한 경우 체납액을 한도로 하여 체납자인 채권자를 대위한다고 규정

다. 따라서 이 사건 피압류채권은 피고가 B에 대하여 가지는 채권이 아니므로 피고는 B에 대하여 이 사건 피압류채권을 자동채권으로 하여 상계할 수 없고, B의 피고에 대한 채권을 양수한 원고에게 상계의 효력을 주장할 수 없다.[4)]

〔研 究〕

Ⅰ. 들어가며

상계는 당사자 쌍방이 서로 같은 종류를 목적으로 한 채무를 부담한 경우 각자 상대방에 대하여 갖는 급부를 현실로 이행하는 대신 그 대등액에 관하여 채권과 채무를 동시에 소멸시키는 것이다. 상계 제도는 그 입법례에 있어 상계의 의사표시를 필요로 하는 법제와 상계의 요건을 갖추었을 때 당연히 상계된 것으로 보는 법제(당연상계주의)로 나뉘는 정도의 차이가 있을 뿐, 로마법에서부터 현재에 이르기까지 거의 모든 법제에서 일반적으로 인정되어 온 대표적인 채권소멸의 원인이다.

당사자 쌍방 사이에서 이루어지는 상계는 자동채권 혹은 수동채권의 범위 등만 확정되면 상계 본연의 기능과 효과에 따라 서로의 급부를 이행하는 과정을 생략한 채 간이하게 채권채무관계를 정리시킨다. 자동채권 혹은 수동채권에 관하여 압류명령이 있거나 일방이 회생 혹은 파산절차 등에 들어가는 경우와 같이 이해관계의 충돌이 발생하는 경우들이 있지만, 이에 대비한 법률 규정들이 마련되어 있다. 수동채권이 압류된 경우에 관한 민법 제498조, 회생 및 파산절차에서의 상계에 관한 채무자

하고 있고, 이는 체납자에 대신하여 추심권을 취득하는 것으로 보고 있다(대법원 1999. 5. 14. 선고 99다3686 판결, 대법원 1997. 4. 22. 선고 95다41611 판결 등). 즉 국세징수법상 채권압류는 민사집행법상 채권압류 및 추심명령과 그 효과가 동일하다.

4) 피고의 이 사건 피압류채권에 대한 압류(2010. 3. 24.)는 B가 피고에 대하여 한 이 사건 환급금채권(수동채권)의 양도 통지(2019. 12. 13.) 이전에 생긴 사유이므로 채권양수인인 원고에게 대항할 수 있는 조건은 갖추었다. 따라서 수동채권이 양도된 사정은 상계 가능 여부를 판단함에 있어 쟁점은 되지 않는다.

회생 및 파산에 관한 법률 제144조, 제145조, 제416조 내지 제422조가 그 예이다.

상계는 기본적으로 당사자 쌍방 사이의 대립되는 채권을 전제로 하지만, 자동채권 혹은 수동채권이 이전되거나 두 채권에 대한 이해관계인의 등장으로 3자간 채권채무관계가 얽히는 경우들이 발생한다. 형식적으로 대립되는 채권은 아니었지만 급부의 실질이 대립되는 상황이 발생하게 되면, 당사자들은 상계의 방법으로 결제의 간이화를 꾀하거나 자신의 채무를 소멸시키려는 주장 및 법률적 이론 구성을 시도한다. 하지만 대법원은 대체로 부정적이다. 유치목적물의 제3취득자가 유치권자에 대한 부당이득반환채권으로 유치권자의 종전 소유자에 대한 유익비상환채권을 소멸시키려는 상계권 행사나,[5] 채권자대위권 행사에 있어 제3채무자가 대위채권자에 대하여 갖는 채권으로 피대위채권을 소멸시키려는 상계권 행사에 관하여,[6] 이러한 상계는 쌍방 채권의 귀속주체가 달라 허용될 수 없다고 판단하였다. 대상판결 역시 같은 논리로 추심채권자가 피압류채권을 자동채권으로 하여 제3채무자의 채권을 상계하는 것은 허용될 수 없다고 보고 있다.

대립되는 쌍방의 채권이 아닌 경우 상계를 허용할 수 없다는 것은 상계의 기본적인 요건에 따른 당연한 결과다. 하지만 형식적으로 대립되는 채권은 아니더라도 결국 금전을 서로 주고받는 상황에 놓이게 된 당사자들로서는 통상의 상계권 행사의 경우와 그 이해관계의 실질이 다르지 않은 경우가 있을 수 있다. 이들에 대해서도 상계 제도의 본질이나 기능은 여전히 동가치적인 의미를 가질 수 있는데, 그들에게는 변제의 무용한 반복과 그 과정에서 발생하는 담보부족의 위험을 감수하도록 하면서 그 이유를 '대립되는 채권이 아니기 때문'이라는 상계의 요건으로만 답하는 것은 충분한 설명이 되지 못할 수 있다. '대립되는 채권'에 한하여 상계를 인정하는 것은 대립되지 않는 채권에 대한 상계의 경우 상계

5) 대법원 2011. 4. 28. 선고 2010다101394 판결.
6) 대법원 2019. 5. 16. 선고 2016다239420 판결.

권 행사의 상대방 혹은 이해관계인에게 불측의 손해를 가할 우려가 있기 때문일 수 있고, 그렇다면 반대해석상 그러한 우려가 없다고 한다면 상계를 허용할 방법은 없는지 고민해 볼 필요가 있다.

3자간 채권채무관계에서 상계가 주장될 수 있는 여러 경우가 있겠지만 추심명령을 받은 추심채권자와 제3채무자 사이의 상계는 실무에서도 드물지 않게 등장하는 쟁점이다. 이하에서는 채권압류명령과 상계의 법률관계를 살펴보고, 추심명령의 경우 추심채권자와 제3채무자 사이의 상계 가능성을 이론적, 실천적 관점에서 검토해본다.

Ⅱ. 채권압류명령과 상계의 법률관계

1. 채권압류명령 일반

(1) 채권압류명령의 의의 및 요건

민사집행법은 채권에 대한 강제집행을 동산에 대한 강제집행의 일종으로 분류하고 있고, 동산에 관한 강제집행의 통칙에 따라 압류에 의하여 강제집행절차가 개시된다(민사집행법 제188조 제1항). 집행법원은 채권압류명령을 발령하여 채무자의 제3채무자에 대한 채권을 압류한 후(민집 제227조 제1항), 채권자의 신청에 따라 추심명령 또는 전부명령을 발령하여 압류된 채권을 현금화하는 것을 예정하고 있다(민집 제229조).

압류명령의 신청에 있어서는 집행권원, 집행문 등 강제집행의 요건과 집행권원의 송달 등 강제집행개시의 요건을 갖추어야 하고, 집행채권의 표시, 피압류채권의 종류와 액수의 특정이 되어야 한다. 채권압류명령의 본질은 현금화에 앞서 피압류채권의 처분을 금지하는 데 있으므로, 금전채권의 압류명령에서는 제3채무자에 대한 채권을 압류한다는 취지와 함께 제3채무자에게 집행채무자에 대한 지급을 금지하고 채무자에게는 채권의 처분과 영수를 금지하게 된다(민집 제227조 제1항). 이러한 압류명령은 제3채무자와 채무자에게 송달하여야 하고, 압류의 효력은 제3채무자에게 송달된 때 발생한다(민집 제227조 제2, 3항). 추심명령, 전부명령의 신청은 채권압류명령의 발령 이후 할 수도 있고 압류명령 신청 시 병합하여 함께할 수도 있는데, 양자를 병합하여 신청하는 것이 일반적이다.

(2) 압류명령의 효력

채권압류명령의 효력에 따라 제3채무자는 피압류채권에 대한 변제가 금지되고, 집행채무자의 피압류채권에 대한 추심 외에 채권양도, 포기, 면제, 상계 등 채권자를 해하는 모든 처분행위가 금지된다. 하지만 이러한 금지는 압류채권자 그리고 집행채무자의 처분행위 또는 제3채무자의 변제 전에 집행절차에 참가한 배당요구채권자에 대해서만 그 변제나 처분행위로 대항할 수 없는 상대적 효력을 의미하는 것(개별상대효설)으로 봄이 통설, 판례이다.[7)]

채권압류명령의 효력은 압류채권자가 압류의 범위를 한정하지 않는 한 압류의 대상이 되는 채권 전부에 미치고, 피압류채권액보다 집행채권액이 적다고 하여 집행채권액에 한정되지 않는다. 다만 실무에서는 통상 압류명령과 추심명령 혹은 전부명령을 함께 신청하면서, 피압류채권의 범위를 집행채권의 청구금액 범위로 한정하여 신청하는 것이 일반적이다.[8)]

(3) 현금화 절차

(가) 추심명령

추심명령은 압류채권자에게 피압류채권의 추심권을 부여하는 것을 목적으로 한다. 추심채권자는 집행법원으로부터 피압류채권에 관한 추심권능을 부여받아 일종의 추심기관으로서 경합하는 모든 채권자를 위하여 제3채무자로부터 피압류채권을 추심하는 것이므로,[9)] 그 추심권능은 피압류채권 전액에 미치고, 제3채무자도 정당한 추심권자에게 변제하면 그 효력은 모든 채권자에게 미친다.[10)]

추심채권자가 재판 외 혹은 재판상 추심권을 행사하여 현실의 추심

---

7) 법원실무제요 민사집행[Ⅳ], 사법연수원(2020), 259면; 대법원 2003. 5. 30. 선고 2001다10748 판결.

8) 법원실무제요(주 7), 253면.

9) 대법원 2005. 7. 28. 선고 2004다8753 판결, 대법원 2007. 11. 15. 선고 2007다62963 판결.

10) 대법원 2001. 3. 27. 선고 2000다43819 판결, 대법원 2005. 1. 13. 선고 2003다29937 판결, 대법원 2005. 11. 10. 선고 2005다41443 판결.

을 하게 되면, 피압류채권은 추심한 범위 내에서 소멸하고, 집행채권은 다른 가압류, 압류, 배당요구채권자가 부존재는 경우에는 추심한 범위 내에서, 그들이 존재하는 경우에는 배당절차를 거쳐 추심채권자가 실제로 배당받은 범위 내에서 소멸하게 된다.

추심명령에 따른 추심이 완료되면 추심채권자는 추심한 채권액을 법원에 신고하여야 한다(민집 제236조 제1항). 이때 추심의 신고 전에 다른 채권자들의 가압류·압류 또는 배당요구가 있었을 때에는, 추심채권자가 추심을 마친 경우에는 추심한 금액을 공탁하고 그 사유를 신고하여야 하고(같은 조 제2항), 아직 추심이 이루어지기 전이라면 제3채무자는 스스로 압류에 관련된 금전채권의 전액을 공탁하거나 압류가 경합된 경우 압류 또는 가압류채권자의 청구에 따라 채권 전액을 공탁하여야 하며(민집 제248조), 이러한 공탁이 이루어지면 배당절차가 개시된다(민집 제252조 제2호). 이러한 추심의 신고가 마쳐져야 다른 채권자들의 배당요구가 허용되지 않으므로(민집 제247조 제1항), 추심의 신고가 마쳐지기 전에는 강제집행절차가 종료되었다고 볼 수 없다. 하지만 이와 같은 경합채권자가 없는 경우에는 실제로 추심의 신고를 하는 채권자는 드물고, 실무상 법원에서도 추심명령 사건이 완결되면 추심신고 여부와 관계없이 보존절차에 들어가 3년간 기록을 보존하였다가 기록을 폐기하고 있다.[11)]

(나) 전부명령

전부명령은 피압류채권을 집행채권의 지급에 갈음하여 집행채무자로부터 전부채권자에게 이전시키는 것을 목적으로 한다. 전부명령이 제3채무자에게 송달될 때까지 압류의 경합, 배당요구 등이 없이 적법·유효하게 확정되면, 피압류채권은 전부채권자에게 이전되고 집행채권은 그 권면액만큼 소멸하고, 이로써 집행절차도 종료된다. 전부채권자는 피압류채권에 대한 다른 이해관계인을 배제하고 독점적인 만족을 얻게 되지만, 제3채무자의 무자력으로 인한 현실적인 추심 부족의 위험은 스스로 부담하게 된다.

---

11) 법원실무제요(주 7), 393면.

2. 채권압류명령과 상계

(1) 채권자와 채무자 사이의 상계

채권자가 채무자의 제3채무자에 대한 채권에 대해 압류명령을 받았으나 추심이 완료되지 않거나 전부명령이 확정되기 전이라면, 집행채권이 아직 소멸하지 않은 상태이므로 그 집행채권을 압류채권자는 자동채권으로 하여, 채무자는 수동채권으로 하여 상계하는 데 아무런 문제가 없다. 채권압류명령의 집행권원이 확정판결이고 쌍방의 채권이 그 확정판결의 기판력 표준시 이전에 이미 상계적상에 있었다 하더라도, 상계는 그 의사표시를 기다려 비로소 채무소멸의 효력이 생기므로 위 확정판결의 기판력 표준시 이후에 상계권을 행사하더라도 기판력에 저촉되지 않는다는 것이 판례이다.[12)]

압류채권자와 채무자 사이에 이루어지는 상계는 집행채권을 소멸, 감축시키는 효과를 가져오므로, 상계 이후 압류명령에 따른 강제집행절차는 그 근거를 상실하거나 집행의 범위가 축소된다. 이 경우 채무자는 집행권원에 대한 청구이의의 소를 제기하면서 강제집행의 정지를 신청하여 후속 집행절차의 진행을 정지시킬 수 있다. 만약 채무자의 상계권 행사에도 불구하고 압류명령에 이은 후속절차가 진행되어 현금화절차가 마쳐진 경우에는 강제집행이 종료된 것이므로 청구이의의 소로 강제집행의 불허를 구할 소의 이익이 없고,[13)] 이러한 강제집행에 따라 압류채권자가 실제로 추심한 금전 중 소멸된 집행채권에 상응하는 부분에 관하여는 채무자가 이를 부당이득반환으로 구할 것이다.[14)]

(2) 채무자와 제3채무자 사이의 상계

채권압류명령의 효력이 발생하면 채무자는 압류의 처분금지적 효력

---

12) 대법원 1998. 11. 24. 선고 98다25344 판결.
13) 대법원 1989. 12. 12. 선고 87다카3125 판결, 1997. 4. 25. 선고 96다52489 판결.
14) 대법원 2005. 4. 15. 선고 2004다70024 판결, 2008. 2. 29. 선고 2007다49960 판결, 2014. 2. 27. 선고 2011다33535 판결.

에 따라 피압류채권의 추심뿐만 아니라 채권의 양도, 포기, 면제, 상계, 질권의 설정, 변제기의 유예 등 채권자를 해치는 일체의 처분을 할 수 없다.[15] 따라서 채무자는 제3채무자의 채무자에 대한 수동채권이 존재하여 피압류채권을 자동채권으로 하는 상계를 하더라도 그러한 상계로 압류채권자에게 대항할 수 없다.[16]

그러나 동일한 채권채무관계에 있어 제3채무자가 피압류채권을 수동채권으로 하여 행사하는 상계는 일정 범위 내에서 허용이 되어야 한다. 제3채무자로서는 채무자의 제3채무자에 대한 수동채권이 압류가 된다는 것은 채무자의 영역에서 발생한 우연한 사정에 의한 것이기 때문이다. 이 경우 압류채권자와 제3채무자의 이해관계 조정을 위해 민법은 제498조를 두어 '지급을 금지하는 명령을 받은 제3채무자는 그 후에 취득한 채권에 의한 상계로 그 명령을 신청한 채권자에게 대항하지 못한다.' 고 규정하고 있다. 위 민법 제498조는 그 문언상 압류명령 송달 이후에 비로소 자동채권이 발생한 경우 상계로 대항할 수 없음은 분명하나, 상계의 의사표시 시점, 상계적상의 시점 등이 압류명령 송달 이후에 있게 된 경우에는 어떻게 볼 것인지 등에 관하여는 해석상 여러 견해가 대립하여 왔다.[17] ① 압류 당시 피압류채권(수동채권)과 제3채무자의 채무자에 대한 채권(자동채권)이 모두 변제기가 도래하여 상계적상이 있었던 경우에 한하여 상계로 대항할 수 있다는 견해(상계적상설), ② 압류 당시 자동채권의 변제기가 도래하였으면 수동채권에 대한 기한이익의 포기 여부에 관계없이 상계로 대항할 수 있다는 견해(완화된 상계적상설), ③ 압류 당시 양 채

15) 손진홍, 채권집행실무, 한국사법행정학회(2019), 125면; 윤경 편집대표, 민사집행실무총서(Ⅱ) 채권집행(박영호, 양진수, 이동기 집필), 한국사법행정학회(2023), 140면.

16) 임병석, 압류명령과 상계 당사자, 법학논총 제40권 제4호, 전남대학교 법학연구소(2020), 67면. 반면 압류로 인해 피압류채권의 추심권한이 국가로 귀속됨을 이유로 채무자는 피압류채권을 자동채권으로 하는 상계권의 행사 자체가 허용되지 않는다고 보는 견해로는, 김우성, 양도채권 · 피압류채권 채무자의 상계주장, 서울대학교 법학 제57권 제4호(2016), 144면.

17) 권태상, 채권의 압류와 상계, 이화여자대학교 법학논집 제20권 제1호(2015. 9.), 341면; 김용덕 편집대표, 주석 민법 채권총칙4, 한국사법행정학회(2020), 603면(강경구 집필) 참조.

권이 상계적상에 있었던 경우는 물론 압류 당시 상계적상이 아니었더라도 자동채권의 변제기가 수동채권의 변제기보다 먼저 도래하는 때에는 상계를 허용하는 견해(변제기기준설), ④ 거래의 종류, 특성 등 실질관계를 고려하여 제3채무자의 상계를 허용할 것인지를 개별적으로 판단해야 한다는 견해(실질관계기준설), ⑤ 민법 제498조를 반대해석하여 압류명령 전에 취득한 채권이기만 하면 변제기의 선후를 가릴 필요 없이 상계적상에 있기만 하면 상계가 가능하다는 견해(무제한설)가 그것이다.

이에 대해 대법원은 과거 상계적상설에서 출발하여 완화된 상계적상설을 거쳐 변제기기준설을 취하였고, 2012. 2. 16. 선고 2011다45521 전원합의체 판결에서 무제한설을 취한 반대의견이 있기는 하였으나 변제기기준설을 취한 다수의견에 따라 현재까지 그 입장이 유지되고 있다.[18]

(3) 압류채권자와 제3채무자 사이의 상계

채권압류명령의 현금화절차는 추심명령과 전부명령으로 나누어지는데, 전부명령의 경우 피압류채권 자체가 압류채권자에게 완전히 이전되므로, 제3채무자가 전부채권자에 대한 채권이 있는 경우 제3채무자는 이를 자동채권으로 하여 피압류채권과 상계할 수 있다.[19]

문제는 추심명령의 경우이다. 추심명령은 압류채권자가 피압류채권의 추심에 관한 권능만을 가져올 뿐이므로 그 채권의 귀속 자체는 여전히 채무자에게 속한다. 따라서 피압류채권과 제3채무자가 압류채권자에 대해 가진 채권은 그 귀속 주체가 서로 달라 쌍방 대립하는 채권이라는 상계의 기본적인 요건을 갖추지 못한 모습이다. 하지만 압류채권자, 채무자, 제3채무자의 실질적인 이해관계를 생각해본다면 상계를 절대적으로 허용하지 않는 것은 비합리적이고 비경제적인 측면이 있다. 제3채무자는 압류채권자의 추심에 응하여 금전을 지급해야 하고, 다시 압류채권자로부

18) 판례의 변천 과정에 대한 상세는 권태상(주 17), 343면 이하, 주석 민법(주 17), 583면 이하 참조

19) 박영호, 양진수, 이동기(주 15), 389면; 법원실무제요(주 7), 432면; 대법원 2010. 3. 25. 선고 2007다35152 판결.

터 채무를 변제받아야 하는 변제와 변제의 무용한 반복을 거쳐야하기 때문이다.

물론 경제적 이해관계가 간명하게 해결될 수 있다는 점만으로 원칙적인 요건을 갖추지 못한 상계를 쉽게 허용할 것은 아니다. 그로 인해 야기될 수 있는 여러 이해관계인들 사이의 법적 분쟁과 교착 가능성에 대해 면밀히 살펴볼 필요가 있다.

Ⅲ. 추심채권자와 제3채무자 사이의 상계에 대한 이론적 검토

1. 상계의 의의와 기능

상계는 쌍방이 서로 같은 종류를 목적으로 한 채무를 부담하는 경우에 서로 같은 종류의 급부를 현실로 이행하는 대신 어느 일방 당사자의 의사표시로 그 대등액에 관하여 채권과 채무를 동시에 소멸시키는 형성권이다. 상계의 기본적인 요건은 쌍방이 서로 대립하는 채권을 가지고 있을 것, 두 채권이 같은 종류를 목적으로 할 것, 쌍방의 채권이 변제기에 있을 것, 상계의 의사표시가 있을 것이다.

강학상 상계의 기능은 3가지로 설명된다.[20] 첫째는 일방이 상대방에 대한 채무를 이행한 후 다시 그로부터 채무를 이행 받는 무용한 절차를 생략함으로써 본래의 채무이행에 갈음하게 되는 간이결제의 기능, 둘째는 일방이 상대방에게 채무 전액을 변제하였는데 상대방은 자신의 채무를 이행하지 않거나 자력부족으로 변제할 수 없음으로 인해 이익상황이 균형을 잃는 것을 막는 공평유지의 기능, 셋째는 서로 채권채무를 갖는 경우 그 범위 내에서 일방은 상대방의 다른 일반채권자들에 우선하여 자신의 채권을 회수할 수 있게 되는 담보적 기능이다.[21] 이러한 상계의 기능들이 곧 상계 제도를 둔 목적이자 상계 제도의 본질이라고 볼 수 있다.

---

20) 권태상(주 17), 339면; 주석 민법(주 17), 468면.

21) 곽윤직 · 김재형, 채권총론(제7판), 박영사(2023), 337면에서는 상계의 기능을 간이결제의 기능, 공평유지의 기능 2가지로 소개하면서, 상계 제도는 동일한 당사자 사이의 동종채권에 마치 유치권이나 질권이 있는 것과 같이 서로 '담보작용'을 하게 한다고 설명한다.

다만 위 세 가지 기능 중 담보적 기능의 성격에 대해서는 시각의 차이가 있다. 일설은 상계권을 담보물권에 준하여 보는 견해이다. 상계권자가 우선변제적 지위를 누리게 되는 점, 수동채권에 담보권이 설정된 경우 상계적상 시점과 비교하여 순위를 관념할 수 있는 점, 일단 상계할 수 있게 된 이상 수동채권이 제3자에게 양도되더라도 양수인에게 양도인에 대한 상계항변으로 대항할 수 있는 추급력이 있는 점 등에 착안한다.[22] 이에 반해 통설은 상계의 담보적 기능의 근거를 형평과 신뢰 내지 상계에 대한 기대에서 찾는다. 즉 쌍방의 채권자는 서로의 채권이 상계적상에 이른 때에는 상계의 의사표시를 하지 아니하더라도 상계가 된 것과 마찬가지로 채권과 채무가 소멸하리라는 기대를 하게 되고 이러한 기대를 법적으로 보호하는 제도가 상계이며, 이는 공평유지기능과 간이결제기능에서 담보적 기능이 도출된다는 것이다.[23]

상계의 담보적 기능에 대한 시각의 차이는 민법 제498조의 해석에 관한 대법원 2011다45521 전원합의체 판결에서도 찾을 수 있다. 위 판결에서 '무제한설'을 취한 반대의견은, 상계권을 행사하는 채권자는 채무자의 변제자력이 충분하지 못한 때에도 자기의 자동채권에 관하여는 확실하고도 충분한 변제를 받은 것과 같은 이익이 보장된다는 점에서 담보권자와 유사한 지위를 갖는다는 점을 근거로 삼았다. 반면 '변제기기준설'을 취한 다수의견의 보충의견은, 우리 법의 명문 어디에도 상계권자가 담보권과 유사한 지위에 있다고 규정하고 있지 않음을 지적하면서 단지 간이한 결제수단이라는 상계 제도 본래의 취지에 부수하여 상계권 있는 채권자가 일정한 범위에서 사실상 우선변제를 얻게 되는 것과 같은 법상태를 가리키는 것일 뿐이라고 보았다.

상계의 담보적 기능에 대한 위와 같은 해석의 차이는 추심채권자와 제3채무자 사이의 상계를 논함에 있어서도 의미가 있다. 제3채무자가 추

22) 독일에서 이와 같이 보는 견해가 있으나 일반적으로 지지받고 있지는 못한다고 한다. 이동진, 상계의 담보적 기능, 민사법학 제70호, 한국사법행정학회(2015), 449면.

23) 이동진(주 22), 453면.

심채권자에 대해 반대채권을 갖는 경우 서로에 대한 금전지급의무가 상호 소멸할 것이라는 기대가 존재한다고 볼 수 있을 것인지, 또 그러한 기대가 법적으로 보호할 만한 정도에 이른 것인지가 하나의 논거가 될 수 있을 것이다.

2. 추심채권자와 제3채무자의 상계권 행사에 관한 논의

(1) 개　　요

추심채권자와 제3채무자 사이의 상계권 행사에 관하여는 추심채권자가 피압류채권을 자동채권으로 하여 행사하는 상계권과 제3채무자가 피압류채권을 수동채권으로 하여 행사하는 상계권 두 측면으로 나누어 논의된다. 추심채권자의 추심신고 및 배당으로 절차가 완료되는 추심명령의 절차상 추심채권자의 상계권 행사와 제3채무자의 상계권 행사의 국면이 동일하게 전개되지는 않기 때문이다.

(2) 학설의 논의[24)]

(가) 추심채권자의 상계권 행사(피압류채권을 자동채권으로 하는 상계)

추심채권자가 피압류채권을 자동채권으로 하여 제3채무자의 추심채권자에 대한 채권을 상계할 수 있는지에 관하여는, 이를 긍정하는 것이 통설 내지 일반적인 견해로 소개되고 있다.[25)] 다만 압류에 대해 우선주의가 아닌 평등주의를 취하고 있는 우리 법제상 위와 같은 상계는 일정한 제한 하에서만 가능하다고 보아야 한다는 지적이 있고,[26)] 세부적으로는 중복압류 또는 배당요구를 하는 경합채권자가 없는 경우에 한하여 긍정하는 견해,[27)] 상계를 원인으로 한 추심의 신고가 있기 전까지 다른 채

24) 일본 민사집행법은 채권압류명령에 추심권이 포함되어 있어 별도의 추심명령을 받을 필요가 없다(일본 민사집행법 제155조 제1항)는 점 외에는 추심에 의한 채권강제집행의 절차와 효과가 우리 민사집행법과 크게 다르지 않으므로, 일본에서의 논의도 함께 살펴본다.

25) 손진홍(주 15), 515면; 조관행, 추심명령에 의한 추심의 제문제, 재판자료 35집, 법원도서관(1987), 510면.

26) 조관행(주 25), 510면.

27) 임병석, 추심명령과 상계당사자, 법학논총 제41집 제3호, 전남대학교 법학연구소

권자가 이중압류 또는 배당요구를 한 경우에는 상계가 무효로 된다거나 이들이 받을 배당금액을 추심채권자가 자신의 돈으로 제공하여야 한다는 견해가 있다.[28] 긍정설은 다른 경합채권자가 없는 경우까지 상계를 허용하지 않는 것은 결국 추심의 되풀이를 면하지 못하여 불합리하고 비경제적이라는 점을 근거로 한다.[29]

이에 반하여 부정설은 채권자들의 경합 여부를 불문하고 허용하지 않는 것이 타당하다고 본다. 추심채권자는 피압류채권에 관하여 추심권능을 가질 뿐 피압류채권의 주체는 여전히 채무자이므로 제3채무자의 추심채권자에 대한 반대채권과 대립관계에 있다고 볼 수 없음을 근거로 든다. 다만 변제의 무용한 반복을 피하기 위해 추심채권자와 제3채무자의 합의에 의하여 양 채권이 상계된 것처럼 처리하는 것은 '변제방법에 관한 합의'로 보아 그 효력을 인정해도 무방할 것이라 한다.[30]

(나) 제3채무자의 상계권 행사(피압류채권을 수동채권으로 하는 상계)

제3채무자가 추심채권자에 대한 채권을 자동채권으로 하여 피압류채권을 상계할 수 있는지에 관하여는, 이를 부정하는 견해가 다수설이다.[31] 추심채권자의 상계권 행사와 마찬가지로 추심채권자의 추심신고 시까지 경합채권자가 나타나지 않으리라는 것이 객관적으로 분명하다고 보기 어렵고, 만약 경합채권자의 부재를 조건으로 상계를 허용할 경우 조건부 상계를 허용하는 것이 되어 받아들이기 어렵다는 점을 근거로 한다. 다만 변제의 무용한 반복을 피하기 위하여 추심채권자와 제3채무자가 합의에 의하여 상계된 것으로 처리하는 것은 '변제방법에 관한 합의'로 볼 수 있을 것이라 한다.[32]

(2021), 171면; 中野貞一郎, 下村正明, 民事執行法, 青林書院(2016), 734면.

28) 박영호, 양진수, 이동기(주 15), 283면; 조관행(주 25), 510면; 손진홍(주 15), 515면 (그중 상계가 무효로 된다는 견해가 다수의 견해라 한다) 참조.

29) 中野貞一郎, 下村正明(주 27), 734면.

30) 민일영 편집대표, 주석 민사집행법Ⅴ, 한국사법행정학회(2018), 639면(노재호 집필).

31) 손진홍(주 15), 527면; 조관행(주 25), 520면; 일본의 학설도 부정설이 통설이라 한다. 中野貞一郎, 下村正明(주 27), 734면.

32) 주석 민사집행법(주 30), 647면(노재호 집필).

긍정설로는, 압류채권자가 추심권을 행사하는 단계가 되면 허용된다는 견해,[33] 경합하는 다른 채권자가 없는 경우에는 상계를 허용할 수 있다는 견해가 있다.[34] 추심과 동시에 집행채권의 변제효가 발생하는 이상 상계를 부정하는 것은 추심채권자의 무자력 위험을 제3채무자에게 일방적으로 부담시키는 결과가 되어 불공평을 면할 수 없음을 근거로 한다.[35] 또 민사집행법 제232조 제1항 단서[36]에 의한 압류액 제한허가가 있는 경우에는 다른 채권자의 권리를 침해할 우려가 없기 때문에 상계를 허용할 수 있다는 견해[37]도 있다.

(3) 판례의 태도

대상판결 이전에 추심채권자와 제3채무자 사이의 상계에 관하여 정면으로 다룬 사안으로는 대법원 1994. 6. 24. 선고 94다2886 판결이 있다. 위 사안에서 조세채권자인 원고는 채무자가 제3채무자인 피고에 대하여 갖는 매매대금채권을 국세징수법에 따라 압류한 후 피고를 상대로 그 압류금의 지급을 구하였는데, 이에 대해 피고 측은 '채무자의 다른 채권자인 피고 보조참가인이 채무자의 피고에 대한 위 매매대금채권에 대해 채권압류 및 추심명령을 받았고, 피고 보조참가인이 추심채권자의 지위에서 피압류채권인 위 매매대금채권과 피고가 피고 보조참가인에 대해 갖는 임료채권을 상계하여 위 피압류채권이 소멸되었다'고 주장하였다. 이에 대해 대법원은 「강제집행절차에 의하여 채권압류 및 추심명령을 받은 채권자는 피압류채권에 대하여 2중의 압류가 되어 있거나 배당요구가 있는 경우에는 추심의 방법으로 피압류채권을 자동채권으로 하여 채

33) 鈴木忠一, 三ケ月 章, 注解 民事執行法(4), 第一法規出版株式會社(1985), 416면.

34) 이시윤, 신민사집행법, 박영사(2020), 466면; 임병석, 추심명령과 상계 당사자(주 27), 168면; 中野貞一郎, 下村正明(주 27), 735면.

35) 中野貞一郎, 下村正明(주 27), 735면.

36) 민사집행법 제232조(추심명령의 효과)

① 추심명령은 그 채권전액에 미친다. 다만, 법원은 채무자의 신청에 따라 압류채권자를 심문하여 압류액수를 그 채권자의 요구액수로 제한하고 채무자에게 그 초과된 액수의 처분과 영수를 허가할 수 있다.

② 제1항 단서의 제한부분에 대하여 다른 채권자는 배당요구를 할 수 없다.

37) 조관행(주 25), 520면.

권자가 제3채무자에 대하여 부담하고 있던 다른 채무를 상계할 수 없다.」고 판시하였다.

대법원 94다2886 판결은 경합채권자가 있는 경우에는 상계가 허용되지 않는다는 것이므로, 어느 견해에 따르든 상계를 허용할 수 없다고 보는 사안에서 역시 상계가 허용되지 않는다는 결론을 확인하였을 뿐이라고 볼 수도 있다. 그러나 위 판결은 그 이유에서 '상계는 쌍방 대립하는 채권이어야 한다'는 취지의 설시 없이 '피압류채권에 대하여 2중의 압류가 되어 있거나 배당요구가 있는 경우에는 상계할 수 없다'고만 설시하여, 그 반대해석상 이중의 압류나 배당요구 등 경합채권자가 없는 경우에는 상계가 허용되는 것으로 해석될 여지가 있었고, 대상판결의 원심도 대법원 94다2886 판결의 반대해석을 하나의 근거로 삼아 피고의 상계 항변을 받아들였다.

이러한 해석의 여지는 대상판결로 정리되었다. 대상판결은 추심채권자가 추심권을 행사하는 피압류채권과 제3채무자의 추심채권자에 대한 채권은 서로 대립하는 두 당사자 사이의 채권이 아님을 명확히 하면서, 추심채권자와 제3채무자 사이의 상계는 경합채권자의 유무와 상관없이 허용되지 않음을 명확히 하였다. 대상판결은 대법원 94다2886 판결과 마찬가지로 추심채권자가 피압류채권을 자동채권으로 하여 행사하는 상계에 관한 판시이고, 제3채무자가 피압류채권을 수동채권으로 하여 주장하는 상계를 직접적으로 다룬 사안은 없는 것으로 보이지만, 대상판결의 법리상 제3채무자의 추심채권자에 대한 상계권 행사 역시 허용되지 않음은 분명해 보인다.

(4) 검 토

상계를 긍정하는 견해들도 이를 무제한적으로 허용하는 견해는 설득력이 약하고, 이중압류나 배당요구 등 경합채권자가 없는 경우 혹은 경합채권자들이 있더라도 그들에게 불측의 손해를 안기지 않는 이론구성(가령 추심채권자가 피압류채권을 자동채권으로 하는 상계에 있어 경합채권자가 있는 경우에는 상계가 무효로 된다거나 이들이 받을 배당금액을 추심채권자가 자신의 돈으로 제공하여야 한다는 견해)을 통하여 상계를 허용하는 견해들이 유력하다. 추심명령은 추심채권자에게 집행채무자에 속한 채권의 추심권을 부여하는 것이고, 이에 따라 추심된 금전에 대해 채권자 평등주의를 취하고 있는 우리 법제 하에서는 위와 같이 보는 것이 타당하고 불가피한 해석론일 것이다.

대상판결과 부정설이 들고 있는 상계의 기본적인 요건, 즉 쌍방 대립되는 채권인지 여부를 기준으로 본다면 추심채권자와 제3채무자의 상계는 허용하지 아니하는 것으로 귀결될 수밖에 없다. 하지만 이러한 논리적인 결론이 추심명령을 둘러싼 당사자들의 실질적인 이해와 상계의 기능적 측면에 온전히 부합하는지는 의문이다. 추심채권자로서는 제3채무자로부터 현실의 추심을 통해 만족을 얻거나, 추심채권자도 제3채무자에 대한 채무가 있어 이를 상계의 방법으로 만족을 얻거나 아무런 차이가 없다. 압류채무자로서도 압류채권자와 제3채무자 사이에 어떠한 방식으로 정리가 되든지 그에 상응하는 집행채권만 소멸한다면 그의 이해관계에 영향이 없다. 제3채무자로서도 추심채권자의 추심에 응하여 금전을 지급하고 다시 자신의 추심채권자에 대한 채권을 변제받는 번거로움과 추심채권자의 무자력 위험을 피할 수 있다. 오히려 이렇게 대립하는 쌍방이 서로 금전을 주고받아야 할 상황임에도 상계를 원천적으로 차단하게 되면, 제3채무자로서는 추심채권자에게 일단 추심금을 지급하고 그에 대한 반대채권은 별도의 절차를 거쳐 다시 받으라는 것이 되는데, 이는 변제의 불필요한 반복일 뿐만 아니라 추심채권자의 자력이 충분하지 않거나 추심채권자가 추심금을 소비해버릴 위험을 제3채무자에게 부담시키는 결과가 된다. 반대의 경우에도 추심채권자의 상계권 행사가 불허될 경우 추심채권자로서는 자신의 채무는 이행하면서도 제3채무자의 자력부족 위험은 떠안아야 하는데, 물론 이 경우 집행채권이 소멸되지 않고 남아있게 될 것이지만 집행채무자의 자력이 부족하여 강제집행에 이른 상황을 고려하면 제3채무자에 대해 상계를 허용하는 것에 비하여는 불이익한 상황에 놓이는 것이라 볼 수 있다. 이처럼 채권추심의 3면 관계에서 추심채권자와 제3채무자 사이의 상계를 허용하는 것은 3자간의 법률관계를 간명하게 정리할 수 있고, 그것이 그들의 실질적인 이해관계에도 부합할 수 있다.

상계의 기능적 측면에서 보더라도 추심채권자와 제3채무자의 관계는 위에서 본 바와 같이 상계가 갖는 간이결제 기능과 공평유지 기능이 요청되는 상황이라 볼 수 있다. 다만 담보적 기능의 측면은 생각해 볼 필요가 있다. 담보적 기능은 쌍방의 대립되는 채권의 존재를 전제로 양 채권이 상계적상에 도달하였을 때 서로 상계될 수 있다는 당사자들의 기대를 법적으로 보호하는 것에서 도출되는데,[38] 추심채권자가 추심권능을 행사하는 피압류채권과 제3채무자의 추심채권자에 대한 채권은 서로 대립되는 채권이 아니기 때문이다. 제3채무자의 입장에서는 자신의 채무자인 추심채권자가 채권압류 및 추심명령을 받았다는 우연한 사정에 의해, 또 추심채권자 입장에서는 추심명령을 송달받은 제3채무자가 자신의 채권자였다는 우연한 사정에 의해 서로 금전을 주고받아야 할 상황이 되었을 뿐이므로, 이러한 상황에서 발생하는 상계에 대한 기대가 법적으로 보호할 만한 정도에 이르렀는지는 의문이 있을 수 있다. 하지만 이러한 '우연한 사정'으로 서로 금전을 주고받게 되었더라도 달리 볼 필요는 없다고 생각된다. 시기적인 측면에서, 통상의 상계에 있어서도 수동채권과 자동채권이 늘 미리 성립하여 있는 것은 아니고 반대채권이 성립하고 상계적상에 이르면 그때 비로소 상계에 대한 기대가 형성되는 것은 마찬가지이다. 또 채권양도에 의한 양수인과 채무자 사이, 전부명령에 의한 전부채권자와 제3채무자 사이에는 상계가 허용되는데, 이 경우 역시 처음에는 상계가 불가능한 관계였으나 채권양도나 전부명령이라는 사후에 발생한 사정으로 서로 금전을 주고받게 될 상황이 되었다는 점은 추심명령의 경우와 다르지 않다. 즉 '쌍방의 대립되는 채권의 존재를 전제로 양 채권이 상계적상에 도달하였을 때 서로 상계될 수 있다는 당사자들의 기

38) 곽윤직 · 김재형(주 21), 337면; 권태상(주 17), 338면; 이동진(주 22), 453면.

대'라는 것은 그 시기나 경위에 상관없이 결과적으로 쌍방의 채권이 성립된 시점, 나아가 서로 금전을 주고받을 법률관계가 성립하는 시점이 되면 그 자체로 보호할 가치 있는 기대라고 보지 못할 이유가 없다. 채권의 성립시기나 압류의 시기로 인해 발생하는 문제들은 상계적상의 시점을 조정하거나[39] 이해관계인 보호의 관점에서 접근할 문제로 보면 충분하고, 어느 한 채권의 성립시기가 늦었다거나 우연한 사정에 의한 것이라 하여 상계에 대한 당사자들의 기대가 보호가치가 없다고 볼 이유는 없지 않은가 한다. 그렇다면 추심채권자와 제3채무자 사이의 상계는 이중압류나 배당요구 등 경합채권자가 없거나 상계권 행사의 상대방, 경합채권자 등의 이익을 해하지 않는 경우에는 이를 허용하는 것이 상계 제도의 본질이나 기능에도 보다 부합할 수 있는 것이다.

따라서 이론적으로는 제한적 범위에서 상계를 긍정하는 것이 타당하다고 생각하지만, 가장 큰 문제는 부정설이 지적하는 바와 같이 제한적 긍정설의 전제, 즉 피압류채권에 대해 경합채권자가 부존재한다는 사실 자체가 분명하지 않다는 점에 있다.[40] 추심명령은 추심채권자의 추심행위 이후 추심의 신고까지 마쳐야 집행절차가 완전히 종료되는데, 추심채권자가 제기한 추심금소송에서 제3채무자가 상계의 항변을 하거나 혹은 제3채무자가 제기한 소에서 추심채권자가 피압류채권으로 상계의 항변을 하는 경우 상계 항변의 시점과 추심채권자의 추심신고 시점까지는 시간적 간격이 생길 수 있어, '경합채권자가 없는 경우'라는 긍정설의 전제 자체가 유동적인 상황에 놓이게 되기 때문이다. '경합채권자의 부존재'를 조건으로 상계를 허용하는 것도 조건부 형성권을 인정하는 결과가 되어 법률관계가 불안정해지는 딜레마에 빠지게 된다.

---

39) 대법원 2022. 6. 30. 선고 2022다200089 판결은 채권양수인이 양수채권을 자동채권으로 하여 행사하는 상계의 경우 채권양수인은 채권양도의 대항요건이 갖추어진 때 비로소 자동채권을 행사할 수 있으므로 채권양도 전에 이미 양 채권의 변제기가 도래하였다고 하더라도 상계의 효력은 변제기로 소급하는 것이 아니라 채권양도의 대항요건이 갖추어진 시점으로 소급한다고 하였다.

40) 주석 민사집행법(주 30), 648면(노재호 집필).

경합채권자가 없거나 이해관계인에게 불측의 손해를 끼일 우려가 없는 경우에는 상계를 긍정하는 견해가 이론적으로 타당하다고 생각되지만, 최종적으로 이러한 결론이 유지되기 위해서는 실제의 법률관계 속에서도 부정설이 지적하는 딜레마가 해결될 수 있어야 할 것이다.

Ⅳ. 추심채권자와 제3채무자 사이의 상계 가능성에 관한 실천적 검토

1. 검토의 방향

추심채권자와 제3채무자 사이의 상계권 행사를 허용한다고 볼 경우 추심채권자, 제3채무자, 경합채권자 등 이해관계인에게 불측의 손해를 가하거나 법률분쟁의 교착이 발생할 가능성은 없는지, 상계를 허용하면서도 이에 따른 문제를 해결할 법률적 수단이나 구제가 가능할 것인지 살펴본다.

2. 추심채권자의 상계권 행사(피압류채권이 자동채권인 경우)

(1) 경합채권자가 없는 경우

제3채무자의 추심채권자에 대한 채권의 행사에 대해 추심채권자가 피압류채권을 자동채권으로 하여 상계를 주장하는 경우, 상계를 허용한다면 제3채무자의 추심채권자에 대한 채권과 추심채권자가 추심명령을 얻은 피압류채권은 대등액에서 소멸하게 된다. 추심채권자는 제3채무자로부터 현실의 추심에 따른 금전을 교부받는 대신 자신이 제3채무자에 대해 부담하는 채무의 이행을 생략하는 방법으로 피압류채권을 추심하는 것이고, 이는 쌍방 금전의 교부를 서로 생략하였을 뿐이므로, 대물변제에서와 같이 그 허용 여부[41]를 논할 필요는 없다고 생각된다. 따라서 경합채권자가 없는 경우에는 추심채권자의 상계권 행사를 항변권으로서 허용해도 문제가 없고, 추심채권자만 상계권 행사 직후 신속히 추심의 신고

41) 추심채권자가 대물변제의 방법으로 추심할 수 있는지에 대해서는 상당한 가격일 것을 요건으로 하여 긍정하는 견해, 평등주의에 기초한 추심권의 한계를 넘는 행위에 해당한다는 이유로 이를 부정하는 견해가 대립한다. 주석 민사집행법(주 30), 638면.

를 마침으로써 다른 채권자의 배당요구를 차단하면 될 것이다.

(2) 경합채권자가 존재하는 경우

추심채권자가 추심을 완료하면 그 범위에서 피압류채권은 소멸하므로 그 후에 다른 채권자의 압류, 가압류가 제3채무자에게 송달되더라도 효력이 없다.[42] 따라서 추심채권자의 상계권 행사에 의한 추심을 허용한다고 전제할 경우, 상계권 행사가 이루어진 뒤에 가압류나 압류를 한 채권자는 이미 소멸한 피압류채권을 대상으로 한 가압류 또는 압류권자에 해당되어 경합채권자에 해당하지 않는다고 볼 수 있다.

그렇다면 여기서 문제되는 경합채권자는 추심채권자의 상계권 행사 이전에 이미 가압류, 압류, 배당요구를 마친 채권자와 상계권 행사 후 추심의 신고를 마치기 전에 배당요구를 한 채권자가 된다. 추심채권자로서는 상계권 행사와 동시에 추심의 신고를 마침으로써 상계권 행사 이전에 이미 존재하였던 가압류 및 압류권자와 배당요구채권자로 그 범위를 한정시킬 수 있을 것이다.

피압류채권에 대해 경합채권자가 존재하는 경우 추심채권자의 상계권 행사에 따른 추심채권자, 채무자, 제3채무자의 이해를 살펴본다. 먼저 제3채무자의 경우, 통상 제3채무자로서는 경합채권자가 있는 경우 집행공탁을 하는 것이 일반적이겠지만, 제3채무자가 공탁을 하지 않고 어느 한 추심채권자에게 전액 변제하더라도 그 추심채권자가 정당한 추심권자인 이상 제3채무자는 면책되고 다른 압류채권자 등에 대해 이중변제의 위험을 부담하지 않으므로,[43] 추심채권자의 상계권 행사를 허용하더라도 제3채무자에게는 아무런 불이익이 없다. 다음으로 추심채권자의 경우, 경합채권자가 없는 것으로 알고 상계권을 행사하였다가 경합채권자가 존재하였던 것으로 드러나는 경우 문제가 있을 수 있지만 법적 손해까지 발생하는 것은 아니다. 경합채권자의 존재가 드러나는 경우 추심의 신고를 마친 추심채권자로서는 민사집행법 제236조 제2항에 따라 추심한 금액,

42) 법원실무제요(주 7), 395면; 대법원 2005. 1. 13. 선고 2003다29937 판결.

43) 대법원 1986. 9. 9. 선고 86다카988 판결.

즉 상계로 소멸된 피압류채권액을 공탁하고 사유신고를 할 의무를 부담하게 되고,[44] 그에 따른 공탁금 일부가 경합채권자에게 안분될 것이지만, 그 안분액 만큼 추심채권자의 집행채권은 소멸하지 않기 때문이다.[45] 이러한 상황은 추심채권자가 금전을 교부받는 방법으로 추심권의 행사를 마쳤는데 사후에 경합채권자가 존재하는 것으로 밝혀진 경우에도 동일하게 발생하는 문제이므로, 경합채권자의 존재로 추심채권자가 입게 될 이러한 불이익은 '상계를 허용함으로 인해 발생하는 불이익'은 아니라고 볼 수 있다. 또 추심채권자가 피압류채권을 자동채권으로 삼아 상계권의 행사를 스스로 선택하였다면 그와 같은 위험을 감수하였다고도 볼 수 있다. 집행채무자로서는 상계권을 행사한 추심채권자가 만족을 얻은 금액만큼 집행채권이 소멸되는 것이므로 상계로 인한 불이익은 없다.

문제는 경합채권자의 불이익이다. 만약 추심채권자의 상계가 제한 없이 허용된다고 볼 경우 경합채권자는 추심을 한 추심채권자에게 공탁 및 사유신고를 요구하여 추심채권자가 마련한 공탁금에서 배당을 받아야 할 것이다. 그런데 경합채권자의 입장에서 제3채무자로부터 만족을 얻을 것인가 아니면 공탁의무를 부담하는 추심채권자로부터 만족을 얻을 것인가는 상대방의 변제 자력을 달리하는 문제로서 경합채권자의 이익을 해할 수 있어 원칙적으로 허용될 수 없다. 특히 집행채무자에 대한 강제집행 단계에 들어선 상황에서 이와 같은 상계를 허용하는 것은 우연히 제3채무자에 대해 채무를 부담하고 있던 추심채권자에게만 독점적인 만족을

44) 추심채권자가 이러한 공탁의무를 이행하지 않는 경우 경합 채권자는 추심채권자를 상대로 공탁의무의 이행을 소구할 수 있다. 법원실무제요(주 7), 396면.

45) 예를 들어 추심채권자(갑)의 채무자(을)에 대한 집행채권, 채무자(을)의 제3채무자(병)에 대한 피압류채권, 제3채무자(병)의 추심채권자(갑)에 대한 채권이 모두 각 1억 원인 상황에서 병이 갑에게 1억 원의 채권을 행사하자 갑이 병에게 피압류채권 1억 원을 자동채권으로 하는 상계권을 행사하고 추심의 신고를 마쳤는데, 갑의 상계 의사표시 이전에 다른 압류채권자(정)이 1억 원의 집행채권으로 을의 병에 대한 채권을 가압류했던 것으로 밝혀진 경우, 정의 존재로 인해 갑은 1억 원을 집행법원에 공탁하여야 하고 그중 5,000만 원만 배당받게 될 것이지만, 그에 따라 갑의 을에 대한 집행채권도 5,000만 원만 소멸하게 되므로, 갑에게 법적 손해는 없는 것이다.

주는 결과가 되고, 통모에 의한 강제집행면탈의 우려를 높일 수 있다. 추심채권자가 현실로 금전 전액을 추심하였다가 소비해버리는 경우도 결과적으로 동일한 상황이 발생할 것이긴 하지만, 금전 추심의 경우에는 이를 소비한 추심채권자에 대해 횡령죄의 죄책이라도 물을 수 있는[46] 반면 상계권 행사에 대해서는 이마저도 어려울 수 있고, 추심채권자의 무자력 위험으로부터 경합채권자를 보호할 별다른 방도가 없다.

그렇다면, 경합채권자가 있는 경우에 상계를 허용하더라도 불이익이 없도록 하는 방법은 없을까. 추심채권자가 상계 후 추심의 신고를 마친 금액을 공탁하도록 하면 아무런 문제가 없다. 이는 민사집행법 제263조 제2항이 정하고 있는 절차이기도 하고, 일부 학설에서 제시하는 방법이기도 하다. 이 입장에 서본다면, '추심채권자의 상계권 행사는 경합채권자가 있는 경우에는 추심 신고액을 공탁할 것을 조건으로 상계의 효력을 인정할 수 있다'가 될 것이다. 이에 대해서는 조건부 형성권을 인정하게 되어 법률관계가 불안정해진다는 점이 지적될 수 있지만, 형성권이라 하여 조건이 절대적으로 금지되는 것은 아니다. 조건에 친하지 않은 법률행위라 하더라도 예외적으로 상대방의 동의가 있거나 그 조건이 상대방에게 부당하거나 불이익하지 않은 경우, 상대방에게 이익이 되는 경우에는 조건을 붙일 수 있음[47]에 착안해 보고자 한다. 경합채권자가 없는 것으로 알고 상계권을 행사하였다가 사후에 경합채권자의 존재가 드러난 경우, 일단 경합채권자의 존재가 드러나 시점까지는 상계가 유효하게 행사된 상태가 지속된다고 보고, 경합채권자의 존재가 드러났을 때에는 이미 행사된 상계의 효력이 바로 부정되는 것이 아니라 공탁의 이행을 조건으로 상계의 효력을 유효하게 유지할 길을 열어둔다는 것이다. 이와 같이 된다면, 추심채권자의 공탁을 조건으로 상계의 효력을 인정하는 것은 경합채권자를 포함한 이해관계인에게 그 조건이 부당하거나 불이익하지 않은 경우에 준하여 볼 수 있을 것이다. 그리고 이러한 조건의 성격

46) 대법원 2003. 3. 28. 선고 2003도313 판결.
47) 김용담 편집대표, 주석 민법 총칙3, 한국사법행정학회(2019), 592면(남성민 집필).

에 대해서는 추심채권자가 상계권을 행사할 당시에는 경합채권자의 존재를 모르거나 그 존재가 드러나지 않는 경우를 전제하게 되므로 해제조건으로 볼 수밖에 없을 것이다.[48] 사후에 경합채권자가 존재하였던 것으로 밝혀진 경우, 추심채권자가 한 기왕의 상계권 행사는 공탁을 하지 아니하면 소급하여 무효가 되고, 그렇게 되면 추심채권자는 다시 추심으로 나아가고, 제3채무자는 추심채권자가 행사했던 상계의 효과를 부정하고 자신의 채권을 행사하며, 경합채권자는 제3채무자를 상대로 자신의 추심권을 행사하면 될 것이다.

이러한 상계권 행사가 소송상 이루어졌을 때는 어떻게 될 것인가. 본래 기판력은 주문에 관하여 발생하지만, 상계 항변의 경우 항변의 인용 여부에 관계없이 상계로 대항한 액수에 대하여도 기판력이 발생하므로(민사소송법 제216조 제2항), 양 측면을 모두 살펴보아야 한다. 제3채무자가 추심채권자를 상대로 제기한 소에서 추심채권자가 피압류채권을 자동채권으로 하여 행사한 상계 항변이 받아들여져 제3채무자의 패소판결이 확정되었는데 그 후에 경합채권자의 존재가 드러난 경우를 본다. 일단 경합채권자에 대해서는 원칙적으로 추심채권자와 제3채무자간 확정판결의 기판력이 미치지 않으므로,[49] 경합채권자는 제3채무자를 상대로 자신의 압류 등이 이미 존재하고 있었음을 주장하여 추심채권자가 한 상계의 효력을 부정하고 자신의 추심권을 행사할 수 있으니 별다른 문제가 없다. 다음으로 추심채권자의 경우 추심채권자가 공탁을 하지 않고 다시 추심권을 행사하고자 한다면 경합채권자가 존재하였던 사실 자체는 전소

---

48) 이에 대해서는 상계의 의사표시에는 조건이나 기한을 붙일 수 없다는 민법 제439조 제1항 후문이 문제될 수 있을 것이나, 이 경우는 추심채권자의 상계 의사표시 자체에 조건이나 기한이 붙은 것이 아니므로 위 조항에 반하지 않는다고 볼 수 있을 것이다.

49) 추심의 소의 판결의 효력은 추심의 소를 제기한 채권자, 공동소송인으로 참가한 채권자, 민사집행법 제249조 제3항의 참가명령을 받은 채권자로 한정된다. 법원실무제요(주 7), 395면; 동일한 채권에 대해 복수의 채권자들이 압류·추심명령을 받은 경우 어느 한 채권자가 제기한 추심금소송에서 확정된 판결의 기판력은 그 소송의 변론종결일 이전에 압류·추심명령을 받았던 다른 추심채권자에게 미치지 않는다(대법원 2020. 10. 29. 선고 2016다35390 판결).

의 기판력 표준시 이전에 있었던 사실이어서 문제되지만, 경합채권자의 존재에 더하여 추심채권자가 공탁을 하지 아니한다는 '조건'이 기판력 표준시 이후에 성취된 것으로 보아 전소의 기판력에 저촉됨이 없이 추심권을 다시 행사할 수 있다고 볼 수 있을 것이다. 제3채무자로서도 추심채권자가 한 상계권 행사가 무효로 되는 이상 자신의 추심채권자에 대한 채권도 다시 행사할 수 있어야 하므로, 추심채권자의 경우와 같은 논리로 전소의 기판력을 피해갈 수 있다고 볼 것이다.

물론 이와 같이 보면 소멸되었던 채권이 다시 부활하게 되는 등 법률관계가 불안정해지기는 한다. 하지만 '추심채권자의 상계권 행사시 경합채권자의 존재가 나중에 드러나는 경우' 자체가 논의를 위해 가정하여 본 경우이고, 실제로 발생할 가능성은 희박하다. 앞서 보았듯 추심명령의 실무에서도 추심의 신고를 하는 채권자 자체가 드문 것이 현실이고 법원에서도 추심신고 여부에 관계없이 3년이 경과하면 기록을 폐기하고 있는데, 그만큼 사후에 경합채권자가 드러나는 경우가 실제에서는 거의 없기 때문이다. 경합채권자 중 가압류, 압류명령은 그 결정정본이 제3채무자에게 송달되어야 효력이 발생하고, 배당요구의 경우에도 채권자, 제3채무자에게 통지가 되므로(민집 제247조 제3항, 제219조), 제3채무자는 경합채권자의 존재를 이미 알고 있게 되고, 또 원고의 지위에서 소를 제기한 제3채무자가 피고의 지위에 있는 추심채권자의 상계 항변을 무력화 시킬 방법을 스스로 알고 있음에도 이를 행사하지 않고 그대로 패소판결을 받는 경우도 유의미하게 고려할 필요는 없을 것이다. 실무상으로도 경합채권자가 존재하는 경우 제3채무자는 민사집행법 제248조에 따른 집행공탁을 하는 경우가 절대 다수인 점을 고려하면, 여기서의 검토는 설사 위와 같이 사후에 경합채권자의 존재가 드러나는 이례적인 상황이 발생하더라도 그에 따라 발생하는 법적 분쟁의 교착이나 공평에 반하는 문제가 해결 가능함을 확인하는 것으로 충분할 것이다.

그렇다면, '추심채권자가 피압류채권을 자동채권으로 하여 행사하는 상계는 경합채권자가 없는 경우에는 이를 허용하고, 경합채권자가 있는 경우에는 추심신고액을 공탁하는 것을 조건으로 상계가 유효한 것으로 볼 수 있다'는 것은 실천적으로도 가능하다고 생각된다.

3. 제3채무자의 상계권 행사(피압류채권이 수동채권인 경우)

(1) 경합채권자가 없는 경우

추심채권자의 추심권 행사에 대해 제3채무자가 추심채권자에 대해 갖는 채권을 자동채권으로, 피압류채권을 수동채권으로 하여 행사하는 상계의 경우도 경합채권자가 없는 한 문제는 없다. 추심채권자로서는 제3채무자가 상계권을 행사하는 경우 상계의 범위에 다툼이 없다면 즉각적으로 상계로 소멸되는 피압류채권 상당액에 대해 추심의 신고를 마침으로써 다른 채권자의 배당요구를 차단하면 될 것이다.

(2) 경합채권자가 존재하는 경우

경합채권자 존재하는 경우(경합채권자의 범위는 앞서 추심채권자의 상계권 행사 부분에서 본 바와 같다)도 기본적으로는 추심채권자의 상계권 행사의 경우와 같다. 경합채권자가 있는 상황에서 제3채무자의 상계를 제한 없이 허용한다고 보면, 제3채무자의 상계권 행사로 피압류채권은 자동채권과 대등액에서 소멸하게 되고 그 소멸되는 부분을 추심채권자가 추심하는 것으로 보게 될 것이지만, 그 결과 경합채권자는 제3채무자가 아닌 추심채권자가 공탁할 금원에서 만족 받도록 강요받는 결과가 되어 허용되기 어려움은 앞에서 본 바와 같다.

경합채권자가 입게 될 위와 같은 불이익도 추심채권자의 상계권 행사의 경우와 마찬가지로 추심채권자가 현실로 공탁을 하는 것을 조건으로 한다면 해소될 수는 있을 것이다. 하지만 이 경우 추심채권자는 현실의 추심권을 행사하였다가 제3채무자의 상계권 행사로 인해 자신의 추심권 행사가 저지당한 상황임을 상기할 필요가 있다. 물론 이때에도 추심채권자가 자신의 제3채무자에 대한 채무가 소멸하는 효과를 누리기 위해 제3채무자의 상계권 행사를 인정하고 상계된 금액을 공탁할 가능성이 전혀 없다고는 볼 수 없지만, 이미 스스로 추심권 행사로 나아갔다가 이를 저지당한 상황에서 자신이 아닌 경합채권자의 이익을 위해 공탁까지 하는 경우는 드물 것이고, 그렇다면 이러한 드문 경우를 위해서까지 법률관계가 불안정해지는 문제를 감수하면서 공탁을 조건으로 상계의 효력을 인정할 실익이 크지 않다.

무엇보다 경합채권자가 존재하는 상황에서 제3채무자의 상계권 행사를 허용하는 것은 추심채권자에게 불측의 손해가 될 수 있다. 기본적으로 채권에 대한 강제집행은 강제집행의 대상인 채권의 채무자(제3채무자)에 대한 송달로 그 효력이 발생하고 대외적으로 공시되지 않으므로, 기본적으로 추심채권자는 피압류채권에 대해 다른 채권자의 가압류 또는 압류 등이 존재하는지 알 수 없는 위치에 있다.[50] 제3채무자가 경합채권자의 존재를 숨기고—제3채무자에게는 추심채권자의 추심권 행사를 저지하기 위해 이와 같이 행동할 동기가 존재한다—상계권을 행사하는 경우, 이를 알지 못하는 추심채권자로서는 그 상계로써 채권채무관계가 모두 정리된 것으로 생각하였을 것인데, 갑자기 등장한 경합채권자의 존재로 인해 추심의 신고와 신고된 금액을 공탁할 의무를 부담하게 되고, 만족한 것으로 알았던 집행채권이 부활하여 다시 강제집행에 나아가야 할 처지에 놓이게 된다. 추심채권자가 겪는 이러한 상황은 결과적으로는 경합채권자가 존재하고 있었던 이상 정당하게 이루어졌어야 할 집행절차가 뒤늦게 진행되는 것이라 볼 수는 있겠지만, 이는 추심채권자에게 불안정한 법률관계를 강제하면서 오히려 경합채권자의 존재를 숨긴 제3채무자에게는 당장의 추심채무 이행을 면하게 하는 혜택을 주게 되어 공평에 반하게 된다.

이러한 문제는 제3채무자의 상계권 행사가 소송상 이루어졌을 때 더욱 선명하게 드러난다. 추심채권자가 제3채무자를 상대로 제기한 추

50) 배당요구가 있는 경우에는 집행법원이 그 사실을 채권자에게 통지하여야 하지만(민집 제247조, 제219조), 다른 채권자의 가압류나 압류에 대해서는 그와 같은 절차가 없고, 실무상으로도 추심의 신고가 있은 경우 집행법원이 적당한 방법으로 경합채권자의 존재를 추심채권자에게 알려주는 것이 권고되고 있을 뿐이다[법원실무제요(주 7), 395면].

심금 소송에서 제3채무자의 상계권 행사를 허용하게 되면 경합채권자의 존재가 드러나는지 여부에 따라, 즉 제3채무자의 선택에 따라 판결의 결론이 달라지는 셈이 되고, 추심채권자의 패소판결이 확정된 이후에는 또다시 추심채권자의 공탁 여부에 따라 기판력의 범위가 달라지기 때문이다.

이처럼 경합채권자의 존재를 알고 있는 제3채무자에 대해 상계권 행사를 허용하는 것은 법률관계를 과도하게 불안정하게 만들고 추심채권자에게 불측의 손해를 가할 우려가 크므로, 제3채무자의 상계권 행사는 경합채권자의 존부에 관계없이 이를 부정함이 타당하다고 생각된다. 일부 학설에서는 민사집행법 제232조 제1항 단서에 의한 압류액 제한허가가 있는 경우에는 이를 허용할 수 있다고 보는데, 압류액 제한허가가 있는 경우 그 제한된 부분에 대해서는 다른 채권자가 배당요구를 할 수 없어 압류채권자가 우선변제를 받게 되므로,[51] 이 경우에는 상계를 허용하더라도 추심채권자나 경합채권자에게 별다른 불이익이 없을 것으로 보인다. 다만 압류액 제한허가는 압류된 채권이 집행채권, 집행비용의 합계보다 많은 경우를 전제로 채무자의 신청과 이에 대한 집행법원의 허가에 따라 이루어지는 것이므로, 제3채무자와 추심채권자의 영역에 속한 사항이 아니어서 실천적 관점에서 의미는 크지 않을 수 있겠다.

4. 소 결 론

지금까지의 검토를 정리해 보면, 추심채권자의 상계권 행사는 제한적으로 허용하고, 제3채무자의 상계권 행사는 허용하지 않는다는 결론이 된다. 그런데 이와 같은 결론에는 의문이 들 수 있다. 추심채권자와 제3채무자 사이에 대립되는 쌍방의 급부의무에 대해 '상계'를 논하면서 추심채권자가 행사하는 상계권만 편면적으로 허용하는 결과이기 때문이다. 그러나 이러한 편면적 결과는 추심채권자와 제3채무자 사이에 대립되는

51) 법원실무제요(주 7), 639면.

급부의무의 성격, 상계권 행사의 목적이나 본질에 비추어 보면 오히려 타당한 결과라고 보고 싶다. 이들이 서로에 대해 상계권을 행사하는 목적은 상대방의 청구를 저지하고 자신의 급부의무 이행을 면하는 데 있다. 추심채권자가 행사하는 상계권은 자신이 제3채무자에게 부담하는 급부의무의 이행을 생략하면서 이를 자신이 제3채무자에게 행사하는 피압류채권의 추심에 갈음하려는 행위인 것이다. 즉 추심채권자의 상계권 행사는 추심채권자가 선택한 '추심'의 한 방법으로 이해될 수 있다는 것이다. 하지만 제3채무자는 추심채권자에게 피압류채권을 상계의 방법으로 추심할 것을 요구하거나 강제할 수 없다. 추심권한은 어디까지나 추심명령을 받은 추심채권자에 속하기 때문이고, 또 추심채권자는 피압류채권에 관한 추심권능을 부여받아 일종의 추심기관으로서 경합하는 모든 채권자를 위하여 제3채무자로부터 피압류채권을 추심하는 것이므로 제3채무자의 추심채권자에 대한 지급은 추심채권자 개인에 대한 지급의 성격을 갖는 것도 아니기 때문이다. 즉, 추심채권자와 제3채무자 사이의 상계 문제를 '쌍방 대립되는 채권으로서 상계가 허용되는가'의 관점이 아닌 '추심행위가 상계 혹은 이와 유사한 상호 급부의무의 이행을 생략하는 방법으로도 이루어질 수 있는가'의 관점에서 본다면, 추심채권자의 상계권 행사만 허용하는 편면적 결론은 오히려 당연한 결과일 수 있다는 것이다.

추심채권자의 제3채무자에 대한 상계권 행사, 즉 '상계의 방법에 의한 추심'을 허용한다고 본다면, 상계의 대상이 되는 대립되는 쌍방의 채권 혹은 급부의무는 채무자의 제3채무자에 대한 피압류채권과 제3채무자의 추심채권자에 대한 채권이 될 것이고, 추심채권자가 상계권을 행사하는 근거는 변제수령권에서 찾을 수 있다고 본다. 상계적상은 두 채권의 이행기로 보되, 추심명령은 제3채무자에게 송달된 때부터 효력이 있고 그때부터 추심채권자가 제3채무자에게 그 이행을 구할 수 있는 것이므로, 피압류채권에 대해서는 상계적상에서의 이행기를 피압류채권 자체의 변제기가 아닌 추심명령의 효력 발생시로 봄이 타당하리라 생각된다.[52)]

V. 결 어

이상의 논의를 정리하면, 추심채권자와 제3채무자 사이의 상계는 ① 추심채권자가 피압류채권을 자동채권으로 하여 행사하는 상계는 경합채권자가 없는 경우 이를 긍정하고, 경합채권자가 있는 경우는 추심채권자가 상계로 소멸되는 금액을 현실로 공탁하는 것을 조건으로 긍정하며, ② 제3채무자가 피압류채권을 수동채권으로 하여 행사하는 상계는 허용하지 않는 것이 타당하다고 본다.

이와 같은 제한적 긍정은 다소 번잡해 보이고, 대상판결과 같은 부정설의 입장이 논리적으로 간명함은 부인할 수 없다. 하지만 이처럼 경합채권자 등에게 손해를 가하지 않는 경우에 대해서까지 '쌍방의 대립되는 채권이 아니다'라는 원론적인 이유만으로 상계의 가능성 자체를 차단하는 것은 상계 제도의 본질이나 기능에 맞지 아니한다고 생각되고, 또 3자간 법률관계를 간명히 정리함으로써 후속적인 분쟁을 차단하고 사회적·경제적 비용을 줄일 수 있는 좋은 방도를 놓치는 것이 아닌가 한다. 물론 부정설에서도 추심채권자와 제3채무자의 합의에 의하여 양 채권을 상계된 것처럼 처리하는 것을 '변제방법에 관한 합의'로 인정하거나, 경합채권자가 있는 경우에도 현실로 추심을 한 경우와 마찬가지로 추심채권자가 추심금을 공탁하고 사유신고를 하면 될 것이라는 견해가 보완적으로 제시되기는 하나, '항변권'으로서의 상계를 인정하는 것이 아니고, 그러한 합의로 경합채권자의 불이익을 해소하기는 곤란하여 실천적 의미는 크지 않을 것이다.

대상판결에 따라 추심채권자와 제3채무자 사이의 상계는 허용되지 않음이 분명해졌지만, 상계의 세 가지 기능이자 본질, 즉 간이결제 기능, 공평유지 기능, 담보적 기능의 측면에서 본다면 추심채권자의 제3채무자에 대한 상계는 제한적으로라도 긍정하는 것이 이론적으로 타당하고, 실

52) 채권양도의 경우에 관한 대법원 2022. 6. 30. 선고 2022다200089 판결 참조.

천적으로도 가능하며, 그것이 추심명령을 둘러싼 이해관계인들의 법률관계를 보다 간이하고 효과적으로 정리할 수 있는 길이 될 수도 있었다고 생각한다.

[Abstract]

A Study on the Possibility of Set-off between a Collecting Creditor and a Garnishee

Kim, Se Yong*

Set-off is a system where, when two persons are bound to each other by obligations whose subject is of the same kind, each obligor may extinguish its obligation to the extent of the amount corresponding to that of his obligation instead of actually performing the payment to the other. While set-off basically requires opposing claims of two parties, there are cases where a transfer of claims or the appearance of an interested party creates a tri-party claim-obligation relationship, in which the parties attempt to simplify the settlement or extinguish their liabilities by way of set-off. However, the Supreme Court has been largely negative on set-off in such cases, and in a recent case involving set-off between a collecting creditor and a garnishee, the court made it clear that set-off is not permitted on the grounds that the obligations are not in a mutually conflicting relationship.

However, there may be instances where the obligations of the parties may not be formally conflicting, but the parties are in a situation where they will eventually have to pay each other, and the substance of their interests may not be different from those in an ordinary exercise of the right of set-off, and it may be consistent with the nature and function of set-off to allow them to exercise the right. If set-off in these cases is not likely to bring unexpected harm to the parties or stakeholders, or destabilize the legal relationship, allowing set-off in these cases can be a simple and effec-

* Presiding Judge, Tongyeong Branch of Changwon District Court.

tive way to wind down the legal relationship.

Regarding the possibility of set-off between a collecting creditor and a garnishee, this article examines the need to allow set-off from a theoretical point of view, and the feasibility of allowing such set-off in an actual legal relationship from a practical point of view. First, the article suggests that in the absence of competing creditors due to other seizures, provisional seizures, etc. prior to the filing of the collection, there is no issue with allowing the collecting creditor to exercise set-off using the seized claim, and even if there is a competing creditor, conflict of interests or deadlock in the dispute can be avoided by requiring the collecting creditor to deposit the amount extinguished by set-off. Second, the article considers that a set-off executed by a garnishee using the seized claim as a passive claim is impermissible because there is a risk of causing damages to the collecting creditor in the existence of competing creditors and destabilizing the legal relationship. Such a conclusion results in a one-sided approach to set-off between the collecting creditor and the garnishee, allowing only the collecting creditor's right of set-off, but such a conclusion is recognized as natural if the collecting creditor's exercise of the right of set-off is understood as a method of 'collection' chosen by the collecting creditor.

Although it has become clear by the relevant judgment that set-off between a collecting creditor and a garnishee is not permitted, in light of the function and nature of set-off, i.e., simplified settlement, maintenance of equity, and collateralization, there had been room for the court to limitedly affirm a one-sided exercise of set-off by the collecting creditor against the garnishee from a theoretical and practical point of view.

[Key word]

- set-off
- seizure and collection order against claims
- collecting creditor
- garnishee
- competing creditor

참고문헌

1. 단 행 본

곽윤직 · 김재형, 채권총론(제7판), 박영사, 2023.
김상용, 채권총론, 법문사, 2003.
법원실무제요 민사집행[Ⅳ], 사법연수원, 2020.
손진홍, 채권집행실무, 한국사법행정학회, 2019.
이시윤, 신민사집행법, 박영사, 2020.
이은영, 채권총론(제4판), 박영사, 2009.
편집대표 김용덕, 주석 민법 총칙3, 한국사법행정학회, 2019.
______, 주석 민법 채권총칙4, 한국사법행정학회, 2020.
편집대표 민일영, 주석 민사집행법Ⅴ, 한국사법행정학회, 2018.
편집대표 윤경, 민사집행실무총서(Ⅱ) 채권집행, 한국사법행정학회, 2023.

中野貞一郎, 下村正明, 民事執行法, 青林書院, 2016.
鈴木忠一, 三ケ月 章, 注解 民事執行法(4), 第一法規出版株式會社, 1985.

2. 논 문

권태상, 채권의 압류와 상계, 이화여자대학교 법학논집 제20권 제1호, 2015. 9.
김우성, 양도채권 · 피압류채권 채무자의 상계주장, 서울대학교 법학 제57권 제4호, 2016.
이동진, 상계의 담보적 기능, 민사법학 제70호, 한국사법행정학회, 2015.
임병석, 압류명령과 상계 당사자, 법학논총 제40권 제4호, 전남대학교 법학연구소, 2020.
______, 추심명령과 상계 당사자, 법학논총 제41권 제3호, 전남대학교 법학연구소, 2021.
조관행, 추심명령에 의한 추심의 제문제, 재판자료 제35집, 법원도서관(1987).

임대차계약 종료 후 계속 점유자에 대한 임대인의 부당이득 반환 청구*

– 대법원 2023. 3. 30. 선고 2022다296165 판결을 계기로 –

이 종 욱**

■요 지■

대법원 2023. 3. 30. 선고 2022다296165 판결(이하 '2023년 판결'이라고 한다)은 '임대차계약이 종료된 이후 임차물을 소유하고 있는 임대인은 제3자를 상대로 점유를 이유로 한 차임 상당 부당이득 반환 청구를 할 수 있다.'라고 판시하였는데, 이는 '임대차가 종료된 경우 임대 목적물이 타인 소유라고 하더라도 임차인은 임대인에게 임대차 종료일 이후부터 부동산 인도 완료일까지 그 부동산을 점유·사용함에 따른 차임 상당의 부당이득금을 반환할 의무가 있다.'라는 확립된 판례(대법원 2001. 6. 29. 선고 2000다68290 판결 등, 이하 '기존 판례'라고 한다)와 일견 모순되어 보이기도 한다. 그러나 기존 판례는 임대인이 임대차계약 종료 후 계속 점유자인 임차인에게 부당이득 반환을 청구하는 사안에 관한 것이고, 2023년 판결은 임대인이 임대차계약 종료 후 임차인 외의 계속 점유자인 제3자에게 부당이득 반환을 청구하는 사안에 관한 것으로, 서로 모순되지 않는다.

기존 판례 사안의 경우 임차인이 임대차계약 종료 후 임대인으로부터 급부된 점유의 이용 가능성에 해당하는 이익을 반환하는 급부부당이득이 문제되므로 임대인이 반드시 소유자 등에 해당하지 않아도 된다. 임차인이 소유

---

* 본고는 사법 제70호(2024)에 게재되었다.

** 서울동부지방법원 판사.

자 등으로부터 목적물의 반환 청구나 차임 내지 그 해당액의 지급 요구를 받는 등의 이유로 임대인이 임차인으로 하여금 목적물을 사용·수익하게 할 수가 없게 되면, 임차인은 그 이후의 차임 상당 부당이득 반환 의무를 부담하지 않는다.

2023년 판결 사안의 경우 임대인과 제3자 간에는 계약 관계가 없으므로 침해부당이득이 문제 되는데, 임대인이 사용·수익권이 배타적으로 할당되어 있는 소유자, 지상권자, 전세권자 등에 해당하는 경우 성립할 수 있다. 2023년 판결이 위와 같은 기저의 추상적인 법리를 임대인이 임대차계약 종료 후 계속 점유자에 대하여 부당이득 반환 청구를 하는 구체적인 사안에 맞추어 설시하면서 다소 혼동이 생긴 면이 있지만, '임대인'이라는 점이 중요한 요건인 기존 판례와 달리 기본적으로 '임대차계약이 종료한' 임대인을 지칭하기 위하여 위 용어를 사용하였다고 평가할 수 있다. 임대차계약을 떠나 소유자 등과 사용·수익할 권원 없는 제3자로 치환하여 보더라도 그 법리는 성립한다.

기존 판례 법리와 2023년 판결 법리가 교차하는 경우도 있다. 임대인이 소유자 등에 해당하는 경우 임차인과의 관계에서 급부부당이득(기존 판례 법리)과 침해부당이득(2023년 판결 법리)이 경합할 수 있다. 또한, 임차인이 소유자 등에 해당하는 임대인의 동의를 받지 않고 제3자에게 임차권을 양도하거나 전대하는 등의 방법으로 임차물을 사용·수익하게 하다가 원래의 임대차계약과 전대차계약 등이 모두 종료한 경우, 임대인에 대한 임차인의 부당이득 반환 채무(기존 판례 법리)와 제3자의 부당이득 반환 채무(2023년 판결 법리)는 부진정연대채무 관계에 있다. 제3자에 대한 임차인의 부당이득 반환 청구권(기존 판례 법리)과 임대인의 부당이득 반환 청구권(2023년 판결 법리) 중에는 후자가 우선한다. 다만 제3자는 이중 지급의 경우 임차인에게 이미 지급한 부당이득을 다시 부당이득으로 반환 청구할 수 있다.

[주 제 어]
- 임대차계약
- 임대인
- 임차인
- 부당이득
- 급부부당이득

- 침해부당이득
- 점유자와 회복자 관계
- 과실 수취권

대상판결 : 대법원 2023. 3. 30. 선고 2022다296165 판결

[사안의 개요]

Ⅰ. 사실관계

이하 본고의 주제와 관련된 부분을 중심으로 요약·정리한다.

1. 피고는 2016. 6.경 대한민국으로부터 해병 간부 숙소 신축 시설 공사(이하 '이 사건 공사'라고 한다)를 도급받아 그중 철근 및 콘크리트 공사를 A에게 하도급 주었다.

2. 원고는 A와 체결한 임대차계약(이하 '이 사건 임대차계약'이라고 한다)에 따라 2016. 12.경부터 2017. 4.경까지 이 사건 공사 현장에 가설 자재(이하 '이 사건 가설 자재'라고 한다)를 임대하였다.

3. 피고는 2017. 5. 9. A와 위 하도급계약을 합의 해지하였고, 2017. 5. 26.경 A로부터 이 사건 공사 현장(이 사건 가설 자재 포함)을 인도받아 나머지 공사를 시공하였다.

4. 원고는 2017. 9. 말경 A와 이 사건 임대차계약을 합의 해지하였다.

5. 피고는 이 사건 공사를 완료한 2018. 2. 22.경까지 이 사건 가설 자재를 점유·사용하였다.

Ⅱ. 소송의 경과

1. 청구원인의 요지

피고는 원고에게 이 사건 임대차계약이 해지된 다음 날인 2017. 10. 1.부터 피고가 이 사건 가설 자재를 점유·사용한 마지막 날인 2018. 2. 22.까지 그 차임 상당의 부당이득을 지급할 의무가 있다.

2. 제1심 판결-인천지방법원 2021. 3. 4. 선고 2018가단259687 판결

피고는 이 사건 임대차계약이 해지된 다음 날인 2017. 10. 1.부터 피고가 이 사건 가설 자재를 점유·사용한 마지막 날인 2018. 2. 22.까지 그 차임(이 사건 임대차계약이 해지될 무렵인 2017. 9.분 차임에 따름) 상당의 부당이득을 지급할 의무가 있다.

3. 항소심 판결-인천지방법원 2022. 10. 28. 선고 2021나56704 판결

피고는 이 사건 가설 자재를 점유·사용할 권한을 취득하였고, 원고는 A에 대하여 이 사건 임대차계약 해지에 따른 원상회복 및 손해배상 청구를 할 수 있음은 별론으로 하더라도 피고에 대하여는 부당이득의 반환을 구할 수 없다. 제1심 판결을 취소하고, 원고의 청구를 기각한다.

4. 대상 판결-대법원 2023. 3. 30. 선고 2022다296165 판결

피고는 이 사건 가설 자재를 점유·사용할 권한을 취득하였다고 볼 수 없다. 원고는 이 사건 가설 자재의 소유자로서 이 사건 임대차계약이 해지된 다음 날인 2017. 10. 1.부터 그 점유·사용자인 피고를 상대로 부당이득 반환 청구를 할 수 있다. 원고가 A를 상대로 이 사건 임대차계약의 종료에 따른 원상회복 및 손해배상 청구를 할 수 있다고 하더라도, 원고에 대한 A의 채무와 피고의 채무는 부진정연대채무 관계에 있다고 볼 수 있을지언정, 피고에 대한 부당이득 반환 청구가 허용되지 않는다고 보기 어렵다. 항소심 판결을 파기환송한다.

5. 파기환송심 판결-인천지방법원 2024. 7. 3. 선고 2023나58506 판결(확정)

피고는 이 사건 임대차계약이 해지된 다음 날인 2017. 10. 1.부터 피고가 이 사건 가설 자재를 점유·사용한 마지막 날인 2018. 2. 22.까지 그 차임(이 사건 임대차계약이 해지될 무렵인 2017. 9.분 차임에 따름) 상당의 부당이득을 지급할 의무가 있다.

〔研　　究〕

Ⅰ. 서　　론

최근 대법원은 "임차인이 임대인의 동의를 받지 않고 제3자에게 임차권을 양도하거나 전대하는 등의 방법으로 임차물을 사용·수익하게 하더라도, 임대인이 이를 이유로 임대차계약을 해지하거나 그 밖의 다른 사유로 임대차계약이 적법하게 종료되지 않는 한 임대인은 임차인에 대하여 여전히 차임 청구권을 가지므로, 임대차계약이 존속하는 한도 내에서는 제3자에게 불법점유를 이유로 한 차임 상당 손해배상 청구나 부당이득 반환 청구를 할 수 없다. 그러나 임대차계약이 종료된 이후에는 임차물을 소유하고 있는 임대인은 제3자를 상대로 위와 같은 손해배상 청구나 부당이득 반환 청구를 할 수 있다."라는 판결(이하 '2023년 판결'이라고

한다)[1]을 선고하였다. 그런데 위와 같은 판시는 "임대차가 종료된 경우 임대 목적물이 타인 소유라고 하더라도 그 타인이 목적물의 반환 청구나 임료 내지 그 해당액의 지급을 요구하는 등 특별한 사정이 없는 한 임차인은 임대인에게 그 부동산을 인도하고 임대차 종료일까지의 연체 차임을 지급할 의무가 있음은 물론, 임대차 종료일 이후부터 부동산 인도 완료일까지 그 부동산을 점유·사용함에 따른 차임 상당의 부당이득금을 반환할 의무도 있다."라는 확립된 판례(이하 '기존 판례'라고 한다)[2]와 일견 모순되어 보이기도 한다.

기존 판례와 2023년 판결은 모두 임대차계약 종료 후 계속 점유자를 상대로 한 임대인의 부당이득 반환 청구가 문제 된 사안인 까닭에 '임대인'이라는 용어가 공통적으로 사용되었다. 그러나 각 사안에서 '임대인'이라는 표현이 갖는 의미는 판이하다. 2023년 판결은 구체적인 사안을 포섭하기 위하여 '임대인'이라는 용어를 사용하였지만, 기저의 추상적 법리는 기존 판례의 법리와 같지 않다. 2023년 판결은 이 점을 명확하게 밝히지는 않고 있으나, 사안별로 부당이득이 성립하는 요건, 효과 등을 살펴봄으로써 2023년 판결과 기존 판례를 조화롭게 이해할 수 있다.

본고에서는 크게 ① 임대인이 임대차계약 종료 후 계속 점유자인 임차인에게 부당이득 반환을 청구하는 경우(기존 판례 사안)와 ② 임대인이 임대차계약 종료 후 임차인 외의 계속 점유자인 제3자에게 부당이득 반환을 청구하는 경우(2023년 판결 사안)로 유형을 나누어, 부당이득의 성립 요건, 효과 등을 검토하고자 한다. 이때 임대인은 소유권 등의 본권을 가지고 있는 소유자 등에 해당할 수도 있고, 해당하지 않을 수도 있다. 또한, 제3자는 임차인으로부터 임차권을 양수하거나 전차한 사람일 수도 있는데, 여기서 임대인과 임차인은 원래의 임대차 관계를 기준으로 지칭한다. 이하 '임대인', '임차인', '제3자', '소유자 등'의 용어는 위와 같은 의

1) 대법원 2023. 3. 30. 선고 2022다296165 판결. 밑줄은 필자. 이전에도 간행되지 않은 대법원 2017. 9. 7. 선고 2014다82002 판결 등이 있었다.
2) 대법원 2001. 6. 29. 선고 2000다68290 판결 등. 밑줄은 필자.

미로 통일하여 사용한다. 임대인이 소유자 등에 해당하거나, 이에 더하여 임차인이 제3자와 전대차계약을 체결하는 등의 경우(마침 2023년 판결의 사실관계가 이에 해당하였다)에는 2023년 판결 법리와 기존 판례 법리가 교차할 수도 있는데, 이 경우 발생할 수 있는 관련 문제에 대하여도 살핀다.

Ⅱ. 임대인이 임대차계약 종료 후 임차인에게 부당이득 반환을 청구하는 경우

1. 부당이득의 성립 요건 및 효과

(1) 임대차에 관한 논의

임차인은 임대차계약이 종료된 경우 임대인이 소유자 등에 해당하지 않더라도, 임대인에게 임대차계약 종료일 이후부터 임대차 목적물 인도 완료일까지 그 점유·사용에 따른 차임 상당 부당이득을 반환할 의무가 있다.[3] 임대차계약에 따라 급부된 점유 자체가 임차인의 이득이 되는 반면,[4] 임대인은 임차인이 임대차 목적물 반환을 지체함에 따라 점유 이용 가능성을 회복하지 못하는 손해를 입는다.[5] 임차인이 수취한 이득은 점유의 이용 가능성이고, 그 가능성이 임차인에게 유보되어 있는 한 원칙적으로 그에 상당하는 이익이 임차인에게 남아 있다고 볼 수도 있다.[6]

---

3) 김성욱, “임대차계약에 있어서 임차목적물의 이용과 관련한 법적 문제”, 제주대학교 법과 정책 제21집 제3호(2015), 142면.

4) 김태우, “타인의 물건을 임대한 임대인이 임대차계약 종료 후에 임차인에 대하여 차임 상당액의 부당이득반환을 청구할 수 있는가”, 부산판례연구회 판례연구 제7집(1997), 93-94면; 양창수, “임대차종료 후 임차인의 목적물 계속점유와 부당이득”, 민법연구 제2권, 박영사(1991), 342면; 이동권, “임대차 종료후, 임차보증금을 반환받기 위하여 임차인이 목적물을 계속 점유하는 경우, 부당이득반환 채무의 발생여부”, 대구지방법원 판례연구회 판례연구 제3집(1992), 109면.

5) 김동진, “지방자치단체 소유의 점포를 순차 임차한 전차인이 진실한 소유자의 수임자로부터 차임 상당의 부당이득반환청구를 받은 경우에 전대인의 차임청구 등을 거절할 수 있는지 여부”, 판례해설(81), 228면; 김태우(주 4), 94면; 안철상, “임대차 및 전대차 종료 후 전차인의 임차인(전대인)에 대한 목적물의 사용·수익 따른 부당이득금 반환의무”, 부산판례연구회 판례연구 제14집(2003), 348면.

6) 곽윤직 편집대표, 민법주해[XVII], 박영사(2005), 282면(양창수 집필 부분); 제철웅, “소유물반환청구권자 및 그 밖의 반환청구권자에 대한 권원 없는 점유자의 책임”, 민사판례연구 제21권(1999), 313면; 최준규, “임대차계약 종료 후 임차인의 목적물

임차인이 임대차 목적물의 이용 가능성을 살려 실제로 경제적 효과를 얻는 것은 임대인이 책임져야 할 영역이 아니고, 현실적 이용에 관련된 위험은 임차인이 부담하여야 하며, 이러한 위험 분배는 임대차계약이 종료하였다고 하여 달라질 필요가 없다.[7] 임대인이 결국 그 목적물을 소유자 등에게 반환하여야 하는 경우라고 하더라도 마찬가지이다.[8] 즉, 이러한 경우에는 임차인이 임대인으로부터 받은 급부를 반환하면 되므로 급부부당이득이 성립한다.[9] 급부부당이득은 재화의 이동에 관한 법에 속하는 제도로서 잘못된 급부를 청산·교정하는 기능을 하는데,[10] 여기서 급부란 '의식적이고 일정한 목적을 지향하는 타인 재산의 증가 행위'를 의미하고,[11] 점유의 허용이 그 주요한 예에 해당한다고 설명할 수 있다.[12]

따라서 임대인이 소유권 및 소유권 이외에 다른 사용·수익권을 가지고 있는 경우에 한정하여 부당이득이 성립한다는 견해[13]에는 찬동하기 어렵다. 여기서 인정되는 급부부당이득은 임대인의 사용·수익권에 대한 침해에서 비롯하는 것이 아니고, 임대차계약 종료에 따라 잘못된 급부를 청산하는 과정에서 인정되는 것이다. 결국 임차인에게 임대차 목적물을 임대한 임대인이라는 점이 요건이 될 뿐, 임대인이 소유권 등 본권을 가지고 있을 것까지 요구되지는 않는다. 위와 같이 보면, 소유자 등은 임차

계속점유와 실질적 이득", 저스티스 통권 제174호(2019), 347면; 홍성무, "임대차종료후 임차인이 목적물을 계속점유하는 경우 부당이득이 성립하기 위한 실질적 이득의 의미", 판례해설(17), 317면.

7) 곽윤직 편집대표(주 6), 282면(양창수 집필 부분); 김용덕 편집대표, 주석 민법 [채권각칙 5](5판), 한국사법행정학회(2022), 856면(이계정 집필 부분); 홍성무(주 6), 317면.

8) 곽윤직 편집대표(주 6), 189-190면(양창수 집필 부분).

9) 양창수(주 4), 342-343면.

10) 김용덕(주 7), 765면(이계정 집필 부분); 이계정, "집합건물 공용부분 무단사용자에 대한 관리단의 부당이득반환청구 가부-대법원 2020. 5. 21. 선고 2017다220744 전원합의체 판결-", 법조 통권 제745호(2021), 380면.

11) 김용덕 편집대표(주 7), 766면(이계정 집필 부분); 이계정(주 10), 380면.

12) 김용덕 편집대표(주 7), 766면(이계정 집필 부분).

13) 서울고등법원 판례공보스터디, 민사판례해설 Ⅳ-하, 서울고등법원 판례공보스터디(2023), 1064-1065면.

인에 대하여는 그가 임대인에게 임대할 권한이 있다고 믿었다는 등의 이유로 선의여서 부당이득을 반환 받을 수 없는 경우(민법 제201조 제1항)에도 임대인으로부터는 그가 임차인을 상대로 수취한 과실을 반환받을 여지가 있어, 관련 당사자의 이익을 침해하지 않고 공평하게 문제를 해결할 수 있다.[14)] 임대차 목적물의 현실적 이용에 관한 위험이 임대인으로부터 임차인에게 이전되었다면, 최종적으로 그 책임은 임차인에게 귀속되는 것이 타당하다.

판례는 '법률상의 원인 없이 이득하였음을 이유로 한 부당이득의 반환에서 이득이란 실질적인 이익을 의미하므로, 임차인이 임대차계약 관계가 소멸된 이후에 임차 건물 부분을 계속 점유하기는 하였으나 이를 본래의 임대차계약상의 목적에 따라 사용·수익하지 아니하여 실질적인 이득을 얻은 바 없는 경우에는, 그로 인하여 임대인에게 손해가 발생하였다고 하더라도 임차인의 부당이득 반환 의무는 성립하지 아니하는 것이다.'라고 반복하여 설시하여,[15)] 이른바 '실질적 이득론'을 펼치고 있다.[16)] 그러나 앞서 보았듯 급부부당이득 사안에서 급부된 점유의 이용 가능성을 활용할 책임은 임차인의 영역에 있으므로, 실질적 이득론을 전면적으로 적용하는 것은 재고되어야 한다.[17)] 급부부당이득의 경우 급부 관계가 인정되고 법률상 원인이 흠결되었음이 인정되면 바로 급부 수령자가 부당이득 반환 의무를 부담하므로, 기본적으로 실질적 이득을 논할 필요가 없다.[18)]

계약 종료 후 계약의 청산 관계에서 기능하는 급부부당이득 반환 청구권에 대하여는 계약의 여후효(餘後效)가 적용된다.[19)] 계약의 여후효란

---

14) 제철웅(주 6), 315-316면.
15) 대법원 1998. 7. 10. 선고 98다8554 판결 등.
16) 김용덕 편집대표(주 7), 853면(이계정 집필 부분).
17) 실질적 이득론에 대한 비판으로, 김용덕 편집대표(주 7), 855-856면(이계정 집필 부분); 최준규(주 6), 347-349면; 양창수(주 4), 342-344, 349면 등 참조.
18) 이계정, "삼각관계에서의 부당이득 법률관계와 질권자의 부당이득반환의무 유무-대법원 2015. 5. 29. 선고 2012다92258 판결-", 법조 통권 제1호(2017), 653-654면.
19) 김용덕 편집대표(주 7), 693-694면(이계정 집필 부분).

계약 종료 후에도 계속하여 일정한 범위 내에서 계약의 효력이 지속한다는 개념인데, 임대차 등 장기간 지속되는 유형의 계약에서 발생한다고 설명된다.[20] 임대차계약 종료 후 차임 상당 부당이득은 차임의 변형물로서,[21] 임대차계약 종료 후에도 그 목적물의 용익이 그 계약이 존속하던 때와 다를 바 없이 이루어지고 있다면, 당사자 간 합의를 가급적 존중하여 그대로 연장하여 적용하는 것이 바람직하다.[22] 즉, 임대차계약 관계를 청산할 때 당사자 간 이해관계 조정을 위하여 부당이득 제도가 이용되는 경우에는 그 계약 내용이 일정한 범위에서 그 부당이득의 성립 여부, 반환 의무의 내용에도 반영되어야 한다.[23] 흠 있는 의사표시에 의한 계약이 아닌 한, 합리적인 경제인이 스스로의 이익을 극대화하기 위하여 협상한 결과는 계약의 청산 과정에서도 존중함이 타당하기 때문이다. 따라서 부당이득액을 산정할 때 해당 임대차계약에서 정하여진 차임액이 일단 기준이 된다.[24] 특별한 사정이 없는 한 그 차임액이 양 당사자가 생각하는 임대차 목적물의 가치를 가장 잘 반영하고 있다고 볼 수 있으므로, 그에 따라 가장 효율적으로 계약의 청산이 유도될 수 있다. 다만 위 기준은 임대차계약 종료 후 상당한 기간에 한정되며, 그 기간이 경과된 후에는 별도로 차임 상당액을 산정하여야 할 것이다.[25] 임대차계약이 존속한다 하여도 그 갱신 등 과정에서 경제적 상황의 변화에 따라 차임의 증감 등이 있을 수 있다는 점을 고려하면 더욱 그러하다.

소유자 등에 해당하지 않는 임대인의 임차인에 대한 부당이득 반환청구를 인정하지 않으면, 임차인은 소유자 등에 대하여 선의의 점유자임을 주장하여 과실의 반환을 거절할 여지가 있고(민법 제201조 제1항),[26] 차

20) 장재현, "계약종료후의 계약의 효력-여후효", 계약법의 현대적 과제, 경북대학교 출판부(2007), 264면
21) 안철상(주 5), 348-349면.
22) 곽윤직 편집대표(주 6), 287면(양창수 집필 부분).
23) 양창수(주 4), 342, 351면; 최준규(주 6), 348면.
24) 곽윤직 편집대표(주 6), 287면(양창수 집필 부분); 최준규(주 6), 348면.
25) 곽윤직 편집대표(주 6), 288면(양창수 집필 부분).
26) 안철상(주 5), 347면; 제철웅(주 6), 313-315면.

임에 관한 자신의 잘못된 경제적 판단을 부당하게 회피할 수 있는 등(통상의 차임보다 많은 차임을 지급하기로 한 임차인은 임대차계약이 존속하는 경우와 같이 임대차 목적물을 점유·사용하면서도 임대인에게 소유권 등이 없다는 우연한 사정으로 통상의 차임만을 소유자 등에게 반환하면 충분하게 된다), 임대차계약의 종료라는 사정으로 인하여 망외의 이익을 얻는 부당한 결과가 생긴다.[27] 반면, 임대인은 임차인으로부터 부당이득을 반환받지 못하더라도 소유자 등에게 법률관계에 따라 계약상 채무, 부당이득 반환 채무(악의의 점유자인 경우, 민법 제201조 제2항 등) 등을 이행하여야 하므로, 이중의 부담을 지게 된다.[28]

임차인이 소유자 등에 대하여 과실 반환 의무를 진다는 이유로 이를 임대인에 대한 부당이득에서 공제할 수도 없다. 이러한 과실 반환 의무를 필요비나 유익비로 볼 근거가 없고, 임대인이 소유자 등에게 과실 반환 의무를 이행하면 그 한도에서 임차인의 소유자 등에 대한 과실 반환 의무도 소멸한다고 볼 것이며, 임차인의 향후 무자력 위험을 임대인으로 하여금 부담하게 할 정도로 임차인을 보호할 필요성도 인정하기 어렵고, 임차인의 선의 또는 악의가 임대인의 소유자 등에 대한 계약상 채무, 부당이득 반환 채무 등에 영향을 미치지 않는데도 결론을 달리할 이유가 없기 때문이다.[29] 이중 지급의 문제는 임대차계약의 종료 여부와 무관하게 똑같이 발생할 뿐이다.[30] 임차인이 소유자 등에게 사용이익을 이중으로 지급한 경우, 임대인에게 이미 지급한 사용이익을 다시 부당이득으로 반환 청구를 할 수 있다고 보면 부당한 결과가 발생하지 않는다. 이는 결론적으로 기존 판례 법리와 2023년 판결 법리가 교차하는 경우에 문제 되는데, 아래 제Ⅳ.항에서 상세히 논의한다.

기존 판례도 임대인이 국가 소유의 부동산을 임대하였는데 임차인의

27) 제철웅(주 6), 313-315면.
28) 제철웅(주 6), 315면.
29) 제철웅(주 6), 322면.
30) 안철상(주 5), 348면.

차임 연체로 인하여 그 임대차계약이 해지되었다면, 특별한 사정이 없는 한 임차인은 임대인에게 그 이후부터 인도 완료일까지 그 부동산을 점유·사용함에 따른 차임 상당의 부당이득금을 반환할 의무가 있다고 판단[31)]한 이래, 나아가 '임대차가 종료된 경우 임대 목적물이 타인 소유라고 하더라도 특별한 사정이 없는 한 임차인은 임대인에게 임대차 종료일 이후부터 부동산 인도 완료일까지 그 부동산을 점유·사용함에 따른 차임 상당의 부당이득금을 반환할 의무가 있다.'라고 거듭 판시하여 왔다.[32)] 임대인의 부당이득 반환 청구권의 근거를 그의 소유자 등에 대한 부당이득 반환 의무에서 구하지 않고 곧바로 인정하고 있다는 점에 특징이 있는데,[33)] 이는 임대인과 임차인 간 급부부당이득이 성립하는 사안이기 때문으로 보인다. 종래 다수설 및 판례[34)]는 급부부당이득의 사안에서도 민법 제201조가 적용된다는 입장이나,[35)] 우리 민법의 해석상 당사자 간 급부 관계가 존재하고 급부부당이득이 문제 되는 이상 원상회복은 더 특별한 법률관계라고 할 수 있는 부당이득의 법리에 따라 해결하는 것이 타당하다.[36)]

또한, 판례는 임대차계약 해지 후의 계속 점유를 원인으로 차임 상당액을 부당이득으로 반환하는 경우에 종전 임대차계약에서 약정 차임에 대한 부가가치세 상당액을 공급을 받는 자인 임차인이 부담하기로 하는 약정이 있었다면, 달리 특별한 사정이 없는 한 부당이득으로 지급되는

31) 대법원 1996. 9. 6. 선고 94다54641 판결.

32) 대법원 2000. 11. 24. 선고 2000다37777, 37784 판결, 대법원 2001. 6. 29. 선고 2000다68290 판결, 대법원 2007. 8. 23. 선고 2007다21856, 21863 판결, 대법원 2014. 7. 10. 선고 2014다18711 판결, 대법원 2016. 2. 18. 선고 2013다94640, 94657 판결, 대법원 2019. 5. 30. 선고 2019다202573 판결 등.

33) 제철웅(주 6), 310-311면.

34) 대법원 1993. 5. 14. 선고 92다45025 판결, 대법원 2002. 11. 22. 선고 2001다6213 판결, 대법원 2003. 2. 11. 선고 99다66427, 73371 판결 등.

35) 기존의 학설 및 판례에 관하여는 김용덕 편집대표, 주석 민법 [물권 1](5판), 한국사법행정학회(2019), 472-473면(김형석 집필 부분) 참조.

36) 김용덕 편집대표(주 35), 473-474면(김형석 집필 부분); 김용덕 편집대표(주 7), 738-739면(이계정 집필 부분) 등.

차임 상당액에 대한 부가가치세 상당액도 계속 점유하는 임차인이 부담하여야 한다고 판시하였고,[37] 이후 기간 만료로 인한 임대차계약 종료의 경우에 대하여도 같은 취지로 판시하였다.[38] 이는 부가가치세의 최종 부담 주체는 당사자 간 약정에 의한다는 종전의 입장을 확고히 한 것으로,[39] 계약 관계의 여후효로 설명할 수 있다.[40]

독일 민법(Bürgerliches Gesetzbuch, BGB) 제546a조 제1항은 "임차인이 임대차 관계 종료 후에 임대차 목적물을 반환하지 않는 때에는, 임대인은 그 억류 기간에 대한 손해배상으로 약정 차임 또는 유사한 물건에 대한 그 지역의 상례적인 차임을 청구할 수 있다."라고 정하고 있다. 위 규정은 임대차계약 종료 후 청산 관계(Abwicklungsverhältnis)의 틀에서 차임 청구권 대신 고유한 성격의 계약상 청구권을 인정하고 있는 것이다.[41] 임차인이 임대차계약이 존속하는 경우에 비하여 더 유리한 지위를 인정받지 않도록 하고,[42] 손해배상이나 부당이득의 액수에 관하여 발생할 수 있는 다툼을 간명하고 적절한 방법으로 해결하려는 목적도 있다.[43] 억류가 계속되고 있는 한 임차인이 실제로 점유·사용하였는지는 문제 되지 않는다.[44] 다만 임대인이 임대차 목적물을 반환받을 의사가 있는데도 그 의사에 반하여 반환이 이루어지지 않을 것을 요건으로 한다.[45] 위 청구권은 양적 및 질적으로 기존의 임대차계약상 차임 청구권에 준하여 인정

---

37) 대법원 2002. 11. 22. 선고 2002다38828 판결.

38) 대법원 2021. 5. 13. 선고 2020다255429 판결.

39) 김두형, "부가가치세법의 주요 쟁점에 관한 판례의 조명과 동향", 조세법연구 제22집 제3호(2016), 170면.

40) 김용덕 편집대표(주 7), 694면(이계정 집필 부분).

41) BGH NJW 1977, 1335 등; MüKoBGB/Bieber, 9. Aufl. 2023, BGB § 546a Rn. 7.

42) BGH NZM 2006, 52; BeckOK MietR/Klotz-Hörlin, 37. Ed. 1.8.2024, BGB § 546a Rn. 3.

43) BeckOK MietR/Klotz-Hörlin, 37. Ed. 1.8.2024, BGB § 546a Rn. 3.

44) BGH NJW 1989, 1730 등; BeckOK MietR/Klotz-Hörlin, 37. Ed. 1.8.2024, BGB § 546a Rn. 22.

45) BGH BeckRS 1973, 31125480; BGH NZM 2006, 52; BGH NJW 2007, 1594; BGH NZM 2010, 815; BGH NJW 2017, 2997 등; BeckOK MietR/Klotz-Hörlin, 37. Ed. 1.8.2024, BGB § 546a Rn. 31.

된다.[46] 이를테면, 차임 상당의 지급기일은 기존의 임대차계약의 그것에 따른다고 본 사례[47]가 있다. 이는 오직 임차인에게만 성립하고, 제3자에게는 성립하지 않는다.[48]

다만 독일 민법 제546a조는 다른 구제 수단을 배제하는 특별 규정이 아니다.[49] 임대차 목적물의 억류로 인하여 부당이득 반환 청구권(독일 민법 제812조 이하)[50]과 소유자-점유자 관계에 따른 수익(Nutzungen) 반환 청구권(독일 민법 제987조 이하)[51]까지 성립하는 경우, 이들 청구권은 모두 경합한다.[52] 독일 민법 제546a조는 임대인이 구체적 손해를 증명하지 않고서도 수익 반환이라는 형식으로 최소한의 배상을 받도록 하는 것을 목적으로 하기 때문에 다른 청구권을 배제하지 않는다.[53] 제546a조 제2항("그 외의 손해의 주장은 배제되지 않는다.")은 단지 이를 명확히 하는 것에 불과하다.[54] 임대인이 임대차 목적물을 반환받을 의사가 없어 독일 민법 제546a조에 따른 청구권이 성립하지 않고, 임대인이 소유자 등에 해당하지 않아 독일 민법 제987조 이하에 따른 청구권이 성립하지 않는 경우, 특히 부당이득 반환 청구권이 실무상 의미를 가진다.[55] 이때 임차인이 임대차계약 기간을 초과하여 임대차 목적물을 점유·사용한다면, 임차인은 법률상 원인 없이 임대인의 손실로 실질적 수익 상당을 이득한 것이 되므로 독일 민법 제812조 제1항, 제818조 제1항에 따라 이를 부당이득으로 반환할 의무가 있다.[56] 임차인이 직접 점유·사용한 경우, 그 수익

46) MüKoBGB/Bieber, 9. Aufl. 2023, BGB § 546a Rn. 7.
47) BGH NJW 1974, 556.
48) MüKoBGB/Bieber, 9. Aufl. 2023, BGB § 546a Rn. 8.
49) BeckOK MietR/Klotz-Hörlin, 37. Ed. 1.8.2024, BGB § 546a Rn. 79.
50) BGH NJW 1966, 248; BGH BeckRS 1973, 31125480; BGH NJW 1977, 1335; BGH NJW 1999, 2808; BGH NZM 2000, 183; BGH NJW 2017, 2997 등.
51) BGH NZM 2000, 183; BGH NJW-RR 2005, 1542; BGH NJW-RR 2009, 1522; BGH NJW 2017, 2997 등.
52) BeckOK MietR/Klotz-Hörlin, 37. Ed. 1.8.2024, BGB § 546a Rn. 79.
53) BeckOK MietR/Klotz-Hörlin, 37. Ed. 1.8.2024, BGB § 546a Rn. 79.
54) BeckOK MietR/Klotz-Hörlin, 37. Ed. 1.8.2024, BGB § 546a Rn. 79.
55) BeckOK MietR/Klotz-Hörlin, 37. Ed. 1.8.2024, BGB § 546a Rn. 80.
56) BGH BeckRS 1973, 31125480; BGH NJW 2017, 2997 등; BeckOK MietR/Klotz-Hörlin,

상당은 이익을 극대화할 수 있는 용도가 아니라 종료된 임대차계약상 용도에 따라 산정한다.[57] 부당이득 반환 채권의 지급기일도 임대차계약의 그것에 따른다.[58]

독일 민법 제546a조와 같은 규정이 없는 우리 민법하에서는 종료한 임대차계약의 청산 과정에 부당이득 법을 정면에서 적용하는 것이 적절하다.[59] 독일에서도 민법 제546a조가 없었다면 마찬가지였을 것이다.[60] 임대차계약 종료 후 임차인의 원상회복 의무(민법 제654조, 제615조 전문) 이행지체에 따른 차임 상당의 손해배상 책임이 성립할 여지가 있지만,[61] 통설은 채무불이행과 부당이득은 서로 관점을 달리하는 제도라는 이유로 양자의 경합을 인정한다.[62] 임차인이 임대차 보증금 반환 의무와의 동시이행 항변을 하면서 임대차 목적물을 계속 점유·사용하고 있는 경우, 임대인이 임차인을 상대로 차임 상당의 손해배상을 청구하기 위하여서는 임대차 보증금 반환 의무의 이행제공을 하여 임차인을 이행지체에 빠뜨려야 하므로, 일단 그 자체로 임차인은 임대차계약이 존속하는 경우에 비하여 유리한 지위에 있게 된다. 특히 임대차 보증금이 다액인 경우, 임대차 보증금에 대한 공제액에 관한 다툼이 있는 경우 등에는 임대인이 곧바로 임차인을 이행지체에 빠뜨리기가 실질적으로 어려울 수도 있다. 임차인이 임대차 목적물을 그대로 점유·사용하면서도 임대차계약이 존속하는 경우에 비하여 더 유리한 지위를 인정받아야 할 이유가 없으므로, 채무불이행과 별도로 부당이득을 인정할 필요성이 있다.

독일 민법 제546a조가 정한 고유한 성격의 계약상 청구권은 임대차

37. Ed. 1.8.2024, BGB § 546a Rn. 81.

57) BeckOK MietR/Klotz-Hörlin, 37. Ed. 1.8.2024, BGB § 546a Rn. 81.

58) BeckOK MietR/Klotz-Hörlin, 37. Ed. 1.8.2024, BGB § 546a Rn. 81.

59) 같은 취지로, 제철웅(주 6), 309면.

60) 같은 취지로, 제철웅, “독일법에서의 부당이득의 개념-우리 대법원 판결례와의 비교를 통한 이해”, 재산법연구 제29권 제2호(2012), 48면.

61) 대법원 1990. 10. 30. 선고 90다카12035 판결 등, 김용덕 편집대표, 주석 민법 [채권각칙 3](5판), 한국사법행정학회(2021), 309면(방응환 집필 부분).

62) 김용덕 편집대표(주 7), 733면(이계정 집필 부분) 등.

계약 종료 후 청산 관계의 틀에서 인정되며, 임차인이 임대차계약이 존속하는 경우에 비하여 더 유리한 지위를 인정받지 않도록 하고 부당이득보다 더 간명하고 적절한 방법으로 다툼을 해결하기 위한 목적을 가지고 있다는 점에서, 이로부터 부당이득의 본질에 반하지 않는 한도 내에서 시사점을 얻는 것은 가능하다. 위 청구권은 임차인의 실제 점유·사용 여부와는 무관하게 성립한다는 점, 제3자가 아닌 임차인에 대하여만 성립한다는 점, 양적으로나 질적으로나 기존의 임대차계약상 청구권에 준하여 인정된다는 점은 참고가 된다. 이를 부당이득의 영역에 적용한다면 임대차 목적물이 반환되지 않고 있는 이상 점유의 이전 자체로 급부부당이득이 성립하고, 계약 청산에 관하여는 임대인과 임차인만이 당사자가 되며, 그 과정에서 여후효(독일에서 부당이득이 성립하는 경우 수익 상당의 산정 기준, 부당이득 반환 채권의 지급기일 등에 대하여도 마찬가지 맥락에서 이해할 수 있다)가 적용된다는 관점에서 접근할 수 있다. 특히, 여후효가 질적인 측면에도 미친다는 점은 일반적으로 지급기일에 대한 언급 없이 임대차 목적물 인도 완료일까지 월 일정액의 비율로 계산한 돈을 지급하라는 주문을 내고 있는 우리나라 판례[63]에도 시사하는 바가 있다. 임대인과 임차인 간 기존의 합의는 양적 차원 및 질적 차원에서 모두 존중될 필요가 있다.

일본에는 점유의 이전만을 매개로 하는 임대차계약에서 점유의 급부부당이득 반환 청구권이 그 청산 제도의 연장으로 파악되는 것은 당연한 귀결이라고 보고, 임차인은 당초부터 점유를 취득한 경우 이용의 대가, 즉 차임을 지급할 의무가 있다는 점을 기대하고 임대차계약을 체결하기 때문에 임대차계약이 무효이거나 취소되었다고 하더라도 임대인에게 차임 상당 부당이득을 반환하여야 한다고 보는 견해[64]가 있다. 이러한 논리는 오히려 임대차계약이 종료한 경우 전반에 대하여 더욱 타당하다.

---

63) 대법원 1996. 9. 6. 선고 94다54641 판결, 대법원 2001. 6. 29. 선고 2000다68290 판결 등.

64) 川村泰啓, "契約の無効·取消と不当利得", 契約法大系 Ⅶ, 有斐閣(1965), 184-185.

임차인이 임대차계약 체결 시 점유에 대한 차임을 지급할 의무가 있다는 점을 예상하였고, 그 의사표시에 무효 사유나 취소 사유 등의 흠도 없기 때문이다.

(2) 타인 권리의 매매 해제와 비교

타인 권리의 매매가 해제된 경우에 관한 논의는 임대할 권한이 없는 임대인과의 임대차계약 종료의 경우에도 적용할 수 있다.[65] 본권을 보유하지 않은 사람과 그 상대방 사이에서 계약 청산에 따른 급부부당이득이 문제 되는 사안이기 때문이다. 결론적으로 타인 권리의 매매 해제의 경우에도 매수인은 사용이익을 매도인에게 반환할 의무를 부담한다고 보는 것이 타당하며, 같은 맥락에서 임대인이 소유자 등에 해당하지 않더라도 임대차계약이 종료되면 임차인은 임대인에게 그 점유 · 사용에 따른 차임 상당 부당이득을 반환할 의무를 부담한다고 새겨야 한다.

판례는 '타인 권리 매매계약이 해제되는 경우에, 매도인은 매수인에게 매매대금과 그 받은 날부터의 이자를 반환할 의무를 부담하고, 매수인 역시 특별한 사정이 없는 한 매도인에게 목적물을 반환할 의무는 물론이고 목적물을 사용하였으면 그 사용이익을 반환할 의무도 부담한다. 그리고 이러한 결론은 매도인이 목적물의 사용권한을 취득하지 못하여 매수인으로부터 반환받은 사용이익을 궁극적으로 정당한 권리자에게 반환하여야 할 입장이라 하더라도 마찬가지이다.'라고 판시하였다.[66] 주류적인 학설도 이에 찬동하는데, 이는 급부부당이득의 성격을 갖는바,[67] 매

---

65) 김용덕 편집대표(주 7), 768-769면(이계정 집필 부분); 이양희, "타인권리 매매 해제 시 원상회복의무", 판례해설(111), 111면; 제철웅(주 6), 316-319면; 瀨川信久, "売買契約が民法五六一条により解除された場合に, 目的物の引渡を受けていた買主は売主に使用利益を返還しなければならないとした事例", 法学協会雑誌 第94巻 第11号(1977), 112-113; 好美清光, "契約の解除の効力", 現代契約法大系 第2巻, 有斐閣(1984), 186.

66) 대법원 1993. 4. 9. 선고 92다25946 판결, 대법원 2017. 5. 31. 선고 2016다240 판결 등.

67) 김용덕 편집대표, 주석 민법 [채권각칙 2](5판), 한국사법행정학회(2021), 353면(이동진 집필 부분); 김용덕 편집대표(주 7), 768-769면(이계정 집필 부분); 양창수, "1993년 민법 판례 개관", 민법연구 제3권, 박영사(1995), 508면.

수인이 매도인의 급부로 사용이익을 얻게 된 이상 급부가 없었던 경우와 동일한 재산 상태로 회복하기 위하여 이를 매도인에게 반환하는 것이 부당하다고 할 수 없고,[68] 매수인이 반환한 사용이익을 궁극적으로 진정한 소유자 등에게 반환하여야 할 입장이라 하더라도 결론에는 영향이 없다고 한다.[69]

일본의 판례도 매도인이 궁극적으로 그 사용이익을 정당한 권리자에게 반환하여야 한다고 하더라도 계약 당사자에게 해당 계약에 따른 급부가 없던 때와 동일한 재산 상태를 회복하기 위하여서는 매수인의 매도인에 대한 사용이익의 반환을 긍정하여야 한다고 판시하였다.[70] 이는 유형론에 따라 계약 당사자 간 급부부당이득의 반환을 인정한 것이다.[71] 매수인의 매도인에 대한 사용이익 반환 의무를 긍정하는 긍정설[72]은 다음과 같은 논거를 든다. ① 소유권 질서와 별개로 해제에 따른 청산 기능, 청산 관계의 독자성을 인정하여야 하며,[73] 매수인과 매도인 간 계약 청산이라는 관점에서 보면, 단지 매도인에게 손실이 없다는 이유로 부당이득을 부정하는 것은 공평하지 않다.[74] 이는 급부부당이득으로서, 순차로 진정한 소유자에게 이득이 반환되는 것을 예정한다.[75] ② 매수인이 선의의 점유자인 경우에는 사용이익을 소유자에게도 반환하지 않으면서 매도

---

68) 곽윤직 편집대표, 민법주해［XIV］박영사(1997), 369면(남효순 집필 부분); 김용덕 편집대표(주 67), 353면(이동진 집필 부분); 이성룡, "타인의 권리의 매도인이 매매를 해제한 경우, 매도인의 손해배상의무와 매수인의 목적물 반환의무가 동시이행 관계에 있는지 여부", 법조 제42권 제10호(1993), 106면.

69) 이성룡(주 68), 102면; 이양희(주 65), 109-110면.

70) 最高裁判所第二小法廷 1976. 2. 13. 判決 最高裁判所民事判例集30巻1号1頁. 이하 일본의 연호는 서기로 바꾸었다.

71) 谷口知平, "売買契約が民法五六一条により解除された場合と目的物の引渡を受けていた買主の使用利益返還義務", 民法論 第2巻, 有斐閣(1989), 285-285.

72) 窪田充見 編, 新注釈民法 (15), 有斐閣(2017), 90-91(藤原正則 執筆 部分) 등.

73) 谷口知平・五十嵐清 編, 新版注釈民法 (13), 有斐閣(1996), 733(山下末人 執筆 部分); 好美清光(주 65), 185.

74) 島田禮介, "売買契約が民法五六一条により解除された場合と目的物の引渡を受けていた買主の使用利益返還義務", 最高裁判所判例解説 民事篇 昭和51年度, 法曹会(1979), 7.

75) 油納健一, "契約解除における使用利益の返還義務", 法学教室 第465号(2019), 15.

인으로부터 대금 전액과 이자를 취득하는 결과는 부당하다.[76] 우선 매수인의 매도인에 대한 부당이득 반환을 인정하면서, 소유자 · 매도인 · 매수인 간 공평한 이익 조정을 도모하는 것이 바람직하다.[77] ③ 일본은 2017년 채권법 개정으로 일본 민법(民法) 제545조 제3항을 신설하여 계약 해제 시 "금전 이외의 물건을 반환하는 경우, 그 수령한 시점 이후에 생긴 과실을 반환하여야 한다."라고 명문화하기에 이르렀는데, 위 과실은 사용이익을 포함한다고 새긴다.[78]

이에 대하여는 매수인의 매도인에 대한 사용이익 반환 의무를 부정하는 부정설의 비판이 있는데, 타인 권리의 매매에만 적용되는 특유한 내용을 제외하고 본고의 주제와 관련되는 한도에서 논거를 소개하면 다음과 같다. ① 사용이익을 취득할 권원이 있는 사람은 소유자뿐이다.[79] 긍정설에 따르면 소유자, 매도인, 매수인 간 사용이익 반환 관계가 연속되는 등으로 법률관계가 복잡하여진다.[80] 급부부당이득과 침해부당이득이 교차 · 경합하는 지점에서는 침해부당이득의 법리에 따라[81] 바로 소유자에게 사용이익을 반환하도록 하는 것이 간명하다.[82] ② 매수인이 선의인 경우 소유자에 대하여는 과실 수취권을 주장하여 사용이익의 반환을 면제받을 수 있는 반면(민법 제201조 제1항), 매도인에게는 여전히 사용이익 반환 의무를 부담하는 부당한 결과가 생길 수 있다.[83] ③ 매수인은 결국 소유자와 매도인에게 이중의 사용이익 반환 의무를 부담할 위험성

---

76) 島田禮介(주 74), 6-7; 田中教雄, "他人の権利の売買の解除と買主の使用利益の返還義務", 民法判例百選 Ⅱ 第9版, 有斐閣(2023), 83.

77) 谷口知平(주 71), 286, 290.

78) 油納健一(주 75), 11-14.

79) 加藤雅信, "契約の解除と買主の使用利益の返還", ジュリスト臨時増刊 第642号(1997), 68; 北村実, "民法五六一条による売買契約解除と買主の使用利益", 法律時報 第48巻 第10号(1976), 117; 瀬川信久(주 65), 110.

80) 정길용, "타인의 권리의 매매계약이 해제된 경우의 법률관계-대법원 1993. 4. 9. 선고 92다25946 판결과 관련하여-", 토지법학 제23-2호(2007), 277면.

81) 潮見佳男, 契約各論Ⅰ, 信山社(2002), 109-113.

82) 北村実(주 79), 117.

83) 정길용(주 80), 276-277면.

이 있다.[84)]

그러나 ①, ②는 계약 당사자 간 잘못 이루어진 급부를 회복하고 청산하는 목적의 급부부당이득과 소유권 등 재화 귀속의 질서를 보호하는 목적의 침해부당이득의 이동(異同) 내지 기능 분담을 간과한 것이다.[85)] 오히려 각각의 법리를 적용함으로써 소유자·매도인·매수인 간 공평한 이익 조정을 도모할 수 있다. ③의 경우 매도인의 권리와 소유자의 권리는 부진정연대채권 관계에 있다고 보는 견해[86)]도 있으나, 소유자의 권리를 우선함이 타당하다고 생각된다. 이와 같이 보더라도, 매수인이 소유자에게 사용이익을 이중으로 지급한 경우, 매도인에게 이미 지급한 사용이익을 다시 부당이득으로 반환 청구를 할 수 있다고 보면 부당한 결과로 되지 않는다. 임대차의 경우에 관하여 아래 제Ⅳ.항에서 상세히 논의한다.

2. 부당이득 반환 의무가 소멸하는 경우

통설[87)]·판례[88)]는 임대인이 소유자 등에 해당하지 않는 경우, 임차인이 소유자 등으로부터 목적물의 반환 청구나 차임 내지 그 해당액의 지급 요구를 받는 등의 이유로 임대인이 임차인으로 하여금 목적물을 사용·수익하게 할 수가 없게 되면, 임대인의 임대차계약상 채무는 이행불능으로 되고 임차인은 그 이후의 차임 상당 부당이득 반환 의무를 부담하지 않는다고 본다. 앞서 인정한 급부부당이득의 근거가 점유의 이용 가능성에 있다는 점에서 당연한 귀결이다. 이와 같이 보아야 임대차계약

---

84) 김성용, "타인의 권리의 매매를 둘러싼 당사자들의 책임의 요건과 범위", 인권과 정의 제213호(1994), 81면; 정길용(주 80), 276면; 加藤雅信(주 79), 67-68; 瀬川信久(주 65), 110.

85) 好美清光(주 65), 185.

86) 양창수(주 67), 508면.

87) 김동진(주 5), 229면; 김용덕 편집대표(주 7), 769면(이계정 집필 부분); 안철상(주 5), 350-353면 등.

88) 대법원 2001. 6. 29. 선고 2000다68290 판결, 대법원 2005. 5. 26. 선고 2005다4048, 4055 판결, 대법원 2007. 8. 23. 선고 2007다21856, 21863 판결, 대법원 2014. 7. 10. 선고 2014다18711 판결, 대법원 2016. 2. 18. 선고 2013다94640, 94657 판결, 대법원 2019. 5. 30. 선고 2019다202573 판결 등.

이 존속하는 경우[89]와의 균형도 맞는다.[90] 판례 중 소유자인 지방자치단체로부터 그 점포의 관리 · 운영을 위임받은 자가 인도 청구를 한 경우에도 이에 해당한다고 본 사례[91]가 있다. 이는 소유자 등뿐만 아니라 적법한 수임자의 청구 등도 포함된다는 점을 분명히 밝힌 것이다.[92] 결과적으로 임차인이 임대차 목적물을 사용 · 수익할 수 없게 된다는 점에서 같다면 결론을 달리할 이유가 없다.

사용 · 수익의 지장을 받을 정도의 청구를 받았다고 인정하기 위하여서는 그것이 확정적일 것을 요한다.[93] 임차인이 현실적으로 임대차 목적물을 사용 · 수익할 수 있는 한 임차인의 이용 가능성이 박탈당하지 않기 때문이다.[94] 그 여부는 사회통념과 거래 관념에 비추어 판단한다.[95] 임차인이 소유자 등에게 현실적으로 차임 상당 부당이득을 지급하였다면, 임대인에 대하여 그 범위 내에서 차임 지급 의무를 면하게 됨은 물론이다.[96] 더 이상 급부부당이득을 보유하지 않게 되었기 때문이다.[97]

일본 판례도 임대인이 소유자 등에 해당하지 않는 사안에서, 임차인이 소유자 등으로부터 임대차 목적물의 반환 청구를 받게 되면, 임차인은 소유자 등에게 그때부터 임대차 목적물 반환 의무 이행 시까지 목적물의 사용수익에 관하여 부당이득 반환 의무를 부담하고, 임대차계약은 임대인의 채무 이행 불능으로 종료하므로, 임대인이 임차인을 상대로 차임을 청구할 수도 없고 그 이후의 사용이익을 부당이득으로 반환 청구할

---

89) 임차인이 진실한 소유자로부터 목적물의 반환 청구나 차임 내지 그 해당액의 지급 요구를 받는 등의 이유로 임대인이 임차인으로 하여금 사용 · 수익시킬 수가 없게 되면 임차인은 그때 이후의 임대인의 차임 지급 청구를 거절할 수 있다. 대법원 1978. 9. 12. 선고 78다1103 판결 등; 김용덕 편집대표(주 61), 11-12면(박진수 집필 부분) 참조.

90) 양창수(주 4), 344-345면.

91) 대법원 2009. 9. 24. 선고 2008다38325 판결.

92) 김동진(주 5), 230면.

93) 김동진(주 5), 229면.

94) 김동진(주 5), 229-230면.

95) 안철상(주 5), 351면.

96) 김성욱(주 3), 142면; 안철상(주 5), 352면, 359; 이양희(주 65), 111-112면.

97) 이양희(주 65), 111면.

수도 없다고 판단하였다.[98] 임차인이 이미 임대인에게 차임 등을 지급한 뒤 다시 소유자 등에게 차임 상당 부당이득을 지급한 경우, 임대인으로서는 소유자 등에 대한 부당이득 반환 채무나 불법행위에 기한 손해배상 채무를 면하는 이익을 얻었기 때문에 임차인에 대한 부당이득이 성립한다고 볼 것인데, 그 범위에서 차임 등의 지급을 거절할 수 있다고 해석하여야 한다.[99] 이와 같이 보는 것이 법률관계를 간명히 하고 실질적으로 타당한 결과를 가져온다.[100] 임대인은 더 이상 임대할 권한이 없다는 이유로 이에 찬동하는 견해[101]도 있다.

나아가 판례는 타인 권리의 매매가 해제된 경우에도 마찬가지로, 매수인이 진정한 권리자인 타인에게 직접 목적물 또는 사용이익을 반환하는 등의 특별한 사정이 있는 경우에는 매수인은 적어도 그 반환 등의 한도에서는 매도인에게 목적물 및 사용이익을 반환할 의무를 부담하지 않는다고 본다.[102] 이는 임대할 권한이 없는 임대인과의 임대차계약 청산의 경우와 같다고 볼 수 있고,[103] 타당하다.[104]

Ⅲ. 임대인이 임대차계약 종료 후 제3자에게 부당이득 반환을 청구하는 경우

1. 기존 판례 사안과 2023년 판결 사안의 차이점

임대차계약 종료 후 임대인과 임차인 사이에서는 임대인이 소유자 등에 해당하지 않더라도 급부부당이득이 성립할 수 있지만(기존 판례 사안), 임대인과 제3자 사이에는 계약 관계가 없어 '의식적이고 일정한 목적

98) 最高裁判所第三小法廷 1997. 2. 25. 判決 最高裁判所民事判例集51巻2号398頁.

99) 石田穣, "民法五七六条は賃貸借契約に適用されるか", 法学協会雑誌 第93巻 第7号(1976), 149.

100) 山下郁夫, "債務不履行による賃貸借契約の解除と承諾がある転貸借の帰趨", 最高裁判所判例解説 民事篇 平成9年度(上), 法曹会(2000), 233-234.

101) 内田勝一, "賃借人の債務不履行による賃貸借の解除と賃貸人の承諾のある転貸借の帰趨", ジュリスト臨時増刊 第1135号(1998), 76.

102) 대법원 2017. 5. 31. 선고 2016다240 판결 등.

103) 이양희(주 65), 111면.

104) 김용덕 편집대표(주 67), 353-354면(이동진 집필 부분).

을 지향하는 타인 재산의 증가 행위'로서의 급부를 인정할 수 없으므로 급부부당이득이 성립할 여지가 없다(2023년 판결 사안). 반면, 침해부당이득은 법질서에 의하여 특정인에게 귀속되어 있는 법익을 침해함으로써 이익을 얻은 자에 대하여 그 이득의 반환을 명하는 제도로서, 재화를 보호하는 기능을 담당한다.[105] 위와 같은 의식적 행위에 기하지 않고도 발생하고,[106] 타인 물건의 점유·사용이 그 대표적인 예이다.[107] 결국 임대인이 일반적으로 계약 관계가 없는 제3자에게 주장할 수 있는 부당이득은 침해부당이득이다. 제3자에게 임대차 목적물을 사용·수익할 권원이 없다는 점이 전제가 됨은 당연하다.

임대차계약 종료 후 임차인을 상대로는 임대인이기만 하면 급부부당이득의 반환을 청구할 수 있으나, 제3자를 상대로 침해부당이득의 반환을 구하려면 임대인이라는 지위만으로는 부족하다. 결국 2023년 판결의 '임대인'이라는 용어는 임차인으로부터 차임을 지급받는 근거가 되는 임대차계약의 종료와 맞물려 사용되었을 뿐이고, 그 사안에서는 임대인이라는 지위가 중요한 기존 판례 사안과 달리 어떠한 본권을 가졌는지가 관건이 된다. 2023년 판결이 굳이 "임차물을 소유하고 있는 임대인"이라는 표현을 사용한 이유이다. 따라서 어떠한 본권을 가진 임대인이 제3자를 상대로 부당이득 반환을 청구할 수 있는지 등을 검토할 필요가 있다. 임대차계약이 종료한 이상 이를 단순화하여 '임차인'에 대한 '임대인'이라는 점을 빼고 보아도 제3자에 대한 결론은 같다.

2. 부당이득의 성립 요건 및 효과

(1) 소유자인 임대인

소유자는 그 소유물을 사용·수익할 권리를 배타적·독점적으로 가지기 때문에(민법 제211조), 그 소유물을 권원 없이 사용한 제3자에게 부

105) 김용덕 편집대표(주 7), 828면(이계정 집필 부분); 이계정(주 10), 380-381면.

106) 김용덕 편집대표(주 7), 830-831면(이계정 집필 부분).

107) 김형배, 사무관리·부당이득, 박영사(2003), 188면.

당이득 반환을 청구할 수 있다.[108] 2023년 판결 등은 '임대차계약이 종료된 이후 임차물을 소유하고 있는 임대인은 제3자를 상대로 점유를 이유로 한 차임 상당 부당이득 반환 청구를 할 수 있다.'라고 판시하였다.[109] 판례는 "타인 소유물을 권원 없이 점유함으로써 얻은 사용이익을 반환하는 경우 민법은 선의 점유자를 보호하기 위하여 제201조 제1항을 두어 선의 점유자에게 과실 수취권을 인정함에 대하여, 이러한 보호의 필요성이 없는 악의 점유자에 관하여는 민법 제201조 제2항을 두어 과실 수취권이 인정되지 않는다는 취지를 규정하는 것으로 해석되는바, 따라서 악의 수익자가 반환하여야 할 범위는 민법 제748조 제2항에 따라 정하여지는 결과 그는 받은 이익에 이자를 붙여 반환하여야 한다."라고 판시하고 있고,[110] 침해부당이득은 소유권 등 법질서에 의하여 권리자에게 배타적으로 할당된 이익이 침해되어 다른 사람에게 귀속되어 있는 경우에 성립하므로,[111] 2023년 판결은 제3자의 악의 점유로 인한 침해부당이득이 성립한다는 취지로 이해할 수 있다.[112]

침해부당이득과 민법 제201조의 경합 여부에 관하여는 학설상 다툼이 있는데,[113] 이자 반환 의무를 인정한 위 판례의 결론에 찬성하면서도, 민법 제201조가 배타적으로 적용되며, 다만 민법 제201조 제2항의 해석 문제로 접근하는 것이 적절하다는 견해도 있다.[114] 위 견해에 따르면, 소유물 반환 청구권의 행사로 인하여 발생하는 과실 반환의 문제를 조정하는 부수적 청구권으로서 채권이 성립한다.[115]

다만 제3자가 선의인 경우, 판례는 '민법 제201조 제1항에 의하면,

108) 곽윤직 편집대표(주 6), 283면(양창수 집필 부분); 안철상(주 5), 347, 355면.
109) 대법원 2017. 9. 7. 선고 2014다82002 판결, 대법원 2023. 3. 30. 선고 2022다296165 판결 등.
110) 대법원 2003. 11. 14. 선고 2001다61869 판결 등.
111) 김용덕 편집대표(주 7), 828-829(이계정 집필 부분).
112) 같은 취지로, 안철상(주 5), 348면.
113) 기존의 학설에 관하여는 김용덕 편집대표(주 35), 476면(김형석 집필 부분) 참조.
114) 김용덕 편집대표(주 35), 475-478면(김형석 집필 부분); 김용덕 편집대표(주 7), 738-739면(이계정 집필 부분) 등.
115) 김용덕 편집대표(주 35), 467면(김형석 집필 부분).

선의의 점유자는 점유물의 과실을 취득한다고 규정하고 있으므로, 선의의 점유자는 비록 법률상 원인 없이 과실을 수취하고 이로 말미암아 타인에게 손해를 입혔다 하더라도 그 과실 수취로 인한 이득을 그 타인에게 반환할 의무는 없다.'라고 판시하여[116] 민법 제201조 제1항이 민법 제748조 제1항보다 우선 적용된다고 보고 있다.[117] 제3자가 선의이면서 정당한 사유가 있는 경우 민법 제201조가 적용되어 소유자 등의 과실 반환 청구가 부정될 수 있고,[118] 이러한 해석은 위 판례와도 어긋나지 않는다.

독일에서는 소유자인 임대인이 제3자에게 소유자-점유자 법(독일 민법 제987조 이하)에 따라 점유하는 임대차 목적물의 차임 상당을 수익의 반환으로 청구할 수 있다고 본다.[119] 독일 민법 제987조 이하는 적어도 제소당하지 않은 선의의 점유자에게 책임에 관한 특권을 부여하는 의미가 있어 일반적으로 독일 민법 제812조 이하 부당이득 규정의 적용을 배제한다.[120] 부당이득과 소유자-점유자 법의 관계에 관하여 독일의 오늘날 지배설은 수정된 청구권 경합설로서, 잘못된 계약 관계의 청산에 관한 한 부당이득(독일 민법 제812조 이하)과 소유자-점유자 관계(독일 민법 제987조 이하)가 서로를 배척하지 않는다고 보나,[121] 이에 따르더라도 임대인과 제3자 사이에서는 부당이득이 성립하지 않는다.[122] 임대인으로부터 제3자에게 계약 관계에 따라 급부된 것이 없기 때문으로 이해할 수 있다. 여기서 소유자-점유자 법은 소유자가 점유자를 상대로 수익의 반환을 청구하는 관계라는 점에서 우리나라의 점유자의 소유자에 대한 침해부당이득에 대응될 수 있고, 부당이득은 임대인이 소유자 등에 해당하는

116) 대법원 1967. 11. 28. 선고 67다2272 판결 등.
117) 김용덕 편집대표(주 7), 1043면(이정민 집필 부분).
118) 곽윤직 편집대표, 민법주해[XVI], 박영사(1997), 61면(민일영 집필 부분); 김성욱(주 3), 143면; 제철웅(주 6), 312면.
119) BGH BeckRS 1968, 31175477; BGH NJW-RR 2005, 1542; BGH NZM 2014, 582 등; MüKoBGB/ Bieber, 9. Aufl. 2023, BGB § 546a Rn. 8.
120) MüKoBGB/Raff, 9. Aufl. 2023, BGB vor § 987 Rn. 13.
121) BeckOK BGB/Fritzsche, 71. Ed. 1.5.2024, BGB § 987 Rn. 53 참조.
122) BeckOK MietR/Klotz-Hörlin, 37. Ed. 1.8.2024, BGB § 546 Rn. 96.

지와 관계없이 임대차계약 관계에 따른 급부가 있었는지가 요건이라는 점에서 우리나라의 급부부당이득에 대응될 수 있다. 따라서 위와 같은 결론은 우리나라에서 급부부당이득이 아닌 침해부당이득을 인정하는 방향으로 참고할 수 있다.

일본에서도 소유자에게 유체물의 사용·수익·처분권(일본 민법 제206조)이 배타적으로 할당되어 있으므로, 타인의 물건을 권원 없이 사용함으로써 소유자에게 귀속된 유체물에 대한 배타적 지배를 침해하는 경우에 침해부당이득이 성립한다고 새긴다.[123] 침해부당이득이 성립하는 경우 점유자와 회복자의 법률관계에 관한 일본 민법 제189조, 제190조가 적용되는데,[124] 이때 회복자는 대부분의 경우 소유자를 의미한다.[125] 악의의 수익자의 반환 의무의 범위에 관한 일본 민법 제704조는 보충적으로 적용된다고 보지만,[126] 침해부당이득을 인정하는 결론은 우리나라와 같다.

일본 판례는 임대차계약이 체결되고 전대차계약이 임대인의 승낙하에 체결되었다가, 임차인의 채무불이행에 따라 임대차계약이 해지되어 임대인이 전차인(제3자)에게 임대차 목적물 반환 청구를 한 경우, 전대차계약은 그때부터 전대인(임차인)의 채무 이행불능으로 종료하고 전차인은 임대인에 대하여 반환 청구 시점부터 반환 의무 이행 시점까지의 목적물 사용수익을 부당이득으로 반환하여야 한다고 판단하였고,[127] 그 결론 전체에 찬성하는 견해,[128] 적어도 임대인의 부당이득 반환 청구를 인정할 수는 있다고 보는 견해[129] 등이 있다. 전차인은 임대차 목적물을 사용할

---

123) 窪田充見 編(주 72), 86, 126(藤原正則 執筆 部分).
124) 小粥太郎 編, 新注釈民法 (5), 有斐閣(2020), 90(金子敬明 執筆 部分).
125) 小粥太郎 編(주 124), 95(金子敬明 執筆 部分).
126) 小粥太郎 編(주 124), 98(金子敬明 執筆 部分).
127) 最高裁判所第三小法廷 1997. 2. 25. 判決 最高裁判所民事判例集51巻2号398頁.
128) 東條敬, "賃借物につき第三者から明渡を求められた賃借人の賃料支払拒絶権", 最高裁判所判例解説 民事篇 昭和50年度, 法曹会(1979), 194-195.
129) 宇都宮充夫, "賃借人の債務不履行による賃貸借の解除と賃貸人の承諾のある転貸借の帰趨について", 中央学院大学法学論叢 第15巻 第1·2号(2002), 275; 田高寛貴, "損していいのは誰?", 法学教室 第380号(2012), 115; 辻伸行, "賃借人の債務不履行による賃貸借の解除と賃貸人の承諾のある転貸借の帰すう", 判例時報 第1612号(1997),

권원이 없어 신의칙에 비추어 보아도 위 결론이 타당하다.[130] 원래의 임대차계약과 전대차계약이 모두 종료하므로 더욱 부당이득이 성립한다고 볼 여지도 있다.[131] 임대인이 전대차를 금지함을 명시하고 임대차계약을 체결하였는데 무단 전대차가 이루어져 임대차계약을 해지한 경우에도, 임대인으로서는 전대차계약과 아무런 관련이 없기 때문에 전차인을 상대로 부당이득 반환 청구를 할 수 있다고 보기도 한다.[132] 위 사안은 모두 전차인의 악의를 전제한 것이고,[133] 차임 상당이 부당이득의 대상이 된다.[134] 2023년 판결과 같은 사안에서 제3자의 악의를 전제로 차임 상당의 침해부당이득을 인정한다는 점을 참고할 수 있다.

이러한 침해부당이득은 임대차계약과 상관없이 성립하는 것이므로 계약의 여후효가 적용되지는 않는다. 당사자 사이에 해당 목적물에 대하여 임대차계약을 체결하는 경우에 합의하였을 차임이 산정 가능한 경우 이를 기준으로 한다. 이러한 산정 방식은 특별한 사정이 없는 한 시장가격을 반영한 것으로 객관적이라고 평가할 수 있다.[135] 그러한 점에서 통상 임대차계약에서 정하여진 차임액이 부당이득액이 되지만,[136] 계약의 여후효에 따른 결론은 아니다. 임대차계약에서 정하여진 차임이 객관적인 사용이익의 가치를 반영하지 못한 경우에는 객관적인 사용이익의 가

187; 三和一博, "賃貸借の解除と転貸借の終了時期－最高裁平成九年二月二五日判決を中心に－", 法学新報 第105巻 第2・3号(1998), 52.

130) 石田穣(주 99), 148-149.

131) 道垣内弘人, "賃貸借が賃借人の債務不履行を理由とする解除により終了した場合、賃貸人の承諾のある転貸借は、原則として、賃貸人が転借人に対して目的物の返還を請求した時に、転貸人の転借人に対する債務の履行不能により終了する", 法学協会雑誌 第135巻 第7号(2018), 288-289.

132) 加茂紀久男, "賃借物につき第三者から明渡を求められた賃借人の賃料支払拒絶権", 判例タイムズ 第330号(1976), 94.

133) 宇都宮充夫(주 129), 272; 辻伸行(주 129), 186-187; 道垣内弘人(주 131), 287; 三和一博(주 129), 52-53.

134) 内田勝一, "権限のない賃貸人からの賃借人が賃借物につき第三者から明渡を求められた場合の法律関係", 判例タイムズ 第846号(1994), 87; 宇都宮充夫(주 129), 275; 加茂紀久男(주 132), 94-95; 山下郁夫(주 100), 233.

135) 김용덕 편집대표(주 7), 833면(이계정 집필 부분).

136) 김용덕 편집대표(주 7), 833면(이계정 집필 부분).

치를 기준으로 부당이득액을 산정하여야 한다.[137] 임차인과 달리 제3자는 임대인과 아무런 계약 관계가 없기 때문이다.

(2) 지상권자인 임대인

임대인이 지상권자인 경우에도 임대차계약이 종료한 이후 제3자에게 부당이득 반환을 청구할 수 있다.[138] 지상권은 타인의 토지를 사용하는 것을 내용으로 하는 물권인바(민법 제279조),[139] 소유자가 지상권을 설정하여 준 경우, 지상권자에게 그 사용이익이 배타적으로 할당되었기 때문에 지상권자가 부당이득 반환 청구권을 갖는다.[140] 이러한 경우에는 오히려 소유자가 아닌 지상권자만이 부당이득 반환 청구를 할 수 있다.

우리 민법의 지상권에 상응하는 독일 민법상 세습건축권(Erbbaurecht)[141]의 경우에도 마찬가지라고 볼 수 있다. 세습건축권에 관하여는 구 독일 민법 제1012조 내지 제1017조가 불완전하게 규율하고 있다가[142] 1919. 1. 15. 세습건축권법(Verordnung über das Erbbaurecht)이 제정되었는데,[143] 1919. 1. 22. 전에 성립한 세습건축권에 관하여는 구 독일 민법 제1012조 내지 제1017조가, 그 이후에 성립한 세습건축권에 관하여는 세습건축권법이 적용된다(세습건축권법 제38조). 구 독일 민법 제1017조 제2항은 소유권에 기한 청구권에 관한 규정은 세습건축권에도 준용된다고 정하고 있었고, 이에 해당하는[144] 세습건축권법 제11조 제1항도 같은 취지로 정하고 있

137) 김용덕 편집대표(주 7), 833면(이계정 집필 부분).

138) 안철상(주 5), 347면.

139) 김용덕 편집대표, 주석 민법 [물권 3](5판), 한국사법행정학회(2019), 26-27면(김수일 집필 부분).

140) 곽윤직 편집대표(주 6), 286면(양창수 집필 부분).

141) 건물의 이용을 위한 토지 사용 방법으로서 가장 유효하고 건물 소유자에게 가장 강한 법적 지위를 보장해 주는 권리로서, 우리나라에서는 지상권이, 독일에서는 세습건축권이 거론될 수 있다. 세습건축권은 단순히 타인의 토지를 이용할 수 있는 권리만을 내용으로 하지 않고 타인 토지의 이용권과 건물 소유권을 내용으로 하는 용익물권이라는 차이가 있다. 김상용, "우리나라의 지상권과 독일의 세습건축권과의 비교", 충북대학교 법학연구 제2권 제1호(1990), 449-450면 참조.

142) MüKoBGB/Weiß, 9. Aufl. 2023, ErbbauRG vor § 1 Rn. 1.

143) 명칭만이 2007. 11. 23. Erbbaurechtsgesetz로 바뀌었다. MüKoBGB/Weiß, 9. Aufl. 2023, ErbbauRG vor § 1 Rn. 2 참조.

는데, 이는 독일 민법 제985조 이하를 준용한다는 의미이다.[145] 따라서 세습건축권에도 소유자-점유자 법(독일 민법 제987조 이하)이 준용된다고 볼 수 있고, 세습건축권자는 제3자에게 차임 상당의 수익을 반환 청구할 수 있다고 해석된다. 그 결론 역시 참고할 가치가 있다.

일본에서도 침해부당이득이 성립하는 경우 점유자와 회복자의 법률관계에서 회복자에는 소유자뿐만 아니라 기타의 본권자도 포함된다고 새긴다.[146] 기타의 본권에는 채권인 임차권과 달리 직접 토지로부터 이익을 누리고 토지를 사용할 수 있는 물권인 지상권(일본 민법 제265조)[147]이 마찬가지로 거론될 수 있다.

(3) 전세권자인 임대인

임대인이 전세권자인 경우에도 임대차계약이 종료한 이후 제3자에게 부당이득 반환을 청구할 수 있다.[148] 전세권은 타인의 부동산을 점유하고 그 부동산의 용도에 좇아 사용·수익하는 물권인바(민법 제303조 제1항),[149] 소유자가 전세권을 설정하여 준 경우, 전세권자에게 그 사용이익이 배타적으로 할당되었기 때문에 전세권자가 부당이득 반환 청구권을 갖는다.[150] 이러한 경우에는 오히려 소유자가 아닌 전세권자만이 부당이득 반환 청구를 할 수 있다.

(4) 기　　타

부당이득 반환 청구를 할 수 있는 본권에는 임차권,[151] 매수인으로

144) MüKoBGB/Weiß, 9. Aufl. 2023, ErbbauRG § 38 Rn. 9.

145) MüKoBGB/Weiß, 9. Aufl. 2023, ErbbauRG § 11 Rn. 44. 독일 민법 제985조의 준용을 인정한 사례로 BGH NJW-RR 2014, 1423.

146) 石田穣, 物権法, 信山社(2008), 548.

147) 小粥太郎 編(주 124), 705-706(松尾弘 執筆 部分).

148) 안철상(주 5), 347면.

149) 김용덕 편집대표(주 139), 265-268(조용현 집필 부분). 우리 민법의 전세권은 관습법으로서의 전세 제도를 성문화한 것으로 서구법제를 계수한 다른 재산법의 분야와 달리 그 기원이 동양 사회에 특유한 관행에서 비롯하였다. 김용덕 편집대표(주 139), 235면(조용현 집필 부분) 참조.

150) 곽윤직 편집대표(주 6), 286면(양창수 집필 부분).

151) 서울고등법원 판례공보스터디(주 13), 1065면; 안철상(주 5), 347면.

서의 점유·사용권 등[152]도 포함된다는 견해가 있다. 일본에는 침해부당이득이 성립하는 경우 점유자와 회복자의 법률관계에서 임차권자도 회복자에 해당할 수 있다고 보는 견해[153]도 있다. 그러나 임대인이 임차권(원래의 임대차계약과는 별개의 임대차계약에 기한 것)이나 매수인으로서의 점유·사용권 등을 가지고 있다고 하더라도 침해부당이득의 성립을 인정하기 어렵다. 채권자에게 배타적 이익이 할당되어 있지 않으므로 채권을 침해하였다고 하더라도 침해부당이득이 성립하지 않는 것이 원칙이다.[154] 임차권은 지상권 등 물권과 달리 배타성이 없는 채권에 불과하고,[155] 매수인으로서의 점유·사용권도 마찬가지이므로, 그들에게 그 사용이익이 배타적으로 할당되었다고 볼 수 없다. 임차인이나 매수인은 얼마든지 여러 명 존재할 수 있고, 그들 사이의 우열을 가릴 절대적인 기준을 세우기 어렵다는 점을 고려하면 이는 더욱 분명하다. 또한, 점유 자체는 사실상 이익에 불과하고 재산상 이익의 귀속을 내용으로 하는 독자적인 할당내용을 가지고 있지 않으므로, 점유 자체의 침해 상태만으로 침해부당이득이 성립한다고 보기도 어렵다.[156]

다만 제3자 채권 침해에 따른 불법행위[157]는 사안에 따라 인정될 여

152) 안철상(주 5), 347면.

153) 鈴木禄彌, 物権法講義 第五訂版, 創文社(2007), 24.

154) 김용덕 편집대표(주 7), 829면(이계정 집필 부분); 이계정(주 10), 381면.

155) 김용덕 편집대표(주 139), 21면(김수일 집필 부분).

156) 김용덕 편집대표(주 7), 829면(이계정 집필 부분).

157) 일반적으로 채권에 대해서는 배타적 효력이 부인되고 채권자 상호 간 및 채권자와 제3자 사이에 자유경쟁이 허용되므로 제3자에 의하여 채권이 침해되었다는 사실만으로 바로 불법행위가 성립하지는 않는다. 그러나 거래에서 자유경쟁 원칙은 법질서가 허용하는 범위에서 공정하고 건전한 경쟁을 전제로 하므로, 제3자가 채권자를 해친다는 사정을 알면서도 법규를 위반하거나 선량한 풍속 그 밖의 사회질서를 위반하는 등 위법한 행위를 하여 채권의 실현을 방해하는 등으로 채권자의 이익을 침해하였다면 불법행위가 성립한다. 채권 침해의 위법성은 침해되는 채권 내용, 침해행위의 양태, 침해자의 고의나 해의 등 주관적 사정 등을 참작하여 구체적·개별적으로 판단하되, 거래자유 보장의 필요성, 경제·사회정책적 요인을 포함한 공공의 이익, 당사자 사이의 이익 균형 등을 종합적으로 고려하여야 한다. 대법원 2003. 3. 14. 선고 2000다32437 판결 등; 김용덕 편집대표, 주석 민법 [채권각칙 6](5판), 한국사법행정학회(2022), 194면(이연갑 집필 부분) 참조.

지가 있다. 그러한 경우 임차권(원래의 임대차계약과는 별개의 임대차계약에 기한 것) 등을 가진 임대인이 직접 제3자에 대하여 임차권 침해에 따른 불법행위를 이유로 손해배상을 구할 수 있다. 일반적으로는 임대인과 소유자 등 사이의 법률관계에 따라 이익 조정이 이루어질 것이다.

Ⅳ. 기존 판례 법리와 2023년 판결 법리가 교차하는 경우

1. 임대인이 소유자 등에 해당하는 경우 임차인과의 관계

임대인이 소유자 등에 해당하는 경우 임차인과의 관계에서 급부부당이득(임대차계약에 따른 관계에 기존 판례 법리가 적용된다)과 침해부당이득(소유자 등과 계속 점유자의 관계로 치환하여 2023년 판결 법리도 적용할 수 있다)이 경합할 여지가 있다. 어떠한 부당이득이 급부 행위에 기한 것임과 동시에 비급부 행위에 기한 것일 수는 없기 때문에 급부부당이득과 침해부당이득은 개념상 택일적 관계에 있을 수밖에 없다는 견해,[158] 급부부당이득이 적용되는 경우 침해부당이득은 더 이상 문제 되지 않는다는 견해,[159] 급부부당이득이 성립하는 경우 침해부당이득이 성립하지 않는다는 침해부당이득의 보충성 원칙에 따라, 목적물의 이용 가능성을 급부하였으므로 계약의 종료로 임차인은 목적물의 이용 가능성, 즉 차임 상당액을 반환할 필요가 있다고 설명하는 견해,[160] 점유자가 소유자 등에 대하여 점유할 권리를 가지고 있었던 경우는 당사자 간 존재하고 있었던 법률관계에 의하여야 하며, 민법 제201조 내지 제203조에 의할 수 없다는 견해[161] 등이 주장된다.

급부부당이득의 성립이 침해부당이득을 배제한다고 볼 필요는 없다고 생각된다. 임대차계약 관계에 초점을 맞춘다면 급부부당이득이 성립하고, 소유자 등과 점유자 간 관계에 초점을 맞춘다면 침해부당이득이

---

158) 안병하, “부합과 부당이득–대법원 2009. 9. 24. 선고 2009다15602 판결에 대한 짧은 소견–”, 연세대학교 법학연구 제25권 제1호(2015), 166면.

159) 김형배(주 107), 155면.

160) 김용덕 편집대표(주 7), 856면(이계정 집필 부분).

161) 김용덕 편집대표(주 35), 468면(김형석 집필 부분).

성립한다고 볼 수 있다. 당사자가 계약 체결 시 가졌던 기대는 계약을 청산하는 과정에서도 존중되어야 하지만, 소유자 등에 해당하는 임대인이 임대차계약을 체결하였다는 이유만으로 소유자 등으로서의 구제 수단을 전혀 가질 수 없게 되는 불리함을 강요받는 것은 부당하다. 각각의 요건이 충족되는 한, 양 청구권은 경합하고, 임대인은 자신의 선택에 좇아 그 중 하나의 청구권을 행사할 수 있다고 보아야 한다. 독일 민법 제546a조가 정한 고유한 성격의 계약상 청구권, 독일 민법 제812조 이하가 정한 부당이득 반환 청구권, 독일 민법 제987조 이하가 정한 소유자-점유자 관계에서의 수익 반환 청구권이 모두 경합한다는 점도 참고가 된다. 특히 부당이득과 소유자-점유자 법의 관계에 관하여 독일의 오늘날 지배설은 수정된 청구권 경합설임도 앞서 보았다.

2. 임대인이 소유자 등에 해당하고 임차인이 전대차계약 등을 체결한 경우

(1) 논의의 전제

임차인이 소유자 등에 해당하는 임대인의 동의를 받지 않고 제3자에게 임차권을 양도하거나 전대하는 등의 방법으로 임차물을 사용·수익하게 하다가 원래의 임대차계약과 전대차계약 등이 모두 종료한 경우를 전제하여 논의한다. 이 경우 임대인과 제3자(전차인) 간 관계를 2023년 판결 법리의 관계로, 임대인과 임차인 간 관계 및 임차인(전대인 등)과 제3자(전차인) 간 관계를 기존 판례 법리의 관계로 도식화할 수 있다. 여기에서도 임대인, 임차인 등의 용어는 앞에서와 같이 원래의 임대차계약을 기준으로 지칭한다.

(2) 임대인에 대한 임차인의 채무와 제3자의 채무의 관계

판례는 임대인에 대한 임차인의 부당이득 반환 채무(기존 판례 법리)와 제3자의 부당이득 반환 채무(2023년 판결 법리)는 동일한 경제적 목적을 가지고 있고 서로 중첩되는 부분에 관하여 일방의 채무가 변제 등으로 소멸할 경우 타방의 채무도 소멸하는 관계에 있다고 판시하였다.[162)]

학설은 대체로 양자는 부진정연대채무 관계에 있다고 보고,[163] 일본에도 같은 취지의 견해[164]가 있다. 부진정연대채무는 연대채무와 달리 채무자 간 주관적 공동 관계가 없을 것을 요건으로 하는데,[165] 임차인과 제3자 간 위와 같은 관계가 있다고 보기는 어려우므로, 위 양 채무는 부진정연대채무 관계에 있다고 보아야 한다. 소유자-점유자 관계(독일 민법 제987조 이하)에 대한 것이기는 하나, 독일에서도 임대인에 대한 임차인의 수익 반환 채무와 제3자의 수익 반환 채무가 부진정연대채무 관계에 있다고 본다.[166] 독일 판례도 임대인이 임차인(전대인)에게 전대차계약의 차임에 해당하는 법정과실의 반환을 청구하거나 제3자(전차인)에게 차임 상당 수익의 반환을 청구할 수 있지만, 중첩적으로는 청구할 수 없다고 판단하였다.[167] 임대차 목적물에 관하여 전대차 등이 이루어졌다고 하여 임대인이 이중의 이익을 누리게 할 이유가 없다는 점에서 타당한 결론이다.

(3) 제3자에 대한 임대인의 청구권과 임차인의 청구권의 관계

제3자가 임차인에게 이미 차임 상당 부당이득을 지급하였다고 하더라도 임대인에게는 그 의무를 면할 수 없다. 임대인의 청구권과 임차인의 청구권은 그 근거나 내용이 서로 다르다.[168] 즉, 제3자(전차인)는 임차인(전대인 등)에 대하여는 점유의 이전에 따른 급부부당이득을(기존 판례 법리), 소유자 등에 해당하는 임대인에 대하여는 실제 점유·사용에 따른 침해부당이득을 반환할 의무를 부담하는 것이다(2023년 판결 법리). 제3자는 임대인과의 관계에서 여전히 아무런 권원 없이 점유한 것이고,[169] 진

---

162) 대법원 2023. 3. 30. 선고 2022다296165 판결.
163) 김용덕 편집대표(주 7), 859면(이계정 집필 부분); 제철웅(주 6), 330면.
164) 石田穣(주 99), 149.
165) 대법원 2009. 8. 20. 선고 2009다32409 판결 등, 김용덕 편집대표, 주석 민법 [채권총칙 2](5판), 한국사법행정학회(2020), 715, 718-719면(제철웅 집필 부분).
166) BeckOK MietR/Klotz-Hörlin, 37. Ed. 1.8.2024, BGB § 546 Rn. 97.
167) BGH BeckRS 1968, 31175477; BGH NZM 2014, 582 등.
168) 안철상(주 5), 358면.
169) 곽윤직 편집대표(주 118), 61면(민일영 집필 부분).

정한 소유자 등과 점유 권원이 없는 임차인의 이익이 동일한 목적물의 이용 관계에서 충돌하는 경우, 소유자 등에게 최종적인 이익이 귀속되는 것이 타당하다.[170] 제3자가 점유 권원이 없는 임차인에게 차임 상당 부당이득을 지급한 이후 다시 임대인이 점유 권원 없는 임차인에게 차임 상당 부당이득을 반환받은 경우와 동일하게 이익 조정이 실현되어야 한다는 점에서도 그렇다.[171] 임대인에게 제3자로 인한 새로운 침해가 발생하였으므로, 임차인의 향후 무자력 위험을 임대인에게만 부담하게 하는 것은 부당하다. 제3자는 임차인에게 임대할 권한이 없음을 안 경우 그 목적물을 계속하여 사용·수익하여서는 안 되고,[172] 임대차 목적물을 반환하여 불안정한 상태에서 벗어날 수도 있다.

이와 같이 보지 않으면, 아무런 귀책사유 없는 임대인이 2차에 걸쳐 분할하여 임차인과 제3자에게 부당이득 반환을 청구하여야 하는 부당한 결과가 된다.[173] 제3자가 이중으로 부당이득을 반환하여야 하는 부당한 결과가 있을 수 있다는 비판[174]이 있으나, 제3자가 임대인에게 차임 상당 부당이득을 이중으로 지급하였다면, 임차인에게 이미 지급한 차임 상당 부당이득에 대하여 다시 부당이득 반환 청구를 할 수 있다고 볼 것이다.[175] 임차인이 임대인에 대하여 부당이득 반환 채무나 불법행위에 기한 손해배상 채무를 면하는 이익을 얻었기 때문이다.[176]

V. 결　론

기존 판례는 임대인이 임대차계약 종료 후 계속 점유자인 임차인에게 부당이득 반환을 청구하는 사안에 관한 것이고, 2023년 판결은 임대

170) 김성욱(주 3), 142면.
171) 김성욱(주 3), 142면.
172) 제철웅(주 6), 329-332면.
173) 안철상(주 5), 358-359면.
174) 김태우(주 4), 94-95면.
175) 김성욱(주 3), 142-143면; 道垣内弘人(주 131), 291-292.
176) 石田穣(주 99), 149.

인이 임대차계약 종료 후 임차인 외의 계속 점유자인 제3자에게 부당이득 반환을 청구하는 사안에 관한 것으로, 서로 모순되지 않는다.

기존 판례 사안의 경우 임차인이 임대차계약 종료 후 임대인으로부터 급부된 점유의 이용 가능성에 해당하는 이익을 반환하는 급부부당이득이 문제 되므로 임대인이 반드시 소유자 등에 해당하지 않아도 된다. 임차인이 소유자 등으로부터 목적물의 반환 청구나 차임 내지 그 해당액의 지급 요구를 받는 등의 이유로 임대인이 임차인으로 하여금 목적물을 사용·수익하게 할 수가 없게 되면, 임차인은 그 이후의 차임 상당 부당이득 반환 의무를 부담하지 않는다.

2023년 판결 사안의 경우 임대인과 제3자 간에는 계약 관계가 없으므로 침해부당이득이 문제 되는데, 임대인이 사용·수익권이 배타적으로 할당되어 있는 소유자, 지상권자, 전세권자 등에 해당하는 경우 성립할 수 있다. 2023년 판결이 위와 같은 기저의 추상적인 법리를 임대인이 임대차계약 종료 후 계속 점유자에 대하여 부당이득 반환 청구를 하는 구체적인 사안에 맞추어 설시하면서 다소 혼동이 생긴 면이 있지만, '임대인'이라는 점이 중요한 요건인 기존 판례와 달리 기본적으로 '임대차계약이 종료한' 임대인을 지칭하기 위하여 위 용어를 사용하였다고 평가할 수 있다. 임대차계약을 떠나 소유자 등과 사용·수익할 권원 없는 제3자로 치환하여 보더라도 그 법리는 성립한다.

기존 판례 법리와 2023년 판결 법리가 교차하는 경우도 있다. 임대인이 소유자 등에 해당하는 경우 임차인과의 관계에서 급부부당이득(기존 판례 법리)과 침해부당이득(2023년 판결 법리)이 경합할 수 있다. 또한, 임차인이 소유자 등에 해당하는 임대인의 동의를 받지 않고 제3자에게 임차권을 양도하거나 전대하는 등의 방법으로 임차물을 사용·수익하게 하다가 원래의 임대차계약과 전대차계약 등이 모두 종료한 경우, 임대인에 대한 임차인의 부당이득 반환 채무(기존 판례 법리)와 제3자의 부당이득 반환 채무(2023년 판결 법리)는 부진정연대채무 관계에 있다. 제3자에 대한 임차인의 부당이득 반환 청구권(기존 판례 법리)과 임대인의 부당이득 반환 청구권(2023년 판결 법리) 중에는 후자가 우선한다. 다만 제3자는 이중 지급의 경우 임차인에게 이미 지급한 부당이득을 다시 부당이득으로 반환 청구할 수 있다.

[Abstract]

The Lessor's Claim in Unjust Enrichment Against the Continuous Possessor of the Leased Object After the Lease Termination

– With a Review of the Supreme Court Decision 2022Da296165 Decided March 30, 2023 –

Lee, Jong Wook*

In Supreme Court Decision 2022Da296165 decided on March 30, 2023 ("the 2023 decision"), the Supreme Court stated, "A person who derives benefit from an act of trespassing on the object of the lease after the lease termination is liable in restitution equivalent to the rent to the lessor and owner." At first glance, this decision seems to contradict precedents (e.g., Supreme Court Decision 2000Da68290 decided on June 29, 2001; hereinafter referred to as "the existing precedents"), which ruled that "The lessor has a claim in unjust enrichment equivalent to the rent against the lessee possessing and using the object of a lease after the lease termination, even if the lessor is not the owner." However, the existing precedents are concerned with ① cases where the lessor asserts a claim in unjust enrichment against the lessee who continues to possess and use the leased object after the lease termination, while the 2023 decision pertains to ② cases where the lessor seeks restitution for wrongs against the trespasser, the third party possessing the property, rather than the lessee, after the lease termination. These two principles do not conflict with each other.

Case ① involves unjust enrichment by subtraction, i.e., through the use

* Judge, Seoul Eastern District Court.

of possession, and does not require the lessor to be the owner to make a restitution claim. The lessee is not liable in restitution equivalent to the rent if they are unable to use and derive benefit from the leased object—for example, when they are required by the owner to vacate or pay rent.

Case ② involves restitution for wrongs, as there is no lease agreement between the lessor and the trespasser. A claim for restitution for wrongs is available when the lessor has ownership or similar rights, such as superficies or a right of jeonse. The 2023 decision used the term "lessor" to encompass case ② while presenting the aforementioned abstract doctrine. In other words, while being a lessor is a critical requirement for seeking remedies under the doctrine of the existing precedents, the doctrine established in the 2023 decision applies between the owner (or a person with similar rights) and the trespasser, irrespective of the lease agreement.

The doctrines of the existing precedents and the 2023 decision may overlap in certain cases. When the lessor holds ownership or similar rights over the leased object, claims for restitution in unjust enrichment by subtraction (under the existing precedents) and restitution for wrongs (under the 2023 decision) may coexist. If the lessee subleases or assigns the leasehold to a third party without the lessor's consent, and both the original lease and the sublease subsequently terminate, the lessee's restitution liability to the lessor (based on the existing precedents) and the sublessee's restitution liability to the lessor (based on the 2023 decision) constitute joint and several obligations arising from distinct grounds. Among the claims involved, the lessor's claim for restitution against the sublessee (under the 2023 decision) takes precedence over the lessee's claim against the sublessee (under the existing precedents). However, if the sublessee has already paid unjust enrichment to the lessee, they may claim restitution for the prepaid amount from the lessee.

[Key word]

- Lease
- Lessor

- Lessee
- Unjust Enrichment
- Restitution in Unjust Enrichment by Subtraction
- Restitution for Wrongs
- Possessor-Owner Relationship
- Right to Fruits

참고문헌

[국내문헌]

1. 단 행 본

곽윤직 편집대표, 민법주해 [XIV] 박영사(1997).

______, 민법주해 [XV], 박영사(1997).

______, 민법주해 [XVII], 박영사(2005).

김용덕 편집대표, 주석 민법 [물권 1](5판), 한국사법행정학회(2019).

______, 주석 민법 [물권 3](5판), 한국사법행정학회(2019).

______, 주석 민법 [채권각칙 2](5판), 한국사법행정학회(2021).

______, 주석 민법 [채권각칙 3](5판), 한국사법행정학회(2021).

______, 주석 민법 [채권각칙 5](5판), 한국사법행정학회(2022).

______, 주석 민법 [채권각칙 6](5판), 한국사법행정학회(2022).

______, 주석 민법 [채권총칙 2](5판), 한국사법행정학회(2020).

김형배, 사무관리 · 부당이득, 박영사(2003).

서울고등법원 판례공보스터디, 민사판례해설 Ⅳ-하, 서울고등법원 판례공보스터디(2023).

2. 논　　문

김동진, "지방자치단체 소유의 점포를 순차 임차한 전차인이 진실한 소유자의 수임자로부터 차임 상당의 부당이득반환청구를 받은 경우에 전대인의 차임청구 등을 거절할 수 있는지 여부", 판례해설(81).

김두형, "부가가치세법의 주요 쟁점에 관한 판례의 조명과 동향", 조세법연구 제22집 제3호(2016).

김상용, "우리나라의 지상권과 독일의 세습건축권과의 비교", 충북대학교 법학연구 제2권 제1호(1990).

김성용, "타인의 권리의 매매를 둘러싼 당사자들의 책임의 요건과 범위", 인권과 정의 제213호(1994).

김성욱, "임대차계약에 있어서 임차목적물의 이용과 관련한 법적 문제", 제주대학교 법과 정책 제21집 제3호(2015).

김태우, "타인의 물건을 임대한 임대인이 임대차계약 종료 후에 임차인에 대하여 차임 상당액의 부당이득반환을 청구할 수 있는가", 부산판례연구회 판례연구 제7집(1997).

안병하, "부합과 부당이득–대법원 2009. 9. 24. 선고 2009다15602 판결에 대한 짧은 소견–", 연세대학교 법학연구 제25권 제1호(2015).

안철상, "임대차 및 전대차 종료 후 전차인의 임차인(전대인)에 대한 목적물의 사용·수익 따른 부당이득금 반환의무", 부산판례연구회 판례연구 제14집(2003).

양창수, "임대차종료 후 임차인의 목적물 계속점유와 부당이득", 민법연구 제2권, 박영사(1991).

______, "1993년 민법 판례 개관", 민법연구 제3권, 박영사(1995).

이계정, "삼각관계에서의 부당이득 법률관계와 질권자의 부당이득반환의무 유무–대법원 2015. 5. 29. 선고 2012다92258 판결–", 법조 통권 제721호(2017).

______, "집합건물 공용부분 무단사용자에 대한 관리단의 부당이득반환청구 가부–대법원 2020. 5. 21. 선고 2017다220744 전원합의체 판결–" 법조 통권 제745호(2021).

이동권, "임대차 종료후, 임차보증금을 반환받기 위하여 임차인이 목적물을 계속 점유하는 경우, 부당이득반환 채무의 발생여부", 대구지방법원 판례연구회 판례연구 제3집(1992).

이성룡, "타인의 권리의 매도인이 매매를 해제한 경우, 매도인의 손해배상의무와 매수인의 목적물 반환의무가 동시이행관계에 있는지 여부", 법조 제42권 제10호(1993).

이양희, "타인권리 매매 해제 시 원상회복의무", 판례해설(111).

장재현, "계약종료후의 계약의 효력–여후효", 계약법의 현대적 과제, 경북대학교출판부(2007).

정길용, "타인의 권리의 매매계약이 해제된 경우의 법률관계–대법원 1993. 4. 9. 선고 92다25946 판결과 관련하여–", 토지법학 제23-2호(2007).

제철웅, "독일법에서의 부당이득의 개념–우리 대법원 판결례와의 비교를 통한 이해", 재산법연구 제29권 제2호(2012).

______, "소유물반환청구권자 및 그 밖의 반환청구권자에 대한 권원 없는 점

유자의 책임", 민사판례연구 제21권(1999).
최준규, "임대차계약 종료 후 임차인의 목적물 계속점유와 실질적 이득", 저스티스 통권 제174호(2019).
홍성무, "임대차종료후 임차인이 목적물을 계속 점유하는 경우 부당이득이 성립하기 위한 실질적 이득의 의미", 판례해설(17).

[외국문헌]

1. 단 행 본

石田穣, 物權法, 信山社(2008).
窪田充見 編, 新注釈民法 (15), 有斐閣(2017).
小粥太郎 編, 新注釈民法 (5), 有斐閣(2020).
潮見佳男, 契約各論 I, 信山社(2002).
鈴木禄彌, 物権法講義 第五訂版, 創文社(2007).
谷口知平・五十嵐清 編, 新版注釈民法 (13), 有斐閣(1996).

2. 논 문

石田穣, "民法五七六条は賃貸借契約に適用されるか", 法学協会雜誌 第93巻 第7号(1976).
内田勝一, "権限のない賃貸人からの賃借人が賃借物につき第三者から明渡を求められた場合の法律関係", 判例タイムズ 第846号(1994).
______, "賃借人の債務不履行による賃貸借の解除と賃貸人の承諾のある転貸借の帰趨", ジュリスト臨時増刊 第1135号(1998).
宇都宮充夫, "賃借人の債務不履行による賃貸借の解除と賃貸人の承諾のある転貸借の帰趨について", 中央学院大学法学論叢 第15巻 第1・2号(2002).
加藤雅信, "契約の解除と買主の使用利益の返還", ジュリスト臨時増刊 第642号(1997).
加茂紀久男, "賃借物につき第三者から明渡を求められた賃借人の賃料支払拒絶権", 判例タイムズ 第330号(1976).
川村泰啓, "契約の無効・取消と不当利得", 契約法大系 VII, 有斐閣(1965).
北村実, "民法五六一条による売買契約解除と買主の使用利益", 法律時報 第48巻 第10号(1976).

島田禮介, "売買契約が民法五六一条により解除された場合と目的物の引渡を受けていた買主の使用利益返還義務", 最高裁判所判例解説 民事篇 昭和51年度, 法曹会(1979).

瀬川信久, "売買契約が民法五六一条により解除された場合に, 目的物の引渡を受けていた買主は売主に使用利益を返還しなければならないとした事例", 法学協会雑誌 第94巻 第11号(1977).

田高寛貴, "損していいのは誰?", 法学教室 第380号(2012).

田中教雄, "他人の権利の売買の解除と買主の使用利益の返還義務", 民法判例百選Ⅱ 第9版, 有斐閣(2023).

谷口知平, "売買契約が民法五六一条により解除された場合と目的物の引渡を受けていた買主の使用利益返還義務", 民法論 第2巻, 有斐閣(1989).

辻伸行, "賃借人の債務不履行による賃貸借の解除と賃貸人の承諾のある転貸借の帰すう", 判例時報 第1612号(1997).

東條敬, "賃借物につき第三者から明渡を求められた賃借人の賃料支払拒絶権", 最高裁判所判例解説 民事篇 昭和50年度, 法曹会(1979).

道垣内弘人, "賃貸借が賃借人の債務不履行を理由とする解除により終了した場合, 賃貸人の承諾のある転貸借は, 原則として, 賃貸人が転借人に対して目的物の返還を請求した時に, 転貸人の転借人に対する債務の履行不能により終了する", 法学協会雑誌 第135巻 第7号(2018).

三和一博, "賃貸借の解除と転貸借の終了時期－最高裁平成九年二月二五日判決を中心に－", 法学新報 第105巻 第2・3号(1998).

山下郁夫, "債務不履行による賃貸借契約の解除と承諾がある転貸借の帰趨", 最高裁判所判例解説 民事篇 平成9年度(上), 法曹会(2000).

油納健一, "契約解除における使用利益の返還義務", 法学教室 第465号(2019).

好美清光, "契約の解除の効力", 現代契約法大系 第2巻, 有斐閣(1984).

BeckOK BGB/Fritzsche, 71. Ed. 1.5.2024, BGB § 987.

BeckOK MietR/Klotz-Hörlin, 37. Ed. 1.8.2024, BGB § 546.

BeckOK MietR/Klotz-Hörlin, 37. Ed. 1.8.2024, BGB § 546a.

MüKoBGB/Bieber, 9. Aufl. 2023, BGB § 546a.

MüKoBGB/Raff, 9. Aufl. 2023, BGB vor § 987.

MüKoBGB/Weiß, 9. Aufl. 2023, ErbbauRG vor § 1.

MüKoBGB/Weiß, 9. Aufl. 2023, ErbbauRG § 11.

MüKoBGB/Weiß, 9. Aufl. 2023, ErbbauRG § 38.

과소 대지지분을 보유한 구분소유자의 대지공유자에 대한 부당이득반환의무 및 그 예외 사유

이 종 문*

■요　　지■

종래 대법원은 특별한 사정이 없는 한 구분소유자 아닌 대지 공유자가 그 공유지분권에 기초하여 구분소유자를 상대로 부당이득반환을 청구할 수 있다고 보았다. 그 후 대법원은 2022년 전원합의체 판결을 통하여 '적정 대지분'이라는 개념을 최초로 제시하면서 '집합건물 대지의 공유관계에서는 민법상 공유물에 관한 일반 법리가 그대로 적용될 수 없고, 전유부분 면적 비율에 상응하는 적정 대지지분을 가진 구분소유자는 그 대지 전부를 용도에 따라 사용·수익할 수 있는 적법한 권원을 가지므로, 구분소유자 아닌 대지 공유자가 그 대지 공유지분권에 기하여 적정 대지지분을 가진 구분소유자를 상대로 대지의 사용·수익에 따른 부당이득반환을 청구할 수 없다'고 판시함으로써 종래의 판례를 일부 변경하였다.

위 전원합의체 판결에 따라 적정 대지지분을 가진 구분소유자는 더 이상 대지 공유자에 대한 부당이득반환의무를 부담하지 않게 되었으나, 적정 대지지분에 못 미치는 과소 대지지분을 가진 구분소유자는 여전히 구분소유자 아닌 대지 공유자에 대하여 부당이득반환의무를 부담한다. 다만, 그러한 부당이득반환의무는 적정 대지지분을 갖추지 못하였기 때문에 발생하는 것이므로, 부당이득반환의무의 범위는 구분소유자별로 적정 대지지분 대비 부족한

* 김·장 법률사무소 변호사.

대지지분의 비율에 따라 산정되어야 한다. 대상판결은 위 전원합의체 판결에 따라서 과소 대지지분을 가진 구분소유자의 부당이득반환의무와 그 범위를 명확히 설시하였다.

대상판결은 과소 대지지분을 가진 구분소유자라 하더라도 예외적으로 부당이득반환의무를 부담하지 않는 경우가 있다는 점도 함께 설시하면서 그 구체적인 사유들을 제시하고 있다. 대상판결이 제시하는 예외 사유들은 ① 적정 대지지분에 매우 근소하게 부족한 경우, ② 구분건물의 분양 당시 분양자로부터 과소 대지지분만을 이전받으면서 건물 대지를 무상으로 사용할 수 있는 권한을 부여받았고, 이러한 약정이 분양자의 대지지분을 특정승계한 사람에게 승계된 것으로 볼 수 있는 경우, ③ 과소 대지지분에 기하여 전유부분을 계속 소유하는 사실상태가 장기간 묵인되어 온 경우 등이다. 이는 집합건물의 안정적인 사용관계를 유지하고 구체적 타당성 있는 법리 적용을 요청한다는 면에서 중요한 의미를 가진다. 다만, 대상판결의 판시만으로는 예외적으로 부당이득반환의무가 부정되는 근거와 구체적인 판단기준이 명확하지 않으므로, 이러한 예외 사유들을 곧바로 하나의 독립된 법리로 삼기는 어렵다. 위와 같은 예외적인 사정이 있는 경우에도 결국 신의성실의 원칙, 채권적 법률관계의 특정승계 등과 같은 민법상 일반원칙의 요건에 따라 부당이득반환의무의 존부를 구체적으로 판단하여야 할 것이다. 또한 ②의 경우에는 대지사용권과 전유부분의 분리처분금지 원칙의 적용을 통해 더욱 폭넓게 집합건물의 안정적 사용관계를 유지할 수 있다. 대상판결이 과소 대지지분을 가진 구분소유자의 부당이득반환의무가 부정될 수 있는 예외 사유를 명시적으로 설시하였다는 측면에서는 선례로서의 의미를 가지지만, 실천적인 의미를 가지기 위해서는 구체적인 근거와 판단기준에 관하여 향후 보다 분명하고 세부적인 판시가 이루어질 필요가 있다.

[주 제 어]

- 집합건물
- 적정 대지지분
- 구분소유자 아닌 대지 공유자
- 과소 대지지분
- 대지의 사용 · 수익에 따른 부당이득반환
- 신의성실의 원칙

- 대지의 무상사용승낙
- 특정승계
- 대지사용권
- 집합건물법 제20조

대상판결 : 대법원 2023. 9. 14. 선고 2016다12823 판결

[사안의 개요]

1. 사실관계

(1) A은행은 나대지 상태인 이 사건 토지에 관하여 2000. 4. 3.과 2001. 3. 20. 각각 근저당권설정등기를 마쳤다.

(2) 피고5(회사)는 2001. 12. 18. 이 사건 토지 지상에 총 3개 동의 이 사건 집합건물을 신축하였고, 이 사건 집합건물은 가동 27개 점포, 나동 27개 점포, 다동 10개 점포 총 64개 점포로 구성되어 있다.

(3) 피고5는 이 사건 토지에 관하여 그 공유자들과 사이에 임대차계약을 체결하고 2001. 12. 18. 임차권설정등기를 마쳤다.

(4) 피고5는 2001. 12. 31. 각 구분건물에 관하여 소유권보존등기를 마치면서, 이 사건 토지에 관하여 각 구분건물을 위한 임차권대지권등기를 마쳤다.

(5) 그 후 A은행은 이 사건 토지에 대하여 위 근저당권에 근거한 임의경매를 신청하였다가 2009. 12. 4. 이를 취하하였는데, 그 취하 전 경매절차에서 이 사건 토지 중 63,515,200/145,291,020 지분(약 44%)이 이 사건 집합건물 중 일부 구분소유자들 등에게 매각되었다. 위 매각 지분에 관하여는 이 사건 집합건물 중 32개 점포를 위한 소유권대지권등기가 마쳐졌다.

(6) A은행은 이 사건 토지 중 매각되지 않은 나머지 지분인 81,775,820/145,291,020 지분(약 56%, 이하 '이 사건 매각지분'이라 한다)에 대하여 다시 임의경매를 신청하였고, 원고1과 피고3이 2012. 4. 3. 위 경매절차에서 이 사건 매각지분 중 절반씩(약 28%)을 매수하고 각 지분이전등기를 마쳤다. 그에 따라 이 사건 토지에 설정된 임차권설정등기 및 임차권대지권등기는 모두 말소되었다.

(7) 이 사건 매각지분 중 원고1과 피고3이 취득한 지분 중 일부가 전전양도되어 원고2, 3이 이를 취득하였고, 이에 따라 원고들은 이 사건 토지 중 합계 54,517,213/145,291,020 지분(약 38%)을 보유하게 되었다.

(8) 피고3은 이 사건 매각지분 중 일부를 피고들 중 일부에게도 양도하였고, 그 지분이 다시 전전양도된 결과 피고5를 제외한 피고들(제1심 공동피고 포함)이 이 사건 토지 중 합계 27,258,608/145,291,020 지분(약 18%)을 가

지게 되었다.

(9) 원고들은 이 사건 집합건물의 구분건물을 소유하고 있지 않다. 피고들은 이 사건 집합건물의 구분건물 소유자들인데, 분양자인 피고5를 제외한 나머지 피고들은 구분건물을 전소유자로부터 매수하거나 경매절차에서 매수하였다.

(10) 피고4가 소유한 구분건물의 각 전유부분 면적비율에 상응하는 대지지분의 합계는 피고4가 소유하고 있는 이 사건 토지의 공유지분과 같고(적정 대지지분권자), 피고5는 이 사건 토지에 대한 지분을 전혀 가지고 있지 않으며(무지분권자), 나머지 피고들은 그들이 각 소유하는 구분건물의 전유부분 면적비율에 미치지 못하는 공유지분만을 가지고 있다(과소 대지지분권자).

(11) 원고들은 피고들이 이 사건 집합건물의 구분건물을 소유함으로써 그 대지인 이 사건 토지를 사용·수익하여 차임 상당의 이익을 얻었고, 그로 인하여 원고들은 이 사건 토지를 그 공유지분 범위 내에서 사용·수익하지 못한 손해를 입었다고 주장하면서, 피고들을 상대로 차임 상당의 부당이득반환을 청구하였다.

2. 원심의 판단[광주고등법원(전주) 2016. 2. 4. 선고 2014나1763 판결]

(1) 원심은, 피고1, 2, 4의 경우 이 사건 토지의 일부 공유지분을 소유하고 있으나, 공유자 중의 일부가 특정 부분을 배타적으로 점유·사용하고 있다면 그들은 비록 그 특정 부분의 면적이 자신들의 지분 비율에 상당하는 면적 범위 내라고 할지라도 다른 공유자들 중 지분은 있으나 사용·수익은 전혀 하지 않고 있는 자에 대하여는 그 자의 지분에 상응하는 부당이득을 하고 있다고 보아야 할 것이므로(대법원 2001. 12. 11. 선고 2000다13948 판결 등 참조), 위 피고들이 각각 소유하고 있는 이 사건 토지의 일부 공유지분 비율에 관계없이 위 피고들이 이 사건 토지 중 특정 부분을 배타적으로 점유·사용함으로써 이 사건 토지의 다른 공유자인 원고들의 지분에 해당하는 부분에 대하여 부당이득을 하고 있다고 판단하였다.

(2) 원심은 피고들의 부당이득반환의무의 범위에 대하여, 이 사건 토지 중 원고들의 대지지분에 대한 차임 상당액 중 전체 전유부분 면적 대비 피고들의 각 전유부분 면적 비율로 계산한 금액이라고 보았다.

3. 상고이유의 요지

(1) 원고들의 상고이유 기재는 생략한다.

(2) 피고들 중에서는 피고1, 2, 4, 6만 상고를 제기하였고, 그 중 피고1, 4, 6의 각 상고이유는 다음과 같다.

(가) 피고1, 6은 이 사건 토지의 공유지분을 일부라도 소유하고 있는 이상 이 사건 토지를 점유할 정당한 권원을 가지므로 부당이득반환의무가 없고, 그렇지 않다 하더라도 부당이득반환의 범위는 전유부분 면적 비율에 상응하는 공유지분(이하 '적정 대지지분'이라 한다)에서 부족한 대지지분 부분에 해당하는 차임 상당액에 한한다.[1]

(나) 피고4는 적정 대지지분을 소유함으로써 대지사용권을 가지고 있으므로, 원고들의 공유지분에 대한 부당이득반환의무가 성립하지 않는다.

4. 대상판결의 요지 : 피고1, 4, 6 패소 부분 파기환송

대법원은 적정 대지지분을 가진 피고4는 부당이득반환의무가 없고, 과소 대지지분을 가진 피고1, 6은 부당이득반환의무가 있으나 그 범위는 원고들의 공유지분에 상응하는 차임 중 피고들의 적정 대지지분에서 부족한 지분의 비율에 해당하는 금액에 한한다고 판단한 후, 원심판결 중 피고1, 4, 6의 패소 부분을 파기환송하였다.

또한, 대법원은 과소 대지지분을 가진 구분소유자의 부당이득반환의무가 예외적으로 부인되는 경우에 관하여 다음과 같이 판시하면서, 피고1, 6의 경우에는 예외 사유에 해당하지 않는다고 판단하였다.

> 그러나 적정 대지지분보다 부족한 대지 공유지분(이하 '과소 대지지분'이라 한다)을 가진 구분소유자는, 과소 대지지분이 적정 대지지분에 매우 근소하게 부족하여 그에 대한 부당이득반환청구가 신의성실의 원칙에 반한다고 볼 수 있는 경우, 구분건물의 분양 당시 분양자로부터 과소 대지지분만을 이전받으면서 건물 대지를 무상으로 사용할 수 있는 권한을 부여받았고 이러한 약정이 분양자의 대지지분을 특정승계한 사람에게 승계된 것으로 볼 수 있는 경우, 또는 과소 대지지분에 기하여 전유부분을 계속 소유·사용하는 현재의 사실상태가 장기간 묵인되어 온 경우 등과 같은 특별한 사정이 없는 한, 구분소유자 아닌 대지공유자에 대하여 적정 대지지분에서 부족한 지분의 비율에 해당하는 차임 상당의 부당이득반환의무를 부담한다고 봄이 타당하다.

---

1) 피고2도 피고1, 6과 마찬가지로 과소 대지지분권자였으나, 위와 같은 상고이유를 주장하지 않았고, 피고2의 상고는 기각되었다.

〔研　　究〕

Ⅰ. 들어가며

집합건물의 소유 및 관리에 관한 법률(이하 '집합건물법'이라 한다)이 1985. 4. 11. 시행된 이래로, 집합건물 구분소유자의 대지 공유자에 대한 부당이득반환의무의 성립 여부와 범위에 관한 판례는 상당히 축적되어 왔다. 대법원은 실무에서 다소 혼선이 있었던 쟁점에 관하여도 어느 정도 통일된 모습으로 법리를 정립해 왔고, 대법원 2022. 8. 25. 선고 2017다257067 전원합의체 판결에서는 '적정 대지지분'의 개념을 도입함으로써 집합건물을 둘러싼 분쟁을 보다 효율적이고 안정적으로 해결할 수 있는 법리를 제시하였다. 대법원의 이러한 노력은 대상판결에서도 이어지고 있는데, 대상판결은 위 전원합의체 판결에서 상세히 다루지 못했던 과소 대지지분을 가진 구분소유자의 부당이득반환의무와 범위를 보다 상세히 다루고, 나아가 과소 대지지분권자의 부당이득반환의무가 부정될 수 있는 예외적인 경우들까지 구체적인 예를 들며 제시하고 있다. 이러한 의미에서 대상판결은 향후 해당 쟁점에 대한 선례적인 판시로서 실무에 적용될 것으로 보인다.

이에 아래에서는 그동안 구분소유자와 대지공유자 사이의 부당이득반환에 관하여 판례가 전개되어온 모습을 짚어보고, 대상판결의 판시 내용과 의미를 구체적으로 파악해 보고자 한다.

Ⅱ. 집합건물 구분소유자와 대지공유자 사이의 부당이득반환에 관한 판례의 전개

1. 집합건물 구분소유자 상호간의 부당이득반환의무

(1) 이른바 '집합건물 특칙 법리'

집합건물 구분소유자 상호간 대지지분 비율의 차이에 따른 부당이득 여부가 문제된 사안에서, 대법원은 이미 오래 전부터 '민법상 공유물에 관한 일반 법리'와 다른 이른바 '집합건물 특칙 법리'를 제시하며 집합건물 구분소유자 상호간의 부당이득반환청구를 부정하였다.

민법 제263조[2] 후단에 의하면, 공유자는 공유물 전부를 지분의 비율로 사용·수익할 수 있다. 따라서 공유자 중 일부가 공유토지의 일부를 배타적으로 점유하면서 사용·수익하는 경우에는 그가 보유한 공유지분의 비율에 관계없이 다른 공유자의 지분권에 기초한 사용·수익권을 침해하는 것이다. 이러한 '민법상 공유물에 관한 일반 법리'에 따르면, 건물의 대지가 공유관계에 있는 경우 건물소유자는 대지를 사용·수익할 권원으로서 대지 공유지분 전부를 확보하지 않는 이상 다른 공유자들 중 지분은 있으나 사용·수익을 전혀 하지 않고 있는 자의 지분에 상응하는 부당이득을 하고 있는 것이다. 이는 건물소유자가 건물이 차지하는 대지의 면적에 상응하는 공유지분을 가지고 있거나 토지의 과반수지분권자라고 하더라도 마찬가지이다.[3]

집합건물의 구분소유자 상호간에도 '민법상 공유물에 관한 일반 법리'를 그대로 적용한다면, 자신의 전유부분을 소유함으로써 대지의 특정 부분을 배타적으로 사용·수익하고 있는 구분소유자들은 대지지분을 가지고 있으나 그 특정 부분을 사용·수익하지 못하고 있는 다른 구분소유자들에 대하여 언제나 부당이득반환의무를 부담할 수밖에 없다.

그러나 대법원은 구분소유자들 중 일부가 대지 공유지분 비율의 차이를 이유로 다른 구분소유자를 상대로 부당이득반환을 청구한 사안에서, "1동의 건물의 구분소유자들이 대지를 공유하고 있는 경우, 각 구분소유자는 별도의 규약이 존재하는 등의 특별한 사정이 없는 한 그 대지에 대하여 가지는 공유지분의 비율에 관계 없이 그 건물의 대지 전부를 용도에 따라 사용할 수 있는 적법한 권원을 가지므로, 그 구분소유자들 상호

2) 민법 제263조(공유지분의 처분과 공유물의 사용·수익)
공유자는 그 지분을 처분할 수 있고 공유물 전부를 지분의 비율로 사용·수익할 수 있다.

3) 대법원 1991. 9. 24. 선고 88다카33855 판결, 대법원 2014. 2. 27. 선고 2011다42430 판결 등.

간에는 그 대지에 대하여 가지는 공유지분의 비율의 차이를 이유로 부당이득의 반환을 청구할 수 없다."고 판시[4)]함으로써, '민법상 공유물에 관한 일반 법리'와 다른 이른바 '집합건물 특칙 법리'를 제시하였다.

(2) '집합건물 특칙 법리'의 근거

최초의 판시로 보이는 대법원 1995. 3. 14. 선고 93다60144 판결이 선고된 이후로 '집합건물 특칙 법리'의 근거를 어디에서 찾을 것인지에 관한 학계의 논의는 비교적 활발히 전개되지 않은 것으로 보인다. 위 판결에 대한 판례해설[5)]에서는, 집합건물법 상의 대지사용권 정의규정[6)]이나 구분소유관계의 특수성을 고려해 볼 때 구분소유자가 건물의 대지를 그 지분비율로 사용한다는 것은 이론상으로나 실제적인 면에 있어서나 상정할 수 없는 점, 대지를 공유하는 구분소유자의 대지에 대한 권리의무는 기본적으로 공용부분에 관한 권리의무와 같고, 집합건물법 제11조[7)]에 의하면 각 공유자는 공용부분에 대하여 그 용도에 따르는 한 지분에 관계없이 이를 사용할 수 있으므로, 구분소유자들이 가지는 대지의 공유지분 비율은 구분소유자가 건물 대지를 사용하는 데 있어서는 별다른 의미가 없는 점을 들며, 구분소유자는 대지사용권을 가지는 이상 그 대지에 대하여 가지는 공유지분의 비율에 관계없이 건물의 대지 전부를 용도에 따라 사용할 수 있는 적법한 권원을 갖는다고 설명하고 있다.[8)·9)]

---

4) 최초의 판시는 대법원 1995. 3. 14. 선고 93다60144 판결인 것으로 보이고, 그 후 대법원 2002. 12. 27. 선고 2002다16965 판결, 대법원 2011. 6. 9. 선고 2008다73755 판결, 대법원 2011. 7. 14. 선고 2009다76522, 76539 판결, 대법원 2012. 3. 29. 선고 2009다50399 판결 등도 같은 취지로 판시하였다.

5) 김기동, "집합건물의 구분소유자들이 가지는 대지사용권의 내용", 대법원판례해설 제23호, 법원도서관(1996).

6) 집합건물법 제2조(정의)
"6. 대지사용권"이란 구분소유자가 전유부분을 소유하기 위하여 건물의 대지에 대하여 가지는 권리를 말한다.

7) 집합건물법 제11조(공유자의 사용권)
각 공유자는 공용부분을 그 용도에 따라 사용할 수 있다.

8) 김기동(주 5), 224-226면.

9) 한편, 대법원 2022. 8. 25. 선고 2017다257067 전원합의체 판결의 보충의견(안철상 대법관)은 이에 대하여 "만약 구분소유자들 사이의 대지 공유관계를 민법상 공유

최근의 일부 논문[10)]에서 언급되고 있는 '집합건물 특칙 법리'의 근거로는, (ⅰ) 대지사용권도 비록 대외적으로는 토지를 공유하는 관계에 있기는 하지만, 구분소유자는 전유부분을 독점적으로 사용·수익하고 이를 위하여 대지의 일정 부분을 단독으로 점유하는 것에 대해 서로 이의를 제기하지 않으므로, 구분소유자들 내부적으로는 전유부분을 단독으로 소유하는 것과 마찬가지로 대지에 대해서도 각자 자신의 물건을 단독으로 사용·수익하는 모습에 가깝고, 대지사용권은 전유부분에 종속되어 전유부분을 사용·수익하기 위한 권리인데, 구분소유자들은 각자가 보유한 대지사용권의 크기에 상관없이 전유부분을 사용·수익하는 것이 실제 현실이므로, 특정 구분소유자에게 부당이득반환을 청구하기 위한 요건으로서의 손해가 발생하였다고 보기 어렵다는 견해,[11)] 유사한 취지에서 (ⅱ) 집합건물 대지에 관한 사용·수익관계는 대지 중 각 전유부분 면적 비율에 상응하는 특정 부분을 점유하면서 사용·수익하는 단독소유권과 유사하게 이해할 수 있으므로 구분소유자들 사이에서는 부당이득반환의무를 부담하지 않는다고 설명하는 견해[12)], (ⅲ) 구분소유자들이 집합건물을 서로 구분소유하더라도 대지에 관한 등기는 현행법상 공유지분등기의 형태로 할 수밖에 없고, 대지지분의 구체적인 비율과 상관없이 각각의 대지권등기 자체가 각 전유부분의 소유를 위한 대지권을 표상한다는 것을 이유로

물에 관한 일반 법리에 따라 해석하면, 구분소유자들은 자신이 대지지분을 얼마나 보유하고 있는지와 무관하게 전유부분을 소유함으로 인해 항상 다른 대지 공유자의 지분권을 침해하는 것이 되어 상호 간에 연쇄적으로 대지 사용·수익에 따른 부당이득반환을 청구할 수 있게 되는데, 집합건물이 존속하는 기간 동안에는 이러한 법률관계가 지속될 수밖에 없어 결국 집합건물의 안정적인 소유관계를 해치게 된다"는 현실적이고 정책적인 필요성도 함께 언급하고 있다.

10) 구분소유자 아닌 대지공유자는 적정 대지지분을 가진 구분소유자를 상대로 부당이득반환을 청구할 수 없다는 법리를 판시한 아래 대법원 2022. 8. 25. 선고 2017다257067 전원합의체 판결이 선고된 이후의 논문들이다.

11) 권오상, "구분소유자가 아닌 대지 공유자와 적정 대지지분을 보유한 구분소유자 간의 부당이득반환 문제", 일감부동산법학 제27호(건국대학교 법학연구소), 266면.

12) 정의진, "대지사용권이 부족한 구분소유자의 부당이득반환의무와 그 범위", 집합건물법학 제44집, 한국집합건물법학회(2022), 51, 58, 59면; 이계정, "2022년 분야별 중요판례분석(5) 민법총칙·물권법, 법률신문(2023. 3. 27.).

볼 수 있다는 견해[13]가 있다.

(3) '집합건물 특칙 법리'의 적용 범위

대법원 2011. 7. 14. 선고 2009다76522, 76539 판결은 앞서 본 대법원 93다60144 판결의 판시를 그대로 인용하면서도 그 앞에 "구분소유자들이 당초 그 건물을 분양받을 당시의 대지 공유지분의 비율대로 그 건물의 대지를 공유하고 있는 경우"라는 문구를 추가함으로써 '집합건물 특칙 법리'가 위와 같은 경우에 한정하여 적용된다는 취지의 판시를 하였다. 그 후 대법원 2012. 3. 29. 선고 2009다50339 판결은 "원고와 피고들은 이 사건 건물을 구분소유하는 관계에 있고, 당초 이 사건 건물이 분양될 당시의 대지 공유지분의 비율대로 그 건물의 대지를 공유하고 있다."는 사실인정을 전제로 동일한 판시를 함으로써, '집합건물 특칙 법리'의 적용범위를 명확히 하였다.

즉, '집합건물 특칙 법리'는 원칙적으로 당초 분양단계에서 배정받은 대지지분의 비율에 한하여 적용되는 것이므로, 구분소유자가 자신의 전유부분을 소유하기 위한 것과 무관하게 대지 지분을 추가로 취득한 때에는 그 추가 취득 지분을 근거로 다른 구분소유자를 상대로 부당이득반환을 청구할 수 있고,[14] 반대로 대지사용권을 갖고 있는 구분소유자라 하더라도 당초 분양 당시의 지분이 아닌 때에는 다른 구분소유자에 대하여 부당이득반환의무를 부담하게 되는 경우가 있을 수 있다.[15]

13) 김동호, "적정 대지지분권자, 부족 대지지분권자, 구분소유자 아닌 대지 공유자 간 법률관계에 관한 고찰", 사법 제66호, 사법발전재단(2023), 193면.

14) 대법원 2011. 7. 14. 선고 2009다76522, 76539 판결에서의 본소청구 부분이 이에 해당한다. 위 본소는 과소 대지지분을 보유하고 있던 구분소유자가 구분소유자 아닌 대지공유자의 지분을 양수한 후 양수지분에 기하여 적정 대지지분을 보유한 구분소유자를 상대로 부당이득반환을 청구한 것이고, 이에 대하여 대법원은 민법상 공유물에 관한 일반 법리에 따라 부당이득반환청구가 가능하다고 보았다. 다만, 위 본소에 대한 판단은 적정 대지지분을 가진 구분소유자의 경우 부당이득반환의무를 부담하지 않는다는 대법원 2022. 8. 25. 선고 2017다257067 전원합의체 판결로써 폐기되었고, 이에 관하여는 아래에서 다시 살펴본다.

15) 심재남, "구분소유자 아닌 자가 취득한 구분건물 대지의 공유지분에 기한 부당이득반환청구", 대법원판례해설 제91호, 법원도서관(2012), 91면.

정리하면, '집합건물 특칙 법리'는 집합건물의 구분소유자들이 당초 분양단계에서 배정된 각 대지지분에 한하여 구분소유자들 상호 간의 부당이득반환이 문제되는 경우에만 적용될 수 있는 법리이다.

한편, 집합건물법이 제정되기 전에도 전유부분과 대지 지분이 일체로 거래되어야 한다는 거래관념은 존재했던 것으로 보이나, 집합건물법의 제정에도 불구하고 전유부분마다 그 전유부분의 면적에 상응하는 토지 지분이 확보되어야 한다는 인식은 없거나 부족했을 것으로 보인다.[16] 이러한 현실 아래에서, 당초 집합건물이 분양될 당시 분양자와 수분양자들 사이는 물론, 수분양자들 사이에서도 각 구분소유자들이 전유부분과 함께 분양받은 대지지분의 적정 여부와 관계없이 그 대지를 제한 없이 사용·수익할 수 있다는 묵시적인 합의가 있었다고 볼 수 있지 않을까? 사견으로는, 이러한 묵시적 합의를 '집합건물 특칙 법리'의 근거로 볼 수 있고, 판례에서 '집합건물 특칙 법리'의 적용 범위를 위와 같이 한정하고 있는 것도 같은 맥락에서 이해할 수 있다고 생각한다.

2. 구분소유자 아닌 대지 공유자에 대한 부당이득반환의무

(1) 대법원 2012. 5. 24. 선고 2010다108210 판결

대법원 2001. 12. 11. 선고 2000다13948 판결은 구분소유자 아닌 대지공유자가 대지지분을 가진 구분소유자를 상대로 부당이득반환을 구한 사안에서, 앞서 본 민법상 공유물에 관한 일반 법리를 설시한 후, 부당이득반환청구를 인용한 원심이 타당하다고 보았다.[17] 다만, 위 판결에서는 '집합건물 특칙 법리'와의 관계에서 민법상 공유물에 관한 일반 법리의 적용 여부를 명시적으로 언급하지는 않았고, 위 판결 이후에도 구분소유자와 구분소유자 아닌 대지 공유자 사이에서 '집합건물 특칙 법리'가 적

16) 정의진, "구분소유자가 아닌 대지 공유자에 의한 집합건물 대지의 공유물분할 문제", 사법 제69호, 사법발전재단(2024), 215면.

17) 피고는 적정 대지지분을 초과하는 대지지분을 가진 구분소유자였고, 위 판결은 아래에서 살펴 볼 대법원 2022. 8. 25. 선고 2017다257067 전원합의체 판결로 변경되었다.

용되는 것인지 여부와 관련하여 하급심 실무상 일부 혼란이 있었던 것으로 보인다.[18)]

이러한 문제에 대하여 대법원 2012. 5. 24. 선고 2010다108210 판결에서 실질적인 선례로서의 가치를 가지는 판시가 이루어졌다.[19)] 즉, 위 판결은 "1동의 건물의 구분소유자들이 당초 그 건물을 분양받을 당시의 대지 공유지분 비율대로 그 건물의 대지를 공유하고 있는 경우 그 구분소유자들은 특별한 사정이 없는 한 그 대지에 대한 공유지분의 비율에 관계없이 그 건물의 대지 전부를 용도에 따라 사용할 적법한 권원이 있으므로 그 구분소유자들 상호 간에는 대지 공유지분 비율의 차이를 이유로 부당이득반환을 구할 수 없으나('집합건물 특칙 법리'), 건물의 구분소유자가 아닌 자가 경매절차 등에서 그 대지의 공유지분만을 취득하게 되어 대지에 대한 공유지분은 있으나 대지를 전혀 수익하지 못하고 있는 경우에는 다른 특별한 사정이 없는 한 대지 공유지분권에 기한 부당이득반환청구를 할 수 있다.('민법상 공유물에 관한 일반 법리')"고 판시함으로써 구분소유자 아닌 대지 공유자는 자신의 공유지분에 기초하여 구분소유자를 상대로 부당이득반환을 청구할 수 있고, 이 경우 '집합건물 특칙 법리'는 적용되지 않음을 명확히 하였다.

그 이후의 판결들에서는 "대지에 관하여 구분소유자 외의 다른 공유자가 있는 경우에는 공유물에 관한 일반법리에 따라 대지를 사용·수익할 수 있으므로, 특별한 사정이 없으면 구분소유자들이 무상으로 대지를 전부 사용·수익할 수 있는 권원을 가진다고 할 수 없고 다른 공유자는 대지 공유지분권에 기초하여 부당이득의 반환을 청구할 수 있다"라고 보다 일반화된 법리를 설시하였다.[20)]

---

18) 심재남(주 15), 93면.
19) 심재남(주 15), 93면.
20) 대법원 2013. 3. 14. 선고 2011다58701 판결, 대법원 2014. 6. 26. 선고 2012다119870 판결, 대법원 2018. 6. 28. 선고 2016다219419, 219426 판결 등.

(2) 대법원 2022. 8. 25. 선고 2017다257067 전원합의체 판결

(가) 적정 대지지분을 가진 구분소유자의 경우

위 전원합의체 판결 이전까지의 판례는 구분소유자 아닌 대지 공유자에 대한 구분소유자의 부당이득반환의무를 인정함에 있어 해당 구분소유자가 전유부분의 면적 비율에 상응하는 대지지분, 즉 '적정 대지지분'을 가지고 있는지를 별도로 고려하지 않았고, 그 결과 구분소유자가 적정 대지지분 또는 이를 초과하는 지분을 가진 사안에서도 부당이득반환의무를 인정하였다.[21)]

위 전원합의체 판결은 대법관 전원의 일치의견으로, 집합건물에서 '적정 대지지분'이라는 개념을 처음으로 제시하고, 적정 대지지분을 가진 구분소유자는 구분소유자 아닌 대지 공유자에 대하여 대지의 사용·수익에 따른 부당이득반환의무를 부담하지 않는다는 법리(이하 '적정 대지지분 법리'라 한다)를 선언함으로써 종래의 판례를 변경하였다.

위 전원합의체 판결이 들고 있는 구체적인 논거는 다음과 같다.[22)]

1) 일반 법리와 다른 집합건물 대지의 공유관계 법리

집합건물법 제20조 제1항, 제2항(전유부분과 대지사용권의 일체성),[23)] 제7조(구분소유권 매도청구권)[24)] 등에 비추어 보면, 구분소유자가 대지를

---

21) 대표적으로, 대법원 2001. 12. 11. 선고 2000다13948 판결, 대법원 2011. 7. 14. 선고 2009다76522, 76539 판결의 사안이 그러하다.

22) 이 글에서 그 논거만을 간략히 소개한다. 보다 자세한 논거와 그 타성성에 관하여는, 박동규, "집합건물의 구분소유자 아닌 대지 공유자가 전유부분 면적 비율에 상응하는 적정 대지지분을 가진 구분소유자를 상대로 대지의 사용·수익으로 인한 부당이득반환을 청구할 수 있는지 여부", 사법 제62호, 사법발전재단(2022); 권오상(주 11); 김동호(주 13) 참고.

23) 집합건물법 제20조

① 구분소유자의 대지사용권은 그가 가지는 전유부분의 처분에 따른다.

② 구분소유자는 그가 가지는 전유부분과 분리하여 대지사용권을 처분할 수 없다. 다만, 규약으로써 달리 정한 경우에는 그러하지 아니하다.

24) 집합건물법 제7조

대지사용권을 가지지 아니한 구분소유자가 있을 때에는 그 전유부분의 철거를 청구할 권리를 가진 자는 그 구분소유자에 대하여 구분소유권을 시가로 매도할 것을 청구할 수 있다.

사용·수익할 권원으로 확보한 대지지분은 특별한 사정이 없는 한 전유부분과 개별적으로 일체화되어 전유부분에 결합되는 관계에 있으므로, 대지지분에 대한 권리관계는 전유부분과 분리해서 볼 수 없다. 이와 같이 집합건물 대지의 공유관계는 일반적인 공유관계와 다른 특수성이 존재하므로 민법상 공유물에 관한 일반법리가 그대로 적용될 수 없다. 집합건물법은 제8조(대지공유자의 분할청구 금지),[25] 제22조(민법 제267조의 적용 배제)[26]에서 전유부분과 대지사용권 사이의 일체불가분성을 해치지 않기 위하여 민법과 달리 구분소유자 아닌 대지 공유자의 지분권 행사 및 추가 지분 취득을 일부 제한하고 있다. 그 규정 및 취지를 종합하면, 대지 공유자들 중 구분소유자 아닌 사람이 있는 경우에도 대지 공유관계의 특수성이 고려되어야 하므로 민법상 공유물에 관한 일반법리가 그대로 적용될 수 없다.

2) 부당이득 성립 요건의 미충족

집합건물법 제20조, 제12조(공유자의 지분권),[27] 제21조(전유부분의 처분에 따르는 대지사용권의 비율)[28] 제1항에 의하면, 구분소유자가 대지사용권으로 보유하여야 할 적정 대지지분은 원칙적으로 전유부분의 면적 비율에 따라야 하고, 구분소유자가 적정 대지지분을 모두 확보한 경우에는 전유부분을 소유하기 위하여 대지 전부를 온전히 사용·수익할 권리를

---

25) 집합건물법 제8조
대지 위에 구분소유권의 목적인 건물이 속하는 1동의 건물이 있을 때에는 그 대지의 공유자는 그 건물 사용에 필요한 범위의 대지에 대하여는 분할을 청구하지 못한다.

26) 집합건물법 제22조
제20조 제2항 본문의 경우 대지사용권에 대하여는 민법 제267조(같은 법 제278조에서 준용하는 경우를 포함한다)를 적용하지 아니한다.
민법 제267조
공유자가 그 지분을 포기하거나 상속인 없이 사망한 때에는 그 지분은 다른 공유자에게 각 지분의 비율로 귀속한다.

27) 집합건물법 제12조
① 각 공유자의 지분은 그가 가지는 전유부분의 면적 비율에 따른다.

28) 집합건물법 제21조
① 구분소유자가 둘 이상의 전유부분을 소유한 경우에는 각 전유부분의 처분에 따르는 대지사용권은 제12조에 규정된 비율에 따른다.

가진다고 볼 수 있다. 적정 대지지분을 가진 구분소유자는 다른 대지 공유지분을 추가로 취득할 필요가 없고, 자신의 적정 대지지분에 기하여 대지를 전유부분 면적 비율로 사용·수익하는 것인 이상 다른 대지 공유자의 지분을 수익할 필요도 없으므로, 다른 대지 공유자의 지분권을 침해한다고 볼 수 없다. 전유부분과 대지사용권의 일체성을 고려하면, 적정 대지지분을 가진 구분소유자는 다른 구분소유자인 대지 공유자뿐만 아니라 구분소유자 아닌 대지 공유자에 대해서도 대지 전부를 용도에 따라 온전히 사용·수익할 수 있는 권리를 가지므로, 적정 대지지분을 가진 구분소유자가 대지를 점유·사용함으로써 법률상 원인 없는 이익을 얻는 것도 아니다.

적정 대지지분을 가진 구분소유자는 집합건물법의 취지에 따라 필요한 대지사용권을 모두 확보하였고, 구분소유자 아닌 대지 공유자가 존재하게 된 데에 어떤 원인을 제공한 바도 없으므로, 구분소유자 아닌 대지 공유자가 구분소유자와 사이에서 대지를 사용·수익하지 못하여 입게 된 불이익을 조정할 때, 적어도 적정 대지지분을 가진 구분소유자는 제외하는 것이 공평과 정의에 근거한 부당이득반환제도의 취지에 부합한다.

3) 현실적인 필요성

적정 대지지분을 가진 구분소유자가 부당이득반환의 법률관계에서 제외될 수 있다면, 구분소유자로서는 부당이득반환의무의 부담 없이 전유부분을 안정적으로 소유하기 위하여 적정 대지지분을 확보하고자 하는 동기를 가지게 되고, 이는 전유부분과 대지사용권의 일체성을 확보하려는 집합건물법 제20조의 취지에 부합한다.

구분소유자 전원이 대지지분의 비율과 관계없이 구분소유자 아닌 대지 공유자에 대하여 전유부분 면적 비율에 따라 부당이득반환의무를 부담한다면, 구분소유자 아닌 대지 공유자는 모든 구분소유자들을 상대로 부당이득반환을 청구하여야 한다. 적정 대지지분을 가진 구분소유자가 손실을 회복하기 위하여 다시 다른 구분소유자를 상대로 부당이득반환을 청구할 수 없다면 정의 관념에 어긋나는 결과가 발생하고, 부당이득반환을 청구할 수 있다면 연쇄적 소송으로 이어져 부당이득반환에 따른 법률관계가 지나치게 복잡해지므로, 적어도 적정 대지지분을 가진 구분소유자는 당초 부당이득반환의 법률관계에서 제외하는 것이 정의관념과 소송경제 측면에서 합리적이다.

(나) 적정 대지지분을 가지지 못한 구분소유자의 경우

위 전원합의체 판결의 보충의견은, 적정 대지지분의 개념에 기초하여 적정 대지지분을 가지지 못한 구분소유자의 부당이득반환의무의 근거와 그 범위에 관하여 유의미한 판시를 하였다. 즉, 위 보충의견은, ① “구분소유자 아닌 대지 공유자는 대지에 대한 공유지분이 있음에도 대지를 사용·수익하지 못하여 지분권을 침해받고 있고, 그 대지 공유자의 지분은 일부 구분소유자가 집합건물법에서 요구하는 적정 대지지분을 확보하지 못함에 따라 생겨나는 것으로서 그 구분소유자가 구분소유자 아닌 대지 공유자로부터 부족한 지분을 취득함으로써 지분권 침해 상태를 해소할 수 있는 것이므로, 적정 대지지분을 가지지 못한 구분소유자는 적정 대지지분에서 부족한 지분의 범위에서 구분소유자 아닌 대지 공유자의 지분권을 침해하는 것으로 볼 수 있다.”고 하고, “적정 대지지분을 가지지 못한 구분소유자는 전유부분을 소유하기 위하여 필요한 대지지분을 모두 확보하지 못하였음에도 대지를 전유부분 면적 비율로 점유·사용하면서 이익을 얻고 있는 것이며, 특별한 사정이 없는 한 그 이득에 법률상 원인도 없다.”고 하여 부당이득의 요건이 충족되는 근거를 설명하였다. 또 ② “부당이득반환범위는 구분소유자 아닌 대지 공유자의 지분에 해당하는 차임 상당액 중 적정 대지지분을 가지지 못한 구분소유자들의 부족 지분의 비율에 따라 산정한 금액이다.”고 하여 ‘전유부분 면적’의 비율이 아니라 ‘적정 대지지분에 부족한 지분’의 비율에 따라 부당이득반환의 범위를 정해야 한다고 보았다.

Ⅲ. 과소 대지지분을 가진 구분소유자의 부당이득반환의무

위 전원합의체 판결의 보충의견의 설시이기는 하였으나, 그 후 대법원은 대상판결에서 위 보충의견에 따라, 적정 대지지분을 가지지 못한 구분소유자는 여전히 구분소유자 아닌 대지 공유자에 대하여 부당이득반환의무를 부담하고 그 반환의 범위는 적정 대지지분에 부족한 지분의 비율에 의한다는 것을 명확히 판시하였다.

구분소유자는 전유부분을 소유하기 위하여 적정 대지지분만을 확보하면 충분하므로, 과소 대지지분권자가 법률상 원인 없이 이익을 얻고 대지 공유자에게 손해를 끼치는 범위는 적정 대지지분에 부족한 부분에 한한다. 구체적인 계산식은 다음과 같고, 이때 과소 대지지분을 가진 각 구분소유자의 부당이득반환의무는 분할채무이다.

'대지 전체 기준 원고의 대지지분 비율'×대지 전체의 차임×'피고들의 적정 대지지분 대비 부족한 대지지분 비율(=각 구분소유자별 부족한 대지지분/구분소유자들의 전체 부족 대지지분 합계)

Ⅳ. 과소 대지지분을 가진 구분소유자의 부당이득반환의무가 부정되는 예외 사유

1. 대상판결이 제시한 예외 사유

현실적으로 우리나라 집합건물에서 구분소유자가 과소 대지지분을 가진 경우도 상당한데, 이 경우 모두 부당이득반환청구의 대상이 되어야 한다면 집합건물의 안정적인 사용관계를 해할 우려가 있다.[29] 대상판결은 적정 대지지분 법리에 따르면서도 위와 같은 현실을 고려하여 구체적 타당성 있는 법리 적용을 요청하는 것이라 볼 수 있다.[30]

대상판결은 "과소 대지지분이 적정 대지지분에 매우 근소하게 부족하여 그에 대한 부당이득반환청구가 신의성실의 원칙에 반한다고 볼 수

29) 박동규, "과소 대지지분을 가진 구분소유자가 구분소유자 아닌 대지공유자에 대하여 대지의 사용·수익에 따른 부당이득반환의무를 부담하는지 여부 및 부당이득반환의무를 부담하는 경우 그 범위", 대법원판례해설 제137호, 법원도서관(2024), 140면.

30) 대법원 2017다257067 전원합의체 판결의 보충의견에서 이미, '적정 대지지분을 가지지 못한 구분소유자라 할지라도 구분소유자 아닌 대지 공유자에 대하여 대지 사용·수익에 따른 부당이득반환의무를 부담하지 않는 경우가 있는지도 문제 될 수 있고, 이 점에 관한 대법원의 세부적인 판시가 이루어질 것이라 기대한다.'고 밝혔는데, 대상판결의 판시는 그 연장선상에서 이루어진 것으로 보인다.

있는 경우"(예외 사유①), "구분건물의 분양 당시 분양자로부터 과소 대지지분만을 이전받으면서 건물 대지를 무상으로 사용할 수 있는 권한을 부여받았고, 이러한 약정이 분양자의 대지지분을 특정승계한 사람에게 승계된 것으로 볼 수 있는 경우"(예외 사유②), "과소 대지지분에 기하여 전유부분을 계속 소유·사용하는 현재의 사실상태가 장기간 묵인되어 온 경우"(예외 사유③) 등을 과소 대지지분을 가진 구분소유자의 부당이득반환의무가 부인될 수 있는 특별한 사정의 예시로 들고 있다.

위와 같은 예외 사유들은 일응 구체적 타당성 측면에서 충분히 수긍할 수 있어 보인다. 그러나 실제 구체적인 사안에서 어떤 기준과 근거를 통해 위 예외 사유들을 적용할 것인지는 다소 분명하지 않은 면이 있다. 이로 인해 자칫 대상판결이 제시하는 예외사유들이 일관되지 않는 모습으로 재판실무에 적용될 우려가 있고, 오히려 집합건물의 안정적인 사용관계를 해치는 결과가 발행할 수도 있다. 향후 구체적인 사례의 축적을 통해 보다 명확해지겠지만, 그에 앞서 당장 대상판결이 제시한 예외 사유들에 관한 논의의 전개를 통해 그 기준과 근거가 무엇인지를 조금이나마 분명하게 정리할 필요가 있다고 생각한다.

2. 적정 대지지분에 매우 근소하게 부족한 경우(예외 사유①)

(1) 신의성실의 원칙 적용과 고려요소

대지 공유자의 부당이득반환청구권도 민법의 일반 법리에 따라 행사가 제한될 수 있으므로, 신의성실의 원칙(이하 '신의칙')에 반하거나 권리남용에 해당하는 부당이득반환청구는 허용될 수 없다. 대상판결은 '적정 대지지분에 매우 근소하게 부족한 경우'를 신의칙 위반이 인정될 수 있는 하나의 예시로 들고 있다.

'적정 대지지분에 매우 근소하게 부족'하다는 것은 부당이득반환 관계에서 권리자의 손해와 수익자의 이익이 적어 부당이득반환의무의 범위가 매우 경미하다는 것을 의미한다. 그러나 반환의무의 범위가 경미하다는 이유만으로 곧바로 권리행사가 신의칙에 위반된다고 볼 수는 없을 것이다. 특히 대상판결에서는 위와 같은 경우 곧바로 신의칙 위반에 해당할 수 있는 것처럼 해석될 수 있는 판시를 하고 있는데,[31] 부족한 대지지분의 정도를 신의칙 위반 여부를 판단하는 유일한 요소로 삼는 것은 오히려 위험할 수 있다. 대지지분의 부족 정도가 '매우 근소한지 여부'는 다분히 주관적이고 자의적일 수 있기 때문이다. 또 구분소유자들의 대지 사용·수익에 따른 부당이득반환의무는 분할채무이고,[32] 적정 대지지분의 보유 여부나 부당이득반환의무의 부담 여부는 구분소유권별로 판단해야 하는데,[33] 개별 구분소유권별로는 부족한 대지지분이 매우 근소하여 부당이득이 경미하다고 볼 수 있지만, 그와 같은 구분소유권이 많아질수록 대지 공유자가 입는 전체적인 손해는 커질 수 있다. 이러한 경우에도 구분소유권별로 대지지분의 부족 정도만을 유일한 기준으로 삼아 신의칙 위반 여부를 판단하여야 한다면, 사안에 따라서는 구체적 타당성이 오히려 훼손될 수 있다. 적정 대지지분에 매우 근소하게 부족한 경우 그에 대한 부당이득반환청구를 신의칙 위반으로 볼 것인지는 신의칙의 일반원칙을 충분히 고려하여 판단할 필요가 있다.

대법원은 신의칙에 반한다는 이유로 권리의 행사를 부정하기 위해서는, 당사자가 상대방에게 신뢰를 제공하였거나 객관적으로 보아 상대방이 신뢰를 하는 것이 정당화될 수 있어야 하고, 당사자가 이러한 상대방의 신뢰에 반하여 권리를 행사는 것이 정의관념에 비추어 용인될 수 없는 정도의 상태에 이르러야 한다는 원칙을 선언한 바 있다.[34] 그러한 측면

31) 대상판결 이후의 대법원 2023. 10. 18. 선고 2019다266386 판결에서도 "피고들은 각 구분건물별로 적정 대지지분을 초과하여 대지 공유지분을 보유하거나 적정 대지지분보다 1% 내외에 불과할 정도로 매우 근소하게 부족한 대지 공유지분을 소유하였을 뿐만 아니라, 원고가 2017. 7. 28. 경매절차를 통해 대지지분을 취득하기 이전까지 상가점포의 구분소유자들이 적정 또는 과소 대지지분에 기하여 전유부분을 계속 소유·사용하는 현재의 사실상태가 장기간 묵인되어 온 사실을 알 수 있는바, 그렇다면 앞서 본 판례의 법리에 비추어 어느 모로 보나 원고에 대하여 부당이득반환의무를 부담하지 않는다"고 판시하여, 대지지분의 부족 정도(약 1% 내외)만을 언급하고 있을 뿐이다.

32) 대법원 1992. 6. 23. 선고 91다40177 판결 등.

33) 대법원 2023. 10. 18. 선고 2019다266386 판결.

에서, ① 구분소유자가 적정 대지지분을 보유하였다고 신뢰하였는지,[35] ② 그러한 신뢰가 객관적으로 정당한 것인지를 먼저 고려할 필요가 있다. 이러한 신뢰가 전제되지 않음에도 신의칙을 통해 구분소유자의 이익을 보호할 이유는 없을 것이다. 구분소유자의 정당한 신뢰는 대지 공유자의 선행행위로써 제공된 것일 수 있고, 점유면적 비율에 따른 대지지분을 계산하는 과정에서 발생한 단수처리나 계산상 착오 등 다양한 원인으로 발생할 수 있으므로, 결국 구분소유자의 대지지분 취득 경위와 적정 대지지분에 매우 근소한 부족이 발생한 경위 등을 살펴 판단하여야 한다. 이를 바탕으로, ③ 구분소유자의 신뢰에 반하는 부당이득반환청구가 정의관념에 비추어 용인될 수 없는 정도의 것인지를 살펴야 할 것이고, 이때 대지지분의 부족 정도가 중요한 고려 요소로 작용할 수 있다. 이와 함께 구분소유자 아닌 대지 공유자가 대지지분을 취득한 경위와 부당이득반환청구에 이르게 된 경위 등도 고려하여 쌍방의 이해득실을 비교형량하는 것이 필요하다.

(2) 권리행사의 제한이 아닌 적정 대지지분 보유 의제로 볼 수 있는지 여부

대상판결은 과소 대지지분이 적정 대지지분에 매우 근소하게 부족한 경우, '권리행사' 측면에서 부당이득반환청구가 신의칙 위반에 해당할 수 있다고 본다. 이에 대하여 '적정 대지지분 보유' 측면에서 신의칙 적용을 설명하는 견해도 있다. 이 견해는 적정 대지지분 대비 부족한 대지지분이 아주 근소하여 '신의칙상 적정 대지지분을 갖춘 것으로 볼 수 있는 경우'에는 과소 대지지분을 가진 구분소유자의 부당이득반환의무가 부정될 수 있다고 본다.[36]

---

34) 대법원 2003. 4. 22. 선고 2003다2390, 2406 판결, 대법원 2011. 2. 10. 선고 2009다48941 판결 등; 김용덕 편집대표, 주석 민법[총칙1](제5판), 한국사법행정학회(2019), 162면(권영준 집필 부분) 참고.

35) 통상 구분건물을 거래할 때 대지지분이 전유부분 면적 비율에 일치하는지 여부를 엄격하게 따져서 거래하지 않고, 거래관념상 대체로 전유부분과 함께 처분되는 대지지분은 적정 대지지분이라고 신뢰하는 경우가 많으므로[박동규(주 29) 140면], 구분소유자의 신뢰는 비교적 폭넓게 인정될 수 있다고 본다.

위 견해의 취지가 대상판결의 판시와 다르지 않다고 볼 수도 있지만, 신의칙의 적용을 '적정 대지지분 보유' 측면에서 설명하는 것이 적절한지는 의문이다. 과소 대지지분이 적정 대지지분에 매우 근소한 경우 부당이득반환청구가 신의칙에 반한다고 하더라도 구분소유자가 적정 대지지분 자체를 보유하였다고 인정할 수는 없다. 그러한 해석은 일반조항이자 추상적 규범으로서 신의칙이 가지는 보충성에 반한다. 신의칙을 통해 대지 공유자의 권리행사를 제한하는 것에 그치지 않고 구분소유자에게 보유하고 있지도 않는 권리를 새롭게 창설해 줄 근거도 부족하다.[37)]

부족한 대지지분이 매우 근소함을 이유로 구분소유자의 부당이득반환의무가 부정되는 것은, 구분소유자가 적법한 점유권원을 가지고 있기 때문이 아니라 대지 공유자의 부당이득반환청구권 행사를 제한한 결과로 이해하는 것이 타당하다. 이렇게 본다면, 구분소유자가 일부 대지 공유자에 대한 관계에서 신의칙에 따라 부당이득반환의무를 부담하지 않는다고 하더라도, 그 특정승계인 또는 다른 대지 공유자에 대한 관계에서도 당연히 같은 결론에 이르러야 한다고 볼 수는 없다.

3. 분양자의 무상사용권한 부여 및 특정승계(예외 사유②)

(1) 분양자의 무상사용권한 부여

과거 집합건물의 분양자가 대지 위에 추가로 건물을 신축 또는 증

---

36) 박동규(주 29), 140, 141면(한편, 위 견해에서도 적정 대지지분 대비 부족한 대지지분의 비율뿐만 아니라, 과소 대지지분을 보유하게 된 경위 및 그 기간, 과소 대지지분권자의 신뢰 등을 종합적으로 고려하여 판단할 필요가 있다고 한다).

37) 위 견해는 일부 변제공탁에 관한 대법원 2002. 5. 10. 선고 2002다12871, 12888 판결(채권자에 대한 변제자의 공탁금액이 채무의 총액에 비하여 아주 근소하게 부족한 경우에는 당해 변제공탁은 신의칙상 유효한 것이라고 보아야 한다)을 근거로서 참조할 수 있다고 한다. 하지만, 위 판결은 '일부 변제공탁은 특별한 경우를 제외하고 일부 공탁으로서의 효력도 발생하지 않는다'는 원칙의 예외를 인정한 것일 뿐이고, 근소하게 부족한 변제공탁이 신의칙상 유효하더라도 그 공탁은 여전히 일부 공탁으로서의 효력만 인정된다. 부족한 대지지분이 아주 근소한 경우에 신의칙을 근거로 적정 대지지분을 보유한 것으로 인정할 것인지는 일부 공탁의 경우와 같은 선상의 문제라고 보기 어렵다고 생각한다.

축하는 등 다른 용도로 사용할 목적으로, 그 대지 전부를 대지권으로 제공하지 않고 여전히 일부 지분을 자신이 보유하는 경우가 종종 있었다. 그 경우 분양자와 수분양자 사이에 대지사용에 관한 명시적인 약정이 있는 경우에는 그에 따르면 될 것이다.

명시적인 약정이 없는 경우에도, 대법원은 "집합건물을 분양한 자가 각 구분소유자에게 건물의 대지 중 일부 지분만 소유권이전하고 나머지 일부 지분을 스스로 보유하고 있는 경우에는, 특별한 사정이 없는 한 자신의 보유지분에 관하여는 구분소유자들이 집합건물의 용법에 따라 무상으로 사용할 수 있는 권한을 부여한 것으로 볼 수 있다"고 판시[38)]하여 '묵시적 합의'에 따른 무상사용관계를 인정하고 있다. 이는 분양자가 구분소유자에게 구분소유권만을 이전하고 대지지분을 전혀 이전하지 않은 경우에도 마찬가지로 볼 수 있을 것이다.

(2) 무상사용관계의 특정승계

분양자가 구분소유자들에게 무상사용권한을 부여하였다고 하더라도 원칙적으로 채권적 약정에 불과하므로, 분양자로부터 대지지분을 취득한 특정승계인에게 당연히 승계되는 것은 아니다. 특정승계인이 무상사용관계를 내용으로 하는 분양자와 구분소유자들 사이의 합의의 존재를 알면서 이를 수인하겠다는 의사를 밝힌 경우에는 무상사용관계의 특정승계를 인정하는 데 아무런 문제가 없겠지만, 분쟁이 발생하는 대부분의 사안은 그렇지 않다. 그렇다면, 대상판결이 말하는 '약정이 분양자의 대지지분을 특정승계한 사람에게 승계된 것으로 볼 수 있는 경우'란 어떤 경우를 말하는 것일까?

(가) 토지 소유자의 독점적 · 배타적 사용 · 수익권 제한 법리에 기초한 특정승계

분양자가 구분소유자들에게 구분건물의 소유를 위한 대지의 무상사용권한을 부여하였다는 것은 집합건물이 존속하는 한 대지 공유자로서의

38) 대법원 2002. 12. 27. 선고 2002다16965 판결, 대법원 2012. 5. 24. 선고 2010다108210 판결(두 사건 모두 집합건물법이 시행되기 전에 분양에 따른 대지 일부 지분의 소유권이전등기가 마쳐진 사안이고, 대법원 2002다16965 판결에서는 위와 같은 이유로 분양자의 구분소유자에 대한 부당이득반환청구를 받아들일 수 없다고 보았다).

독점적 · 배타적 사용 · 수익권을 포기한 것이라고 볼 여지가 있다.

대법원은 토지 소유자의 독점적 · 배타적인 사용 · 수익권의 행사가 제한되는 것으로 해석되는 경우 "그 토지의 소유권을 경매, 매매, 대물변제 등에 의하여 특정승계한 자는, 특별한 사정이 없는 한 그와 같은 사용 · 수익의 제한이라는 부담이 있다는 사정을 용인하거나 적어도 그러한 사정이 있음을 알고서 그 토지의 소유권을 취득하였다고 봄이 타당하므로, 그러한 특정승계인은 그 토지 부분에 대하여 독점적이고 배타적인 사용 · 수익권을 행사할 수 없다."고 판시[39]함으로써, 독점적 · 배타적 사용 · 수익권 행사 제한의 특정승계를 특별한 사정이 없는 한 원칙적으로 긍정하고 있다. 그러나 대법원은 위와 같은 토지소유자의 독점적 · 배타적 사용 · 수익권 행사 제한 법리는 토지가 도로, 수도시설의 매설 부지 등 일반 공중을 위한 용도로 제공된 경우에만 적용되는 것으로 보고, 토지가 건물의 부지 등 지상 건물의 소유자들만을 위한 용도로 제공된 경우에는 적용되지 않는다고 본다.[40]

따라서 토지소유자의 독점적 · 배타적 사용 · 수익권 행사 제한의 법리를 근거로 분양자와 구분소유자들 사이의 무상사용관계의 특정승계를 인정하기는 어려울 것이다.

(나) 공유물의 사용 · 수익 · 관리에 관한 특약의 특정승계

분양자와 구분소유자들 사이의 대지사용에 관한 약정은 대지 공유자들 사이에 이루어진 공유물의 사용 · 수익 · 관리에 관한 특약으로 볼 수도 있을 것이다. 공유물 관리에 관한 사항은 공유자 지분의 과반수로써 결정하고, 공유자 간의 공유물에 대한 사용 · 수익 · 관리 특약은 원칙적으로 공유자의 특정승계인에 대하여도 당연히 승계된다.[41]

그러나 판례는, "그 특약이 지분권자로서의 사용 · 수익권을 사실상

39) 대법원 2019. 1. 24. 선고 2016다264556 전원합의체 판결.

40) 대법원 2019. 11. 14. 선고 2015다211685 판결, 대법원 2021. 2. 25. 선고 2018다278320 판결.

41) 대법원 2005. 5. 12. 선고 2005다1827 판결, 대법원 2007. 11. 29. 선고 2007다64167 판결 .

포기하는 등으로 공유지분권의 본질적 부분을 침해하는 경우에는 특정승계인이 그러한 사실을 알고도 공유지분권을 취득하였다는 등의 특별한 사정이 없다면 특정승계인에게 당연히 승계되는 것으로 볼 수 없다"고 보고 있고,[42] 집합건물을 분양하면서 대지의 일부 지분만을 구분소유자들에게 이전한 사안에서도 분양자의 구분소유자들에 대한 무상사용권한 부여는 건물이 철거될 때까지 공유지분권에 기한 사용·수익을 포기하는 것이라고 보아, 동일한 판시를 하였다.[43]

결국 분양자와 구분소유자 사이의 무상사용관계를 공유물의 사용·수익·관리에 관한 특약 관계로 보더라도, 그 특약의 특정승계를 인정하기 위해서는 특정승계인이 그 특약의 존재를 알고도 대지의 공유지분을 취득하였다는 등의 특별한 사정이 필요하다. 나아가 구체적인 사안에서 법원은 그와 같은 특별한 사정을 인정하여 특정승계를 인정하는 데 대체로 소극적인 태도를 보인다. 대표적으로, 대법원 2012. 5. 24. 선고 2010다108210 판결은, 분양자가 구분소유자들에게 이전해 주지 않은 지분을 경매절차에서 취득한 대지 공유자가 과소 대지지분권자를 상대로 부당이득반환을 청구한 사안에서, 매각공고와 등기부등본을 통하여 대지 위에 집합건물이 존재하고 있다는 사정을 알았다는 것만으로는 대지 무상사용에 관한 약정을 승계한다고 볼 수 없다고 판단하였다.[44]

(다) 채권적 무상사용관계의 특정승계

분양자의 구분소유자에 대한 무상사용허락은 그 법적 성격이 무엇이든 등기된 물권이 아닌 이상 채권적 법률관계에 불과하다. 그렇다면, 분양자로부터 대지 지분을 취득한 특정승계인에게도 그러한 채권적 법률관계가 승계된다고 보기 위해서는 승계를 수용하겠다는 특정승계인의 의사

42) 대법원 2009. 12. 10. 선고 2009다54294 판결.

43) 대법원 2012. 5. 24. 선고 2010다108210 판결, 대법원 2013. 3. 14. 선고 2011다58701 판결.

44) 같은 취지로 대법원 2012. 10. 25. 선고 2011다12392 판결이 있고, 대법원 2013. 3. 14. 선고 2011다58701 판결도 분양자가 가지고 있던 대지지분 일부를 경매절차에서 매수한 원고가 과소 대지지분권자를 상대로 부당이득반환을 청구한 사안에서 무상사용에 관한 특약의 특정승계를 인정하지 않았다.

표시가 당연히 전제되어야 한다. 이는 결국 사실인정의 문제일 것이나, 승계에 관한 명시적인 합의가 없는 이상 구분소유자가 그와 같은 의사표시의 존재를 입증하는 것은 현실적으로 거의 불가능해 보인다. 이는 분양자가 구분소유자에게 이전하지 않은 대지 공유지분이 제3자에게 이전되는 과정에 경매절차가 개입되는 경우가 많다는 점에서 더욱 그렇다.

하급심 판결이기는 하나, 분양자와 구분소유자들 사이의 무상사용관계를 알고서 토지를 취득했다고 하더라도 부동산 소유권을 취득한 자는 전 소유자의 채권적 약정에 구속되지 않는 것이 원칙이고, 오히려 토지사용료 청구를 목적으로 경매절차에서 토지를 매수하였으므로 종전의 법률관계를 승계하였다고 보기는 더욱 어렵다고 판단한 사례도 존재한다.[45]

(라) 검　　토

대상판결은 구분소유자가 부당이득반환의무를 부담하지 않는 예외적인 사정 중 하나로 예외 사유②를 제시하고 있으나, 분양자와 구분소유자 간 대지 무상사용약정의 특정승계에 소극적인 판례의 종래 입장을 볼 때, 과연 예외 사유②가 실제 사안에 적용됨으로써 집합건물의 안정적인 사용관계를 유지하고 구체적 타당성을 꾀한다는 대상판결의 취지가 실현될 수 있을지는 다소 의문이다.

한편, 분양자가 구분소유자에게 대지 지분에 대한 무상사용권한을 부여하였다는 것은 구분소유자의 입장에서는 그 지분에 대한 사용권을 부여받았다는 의미이므로, 구분소유자는 분양자로부터 이전받지 못한 대지 지분에 대해서도 대지사용권을 취득하였다고 볼 수도 있다. 이때 분양자가 그 대지 지분만을 처분하는 것은 전유부분과 대지사용권의 분리처분금지를 정한 집합건물법 제20조 제2항에 반하므로, 그 처분의 효력 자체가 우선적으로 문제될 수 있다. 물론 이는 집합건물법의 적용 대상임을 전제로 하므로, 위 조항이 시행된 1987. 4. 11[46] 이전에 분양자가

45) 부산고등법원 2021. 5. 20. 선고 2019나58103 판결(대법원 2021다240967 판결로 상고가 심리불속행 기각되었다).

46) 집합건물법은 1984. 4. 10. 제정되었고, 부칙 제1조 및 제4조에 따라 전유부분과

대지 지분을 제3자에게 처분한 경우에는 여전히 예외 사유②가 문제될 수 있으나, 이제 그 시행일로부터 40년 가까이 경과한 현 시점에서는 예외 사유②가 아니라 집합건물법 제20조 제2항의 해석과 적용을 통해서 문제를 해결하려는 접근이 더욱 필요하고 중요하다고 생각한다. 이에 관하여는 아래 5항에서 자세히 살펴본다.

4. 현재 사실상태의 장기간 묵인(예외 사유③)

대상판결은 '과소 대지지분에 기하여 전유부분을 계속 소유·사용하는 현재의 사실상태가 장기간 묵인되어 온 경우' 어떤 근거에서 구분소유자의 부당이득반환의무가 부인될 수 있는지에 대해서는 아무런 설명이 없다.

대지 공유자가 현재의 사실상태를 장기간 묵인해 왔음에도 뒤늦게 과소 대지지분권자를 상대로 부당이득반환을 청구하는 것은 신의칙에서 도출되는 모순행위 금지 또는 실효의 원칙에 따라 제한될 수 있을 것이다. 즉, 대지 공유자가 장기간 과소 대지지분권자의 대지 사용을 묵인함으로써 권리행사를 하지 않을 것이라는 선행행위를 하였고, 이에 따라 구분소유자의 정당한 신뢰가 형성되었음에도, 그러한 선행행위 또는 신뢰에 반하여 부당이득반환을 청구하는 것은 신의칙에 반하는 권리행사일 수 있다.

예외 사유③에서 부당이득반환의무가 부정되는 이유로 대지 공유자와 과소 대지지분권자 사이의 묵시적 합의를 드는 견해[47]도 있다. 이 견해는, 단순히 대지 공유자가 장기간 부당이득반환청구 등을 하지 않았다는 사정만으로는 그러한 합의를 인정하기 부족하고, 구분소유자 아닌 대지 공유자의 지분취득 경위, 구분소유자 아닌 대지 공유자가 지분권에 기한 권리행사를 통해 얻게 될 이익의 정도, 과소 대지지분권자의 정당

대지사용권의 분리처분금지 원칙을 규정한 제20조는 시행일(법률 공포일로부터 1년이 경과한 날)로부터 2년이 경과한 1987. 4. 11. 발효되었다.

47) 박동규(주 29), 142면.

한 신뢰의 존재 여부 등을 종합적으로 고려하여 묵시적 합의의 존부를 판단해야 한다고 한다. 대지 공유자와 과소 대지지분권자 간의 이익형량이 필요하다는 것으로서 사실상 신의칙에 따른 권리행사의 제한과 다르지 않다고 생각한다.

그런데, 대상판결 이후 대법원 2023. 10. 18. 선고 2019다266386 판결에서는 예외 사유①과 함께 예외 사유③이 존재한다는 이유로 구분소유자 아닌 대지 공유자에 대한 구분소유자의 부당이득반환의무를 부정하면서, "원고가 2017. 7. 28. 경매절차를 통해 대지지분을 취득하기 이전까지 상가점포의 구분소유자들이 적정 또는 과소 대지지분에 기하여 전유부분을 계속 소유·사용하는 현재의 사실상태가 장기간 묵인되어 온 사실"을 이유로 들었다. 이에 비추어 보면, 대법원은 반드시 '부당이득반환청구권을 행사하는 대지 공유자'가 현재의 사실상태를 장기간 묵인한 경우에 한하여 예외 사유③이 적용된다고 보는 것은 아닌 듯하다. 그렇다면, 대상판결이 제시하는 예외 사유③은 단순히 신의칙이나 묵시적 합의만으로는 충분히 설명되기 어렵다. 위 대법원 2019다266386 판결 사안에서 2017. 7. 28. 대지지분을 취득한 원고 입장에서는 현재의 사실상태를 장기간 묵인하였다고 보기는 어렵기 때문이다.

위 대법원 2019다266386 판결과 같이 단순히 '현재의 상태가 장기간 묵인되었다는 사실'만으로 대지 공유자의 권리행사가 제한될 수 있다고 보는 것은 타당하지 않다. 장기간 묵인되어 온 집합건물의 안정적 사용관계를 유지할 필요가 있는 것은 분명하지만, 신의칙과 같은 민법의 일반원칙이나 묵시적 합의 등과 같은 당사자 간의 법률행위에 근거하지 않고 대지 공유자가 적법하게 취득한 권리행사를 함부로 제한하여서는 안된다. 또한 대지 공유자가 대지지분을 취득하기 전까지 장기간 묵인되어 온 사실상태가 특정승계인에게도 당연히 승계되어야 한다고 볼 근거도 부족하다. 대상판결이 제시하는 예외 사유③은 그 자체만으로 구분소유자의 부당이득반환의무를 부정하는 독자적인 사유로 삼을 수는 없고, 묵시적 합의, 신의칙, 점유취득시효의 완성 등 민법상 일반 법리의 적용 대상이 될 수 있는 사안의 유형을 대략적으로 제시하였다는 정도의 의미로 이해하는 것이 타당하다.

5. 대지사용권과 전유부분의 분리처분금지 원칙의 적용

대상판결이 제시하는 예외사유들 중 특히 예외 사유②와 관련하여서는 전유부분과 대지사용권의 분리처분금지를 정한 집합건물법 제20조 제2항의 적용을 우선적으로 고려할 필요가 있다.

(1) 대지사용권 및 그 성립시기

구분소유자가 각자의 전유부분을 소유하기 위하여 건물의 대지에 대하여 가지는 권리를 '대지사용권'이라고 하고(집합건물법 제2조 제6호), 대지사용권은 소유권인 경우가 보통이지만, 소유권 외에도 대지 지상의 건물 소유를 가능하게 하는 지상권, 전세권, 임차권, 사용차권, 당사자 사이의 약정에 의한 무명의 권리도 대지사용권이 될 수 있다.[48] 대지사용권의 성립을 위해서는 '집합건물의 존재'와 '구분소유자가 전유부분 소유를 위하여 당해 대지를 사용할 수 있는 권리를 보유하는 것' 이외에는 다른 특별한 요건이 필요하지 않고, 대지사용권이 없는 구분소유자가 사후적으로 사용권을 취득한 경우에는 그때에 대지사용권이 성립한다.[49]

한편, 부동산등기법은 대지사용권으로서 건물과 분리하여 처분할 수 없는 것을 '대지권'으로 정의하고 있는데(부동산등기법 제40조 제3항), 대지사용권은 구분건물을 소유하기 위하여 대지를 사용할 수 있는 실체법상 권리이고, 대지권은 대지사용권이 전유부분과 분리처분될 수 없음을 등기기록상 공시하기 위하여 고안된 절차법상의 개념이라는 점에서 차이가 있다.[50] 따라서 대지권등기는 대지사용권의 성립요건이 아니다.

---

48) 양경승, "대지권의 법적성질과 관련문제", 사법논집 제24집, 법원도서관(1993), 230면; 박순성, "대지지분소유자의 구분소유매도청구권-집합건물의 소유 및 관리에 관한 법률 제20조의 해석론 중심으로-", 민사판례연구 제20권, 박영사(1998), 120면.

49) 대법원 2009. 6. 23. 선고 2009다26145 판결, 대법원 2012. 1. 27. 선고 2011다73090 판결.

50) 법원행정처, 부동산등기실무(Ⅲ)(2015), 165면.

(2) 대지사용권과 전유부분의 처분일체성 및 분리처분금지 원칙

대지사용권은 전유부분의 처분에 따르고, 규약이나 공정증서에서 달리 정하지 않는 한 구분소유권과 분리되어 처분할 수 없다(집합건물법 제20조 제1, 2항). 대법원은 종속적 일체불가분성[51]에 기초하여 위 조항을 해석하고 있고,[52] 분리처분금지 원칙에 위반한 대지사용권의 처분은 무효라고 본다[53] 여기서 처분은 당사자의 의사표시에 의한 법률행위(예: 매매, 증여, 저당권 설정 등)를 의미하나, 강제집행이나 체납처분에 의한 환가처분도 포함된다.[54] 다만, 분리처분금지가 등기되지 않은 경우에는 선의의 제3자에게 대항할 수 없다(집합건물법 제20조 제3항).

(3) 분양 당시 과소 대지지분만을 이전한 경우에 대한 적용

아래에서 대상판결이 제시한 예외 사유②와 관련하여 전유부분과 대지사용권의 분리처분을 허용하는 규약 또는 공정증서가 없는 경우를 전제로 위 분리처분금지 원칙의 적용 양상을 구체적으로 살펴본다.

(가) 집합건물법 제20조 시행[55] 후에 구분건물이 분양된 경우

분양자가 애초에 집합건물과 대지 소유권을 모두 보유하고 있었던 경우에는, 분양자가 가지는 대지소유권 전체가 구분건물의 소유를 위한 대지사용권이 된다. 따라서 분양자가 구분소유자에게 대지의 일부 지분만을 이전해 주더라도 집합건물법 제20조 제1항에 따라 이전되지 않은 나머지 지분도 전유부분과 함께 구분소유자에게 이전되고, 구분소유자는 이를 등기하지 않더라도 대지사용권을 취득한다.[56] 이때 분양자의 등기

---

51) 집합건물법 제20조의 해석과 이론적 타당성에 관한 상세 논의는, 정다주, "집합건물의 전유부분과 대지사용권 사이의 일체불가분성과 분리처분된 경우의 상호관련성", 민사판례연구 제32권, 박영사(2010), 277-332면 참조.

52) 이선희, "집합건물에 있어서 분리처분금지와 규약", 민사판례연구 제37권, 박영사(2015), 158면.

53) 대법원 판결(주 49).

54) 김용덕 편집대표, 주석 민법[물권2](5판) 이원 집필부분, 한국사법행정학회(2019), 261면. 대법원 2009. 6. 23. 선고 2009다26145 판결.

55) 1984. 4. 10. 공포된 제정 집합건물법은 부칙 제1조에 따라 1985. 4. 11. 시행되었고, 다만 제20조는 부칙 제4조에 따라 1987. 4. 11.부터 시행되었다.

56) 대법원 2011. 2. 10. 선고 2010다11668 판결, 대법원 2012. 3. 29. 선고 2011다

명의로 남아 있는 나머지 대지 지분을 구분소유자 아닌 제3자에게 처분하더라도 집합건물법 제20조 제2항에 따른 분리처분금지 원칙에 반하여 무효이므로, 그 제3자는 선의가 아닌 한 해당 대지지분을 취득하지 못하고, 과소 대지지분을 가진 구분소유자는 그 제3자에게 부당이득반환의무를 부담하지 않을 것이다.[57)]

(나) 집합건물법 제20조 시행 전에 구분건물이 분양된 경우

이 경우는 다시 ① 분양자가 대지 지분 일부를 제3자에게 처분한 시점이 집합건물법 제20조 시행 이후인 경우와 ② 이전인 경우를 나누어 살필 필요가 있다.

①의 경우에는, 분양자가 대지 지분 중 일부만을 대지사용권으로 이전하였다고 하더라도 집합건물법 제20조 제1항이 시행되기 전이므로 구분소유자가 나머지 대지 지분에 관한 대지사용권까지 당연히 취득한다고 볼 수 없다. 그러나 위 3. (1)항에서 살펴본 것처럼, 특별한 사정이 없는 한 분양자는 자신의 보유지분에 관하여 구분소유자들이 집합건물의 용법에 따라 무상으로 사용할 수 있는 권한을 부여한 것으로 볼 수 있고,[58)] 집합건물법이 시행됨에 따라 구분소유자는 위 지분에 관하여 무상사용승낙에 따른 대지사용권을 취득한다.

무상사용승낙에 기초한 채권적 토지사용권 역시 대지사용권에 해당할 수 있음은 대법원도 이를 명시적으로 인정하고 있다.[59)] 그리고 대법

79210 판결(대법원 2010다11668 판결은 토지를 매수하여 그 지상에 집합건물을 건축한 사람으로부터 전유부분을 분양받아 소유권이전등기를 마친 수분양자한테서 다시 그 전유부분을 매수하여 소유권이전등기를 마친 매수인이 전유부분에 대응하는 대지사용권도 취득한 것인지 여부가 문제된 사안이다. 대법원은 각 소유권이전등기 당시 이미 건축자는 위 전유부분에 대한 대지사용권을 취득하고 있었다고 인정할 수밖에 없으므로, 특별한 사정이 없는 한 위 전유부분의 처분에는 그에 대응하는 대지사용권도 수반되어 함께 매수인에게 이전되었다고 보았다).

57) 대법원 2013. 11. 14. 선고 2013다33577 판결에서 이미 위와 같은 이유로 구분소유자 아닌 대지 공유자의 부당이득반환청구를 배척한 바 있다.

58) 대법원 판결(주 38) 참고.

59) 대법원 2011. 9. 8. 선고 2010다15158 판결, 대법원 2023. 11. 9. 선고 2023다254816 판결.

원 2023. 11. 9. 선고 2023다254816 판결에서는 채권적 토지사용권인 대지사용권과 전유부분의 일체성에 반하는 토지 소유권의 분리처분은 효력이 없다는 것에서 더 나아가, '토지의 특정승계인이 선의로 물권을 취득한 제3자에 해당한다는 등의 특별한 사정이 없는 한, 수분양자 등의 대지사용권의 목적이 되는 토지의 소유권을 취득함으로써 채권적 토지사용권의 부담이 있는 소유권을 취득한다'는 취지로 판시함으로써, 채권적 토지사용관계가 위 분리처분금지 원칙을 근거로 특정승계될 수 있음을 인정하였다. 이는 분리처분금지 원칙에 반하는 대지사용권의 처분은 무효이지만, 대지사용권이 채권적 토지사용권인 경우에는 민법 제137조 단서의 일부무효의 법리에 따라 토지 소유권의 내용 중 사용·수익권 이전 부분에 한하여 무효이고, 나머지 처분권 이전에 있어서는 유효하다고 본 것으로 이해할 수 있다.[60)]

따라서 ①의 경우, 분양자로부터 과소 대지지분을 이전받은 구분소유자는 분양자로부터 대지 지분을 이전받은 제3자의 선의가 인정되지 않는 이상, 대지사용권인 채권적 토지사용권에 따라 제3자에게 부당이득반환의무를 부담하지 않을 것이다.

②의 경우에는 분양자로부터 과소 대지지분만을 이전받은 구분소유자가 분양자에 대한 관계에서 무상사용권을 가진다고 하더라도, 분양자가 가진 나머지 대지지분의 처분에 집합건물법 제20조 제2항이 적용되지 않으므로, 분리처분금지 원칙을 근거로 무상사용관계의 특정승계를 인정할 수는 없다. 이 경우는 대상판결이 예외사유로 제시한 예외 사유②에 관하여 앞서 제3항에서 살펴본 논의가 그대로 적용될 것이다.

(다) 대상판결이 제시한 예외 사유②의 사정범위

위와 같이 대상판결이 제시한 예외 사유②가 상정하고 있는 전제상황, 즉 '분양 당시 과소지분만을 이전한 경우'는 대부분 집합건물법 제20조에 따른 법리가 먼저 적용되어 과소 대지지분을 보유한 구분소유자의

---

60) 김대현, "채권적 토지사용권인 대지사용권과 전유부분의 분리처분금지", 재판과 판례 제32집, 대구판례연구회(2024), 258면.

부당이득반환의무가 부정될 가능성이 높을 것이다. 대상판결이 제시한 예외 사유②는 사실상 집합건물 제20조가 시행되기 전에 분양자가 보유하고 있던 일부 대지지분이 제3자에게 이미 처분된 경우에 실제적인 의미를 가질 수 있겠으나, 종래 판례의 태도에 비추어 구체적인 사안에서 무상사용관계의 특정승계가 인정될 가능성은 높지 않을 것으로 보인다.

(4) 집합건물법 제20조 제3항의 '선의'에 대한 검토

집합건물법 제20조 제3항은 "분리처분금지는 그 취지를 등기하지 아니하면 선의로 물권을 취득한 제3자에게 대항하지 못한다."고 정한다. '선의'의 요건과 범위를 어떻게 보는지에 따라 대상판결의 예외 사유②를 적용하는 것과 분리처분금지 원칙을 적용하는 것의 결론 차이는 그 정도가 달라질 수 있다.

학설은 선의 외에 무과실까지 요구된다는 것이 통설로 보인다.[61] 집합건물법 제20조 제2, 3항의 규정 형식, 전유부분과 대지사용권의 분리처분을 원칙적으로 금지하는 집합건물법의 취지를 고려하면, '선의'는 이를 주장하는 제3자에게 입증책임이 있다고 보아야 한다.[62]

'선의'의 의미에 대하여 판례는 원칙적으로 "집합건물의 대지로 되어 있는 사정을 모른 채 대지사용권의 목적이 되는 토지를 취득한 경우"로 본다.[63] 어떤 토지가 집합건물의 대지로 사용되고 있는지 여부는 그 현황으로 쉽게 확인할 수 있으므로, 선의가 인정될 수 있는 범위는 상당히 좁다고 볼 수 있다. 예외 사유②와 같이 대지 일부에 관해서만 대지권등기가 이루어진 경우, 그러한 등기를 신뢰하여 분리처분을 허용하는 규약 등이 존재한다고 오신한 제3자는 '선의'로 볼 수 있을까? 이에 대하여 대

61) 서아람, "집합건물의 소유 및 관리에 관한 법률 제20조 제3항에 정한 '선의'의 의미", 대법원판례해설 제117호, 법원도서관(2019), 579면; 안갑준, "집합건물의 대지사용권과 대지권등기, 일감부동산법학 제1호, 박영사(2007), 222면; 박순성(주 48), 131면; 김기정, "집합건물의 집행을 둘러싼 몇 가지 법률문제에 대한 고찰", 사법논집 제27집, 법원행정처(1996), 38면.

62) 같은 취지로 서아람(주 61), 580면

63) 대법원 2013. 1. 17. 선고 2010다71578 전원합의체 판결, 대법원 2009. 6. 23. 선고 2009다26145 판결.

법원은 '토지 위에 집합건물이 존재하는 사실은 알았으나 해당 토지나 그 지분에 관하여 공정증서 등으로 전유부분과 대지사용권을 분리하여 처분할 수 있도록 정한 것으로 믿은 제3자'도 선의에 해당할 수 있으나, 집합건물 대지에 관하여 대지권등기가 되어 있지 않다거나 일부 지분에 관해서만 대지권등기가 되었다는 사정만으로 선의를 인정할 수 없고, 집합건물과 대지의 현황 등에 비추어 분리처분이 가능하도록 정할 필요성의 존재, 그 필요성에 대한 제3자의 인식 등 보다 적극적인 사정이 있어야 선의로 인정할 수 있다고 보았다.[64]

Ⅴ. 대상판결의 의의

대법원은 2017다257067 전원합의체 판결을 통해 적정 대지지분을 가진 구분소유자를 부당이득반환관계에서 제외시킴으로써, 집합건물을 둘러싼 대지 공유자와 구분소유자들 사이의 다양한 이해관계를 합리적으로 조정하고 집합건물의 안정적 사용관계를 유지하고자 하였고, 이는 실무와 거래관행에 상당히 긍정적인 영향을 미칠 것이다. 대상판결은 그러한 노력의 연장선상에서 과소 대지지분을 가진 구분소유자라도 부당이득반환의무를 부담하지 않는 예외적인 경우가 있음을 명확히 지적하고, 그 구체적인 예시를 직접 밝히고 있다.

집합건물법이 제정된 이후 대지 공유자와 구분소유자들 사이의 분쟁은 복잡·다양한 모습으로 전개되어 왔으나, 위 전원합의체 판결을 계기로 그 분쟁의 양상과 판단기준은 꽤 간명해 질 것으로 보인다. 물론, 그러한 판단기준에만 의존하여 당사자들 사이의 구체적인 이해관계를 합리적으로 조정하고 구체적 타당성을 실현하려는 노력을 소홀히 하여서는 안 될 것이고, 이러한 의미에서 대상판결의 취지는 무겁게 받아들일 필요가 있다.

다만, 대상판결이 제시하는 예외적인 사유들을 곧바로 하나의 정립

64) 대법원 2018. 12. 28. 선고 2018다219727 판결.

된 법리로 삼기에는 구체적인 근거와 판단기준이 명확하지 않다는 문제가 있고, 결국은 구체적인 사안별로 민법의 일반 법리에 기초한 판단을 할 수밖에 없어 보인다. 또한 그 예외적인 사유들 중 가장 큰 의미를 가진다고 생각하는 예외 사유②는 대부분 집합건물법 제20조에 따른 법리로써 충분히 해결이 가능하고, 그 경우 예외 사유②를 적용하는 것보다 집합건물의 안정적 사용관계를 유지할 수 있는 여지도 보다 넓어 보인다.

현재로서는 대상판결이 과소 대지지분을 가진 구분소유자의 부당이득반환의무가 부정될 수 있는 요건과 판단기준을 제시하였다기보다는, 적정 대지지분 법리에도 불구하고 부당이득반환의무를 면할 수 있는 대략적인 사안의 유형을 예시적으로 언급하였다는 정도의 의미로 이해하는 것이 바람직하다고 생각한다. 위 전원합의체 판결의 보충의견에서 언급한 것처럼, 적정 대지지분을 가지지 못한 구분소유자라 할지라도 구분소유자 아닌 대지 공유자에 대하여 대지 사용·수익에 따른 부당이득반환의무를 부담하지 않는 경우에 관한 보다 세부적인 판시가 이어지기를 기대한다.

[Abstract]

The Obligation of Sectional Owners of the Condominium Building Who Possess an Insufficient Land Share to Return the Unjust Enrichment to the Co-owner of the Land, and the Exceptional Cases

－Supreme Court en banc Decision 2016Da12823 Decided September 14, 2023－

Lee, Jong Moon*

The Supreme Court previously had taken a position that a co-owner of the land who is not a sectional owner may claim for the return of unjust enrichment against the sectional owner based on his or her right of co-ownership of the land, barring special circumstances. Later, the Supreme Court changed the previous precedents in its decision in the case before the plenary body of the Supreme Court, in 2022. In that case, the Supreme Court established the concept of "appropriate land share" for the first time and determined that "In a relationship involving a co-ownership of the land to which a condominium building is attached, the general legal principles on the article jointly owned under the Civil Act is inapplicable. a co-owner of the land who is not a sectional owner of the condominium building cannot claim for return of unjust enrichment accrued from the use of, and taking the profits from the land against the sectional owner who possesses an appropriate land share based on his or her right of co-ownership of the land.

In accordance with the above decision, a sectional owner of the con-

* Attorney-at-law, Kim & Chang.

dominium building who has an appropriate land share has no obligation to return the unjust enrichment to the co-owner of the land any longer. However, a sectional owner of the condominium building who possesses land share less than an appropriate land share is still obliged to return the unjust enrichment to the co-owner of the land. Meanwhile, this obligation to return the unjust enrichment originates from the failure to possess the appropriate land shares. Thus, the amount of unjust enrichment should be calculated in accordance with the ratio of "shortfall in land share"(= appropriate land share that the sectional owner should possess−actual land share that the sectional owner possesses). The Supreme Court in the subject case−in accordance with the above en banc decision−clarified the obligation to return the unjust enrichment to the co-owner of the land that is imposed on the sectional owner who possesses land share less than an appropriate land share.

The Supreme Court in the subject case also determined that even a sectional owner of the condominium building who possesses land share less than an appropriate land share is not obligated to return the unjust enrichment in exceptional cases. The exception exemplified by the Supreme Court in the subject case are those cases where: (ⅰ) the degree of shortfall of the appropriate land share that a sectional owner of the condominium building should possess is extremely minor; (ⅱ) a sectional owner of the condominium building was granted the right to use the land of a building for free from a first seller who transferred the land share less than an appropriate land share to the sectional owner, and the free-of-charge agreement of between the sectional owner and the seller can be deemed to have been succeeded by a land share successor; (ⅲ) the situation in which a sectional owner of the condominium building who possesses land share less than an appropriate land share has owned his or her section of exclusive ownership based on the insufficient land share has been accepted implicitly for a long time.

This determination has significant meaning in that it is requesting the maintenance of a stable usage relationship of the condominium building and the legal principle application which can reach a reasonable conclusion in particular each case. However, as the determination in the subject case is not clear in terms of the grounds and detailed criteria for when the obligation to return unjust enrichment may be exceptionally dismissed, it is difficult to immediately consider such exceptions as a single legal principle. Even where such exceptional circumstances exist, the existence or absence of the obligation to return unjust enrichment should be determined in accordance with the requirements of general principles based on the Civil Act, such as the principles of trust and good faith. In addition, in the case of ②, a stable usage relationship of the condominium building may be maintained even more broadly through the application of the principle that prohibits separate disposition of the land co-ownership and the exclusive ownership of the condominium building. While the decision stands as a significant precedent from the perspective that the Supreme Court in the subject case explicitly states the examples for which a sectional owner's obligation to return unjust enrichment can be denied, a more clear and detailed judgment on the specific grounds and criteria is needed to have the practical meaning.

[Key word]

- Condominium building
- Appropriate land share
- Land shareholder who is not a sectional owner of the condominium building
- Insufficient land share
- Return of unjust enrichment accrued from the use of, and taking the profits from the land
- Principle of trust and good faith
- Acceptance of free use of the land
- Specific succession
- Right to use land
- Article 20 of the Act on Ownership and Management of Condominium Buildings

참고문헌

[단 행 본]

김용덕 편집대표, 주석 민법 총칙(1) 제5판, 한국사법행정학회(2019).

______, 주석 민법 물권(2) 제5판, 한국사법행정학회(2019).

법원행정처, 부동산등기실무(Ⅲ)(2015).

[논 문]

권오상, "구분소유자가 아닌 대지 공유자와 적정 대지지분을 보유한 구분소유자 간의 부당이득반환 문제", 일감부동산법학 제27호, 건국대학교 법학연구소(2023).

김기동, "집합건물의 구분소유자들이 가지는 대지사용권의 내용", 대법원판례해설 제23호, 법원도서관(1996).

김기정, "집합건물의 집행을 둘러싼 몇 가지 법률문제에 대한 고찰", 사법논집 제27집, 법원행정처(1996).

김대현, "채권적 토지사용권인 대지사용권과 전유부분의 분리처분금지", 재판과 판례 제32집, 대구판례연구회(2024).

김동호, "적정 대지지분권자, 부족 대지지분권자, 구분소유자 아닌 대지 공유자 간 법률관계에 관한 고찰", 사법 제66호, 사법발전재단(2023).

박동규, "집합건물의 구분소유자 아닌 대지 공유자가 전유부분 면적 비율에 상응하는 적정 대지지분을 가진 구분소유자를 상대로 대지의 사용·수익으로 인한 부당이득반환을 청구할 수 있는지 여부", 사법 제62호, 사법발전재단(2022).

______, "과소 대지지분을 가진 구분소유자가 구분소유자 아닌 대지공유자에 대하여 대지의 사용·수익에 따른 부당이득반환의무를 부담하는지 여부 및 부당이득반환의무를 부담하는 경우 그 범위", 대법원판례해설 제137호, 법원도서관(2024).

박순성, "대지지분소유자의 구분소유매도청구권–집합건물의 소유 및 관리에 관한 법률 제20조의 해석론 중심으로–", 민사판례연구 제20권, 박영사(1998).

서아람, "집합건물의 소유 및 관리에 관한 법률 제20조 제3항에 정한 '선의'의 의미", 대법원판례해설 제117호, 법원도서관(2019).

심재남, "구분소유자 아닌 자가 취득한 구분건물 대지의 공유지분에 기한 부당이득반환청구", 대법원판례해설 제91호, 법원도서관(2012).

안갑준, "집합건물의 대지사용권과 대지권등기, 일감부동산법학 제1호, 박영사(2007).

양경승, "대지권의 법적성질과 관련문제", 사법논집 제24집, 법원도서관(1993).

이선희, "집합건물에 있어서 분리처분금지와 규약", 민사판례연구 제37권, 박영사(2015).

정다주, "집합건물의 전유부분과 대지사용권 사이의 일체불가분성과 분리처분된 경우의 상호관련성", 민사판례연구 제32권, 박영사(2010).

정의진, "대지사용권이 부족한 구분소유자의 부당이득반환의무와 그 범위", 집합건물법학 제44집, 한국집합건물법학회(2022).

______, "구분소유자가 아닌 대지 공유자에 의한 집합건물 대지의 공유물분할 문제", 사법 제69호, 사법발전재단(2024).

[평 석]

이계정, "2022년 분야별 중요판례분석(5) 민법총칙 · 물권법", 법률신문(2023. 3. 27.).

환경소송에서 원인물질과 손해 사이의 인과관계가 불분명한 경우 피해자의 구제 방법*·**

– 원자력발전소 인근 주민의 갑상선암 발병 사건을 중심으로 –

허 성 욱***

요 지

이 글은 원자력발전소 인근 주민의 갑상선암 발병 사건과 같은 환경소송에서 원인물질과 손해 사이의 인과관계가 불분명한 경우 피해자의 구제 방법에 관하여 법경제학적 관점에서 분석한 글이다.

환경법은 외부효과로서 발생하고 있는 환경의 문제를 각 행위자들의 유인구조를 바꾸어줌으로써 외부효과를 내부화한다. 그렇기에 환경법이 환경소송에 관한 법원의 판결을 통하여 구체적으로 집행되는 경우를 외부효과의 내부화 관점에서 설명할 수 있는데, 외부효과의 내부화 정도에 따라 적정배상, 과소배상, 과다배상의 결과가 발생할 수 있다. 이때 환경불법행위책임을 구성하는 개별적인 요건사실들은 최종적인 재판의 결과가 적정한 외부효과의 내부화로 이어질 것인지를 좌우하는 개별적인 변수로서 작용한다. 환경불법행위책임에 관한 불법행위법의 목적을 이렇게 이해하는 경우, 바람직한 불법행위법의 집행은 불법행위와 관련된 사회적 총비용을 최소화하는 것으로 정

* 이 글의 작성 중 초안은 2024. 8. 19. 대법원 비교법실무연구회에서 발표된 바 있다. 유익한 질문과 토론 해 주신 오경미 대법관님과 재판연구관님들께 감사드린다.

** 이 글의 작성 과정에서 이준혁 판사(전 서울대학교 아태법연구소 연구펠로우)로부터 자료수집과 내용 정리에 있어서 큰 도움을 받았음.

*** 서울대학교 법학전문대학원 교수.

리할 수 있다. 그러므로 환경소송에 있어서 어느 정도의 인과관계 입증을 요구할 것인가의 문제도 외부효과의 내부화와 자원의 최적 배분의 관점에서 설명할 수 있다. 한국의 통설·판례가 채택하고 있는 상당인과관계설은 사회구조가 크지 않고 그 속에서 이루어지는 사회적 활동들이 단순한 경우에는 자원배분의 사회적 합리성 달성에 충분히 기여할 수 있다. 그러나 인구가 증가하고 산업혁명 등으로 사회 구성원들의 사회적 활동들이 복합다단해지는 상황에서는 환경불법행위와 같은 여러 특수불법행위들이 발생하게 되었고, 이때 상당인과관계설을 그대로 유지하는 경우에는 환경피해에 대하여 과소배상이 체계적으로 이루어질 수밖에 없다. 왜냐하면 정보의 비대칭성 상황에 처한 환경피해자인 원고는 피고 회사의 가해행위와 피해 사이의 상당인과관계 수준의 입증에 대부분 실패하고 원고 패소판결 또는 실제 피해보다 미미한 수준의 배상 판결을 받을 것이기 때문이다. 이러한 법원의 판결이 각 행위자들의 규범적 유인체계로 작동하는 경우에는 환경적으로 유해한 행위를 사회적 최적의 수준보다 더 늘리는 것이 각 행위자의 입장에서는 합리적 선택으로 이해될 것이고 이는 결국 공동체 전체의 관점에서는 공유지의 비극과 같은 상황으로 이어지게 된다. 이러한 특수불법행위 상황에서 피해가 과소하게 보상되는 규범적 실패를 확인하고 그에 대하여 제도적으로 적응을 거듭해 온 결과, 특수불법행위이론에 관한 법리는 인과관계입증에 관한 개연성설, 입증책임의 부분적인 전환으로서 간접반증이론, 인과관계의 추정, 역학적 인과관계이론 등과 같이 변용되고 발전해 왔다. 법원은 인과관계에 대한 새로운 학설적 주장들을 채택할지를 판단함으로써 규범적 최적화 과정을 수행한다.

인과관계의 경우와 마찬가지로 사회통념상 참을 한도 또는 수인한도에 관한 법리 역시 외부효과의 내부화와 자원의 최적 배분의 관점에서 설명할 수 있다. 물권적 권리에 대한 침해가 있는 경우 곧바로 위법성이 있는 것으로 평가되고, 불법방해(nuisance) 환경적 침해와 같이 유해한 외부효과(harmful externality)의 경우에는 그러하지 아니하다. 왜냐하면 ① 외부효과를 일으키는 적극적 침해행위와 ② 그 침해의 상대방인 피해자가 방해받는 행위 모두 사회적으로 필요한 가치의 창출과 공유를 위해서 이루어지는 것이므로 규범적으로 '그 사회적 행위들 상호간의 작용에서 발생하는 사회적 비용을 누구에게 어떤 방식으로 분담하도록 할 것인가'라는, 외부효과의 상호성 문제(the reciprocal nature of harmful externality)가 발생하기 때문이다. 사회통념상 참을 한도 또는 수인한도에 관한 법리는 이러한 외부효과의 상호성에 관한 논리가 학설과 판례를 통해서 채택된 것이다. 행위의 외관적인 태양이 타인의 권리에 대한 침해의 형태를 가지고 있다고 하더라고 그 외부적인 태양만으로 불법행위의 객관적 위법성이 바로 인정되지 않으며, 사회통념상 참을 수 있는 피해인지 여부에 관한 기준(수인한도의 기준)을 넘는 침해행위만이 위법하다는 것이다. 최근 한국 법원은 수인한도의 기준을 판단하기 위한 여러 항목들 중에서 공법상 규제기준에 대한 비중을 점점 높이고 있는 것으로 보인다. 코우즈 정리에 따르면, 법원은 '거래비용이 충분히 낮아서 당사자들 사이의 자발적인 거래와 협상이 충분히 진행되었다면 도달했을 최종적인 자원배분의 상태가 어떤 것이었을지'를 추단하고 그 내용대로 권리가 배분될 것을 선언하는데, 이러한 관점에서 공법상 규제기준은 사법(私法)의 영역에서 자원배분의 효율성이 달성될 수 있도록 시장참가자들의 유인체계를 조정하는 역할을 수행하는 것으로 이해할 수 있다.

위와 같은 법경제학적 이론을 배경으로 원자력발전소 인근 주민의 갑상선암 발병 사건과 관련하여 미국의 공법상 규제기준과 인과관계에 관한 선례를 비교법적으로 고찰하였다. 먼저 공법상 규제기준과 관련하여, 미국은 U.S.NRC 10CFR50 Appendix I 에서 정한 선량제약치(Dose-Constraint)인 『연간 0.1mSy 및 0.15mSy』는 피고의 행위가 위법하고, 원고에게 손해를 발생시켰는지를 판단하기 위한 '공법상 규제기준'이 아니라고 보는 반면 U.S.NRC 10CFR20의 근거가 되는 선형무역치모델(Linear non-threshold Theory, LNT)은 일반인에 대한 선량 제한에 대한 요건으로서 '공법상 규제기준'에 해당한다고 본다. 다음으로 인과관계와 관련하여, 미국의 경우 적어도 상대위험도(Relative Risk)가 2.0을 초과해야 인과관계가 인정된다고 판시하고, 일부 주 법원들은 상대위험도가 2.0 미만인 경우 해당 사실이 법적 인과관계를 인정하지 않기 위한 반증("disproves")에 해당한다고 하기도 하며, 경우에 따라서는 상대위험도가 2.0을 초과한다는 사실이 확인되면 인과관계를 인정하기 위한 증명도(Preponderance of evidence)가 달성되었다고 보는 경우도 존재하나, 한국의 경우에는 상대위험도 등이 (2.0을 초과하여) 상당히 클 뿐만 아니라 추가적으로 그 위험인자에 의하여 그 비특이성 질환이 유발되었을 개연성이 있다는 점을 증명해야만 인과관계를 인정하기 위한 증명도(highly likelihood)가 달성되었다고 본다. 이처럼 한국과 미국의 Radiation Tort Litigation에서 인과관계의 판단 기준은 상당히 다른데, 그 이유는 민사소송에서의 증명도 기준과 관련하여 한국은 고도의 개연성(highly likelihood)을 채택한 반면, 미국은 증거 우위의 증명(Preponderance of evidence)을 채택하였기 때문인 것으로 보인다.

역학적 인과관계의 인정 여부, 상대위험도의 정도에 따른 인과관계 인정 여부 등의 문제는 결국 불법행위소송을 통한 외부효과의 내부화 그리고 환경피해의 구제를 위한 규범적 최적화 행위의 과정이다. 기존의 상당인과관계설, 개연성설, 간접반증이론 등을 통한 불법행위소송의 결과가 외부효과의 내부화와 피해자의 구제라는 관점에서 체계적인 과소배상으로 이어지고 있는지, 상대위험도를 고려한 역학적 인과관계의 인정이 체계적인 과다배상으로 이어질 것인지 여부에 대한 규범적 평가가 이루어질 필요가 있다. 물론 이러한 규범적 평가의 과정에서는 법원에서 이루어지는 불법행위소송 이외에 환경피해를 구제하고 외부효과를 내부화할 수 있는 다른 제도적 장치들이 얼마나 성공적으로 작동하고 있는지에 대한 고려도 함께 이루어져야 할 것이다.

[주 제 어]
- 환경소송
- 인과관계
- 원자력발전소
- 선형무역치모델
- 공법상 규제기준

대상판결 : 부산고등법원 2023. 8. 30. 선고 2022나52136, 2022나52143(병합), 2022나52150(병합), 2022나52167(병합) 판결[손해배상(기)]

[사안의 개요]

○[**청구 내용**] 원고들은 피고가 설치·운영하는 원자력발전소 4곳의 반경 약 15km 내에 거주하다가 갑상선암 진단을 받은 본인 또는 그 가족들로서, 피고를 상대로 위 갑상선암이 위 원자력발전소에서 배출된 방사선 피폭에 의하여 발생한 것이라 주장하면서 주위적으로는 환경정책기본법 제44조 제1항 및 민법 제758조 제1항에, 제1 예비적으로는 원자력손해배상법 제3조에, 제2 예비적으로는 민법 제750조에 근거하여 손해배상(위자료)을 구하였음

○[**피폭 선량**] 이 사건 발전소 주변의 방사선량 등에 대한 측정결과는 아래와 같음

① 이 사건 역학조사 연구를 담당한 서울대 원자력영향·역학연구소가 한국원자력안전기술원과 합동으로 측정·평가한 이 사건 발전소 인근 주민들의 전신피폭선량은 0.00004 ~ 0.01560mSy, 갑상선 피폭선량은 연간 0.00003 ~ 0.03387mSy이고, ② 피고와 한국원자력안전기술원 및 지식경제부 등이 정례적으로 측정·평가한 이 사건 발전소 제한구역 경계에서의 최대개인피폭선량(전신)은 연간 0.00020 ~ 0.01880mSy이며, ③ 피고와 한국원자력안전기술원 및 지식경제부 등이 정례적으로 측정·평가한 이 사건 발전소 인근 주민들의 피폭선량(전신)은 연간 0.00030 ~ 0.01670mSy임

○[**인과관계에 대한 연구결과**] 이 사건에서 대한직업환경의학회는 '원고들에 대한 방사선 피폭과 갑상선암 발병 사이에 관련성이 있는지 여부'에 대하여 아래와 같이 감정하였음

- 저선량 방사선 노출과 암 발생의 기본 모델인 'single cell biophysical hit' 모델은 선형무역치모델의 바탕이 되고 있으나, 위 모델은 암 발생에 대하여 충분한 설명을 하지 못하고 있다. 따라서 이를 근거로 모든 노출방사선량은 암 발생의 위험이 있다는 결론을 내리기에는 무리가 있다.
- 100mSy 이상의 고선량 방사선 피폭에 의한 확정적 영향과 발암 유발에 대하여는 잘 알려져 있다. 그러나 100mSy 이하의 저선량 방사선에 의한 염색체 손상은 증명되었으나 손상의 회복 및 발병에 이르기까지 증명되지 못한 부분이 다수 있다.
- 실험연구 또는 원전 종사자 연구(INWORKS)2)에 의하면, 20~100mSy의 노출수준에서는 비교적 직선적 용량-반응관계를 보이지만 20mSy 이하의 노출에 의한 생물학적인 영향에 대하여는 불명확하며, 20mSy 이하에서 인간에 대하여는 용량-

반응관계도 불확실하다. 그러나 최근 실시된 동물실험연구에서는 저선량 방사선의 생체영향이 확인된 연구가 우세하다.

○[**원심**(=1**심**)**의 판단**] 원고들 패

- 원심은 아래와 같은 사정 등을 고려하여 원고들의 청구를 배척하였음
- 일반인에 대한 방사선 유효선량과 관련한 공법상 규제기준은 연간 1mSy로 보는 것이 타당함

– 구 원자력법시행령 제2조 제4호 [별표 1] 및 원자력안전법시행령 제2조 제4호 [별표 1]이 일반인에 대한 유효선량한도를 연간 1mSy로 규정하고 있음

– 미국 원자력규제위원회(U.S.NRC)의 '10CFR50 §50.34a 및 Appendix I'이 규정한 선량제약치는 연간 선량한도(1mSy)의 범위 내에서 '가능한 한 선량을 합리적으로 낮게 유지하기 위한(ALARA : As Low As Reasonably Achievable)' 방사선 방호 최적화를 위한 목표치에 불과하여 이를 일반인의 수인한도에 관한 공법상 규제기준으로 볼 수는 없음

- 원고 김○○ 등을 포함한 이 사건 발전소 인근 주민들의 아래 피폭선량은 일반인에 대한 선량한도(연간 1mSy)보다 훨씬 낮은 수치일 뿐만 아니라 원자력발전소 부지의 제한구역 경계에서의 연간 유효선량한도 0.25mSy(갑상선 등가선량 : 0.75mSy)보다도 낮은 수치임
- 100mSv 이하의 저선량 방사선에의 피폭과 갑상선암을 포함한 각종 암의 발병에 대하여는 현재까지도 국내외적으로 일치된 합의가 없는 실정이고 향후 다양한 조사 · 연구가 추가적으로 필요한 실정임

〔硏　　究〕

Ⅰ. 불법행위소송의 사회적 역할과 환경소송

1. 불법행위소송의 전통적이고 일차적인 사회적 기능은 불법행위자의 불법행위로부터 손해를 입은 피해자의 손해를 법률적으로 전보함으로써 교정적 정의를 실현하는 것이라고 볼 수 있다. 이 경우 불법행위소송절차에 있어서 가장 중요한 문제는 불법행위자와 불법행위를 구체적으로 특정하고, 불법행위와 피해자의 피해 사이의 인과관계를 확인하며, 피해자가 입은 정확한 피해액을 산정하는 것이다. 물론 본안소송 과정에서

확인된 법률적 책임이 집행 절차에서 유효하게 집행되는 것도 중요하다.

또한, 불법행위소송은 사회적으로 유해한 행위를 하는 가해자에 대하여 그 행위에 상응하는 손해배상을 명함으로써 앞으로 다른 행위자로 하여금 그와 같은 해로운 행위로 나아가지 않도록 하는 예방적 기능을 수행한다. 예방적 기능에 중점을 두는 경우 불법행위법의 사회적 목적은 최종적인 배상책임의 범위와 수준이라는 변수의 결정을 통해 사회적으로 유해한 불법행위의 총량을 적정한 수준으로 줄이고 유도하는 것으로 설명할 수 있다.

한편, 최근 기후소송 등의 사례에서 보는 바와 같이 전형적 위험이 아닌 재난적 위험에 대한 사회적 대응 차원에서 불법행위소송의 위험 분산 기능적 성격에 관한 논의가 새롭게 이루어지고 있다.[1)]

2. 환경문제의 본질에 대한 가장 논리적이고 직관적인 설명은 외부효과의 관점에서 환경문제를 이해하는 것이다. 이 경우 환경법의 목적은 외부효과로서 발생하고 있는 환경의 문제를 각 행위자들의 유인구조를 바꾸어줌으로써 외부효과를 내부화하는 데 있다. 직간접적인 국가의 개입에 의해 외부효과를 내부화하는 방안은 크게 ① 직접규제, ② 피구세(Pigovian tax) 방식의 간접규제, ③ 코지안 바기닝(Coasian Bargaining)을 통한 자발적 내부화 방안으로 나누어서 설명할 수 있다.

3. 환경소송을 통한 환경법의 집행도 외부효과의 내부화 관점에서 설명할 수 있다. 환경불법행위소송에서 법원의 판결은 외부효과의 내부화 정도에 따라 적정배상, 과소배상, 과다배상의 결과를 가져올 수 있다. 환경불법행위소송을 통한 재판의 결과가 배상의 범위와 수준에 있어서 환경불법행위로 인한 피해자의 개인적 피해와 사회적 피해를 정확하게 반영할 수 있다면 그러한 재판작용의 결과는 외부효과의 적정한 내부화로 이어진다. 반면, 재판의 결과가 체계적인 과소배상 혹은 과다배상이라

---

1) 이에 관한 상세는 허성욱, "기후변화시대의 불법행위법", 『사법』 제21호(2012), 99면 이하 참조.

면 이는 환경문제를 발생시키는 외부효과의 체계적인 과소억지 또는 과다억지로 이어지게 되고 이는 사법비용까지 더한 비효율적인 자원배분으로 이어지게 된다.[2)]

4. 환경불법행위책임을 구성하는 개별적인 구성요건들은 최종적인 재판의 결과가 적정한 외부효과의 내부화로 이어질 것인지를 좌우하는 개별적인 변수로서 작용한다. ① 가해행위자의 주관적 유책성으로서 고의·과실, ② 가해행위의 객관적 위법성, ③ 피해자의 손해 발생, ④ 가해행위와 피해자의 손해 사이의 인과관계, ⑤ 배상되는 손해의 범위로서 통상손해와 특별손해. 불법행위책임의 성립 여부와 배상책임의 범위에 관한 위 각 항목의 구성요건들에 대한 학설의 대립과 법원의 입장은 환경문제의 해결에 있어서 환경불법행위소송을 어떻게 볼 것인지에 관한 법정책적 관점에 따라 달라지게 된다. 예를 들어 주관적 유책성에 관해 추상적 경과실을 선택하고 인과관계에 관해 상당인과관계설을 택하는 경우에는 환경피해의 체계적인 과소배상과 그로 인한 외부효과의 체계적인 과소 내부화로 이어지게 될 것이다. 반면, 주관적 유책성에 관해 위험책임 또는 무과실책임을 선택하고 인과관계에 관해 개연성설 혹은 간접반증이론을 택하는 경우에는 전자의 경우에 비해 보다 적정한 환경피해의 배상 혹은 외부효과의 내부화를 기대할 수 있겠다. 물론 전면적인 무과실책임, 위법성 추정에 가까운 사회통념상 참을 한도 이론, 인과관계 추정 이론, 3배 배상 혹은 징벌적 배상 등과 같은 배상책임 확대의 조합이 선택되는 경우에는 반대로 환경피해의 과다배상과 그로 인한 외부효과의 과다 내부화 및 다른 사회적으로 유익한 경제적 활동의 과다억지로 이어지게 될 것이다.

5. 불법행위법의 목적을 이렇게 이해하는 경우 바람직한 불법행위법

---

2) 이에 관한 상세는 허성욱 외 6인 공저, 『법경제학』 재개정판(2019), 305면 이하 참조.

의 집행은 불법행위와 관련된 사회적 총비용을 최소화하는 것으로 정리할 수 있다. 여기서 사회적 총비용(SC = Social Cost)은 크게 불법행위로 인해 발생하는 손해의 크기(L)와 사전적으로 그와 같은 불법행위가 발생하지 않도록 제도적 노력을 하는데 드는 비용(B)의 합으로 구성된다. 여기서 B의 값은 불법행위로 이어질 수 있는 사회적 행위를 하는 행위자의 주의의무 준수 수준, 객관적 위법성의 판단기준, 인과관계 인정 범위에 관한 규범적 기준, 배상되는 손해의 범위 등에 관한 각 항목별 법원의 판단이 독립변수로서 기능하게 된다. 위 B 부분 각 항목의 규범적 기준에 따라 행위자들의 합리적 선택의 값이 달라지게 될 것이고 이는 각각 다른 B의 값, 그리고 그로부터 영향을 받은 L의 확률적 기댓값으로 이어지게 된다. 이 경우 불법행위법의 바람직한 기능적 역할은 B의 각 항목들에 대한 규범적 기준이 행위자들의 선택들을 사회적으로 가장 바람직한 수준으로 유도할 수 있는 내용으로 설정됨으로써 그 규범적 유인 체계하에서 개인들의 합리적 선택들이 사회적 비용을 최소화하는 것으로 귀결되도록 하는 데 있다.[3)]

Ⅱ. 환경소송에 있어서 인과관계입증

1. 환경소송에 있어서 어느 정도의 인과관계 입증을 요구할 것인가의 문제도 외부효과의 내부화와 자원의 최적 배분의 관점에서 설명할 수 있다. 민법 제750조의 일반불법행위에 있어서 인과관계 입증에 관한 통설, 판례는 주지하는 바와 같이 상당인과관계설이다. 특정 불법행위로 인해 피해자의 피해가 발생하는 것이 경험칙상 통상적인지 여부를 기준으로 인과관계 여부를 판단하되, 행위 당시 통상인이 알거나 예견할 수 있었던 객관적인 사정과 행위자가 행위 당시 알고 있거나 예견할 수 있었던 주관적인 사정을 함께 고려해야 한다는 내용으로 정리할 수 있다.

---

3) 이에 관한 상세는 Richard A. Posner, 『Economic Analysis of Law』 8th edition(2011). Wolters Kluwer, 213면 이하 참조.

2. 전통적인 자유주의적 불법행위이론(libertarian tort law)의 관점에서 보면 이와 같은 상당인과관계설에 따른 인과관계 입증의 규범적 요구는 각 행위자들로 하여금 각자 가장 합리적으로 책임질 수 있는 범위까지의 인과관계 귀속 결과에 대한 법적 책임을 지도록 한다는 점에서 제도적 합리성이 달성될 수 있는 규범적 선택이다. 일반불법행위에 있어서 조건설에 따른 인과관계 귀속의 결과까지 책임지도록 하는 책임법제하에서 사는 각 개인들은 어디까지 확대될지 알 수 없는 사회적 행위의 결과에 대한 두려움으로 결국 아무런 사회적 행위를 하지 않는 개인적·합리적 선택을 하게 될 것이다. 물론 개인 차원에서의 이러한 합리적 선택의 사회적 결집 결과는 매우 비합리적이고 비효율적인 것이다.[4)]

3. 사회 구조가 크지 않고 그 속에서 이루어지는 사회적 활동들이 단순한 경우에는 이러한 상당인과관계설에 따른 불법행위법제의 작동이 자원배분의 사회적 합리성 달성에 충분히 기여할 수 있다. 그러나 인구가 증가하고 산업혁명 등으로 사회 구성원들의 사회적 활동들이 복합다단해지는 상황에서는 여러 유형의 특수불법행위들이 발생하게 되고 환경불법행위는 그 대표적인 것이다. 환경불법행위소송에 있어서 상당인과관계설을 그대로 유지하는 경우에는 환경피해에 대하여 과소배상이 체계적으로 이루어진다. 왜냐하면 정보의 비대칭성 상황에 처한 환경피해자인 원고는 피고 회사의 가해행위와 피해 사이의 상당인과관계 수준의 입증에 대부분 실패하고 원고 패소판결 또는 실제 피해보다 미미한 수준의 배상 판결을 받을 것이기 때문이다. 이러한 법원의 판결이 각 행위자들의 규범적 유인체계로 작동하는 경우에는 환경적으로 유해한 행위를 사회적 최적의 수준보다 더 늘리는 것이 각 행위자의 입장에서는 합리적 선택으로 이해될 것이고 이는 결국 공동체 전체의 관점에서는 공유지의 비극과 같은 상황으로 이어지게 된다.[5)]

---

4) 개인적인 차원과 사회적인 차원의 합리적 선택이론에 관해서는 허성욱, "공법의 근본개념으로서 자유와 권리", 『공법연구』 제48집 제4호(2020) 참조.

4. 환경문제를 포함하는 특수불법행위 상황에서 규범적 실패를 확인하고 그에 대한 제도적 적응의 결과가 이른바 특수불법행위이론에 따른 법리의 변용과 발전이다. 인과관계입증에 관한 개연성설, 입증책임의 부분적인 전환으로서 간접반증이론, 인과관계의 추정, 역학적 인과관계이론 등이 그 예이다. 이러한 법리의 변용과 발전은 앞서 확인한 환경피해의 체계적인 과소배상의 문제를 극복하고 불법행위법의 적용을 통한 외부효과의 충분한 내부화를 달성하기 위한 노력의 과정이다. 물론 이러한 노력들이 언제나 성공적인 것은 아니다. 경우에 따라서는 새로운 학설에 따른 새로운 규범적 선택의 결괏값이 여전히 체계적인 과소배상인 경우도 있고, 다른 경우에는 새로운 규범적 선택으로 인해 체계적인 과다배상과 외부효과의 과다한 내부화, 그로 인한 사회적으로 유익한 행위의 체계적인 감소 유인체계로의 전환을 가져올 수도 있다. 환경불법행위 인과관계에 대한 새로운 학설적 주장들 중 일부는 판례에 의해 채택되는 반면 다른 일부는 채택되지 않는다. 이로써 법원에 의한 규범적 최적화 과정이 이루어진다고 볼 수 있다. 역학적 인과관계의 채택 여부를 둘러싼 국내외의 동향이 그 대표적인 것이라고 하겠다.

Ⅲ. 사회통념상 참을 한도와 공법상 규제기준

1. 일반적으로 물권적 권리에 대해서는 그 권리의 영역에 대한 침해가 있는 경우 이는 위법한 침해가 되고 권리자는 그에 대한 물권적 청구권 또는 불법행위로 인한 손해배상청구권을 행사할 수 있다. 권리자의 권리행사가 권리남용으로 평가받는 경우가 있기는 하지만 이는 매우 예외적인 상황에 관한 것이다. 반면, 환경적 침해와 같이 유해한 외부효과(harmful externality)의 경우에는 규범적으로 보호의 대상인 권리객체의 외관적 침해가 있다고 해서 그것이 곧바로 불법행위로 인한 손해배상청구

---

5) 사법절차의 자원배분 효율성 관점에서의 설명은, Robert Cooter & Thomas Ulen, 『Law & Economics』 5th edition(2008), 414면 이하 참조.

의 인용으로 이어지지 않는다. 물권적 청구권의 행사로서 유지 청구의 경우에도 마찬가지이다. 이는 로널드 코우즈가 사회적 비용의 문제에 관해서 다루면서 처음 지적했던 외부효과의 상호성 문제(the reciprocal nature of harmful externality)이다. 외관상 적극적 침해행위로 보이는 행위도 그리고 그 침해의 상대방인 행위자가 방해받게 되는 행위도 모두 사회적으로 필요한 가치의 창출과 공유를 위해서 이루어지는 것이므로 규범적으로 중요한 것은 '그 사회적 행위들 상호 간의 작용에서 발생하는 사회적 비용을 누구에게 어떤 방식으로 분담하도록 할 것인가'의 문제라는 것이다.[6)]

2. 사회통념상 참을 한도 또는 수인한도에 관한 법리는 이러한 외부효과의 상호성에 관한 논리가 학설과 판례를 통해서 채택된 것이라고 볼 수 있다. 행위의 외관적인 태양이 타인의 권리에 대한 침해의 형태를 가지고 있다고 하더라고 그 외부적인 태양만으로 불법행위의 객관적 위법성이 바로 인정되지 않는다는 것이다. 판례에 의해 정립된 사회통념상 참을 한도 판단의 내용은 다음과 같다.

> "사회통념상 참을 수 있는 피해인지 여부에 관한 기준(수인한도의 기준)을 결정함에 있어서는 일반적으로 침해되는 권리나 이익의 성질과 침해의 정도뿐만 아니라 침해행위가 갖는 공공성의 내용과 정도, 그 지역환경의 특수성, 공법적인 규제에 의하여 확보하려는 환경기준, 침해를 방지 또는 경감시키거나 손해를 회피할 방안의 유무 및 그 난이 정도 등 여러 사정을 종합적으로 고려하여 구체적 사건에 따라 개별적으로 판단하여야 한다"[7)]

위 판례의 설시에서 나타난 바와 같이 비행기의 이착륙으로 인한 지속적인 소음, 일조 방해 행위, 도로의 건설로 인한 차량의 소음 등과 같은 외관상 적극적인 침해행위가 있더라고 그것이 바로 피해자에 대한

---

6) 외부효과의 상호성에 관해서는 허성욱, "권리남용금지법리에 관한 법경제학적 고찰", 『법조』 통권 제591호, 제592호(2005, 2006) 참조.

7) 대법원 2010. 11. 11. 선고 2008다57975 판결 등 다수.

위법한 불법행위로 되는 것은 아니고 여러 항목들을 법원이 종합적으로 검토해서 위법성 여부를 판단하게 된다는 것이다. 한 가지 흥미로운 부분은 '공법상 규제기준의 위반 여부'에 대해 법원이 부여하는 가중치의 크기에 관한 것이다. 전통적으로 법원은 민사사건에 있어서 위법성 여부는 법관이 판단하는 것이고 그 위법성 판단이 행정부에서 만들어진 공법상 기준에 의해 전적으로 좌우되는 것에 대해서는 다소 조심스러운 입장이었던 것으로 이해된다.[8] 그에 비해서 최근의 사회통념상 참을 한도에 관한 우리 법원의 입장은 여러 항목들 중에서 공법상 규제기준에 대한 비중을 점점 높이고 있는 것으로 보인다. 사회통념상 참을 한도 판단의 여러 항목들 중 나머지 항목들은 다분히 불확정개념으로서 정성적인 성격을 가지고 있는 반면, 공법상 규제기준은 최종적으로 구체적인 숫자의 준수 여부에 관한 판단으로 귀결되는 것이다. 따라서 공법상 규제기준은 현대 사회에서 새롭게 등장하는 위험으로 인한 침해행위의 위법성 판단기준으로서 보다 실효적인 면이 있다. 또한 이러한 새로운 위험을 평가함에 있어 보다 전문적인 경험과 지식을 가진 행정청의 권위가 법원에 의해서 더 존중되는 시대적 흐름과도 관련성이 있다.[9]

3. 코우즈 정리에 따르면, 거래비용이 충분히 낮은 상황에서는 법이 어느 주체에게 권리를 부여하더라도 당사자들의 자발적인 거래와 협상을 통해 최종적인 자원배분의 효율성이 달성된다. 환경오염으로 인한 외부효과가 발생하는 상황에서도 거래비용이 충분히 낮은 경우에는 법이 어느 주체에게 권리를 부여하는지에 관계없이 외부효과의 내부화가 달성된다는 것이다. 반면, 현실에서 상당한 거래비용이 존재하는 경우에는 초기의 권리배분상태가 잘못된 경우에도 당사자들의 자발적인 거래와 협상을 통해서는 효율적인 자원배분상태로의 이전이 가능하지 않다. 법원에

---

8) 대법원 2002. 12. 10. 선고 2000다72213 판결 등 다수.

9) 행정청의 판단과 권위에 대한 법원의 존중에 대해서는 허성욱, "행정재량에 대한 사법심사기준에 관한 소고", 『공법연구』 제41집 제3호(2013) 참조.

의한 환경불법행위소송의 역할이 시작되는 지점이다. 이 경우 법원의 역할은 '만약 거래비용이 충분히 낮아서 당사자들 사이의 자발적인 거래와 협상이 충분히 진행되었다면 도달했을 최종적인 자원배분의 상태가 어떤 것이었을지'를 추단해서 그 내용대로 권리배분에 관한 법적인 선언을 해 주는 것이다. 불법행위법의 사회적 기능을 이렇게 이해하는 경우 위법성 판단기준으로서 수인한도론 그리고 수인한도의 판단 요소로서 공법상 환경기준의 역할은 사법(私法)의 영역에서 자원배분의 효율성이 달성될 수 있도록 시장참가자들의 유인체계를 조정하는 것으로 이해할 수 있다.[10)]

4. 공법상 기준은 정치와 행정의 영역에서 공법적 절차를 통해 만들어진다. 정치과정을 통해 주권자로서 시민들로부터 선출된 국회의원들이 위임받은 권력을 행사해서 만든 법률, 그 법률의 위임에 따라 법률유보의 원칙과 위임입법의 원칙을 준수해서 만들어진 행정입법의 단계적 구조에 따른 최종 결과물이 공법상 기준이다.[11)] 이러한 정치와 행정의 영

10) 허성욱, "환경법에서의 공법과 사법", 『환경법연구』 제39권 제1호(2017)[이하 '공법과 사법'], 17-18면.

11) 규제모델에 따른 공법상 기준 정립과정은 다음과 같이 표현할 수 있다. 허성욱, "경제규제행정법이론과 경제적 효율성", 『서울대학교 법학』 제49권 제4호(2008), 659-663면.

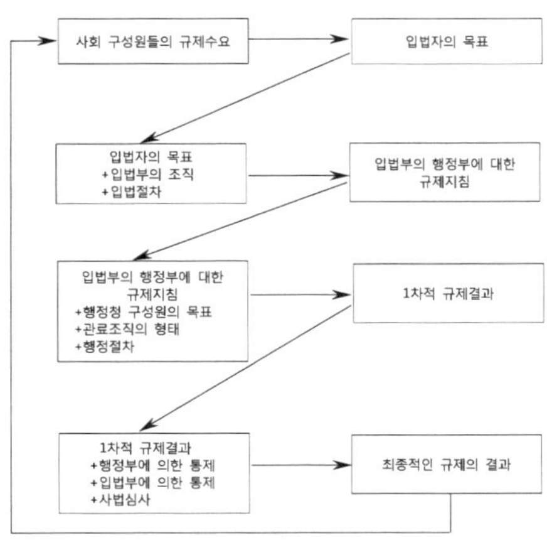

역에서 만들어진 공법상 기준이 사법상 불법행위의 위법성 판단 기준의 핵심적인 요소로 사용되는 것에 관해서는 공법과 사법의 상호관계, 정치 과정과 사법 작용의 상호관계, 정치적 효율성과 경제적 효율성의 상호관계 등에 대한 흥미로운 이론적 논의가 가능할 것이다.[12] 한편, 공법상 규제기준과 민사상 불법행위책임 여부를 판단하기 위한 기준 모두 그 기준이 만들어지는 과정과 그 기준에 따른 책임의 발생 여부에 대한 판단 과정에서 역학적 연구결과가 동원되는 것은 사실이나, 전자의 규제기준은 기본적으로 일반 공중의 안전을 최대한 확보하기 위하여 설정되는 것으로서, 그것에 추가해서 또는 반사적으로 개인적 법익의 보호가 이루어지는 것이므로, 전적으로 민사적인 배상책임을 결정하는 상황에서는 화학물질의 독성여부에 대한 독성학 연구결과의 인과관계 판단에의 원용은 동일하게 이루어질 수 없을 것이다.[13]

Ⅳ. 비교법적 검토-미국의 경우를 중심으로-

1. 결론적으로, 미국은 U.S.NRC 10CFR50 Appendix I 에서 정한 선량 제약치(Dose-Constraint)인 『연간 0.1mSy 및 0.15mSy』는 피고의 행위가 위법하고, 원고에게 손해를 발생시켰는지를 판단하기 위한 '공법상 규제기준'이 아니라고 본다. 반면 U.S.NRC 10CFR20의 근거가 되는 선형무역치 모델(Linear non-threshold Theory, LNT)은 일반인에 대한 선량 제한에 대한 요건으로서 '공법상 규제기준'에 해당한다고 본다.

민사소송에서의 증명도 기준에 관한 이론과 실무 선례에 비추어 보면 한국과 미국의 각 방사능노출 불법행위소송(Radiation Tort Litigation)에서 인과관계의 판단 기준은 다르다. 미국의 경우 적어도 상대위험도(Relative Risk)가 2.0을 초과해야 인과관계가 인정된다고 판시하고, 일부

---

12) 이에 관한 자세한 설명에 대해서는 허성욱, 전게 공법과 사법, 허성욱, "규제행정의 규범적·실증적 목적으로 경제적 효율성과 정치적 효율성", 『법경제학연구』 제12권 제1호(2015년)[이하 '경제적 효율성과 정치적 효율성'] 참조.

13) 전원열, "과학증거의 조사에 있어서 법원의 역할", 『법조』 통권 제765호(2024), 32-33면.

주 법원들은 상대위험도가 2.0 미만인 경우 해당 사실이 법적 인과관계를 인정하지 않기 위한 반증("disproves")에 해당한다고 하기도 하며, 경우에 따라서는 상대위험도가 2.0을 초과한다는 사실이 확인되면 인과관계를 인정하기 위한 증명도(Preponderance of evidence)가 달성되었다고 보는 경우도 존재하나,[14] 한국의 경우에는 상대위험도 등이 (2.0을 초과하여) 상당히 클 뿐만 아니라 추가적으로 그 위험인자에 의하여 그 비특이성 질환이 유발되었을 개연성이 있다는 점을 증명해야만 인과관계를 인정하기 위한 증명도(highly likelihood)가 달성되었다고 본다.[15]

2. 미국 원자력규제위원회(United States Nuclear Regulatory Commission. 이하 'U.S.NRC') 10CFR50의 규정 10CFR50 50.34a는 '연간 선량제약치는 설계목표치와 운전 제한 조건에 대한 수치적 가이드에 해당하고, 이를 방사선 방호기준(radiation protection standard, 선량한도)으로 해석해서는 안 된다'고 규정하여 위 연간 선량제약치는 공법상 방사선 방호기준과 동일하지 않음을 명시하며(참고자료 1 10CFR50의 50.34a), 미국 원자력규제위원회는 1996년 Federal Register Vol. 61, No. 238에서 방호한도(protection limit)와 달리 선량제약치(Constraint)를 초과하더라도 이를 법령위반(violation)으로 보지 않는다(참고자료 2 Federal Register Vol. 61, No. 238 65121, 65123면). 따라서 미국은 U.S.NRC 10CFR50 Appendix I 에서 정한 선량제약치(Dose-Constraint)인

14) 미국에서 상대위험도 2.0 수치가 법적 인과관계를 인정하기 위한 절대적인 과학적 기준은 아니지만("The courts do not agree on the proper role of RR〉2 in deciding questions of sufficiency and admissibility of scientific evidence of causation in toxic tort cases.") 해당 기준이 미국의 여러 법원에서 인과관계 입증을 뒷받침하는 중요한 증거로 받아들여지고 있다("All the courts accepted epidemiological studies and relative risk statistics as important probative evidence."는 견해로, Russellyn S. Carruth & Bernard D. Goldstein, "Relative Risk Greater Than Two in Proof of Causation in Toxic Tort Litigation", 41 Jurimetrics 195 (2001), 202-203면 참조.

15) 어떤 물질이 특정한 질병과만 연관성을 가지는 것을 특이성(specificity)라고 한다. 특이성(Specificity of association)에 관한 자세한 설명은 전원열, 전게 논문, 26면, 각주 80 참조.

『연간 0.1mSy 및 0.15mSy』는 피고의 행위가 위법하고, 원고에게 손해를 발생시켰는지를 판단하기 위한 '공법상 규제기준'이 아니라고 본다. 한국의 법원 역시 이러한 미국 원자력규제위원회의 유권해석을 근거로 U.S.NRC 10CFR50 Appendix I 이 '공법상 규제기준'이라는 원고들의 주장을 배척하였다. 한편 U.S.NRC 10CFR20의 규정 § 20.1101(b)는 '가능한 한 선량을 합리적으로 낮게 유지하기 위한 ALARA(As Low AS Reasonably Achievable) 원칙에 따라 실용적인 범위 내에서 건전한 방사선 보호 원칙에 기반한 절차 및 공학적 제어를 사용하도록' 규정하고 있다. 같은 규정 § 20.1003는 ALARA를 '기술 상태, 기술 상태와 관련한 개선의 경제성, 공중 보건 및 안전에 대한 혜택과 관련한 개선의 경제성, 기타 사회적 및 사회경제적 고려 사항, 공익을 위한 원자력 및 허가된 물질의 활용과 관련한 고려 사항을 고려하여 허가된 활동이 수행되는 목적에 부합하도록 방사선 노출을 이 부분의 선량 한도(dose limits)보다 훨씬 낮게 유지하기 위해 모든 합리적인 노력을 기울이는 것'으로 정의한다. 위 U.S.NRC 10CFR20에 관하여 U.S.NRC는 2021. 8. 17. '이러한 10CFR20규정은 선형무역치모델에 기반한 것으로서 이는 1950년대 후반부터 NRC의 방사선 보호 규정의 기본 전제가 되어 왔다. 선형무역치모델에 의하면 전리방사선은 (그 정도와 무관하게) 항상 유해한 것으로 간주되며, 방사선량이 인체에 해롭지 않은 임계값은 존재하지 않는다. 또한 선형무역치모델에 의하면 전리방사선으로 인한 생물학적 손상(암 위험 및 유전적 악영향)은 인체에 노출되는 방사선 양에 정비례한다. 따라서 '선량'이 높을수록 인체 수용체가 생물학적 손상을 입을 가능성이 높아진다. U.S.NRC의 방사선 보호 기준은 10CFR20에 포함되어 있으며, 선형무역치모델을 기반으로 하고 있다. 이러한 방사선 보호 기준은 방사선 작업자 및 일반인에 대한 선량 제한에 대한 요건을 제공한다'고 하여(참고자료 3 Federal Register Vol. 86, No. 156), 선형무역치모델이 선량 제한에 대한 요건에 해당한다는 전제에서 해석하고 있다.[16]

요약하면, 미국은 U.S.NRC 10CFR50 Appendix I 에서 정한 선량제약

치(Dose-Constraint)인 『연간 0.1mSy 및 0.15mSy』는 피고의 행위가 위법하고, 원고에게 손해를 발생시켰는지를 판단하기 위한 '공법상 규제기준'이 아니라고 하는 반면 U.S.NRC 10CFR20의 근거가 되는 선형무역치모델(Linear non-threshold Theory, LNT)에 기반한 ALARA 원칙은 일반인에 대한 선량 제한에 대한 요건으로서 '공법상 규제기준'에 해당한다고 해석한다. 따라서 U.S.NRC는 ① U.S.NRC 10CFR50 Appendix I 에서 정한 선량제약치(Dose-Constraint)인 『연간 0.1mSy 및 0.15mSy』를` 기준으로 피고 행위의 위법성 내지 손해의 발생 여부를 판단하지 않는다는 점에서 이 사건 하급심 판결과 유사한 입장을 취하였으나, ② 선형무역치모델을 기반으로 한 ALARA 원칙의 위반 여부를 기초로 피고 행위의 위법성 내지 손해의 발생 여부를 판단할 수 있다는 점에서 이 사건 하급심 판결과는 다소 상이한 입장을 취한 것으로 보인다.

3. 미국에서는 이 사건 판례와 같은 사건을 좁게는 '방사성 물질의 유출에 의한 불법행위 손해배상 청구소송(Radiation Tort Litigation)' 넓게는 '유독물질 유출에 의한 불법행위 손해배상 청구소송(Toxic Tort Litigation)'으로 지칭하며, 연방법원과 주법원에서 다양한 법리가 발달해 왔다. 이하에서는 미국에서 대표적인 Radiation Tort Litigation으로 거론되는 핸포드 소송을 개괄적으로 살펴본 후, 그 외의 Toxic Tort Litigation에서 나타난 인과관계에 관한 법리를 검토하기로 한다.

가. 핸포드(Hanford) 소송

(1) 사실관계

미국은 제2차 세계대전 중 원자폭탄을 제조하기 위하여 맨해튼 계획을 실행하였다. 그 일환으로 1943년 워싱턴 주 Richland 지구의 핸포드에

16) 이 건은 LNT 이론이 현존하는 과학적 연구결과에 충분히 부합하지 않는다는 이유로 LNT를 방사선노출유효기준의 근거로 삼고 있던 NRC의 관련 행정규제를 폐지해달라는 청원(PRM-20-28, PRM-20-29, PRM-20-30)에 대해 LNT 모델이 일반 대중과 방사능 관련 노동자들의 불필요한 방사능 노출로 인한 피해를 최소화하기 위해 충분히 근거 있는 규제라고 판단한 내용임.

원자력 시설을 설치하여 플루토늄을 농축하였고, 이를 원료로 일본 나가사키에 투하된 원자폭탄 'Fat Man'을 제조하였다. 이후 미국 에너지부(Department of Energy, DOE)는 1987년 핸포드 인근 환경으로 배출된 방사성 폐기물을 조사하기 위하여 "핸포드 환경 선량 재구성 프로젝트(Hanford Environmental Dose Reconstruction Project. HEDR)를 가동하였고, 그 결과 1990년 '초기 핸포드 방사선량 추정'이라는 제목의 보고서를 발간하였다. 갑상선암, 갑상선항진증 등의 질병에 걸린 핸포드 인근 주민들 5,000여명은 위 보고서를 근거로 듀퐁사 등을 상대로 손해배상 청구의 소를 제기하였다.

(2) 소송의 경과

제1심법원인 워싱턴 주 동부연방지방법원(The United States District Court for the Eastern District of Washington)은 1992년 2월 증거개시(Discovery) 절차를 진행하였고, 1998. 8. 21. 원고들의 청구를 본안 배심재판에 회부하지 않고, Summery Judgment[17]로 기각하였다[참고자료 4 1998 WL 775340 (E.D.Wash. 1998)]. 원고들은 항소를 제기하였고, 제9순회연방항소법원(United States Court of Appeals, Ninth Circuit)은 2002. 6. 18. 제1심법원의 Summery Judgment를 파기하였는데, 그 이유로 ① "원심법원이 '2배 선량'[18] 기준을 선택함에 따라, 원고들은 그보다 더 낮은 피폭수준에서도 암 발생의 가능성을 높일 수 있는 개별적 요인(유전 등)에 대한 고려 없이 오직 특정한 수준의 방사선에 피폭되었다는 사실을 입증하도록 강요당했다. 원심법원은 원고에게 상대위험도 2.0 이상을 초래하는 방사선의 특정한 임계 수준에 피폭되었다는 역학적 증거를 제출할 것을 요구하였으나, 이는 이미 제3순회연방항소법원의 TMI Litig. 관련 소송에서 기

17) 증거개시절차를 진행하는 과정에서 현재까지의 제출된 증거만으로도 충분히 판결이 가능하다고 판단하면, 원·피고는 재판부에 배심원단에 의한 본 재판(Trial)을 거치지 않고 판결을 하여 달라는 신청(Dispositive Motion)을 하고, 이러한 신청이 타당한 경우 법원은 판결을 선고하는데, 이를 Summary Judgment라고 한다.

18) '2배 선량'이란, 질병의 위험을 2배로 증가(double the risk of illness)시킬 수 있는 방사선 피폭 수준을 의미한다.

각된 기준[19]을 요구한 것으로서 오류를 범한 것이다"[20], ② "방사선은 심지어 가장 낮은 선량에서조차도(even at the lowest doses) 광범위한 질병을 초래할 수 있다는 것은 과학 및 사법 당국에 의하여 인정된 사실이고, 이온화 방사선이 암을 유발할 수 있다는 과학적 합의가 있으며[In re TMI Litig. 193 F.3d 613 (3rd Cir. 2000)], 방사성 물질의 방출과 환경으로의 배출이 워싱턴주 주민들의 건강과 복지에 해롭고 과도한 암과 백혈병을 포함한 유해 질병의 발생에 기여한다는 점에서 방사성 폐기물은 매우 위험하다[Wash. Rev.Code §70.99.010(2002)]는 점"[21]을 판시하였다(참고자료 5 292 F.3d 1124 9th Cir. 2002).

항소심판결 이후 약 2,700만 달러의 예산이 투입된 끝에 Fred Hutchinson Cancer Research Center가 핸포드 갑상선 질병에 관한 연구(Hanford Thyroid Disease Study. 이하 'HTDS') 최종보고서를 발표하였는데,[22]

---

19) In re TMI Litig., 193 F.3d 613, "Finally, we believe that the District Court erred by holding that all plaintiffs had to present evidence that they were exposed to 10 rem or more of ionizing radiation in order 'to establish causation on the basis of a specific radiation exposure level.'" : 결국 본 법원은 제1심법원이 모든 원고가 '특정 방사선 노출 수준에 근거하여 인과관계를 입증하기 위해' 10rem(=100mSv) 이상의 이온화 방사선에 노출되었다는 증거를 제시해야 한다고 판단함으로써 오류를 범했다고 판단한다.

20) The district court's choice of the "doubling dose" forced the plaintiffs to prove that they were exposed to a specific level of radiation, without regard to individualized factors, such as heredity, that might raise the likelihood of contraction of cancer at lower levels of exposure. The district court erred in requiring epidemiological evidence which would, like the standard rejected by the Third Circuit in In re TMI Litig., require a plaintiff to prove exposure to a specific threshold level of radiation that created a relative risk of greater than 2.0.

21) Radiation is capable of causing a broad range of illnesses, even at the lowest doses. This has been recognized by scientific and legal authority. See In re TMI Litigation, 193 F.3d at 643 ("there is scientific consensus that ionizing radiation can cause cancer"); Wash. Rev.Code § 70.99.010 (2002) ("[r]adioactive wastes are highly dangerous, in that releases of radioactive materials and emissions to the environment are inimical to the health and welfare of the people of the state of Washington, and contribute to the occurrences of harmful diseases, including excessive cancer and leukemia").

22) Scott Davis et al., 『HANFORD THYROID DISEASE STUDY FINAL REPORT』, Fred Hutchinson Cancer Research Center(2002).

그 결론은 “핸포드에서 방출된 방사성 폐기물에 의한 갑상선 피폭선량의 증가와 연구 대상 질병의 누적 발생률 또는 “초음파로 탐지되는 갑상선 이상 징후(Ultrasound-Detected Abnormalities of the Thyroid)의 유병률 사이에 통계적으로 유의미한 연관성이 있다는 증거를 제시하지 못했다. 이러한 연구 결과가 핸포드에서 방출된 방사성 폐기물에 의한 피폭이 조사 중인 질병의 발생 증가와 연관되었을 가능성을 명확하게 배제하지는 않는다. 그러나 어쨌든 만약 그러한 연관성이 존재한다면, 이는 너무나 작아서 이용 가능한 최고의 역학 방법을 사용하더라도 연관성을 감지하기가 어렵다는 것을 의미한다.”[23]였다(참고자료 6 HTDS).

이후 위 제9순회연방항소법원의 파기환송 판결에 따라 제1심법원인 워싱턴 주 동부연방지방법원은 다시 심리를 열었다. 원고와 피고들은 2005년 4월 원고들 중 갑상선암 환자 3명, 갑상선기능항진증 환자 3명 총 6명을 선정하여 시범소송(bellwether)을 진행하기로 동의하였다. 제1심법원은 HTDS 최종보고서의 결론에도 불구하고 배심원단의 평결을 거쳐 2005. 5. 19. 원고들 중 갑상선암 환자 3명 중 2명에게는 청구인용의 판결을 선고하였고, 나머지 1명인 Shannon Claire Rhodes에게는 평결정족수 부족을 원인으로 하는 미결정 심리(mistrial)를 선언하였으며, 갑상선기능항진증 환자 3명에게는 청구기각의 판결을 선고하였다[참고자료 7 In re Hanford Nuclear Reservation Litig., NO. CV-91-3015-WFN].

이에 대하여 원·피고 쌍방은 항소하였고, 제9순회연방항소법원은 2008. 4. 4. 갑상선암 환자 2명에 대한 청구인용 판결을 유지하고, 갑상선기능항진증 환자들의 청구를 기각한 제1심판결을 파기하였다. 법원은

23) In conclusion, the results of the HTDS provide no evidence of a statistically significant association between increasing thyroid radiation dose from Hanford and the cumulative incidence of any of the disease outcomes studied or the prevalence of thyroid UDAs. These findings do not definitively rule out the possibility that Hanford radiation exposures are associated with an increase in one or more of the outcomes under investigation. However, it does mean that if such associations exist, they were likely too small to detect using the best epidemiologic methods available.

그 이유로 ① "플루토늄 생산 과정의 일부로 핸포드 시설은 방사성 요오드로 알려진 핵분열 부산물인 I-131을 배출했다. 당시 I-131은 인체에 잠재적으로 건강에 악영향을 미칠 수 있는 것으로 알려져 있었다. 이에 따라 금속연구소 과학자들은 인체 노출 허용 선량을 설정했다. 예를 들어, 금속연구소는 해당 지역에서 지속적으로 노출되는 개인의 경우에 1일 1rad(=10mSv) 이상을 흡수해서는 안 된다고 결정했다."[24], ② "피고에게 무과실책임을 부과하기 위해 피고가 원고의 노출 당시 방사선으로 인한 상해 가능성을 실제로 알고 있었을 필요는 없다. 워싱턴 주 법률에 따라 예상했어야 하는 일반적인 위험 영역 안에서 실제 피해가 발생한 경우 무과실 책임이 적용될 수 있다. 상해의 발생이 예견되었는지 여부는 특정 피해가 실제로 발생할 것으로 예상되었는지 여부에 따라 달라지지 않는다.[25]라고 판시하였다(참고자료 8 534 F.3d 986, 9th Cir. 2008).

제9순회연방항소법원의 판결에 대한 상고심에서 연방대법원은 2008. 12. 16. 피고의 상고를 기각하였고, 이후 워싱턴 주 동부연방지방법원은 오랜 기간의 심리 끝에 2015. 10. 8. 조정 절차에 의하여 모든 소송 절차가 종료되었다고 밝혔다(참고자료 9 2008년 핸포드 기사 원문). 한편 원고 Shannon Claire Rhodes의 피폭선량은 2.3 rad(=23mSv) 내지 17rad(=170mSv)[26]였는데(534 F.3d

24) As part of the plutonium-production process, the Hanford facility emitted I-131, a fission byproduct known as radioiodine. I-131 was known at the time to have potential adverse health effects on humans. Accordingly, the Met Lab scientists set tolerance doses for human exposure. For example, the Met Lab determined that the human thyroid should not absorb more than one rad per day for those individuals subject to continuous exposure in the area.

25) Any possible injury from radiation, however, need not have been actually known by Defendants at the time of exposure in order to impose strict liability. Under Washington law, if the actual harm fell within a general field of danger which should have been anticipated, strict liability may be appropriate. Whether an injury should have been anticipated does not depend on whether the particular harm was actually expected to occur.

26) rad란, 어떤 물체에 방사선의 에너지가 얼마나 흡수되는지를 측정하는 방사선 흡수선량의 단위인 그레이(Gy) 이전에 사용되었던 단위이다. 100rad = 1Gy이며, 1rad = 0.01Gy이다. 0.01Gy를 유효선량 단위인 mSv로 환산하면 10mSv에 해당한다. 현재 ICRP의 권고기준치는 일반인 기준으로 연간 1mSv이다.

986, 9th Cir. 2008), 결과적으로는 원고 패소(피고 승소) 판결이 확정되었다.

4. 미국 Toxic Tort Litigation에서의 상대위험도 적용 사례

가. 상대위험도(Relative Risk)의 법적 의미

미국 연방대법원 산하기관인 '연방 사법센터'(Federal Judicial Center)가 작성한 과학적 증거에 대한 매뉴얼(이하 '과학적 증거 매뉴얼')에 의하면[참고자료 10 Federal Judicial Center, Reference Manual on Scientific Evidence(3rd ed.), Federal Judicial Center (2011), p. 566], 상대위험도란, "노출된 집단에서의 질병발생률 / 비노출된 집단에서의 질병발생률"을 의미하는데, 이는 매개물질과 질병 사이의 관련성을 설명하기 위하여 통상적으로 사용하는 하나의 접근방법이다.[27] 이는 코호트 연구(Cohort Study)의 과정에서 연구자가 연구대상 집단을 요인에 노출되었는지 여부에 따라 나누고, 노출군과 비노출군의 질병발생비율을 비교하여 그 수치로서 관련성을 판단하는 과정에서 산출되는 바 그 구체적인 산출식은 아래와 같다.[28]

구 분	질병발생 없는 인원 수	질병발생 있는 인원 수	총 인원수	질병발생률 (Incidence rate)
비노출군 (the unexposed)	a	c	a+c	c/a+c
노출군 (the exposed)	b	d	b+d	d/b+d

상대위험도(Relative Risk) = 노출군에서의 질병 발생률(Incidence rate in the exposed)을 비노출군에서의 질병 발생률(Incidence rate in the unexposed)으로 나눈 값.

---

27) 그 밖에 상대위험도의 개념에 관한 상세한 설명은 전원열, 전게 논문, 19면 이하 참조.

28) 이처럼 코호트 연구는 질병 발생의 원인으로 가정한 요인의 노출상태에 따라 연구대상 인구집단을 구성하고, 이들을 일정한 기간 동안 관찰하여 특정 질병의 발생 여부를 확인하는 연구를 의미한다. 코호트 연구를 통한 상대위험도의 산출에 관한 이하의 자세한 내용은 이연갑, "역학연구결과에 의한 인과관계의 증명", 『법조』 통권 제670호(2012), 117면 이하를 참조함.

$$\text{Relative Risk(RR)} = \frac{\text{Incidence rate in the exposed}}{\text{Incidence rate in the unexposed}}$$

가령 어떤 인자(agent)에 노출된 500명으로 구성된 집단(cohort. 이하 노출군이라 함)과 그 인자에 노출되지 않은 3,000명으로 구성된 집단(cohort. 이하 비노출군이라 함)을 대상으로 전향적으로 연구해 보니, 연구를 시작한 시점으로부터 1년 후 노출군에서 특정 질병이 발생한 사람이 200명, 비노출군에서 특정 질병이 발생한 사람이 300명이라면, 노출군에서의 질병 발생률은 0.4(= 200/500), 비노출군에서의 질병 발생률은 0.1(= 300/3,000)이므로, 상대위험도는 4.0(= 0.4/0.1)이 된다. 이는 곧 비노출군에서의 질병 발생의 위험에 비하여 노출군에서의 질병 발생의 위험이 네 배 더 높다는 것을 의미한다.

상대위험도가 1이라면 노출군에서의 위험과 비노출군에서의 위험이 동일하므로, 위험인자(agent)에의 노출이 질병과 관련성(association)이 전혀 없다. 그러나 상대위험도가 1보다 크면 노출과 질병 사이에 양의 상관관계가 있고, 역학적 인과관계가 인정될 가능성이 있다. 반면 상대위험도가 1보다 작으면 노출과 질병 사이에 음의 상관관계가 있으므로, 노출로 질병 발생 위험이 감소하거나, 노출이 질병을 예방/치료하는 효과가 있다고 볼 수 있다.

물론 상대위험도로 측정된 역학 조사 결과에도 오류가 있을 수 있는데, 우연(chance), 편향(bias), 교란(confounding) 3가지가 있다. ① 우연이란, 역학 조사 결과 실제로는 관련성이 없는데 우연에 의하여 관련성이 있는 것처럼 관찰될 가능성을 의미하며 p값(p-value)으로 수치화한다.[29)]가령 p값이 0.1이라면 아무런 관련성(association)이 없음에도 불구하고 우연에 의하여 특정 상대위험도가 산출될 가능성이 10%라는 것을 의미한다. 역학자들은 특정 상대위험도가 통계적으로 유의미하다고 볼 수 있기 위해서는 p값이 0.05 이하여야만 한다고 하며, p값이 0.01 이하여야만 상

29) 이연갑, 전게 논문, 125면.

대위험도가 통계적으로 매우 유의미하게(highly statistically significant) 신뢰할 수 있는 증거로 쓰일 수 있다는 견해도 있다.[30)] ② 편향이란, ㉠ 가령 자궁경부암 코호트 연구 시 노출군과 비노출군을 질병 위험과 무관하게 독립적으로 선정해야 하는데 그렇게 하지 않고, 자궁적출술을 받은 여성 집단으로부터 노출군을 선정하여 해당 수술을 받은 여성이 노출군을 지나치게 대표하는 경우 노출과 질병 사이의 연관성이 과장되는 경우와 같이 노출군과 비노출군을 잘못 선정함으로써 저지르는 선택편향(selectinon bias),[31)] ㉡ 유해 요인에 대한 과거의 노출 여부를 설문지나 면접조사를 통하여 수집할 때 대상자의 기억에 의존하는 과정에서 부정확한 정보를 입수해서 연구 결과에 오차가 생기는 정보편향(information bias)을 의미한다.[32)] ③ 교란이란, '다른 위험 요인'이 연구 대상 위험 요인 및 결과 사이의 관계를 혼란스럽게 할 때 발생하는 오류이며, 그 다른 위험 요인을 교란 요인(confounding factor)이라 한다. 예를 들어, 연구자들은 백발이 있는 사람이 다른 색의 머리카락을 가진 사람보다 사망률이 더 높다는 연구를 수행할 수 있다. 그러나 이 결과는 머리 색깔이 사망에 영향을 미치는 것이 아니라 '고령'이라는 교란 요인에 의해 설명될 수 있다. 나이가 백발 그룹과 차별적으로 연관되어 있다면(백발이 있는 사람은 나이가 많은 경향이 있음), 노령이 머리 색깔과 사망 사이의 연관성에 영향을 미칠 수 있다. 이때 연구자들은 흰머리와 사망 위험 사이의 관계를 노령과 사망 위험 사이의 관계와 분리해야만 한다. 연구자가 어떤 요인과 질병 사이의 연관성(association)을 발견하면 그 연관성이 인과관계(causation)인지 아니면 혼동(confounding)의 결과인지를 판단하는 것이 중요하다.[33)]

30) Michael Dore, "A Proposed Standard for Evaluating the Use of Epidemiological Evidence in Toxic Tort and Other Personal Injury Cases", 『Howard Law Journal』, vol. 28 (1985), 694-695면.

31) 과학적 증거 매뉴얼, 583면 이하 참조.

32) 상게서, 585면 이하 참조.

33) 상게서, 591면 이하 참조.

법관은 증거로 제출된 역학연구결과에 따른 상대위험도에 위와 같은 잘못이 없는지를 독자적으로 확인하여 그 신뢰성을 판단하여야 한다.[34)]

나. Havner 사건

이하에서는 미국 텍사스주 대법원의 Havner 사건 대법원 판례(참고자료 11 Merrell Dow Pharmaceuticals, Inc. v. Havner 953 S.W.2d 706, 1997, Supreme Court of Texas. 이하 "Havner 사건 대법원 판례"라 한다)를 통하여 상대위험도의 실무적인 의미를 구체적으로 살펴본다.

(1) **사실관계**

Marilyn Havner는 임신 기간 중에 입덧 완화제인 벤덱틴(Bendectin)을 복용하였고, 이후 1991년 9월 딸(Kelly Havner)을 출산하였는데, Kelly Havner는 오른손 엄지손가락 및 손가락 결손을 가진 채 태어났다. 이에 Kelly Havner의 부모들은 제약회사인 메를 다우(MERRELL DOW)를 상대로 소송을 제기하였다.

(2) **소송의 경과**

제1심법원의 배심원들은 손가락 결손이 벤덱틴 복용에 의해 초래되었다고 판단하였고, 이에 피고가 원고에게 보상적 손해배상(compensatory damages)으로 375만 달러, 징벌적 손해배상(punitive damages)으로 3,000만 달러를 지급하라고 평결하였다. 그러나 제1심법원 재판부는 텍사스 주법에 의거하여 징벌적 손해배상액을 그 상한선인 보상적 손해배상액의 4배에 해당하는 1,500만 달러로 감축하였다.

이에 피고는 평결에 대한 불복신청을 하였으나 기각되었고, 텍사스주 항소심 법원은 징벌적 손해배상 부분은 파기하고, 나머지 부분은 원심을 유지하는 판결을 하였다. 그러나 텍사스주 대법원은 원고 측 전문가 증인 Palmer, Newman, Glasser, Gross, Swan 등의 증언이 상대위험도 2.0을 초과하는 실험 결과에 근거하지 않았다는 등의 이유로 항소심 판결을 일부 파기 · 환송하였다.

---

34) 이연갑, 전게 논문, 140면.

(3) **Havner 사건 대법원 판례의 요지**

"특정 약물에 노출되지 않은 경우에도 1,000명 중 6명이 자연적으로 특정 질병에 걸린다고 가정한다. 해당 약물을 복용한 사람들을 대상으로 한 연구에서 1,000명 중 9명이 해당 질병에 걸린 것으로 나타났다면, 그 약물 이외의 원인이 해당 질병의 발생에 영향을 미쳤을 가능성이 여전히 높다. 왜냐하면 어쨌든 1,000명 중 6명에서 해당 질병이 자연적으로 발생하였을 것이기 때문이다. 즉 9건의 발병 사례 중 6건은 통계적으로 해당 약물 이외의 원인으로부터 기인할 수 있으므로 해당 약물로 인해 질병이 발병했을 가능성은 낮다는 것이다. 이는 해당 약물이 질병을 일으켰을 수 있다는 증거로 평가되는 것에 불과할 뿐이다. 그러나 해당 약물을 복용한 1,000명 중 12명 이상이 질병에 걸렸다면, 이는 특정 개인의 질병이 해당 약물로 인해 발생했을 가능성이 그렇지 않을 가능성보다 통계적으로 더 높다고 추정할 수 있는 것이다."[35)]

"상대위험도가 1.0이면 특정 약물에 노출된 개인의 위험은 노출되지 않은 개인의 위험과 동일하다. 상대적 위험이 1.0보다 크면 특정 약물에 노출된 개인의 위험이 노출되지 않은 개인의 위험보다 더 크다. 상대적 위험이 1.0보다 작으면 특정 약물에 노출된 개인의 위험이 노출되지 않은 개인의 위험보다 작다. 따라서 위험을 배가(doubling)시키는 결과를 나타내려면, 상대위험도가 반드시 2.0을 초과해야만 할 것이다.[36)]

35) Havner 사건 대법원 판례 11면 : Assume that a condition naturally occurs in six out of 1,000 people even when they are not exposed to a certain drug. If studies of people who did take the drug show that nine out of 1,000 contracted the disease, it is still more likely than not that causes other than the drug were responsible for any given occurrence of the disease since it occurs in six out of 1,000 individuals anyway. Six of the nine incidences would be statistically attributable to causes other than the drug, and therefore, it is not more probable that the drug caused any one incidence of disease. This would only amount to evidence that the drug could have caused the disease. However, if more than twelve out of 1,000 who take the drug contract the disease, then it may be statistically more likely than not that a given individual's disease was caused by the drug.

36) Havner 사건 대법원 판례 13면 : If the relative risk is 1.0, the risk in exposed individuals is the same as unexposed individuals. If the relative risk is greater

다. 인과관계 판단에 있어서 상대위험도 2.0의 의미

역학은 인구집단에서 질병 발병률에 관심을 두는 것이지, 특정 개인의 개별적인 질병의 원인을 연구하는 것은 아니고[참고자료 10 과학적 증거 매뉴얼[37] 제601면], 일반적 인과관계는 어떤 매개물질이 일반적인 인구집단에서 특정한 상해나 질병을 일으킬 수 있는지 여부에 관한 것인 반면 개별적 인과관계는 어떤 매개물질이 특정한 개인(당해 사건의 원고 등)의 상해나 질병을 초래하였는지 여부에 관한 것이므로(참고자료 7 Havner 사건 대법원 판례),[38] 특정 매개물질로 인한 특정 질병 발병의 상대위험도가 2.0을 초과하더라도 곧바로 개별적인 사건에서의 인과관계가 인정된다고 단정할 수는 없다.

그럼에도 미국 연방대법원의 과학적 증거 매뉴얼에 의하면, 미국 법원은 다수의 사례에서 상대위험도가 2.0을 초과하는 이유로 인과관계를 인정한다. 즉 과학적 증거 매뉴얼은 "일부 법원은 역학 연구에서 원인 물질에 노출된 그룹에서 노출되지 않은 그룹의 발병률보다 두 배 이상 높은 발병률(즉, 2.0 이상의 상대적 위험도)이 발생하는 것으로 밝혀진 경우, 해당 물질에 노출된 그룹이 유사한 상황에 처한 개인의 질병을 일으켰을 확률이 50% 이상이라고 판단했다. 해당 물질에 대한 노출이 유사한 위치에 있는 개인의 질병을 유발할 확률은 50% 이상이다. 따라서 법원은

---

than 1.0, the risk in exposed individuals is greater than in those not exposed. If the relative risk is less than 1.0, the risk in exposed individuals is less than in those not exposed. For the result to indicate a doubling of the risk, the relative risk must be greater than 2.0.

37) 전원열, 전게 논문, 8면 각주 1; "미국의 연방사법센터(Federal Judicial Center)는 한국의 사법연수원과 같이 법원의 재판을 지원하기 위한 교육 및 연구기관이다. 연방사법센터는 미국 법관들의 과학증거에 대한 이해를 높이고 지침을 주기 위하여 1994년부터 'Reference Manual on Scientific Evidence'을 펴내고 있다. 2011년에 제3판을 출간했는데, 제3판은 국립과학원(National Academies of Sciences, Engineering, and Medicine) 산하의 국립연구심의회(National Research Council)와 공동으로 출간했다. 현재 제4판 작업이 진행 중이다."

38) General causation is whether a substance is capable of causing a particular injury or condition in the general population, while specific causation is whether a substance caused a particular individual's injury.

노출된 그룹에서 노출되지 않은 그룹의 발병률보다 2배 이상 높은 질병이 발생한다는 그룹 기반 증거가 있는 경우, 원고의 입증 책임을 충족하고 배심원에게 구체적인 인과관계를 제출할 수 있는 증거로 충분하다고 판단하고 있다.[39)"40) · 41)]라고 설시하고 있다.

이하에서는 미국에서 상대위험도가 2.0을 초과해야 인과관계가 인정된다고 판시한 실무 선례를 살펴보기로 한다.

라. 상대위험도가 2.0을 초과해야 인과관계를 인정한다고 판시한 사례

(1) Cook v. United States, 545 F. Supp. 306 (N.D. Cal. 1982)(참고자료 12)

신종인플루엔자백신으로 인하여 기알린-바레 증후군(GBS)이 발병한

---

39) 과학적 증거 매뉴얼 612면 : Some courts have reasoned that when epidemiologic studies find that exposure to the agent causes an incidence in the exposed group that is more than twice the incidence in the unexposed group (i.e., a relative risk greater than 2.0), the probability that exposure to the agent caused a similarly situated individual's disease is greater than 50%. These courts, accordingly, hold that when there is group-based evidence finding that exposure to an agent causes an incidence of disease in the exposed group that is more than twice the incidence in the unexposed group, the evidence is sufficient to satisfy the plaintiff's burden of production and permit submission of specific causation to a jury.

40) 과학적 증거 매뉴얼 384면 : Some courts have reasoned that when epidemiologic studies find that exposure to the agent causes an incidence in the exposed group that is more than twice the incidence in the unexposed group (i.e., a relative risk greater than 2.0), the probability that exposure to the agent caused a similarly situated individual's disease is greater than 50%. These courts, accordingly, hold that when there is group-based evidence finding that exposure to an agent causes an incidence of disease in the exposed group that is more than twice the incidence in the unexposed group, the evidence is sufficient to satisfy the plaintiff's burden of production and permit submission of specific causation to a jury.

41) 과학적 증거 매뉴얼 612면 : Some courts have reasoned that when epidemiologic studies find that exposure to the agent causes an incidence in the exposed group that is more than twice the incidence in the unexposed group (i.e., a relative risk greater than 2.0), the probability that exposure to the agent caused a similarly situated individual's disease is greater than 50%. These courts, accordingly, hold that when there is group-based evidence finding that exposure to an agent causes an incidence of disease in the exposed group that is more than twice the incidence in the unexposed group, the evidence is sufficient to satisfy the plaintiff's burden of production and permit submission of specific causation to a jury.

것인지에 관한 인과관계가 문제 된 사건이다.

이 사건에서 캘리포니아주 북부연방지방법원(United States District Court, Northern District of California)은 "Schonberger 박사의 통계에 따르면, 백신 접종자에 대한 발병률은 (접종일로부터) 10주 직전에는 비접종자에 대한 발병률에 비하여 2배 이하로 떨어지기 때문에, 정부의 책임 의무 규정은 10주간의 잠복기까지 연장된다. 백신 접종자에 대한 상대위험도가 미접종자의 상대위험도보다 2배 이상 높은 경우에는, 해당 잠복기에 백신접종을 받은 사람들에게서 발생한 GBS는 백신 접종으로부터 기인했을 가능성이 50%이상이며, 따라서 원고는 인과관계를 입증하게 된다. 이러한 사실은 가정적인 사례를 통하여 쉽게 설명된다. 백신 접종일로부터 9주 후 백신-GBS의 상대위험도가 2.0이라고 가정을 해보자. 즉 백신을 접종 받은 집단이 해당 기간 동안 접종하지 않은 집단에 비해 해당 기간 이후 GBS 발병을 경험할 확률이 2배라는 것이다. 즉 해당 기간 동안 백신을 접종 받지 않은 100만 명 중 50건의 GBS 사례가 발생한다면, 해당 기간 동안 백신접종을 받은 100만 명 중 100건의 GBS 사례가 발생할 것이 예상되는 것이다. 이 100건의 GBS 사례 중 50건은 백신 접종 없이도 발생할 것이 예상되었지만, 나머지 50건은 백신접종이라는 상황에 의해서만 설명이 되는 것이다. 따라서 9주간의 백신 접종 후 발생한 GBS가 백신 접종으로부터 기인할 가능성은 50%이다."[42]라고 판시하였다.

---

42) The government stipulation of liability extends to ten-week latency periods because, according to Dr. Schonberger's figures, the attack rate among vaccinees drops below twice that of non-vaccinees shortly before the tenth week. Whenever the relative risk to vaccinated persons is greater than two times the risk to unvaccinated persons, there is a greater than 50% chance that a given GBS case among vaccinees of that latency period is attributable to vaccination, thus sustaining plaintiff's burden of proof on causation. This fact is readily illustrated by a hypothetical example. Suppose the relative risk for vaccines nine weeks after vaccination is two-i.e., that they are twice as likely to experience onset of GBS after that interval as are persons in the unvaccinated population during the calendar week. If fifty GBS cases occur among a million unvaccinated persons that week, then a hundred cases would be expected among a million nine-week vaccinees. Of that hundred, fifty would have been expected without

(2) In re "Agent Orange" Product Liability Litigation, 597 F. Supp. 740 (E.D.N.Y. 1984)(참고자료 13)

다이옥신으로 인하여 암이 발병하였는지에 관한 인과관계가 문제 된 사건이다.

이 사건에서 뉴욕 주 동부연방지방법원(United States District Court, E.D. New York)은 "인과관계의 가능성이 매우 낮더라도, 행정기관은 행정규칙으로 독성 물질의 사용을 규제하거나 금지할 수 있다. 반면 원고가 피고의 행위로 인해 피해를 입었을 확률이 50% 이상이라는 점을 입증해야만 법원은 불법행위에 기한 손해배상청구의 요건사실을 인정할 수 있다."[43]라고 판시하였다.

(3) Manko v. United States, 636 F. Supp. 1419 (W.D. Mo. 1986) (참고자료 14)

신종인플루엔자백신으로 인하여 기알린-바레 증후군(GBS)이 발병한 것인지에 관한 인과관계가 문제 된 사건이다.

이 사건에서 미주리 주 서부연방지방법원 서부지원(United States District Court, W.D. Missouri, Western Division)은 "상대위험도 1.0은 조사 대상 인구가 특정 물질에 의한 노출에 영향을 받지 않았을 때 질병에 걸릴 것으로 예상되는 확률이다. 상대위험도 2.0은 조사 대상 인구 중 특정 물질에 노출되지 않은 인구의 질병 발생 빈도보다 노출된 인구의 질병 발생 빈도가 두 배 더 높다는 것을 의미한다. 즉 상대위험도 2.0은 특정 질병의 개별 사례가 특정 물질에 의하여 초래되었을 가능성이 평균적으로 50%이고, 특정 질병이 우연히 초래되었을 가능성도 50%라는 의미이

---

vaccination, while the other fifty are explained only by the event of vaccination. Thus, the likelihood that a given nine-week vaccinated case of GBS is attributable to vaccination is 50%.

43) A government administrative agency may regulate or prohibit the use of toxic substances through rulemaking, despite a very low probability of any causal relationship. A court, in contrast, must observe the tort law requirement that a plaintiff establish a probability of more than fifty percent that the defendant's action injured him.

다. 상대위험도가 2.0을 초과한다는 것은 특정 질병이 특정 물질에 의하여 초래되었을 가능성이 우연히 초래되었을 가능성보다 높다는 것을 의미한다. 이 사건 소송에서 원고와 피고를 위해 증언하는 역학자들은 신종인플루엔자 예방접종을 받은 집단에서 GBS에 걸릴 상대위험도가 2.0을 초과한다면 이는 신종인플루엔자 예방접종으로 인하여 GBS가 초래되었을 가능성이 그렇지 않을 가능성 보다 높다는 것을 의미한다는 사실에 동의하였다."[44]

(4) Marder v. G.D. Searle & Co., 630 F. Supp. 1087 (D. Md. 1986) (참고자료 15)

구리(Copper 7, Cu-7)로 만든 자궁 내 피임기구(IUD)로 인하여 골반 내 염증질환(PID)이 발병한 것인지에 관한 인과관계가 문제 된 사건이다.

이 사건에서 메릴랜드 주 연방지방법원은 "역학적인 관점에서, 2배 증가한 리스크는 원고들이 제출해야 하는 중요한 증거이다. 왜냐하면, 이는 법적으로 요구하는 입증책임(증거 우위에 의한 인과관계의 입증 또는 달리 표현하면 50%를 넘어서는 확률)에 해당하는 것이기 때문이다. 역학적인 측면에서 볼 때, 상대위험도 1.0이라는 수치는 리스크에 변화가 없다는 것을 나타내고, 상대위험도 2.0이라는 수치는 리스크가 배가된다는 것을 보여준다. Daling박사의 연구는 구리로 만든 IUD를 상시 사용한 여성에게서 상대위험도가 1.9(95% 신뢰도에 신뢰구간은 0.9-4.0에 달함)임을 밝혔다.

---

44) A relative risk of "1" is the expected rate of contracting a disease in a population not influenced by the event under investigation. A relative risk of "2" means that the disease occurs among the population subject to the event under investigation twice as frequently as the disease occurs among the population not subject to the event under investigation. Phrased another way, a relative risk of "2" means that, on the average, there is a fifty percent likelihood that a particular case of the disease was caused by the event under investigation and a fifty percent likelihood that the disease was caused by chance alone. A relative risk greater than "2" means that the disease more likely than not was caused by the event. In the context of this case, the epidemiologists testifying for both plaintiff and defendant agree that if the relative risk of contracting GBS among the population receiving the swine flu immunization exceeds "2", it is more likely than not that the swine flu immunization caused the GBS.

구리로 만든 IUD를 가끔 사용한 여성의 경우, 상대위험도는 1.3(95% 신뢰도에 신뢰구간은 0.6-3.0에 달함)에 불과하였다. 이 상대위험도 1.3이라는 수치는 이 소송에 있어서 가장 관련이 있는 것이다. 이러한 상대위험도 수치들 중 어느 것도 위험이 배가되는 것을 나타내지 않고, 그리고 상대위험도 1.3이라는 수치는 위험을 배가시키는 수준보다 훨씬 낮은 것이다."[45]라고 하여 증거우위의 증명(Preponderance of evidence)에 의한 인과관계의 입증은 역학적으로 최소한 상대위험도 2.0을 요구한다고 판시했다.

(5) DeLuca v. Merrell Dow Pharm., Inc., 911 F.2d 941(3d Cir. 1990)(참고자료 16)

벤덱틴(Bendectin)이라는 입덧 완화제로 인하여 태아의 선천적 결손증이 발병한 것인지에 관한 인과관계가 문제 된 사건이다.

이 사건에서 제3순회연방항소법원(United States Court of Appeals, Third Circuit)은 "뉴저지 법에 따라 원고 DeLuca는 벤덱틴이 원고의 자 Amy DeLuca의 선천적 결손증을 초래했을 가능성이 그렇지 않을 가능성 보다 높다는 사실을 입증해야 한다. 그리고 원고가 약식 판결(Summery Judgment)[46]을 피하기 위해 Done 박사의 역학적 분석에만 의존해야 한다면, Done 박사의 역학적 자료로부터 산출된 선천적 결손증의 상대위험도는 최소한

45) In epidemiological terms, a two-fold increased risk is an important showing for plaintiffs to make because it is the equivalent of the required legal burden of proof—a showing of causation by the preponderance of the evidence or, in other words, a probability of greater than 50%. In epidemiological terms, a figure of 1.0 indicates no change in the risk, and a figure of 2.0 indicates a two-fold risk. Dr. Daling's study revealed a 1.9 risk (with a 95% confidence interval of .9 to 4.0) for women who have used a copper IUD at any time. For women who have used only a copper IUD the risk figure is 1.3 (with a 95% confidence interval of .6 to 3.0). This 1.3 figure is most relevant to this case. Neither of these risk figures indicate a two-fold risk, and the 1.3 figure is well below the two-fold risk level.

46) 본안 배심재판 개최 전 단계에서 증거개시절차를 진행하고, 그 결과 현재까지의 제출된 증거만으로도 충분히 판결이 가능하다고 판단하면, 원 · 피고 양측은 재판부에 배심원재판(trial)을 거치지 않고 판결을 하여 달라는 약식판결(Summary Judgment)을 신청할 수 있는데, 이러한 신청을 Dispositive Motion이라고 한다.

2.0을 초과해야 한다."[47]라고 하여 원고가 오직 역학적 근거자료에만 의존하는 경우 2.0 이상의 상대위험도를 입증해야만 한다고 판시하였다.

(6) Landrigan v. Celotex Corp., 127 N.J. 404, N.J. Supreme Court (1992)(참고자료 17)

석면으로 인하여 결장암(colon cancer)이 발병한 것인지에 관한 인과관계가 문제 된 사건이다.

이 사건에서 뉴저지 주 대법원(Supreme Court of New Jersey)은 "법원은 특정한 기준을 명시적으로 채택하지는 않았지만, '특정한 개인에 있어서의 인과관계가 존재할 가능성이 부존재할 가능성보다 더 높다는 것을 증명하기 위해서는 역학 연구에서 상대위험도가 2.0을 초과해야 한다'는 요건을 채택한 여러 선례를 인용했다. 상대위험도가 2.0을 초과해야 진정한 인과관계가 입증된다(representing a true causal relationship)는 의미는 이 비율이 위험의 발생에 대해 50%를 기여하는 것을 입증하는 것이고, 이는 특정 물질에 노출된 인구집단에서 발생한 질병 중 50% 이상이 해당 노출에 기인한 것을 의미한다. 이 결과는 특정 물질에 노출된 집단의 특정 구성원들의 특정 질병 발생에 대하여 그 노출이 상당한 이유(probable cause)가 된다는 추정을 뒷받침할 수 있다."[48]라고 판시하였다.

---

47) If New Jersey law requires the DeLucas to show that it is more likely than not that Bendectin caused Amy DeLuca's birth defects, and they are forced to rely solely on Dr. Done's epidemiological analysis in order to avoid summary judgment, the relative risk of limb reduction defects arising from the epidemiological data Done relies upon will, at a minimum, have to exceed "2".

48) Without expressly adopting a specific standard, the court cited with approval several cases that adopted a requirement that an epidemiological study show a relative risk in excess of 2.0 to prove that causation in a specific individual was more probable than not. The significance of a relative risk greater than 2.0 representing a true causal relationship is that the ratio evidences an attributable risk of more than fifty percent, which means that more than half of the cases of the studied disease in a comparable population exposed to the substance are attributable to that exposure. This finding could support an inference that the exposure was the probable cause of the disease in a specific member of the exposed population.

(7) In re Joint Eastern & Southern District Asbestos Litig., 758 F. Supp. 199 (S.D.N.Y. 1991)(참고자료 18)

석면으로 인하여 결장암이 발병한 것인지에 관한 인과관계가 문제 된 사건이다.

이 사건에서 뉴욕 주 남부연방지방법원(United States District Court, S.D. New York)은 "상대위험도가 2.0을 초과하는 경우에만, 비노출 집단에 영향을 미치는 다른 어떠한 원인들이 아니라 그 하나의 위험원이 특정 질병을 초래하였을 가능성이 높다고 말할 수 있다."[49]라고 판시하였다.

(8) Daubert v. Merrell Dow Pharm., Inc., 43 F.3d 1311 (9th Cir. 1995)(참고자료 19)

벤덱틴(Bendectin)이라는 입덧 완화제로 인하여 태아의 선천적 결손증이 발병한 것인지에 관한 인과관계가 문제 된 사건이다.

이 사건에서 제9순회연방항소법원(United States Court of Appeals, Ninth Circuit)은 "원고 측 역학자들은 벤덱틴과 선천적 결손증 사이에 통계적으로 유의미한 관계가 있다고 모호하게 주장하지만, 상대위험도가 2.0보다 크다고 말하는 사람은 아무도 없다. 따라서 이러한 연구는 인과관계를 증명하는 데 도움이 되지 않으며 배심원단을 실제로 혼란스럽게 할 뿐이다. 2.0 미만의 상대위험도에서도 기형이 유발될 가능성이 존재할 수 있지만, 이는 벤덱틴이 선천적 결손증의 가능성을 두 배로 증가시키지는 않는다는 것을 보여주기 때문에 실질적으로는 법적 인과관계를 배제해버리게 된다."[50]라고 하여, 상대위험도가 2.0 미만인 경우 법적 인과관계의

49) Only when the risk level exceeds 2.0 can it be said that the one risk factor is more likely to cause the disease than any other factor affecting the unexposed cohort.

50) While plaintiffs' epidemiologists make vague assertions that there is a statistically significant relationship between Bendectin and birth defects, none states that the relative risk is greater than two. These studies thus would not be helpful, and indeed would only serve to confuse the jury, if offered to prove rather than refute causation. A relative risk of less than two may suggest teratogenicity, but it actually tends to disprove legal causation, as it shows that Bendectin does not double the likelihood of birth defects.

부존재가 증명되는 경향이 있다고 판시하였다.

(9) Hall v. Baxter Healthcare Corp., 947 F. Supp. 1387 (D. Or. 1996)(참고자료 20)

실리콘젤로 인하여 자가면역질환이 발병한 것인지에 관한 인과관계가 문제 된 사건이다.

이 사건에서 오레곤주 연방지방법원(United States District Court, D. Oregon)은 "상대위험도가 2.0 미만이라는 문제에 관하여 언급할 때, 증거우위의 기준에서 상대위험도 2.0이 핵심적(critical)이라는 것은 진실이다. 왜냐하면, 상대위험도가 2.0 이상은 개별 환자의 질병이 문제가 되는 특정 요소로 인해 초래될 가능성이 50% 이상을 의미한다고 해석될 수 있기 때문이다."[51]라고 판시하였다.

(10) Sanderson v. Int'l Flavors & Fragrances, Inc., 950 F. Supp. 981 (CD. Cal. 1996)(참고자료 21)

알데히드로 인하여 화학물질과민증이 발병한 것인지에 관한 인과관계가 문제 된 사건이다.

이 사건에서 캘리포니아 주 중앙연방지방법원은 위 '(8)'항의 Daubert v. Merrell Dow Pharm., Inc., 43 F.3d 1311 (9th Cir. 1995) 판례를 원용하며, 상대위험도가 2.0을 초과하는 사실에 의하여 뒷받침되지 않는 전문가 증언은 배척하였다.

(11) Bartley v. Euclid, Inc., 158 F.3d 261 (5th Cir. 1998)(참고자료 22)

차량 제조 결함에 의하여 허리통증이 발병한 것인지에 관한 인과관계가 문제 된 사건이다.

이 사건에서 제5순회연방항소법원(United States Court of Appeals, Fifth Circuit)은 "소송의 일방 당사자에게 상대위험도 2.0 또는 그 이상의 신뢰

---

51) With regard to the question of the relative risk of less than 2.0, it is true that under a preponderance standard a relative risk of 2.0 is critical, since a relative risk of greater than 2.0 can be interpreted to mean that disease in an individual patient will have been more than 50% likely to have been caused by the factor in question.

할 수 있는 역학적 증거를 반드시 확보해야만 한다고 요구할 수는 없다. 상대위험도가 2.0 미만인 경우의 신뢰할 수 있는 증거도 고려될 수 있으나, 다만 인과관계에 대한 다른 신뢰할 만하고 믿을 수 있는 증거에 의해 반드시 뒷받침되어야만 한다."[52)]라고 하여, 상대위험도가 2.0 이하인 경우 다른 증거에 의하여 보강되지 않고서는 인과관계를 증명할 수 없다고 판시했다.

(12) Berry v. CSX Transp., Inc., 709 So.2d 552 (Fla. Dist. Ct. App. 1998)(참고자료 23)

유기용매로 인하여 독성 뇌질환이 발병한 것인지에 관한 인과관계가 문제 된 사건이다.

이 사건에서 플로리다주 제1구역 주항소법원(District Court of Appeal of Florida, First District)은 "역학자들은 일반적으로 노출과 질병 간의 연관성을 측정하기 위해 '상대위험도'를 사용한다. 상대위험도는 화학적 매개물질에 대한 비노출군의 질병 위험과 노출군의 질병 위험을 비교한 질병 발생 비율이다. 예를 들어, 상대 위험도 2.0은 노출 그룹의 질병 발생 리스크가 비노출그룹의 질병 발생 리스크보다 2배 높다는 것을 나타낸다. 상대위험도 1.0은 연관성 없음을 나타낸다. 상대위험도가 높을수록 물질에 대한 노출과 질병 발생 사이의 연관성이 크거나 강력하다."[53)]라고 판시했다.

---

52) There is no requirement that a party must have reliable epidemiological evidence of a relative risk of 2.0 or greater. Reliable evidence of relative risk less than 2.0 can be considered, but must be supported by other credible, reliable evidence of causation.

53) Epidemiologists commonly use "relative risk" to measure the strength of the association between exposure and disease. Reference Manual at 126. Relative risk is the ratio of the risk of disease among the group exposed to the chemical agent compared to the risk of disease among the unexposed group. Id. at 176. For example, a relative risk of 2.0 indicates that the risk of developing a disease in the exposed group is two times higher than the risk of developing that disease in the unexposed group. A relative risk of 1.0 indicates no association. The higher the relative risk, the stronger or more powerful is the association between exposure to the substance and development of the disease.

(13) In re Breast Implant Litig., 11 F. Supp. 2d 1217 (D. Colo. 1998)(참고자료 24)

실리콘젤로 인하여 자가면역질환이 발병한 것인지에 관한 인과관계가 문제 된 사건이다.

이 사건에서 콜로라도주 연방지방법원(United States District Court, D. Colorado)은 "독성 물질 누출을 이유로 한 불법행위 손해배상청구 소송에서의 인과관계는 일반적 인과관계 및 개별적 인과관계라는 용어를 사용하여 논의된다. 예를 들면, Raynor v. Merrell Pharmaceuticals, Inc., 104 F.3d 1371, 1376 (D.C.Cir. 1997) 사건을 참조하라. 일반적 인과관계는, 일반적인 집단에서 하나의 물질이 특정한 상해나 질병을 초래할 수 있는지 여부이고, 반면에 개별적 인과관계는 일반적인 집단에서 하나의 물질이 특정한 개인의 상해를 초래하는지 여부인 것이다. (중략) 타당한 역학조사는 연구 주제, 사례 및 대조군들이 한정 지을 수 있는 인구집단으로부터 편향되지 않은 표본추출 방법으로 선정되는 것을 요구한다. 역학은 집단피해 불법행위 소송에 있어서는 인과관계에 대한 가장 좋은 증거인 것이다."[54]라고 하여 역학적 증거를 통하여 인과관계를 인정할 수 있다고 판시하였다.

(14) 소 결 론

이처럼 다수의 미국 법원 선례는 상대위험도가 2.0을 초과해야 인과관계가 인정된다고 판시하는 바, 이는 미국이 민사 절차상 요구되는 입증의 정도로서 증거우위의 증명(Preponderance of evidence)을 채택하였기 때문인 것으로 보인다.

---

54) Causation in toxic tort cases is discussed in terms of general and specific causation. See e.g., Raynor v. Merrell Pharmaceuticals, Inc., 104 F.3d 1371, 1376 (D.C.Cir. 1997). General causation is whether a substance is capable of causing a particular injury or condition in the general population, while specific causation is whether a substance caused a particular individual's injury. (…) A valid epidemiologic study requires that study subjects, cases, and controls are chosen by an unbiased sampling method from a definable population. Epidemiology is the best evidence of causation in the mass torts context.

V. 결　　론

1. 이 사건 하급심에서는 인과관계 존부와 관련하여, 비특이성 질환의 경우 정형적(定型的)인 사상 경과가 존재하는 특이성 질환에 적용되는 개연성 이론을 그대로 적용할 수 없으며, 역학적 상관관계가 인정된다고 하더라도 그로부터 법적 인과관계(개별적 인과관계)가 당연히 인정되는 것은 아니고, 원고가 상대위험도(Relative Risk) 등이 상당히 크다는 사실을 증명하고, 그 집단에 속한 개인이 위험인자에 노출된 시기와 노출 정도, 발병 시기, 그 위험인자에 노출되기 전의 건강 상태, 생활 습관, 질병 상태의 변화, 가족력 등을 추가로 증명하는 등으로 그 위험인자에 의하여 그 비특이성 질환이 유발되었을 개연성이 있다는 점을 증명하여야 한다고 판단했다.

미국의 경우 보통법계(common law jurisdiction) 국가가 민사 절차상 요구하는 입증의 정도로서 증거 우위의 증명(Preponderance of evidence)을 채택하므로 상대위험도가 2.0을 초과하는 경우 50%를 초과하는 증명도가 달성되었다고 보아 곧바로 인과관계가 입증되었다고 보기도 하는 반면, 한국은 독일, 일본 등 일부 대륙법계(civil law jurisdiction) 국가가 일반적으로 민사 절차상 요구하는 입증의 정도로서 고도의 개연성(highly likelihood)을 채택하고 있으므로, 원고가 상대위험도(Relative Risk) 등이 (2.0을 초과하여) 상당히 크다는 사실을 증명하고, 그에 더하여 그 집단에 속한 개인이 위험인자에 노출된 시기와 노출 정도, 발병 시기, 그 위험인자에 노출되기 전의 건강상태, 생활습관, 질병 상태의 변화, 가족력 등을 추가로 증명하는 등으로 그 위험인자에 의하여 그 비특이성 질환이 유발되었을 개연성이 있다는 점을 증명해야만 이른바 '고도의 개연성'에 해당하는 증명도가 달성되었다고 보는 것으로 이해할 수 있다.[55)]

55) 민사소송상 증명도의 기준과 관련하여 보통법계 국가와 대륙법계 국가가 보이는 차이에 관하여 상세한 내용은 김차동, "민사소송에서의 증명도 기준의 개선에 관한 연구", 『법조』 제68권 제3호(통권 제735호), 2019. 6., 74-107면 참조.

2. 민사소송에서의 증명도 기준에 관한 이론과 실무 선례에 비추어 보면 한국과 미국의 Radiation Tort Litigation에서 인과관계의 판단 기준은 상당히 다른 것으로 보인다. 미국의 경우 상대위험도가 2.0을 초과해야 인과관계가 인정된다고 판시하고, 경우에 따라서는 상대위험도가 2.0을 초과하였다는 이유만으로 인과관계를 인정하기 위한 증명도(Preponderance of evidence)가 달성되었다고 보나, 한국의 경우에는 상대위험도(Relative Risk) 등이 (2.0을 초과하여) 상당히 클 뿐만 아니라 추가적으로 그 위험인자에 의하여 그 비특이성 질환이 유발되었을 개연성이 있다는 점을 증명해야만 인과관계를 인정하기 위한 증명도(highly likelihood)가 달성되었다고 본다.

3. 역학적 인과관계의 인정 여부, 상대위험도의 정도에 따른 인과관계 인정 여부 등의 문제는 결국 불법행위소송을 통한 외부효과의 내부화 그리고 환경피해의 구제를 위한 규범적 최적화 행위의 과정이다. 기존의 상당인과관계설, 개연성설, 간접반증이론 등을 통한 불법행위소송의 결과가 외부효과의 내부화와 피해자의 구제라는 관점에서 체계적인 과소배상으로 이어지고 있는지, 상대위험도를 고려한 역학적 인과관계의 인정이 체계적인 과다배상으로 이어질 것인지 여부에 대한 규범적 평가가 이루어질 필요가 있다. 물론 이러한 규범적 평가의 과정에서는 법원에서 이루어지는 불법행위소송 이외에 환경피해를 구제하고 외부효과를 내부화할 수 있는 다른 제도적 장치들이 얼마나 성공적으로 작동하고 있는지에 대한 고려도 함께 이루어져야 할 것이다.

[Abstract]

A Study on Remedy for Victims in Environmental Tort Litigation When the Causation between the Causative Substance and the Damage is Unclear

– Focused on the Thyroid Cancer Cases Near Nuclear Power Plants –

HEO, Seongwook*

This paper analyzes from a law and economics perspective how to remedy victims in cases where the causal relationship between the causative substance and the damage is unclear in environmental lawsuits such as the case of thyroid cancer in residents near nuclear power plants.

Environmental law seeks to internalize externalities by altering the incentive structures of individual actors. Consequently, the enforcement of environmental law through judicial rulings in environmental litigation can be explained in terms of the internalization of externalities. Depending on the degree of internalization, outcomes may include optimal compensation, undercompensation, or overcompensation. In this context, the individual elements constituting liability for environmental torts act as variables that determine whether the final judgment achieves optimal internalization of externalities. Understanding the objectives of tort law regarding environmental tort liability in this way allows us to define desirable enforcement of tort law as minimizing the total social cost associated with tortious conduct. Therefore, the question of standard of proof on causation in environmental litigation can also be explained from the perspective of internalizing ex-

* Professor of Law, Seoul National University School of Law.

ternalities and optimal allocation of resources. The principle of Substantial Factor Test adopted by the general consensus in Korea and Korean Supreme Court can sufficiently contribute to achieving social rationality in resource allocation when the social structure is not large and the social activities that take place within it are simple. However, as the population increases and the social activities of members of society become more complex due to the Industrial Revolution, various special torts such as environmental torts have occurred. If the principle of Substantial Factor Test is maintained as it is, there is no choice but to systematically undercompensate for environmental damage. This is because the plaintiff, who is an environmental victim in a situation of information asymmetry, will most likely fail to prove the level of causation between the defendant's tortious conduct and the damage, and will receive a judgment dismissing the plaintiff's claim or a judgment for compensation that is less than the actual damage. When such court rulings function as a normative incentive system for each actor, it will be understood as a rational choice for each actor to increase environmentally harmful acts beyond the socially optimal level, which will eventually lead to a situation like the tragedy of the commons from the perspective of the entire community. As a result of identifying the normative failure of undercompensating damages in these special tort situations and repeatedly adapting the system accordingly, the legal theory on special torts has been transformed and developed, such as the likelihood theory on proving causation, the indirect proof theory as a partial transfer in the objective burden of proof, the presumption of causation, and the causation in epidemiology. The court performs a normative optimization process by determining whether to adopt new theoretical claims about causation.

As in the case of causation, the theory of endurance limit can also be explained from the perspective of internalizing externalities and optimal allocation of resources. In the case of a violation of a proprietary right, it is immediately assessed as illegal, and the right holder can be compensated by exercising a claim for damages due to tort, whereas this is not the case with harmful externalities such as environmental nuisance. This is because both (1) active infringement that causes externalities and (2) the proper action of the victim prevented by the infringement are carried out for the creation and sharing of socially necessary values, and thus the reciprocal nature of harmful externalities arises: "To whom and in what way should the social costs arising from the interaction between those social acts be shared?" The theory of endurance limit is the logic of reciprocity of these external effects adopted through theories and precedents. Even if the external appearance of the act has the form of an infringement of the rights of others, the objective illegality of the tort is not immediately recognized based on the external appearance alone, and only an infringement that exceeds the endurance limit is illegal. Recently, Korean courts seem to be giving increasing weight to the regulatory standards of public law for determining the endurance limit. According to the Coase theorem, the court determines what the final state of resource allocation would have been if the transaction costs were sufficiently low and the voluntary transactions and negotiations between the parties were sufficiently advanced, and declares that the rights will be allocated accordingly.

From this perspective, it can be understood that the regulatory standards of public law play a role in adjusting the incentive system for market participants so that the efficiency of resource allocation can be achieved in the private law domain.

In the backdrop of the above-mentioned law and economics theory, this paper examines the US public law regulatory standards and precedents regarding causation in relation to the cases of thyroid cancer in residents near nuclear power plants. First, with regard to regulatory standards under public law, the United States believes that the dose-constraint of 0.1 mSv and 0.15 mSv per year set forth in U.S.NRC 10CFR50 Appendix I is not a "regulatory standard of public law" for determining whether the defendant's actions were illegal and caused damages to the plaintiff, whereas the Linear Non-Threshold Theory (LNT), which is the basis for 10CFR20, is considered to be a "regulatory standard of public law" as a requirement for dose limits for the general public. Next, with regard to causation, the U.S. has ruled that a causation must be recognized if the relative risk is at least 2.0, and some state courts have ruled that if the relative risk is less than 2.0, it is a counter-evidence ("disproves") not to recognize the causation.

In some cases, if the relative risk is found to exceed 2.0, it is considered that the preponderance of evidence has been achieved to establish a causation. However, in the case of Korea, not only is the relative risk (exceeding 2.0) quite high, but it is also necessary to prove that the risk factor is likely to have caused the non-specific disease to establish a high likelihood of a causation. The standards of proof for determining causation in radiation tort litigation in Korea and the United States are quite different. This is likely because Korea has adopted the standard of proof of "highly likelihood", while the United States has adopted the standard of proof of "preponderance of evidence".

Issues such as the recognition of epidemiological causation and the recognition of a causation in terms of relative risk are ultimately a process of internalizing external effects through tort litigation and normative optimization to remedy environmental damage. It is necessary to make a normative assessment of whether the results of lawsuits for torts through the principle of substantial factor test, the likelihood theory, and the indirect proof theory are leading to systematic undercompensation from the perspective of internalization of external effects and relief for victims, and whether the recognition of epidemiological causation considering relative risk will lead to systematic overcompensation. Of course, in the process of such normative evaluation, consideration should also be given to how successfully other institutional mechanisms that can remedy environmental damage and internalize externalities are working, in addition to tort litigation in court.

[Key word]

- Environmental Litigation
- Causation
- Nuclear Power
- Linear non-threshold Theory
- Public Law Regulation

참고문헌

[한국 문헌]

김차동, “민사소송에서의 증명도 기준의 개선에 관한 연구”, 『법조』 제68권 제3호(통권 제735호), 2019. 6.

이연갑, “역학연구결과에 의한 인과관계의 증명”, 『법조』 통권 제670호, 2012.

전원열, “과학증거의 조사에 있어서 법원의 역할”, 『법조』 통권 제765호, 2024.

허성욱 외 6인 공저, 『법경제학』 재개정판, 2019.

______, “기후변화시대의 불법행위법”, 『사법』 제21호, 2012.

______, “행정재량에 대한 사법심사기준에 관한 소고”, 『공법연구』 제41집 제3호, 2013.

______, “환경법에서의 공법과 사법”, 『환경법연구』 제39권 제1호, 2017.

______, “경제규제행정법이론과 경제적 효율성”, 『서울대학교 법학』 제49권 제4호, 2008.

______, “규제행정의 규범적 · 실증적 목적으로 경제적 효율성과 정치적 효율성”, 『법경제학연구』 제12권 제1호, 2015.

______, “공법의 근본개념으로서 자유와 권리”, 『공법연구』 제48집 제4호, 2020.

______, “권리남용금지법리에 관한 법경제학적 고찰”, 『법조』 통권 제591호, 제592호, 2005, 2006.

대법원 2010. 11. 11. 선고 2008다57975 판결.

대법원 2002. 12. 10. 선고 2000다72213 판결.

[미국 문헌]

Federal Judicial Center, 『Reference Manual on Scientific Evidence(3rd ed.)』, Federal Judicial Center, 2011.

Richard A. Posner, 『Economic Analysis of Law』 8th. edition, 2011.

Michael Dore, “A Proposed Standard for Evaluating the Use of

Epidemiological Evidence in Toxic Tort and Other Personal Injury Cases", 『Howard Law Journal』, vol. 28, 1985.

Robert Cooter & Thomas Ulen, 『Law & Economics』 5th edition, 2008.

Russellyn S. Carruth & Bernard D. Goldstein, "Relative Risk Greater Than Two in Proof of Causation in Toxic Tort Litigation", 41 Jurimetrics 195, 2001.

Scott Davis et al., 『HANFORD THYROID DISEASE STUDY FINAL REPORT』, Fred Hutchinson Cancer Research Center, 2002.

911 F.2d 941 (3d Cir. 1990)

43 F.3d 1311 (9th Cir. 1995)

158 F.3d 261 (5th Cir. 1998)

292 F.3d 1124 (9th Cir. 2002)

534 F.3d 986 (9th Cir. 2008)

545 F. Supp. 306 (N.D. Cal. 1982)

597 F. Supp. 740 (E.D.N.Y. 1984)

636 F. Supp. 1419 (W.D. Mo. 1986)

630 F. Supp. 1087 (D. Md. 1986)

758 F. Supp. 199 (S.D.N.Y. 1991)

947 F. Supp. 1387 (D. Or. 1996)

950 F. Supp. 981 (CD. Cal. 1996)

F. Supp. 2d 1217 (D. Colo. 1998)

1998 WL 775340 (E.D.Wash. 1998)

127 N.J. 404, N.J. Supreme Court (1992)

953 S.W.2d 706, 1997, Supreme Court of Texas.

709 So.2d 552 (Fla. Dist. Ct. App. 1998)

In re Hanford Nuclear Reservation Litig., NO. CV-91-3015-WFN(E.D.Wash. Apr. 4, 2012).

현저히 불성실한 진료로 인한 위자료 배상에 대한 이론적 검토*

안 병 하**

■요 지■

대법원은 대상판결에서 의료진이 일반인의 수인한도를 넘어설 만큼 현저하게 불성실한 진료를 행한 경우에는 환자의 악결과 발생 여부와 관계 없이 그 자체로서 불법행위를 구성하며 따라서 이로 인해 환자나 그 가족이 입은 정신적 고통에 대한 위자료 배상책임이 발생한다고 한다. 이러한 대상판결의 입장은 새로운 것이 아니라 종래부터 지속되어 온 것이지만 민법 이론의 관점에서 비판적으로 검토될 필요가 있다. 무엇보다 대상판결이 언급하는 불법행위의 피침해 법익이나 권리가 무엇인지 명확하지 않고 또 일반인의 수인한도를 기준으로 불법행위의 성립 여부를 판단하는 것이 어떤 이유에서인지 설명되고 있지 않을 뿐만 아니라 직접 피해자인 환자 외에 그 가족에게까지 위자료청구권이 인정되는 법적 근거가 무엇인지도 불명확하다. 게다가 의료진(의료법인 포함)과 환자 사이에 계약관계가 인정됨에도 불구하고 대법원이 왜 채무불이행 책임에 대해서는 함구하고 있는지도 의문이다. 본고에서는 이러한 기본적 의문을 중심으로 대상판결에서 제시한 법리를 체계적으로 고찰해 보았다. 그리하여 대상판결에서 말하는 불법행위의 피침해 법익은 환자가 인간으로서 존중, 배려, 보호받아야 할 인격적 이익이라는 점을 먼저 설명한

* 이 글은 민사판례연구회 2024년 4월 월례회(제470회)에서 발표한 원고에 가필한 것으로 비교사법 제31권 제3호(2004)에 게재되었다. 월례회 당시 토론을 통해 많은 영감을 불러일으켜 주신 김천수 교수님과 이혜미 판사님께 감사드린다.

** 강원대학교 법학전문대학원 교수, Dr. iur.

후 이러한 인격적 이익의 모호함으로 인해 위법성 심사가 적극적으로 행해져야 하는데 그 기준으로서 일반인의 수인한도가 제시되고 있음을 서술하였다. 그리고 이른바 구성요건원칙에 따라 가해자와의 사이에서 민법 제750조의 요건이 충족되지 아니하는, 간접피해자인 가족에게는 위자료청구권이 인정될 법적 근거가 없음을 밝혔으며 마지막으로 대상판결에서 말하는 불법행위가 동시에 의사가 계약상 환자에 대해 부담하는 보호의무 위반으로 인한 채무불이행으로도 파악될 수 있음을 논증하였다.

[주 제 어]
- 현저히 불성실한 진료
- 불법행위
- 일반생활상의 안전의무
- 인격적 이익
- 위법성
- 위자료
- 간접피해자
- 구성요건원칙
- 보호의무

대상판결 : 대법원 2023. 8. 18. 선고 2022다306185 판결

[사안의 개요]

1. 사실관계

(1) 소외인(女, 당시 66세)은 2018. 2. 21. 감기몸살 증상이 있어 남편인 원고 1과 함께 피고가 운영하는 내과의원(2003년 경부터 소외인이 수시로 진료를 받았던 곳임)을 방문하였다. 간단한 진찰 후 11:10경 소외인은 비타민 C 20mL를 섞은 아미노산 영양제인 트리푸신 수액 250mL(총 270mL)를 투여받기 시작하였고, 이와 함께 세프라딘(항생제) 1g, 덱타손주(기관지염 및 천식 치료제) 5mg도 주사로 투여받았다.

(2) 위 수액의 2/3이상이 투여된 11:40경 소외인은 갑자기 호흡곤란을 겪었고, 이에 즉시 수액의 투여가 중단되었으며, 피고는 청진기 등을 이용하여 소외인에게 발생한 호흡곤란의 원인을 천식으로 파악하고 덱사메티손 5mg을 추가로 소외인에게 주사하였다.

(3) 그럼에도 소외인이 계속하여 가슴이 답답하다고 호소하자 피고는 소외인과 원고 1에게 택시를 타고 큰 병원으로 갈 것을 권고하였다.

(4) 위 권고 후 소외인은 환자대기실에 잠시 앉아 있다가 10초 정도 쓰러지듯 옆으로 눕기도 한 후 다시 일어나 앉았다가 옆에 있던 원고 1의 부축을 받아 피고가 운영하는 의원을 걸어 나왔다(권고 후 소외인이 피고의 의원에 머문 시간은 7분 정도였음).

(5) 그로부터 3분 정도 지나 소외인은 위 의원의 건물 앞에서 주저앉으며 쓰러졌고, 주변 사람의 신고로 출동한 119 구급차로 대구가톨릭대학병원 응급실로 후송되던 중 심정지가 발생하였다.

(6) 의식불명 상태로 위 병원에서 치료를 받던 소외인은 2019. 12. 20 심근경색으로 끝내 사망하였다.

(7) 이에 소외인의 남편인 원고 1과 그 자녀인 나머지 원고들은 피고를 상대로 의료계약을 충실히 이행하지 않았거나 의료인으로서 마땅히 취해야 할 주의를 기울이지 않은 과실로 소외인을 사망에 이르게 하였다는 이유로 손해배상을 청구하였다. 원고들은 특히 ① 트리푸산 수액을 고령이자 고혈압 및 당뇨를 앓고 있던 소외인에게 지나치게 빠르게 투여하였다는 점, ② 소외인이 투약 후 가슴 통증과 호흡곤란을 호소했음에도 피고는 소외인의 호흡,

맥박, 혈압 등 활력징후를 측정하고 산소를 공급하는 등의 조치를 취하지 아니하였다는 점, ③ 119 구급대를 불러 소외인이 상급병원으로 안전하게 이송될 수 있도록 조치하지 않고 단순히 택시를 타고 상급병원으로 갈 것을 권고만 한 점을 피고의 구체적 과오로 거론하였다.

2. 소송의 경과

(1) 제1심(대구지방법원 서부지원 2022. 3. 23. 선고 2018가단61434 판결)

(가) 제1심은 수액의 투여 속도가 빨랐다는 점 및 피고의 투약 후 사후조치가 적절하지 못했다는 점과 소외인의 심정지 사이에 상당인과관계를 부정하였다. 수액의 빠른 투여가 소외인에게 발생한 쇼크의 원인일 가능성은 희박하고, 소외인이 피고의 의원을 나온 후 119 구급차로 이송되기까지 극히 짧은 시간이 경과하였다는 점을 감안하면 피고가 소외인의 경과를 제대로 관찰하고 직접 119에 신고하는 등의 조치를 취하였다고 하여 상급병원에 도착하기 전에 소외인에게 심정지가 발생하였을 가능성을 배제할 수 없다는 이유에서였다.

(나) 하지만 대상판결과 동일한 취지의 대법원 2006. 9. 28. 선고 2004다61402 판결에서 판시한 "의료진이 환자의 치료에 전력을 다하지 아니하여 업무상 주의의무를 위반하였다고 인정되는 경우에는, 그러한 주의의무 위반과 환자에게 발생한 악결과 사이에 상당인과관계가 인정되지 않더라도, 그 주의의무 위반의 정도가 일반인의 처지에서 보아 수인한도를 넘어설 만큼 현저하게 불성실한 진료를 행한 것이라고 평가될 정도에 이른 경우라면 그 자체로서 불법행위를 구성하여 그로 말미암아 환자가 그 가족이 입은 정신적 고통에 대한 위자료의 배상을 명할 수 있다고 보아야 할 것이다."라는 법리를 원용하면서, 소외인에게 호흡곤란이 발생한 후 그의 혈압, 맥박, 호흡수 등을 측정하고 그 상태를 지속적으로 관찰하지 않았을 뿐만 아니라, 위중한 다른 환자가 있다는 등의 특별한 사정이 없음에도 의료진의 도움 없이는 안전한 이송을 적절하게 행할 수 없는 상태에 있는 소외인과 원고 1에게 전적으로 전원을 맡기고 자신은 이에 전혀 관여하지 않은 피고의 행위는 일반인의 처지에서 보면 진료 거부로 오인될 수 있을 정도로 의료 전반에 대한 신뢰를 낮추는 것이라 평가하였다. 그리고 이와 같은 피고의 조치로 인하여 소외인이나 그 가족들인 원고들이 정신적 고통을 받았을 것임은 경험칙상 분명하다

고 하면서 피고에게 위자료 배상을 명하였다.

(2) 제2심(대구지방법원 2022. 11. 23. 선고 2022나309014 판결)

위 제1심 판결에 대해 원고들과 피고 모두 항소하였으나 원심은 그 모두를 기각하였다. 다만 피고가 자신은 소외인의 사망이라는 생명침해에 대해 책임이 없으므로, 이 사건에는 민법 제752조가 적용되지 않고, 따라서 원고들은 사망한 소외인의 위자료만 청구할 수 있을 뿐 원고들 고유의 위자료는 청구할 수 없다고 추가로 주장한 부분에 대해서, 민법 제752조는 예시적 열거규정에 불과하며 따라서 불법행위 피해자의 가족은 그 정신적 고통에 관한 입증을 함으로써 민법 제750조, 제751조에 의하여 위자료를 청구할 수 있다는 이유를 들어 이를 배척하였다.

3. 대상판결 요지

(1) 대상판결은 원심판결 중 피고 패소 부분을 파기하고 환송하였는데, 이러한 견해의 차이는 법리의 차이가 아니라 피고의 행위가 보인 불성실함의 정도에 대한 판단의 차이에서 비롯되었다.

(2) 대상판결은 먼저 해당 사안에 적용될 법리에 대해서 기존의 유사한 취지의 판결들보다 더욱 자세하게 설시하였는데 그 핵심은 다음 3가지로 요약할 수 있다.

(가) 의료진의 주의의무 위반 정도가 일반인의 처지에서 보아 수인한도를 넘어설 만큼 현저하게 불성실한 진료를 행한 것이라고 평가될 정도에 이른 경우라면 그 자체로서 불법행위를 구성하여 그로 말미암아 환자나 그 가족이 입은 정신적 고통에 대한 위자료 배상을 명할 수 있다.

(나) 수인한도를 넘은 현저히 불성실한 진료는 의료진에게 현저한 주의의무 위반이 있음을 전제로 하며 이에 대한 증명책임은 피해자에게 있다.

(다) 이 경우 인정되는 위자료는 환자에게 발생한 신체상 손해의 발생 또는 확대와 관련된 정신적 고통을 위자하는 것이 아니라 불성실한 진료 그 자체로 인하여 발생한 정신적 고통을 위자하기 위한 것이므로, 신체상 손해가 발생하지 않더라도 별도의 위자료를 인정하는 것이 사회통념상 마땅한 정도에 이르는 중대한 정신적 고통을 요한다.

(3) 이어서 대상판결은 소외인이 전원권고를 받고 원고 1의 부축을 받아 피고의 의원을 걸어 나왔다면, 피고가 소외인의 혈압 등을 측정하지 않았다

거나 이송 과정에 적극적으로 관여하지 않았다는 행위만으로는 피고가 일반인의 수인한도를 넘어설 만큼 현저하게 불성실한 진료를 행하였다고 보기 어렵다고 하여 위 법리가 적용되기 위한 요건의 충족을 부정하였다.

〔硏　　究〕

Ⅰ. 서　　론

다양한 법학의 분야 중에서 의료법학은 애달픈 가슴앓이로 가득 차 있다. 그 연구의 대상이 되는 의료행위는 지나치게 전문화되어 있어 일반적인 법률가는 접근하기조차 어렵고, 이를 극복하기 위하여 의료인의 도움을 받을 수 있는 길을 터주고 있는 감정제도는 종종 감정의견의 모호함으로 말미암아 그리 큰 도움이 되지 못한다. 이러한 상황에서 헌법상 기본권의 가치를 염두에 두고 私法의 일반원칙과 관련 법규정을 의료서비스의 분야에도 엄격하게 적용하려는 법률가들의 원칙론적 태도는 의료전문가들로부터 의료현실을 전혀 모르는 것으로 폄하되기 일쑤이다. 그렇다고 의료소비자인 환자 측으로부터 지지를 받는 것도 아니다. 어서 빨리 병마로부터 벗어나는 것에만 관심이 집중되어 있는 환자들에게는 법으로 요구되는 절차들이 번거롭고 귀찮을 뿐만 아니라 의료진의 자세한 설명은 오히려 정보의 과잉으로 인한 선택의 장애를 초래하는 부작용을 낳기도 한다. 특히 의사나 병원 측의 잘못으로 인해 자신들에게 불이익이 발생했다고 믿는 환자들은 그 구제절차 과정에서 끝을 알 수 없는 법리의 난해함과 증명의 어려움을 겪으면서 결과의 당부를 떠나 법에 대한 원망을 가슴에 품게 되는 것이다.[1)]

의료행위를 둘러싼 양 당사자들의 이와 같은 불만을 中庸의 道로써 잠재우기 위한 법원의 노력은 주로 의료행위의 구체적 특수성을 반영한

1) 1심과 2심 모두 승소하고서도 판단의 구체적인 근거조차도 친절하게 제시되어 있지 않은 너무나도 간략한 대상판결을 통하여 모든 것이 뒤집혀 버린 원고들의 입장을 한번 생각해 보라.

개별적 법리들을 새로이 만드는 것으로 나타나는데, 여러 가지 현실적 제약으로 인해 이러한 법리들에 관해 해당 판결에서 충분한 근거를 제공하지 못하는 아쉬움을 보이는 경우가 많다. 결국 이들에게 적절한 규범적 근거를 부여하고 이들을 기존의 일반적 법리와 체계적으로 조화시켜야 하는 과제는 학계가 떠안을 수밖에 없는 것이다. 대상판결이 제시하는 법리 또한 비록 새로운 것이 아니고 이미 대법원이 수차례 반복하여 판시한 것이지만,[2] 어떠한 규범적 논리로 이러한 결론을 정당화시킬 수 있는지에 대한 학문적 논의는 아직 부족한 상황이다.[3] 엄밀한 학문적 검증을 거치지 않은 개별 법리가 실무에서 무비판적으로 반복 적용되는 것은 오류의 위험성이라는 면에서 보더라도 바람직하지 않지만 무엇보다 체계 정합성이라는 관점에서 많은 문제를 자아낸다. 이와 관련하여 본고는 대상판결이 제시한 법리에 관해 다음과 같은 의문을 출발점으로 삼고자 한다. (ⅰ) 현저히 불성실한 진료행위가 악결과와 상관 없이 그 자체로 별도의 불법행위가 된다면 이를 구성하기 위한 피침해 법익이나 권리를 무엇으로 보아야 하는가?[4] (ⅱ) 여기서 일반인을 기준으로 한 수인한도론은 어떤 의미를 가지는 것인가? (ⅲ) 직접피해자인 환자 외에 간접피해자인 그 가족들에게까지 위자료 청구권을 인정하는 것에 이론적 근거가 있

---

2) 예컨대 대법원 2006. 9. 28. 선고 2004다61402 판결; 대법원 2009. 11. 26. 선고 2008다12545 판결; 대법원 2014. 2. 13. 선고 2013다77294 판결; 대법원 2018. 12. 13. 선고 2018다10562 판결.

3) 물론 전혀 없는 것은 아니다. 동 법리에 관한 논의를 전개하고 있는 논문으로서는 안법영/백경희, “의료과오소송에서의 성실진료의무와 수인한도”, 한국의료법학회지 제17권 제1호, 한국의료법학회(2009. 1.), 95면 이하; 류화신, “적절한 의료를 받을 기대와 손해배상책임 여부”, 의료법학 제13권 제1호, 대한의료법학회(2012. 6.), 397면 이하; 백경희, “불성실한 진료에 대한 의료민사책임의 법리 구성”, 법과 정책 제20집 제2호, 제주대학교 법과 정책 연구소(2014. 8.), 161면 이하; 전병남, “의사의 불성실한 진료행위로 인한 손해배상책임”, 의료법학 제15권 제2호, 대한의료법학회(2014. 12.), 317면 이하; 엄복현, “치료기회 상실로 인한 손해배상에 있어서 피침해법익”, 의료법학 제20권 제3호, 대한의료법학회(2019. 12.), 83면 이하 참조.

4) 이 문제는 또한 악결과가 발생하지 않았더라도 환자가 의사의 현저히 불성실한 진료를 이유로 하여 독자적 위자료 청구를 하는 것이 가능한가라는 문제와도 결부되어 있다.

는가? (iv) 계약관계에 있는 의사 측이 현저히 불성실한 진료를 한 것을 불법행위가 아닌 채무불이행으로 구성할 수는 없는가?

이하에서는 이 문제들에 대해 하나씩 논의해 가기로 한다. 그 과정에서 해당 법리의 모습이 보다 명확하게 다듬어지고 거기에 내포되어 있는 불합리한 점 또한 제거될 수 있기를 기대한다.

Ⅱ. 대상판결의 법리에 대한 의문들

1. 피침해 법익이나 권리의 특정

(1) 불법행위 성립요건으로서 법익 또는 권리의 침해 - 구체적 손해와의 구별

우리 민법은 제750조[5]에서 "고의 또는 과실로 인한 위법행위로 타인에게 손해를 가한 자는 그 손해를 배상할 책임이 있다."고 규정하고 있기에 얼핏 보면 고의 또는 과실로 인한 위법행위와 피해자의 (결과적) 손해 그리고 이들 간의 인과관계만 있으면 불법행위책임이 발생하는 것으로 이해될 수 있다. 대법원이 "의료진의 주의의무 위반으로 인한 불법행위의 책임을 묻기 위해서는 의료행위상 주의의무 위반, 손해의 발생 및 그 양자 사이에 인과관계가 존재한다는 점이 각 입증되어야 할 것"[6]이라고 하는 것도 아마 이러한 이해에서 비롯된 것으로 보인다. 그런데 여기서 말하는 손해가 무엇인지 분명하지 않다. 예를 들어 누군가 타인의 안면을 주먹으로 가격하여 그 타인의 코뼈를 주저앉혔다면 코뼈의 함몰이 제750조에서 말하는 손해인가 아니면 그로부터 발생하는 치료비, 일실이익, 육체적 또는 정신적 고통 등이 그것인가? 원하지 않은,[7] 법익상태의 불이익한 변경을 손해라 한다면[8] 위에서 말한 양자 모두 손해의 개념에 포섭

5) 이하 법명 없이 등장하는 조문은 우리 민법의 그것이다.

6) 대법원 2006. 9. 28. 선고 2004다61402 판결. 이외에도 대법원 2015. 3. 12. 선고 2012다117492 판결; 대법원 2012. 7. 12. 선고 2010다12296 판결 등 참조.

7) 스스로 원한, 법익 상태의 불이익한 변경은 손해가 아니고 비용이다.

8) 손해의 이러한 정의에 관해서는 Larenz, Schuldrecht I, 14. Aufl., 1987, S. 426; Looschelders, Schuldrecht AT, 21. Aufl., 2023, S. 386 참조.

될 수 있다. 그리하여 코뼈의 함몰을 1차 손해, 그로부터 결과적으로 발생하는 손해를 후속손해 또는 결과손해라고 부르기도 한다. 문제는 제750조의 조문에 두 번 등장하는 '손해'가 이들 중 어느 손해를 지칭하는 것인지이다.

이를 굳이 구별해야 하는 이유는 무엇보다도 인과관계와 고의 · 과실의 대상이 무엇인지 특정되어야 하기 때문이다. 불법행위 성립요건으로 요구되는 인과관계는 구성요건 요소로서 가해자의 행위와 피해자의 법익 · 권리의 침해 사이에서 문제되는 것이지 가해자의 행위와 치료비, 일실이익, 육체적 · 정신적 고통 사이의 문제가 아니다.[9] 그 이유는 인과관계 또한 고의 · 과실 판단의 요소가 되는데 고의 · 과실의 대상으로 되는 것이 1차 손해인 신체의 완전성이라는 법익의 침해이지 그로부터 발생하는 결과손해가 아니기 때문이다. 고의를 예로 든다면 코뼈의 함몰에 대한 인식과 인용을 의미하는 것이지 치료비를 비롯한 결과손해의 발생에 대한 인식과 인용을 의미하는 것이 아니라는 뜻이다. 만약 결과손해에 대해서까지 고의를 요구한다면 손해배상범위를 정하는 제393조는 아무 소용이 없는 규정으로 전락할 것이다. 물론 1차 손해와 결과손해 사이에 또다시 인과관계를 요구하는 경우도 있지만,[10] 우리 민법은 주지하다시피 이 문제를 제393조에서 通常性과 예견가능성의 문제로 다루고 있을 뿐, 별도로 인과관계의 문제로 다루고 있지 않다.[11]

손해를 이렇게 두 가지로 구별하여 이해한다면[12] 제750조는 다음과

9) 이러한 인과관계를 책임설정적 또는 책임발생단계에서의 인과관계라 칭할 수 있다.

10) 이러한 인과관계를 책임충족적 또는 책임이행단계에서의 인과관계라 칭할 수 있다.

11) 그러므로 손해배상의 범위와 관련하여 상당인과관계 운운하는 견해들은 우리 민법의 규정을 무시한 채 독일의 이론에 기대고 있는 바람직하지 않은 모습을 보여주는 것이다. 상당성 이론(상당인과관계론)을 취하고 있는 독일에서 통상손해 · 특별손해의 구별이 아예 없다는 점은 민법 제393조를 상당인과관계론으로 이해하려는 견해의 허구성을 잘 드러내는 것이라 하겠다.

12) 본고에서와 같이 법익침해와 구체적 손해를 구별하는 견해로 김천수, "손해배상책임 논의의 체계에 관한 일고찰", 양창수교수 고희기념 논문집, 「자율과 정의의 민법학」, 박영사, 2021, 285-286면; 엄복현, "치료기회 상실로 인한 손해배상에 있어서 피침해법익", 의료법학 제20권 제3호, 대한의료법학회(2019. 12.), 85-86면 참조.

같이 읽혀야 한다. "고의 또는 과실로 인한 위법행위로 타인의 법익이나 권리를 침해한 자는 그로부터 발생하는 손해를 배상할 책임이 있다."[13] 이러한 관점에서 보면 피해자의 법익 또는 권리의 침해는 제750조 불법행위책임이 발생하기 위해 가장 먼저 필요한 요건으로 등장하게 되는 것이다. 이는 특정한 법익이나 권리의 침해에 한정되어 있지 않다는 점에서 독일 민법 제823조 제1항과 다르며,[14] 다른 한편 채무불이행으로 인한 손해배상책임의 성립요건으로 채무불이행 즉 채무자에 의한 채권침해(권리의 침해)가 그로 인한 결과적 손해와는 별도로 요구된다는 점에 상응하는 것이다.

(2) 대상판결 법리와 관련하여

(가) 기존 논의들에 대한 검토

그렇다면 대상판결이 일반인의 수인한도를 넘는 현저히 불성실한 의료진의 진료행위가 있는 경우 그로 인해 환자에게 악결과가 발생했는지 여부를 묻지 않고 그 자체로써 독립적인 불법행위가 된다고 할 때에 과연 환자의 어떠한 법익이나 권리가 침해되었다고 전제하는 것일까? 아쉽게도 대상판결은 이 중요한 문제에 대해 아무런 언급도 하지 않고 있다. 그래서 문헌에서는 외국의 예에 따라 연명 이익(연명 가능성),[15] 적절한 진료를 받을 기대(권),[16] 치유 가능성(치유기회의 상실)[17] 등이 이 경우 불법행위로

---

13) 배상의 구체적 대상이 되는 후자의 손해와 관련하여 비로소 재산적/비재산적 손해, 적극적/소극적 손해 등과 같은 손해 종류의 구별이 등장하는 것이다.

14) 독일 민법 제823조 제1항은 피침해 법익으로 생명, 신체, 건강, 자유라는 인격적 법익만을 들고 있으며 또 피침해 권리를 소유권 및 (이와 유사한) 기타 권리로 한정하고 있다.

15) 예전 일본에서 이러한 견해를 취하는 하급심의 판결례가 있었고[이에 관해서는 米村滋人, 医事法講義, 日本評論社, 2016, 153면과 송영민, "기대권침해론에 관한 일본의 최근 동향", 의료법학 제14권 제1호, 대한의료법학회(2012. 6.), 212-213면 참조], 국내에서도 하급심 중 이러한 견해를 취하는 판결이 존재한다(예컨대 서울고등법원 2001. 7. 3. 선고 2000나15366 판결).

16) 이러한 입장을 취하는 국내의 견해로는 전병남, "의사의 불성실한 진료행위로 인한 손해배상책임", 의료법학 제15권 제2호, 대한의료법학회(2014. 12.), 328면. 적절한 치료를 받을 (주관적) 기대 대신에 적절한 치료를 받을 (객관적) 이익에 초점을 맞추는 견해(엄복현, "치료기회 상실로 인한 손해배상에 있어서 피침해법익", 의료법학 제20권 제3호, 대한의료법학회(2019. 12.), 127-128면)도 큰 범위에서 이에 포함될 수 있다.

침해되는 환자의 독자적 법익이나 권리로 거론되고 있는 실정이다.

먼저 연명 이익이 환자에게 발생한 악결과와 구별되는 별도의 보호법익이 될 수 있는가부터 살펴본다. 의료과오 없이 적절한 진료가 행해졌다고 가정하더라도 환자의 생존 가능성은 인정되지 않지만 그 사망시기가 늦춰질 수 있었을 것이라고 인정된다면 의료과오로 인해 최소한 환자의 연명 이익이 침해되었다고 보는 견해이다. 그런데 이러한 견해는 우선 환자가 사망한 경우에 한해 인정될 수 있기에 그 적용범위가 지나치게 협소하다. 그뿐만 아니라 과연 생명의 보호와 연명 이익의 보호가 본질적으로 다른 것인가 하는 의문을 자아낸다. 엄밀히 보면 생명의 존부 그 자체와 생명의 존속기간의 문제는 다르다고 할 여지는 있지만, 통상 생명의 인위적 조기 단절을 생명침해로 본다면[18] 생명침해와 연명 이익의 침해는 불가분적으로 결합되어 있다고 보는 것이 옳다. 생명과는 별도로 연명 이익을 별도의 보호법익으로 본다면 기존에 생명침해로 다루어지던 불법행위는 결국 생명과 연명 이익이라는 두 가지 법익을 침해한 것으로 다루어져야 하고 손해 또한 그 각각의 침해로부터 별도로 발생하는 것으로 인정하여야 할 것인데 이것이 사리에 맞는 것인지 확신할 수 없다. 더군다나 연명 이익을 독자적인 법익으로 보고 그 침해로 인해 발생하는 손해를 배상토록 하기 위해서는 연명 가능했던 기간이 어느 정도인지가 결정적으로 중요한 역할을 할 것인데 사람의 생명작용이 가진 不可解, 不可測의 성질을 고려하면 이를 정확히 산정하는 것은 애초부터 불가능하다 할 것이다. 설사 이를 정확히 계산할 수 있다고 하더라도 과연 어느 정도의 생존기간 단축부터 (불법행위법상 유의미한) 연명 이익의 침해로 볼 것인지도 모호하다. 생존기간이 10분, 1시간 또는 하루 정도

17) 김용덕(編代), 주석민법, 채권각칙 6, 제5판, 한국사법행정학회, 2022, § 750 [불법행위의 제유형: 의료과오], 543-544, 546면(김천수 집필부분)과 류화신, “적절한 의료를 받을 기대와 손해배상책임 여부”, 의료법학 제13권 제1호, 대한의료법학회(2012. 6.), 412-414면에서는 치료기회의 박탈과 치료에 대한 기대의 침해를 동일한 것으로 보고 있는 듯하다.

18) 가령 이재상/장영민/강동범, 형법각론, 제13판, 박영사, 2023, 18면: “살해란 고의로 사람의 생명을 자연적 사기(死期)에 앞서서 단절시키는 것을 말한다.”

단축되었다는 것만으로 불법행위의 성립이 인정될 수 있는지, 만약 그러하다면 그러한 최단기의 연명 이익 단축으로부터 어떠한 구체적 손해가 발생하는 것인지 의문은 계속 일어난다. 이러한 점들을 생각한다면 적절한 진료를 받지 못하는 바람에 적절한 진료를 받았을 때보다 사망의 시기가 앞당겨졌다고 볼 수 있는 경우에도 그 부적절한 진료와 생명침해 사이에 인과관계가 부정되는 한 별도로 연명 이익이 침해되었다고 보기는 어려울 것이라 생각된다. 대법원도 2001. 11. 13. 선고 2001다50623 판결에서 환자의 간암을 제대로 진단하지 못하여 결과적으로 뒤늦게 치유불능 상태에서 상급병원으로 전원케 한 의사의 과오로 환자가 사망한 경우, 적기의 진단을 통한 치료의 경우에도 환자의 생존이 불분명한 상태에서 의사의 과오와 환자의 사망 사이에 인과관계를 인정할 수는 없지만 "피고의 위와 같은 진료상의 과실이 없었더라면 소외인은 간암을 좀 더 조기에 발견하여 그 진행상태에 따른 적절한 치료를 받을 수 있었을 것이고 그에 따라 비록 종국적으로 그 생명을 건지지는 못한다 할지라도 다소나마 생존기간을 연장할 수 있는 여지도 있었을 터인데, 피고의 위와 같은 과실로 인하여 간암의 조기발견 및 적절한 치료를 받을 기회를 상실함으로써 그러하지 못한 결과가 초래되었다 할 것이고 이로 인하여 소외인 및 그 가족들인 원고들이 정신적 고통을 받았을 것임은 경험칙상 분명하므로 피고는 금전으로나마 이를 위자할 의무가 있다."고 한 서울고등법원 2001. 7. 3. 선고 2001다50623 판결을 결론에서 긍정하면서도 진단 및 치료의 적기를 놓치게 한 의사의 과실만을 되풀이하여 강조할 뿐 굳이 생존기간의 연장과 관련된 원심의 판시사항에 관해서는 언급을 하지 않고 있는데 이 또한 이러한 의문이 작용한 결과가 아닐까 조심스레 짐작해본다.

다음으로 적절한 진료를 받을 기대(권)을 피침해 법익이나 권리로 보는 견해를 검토해 보기로 한다. 우선 환자가 가지는 이러한 주관적 기대가—이를 법익으로 구성하든 아니면 권리로 구성하든—의사의 진료의무 이행으로 인한 이행이익과는 별도로 법에 의해 보호될 독자적 법익인지 의심스럽다. 의사의 급부의무가 제대로 이행되지 않아 진료과오가 인정되는 경우에는 환자의 이러한 기대가 항상 침해되었다고 볼 수 있을 것이기 때문이다. 거꾸로 말하면 환자의 이러한 기대가 침해되었다는 것은 진료과오가 행해졌다는 것 이상도 이하도 아니다.[19] 이 점을 염두에 두면 이 견해는 의사의 진료상 과오만 있으면 그로 인한 별도의 법익·권리 침해를 곧바로 擬制한 채 불법행위를 구성하는 것으로 귀결될 수 있는 논리이기에 대상판결의 피침해 법익이나 권리가 무엇인지를 탐구하는 시도로는 알맞지 않은 것이라 하겠다. 또한 기대권이라 함은 통상적으로 "권리발생요건 중의 일부분만이 발생하고 있을 뿐이어서 남은 요건이 실현되면 장차 권리를 취득할 수 있다는 현재의 기대상태에 대하여 법이 주고 있는 보호"[20]를 일컫는 것인데, 의사로부터 적절한 진료를 받을 수 있을 것이라는 환자의 주관적 기대가 이러한 기대권의 어떠한 요건을 갖추었기에 권리로서 법적 보호의 대상으로 될 수 있는 것인지도 이해되지 않는다.

마지막으로 치유 가능성이나 치유 기회의 침해를 언급하는 견해를 고찰한다. 이들은 주로 가능성이나 기회 상실 자체를 법익침해로 보아 그로부터 발생한 손해를 배상해야 한다고 하는 견해로서 대상판결의 사안과 관련해서는 의사의 불성실한 진료로 말미암아 적절한 진료를 받아 치유될 수 있는 가능성이나 기회를 침해당한 것으로 본다. 엄격한 인과관계의 증명을 완화하기 위하여 기회상실 그 자체를 피침해 법익으로 보려고 하는 견해는 비단 의료과오의 경우뿐만 아니라 손해배상이 문제되는 여러 경우에 나타난다. Fleischer에 따르면 로또게임이나 우수현상광고 등에 참여하는 것이 주최 측의 과실로 이유 없이 배제되는 경우와 같은 이윤획득 기회의 상실, 의사의 의료과오와 관련된 치유기회의 상실, 변호사의 소송대리와 관련된 승소가능성의 상실 등이 특히 문제로 되고 있다.[21] 기회상실론에 관해 자세한 것은 별도의 기회에 살펴보기로 하고

---

19) 유사한 견해로 米村滋人, 医事法講義, 日本評論社, 2016, 154면.
20) 곽윤직/김재형, 민법총칙, 제9판, 박영사, 2013, 67-68면.

여기서는 치유 기회의 상실을 의료과오로 인한 의사의 불법행위책임을 성립시키는 피침해 법익으로 인정하는 것이 타당한지 여부만을 살펴보기로 한다. 먼저 연명 가능성과 관련하여 언급한 것과 마찬가지로 의사의 적절한 치료를 받았을 경우 치유 가능성이 어느 정도 되었을 것인지, 그리고 현실의 의료과오로 인하여 그러한 가능성이 어느 정도 낮아졌는지를 정확하게 파악하는 것은 至難한 일이다. 또한 의료과오로 인해 실제로 환자에게 발생한 악결과와는 인과관계를 부정하면서 다른 한편으로 의료과오로 인한 치유기회의 상실을 따로 떼어내어 이를 피침해 법익으로 인정하는 것은 논리적으로 매끈하지 못하다.[22] 치유의 기회가 바로 그러한 악결과 발생의 방지와 불가분적으로 연결되어 있기 때문이다. 게다가 치유라는 결과보다 그 과정이 법적으로 중요한 의료행위와 관련하여 치유 기회나 치유 가능성의 상실 또는 低下를 책임성립의 구성요건으로 등장시키는 것은 마치 의사의 의무를 결과발생의무로 보는 듯한 느낌을 주기도 한다. 따라서 치유 기회나 치유 가능성의 상실 또는 저하는 기껏해야 다른 법익이나 권리의 침해로 인한 후속손해의 단계에서 고려되는 불이익으로 보는 것이 옳을 것이다.

(나) 새로운 피침해 법익의 제시

이상 살펴본 바와 같이 기존에 피침해 법익·권리로 거론되던 후보들이 모두 탐탁지 않다면 이를 새로이 찾을 수밖에 없다. 현저히 불성실한 진료로 인해—특히 환자의 생명·신체·건강상의 악결과와의 인과관계가 부정되는 경우에—과연 환자의 어떤 법익이나 권리가 별도로 침해된 것으로 볼 수 있을까? 이를 특정하기 위해서는 일단 대상판결 및 그와 유사한 판시를 한 그간의 대법원 판결들이 어떠한 사안들에 대해 이러한

21) Fleischer, Schadensersatz für verlorene Chancen im Vertrags- und Deliktsrecht, JZ 1999, 766, 767 참조.

22) 엄복현, "치료기회 상실로 인한 손해배상에 있어서 피침해법익", 의료법학 제20권 제3호, 대한의료법학회(2019. 12.), 113면에서는 "의사의 과실 있는 진료행위와 생명·신체침해 사이에 인과관계를 인정하지 않으면서 의사의 과실 있는 진료행위와 치유가능성 사이에는 인과관계를 인정한다고 하는 것은 결국 인과관계를 교묘하게 우회하고 있는 것과 다름없다."고 한다.

법리를 전개했는지 분석해 볼 필요가 있을 것이다.

앞서 서술한 바 있듯이 대상판결은 의사가 호흡곤란과 가슴통증을 호소하는 환자의 활력징후를 살펴보지도 않은 채 환자 스스로 택시를 타고 상급병원으로 갈 것을 권유했을 뿐 구급차를 부르는 등 환자의 이송과정에 전혀 관여하지 않은 사안에 대한 것이다. 그리고 대법원 2018. 12. 13. 선고 2018다10562 판결은 응급실을 떠난 지 대략 7시간 정도 지난 후 같은 증상으로 재차 응급실을 방문한 환자에게 동일한 처치만 반복했을 뿐 전해질 검사와 동맥혈가스 분석 등 대사성산증(代謝性酸症)에 대응하는 처치를 지체하여 결국 사망에 이르게 한 사안을 다루고 있다. 또 대법원 2014. 2. 13. 선고 2013다77294 판결에서는 산모의 양수에 태변이 착색되어 있어 태아의 산증(酸症)이나 心音異常의 염려가 있었고 산모 또한 임신성 고혈압의 우려가 있는 고위험 상태였는데 분만 준비 중 태아의 심박동수를 자주 확인하지 않았고 담당 의사도 분만 직전에야 병원에 도착한 경우로 분만 과정에서 태아가 사망한 사안이 문제되었다. 마지막으로 대법원 2006. 9. 28. 선고 2004다61402 판결에서는 전신마취하에 충수돌기 절제 수술을 받은 10세가량의 남아가 수술 후 마취 회복기간이 경과하도록 기면(嗜眠) 또는 혼미의 의식 상태에 있었음에도 그 호흡 정지시까지 당직의나 집도의로부터 제대로된 처치를 받지 못한 사안이 다루어졌다. 이러한 사안들에서 모두 진료과오와 환자의 사망 사이에 인과관계가 부정되었고, 결국에는 별도의 불법행위 성립을 위하여 의료진이 일반인의 수인한도를 넘어서 현저하게 불성실한 진료를 하였는지 여부가 문제로 되었던 것이다.[23)]

이상 살펴본 사안들에 나타난 공통점을 추려보면 의료진이 행한 진료과오의 초점이 문제된 사안의 진료가 현대의학의 수준에 비해 지나치게 낙후되었다거나 아니면 의료진이 의료기술의 적용에 불완전함을 보였다는 등과 같은 점에 맞추어져 있지 않고, 오히려 의료진의 불성실이

23) 대법원은 결론적으로 위 모든 사안에서 이를 부정하였다.

나 무성의, 무관심에 맞추어져 있다는 점을 알 수 있다. 즉 환자의 질병에 대해 의학적 처치를 하는 것 외에도 의료진은 진료과정에서 환자의 고통을 진지하게 받아들이고, 병이나 상해로 인해 몸과 마음이 허약해져 오로지 자신만을 바라보고 있는 환자를 같은 인간으로서 세심히 배려하고 보호해야 하는데 이를 소홀히 한 것이 쟁송의 종국적 원인이 되었을 것으로 보인다. 이러한 의료진의 행태의무는 의료계약 또는 신의칙에 기해 인정된다고 할 수 있을 것이며, 불법행위책임과 관련해서는 의료진이 계약 또는 선행행위를 통해 인수한 것으로 파악될 수 있을 것이다.[24)]

그렇다면 진료에 임하는 의료진의 이와 같은 불성실한 태도로 인해 직접 침해되는 환자의 법익은 무엇일까? 환자의 생명, 신체나 건강 등에 실제로 나타난 악결과와는 인과관계가 부정되므로, 결국 남는 것은 환자의 다른 인격적 이익[25)]일 것이다. 환자의 고통에 無感하고 환자의 목소리에 귀 기울이지 않는 의료진의 행태로 인해 환자가 인간으로서 존중받지 못하고 있다는 모멸감을 느꼈다면 이는 진료 과정에서 보호받고 배려받아야 한다는 환자의 인격적 이익이 침해된 것으로 구성할 수 있으리라 생각한다.[26)] 비단 위 판결들의 사안뿐만 아니라 예컨대 예약한 환자

24) 계약 등을 통한 임무의 인수로 인한 일반생활상 보호의무(Verkehrspflicht)에 관해서는 Larenz/Canaris, Schuldrecht, II/2, 13. Aufl., 1994, S. 410 참조.

25) 원래 "일반적 인격권"이라는 개념은 독일 법학이 만들어 낸 개념으로, 독일 민법 제823조 제1항이 생명, 신체, 건강 또는 자유라는 법익이 침해되거나 소유권이 또는 그 유사의 권리가 침해된 경우에 한해서 불법행위책임을 인정하고 있는 한계 때문에 앞서 열거된 4가지 법익 이외의 인격적 법익을 보호하기 위해서 이들을 소유권 유사의 권리의 내용으로 만들어야 했기에 창안했던 것이다. 이와 달리 우리 민법 제750조는 피침해 법익이나 권리의 종류에 대해 열려있는 개방적 구성요건을 취하고 있기에 초상권, 성명권 등과 같이 그 구체화가 상당히 진척되어 이제는 권리의 지위를 가진다고 할 수 있는 것을 제외한 다양한 인격적 이익을 "일반적 인격권"이라는 추상적 개념 밑으로 집결시킬 필요는 없다고 생각한다. 그러므로 관성적으로 인격"권"이라는 용어를 사용하는 것은 자제할 필요가 있다. 예컨대 명예라는 것은 인격적 이익일 뿐 지배권에 속하는 인격권의 대상이 될 수는 없다. 나의 명예는 타인들의 관념에 존재하기에 나의 지배를 벗어나 있기 때문이다. 따라서 "명예권"이라는 용어의 사용도 삼가할 일이다.

26) 물론 피침해 법익·권리를 인격권으로 보는 견해들도 이미 있으나 이들은 한결같이 그 구체적 내용을 "적절한 치료를 받을 이익"(엄복현, "치료기회 상실로 인한 손해배상에 있어서 피침해법익", 의료법학 제20권 제3호, 대한의료법학회

로 하여금 지나치게 오래 기다리게 한다든지, 진료시 탈의 등으로 인한 수치심을 고려하는 조치가 전혀 없다든지, 환자를 몇 번 호출하여도 대답이 없자 자진 귀가한 것으로 생각하고서 대기실에 혼절한 상태로 있던 환자를 찾지 않는다든지 하는 것,[27] 수액 투여 중인 환자가 있다는 사실을 깜빡하고 의료진 모두 퇴근해버리는 것[28] 등은 모두 이러한 이익을 침해한 것이라 할 수 있다. 私法상 인격적 이익의 보호가 인간의 존엄 및 행복추구권을 보호하는 헌법 제10조에 기초하고 있다는 사실을 고려한다면 치유 이익과는 구별되는 환자의 인격적 이익 또한 진료과정에서 보호될 필요가 있는 것이다. 피침해 법익을 이렇게 인격적 이익으로 파악하면 대상판결이 왜 일반인의 수인한도라는 척도를 언급하고 있는지 쉽게 이해할 수 있게 된다. 이에 대해서는 목차를 바꾸어 서술하기로 한다.

2. 受忍限度論의 의미– 위법성의 적극적 심사[29]

수인한도(참을 한도)가 민법에서 그것도 불법행위와 관련하여 자주 언급되는 경우는 대개 이른바 소음, 진동, 악취 등을 통한 생활방해(Immission), 일조 이익의 침해 또는 인격권의 침해 등과 같은 경우이다. 이러한 사안들에서 수인한도는 적극적 위법성 심사의 척도로 기능한

(2019. 12.), 126-129, 131-132면 참조)이나 "적절한 의료에 대한 환자의 기대권"(송영민, "기대권침해론에 관한 일본의 최근 동향", 의료법학 제14권 제1호, 대한의료법학회(2013. 6.), 227-229면 참조)으로 파악하고 있기에 본고의 주장과는 그 맥이 다르다.

27) 2023. 12. 13. 강원대학교 응급실에서 실제로 있었던 일로 환자는 대기실에서 뒤늦게 심정지 상태로 발견되었다. 메디컬투데이(https://mdtoday.co.kr/news/view/1065599128115481, 2024. 4. 7. 최종방문) 참조.

28) 이 또한 실제 사건이다. 메디컬투데이(https://mdtoday.co.kr/news/view/1065603019343566, 2024. 8. 7. 최종방문) 참조.

29) 수인한도론을 앞서 언급한 의사의 행태의무의 내용과 정도를 구체적으로 정하는 구성요건 요소로 파악하는 것도 물론 가능하지만(예컨대 독일에서는 일반생활상의 보호의무인 Verkehrspflicht의 구체화 및 그 위반 여부를 구성요건 요소로 보는 경우가 많음. 가령 Larenz/Canaris, Schuldrecht, II/2, 13. Aufl., 1994, S. 368; MüKoBGB/Wagner, 9. Aufl., 2024, BGB §823 Rn. 494; Raab, "Die Bedeutung der Verkehrspflichten und ihre systematische Stellung im Deliktsrecht, JuS 2002, 1041, 1047 참조), 위법성의 요소로 보는 것이 그간 국내 논의의 맥락에 더욱 맞을 것으로 보인다.

다.[30] 사람들이 좁은 도시에 오밀조밀 모여서 살아가고 있다는 현실을 감안할 때 그와 같은 법익이나 권리에 대한 어느 정도의 침해는 불가피한 것이며 따라서 그로부터 발생하는 불이익은 소위 일반생활상의 위험(allgemeines Lebensrisiko)[31]으로서 그 주체에게 스스로 감수케 하는 것이 옳다는 사고에서 출발한 이론이다. 공동체를 이루어 살아가는 사회생활에서 타인이 발생시키는 소음이 전혀 없는 상태나 타인으로부터 아무런 정신적 고통을 받지 않는 상태를 절대적으로 요구할 수는 없는 일이기 때문이다. 한 치의 양보도 없이 자신의 권리만을 관철하려 한다면 수많은 사람들이 저마다 주장하는 수많은 권리들 사이의 끊임없는 충돌로 인해 결국에는 공동체가 파멸될 것임은 명약관화하다. 이는 행사되거나 침해되었다고 주장되는 권리나 법익의 형태가 아직 충분한 명확성을 띠지 못하고 있는 경우에 더욱 그러할 것이다. 그러므로 수인한도라는 것은 이러한 권리들 간의 완충지대로서 그 범위 내에서 행해지는 침해행위에는 위법성을 인정하지 않고 금지하지도 않겠다는 규범정책적 판단의 산물이다.[32]

수인한도론에 관한 이러한 이해를 바탕으로 하여 앞서 서술한 바와 같이 대상판결 사안의 피침해법익을 진료과정에서 의료진으로부터 인간으로서 존중받고 배려·보호받을 환자의 인격적 이익으로 본다면 대상판결이 왜 일반인의 처지에서 판단한 수인한도의 초과를 요구하고 있는지 이해할 수 있을 것이다.[33] 특히 우수한 국민건강보험과 보험회사의 뛰어난

---

30) 예컨대 대법원 2021. 9. 30.자 2020마7677 결정; 대법원 2015. 10. 29. 선고 2008다47558 판결; 대법원 2004. 10. 28. 선고 2002다63565 판결 등 참조.

31) 이에 관한 간략한 정리로 Lange/Schiemann, Schadensersatz, 3. Aufl., 2003, S. 145 ff.; MüKoBGB/Oetker, 9. Aufl. 2022, BGB § 249 Rn. 194 ff. 참조.

32) 수인한도론에 대한 유사한 이해로 김천수, "손해배상책임 논의의 체계에 관한 일고찰", 양창수교수 고희기념 논문집, 「자율과 정의의 민법학」, 박영사, 2021, 291-292면 참조.

33) 그러나 엄복현, "치료기회 상실로 인한 손해배상에 있어서 피침해법익", 의료법학 제20권 제3호, 대한의료법학회(2019. 12.), 106면은 판례의 수인한도론에 반대를 표하고 있다. 양창수, 2006년 중요판례분석 민법-채권편, 분야별 중요판례분석, 2007, 법률신문사, 42면에서는 대상판결과 비슷한 판시를 하고 있는 대법원 2006.

마케팅으로 인해 과도하게 보급된 실손보험으로 인하여 병원을 찾는 환자 수가 지나치게 많은 우리나라의 의료현실[34]에서 격무에 시달리는 의료진에게 최신 의료기술을 정확하게 적용하는 것을 넘어 환자에 대한 섬세한 배려와 보호까지 완벽하게 요구하는 것은 비현실적이다. 진료의 효율과 신속을 위해 때로는 환자의 질문을 무시할 수도 있고, 조금은 권위적인 언사를 쓸 수도 있는 것이다. 진료 과정에서 조금이라도 기분이 상한 환자가[35] 제대로 된 배려나 보호를 받지 못했다고 주장하며 인격적 이익 침해를 이유로 위자료를 청구할 수 있다고 한다면 의료진은 본연의 치료행위보다 오히려 환자의 비위 맞추기에 더욱 신경을 쓰게 되는 本末顚倒의 현상이 발생할 우려가 크다. 더군다나 환자에 대한 인간적 존중, 배려, 보호와 같은 인격적 이익은 피침해 법익으로서 어느 정도 모호함을 가진 개념들이기에 단순히 그 침해만으로 위법성이 징표된다고 할 수는 없고, 침해 태양이나 침해 정도에 입각하여 위법성을 적극적으로 심사하는 것이 필요하다.[36] 물론 이때 침해될 수 있는 법익이나 권리의 종류, 그 침해의 가능성 정도, 이를 방지하기 위한 비용, 의사와 환자의 구체적 상황이나 능력 등 제반사정이 두루 고려되어야 할 것이다. 이러한 고려의 결론으로 대법원은 진료의 목적과 직접 관련되어 있지 아니한,

---

9. 28. 선고 2004다61402 판결에 대해 평석하면서 (수인한도를 넘는) 현저하게 불성실한 진료를 행한 경우에 한정하여 의사 측의 불법행위책임을 인정하는 근거에 대한 설시가 없음을 안타까워하고 있다.

34) "한국인의 의료 서비스 이용률은 눈에 띄게 높은 추이를 유지하고 있다. 경제협력개발기구(OECD) 건강 통계에 따르면 우리나라는 8년째 OECD 회원국 중 국민 1인당 연간 의사 진료 횟수가 가장 많다. 우리나라는 다약제 약물 복용 노인 비율은 세계에서 가장 높고 병원 내 CT, MRI 등 첨단 의료 장비 보유율도 높은 편이며, 인구 대비 병상수는 2위, 병상수 증가율은 세계 1위다." 헬스컨슈머, 2003. 2. 7. 기사(http://www.healthumer.com/news/articleView.html?idxno=8176, 2024. 4. 9. 최종 방문).

35) 예컨대 의사로부터 반말을 들은 경우.

36) 이른바 결과불법론과 행위불법론의 절충으로 부작위에 의한 침해나 간접침해 또는 피침해 법익이나 권리가 불명확한 경우에는 위법성의 적극적 심사가 필요하다는 것이 현재 독일의 일반적 견해이다. 이에 관해서는 Spickhoff, "Die Grundstruktur der deliktischen Verschuldenshaftung", JuS 2016, 865, 870 f. 참조.

환자에 대한 존중이나 배려·보호의 부족으로 인한 환자의 인격적 이익의 침해에 대해서는 일반인의 처지에서 보아 더 이상 참을 수 없는 정도의 침해가 있는 경우에만 위법성을 인정하겠다고 선언한 것으로 보인다.[37] 이것은 다른 면에서 보면 환자를 존중하고 그의 인격적 이익에 대한 배려나 보호를 베풀 의사의 행태의무의 내용을 상당히 제한적으로 인정하겠다는 취지를 드러내는 것으로 우리나라의 의료현실을 고려한 적절한 방향이라 하겠다.

이렇게 위법성이 적극적으로 심사되어야 하는 경우 법익 침해행위만으로 위법성이 곧바로 징표되지 않으므로 불법행위를 주장하며 손해배상을 청구하는 환자 측에서 이를 증명하는 것이 이론상 옳을 것이며 대상판결 또한 마찬가지 태도를 취하고 있다.

3. 가족들의 위자료청구권?

(1) 구성요건 원칙(Tatbestandsprinzip)

손해배상청구권을 가지는 자는 원칙적으로 직접피해자에 한정된다. 여기서 직접피해자라 함은 가해행위로 침해된 법익이나 권리의 주체를 의미한다. 이에 속하지 않으면서 결과적으로 손해를 입은 간접피해자는 계약이나 법률규정에 의해 예외가 인정되지 않는 한 손해배상청구권을 행사할 자격이 없다.[38] 이러한 제한을 두지 않으면 사회 구성원 서로 간의 이해관계가 복잡하게 얽히고설켜 있는 오늘날 하나의 가해행위로 결과적 손해가 그 주체를 변경하면서 꼬리에 꼬리를 물고 일어날 수 있어 가해행위를 한 자에게 지나치게 가혹한 결과가 초래될 수 있기 때문이다. 그러므로 가령 과실로 교통사고를 일으켜 사람을 다치게 한 자는 원

---

37) 물론 별도로 독립하여 보호되고 있는 환자의 신체에 대한 자기결정권이나 건강정보에 관한 비밀 등과 같은 인격적 이익의 경우에는 그 보호법익이 비교적 명확하게 모습을 갖추고 있으므로 여기에서 말하는 인격적 이익에는 포함되지 아니한다.

38) Esser/Schmidt, Schuldrecht I/2, 8. Aufl., 2000, S. 258; MüKoBGB/Oetker, 9. Aufl. 2022, BGB § 249 Rn. 281; 송덕수, 채권법각론, 제6판, 박영사, 2023, 638면 참조.

칙적으로 바로 그 피해자에 대해 계약상 또는 법률상 청구권을 가진 사람들이 그 사고로 인해 어떤 불이익을 입었다고 하여 이것까지 배상할 필요는 없다.

간접피해자의 손해배상청구권을 원칙적으로 배제하는 것은 어찌 보면 법논리상 지극히 당연하다. 손해배상청구권을 발생시키는 대표적인 법률요건으로 채무불이행과 불법행위를 들 수 있을 터인데 채무불이행으로 인한 손해배상은 채권의 상대성으로 인해 불이행된 채무에 대해 이행청구권을 가지는 자, 즉 채권자에게만 인정될 수 있을 뿐이다. 불법행위로 눈을 돌려도, 불법행위로 인한 손해배상을 내용으로 하는 법정채권관계가 발생하기 위해서는 원칙적으로 그 당사자 간에 민법 제750조의 모든 요건이 충족되어야 할 것인데, 앞서 이미 고찰 한 바와 같이 동조의 조문을 이해한다면[39] 일단 가해행위로 인해 자신의 법익이나 권리가 침해된 자만이 구성요건에 포섭될 수 있을 것이다. 이에 더하여 가해자의 고의나 과실이 결과적 손해가 아닌, 법익이나 권리의 침해에 정향된 것이라는 점을 분명히 한다면 특별한 사정이 없는 한 직접피해자가 아닌 제3자의 권리나 법익 침해에 대해서까지 가해자의 고의나 과실이 미칠 가능성이 거의 없음을 알 수 있다. 따라서 불법행위의 경우에도 직접피해자만이 손해배상청구권을 가진다고 하는 원칙은 타당한 것이다.[40] 이렇게 보면 트럭 운전자가 후진 중 전신주를 충격하여 전선이 절단되는 바람에 그 전선을 통해 전기를 공급받던 공장이 갑작스런 정전으로 말미암아 손해를 입게 되었고 그 손해 중 어느 범위까지 트럭 운전자에게 배상책임이 있는가의 문제에 대해 답을 준 대법원 1996. 1. 26. 선고 94다5472 판결이 트럭 운전자와 공장주 사이에 민법 제750조의 요건이 충족되었는지 여부를 전혀 검토하지 않은 것은 잘못이라 하겠다. 대법원은

39) 위 Ⅱ. 1. (1) 참조.

40) 이러한 관점에서 보면 민법 "제750조가 일반조항으로서 넓은 포섭범위를 가짐에 비추어" 간접피해자에게도 원칙적으로 손해배상청구권이 인정된다고 하는 지원림, 민법강의, 제21판, 홍문사, 2024, 826면의 서술은 설득력이 떨어진다.

이 문제를 한국전력공사에 대한 소유권 침해로 인한 결과적 손해의 배상범위에 관한 제393조의 문제로 보았는데, 이러한 오해는 주체가 동일한 직접손해/간접손해의 문제와 그 주체가 다른 직접피해자/간접피해자의 개념을 제대로 구별하지 못하고 혼동한 데에서 비롯된 것으로 보인다.[41)]

(2) 민법 제750조에 기한 가족들의 위자료 청구권?

예외적으로 간접피해자에게 직접 손해배상청구권을 부여하고 있는 대표적 법규정이 민법 제752조인데 이는 위에서 설명한 구성요건 원칙의 예외에 해당한다. 만약 이 규정이 없다고 가정하면 가해자와 피해자의 유족(직계존속과 직계비속 및 배우자) 사이에 민법 제750조의 모든 요건이 충족되었는지 여부를 따져서 이것이 긍정되는 경우에 한하여 비로소 그 유족들에게 위자료청구권이 인정될 것이다. 그런데 이 경우 유족의 피침해 법익이나 권리가 무엇인지도 애매하고, 설령 그것이 특정될 수 있다고 하더라도 그 침해에 대해서까지 가해자의 고의·과실이 미치는지도 모호하다. 이렇게 제750조를 통하여 간접피해자인 유족들에게까지 직접 위자료청구권을 인정하는 길에는 여러 난관이 도사리고 있다. 제752조는 바로 이러한 어려움을 일거에 해소하고 제750조의 요건 충족 여부를 묻지 않고서 곧바로 간접피해자인 유족들에게 위자료청구권을 인정해주는 역할을 하는 중요한 규정이다.[42)] 그러므로 대법원이 민법 제752조를 단순히 유족의 정신적 고통에 대한 증명책임을 경감시켜주는 규정으로만 이해하는 것은[43)] 적절치 못하다.

---

41) 대법원은 위 판결에서 그 적용 법리에 관해 "불법행위의 직접적 대상에 대한 손해가 아닌 간접적 손해는 특별한 사정으로 인한 손해로서 가해자가 그 사정을 알았거나 알 수 있었을 것이라고 인정되는 경우에만 배상책임이 있다고 할 것인바"라고 설시하고 있는데 해당 사안에서는 직접피해자에게 생긴 간접손해의 배상이 아니라 간접피해자에게 생긴 직·간접손해의 배상이 문제로 되었음을 주의하여야 한다.

42) 민법 제752조에 대한 비슷한 이해로는 송덕수, 채권법각론, 제6판, 박영사, 2023, 645면 참조.

43) 예컨대 대법원 1978. 1. 17. 선고 77다1942 판결: "민법 제752조는 생명침해의 경우에 있어서의 위자료 청구권자를 규정하고 있으나 이는 위와 같은 위자료 청구권자를 제한하려는 것이 아니라 동조에 규정된 자들은 그 정신적 고통에 관한 거

대상판결의 사안에서는 직접피해자인 소외인의 사망과 피고의 진료과오 사이에 인과관계가 부정되었으므로 피고가 소외인의 생명침해에 대해 책임을 져야 하는 상황은 아니다. 그러므로 민법 제752조는 애초부터 적용될 여지가 없다. 그래서 원심은 제750조에 기해 유족인 원고들 고유의 위자료청구권을 인정하였는데, 대상판결은 결론에서는 이를 부정하였지만 그러한 위자료청구권의 성립이 가능하다는 법리 자체는 명확히 밝히고 있다.[44] 이러한 입장은 현저히 불성실한 진료로 인한 독자적 불법행위를 인정하는 다른 대법원 판결들에서도 마찬가지로 나타난다.

그러나 앞서 서술한 바와 같이 대상판결의 사안과 같은 경우에 피침해 법익을 진료 과정에서 인간으로서 존중받고 배려·보호받을 환자의 인격적 이익으로 본다면 이러한 이익의 침해로 인하여 환자 외에 그 가족들이 과연 어떠한 법익이나 권리를 침해당했다고 볼 수 있는지 의문이 든다. 물론 환자의 곁에서 환자의 고통을 함께 나눈 가족들의 애달픔과 斷腸의 悲哀를 모르는 바는 아니다. 하지만 이러한 가족들의 고통은 비단 의사의 무관심이나 배려 부족의 경우뿐만 아니라 폭행, 사고로 인한 상해, 부당해고, 명예훼손, 성폭행 등등 각가지 불법행위의 경우에 人之常情으로 나타나는 것으로 이해하여야 할 것이다. 이러한 감정으로부터 역으로 거슬러 올라가 억지로 가족들의 법익이나 권리침해를 구성할 성질의 것은 아니다.

또한 의료진이 진료과정에서 환자에 대한 존중과 배려·보호를 현저히 소홀히 하였다고 하여 이것이 곧바로 가족들의 (인격적) 법익에 대한 직접 침해로 된다는 것도 이해하기 어려운 점이다. 일찍이 대법원은 2017. 12. 22. 선고 2016다202947 판결에서 직장 내 성희롱 피해자를 가까이에서 도와준 동료 근로자를 부당하게 징계한 회사의 조치가 성희롱

증책임을 경감하는 데 불과하고 동조에 규정된 친족 이외의 친족에 있어서도 그 정신적 고통에 관한 입증을 함으로써 일반 원칙인 같은 법 제750조, 제751조에 의하여 위자료를 청구할 수 있다고 해석하여야 할 것인바(당원 1967. 9. 5. 선고 67다1307 판결 참조)".

44) 본고 제일 앞 [대상판결] 3. (2) (가) 참조.

피해자에 정신적 고통을 입혔다면 바로 그 피해자에 대한 불법행위가 된다고 하면서 그에게 위자료청구권을 인정한 적이 있다. 그러나 이 사안에 나타난 회사의 조치는 비록 겉으로는 동료 근로자를 향하고 있는 것이었지만 그 이면에서는 성희롱 피해자를 겨냥하고 있는 것으로 이해할 수 있는 것이었다. 회사가 행한 부당징계의 지향점이 동료 근로자뿐만 아니라 피해자까지 포함하는 것으로 볼 여지가 충분하였다는 점에서 그러한 법리를 대상판결의 사안과 같은 의료진의 행위에까지 유추할 수는 없다고 하겠다.

이러한 관점에서 본다면 대상판결이 가족들의 위자료청구권에 관해 내세운 법리는 법적으로 그 근거를 찾기 힘든 것이라 하겠다.[45] 이러한 사안에서 가족들은 간접피해자일 뿐 피고와의 사이에서 민법 제750조의 모든 요건을 충족시키는 직접피해자가 아니기 때문이다.

4. 계약법적 구성의 시도

(1) 필요성

대상판결은 현저히 불성실한 진료로 인해 별도의 불법행위가 성립함을 설시하고 있는데, 그와 같은 의료진의 행위가 동시에 채무불이행을 구성하는 것은 아닌지 궁금하지 않을 수 없다. 비록 의료계약에서 의사의 채무불이행 사실을 증명하는 것이 쉽지 않기에 채무불이행책임 구성의 利點이 그리 크지 않아 의료법인이나 의사의 불법행위책임을 묻는 경우가 많다고 하더라도 진료행위가 계약관계의 토대 위에서 행해진다는 본질을 무시해서는 안 된다.[46] 그렇기에 의료진의 채무불이행책임을 외

---

45) 현저하게 불성실한 진료행위로 인한 환자 가족의 위자료 청구권을 긍정하는 견해로는 전병남, "의사의 불성실한 진료행위로 인한 손해배상책임", 의료법학 제15권 제2호, 대한의료법학회(2014. 12.), 338-339면 참조. 이와 달리 본고와 결론에서 동일하게 가족의 위자료 청구권을 부정적으로 보는 듯한 견해로는 박영호, "설명의무위반 및 치료기회상실을 근거로 한 가족들의 독자적 위자료 청구권", 법조 제58권 제2호, 법조협회(2009. 2.), 55면 참조.

46) 의료과오와 관련하여 오히려 불법행위책임을 묻는 것에 더욱 선호를 보이는 견해도 있으나(가령 박지용, "의료사고 민사책임에 있어 계약법적 접근론에 대한 비

면하고 불법행위책임의 성립만을 인정하는 것은 오히려 本末이 전도된 것으로 볼 수 있으며,[47] 환자 측에도 책임추궁 근거의 선택권을 제한하는 결과로 된다.[48] 이하에서는 대상판결의 법리가 채무불이행책임으로 구성될 수 있는지 또 이를 위해 어떠한 변형이 이루어져야 하는지 등을 살펴보기로 한다.

(2) 계약으로 성립한 채권관계에서 인정되는 채무의 구조

계약으로 성립한 채권관계의 채무자가 부담하는 채무는 크게 급부의무와 부수적 행태의무로 나누어진다. 이러한 구별의 가장 큰 표지는 전자의 의무는 해당 계약이 추구하는 '현상의 변화'를 지향하는데 반하여 후자의 의무는 '현상의 유지'를 지향하는 것이라는 점에 있다.[49] 달리 말해 급부의무는 채권자에게 급부로 인한 이익을 제공하는 것이 목표라면 부수적 행태의무는 채권자의 권리나 법익 상태에 어떠한 불이익이 생기

판적 고찰", 서울법학 제21권 제3호, 서울시립대학교 법학연구소(2014. 2.), 406면 이하 참조) 이러한 견지를 취하는 입장에서 주로 보이는 이론적 과오는 채무의 내용과 주의의무를 혼동하고 있다는 점이다. 예컨대 의사가 진료시 "최선의 주의"를 기울여야 하는 것는 "선량한 관리자의 주의의무"의 내용으로서 과실의 척도가 되는 주의의무의 정도에 대한 것이지 계약에 의해 의사가 부담하는 채무의 직접적인 내용이 되는 것은 아닐 것임에도 이들을 동일한 것으로 보면서 그 결과 의사의 귀책사유에 대한 증명책임이 채무불이행의 경우와 불법행위의 경우에 형식상 달리 분배되어 있음에도 불구하고 전자의 경우 채무불이행 사실의 증명에 사실상 귀책사유에 대한 증명도 포함되어 있다고 오해하는 것이다(박지용, 앞의 논문, 409-410면 참조). 김용덕(編代), 주석민법, 채권각칙 6, 제5판, 한국사법행정학회, 2022, § 750 [불법행위의 제유형: 의료과오], 543면(김천수 집필부분)에서는 "진료의무의 불완전이행에 관하여 수단채무론을 도입해도 '이행의 불완전성'을 증명하는 것과 유책성을 증명하는 것은 다른 것이다."라고 하면서 결론에서는 본고와 같은 입장을 취하고 있다.

47) 일찍이 조규창, "채무불이행과 불법행위", 판례연구 제3권, 고려대학교 법학연구원(1984. 12.), 61-64면에서는 양자의 무제한 경합을 인정하고 있는 국내의 경향을 의사자치를 기초로 한 근대시민사회 생활의 결핍에서 오는 것이라 신랄하게 비판한 적이 있다.

48) 환자의 선택권을 위해 채무불이행책임으로의 법리구성의 길을 열어 놓아야 할 필요성이 있다는 견해로는 백경희, "불성실한 진료에 대한 의료민사책임의 법리 구성", 법과 정책 제20집 제2호, 제주대학교 법과 정책 연구소(2014. 8.), 181면 참조.

49) Looschelders, Schuldrecht AT, 21. Aufl., 2023, S. 4; BeckOK BGB/Sutschet BGB § 241 Rn. 15 참조.

는 것을 방지하는 것이 목표이다.[50)] 이러한 의미에서 후자의 의무를 보호의무라고 통칭하기도 한다.

급부의무 외에 이와 같은 보호의무가 발생하는 이유는 채권관계의 밀접성으로 인해 당사자들 사이에는 서로의 법익이나 권리를 침해할 수 있는 영향력이 커지기 때문이다.[51)] 예컨대 일방이 상대방의 지배영역인 가게나 집으로 들어가야 하는 상황이 있을 수 있으며, 반대로 상대방이 톱이나 망치 등과 같이 위험한 물건을 들고서 나의 주거 안으로 들어와야 하는 상황도 있을 것이다. 또 자신의 개인정보를 상대방에게 알려주어야 하는 경우도 요즈음 종종 발생한다. 이렇게 증가한 상대방의 영향력을 염려하지 않고 사람들이 서로 간의 신뢰 하에 채권관계를 자유롭게 형성할 수 있도록 하기 위해서는 그러한 침해 영향력의 증가에 걸맞은 보호 · 배려의무가 당사자들 사이에서 인정될 필요가 있는 것이다.

통상 급부의무의 이행에 대해서는 채권자가 訴求할 수 있지만 부수적 행태의무(보호의무)의 이행에 대해서는 채권자가 원칙적으로 소구할 수 없다고 한다.[52)] 부수적 행태의무에 대해 채권자가 독립적으로 그 이행을 소구할 수 없다는 이유는 그 의무의 내용이 事前에 미리 확정되어 있지 않기 때문이다.[53)] 부수적 행태의무는 계약이나 신의칙에 기해 성립하는데, 개개의 채권관계 내에서 당사자 간의 구체적 사정, 예컨대 계약이 추구하는 목적, 급부의 구체적 내용, 당사자들의 직업이나 연령과 능력, 당사자들 사이의 협력 필요성 등에 따라 보호의 필요성 여부와 그 정도가 달라지기 때문에 특정된 내용으로 확정되어 존재하는 것이 아니라 오히려 그것이 보호하려는 권리나 법익이 침해되고 나서야 비로소 그 의무의 위반을 알 수 있다는 것이다. 다만 근로계약에 의해 발생하는 사용자의

---

50) Kötz, Vertragsrecht, 2, Aufl., 2012, S, 207 참조.

51) BeckOK BGB/Sutschet BGB § 241 Rn. 90 참조.

52) Larenz, Schuldrecht I, 14. Aufl., 1987, S. 11; Looschelders, Schuldrecht AT, 21. Aufl., 2023, S. 10; BeckOK BGB/Sutschet BGB § 241 Rn. 91; 송덕수, 채권법총론 제6판, 박영사, 2021, 55면 참조.

53) 이에 관해서는 Larenz, Schuldrecht I, 14. Aufl., 1987, S. 12 참조.

보호의무와 같이 이미 그 내용이 상당히 구체화되어 있는 경우에는 예외적으로 소구가능성이 인정되기도 함을 주의해야 한다.[54)]

이상 서술한 채무의 내용과 혼동하지 말아야 할 것은 주의의무이다.[55)] 민법상 과실의 원칙적 모습은 추상적 경과실로서 이는 이른바 선량한 관리자의 주의의무 위반을 의미하는 것이다.[56)] 이때 언급되는 주의의무는 급부의무나 보호의무의 이행시 채무자가 기울여야 하는 내심의 긴장을 의미하는 것으로 급부의무나 보호의무와 同列에 있는 것이 아니다. 객관적 채무불이행의 사실 없이 주의의무 위반만으로 손해배상책임이 발생하는 것은 아니며, 경우에 따라서는 채무불이행 사실만 인정되고 주의의무 위반이 인정되지 않더라도 손해배상책임이 인정되기도 한다.[57)] 어느 정도의 주의를 기울여야 상대방의 법익 · 권리를 침해한 것에 과실이 없었다고 할 것인가 여부는 채무자나 가해자가 속해 있는 직업군이나 연령군에서의 합리적 평균인을 기준으로 한다. 이러한 관점에서 보면 의료과오와 관련하여 대법원이 항상 강조하고 있는, "의사가 최선의 조치를 취할 주의의무"[58)]란 것은 의사의 과실을 판단하기 위한 기준일 뿐이므로 이러한 의무를 의사가 환자에게 부담하는 진료의무의 내용으로 오해해서는 안 될 것이다.[59)]

---

54) Looschelders, Schuldrecht AT, 21. Aufl., 2023, S. 10 참조.

55) 이러한 구별에 관한 암시로는 Larenz, Schuldrecht I, 14. Aufl., 1987, S. 10 참조.

56) 지원림, 민법강의, 제21판, 홍문사, 2024, 831면; 송덕수, 민법총칙 제6판, 박영사, 2021, 296-297면 참조.

57) 예컨대 매도인의 하자담보책임.

58) 가령 대법원 2023. 10. 12. 선고 2021다213316 판결: "의사가 진찰 · 치료 등의 의료행위를 할 때에는 사람의 생명 · 신체 · 건강을 관리하는 업무의 성질에 비추어 환자의 구체적인 증상이나 상황에 따라 위험을 방지하기 위하여 요구되는 최선의 조치를 취하여야 할 주의의무가 있고,"동일한 설시는 대법원 1994. 4. 26. 선고 93다59304 판결에서부터 계속하여 반복되어 온 것으로 보인다.

59) 이러한 오해로 가령 전병남, "의사의 불성실한 진료행위로 인한 손해배상책임", 의료법학 제15권 제2호, 대한의료법학회(2014. 12.), 329-330면에서는 대법원의 위와 같은 판시 내용에서 의사의 "성실진료의무"를 도출하고 있으며, 김용덕(編代), 주석민법, 채권각칙 5, 제5판, 한국사법행정학회, 2022, 특수무명계약, 69면(김천수 집필부분) 또한 "일반적 주의의무"를 의료제공자가 계약상 부담하는 종속적 부수의무의 하나로 언급하고 있다.

(3) 대상판결 사안 관련 의사의 부수적 행태의무(보호의무) 위반 인정

전술한 채무의 종류들을 살펴보면 대상판결과 같은 사안에서 환자의 위자료청구권을 발생시키는 의료진의 채무불이행은 급부의무인 진료의무의 불완전한 이행으로 보기 어렵다. 급부의무가 지향하는 이행이익의 침해와는 아무런 인과관계가 인정되지 않기 때문이다. 이러한 상황에서 환자 또한 의사의 급부의무 위반이 없었더라면 충분히 가능했을 것으로 인정되는 생명의 연장, 질병의 치유 또는 건강의 개선 등 이행이익을 기준으로 하여 산정된 손해의 배상을 주장할 수도 없다. 결국 의료계약 관계로 눈을 돌리더라도 의료진의 과오는 바로 부수적 행태의무, 즉 보호의무의 위반에서 찾을 수밖에 없다.[60)]

환자는 진료를 위해 의사에게 자신의 신체를 오롯이 내어줄 뿐만 아니라 언제든 그의 의료적 처치와 지시를 받아들일 마음의 준비를 보여준다. 그러므로 의사는 비단 진료의 목적을 달성하기 위해 의료수준에 맞는 적절한 처치를 해야 할 의무뿐만 아니라 이와는 별도로 그 과정에서 환자의 인격적 이익, 예컨대 프라이버시나 명예감정을 비롯하여 가능한 한 신체의 훼손[61)]이나 육체적 고통, 심리적 불안감을 작게 유지할 이익 등 기타 인격적 이익의 침해가 생기지 않도록 환자를 인간으로서 존중하고 배려하며 보호할 의무가 있다.[62)] 다만 이러한 인격적 이익은 그 내용이나 형태가 아직 모호하므로 그 보호를 위한 보호의무의 내용 또한 의사와 환자를 둘러싼 개별적·구체적 상황에 따라 가변적으로 정해질

60) 안법영/백경희, "의료과오소송에서의 성실진료의무와 수인한도", 한국의료법학회지 제17권 제1호, 한국의료법학회(2009. 1.), 106면 이하에서는 이러한 사안에서 의사에 의해 위반된 의무로 "성실진료의무"를 제시하고 있으나, 이러한 의무가 과연 급부의무인 "진료의무"와 분리될 수 있는 것인지 의문이다. 그리고 명칭의 제일 앞에 붙은 "성실"이라는 단어는 채무의 내용이 아닌 주의의무의 내용으로 보아야 할 것이기에 채무 종류의 명칭으로 적당하지 않다. 다만 이러한 명칭의 문제점을 제외하면 그들이 주장하는 성실진료의무의 내용은 본고에서 말하는 의사의 보호의무와 별 차이가 없다(특히 109면 참조).

61) 예컨대 상처의 봉합으로 인한 불가피한 흉터.

62) 이 중 설명의무을 통한 환자의 신체에 대한 자기결정권 및 비밀준수를 통한 환자의 프라이버시 보호는 별도로 독립되어 논의되고 있다.

수밖에 없을 것이다. 환자가 어린이인가 성인인가, 중년층인가 노년층인가, 여성인가 남성인가, 긴급하고 복잡한 처치를 요하는가 통상적이고 간단하고 처치만 요하는가, 그리고 의사가 처해있는 의료환경이 어떠한가 등에 따라 의사가 환자에게 베풀어야 할 배려나 보호의 정도는 달라질 것이다. 특히 이러한 보호의무는 당사자 간에 특약이 없는 한 주로 신의칙에 기해 발생할 터이니 그 위반이 곧바로 신의칙 위반으로 연결될 정도의 수준으로 내용이 형성되는 것이 타당하다. 이렇게 형성된 계약상 보호의무는 결국 불법행위책임과 관련하여 앞서 살펴 본 일반생활상의 보호의무(Verkehrspflicht)와 유사한 내용을 갖게 된다.[63] 계약상 채무불이행책임은 보호의무를 포함한 채무의 위반을 구성요건으로 하고 있기에 이 경우 보호의무는 그 위반시 곧바로 위법성이 징표될 정도로 구체적으로 제시되어야 하고 따라서 위법성 단계에서 별도로 수인한도론에 기한 수준의 조절이 필요 없다는 점에서 불법행위책임과 차이를 보인다. 구체적 계약관계에서 발생하는 의무와 추상적 일반관계를 전제로 하는 의무의 차이라 하겠다. 그러므로 채무불이행책임으로 구성한다면 환자는 채무불이행사실만 주장·증명하는 것으로 족하고, 의사 측에서 그 의무의 위반 정도가 일반인의 수인한도 내였다는 것을 증명하여야 한다고 설명하는 견해[64]에는 선뜻 동의하기 어렵다. 채무불이행, 여기서는 보호의무 위반의 사실 자체가 일반인의 수인한도 등을 고려하여 구체적으로 주장·증명되어야 할 것이기 때문이다.

결론적으로 대상판결의 사안에서 비단 의사의 불법행위책임뿐만 아니라 의사의 채무불이행책임도 성립할 수 있다. 그럼에도 심지어 원고가 의사의 계약불이행을 청구원인으로 삼고 있음에도 불구하고 1심판결, 원

63) 불법행위법상 언급되는 일반생활상의 보호의무와 계약법상의 보호의무와의 관계에 관한 일반적인 설명으로는 MüKoBGB/Wagner, 9. Aufl., 2024, BGB § 823 Rn. 499 참조. 의료계약과 관련하여 양자의 동일성을 언급하고 있는 견해로는 BeckOK/Katzenmeier BGB § 630a Rn. 103 참조.

64) 안법영/백경희, “의료과오소송에서의 성실진료의무와 수인한도”, 한국의료법학회지 제17권 제1호, 한국의료법학회(2009. 1.), 106면 참조.

심판결, 대상판결은 채무불이행책임의 구성에는 별 관심을 보이지 않은 채 별도의 불법행위책임이 성립할 수 있다는 것만 한결같이 강조하고 있다. 의료계약이 전형계약으로 민법전에 편입되기도 하는 현대의 경향을 감안한다면 의료과오와 관련하여 불법행위법에 지나치게 의존하고 있는 이러한 법원의 태도에는 많은 아쉬움이 남는다.

Ⅲ. 글을 맺으며

이상의 논의를 간략히 정리하면 다음과 같다. 대상판결에서 말하는 불법행위는 의료진으로 부터 인간적으로 존중, 보호, 배려받을 환자의 인격적 이익을 침해하여 발생하는 것으로 이해된다. 다만 이와 같은 피침해 법익의 모호성으로 말미암아 그 침해의 태양이나 정도가 일반인의 처지에서 보아 수인한도를 초과하는 경우에만 그 침해행위의 위법성이 인정된다. 그리고 이 경우 그 효과로서 인정되는 위자료청구권은 대상판결과 달리 환자 자신에게만 인정되어야 하며 그 가족에게까지 인정하는 것은 특별한 사정이 없는 한 무리이다. 대상판결은 그 논의의 범위를 불법행위로만 좁히고 있으나, 환자를 인간적으로 존중, 보호, 배려할 의료진의 의무는 의료계약상 채무의 내용, 즉 부수적 행태의무로 인정될 수 있기에 그 위반시 불완전이행으로 인한 손해배상도 인정될 수 있다. 이때 판례가 전개하고 있는 수인한도론은 계약상 보호의무의 내용형성 단계에서 이미 고려된다는 점에서 위법성 심사 단계에서 이를 검토하는 불법행위책임의 구조와는 차이를 보인다.

현대사회에서는 의료행위가 의료서비스로, 환자가 의료소비자로 점점 대체되어 가고 있다. 이러한 의료서비스는 관광상품으로 여행사에 의해 팔리기도 하고, 특히 미용성형이나 출산 등 인간의 욕구나 희망의 충족을 위해서도 제공되기도 한다. 질병의 치유를 위한 전통적인 진료분야에서도 정신적 보살핌, 치료 중이나 치료 후 직업생활이나 기타 사회활동의 지속 등과 같은 삶의 질이 환자에게 점차 중요한 의료의 요소로 대두되고 있다.[65] 이러한 발전과정에서 의사가 환자에 대해 베풀어야 하는 인간적 존중, 배려와 보호는 점차 그 범위를 넓혀갈 것이고 또 더욱 섬세한 모습으로 변모할 것이다. 환자와 의사의 가운데에서 그들의 이익을 세심히 조율하며 의사의 보호의무를 정치하게 형성해 나가는 것은 결국 법원의 몫이다. 한편으로는 지나치게 어려운 작업일 것이라는 한탄도 있을 수 있으나, 다른 한편으로는 결코 인공지능으로 대체할 수 없는 법률가의 진정한 임무가 바로 이와 같은 작업에 있음을 기꺼이 인정하여야 할 것이다.

---

65) 米村滋人, 医事法講義, 日本評論社, 2016, 116면 참조. 그는 전통적인 생명, 신체, 건강 등의 이익 외에 이러한 이익을 모두 포함하는 것으로 "의료적 이익"이라는 용어를 사용하고 있다.

[Zusammenfassung]

Eine theoretische Betrachtung zur Zubilligung des Schmerzensgeldes bei der erheblich untreuen ärztlichen Behandlung (A theoretical consideration of the award of compensation for pain and suffering in cases of significantly improper medical treatment)

—Unter der besonderen Berücksichtigung des Urteils vom KOG, 2022Da306185—

Ahn, Byung Ha*

Das Koreanische Oberste Gericht(KOG) hat mehrmals gesagt, dass dem Patienten und/oder seinen nahen Familienangehörigen unabhängig von den schlechten Behandlungsfolgen Schmerzensgeldansprüche anerkannt werden muss, wenn der Arzt den Patienten erheblich untreu behandelt hat. Nach seiner Ansicht bildet das erheblich untreue Behandlung als solche insoweit eine unerlaubte Handlung, als das Untreue den Geduldsfaden der Normalbürger reißt. Es fehlt aber dieser Entscheidung an der theoretischen Begründung. Die vorliegende Arbeit versucht daher diese Entscheidung der theoretischen und systematischen Überprüfung zu unterziehen. Das Ergebnis ist folgendes:

1. Was die Verletzung des Rechtsguts anbelangt, geht es hier um die Verletzung der Persönlichkeitsinteressen der Patienten.

2. Da die Persönlichkeitsinteressen keine feste und klare Konturen haben, indiziert ihre Verletzung nicht die Rechtswidrigkeit. Infolgedessen ist hier die Rechtswidrigkeit gesondert zu ermitteln, wobei der Geduldsfaden der

* Professor, Dr. iur., Kangwon National University, School of Law.

Normalbürger ein wichtiges Kriterium darstellt.

3. Gemäß dem sog. Tatbestandsprinzip kann nur derjenige grundsätzlich Schadensersatz verlangen, der in seinen eigenen Rechten oder Rechtsgütern verletzt ist. Daraus folgt, dass die Familienangehörigen des Patienten nicht ohne weiteres Schmerzensgeld beanspruchen können. Der gegenteiligen Ansicht des KOG ist nicht zuzustimmen.

4. Schmerzensgeldanspruch des Patienten ergibt sich nicht nur aus der unerlaubten Handlung, sondern auch aus der Verletzung der vertraglichen Schutzpflicht. Auf diesen Haftungsgrund muss das KOG künftig mehr Acht geben.

[Key word]

- Erheblich untreue Behandlung
- Unerlaubte Handlung
- Verkehrspflicht
- Persönlichkeitsinteresse
- Rechtswidrigkeit
- Schmerzensgeld
- mittelbar Geschädigte
- Tatbestandsprinzip
- Schutzpflicht

참고문헌

[국내문헌]

1. 단 행 본

곽윤직/김재형, 민법총칙, 제9판, 박영사, 2013.
김용덕(編代), 주석민법, 채권각칙 5, 제5판, 한국사법행정학회, 2022.
______, 주석민법, 채권각칙 6, 제5판, 한국사법행정학회, 2022.
송덕수, 민법총칙 제6판, 박영사, 2021.
______, 채권법총론 제6판, 박영사, 2021.
______, 채권법각론, 제6판, 박영사, 2023.
이재상/장영민/강동범, 형법각론, 제13판, 박영사, 2023.
지원림, 민법강의, 제21판, 홍문사, 2024.

2. 논 문

김천수, "손해배상책임 논의의 체계에 관한 일고찰", 양창수교수 고희기념 논문집, 「자율과 정의의 민법학」, 박영사, 2021.
류화신, "적절한 의료를 받을 기대와 손해배상책임 여부", 의료법학 제13권 제1호, 대한의료법학회, 2012.
박영호, "설명의무위반 및 치료기회상실을 근거로 한 가족들의 독자적 위자료 청구권", 법조 제58권 제2호, 법조협회, 2009.
박지용, "의료사고 민사책임에 있어 계약법적 접근론에 대한 비판적 고찰", 서울법학 제21권 제3호, 서울시립대학교 법학연구소, 2014.
백경희, "불성실한 진료에 대한 의료민사책임의 법리 구성", 법과 정책 제20집 제2호, 제주대학교 법과 정책 연구소, 2014.
송영민, "기대권침해론에 관한 일본의 최근 동향", 의료법학 제14권 제1호, 대한의료법학회, 2012.
안법영/백경희, "의료과오소송에서의 성실진료의무와 수인한도", 한국의료법학회지 제17권 제1호, 한국의료법학회, 2009.
양창수, "2006년 중요판례분석 민법-채권편", 분야별 중요판례분석, 법률신문,

2007.
엄복현, "치료기회 상실로 인한 손해배상에 있어서 피침해법익", 의료법학 제20권 제3호, 대한의료법학회, 2019.
전병남, "의사의 불성실한 진료행위로 인한 손해배상책임", 의료법학 제15권 제2호, 대한의료법학회, 2014.
조규창, "채무불이행과 불법행위", 판례연구 제3권, 고려대학교 법학연구원, 1984.

[외국문헌]

1. 단 행 본

Beck'scher Online-Kommentar BGB, 70. Ed., C.H.Beck, 2024.
Esser, Josef/Schmidt, Eike, Schuldrecht Bd. 1 Allgemeiner Teil, Teilband 2, 8. Aufl., C.F.Müller, 2000.
Kötz, Hein, Vertragsrecht, 2, Aufl., Mohr Siebeck, 2012.
Lange, Hermann/Schiemann, Gottfried, Schadensersatz, 3. Aufl., Mohr Siebeck, 2003.
Larenz, Karl, Lehrbuch des Schuldrechts Bd. I Allgemeiner Teil, 14. Aufl., C.H.Beck, 1987.
Larenz Karl/Canaris, Claus-Wilhelm, Lehrbuch des Schuldrechts Bd. II Besonderer Teil 2. Halbband, 13. Aufl., C.H.Beck, 1994.
Looschelders, Dirk, Schuldrecht Allgemeiner Teil, 21. Aufl., Vahlen, 2023.
Münchener Kommentar zum Bürgerlichen Gesetzbuch Bd. 2, 9. Aufl., C.H.Beck, 2022.
Münchener Kommentar zum Bürgerlichen Gesetzbuch Bd. 7, 9. Aufl., C.H.Beck, 2024.

米村滋人, 医事法講義, 日本評論社, 2016.

2. 논 문

Fleischer, Holger, "Schadensersatz für verlorene Chancen im Vertrags- und Deliktsrecht", JZ 1999, 766 ff..
Raab, Thomas, "Die Bedeutung der Verkehrspflichten und ihre systematische

Stellung im Deliktsrecht", JuS 2002, 1041 ff..
Spickhoff, Andreas, "Die Grundstruktur der deliktischen Verschuldenshaftung", JuS 2016, 865 ff..

자녀의 성·본 결정과 모의 성으로의 변경기준

김 현 진*

■요 지■

미성년 자녀의 성 변경 문제는 후견적 지위에서 자녀의 복리와 최선의 이익을 최우선적으로 고려해야 하는 사안이다. 법원은 신청인의 동기가 자녀의 복리 증진을 위한 것인지, 아니면 개인적 이익을 위한 것인지 면밀히 검토해야 하는데, 현재 재혼 가정에서 부계 성을 따르는 관행이 여전히 존재하는 현실을 비판적으로 분석할 필요가 있다. 이와 관련하여 국제적 추세, 특히 프랑스 등에서 모계 성 선택의 확대가 성평등과 부모 간 중립성을 강화하는 데 기여하는 점을 주목해야 한다. 이러한 사례는 우리나라에서 성 변경 문제를 보다 진보적이고 균형 있게 다룰 수 있는 법적 기준을 마련하는 데 중요한 참고가 된다. 따라서 현대 사회의 다양성과 성평등 가치를 반영하여 민법 개정을 통해 미성년 자녀가 어머니의 성을 선택할 수 있는 현실적이고 합리적인 절차를 도입할 필요가 있다. 이는 젊은 세대의 평등 의식을 존중하고, 자녀의 복리를 최우선으로 하는 사회적 분위기를 조성하는 데 기여할 것이다.

* 인하대학교 법학전문대학원 교수.

[주 제 어]
• 성명권
• 성(姓)의 결정
• 이혼 후 성(姓)의 변경
• 혼인성
• 자의 복리

대상판결 : 대법원 2022. 3. 31. 자 2021스3 결정

[사안의 개요]

1. 사실관계

(1) 乙(裵○○, 1982년생)은 甲(洪○○)과 결혼하여 2014년, 2016년 각각 딸과 아들(사건 본인들)을 출산하였고, 자녀들의 성씨는 洪씨가 되었다.

(2) 甲과 乙은 2019년 5월 협의이혼하였다.

(3) 乙은 앞으로 자신이 혼자 두 아이를 계속 양육해야 할 상황으로[1)] 취학을 앞둔 아이들의 행복을 위해서는 자신의 성으로 변경하는 것이 낫겠다고 판단하였다.

(4) 사건본인들은 모두 모의 성으로의 변경을 희망하였고, 사건본인들의 친부인 甲도 자녀의 성 · 본을 모의 성 · 본으로 변경하는 것에 동의하여 2020년 "사건본인들의 성을 '배(裵)'로 본을 '성산(星山)'으로 변경할 것을 허가한다."라는 심판을 구하였다.

2. 소송의 경과

(1) 제1심(대전가정법원 2020. 11. 6.자 2020느단1277심판)

1심이 이유 설시 없이 청구를 기각하자, 乙은 항고하였다.

(2) 원심(대전가정법원 2021. 1. 5.자 2020브53결정)

원심은 다음과 같은 이유로 항고를 기각하였다.

1) 사건본인들은 아직 만 5, 7세 남짓의 유아들로서 자신의 성과 본이 가지는 의미나 자신의 출생 및 친가와 외가 등의 가족관계 속에서 형성되는 자신의 정체성에 대한 진지한 인식과 고민을 할 수 있기에는 아직 어린 나이이다.

2) **청구인이 조만간 재혼할 가능성**을 배제할 수 없고 **재혼으로 인하여 사건본인들을 계부의 성과 본으로 변경할 필요성이 발생할 가능성**도 상당한 이상, **현 단계에서** 사건본인들의 성과 본을 친모의 그것으로 **변경할 이유를 찾기 어렵다.**

---

1) 甲은 이혼 후 양육비를 지급하지 않았고 이에 乙은 양육비지급청구소송을 제기하여 인용되었으나 여전히 甲은 양육비 지급의무를 성실히 이행하지 않고 면접교섭도 제대로 이행하지 않고 있다.

3) 오히려 청구인은 사건본인들의 친부로부터 양육비를 제대로 지급받지 못하고 면접교섭에 관한 갈등이 발생하는 상황에서 **사건본인들과 친가의 관계를 단절하고자 하는 적절하지 않은 목적**으로 사건본인들의 성과 본에 대한 변경을 구하고 있는 것으로 **보일 뿐이다.**

4) 무엇보다도 이 사건에서 사건본인들이 현재의 성과 본을 계속 사용하는 것으로 인해 **주관적이고 개인적인 선호의 수준**을 넘어 일상생활에 현실적으로 어려움을 겪고 있다는 구체적인 증거가 제출된 바 없다.

이에 대하여 乙은 재항고하였다.

3. 대상판결(대법원 2022. 3. 31. 자 2021스3 결정)

(1) 관련 법리

1) 민법 제781조 제6항 본문은 "자의 복리를 위하여 자의 성과 본을 변경할 필요가 있을 때에는 부, 모 또는 자의 청구에 의하여 법원의 허가를 받아 이를 변경할 수 있다."라고 규정하고, 이에 따른 성·본 변경허가 심판은 '라류 가사비송사건'에 속한다[가사소송법 제2조 제1항 제2호 (가)목 6)]. 가사비송사건은 가정법원이 후견적인 지위에서 재량에 의해 합목적적으로 법률관계를 형성하는 재판으로서(대법원 2006. 4. 17. 자 2005스18, 19 결정, 대법원 2019. 11. 21. 자 2014스44, 45 전원합의체 결정 등 참조), 직권탐지주의가 적용된다(가사소송규칙 제23조 제1항). 특히 **라류 가사비송사건**은 상대방이 없는 비대심적 구조로서 비송재판으로서의 성격이 더욱 두드러진다.

앞서 본 **민법 제781조 제6항의 문언과 성·본 변경허가제의 도입 취지**, 가사소송법이 성·본 변경허가 재판을 라류 가사비송사건으로 규정한 점에 비추어 보면, 가정법원은 청구인의 주장에 구애되지 않고 **직권으로 탐지한 자료**에 따라 '성·본 변경이 청구된 자녀의 복리에 적합한지'를 최우선적으로 고려하여 후견적 입장에서 재량권의 범위에서 그 허가 여부를 판단하여야 한다.

2) 민법 제781조 제6항에서 '자녀의 복리를 위하여 자의 성과 본을 변경할 필요가 있을 때'에 해당하는지 여부는 자녀의 나이와 성숙도를 감안하여 자 또는 친권자·양육자의 의사를 고려하되, 성·본 변경이 이루어지지 아니함으로 인하여 가족 구성원 사이의 정서적 통합, 가족 구성원에 대한 편견이나 오해 등으로 학교생활이나 사회생활에서 겪게 되는 불이익과 함께 성·본 변경으로 초래될 자녀 본인의 정체성 혼란, 자녀와 성·본을 함께 하고 있는

친부나 형제자매 등과의 유대관계 단절 등의 사정을 심리한 다음, 자녀의 복리를 위하여 성·본의 변경이 필요하다고 인정되어야 한다(대법원 2009. 12. 11. 자 2009스23 결정 참조). 또한 성·본 변경으로 인하여 학교생활이나 사회생활에 있어서의 불편 내지 혼란, 타인에게 불필요한 호기심이나 의구심 등을 일으키게 하여 사건본인의 정체성 유지에 영향을 미칠 개연성 등의 불이익 등도 함께 고려하여 허가 여부를 신중하게 판단하여야 한다(대법원 2016. 1. 26. 자 2014으4 결정 등 참조).

3) 자의 성·본 변경허가 청구에 관하여 가사소송규칙은 가정법원이 부, 모 등의 의견을 청취할 수 있다고만 규정하고 있을 뿐(가사소송규칙 제59조의2 제2항), 법령상 부, 모 등의 동의를 요건으로 하지 않는 점(민법 제781조 제6항 참조) 등에 비추어 보면, 성·본 변경을 청구하는 부, 모 중 일방이 단지 이를 희망한다는 사정은 주관적·개인적인 선호의 정도에 불과하며 이에 대하여 타방이 동의를 하였더라도 그 사정만으로는 성·본 변경허가의 요건을 충족하였다고 보기 어렵다. 특히 미성년 자녀를 둔 부부가 이혼한 후 부 또는 모가 자의 성·본 변경허가를 청구하는 경우, 성·본 변경허가 청구에 이르게 된 경위에 관하여 설령 청구인이 **표면적으로는 자녀의 복리를 내세우더라도** 비양육친이 미성년 자녀에 대해 당연히 지급하여야 할 양육비(민법 제837조, 제843조 참조)의 지급 여부나 그 액수 혹은 비양육친과 미성년 자녀가 상호 간 지닌 면접교섭권(민법 제837조의2 제1항 참조) 행사에 관련한 조건이 연계된 것은 아닌지, 양육비의 지급이나 면접교섭권의 행사를 둘러싼 갈등 상황에서 이를 해결하기 위해 마련된 법적 절차(가사소송법 제64조의 이행명령 및 그 위반 시 같은 법 제67조 제1항의 과태료, 같은 법 제68조 제1항의 감치 등)를 거치지 않고 **상대방을 사실상 압박하기 위함이 주요한 동기는 아닌지**, 자녀의 성과 본을 변경함으로써 비양육친과 미성년 자녀의 관계 자체를 차단하려는 의도가 엿보이는지, **이혼 당사자가 스스로 극복하여야 하는 이혼에 따른 심리적 갈등, 전 배우자에 대한 보복적 감정 기타 이혼의 후유증에서 벗어나기 위한 수단으로 여겨지는 등 미성년 자녀가 아닌 청구인의 관점이나 이해관계가 주로 반영된 측면은 없는지, 나아가 이혼 이후의 후속 분쟁에서의 유불리를 고려한 것은 아닌지** 역시 살펴보아야 한다.

(2) 사안의 적용

대법원은, 사건본인들이 5, 7세 남짓의 유아들로서 성과 본이 가지는 의미나 친가와 외가 등의 가족관계 속에서 형성되는 자신의 정체성에 대한 진지한 인식과 고민을 할 수 있기에는 아직 어린 나이인 점, **현 단계에서 사건본인들의 성과 본을 친모의 그것으로 변경할 이유**를 찾기도 어려운 점, 청구인과 사건본인들 **친부 사이의 면접교섭에 관한 갈등 상황에다가, 단순히 주관적·개인적인 선호의 수준을 넘어 사건본인들이 현재의 성과 본을 계속 사용함으로써 겪는 일상생활에서의 현실적 어려움**을 뒷받침할 구체적인 자료도 제출되지 않은 점 등의 사정을 들어 이 사건 청구를 기각한 제1심결정을 그대로 유지하였다.

〔硏 究〕

Ⅰ. 들어가며

성(姓, surname)은 다른 나라의 법문화에서도 유사하게 발견되는데, 전 세계적으로 성의 기능이 '개인의 혈통을 상징하는 표식'에서 '이름과 결합하여 개인의 동일성을 식별하는 기호'로 변화하고 있는 것으로 보인다. 그 배경으로 양성평등의 실현, 가족의 다양화, 동성혼의 허용, 자기결정권의 중시라는 사회적 변화가 있다.

자의 성명(姓名, full name)[2]은 최초의 친권행사로[3] 부모에 의해 결정된다. 성(姓, family name, surname, last name)과 이름(名, given name, first name)으로 구성된 성명은 출생신고를 통하여 국민의 가족관계의 발생 및 변동사항을 공시하는 공적 증거인 가족관계등록부에 기재된다. 이와 같이 가족관계등록부에 기재된 성명도 후에 변경될 수 있는데, 성명변경은 이름을 변경하는 개명(改名,[4] 가족관계의 등록 등에 관한 법률 제99조)과

2) 성명(姓名)은 사람의 정체성의 기초가 되고, 성씨는 특정한 가족에의 귀속을 뜻하며, 사람을 특정하는 기능을 하고, 사회에의 통합을 보여주는 가시적인 기호라는 목적이 있다(윤진수 편집대표, 「주해친족법(제2권)」, 박영사, 2015, 1617면).

3) 남윤삼, "독일법에서 이름부여의 원칙과 제한", 「법학논총」 제26권 제2호, 2014, 152면.

4) 법원은, 출생신고 과정에서의 단순실수, 한자의 잘못된 기재, 의미나 발음이 나쁘거나 저속함을 연상하게 하는 이름, 놀림감이 되는 이름, 성명철학상의 이유, 외국인의 귀화나 혼인에 따라 국적을 취득하는 경우 등 다양한 이유의 신청에서 높은 허가율을 보이고 있다. 대법원은, 개명은 범죄를 기도 또는 은폐하거나 법령에

성본을 변경하는 성·본 변경(동법 제100조)으로 구분되어 이루어진다.[5] 그런데 자녀의 성과 이름부여는 사회공동체의 가장 기본단위인 가정에서 출발하는 문제이며 헌법상 부모에게 보장된 권리임에도 불구하고,[6] 국가의 규제 또는 법원과 입법에 의해 제한된다.

대상판결은 민법 제781조 제6항에 따라 모가 이혼 후 자녀의 복리를 위하여 미성년 자녀의 성을 자신의 성으로 변경할 필요가 있다고 보아 법원에 변경허가를 청구한 사안이다. 본고에서는 미성년 자녀의 모의 성으로의 변경과 그 허가기준에 대하여 다루고자 한다. 그런데 다른 국가에서는 관련 법률에 따라 자녀의 성의 결정 내지 변경이 혼인성 내지 가족성의 결정과 연동되어 있어 성의 결정 및 변경 일반에 대해 먼저 검토한 뒤(Ⅱ), 우리나라 판례에서 설시한 구체적 변경허가 기준을 요소별로 검토하고(Ⅲ), 대상판결을 비판적으로 분석하고자 한다(Ⅳ).

Ⅱ. 성의 결정 및 변경 일반

1. 우리나라의 성과 본 제도

(1) 성과 본[7]의 연혁

우리나라의 성씨는 삼국시대에 중국의 한자문화 등 문물유입과 함께 도입되었다고 추정된다. 가령 왕성(王姓)을 보면, 고구려의 시조 고주몽은

따른 각종 제한을 회피하거나 부정한 금전적 이익을 얻으려는 의도가 개입되는 등으로 개명신청권의 남용으로 볼 수 있는 경우가 아니라면 원칙적으로 개명을 허가함이 상당하다(대법원 2005스26 결정)고 하여 비교적 넓게 개명을 허가한다.

5) 각각 가족관계등록비송과 라류가사비송사건으로 별개의 절차이다.

6) 남윤삼, "미국 성명법에서 자녀의 성(姓) 결정과 이름부여에 대한 논쟁", 「법학논총」, 2016. 110면; 부모가 자녀의 출생성을 정하고 이름을 부여하는 권리는 행복추구권으로부터 파생된 자기결정권이라고 할 수 있다(같은 글, 각주 7).

7) 우리나라의 성씨는 혈족의 표시로, 고려시대에 이르러 현재의 성과 본 제도가 되었고, '본'이라는 특징을 갖는다(손현경, "가족법상 자녀의 성과 본에 관한 입법론적 고찰", 「경성법학」 제20권 제1호, 경성대 법학연구소, 2011.7. 225면). 본(本)은 본관 또는 관향으로 시조의 발상지를 의미하는 지연적 표지라 할 수 있는데, 가령 경주 김씨, 김해 김씨에서 경주와 김해가 각각 본이다. 비교법적 고찰을 하는 본 논문에서는 성에 집중하고 본에 대하여는 판례를 다룸에 있어 꼭 필요한 경우에만 언급하기로 한다. 본에 대하여는 정진영, "한국: 성과 본관", 「역사비평」 통권 제53호, 역사문제연구소, 2000, 173면 이하 참조.

고(高)씨, 백제는 부여(夫餘)씨, 신라는 박(朴), 석(昔), 김(金)의 세 성씨가 있었다.[8] 태조 왕건은 고려를 개국하면서 귀족이나 공훈가문에 성을 하사하였고, 조선 건국 이후 좀 더 일반적으로 성과 본이 사용되어 천민이나 승려를 제외한 대부분의 백성이 성을 갖게 되었다. 그리고 유교의 영향으로 부계혈통주의가 강화되고 이를 기반으로 하여 동족집단인 문중 내지 종중이 형성됨에 따라 성과 본은 자신의 소속 혈족을 표상하는 조상 전래의 것으로서 절대불변이라는 사상이 확립되었다.[9] 대한제국 시절까지 여성은 이름이 없어 삼월이, 사월이, 입분이, 작은애기 등으로 불렸다. 1909년 인구조사 및 과세를 위한 민적법(民籍法)이 시행되면서 국민 모두가 성과 본을 갖게 되었는데, 문제는 노비나 천민은 주인의 성을 따르거나 원하는 성을 선택하여 등록하였기에, 김, 이, 박 등 양반성이 선호되면서 위 3개 성이 전체인구의 45%를 넘는 기현상이 발생하였다.[10] 1940년 조선총독부에 의해 조선의 성명을 폐지하고 일본식 씨를 창설하는 창씨(創氏)제도가 실시되어 수난을 겪었으나, 해방 후 바로 본연의 성을 되찾았다.[11]

(2) 성불변의 원칙과 부부별성주의

우리나라는 혼인을 하더라도 성을 바꾸지 않는 '성불변의 원칙'을 취하여 부부가 서로 다른 성을 유지한다(夫婦別姓主義). 즉 가족성이나 혼인성이 존재하지 않는다. 이에 대해 한국은 예로부터 여성의 지위가 높아

---

8) 중국의 문자구조에 관한 "설문해자"에서 '성은 사람의 태어난 바를 밝히는 것이다.'라고 하였듯이, 성은 출생의 계통을 표시하는 것으로, 모계시대에는 여계의 혈통을, 부계시대에는 남계의 혈통을 나타내는 표지였다. 그런데 여계나 남계 하나를 선택하여야만 성씨제도가 나타내고자 하는 혈통을 나타낼 수 있는바, 남계를 선택한 것이다. 이새라, "양성평등의 관점에서 오늘날 성씨제도의 법철학적 고찰-자녀의 성변경을 중심으로-", 「강원법학」 제47권, 2016. 2., 410면.

9) 김연, "한국의 성씨제도의 변천", 「가족법연구」 제20권 제1호, 한국가족법학회, 2001, 225면.

10) 김용욱, "한국성씨에 관한 법제사적 연구", 「가족법연구」 제9호, 한국가족법학회, 1995; 손현경, "한국가족법상의 성씨에 관한 연구", 부산대학교 박사학위논문, 1996.

11) 정주수, "일제강점기 창씨와 개명의 기본법제에 대한 소고", 「사법행정」, 2019, 12, 54면 이하 참조.

양성평등이 이루어졌다고 생각할 수 있으나, 실상은 여성은 이름이 없어 시집을 왔을 때 누구 집의 딸인지가 중요했다. 즉 큰며느리는 김씨 딸, 둘째 며느리는 박씨 딸로 명명하여 아버지의 성으로 각 며느리를 특정할 수 있었다. 즉 여성을 존중하기 위한 관습이라기보다는 오히려 며느리가 외부로부터 왔다는 점이 강조되어 그 집안의 성을 부여하지 않음으로써 집안에서 며느리의 지위가 낮음을 나타내는 것이었다.

(3) 자녀의 성 · 본 결정

1) 부성강제주의 그리고 호주제의 폐지

우리나라는 1958년 민법 제정 당시 제781조 제1항에서 "자는 부의 성과 본을 따르고 부가에 입적한다."고 규정하고 있어 자녀는 무조건 아버지의 성을 따라야 했고(父姓强制主義),[12] 예외가 허용되지 않았다. 그리하여 가족의 중심이 되는 진정한 혈연관계는 아버지-아들로 이어지는 부계/남계뿐인 것으로 간주되었다. 호주제하에서 '가족'은 하나의 가(家)에 속한 사람들 중 호주를 제외한 나머지 사람들로 정의되었고, 아내는 남편의 가에, 자녀는 아버지의 가에 입적되었다. 호주제가 떠받치고 있던 '가부장제 가족' 관념은 부계혈통의 계승이 우선이므로, 결혼이나 가족 내 젠더관계는 여성이 남성 집안으로 시집을 가서 남편의 성과 본을 이어갈 아들을 낳아 양육함으로써 가문의 대(代)를 이어가는 것이었다.[13] 그리하여 자손 대대로 집안 성을 물려주려면, 그래서 대가 끊이지 않으려면 아들을 낳아야 한다는 '남아선호사상'이 팽배했다.[14] 그런데 2005년 2월 3일 헌법재판소는 호주제를 폐지하면서, 호주제의 골격을 이루고 있던 개

12) 개정 전 민법 제781조(자의 입적, 성과 본) ① 자는 부의 성과 본을 따르고 부가에 입적한다. ② 부를 알 수 없는 자는 모의 성과 본을 따르고 모가에 입적한다. ③ 부모를 알 수 없는 자는 법원의 허가를 얻어 성과 본을 창설하고 일가를 창립한다. 그러나 성과 본을 창설한 후 부 또는 모를 알게 된 때에는 부 또는 모의 성과 본을 따른다.

13) 위선주 · 배은경, "자녀의 성본 변경을 통해 본 부계가족의 정상성과 어머니의 지위", 「젠더와 문학」 제6권 제1호, 계명대학교 여성학연구소, 2013, 45면.

14) 어머니는 단지 부계혈통을 이어주기 위한 연결고리일 뿐으로, 대를 이을 자식 즉 아들을 낳지 못함은 칠거지악(七去之惡)의 하나로 부인을 내칠 수 있는 구실이 되었다.

정 전 민법 제781조 제1항 본문 후단의 "자는 부가에 입적한다."는 부분에 대해 헌법불합치 결정을 내렸다.[15)]

2) 부성우선주의: 예외적인 모성 선택

한편, 그로부터 한 달 뒤인 3월 2일 민법 개정안이 국회를 통과하여[16)] 동 조항이 개정되어 모의 성과 본의 선택 및 변경이 가능하게 되었다. 개정 민법 제781조 제1항은 "자는 부의 성과 본을 따른다. 다만 부모가 혼인신고시 모의 성과 본을 따르기로 협의한 경우에는 모의 성과 본을 따른다"고 하여, 예외적으로 모의 성을 따를 수 있는 길을 열어 주었다.[17)]

그러나 법의 개정에도 불구하고 진정한 양성평등은 이루어지지 않았다.[18)] 왜냐하면, 첫째, 부성을 원칙으로 하는 부성우선주의를 고수하고 있어 모의 성과 부의 성 가운데 진정한 의미의 선택권을 보장한 것이 아니고, 둘째, 혼인신고시 태어나지도 않은 자녀의 성을 미리 어머니 성으로 정하여야 하기 때문이다. 즉 혼인신고서 4번 문항 "자녀의 성·본을 모의 성·본으로 하는 협의를 하였습니까?"에 아무런 표시를 하지 않거나 '아니요'라고 답을 하면, 혼인 중 출생한 자녀는 아버지 성을 따른다. 만

15) 헌법재판소 2005. 2. 3. 선고 2001헌가9, 10, 11, 12, 13, 14, 15, 2004헌가5(병합) 전원재판부. 서울지법 북부지원은 2001년 4월 편모 슬하에서 자라던 곽모(14) 군과 곽모(12) 양이 어머니의 재혼으로 새아버지의 성을 따르게 되자 '자는 부의 성과 본을 따르고…'라는 구 민법 조항이 평등의 원칙에 위배된다며 위헌심판을 제청했다. 헌법재판소 전원재판부(주심 주선회 재판관)는 22일 민법 제781조 제1항 중 자녀가 아버지의 성과 본을 따라야 한다고 규정한 부분에 대해 재판관 7대 1 의견으로 헌법불합치 결정을 내렸지만, 같은 해 3월 국회에서 호주제 폐지를 골자로 한 민법 개정안이 통과됨에 따라 개정법 시행일인 2008년 1월 1일까지의 법적 공백을 막기 위해 이 조항을 한시적으로 유지하도록 한 것이다. 재판부는 결정문에서 "아버지가 사망했거나 어머니에게 친권이 있는 자녀, 입양됐거나 재혼한 어머니 밑에서 자란 자녀 등에게 본인 의사와 달리 '생물학적 아버지'의 성을 강요할 경우 인격권과 가족생활을 침해하게 된다"며 "이런 예외 상황에 대한 별도 규정이 없는 이 조항은 헌법에 위배된다"고 밝혔다.

16) 개정안이 5월 31일 법률 제7427호로 공포되었으며 새 법률은 2008년 1월 1일부터 효력이 발생하였다.

17) 나아가 부가 외국인인 경우에도 모의 성을 따를 수 있고(동조 제2항), 혼인외의 출생자가 인지된 경우에도 부모의 협의에 따라 종전의 성과 본을 계속 사용할 수 있다(동조 제5항).

18) 신옥주, "부성주의원칙의 위헌성 고찰", 「안암법학」 제43호, 안암법학회, 2014.

약 위 문항에 '예' 라고 표시하면 혼인당사자의 '협의서[19]'를 첨부해야 한다.[20] 자가 부의 성을 따를 때는 아무런 절차가 필요하지 않음에 반해, 모의 성을 따를 때는 별도의 협의를 하고 협의서를 제출하여야 한다는 점에서 모성이 부성에 비해 차별적 대우를 받고 있는 것이다.[21]

2003년 개정당시 의사록에 따르면, 자녀의 성 결정 시기를 '첫 자녀 출생시'로 하자는 의견도 있었으나, 이와 같이 선택의 길을 열어두면 "부부간의 트러블," "갈등유발" 또는 "부부파탄"을 야기할 수도 있다는 이유로[22] 다수의견에 따라 '혼인신고시'가 채택되었다. 그런데 이와 같이 '혼인신고시'를 자녀의 성 결정시기로 할 경우 과연 진정한 양성평등을 기대할 수 있는지 의문이다. 왜냐하면 혼인신고시는 혼인 후 부의 사망이나 외도, 별거 등 앞날의 사태를 예견하기 어려운 시점이고,[23] 혼인시 가족계획을 세우지 않거나, 혼인시에는 자녀를 가질 계획이 없었으나 살면서 마음이 변하여 아기를 갖기를 희망할 수도 있기 때문이다. 한편 부가 외국인일 경우 자의 출생신고시 모의 성을 따를 것을 결정할 수 있도록 되어 있는바,[24] 이러한 점을 고려할 때 반드시 혼인신고시로 하여야 할 정당한 이유를 찾기 어렵다. 일단 자녀가 출생한 뒤 자녀의 성을 결정하는 것이 자녀의 이익의 관점에서도 합리적일 것이다.[25] 법원행정처에 따르면, 혼인신고 시 자녀의 성과 본을 모의 성과 본에 따르겠다고 신청한

19) 자녀의 성과 본에 관한 가족관계등록사무 처리지침(가족관계등록예규 제616호) 별지 제1호 서식.

20) 가족관계등록법 제71조 제3항은 민법 제781조 제1항 단서에 따른 협의가 있는 사실이 있는 경우, 혼인신고시 신고서에 이에 대해 기재하도록 되어 있다(권영준 편집대표, 온주 가족관계등록등에관한법률, 온주편집위원회, 2021, 제71조에 관한 부분).

21) 박준혁, "가족의 성-비교법 연구를 통한 소고-", 「법학논총」 제42권 제3호, 전남대학교 법학연구소, 2022. 8., 113면.

22) 법무부, 가족법개정특별분과위원회 회의록, 제5차 회의(2003. 7. 24), 특히 278, 279, 296면 참고.

23) 양현아, "최근 여성차별철폐협약의 한국정부에 대한 권고사항-유보조항 '가족성' 규정을 중심으로-", 「법학」 제54권 제3호, 서울대학교 법학연구소, 2013, 229면.

24) 민법 제781조 제2항, 가족관계등록예규 제616호 제11조 제3항.

25) 윤진수, "여성차별철폐협약과 한국가족법", 「민법논고 Ⅳ」, 2009, 102면.

건수는 2021년 612건으로, 2017년부터 계속 늘고 있으나 전체 혼인 건수에 비하면 약 0.2%에 불과하다.

3) **개정논의**

다른 한편, 「여성차별철폐협약」(Convention on the Elimination of All Forms of Discrimination against Women) 가입 시 한국은 여러 유보조항을 두었으나 이후 하나씩 철회하여 현재에는 제16조 제1항(g)만을 남겨두고 있다. 이 조항은 여성에게 가족성을 선택할 권리를 보장하는 규정으로, 우리나라 민법 제781조 제1항이 부의 성을 모의 성보다 우선하고 있어, 위 조항을 유보한 것이다.[26] 2018년 유엔 여성차별철폐위원회는 정부에 "민법에서 부계주의 원칙을 고수하고 있다는 점을 우려한다."고 밝히며 부성주의를 폐지할 것을 권고하였다. 그리고 2020년 법무부 산하 '포용적 가족문화를 위한 법제개선위원회'는 부모의 협의를 통해 자녀의 성·본을 결정할 수 있도록 법을 개정할 것을 법무부에 권고했다.[27] 나아가 여성가족부는 2021년 4월 제4차 건강가정기본계획(2021~2025년)을 발표하며 자녀의 성 결정을 '부모 협의 원칙'으로 전환해 자녀의 출생신고시 부모가 협의해 부나 모성을 따를 수 있도록 민법을 개정하겠다고 밝혔다. 대통령 직속 저출산·고령사회위원회는 위원회 심의를 거쳐 '저출산·고령사회 정책 로드맵'을 확정·발표했다.[28]

4) **형제동성주의**

위와 같이 혼인신고시 자녀의 성을 부성으로 할지 모성으로 할지

---

26) '여성인권의 대장전'이라고 불리는 이 협약은 1979년 12월 18일 UN 총회에서 채택된 이래 2024년 현재 189국이 당사국으로, 1985년 1월 26일 국내에 발효되었다.

27) 권고안의 내용은 자녀의 출생신고시 부모 사이에 협의하여 자녀의 성과 본을 결정하라는 것이다. 다만 협의가 안 이루어질 경우 어떻게 처리할 것인지에 대하여 합의에 이르지 못하였다.

28) 위 로드맵은 저출산을 부추기는 불합리한 법제 개선의 일환으로 자녀 성 결정을 부성주의 원칙에서 부모간 협의 원칙으로 전환한다는 내용을 담았다. 그러나 정부가 바뀌고 2022년 11월 법무부는, 2021년 3월 부성우선주의 원칙이 헌법상 혼인·가족생활 기본권과 인격권, 자기결정권 등을 침해한다'고 제기된 헌법소원에서, 민법의 '부성우선주의' 원칙이 헌법상 기본권을 침해한 것이 아니라는 의견을 헌법재판소에 제출하였다.

결정한 것은 이후 바꿀 수 없어서[29] 자녀를 여러 명 낳을 경우 형제자매끼리 동일한 성이 된다. 민법 제781조에 따라 혼인신고시 정해진 자의 성은 첫째 자녀의 출생신고시 구체적으로 발현되고,[30] 이후 태어난 자녀들은 그 성을 따라야 한다.

(4) 자녀의 성 · 본 변경

1) 헌법불합치결정

2002년 1월 9일 사별한 모가 재혼하여 계부가 자녀들을 입양한 뒤 양부의 성본을 따르기를 원하여 서울지방법원 북부지원에 호적정정신청을 하면서, 민법 제781조 제1항의 "자는 부의 성과 본을 따르고"라는 부성주의를 규정하고 있는 부분에 대한 위헌법률심판 제청신청을 하자, 법원은 위헌법률심판 제청을 하였다.[31] 2005년 12월 22일 헌법재판소는 부성주의에 대해서는 합헌이나 예외적인 상황에 대해서까지 아무런 예외규정을 두고 있지 않는 점이 위헌성을 가진다고 하여 헌법불합치 결정을 선고하되,[32] 위 조항에 대한 개정법률이 공포되어 2008년 1월 1일 그 시행이 예정되어 있으므로 위 조항의 잠정적인 적용을 명하였다.[33]

---

29) 그리하여 이후 자녀의 성을 어머니 성으로 변경하고 싶다면 이혼하고 다시 혼인신고를 하면서 어머니 성으로 정하는 협의를 신고하는 것이 가장 간편하고 빠른 방법이었다.

30) 권영준 편집대표, 앞의 책, 제44조에 관한 부분.

31) 서울지방법원 북부지원은 위 부분이 인간으로서의 존엄과 가치 및 행복추구권을 규정한 헌법 제10조와 개인의 존엄과 양성의 평등에 기초한 혼인과 가족생활의 성립과 유지를 규정한 헌법 제36조 제1항에 반하며, 부계혈족의 유지만을 강조하여 성별에 의한 차별을 함으로써 헌법 제11조 제1항의 평등원칙에도 위반된다고 하였다.

32) 동 판결에 대한 평석으로 최혜미, "민법상 부성주의와 혼인과 가족생활에 관한 기본권-헌재 2005. 12. 22. 2003헌가5등 결정을 중심으로-", 「저스티스」 통권 제192호, 2022, 10, 5-40면 참조.

33) 헌법재판소 2005. 12. 22. 2003헌가5, 6. 관여 재판관 8명 중 5명이 '헌법불합치', 2명은 '위헌', 1명은 '합헌' 의견을 냈다. 위헌 의견은 "국가가 일방적으로 부성의 사용을 강제하는 건 혼인과 가족생활에 있어 양성평등을 명하고 있는 헌법 위반"이라고 본 것으로 당시 재판관 중 유일한 여성이던 전효숙 재판관이 이 의견에 가담했다. '합헌'을 견지한 권성 재판관은 소수의견에서 "가족제도 중에도 부성주의는 헌법에 선행하는 문화"라며 "부성주의는 출산과 수유로 인해 외관상 확인이 가능한 어머니와의 혈통관계에 비해 본질적으로 불확실한 아버지와의 혈통관계를 대외적으로 공시하고 부와 자녀 간 일체감과 유대감을 강화, 가족의 존속과 통합을

2) 자녀의 복리를 위한 성·본 변경

개정 민법 제781조 제6항 본문은 “자의 복리를 위하여 자의 성과 본을 변경할 필요가 있을 때에는 부, 모 또는 자의 청구에 의하여 법원의 허가를 받아 이를 변경할 수 있다.”고 규정하고 있다. 절대로 일어날 수 없는 일을 가리켜, “내가 성을 간다”는 표현에서 보듯 한국의 성본주의는 절대불변의 원칙을 고수하였으므로[34] 이러한 개정은 큰 변화라고 평가된다. 동 조항은 부계혈통주의와 성불변 원칙에서 야기된 양성불평등의 문제를 해결하고, 재혼이나 입양가정 자녀들의 안정적인 적응과 건강한 성장을 위하여 도입되었다.[35] 법 개정시 이 조항은 첫째, 재혼가정에서 계부와 성이 다르다는 이유로 실생활에 고통과 불편을 겪는 경우 계부성으로의 변경, 둘째, 부의 악행이나 폭행, 학대로 인해 자녀가 부의 성을 따르기를 거부하거나 자녀의 복리를 위해 부의 성을 따르는 것이 사회통념상 적합하지 않는 경우에 활용될 것으로 예상되었다.[36]

그러나 실제 자녀의 성·본 변경의 신청의 유형은 다양하며 다음과 같이 정리해 볼 수 있다. 먼저, 모의 성으로의 변경허가를 구하는 유형으로, 혼인 중 양성평등의 관점에서 모의 성을 부여하기로 결정한 경우와 남편과의 사별 또는 이혼으로 혼자 자녀를 키우면서 자녀의 복리를 위하여 모의 성으로의 변경이 더 낫다고 판단한 경우이다. 다음으로, 재혼하여 계부성으로의 변경허가를 구하는 유형으로, 친양자 입양시 자녀는 당연히 양부모의 성을 따르게 되므로,[37] 계부가 입양을 하지 않고 자녀의

보장한다”고 주장했다.

34) 김영규, “우리 민법상의 부성주의”, 「법학연구」 제25권, 한국법학회, 2007, 167면.

35) 최인화, “호주제 폐지와 가족관계등록법 시행 이후 판례의 동향-자의 성과 본의 변경 허가를 중심으로-”, 「가족법연구」 제32권 제2호, 한국가족법학회, 2018, 120면.

36) 김병두, “자의 성 취득과 그 변경”, 「법학연구」 제14집 제2호, 경상대학교 법학연구소, 2006, 80면 이하.

37) 2005년 민법 개정으로 신설된 친양자 제도는 ‘양친의 친생자와 같이 양자를 입양가족의 구성원으로 완전히 동화시키는 제도’로, 친양자로 입양되면 입양 부모의 혼인 중 출생자로 간주되어 친양자의 입양 전 가족관계는 소멸되고 양자는 양부의 성을 따르게 된다. 그리하여 친부의 동의가 필요하다. 그런데 만약 양부모가 혼인신고시 자녀에게 모의 성을 따르기로 협의하였다면 양자는 양모의 성을 따르게 될 것이다.

성의 변경만을 원하는 경우와 일반입양을 한 경우일 것이다.

(5) 소 결

가족의 성과 관련하여 부부별성주의, 성불변, 부성우선주의, 형제동성주의의 원칙을 취하는 우리나라에서는 일반적으로 어머니를 제외하고 가족이 다 같은 성을 사용한다. 이는 마치 어머니는 가족이 아닌, 부와 자로 가족이 이루어지는 것과 같은 불평등한 외관을 형성한다. 그렇다면 자가 모의 성을 따르는 방법은 첫째, 혼인신고시 모의 성을 따르기로 정하여 협의서를 첨부하거나, 둘째 자녀의 성을 모의 성으로의 변경허가를 법원에 구하는 것인데, 둘 다 절차가 복잡하고 한계가 있다. 한편, 1997년부터 부모성 같이 쓰기, 가령 '조한혜정'과 같이 부성 뒤, 이름 앞에 모성을 덧붙여 사용하기가 일부 페미니스트를 중심으로 유행하였으나, 그렇다고 하여 법적으로 성이 두 개가 되는 것은 아니었다.[38] 한편 자녀의 복리를 위한 성 · 본 변경도 도입취지가 재혼가정에서 계부와 성이 달라 발생하는 불이익을 시정하고자 하는 것이므로 계부 입장에서의 부성주의의 연장이라는 비판이 가능하다.

2. 비교법적 검토

자녀의 성의 결정 및 변경을 비교함에 있어서, 우리나라와 달리, 부부동성주의나 가족성 내지 혼인성 제도를 택한 법제에서는 혼인시 가족성이나 혼인성의 결정과 자녀의 성 결정이 연동되기도 하고 별개로 이루어지기도 하므로 함께 간단히 살핀다.

(1) 독 일

독일은 혼인체결시 공동의 성인 **혼인성**(Ehenamen)을 정하여 등록한다(BGB § 1355 제1항).[39] 이때 혼인성은 당사자 일방의 출생성 또는 사용

38) 1997년 3월 9일 한국여성대회 폐회 직전 여성계 원로인 이효재 한국정신대문제대책협의회 대표의 선언 이후 자율적 문화운동으로 전개되었으며 2005년 호주제가 폐지됨에 있어 촉매역할을 하였다(여성신문 제417호, 제583호), 천리안 여성학동호회 회원인 신정모라가 지속적으로 제안한 것으로, 여성학계에서 이를 받아들여 대중화되었다.

하는 성으로(동조 제2항), 혼인성으로 채택되지 않은 당사자 일방은 신분등록청에 대한 의사표시로 당시 사용하는 성을 혼인성의 앞이나 뒤에 추가할 수 있다(동조 제4항). 사별하거나 이혼한 당사자는 혼인성을 유지한다(동조 제5항). 다만 혼인 전 사용하던 성을 다시 사용하거나 혼인성의 앞이나 뒤에 추가할 수 있다. 그러나 혼인성이 강제되는 것은 아니어서 혼인성을 정하지 않을 수도 있고, 이 경우 혼인 체결당시의 성을 혼인 체결 후에도 유지한다.[40] 가령, 독일의 앙겔라 도로테아 메르켈(Angela Dorothea Merkel) 총리의 출생성은 카스너(Kasner)인데, 1977년 울리히 메르켈과 결혼하면서 혼인성을 남편의 성인 메르켈로 정하였고 1982년 이혼 후에도 여전히 메르켈을 계속 사용하였다. 1998년 요아힘 자우어와 재혼하였으나, 재혼시 혼인성을 정하지 않고 예전에 사용하던 성, 즉 예전 혼인성인 메르켈을 그대로 사용하고 있다.

출생성(Geburstnamen)이란 출생증서에 기재되는 성으로, 자녀의 성은 부모가 혼인성이 있는지, 공동친권자인지에 따라 그 결정방법이 달라진다.[41] 먼저 부모가 혼인성이 있으면 그 혼인성이 자녀의 출생성이 된다(BGB § 1616). 부모가 혼인성이 없는 공동친권자인 경우, 그들은 신분등록청에 대한 의사표시로 표시시점의 부 또는 모의 성을 자녀의 출생성으로 지정한다. 한편, 부모가 자녀의 출생 이후 1달 이내에 결정을 하지 않으면, 가정법원이 이를 정한다(BGB § 1617[42]). 부모가 혼인성이 없고 일방이 단독친권자인 경우, 자녀의 출생시점에 그 일방의 성을 자의 성으로 한다. 형제동성주의를 취한다. 한편, 단독친권자는 배우자의 성을 자의

---

39) 독일민법전의 번역은 오종근, 홍윤선, 김수정 역, 「독일민법전 가족법」, 법무부, 2020을 참조하였다.

40) 남윤삼, "독일의 성명법에서 성씨(姓氏)의 취득", 「법학논총」, 제25권 제3호, 국민대학교 법학연구소,2013. 2., 109-148면 참조.

41) 김범철, "자의 성에 대한 규정의 비교법적 접근-독일민법규정의 변천을 중심으로-", 「가족법연구」 제19권 제1호, 한국가족법학회, 2005, 105-137면 참조.

42) 부모 일방에게 지정권을 이전하고, 지정권 행사를 위한 기간을 정하는데, 이 기간이 지나도록 지정권이 행사되지 않으면 지정권을 이전받은 부모 일방의 성을 자녀의 성으로 한다.

성으로 할 수 있는데, 이 경우 배우자 부모의 동의와 자녀가 5세에 이른 경우 자의 동의도 받아야 한다.

다른 한편, 부모의 성 변경은 자의 성변경에 영향을 미친다. 자녀가 5세에 이른 이후 부모가 혼인성 또는 생활동반자성을 변경한 경우, 변경된 성은 자가 찬성하는 때에만 자의 출생성으로 된다(BGB § 1617조의 c). 단독친권자이거나 다른 부모와 공동친권자인 부모 일방과 (자녀의 부모가 아닌) 그의 배우자는 같이 사는 자녀에게 그들의 혼인성을 부여하거나, 그 혼인성을 자녀의 성 앞에 두거나 추가할 수 있다(BGB § 1618).

(2) 프 랑 스

프랑스민법은 가족성(nom de famille)과 사용성(nom d'usage) 두 가지를 규정한다.[43] 즉 혼인성은 존재하지 않으나, 혼인체결시 배우자의 성을 사용성으로 하여 자기 성을 대체하거나 자신의 성의 앞이나 뒤에 부가할 수 있다(Code civil art.225-1). 사용성은 출생증명서에는 기재되지 않으나, 신분증에는 별도 난(欄)이 있어 기재된다. 대부분 남편의 성을 사용성으로 하지만, 노벨상 수상자인 마리퀴리(Marie Curie)는 자신의 조수인 프레데리크 졸리오와 큰 딸 이렌(Irene)의 결혼을 허락하면서 퀴리를 사용성으로 할 것을 요청하여 두 부부는 졸리오퀴리(Joliot-Curie)를 사용성으로 하였다. 이혼을 하면 배우자의 사용성을 더 이상 사용하지 못한다(Code civil art. 264). 즉 혼인 전의 성으로 돌아간다. 다만 타방 동의가 있거나 자녀들의 특별한 이익을 증명하여 법원의 허가를 받은 경우 보유할 수 있다.[44]

가족성은 출생성(nom né, nom de naissance)으로, 2002년 3월 4일 법률 제2002-304호에 따라 부모는 가족성에 대한 완전한 선택권을 가지게 되었다. 즉 부모는 부성, 모성, 또는 부모의 성을 원하는 순서에 따라 병기하여, 자의 성을 선택할 수 있다(Code civil art.311-21 제1항 제1문). 부모

43) 제7편 친자관계 제1장 총칙 제3절 가족성과 사용성의 귀속에 관한 규정. 프랑스 민법전의 번역은 (사)한불민사법학회, 「프랑스민법전」, 박영사, 2022를 참조하였다.
44) Ph. Malaurie et H. Fulchiron, *La famille*, Defrenois, 2011, n° 753, p. 308.

의 의견이 불일치할 경우 알파벳 순으로 병기된 두 성을 출생성으로 한다(동항 제3문). 그리고 형제동성주의를 취한다(동조 제3항). 만약 부모가 병기된 가족성을 가지고 있다면 자녀에게 하나의 성만을 물려줄 수 있다(동조 제4항).

한편, 가족성의 변경은 두 가지가 있다.[45] 첫째, 양성평등에 기초하여 가족성의 변경절차를 용이하게 함을 목적으로 한 비냘법(loi Vignal)[46]" 에 따라, 모든 성년자는 자신의 성을 물려주지 아니한 부나 모의 성으로 가족성을 바꾸거나 부가하거나 병기된 순서를 바꿀 수 있다(Code civil art. 311-24-2 제1항). 자신의 가족성을 물려주지 않은 부나 모는, 자신의 성을 사용성으로 미성년 자녀의 성에 부가할 수 있다(동조 제3항). 이에 대하여 친권을 행사하지 않는 타방부모에게 알려야 하고 동의하지 않는 경우 가사담당법관에게 자녀의 이익이 요구하는 바에 따라 재판할 것을 청구할 수 있다. 비냘법은 성의 변경 절차를 단순화하여 거주지나 출생지 시청 민사신분담당자에게 신청서를 제출하면(Code civil art.61-3-1 제1항), 신청서 접수 한 달 이내에 출생등록부에 등록된다(동조 제2항).[47] 이처럼 간이화된 성의 변경은 평생 한 번만 할 수 있어서, 이후 다시 변경하려면 이전과 동일하게 정당한 이유를 증명하여 법무부장관의 허가를 받아야 한다(동조 제1항 2문). 둘째, 그 외의 사유로 가족성을 변경하고자 하는 자는 **정당한 이익**을 증명하여야 하고, 법무부장관의 데크레(décret)[48]에 따라

45) 가족성의 변경 결정은 출생증서, 배우자나 동반자의 출생증서, 자녀의 출생증서의 비고란에 기재된다(제61-4조).

46) Loi n° 2022-301 du 2 mars 2022 relative au choix du nom issu de la filiation (친자관계로 인한 이름의 선택에 관한 2022년 3월 2일 법률 제2022-301호). 친권 전부 박탈을 선언할 때, 법원은 자녀가 13세 이상인 경우 자녀의 동의하에 자녀의 성을 변경하도록 결정할 수 있다(제380-1조).

47) 비냘법은 2022년 7월 1일부터 시행되었는데, 프랑스 통계청에 따르면, 2022년 8월부터 2023년 12월까지 가족성을 바꾼 사람은 14만 4,100명으로, 전년도의 같은 기간보다 3배 이상 늘어났다. 이 가운데 2/3는 성의 대체이고, 나머지는 두 번째 성을 추가하거나 병기된 성 중 하나를 삭제하는 것이었다. 성을 변경한 성인의 절반은 30세 미만이고, 여성(79000)이 남성(65100)보다 더 많다. 프랑스 통계청 사이트 https://www.insee.fr/fr/ statistiques/8178671(2024. 5. 5. 최종방문). 변경의 자세한 절차는 https://www. service-public.fr/particuliers/vosdroits/F36379 참조,

허가된다(Code civil art. 61).

그리고 부모의 성의 변경은 13세 미만의 자녀에게 영향을 미치고(Code civil art.61-2), 13세 이상의 자녀는 본인의 동의가 필요하다(Code civil art.61-3).

(3) 일 본

일본은 "부부는 혼인 시 정한 바에 따라 부 또는 처의 씨를 칭한다."고 규정하여(일본민법 제750조). 부부의 씨는 하나로 통일되어야 한다(부부동성주의). 1898년에 시행된 메이지 민법(明治民法)은 아내가 남편성을 따르는 것이 아내가 남편의 권위하에 속하는 전통적인 관습에 합치한다는 생각에 의거하여 제746조에서 "호주 및 가족은 그 이에(家)의 씨를 칭한다", 제788조 제1항에서 "아내는 혼인에 의해 남편의 이에에 들어간다"고 규정하였다.[49] 부부 중 어느 하나의 성으로 통일하면 되므로 남녀평등의 관점에서 별문제가 없다고 생각할 수 있으나 일본부부 중 약 96%가 남편의 씨로 통일하고,[50] 부부가 칭하는 씨가 없으면 혼인신고가 안된다(일본 호적법 제74조)는 점에서 문제가 있다. 이혼시 혼인전의 성으로 돌아가는데, 이혼 후 3월 이내 신청하면 혼인 씨를 계속 사용할 수 있다(일본민법 제767조 제2항). 사별시 생존배우자는 혼인전의 성으로 되돌아갈 수 있다(동법 제751조).

한편, 1996년 법무성 산하 법제심의회에서 선택적 부부별씨제를 포함한 민법개정요강을 결정하였으나, 통과되지 않았다.[51] 한편, 여성의 사

48) 1994년 1월 20일 성 변경 절차에 관한 법무부장관의 데크레(Décret n° 94-52 du 20 janvier 1994 relatif à la procédure de changement de nom), 데크레는 프랑스의 행정입법의 하나임.

49) 고철웅, "부부의 씨 통일에 관한 일본인의 규범의식", 「일본비평」 제29호, 서울대학교 일본연구소, 2022, 118면.

50) 물론 일본 총리였던 고이즈미 준이치로의 아버지처럼 본래 성씨가 '사메지마'였으나 고이즈미 가문의 데릴사위로 들어가면서 '고이즈미'로 성을 바꾸는 예외적인 사례가 있기는 하다.

51) 이 입법안은 자민당 내부 반대가 많아 정부안으로서 각의에 제출되지 못하였다. 가족법을 연구하는 학자들이 중심이 되어 1094명의 "선택적 부부별성의 조기실현을 요구하는 법학자, 법조 공동성명"을 받아 가미카와 요코 법무대신에게 제출하였다.

회진출에 따라 혼인 전의 성을 유지할 필요가 있자 혼인신고를 하지 않고 사실혼관계를 유지하거나, 호적상 기재된 법적 성은 아니지만 실생활에서 사용하는 사실상의 성인 통성(通姓)을 사용한다.[52] 일본 최고재판소 여성판사인 岡村和美, 渡邉惠理子, 宮川美津子는 각각 통성을 사용한다. 최고재판소는 2015년[53]과 2021년[54] 2번에 걸쳐, 부부동씨제도는 헌법에 위반되지 않는다고 판단하였는데, 이는 부부의 씨에 관한 제도의 존재방식은 “국회에서 논의되고 판단해야 할 일”이라는 것이다.[55]

혼인중의 자의 성은 부모의 성(혼인씨)을 따른다. 그런데 이혼시 문제가 발생한다. 일반적으로 남편 성을 혼인씨로 하므로 이혼시 어머니만 결혼 전의 호적으로 돌아가고 자녀의 성과 호적은 아버지의 성과 호적에 남는다고 일응 생각된다. 그런데 일본의 친권제도를 보면, 혼인 중에는 공동친권이나(제818조 제3항), 이혼시 부모 일방만이 친권자가 된다(제819조). 즉 협의이혼시 협의로(동조 제1항), 재판상 이혼시 법원이 부모의 일방을 친권자로 정한다(동조 제2항). 나아가 자의 출생 전 부모가 이혼한 경우 친권은 모가 행사한다(동조 제3항). 일반적으로 특히 미성년자녀는 어머니가 친권을 갖는데, 이 경우 어머니는 민법 제791조[56]에 따라 모성

52) 부부동씨제도가 재판상 문제가 된 첫 사안은, 1982년 국립도서관 정보대학에 채용된 세키쿠치 레이코(関口礼子)교수는 학자로서 혼인전 성을 통성으로 사용하고 있었는데, 대학은 문부성과 상담결과 호적상 성인 남편성의 사용을 요구하여 불복하였더니 인사상 불이익을 주었다. 이에 세키구치가 동경지법에 국가, 총장을 상대로 성명권침해 방해배제 및 손해배상청구를 한 사안이다. 전자는 각하, 후자는 기각되었으나 매스컴에 보도되어 사회적 관심을 받았다.

53) 最大判 2015年(平成27年)12月16日民集69巻8号2586頁. 혼인 후 구성을 통성으로 사용하거나 혼인신고를 포기하고 사실혼관계에 있는 남녀 5명이 국가를 상대로 부부동씨 원칙을 규정한 민법 제750조를 개정하지 않고 있는 국회의 입법부작위를 이유로 국가배상을 청구한 사안, 합헌 10 v. 위헌 5; 동 판결에 대한 설명은 우선 고철웅, 위의 글, 126면 이하 참조.

54) 最大決 2021年(令和3)6月23日判タ1488号94頁. 동경 거주 사실혼부부 3쌍이 혼인 후 부부의 씨란에 남편 성, 부인 성 둘 다 체크하여 혼인신고가 되지 않자, 민법 제750조 및 호적법 제74조 제1호의 위헌성을 다툼. 1심과 2심 모두 기각. 합헌 11 v. 위헌 4. 128면; 동 판결에 대한 설명은 우선 고철웅, 위의 글, 128면 이하 참조.

55) 선택적 부부별씨에 대하여 법무성은 개념, 역사, 현재 개정 움직임 등 상세하게 설명하고 있다. https://www.moj.go.jp/MINJI/minji36.html

56) 일본 민법 제791조 ① 자가 부 또는 모와 성을 달리하는 경우에는 자는 가정재

과 자녀 성이 다름을 이유로 가정법원에 자녀의 성 변경 허가를 신청하여 모성으로의 변경 허가를 받고, 새로운 호적을 만들어 자녀를 호적에 넣는 호적변경 신청을 하여야 한다. 왜냐하면, 성이 다르면 같은 호적에 넣지 않고, 호적에는 부모와 자식 2대까지밖에 넣지 않는다(호적법 제6조)는 제약이 있기 때문이다. 한편, 어머니가 재혼하여 남편 성을 혼인씨로 하는 경우 민법 제791조에 따라 자녀는 신청만으로 자동적으로 계부의 성을 따르게 된다. 그런데 최근 이혼 후 공동친권을 도입한 민법 개정안이 2024년 3월 8일 각의되었는바, 향후 이혼한 부모가 공동친권자가 된 경우 그 자녀의 성 유지 내지 변경이라는 이슈가 발생할 것이다.

(4) 영 국

역사적으로 영미의 보통법(common law)상, 이름을 부여하는 관습은 개인적인 산물로 여겼기 때문에 개인은 자유롭게 성(姓)을 선택할 수 있고, 공적으로 제한이나 규제의 대상이 아니었다. 성은 14세기에 이르러 비로소 필요성이 인식되었으나 개인의 직업 또는 거주지에 따라 만들어졌다. 이러한 성은 처음에는 일시적이어서 본인 생존시에만 유효하였고, 후손은 스스로 자신의 성을 만들었다. 1558년 엘리자베스 1세의 통치가 시작되면서 비로소 영국에서 성이 후손에게 세습되었다.

영국에서는 전통적으로 혼인을 하면 아내는 남편의 성을 따르는데, 그 비율이 무려 85%에 달한다. '기혼 여성은 남편의 소유물'이라는 가부장적 관념에서 이 같은 문화가 비롯되었다.[57] 상대적으로 나이가 많고, 교육수준이 높으며 재정적으로 독립한 여성일수록 결혼 후 본래의 성을

판소의 허가를 얻어, 호적법에 정함에 따라 신청으로 부 또는 모의 성을 칭할 수 있다.② 부 또는 모가 성을 바꿈에 따라 자가 부모와 성을 달리하는 경우에는 자는 부모의 혼인 중에 한하여, 전항의 허가를 얻지 않고, 호적법의 정함에 따라 신청으로 부모의 성을 칭할 수 있다.③ 자가 15세 미만인 때에는 그 법정대리인이 대신하여, 전2항의 행위를 할 수 있다.④ 전3항의 규정에 의하여 성을 바꾼 미성년자는 성년에 달한 때로부터 1년 이내에 호적법의 정함에 따라 신청으로 종전의 성으로 복귀할 수 있다.

57) Duncan, S., Ellingsæster, A. L., & Carter, J. (2020). Understanding Tradition: Marital Name Change in Britain and Norway. Sociological Research Online, 25(3), 438-455.

지키려는 경향이 크다.[58)] 한편, 18세에서 34세 사이 영국인 11%가 결혼 후 혼합성을 사용하는 것으로 나타났는데, 이는 예전 귀족이나 부유층이 주로 쓰던 방식이다. 흥미롭게도 영국 여왕 엘리자베스 2세는 필립 마운트배튼(Mountbatten)과 결혼하면서 자신의 성인 윈저(Windsor)를 그대로 사용하기로 하여, 공식이름은 Elizabeth Alexandra Mary Windsor였다. 다만 찰스 3세를 비롯한 자녀들의 성은 Mountbatten-Windsor로 부모의 성을 병기한 혼합성을 사용하고 있다.

영국에서는 관습법에 따라 이름을 변경할 권리를 인정하지만 공식적인 인정을 위해서는 일반적으로 deed poll(이름변경신청원)을 신청하여 변경확인서를 받게 된다. 이름 변경을 의무화하는 구체적인 법령은 없지만 행정 절차를 통해 관리하고 있다.

(5) 미 국

미국에서 이름에 대한 규제는 19세기 후반 20세기 초에 출생증명서(birth certificates)를 도입한 이후 공식적으로 등장하였다. 초기 미국 사회에서 자녀의 성과 이름 부여에 관한 부모의 권리는 정부의 규제대상도 아니었고, 특별히 주법에 의해 규율되지도 않았다. 오늘날 미국의 대부분의 주들은 이름 변경을 위한 절차를 제정법으로 규정하여 법원에 의해 인정되고 있는 추세인데, 이러한 주법들은 보통법상의 전통에 대한 제한이라기보다는 이름 변경에 도움을 주고, 행정 편의를 제고하여, 정부가 이름에 관한 공적기록을 효율적으로 보존하려는 목적이 강하다.

미국에서도 혼인 후 아내가 남편의 성을 따라 성을 혼인성(married name)으로 변경하고, 결혼 전 성은 처녀성(maiden name)으로 신원 확인을 위한 정보로 남는데, 주별로 구체적인 내용과 절차가 달라 이를 법제화한 주도 있고 관습에 의한 주도 있다.[59)] 미국에선 여성의 70%가 결혼 후

---

58) *ibid.*

59) 미국에서 여성이 혼인 후 남편성을 따르는 관례에 대한 비판적 논문으로 우선, Roslyn G. Daum, The Right of Married Women to Assert Their Own Surnames, 8 U. MICH. J. L. REFORM 63(1974); Cori Alonso-Yoder, MAKING A NAME FOR THEMSELVES, 74 Rutgers L. Rev. 911 (2023); Claudia Goldin and Maria Shim,

남편 성을 따른다고 한다.[60] 최근에는 전문직 여성이 증가하고, 혼인 나이가 늦어지면서 결혼하고도 처녀성을 유지하는 여성이 늘고 있다. 가령, 트럼프 대통령의 딸 이방카 트럼프(Ivanka Trump)는 제러드 쿠슈너(Jared Kushner)와 결혼하였으나 트럼프 성씨를 유지하고 있고 다만 자녀들의 성은 쿠슈너로 하였다.

자녀의 성은 출생신고 때 결정되며 주에 따라 아예 새로운 성을 사용할 수도 있다. 자녀의 이름을 지을 권리는 부모에게 있는데, 부모가 합의할 수 없는 경우 법원이 결정한다. 만약 부모가 자녀의 이름 변경을 신청할 경우 누가 양육권을 갖고 있는지에 대한 진술서를 제출해야 한다. 자녀가 부부 사이에서 태어났든 사실혼 사이에서 태어났든 상관없이 자녀의 성을 변경하는 청원서를 제출하면 법원은, 자녀의 성 변경이 자녀의 발달에 미치는 영향, 각 부모 및 다른 형제자매와의 관계, 자녀가 특정 이름을 사용한 기간, 자녀의 성에 대한 신원 확인과 관련될 수 있는 자녀의 나이, 자녀가 현재 또는 변경될 성을 지닐 때 겪을 수 있는 어려움과 당혹감, 적절한 연령과 성숙도를 갖춘 자녀의 개인적 선호도를 고려한다. 법원은 자신의 성을 가진 자녀에 대한 아버지의 이해관계에, 자신의 성을 주려는 어머니의 이해관계보다 더 큰 비중을 둘 수 없다.[61] 이혼 또는 별거 후 한 부모가 자녀의 이름을 변경하기 위해 청원을 제출할 수 있는데, 다른 부모가 동의하지 않으면 법원의 심리를 받는다. 법원은 자녀에게 최선의 이익이 되는 경우 자녀의 이름을 변경할 수 있다. 법원은 어느 부모가 법적 · 물리적 양육권을 가지고 있으며 자녀와 관련된 주요 생활 결정에 대한 책임이 누구에게 있는지 등을 고려한다.[62] 그리고 미국은 18세 성년이 되면 정당한 이유를 소명하지 않아도 본인이

Making a Name: Women's Surnames at Marriage and Beyond, Journal of Economic Perspectives—Volume 18, Number 2—Spring 2004—Pages 143-160 참조,

60) 미국의 자녀의 성 결정에 대한 개관은 우선, 남윤삼, "미국 성명법에서 자녀의 성 결정과 이름부여에 대한 논쟁", 「법학논총」 제28권 제3호, 국민대학교 법학연구소, 2016, 105-146면 참조.

61) Jones v. Roe, 33 Mass. App. Ct. 660(1992).

62) Cormier v. Quist, 77 Mass.App. Ct. 914(2010).

성을 변경할 수 있다.

(6) 그 밖의 경우

유럽남부에서는 부부별성이 일반적인데, 가령 그리스는 1983년 혼인법 개정 이후 부부별성이 강제된다. 스페인과 포르투갈 및 이 두 나라의 식민지배를 받았던 라틴 아메리카도 부부별성을 취하고, 관습적으로 자녀들은 부모의 성을 병기한다. 흥미로운 점은 스페인과 대부분의 남미 국가들은 부성, 모성 순인 반면, 포르투갈과 브라질은 모성, 부성 순이다. 이탈리아도 부부별성이 일반적이지만 아내가 원하면 남편 성을 병기할 수 있다.

중화권은 기본적으로 부부별성을 취하지만 예로부터 아내가 남편의 성을 자신의 성 앞에 붙이는 이른바 관부성(冠夫姓)이라는 관습이 존재하였으나 대만이나 홍콩에서는 오늘날 사라졌다. 중국의 경우 자녀는 부성을 물려받는 것이 일반적이었지만, 부성주의와 형제동성주의에 대한 법적 의무가 사라져 이제는 부모의 성 병기도 가능하고, 2016년 두 자녀 정책 이후 둘째에게 모성을 물려주기가 유행이라고 한다.

자녀의 성 결정과 관련하여 호주에서는 실제 여섯 가지의 선택지가 있다.[63] 부성, 모성, 병기하되 하이픈 넣거나 제외, 형제자매가 부모의 성을 번갈아 사용, 두 성을 결합하여 혼합성으로 만들기, 새로운 제3의 성을 만들기가 그것이다. 한편, 덴마크 · 노르웨이 · 핀란드 · 스웨덴과 같이 자녀의 성 결정시 부성, 모성 중 하나를 선택할 수 있는 국가들도 있다. 스웨덴은 형제동성주의를 취하지 아니하여 스웨덴 환경운동가 그레타 툰베리와 동생 베에타 에르만은 각각 아버지와 어머니의 성을 따르고 있다.

63) https://www.abc.net.au/news/2017-12-18/choosing-a-surname-for-your-child/9200800 2005년부터 2010년까지 빅토리아에서 태어난 아이들의 성을 분석한 통계에 따르면, 부모의 성이 모두 일치하는 자녀: 54.80%, 성이 아빠/파트너와 일치하지만 엄마는 일치하지 않는 자녀: 35.30%, 엄마와 일치하지만 아빠/파트너와는 일치하지 않는 성이 있는 자녀: 4.51%, 성이 엄마와 일치하고 아빠가 없는 자녀: 1.35%, 부모가 합쳐진 이름과 이중 이름을 가진 자녀: 2.46%, 성을 새로 만든 자녀: 2.92% (Swinburne University를 통한 빅토리아 출생, 사망 및 결혼 등록).

(7) 정 리

살펴본 바와 같이 가족성은 일반적으로 출생시 결정되는데 나라에 따라 부부가 동등한 선택권을 가질 수도 있고 혼인성을 따르기도 한다. 그리고 이혼으로 아내의 성이 혼인전의 성으로 돌아오는 경우 자녀의 성의 변경이 어떠한 영향을 받는지 역시 법제에 따라 다름을 확인할 수 있었다.

먼저 혼인과 성과의 관계에서, 결혼 후 아내가 남편성으로 변경하는 것이 일반적이었던 서구에서는 전문직 여성이 증가하고 결혼이 늦어지면서 혼인성 내지 단일한 가족성에 대한 근본적인 의문이 제기된다. 다음으로 혼인 후 성변경의 문제는 이혼 후 예전성으로 복귀할 것인지, 아니면 그대로 혼인성을 유지할 것인지, 한다면 그 요건은 무엇인지에 대해 이해관계가 달라 논쟁이 있다. (이는 또한 그렇다면 이혼 후 자녀의 성은 어떻게 되는지에 대한 논의를 촉발하게 된다).

다른 한편, 부부별성주의를 취하는 나라에서는 혼인과 이혼 후 성의 변경 문제는 없으나, 자녀의 성을 부성으로 할 것인지, 모성으로 할 것인지, 아니면 병합할 것인지, 그 순서는 어떻게 되는지가 문제된다. 그리고 이러한 자녀의 성 결정시기가 혼인시인지 출생시인지도 다르다. 나아가 자녀 간에 즉 형제자매가 동성이어야 하는지 이슈도 있다. 그리고 일단 결정된 자녀의 성이 이혼이나 재혼 후 변경될 수 있는지, 어떠한 요건을 요구하는지 나라마다 매우 상이하다. 항을 바꾸어 우리나라의 판례에 나타난 구체적 변경허가기준을 검토한다.

Ⅲ. 성 · 본 변경의 실제

1. 성 · 본 변경 제도의 도입 취지

자의 성 · 본 변경제도는 부계주의에 따른 양성불평등의 문제를 개선하고, 재혼, 입양 가정 자녀들의 안정적인 적응과 건강한 성장을 위하여 도입되었다. 주로 재혼가정에서 자라는 자녀들이 실제로 부의 역할을 하고 있는 계부와 성이 달라서 정신적으로 고통을 받을 경우 이를 해결하기 위하여 마련된 제도이다.[64] 부성주의의 강제가 개인의 인격권을 침해하고 개인의 존엄성과 양성의 평등에 반하는 것으로 판단될 경우 자의 복리를 위하여 성과 본을 변경할 수 있도록 한 것이다.

2. 라류 가사비송사건

자의 성·본 변경에 대하여 민법은 "자의 복리를 위하여 자의 성과 본을 변경할 필요가 있을 때에는 부, 모 또는 자의 청구에 의하여 법원의 허가를 받아 이를 변경할 수 있다."고 규정하고, 이에 따라 가사소송법은 자녀의 성·본 변경허가 심판을 '라류 가사비송사건'으로 하고 있다[가사소송법 제2조 제1항 제2호 (가)목 6)]. 가사비송사건이란 굳이 소송을 통해 심리할 필요가 없어 소송경제를 위해 신속한 사건의 처리를 도모하고자 소송절차로 진행하지 않는 가사사건으로, 가정법원이 후견적인 지위에서 재량에 의해 합목적적으로 법률관계를 형성한다. 직권탐지주의가 적용되어(가사소송규칙 제23조 제1항), 가정법원은 심리과정에서 사실관계를 규명할 책임이 있다.

특히 라류 가사비송사건은 청구인과 사건본인만 존재하고 상대방이 없는 비대심적 구조로서 청구인과 다른 이해관계를 가지는 자는 '관계인'이나 '참가인'으로 절차에 참여할 뿐이다. 심판서에는 이유를 적지 아니할 수 있는바(가사소송법 제39조 제3항), 대상판결의 1심 결정문에는 이유가 없고, 후술하는 바와 같이 2심과 대법원 판결문 곳곳에서 가정법원이 후견적 지위에서 재량에 의해 판시한 부분이 많다. 비송재판으로서의 성격이 더욱 두드러져서, 직권탐지주의를 원칙으로 하고 변론을 요하지 않으며 심문도 임의적이다(가사소송법 제45조).[65] 그런데 '성본 변경 허가심판 청구서' 양식에는, 별지를 사용할 수는 있으나 일반적으로 "자의 복리를 위

---

64) 울산지법 2008. 1. 28. 자 2008느단12 심판.

65) 안수진, "성과 본 변경허가 사건에서 자의 복리실현을 위한 고려사항," 「민유숙 대법관 퇴임기념 재판자료집」, 2024, 583면. 이러한 특성은 접수된 법원이 가정법원인지 아닌지, 담당재판장의 성향에 따라, 서면심리에 그치는지 아니면 심문기일을 거쳐서 실질심리를 하는지 실무례에 차이를 가져온다.

하여 자의 성과 본을 변경할 필요"를 구체적으로 기재하고 있지 않아, 보정명령을 통하여 진술서를 제출받거나 의견조회서를 발송하여 회신을 받아 개략적으로 상황을 파악한 다음, 필요시 증인을 소환하여 심문하거나, 가사조사관으로 하여금 조사하여 구체적으로 의견을 청취한다.[66]

3. 자의 복리를 위하여 자의 성 · 본 변경이 필요한 경우

그렇다면 어느 경우에 "자의 복리"를 위하여 "자의 성과 본을 변경할 필요"가 있을 때인지 살펴보자.

(1) 모의 성으로의 변경

먼저 "자의 복리를 위하여 모성으로의 변경"이 필요한 상황에 대해 헌법재판소는 "자의 출생시 아버지가 사망하였거나 부모가 이혼하여 모가 단독으로 친권을 행사하고 양육할 것이 예상되는 경우"를 들고 있으나,[67] 굳이 출생시 이를 요구할 필요는 없으며 부의 사망, 부모의 이혼 등으로 모가 단독으로 친권을 행사하고 양육할 것이 예상되는 상황도 생각할 수 있다.[68] 즉 "생활관계의 구체적 상황에 따라서는 부 또는 부계 혈연집단과의 유대나 교류를 전혀 기대할 수 없고 부성의 사용이 단순히 생부의 성을 확인하게 하는 기능 이외에는 아무런 의미를 갖지 아니하는 반면, 모의 양육에 의하여 모와 생활하면서 모계의 혈연집단을 중심으로 생활관계를 형성할 것이 명확히 예상되는 경우"라면, "가족관계의 변동으로 말미암아 통상적인 가족관계에서 추상적인 가치를 가지는 것에 불과하던 성의 사용 문제가 부성의 사용에 있어서는 거의 의미가 없어졌음에 반해 모성의 사용에 대해서는 구체적인 이익으로 나타나는 상황이 된[69]" 것이다. 한편 혼인신고시 자녀 계획이 없었으나 혼인 후 임신하면서 모

---

66) 안수진, 위의 글, 583면.

67) 헌법재판소 2005. 12. 22. 2003헌가5, 6, 병합, 판례집 17-2, 544, 558. 그 외 혼인 외의 자를 부가 인지하였으나 여전히 모가 단독으로 양육하고 있는 경우

68) 이현재, "자의 성과 본 변경심판에 있어서 자의 복리", 「가족법연구」 제22권 제2호, 2006, 33면.

69) 헌법재판소 2005. 12. 22. 2003헌가5, 6, 병합, 판례집 17-2, 544, 558.

의 성을 부여하기로 부부간에 협의가 이루어지거나 자녀가 양성평등을 이유로 변경을 원하는 경우도 상정할 수 있다. 그리고 자녀의 성과 본이 모의 성과 본으로 변경되었을 경우 성년인 그 자녀는 모가 속한 종중의 공동선조와 성과 본을 같이하는 후손으로서 당연히 종중의 구성원이 된다.[70)]

(2) 계부/양부의 성으로의 변경

가족관계의 변동으로 새로운 가족이 형성된 경우, 가령 입양을 하거나 모가 양육하고 있던 자를 데리고 재혼한 경우 계부의 성으로의 변경을 생각할 수 있다. 재혼 후 계부가 친양자입양을 한다면 양자의 성이 양부의 성으로 변경되므로, 재혼만을 하거나 재혼 후 일반입양을 한 경우가 문제될 것이다.[71)] 헌법재판소에 따르면, "계부가 실질적인 부로서의 역할을 수행하고 재혼한 모의 자 역시 계부와 그 가족들과 항구적인 생활관계를 형성하는 경우"이다.

(3) 환원할 필요가 있는 경우

친생자관계부존재확인 판결로 부의 자가 아님이 확정되어 모의 성으로 변경되었으나 이후 다시 부의 성으로의 환원을 요청한 경우,[72)] 이혼

70) 대법원 2022. 5. 26. 자 2017다260940 전원합의체 판결.

71) 사회전체의 법적 안정성을 위하여 성의 변경에 일정한 제한을 가하는 것은 불가피하고 성이 혈통을 상징하는 기호라는 점에서 "자신의 혈통과 무관한 성을 사용하는 것"을 내용으로 하는 성의 변경은 입양, 재혼 등 예외적 상황이 없는 한 성의 본질에 부합하지 않을 것이다.

72) 서울가정법원 2018. 4. 13. 자 2017브30060 결정은 50세가 넘은 본인이 친생자관계부존재확인판결의 확정으로 성·본이 모(母)의 성과 본으로 바뀌게 되어 불편함을 겪고 있다는 이유로 甲의 성과 본을 甲이 종래 사용하던 것으로의 변경 허가를 청구한 사안에서, 친생자관계부존재확인소송의 목적과 취지, 가족관계등록제도가 가지는 신분관계의 공시기능과 중요성 등에 비추어, 성과 본은 원칙적으로 부계(父系) 또는 모계(母系)의 혈연관계에 따라 부여되므로 가족관계등록부상 성과 본은 부계(父系) 또는 모계(母系)의 혈통을 외관상 나타내는 기능을 가지고 있고, 우리나라의 관습법상 공동선조의 성과 본을 같이하는 후손을 구성원으로 하는 종중이 형성되어 활동하고 있어서, 자의 성과 본을 변경하는 경우 계부나 양부, 어머니의 성과 본이 아닌 제3자의 성과 본으로의 변경은 궁극적으로 자의 복리에 바람직하지 않은 점, 그 밖에 성·본 변경 제도의 취지 등을 종합하여 보면, 청구인의 성과 본을 변경하는 것이 청구인의 복리를 위하여 반드시 필요하다고 인정되지 않는다고 판단하였다.

후 모의 성이나 계부의 성으로 변경하였으나 부모가 다시 재결합하거나 또는 자녀가 성인이 된 후 부의 성으로 회복하고자 한 경우, 이혼 후 모의 성으로 변경한 후 재혼하여 계부의 성으로 변경하였으나 다시 이혼하여 모의 성으로 환원하려는 경우가 있을 수 있다.[73)]

4. 변경허가기준인 자의 복리

(1) 자의 복리의 판단 기준

자의 복리(child's welfare)는 1925년 영국의 Guardianship of Infants Act가 미성년자의 보호와 양육에 관한 문제를 결정함에 있어 법이 고려해야 할 최우선 및 최대의 원리는 자의 복리라고 선언하면서, 처음 등장한 개념이다. 1989년 채택된 유엔아동권리협약 제3조는 아동에 관한 모든 결정에 있어 "아동의 최선의 이익(best interest of child)"이 우선할 것을 기본원칙으로 한다. 그런데 이러한 자의 복리는 그 개념이 추상적이고 불확정하여 구체적으로 어떻게 해석할 것인지가 문제된다.[74)]

대법원은 '자녀의 복리를 위하여 자의 성과 본을 변경할 필요가 있을 때'에 해당하는지 판단하기 위한 고려요소로, 자의 나이와 성숙도, 자녀 및 친권자·양육자의 의사, 성·본 변경이 이루어지지 아니함으로 인하여 가족 구성원 사이의 정서적 통합, 가족 구성원에 대한 편견이나 오해 등으로 학교생활이나 사회생활에서 겪게 되는 불이익과 함께 성·본 변경으로 초래될 자녀 본인의 정체성 혼란, 자녀와 성·본을 함께 하고 있는 친부나 형제자매 등과의 유대관계 단절 등의 사정을 종합적으로 고려한다.

즉 성·본 변경이 이루어지지 않을 경우의 불이익과 성·본 변경이 이루어질 경우의 불이익을 비교형량하여 신중하게 판단하면서, 성·본 변경권의 남용으로 볼 수 있는 경우가 아니라면 원칙적으로 허가한다는 입

73) 이현재, 앞의 글, 37면.

74) 자의 성·본 변경 허가에 대한 판례의 동향을 분석한 선행 연구로, 최인화, "호주제 폐지와 가족관계등록법 시행 이후 판례의 동향-자의 성과 본의 변경 허가를 중심으로-", 「가족법연구」 제32권 제2호, 한국가족법학회, 2018 참조.

장이다.[75] 성 · 본 변경권의 남용의 예로, 개명허가에서와 유사하게, 범죄를 기도 또는 은폐하거나 법령에 따른 각종 제한을 회피하려는 불순한 의도나 목적이 개입되어 있는 것을 들고 있다. 이후 대법원은 성 · 본 변경으로 인하여 학교생활이나 사회생활에 있어서의 불편 내지 혼란, 타인에게 불필요한 호기심이나 의구심 등을 일으키게 하여 사건본인의 정체성 유지에 영향을 미칠 개연성 등의 불이익 등도 함께 고려할 것을 추가하였다.[76]

(2) 이익형량시 구체적으로 확인할 자료

그런데 이익형량에 있어 고려요소는 자녀가 미성년자인지 여부,[77] 변경하려는 성이 모의 성인지, 계 · 양부의 성인지에 따라 구체적인 판단이 달라진다.

1) 공통요소

먼저 공통요소로, 자의 나이와 성숙도를 고려한 자의 의사, 친권자 · 양육자의 의사 및 친부의 동의, 자녀와 성 · 본을 함께하고 있는 친부나 형제자매 등과의 유대관계 단절, 성 · 본 변경으로 인하여 학교생활이나 사회생활에 있어서의 불편 내지 혼란이 고려된다.

가. 자의 연령 및 성숙도와 자녀의 의사

대상판결과 같이, 사건 본인이 5, 7세 남짓의 취학 전 아동의 경우, "성과 본이 가지는 의미나 친가와 외가 등의 가족관계 속에서 형성되는 자신의 정체성에 대한 진지한 인식과 고민을 할 수 있기에는 아직 어린 나이"라고 보아 변경허가를 함에 있어 부정적인 요소가 된다. 나아가 나이가 어린 경우 "훗날 신청인이 더 성장하여 자신의 문제를 스스로 판단할 무렵이 되었을 때 부모의 뜻을 받아들여 신청취지와 같은 이름으로

75) 대법원 2009. 12. 11.자 2009스23 결정; 대법원 2010. 3. 3.자 2009스133 결정.

76) 대법원 2016. 1. 26.자 2014으4 결정.

77) 대법원 2016. 1. 26.자 2014으4 결정은 성년인 본인이 이혼 후 어머니와 함께 생활하였는데, 취업과 결혼을 앞두고 마음의 안정을 갖고 싶다는 이유로 어머니의 성과 본으로 성 · 본 변경허가 청구를 한 사안에서, 성 · 본 변경허가 청구를 인용한 원심결정을 파기하였다.

불리기를 원한다면, 그때에 가서 개명 여부를 판단하는 것이 신청인 본인의 올바른 성장을 위하여 바람직하다"고 하였다.[78)]

성 변경을 이해할 중 · 고등학생인 경우 연령은 적극적인 요소가 되는데, 가령 사건본인이 12세, 16세인 경우 "미성년자이긴 하지만 적어도 그 변경에 대한 선호 여부의 의사를 밝힐 수 있는 나이에 이른 사건본인들도 나름대로 수긍할 만한 이유를 들어 그 변경을 희망하고 있"다고 보았고,[79)] 16세인 경우 "현재 중학교 3학년으로 자신의 행복추구권을 위하여 성과 본의 변경에 대하여 비교적 신중한 의사를 표명할 수 있는 나이"라고 보아 긍정적인 요소로 작용하였다.[80)]

자의 나이를 고려하는 이유는 성본 변경에 관하여 "사건 본인의 의사"가 자의 진지하고 자발적인 의사이고 스스로 변경 필요성을 느끼는지, 아니면 단지 부모의 욕구나 부모의 바람을 들어주려는 자의 의견인지 여부를 판단하기 위한 고려요소라고 생각된다. 물론 아이들은 자신과 함께 사는 부모가 성본 변경을 원하는 것을 알게 되면 그 뜻에 거슬리지 않고자 동의하는 경우도 있을 것이다. 그리하여 가사조사관을 통하여 진정한 의사를 탐구하는 것이 필요하다.

나. 친권자 · 양육자의 의사 및 친부의 동의

사건본인이 미성년자라면, 친권자와 실제 양육하는 자의 의사는 매우 중요한 요소이다.[81)] 그런데 자의 성 · 본 변경허가 청구에 관하여 가사소송규칙은 가정법원이 부, 모 등의 의견을 청취할 수 있다고만 규정하고 있을 뿐(가사소송규칙 제59조의2 제2항), 법령상 부, 모 등의 동의를 요건으로 하지 않는다. 그리하여 모가 변경을 구하고 이에 대해 친부가 동의함에도, 대상판결은 이와 같은 점을 들어, 성 · 본 변경을 청구하는

78) 서울남부지방법원 2008. 3. 6.자 2008호파887 결정.

79) 대법원 2010. 3. 3.자 2009스133 결정.

80) 울산지방법원 2008. 1. 28.자 2008느단12 심판.

81) 1심이나 항소심에서 변경이 허가된 사안은 비송사건의 특성상 불복이 안 되고 허가이유를 기재하지 않아 살펴보기는 어렵지만, 모두 이러한 친권자이자 양육자인 모의 의사를 고려하였을 것이다.

부, 모 중 일방이 단지 이를 희망한다는 사정은 주관적 · 개인적인 선호의 정도에 불과하며 이에 대하여 타방이 동의를 하였더라도 그 사정만으로는 성 · 본 변경허가의 요건을 충족하였다고 보기 어렵다고 하고 있다.

그런데 청구인인 모가 앞으로 혼자 어떻게 자녀를 양육해야 하나 고민을 하다가 자녀의 성을 변경을 하기로 결심하고 이를 위해 어색하고 불편하지만 이혼한 친부를 만나 설득하고 동의를 얻는다. 친부 입장에서도 이익형량을 하면서 동의라는 어려운 결정을 내린다. 그런데 이러한 청구인의 의사와 친부의 동의를 "단순한 주관적 · 개인적 선호도"에 불과하다고 표현하는 것은 청구인과 관계인의 의사를 폄훼한다는 인상을 준다.

변경을 불허한 원심결정을 허가취지로 파기환송한 2009스133 결정이 적절하게 지적하는 바와 같이, "사건본인들의 친권자 및 양육자로서 이들을 누구보다 사랑하며 가장 잘 이해한다고 볼 수 있는" 어머니가 사건본인들을 위하여 변경을 구하고 친부가 동의하며 사건본인들까지 동의하여 이해관계자의 의사가 일치하고 있음은 보다 신중하게 고려되어야 할 것이다.

다. 친부와의 관계에서 부양의무 이행에 미칠 불이익

자녀의 성이 부의 성에서 모의 성으로 변경되거나 계부의 성으로 변경되었다고 하여 부와의 친자관계가 소멸되는 것은 아니다. 그런데 법원은 성을 변경할 경우 친부의 부양의무의 이행에 미칠 영향을 언급하고 있어 언뜻 이해하기 어렵다. 도대체 성의 변경과 부양의 중단이 어떠한 관계가 있다는 것인가? 어머니가 자신의 성이 아닌 부의 성을 가진 자녀를 양육하는 것과 동일하게 자녀의 성이 변경된다고 하여도 여전히 친부는 부양의무를 부담해야 하기 때문이다. 그리고 이혼 후 성의 변경과 친권 역시 아무런 관계가 없다. 다만 선해한다면 양육비지급이나 면접교섭을 제대로 이행하고 있지 않은 상대방 배우자에게 양육하는 배우자가 양육비를 보내지 않고 면접교섭을 하지 않아도 좋으니 그 대가로 성본 변경에 동의하라는 취지로 압박할 우려가 있어 이를 고려한 것으로 보인다.

가령 양육비 지급의무를 이행하지 않고 면접교섭이 잘 이행되지 않고 있는 대상판결에서는, "비양육친이 미성년 자녀에 대해 당연히 지급하여야 할 양육비의 지급 여부나 그 액수 혹은 비양육친과 미성년 자녀가 상호 간 지닌 면접교섭권 행사에 관련한 조건이 연계된 것은 아닌지, 양육비의 지급이나 면접교섭권의 행사를 둘러싼 갈등 상황에서 이를 해결하기 위해 마련된 법적 절차를 거치지 않고 상대방을 사실상 압박하기 위함이 주요한 동기는 아닌지"를 우려하고 있기 때문이다. 이와 달리, 부가 이혼 이후 양육비를 정기적으로 지급하고 있고 사건본인들과 면접교섭을 정기적으로 실시하고 있는 사안에서는, 자녀들의 성과 본을 어머니의 것으로 변경할 경우 "비교적 원만하게 이루어지고 있는 친부와 자녀들 사이의 면접교섭이나 양육비 지급에 부정적인 영향을 미칠 우려가 있"[82]다고 하면서 이 또한 변경에 부정적인 고려요소로 삼는다. 비양육친의 양육비는 자녀의 성이 무엇이든 관계없이 지급되어야 하고 이는 엄연한 법적 의무이다. 모의 성으로의 변경에 동의를 압박하거나 흥정할 대상이 되어서는 안 된다고 생각한다.

라. 성 · 본 변경이 이루어질 경우 초래되는 정체성의 혼란

변경된 성 · 본을 사용함으로 인하여 초래되는 정체성의 혼란은 어찌 보면 당연하다. 그리고 이러한 혼란은 변경 전 성으로 살아온 기간과 비례할 수 있다. 그리하여 사회생활에 많이 노출되지 않은 취학 전 아동들은 성 · 본 변경으로 초래될 혼란이 상대적으로 크지 않다고 예상할 수 있다. 성의 변경으로 부모의 이혼, 어머니의 재혼 등 가족관계의 변동이 공시가 되는 것인만큼 특히 사춘기 시기의 자녀에게는 혼란스러울 수 있으나 이는 이미 발생한 가족관계의 변동이 시차적으로 늦게 반영되는 것이어서 오히려 정체성의 혼란을 안정화시킬 수도 있다. 또한 성 · 본 변경시 기존의 성을 사용해 오던 교우관계 및 학교생활에서 다소의 혼란과 불편을 겪을 것으로 예상되나, 그 변경의 필요성을 부정할 만한 정도의 것이라고 보기 어려울 뿐 아니라, 전학 · 이사 등의 적절한 배려와 조치를 통해서 상당 부분 해결될 수 있다.[83]

---

82) 제주지방법원 2015. 10. 1.자 2015느단360 심판.

2) 계부성으로의 변경허가시 고려할 요소

먼저 계부의 성으로의 변경은 내부적으로는 계부의 자녀나 친모와 계부 사이에 낳은 자녀를 구성원으로 가족 사이의 정서적 통합, 외부적으로는 성이 달라 제3자가 가족 구성원에 대해 편견을 갖거나 오해를 함으로써 초래될 학교생활이나 사회생활에서 겪게 되는 불이익이 특히 고려된다. 재혼기간의 장단도 중요한 요소이다.

가. 계·양부의 사실상의 양육과 재혼기간

계부가 상당 기간 동안 자를 사실상 양육하여 계부와의 유대관계가 안정적으로 성립되어 있는지는 중요한 고려요소이다. 민법 제781조 제6항의 시행 이후 첫 판결로 보이는 울산지법 2008. 1. 28자 2008느단12 심판은 이혼 후 10여 년간 친부와 교류가 없고 10년 이상 동거해 온 계부와 사이의 유대관계가 강하게 형성된 것으로 보이는 점을 긍정적 요소로 보고 있다. 즉 친부로부터 양육비를 지급받지 못하여 사실상의 계부가 양육에 기여하고 있다는 점을 고려한 것이다.[84] 이에 대해 자의 인격권 내지 복리보다 친부와 자의 면접교섭 여부 및 양육비의 정기적 지급 여부 등의 형식적인 친부와의 유대관계 여부를 더 중요하게 판단하고 있다는 것이라는 비판이 있다.[85]

한편, 재혼기간도 중요한 요소이다. 4년간 동거 후 혼인신고한 지 10개월 되어 모가 계부와의 사이에 친자를 출산할 예정으로 사건본인이 태어날 동생과 성이 달라 어려움을 겪을 것을 우려하여 계부로의 성 변경을 구한 사안에서, 법원은 재혼기간이 짧음을 들어 재혼가정이 현재보다 더 안정되고 사건본인이 계부와 가족으로서의 유대감 형성을 위한 시간을 더 가진 후에야 사건본인의 성과 본의 변경을 고려하여야 한다고 하며 신청을 기각한 예도 있다.[86] 성의 법적 안정성을 위해 신중하게 고

83) 대법원 2010. 3. 3.자 2009스133 결정.

84) 대법원 2009. 12. 11.자 2009스23 결정.

85) 김성은, "젠더관점에서 본 자의 성·본 변경허가의 판단기준", 「법학연구」 제58집, 2015, 한국법학원, 314면.

86) 부산가정법원 2020. 5. 20.자 2020브15 결정.

려되어야 하나 혼전동거 기간이 있었다면 그러한 사실도 적극적으로 고려되어야 할 것이고 과연 재혼 후 몇 년을 기준으로 할 것인지는 재고할 필요가 있다.

한편, 친양자 입양과 달리 일반입양시 양부성으로의 변경은 자동적인 것이 아니어서 입양이라는 사실이 반드시 양부성으로의 변경 허가로 이어지는 것은 아니지만, 계부가 사건본인을 입양하면 양부와 사건본인 사이 법적 친자관계가 형성된 사정은 긍정적으로 고려된다.

나. 계부 자녀들과의 정서적 통합

동거하는 계부와 성이 달라 대외적으로 겪는 교우관계 및 학교생활에서의 심리적 위축·불안 및 불편을 적지 않게 겪을 것임은 경험칙상 추단할 수 있다.[87] 나아가 만약 계부에게 전처와의 사이에서 자녀가 있어 사건본인은 이성이복 형제자매를 갖게 되고, 특히 재혼한 모가 계부와 사이에 자녀를 출생하는 경우, 계부의 자녀 및 모와 계부 사이에 태어난 자녀는 성이 같은데 사건본인의 성만 성이 달라서 소외감을 느낄 것이다. 이러한 경우 형제자매끼리 같은 성을 갖게 되는 것이 대내적으로 정서적 통합과 유대관계 증진에 긍정적 영향을 미쳐 가족생활이 보다 안정될 것이다.[88]

다. 다른 형제자매 등과의 유대관계 단절 여부

한편, 자와 성·본을 함께하고 있는 친부나 형제자매 등과의 유대관계의 단절 역시 중요한 요소인데, 형제동성주의를 고수하여 가령, 이혼 후 오빠는 아버지가 양육하고 사건 본인은 어머니가 양육하는 상황에서 본인을 입양한 계부성으로의 변경을 불허한 사례가 있다.[89]

3) 모성으로의 변경허가시 고려할 요소

계부의 성으로의 변경보다 모의 성으로의 변경에 대해 법원은 더 엄격한 잣대를 들이대고 있다. 먼저 모의 의사를 이혼에 따른 보복감정

---

87) 대법원 2010. 3. 3.자 2009스133 결정.
88) 대법원 2009. 12. 11.자 2009스23 결정.
89) 인천지방법원 2009. 1. 29.자 2008브44 결정.

으로 보거나, 재혼가능성과 재혼으로 인해 계부성으로의 변경가능성에 강한 의구심을 제기하고, 모와 자녀가 성이 같게 되면 이혼사실이 드러나 타인에게 불필요한 호기심이나 의구심 등을 일으키게 하여 사건본인의 정체성 유지에 영향을 미칠 개연성이 있다고 보는 점에서 그러하다.

가. 모의 숨겨진 의도

대상판결은 모의 성본 변경 신청이 표면적으로는 자녀의 복리를 내세우더라도 갈등 상황에서 이를 해결하기 위해 마련된 법적 절차인 이행명령 과태료 및 감치 등을 거치지 않고 상대방을 사실상 압박하기 위함이 주요한 동기는 아닌지, 비양육친과 미성년 자녀의 관계 자체를 차단하려는 의도가 아닌지, 이혼 당사자가 스스로 극복하여야 하는 이혼에 따른 심리적 갈등, 전 배우자에 대한 보복적 감정 기타 이혼의 후유증에서 벗어나기 위한 수단으로 여겨지는 등 청구인의 관점이나 이해관계가 주로 반영된 측면은 없는지, 나아가 이혼 이후 후속 분쟁에서의 유불리를 고려한 것은 아닌지" 살펴보아야 한다고 결정문에서 적고 있다.

자녀의 복리를 내세우고 있지만 그 아래 모의 숨겨진 의도를 살펴봐야 한다는 것이다. 가령, 모의 주요한 동기가 전남편에 대한 복수감정,[90] 사건본인들과 친가의 관계를 단절하고자 하는 적절하지 않은 목적[91]이 있는지 판단하여야 하고 이는 모의 성으로의 변경을 허가하지 않을 부정적 요소로서 작용한다. 그런데 전남편에 대한 부정적인 감정이 남아 있다고 한들 자녀의 성을 자신의 성으로 변경하려는 것이 마치 무슨 불순한 의도인 것처럼 표현하고 있는데 자녀의 최선의 이익과 부합한다면 기저의 동기가 그러할지라도 성의 변경을 허가하지 않을 사유라고는 생각되지 않는다. 나아가 자녀의 성을 모의 성으로 변경한다고 하여 바로 친부와의 관계가 단절되는 것인지 반문하고 싶다. 더 나아가 모 성으로의 변경이 이혼 후 어떠한 후속 분쟁에서 어떻게 유리하게 작용

90) 제주지방법원 2015. 10. 1.자 2015느단360 심판. 청구인은 전남편의 부정행위가 이혼의 원인이 되었는데 자를 임신한 상황에서 전남편이 일방적으로 이혼 소송을 제기하여 이혼에 이르게 되었다면서 전남편에 대한 부정적인 감정을 나타내고 있다.

91) 서울가정법원 2012. 2. 13.자 2011느단6449 결정.

한다는 것인지 의문이다. 오히려 후견적 지위에 있어야 할 법원이 가부장적 가치관에 근거하여 이혼 후 홀로 자녀를 양육하고 있는 모에 대한 전근대적 편견에 머무르는 것은 아닌지… 이러한 표현은 순화되어야 할 것이다.

나. 재혼가능성 및 재혼 후 계부의 성으로의 변경가능성

나아가 법원은 재혼가능성까지 고려한다. 대상판결의 원심은 "청구인이 조만간 재혼할 가능성을 배제할 수 없고 재혼으로 인하여 사건본인들을 계부의 성과 본으로 변경할 필요성이 발생할 가능성도 상당한 이상, 현 단계에서 사건본인들의 성과 본을 친모의 그것으로 변경할 이유를 찾기 어렵다.[92)]"고 한다. 모의 성으로의 변경을 구하고 있는데 재혼가능성과 재혼 후 계부성으로의 변경가능성을 언급하는 것은 모성으로 바꾸어 주었더니 재혼하여 또 계부성으로 변경을 구할 텐데 그렇게 하면 자녀의 성이 여러 번 바뀌어 법적 안정성을 저해할지 모른다는 추론에서 나온 것일 것이다.

이에 대하여 모의 재혼 가능성의 고려는 자의 성의 법적 안정성을 위한 것으로 문제되지 않는다고 생각할 수 있으나,[93)] 이는 모의 자기결정권을 침해하는 것이다. 재혼 여부, 재혼 시기, 재혼 후 계부의 성으로 변경여부는 전적으로 모가 결정할 문제이다. 성불변 원칙과 부부별성주의를 취하는 우리나라 법제하에서 모의 재혼은 원칙적으로 자녀의 성에 영향을 미치지 않는다. 대상판결에서 모는 40대의, 자녀가 둘인 여성으로 현실적으로 재혼이 그렇게 녹록한 상황도 아니며 재혼할 의사가 없음을 누누이 밝혀 대법원 판결문에서는 이러한 표현이 사라졌다. '현단계'라는 표현은, 21세기인 현재에도 싱글맘 가족은 정상 가족이 아니라는 전제에서 재혼할 것을 전제로, 마치 이혼 후 재혼 전 상태는 과도기라고 보는 시각을 반영한다. 그렇다면 판결문에서 이혼한 여자에게 재혼가능성을 운운하는 것은 법원의 후견적 역할의 남용에 이르는 언어적 폭력이라고

92) 대전가정법원 2021. 1. 5.자 2020브53 결정.

93) 이현재, 앞의 글, 68면.

생각한다.

나아가 가사 재혼을 하더라도 계부성으로의 변경은 별개의 문제이다. 모성으로의 변경보다 계부성으로의 변경이 더 자연스럽게 받아들여지는 듯한 인상이 위 결정문의 기저에 깔려 있다. 즉 재혼하면 모의 성이 아니라 계부의 성을 따르는 것이 정상이라는 오류를 범하고 있다. 부성주의를 극복하고자 성의 변경제도를 만들었으나 그 제도는 자의 복리가 아니라 계부를 위한 또 다른 부성주의의 발현에 불과한 것이 아닌지 의문이 든다.

다. 제3자의 의구심

대상판결은 모의 성과 자의 성이 같을 경우 "타인에게 불필요한 호기심이나 의구심 등을 일으키게 하여 사건본인의 정체성 유지에 영향을 미칠 개연성"이 있다고 판시하고 있다. 물론 아직까지도 한국 사회에서는 부의 성과 자의 성이 같은 것이 대다수이고 일반인들이 더 자연스럽게 받아들일 수 있다. 그러나 실제 이혼이 많이 이루어지고 있고 이혼에 대한 사회의 시선도 바뀌어서 더 이상 이혼가정을 색안경을 끼고 바라보는 시대는 지났다고 생각한다. 이혼 사실은 부에게도 모에게도 나아가 이혼에 아무런 과책이 없는 자녀에게도 흠이 아니고 아니어야 한다. 그럼에도 불구하고 아무리 다른 사람의 눈을 많이 의식하는 한국 사회이기는 하지만, 모성으로의 변경을 구하는 심판에서 어머니랑 자녀의 성이 같게 되면 주변 사람들이 이혼했다고 수군거릴 텐데 하는 정도의 그야말로 "불필요한" 호기심이나 의구심에 신경이 쓰여서 그 변경을 불허할 판단요소로서 삼는다는 것은 주객이 전도된 논리로서, 본질에서 벗어나 있다고 생각한다.

라. 계부의 성과의 우연한 일치

계부의 성과 모의 성이 우연히 같은 상황에서 모의 성으로의 변경허가를 청구한 사건은 비교적 쉽게 허가가 나는 경향이 있다.[94] 이는 모의 성과 사실상의 계부의 성이 일치하였기 때문에 모성을 부여하였지만

94) 김성은, 앞의 글, 313면.

새로운 가족관계 내부에서 또 하나의 부성주의에 부합하는 외형을 만들어 낸 결과를 초래하였다고 평가된다.[95)]

마. 양성평등

한편, 혼인 중에 양성평등을 이유로 모의 성으로 변경을 구하는 경우도 있다. 2008년 7세의 자에 대하여 "일상생활에서 부모 또는 친외가의 구분이 없는 진정한 양성평등을 보이고 싶다"는 이유로 모성으로의 변경허가를 구한 사건에서, 법원은 "양성평등은 이름과 같은 형식적인 것보다는 자라나는 신청인에게 행동으로 양성평등의 모범을 보임과 함께 신청인에게 그와 같은 확고한 인식을 가지도록 줄기차게 훈육하는 것이 바람직하고 적절한 방법으로 판단"된다고 훈시하면서 허가하지 않았다.[96)]

무려 13년 만에 2021년 10월 13일 서울가정법원은 "혼인 중" 자녀의 성을 부성에서 모성으로 변경할 것을 "최초로" 허가하였다.[97)] 2013년 10월 결혼한 이들은 혼인신고시 자녀를 가질 생각이 없었으나 2021년 5월 딸을 출산하면서, 임신 · 출산 · 육아 과정에서 여성에게 부여되는 책임과 역할이 막중하다는 점에 공감해, 어머니 성을 물려주기로 합의했다. 대신 아버지 성은 딸의 이름 두 글자 중 한 글자로 넣기로 했다.[98)] 그리하여 성평등을 이유로 모성으로의 변경허가를 청구하였고[99)] 받아들여진 것이

95) 오승이, "판례를 통해 본 자의 성과 본 변경허가 판단기준", 「젠더법학」 제2권 제2호, 2010, 한국젠더법학회, 56면.

96) 서울남부지방법원 2008. 3. 6. 자 2008호파887 결정.

97) 한국일보 2021. 11. 9.자 기사, "법원 '성평등 위해 딸에 엄마 성 물려줄 것' 부부신청 허가" (https://www.hankookilbo.com/News/Read/A2021110919580004259).

98) 어머니는 김지예, 아버지는 정민구로 딸의 이름은 정정원에서 "김정원"으로 변경되었다. 어머니의 성으로 변경하였으나 아버지의 성인 "정"이 중간에 들어가 있다.

99) 위 사안의 성본 변경 허가 청구서의 일부로, 청구인들 부부는 "사건본인이 사회적 약자들에 대한 인권 감수성을 가진 사람'으로 자라기를 희망하고 있으며, 이에 따라 청구인들은 사건본인이 모의 성과 본을 따름으로서 자신의 이름이 여성을 배제시킨 가부장적 가족 질서에 저항하는 맥락에서 지어졌다는 사실을 알고, 평등사회의 구성원으로서 자신의 삶을 꾸려나가기를 기대하게 되었습니다. 자녀가 모의 성과 본을 따르는 결정은 아직 낯선 것이므로, 청구인들 역시 모의 성과 본을 따르는 것이 자녀에게 걸림돌이 되지 않을지 걱정을 하지 않은 것은 아닙니다. 그러나 청구인들은 고민 끝에 '부의 성본을 자녀에게 물려주는 것이 당연시되고, 모의 성본을 물려주는 것이 예외적인 사회'는 평등한 사회가 아니라는 결론에 이르

다. 한편, 2024년 3월 8일 세계여성의 날을 맞아 어머니 성을 쓰고자 하는 137명이 전국 법원에 성·본 변경을 청구하는 등 양성평등에 근거한 청구들이 늘고 있다.[100)]

5. 대상판결의 비판

이혼 후 어머니가 5세, 7세 자녀를 혼자 키우며 모성으로의 변경허가를 구하였으나 허가하지 아니한 대상판결은 성·본 변경의 남용이 아닌 한 원칙적으로 허가한다는 대법원의 입장에서 후퇴한 것으로 보인다. “학교생활이나 사회생활에 있어서의 불편 내지 혼란, 사건 본인의 정체성 유지에 영향을 미칠 개연성 등의 불이익 등도 고려하여 허가여부를 신중하게 판단하여야 한다.”고 부가하였으나 이러한 고려요소는 종래 비교형량하던 불이익과 차이가 없고, 불이익 사이의 비교형량이 아니라 변경으로 인한 이익과 변경으로 인한 불이익을 비교형량하는 점, 성 변경이 이름 변경보다 정체성 혼란을 더욱 초래하는 것이 아니라는 점, 자녀가 인지능력이 발달한 후 변경할 경우 오히려 불편하거나 혼란이 커질 수밖에 없는 점, 미성년자의 복리를 고려할 때 친권자 내지 양육자의 의사를 고려할 수밖에 없고 친부도 변경에 동의하여 이해당사자들이 모두 원하는데 법원이 굳이 과도한 우려를 하고 있다는 점에서 비판의 여지가 있다.

나아가 법원이 후견적 요청을 전제로 허가여부를 판단하는 라류 가사비송사건으로서의 특성을 고려하더라도, 마치 법원이 불허할 사유를 찾는 듯한 인상을 준다. 모의 성으로 변경을 구하는 사안에서 계부성으로의 변경 신청사안보다 더욱 엄격한 잣대를 들이대어 결정문에서 모의 재혼가능성을 언급하고, 재혼 후 계부성으로의 변경 가능성을 우려하며, 모

렸고 사건본인에게 모의 성과 본을 물려줄 결심을 굳혔습니다.”라고 적었다.

100) https://www.khan.co.kr/national/gender/article/202402131519001. ‘엄마 성 빛내기 프로젝트’ 참여자들은 서울가정법원 앞에서 기자회견을 열고, ‘자의 복리’는 ‘아버지와 성이 다르지 않을 복리’와 다름 없다”고 말하며, “스스로 어머니의 성을 쓰는 사람이 되어 부성 우선주의에 균열을 내고, 아빠 성 만큼이나 엄마 성을 쓰는 것 또한 자연스러운 세상을 만들고자 한다”고 밝혔다.

와 자녀가 성이 같은 경우 제3자의 불필요한 호기심과 의구심을 불러일으킬 개연성 등을 문제삼고 있는바, 이는 모의 자기결정권 및 양성평등에 기한 성인지 감수성 측면에서 부적절하다고 생각된다. 나아가 친부까지 그 변경에 동의하고 있어, 청구의 관계당사자들 사이에 의사가 일치하고 있음에도 이를 단지 당사자의 "개인적 · 주관적 선호도"라고 가볍게 표현하고 있을 뿐이다. 가정법원의 판시는 그보다는 사건 본인의 최선의 이익에 집중하여 성변경 불허시 초래될 자녀의 불이익과 허가시 발생할 자녀의 복리 및 그 이익형량이 보다 구체적으로 드러날 수 있도록 주의를 기울여야 할 것이다.

Ⅳ. 나 가 며

후견적 지위에 선 법원은 미성년 자녀의 성본 변경을 허가할지 말지를 결정함에 있어 사건본인 자녀의 복리 내지 최선의 이익을 가장 중요하게 생각하여야 한다. 그런데 모의 성으로의 변경을 신청한 대상판결의 판시를 보면, 법원은 뭔가 청구인에게 내심의 불온한 목적이 있는 것이 아닌가라는 의구심을 전제로 심리하고 있는 것처럼 보인다. 그리하여 친부가 양육비를 지급하지 않고 친부 측의 귀책사유로 면접교섭이 이루어지지 않음에도 불구하고 모성으로의 변경이 친부를 압박하기 위한 동기나 친부와의 관계를 차단하려는 의도, 이혼 후 전남편에 대한 보복적 감정의 발로로서 보인다고 적고 있다. 그러면서 미성년 자녀가 아닌 청구인의 이해관계가 주로 반영된 측면은 없는지 묻고 있다. 즉 친권자 및 양육자로서 자녀를 누구보다 사랑하며 가장 잘 이해한다고 볼 수 있는 어머니가 앞으로 홀로 양육해야 할 막막한 상황에서 자녀들을 위해 내린 모의 성으로의 변경이라는 결정을 마치 이혼에 따른 심리적 갈등을 극복하지 못하여 이혼의 후유증에서 벗어나기 위한 수단이라고 의심하는 것이다. 이는 법원의 후견적 지위를 고려하더라도 가부장적 시각에서 접근한 것으로 사회통념에 부합하는지 의문이다.

나아가 일반적으로 자녀의 성본 변경의 실무에서 모성으로의 변경

허가보다 재혼시 계부의 성으로의 변경허가가 더 쉽게 이루어짐은, 여전히 부의 성을 따르는 것이 부와 부계가족과의 연대감 강화에 기여하는 것으로 인식함에 기인한다. 그리하여 재혼가정에 있어서도 또 다른 형태의 부성주의로 이어지고 있는바, 성 평등적 시각에서 후견적 지위를 갖는 법원의 인식의 개선이 필요하다. 부와 자의 성이 일치하는 것이 정상적이고 불일치할 경우 예외적, 비정상이라고 보는 선입견 내지 전제가 깔려 있는 것으로 읽히기 때문이다. 성·본 변경권의 남용이 아닌 한 모성으로의 변경에 있어 법원은 보다 전향적이고 유연하게 접근하여야 할 것이다. 비교법적 검토를 통해 확인한 바와 같이, 자녀에 대한 부성 또는 모성의 부여는 그 사회의 가치관과 문화를 반영하는 것이고, 반드시 부성이 부여되어야만 할 필요는 없다. 흥미로운 사실은 성에 대한 전통과 문화가 다르고 그에 따라 결정방식이 달라지지만 큰 흐름에서 보면 **지금까지 소외되었던 모의 성을 더 존중하자는 방향으로 수렴하고 있다**는 점이다.[101] 양성평등의 실현, 이혼의 증가 및 가족의 다양화, (우리나라는 아직 합법화되지 않았으나 많은 나라에서 이루어진) 동성혼의 허용, 자기결정권의 중시라는 사회적 변화 속에서 우리 사회도 그 변화에 좇아 더 이상 부성우선주의에 집착하지 않아야 할 것이다. 이름은 곧 주인의 것으로 18세에 이르러 성을 선택할 자유를 주는 프랑스의 비냘법, 그리고 우리나라의 '엄마성 찾기 운동'과 같은 문화운동을 주시하여야 할 것이다. 법원이 변경허가 심판과정에서 보다 적극적으로 양성평등을 고려한다면 우리나라도 자녀에게 정당하고 자유롭게 어머니의 성·본을 부여할 수 있는 사회적 분위기가 조성될 것이다. 그리고 젊은 세대들의 남녀평등의식

---

101) 최근 영화배우 안젤리나 졸리와 브래드 핏의 딸 샤일로(Shiloh)가 18세 생일 날 아버지 성 Pitt 대신 어머니 성 Jolie로 변경을 구하는 개명신청서를 제출했고(2024. 6. 2. NBC 뉴스, https://www.nbcnews.com/pop-culture/ pop-culture-news/angelina-jolie-brad-pitts-daughter-shiloh-files-drops-pitt-last-name-rcna155016), 영화배우 톰 크루즈의 딸 수리(Suri)는 고등학교 졸업식에서 아버지의 성인 크루즈를 빼고 어머니 케이티 홈즈의 미들 성인 Noelle을 넣어 수리 노엘(Suri Noelle)로 기재했다(2024. 6. 24. 로스앤젤레스 타임즈, https:// www.latimes.com/entertainment-arts/story/2024-06-24/suri-noelle-drops-tom-cruise- name-graduation).

에 걸맞게 부부의 성 가운데 자녀의 성을 선택함이 현실적이고 합리적인 절차 속에서 행해질 수 있도록 민법 개정도 이루어져야 할 것이다.[102)]

---

102) 인천일보 2022. 2. 10. 어머니 성으로의 변경을 허하노라(https://www. incheonilbo.com/news/articleView.html?idxno=1127555, 2024. 5. 1. 최종방문).

[Abstract]

The Determination and Change of a Child's Surname

– Comments on the Supreme Court Decision 2021Se3–

Kim, Hyun Jin*

The determination and change of surnames is of great interest throughout the world. Traditional notions of the family are changing and the desire to achieve gender equality has led countries to face different challenges. The rise of professional women and later marriage in the West, where it was common for wives to take their husbands' surnames after marriage, raise fundamental questions about the nature of the married name or the unified family name.

In Korea, on the other hand, there is no question of changing surnames after marriage or divorce, but the question is whether the child's surname should be paternal, maternal or a combination, and in what order. And it's problematic that the child's surname is determined at the time of marriage, and once a child's surname has been determined, it could be changed only after divorce or remarriage. Given the strict standard applied in the 2021Se3 decision for permission to change to the mother's surname, a more proactive and flexible approach by the courts is needed to change to the mother's surname, unless the right to change the surname is abused.

As we have seen in our comparative legal perspective, the decision to give a child a paternal or maternal surname reflects the values and culture of a society. With the realisation of gender equality, the increase in divorce and family diversification, the acceptance of same-sex marriage, Korea will create a social atmosphere in which mothers can freely and legitimately give

* Professeur at Inha University.

their children mother's surname. Korea should also revise its Civil Code to ensure that the selection of a child's gender from a couple's surname can be done through a realistic and reasonable process in line with the younger generation's sense of gender equality.

[Key word]

- Right to a name
- Determination of surname
- Change of child's surname after divorce
- Married name
- Best interests of the child

참고문헌

[국내문헌]

1. 단 행 본

권영준 편집대표, 온주 가족관계등록등에관한법률, 온주편집위원회, 2021.

법무부, 가족법개정특별분과위원회 회의록, 제5차 회의(2003. 7. 24)

(사)한불민사법학회 역, 「프랑스민법전」, 박영사, 2022.

오종근 · 홍윤선 · 김수정 역, 「독일민법전 가족법」, 법무부, 2020.

윤진수 편집대표, 「주해친족법(제2권)」, 박영사, 2015.

2. 논 문

고철웅, "부부의 씨 통일에 관한 일본인의 규범의식", 「일본비평」 제29호, 서울대학교 일본연구소, 2022.

김범철, "자의 성에 대한 규정의 비교법적 접근-독일민법규정의 변천을 중심으로-", 「가족법연구」 제19권 제1호, 한국가족법학회, 2005.

김병두, "자의 성 취득과 그 변경", 「법학연구」 제14집 제2호, 경상대학교 법학연구소, 2006.

김성은, "젠더관점에서 본 자의 성 · 본 변경허가의 판단기준", 「법학연구」 제58집, 한국법학원, 2015.

김 연, "한국의 성씨제도의 변천", 「가족법연구」 제20권 제1호, 한국가족법학회, 2001.

김영규, "우리 민법상의 부성주의", 「법학연구」 제25권, 한국법학회, 2007.

김용욱, "한국성씨에 관한 법제사적 연구", 「가족법연구」 제9호, 한국가족법학회, 1995.

남윤삼, "독일의 성명법에서 성씨(姓氏)의 취득", 「법학논총」 제25권 제3호, 국민대학교 법학연구소, 2013.

______, "독일법에서 이름부여의 원칙과 제한", 「법학논총」 제26권 제2호, 국민대학교 법학연구소, 2014.

______, "미국 성명법에서 자녀의 성 결정과 이름부여에 대한 논쟁", 「법학논총」

제28권 제3호, 국민대학교 법학연구소, 2016.
박준혁, “가족의 성-비교법 연구를 통한 소고-”, 「법학논총」 제42권 제3호, 전남대학교 법학연구소, 2022. 8.
손현경, 「한국가족법상의 성씨에 관한 연구」, 부산대학교 박사학위논문, 1996..
______ “가족법상 자녀의 성과 본에 관한 입법론적 고찰”, 「경성법학」 제20권 제1호, 경성대 법학연구소, 2011.7.
신옥주, “부성주의원칙의 위헌성 고찰”, 「안암법학」 제43호, 안암법학회, 2014.
안수진, “성과 본 변경허가 사건에서 자의 복리실현을 위한 고려사항,” 「민유숙 대법관 퇴임기념 재판자료집」, 2024.
양현아, “최근 여성차별철폐협약의 한국정부에 대한 권고사항-유보조항 ‘가족성’ 규정을 중심으로-”, 「법학」 제54권 제3호, 서울대학교 법학연구소, 2013.
오승이, “판례를 통해 본 자의 성과 본 변경허가 판단기준”, 「젠더법학」 제2권 제2호, 한국젠더법학회, 2010.
위선주 · 배은경, “자녀의 성본 변경을 통해 본 부계가족의 정상성과 어머니의 지위”, 「젠더와 문학」, 제6권 제1호, 계명대학교 여성학연구소, 2013.
윤진수, “여성차별철폐협약과 한국가족법”, 「민법논고Ⅳ」, 2009.
이새라, “양성평등의 관점에서 오늘날 성씨제도의 법철학적 고찰-자녀의 성 변경을 중심으로-, 「강원법학」 제47권, 강원대학교 비교법학연구소, 2016. 2.
이현재, “자의 성과 본 변경심판에 있어서 자의 복리”, 「가족법연구」 제22권 제2호, 한국가족법학회, 2006.
정주수, “일제강점기 창씨와 개명의 기본법제에 대한 소고”, 「사법행정」, 2019. 12.
정진영, “한국: 성과 본관”, 「역사비평」 통권 제53호, 역사문제연구소, 2000.
최인화, “호주제 폐지와 가족관계등록법 시행 이후 판례의 동향-자의 성과 본의 변경 허가를 중심으로-”, 「가족법연구」 제32권 제2호, 한국가족법학회, 2018.
최혜미, “민법상 부성주의와 혼인과 가족생활에 관한 기본권-헌재 2005. 12. 22. 2003헌가5등 결정을 중심으로-”, 「저스티스」 통권 제192호, 한국법학원, 2022. 10.

[해외문헌]

Cori Alonso-Yoder, *MAKING A NAME FOR THEMSELVES,* 74 Rutgers L. Rev. 911 (2023).

Roslyn G. Daum, *The Right of Married Women to Assert Their Own Surnames*, 8 U. MICH. J. L. REFORM 63(1974).

Duncan, S.; Ellingæster, A. L. & Carter, J., *Understanding Tradition: Marital Name Change in Britain and Norway.* Sociological Research Online, 25(3)(2020).

Claudia Goldin and Maria Shim, Making a Name: Women's Surnames at Marriage and Beyond, Journal of Economic Perspectives, Volume 18, Number 2, Spring 2004.

Ph. Malaurie et H. Fulchiron, L*a famille,* 4e édition. Defrenois. 2011.

Nasreen Pearce, Change of Name: *The Law and Practice, Wildy* Practice Guides, 2010.

유증과 사인증여의 관계*

이 성 범**

■ 요 지 ■

민법 제1060조에 따라 방식 위배로 무효인 유증이 사인증여의 청약으로 전환될 수 있는지와 관련하여 주지하다시피 견해의 대립이 존재한다. 법률행위의 분류체계상 유증은 상대방 없는 단독행위에 속하고 사인증여는 계약에 해당하는데, 양자의 형식적·구조적 차이에 비추어 상대방 없는 유증이 상대방을 전제로 하는 계약의 청약으로 전환될 수 있는지 일단 의문이 제기될 수 있다. 또한 이러한 전환을 인정하게 되면 유언의 방식을 둔 취지가 잠탈될 우려가 있다. 하지만 이에 대해 유증자의 진의 내지 경제적 목적의 실현을 위하여 무효행위의 전환에서 문제 되는 가정적 의사를 너그러이 판단하고, 이에 방식 위배로 무효인 유증을 사인증여의 청약으로 전환하더라도 그리 큰 문제가 되지 않는다고 보는 입장 역시 다수 존재한다. 그리고 이렇게 전환을 긍정하는 견해는 보통 사인증여가 낙성·불요식의 계약이라는 점을 전제하고 있다. 그러나 유증과 사인증여 모두 사인성을 기반으로 인정되며 기능적으로 유사한 점에 비추어 민법 제562조의 준용 범위에서 유증의 요건 규정까지 준용하여 사인증여의 요식성을 인정해야 하는 것은 아닌지 검토될 필요가 있다. 결국 이러한 문제점들은 유언의 방식주의가 지향하는 목적과 다른 한편 사적 자치의 관점에서 본 유언 제도의

* 이 논문은 2024. 5. 20. 민사판례연구회에서 발표한 내용을 바탕으로 작성된 것으로, 법조 제73권 제4호(2024. 8.)에 게재되었다. 지정토론을 맡아 주신 서울대학교 이동진 교수님과 청주지방법원 박종원 판사님께 진심으로 감사드린다.

** 서울대학교 법학전문대학원 조교수.

의미가 자아내는 긴장관계 안에 놓여 있는바, 본고는 이를 최근에 선고된 대법원판결과 관련하여 고찰해 보고자 한다.

[주 제 어]
- 유언의 방식
- 유증
- 사인증여
- 무효행위의 전환
- 사적 자치

대상판결 : 대법원 2023. 9. 27. 선고 2022다302237 판결

[사안의 개요]

1. 사실관계

망 H는 2019. 5. 5. 사망하였고, 원고 A와 피고들(피고 B, C, D, E, F, G)은 망 H의 자녀들이다. 망 H는 사망 당시 이 사건 각 부동산을 소유하고 있었고, 원고와 피고들은 2019. 12. 30. 이 사건 각 부동산 중 각 해당 상속지분에 관하여 2019. 5. 5. 상속을 원인으로 한 소유권이전등기를 마쳤다.

원고는 2018. 1. 7. 망 H와 이 사건 각 부동산에 관하여 사인증여 계약을 체결하였으므로, 상속인들인 피고들은 원고에게 이 사건 각 부동산 중 각 해당 상속지분의 범위에서 원고가 받은 지분에 관하여 사인증여를 원인으로 한 소유권이전등기절차를 이행할 의무가 있다고 주장한다.

이 사건에서 원고가 사인증여 계약의 이행을 요구하였던 이유는 바로 2018. 1. 7. 망 H가 한 유증과 관련이 있다. 망 H는 차남인 원고가 동영상으로 촬영하는 상황에서 녹음에 의한 유언을 하였다. 그 내용은 이 사건 부동산을 원고와 장남인 피고 F에게 분배하고, 나머지 자녀들에게는 피고 F가 일정 금액을 지급하라는 것이었다. 그 유언 녹화의 현장에는 상속인 중 원고만 있었다. 이러한 망 H의 유언은 법정의 방식을 지키지 못해 그 효력이 없게 되자,[1] 원고는 망 H가 구술한 내용이 자신과의 사인증여 계약으로서 효력을 갖는다고 주장하게 된 것이다.

2. 소송의 경과

(1) 1심판결[2]

1심법원은 원고가 촬영한 망 H의 유증 동영상만으로 망 H가 원고에게 이 사건 각 부동산을 사인증여하였다고 인정하기에는 부족하다고 보아 원고의 청구를 기각하였다.

---

1) 우리 민법 제1067조에 따르면, 녹음에 의한 유언은 유언자가 유언의 취지, 그 성명과 연월일을 구술하고 이에 참여한 증인이 유언의 정확함과 그 성명을 구술하여야 한다. 이 사건 유언 녹화의 현장에는 원고만 있었는바, 원고는 민법 제1072조 제1항 제3호에 규정된 "유언으로 이익을 받을 사람"으로서 증인 결격사유에 해당한다. 이에 결국 망 H의 유언은 방식 흠결로 무효이다.

2) 창원지방법원 통영지원 2021. 9. 28. 선고 2020가단17350 판결.

(2) 원심판결[3)]

원심법원은 1심 법원의 판결과 달리 원고의 사인증여 주장을 받아들였다. 먼저 관련 법리로서 법률상 유언이 아닌 것을 유언이라고 시인하였다고 하여 그것이 곧 유언이 될 수는 없는 점, 사인증여는 증여자가 무상으로 재산의 수여를 약속하고 증여자의 사망으로 그 약속의 효력이 발생하는 증여계약의 일종으로서 수증자와의 의사 합치가 있어야 하고 이에 단독행위인 유증과 구별되는 점, 그리고 민법 제562조는 사인증여에 관하여 유증에 관한 규정을 준용하도록 하지만 유증의 방식에 관한 민법 제1065조 내지 제1072조는 그것이 단독행위임을 전제하는 것이어서 계약인 사인증여에 적용되지 않는다고 본 대법원 판례[4)]를 들었다.

망 H의 유언 동영상 촬영 도중에 원고가 망 H에게 '상속을 받겠다'라는 등의 대답을 하지는 않았지만 원고가 직접 동영상을 촬영하고 이를 소지하고 있었던 점, 망 H가 동영상 촬영 도중 '그럼 됐나?'라고 묻기도 한 점, 피고 D는 원고에게 '재산받은 아들 둘이 알아서 하고 딸들한테 뭐라고 하지마. 그럴 권리 없어. 받은 사람이 하는 게 맞아'라는 내용의 문자메시지를 보낸 점, H의 배우자 N과 피고 B 등이 원고와 피고 F를 상대방으로 하여 제기한 상속재산분할 사건 등에서 원고가 위 동영상 내용에 관한 주장을 해온 점 등에 비추어 볼 때 원심은 원고가 망 H의 사인증여 의사를 수락하여 사인증여에 관한 의사의 합치가 있었다고 보았다.

그리고 사인증여에는 유증의 방식에 관한 민법 제1067조가 적용되지 않으며, 원고는 망 H에게 사인증여 부분에 대해서만 승낙하면 원고와 망 H 사이에 사인증여가 성립하는 것이므로, 위 동영상 촬영 내용에 피고들의 동의가 있어야 원고에 대하여 사인증여의 효력을 갖는다고 볼 수는 없다고 하였다.

3. 대상판결 요지

대법원은 원심판결을 파기·환송하였다. 먼저 일반론으로서 유증은 유언으로 수증자에게 일정한 재산을 무상으로 주기로 하는 행위로서 상대방 없는 단독행위이고, 사인증여는 증여자가 생전에 무상으로 재산의 수여를 약속하고 증여자의 사망으로 그 약속의 효력이 발생하는 증여계약의 일종으로 수증

3) 창원지방법원 2022. 11. 10. 선고 2021나64556 판결.
4) 대법원 2001. 9. 14. 선고 2000다66430, 66447 판결 등.

자와의 의사 합치가 있어야 하는 점에서 단독행위인 유증과 구별됨[5]을 전제하였다.

원심은 원고와 망 H 간에 사인증여 계약이 성립하였다고 보았다. 하지만 대법원은 망인이 단독행위로서 유증을 하였으나 유언의 요건을 갖추지 못하여 효력이 없는 경우 이를 '사인증여'로서 효력을 인정하려면 증여자와 수증자 사이에 청약과 승낙에 의한 의사합치가 이루어져야 하는데, 유언자인 망인이 자신의 상속인인 여러 명의 자녀들에게 재산을 분배하는 내용의 유언을 하였으나 민법상 요건을 갖추지 못하여 유언의 효력이 부정되는 경우 유언을 하는 자리에 동석하였던 일부 자녀와 사이에서만 '청약'과 '승낙'이 있다고 보아 사인증여로서의 효력을 인정한다면, 자신의 재산을 배우자와 자녀들에게 모두 배분하고자 하는 망인의 의사에 부합하지 않고 그 자리에 참석하지 않았던 나머지 상속인들과의 형평에도 맞지 않는 결과가 초래된다고 판시하였다. 따라서 이러한 경우 유언자인 망인과 일부 상속인인 원고 사이에서만 사인증여로서의 효력을 인정하여야 할 특별한 사정이 없는 이상 그와 같은 효력을 인정하는 판단에는 신중을 기해야 한다고 보았다.

나아가 대법원은 다음과 같은 근거를 제시한다. 원심은 '서면에 의하지 않은 사인증여'로 판단한 것으로 보이나, 원고의 주장이나 기록에 의하더라도 망인은 노트북 화면을 보면서 그 화면 내용을 읽고 있는바, 그 내용은 '유언증서, 유언자 망인은 다음과 같이 유언한다.'라는 문구로 시작하여 마지막에 유언집행자의 지정과 더불어 '유언자 망인'으로 끝맺는 내용이어서 그 형식과 내용상 '유언'임이 명백하다. 나아가 그 내용은 원고가 주장하는 바와 같이 망인이 그의 재산을 원고와 원심 공동피고 F에게 나누어 상속해 준다는 것에 더하여, 원심 공동피고 F는 상속받은 날로부터 60일 이내에 피고들(망인의 딸들)에게 각 2,000만 원씩 지급해 주라는 내용 등도 포함되어 있다. 따라서 망인은 위 유언으로써 자녀들인 원고와 피고들 및 원심 공동피고 F에게 상속재산을 분배하는 내용이다.[6]

그리고 망인의 위 유언이 민법에 정해진 요건과 방식에 어긋나 민법상 유언으로서 효력이 없다는 점은 원고 스스로 전제하고 있는바, 그렇다면 망

---

5) 대법원 2001. 9. 14. 선고 2000다66430, 66447 판결 등.

6) 망인의 유언에서는 유언 당시 동석하지 않은 원심 공동피고 F에게 재산을 분배해 주면서 피고들에 대한 금전지급의무를 부담시켰는데, 다른 특별한 사정이 없으면 위 유언 내용이 원심 공동피고 F나 피고들에게 어떠한 효력도 없다.

인이 유언하는 자리에 원고가 동석하여 동영상 촬영을 하였다는 이유만으로 원고와 사이에서만 의사의 합치가 존재하게 되어 사인증여로서 효력이 인정된다면, 재산을 분배하고자 하는 망인의 의사에 부합하지 않을뿐더러 그 자리에 동석하지 않았던 피고들 및 원심 공동피고 F에게는 불리하고 원고만 유리해지는 결과가 된다.

또한 증거로 제출된 동영상에 의하더라도 망인이 유언 내용을 읽다가 "그럼 됐나"라고 자문하였을 뿐이어서 원고에게 물었다고 보기 어려워 원고와 사이에서만 유독 청약과 승낙이 이루어졌다고 보기도 어려울뿐더러, 망인이 유언의 효력이 없게 되는 경우 다른 자녀들과 무관하게 원고에 대해서만은 자신의 위 유언대로 재산을 분배해 주겠다는 의사를 표명하였다고 볼 사정도 보이지 않는다. 망인이 위 유언으로 분배하려 한 각 부동산은 망인의 공동상속인인 망인의 배우자, 원고, 피고들, 원심 공동피고 F에게 법정상속분에 따른 상속등기가 마쳐졌다.

그렇다면 원심으로서는 위와 같은 사정들까지 면밀히 살펴보거나 심리하여 본 다음 사인증여로서 효력 인정 여부를 판단해야 할 것이나, 판시와 같은 사정만으로 사인증여로서 효력이 있다고 판단하고 말았으니, 이러한 원심판단에는 유언이나 유증이 효력이 없는 경우 '사인증여'로서 효력을 갖기 위한 요건에 관한 법리를 오해하여 필요한 심리를 다하지 않은 잘못이 있다.

〔研　　究〕

Ⅰ. 문제의 제기

유증과 사인증여의 관계를 다루고 있는 대상판결의 내용 및 경과를 살펴보면서 가장 먼저 직관적으로 든 생각은, 누군가의 혼잣말이 어찌되었든 다른 사람에게 들렸다고 하여 그 혼잣말이 그 다른 사람과의 계약체결을 위한 청약으로 이해될 수 있을까였다. 그 혼잣말의 내용이 아무리 그 다른 사람이 원하고 있는 계약의 내용에 부합하는 것이라도, 또 그렇게 혼잣말한 그 누군가의 마음에 담긴 진의 역시 사실은 그렇다고 해도 말이다.

앞서 보았듯 대상판결의 원심은 요건을 갖추지 못해 무효인 유증의 의사표시와 관련하여 유언 동영상 촬영 당시 곁에 있던 상속인과의 사인증여가 성립될 수 있다고 보았다. 즉 상대방 없는 단독행위인[7] 유증의 의사표시가 무효이더라도 이를 그 상속인에 대한 청약으로 보아 사인증여 계약이 성립한 것으로 판단하였다. 하지만 대법원은 그 유증의 의사표시를 사인증여의 청약으로 보아 유언하는 자리에 있던 상속인과의 사인증여 계약이 성립된 것으로 보게 된다면 망인의 의사에 부합하지 않을 수도 있고 다른 상속인과의 형평에도 반하게 될 수 있음을 들어 결과적으로 사인증여의 성립을 부정하였다. 여기서 무엇보다 상대방 없는 단독행위로서 유증의 의사표시가 방식 위배 등을 이유로 무효일 경우 이를 사인증여라는 계약의 청약으로 이해될 수 있는지가 핵심적인 문제로 등장한다.

대상판결은 무효인 유증이－민법 제138조에 따라－사인증여의 청약으로 전환되고 이에 기초하여 사인증여의 효력이 인정될 수 있는지에 관해 결론적으로 소극적인 논리를 취하였지만, 앞서 본 판시 내용에 비추어 볼 때 이는 무효인 유증이 사인증여의 청약으로 전환될 수 있는지 자체에 대한 직접적인 부정이라고 보기는 어렵다. 사실 지금껏 대법원은 여러 사안에서 이 문제에 대하여 긍정적인 결론을 취한 적이 많았다.[8] 그

---

7) 郭潤直, 『相續法(改訂版)』, 博英社(2004), 248면; 송덕수, 『친족상속법(제7판)』, 박영사(2024), 429면; vgl. Karlheinz Muscheler, Erbrecht, Bd. Ⅰ, Mohr Siebeck, (2010), Rn. 158; Jörg Neuner, *Allgemeiner Teil des Bürgerlichen Rechts,* 13. Aufl., C.H.Beck, (2023), § 29, Rn. 4.

8) 이와 관련하여, 민법에서 정한 유언의 요식을 갖추지 아니한 유언으로 한 부동산의 증여는 유증으로서의 효력이 없고 다만 증여로서의 효력이 있다고 본 판결(대법원 1986. 2. 25. 선고 85누889 판결)이나 구수증서에 의한 유언서의 작성 및 낭독이 이루어지는 동안 수증자가 옆방에서 유언 내용을 듣고 있었고, 유언서 작성이 완료된 후 유언자에게 감사의 인사까지 하였다면 이 구수증서에 의한 유언이 방식 위반을 이유로 무효라 하더라도 사인증여로서 효력을 가질 수 있다는 판결(대법원 2005. 11. 25. 선고 2004두930 판결)이 대표적으로 언급된다. 물론 이러한 판례를 전제로 하면서, "자신의 유고시 그 소유의 모든 재산을 특정인에게 기부한다는 내용의 유언장을 작성하는 것은 사인증여로서 청약의 의사표시는 있었다고 할 것이나, 표의자가 위 유언장을 은행의 대여금고에 보관해 둔 채 사망하였다면

리고 학설상으로도 이에 대해 긍정적으로 평가하는 견해가 다수인 것으로 보인다.[9)] 덧붙여 보건대 2022년 선고되었던 한 대법원판결 역시 이와 같은 긍정적인 결론을 취한 바 있는데, 바로 유증의 철회에 관한 민법 제1108조 제1항이 사인증여에 원칙적으로 준용된다고 본 판결[10)]이 그것이다. 동 판결은 원심판결[11)]에서 자필증서에 의한 유언을 한 "유언자가 상속인들에게 작성·교부한 유언증서가 유언으로서의 법적 방식에 맞지 않아 무효라 할지라도, 그 증서에 자신이 사망하는 경우 특정한 재산을 위 상속인들에게 증여한다는 내용이 포함되어 있고 이에 위 상속인들이 동의한 경우에는 유언자와 위 상속인들 사이에 유효한 사인증여계약이 성립할 수 있다"고 본 부분[12)]을 전제로 하여 사인증여의 철회가능성을 검토하였다. 즉 교부한 유언증서의 작성이 사인증여의 의사표시를 담은 청약에 해당하고 상속인들이 이에 승낙한 것으로 보았다.

사법상 법률관계의 형성에 관한 기초적 원리인 사적 자치[13)]에 따라 개개인은 자기결정(Selbstbestimmung)을 기반으로 그 법률관계의 규율을 만

위 청약의 의사표시가 상대방에게 도달되었다고 볼 수 없을 뿐만 아니라 발신조차 되었다고 볼 수 없으므로 사인증여계약이 성립되지 않았다고 한 사례"(서울중앙지방법원 2005. 7. 5. 선고 2003가합86119, 89828 판결)도 존재한다. 그래서인지 이 판결의 상고심(대법원 2006. 9. 8. 선고 2006다25103, 25110 판결)은 무효인 유증이 사인증여로 전환되는 것인지에 대해 더 이상 다루지는 않았다.

9) 윤진수, 『친족상속법(제5판)』, 박영사(2023), 580면; 池元林, 『民法講義(第21版)』, 弘文社(2024), 1666, 1678면; 조은희, 『친족상속법』, 정독(2023), 467-468면; 주해상속법(제1권)/玄昭惠, 第1060條, 635면; 崔秉祚, "死因贈與의 槪念과 法的 性質", 『民事判例硏究[XXIX]』, 博英社(2007), 848면 이하; 최두진, "무효인 유언공정증서의 사인증여로의 전환", 人權과正義(제364호), 大韓辯護士協會(2006. 12.), 100-101면; 金泳希, "자필증서유언에 있어서 날인의 의미와 방식흠결로 무효인 유언의 사인증여로의 전환", 中央法學(제9집 제4호), 中央法學會(2007. 12.), 109-110면; 金榮喜, "遺言에 관한 形式的 嚴格主義와 遺言者의 眞意", 『民事判例硏究[XXX]』, 博英社(2008), 418면 이하; 양형우, "사인증여에 의한 등기", 홍익법학(제13권 제1호), 홍익대학교 법학연구소(2012. 2.), 403면.

10) 대법원 2022. 7. 28. 선고 2017다245330 판결.

11) 서울고등법원 2017. 6. 28. 선고 2017나2002173 판결.

12) 1심판결도 같은 내용으로 판시하였다(서울북부지방법원 2016. 11. 16. 선고 2015가합23684 판결).

13) 李英俊, 『韓國民法論[總則編](修訂版)』, 博英社(2004), 11면 이하 참조.

들기 마련이다. 이는 곧 개인의 의사에 따른 사법상 법률관계의 자기형성(Selbstgestaltung)을 말한다.[14] 의사중심적 체계에 따른 법률관계 형성의 논리에 따르면–특히 그 개념적 중추인 법률행위의 영역에 있어–원칙적으로 의사가 법률관계의 내용과 범위를 결정하는바, 적어도 이와 같은 영역에서 법률관계 형성을 향한 의사 그리고 그 의사에 담긴 의미는 최대한 있는 그대로 존중되어야 할 것이다. 이 점은 지속과 변화의 공존 안에서 끊임없이 생겨났다가 사라지길 반복하는 생전의 의사들이 만나 이루어진 다종다양한 계약의 소우주(小宇宙)에서뿐만 아니라 한 개인이 이 세상에서 사라진 후에야 비로소 제 의미를 찾는 그의 최종적이며 종국적인 의사[15]를 다루는 유언의 장(場)에 있어서도 마찬가지[16]이다. 아니 상호 타협의 성격을 갖는 전자와 비교하여 후자의 경우 그 일방적이며 명령적인 마지막 의사에 담긴 의미의 존중 내지 관철이 여러모로 더 강력히 요청될지 모른다.[17]

이와 같은 점이 바로 방식 위배의 유증이 사인증여로 전환될 수 있다고 보는 판례나 다수설의 태도에 기본적으로 담겨 있다. 즉 유증에 내포된 자기결정의 최종적 의사 자체를 최대한 존중하여 그 의미의 연속을 쉽사리 끊어내서는 안 된다는 생각, 그리고 우리 민법의 기저를 이루는 사적 자치의 원칙이 그려낸 드넓은 규범적 사유 공간 안에서 본질적으로 그리 다르지 않은[18] 각각의 의사중심적 하부체계 사이에 다리를 놓아 옮

---

14) Werner Flume, *Allgemeiner Teil des Bürgerlichen Rechts,* Bd. 2 (Das Rechtsgeschäft), 3. Aufl., Springer, (1979), S. 1; vgl. Christian Heinrich, *Formale Freiheit und materiale Gerechtigkeit,* Mohr Siebeck, (2000), S. 44.

15) 이러한 최종적 의사에서 결국 죽음이 곧 탄생이다[Michel Grimaldi, 남효순 역, "유언의 자유", 저스티스(통권 제147호), 韓國法學院(2015. 4.), 295면].

16) 상속법에 사적 자치의 원칙이 반영된 것으로서 이해되는 유언의 자유에 관하여 헌법재판소 2001. 5. 31. 선고 99헌가18 결정 등; 김형석, "유언의 성립과 효력에 관한 몇 가지 문제", 『民事判例研究 XXXVIII』, 博英社(2016), 1020면; BeckOGK/Preuß, BGB § 1922, Rn. 19; Hans Brox/Wolf-Dietrich Walker, Erbrecht, 29. Aufl., Vahlen, (2021), § 2, Rn. 2.

17) Vgl. Inge Kroppenberg, "„Wer lebt, hat Recht"–Lebzeitiges Rechtsdenken als Fremdkörper in der Inhaltskontrolle von Verfügungen von Todes wegen", *DNotZ* 2006, 86, 98 f.

18) 이와 관련하여 상속법에서 유언의 자유가 재산법에서 계약이나 처분의 자유와

겨서라도 그 의사의 의미가 그대로 보존될 수 있어야 한다는 생각이 그 바탕이 된 것으로 보인다. 특히 가정적 의사(hypothetischer Wille)를 십분 고려하는 무효행위의 전환 법리는 이러한 의사중심적 하부체계들 사이에 존재하는 개별적 경계를 너그럽게 한다.[19)]

이렇게 유증에 담긴 최종적 의사의 내용을 최대한 존중하려는 취지 자체에는 깊이 동감이 되지만 그래도 의문은 여전히 남는다. 사법적 법률관계를 위한 당사자 의사의 형성력을 최대한 보장한다는 사적 자치 원칙 안에서 유증과 사인증여 모두 설명되고 상호 연계될 수 있을 것 같기도 하지만, 양자의 관계가 반드시 그렇게만 이해될 수 있는지 생각해 볼 필요가 있다. 일단 계약법을 지배하는 사적 자치와 달리 상대방의 신뢰 보호와 같은 관점은 상대방 없는 단독행위를 다루는 유언법과 그리 친하지 않고,[20)] 무엇보다 상속법 내지 유언법은 생전의 당사자들 간에 생긴 문제를 다루는 계약법에 비해 더 고양된 법적 안정성의 요구를 받아들인다.[21)] 그 근거와 관련하여, 무엇보다 특히 유언의 경우 그 실현에 대하여 권리능력 상실로 인해 유언자 스스로 더 이상 관여할 수 없게 되어 유언자의 의사표시는 그의 사후적(postmortal) 이익을—연속적으로(kontinuierlich)[22)]—보호하기 위해 '법에 기대어' 이루어지고 나아가 그 의사의 특별한 법적 보호 방안이 필요하다는 점[23)]을 들 수 있다. 다른 한편으로는 유언의 의사는 상대방이 존재하는 계약과 달리 스스로 그 진실성을 보증하지 못하므로 여기에 더 엄격한 진실성 검토[24)]가 요구된다는 점도 상기되어야 할

동일한 역할을 법률행위를 통해 수행한다고 보는 근본적인 시각[Theodor Kipp/Helmut Coing, *Erbrecht,* 14. Bearb., Mohr Siebeck, (1990), S. 111] 등이 그러하다.

19) 이와 관련하여 金榮喜, 앞의 논문(주 9), 419-420면 참조.

20) Vgl. Ludwig Häsemeyer, *Die gesetzliche Form der Rechtsgeschäfte,* Athenäum, (1971), S. 77; 현소혜, 『유언의 해석』, 景仁文化社(2010), 5-6면.

21) Vgl. Claus-Wilhelm Canaris, *Systemdenken und Systembegriff in der Jurisprudenz,* 2. Aufl., Duncker & Humblot, (1983), S. 82 f.

22) Vgl. Jan Peter Schmidt, *Itinera hereditatis,* Mohr Siebeck, (2022), S. 1.

23) Vgl. Stefan Edenfeld, "Lebenslange Bindungen im Erbrecht?", DNotZ 2003, 4, 13; Thomas Gutmann, *Freiwilligkeit als Rechtsbegriff,* C.H.Beck, (2001), S. 224.

것이다. 유언법은 결국 유언자의 의사 보호를 주요한 과제이자 의무로 삼으면서, 그 의사가 갖는 일방성과 종국성 때문에 의사중심적이지 못한 방법을 동원해야 하는, 즉 의사도그마(Willensdogma)의 정당화를 따르면서도 동시에 이를 밀어내야 하는 어찌 보면 모순적인 상황에 놓여 있다.[25] 이와 관련하여 민법은 그저 '하나의' 사적 자치만을 알고 있고 또 전제하는 것인지, 다시 말해 그 안에서 유언법이 '다른 것(aliud)'으로서 갖는 모습을 어떻게 바라봐야 할 것인지에 대해 여러모로 숙고해 볼 필요가 있겠다.[26]

이는 일반적인 법률행위론의 내용과 달리 나름의 독자성을 가진[27] 유언 제도의 모습에서도 어느 정도 드러난다. 특히 일정한 방식을 요구하는 면(민법 제1060조 및 제1065조 이하)[28]과 자유로운 철회를 인정하는 면(민법 제1108조)에서 그러하다. 먼저 이러한 일정한 방식의 요구는 무엇보다 유언의 존재를 확보하고 유언자의 진의(眞意)를 보호하며 그 왜곡(위·변조 등)을 방지하려는 점과 이를 통해 사후 유언과 관련하여 분쟁이 일어날 가능성을 차단하고 유언자의 신중한 의사표시를 유도하려는 점에서 정당화된다고 일반적으로 설명된다.[29] 그리고 유언이란 유언자의 최종적인 의사를 존중하는 취지에 기반한 것이므로 이미 유효한 유언을 했더라

---

24) Walter Schmidt-Rimpler, "Grundfragen einer Erneuerung des Vertragsrechts", AcP 1941, 130, 156.

25) Vgl. Inge Kroppenberg, *Privatautonomie von Todes wegen*, Mohr Siebeck, (2008), S. 105 f.

26) Vgl. Inge Kroppenberg, a. a. O.(Fn. 25), S. 104 ff.

27) Vgl. Anatol Dutta, *Warum Erbrecht?*, Mohr Siebeck, (2014), S. 10; Inge Kroppenberg, a. a. O.(Fn. 25), S. 231 ff.

28) "민법 제1065조 내지 제1070조가 유언의 방식을 엄격하게 규정한 것은 유언자의 진의를 명확히 하고 그로 인한 법적 분쟁과 혼란을 예방하기 위한 것이므로, 법정된 요건과 방식에 어긋난 유언은 그것이 유언자의 진정한 의사에 합치하더라도 무효라고 하지 않을 수 없다"(대법원 2009. 5. 14. 선고 2009다9768 판결).

29) 郭潤直, 앞의 책(주 7), 217-218면; 윤진수, 앞의 책(주 9), 553-554면; 송덕수, 앞의 책(주 7), 433면; 현소혜, 앞의 책(주 20), 202면 이하. 이에 대한 자세한 설명으로 尹眞秀, "法律解釋의 限界와 違憲法律審査-遺言者의 住所가 기재되지 않은 自筆證書遺言을 중심으로-", 『民法論攷 Ⅶ』, 博英社(2015), 328면 이하 참조.

도 이를 철회할 자유가 유언 자유의 내용으로서 제도적으로 보장되고 있는바,[30] 민법 제1108조 제2항은 이렇게 유언을 철회할 수 있는 권리를 포기하지도 못하게 한다. 이렇게 우리 민법은 유언자에게 유언 철회의 자유를 강력하게 보장하면서 생의 '가장 마지막' 의사를 확인하려 하고, 법률상의 방식에 따를 것을 강제하여 유언자의 '가장 신중하고 진지한' 의사를 실현하도록 한다.유언 제도의 이러한 독자적 특성에 비추어 볼 때 유언을 통해 실현되는 의사는 아무리 진의라 하여도 그저 자연적인 것만은 아니다. 나름 폐쇄적인 유언법 체계의 검수를 받은 것만이 '법적' 유언으로서의 의미를 갖게 된다. 그럼에도 대상판결에서와 같이 유증과 사인증여의 관계가 문제 되고 양자 사이에 전환 가능성을 검토하는 배경에는 무엇보다 실제로 경제적 목적의 관점에서 볼 때 결과상의 차이가 없는 점과 또 실제 사건에서 양자의 구별이 그리 용이하지 않은 점[31]에 있다. 앞서 본 유증의 철회에 관한 민법 제1108조 제1항이 사인증여에 원칙적으로 준용된다고 본 판결 역시 "사인증여는 증여자의 사망으로 인하여 효력이 발생하는 무상행위로 실제적 기능이 유증과 다르지 않으므로, 증여자의 사망 후 재산 처분에 관하여 유증과 같이 증여자의 최종적인 의사를 존중할 필요가 있다"[32]는 점에 근거하였다.

유증과 사인증여의 유사점과 차이점이 자아내는 이러한 긴장관계 안에서 대상판결과 관련된 논점을 해석론 및 법도그마틱의 관점에서 재검토해 볼 필요가 있다. 이에 이하에서 방식 위배의 유증이 사인증여로 전환될 수 있는지에 대해 중점적으로 살펴보면서, 유증과 사인증여의 관계에 관한 또 하나의 핵심적 문제인 민법 제562조 해석 문제, 즉 사인증여에 유증의 규정을 어느 범위까지 준용할 것인지에 대해 아울러 검토해 보려 한다.

30) Vgl. Karlheinz Muscheler, a. a. O.(Fn. 7), Rn. 327.

31) 김재형, "[2023년 분야별 중요판례분석] (4) 민법(채권)", 법률신문(2024. 4. 25; 최종확인 2024. 5. 6.; 〈https://www.lawtimes.co.kr/news/197719〉).

32) 대법원 2022. 7. 28. 선고 2017다245330 판결. 아울러 윤태영, "사인증여(死因贈與)의 철회", 民事法學(제105호), 韓國民事法學會(2023. 12.), 208-209면도 참조.

Ⅱ. 유언의 방식 위배에 뒤따르는 법적 의미

방식 위배의 유언과 관련하여 민법 제1060조는 "遺言은 本法의 정한 方式에 의하지 아니하면 效力이 생하지 아니한다"고 규정한다. 이와 관련하여 본고의 주된 문제를 다루기 전에 전제적으로 몇 가지 간략하게 살펴볼 바가 있다.

1. 유언 방식의 목적과 관련하여

유언의 방식 위배와 관련하여 민법 제1060조가 말하는 바와 같이 그 효력 없음이 주로 문제 되었다. 이는 앞서 간략히 살펴본 유언 방식의 목적 중 유언자의 진의 확보와 관련하여 논의되었다. 특히 유언의 요식성이 유언자의 진의를 확정하고 명확하게 하여 분쟁을 예방하는 차원이 있지만 사소한 방식 흠결로 인해 무효로 보게 되면 법정상속에 따르지 않으려던 유언자의 진의가 고려되지 못하는 점에 비추어 유언에 있어 방식을 요구함에 이처럼 유언자의 진의 보호와 관련된 긴장관계[33]가 내재되어 있다. 이미 언급한 바와 같이 의사도그마의 관점에서도 유언의 요식성과 유언자의 진의 보호 문제는 여러 이율배반[34] 내지 모순점을 낳는다. 이에 주지하다시피 유언 방식 규정의 엄격성을 완화해야 하는지에 대해서도–해석론뿐만 아니라 입법론으로도–많은 논의가 존재하였다.[35]

본고의 문제의식과 관련하여, 여기서 이러한 유언의 요식성 문제 일반에 관해 자세히 다룰 여지는 없으나, 의사중심적 체계 작동 원리로서

---

33) 김형석, 앞의 논문(주 16), 1044면.

34) 김영희, "현행민법상 유언의 방식에 관한 연구", 家族法研究(第20卷 第2號), 韓國家族法學會(2006. 7.), 117-118면.

35) 예컨대 金榮喜, 앞의 논문(주 9), 402면 이하; 김형석, "유언방식의 개정방향", (윤진수 외 공저) 『상속법 개정론』, 박영사(2020), 83면 이하; 현소혜, "유언방식의 개선방향에 관한 연구", 家族法研究(第23卷 第2號), 韓國家族法學會(2009. 7.), 1면 이하; 곽민희/정구태, "'상속법 개정을 위한 전문가 설문조사'를 통해 살펴본 유언제도의 개선방안", 法學論叢(제27집 제3호), 朝鮮大學校 法學研究院(2020. 12.), 136면 이하 등 참조.

의 사적 자치 일반에서와 달리 이렇게 모순적인 이해 상황이 벌어지는 이유에 대해 잠시나마 생각해 볼 필요가 있다. 무엇보다 유언자 내심의 진의를 전제하고 방식 위반이 그 진의에 따르는 효력을 저지하게 될 수 있다는 사고가 한 축을 이루는데, 이는 계약법 등을 지배하는 일반적인 사적 자치의 원칙으로부터 도출되는 것이다. 즉 유언 제도가 사적 자치의 원리가 상속법에 충실히 반영된 결과라는 시각에서 출발한 것이다. 이에 유언자의 진의에 따라 법률관계가 형성되어야 함이 원칙이지만 이에 대한 법률상 제한으로서 요식성이 문제 된다고 보게 된다.

이와 긴장관계를 이루는 다른 한 축은 법률상 유언의 방식이 유언자의 진의를 보존하고 확보한다는 것이다. 여기에 사실 일반적인 사적 자치의 원칙이 그대로 들어맞지 않는 유언법의 '다른 것'으로서의 성격이 담겨 있다고 볼 수 있다. 유언자는 최종적이며 종국적인 의사를 남겨 놓고 이제 사라진다. 그가 갖고 있던 진의를 이제 더 이상 그로부터 확인할 수 없다. 그 최종적 의사를 표시한 것은 사실 사망시로부터 상당한 시간 전에 작성되었을 수도 있다. 일반적인 사적 자치의 원칙이 적용되는 경우 의사표시를 한 법적 주체에게 법률효과가 귀속됨이 원칙이고, 대리 등 법률효과 귀속주체가 달라지는 경우라도 의사표시를 한 자가 여전히 존재함에 반해, 유언의 경우 주체, 즉 의사표시를 한 자가 이제 사라진다. 이 사라짐 앞에서 유언 제도는 유언의 '존재'를 확보해야 한다. 즉 유언의 요식성은 이러한 차원에서 유언자의 내심의 의사를 있는 그대로 그저 확인하는 것이라기보다는 유언을 유언자의 단순한 계획, 제안이나 마음 등과 구별하여[36] 법률적으로 성립시키며 또 구성하는 측면을 갖는다. 포괄승계 및 당연승계와 함께하는 법정상속의 전면성에 맞서 유언법 역시 유언자의 의사에 연속적인 유언의 장을 마련하여야 한다. 사라짐에 맞서 법정상속이 수반하는 법적 안정성에 준할 정도로 안정적인 형식이 필요하다. 그래야 사라지지 않는다. 이에 그 유언의 장에 존재하는

36) Vgl. Knut Werner Lange, *Erbrecht,* 3. Aufl., C.H.Beck, (2022), § 14, Rn. 15.

의사만이 이 세상에 더 이상 존재하지 않는 유언자의 의사로서 이에 따르는 것이 곧 유언법에서의 사적 자치를 실현하는 것이라 보게 된다.

이러한 긴장관계의 양 축 중에서 어떠한 것이 우선적으로 발현되어야 하는지 말하는 것은 그리 중요하지 않다고 생각된다. 중요한 것은—해석론이든 입법론이든—유언 제도를 이해함에 있어 사적 자치 일반과의 관계에 있어 유언법의 독자성 내지 고유성이 고려되어야 한다는 점이다. 즉 유언자의 목적 내지 내심의 의사 그 자체 못지않게, 유언 제도상의 형식이 갖는 의미가 유언의 존재 내지 구성과 관련되어 유언법 전반에 결정적인 판단 요소로 작동할 수 있다.

2. 법률행위론의 요건체계와 관련하여

이상과 같은 1.의 논의는 사실 법률행위론의 요건체계와도 관련이 있어 보인다. 즉 민법 제1060조에서 명시적으로 방식 위배의 유언은 "효력"을 갖지 못한다고 규정하므로, 위에서 언급한 첫 번째 사고의 축처럼 이해되기 쉽다. 즉 유언자의 진의가 표시된 대로 유언이 일단 성립은 하되 방식을 제대로 못 갖추면 효력이 없다고 판단하게 된다.

그런데 위의 긴장관계처럼 현재 우리 문헌상의 서술 역시 통일적이지는 않다. 즉 유언의 방식 위배를 상속법적 관점에서 다루는 문헌 및 판례[37]에서는 위처럼 이견 없이 그 '효력'을 문제 삼고 있는 것으로 보이는데,[38] 민법총칙 관련 문헌상 법률행위론의 요건체계에 관한 서술에서는 대부분 유언의 방식뿐만 아니라 일정한 방식을 요하는 요식행위에서 문제 되는 방식 전반을 '성립'요건 문제로 취급한다.[39] 이러한 점은 일반

37) 대법원 1996. 4. 23. 선고 95다34514 판결 등 판례는 유언 방식의 위배를 무효사유로 본다.

38) "유언은 상대방 없는 의사표시로 그 발화만으로 바로 성립"[김형석, "사인증여", 民事法學(제91호), 韓國民事法學會(2020. 6.), 138면"하는 것으로 이해된다[아울러 양창수, 『민법입문(제9판)』, 박영사(2023), 10면도 참조]. 즉 "유언자의 생전 의사표시(유언)행위가 완료되었을 때"[박동섭/양경승, 『친족상속법(제5판)』, 박영사(2020), 847면; 김주수/김상용, 『친족상속법(제19판)』, 法文社(2023), 825면]가 유언의 성립시기라 본다.

적으로 요물계약에서 합의 외에 인도나 권리 이전과 같은 계약상 채무와 관련된 사실적 실행행위를 그 계약의 성립요건으로 보는 점[40]과도 연관되어 보인다. 하지만 또 이와 다른 예로 민법 제428조의2는 보증의 방식으로서 서면 표시를 효력요건으로 규정하고 있다.

사실 이전에도 이미 지적된 바와 같이 법률행위론에서 성립요건과 효력요건의 구별이 명확한 것은 아니고, 이는 이론적인 체계구성과 관련된 것으로서 민법전 역시 이를 정확하게 구별해서 쓴다고 말하기 어려운 측면도 있다.[41] 이에 유언의 방식을 성립요건으로 볼 것인지 또는 효력요건으로 볼 것인지 일률적으로 나누는 것에 그리 큰 의미가 있어 보이지 않는다.[42] 예컨대 자필증서에 의한 유언에서 전문이나 성명은 유언자의 의사표시 자체에 직결되는 내용으로서 성립요건으로 볼 여지가 충분하면서도, 기타 유언 방식에 있어 증인 요건은 유언자의 의사표시 그 자체에 관한 것은 아니라고 보아 이를 효력요건으로 받아들일 여지도 있을 것이다.[43]

물론 유언의 방식 위배를 불성립으로 해야 할지 또는 무효라고 해야 할지에 따라 실익이 있을 수 있는 부분은, 본고의 문제의식과 닿아

39) 高翔龍, 『民法總則(全訂版)』, 法文社(2000), 320면; 李英俊, 앞의 책(주 13), 146면; 송덕수, 『민법총칙(제7판)』, 박영사(2024), 157면; 池元林, 앞의 책(주 9), 49면; 양형우, 『민법의 세계-민법총칙(제15판)』, 정독(2024), 173면; 강태성, 『민법총칙(제11판)』, 大明出版社(2021), 479면; 송오식, 『민법총칙』, 전남대학교출판문화원(2022), 288면; 민법주해[Ⅲ](제2판)/최수정, 法律行爲 전론, 30면; 주석 민법(제5판)/김종기, 법률행위 총설, 418면. 아울러 법률행위론의 성립요건 논의에 관한 자세한 분석으로 정상현, "法律行爲 要件體系의 批判的 分析과 再定立", 成均館法學(第25卷 第4號), 成均館大學校 法學硏究院(2013. 12.), 80-81면 참조.

40) 양창수/김재형, 『계약법(제4판)』, 博英社(2024), 7면.

41) 이에 관해 정상현, 앞의 논문(주 39), 100면 참조. 예컨대 민법 제815조 제1호는 당사자 사이에 혼인의 합의가 없는 때를 혼인무효의 사유로 규율하나, 이러한 혼인의 합의는 혼인의 성립요건으로 이해되어야 할 것이다[양창수/김재형, 앞의 책(주 40), 843면 참조].

42) 유언에서의 불성립이라고 하는 용어는 유증이 무효로 된 경우의 법률관계의 상태를 나타내는 것에 불과하다는 지적으로 신국미, "불성립과 무효개념에 관한 단상", 民事法學(제43-1호), 韓國民事法學會(2008. 12.), 304면.

43) 이와 관련하여, 池元林, 앞의 책(주 9), 1663면은 "유언에서 방식은 특별성립요건이므로 「불성립」이라고 해야 하지만, 증인요건 결여의 경우에 무효이고, 학설과 판례도 일반적으로 요건 불비의 유언을 무효라고 하므로, 그 용례에 따른다"고 한다.

있는 무효행위의 전환일 것이다. 즉 법률행위가 불성립인 경우 무효행위의 전환이 논의될 여지가 없다는 일반적인 설명[44]에 비추어 그렇다. 이 역시 사실 개념-연역적인 일반론으로서는 충분히 수긍이 되고 이에 따라 그러한 실익이 있을 수도 있지만, 형식적으로 법률행위가 성립하지 않았다고 하여 다른 법률행위로서 효력을 가질 수 없는 것인지와 같이 좀 더 일반화된 질문 앞에서는 다르게 답변할 여지가 있다. 즉 민법 제138조의 적용을 직접 받지는 못하더라도, 특별성립요건을 갖추지 못해 성립되지 않은 법률행위가 남은 사실적 요소에 기반하여 다른 법률행위로서의 효력을 아예 가질 수 없다고 일률적으로 말할 수 있을지는 의문이다.

이러한 성립요건/효력요건 구별론 자체에 얽매이기보다는 민법 제1060조의 규정 문구 등을 고려하여 일단 유언의 방식 위배와 관련하여 무효를 전제로 논의를 시작함이 타당해 보인다. 그럼에도 위와 같은 사고의 과정이 필요한 이유는 앞서 본 바와 같이 사적 자치와의 관계에 있어 요식성을 수반하는 유언법의 독자성과 연계되는 측면이 있기 때문이다. 아무리 유언의 방식 위배가 무효 사유이더라도 그 안에서 여전히 성립, 즉 유언의 존재와 관련된 면과 이에 수반되는 유언의 장이 존재하는지 문제 될 수 있다는 점에 대한 고민이 필요하다. 일반적인 계약과 같이 형식의 자유가 원칙인 영역에서 몇몇 형식을 요구함은 성립의 문제가 아니라 자연스레 효력의 문제로 볼 수 있겠지만,[45] 형식이 전부인 영역에서 그 형식 위배의 의미는 달리 판단되어야 할 필요가 있을 것이다.

Ⅲ. 무효인 유증의 전환 가능성에 대한 검토

이상의 전제적 논의를 바탕으로 하여 대상판결에 직결되는 논점, 즉 무효인 유증이 사인증여의 청약으로 전환될 수 있는지에 대해 이하에서

44) 송덕수, 앞의 책(주 39), 445면; 池元林, 앞의 책(주 9), 145면; 金天秀, "法律行爲의 無效", 『韓國民法理論의 發展(Ⅰ)』, 博英社(2001), 173면; 민법주해[Ⅳ](제2판)/이동진, 第138條, 47면.

45) Vgl. Jörg Neuner, a. a. O.(Fn. 7), § 44, Rn. 2 ff.

검토해 본다. 서두에서 살핀 바와 같이 기존 판례의 태도도 그렇고 전반적으로 전환 가능성에 대해 긍정적인 의견이 많아 보인다. 그럼에도 일단 형식적 관점에서 바라만 보아도 상대방 없는 단독행위인 유증이 상대방 있는 사인증여 계약의 청약으로 어떻게 전환될 수 있는지 여러모로 의문이 드는 것이 사실이다. 또한 상대방 없는 단독행위임은 선험적으로 결정되는 것이 아니라 당해 단독행위의 효력 발생을 위해 타인에게 그 의사표시가 도달할 필요가 있는지를 고려하는 정책적 판단의 성격을 갖는바, 유언은 이로 인해 불리해질 상속인 모르게 행하여지고 또 이를 통해 유리해질 상속인에 대하여도 분쟁을 방지하기 위해 알리지 않는 것이 우리의 관습이므로 상대방 없는 단독행위가 되었다고 설명되기도 한다.[46) 이러한 점에만 우선 기대어 보아도 기존의 논의 상황에 여러모로 문제가 제기될 수 있어 보이는데, 이에 지금까지 판례와 학설상 전개되어 온 긍정론과 반대론의 근거에 대해 살펴보고, 필자 나름의 생각을 개진해 보고자 한다.

1. 무효행위의 전환 긍정론

(1) 유증과 사인증여는 전자는 상대방 없는 단독행위이고 후자는 계약으로서 법적 성질이 다른 것이지만, 그럼에도 경제적 목적 및 기능상 양자 사이의 실질적 유사성[47)에서 이 문제는 출발한다. 대법원 1996. 4. 12. 선고 94다37714, 37721 판결이 포괄유증의 효력에 관한 민법 제1078조가 포괄적 사인증여에도 준용되는지에 관해 판단하면서 "방식을 위배한 포괄적 유증은 대부분 포괄적 사인증여로 보여질 것"이라고 한 바도 있다.[48) 이러한 유사성 외에 무효인 유증이 사인증여로 전환될 수 있다

46) 李英俊, 앞의 책(주 13), 150면.

47) 어떤 무상의 재산처분이 증여인지, 사인증여인지 또는 유증인지 구별하기 어려운 경우가 있는바, 예컨대 법적 무지에서 유언장이라는 제목을 썼지만 사인증여계약으로 인정되거나 증여나 사인증여를 유언으로 확인하는 것도 가능하다면서, 이러한 점이 유언방식에 하자가 있는 경우에 사인증여로의 전환이 가능하다는 것을 시사한다고 본다[金泳希, 앞의 논문(주 9), 103면].

48) 이에 대해 최두진, 앞의 논문(주 9), 80면.

고 보는 기저에는 무엇보다 사인증여에 유증의 방식에 관한 규정이 준용되지 않는다고 한 판례[49] 및 이에 찬동하는 견해[50]가 놓여 있다.[51] 즉 이러한 전제에서 사인증여 계약을 기본적으로 '낙성 · 불요식'으로 이해하기에 방식 위배로 무효인 유증이 사인증여로 전환될 가능성이 논의될 수 있는 것이다. 물론 앞서 언급한 사적 자치 원칙에 기반한 유언자의 의사를 존중하려는 맥락도 여기에 담겨 있다.

(2) 이러한 전환 가능성을 인정할지와 관련하여 기존의 논의는 무엇보다 자필증서에 의한 유언이 방식 흠결로 무효가 된 경우 사인증여가 성립된 것으로 인정할 수 있는지 문제 되었던 판결 사안을 중심으로 이루어졌다. 동 판결은 민법 제1066조 요건인 날인이 누락으로 인해 재산기부의 내용이 담긴 유언장이 무효로 판단되었을 때 유언장을 작성하였으므로 사인증여로서 청약의 의사표시는 있다고 볼 수 있지만, 유언장을 은행 대여금고에 보관해 둔 채 사망하여서 이 청약의 의사표시가 수증자에게 도달하였다고 볼 수 없고 또 발신조차 되었다고 볼 수 없으므로 사인증여가 성립되지는 않았다고 판단하였다.[52]

이에 먼저 단독행위가 계약으로 전환될 가능성에 대해 검토하게 되는데, 무엇보다 민법 제138조의 무효행위 전환 요건, 즉 무효인 법률행위가 다른 법률행위의 요건을 구비하고 또 당사자가 그 무효를 알았더라면 다른 법률행위를 하는 것을 의욕하였으리라고 인정될 때에 해당하는지

49) "민법 제562조는 사인증여에 관하여는 유증에 관한 규정을 준용하도록 규정하고 있지만, 유증의 방식에 관한 민법 제1065조 내지 제1072조는 그것이 단독행위임을 전제로 하는 것이어서 계약인 사인증여에는 적용되지 아니한다"(대법원 1996. 4. 12. 선고 94다37714, 37721 판결; 대법원 2001. 9. 14. 선고 2000다66430, 66447 판결).

50) 송덕수, 『채권법각론(제6판)』, 박영사(2023), 171면; 김상용, 『채권각론(제4판)』, 화산미디어(2021), 171면; 尹喆洪, 『債權各論(全訂3版)』, 法元社(2022), 176면; 김대정, 『계약법』, 박영사(2020), 374면; 池元林, 앞의 책(주 9), 1117면; 박동진, 『계약법강의(제3판)』, 法文社(2024), 1145면; 안춘수, 『계약법』, 동방문화사(2018), 651면; 김준호, 『민법강의(제29판)』, 法文社(2023), 893면; 양형우, 『민법의 세계-채권법(제15판)』, 정독(2024), 445면 등.

51) 金泳希, 앞의 논문(주 9), 99-100면 참조.

52) 대법원 2006. 9. 8. 선고 2006다25103, 25110 판결의 1심판결인 서울중앙지방법원 2005. 7. 5. 선고 2003가합86119, 89828 판결.

문제 될 것이다. 민법 제1071조는 비밀증서에 의한 유언에 방식 흠결이 있는 경우 그 증서가 자필증서의 방식에 적합한 때에는 자필증서에 의한 유언으로 보는데, 이는 상호 단독행위 간의 무효행위 전환으로서 형식상 큰 문제는 없어 보인다. 그러나 일단 단독행위 자체가 그대로 계약이라는 쌍방행위로 전환되기에는 형식상의 관점에서만 보더라도 힘들 것이다. 하지만 유증의 의사표시를 사인증여의 청약으로 이해할 수 있는지는 무엇보다 쌍방행위 전체가 아닌 일부, 계약의 구성요소로서 일방의 의사표시에만 문제 되는 것이므로 애당초 형식적인 범위를 크게 일탈하지는 않기에 일단 논의될 여지가 있다.

이를 바탕으로 긍정론에서는 무효행위 전환의 요건 중 "다른 법률행위를 하는 것을 의욕하였으리라고" 부분을 너그럽게 해석하여,[53] 법률행위를 하는 것에 법률행위를 만드는 것을 포괄하는 것으로 이해한다.[54] 여기에 수증자보다는 증여자의 의사가 더 중요하고[55] 유언의 방식 흠결로 무효가 된 경우 유언자는 다른 방법에 의하여서라도 자신의 의사가 실현되기를 바라는 것이 대부분일 것이라면서,[56] 유증을 한 당사자의 의사가 종국적으로 재산을 출연할 의사임을 강조하며 여기에 계약적 구속력을 부여한다고 해도 표의자에게 예상치 못한 것은 아니라고 본다.[57] 이는 무효행위 전환의 제도적 취지가 당사자의 가정적 의사를 중시하며 이에 의하여 그 효력을 인정하는 것과 관련된 점에 의해 정당화된다고 한다.[58] 그리고 사인증여로의 전환 의사는 가정적인 것이므로 사인증여로 인하여 유언의 방식을 규정하고 있는 법의 취지를 잠탈하는 것도 아

53) 이는 첫 번째 행위를 무효로 만드는 해당 법규정 또는 법제도의 존재 의미와 관련하여 가치판단을 필요로 하는 점[Franz Wieacker, "Zur Theorie der Konversion nichtiger Rechtsgeschäfte", in: Dieter Medicus u. a. (Hg.), *Festschrift für Hermann Lange zum 70. Geburtstag, Kohlhammer*, (1992), S. 1025]과 관련된다고 한다[金榮喜, 앞의 논문(주 9), 420면].

54) 金榮喜, 앞의 논문(주 9), 419면.

55) 金榮喜, 앞의 논문(주 9), 420면.

56) 金泳希, 앞의 논문(주 9), 109면.

57) 崔秉祚, 앞의 논문(주 9), 850면; 양형우, 앞의 논문(주 9), 403면.

58) 金泳希, 앞의 논문(주 9), 109면; 金榮喜, 앞의 논문(주 9), 420면.

니라고 한다.[59]

이렇게 무효인 유증이 사인증여의 청약으로 전환될 수 있게 되면,[60] 수증자의 승낙 표시가 있는 경우 사인증여 계약이 무리 없이 성립될 수 있다고 본다. 즉 사인증여로의 전환을 향한 가정적 의사만으로 바로 사인증여라는 법률행위가 성립하는 것은 아니고 사인증여로서의 요건을 구비하여야 하는 것이다.[61] 판례의 태도는 이와 관련하여 유언자와 수증자의 합의가 현실적으로 있을 것을 요구하는데, 합의를 엄격하게 해석하면 사인증여로의 전환이 어려운 경우가 많을 것이고 이에 유언자의 가정적 의사를 존중하는 것이 무효행위 전환의 취지임을 가급적 고려하는 것이 옳다고 한다.[62] 그리고 사인증여는 실질적으로 그 효력에 있어 유증과 큰 차이가 없으며 유언이 유효인 경우와 비교하여 사인증여로의 전환이 인정된다고 하여 상속인에게 크게 불리한 점은 없다고 본다.[63]

2. 무효행위의 전환 부정론

(1) 위에서 본 대법원 1996. 4. 12. 선고 94다37714, 37721 판결이 “방식을 위배한 포괄적 유증은 대부분 포괄적 사인증여로 보여질 것”이라고 한 것은 유증과 사인증여의 실질적 유사성을 가리키는 것이기도 하지만, 반대로 이는 방식 흠결로 무효인 유증을 사인증여로 전환할 때 일어날 수 있는 유언 방식 잠탈의 위험을 잘 보여주는 것이기도 하다.[64] 즉 법률 위반으로 무효인 유언의 내용 및 목적을 가정적 의사에 기한 전환의 법리만으로 무방식의 사인증여를 인정하여 달성함은 무엇보다 유언

59) 최두진, 앞의 논문(주 9), 91면.

60) 위 판결 사안처럼 생전에 작성된 유언장이 보관되는 과정의 특성상 사후적으로 발견되는 유언장의 경우 그 발견으로 인해 발신이 실현된다고 본다[金榮喜, 앞의 논문(주 9), 421면].

61) 金泳希, 앞의 논문(주 9), 89면; 양형우, 앞의 논문(주 9), 403면; 최두진, 앞의 논문(주 9), 91면.

62) 金泳希, 앞의 논문(주 9), 109-110면; 최두진, 앞의 논문(주 9), 97면.

63) 金泳希, 앞의 논문(주 9), 110면; 양형우, 앞의 논문(주 9), 403면.

64) 김형석, 앞의 논문(주 38), 137면 참조.

방식의 제도적 취지를 무시하게 될 우려가 있다. 그리고 현재 다수의 이해처럼 사인증여 계약에 방식을 요구하지 않게 되면 결국 증여자의 생전에 수증자가 증여의 승낙을 하였는지에 따라 유증과 구별하게 될 것인데, 이렇게 되면 증여자의 사망 전에 공개된 유언은 대부분 사인증여로 인정될 가능성이 높아 표의자에게 예상치 못한 계약적 구속력을 발생시킬 수 있고, 이에 유증의 의사표시를 사인증여의 청약으로 전환시키는 것은 표의자에게 예상치 못한 계약적 구속력을 부여하는 것일 수 있다.[65] 이러한 근본적인 문제점으로부터 유증과 사인증여 간에 무효행위 전환을 부정해야 한다는 논의가 시작된다.

(2) 사실 단독행위가 무효라고 해서 이를 계약의 청약으로 전환하는 것이 애당초 불가능하지는 않다. 하지만 이는 기본적으로 그 단독행위가 상대방 있는 단독행위인 경우에 고려될 수 있다. 즉 유증과 같이 상대방 없는 단독행위의 경우 아무리 가정적 의사에 기반한다고 해도 이 단독행위가 상대방을 전제하지 않음에도 불구하고 상대방을 전제로 한 계약의 청약으로 전환될 수 있는지 나아가 그렇게 이해된다고 해도 이에 뒤따르는 발송 및 도달 여부에 관해 의문이 제기된다.[66] 일단 상대방이 없으므로 발송을 인정하기 힘들어 보인다고 하는바, 예컨대 공정증서나 구수증서 유언을 하는 자리에 유증을 받을 자가 함께 있었더라도 유언시 증인 기타 참석자들은 그 유언의 상대방이 아니므로 발송을 상정하기 힘들고, 설령 유언자가 마음속으로 수증자에게 발송한다고 생각했다고 하더라도 이는 법적 의미를 갖지 않는다고 볼 수 있다.[67]

여기서 무효인 유증을 사인증여의 청약으로 전환하여 발송 및 도달을 인정하더라도 현실적인 문제도 존재한다고 본다. 즉 사인증여로의 전환이 우연적인 상황에 따라 좌우될 염려가 있다는 것이다.[68] 공정증서나

65) 權純漢, "死因贈與와 遺贈의 關係", 延世法學硏究(제4권 제1호), 延世法學會(1997. 9.), 225면.
66) 김형석, 앞의 논문(주 38), 138면; 김재형, 앞의 논문(주 31), Ⅰ. 2. 참조.
67) 김형석, 앞의 논문(주 38), 138-139면.
68) 김형석, 앞의 논문(주 38), 139면.

구수증서에 의한 유언의 경우 유언시 유증 받을 자를 참석하게 하였는지에 따라 사인증여의 인정이 달라질 수 있을 것이고, 자필증서에 의한 유언의 경우 발송 자체가 부정될 가능성이 높을 것이다. 나아가 승낙의 존재를 어떻게 판별할 것인지의 문제도 제기될 수 있다. 즉 언제 승낙이 존재하는지 판단하기 어려운 경우, 특히 추단하여 묵시적 승낙을 인정해야 할 것인지가 문제 될 것이다.[69] 대부분 수증자는 유증 대상을 취득하길 원하겠지만, 사인증여도 계약인 이상 언제 성립하는지 판단해야 할 것이고 이에 승낙 시점을 정확하게 결정하기 어려울 수 있다.[70]

더불어 무효인 유증을 사인증여로 전환하게 되면 유증자의 의사가 왜곡될 우려도 있다고 한다. 예컨대 유언자가 자필증서 유언을 작성하고 날인만을 남겨둔 상태에서 수증자에게 보여주고 감사의 인사도 받았으나 나중에 마음을 바꾸어 유언하지 않기로 하고 초안 그대로 서랍 안에 둔 채 사망한 경우 사인증여를 인정한다면 유언자의 의사가 왜곡되는 결과를 가져온다고 한다.[71]

3. 검　토

(1) 상대방 없는 단독행위인 유증이 방식 위배로 무효일 때 사인증여라는 계약의 청약으로 전환될 수 있을지와 관련하여 무엇보다 먼저 형식적인 관점에서 접근해 볼 때 이를 긍정하기는 힘들어 보인다. 즉 유언의 의사표시는 발신되어 도달될 상대방을 전제하지 않으므로 갑자기 상대방을 전제로 한 의사표시로 전환된다고 하기는 어려울 수 있다. 아무리 유언자 내심의 의사가 유증을 통해 누군가에게 재산출연을 하려는 것이라도 그 법률행위로서 존재하는 형식이 상대방을 전제하지 않아 전환

69) 예컨대 유증 내용에 대해 감사를 표시하면 승낙한 것인지, 혹은 유증의 자리에 수증자가 같이 있었지만 유언자의 건강 상황 때문에 숙연히 침묵을 유지하고 있었다면 이때 승낙을 인정할 수 있는지 등이 문제 될 수 있다[김형석, 앞의 논문(주 38), 139면].

70) 임채웅, “유증의 연구”, 홍익법학(제11권 제3호), 홍익대학교 법학연구소(2010. 10.), 163면 참조.

71) 김형석, 앞의 논문(주 38), 139-140면.

의 실재적 기초 없이 가정적 의사라는 불분명한 판단 요소에만 근거하여 유언자가 예상하지 못한 새로운 계약 구속력을 창출하는 것은 아닌지 의문이 든다. 유증이 방식에 맞게 성립하더라도 그것은 여전히 상대방 없는 단독행위로서 존재하고 그 실현을 위해 그저 유언 집행을 기다릴 뿐이다. 즉 유증 자체의 효력에는 수증자에게 직접적으로 효과를 미칠 가능성이 내포되어 있지 않다.

이는 요식행위이며 상대방 없는 단독행위와 같은 법적 성질을 공유하는 재단법인 설립행위[72)]와 비교해 보아도 그러하다. 즉 재단법인 설립행위는 예컨대 재단설립자와 수혜자와 같은 이해관계인 사이의 계약이 아니며,[73)] 다만 재산출연의 무상성과 관련하여 민법 제47조와 같이 증여나 유증의 규정이 준용될 뿐이다. 이때 만약 정관에 필요적 기재사항(민법 제43조)의 흠결이나 기명날인 흠결 등이 존재한다면 그 정관은 원칙적으로 무효이고 이에 설립행위에 무효 사유가 발생하게 되는데, 그렇다면 이러한 경우에도 무효인 재단설립자의 설립행위가 재단설립자의 수혜자에 대한 증여계약의 청약으로 전환될 수 있는지와 비교해서 생각해 볼 수 있을 것이다. 이러한 전환 가능성에 대해 사실 쉽게 긍정하기는 어렵다. 왜냐하면 아무리 재단법인의 설립이 특정의 수혜자와 연관되고 재단설립자의 재산출연을 이끄는 진의가 그 수혜자를 향하고 있더라도 그 설립행위는 그저 재단법인이라는 법인격을 형성하고 그 기관에 의한 집행을 기다리는 데에 그칠 뿐이기 때문이다. 이에 유증의 경우에도 이와 유사하게 법정의 방식을 갖춘 유언을 함으로써 그 집행을 기다리는 유언의 장이 형성될 뿐이라고 이해하게 되면, 방식 위배의 유증을 쉽게 수증자에 대한 사인증여의 청약으로 바꾸어 받아들일 수 있을지 의문이 든다.

(2) 물론 무효행위의 전환 일반론상 무효인 법률행위에 다른 법률행위의 모든 요건이 포함되어 있어야 하는지에 관해 견해의 대립이 있

72) 池元林, 앞의 책(주 9), 269면.

73) 고상현, "재단법인설립행위의 개념, 구조, 법적 성질", 民事法學(제50호), 韓國民事法學會(2010. 9.), 294-295면.

다.[74] 이를 긍정하는 견해도 있지만,[75] 반면 일부무효에 관한 규정이 따로 존재하는 이상 무효행위의 전환에 관한 규정은 단순히 일부무효에 관한 특칙은 아니고, 전환된 새로운 법률행위가 반드시 무효인 법률행위의 효력 있는 부분으로서 포함되어 있을 필요는 없다고 보기도 한다.[76] 그래도 양 법률행위가 어느 정도 '상응'하여야 하므로 무효인 법률행위에 다른 유효한 법률행위의 요건 중 어느 것도 포함되지 않으면 전환될 수 없다고 볼 수도 있다.[77] 결국 후자의 견해와 같이 양적 부분성을 반드시 요구하지 않는 관점들은 새로운 법률행위로의 전환을 주로 가정적 의사를 통해 정당화하게 될 것이다.

위에서 살펴본 무효행위 전환 긍정론에서는 특히 이 가정적 의사를 너그럽게 바라볼 필요가 있음이 강조되었다. 원래 무효행위의 전환은 무효가 된 해당 법률행위의 당사자들이 다른 법률행위로써 계속 그 목적을 추구할 수 있도록, 이때 당사자들이 새로이 법률행위를 행하는 번거로움을 피하도록 해주기 위해 전환이라는 장치를 마련해 놓은 것이다.[78] 이러한 목적을 위해 가정적 의사와 함께 당사자의 의사와 목적을 최대한 존중하려는 것이다. 여기서 가정적 의사는 의사표시의 해석도, 심리적 사실에 기초한 경험적 의사도 아니며, 그저 의사표시 당사자를 위한 추후적 형성 보조의 일종이라 할 수 있는데,[79] 이때 가정적 의사는 전환된 법률행위를 향한 실제적 의사가 아닌 그 법적 형식 내지 성질에 관한 의사에 관계하는 것이며,[80] 여기서 주로 문제 되는 것은 그 법률행위의 효력과 구체적 사정에 초점을 맞추는 가치판단이다.[81] 그리고 가정적 의사

---

74) 민법주해[Ⅳ](제2판)/이동진, 第138條, 49면.

75) 金天秀, 앞의 논문(주 44), 174면; vgl. Werner Flume, a. a. O.(Fn. 14), S. 593 f.; HKK/Dorn, §§ 139-141, Rn. 36; jurisPK-BGB/Nassall, 2. Aufl., 2005, § 140, Rn. 9.

76) Jörg Neuner, a. a. O.(Fn. 7), § 58, Rn. 14; Soergel/Martens, 14. Aufl., 2023, § 140, Rn. 19; MüKoBGB/Busche, 9. Aufl., 2021, § 140, Rn. 16.

77) 민법주해[Ⅳ](제2판)/이동진, 第138條, 49면.

78) 安炳夏, "일부무효와 무효행위의 전환", 법조(통권 제722호), 法曹協會(2017. 4.), 523면.

79) Jörg Neuner, a. a. O.(Fn. 7), § 58, Rn. 9.

80) 민법주해[Ⅳ](제2판)/이동진, 第138條, 51면.

를 판단함에 무엇보다도 당사자가 무효인 법률행위를 통해 추구하였던 경제적·사실적 목적이 중요한바,[82] 다른 법률행위를 통해 동일한 경제적·사실적 목적을 달성할 수 있다면 가정적 전환의사를 추정할 수도 있다.[83] 즉 무효행위의 전환은 가급적 당사자가 의욕하였던 결과를 달성하려는 목적에 기한 것으로서, 이는 당사자 실제 의사에 의한 규율이 아니어서 사적 자치 그 자체의 실현이라 볼 수는 없으나, 당사자가 의도한 경제적 목적을 관철한다는 의미에서 사적 자치의 합목적적 이해와 관련될 수 있다.[84] 무효행위 전환에서 다루어지는 이러한 가정적 의사의 일반적 성격에 비추어, 유증이 추구하는 경제적·사실적 목적을 달성하기 위해 방식 위배의 유증을 사인증여 계약의 청약으로 전환하는 것을 긍정하는 견해를 어느 정도 이해해 볼 수는 있겠다.

하지만 이러한 가정적 의사의 탐구에도 한계가 존재할 것이다. 가정적 의사를 기초로 무효행위의 전환을 인정하는 것은 사실 새로운 법률행위의 성립을 "의제"하는 것이며, 이에 당사자가 직접 행하지 않은 법률행위의 효과에 구속받게 함은 사적 자치의 원칙과 어느 정도 배치되는 모습을 내보인다.[85] 이에 가정적 의사를 통한 무효행위의 전환은 사적 자치의 본질이나 다른 법적 원리가 훼손되지 않도록 유의할 필요가 있으며 당사자 일방에게 지나치게 유리한 전환이 되는 것을 경계해야 한다. 즉 합목적적 이해라는 명목하에서 인과의 논리에 부합하지 않는 결론을 결과주의적 관점에 기대어 부당히 선취하게 될 수 있다.

법률행위의 형식과 성질에 관계된 가정적 의사 판단으로서 무효행위 전환 긍정론은 유증과 사인증여 사이의 경제적·사실적 목적의 동질성을 강조하겠지만, 반대로 유증자는 현재 보통 낙성·불요식 계약으로 받아들

81) Werner Flume, a. a. O.(Fn. 14), S. 594.

82) Soergel/Martens, 14. Aufl., 2023, § 140, Rn. 23; MüKoBGB/Busche, 9. Aufl., 2021, § 140, Rn. 21; Staudinger/Roth, Neubearbeitung 2020, § 140, Rn. 25.

83) 민법주해[Ⅳ](제2판)/이동진, 第138條, 51-52면.

84) 양창수/김재형, 앞의 책(주 40), 837면.

85) 金天秀, 앞의 논문(주 44), 176면.

여지고 있는 사인증여 계약을 수증자와 체결하면 그만인데 굳이 왜 유언의 형식을 선택한 것인지 먼저 문제 될 수 있다. 이에 대해 여러 이유가 있을 수 있지만, 적어도 위와 같은 법적 형식 내지 성질 결정을 위한 가정적 의사를 판단함에, 그저 합의만 하면 될 손쉬운 계약체결의 방법을 취하지 않고 애당초 준수하기 더 어려운 법률행위의 형식을 취한 이유에 대해 고민해 볼 필요가 있다. 유증을 통해 비밀성을 유지하고 싶었을 수 있고, 유언자 자신의 최종적인 의사를 좀 더 신중하게 준비할 의도에 기한 것이었을 수도 있다. 이렇게 유언 형식을 선택한 의사를 생각해 볼 때, 충분히 먼저 선택할 수 있었지만 선택하지 않은 사인증여를 위한 청약으로 전환시킨다면 경우에 따라 형식 선택에 대한 유언자의 의사를 왜곡하는 것일 수 있다. 이에 비추어 볼 때 민법 제138조에서 말하는 것과 같이 유증이 무효임을 알았다면 사인증여를 하였을 것이라 쉽게 생각되지 않을 수 있다.

이러한 점은 앞서 살펴본 유언법에서의 사적 자치와도 관련이 된다. 표의자의 진의를 그대로 존중하는 것이 사적 자치 일반의 원칙적 모습이지만, 그럼에도 유언법은 형식을 마련한다. 이것이 사적 자치의 제한이며 이율배반처럼 보이는 면도 있지만, 의사표시를 한 유언자의 사라짐을 대신하여 형식이 들어서게 된다. 즉 유언법에서의 형식은 사적 자치에 기한 자기결정을 그저 제한하기만 하는 것이 아니라 그 자기결정을 전제하고 인정하기 위한 하나의 행동규율[86]로 기능한다. 17~18세기 독일에서는 유언을 계약으로 구성하여 이해하려는 시도가 있었다.[87] 이러한 구성 시도에 따르면 유언은 수증자에 대한 "일면적인 약속(einseitiges Versprechen)"

86) Vgl. Ludwig Häsemeyer, a. a. O.(Fn. 20), S. 203 f.

87) 예컨대 Immanuel Kant, *Die Metaphysik der Sitten* [Wilhelm Weischedel (Hg.), Werkausgabe Bd. VIII], Suhrkamp, (1977), S. 408 ff. (AB 134 ff.); vgl. Hans Hattenhauer, *Grundbegriffe des Bürgerlichen Rechts*, 2. Aufl., C.H.Beck, (2000), S. 215; Marietta Auer, "Eigentum, Familie, Erbrecht", AcP 2016, 239, 272; Joachim Goebel, *Testierfreiheit als Persönlichkeitsrecht*, Duncker & Humblot, (2004), S. 79; vgl. auch Jan Ulrich, *Der Erbvertrag als Problem von Rechtswissenschaft*, Mohr Siebeck, (2017), S. 186 f.

으로서 유언자 사망시에 비로소 이 수증자가 유언자의 재산을 수령할 수 있는 권리를 갖는다고 보았다. 당시 사법관계의 정당화에 있어 의사 내지 계약 구성에 강하게 사로잡혀 있었고, 주관적 권리(subjektive Rechte) 구성은 기본적으로 살아있는 자의 존재에만 연결될 수 있었는바, 양 측면에서 특히 상속법의 이해는 몇몇 어려움을 겪었다.[88] 이러한 계약 구성에서 단순히 일면적 의사만으로는 재산이 양도될 수 없었고 약속과 관련하여 상대방의 수용(acceptatio)과 동시적인 의지(voluntas simultanea)가 필요하였는바, 유언의 경우 이중 후자가 존재할 수 없지만, 그럼에도 유산에 대해 이를 수령할 권리를 묵시적으로 취득한다고 보았다.[89] 즉 이를 "약속의 승낙(Annahme des Versprechens)"이라 보았고, 이를 통해 유언자의 죽음 후에도 수증자가 유산을 취득한다. 이때 그 유산은 휴지상속재산(休止相續財産, hereditas iacens)으로서 주인 없는 상태가 아니라 비어 있는 상태일 뿐이라 하는데, 왜냐하면 수증자가 남겨진 유산을 자기 것으로 할 것인지에 관해 선택을 독점적으로 할 수 있기 때문이다.[90] 이와 관련된 당시의 설명에 따르면 여기에서 유언자의 재산 소유권이 그 사람과 무관하지 않고, 그의 "지속하는 의사에 따라" 수증자가 유산을 받을 수 있다고 하였다.[91] 차후에 이러한 휴지상속재산 등을 그 법적 주체(Rechtssubjekt)의 사라짐 앞에서 정당화하기 위해 사비니(Savigny)나 푸흐타(Puchta)는 피상속인 내지 유증자의 인격(Persönlichkeit)이 죽음에도 불구하고 존속한다는 구성을 제시한다.[92] 이렇듯 사적 자치로부터 흘러나오는 유언에 대한 정당화 뒤에는 의사의 담지자로서 법적 주체의 인격을 의제

---

88) Vgl. Marietta Auer, "Eigentum, Familie, Erbrecht", *AcP* 2016, 239, 271.

89) Immanuel Kant, a. a. O.(Fn. 87), S. 409.

90) Immanuel Kant, a. a. O.(Fn. 87), S. 409 f.

91) Heinrich Stephani, *Anmerkungen zu Kants metaphysischen Anfangsgründen der Rechtslehre,* Johann Jakob Palm, (1797), S. 90.

92) Friedrich Carl von Savigny, *System des heutigen Römischen Rechts,* Bd. 1, Veit, (1840), S. 380 f.; Georg Friedrich Puchta, *Pandekten*, 12. Aufl., Barth, (1877), § 447, S. 642 ff.; 이에 대해 아울러 이성범, "상속법상 포괄승계원칙과 디지털 유산", 家族法硏究(第34卷 第3號), 韓國家族法學會(2020. 11.), 273-275면도 참조.

(Fiktion)하는 사고가 자리 잡고 있으며 이를 통해 유언자의 의사에 반하지 않음을 구성하였다.[93)]

하지만 주지하다시피 이러한 정당화 시도들은 성공하지 못하였고 지금은 상대방 없는 요식의 단독행위로 이해하게 되었는데, 이는 죽은 자의 사라짐을, 즉 사인성(死因性)을 있는 그대로 받아들이는 과정이라 볼 수 있다. 즉 이제 더 이상 수증자와의 합의를 구성할 수 있는 유언자의 인격과 그의 진의 자체를 의제하고 그의 사후에까지 존속시키는 것이 아니라 현실적으로 그것의 사라짐을 받아들인다. 그 대신 유언자의 의사는 법정의 형식에 담아 구성하며 보존한다. 즉 형식에 담긴 유언은 이제 그 유언이 철회되지 않는 한 사라진 유언자를 대신하게 된다. 유언의 계약법적 구성에서 의제가 기존의 주관적 권리 도그마틱을 구원했다면, 이제는 형식이 그러한 의제 내지 가정적 판단을 대체하고 현실화한다. 이는 법정상속에서 포괄승계 및 당연승계 원칙이 위와 같은 피상속인의 인격 의제로부터 벗어나 유산 자체의 성질에 초점을 맞추어 그 승계 범위를 결정하는 것[94)]과 대칭적으로, 유언법에서는 사라진 유언자의 인격이 존속함을 의제하면서 그 진의 내지 목적을 찾아 사적 자치의 원리에 끼워 넣기보다 유언의 형식 준수와 유언의 자유로운 철회 가능성 부여 및 양자 사이의 상관관계로부터 도출되는 유언의 종국적 진지함에 초점을 맞춘다. 이를 통해 법정상속과 유언 모두 제도적으로 상속법에서의 법적 안정성을 지향한다.

방식 위배로 무효인 유증에서 그 진의를 끄집어내어 사인증여의 청약으로 전환하는 것은 앞서 본 유언의 계약적 구성과 닮아 보인다. 이 세상에서 사라진 유증자를 대신하게 될 유언의 방식과 함께 유언의 장에 들어섰음에도 이와 별개로 유증자의 진의 내지 목적을 찾는 것은 사라진 법적 주체의 인격을 의제하는 것과 유사한 논리로서 가정적 판단 및 의

93) Vgl. Joachim Goebel, a. a. O.(Fn. 87), S. 64 ff.; Marietta Auer, "Eigentum, Familie, Erbrecht", *AcP* 2016, 239, 271.

94) 이에 대해 이성범, 앞의 논문(주 92), 274면 이하 참조.

제를 통해 기존의 사적 자치 원칙에 그저 개념적으로 부합하기 위한 것일 뿐이다. 무효행위의 전환 가능성을 검토하면서 무효인 유증과 사인증여 사이에 경제적 목적이 동일한 점을 들게 되나, 이를 받아들일 때 유언이 무효였다면 실질적으로 같은 목적 및 내용의 다른 형식을 갖춘 법률행위를 하지 않았을까에 대해 끊임없이 고민케 하여 유증의 방식이 지향하는 법적 안정성을 해할 뿐이다.[95] 그렇게 유언 방식의 잠탈 및 형해화를 가능하게 하는 가정적인 의사를 고민함으로써 결국 의제를 통해 유언법 고유의 사적 자치를 훼손하게 될 것이며, 오히려 방식 흠결로 무효인 유언을 효력 없는 채로 그대로 놓아두고 유언과 법정상속 사이의 회색 지대 없이 법정상속을 마주할 때 비로소 법적 주체의 사라짐 속에서도 형식을 통한 유언법의 사적 자치를 구원하게 될 것이다.

(3) 물론 이상의 논의는 유언의 장이 펼쳐진 이래, 즉 유언이 시작됨에 따르는 의사표시가 방식 흠결로 무효의 경우 사인증여의 청약으로 전환될 수 있는지에 관한 것일 뿐, 유증 후에 별개로 사인증여 계약이 체결되는 상황[96]은 달리 파악되어야 할 것이다. 그리고 무효행위 전환이 논의되는 영역은 다른 성질의 법률행위들 사이에서 재성질결정(Um-Qualifikation)을 하는 것이 문제 되므로,[97] 유언자의 어떤 의사표시가 유언인지 또는 사인증여의 청약인지 자체가 선택적으로 문제 되는 상황은 위 논의의 영역이 아닌 의사표시 해석의 문제일 것이다. 또한 유언의 해석 문제와 위의 무효행위 전환 문제가 동떨어진 것은 물론 아니지만,[98] 후자는 전자와 달리 유언의 내용 및 규범적 의미를 명확하게 파악

---

95) Vgl. Klaus Tiedtke, "Die Umdeutung eines Vermächtnisses in ein Rechtsgeschäft unter Lebenden", *NJW* 1978, 2572, 2574.

96) 김재형, 앞의 논문(주 31), Ⅰ. 2.; 임채웅, 앞의 논문(주 70), 163면: 예컨대 방식 위배로 유효하지 않은 유증을 남긴 피상속인이 임종시, "A 아파트는 첫째가 갖고, B 토지는 둘째가 갖도록 해라"고 말했고, 해당 상속인들이 이에 수긍하는 듯한 태도를 보인 경우, 이는 무효인 유증의 사인증여로의 전환 문제가 아니며, 임종시 사인증여가 성립했는가에 관한 문제라 할 것이다.

97) 즉 완전히 같은 성질 및 유형의 법률행위에서 양적 증감만이 존재할 때에는 양적 일부무효나 보충적 해석이 문제 될 뿐 무효행위 전환이 문제 되지 않는바, 이에 대해 민법주해[Ⅳ](제2판)/이동진, 第138條, 51면 참조.

하는 것보다 형식적 판단과 관련된 유언의 존재 여부 및 그 의미에 초점을 둔다고 볼 수 있다. 이에 전자의 경우 무엇보다 내용 파악과 관련하여 유언자의 진의를 실현하는 것에 최대한 집중하는 점에서 후자와 다른 논의일 수 있으며 여기서 방식이 갖는 유언법 고유의 의미와 목적이 일차적으로 부각되지는 않는다.

마지막으로 이렇게 방식 흠결의 유증을 사인증여의 청약으로 전환됨을 부정할 때 다시금 문제 상황이 떠오르는 것은 사실이다. 즉 사소한 방식 흠결만을 가지고 애당초 의도된 수증자에 대한 재산출연을 결과적으로 부정할 것인지와 관련하여 주지하다시피 유언의 방식의 지나친 엄격성이 지적되기도 하였고, 그래서 수증자의 승낙을 인정할 수 있는 경우 무효인 유증의 의사표시를 되도록 사인증여의 청약으로 전환하여 보게 되었다. 이와 관련하여 구 민법하에서 유언은 불요식으로 행하여졌고[99] 또한 우리에게 유언의 관습이 확고하지 않았기에 현행 유언 제도가 일반인에게 익숙하지 않다는 점이 그동안 지적되었다.[100] 유언의 자유를 실질적으로 보장하기 위해 이 점에 대해 이전에는 공감이 가는 면이 있기도 하였지만, 이제는 달리 볼 수도 있지 않을까 생각이 들기도 한다. 이와 관련하여 예컨대 등기의 공신력 인정 문제에 대해 앞으로 더욱 전향적으로 검토해 볼 필요가 있듯이,[101] 유언 방식의 준수라는 규범적 요구에 대해서도–입법론과는 별개로[102]–이전과는 달리 평가해 볼 필요도 있을 것 같다는 생각이 든다. 나아가 유언법의 방식이 갖는 고유한 의미

98) 이와 관련하여 현소혜, 앞의 책(주 20), 195면 이하 참조.

99) 주석 민법(제5판)/박강민, 제1060조, 547-548면 참조.

100) 金榮喜, 앞의 논문(주 9), 402-403면 참조.

101) 이에 대해 權英俊, "등기의 공신력–1957년, 그리고 2011년–", 법조(통권 제661호), 法曹協會(2011. 10.), 5면 이하; 김도훈, "부동산등기의 공신력 인정에 관한 소고", *法과 政策*(第30輯 第1號), 濟州大學校 法과政策研究院(2024. 3.), 31면 이하 참조.

102) 즉 유언의 자유를 실질적으로 보장하기 위해–역사적인 관점에서도–유언 방식의 완화와 철회의 자유가 서로 관련되어 발전되어 온 점을 참고할 필요가 있다. 이와 관련하여 이상훈, "로마법상 유증의 철회 및 변경–학설휘찬 제34권 제4장을 중심으로–", 서울대학교 *法學*(제59권 제1호), 서울대학교 법학연구소(2018. 3.), 302면 참조.

앞에서 법원의 후견적 개입을 확대하는 것이 타당한지에 대해서도 생각해 볼 필요가 있어 보인다. 즉 법원이 방식 위배의 유증을 매번 적극적으로 사인증여 계약으로 이해해 주다 보면, 유언자의 종국적이며 진지한 의사표시를 유도하는 방식 준수의 규범적 요청을 경시하게 될 우려가 있다.[103)]

Ⅳ. 민법 제562조의 의미

방식 위배로 무효인 유증이 사인증여의 청약으로 이해될 수 있는지에 관해 이상의 논의가 불거지는 이유를 생각해 보면, 유증과 사인증여의 구별이 용이하지 않은 면과 유증자의 진의 내지 목적을 존중한다는 취지에서 그런 것도 있지만, 다른 한편으로 무엇보다 사인증여를 낙성·불요식의 계약으로 이해하고 있다는 점에 근거하고 있기 때문일 것이다. 만일 사인증여 계약을 요식계약으로 이해한다면, 방식 흠결이 있는 유증에서 수증자의 승낙이 있더라도 유언자의 진의 실현만을 이유로 사인증여를 인정하기는 힘들 것이다. 이와 관련하여 민법 제562조, 즉 "증여자의 사망으로 인하여 효력이 생길 증여에는 유증에 관한 규정을 준용한다"는 규정의 의미에 대해 주지하다시피 견해의 대립이 존재한다. 즉 사인증여에 유증의 방식 내지 요건에 관한 규정들이 준용될 수 있는지 문제 된다.

대법원은 이와 관련하여, "민법 제562조는 사인증여에 관하여는 유증에 관한 규정을 준용하도록 규정하고 있지만, 유증의 방식에 관한 민법 제1065조 내지 제1072조는 그것이 단독행위임을 전제로 하는 것이어서 계약인 사인증여에는 적용되지 아니한다"[104)]고 판시하였다. 즉 준용부정설은 주로 이렇게 유증과 사인증여의 법적 성질이 다름을 주된 이유

---

103) 이와 같은 맥락으로 약관의 효력유지적 축소해석을 법원이 적극적으로 행할 때 사업자가 별다른 부담 없이 불공정 약관을 넣게 될 우려가 있다는 점 역시 생각해 볼 수 있을 것이다. 이 논의와 관련하여 김화, "약관에 있어서 효력유지적 축소해석-독일법상의 논의를 중심으로", 民事法學(제82호), 韓國民事法學會(2018. 2.), 114면 이하도 참조.

104) 대법원 2001. 9. 14. 선고 2000다66430, 66447 판결 등.

로 든다.[105] 하지만 이러한 견해에 이제 더 이상 따르기는 어려워 보인다. 이는 무엇보다 앞서 본 바와 같이 방식 위배로 무효인 유증을 사인증여의 청약으로 전환할 수 있게 하는 계기가 되는 등 실질적으로 유언 방식의 잠탈이나 우리 법제가 알지 못하는 상속계약의 효과를 무방식으로 달성하는 결과를 불러온다.[106] 그리고 유증의 요식성에는 앞서 본 바와 같이 유증의 효력이 유증자 사망 이후에 발생하므로 사라지는 유증자의 종국적 의사를 좀 더 확실하게 하여 분쟁을 방지하려는 목적이 담겨 있는바, 결국 이는 유증이 사인행위(死因行爲)이기 때문이다.[107] 그렇다면 유증과 사인행위라는 성질을 공유하며 기능적 유사성이 큰[108]·[109] 사인증여에서도 이러한 규범적 요구는 동일하게 승인될 수 있다. 물론 이렇게 사인증여에서 유증의 방식을 그대로 받아들이게 되면 사인증여 제도의 독자적 의미가 축소되는 것은 아닌지 의문이 제기될 수 있다. 하지만 계약으로서 사인증여는 여전히 유증과 구별될 수 있으며, 여기서 단지 중요한 것은 사인성에 직면하여 고려되는 규범적 요청을 받아들이는 것이 필요하고 이는 유증과 공통적이라는 점이다. 이에 유언 방식에 관한 규정들이 사인증여에 준용된다고 봄이 타당하며,[110] 증여자의 의사표시에

105) 주석 민법(제5판)/손철우, 제562조, 158면 참조.

106) 아울러 김형석, 앞의 논문(주 38), 135면 이하; 고상현, "사인증여에 관한 논고", 民事法學(제48호), 韓國民事法學會(2010. 3.), 377면 이하 참조.

107) 權純漢, 앞의 논문(주 65), 253면.

108) 김재형, 앞의 논문(주 31), Ⅰ. 3.

109) 참고로 그러한 유사성에도 불구하고 사인증여에 관한 규정이 계약의 절에 존재하는 이유와 관련하여 그것이 갖는 계약적 성질 자체보다는, 오히려 증여계약의 형식으로 사인증여를 하더라도 이는 사실 유증에 해당하는 것이므로 증여와 다름을 분명히 하기 위해 증여계약에 관한 규정 안에 주의규정을 두어야 한다는 입법취지를 고려할 필요가 있는 점에 대하여 윤태영, 앞의 논문(주 32), 208면 참조.

110) 비교법적 관점에서도 우리의 현재 해석론과 같은 무방식의 사인증여를 쉽게 찾아보기는 힘들고 또한 이를 독자적인 법제도로 받아들이기 힘든바, 철회 불가능한 사인처분인 상속계약을 제도적으로 받아들이지 않을 때 사인증여를 정책적으로 인정하게 되면 법률이 허용하지 않는 상속계약의 효력을 실질적으로 달성하게 되거나 유언 제도 잠탈의 우려가 발생하고, 상속계약을 제도적으로 받아들이면 보통 유언, 상속계약, 생전증여를 통해 관계인의 수요가 충족되므로 사인증여가 정책적으로 굳이 필요하지 않기 때문이다[이에 대해 무엇보다 김형석, 앞의 논문(주 38), 128면 이하 및 134면 이하 참조]. 입법론으로는 단독행위인 유증과 달리 계약인

유증의 방식이 준용된다고 보면 될 것이다.[111] 사인증여 자체보다는 사인성에 결부된 증여자의 의사표시가 유증에 준하도록 만드는 직접적인 근거이기 때문이다.[112]

나아가 이러한 사인성 및 기능적 유사성에 기반하여 유언의 철회에 관한 민법 제1108조 제1항이 사인증여에 준용됨을 긍정할 수도 있겠다.[113] 대법원 역시 이 점에 대해서는 같은 취지로 긍정하고 있다.[114] 물론 이에 대해 여전히 계약과 단독행위의 성질상 차이를 들어, 또 사인증여는 계약이므로 자유로운 철회는 계약상대방인 수증자 보호에 부족할 수 있다고 보아 유증의 철회에 관한 규정의 준용에 대해 부정적으로 바라볼 여지가 있다. 하지만 사인증여에서 수증자는 무상계약의 수익자이므로 그 보호의 필요성이 유상계약에 비해 낮은 것(예컨대 민법 제747조 제2항)이 사실이며, 수증자에게 발생할 수 있는 법적 불안정성의 문제와 관련하여서는 오히려 다시 위처럼 유증의 방식을 준용하거나 입법론적으로 사인증여의 형식을 만들 것인지의 논의로 돌아가게 될 것이다.[115] 즉 사인성과 이에 결부되는 최종적 의사의 존중 차원에서 사인증여에 유증의 철회를 준용하는 것 자체에 그리 큰 문제가 있다고 생각되지는 않는다.

Ⅴ. 대상판결에 대한 검토

이상의 내용을 바탕으로 이하에서 대상판결의 타당성에 대해 검토해 본다. 먼저 대상판결의 원심은 앞서 본 바와 같이 사인증여의 성립을 인정하였다. 물론 유증과 사인증여의 실제적 기능이 유사하여 양자의 구별

사인증여의 경우 그 존재와 내용을 확인할 수 있는 중립적 제3자가 있는 방식, 예컨대 공정증서에 의한 방식 등에 한하여 인정됨이 타당하다는 견해[權純漢, 앞의 논문(주 65), 256면]가 있다.

111) 김형석, 앞의 논문(주 38), 143면.

112) 김형석, 앞의 논문(주 38), 143면 참조.

113) 김형석, 앞의 논문(주 38), 140면 이하; 고상현, 앞의 논문(주 106), 382면; 윤태영, 앞의 논문(주 32), 208-209면도 참조.

114) 대법원 2022. 7. 28. 선고 2017다245330 판결.

115) 崔秉祚, 앞의 논문(주 9), 869면 참조.

이 쉽지 않은 것은 사실이다. 특히 사인증여를 낙성·불요식의 계약으로 이해할 때 더욱 그러하다. 하지만 대상판결 사안의 경우 대법원이 언급한 바와 같이 일단 녹음에 의한 유언의 형식을 취한 것에 주목하여 유증을 우선 문제 삼는 것이 타당해 보인다. 즉 무엇보다 형식적이며 객관적인 판단에 주목할 수밖에 없는데, 유언증서라는 문구나 유언집행자 지정 및 유언자로 스스로 칭하고 있는 점 등에 비추어 일단 유언의 장에 들어선 것으로 평가되기에 충분하다.

문제는 이 유언이 방식 흠결로 무효일 때 유언 당시 함께 있었던 원고에 대한 사인증여의 청약 그리고 원고의 이에 대한 승낙이 인정될 수 있는지이다. 위에서 검토한 바를 기초로 할 때 이를 사인증여의 청약으로 평가하기는 힘들다. 무엇보다 이러한 유증을 사인증여의 청약으로 평가할 때 녹음에 의한 유언의 방식이 잠탈되는 결과가 발생한다. 민법 제1067조의 녹음에 의한 유언은 우리 유언법의 특징 중의 하나인데, 이에 대해서 사실 쉽게 편집 내지 위·변조될 가능성이 높으므로 유언의 진정성 확보가 어려울 수 있기에 입법론적인 비판[116]도 있다. 이에 현행법상 이러한 녹음에 의한 유언에서 특히 증인 요건은 유언의 진정한 성립 및 유언자 의사를 왜곡 없이 담기 위한 것으로서 그 나름의 중요한 의미를 갖는다. 대상판결 사안에서 이와 같은 증인 요건의 흠결로 유언이 무효가 되었는데, 이때 이를 사인증여의 청약으로 전환하게 되면, 이제 더 이상 세상에 존재하지 않는 유증자의 종국적 의사를 존재하게 하는 이러한 방식이 형해화된 것이나 다름없다. 사라진 유언자의 의사를 가정적으로 추단하기보다는 법적 안정성을 지향하는 유언 방식에 의해 보존되는 유언자의 의사에 초점을 맞추어야 한다. 유증의 경제적 목적과 관련하여서도 대상판결 사안에서는 유언하는 자리에 있던 원고에게만 해당하는 급부만이 아니라 상속인들의 상속재산에 대한 이해관계를 전체적으로 조정하는 내용을 갖는 유언자의 의사를 고려해 볼 때,[117] 유언자가

116) 郭潤直, 앞의 책(주 7), 231면; 김형석, 앞의 논문(주 16), 1046-1047면 참조.

117) 이계정, "2023년 민법 판례 동향", 서울대학교 *法學*(제65권 제2호), 서울대학교

유언이 무효라면 원고에게만 사인증여를 청약했을지 확실하게 답할 수 없을 것이다. 나아가 대상판결의 사안과 같은 녹음 방식 자체에 대한 입법론적 비판이 있는 만큼 원고에게만 사인증여의 청약을 인정할 수 있을 정도로 유언자의 진의가 충분히 파악된 것인지에 대해 역시 의문이 제기될 수도 있다. 마지막으로 설령 사인증여의 청약으로 인정되더라도 유증자의 유언 완성에 대한 자문 내지 확인만이 존재할 뿐 원고가 이에 대한 승낙의 표시를 하였다고 보이지는 않아 결국 사인증여의 성립은 인정되기 힘들어 보인다. 이에 대상판결의 판단은 결과적으로 타당하다.

물론 대상판결의 경우 유증자와 공동상속인 중 일부와의 관계이다 보니 판결이유처럼 결과적으로 사인증여로의 전환이 힘들 수 있지만, 만약 공동상속인 전원이 유증의 자리에 있었다면 사인증여로 전환하는 것 자체에 큰 문제가 없는 것은 아닌지, 나아가 공동상속인 전원의 동의를 추단할 만한 사정이 존재한다면 굳이 방식 위배의 유증을 사인증여로 전환하는 것 자체를 부정할 이유가 없는 것은 아닌지 의문이 들 수 있다. 이러한 생각의 근저에는 기본적으로 사인증여가 무방식으로 이루어진다는 점이 놓여 있으며, 이에 그러한 전환이 유언자의 진의 내지 경제적 목적의 실현을 위한 것이므로 유언의 방식 잠탈을 어느 정도 정당화할 수 있다고 보게 되는 것이다. 하지만 앞서 살펴본 바와 같이 유언 방식의 규범적 의미를 고려해야 하고 사인증여가 무방식으로 이루어져서는 안 된다는 점에 기초할 때 그러한 의문에 부정적인 답을 할 수밖에 없다. 그러한 공동상속인 전원의 동의를 추단케 하는 사정이 무효인 유증의 전환을 가능하게도 못하고 또 이를 위해 고려될 수도 없더라도, 그 사정의 실재와 그에 기한 실질적 효력은 차후 유증의 무효에 뒤따르는 상속재산분할 협의에서 충분히 확인될 수 있을 것이다.

대상판결은 그 논리의 전개에 있어 방식 흠결로 무효인 유증의 의사표시와 관련하여 이를 사인증여로서 그 효력을 인정함에 신중하여야

법학연구소(2024. 6.), 473-474면 참조.

한다고 판시하였다. 여기에 무효행위의 전환이 가능할 수는 있다는 점이 여전히 전제된 것으로 보이고 또한 사안의 특수성을 고려하여 개별적인 구체적 타당성을 이유로 그와 같은 판시에 도달한 것으로 평가될 수 있지만, 그래도 이는 무효행위 전환에 적극적이었던 기존의 판례와 어느 정도 차별화될 수 있는 부분이며 기존의 법리에 대해 다시 한번 생각해 볼 계기를 제공하는 것이라 할 수 있다. 앞으로 좀 더 적극적으로 위 무효행위의 전환을 차단하는 방향으로, 그리고 민법 제562조에서 유증 규정의 준용 범위와 관련하여서도 사인증여의 요식성을 인정하는 방향으로 나아가야 하지 않을까 생각해 본다. 이러한 방향에서 바라볼 때 비로소 유언법 고유의 사적 자치 내지 유언 방식이 갖는 제도적 의미가 점차 선명해질 것이다.

[Abstract]

Verhältnis zwischen Vermächtnis und Schenkung von Todes wegen

Lee, Seong Bum*

Wie bekannt ist, gibt es unterschiedliche Ansichten hinsichtlich der Frage, ob ein aufgrund eines Formverstoßes nach § 1060 KBGB nichtiges Vermächtnis in ein Angebot zur Schenkung von Todes wegen umgedeutet werden kann. In der Systematik der Rechtsgeschäfte gehört das Vermächtnis zu einer nicht empfangsbedürftigen Willenserklärung als einem einseitigen Rechtsgeschäft, während die Schenkung von Todes wegen einen Vertrag darstellt. Aufgrund dieser formellen und strukturellen Unterschiede stellt sich die Frage, ob eine nicht empfangsbedürftige Willenserklärung in ein Angebot eines Vertrags umgedeutet werden kann. Zudem besteht die Besorgnis, dass der Zweck der Formvorschriften für Testamente durch eine solche Umdeutung unterlaufen werden könnte. Dennoch gibt es viele Ansichten, die der Auffassung sind, dass es nicht problematisch wäre, ein aufgrund eines Formverstoßes nichtiges Vermächtnis in ein Angebot zur Schenkung von Todes wegen umzudeuten, wenn man die mutmaßliche Absicht des Erblassers und die Verwirklichung seines wirtschaftlichen Ziels großzügig beurteilt. Diese Ansicht basiert in der Regel auf der Prämisse, dass Schenkungen von Todes wegen Verträge ohne den Formzwang sind. Angesichts der Tatsache, dass sowohl das Vermächtnis als auch die Schenkung von Todes wegen auf der mortis causa beruhen und funktionell ähnlich sind, ist es jedoch zu prüfen, ob auch die Formvorschriften für Vermächtnisse gemäß § 562 des KBGB auf Schenkungen von Todes wegen

* Assistant Professor, Seoul National University School of Law.

angewendet werden sollten. Letztlich befindet sich diese Problematik im Spannungsfeld zwischen dem Zweck der Formvorschriften für Testamente und der Bedeutung des Testamentsrechts aus der Sicht der Privatautonomie. Die vorliegende Arbeit zielt darauf ab, diese Fragen im Zusammenhang mit einem kürzlich verkündeten Urteil des koreanischen Obersten Gerichtshofs zu untersuchen.

[Key word]

- Form des Testaments
- Vermächtnis
- Schenkung von Todes wegen
- Umdeutung
- Privatautonomie

참고문헌

[국내문헌]

1. 단 행 본

강태성, 『민법총칙(제11판)』, 大明出版社(2021).
高翔龍, 『民法總則(全訂版)』, 法文社(2000).
郭潤直, 『相續法(改訂版)』, 博英社(2004).
김대정, 『계약법』, 박영사(2020).
김상용, 『채권각론(제4판)』, 화산미디어(2021).
김주수/김상용, 『친족상속법(제19판)』, 法文社(2023).
김준호, 『민법강의(제29판)』, 法文社(2023).
박동섭/양경승, 『친족상속법(제5판)』, 박영사(2020).
박동진, 『계약법강의(제3판)』, 法文社(2024).
송덕수, 『채권법각론(제6판)』, 박영사(2023).
______, 『민법총칙(제7판)』, 박영사(2024).
______, 『친족상속법(제7판)』, 박영사(2024).
송오식, 『민법총칙』, 전남대학교출판문화원(2022).
안춘수, 『계약법』, 동방문화사(2018).
양창수, 『민법입문(제9판)』, 박영사(2023).
양창수/김재형, 『계약법(제4판)』, 博英社(2024).
양형우, 『민법의 세계-민법총칙(제15판)』, 정독(2024).
______, 『민법의 세계-채권법(제15판)』, 정독(2024).
윤진수, 『친족상속법(제5판)』, 박영사(2023).
尹喆洪, 『債權各論(全訂3版)』, 法元社(2022).
李英俊, 『韓國民法論[總則編](修訂版)』, 博英社(2004).
조은희, 『친족상속법』, 정독(2023).
池元林, 『民法講義(第21版)』, 弘文社(2024).
현소혜, 『유언의 해석』, 景仁文化社(2010).
주석 민법(제5판)/김종기, 법률행위 총설.
주석 민법(제5판)/박강민, 제1060조.

주석 민법(제5판)/손철우, 제562조.
민법주해[Ⅳ](제2판)/이동진, 第138條.
민법주해[Ⅲ](제2판)/최수정, 法律行爲 전론.
주해상속법(제1권)/玄昭惠, 第1060條.

2. 논　　문

고상현, “사인증여에 관한 논고”, 民事法學(제48호), 韓國民事法學會(2010. 3.).

______, “재단법인설립행위의 개념, 구조, 법적 성질”, 民事法學(제50호), 韓國民事法學會(2010. 9.).

곽민희/정구태, “‘상속법 개정을 위한 전문가 설문조사’를 통해 살펴본 유언제도의 개선방안”, 法學論叢(제27집 제3호), 朝鮮大學校 法學研究院(2020. 12.).

權純漢, “死因贈與와 遺贈의 關係”, 延世法學研究(제4권 ㅓ제1호), 延世法學會(1997. 9.).

權英俊, “등기의 공신력－1957년, 그리고 2011년－”, 법조(통권 제661호), 法曹協會(2011. 10.).

김도훈, “부동산등기의 공신력 인정에 관한 소고”, 法과 政策(第30輯 第1號), 濟州大學校 法과政策研究院(2024. 3.).

김영희, “현행민법상 유언의 방식에 관한 연구”, 家族法研究(第20卷 第2號), 韓國家族法學會(2006. 7.).

金泳希, “자필증서유언에 있어서 날인의 의미와 방식흠결로 무효인 유언의 사인증여로의 전환”, 中央法學(제9집 제4호), 中央法學會(2007. 12.).

金榮喜, “遺言에 관한 形式的 嚴格主義와 遺言者의 眞意”, 『民事判例研究[XXX]』, 博英社(2008).

김재형, “[2023년 분야별 중요판례분석] (4) 민법(채권)”, 법률신문(2024. 4. 25; 최종 확인 2024. 5. 6.; https://www.lawtimes.co.kr/news/197719).

金天秀, “法律行爲의 無效”, 『韓國民法理論의 發展(Ⅰ)』, 博英社(2001).

김형석, “유언의 성립과 효력에 관한 몇 가지 문제”, 『民事判例研究[XXXVIII]』, 博英社(2016).

______, ”사인증여“, 民事法學(제91호), 韓國民事法學會(2020. 6.).

______, “유언방식의 개정방향”, (윤진수 외 공저) 『상속법 개정론』, 박영사(2020).

김화, “약관에 있어서 효력유지적 축소해석-독일법상의 논의를 중심으로”, 民事法學(제82호), 韓國民事法學會(2018. 2.).

신국미, “불성립과 무효개념에 관한 단상”, 民事法學(제43-1호), 韓國民事法學會(2008. 12.).

安炳夏, “일부무효와 무효행위의 전환”, 법조(통권 제722호), 法曹協會(2017. 4.).

양형우, “사인증여에 의한 등기”, 홍익법학(제13권 제1호), 홍익대학교 법학연구소(2012. 2.).

尹眞秀, “法律解釋의 限界와 違憲法律審査-遺言者의 住所가 기재되지 않은 自筆證書遺言을 중심으로-”, 『民法論攷 Ⅶ』, 博英社(2015).

윤태영, “사인증여(死因贈與)의 철회”, 民事法學(제105호), 韓國民事法學會(2023. 12.).

이계정, “2023년 민법 판례 동향”, 서울대학교 法學(제65권 제2호), 서울대학교 법학연구소(2024. 6.).

이상훈, “로마법상 유증의 철회 및 변경-학설휘찬 제34권 제4장을 중심으로-”, 서울대학교 法學(제59권 제1호), 서울대학교 법학연구소(2018. 3.).

이성범, “상속법상 포괄승계원칙과 디지털 유산”, 家族法硏究(第34卷 第3號), 韓國家族法學會(2020. 11.).

임채웅, “유증의 연구”, 홍익법학(제11권 제3호), 홍익대학교 법학연구소(2010. 10.).

정상현, “法律行爲 要件體系의 批判的 分析과 再定立”, 成均館法學(第25卷 第4號), 成均館大學校 法學硏究院(2013. 12.).

최두진, “무효인 유언공정증서의 사인증여로의 전환”, 人權과正義(제364호), 大韓辯護士協會(2006. 12.).

崔秉祚, “死因贈與의 槪念과 法的 性質”, 『民事判例硏究[XXIX]』, 博英社(2007).

현소혜, “유언방식의 개선방향에 관한 연구”, 家族法硏究(第23卷 第2號), 韓國家族法學會(2009. 7.).

Michel Grimaldi, 남효순 역, “유언의 자유”, 저스티스(통권 제147호), 韓國法學院(2015. 4.).

[외국문헌]

Brox, Hans/Walker, Wolf-Dietrich: *Erbrecht,* 29. Aufl., Vahlen, 2021.

Canaris, Claus-Wilhelm: *Systemdenken und Systembegriff in der Jurisprudenz,*

2. Aufl., Duncker & Humblot, 1983.

Dutta, Anatol: *Warum Erbrecht?*, Mohr Siebeck, 2014.

Flume, Werner: *Allgemeiner Teil des Bürgerlichen Rechts*, Bd. 2 (Das Rechtsgeschäft), 3. Aufl., Springer, 1979.

Goebel, Joachim: *Testierfreiheit als Persönlichkeitsrecht,* Duncker & Humblot, 2004.

Gutmann, Thomas: *Freiwilligkeit als Rechtsbegriff,* C.H.Beck, 2001.

Häsemeyer, Ludwig: *Die gesetzliche Form der Rechtsgeschäfte*, Athenäum, 1971.

Hattenhauer, Hans: *Grundbegriffe des Bürgerlichen Rechts*, 2. Aufl., C.H.Beck, 2000.

Heinrich, Christian: *Formale Freiheit und materiale Gerechtigkeit*, Mohr Siebeck, 2000.

Kant, Immanuel: *Die Metaphysik der Sitten* [Wilhelm Weischedel (Hg.), Werkausgabe Bd. Ⅷ], Suhrkamp, 1977.

Kipp, Theodor/Coing, Helmut: *Erbrecht*, 14. Bearb., Mohr Siebeck, 1990.

Kroppenberg, Inge: *Privatautonomie von Todes wegen,* Mohr Siebeck, 2008.

Lange, Knut Werner: *Erbrecht,* 3. Aufl., C.H.Beck, 2022.

Muscheler, Karlheinz: *Erbrecht*, Bd. Ⅰ, Mohr Siebeck, 2010.

Neuner, Jörg: *Allgemeiner Teil des Bürgerlichen Rechts,* 13. Aufl., C.H.Beck, 2023.

Puchta, Georg Friedrich: *Pandekten,* 12. Aufl., Barth, 1877.

Savigny, Friedrich Carl von: *System des heutigen Römischen Rechts,* Bd. 1, Veit, 1840.

Schmidt, Jan Peter: *Itinera hereditatis,* Mohr Siebeck, 2022.

Stephani, Heinrich: *Anmerkungen zu Kants metaphysischen Anfangsgründen der Rechtslehre,* Johann Jakob Palm, 1797.

Ulrich, Jan: *Der Erbvertrag als Problem von Rechtswissenschaft*, Mohr Siebeck, 2017.

MüKoBGB/Busche, 9. Aufl., 2021, § 140.

HKK/Dorn, §§ 139-141.

Soergel/Martens, 14. Aufl., 2023, § 140.

jurisPK-BGB/Nassall, 2. Aufl., 2005, § 140.

BeckOGK/Preuß, BGB § 1922.

Staudinger/Roth, Neubearbeitung 2020, § 140.

Auer, Marietta: "Eigentum, Familie, Erbrecht", *AcP* 2016, 239 ff.

Edenfeld, Stefan: "Lebenslange Bindungen im Erbrecht?", *DNotZ* 2003, 4 ff.

Kroppenberg, Inge: "„Wer lebt, hat Recht"—Lebzeitiges Rechtsdenken als Fremdkörper in der Inhaltskontrolle von Verfügungen von Todes wegen“, *DNotZ* 2006, 86 ff.

Schmidt-Rimpler, Walter: "Grundfragen einer Erneuerung des Vertragsrechts", *AcP* 1941, 130 ff.

Tiedtke, Klaus: "Die Umdeutung eines Vermächtnisses in ein Rechtsgeschäft unter Lebenden", *NJW* 1978, 2572 ff.

Wieacker, Franz: "Zur Theorie der Konversion nichtiger Rechtsgeschäfte", in: Dieter Medicus u. a. (Hg.), F*estschrift für Hermann Lange zum 70. Geburtstag, Kohlhammer,* 1992.

유체의 사후처리에 관한 사망자의 인격적 이익의 법적 존중과 보호*
−대법원 2023. 5. 11. 선고 2018다248626 전원합의체 판결과 대법원 2023. 6. 29. 선고 2021다286000 판결에 관하여−

김 찬 미**

■요　　지■

대상판결(대법원 2023. 6. 29. 선고 2021다286000 판결)은 「장사 등에 관한 법률」 제12조에서 규정하고 있는 지방자치단체장의 무연고 시신 처리에 관한 법령상 의무가 단순히 무연고자의 시신 등을 일정 기간 매장·화장하여 봉안하는 것에만 한정되는 것이 아니라 봉안된 무연고자의 시신을 합리적으로 관리할 의무까지 포함하는 것으로 해석하고, 논증 과정에서 위 법률이 정한 무연고 시신 처리 의무를 국가의 기본권 보호의무 차원에서 설명하면서, 보호되어야 하는 기본권의 내용으로서 망인을 추모하고자 하는 유족의 행복추구권과 함께 "자신의 신체에 대한 권리는 인격권의 핵심으로서 사후에도 최대한 존중되어야 하고, 사후 시체의 처리는 인간으로서의 존엄과 가치에 관한 근본적인 내용을 구성"한다는, 유체(遺體)의 사후처리에 관한 사망자의 인격적 이익을 제시하고 있다.

* 이 글은 2024. 7. 22. 개최된 민사판례연구회 제473회 연구발표회에서 발표한 글을 수정·보완한 것으로서, 사법 제70호(2024년 겨울호)에 게재되었다. 지정토론에서 따뜻한 격려와 유익한 논평을 해 주신 조원경 교수님과 고은설 부장판사님, 그리고 글의 작성과 발표 과정에서 소중한 지혜를 나눠 주신 윤진수 교수님과 이계정 교수님, 이봉민 부장판사님께 깊은 존경과 감사의 말씀을 드린다.

** 서울행정법원 판사.

유체의 사후처리 문제를 사망자의 인격적 이익 측면에서 접근한 최초의 판결은 제사주재자의 결정 방법에 관한 대법원 2008. 11. 20. 선고 2007다27670 전원합의체 판결이다. '피상속인 자신의 유체·유골의 처분방법 등에 관한 의사'와 '피상속인의 유체·유골의 승계권자인 제사주재자의 의사'가 충돌하는 국면에 있어서 다수의견은 피상속인의 유체에 대한 권리의 귀속권자가 누구인지부터 먼저 판단한 다음, 권리능력 있는 귀속주체(승계권자)인 제사주재자에 대한 관계에서 권리능력 없는 피상속인의 의사는 도의적, 즉 비법률적으로 단지 그 권리자가 존중해줄 수 있는 영역에 놓여있다고 본 반면, 일부 반대의견은 인격적 이익과 신체에 대한 자기결정권 행사의 측면에서 유체에 관한 사망자의 의사에 법적 보호를 부여할 필요성을 지적하였다. 이에 대하여 최근 선고된 대법원 2023. 5. 11. 선고 2018다248626 전원합의체 판결은 조리의 변화를 수용하여 피상속인의 유체·유해에 대한 권리의무의 귀속주체가 되는 제사주재자의 결정 방법을 변경하였는데, 2023년 전원합의체 판결의 다수의견과 별개의견 모두 피상속인의 의사를 제사주재자 지위를 판단하는 데 있어 명시적인 고려 요소로 삼았다는 점에서, 유체의 사후처리에 있어 유체의 본래 주체인 사망자의 인격적 이익을 법적으로 존중 내지 보호하는 방향으로의 판례의 경향성 변화를 강하게 시사한다.

비교법적으로도 다수의 법제에서 유체의 사후처리에 있어서 사망자의 의사를 우선적으로 고려하거나 나아가 사망자의 의사에 법적인 구속력을 부여하고 있고, 설령 그것이 유족을 배제하는 의사결정이더라도 사망자의 의사가 우선하도록 정하고 있어 사망자의 생전 의사와 인격적 이익을 우위에 두고 있음이 확인된다. 한편, 유체의 사후처리에 관한 사망자의 인격적 이익을 법적으로 존중 내지 보호하는 근거는 유체의 법적 지위에 관한 논의와 사후인격권(인격적 이익의 사후 보호)에 관한 논의, 그리고 실정법적 체계정합성 측면에서의 논의에서 각각 찾아볼 수 있다. 유체를 둘러싼 법률관계를 다루는 데에 있어서 유체의 본래적 속성인 인격적 요소에 대한 고려가 세밀하게 이루어질 필요가 있다는 점은 이론적으로 지지된다. 그렇다면 유체가 함의하는 인격적 요소에 대한 법적 보호의 내용과 한계가 무엇인지를 탐구하는 과정이 요청되는데, 유체에 관하여 사망자가 갖는 인격적 이익은 사망자 그 자신이었던 신체에 대한 인격권과 자기결정권의 영역에서 이해될 필요가 있고, 이러한 유체의 사후처리 문제에 있어 사망자 고유의 인격적 이익은 유족의 인격적 이익과는 별개의 것으로서, 양자의 이익이 충돌하는 국면에서는 사망자 고유의 인격적 이익을 우위에 두어 해석하는 것이 타당하다. 또한, 무연고 시신의 해부용 시체 제공에 관한 2015년 위헌 결정(헌법재판소 2015. 11. 26. 선고 2012헌마940 결정)과 2016년 「시체 해부 및 보존 등에 관한 법률」의 개정, 무연고 사망자의 생전 의사표시에 따른 장례의식 주관자 지정에 관한 2023년 「장사 등에 관한 법률」 개정 등 최근의 입법 경향도 유체에 대한 사망자의 인격적 이익을 우선적으로 고려하고 있어, 우리 판례의 경향성 변화와 맥을 같이한다.

위와 같은 논의에 기초할 때, 무연고 시신의 처리 의무를 규율하는 장사 법령을 해석하는 데 있어 기본적·우선적으로 고려해야 하는 법률상 이익은 유체에 대한 사망자의 인격적 이익이어야 함을 알 수 있고, 대상판결의 논증 또한 비로소 이해할 수 있다. 2023년 전원합의체 판결이 유체의 사후처리에 관한 사망자의 인격적 이익을 제사주재자 결정이라는 국면에서 피상속인의 의사를 적극적으로 고려하는 방안으로써 그 법적 존중을 실현하였다면, 대상판결은 유체의 사후처리에 관한 사망자의 인격적 이익 그 자체를 인식하고 강조했다는 데에 의의가 있다. 대상판결은 유체에 관한 법률관계에 있어 전원합의체 판결이 제시하고 있는 관점 변화의 연장선상에서 이해되어야 하고, 사망자의 인격적 이익 보호를 적극적으로 고려하는 해석을 제시하였다는 점에서 타당하다.

[주 제 어]

- 유체의 사후처리
- 사망자의 인격적 이익
- 사망자의 인격권(사자의 인격권)
- 제사주재자
- 자기결정권
- 무연고 시신
- 장사 등에 관한 법률

대상판결 : 대법원 2023. 6. 29. 선고 2021다286000 판결

[사안의 개요]

1. 기초 사실 및 원고의 청구원인

원고의 형인 망인은 피고(양주시) 관할구역 내 보호시설에서 생활하던 정신지체자로서, 2011. 12. 22. 급성심장사로 사망하였다. 양주경찰서는 2011. 12. 27. 원고에게 망인의 사망을 통보하였으나 원고가 불응하는 등 망인의 시신에 대한 연고권을 실질적으로 행사하려는 자가 없자 2012. 2. 20. 피고에게 그 처리를 의뢰하였다. 이에 피고는 「장사 등에 관한 법률」(이하 '장사법'이라 한다) 등에 따라 2012. 3. 9. 망인을 무연고자로 처리하여 장례를 치른 후, 피고가 설치·관리하는 공설묘지인 삼상리공동묘지(이하 '이 사건 공설묘지'라 한다)에 망인의 분묘(이하 '이 사건 분묘'라 한다)를 설치하여 매장하였다.

원고는 2017. 7.경 망인의 시신을 이장하려 하였으나 이 사건 분묘의 정확한 위치를 찾지 못하여 피고에 민원을 제기하였다. 피고가 2017. 9.경 이 사건 분묘로 추정되는 장소를 발견하고 원고에게 통지하였으나 원고의 DNA 검사 요청 등으로 유골의 인수절차가 이루어지지 못하고 있던 중, 원고와 피고 소속 공무원이 2018. 10. 1. 이 사건 분묘로 추정되는 장소를 함께 방문하였으나 해당 분묘가 훼손되고 표지판이 멸실된 상태였음을 확인하였다(한편, 원고는 이 사건 소를 제기한 이후인 2020. 8. 21. 피고 소속 공무원이 입회한 상태에서 이 사건 분묘로 추정되는 분묘를 개장하기까지 하였으나 아무런 유골도 발견하지 못하였다).

이에 따라 원고는, 피고가 이 사건 공설묘지를 설치·관리함에 있어 관리인을 배치하거나 CCTV를 설치하는 등으로 관리하여 분묘의 훼손이나 유골의 분실을 방지할 의무가 있음에도 이를 게을리하여 이 사건 분묘가 훼손되고 봉분 내 유골이 없어져 찾을 수 없게 되었고, 이는 망인의 형제인 원고에 대하여 불법행위를 구성하므로 피고는 원고에게 정신적 손해를 배상할 의무가 있음을 청구원인으로 하여 이 사건 소를 제기하였다.

2. 제1심 및 원심의 판단

제1심은 다음과 같은 사정, 즉 관련 조례의 내용과 이 사건 공설묘지의 성격, 피고가 사용자로부터 받는 공설묘지 사용료나 관리비의 정도 등을 고려하면, 피고가 이 사건 공설묘지에 관리인을 배치하는 등의 조치를 통해 분묘의 훼손이나 유골의 분실을 방지할 법률상 주의의무가 있다고 보기 어렵고, 또한 원고가 제출한 증거만으로는 피고의 주의의무 위반 사실을 인정하기도 부족하다고 보아 원고의 청구를 기각하였다. 원심 또한 제1심과 대체로 같은 취지에서 원고의 항소를 기각하였다.

(1) 장사법 제23조 제1항에 근거한 「양주시 장사시설의 설치 및 운영 조례」(이하 '양주시 조례'라 한다)에 따르면 양주시는 공설묘지를 공동묘지와 공설공원묘지로 구분하고 있는데, 그중 공동묘지는 자연발생적으로 무질서하게 사용하고 있는 집단묘지로서 양주시에서 관리하는 묘지에 해당하는바, 이 사건 공설묘지는 공동묘지에 해당한다.

(2) 이 사건 공설묘지의 사용료와 관리비는 15년의 사용기간 동안 1기당 사용료가 26,000원, 관리비가 9,000원으로 매우 저렴하다.

(3) 피고는 이 사건 공설묘지에 별도의 관리사무소나 관리인을 두지 아니하였고, 양주시 조례가 정하는 바에 따라 사용을 원하는 사람이 피고에게 소정 양식에 따라 사용신고를 하면, 적정 여부 등을 검토한 후 사용료와 관리비가 납부되면 사용증명서를 발급하며, 이에 따라 사용증명서를 발급받은 사람이 이 사건 공설묘지에 분묘를 설치하고 관리하는 방식으로 운영하고 있다.

3. 대상판결의 요지: 파기환송

(前略) 헌법은 제10조 전문에서 "모든 국민은 인간으로서의 존엄과 가치를 가지며, 행복을 추구할 권리를 가진다."라고 하여 모든 기본권의 종국적 목적이자 기본이념이라 할 수 있는 인간의 존엄과 가치를 규정하였다. 이러한 존엄에는 삶에 대해서뿐만 아니라 죽음에 대한 존엄성도 포함된다. 자신의 신체에 대한 권리는 인격권의 핵심으로 당사자가 살아있는 동안은 물론 그 사후에도 최대한 존중되어야 하며, 사후 시체의 처리는 인간으로서의 존엄과 가치에 관한 근본적인 내용을 구성하는 까닭이다. 나아가 유족은 일정 기간 내에 매장·화장·봉안된 가족 또는 친지의 묘지에서 망인에게 경배와 추모 등 적절한 예우를 취하거나 시체·유골 등을 인수하여 분묘 등을 가꾸고 봉제사를 하고자 하는 권리를 보유하고, 이는 헌법 제10조의 행복추구권에 의하여 보장된다. 이러한 기본권이 실질적으로 보장되기 위해서는 국

가권력으로부터 개인의 자유영역을 보호하는 것이 필요할 뿐 아니라 기본권 행사의 실질적인 조건을 형성하고 유지하는 국가의 적극적인 활동을 필요로 한다.

위 법리와 관련 법령의 입법 취지·목적에다가 무연고 시체 등의 처리 방법·절차 및 그 내용을 종합하여 보면, 시장 등에게 무연고 시체 등에 관한 처리 의무를 명문의 법령으로 상세히 규정·부과한 것은 단순히 구 장사법 제1조에서 정한 바와 같이 보건위생상 위해를 방지하고 국토의 효율적 이용과 공공복리 증진에 이바지하는 것에 그치는 것이 아니라, 사망한 무연고자의 인간으로서의 최소한의 존엄성을 보장함과 동시에 혹시라도 나중에 확인되거나 연고권을 주장하는 연고자가 일정 기간 내에서 매장·화장·봉안된 무연고자의 묘지 등에서 경배와 추모 등 적절한 예우를 취하거나 시체·유골 등을 인수할 수 있는 기회를 실질적으로 보장하기 위하여, 무연고자의 사망에 따른 후속적인 조치가 법령이 정한 지방자치단체장 내지 그 지역사회의 구성원들이 공동으로 부담하는 의무에 해당함을 전제로 하여 구체적인 법률상 의무의 부담 주체를 '시장 등'으로 정한 것으로 볼 수 있다.

따라서 구 장사법(2015. 1. 28. 법률 제13108호로 개정되기 전의 것, 이하 같다) 제12조 제1항에서 정한 법령상 의무는 시장 등으로 하여금 무연고자의 시체 등을 일정 기간 동안 매장·화장하여 봉안하는 것에만 한정된다고 볼 수는 없고, 연고자가 구 장사법 시행령(2015. 7. 20. 대통령령 제26418호로 개정되기 전의 것, 이하 같다) 제9조에서 정한 절차에 따라 일정 기간 동안 구 장사법 시행규칙(2015. 7. 20. 보건복지부령 제334호로 개정되기 전의 것) 제4조의 공고 등을 통하여 사망한 무연고자의 소재를 확인한 후 매장·화장·봉안된 시체·유골 등을 인수하여 적절한 예우를 할 수 있도록 봉안된 무연고자의 시체를 합리적으로 관리할 의무까지 당연히 포함한다고 봄이 타당하다.

(中略) 앞서 본 관련 법리에 위 인정사실을 더하여 보면, 피고는 구 장사법 제12조 제1항 및 구 장사법 시행령 제9조에 따라 무연고자로 처리된 망인의 시체에 대하여 10년 동안 매장·화장하여 봉안할 의무를 부담하고, 나아가 그 기간 동안 원고 등 망인의 연고자가 봉안된 망인의 시체·유골 등을 인수할 수 있도록 이 사건 분묘가 훼손되거나 망인의 유골이 분실되는 것을 방지하면서 이를 합리적으로 관리할 의무를 부담한다고 봄이 타당하다.

그럼에도 원심은 피고가 이 사건 분묘가 훼손되거나 망인의 유골이 분실되는 것을 방지할 법률상 주의의무가 없다고 보아, 이러한 주의의무를 전제로 한 원고의 청구를 배척하였는바, 이러한 원심의 판단에는 무연고 시체 등의 처리 의무에 관한 법리를 오해함으로써 판결에 영향을 미친 잘못이 있다.

〔研 究〕

Ⅰ. 문제의식

대상판결은 장사법 제12조에서 규정하고 있는 특별자치시장 · 특별자치도지사 · 시장 · 군수 · 구청장(이하 '시장 등'이라 한다)의 무연고 시신[1) 등을 처리할 법령상 의무가 단순히 무연고자의 시신 등을 일정 기간 매장 · 화장하여 봉안하는 것에만 한정되는 것이 아니라 봉안된 무연고자의 시신을 합리적으로 관리할 의무까지 포함하는 것으로 해석하면서, 그 논증 과정에서 장사법상 시장 등의 무연고 시신 처리 의무를 국가의 기본권 보호의무 차원에서 설명하고, 그 보장되어야 하는 기본권의 내용으로서 자신의 신체에 대한 권리는 사후에도 최대한 존중되어야 한다는 사망자의 인격권과, 망인을 추모하고자 하는 유족의 행복추구권을 병렬적으로 제시하였다.

판례는 공무원에게 직무상 의무가 인정되더라도 관련 법령의 해석상 사익보호성이 인정되지 아니하면 그 의무 위반으로 인해 국민에게 손해가 발생하였더라도 국가 또는 지방자치단체에게 배상책임을 인정하지 않는다(대법원 2001. 10. 23. 선고 99다36280 판결 등 참조). 무연고 시신의 처리에 관한 장사법령상의 의무 위반에 따른 손해배상책임을 인정하기 위해서는, 무연고 시신 처리와 관련하여 장사법령에서 정한 직무상 의무에 사익보호성이 인정되는지에 대하여 근거 법령 전체의 취지와 목적, 개별 규정의 구체적 목적과 내용, 직무의 성질 등 제반 사정에 대한 개별적 ·

1) 보건복지부 지침인 『장사(葬事)업무 안내』에 따르면 장사법 제12조에서 규정하는 ① 연고자가 없는 시신과 ② 연고자를 알 수 없는 시신이 무연고 시신에 해당되는 외에도 ③ 연고자가 있으나 시신 인수를 거부 · 기피한 시신도 무연고 시신에 준하여 실무상 처리하도록 안내하고 있다. 대상판결 사안은 당초 원고에게 망인 사망을 통보하였음에도 원고가 불응한 경우로서 ③에 해당한다.

구체적 고려에 기초한 논증이 필요하다(대법원 2000. 6. 9. 선고 98다55949 판결, 대법원 2015. 5. 28. 선고 2013다41431 판결 등 참조). 그런데 대상판결은 여기서 오히려 상위규범인 국가의 헌법상 기본권 보호의무를 전면에 제시하고 있다는 점에서, 대상판결이 지적하는 직무상 의무의 근거가 되는 장사법령의 사익보호성에 대한 논증이 충분한지 다소 의구심이 들 수 있다.

그러나 대상판결에서 보호의 대상이 되어야 하는 기본권의 내용으로서 "자신의 신체에 대한 권리는 인격권의 핵심으로 당사자가 살아있는 동안은 물론 그 사후에도 최대한 존중되어야 하고, 사후 시체[2)]의 처리는 인간으로서의 존엄과 가치에 관한 근본적인 내용을 구성"한다는 점을 들며 유체의 사후처리에 관한 권리를 사망자의 인격권의 측면에서 다루고자 한 것은 그간 판례에서 발견하지 못하였던 흐름이라는 점에 본고는 주목하고자 한다. 주지하다시피, 유체의 사후처리에 관한 사망자(피상속인)의 의사가 전면적으로 다루어진 최초의 판결은 대법원 2008. 11. 20. 선고 2007다27670 전원합의체 판결(이하 '2008년 전원합의체 판결'이라 한다)이다. 그리고 최근 선고된 대법원 2023. 5. 11. 선고 2018다248626 전원합의체 판결(이하 '2023년 전원합의체 판결'이라 한다)은 조리의 변화를 수용하여 피상속인의 유체·유해에 대한 권리의무의 귀속주체가 되는 제사주재자의 결정 방법을 변경하였는데, 2008년 전원합의체 판결에서 다수의견과 반대의견 사이에 견해 대립이 있었던 '피상속인의 의사'에 관하여서도 2023년 전원합의체 판결이 변화된 시각을 보여주고 있음에 주목할 필요가 있다.

따라서 이하에서는 먼저 유체의 사후처리에 있어서 피상속인 자신의 의사를 2008년 전원합의체 판결과 2023년 전원합의체 판결에서 어떻게 다루고 있는지 비교·분석하여, 유체의 사후처리에 관한 피상속인의 인격

---

2) 종래 구 장사법(2015. 1. 28. 법률 제13108호로 개정되기 전의 것)에서는 '시체'라는 용어를 사용하였으나, 2015. 1. 28. 법률 제13108호로 개정된 장사법에서는 용어순화 차원에서 '시체'를 '시신'으로 변경하였다.

적 이익으로서의 의사에 관한 판례의 변화를 탐구하고자 한다. 그리고 이와 같은 판례의 변화를 지지하는 근거로서 이론적 논의와 실정법적 논의를 검토한 다음, 앞선 논의에 기초하여 대상판결을 다시 살펴봄으로써, 대상판결의 논증에 함축된 내용을 도출하고 시사점을 살펴보고자 한다.

Ⅱ. 판례의 변화 분석: '피상속인의 의사'에 관한 2008년 전원합의체 판결과 2023년 전원합의체 판결의 비교

1. 검토의 방향

2008년 전원합의체 판결은 민법 제1008조의3에서 정하고 있는 '제사를 주재하는 자'와 관련하여 상속인들 사이의 협의와 무관하게 적장자를 우선시하던 종래 관습의 위헌성을 포착함으로써, 이것이 개인의 존엄과 양성의 평등을 기초로 한 변화된 가족제도에 원칙적으로 부합하지 않게 되었으므로 더 이상 관습 내지 관습법으로서의 효력을 유지할 수 없다고 선언하고 조리에 의해 새로운 제사주재자 결정 방법을 모색하였다는 데에 가장 큰 의의가 있다. 그런데 제사주재자의 결정 방법이라는 위 쟁점은 '피상속인의 유체[3]가 공동상속인들 중 누구에게 귀속되는가'를 정하는 맥락에서 등장한 논의라는 점에서, 2008년 전원합의체 판결은 선조(先祖)의 유체뿐만 아니라 '피상속인 자신의 유체'를 법적으로 어떻게 다룰 것인가에 관하여 새롭고도 중요한 관점을 다양하게 제시하였다는 데에도 중요한 의미가 있다. 선조가 아닌 피상속인 자신의 유체의 사후처리에 관한 한, 다름 아닌 그 피상속인의 의사가 고려 요소로서 전면에 등장할 여지가 생기기 때문에, 경우에 따라서는 유체의 승계권자인 (살아있는) 제사주재자와 유체의 본래 주인인 (죽은) 피상속인 사이에 이익 충돌이 발생할 수도 있다. 이후 2023년 전원합의체 판결은 2008년 전원합의체 판

3) 유체(遺體)는 '시체를 달리 이르는 말'이고, 유해(遺骸)와 유골(遺骨)은 '주검을 태우고 남은 뼈. 또는 무덤 속에서 나온 뼈'를 의미한다. 이하에서는 개별 법률에서 달리 지칭하지 않는 한 '죽은 사람의 몸'을 포괄하는 취지에서 '유체'로 논하기로 한다.

결이 제시한 제사주재자 결정 방법에 관한 법리를 변경하면서 유체에 관한 피상속인의 의사에 대한 고려 측면에서도 입장 변화를 시사하였다는 점에서, 2023년 전원합의체 판결을 이해하기 위한 전제로서 2008년 전원합의체 판결에서 제시된 여러 견해들도 함께 살펴볼 필요가 있다. 이하에서는 '피상속인 자신의 유체'가 함의하는 피상속인의 인격적 이익으로서의 의사를 어떻게 다루고 있는지의 관점에서 2008년 전원합의체 판결과 2023년 전원합의체 판결을 먼저 비교 분석하고자 한다.

2. 2008년 전원합의체 판결에서 보여준 '피상속인의 의사'에 대한 관점

(1) 다수의견의 관점: 유체의 승계권자인 제사주재자의 권리를 중심으로 이해하는 입장

(가) [요약] 2008년 전원합의체 판결의 다수의견은 피상속인 자신의 유체도 민법 제1008조의3 소정의 제사용 재산에 준하여 제사주재자가 그 '승계권자',[4] 즉 적법한 권리자가 된다는 전제하에, 유체의 사후처리에 관한 피상속인의 생전 의사는 법정 유언사항에 해당한다거나 달리 법률적 구속력을 인정할 근거가 없으므로, 결국 피상속인의 의사는 유체에 대한 적법한 권리자인 제사주재자의 권리 행사에 대하여 제한을 이룰 수 없다고 본다.

(나) [권리능력의 존속기간 강조] 다수의견은 유체의 적법한 승계권자인 제사주재자의 '권리'를 중시하는 입장임과 동시에, 권리능력의 존속기간을 확고히 새기는 입장이다. 망인은 이미 죽은 사람, 즉 권리능력이 이미 확정적으로 소멸된 피상속인일 뿐인 반면, 유체가 누구에게 귀속되는지, 누가 어떠한 권리와 의무를 갖는지는 권리능력이 있는 '산 사람들' 사이의 논의이기 때문이다. 비록 피상속인이 자신의 신체에 대한 자기결정

4) 유체의 승계권자의 의미는 유체의 '소유권자'와 크게 다르지 않아 보인다. 2008년 전원합의체 판결의 판례해설인 송경근, "제사주재자의 결정방법과 망인 자신의 유체·유골에 관한 처분행위의 효력 및 사자의 인격권", 대법원판례해설 제77호(2009), 661-667면 참조.

권의 행사로써 유체의 처분방법 또는 매장장소 지정 등에 관한 의사를 생전에 표시하였더라도, 피상속인은 사망과 동시에 권리능력이 확정적으로 소멸할 뿐이다.

(다) **[유체라는 객체에 대한 제사주재자의 권리 강조]** 권리능력의 유무에 기초한 다수의견의 관점에서 보면, 권리능력 있는 제사주재자의 적법한 권리 행사에 대하여, 권리능력이 없는 망인의 의사가 일정한 제한을 가할 수 있느냐의 문제로 환원된다. 그런데 유체의 사후처리에 관한 망인의 의사는 법정 유언사항으로 되어 있지 않고 법률적 구속력을 인정할 다른 실정법적 근거도 마련되어 있지 않다. 그럼에도 인격권이라는, 기본권에서 유래한 포괄적인 권리 자체를 직접적인 근거로 하여, 권리능력 없는 망인의 의사에 일정한 법적 효력을 부여함으로써 권리능력이 있는 제사주재자의 권리에 제한을 둔다는 것은 다수의견 입장에서는 충분한 법적 근거가 되지 못한다. 이러한 맥락에서 다수의견은 망인의 의사는 법적인 의미를 발견하기 어려운 '유지 내지 유훈'에 불과하여 제사주재자가 이를 지켜야 할 '도의적인 의무'가 있을 뿐이라고 본다.[5)]

(라) **[제사주재자의 지위를 유지할 수 없는 특별한 사정으로 고려]** 다만, 제사주재자라고 하여도 '합리적인 이유 없이 부모의 유지 내지 유훈에 현저히 반하는 행위' 등으로 인하여 정상적으로 제사를 주재할 의사나 능력이 없다고 인정되는 경우에는 제사주재자의 지위를 '유지'할 수 없는 특별한 사정이 일종의 '결격사유'[6)]로서 인정되므로, 다수의견의 관점에서도 위 특별한 사정을 규범적으로 판단하는 범위 내에서는 피상속인의 의사가 제한적으로 고려될 수 있다.

---

5) 다수의견에 대한 대법관 이홍훈, 대법관 김능환의 보충의견에서는 망인의 의사에 따라 망인의 유체·유골의 매장 등이 이루어진 경우에도 제사주재자의 의사에 반하여 또는 제사주재자를 배제한 채 "불법적으로" 이루어진 경우에까지 제사주재자가 그 유체·유골의 인도를 구할 수 없다고 해석할 수는 없다고 부연하고 있다.

6) 송경근(주 4), 659면에 따르면, 일정한 사유가 있는 경우 피상속인이 될 자가 상속인이 될 자를 상속인에서 배제시켜 줄 것을 법원에 청구할 수 있는 일본 민법 제892조의 상속인 폐제 사유를 주로 참고한 것으로 보인다.

(2) 대법관 안대희, 대법관 양창수의 반대의견(이하 '반대의견 1'이라 한다)의 관점: 유체의 본래 그 자신인 망인의 의사를 유체의 사후처리에 관한 일차적 기준으로 이해하는 입장

(가) [요약] 반대의견 1은 민법 제1008조의3이 더이상 유체의 귀속자를 정하는 일반적 기준이 될 수 없고 유체의 귀속은 분묘의 귀속과 분리하여 처리되어야 한다는 전제에서, 유체의 처리·귀속에 관하여는 "장례 기타 유체의 사후처리에 관한 망인의 종국적인 의사가 일차적인 기준이 된다"고 본다.

(나) [망인의 의사 부각] 반대의견 1은 망인이 피상속인으로서가 아니라 그 자신으로서 전면에 등장한다는 점에서 다수의견이나 다른 반대의견들과는 논의의 전제와 논증 방식을 전혀 달리한다. 권리능력 유무의 관점에서는 권리능력이 있는 사람들 사이에서 '누가 적법한 권리자인가'를 가려내면 된다. 그러나 반대의견 1은 유체의 귀속과 분묘의 귀속을 분리하여 처리하여야 한다는 전제에서, 유체의 귀속에 있어 망인의 의사에 대한 사후적 인격 보호와 유족의 추모·경애라는 인격적 이익 사이의 충돌 문제로 쟁점 구조를 재편한다. 그리고 유체의 사후처리에 관한 망인의 의사를 일차적 기준으로 봄으로써, 망인의 유체의 귀속을 둘러싼 분쟁 해결의 실마리를 '망인의 의사'라는 완전히 다른 관점에서 접근한다. 이는 '유체(遺體)'라는 것은 공동상속인들에 대한 관계에서 '피상속인'의 지위에 들어선 자가 남긴[遺] 유체물이기 이전에 '망인 자신'의 신체[體]였던 것임을 강조하는 관점이라고도 볼 수 있다.[7]

(다) [망인이 유체에 대하여 갖는 인격적 이익과 그에 따른 사후적 인격보호] 반대의견 1은 사람이 자신의 '신체'에 대하여 가지는 권리(이것은 소유권의 개념보다는 인격권의 개념과 더 친하다)는 그의 본질적 속성이자 인격권적 성질의 것임에 집중하여, 사자의 인격권에 대한 일반적 논의로 나아갈 필요 없이 적어도 망인 자신의 '유체'의 사후처리에 관한 한 사후

7) 반대의견 1에서는 '피상속인'이라는 표현 대신 '망인'이라는 표현만 등장한다.

적 인격보호의 내용으로서 법적 효력을 가진다는 점을 강조한다. 즉, 사람의 신체는 그의 본질적 속성이고, 달리 표현하면 “신체는 가장 뚜렷한 ‘내 것’으로서, 내가 소유하는 어떠한 물건보다도 더욱 현저하게 나에게 속하며 나의 의사에 의하여 지배”되는 것이므로, 장례 · 장기기증 · 분묘개설 기타 자신의 유체에 대한 사후처리에 관한 한, 망인의 의사는 사후적 인격보호의 한 내용으로서 법적인 효력을 가진다는 것이다. 따라서 망인이 자신의 유체를 사후처리하는 것에 관하여 생전에 종국적인 의사를 명확하게 표명한 경우에는 그 의사는 법적으로도 존중되어야 하고, 그 범위에서 일정한 법적 효력을 가진다고 본다. 또한 이처럼 법적 근거를 사후적 인격보호에 두는 이상, 유체에 대한 망인의 의사가 법정의 유언사항인지 아닌지 여부에 따라 법적 효력이 달라지지 않는다.[8)]

(라) [이미 망인의 의사대로 처리된 경우 소유권에 대한 제한 긍정] 반대의견 1은 설령 유체의 처리에 관한 망인의 종국적인 의사에 법적 효력을 인정할 수 없다고 하더라도, 적어도 이미 망인의 의사대로 사후처리된 경우라면 이는 유체의 소유권에 대한 제한을 이룬다는 법리도 나아가 제시한다. 여기서 반대의견 1은 유체에 대한 소유권 자체가 통상의 물건 소유권과 달리 ‘잔존한 인격체’라는 유체의 특수한 성질에 따른 일정한 권능 및 의무를 내용으로 한다는 점을 주된 근거로 든다. 설령 다수의견대로 유체의 사후처리에 관한 망인의 의사 존중이 도의적 의무에 불과하다고 할지라도, 이미 그 의사대로 사후처리된 유체에 대해서까지 그에 반하는 권리 주장을 하는 것은 권리남용[9)]에 해당되어 그 권리 행사

---

8) 원칙적으로 사망자가 생전에 자신의 사체의 장례절차나 매장방법에 대해 종국적인 의사를 표명했다면 그에 구속력을 부여하는 해석이 타당하고, 다만 유언이 아닌 사후인격권에 근거를 두는 이상 이익형량에 따라 인격보호의 사정범위가 결정되어야 한다는 설명으로 김형석, “유언의 성립과 효력에 관한 몇 가지 문제”, 민사판례연구 제38권, 박영사(2016), 1025면.

9) 설령 다수의견과 같이 공동상속인들 사이의 협의가 이루어지지 않는 때에는 장남이 제사주재자가 된다고 보더라도, 피상속인의 의사에 따라 이미 매장이 이루어졌다면, 제사주재자라고 하여 유체를 자신에게 인도할 것을 청구하는 것은 권리남용으로서 허용될 수 없다고 보아야 한다는 견해로 윤진수, “이용훈 대법원의 민법 판례”, 민법논고 Ⅶ, 박영사(2015)(최초 발표: 2011), 569면.

가 제한된다는 취지라고 이해할 수 있다.

(3) 절충적 입장

대법관 박시환, 대법관 전수안의 반대의견(이하 '반대의견 2'라 한다)과 대법관 김영란, 대법관 김지형의 반대의견(이하 '반대의견 3'이라 한다)은 유체의 귀속권자는 제사주재자라는 전제를 유지하면서, 피상속인의 의사도 아울러 고려한다는 점에서 절충적 입장으로 정리할 수 있다.

(가) 반대의견 2의 관점: 망인의 신체에 대한 생전 자기결정권의 행사를 제사주재자의 권리에 내재하는 한계로서 이해하는 입장

반대의견 2는 피상속인의 유체는 제사용 재산인 분묘와 함께 제사주재자가 이를 승계한다고 본 다수의견에는 찬성하면서, 다만 제사주재자가 정당한 사유 없이 피상속인의 의사에 반하여 유체 등을 처분하거나 매장장소를 변경하는 것까지 허용된다고 볼 수는 없다는 입장이다. 다수의견과 마찬가지로 사람이 사망한 후에는 권리의무의 주체가 될 수 없다는 점을 고려하면서도, 사후 유체처리에 관한 의사는 망인의 생전 의사표시라는 측면에서 법적 구속력의 근거를 찾는다.

특히 반대의견 2는 **"자신의 신체에 대한 권리는 인격권의 핵심이고 신체에 대한 자기결정권은 당사자가 살아있는 동안에는 물론 그 사후에도 최대한 존중되어야 한다"**[10]고 판시하여, 유체 처리에 관한 의사는 피상속인이 생전 의사표시로 남긴 '신체에 대한 자기결정권 행사'라는 측면을 강조한다. 또한, 유체에 대하여 제사주재자에게 권리를 귀속시킨 취지가 망인에 대한 경애·추모에 있다는 점을 고려하여, 유체에 관하여 남긴 피상속인의 생전 의사는 제사주재자의 권리 내지 권한 자체에 내재하는 한계라는 점을 지적한다.

(나) 반대의견 3의 관점: 피상속인의 의사를 법원이 제사주재자를 결정하는 데 병렬적으로 고려하는 요소 중 하나로 이해하는 입장

반대의견 3은 유체의 적법한 승계권자인 제사주재자에 관하여 공동

10) 위 판시는 대상판결에서 그대로 인용되었다.

상속인들 간 협의가 성립되지 않았을 때 법원이 제반 사정을 종합하여 후견적 지위에서 공동상속인들 중 가장 적합한 제사주재자가 누구인지를 구체적·개별적으로 판단한다는 입장이다. 반대의견 3은 법원이 조리에 비추어 제사용 재산을 승계받아 제사를 주재하기에 가장 적합한 공동상속인이 누구인지를 판단하는 데 있어 고려해야 할 요소로서, 생전 가족관계, 생활양태, 종교, 생존 배우자의 부양관계, 협의가 이루어지지 아니한 경위 등의 '객관적 요소'와 더불어, 피상속인의 생전 의사 혹은 유지, 생존 배우자 및 공동상속인들의 의사 등의 '주관적 요소'를 제시하고 있다. 따라서 반대의견 3에 따르면 피상속인의 생전 의사도 법원이 제사주재자를 결정하는 데 있어 고려 요소 중 하나로 삼을 수 있게 된다.

다만 반대의견 3은 객관적 요소와 주관적 요소들을 "동일한 평면에서 병렬적·포괄적·종합적으로 고려"하라는 것이어서, 이 견해에 따르면 법원이 제사주재자를 판단하는 데 있어 '피상속인의 생전 의사'가 다른 객관적 요소들이나 주관적 요소 중에서도 생존 배우자 및 공동상속인들의 의사 등에 견주어 특별히 우선적으로 고려되는 요소라고 볼 수는 없다.[11)]

3. 2023년 전원합의체 판결에서 제시하는 '피상속인의 의사' 고려

(1) 다수의견과 별개의견의 공통 전제: 유체의 귀속주체로서의 제사주재자

2023년 전원합의체 판결의 다수의견과 별개의견은 공통적으로 망인의 유체·유해를 민법 제1008조의3에서 정하는 제사용 재산에 준해서 볼 수 있으므로[12)] 망인의 유체·유해에 대한 권리의무의 귀속 주체는 제사주재자임을 전제로 한다. 이는 앞서 본 2008년 전원합의체 판결에

11) 다만 윤진수(주 9), 569면에서는 법원이 여러 가지 사정을 종합하여 제사주재자가 누가 될 것인지를 결정하는 것이 타당하다고 보고, 이와 같이 본다면 유체의 처리에 관한 피상속인의 의사는 법원이 결정함에 있어서 가장 중요하게 고려하여야 할 사항이라고 지적한다.

12) 별개의견은 보다 직접적으로 "망인의 유체·유해에 대한 권리의무의 귀속에는 제사용 재산의 승계에 관한 민법 제1008조의3이 적용된다."라고 판시하였다.

서 유체의 귀속 주체를 제사주재자로 볼 것인지에 관하여 다수의견, 반대의견 2, 3과 반대의견 1 사이에 견해 대립이 있었던 것과는 차이가 있다.[13)]

(2) 다수의견의 관점 분석

(가) 2008년 전원합의체 판결 다수의견과의 구조적 공통점

다수의견은 공동상속인들 사이에 협의가 이루어지지 않는 경우에는 제사주재자의 지위를 인정할 수 없는 특별한 사정이 있지 않는 한 피상속인의 직계비속 중 남녀, 적서를 불문하고 최근친의 연장자가 제사주재자로 우선한다고 보는 것이 가장 조리에 부합한다고 보고, 그 근거로 법적 안정성과 판례의 규범력 확보를 위해서는 불가피하게 기존의 판례를 바꾸는 경우에도 그 범위를 되도록 제한적으로 하여야 한다는 점, 민법 제1008조의3의 취지를 고려하면 특정한 1인을 제사주재자로 정해야 할 필요가 있다는 점, 그 기준으로 근친관계와 연령을 고려하는 것이 자연스럽고 최소한의 객관적인 기준으로 삼을 수 있다는 점을 들었다.

이처럼 다수의견은 2008년 전원합의체 판결의 다수의견과 마찬가지로, 제사주재자를 정하는 데 있어 공동상속인들 사이의 협의에 우선적인 효력을 부여하고, 협의가 이루어지지 않는 경우 예측 가능하면서도 사회통념상 제사주재자로서 정당하다고 인정되는 특정한 1인을 제사주재자로 정해야 한다고 하면서 객관적, 일률적 기준에 따라 특정인을 우선하는 결정방법을 채택하되, 다만 조리에 의해 제사주재자를 결정하는 방법을 달리하였다. 따라서 협의가 이루어지지 않을 경우 특별한 사정이 없는 한 피상속인의 직계비속 중 최근친의 연장자가 제사주재자로 우선하게 된다는 점에서, 기존의 '장남 · 장손 우선'이 '최근친의 연장자 우선'으로 대체된 것 외에는 2008년 전원합의체 판결과 구조적으로 크게 다르지 않다.

13) 유체 · 유해를 제사용 재산과 구별하여 볼 것인지 여부에 관한 견해 대립과 각각의 논거는 박동규, "민법 제1008조의3에서 정하는 제사주재자의 결정방법", 사법 제65호(2023), 779-784면에 상세히 소개되어 있다.

(나) 피상속인의 의사 고려 측면에서 2008년 전원합의체 판결 다수의견과의 차이점

1) 제사주재자의 지위를 인정할 수 없는 특별한 사정에서의 고려

객관적 기준 제시에 따른 구체적 타당성의 흠결 우려를 '제사주재자 지위를 인정할 수 없는 특별한 사정'에 대한 규범적 판단으로 보완하고자 한다는 점에서도 2023년 전원합의체 판결과 2008년 전원합의체 판결의 다수의견은 구조가 같다. 그러나 2008년 전원합의체 판결에서는 이미 부여된 제사주재자 지위에 대한 박탈의 관점에서 '제사주재자 측 사정'으로 인해 정상적으로 제사를 주재할 의사나 능력이 없다고 인정될 만한 경우를 제사주재자의 지위를 '유지'할 수 없는 특별한 사정으로 열거하고 있어 피상속인의 의사는 사실상 고려될 여지가 희박하다. 이와 달리 2023년 전원합의체 판결의 다수의견은 2008년 전원합의체 판결에서 들고 있는 제사주재자의 의사나 능력에 관한 사정들[14] 외에도, 피상속인의 명시적·추정적 의사와 공동상속인들 다수의 의사, 피상속인과의 생전 생활관계 등을 고려할 때 그 사람이 제사주재자가 되는 것이 현저히 부당하다고 볼 수 있는 경우도 포함된다고 판시하여, 종래에 비하여 특별한 사정의 인정 범위를 넓혀 법원이 개별 사안에서 구체적 타당성을 확보할 여지를 더 가질 수 있게 되었다.[15]

이는 2008년 전원합의체 판결과 비교할 때 다음과 같은 차이가 있다. ① 우선 '피상속인의 입장'에서 살펴보아 그 상속인이 제사주재자가 되는 것이 부당한 경우를 규범적 판단의 요소로 포함시키고자 하였음을 알 수 있다. ② 또한 이미 부여된 제사주재자 지위의 박탈의 관점이 아니라 제사주재자 지위를 '인정'할 수 없는 경우라고 설시함으로써, 피상속인의 의사에 반하는 등으로 제사주재자가 되는 것이 현저히 부당하다고 인정되는 경우에는 '애초부터' 제사주재자 지위를 취득할 수 없다는 취

14) 다만 2008년 전원합의체 판결에서 제시된 사정들 중 중대한 질병, 심한 낭비와 방탕한 생활, 생계가 곤란할 정도의 심각한 경제적 궁핍은 열거된 예시에서 제외하였다.

15) 박동규(주 13), 778면.

지[16]를 담고 있다. ③ 그리고 가장 중요한 차이점으로서, 피상속인의 입장을 고려하여 규범적으로 판단을 하는 데 있어 핵심적 고려 요소라 할 수 있는 '피상속인의 명시적·추정적 의사'를 명시적인 판단 요소로 제시하였다는 데에 주목할 필요가 있다.

2) 피상속인의 의사를 고려하는 취지

피상속인의 의사라는 요소는 종전 2008년 전원합의체 판결의 다수의견에서는 지극히 제사주재자 중심의 관점에 입각하여 도의적으로 존중할 책무가 따르는 망인의 유훈에 불과한 것이었다. 반면 2023년 전원합의체 판결의 다수의견은 피상속인의 명시적·추정적 의사도 고려하여 제사주재자의 지위를 인정할 수 없는 특별한 사정의 유무를 판단하여야 한다고 보았다. 다수의견이 제사주재자 지위 인정에 있어 피상속인의 의사를 고려 요소로 삼고자 한 취지를 다수의견에 대한 보충의견[17]에서 엿볼 수 있다. 위 보충의견에서는 "현재의 법률 체계 아래에서 유체의 사후처리에 관하여 남긴 망인의 의사에 법적 구속력을 인정하기는 쉽지 않더라도, 제사의 주된 의미와 목적이 망인에 대한 경애와 추모에 있는 이상, 망인에 대한 제사주재자를 정할 때 망인의 의사를 적극적으로 반영하는 것이 필요함은 다언을 요하지 않는다."라고 설명하고 있다.

특히 위 보충의견은 이러한 측면에서 망인 사후에 그의 명시적·추정적 의사에 부합하게 이미 유체의 처리 등이 평온하게 이루어졌다면 이를 존중할 필요가 있음을 지적하고, 비록 제사주재자가 아닌 사람이 그러한 사후처리를 하였더라도 그 후에 우선순위자가 자신이 정당한 제사주재자임을 내세워 유체의 인도 등 현상변경을 구하는 것은 바람직하지 않다는 입장을 밝히고 있다. 이는 2008년 전원합의체 판결의 다수의견에 대한 보충의견[18]에서 망인의 의사에 따라 망인의 유체에 대한 매장 등이 이루어진 경우에도 그것이 제사주재자의 의사에 반하여 또는 제사주재자

16) 박동규(주 13), 778면 주 18은 그러한 취지를 담고자 한 것이라고 설명하고 있다.
17) 다수의견에 대한 대법관 조재연, 대법관 노태악, 대법관 오경미의 보충의견.
18) 다수의견에 대한 대법관 이홍훈, 대법관 김능환의 보충의견.

를 배제한 채 '불법적으로' 이루어진 경우에까지 그 제사주재자 등이 유체의 인도를 구할 수 없다고 해석할 수는 없다는 입장을 밝혔던 것과는 대조된다. 오히려 위 보충의견은 앞선 2008년 전원합의체 판결의 반대의견 1에서 제시한 법리, 즉 "망인의 의사대로 이미 유체의 처리가 행하여진 경우에는 다른 특별한 사정이 없는 한 유체의 소유자라고 하더라도 그 소유권에 기하여 그 분묘를 파헤쳐 유체를 자신에게 인도할 것을 청구할 수 없다"는 입장에 상당히 근접해 있다고 평가할 수 있다.

3) 피상속인의 명시적 · 추정적 의사에 기초한 항변

한편, 공동상속인들 간 협의가 성립되지 아니하여 2023년 전원합의체 판결의 다수의견을 재판 규범으로 삼는 경우, 법원으로서는 일응 직계비속 중 최근친의 연장자라는 객관적 기준에 따라 제사주재자의 지위를 판단하게 될 것이나, 다른 한편 그 상대방으로서는 제사주재자의 지위를 인정할 수 없는 특별한 사정을 주장 · 증명하여 다툴 수 있다. 이 경우 법원은 해당 우선순위자가 제사주재자가 되는 것이 피상속인의 명시적 또는 추정적 의사에 반하는지, 배우자를 포함한 공동상속인들 다수의 의사는 어떠한지, 피상속인과의 생전 생활관계는 어떠하였는지 등을 실질적으로 심리하여 그가 제사주재자가 되는 것이 현저히 부당한지를 판단하게 될 것이므로, 이러한 법원의 심리 과정에서 피상속인의 명시적 · 추정적 의사가 실질적인 구속력을 발휘할 수 있다.

(3) 별개의견의 관점 분석

(가) 법원의 종합적 고려 · 판단 방안 채택

별개의견[19]은 2008년 전원합의체 판결의 반대의견 3이 채택하였던 이른바 법원결정설의 연장선상에 있다. 제사주재자가 유체의 적법한 승계권자가 된다는 전제를 취할 때 학설로는 법원 판단 방안을 지지하는 견해가 우세하였다.[20] 2023년 전원합의체 판결의 다수의견이 채택한 연

---

19) 대법관 민유숙, 대법관 김선수, 대법관 노정희, 대법관 이흥구의 별개의견.

20) 윤진수(주 9), 567-568면; 전효숙, "제사주재자의 결정방법", 법학논집 제14권 제3호(2010), 316면 이하; 정구태, "제사주재자의 결정방법에 관한 소고", 경희법학 제45권 제4호(2010), 86면; 김상훈, "유해의 귀속주체로서의 제사주재자", 민사법연구 제28권

장자 우선 방안과 비교할 때 별개의견의 법원 판단 방안은 개별 분쟁에서 구체적 타당성에 부합하는 결론을 유연하게 모색할 수 있다는 장점이 있다.[21] 별개의견은 민법 제1008조의3의 입법 연혁, 유체의 귀속이 중요해지고 제사의 비중이 축소된 사회 변화상 반영, 다양한 분쟁 양상의 고려 필요성 등을 근거로 법원 판단 방안의 타당성과 필요성을 상세히 논증하고 있다. 다만 2008년 전원합의체 판결의 반대의견 3은 이와 같이 법원이 개별 구체적 사안에서 후견적으로 개입하여 판단하는 것이 조리에 부합한다는 논거를 제시하였으나, 이에 대해서는 법원의 당연한 책무이므로 구태여 조리를 매개할 필요가 없다는 지적이 있었다.[22] 2023년 전원합의체 판결의 별개의견 또한 공동상속인들 중 누가 제사주재자로 가장 적합한지를 규범적으로 판단하는 것은 사인 간의 법적 분쟁을 해결하는 법원의 '당연한 역할'이라고 밝혔다.

(나) 법원이 "중요하게" 고려하여야 할 요소로서의 피상속인의 의사

1) 2008년 전원합의체 판결의 반대의견 3과의 차이점

법원이 구체적 판단을 함에 있어 어떠한 요소를 고려하여야 하는지에 관하여 2008년 전원합의체 판결의 반대의견 3은 상정할 수 있는 객관적 요소와 주관적 요소를 다양하게 나열하고, 이 요소들을 "동일한 평면"에서 병렬적·포괄적·종합적으로 고려해야 한다고 하였다. 반면 2023년 전원합의체 판결의 별개의견은 망인의 명시적·추정적 의사, 망인이 생전에 공동상속인들과 형성한 동거·부양·왕래 등 소통관계, 장례 경위 및 장례 이후 유체·유해나 분묘에 대한 관리상태, 공동상속인들의 의사 및 협의가 불성립된 경위, 향후 유체·유해나 분묘에 대한 관리 의지와 능력 및 지속가능성 등 제반 사정을 종합적으로 고려하여 누가 유체·유해

(2020), 130-131면.

21) 연장자 우선 방안과 법원 판단 방안 각각의 장단점에 대한 비교는 박동규(주 13), 773-774면; 이계정, "2023년 민법 판례 동향", 서울대학교 법학 제65권 제2호(2024), 389-391면. 다만 이 글의 주제와는 다소 벗어나므로 구체적인 논의는 생략한다.

22) 윤진수(주 9), 568면.

의 귀속자로 가장 적합한 사람인지를 개별적·구체적으로 판단하여야 한다고 보고, 여기에는 배우자가 포함된다고 판단하였다. 위와 같은 고려요소를 제시한 취지를 살펴보면 2008년 전원합의체 판결의 반대의견 3과는 관점과 경중에 다소 차이가 있음을 알 수 있다.

2) 고려 요소의 내용과 경중

구체적으로 보면, 별개의견이 제시한 요소는 크게 '공동상속인들 간 협의와 관련된 요소'와 '피상속인의 의사와 관련된 요소'로 나누어 볼 수 있다. 우선 별개의견은, 제사주재자 결정은 가족 내부의 문제로서 공동상속인들의 자율적인 의사가 최대한 반영될 필요가 있다는 측면에서, 공동상속인들 사이의 협의가 가장 우선되고 여기에는 묵시적 협의도 포함된다고 보았다. 공동상속인들 사이에서 누가 주도적으로 장례절차를 처리하였는지 그 장례 경위와 장례 이후의 관리 상태, 이에 대한 공동상속인들의 의사, 그리고 협의가 불성립되었다면 그 경위 등을 고려하는 것은 위와 같은 공동상속인들 간 협의와 관련된 요소라 할 수 있다.

그리고 별개의견은 망인이 생전에 제사주재자 또는 자신의 유체·유해의 귀속자를 지정한 경우에는 그 명시적 의사를, 그러한 의사가 없는 경우에는 망인의 추정적 의사를 "중요하게" 고려하여야 한다고 판시하였다. 별개의견이 추정적 의사를 언급하고 있는 것은, 망인이 생전에 형성해 온 생활관계 등의 정황을 고려하여 이에 반하지 않도록 배려하여 판단하여야 함을 지적한 것으로 볼 수 있다. 특히 별개의견은 망인의 명시적·추정적 의사를 중요하게 고려하여야 하는 이유를 논증하면서, 제사의 의미가 망인에 대한 추모에 있다는 측면 이외에도 신체에 대한 자기결정권과 사자의 인격권을 언급하고 있음에 주목할 필요가 있다. 즉, 사람은 생전에 자신의 신체에 대하여 자기결정권을 가지고, 사람이 사후 자신의 유체에 대하여 갖는 자기결정권은 위 인격권의 연장으로 볼 수 있으며, 따라서 망인의 유체·유해의 귀속자 지정에 관한 의사 역시 사자의 인격권으로 보호받을 수 있는 범위 내에 있다는 것이다. 이와 같이 별개의견은 유체의 처리에 관한 망인의 의사를 망인의 인격적 이익으로서 보호할 필요성의 관점에서 접근하고 있다. 이 지점에서 별개의견은 오히려 2008년 전원합의체 판결의 반대의견 1과 반대의견 2의 논거와 맞닿아 있다고 볼 수 있다.

3) 망인의 명시적 · 추정적 의사를 중요하게 고려한 제사주재자 결정

만일 별개의견과 같이 법원이 제반 사정을 종합하여 제사주재자로 가장 적합한 사람을 판단하게 되면, 법원으로서는 공동상속인들 사이에 명시적 또는 묵시적 협의가 있었는지를 우선 심리하게 될 것이다. 그러나 협의를 추단할 만한 사정을 인정하기 어렵다면, 별개의견의 취지에 따르면 무엇보다도 망인의 명시적 · 추정적 의사를 중요한 고려 사항으로 삼아 판단하게 될 것이므로, 이러한 측면에서 제사주재자를 정함에 있어 망인의 의사가 법적으로 존중된다고 평가할 수 있다.

(4) 2023년 전원합의체 판결의 의의

(가) 피상속인의 의사 고려 측면에서 2008년 전원합의체 판결과의 비교

2023년 전원합의체 판결은 다수의견과 별개의견 모두 피상속인 자신의 유체 · 유해도 제사용 재산에 준하여 제사주재자가 승계한다는 것을 그 논리적 전제로 삼고 있다는 점에서 2008년 전원합의체 판결의 다수의견 및 반대의견 2, 3과 같다. 또한 2023년 전원합의체 판결의 다수의견은 제사주재자를 결정하는 생래적 · 객관적 기준을 먼저 제시하고 특별한 사정에 대한 규범적 판단으로 구체적 타당성을 보완하는 구조라는 점에서 2008년 전원합의체 판결 다수의견과 논리구조가 크게 다르지 않다. 2023년 전원합의체 판결 별개의견은 2008년 전원합의체 판결의 반대의견 3과 제사주재자 결정 방법에서 유사하다는 점도 앞서 본 바와 같다.

그러나 피상속인의 의사에 대한 고려의 측면에서 보면, 다수의견은 제사주재자의 지위를 인정할 수 없는 특별한 사정을 판단하기 위한 요소로서 피상속인의 명시적 · 추정적 의사를 고려해야 한다고 판시하였고, 별개의견 또한 법원이 공동상속인들 중 누가 제사주재자로 적합한지 판단하기 위한 요소로서 망인의 명시적 · 추정적 의사를 중요하게 고려해야 한다고 판시하였다. 이처럼 2023년 전원합의체 판결은 유체의 적법한 승

계권자 내지 귀속권자를 판단하는 데에 피상속인의 의사를 고려해야 한다는 점에 있어서는 다수의견과 별개의견의 견해가 일치하였다고 볼 수 있다. 그리고 이는 2008년 전원합의체 판결에서 유체의 귀속을 판단하는 데 있어 망인의 의사가 일차적 기준이 되어야 함을 전면에 내세운 반대의견 1의 입장에 오히려 가깝거나 적어도 상당 부분 영향을 받은 것으로 보인다.

구체적으로 비교해보면, 2008년 전원합의체 판결의 다수의견은 유체의 관리 및 처분은 종국적으로 그 귀속권자인 제사주재자의 의사에 따라 이루어져야 하는 것이고, 이에 관한 피상속인의 의사를 존중해야 하는 의무는 도의적인 것에 그친다고 판시하였다. 이러한 다수의견은 유체의 적법한 승계권자인 제사주재자의 '권리'를 중시하는 입장이면서 권리능력의 존속기간을 확고히 새기는 입장으로 이해할 수 있음을 앞서 살펴보았다. 따라서 망인의 의사는 일종의 유훈에 불과하고, '합리적인 이유 없이 부모의 유지 내지 유훈에 현저히 반하는 행위' 정도에 이르러야 제사주재자의 지위를 유지할 수 없는 특별한 사정으로서 피상속인의 의사가 제한적으로 고려될 수 있을 뿐이다. 반면 2023년 전원합의체 판결은 다수의견과 별개의견 모두 제사주재자를 결정하는 데 피상속인의 명시적·추정적 의사를 고려 요소로 설시하고 있다. 다수의견에 의하면 항변에 대한 심리 과정에서, 별개의견에 의하면 제사주재자 결정을 위한 심리 과정에서 법원은 피상속인의 명시적·추정적 의사를 적극적으로 심리하게 될 것이므로, 어느 견해에 따르든 피상속인의 의사가 법원의 주요한 심리 요소로 기능하게 되었다는 측면에서 피상속인의 명시적·추정적 의사는 법적 존중에 이르렀다고 볼 수 있다. 이 점에 있어서도 2023년 전원합의체 판결은 2008년 전원합의체 판결의 다수의견과 견해를 달리하였다고 평가할 수 있다.[23)]

---

23) 본고에 앞서 이계정(주 21), 391-393면은 2023년 전원합의체 판결의 다수의견과 별개의견이 제사주재자를 결정하는 구체적인 방법에 있어서 차이는 있지만 피상속인의 의사를 중시하여 제사주재자를 결정해야 한다는 점에 대하여는 견해가 일치

(나) 피상속인의 의사를 고려함에 있어 다수의견과 별개의견의 차이점

다만, 피상속인의 의사를 존중 내지 고려하는 방법과 근거에 있어서는 다수의견과 별개의견 사이에 다소 차이가 있다. 다수의견은 생래적 지위에 기초한 일률적·객관적 기준으로 제사주재자를 정하고, 다만 우선순위자인 그 특정인을 제사주재자로 인정할 수 없는지를 판단하기 위한 특별한 사정의 하나로서 피상속인의 명시적·추정적 의사를 고려한다. 따라서 이는 제사주재자의 지위를 다투는 측에서의 항변 사항이 될 것이다. 또한, 다수의견에 대한 보충의견을 참고해볼 때 다수의견은 피상속인의 명시적·추정적 의사를 고려 요소로 삼아야 한다고 보는 근거를 제사의 목적과 취지에 따른 당위성, 즉 제사의 주된 의미와 목적이 망인에 대한 경애와 추모에 있다는 점에서 찾는다. 반면, 별개의견은 법원이 개별·구체적 사안에서 가장 적합한 제사주재자가 누구인지를 판단하기 위한 요소로서 망인의 명시적·추정적 의사를 중요하게 고려하여야 한다고 본다. 그리고 별개의견은 망인에 대한 추모라는 제사의 목적뿐만 아니라, 망인의 신체에 대한 자기결정권의 연장선상이자 사자의 인격권에서 그 근거를 찾는다.

(다) 소 결

종합하면, 2023년 전원합의체 판결의 다수의견이나 별개의견 어느 쪽으로든 피상속인의 의사가 제사주재자 지위를 판단하는 데 있어 주요하게 고려되는 요소로서의 지위를 갖게 되었으며, 법적으로 존중이 요청된다는 점은 부인할 수 없다. 또한 유체의 귀속을 둘러싼 실제 쟁송에서 피상속인의 의사는 실질적인 재판규범의 하나로 작용하게 될 것으로 예상해볼 수 있다. 이러한 측면에서 볼 때, 2023년 전원합의체 판결을 통해 유체에 대한 피상속인의 의사가 법적으로 보호되는 이익으로 고양되었다고 평가할 수 있다.

하고 있음을 "숨어있는 판례변경"이라고 평가하고, 향후 법원이 제사주재자를 결정함에 있어 피상속인의 명시적·추정적 의사에 초점을 두어 판단함으로써 2023년 전원합의체 판결의 의의를 살리는 것이 요청된다는 견해를 제시하였다.

4. 전원합의체 판결 비교 분석의 결론

2008년 전원합의체 판결은 단지 제사주재자에 관한 관습법의 위헌성을 확인하고 조리에 의해 새로운 제사주재자 결정방법을 정한 것에 그치지 않고, 피상속인 자신의 유체의 귀속을 둘러싼 여러 법적 쟁점에 관하여 다양한 관점과 이를 뒷받침하기 위한 논증 구조를 넓은 스펙트럼으로 보여주었다.[24] 마찬가지로 2023년 전원합의체 판결은 단지 제사주재자에 관한 종전 조리에 의한 결정방법의 위헌성을 확인하고 새로운 조리에 의한 결정방법을 정한 것에 그치지 않고, 2008년 전원합의체 판결의 기초 위에서 그 다수의견과 일부 반대의견의 기본적 논증 구조를 채택하면서도 논증의 내용과 귀결을 종전과 달리하며 발전적으로 제시하였다.

그 변경된 내용 중 하나로서, 유체에 관한 피상속인의 의사에 관하여 2023년 전원합의체 판결의 다수의견과 별개의견 모두 이를 유체의 귀속 등 처리에 있어 주요하게 고려하여야 한다는 방향성을 제시하였다. 이로써 유체에 관한 피상속인의 의사가 유체의 귀속 등 사후처리에 관한 한 실질적인 재판규범의 하나로서 법적으로 보호되는 이익으로 고양되었음은 앞서 살펴본 바와 같다.

이처럼 유체의 귀속 등 사후처리에서 피상속인의 의사를 중요하게 고려하는 2023년 전원합의체 판결의 태도는 2008년 전원합의체 판결의 다수의견이 피상속인의 의사에 관하여 취하였던 관점을 따르지 않고 입장을 변경한 것으로 평가할 수 있는데, 2023년 전원합의체 판결의 이러한 견해 변경은 2008년 전원합의체 판결에서 반대의견 1이 전면적으로 제시하였던 '망인의 의사가 유체의 귀속을 정하는 일차적 기준이 되어야 한다'는 관점이 큰 영향을 미쳤다고 볼 수 있다. 그리고 2008년 전원합의체 판결의 반대의견 1뿐만 아니라 반대의견 2에서 지적하였던 망인의 생

24) 당시까지의 상황에서 생각할 수 있는 거의 모든 주장과 반박이 이어져 법적 논의의 예리함을 보여주는 소중한 판결이라는 설명으로 김재형, "2008년 민법 판례 동향", 민법론 Ⅳ, 박영사(2011)(최초 발표: 2009), 518면.

전 의사표시가 갖는 신체의 자기결정권 행사로서의 측면과 유체에 대한 권리 자체가 갖는 내재적인 한계라는 측면, 그리고 반대의견 3에서 법원이 제사주재자를 판단하기 위한 요소로 이미 피상속인의 생전 의사를 언급하였던 점 등도 2023년 전원합의체 판결의 태도에 영향을 미쳤다고 평가할 수 있다.

이와 같은 우리 판례의 입장 변화는 유체의 사후처리에 관하여 망인의 인격적 이익을 보호할 필요성에 대한 사회 및 법원의 인식 변화와 맞닿아 있다. 즉, 이는 유체의 사후처리가 문제되는 영역에서 유체에 대한 '권리의 주체'가 누구인지의 관점에서 '유체'라는 객체의 성질에 더 초점을 두는 관점으로 옮겨왔음을 보여준다. 또한, 아래에서 살펴볼 바와 같이 유체에 대한 소유권에 관한 논의에서 통설이라 할 수 있는 특수한 소유권설에 있어서 '소유권'보다도 왜 '특수한' 소유권인지에 대한 탐구가 필요한 시점이 되었음을 시사한다. 이 '특수성'을 매개하는 것이 바로 망인이 유체—그 자신이었던 자로서—에 대하여 갖는 인격적 이익이라고 할 수 있다.[25)]

Ⅲ. 유체의 사후처리에 있어 사망자의 의사 보호에 관한 비교법적 검토

1. 일 본

유해·유골이 누구의 권리로 귀속하는지에 관하여 일본에서도 선조의 유해·유골과 피상속인의 유해·유골로 나누어서 논의가 있다. 그중 피상속인의 유해·유골과 관련하여, 상속재산과 마찬가지로 상속인에게 귀속한다는 견해, 제사용재산에 준하여 제사주재자가 이를 승계한다는 견해 등이 있고,[26)] 일본 최고재판소 판결 중에는 유골이 관습에 따라 제사

---

25) 통설이 유체에 대한 소유권을 그와 같이 특수한 것으로 보는 근거에 대하여는 유감스럽게도 별다른 언급이 없으나, 여기에는 유체의 인격적 성질에 비추어 물건성을 인정할 수 없다는 견해가 제시하는 이유가 작용하고 있다고 보아도 좋을 것이라는 설명으로 양창수, "분리된 인체부분의 법적 성격", 민법연구 제9권, 박영사(2007), 80면.

26) 이경희, "일본민법상 제사재산의 승계에 관한 연구", 가족법연구 제15권 제2호

를 주재해야 할 자에게 귀속한다고 한 원심 판단이 정당하다고 본 판결이 있다.[27)]

제사주재자[28)]의 결정과 관련하여 일본 민법 제897조에서는 '계보, 제구 및 분묘의 소유권'은 '조선(祖先)의 제사를 주재할 자'가 이를 승계하는 것으로 정하면서, 제사를 주재할 자를 정하는 방법으로 먼저 피상속인의 지정에 따르고, 이러한 자가 없는 때 관습에 따라 정하도록 하며, 관습이 분명하지 않을 때에는 가정재판소가 제사주재자를 결정하는 것으로 규정하고 있다.

피상속인의 지정은 서면이나 구두로도 가능하고, 명시적 의사표시나 묵시적 의사표시로도 가능하며, 생전행위로도 가능하고 유언에 의하여도 가능하다. 유언에 의하는 경우에도 반드시 법정 방식을 구비해야 하는 것은 아니다.[29)]

피상속인의 지정도 없고, 관습이 명확하지 않거나 관습의 내용에 관하여 다툼이 있는 경우에는 신청에 의해 가정재판소에서 제사주재자를 결정한다. 가정재판소에 의한 제사주재자 결정 기준은 법으로 정해져 있지 않다. 가정재판소가 제사주재자를 정하는 판단기준으로는 피상속인과의 친화관계, 공동생활관계, 제사의 장소(관리가능성), 동거의 유무, 제사승계의 의사와 능력, 이해관계인의 의견 등 제반 사정을 종합하고,[30)] 상속인 중에 정하는 경우에도 적계장자우선의 가독상속적 특권이라든가 존수

(2001), 439-440면.

27) 最高判1989年(平成1)7月18日家庭裁判月報41巻10号128頁. 다만 해당 판결은 유골이 소유권의 객체로 되는지에 관하여는 판단하지 않았다는 설명으로 김상훈(주 20), 135면, 주 41.

28) 봉건적 가제도(家制度)의 폐지와 함께 가독상속제도를 폐지하고, 제사재산을 상속재산과 별도로 제사주재자에게 승계시키는 일본민법 제897조 규정을 두게 된 입법연혁에 관한 자세한 설명으로 김상훈, "일본민법상 제사재산승계규정의 변천에 관한 소고", 가족법연구 제21권 제2호(2007), 33-49면.

29) 이경희(주 26), 444면.

30) 김판기, "분묘 등의 승계에 관한 민법 제1008조의3의 해석론-대법원 2008. 11. 20. 선고 2007다27670 전원합의체 판결을 중심으로-", 법학연구 제21권 제3호(2010), 81면.

가 가까운 근친 등이 우선된다는 형식적 표준에 의하지 않고 피상속인과의 밀접한 생활공동관계라든가 성실한 제사재산의 관리의 계속이라는 실질적인 면에 중점을 두고 있다고 설명된다.[31)]

2. 독 일

독일에서 유체의 법적 지위를 다루는 데 있어 가장 중요한 기초는 신체에 대한 개별적 인격권이 사망 이후에도 계속 효력을 미치는 것이라고 한다.[32)] 특히 유체의 규율과 관련하여 사법상으로 '사자보호권(Totensorgerecht)'[33)]이 인정된다. 이는 유체의 처리와 매장 방법 그리고 장례 장소 등에 관하여 결정할 수 있는 권한을 의미한다. 사자보호권은 망인이 생전에 표시한 의사가 가장 우선된다. 그리고 망인의 의사를 확정할 수 없을 때 비로소 망인의 가장 가까운 친족에게 그 권한이 인정된다.[34)] 망인은 자신의 유체의 처리와 매장 방법, 장례 장소 등에 관하여 정할 수 있을 뿐만 아니라, 이러한 사후처리를 누가 하도록 할 것인지에 관하여도 정할 수 있다.[35)] 이처럼 사자보호권 행사에서 가장 우선시되는 것은 망인의 의사이므로, 매장의 방법 등 사후 구체적인 개별 조치에 관하여서도 특별한 사정이 없는 한 망인의 결정을 따라야 한다. 이러한 망인의 의사는 반드시 유언의 형식을 필요로 하지 않고,[36)] 제반 정황상 확실하게 내용

31) 이경희(주 26), 446면; 피상속인인 남편의 유골에 대한 제사주재자로 배우자가 결정된 사례, 피상속인과 친족관계가 없는 자를 제사주재자로 정한 사례, 사망한 자녀의 유골에 대하여 모친이 제사주재자 지정을 신청한 사례에 대한 소개로 정다운, "유해에 대한 권리 귀속 결정의 기준-대법원 2023. 5. 11. 선고 2018다248626 전원합의체 판결을 중심으로-", 법조 제73권 제2호(2024), 274-275면.

32) 권태상, "자신의 유체에 관한 사망자의 인격권", 법학논총 제33권 제2호(2009), 360면.

33) 이준형, "소유권에 기한 유체인도청구의 허용 여부-대법원 2008. 11. 20. 선고 2007다27670 전원합의체 판결-", 의료법학 제11권 제1호(2010), 227면 이하에서는 Totensorgerecht를 '사자공양권(死者供養權)'이라고 번역한다.

34) MüKoBGB/Schneider, 9. Aufl. 2024, BGB §1815 Rn. 40-43.

35) BGH ZEV 2012, 559 Rn. 10, 15; ZEV 2012, 556 Rn. 11; NJW-RR 1992, 834 unter II.1.

36) 권태상(주 32), 361면.

을 알 수 있으면 충분하다.[37] 독일연방대법원과 하급심 판결들 또한 유체의 처리 등에 관하여 망인의 의사를 가장 우선적으로 고려하고, 망인이 희망한 매장 방법 등에 대해 다른 친족이나 상속인들이 구속된다고 해석한다.[38] 또한, 독일연방대법원은 이러한 사자보호권은 독일민법 제823조 제1항의 '기타의 권리'에 해당한다고 보아, 그것이 침해되었을 경우 손해배상청구권이 인정될 뿐만 아니라 독일민법 제1004조에 따라 방해의 제거나 중단을 구할 수 있다고 본다.[39]

3. 미 국

미국의 경우에도 망인에게 유체에 관하여 일정한 권리가 인정된다고 볼 수 있는데, 여기에는 주로 자신의 장례와 매장에 관하여 일정한 범위 내에서 정할 수 있는 권리가 포함된다. 또한, 보통법과 미국의 통일 사체기증법(the Uniform Anatomical Gift Act)은 모두 유족 등의 의사보다 망인의 의사가 우선하는 것으로 인정하고, 망인이 이전에 자신의 의사를 밝히지 않은 경우에만 가족들이 그 사체를 기증할 수 있는 것으로 규정하고 있다. 그리고 유체의 매장이나 해부를 위한 기증 등과 관련된 망인의 행위가 자기결정과 자율성의 유언적 표명이라고 본다면, 유체에 대하여 망인의 권리를 인정하는 것은 당연한 것이라고 설명된다.[40]

각 주마다 그 제정법에 따라 차이는 있지만, 미국도 대체로 사자의 유체 처분에 관한 유언 및 의사의 효력을 인정하고 있다. 유체의 처리에 관하여 유언이 존재하는 경우에는 그 망인의 의사대로 유체의 사후처리가 이루어져야 한다고 본다. 망인이 유언장에 기재한 의사와 다르게 유체가 이미 처리된 경우에도 유언장대로 실행되도록 법원이 명령한 사례도 있다. 반면, 망인이 유언으로 자신과 관련이 없는 자가 유체의

---

37) BGH ZEV 2012, 559 Rn. 15; NJW-RR 1992, 834 unter II.1.

38) 구체적인 판례 사안은 권태상(주 32), 361-362면에 소개되어 있다.

39) BGH, Urt. v. 26.2.2019 - VI ZR 272/18(BGH ZEV 2019, 487).

40) Philippe Ducor, *The Legal Status of Human Materials,* 44 Drake L. Rev. 195, 232 (1996).

처리장소와 방법을 정해주기를 바라거나, 장례가 이미 망인의 뜻과 믿음대로 이루어진 경우에 대해 일부 법원은 유언장의 지시에 따르지 않아도 된다고 판단하였다. 또한, 법원은 망인이 유언 이후에 다른 문서로써 기존 유언장에 명시하였던 유체의 사후처리 방법을 변경하거나, 또는 그 방법이 변경되었다는 것이 증언으로 증명된다면 법원은 그에 따르지 않을 이유가 없다고 판단한 사례도 있다. 그리고 유언장의 내용대로 실행이 불가능한 경우 그 유언장의 지시에 따르지 않아도 된다고 본 사례도 있다.[41]

한편, 유체의 사후처리에 관한 망인의 의사가 유언의 방식이 아닌 구술이나 다른 서면으로써 표현된 경우와 관련된 일련의 판례에 대한 분석에 따르면, 망인의 의사는 주변 상황과 일반인, 매장 후 발굴이 문제되는 경우라면 최초에 매장권을 부여한 종교기관, 그리고 피상속인과의 인적 관계로 인해 의견 청취가 필요한 사람(주로 생존배우자 및 친족)을 포함한 이해 당사자의 의사에 비추어 고려되어야 한다는 것이 판례로 인정되어 왔다.[42] 구체적인 사안에서 어떤 요소를 우선시하거나 가중치를 둘 것인지와 관련하여, 많은 주에서는 망인의 의사라고 해서 당연히 특별한 상대적 가중치를 둘 수는 없고 위와 같은 주변 상황과 상충하는 이해관계를 고려하여 사안별로 정해져야 한다는 입장이라고 할 수 있다. 그러나 이러한 입장을 취하는 주에서도, 일반적으로 발굴은 인정되지 않는다는 원칙상, 일부 법원은 이미 망인의 의사에 따라 매장이 이루어진 이후에 그 발굴을 구하는 경우라면 망인의 의사가 다른 상충하는 이익보다 우선된다고 본다. 또한, 많은 주에서 망인의 의사표시가 일반적으로 다른 모든 고려요소나 이해관계보다 우선해야 한다는 것이 판례로 인정되었는

41) 이상의 논의는 배현미 · 최진솔 · 김제완, "제사주재자의 유골인도청구권을 인정한 판례 법리에 대한 비판적 고찰–영미법상 사체 · 유해 관련 법리의 시사점–", 가족법연구 제36권 제2호(2022), 256-258면을 참고하였다.

42) 판례 사안의 정리는 Frank D. Wagner, Annotation, *Enforcement of preference expressed by decedent as to disposition of his body after death*, 54 A.L.R.3d 1037(1973)을 참고하였다.

데, 다만 이 경우에도 여전히 고려 요소별 이익 형량이 필요하다. 그리고 망인의 의사결정능력, 망인의 의사표시 시점과 사망 일자와의 근접성 등은 유체의 사후처리에 관한 망인의 의사에 가중치를 부여할 수 있을지를 판단하는 또다른 기준이 된다.

4. 프 랑 스[43)]

프랑스에서는 오래 전부터 유체의 처리에 관한 망인의 의사에 법적 구속력이 있다는 내용의 법률[44)]을 마련하고 있다. 망인은 그 유체의 일부만 매장 또는 화장하도록 정하거나, 그 유체의 연구용 사용 또는 치료 목적의 장기 기증 등을 정할 수 있다. 다만, 망인의 의사는 법률에서 규정한 매장 방법과 공서양속에 부합해야 한다는 한계가 있다. 망인의 의사가 없는 경우에는 법원이 어떠한 가족 구성원이 장례 방법과 매장 방식을 정하기에 가장 적합한 자격을 갖추고 있는지를 판단해야 하는데, 이는 상속인 자격과 순위와는 무관하다. 망인의 의사를 가장 잘 알 수 있는 사람을 기준으로 하므로, 1차적으로는 피상속인의 배우자가 되나, 불화, 재혼 등 특별한 사정이 있는 경우에는 제외되며, 그 다음으로는 근친이 된다. 사실혼 배우자도 될 수 있고, 예외적으로 친구라고 한 사례도 있다.

---

43) 프랑스에 관한 내용은 윤진수 편집대표, 주해상속법 제1권, 박영사(2019), 138-139면(이봉민 집필 부분)을 그대로 따랐다. 최근 발표된 고철웅, "유체, 유해의 사후처리 법리에 관한 비교법적 검토", 법조 제73권 제4호(2024. 8.), 214-253면은 프랑스법상 유체, 유해에 관한 법리와 고인 의사의 법적 보호에 관한 비교법적 검토를 상세히 담고 있다.

44) 1887. 11. 15. 자 장례의 자유에 관한 법률(Loi du 15 novembre 1887 sur la liberté des funérailles) Article 3 ① Tout majeur ou mineur émancipé, en état de tester, peut régler les conditions de ses funérailles, notamment en ce qui concerne le caractère civil ou religieux à leur donner et le mode de sa sépulture(성년자 또는 친권이 해제된 미성년자는 누구나, 유언의 방식으로, 자신의 장례의 조건, 특히 그들에게 주어진 세속적 또는 종교적 특징과 매장의 방식을 결정할 수 있다).

Ⅳ. 유체의 사후처리에 관한 사망자의 인격적 이익의 법적 존중 내지 보호의 근거 모색

1. 유체의 법적 성격에 관한 이론적 근거 측면

(1) 신체의 법적 성격과 신체에 대한 권리

사람의 신체 자체는 인격의 일부이고, 권리객체인 물건에 해당하지 않는다.[45) 따라서 사람이 자신의 신체에 대하여 갖는 권리는 소유권이 아니라 그 인격적 이익의 향유를 내용으로 하는 인격권이 성립한다.[46) 여기서 인격권이란 인간의 개별적 인격성을 그것이 표출되는 육체적, 심리적, 정신적 상태에서나 재산상으로 보호하는 주관적 권리라고 설명되고,[47) 인체에 대한 침해는 인체를 객체로 하는 권리의 침해가 아니라 권리주체를 체화한 불가분적 일체에 대한 침해로 이해하기도 한다.[48)

(2) 유체의 법적 성격에 관한 기존 논의

그렇다면 사람이 사망하면 남게 되는 유체를 법적으로 어떻게 취급할 것인지에 관하여, 종래의 학설은 유체가 소유권의 객체가 되는지를 중심으로 논의가 전개되어왔다.

다수설은 유체의 물건성을 인정하면서, 소유권의 객체가 된다는 것을 긍정하고 다만 그 소유권의 내용은 보통의 소유권과 달리 매장·관리·제사·공양의 목적적 제한을 받는 특수한 소유권의 대상이라고 한다.[49) 이러한 다수설을 따른 하급심 판결이 있고, 2008년 전원합의체 판결의 원심도 유체가 소유권의 객체임을 전제로 판단하였다.

이에 대하여 사람의 유체는 물건으로 볼 수 없으므로 소유권의 객

45) 양창수 편집대표, 민법주해Ⅱ 제2판, 박영사(2022), 488면 이하(박인환 집필 부분).

46) 곽윤직·김재형, 민법총칙 제9판, 박영사(2013), 221면.

47) Staudingers/Weick, 2004, Vorbem. §1 Rn.18: 최수정, “인체에 대한 권리관계의 새로운 패러다임”, 법학논총 제29권 제1호(2012), 103면에서 재인용.

48) 최수정(주 47), 103면.

49) 윤진수 편집대표(주 43), 136면(이봉민 집필 부분); 양창수 편집대표(주 45), 496면(박인환 집필 부분).

체가 될 수 없다는 반대 견해도 있다. 이를 뒷받침하는 논거로는 인간의 존엄과 가치는 일정한 조건하에서는 그 사후에도 유지·보호되어야 하기 때문에 유체를 물건으로 보아 소유권의 객체가 된다고 보는 것은 타당하지 않다는 점,[50] 사망에 의해서 인격적 존재가 물건으로 즉시 바뀐다고 보는 것은 너무 형식논리적인 사고이며 인격권은 사망 후에도 계속되기 때문에 유체는 물건이 아니라는 점[51] 등을 제시한다. 물건성을 부인하는 견해 중에는 유체·유골에 대한 소유권은 인정되지 않고 매장·제사를 할 수 있는 권능 내지 의무를 지는 관습법상의 관리권이 인정될 뿐이라고 설명하기도 한다.[52]

(3) 유체의 법적 성격과 접근방법에 관한 최근의 논의

유체가 소유권의 객체가 되는지에 관한 위의 논의는, 그러나 어느 견해에 의하든 유체에 대한 권리의 내용이 매우 제한적이라는 점에서는 크게 다르지 않다.[53] 반면 인체유래물을 중심으로 이루어지고 있는 최근의 논의는 아래와 같이 소유권적 접근방식과 인격권적 접근방식 사이에서 다양한 스펙트럼을 보여주고 있다.

소유권적 접근방식이란 유체의 유체성(有體性)이라는 측면에서, 그리고 사망에 의하여 권리주체라고 하는 지위가 소멸하고 그와 불가분적으로 결합되었던 신체만 남게 된다는 측면에서 그 물건성을 인정하고, 이를 기초로 하여 그 귀속관계를 소유권법리에 의하는 것이라고 설명할 수 있다. 그리고 인격권적 접근방식이란 유체를 단순한 물건이 아니라 사망자의 인격권의 잔재로 봄으로써, 유족에게 시체에 대한 처분권이 주어질 수 있다고 하더라도 유체는 상속재산에 속하지 않고 존중의 대상이 되며 일반적인 거래로부터 배제된다고 새김으로써 인격권의 법리를 관철시키는 관점이라고 볼 수 있다.[54]

---

50) 백태승, 민법총칙, 집현재(2016), 272면.
51) 김상용, 민법총칙, 화산미디어(2009), 279-280면.
52) 송덕수, 민법총칙, 박영사(2015), 268면.
53) 윤진수, 친족상속법 강의 제5판, 박영사(2023), 388면.
54) Larenz/Wolf, Allgemeiner Teil des Bürgerlichen Rechts, 8.Aufl., 1997, S.385: 최수정

인격권적 접근방식을 취하는 견해는 사람의 유체를 소유권의 객체로 볼 것인지 여부의 관점보다 유체가 생래적으로 가지고 있는 인격권적인 특성에서 먼저 접근하고자 한다. 즉, 유체란 사람의 육체였던 것이고 그 권리주체와 동일시할 수 있는 성질을 갖고 있었으며 인격권의 대상이었던 것임을 충분히 고려할 필요가 있다는 점을 강조하고, 이를 위해서는 유체를 물건으로 보아 소유권의 객체가 된다고 하는 것보다 물건에 해당하지 않는다고 보는 것이 방법론적으로 더 바람직하다고 보는 견해를 제시한다.[55]

또 다른 관점으로는, 유체의 물건성 인정이나 소유권 성립에 관한 논의 이전에 유체에 대한 망인의 종국적인 의사가 존중되고 법적 효력도 부여되는 것이 사자의 인격보호 측면에서 타당하다는 점을 강조하여, 그렇다면 유체의 물건성을 부인하고 인격성을 인정하며 소유권을 부정하고 사자의 인격권을 인정하는 것이 논리적으로 타당하므로 유체는 '사람의 인체에 준하는 법적지위'로 보아야 한다는 견해도 있다.[56]

이와 반대로 유체에 대하여 완전한 소유권적 접근방식을 취하는 관점도 제시된다. 위 견해는 사람이 사망으로써 더 이상 권리의 주체가 될 수 없고 사망 시점 이후에는 권리 객체인 물건이 되는 것이므로, 상속인이든 제사주재자든 후손의 소유권의 객체가 되는 것이라는 도그마틱을 강조한다. 위 견해는 자신의 신체도 소유권의 객체라는 점을 전제로 하여 생존과 사망 모두에서 인체의 물건성과 소유권의 객체성으로 설명하고자 하고, 사법(私法)에서 인격권은 필요치 않고 소유권에 그 자리를 내어놓아야 한다고 주장한다.[57]

한편, 유체의 유체성(有體性) 측면에서 물건성을 인정하면서 동시에

(주 47), 110면에서 재인용.

55) 권태상(주 32), 344면.

56) 유지홍, "첨단 생명의료과학에 근거한, 시체의 민법상 지위 고찰", 생명윤리정책연구 제8권 제2호(2014), 173면.

57) 성중모, "인체와 그 부분의 사법적 지위－대법원 2008. 11. 20. 선고 2007다27670 판결 평석을 겸하여－", 고려법학 제69권(2013), 348면.

유체가 갖는 인격권의 잔재로서의 요소를 함께 고려하는 이원적인 접근 방식도 제시된다. 위 견해는 사람이 사망에 의하여 권리주체성을 상실함으로써 인체에 대한 법률관계의 결정적인 징표가 소멸하므로, 유체를 살아있는 사람의 신체와 동일하게 평가할 수는 없다는 점, 권리의 주체와 객체를 구분하는 민법의 이분법체계 하에서는 물건성을 승인하고 구체적인 법률관계를 해명하는 것이 새로운 중간영역을 만들어내는 것보다 합리적인 점 등을 근거로 유체의 물건성을 인정한다. 그러나 유체의 물건성을 인정하여 법률관계를 판단하더라도 유체의 인격적 요소를 배제할 수는 없고, 그 범위에서 소유권의 내용은 제한될 수밖에 없다고 본다.[58)]

(4) 검　토

종래의 논의는 대체로 유체가 소유권의 객체인지 아닌지 여부에 중점을 두고, 소유권의 객체라고 볼 경우 유체의 특수성을 단지 매장·제사 등의 대상이라는 '목적적 제한'으로 접근한 측면이 있다.[59)] 유체의 법적 성격을 소유권의 측면에서 다루어 그 권리의 객체성을 먼저 포착한 다음, 여기에다가 그 인격적 요소나 유족들의 망인에 대한 추모 정서를 고려 내지 존중하는 차원의 이해가 일반적이었던 것으로 보인다. 2008년 전원합의체 판결의 다수의견도 마찬가지로 유체의 물건성과 권리객체로서의 성질에 전제를 두고 유체에 대한 권리의 귀속권자가 누구인지부터 먼저 판단한 다음, 권리능력 있는 귀속주체(승계권자)에 대한 관계에서 권리능력 없는 피상속인의 의사는 도의적으로, 즉 비법률적으로 단지 그 권리자가 존중해줄 수 있는 영역에 놓여있다고 봄으로써 위와 같은 종래 다수설의 입장을 따랐다고 평가할 수 있다.

그러나 단순히 유체를 소유권의 객체로 볼 경우 원칙적으로 소유권자의 처분권능 아래에 놓이고 소유권의 객체로 보지 않을 경우 원칙적으로 인격권자의 처분권능 아래에 놓인다는 이분법적인 도식으로는 발전적 논의가 이루어지기 어렵다. 반면 최근의 논의는 유체의 본래적 속성인

58) 최수정(주 47), 110-111면.
59) 권태상(주 32), 343면.

"인격적 존재의 신체적 요소"[60]라는 측면을 법이론적으로 보다 더 세밀하게 다루고 있다는 데에 의의와 시사점이 있다. 인격권의 대상이었던-즉, 살아있는 그 사람 자체였던-유체의 특수한 성격을 충실히 반영하기 위한 방법론 차원에서 유체를 물건으로 보지 않는 관점을 제시하기도 하고, 또 다른 관점에서는 사법상의 법률관계에서 유체의 지위는 물건으로 파악하되, 유체의 본래적 속성은 여전히 인격적인 요소에 있다고 보고 이를 권리의 내용에 대한 제한으로 포섭하기도 한다.

2008년 전원합의체 판결의 다수의견도 유체가 인격적인 요소를 포함하고 있다는 것을 아예 부정하는 것으로 보이지는 않는다. 그러나 위 다수의견은 유체에 대한 소유권의 객체성에서 출발함으로써, 이미 죽은 망인의 의사로는 살아있는 유족이 갖는 유체에 대한 권리의 내용을 제한할 수 없다는 논리적 귀결에 이르게 되어, 정작 유체의 본래적 속성인 인격적 이익을 도외시하였다는 데 한계가 있다. 제시된 다양한 접근방식이 시사하는 바와 같이, 유체를 둘러싼 법률관계에 있어서 '인격의 물적 요소의 연장'으로서의 성질을 고려하는 해석이 기본 바탕이 되어야 한다. 여기서 인격적 이익을 고려하는 해석이라는 것은 당사자가 일정한 범위에서 그 운명을 통제할 수 있어야 한다는 것을 의미한다.[61] 그렇다면 그 일정한 범위가 어디까지인지를 탐구하는 과정이 필요하다. 인격권이라는 법개념 자체가 인격적 성질을 가지는 개별적 이익에 대하여 개별적인 국면에서 법적 보호가 부여되는 것이 쌓여감으로써 점차로 형성되어 간 것이기 때문이다.[62]

2. 사후인격권(인격적 이익의 사후 보호)에 관한 이론적 근거 측면

(1) 서　　론

유체의 사후처리에 관하여 사망자가 갖는 인격적 이익이 법률상 이

---

60) 양창수(주 25), 80면.
61) 양창수(주 25), 98면.
62) 2008년 전원합의체 판결의 대법관 안대희, 대법관 양창수의 반대의견.

익 또는 권리라고 볼 수 있는지 그 이론적 근거는 사후인격권에 관한 논의에서도 찾을 수 있다. 이하에서는 사후인격권에 관한 비교법적 논의를 요약하여 시사점을 얻고, 우리나라에서의 논의를 2008년 전원합의체 판결 이후의 논의를 포함하여 살펴본 다음, 이를 토대로 유체의 사후처리에 관한 망인의 인격적 이익의 보호의 범위와 내용을 검토해보고자 한다.

(2) 비교법적 검토

(가) 독 일

독일의 통설과 판례는 사자의 인격권을 긍정한다. 독일 기본법 제1조 제1항에 의하면 인간의 존엄은 불가침이고, 이를 존중하고 보호하는 것이 모든 국가권력의 의무라고 한다. 그런데 이러한 의무는 개인의 사망으로써 종료되지 않는다고 한다. 그리고 사자의 인격권에 의하여 보호하려고 하는 것은 사자의 이익(Interessen des Toten)이라고 한다.[63]

사자의 인격권을 최초로 인정한 판례는 독일 연방대법원의 메피스토(Mephisto) 판결[64]이다. 독일 연방대법원은 위 판결에서 사망 이후에도 일반적 인격권은 존속하며 보호된다고 판시하고, 독일 기본법 제1조 제1항의 인간으로서의 존엄과 제2조 제1항의 인격의 자유로운 발현은 사람이 사망 이후 적어도 중대한 명예훼손적 왜곡에 대하여 자신의 생활상이 보호되는 것을 신뢰하고 그러한 기대를 하면서 살아가는 경우에만 충분히 보장된다고 판시하였다.[65] 독일 연방헌법재판소도 위 판결에 대한 헌법소원을 기각하면서, 독일 기본법 제1조 제1항에서 모든 국가권력에게 부과하고 있는 각 국민에게 인간 존엄의 침해에 대한 보호를 보장할 의무는 그 사람의 사망으로 인하여 끝나지 않는다고 판시하였다.[66]

63) 김재형, "모델소설과 인격권", 언론과 인격권, 박영사(2012)(최초 발표: 1997. 11.), 76-77면.

64) BHGZ 50, 133.

65) 장재옥, "유족의 사자에 대한 추모의 정-유족의 인격보호로의 법리구성-", 강원법학 제14권(2001), 281면.

66) BVerfGE 30, 173. 다만 독일연방헌법재판소는 그 인정근거에 있어서는 독일연방대법원과 견해를 일부 달리하여, 인격의 자유로운 발현에 관한 독일 기본법 제2조 제1항은 인격의 사후적 보호에 관한 인정근거가 될 수 없다고 판시하였다.

한편, 위 메피스토 판결에서는 사자의 인격보호를 실현할 권리는 사망자가 생전에 지정한 사람이 행사할 수 있고, 근친(nahen Angehörigen) 또한 이를 행사할 수 있다고 판시하였다. 이에 대하여는 사망자가 생전에 지정한 자가 근친보다 우선해야 한다고 보는 견해도 제시된다. 위 견해는 사망자의 의사를 우선 고려하는 것은 사망자의 존엄과 사람의 자율성에 대한 존중에 근거하며, 이는 살아있을 당시에 자신의 사후 인격 보호에 대한 결정을 내릴 권한을 당연히 포함하는 것이라고 설명한다.[67]

(나) 일　　본

일본에서는 직접보호설과 간접보호설로 학설이 나뉜다. 직접보호설은 독일 메피스토 판결과 같은 이유를 들어서 사망자 자신의 인격권 침해를 긍정하는 견해로서, 사망자의 권리를 유족이 대행한다고 본다. 반면, 간접보호설은 사람은 사망에 의하여 권리의무의 주체가 되는 적격을 상실하므로 그 일신전속권에 속하는 명예권 등의 개별적인 인격권도 따라서 소멸하여야 한다고 하여 사망자의 인격권을 부정하는 견해이다. 이는 유족 고유의 법익 침해를 이유로 유족의 보호를 도모함으로써 간접적으로 사망자에 대한 보호도 달성할 수 있다고 본다. 간접보호설에서 보호되는 유족 자신의 인격권이 무엇인지에 관하여는, 사망자의 인격권 침해를 매개로 하여 유족에 대한 불법행위의 성립을 인정하는 입장과, 유족의 사망자에 대한 경애, 추모의 정 등 유족 고유의 인격권이 침해된다는 입장 등으로 나눌 수 있다.[68] 일본의 하급심 판례 중에는 고인에 대한 유족의 경애추모의 정을 위법하게 침해한 행위는 불법행위를 구성한다고 본 판례들이 다수 있다.[69]

(다) 미　　국

미국 불법행위법 중 사후 명예훼손(posthumous defamation)과 관련하

67) Karl Larenz/Claus-Wilhelm Canaris, Lehrbuch des Schuldrechts, Ⅱ/2, 13. Aufl., 1994, S. 534: 권태상(주 32), 350면에서 재인용.

68) 장재옥(주 65), 277-279면.

69) 백대열, “사망자의 인격권 보호를 위한 입법제안-유족을 통한 간접적 보호에서 사망자 본인의 의사 존중으로”, 법조 제70권 제2호(2021), 150면.

여, 보통법(common law)에서는 사자의 명예가 훼손되었다는 이유로 그 유족이 민사소송을 제기할 수 없고, 다만 사자에 대한 명예훼손이 유족 자신의 명예도 침해하게 되는 경우에는 예외라고 본다.[70] 미국의 제2차 불법행위법 리스테이트먼트 제560조는 이를 명문으로 규정하고 있다.

미국 판례들이 사망자의 명예훼손을 민사소송에서의 소인(訴因)으로 받아들이지 않는 이유로는 ① 명예훼손의 소인은 물적 소인이 아닌 개인적 소인으로서 사망과 함께 소멸한다거나, ② 위 소인의 범위와 경계를 확정하기 어렵다거나, ③ 이를 인정하게 되면 역사적 연구 등을 위축시킬 우려(chilling effect)가 있다는 점 등을 든다.[71]

(3) 우리나라의 논의

우리나라에서도 사자의 인격권과 관련하여, 사자의 인격권을 긍정하여야 한다는 견해(이른바 '직접보호설')와, 이를 부정하고 유족에 대한 불법행위로 해결해야 한다는 견해(이른바 '간접보호설')가 제시되어 왔다.

사자의 인격권을 긍정하여야 한다는 견해는 ① 헌법상 인간의 존엄과 가치를 실효성 있게 보장하기 위해서는 적어도 당사자가 사망한 이후에도 그 인격권을 중대하게 훼손시키는 왜곡으로부터 보호를 받을 수 있는 제도적 장치가 있어야 한다는 점, ② 사자의 명예훼손죄에 관한 형법 제308조, 사망한 사람의 저작인격권 보호에 관한 저작권법 규정, 사망자의 인격권을 생존자의 경우와 마찬가지로 보호하고 있는 「언론중재 및 피해구제 등에 관한 법률」(이하 '언론중재법'이라 한다) 제5조의2 등과 같이 사망한 사람의 인격권을 직접적인 보호대상으로 하는 실정법 규정이 이미 마련되어 있는 점, ③ 저작인격권 등과 비교하여 보더라도 생명, 신체, 명예 등과 관련된 인격권을 침해하는 경우에 대하여 아무런 보호를 하지 않는다는 것은 불합리한 점, ④ 특히 사자의 인격권이 침해되었으나 유족의 인격권이 침해되지 않았거나 그 침해 정도가 매우 작아서 유족의 인격권에 기해서는 금지청구 등 구제수단을 행사할 수 없는 경우

70) 김재형(주 63), 80면.
71) 백대열(주 69), 152면.

또는 사자의 인격권과 유족의 권리가 충돌하는 경우에 간접보호설로는 사자의 인격권을 보호할 수 없다는 점에서 직접보호의 실익과 필요성이 있는 점 등을 주요한 근거로 제시한다.[72]

반면 유족의 인격권을 통하여 간접적으로 사자의 명예 등을 보호하여야 한다는 견해는 ① 사자는 권리능력이 없으므로 인격권의 주체가 될 수 없고, 인격권은 일신전속권이므로 상속인이 사자의 인격권을 행사할 수도 없다는 점, ② 사자에 대해서는 사회에서의 존재와 활동의 전제가 되는 가치를 보호할 필요가 없고, 따라서 법적 보호이익은 유족의 인격권 또는 유족이 사자에 대하여 가지는 존경의 감정이라는 점, ③ 형법상 사자의 명예훼손죄가 사자의 명예를 보호법익으로 한다고 하더라도 이는 사자의 명예가 법익으로서 보호대상이 된다는 것에 불과하고, 저작권법과 언론중재법의 규정은 법률에서 특별히 보호규정을 둔 것으로서 개별 입법을 통하여 사자의 인격권을 보호대상으로 삼았을 뿐이라는 점 등의 논거를 제시한다.[73]

한편, 인격권이라는 권리의 귀속주체의 관점보다 사망자의 인격적 이익을 보호할 필요성을 강조하는 취지에서, ① 사람의 인격적 법익이 침해된 경우 시간적으로 사람이 사망한 이후에 침해가 발생하였다는 이유만으로 그 인격적 법익을 보호하지 않는 것은 부당하고, 설령 개별적인 입법이 없는 경우에도 사망한 사람의 인격적 법익의 보호 자체가 부정되어서는 안 된다는 견해,[74] ② 인격의 사후적 보호의 근거는 사망자의 인격적 이익의 사후적 효력에서 찾아야 하고, 다만 이를 사망자의 권리로 구성하는 것은 민법의 기본체계와 충돌하므로 사망자의 인격보호를 목적으로 하는 일반인들의 용태의무를 인정하는 것이 이론적으로 무리가 없으며, 이러한 이유에서 독일에서는 사후의 인격권(postmortales Persönlichkeitsrecht)이

72) 양창수 편집대표, 민법주해 I 제2판, 박영사(2022), 499면(김시철 집필부분); 김재형(주 63), 82면.

73) 양창수 편집대표(주 72), 500면(김시철 집필부분).

74) 권태상(주 32), 351-352면.

라는 용어보다 인격의 사후적 보호(Der postmortale Persönlichkeitsschutz)라는 용어가 널리 사용되고 있음을 지적하는 견해,[75] ③ 비슷한 취지에서, 권리능력과 사후 인격의 조화에 대한 견해 차이는 사망자에 대하여 권리를 지칭하는 인격권이라는 표현을 사용하였기 때문이라는 점을 지적하고, 사망자의 경우 인격보호의 필요성을 충분히 인정하고 이 경우에는 인격의 사후보호 또는 사후인격가치 등의 용어를 사용하는 것이 타당하다는 견해[76] 등이 제시되고 있다.

(4) 검 토

앞서 본 바와 같이 인격권이라는 법개념 자체가 인격적 성질을 가지는 개별적 이익에 대하여 개별적인 국면에서 법적 보호가 부여되는 것이 쌓여감으로써 점차로 형성되어 온 것임을 고려하면, 인격권을 사망자에 대해서도 일반적으로 인정할 것인지 여부에서부터 논의를 시작하는 것은 바람직한 접근방식이라고 보이지 않는다. 이는 권리능력이 없는 자에게 권리를 어떻게 인정할 수 있느냐에 관한 도그마틱한 논쟁으로 관점을 옮김으로써, 인격적 이익에 대해서 사후 보호가 법적으로 필요한지, 필요하다면 그 법적 보호의 내용과 한계가 무엇인지를 탐구하는 과정을 저해하는 측면이 있다. 같은 맥락에서, 2008년 전원합의체 판결에서 유체에 관한 망인의 의사에 법적 보호를 부여할 필요성을 지적하는 반대의견 1, 2에 대하여, 다수의견에 대한 보충의견[77]과 같이 사망자의 인격권 일

75) 허명국, "독일에서의 사자의 인격보호와 인격권의 간접적 침해에 관한 소고", 한림법학 FORUM 제20권(2009), 145면.

76) 장병일, "사자의 생전 법률행위와 사후 인격의 보호-대판 2008. 11. 20. 2007다27670(전원합의체) 판결을 중심으로-", 한독사회과학논총 제20권 제4호(2010), 157면.

77) 2008년 전원합의체 판결의 다수의견에 대한 대법관 이홍훈, 대법관 김능환의 보충의견에서는 인격권은 일신전속권으로서 그 주체의 인격에 전속하여 그 주체와 분리될 수 없는 것이므로 법률에 특별한 규정이 없는 한 그 귀속주체가 사망함에 따라 소멸한다고 보아야 한다는 입장을 취하였다. 특히 위 보충의견은 망인의 인격권에 근거하여 유체 처분방법 등에 관한 피상속인의 의사에 법적 구속력을 인정하자는 반대의견 1, 2에 대하여, 망인의 인격권을 직접 보호하는 것은 그 귀속주체가 누구인지, 누가 이를 행사할 것인지, 유족이 이를 대신 행사할 수 있다고 본다면 그 법률적 근거는 무엇인지, 만일 유족이 없는 사람은 어떻게 되는 것인지 등에 대한 문제가 남아 있음에도 섣불리 망인의 인격권을 일반적으로 인정하는 것

반으로 접근하여 도식적으로 간접보호설에 따라 유족 고유의 인격권 보호가 앞선다는 결론을 제시하는 것은 동의하기 어렵다. 인격권이 갖는 개괄권(Rahmenrecht)으로서의 특성상 사후에 어떠한 인격적 이익을 어느 범위까지 보호할 수 있을 것인지에 관하여는 세밀한 이익형량과 구체적인 내용형성이 필요한 것임에도, 이에 대하여 인격권은 구체적인 내용을 알기 어렵고 논거의 타당성이 검증되지 않았다고 반론하는 것은 단지 인격권의 본래 성질인 포괄성을 들어 반박하는 것에 불과하다.

그보다는 구체적인 영역에서 어떠한 인격적 이익을 어느 범위까지 인정할 것인지 유형적으로 살펴 내용 형성을 해나가는 과정이 필요하다. 사망자의 인격권과 관련하여 앞서 자세히 살펴본 기존의 논의는 대체로 사자의 명예와 프라이버시, 그리고 그 연장선상에서 퍼블리시티권을 중심으로 이루어져왔다. 이러한 사자의 명예와 관련된 침해는 유족의 인격적 이익에 대한 침해와 결부되는 경우가 많고, 이에 따라 간접보호설에서와 같이 유족의 인격권 침해로 해결하면 충분하다는 논의도 가능할 수 있다. 그러나 유체와 관련된 사망자의 인격적 이익은 무엇보다도 사망자 그 자신이었던 신체에 관한 인격권의 영역에 속한다고 볼 수 있다. 2008년 전원합의체 판결의 반대의견에서도 강조한 바와 같이, 유체에 관하여 사망자가 갖는 인격적 이익은 생전에 그가 자신의 신체에 대하여 갖는 자기결정권에 비추어 보면 그 어떤 인격적 이익보다도 사망자 본인이 생전에 명시적·추정적으로 행사하는 자기결정권이 중요한 영역이라고 볼 수 있다.[78]

또한, 유체에 관하여 사망자가 갖는 인격적 이익은 명예나 프라이버시에 관련된 인격적 이익과 비교해볼 때 유족의 인격적 이익과 충돌될 여지도 많고, 유족들 사이에서 각자의 의사가 다른 경우도 충분히 발생

은 곤란하다고 정면으로 반박하면서, 망인의 인격권은 유족 고유의 인격권 보호를 통해 간접적으로 보호한다는 이른바 간접적 보호설이 타당하다고 보았다.

78) 아래 Ⅳ. 3. (3)에서 살펴볼 헌법재판소 2015. 11. 26. 선고 2012헌마940 결정도 참조.

할 수 있다. 물론 이는 인격적 이익의 영역을 불문하고 사망자에 대하여 인격권을 직접 인정할 필요성과 연관된 것이기도 하지만, 명예의 경우에는 사망자의 사회적 평가와 관련된 것이므로 대외적인 관계에 있어서 유족과 사망자의 인격적 이익이 일치하거나 중첩될 영역이 상대적으로 넓다. 반면 유체의 처리는 주로 가족생활의 영역에 속하는 것이어서 가족 내부의 대내적 관계에 있어서 사망자 자신과 유족간, 또는 유족 개개인간 인격적 이익이 서로 달라 충돌할 여지가 크다. 따라서 유체에 관하여서는 더욱 유족의 인격적 이익과 구별되는 사망자의 생전 의사와 사망자 본인의 인격적 이익에 대한 고려를 간과해서는 안 된다.

앞서 Ⅲ.에서 살펴본 바와 같이 비교법적으로 다수의 법제에서 장례나 매장장소 지정 등 유체의 사후처리에 관하여 사망자의 의사를 우선적으로 고려할 뿐만 아니라, 설령 그것이 유족을 배제하는 의사결정이더라도 사망자의 의사가 우선하도록 하여 사망자의 생전 의사와 인격적 이익을 우위에 두고 있는 것도 같은 맥락에서 이해할 수 있다.

이처럼 유체의 사후처리에 있어 사망자 고유의 인격적 이익은 유족의 인격적 이익과는 별개의 것으로서 고려되어야 한다. 그렇다면 결국 유체에 관한 사망자의 인격적 이익과 유족의 인격적 이익이 충돌하는 국면에서는 양자 사이의 비교형량이 문제된다. 즉, 사망자가 생전에 자신의 유체에 대해 내린 결정이 사후에 존중받을 것을 기대하는 인격적 이익 내지는 자신의 유체가 인간으로서의 존엄에 반하지 않도록 관리될 것을 기대하는 인격적 이익을 우선할 것인지 아니면 사망자의 의사로부터 벗어나고자 하는 유족의 이익을 더욱 보호할 것인지가 문제되는데, 유족에게는 망인에 대한 경애·추모의 감정만이 문제된다는 점[79]과, 이러한 감정상의 이익은 법적으로는 원칙적으로 고려되지 아니한다는 점을 아울러 고려하면, 후자의 이익이 보다 보호가치가 있다고 판단하게 할 법적인 근거를 쉽게 찾기는 어렵다.[80]

79) 김재형, "(2000년대 민사판례의 흐름) 채권법", 민사판례연구 제33-2권, 박영사 (2011), 347면.

3. 실정법적 체계정합성 측면

(1) 사망자의 인격적 이익을 보호하는 대표적인 입법 사례

사망자의 인격적 이익을 사후에도 법적으로 보호하는 태도는 여러 개별적인 입법에서 확인된다. 앞서 사자의 인격권에 관한 논의에서 이미 언급되었으므로 간략히 살펴보면, 형법 제308조에서 규정한 사자의 명예훼손죄는 '사자에 대한 사회적, 역사적 평가'를 보호법익으로 하므로, 이 규정은 사자의 명예를 훼손하는 행위를 처벌하는 것이지, 유족의 경건감정을 침해한 것을 처벌하는 것이라고 볼 수 없다.[81] 그리고 저작권법 제14조 제2항 본문은 "저작자의 사망 후에 그의 저작물을 이용하는 자는 저작자가 생존하였더라면 그 저작인격권의 침해가 될 행위를 하여서는 아니 된다."라고 규정하여 망인의 저작인격권이 사후에도 일정한 범위 내에서 보호되도록 하고 있다. 또한, 언론중재법 제5조의2에서는 "사망자의 인격권 보호"라는 표제 아래 제1항에서 "제5조 제1항의 타인에는 사망한 자를 포함한다."라고 규정하여, 언론, 인터넷뉴스서비스 및 인터넷 멀티미디어 방송에 의한 인격권 침해의 구제 대상에 사망자를 명시적으로 포함하고, 만일 침해한 경우 그 구제절차를 수행할 유족의 순서, 사망자의 인격권이 보호되는 원칙적인 기간 등을 정하고 있다.

(2) 신체 또는 유체에 관한 사망자의 인격적 이익과 의사를 법적으로 보호하는 개별 입법 사례

「장기 등 이식에 관한 법률」(이하 '장기이식법'이라 한다) 제22조 제3항 제1호에서는 본인이 뇌사 또는 사망하기 전에 장기등의 적출에 동의한 경우에만 장기등의 적출이 가능한 것으로 규정하면서, 다만 그 가족 또는 유족이 장기등의 적출을 명시적으로 거부하는 경우는 제외하는 것으로 정하고 있다. 위 규정은 사망자가 사망하기 전에 자신의 장기등의 적

80) 김형석(주 8), 1025면.

81) 김재형, "인격권에 관한 입법제안", 언론과 인격권, 박영사(2012)(최초 발표: 2011), 441면.

출에 관하여 생전에 밝힌 동의를 1차적으로 고려하고, 다만 예외적으로 가족이나 유족의 거부의사를 고려하도록 함으로써 사망자의 의사와 유족의 의사 간 이익형량을 입법적으로 해결하였다고 볼 수 있다.[82)] 그리고 「인체조직안전 및 관리 등에 관한 법률」(이하 '인체조직법'이라 한다) 제8조 제1항은 유체에서 인체조직을 채취하려는 경우에도 거의 동일한 취지로 규정하고 있다.

「시체 해부 및 보존 등에 관한 법률」(이하 '시체해부법'이라 한다) 제4조 제1항[83)] 제1호에서는 유언자가 시체의 해부에 관하여 민법에 따른 방식을 갖추어 유언한 경우에 그의 시체는 유족의 동의가 없어도 해부할 수 있는 것으로 규정하여, 자신의 사후에 유체를 해부용 시신으로 기증하고자 하는 사망자의 생전 의사표시에 법적 구속력을 부여하고 있다. 특히 2015. 12. 29. 법률 제13652호로 개정된 시체해부법은 제4조 제1항 제1호의2를 신설하여 "본인의 시체 해부에 동의한다는 의사표시, 성명 및 연월일을 자서 · 날인한 문서에 의한 동의"가 있으면 마찬가지로 유족의 동의가 없어도 해부할 수 있는 것으로 규정함으로써, 민법에 따른 엄격한 유언의 방식을 갖추지 않더라도 본인의 시신기증의사가 서면 동의에 의해 명확히 표시되면 그 생전 의사표시에도 법적 구속력을 부여하는 것

---

82) 한편, 장기이식법상 장기 적출 동의에 관한 위 규정이 유체에 대한 망인의 의사지배를 기본적으로 인정하는 바탕 위에 있는 입법 사례라고 보는 견해(가령 2008년 전원합의체 판결 반대의견 1)와, 본인의 적출 동의에도 불구하고 가족 또는 유족이 명시적으로 거부할 수 있도록 한 단서 규정을 들어 유족 고유의 인격권을 보호하는 취지라고 해석하는 견해(가령 2008년 전원합의체 판결 다수의견)를 각기 상정해볼 수 있으나, 유족의 거부의사를 고려하도록 한 위 단서 규정은 입법자가 장기 적출이라는 특수하고 어려운 문제에 대하여 내린 입법적 결정이라고 할 것이고, 위 규정을 들어서 망인이 자신의 유체에 대한 장례방법 등 통상적이고 일반적인 사후처리에 관하여 갖는 의사 내지 인격적 이익에 대하여까지 유족 고유의 인격권이 앞선다고 볼 수는 없다. 김형석(주 8), 1026면, 주 20.

83) 시체해부법 제4조(시체 해부에 대한 유족의 동의)

① 시체를 해부하려면 그 유족의 동의를 받아야 한다. 다만, 다음 각 호의 어느 하나에 해당할 때에는 그러하지 아니하다.

1. 시체의 해부에 관하여 「민법」 제1060조에 따른 유언이 있을 때

1의2. 본인의 시체 해부에 동의한다는 의사표시, 성명 및 연월일을 자서 · 날인한 문서에 의한 동의가 있을 때

으로 개정하였다. 자신의 사후 유체의 처리에 관한 사망자의 생전 의사에 대해서는 유언의 방식을 반드시 요하지 아니하고도 법적 구속력을 개별 입법을 통해 부여할 수 있음을 보여준다는 점에서 유체에 관한 사망자의 인격적 이익이 문제되는 다른 문제영역에도 참고할 만하다.

(3) 무연고 시신에 관한 사망자의 인격적 이익을 보호하는 입법 사례

(가) 무연고 시신의 해부용 시체 제공

구 장사법(2023. 3. 28. 법률 제19299호로 개정되기 전의 것) 제12조 제1항은 "시장등은 관할 구역 안에 있는 시신으로서 연고자가 없거나 연고자를 알 수 없는 시신에 대해서는 일정 기간 매장하거나 화장하여 봉안하여야 한다"고 규정하여 지방자치단체의 장으로 하여금 무연고 시신에 대한 처리 의무를 부과하는 한편, 그 단서에서 "다만, 다른 법률에 특별한 규정이 있는 경우에는 그러하지 아니하다"고 하여 다른 법률에 의한 무연고 시신 처리의 예외를 인정하고 있었다. 그중 하나가 구 시체해부법(2016. 2. 3. 법률 제13998호로 개정되기 전의 것, 이하 '구 시체해부법'이라 한다) 제12조로서, 위 규정에서는 인수자가 없는 시체가 발생한 경우 지방자치단체의 장이 의과대학의 장에게 통지하고, 의과대학의 장이 교육이나 연구를 위하여 시체의 제공을 요청할 때에는 그 요청에 따르도록 하여 무연고 시체를 의과대학의 연구용 등으로 활용할 수 있도록 정하고 있었다.[84)]

---

84) 구 시체해부법(2016. 2. 3. 법률 제13998호로 개정되기 전의 것) 제12조(인수자가 없는 시체의 제공 등)

① 특별자치시장 · 특별자치도지사 · 시장 · 군수 · 구청장은 인수자가 없는 시체가 발생하였을 때에는 지체 없이 그 시체의 부패 방지를 위하여 필요한 조치를 하고 의과대학의 장에게 통지하여야 하며, 의과대학의 장이 의학의 교육 또는 연구를 위하여 시체를 제공할 것을 요청할 때에는 특별한 사유가 없으면 그 요청에 따라야 한다. 다만, 14세 미만으로 인정되는 시체의 경우에는 그러하지 아니하다.

② 특별자치시장 · 특별자치도지사 · 시장 · 군수 · 구청장은 제1항에 따라 시체를 제공하려면 일간신문에 2회 이상 공고하여야 한다.

③ 제1항에 따라 제공받은 시체는 사망이 확인된 날부터 60일이 지나기 전에는 해부할 수 없다.

④ 특별자치시장 · 특별자치도지사 · 시장 · 군수 · 구청장은 제1항에 따라 시체를 제공하였을 때에는 그 의과대학의 장에게 시체 제공 증명서를 발급하여야 한다.

그러나 이와 같이 인수자가 없는 시체를 생전의 본인의 의사와는 무관하게 해부용 시체로 제공할 수 있도록 규정한 구 시체해부법 제12조 제1항 본문에 대하여 헌법재판소는 단순 위헌 결정을 하였다(헌법재판소 2015. 11. 26. 선고 2012헌마940 결정). 위 결정은 제한되는 기본권과 관련하여, 본인의 생전 의사에 관계없이 인수자가 없는 시체를 해부용으로 제공하도록 규정하고 있는 위 법률조항이 '시체의 처분에 대한 자기결정권'을 제한한다고 보았는데, 그 이유로 "만일 자신의 사후에 시체가 본인의 의사와는 무관하게 처리될 수 있다고 한다면 기본권 주체인 살아있는 자의 자기결정권이 보장되고 있다고 보기는 어렵다"는 점을 들었다.[85] 나아가 자기결정권 침해 여부와 관련하여 목적의 정당성과 수단의 적합성은 인정되나 침해의 최소성과 법익균형성 원칙을 위반하였다고 보았는데, 특히 침해의 최소성과 관련하여 의과대학에서 필요로 하는 해부용 시체는 다른 방법으로도 충분히 공급할 수 있고 장기이식법이나 인체조직법에서는 생전에 본인이 명시적으로 반대하는 경우 그의 의사와 무관하게 이식 또는 채취할 수 없도록 규정하고 있는 반면, 인수자가 없는 시체에 대하여는 본인의 반대 의사표시를 명시적으로 할 수 있는 절차를 두고 있지 않아 본인 의사와 무관하게 해부용 시체로 제공될 수 있도록 규정하고 있다는 점을 지적하였다.

한편, 인수자가 없는 시체를 교육·연구용으로 제공하는 것과 관련된 규정인 구 시체해부법 제12조부터 제15조를 삭제하는 것 등을 내용으로 하는 개정안은 이미 2013년과 2015년에 각각 의원안과 정부안으로 국

---

⑤ 제4항에 따라 시체 제공 증명서가 발급된 경우에는 「장사 등에 관한 법률」 제8조 제1항 및 제2항에 따른 신고가 있는 것으로 본다. 이 경우 시체 제공 증명서는 「장사 등에 관한 법률」 제8조제5항에 따른 신고증명서를 갈음한다.

⑥ 제1항에 따른 시체 제공의 시기·절차, 시체의 사진 촬영, 제2항에 따른 공고 사항, 그 밖에 시체의 제공 및 보관 등에 필요한 사항은 대통령령으로 정한다.

85) 이는 앞서 본 메피스토 판결에서 독일연방대법원이 독일 기본법 제1조 제1항의 인간으로서의 존엄 등은 사람이 사망 이후 적어도 중대한 명예훼손적 왜곡에 대하여 자신의 생활상이 보호되는 것을 신뢰하고 그러한 기대를 하면서 살아가는 경우에만 충분히 보장된다고 판시한 것과 맥락을 같이한다.

회에 제출되어 있었다. 개정법률안에 대한 검토보고서에는 무연고자의 경우 시신 해부에 대한 동의가 없었으므로 구 시체해부법 관련 규정은 무연고자인 사망자의 인권을 침해할 소지가 있다는 점에 대한 고려가 담겨 있다. 위 위헌결정 이후 시체해부법 일부개정법률안이 국회를 통과하여, 2016. 2. 3. 법률 제13998호로 개정된 구 시체해부법에서는 제12조부터 제15조가 삭제되었다. 이에 따라 인수자 없는 시체가 발생한 경우 더 이상 의과대학에 교육 또는 연구용으로 제공되지 않고, 다른 법률에 특별한 규정이 없는 한 장사법 제12조에 따라 일정기간 매장 또는 화장하여 처리하게 되었다.

(나) 무연고 사망자의 생전 의사표시에 따른 장례의식 주관자 지정

구 장사법(2023. 3. 28. 법률 제19299호로 개정되기 전의 것) 제12조[86]와 동법 시행령 제9조 및 시행규칙 제4조에서는 앞서 본 바와 같이 연고자가 없거나 연고자를 알 수 없는 시신에 대하여 지방자치단체의 장이 일정 기간 매장하거나 화장하여 봉안하도록 하고 이에 따른 매장·봉안 기간, 공고 방법 등 최소한의 절차만을 규정하고 있었고, 무연고 사망자의 장례 절차나 장례지원 방법, 장례주관자의 지정 등에 관하여는 법령에서 달리 정하고 있는 바가 없었다.

그러나 2023. 3. 28. 법률 제19299호로 개정된 장사법 제12조[87] 제1

---

86) 구 장사법(2023. 3. 28. 법률 제19299호로 개정되기 전의 것) 제12조(무연고 시신 등의 처리)
① 시장등은 관할 구역 안에 있는 시신으로서 연고자가 없거나 연고자를 알 수 없는 시신에 대해서는 일정 기간 매장하거나 화장하여 봉안하여야 한다. 다만, 다른 법률에 특별한 규정이 있는 경우에는 그러하지 아니하다.
② 시장등은 제1항에 따라 무연고 시신(無緣故 屍身) 등을 처리한 때에는 보건복지부령으로 정하는 바에 따라 지체 없이 공고하여야 하며, 공고한 사항을 보건복지부령으로 정하는 기간 동안 보존하여야 한다.
③ 제1항에 따른 매장 또는 봉안의 기간과 그 기간이 끝난 후의 처리 방법 등에 관하여 필요한 사항은 대통령령으로 정한다.
④ 제1항에 따라 시장등이 무연고 시신 등을 처리하는 경우 장례의식 등 최소한의 존엄이 보장되도록 국가나 지방자치단체가 장례비용 등을 지원할 수 있다.

87) 장사법 제12조(무연고 시신 등의 처리)
① 시장등은 관할 구역 안에 있는 시신으로서 연고자가 없거나 연고자를 알 수

항에서 시장 등으로 하여금 무연고 시신에 대하여 장례의식을 수행하도록 하여 공영장례의 법적 근거를 마련하는 한편, 특히 신설된 장사법 제12조 제2항에서는 무연고 사망자가 사망하기 전에 장기적 · 지속적인 친분관계를 맺은 사람 또는 종교활동 및 사회적 연대활동 등을 함께 한 사람, 사망한 사람이 사망하기 전에 본인이 서명한 문서 또는 유언의 방식으로 지정한 사람이 희망하는 경우에는 장례의식을 주관하게 할 수 있도록 하는 내용으로 무연고 시신의 처리에 관한 규정을 개정하였다.

종래에도 무연고 사망자의 장례와 관련하여서는 보건복지부 지침인 『장사(葬事)업무 안내』에 따라 ① 장사법 제2조 제16호 아목의 '시신이나 유골을 사실상 관리하는 자'(위 지침에서는 사실혼 관계, 지속적 돌봄관계, 장사법 제2조 제16호 가목 내지 사목에 해당되지 않는 친족관계 등이 여기에 포함되는 것으로 본다)에는 해당되지 않으나 친구, 이웃, 같은 종교활동 및 사회적 연대활동 등에 따라 장례 주관을 희망하는 경우와 ② 사망자가 생전에 공증문서나 유언장 등을 통해 사후 자신의 장례주관자로 지정하는 사람이 장례를 신청하는 경우에는, 지방자치단체가 확인조사 및 심의과정을 거친 후 장례주관자로서의 요건이 충족되면 장례를 지원해주는 '무연

없는 시신에 대해서는 조례로 정하는 바에 따라 장례의식을 행한 후 일정 기간 매장하거나 화장하여 봉안하여야 한다. 다만, 다른 법률에 특별한 규정이 있는 경우에는 그러하지 아니하다.

② 제1항에도 불구하고 시장등은 무연고 사망자가 사망하기 전에 장기적 · 지속적인 친분관계를 맺은 사람 또는 종교활동 및 사회적 연대활동 등을 함께 한 사람, 사망한 사람이 사망하기 전에 본인이 서명한 문서 또는 「민법」의 유언에 관한 규정에 따른 유언의 방식으로 지정한 사람이 희망하는 경우에는 장례의식을 주관하게 할 수 있다.

③ 시장등은 제1항에 따라 무연고 시신(無緣故 屍身) 등을 처리한 때에는 보건복지부령으로 정하는 바에 따라 지체 없이 공고하여야 하며, 공고한 사항을 보건복지부령으로 정하는 기간 동안 보존하여야 한다.

④ 제1항에 따른 매장 또는 봉안의 기간과 그 기간이 끝난 후의 처리 방법 등에 관하여 필요한 사항은 대통령령으로 정한다.

⑤ 제1항에 따라 시장등이 무연고 시신 등을 처리하는 경우 장례의식 등 최소한의 존엄이 보장되도록 국가나 지방자치단체가 장례비용 등을 지원할 수 있다.

⑥ 시장등은 제1항 및 제5항에 따른 업무를 장사업무 관련 법인 또는 단체에 위탁할 수 있다.

고 사망자 장례주관자 지정' 절차가 마련되어 있었다.[88] 그중에서도 사망자가 생전에 공증문서나 유언 등을 통해 자신의 사후 장례주관자를 지정하는 것은 최초 개정안으로 제출되었던 의원안에는 포함되어 있지 않았으나, '사망자의 의사를 존중하고 사망 후 장례절차·방법 등에 대한 생전 자기결정권 보장' 취지에서 사망자의 생전 의사표시에 의한 장례주관자 지정을 예시로 들고 있던 『장사(葬事)업무 안내』의 내용이 개정 법률에 반영되었다. 이에 따라 장사법상의 연고자가 없거나, 있더라도 사후에 그 연고자가 자신의 시신을 인수할 것을 기대하기 어려운 사람의 경우, 자신의 사망 후 장례에 관한 자기결정권 보장 차원에서 생전에 유언이나, 또는 유언이 아니더라도 자신이 서명한 문서를 통해 그 의사에 따른 장례주관자를 지정할 수 있는 법률적 근거가 마련되었다는 점에 주목할 필요가 있다.

4. 소　　결

유체를 둘러싼 법률관계에 있어서 유체의 본래적 속성인 '인격의 물적 요소의 연장'으로서의 성질을 고려하는 해석이 기본 바탕이 되어야 한다. 여기서 유체와 관련하여 고려되어야 할 법률상 이익으로서의 사망자의 인격적 이익이 무엇인지를 탐구하고자 사자의 인격권에 관한 논의도 함께 살펴보았다. 유체의 사후처리의 문제에 있어 사망자 고유의 인격적 이익은 유족의 인격적 이익과는 별개의 것으로서 고려되어야 한다. 그리고 유체와 관련하여 양자의 이익이 충돌하는 국면에서는 사망자 고유의 인격적 이익을 우위에 두어 해석하는 것이 타당하다. 한편, 유체에 대한 사망자의 인격적 이익을 기본적으로 인정하는 바탕 위에서 마련된 여러 실정법적 근거들도 확인된다. 특히 무연고 시신의 해부용 시체 제공에 관한 2015년 헌법재판소 결정과 2016년 시체해부법의 개정, 무연고 사망

88) 다만 『장사(葬事)업무 안내』는 법적 구속력이 없는 일종의 행정지침에 불과하여, 각 지방자치단체가 구체적인 업무처리나 조례에서 이를 따라야 할 법적 의무가 없고, 지방자치단체별 조례마다 내용이 다르다는 한계가 있었다.

자 장례주관자 지정에 관한 2023년 장사법 개정 등 최근의 입법 경향은 유체의 사후처리와 관련하여 사망자의 생전 자기결정권을 우선적으로 고려하고 있음을 강하게 시사한다. 2023년 전원합의체 판결의 다수의견과 별개의견 모두 유체의 귀속주체로서의 제사주재자를 결정하는 데 있어 피상속인의 의사를 중요하게 고려하는 입장을 채택하였다는 점은 위와 같은 이론적, 실정법적 근거에 의해 지지된다. 이하에서는 이와 같은 이해를 기초로 대상판결을 다시 읽어보고자 한다.

Ⅴ. 대상판결의 이해

1. 피고의 주의의무와 관련하여 비판적으로 생각해볼 수 있는 부분

(1) 제1심과 원심에서 심리된 피고의 직무상 의무: 장사법 제13조에 따른 의무

제1심 판결과 원심 판결에서는 피고의 장사법 제12조에 따른 무연고자 시신 처리 의무의 위반 여부가 문제되거나 이에 관하여 판단한 내용이 보이지 않는 점으로 미루어, 당초 원고(망인의 동생)가 문제 삼은 피고의 위법행위는 이 사건 공설묘지의 설치·관리주체로서의 관리의무, 즉 장사법 제13조[89]에 따른 직무상 의무의 위반에 관한 것으로 보인다. 피고가 장사법 제13조 및 양주시 조례에 따라 '이 사건 공설묘지를 설치·관리하는 데 있어 관리인을 배치하거나 CCTV를 설치하는 등으로 관리'하여 분묘의 훼손이나 유골의 분실을 방지할 작위의무가 인정되는데도 이를 게을리한 직무상 의무 위반이 있다는 것이 요지이다.

이에 대하여 제1심 판결은 이 사건 공설묘지의 성격, 피고가 사용자로부터 받는 사용료나 관리비의 정도 등에 비추어 볼 때 피고가 이 사건 공설묘지를 설치 및 관리하는 데 있어 관리인을 배치하거나 CCTV

89) 장사법 제13조(공설묘지 등의 설치)
① 시·도지사 및 시장·군수·구청장은 공설묘지·공설화장시설·공설봉안시설 및 공설자연장지를 설치·조성 및 관리하여야 한다.
(이하 생략)

를 설치하여 지속적으로 분묘의 훼손이나 유골의 분실을 방지할 법률상 주의의무가 있다고 보기 어렵다고 판단하였고, 원심도 같은 취지로 판단하였다.

(2) 제1심과 원심에서 심리된 직무상 의무의 사익보호성에 대한 검토

판례는 공무원에게 직무상 의무가 인정되더라도 관련 법령의 해석상 사익보호성이 인정되지 아니하면 그 의무 위반으로 인해 국민에게 손해가 발생하였더라도 국가 또는 지방자치단체에게 배상책임을 인정하지 않는다(대법원 2001. 10. 23. 선고 99다36280 판결 등 참조). 그런데 공설묘지의 설치·관리에 관하여 정하고 있는 장사법 제13조에서는 지방자치단체장이 공설묘지·공설화장시설·공설봉안시설 및 공설자연장지를 설치·조성 및 관리하여야 한다고 규정하고 있을 뿐이고, 동법 시행령 제11조에서도 공설묘지·공설화장시설·공설봉안시설과 수목장림 등 공설자연장지의 구체적인 설치 및 조성기준에 관하여 정하고 있을 뿐 달리 국민 개인의 안전과 이익의 보호를 고려한 내용은 보이지 않는다. 또한, 장사법 제1조에서 규정하고 있는 바와 같이 장사법은 보건위생상의 위해를 방지하고 국토의 효율적 이용과 공공복리 증진을 위하는 목적으로 장사의 방법, 장사시설의 설치·조성·관리 등에 관한 사항을 주로 규정하고 있는 점에 비추어 보더라도, 장사법령의 기본적인 목적은 공공 일반의 전체적인 이익에 있다고 보이므로, 피고의 이 사건 공설묘지 설치·관리와 관련하여 그 근거법령인 장사법 제13조에서 사익보호성을 곧바로 인정하기는 어렵다고 판단된다.

(3) 대상판결이 제시한 직무상 의무의 사익보호성 논증에 대한 의문

반면, 대상판결은 아래에서 살펴볼 바와 같이 장사법 제12조의 무연고 시신 처리 의무와 관련하여 피고의 법령상 의무 위반을 인정하였는데, 이 경우에도 마찬가지로 무연고 시신 처리와 관련하여 장사법령에서 정한 직무상 의무에 사익보호성이 인정되는지에 대하여 근거 법령 전체의 취지와 목적, 개별 규정의 구체적 목적과 내용, 직무의 성질 등 제반 사정에 대한 개별적·구체적 고려에 기초한 논증이 필요하다(대법원 2000.

6. 9. 선고 98다55949 판결, 대법원 2009. 7. 23. 선고 2006다87798 판결, 대법원 2015. 5. 28. 선고 2013다41431 판결 등 참조). 그런데 대상판결은 여기서 오히려 상위규범인 국가의 헌법상 기본권 보호의무를 전면에 제시하고 있다는 점에서, 직무상 의무의 근거가 되는 법령의 사익보호성에 대한 논증을 일응 다하지 않은 인상을 준다. 국가는 당연히 법령을 준수하고 국민의 기본권을 보호할 의무가 있기 때문이다.

2. 유체에 대한 사망자의 인격적 이익의 법적 보호 관점에서의 새로운 이해

(1) 대상판결이 제시한 피고의 법령상 의무

대상판결은 장사법령상 무연고 시신 처리 의무에 새로이 주목한다. 장사법 제12조에서 정하고 있는 무연고 시신의 처리에 관한 법령상 의무는 제1심과 원심에서 구체적인 주장이나 판단이 이루어진 의무는 아니다. 그러나 원고는 피고의 이 사건 공설묘지의 설치·관리상의 법률상 주의의무 위반으로 인해 망인의 유골을 찾을 수 없게 된 것을 청구원인으로 삼았다고 볼 수 있고, 이 사건 공설묘지에 망인의 이 사건 분묘가 설치된 원인이 무연고 시신의 처리에 따른 것이었으므로, 원고가 주장하고자 하는 피고의 작위의무 위반을 공설묘지 설치·관리의무 측면에서 논하기 이전에 무연고 시신 처리에서의 직무상 의무 위반 측면에서 살펴 보는 것이 보다 근본적인 접근이라고 할 수 있다.

(2) 무연고 시신의 처리를 규율하는 법령의 해석과 사익보호성

(가) 유체에 대한 사망자의 인격적 이익 고려

무연고 시신의 처리를 규율하는 법령의 해석에는 유체의 사후처리를 둘러싸고 앞서 자세히 살펴 본 논의가 그대로 적용된다. 즉, 유체와 관련된 법률관계에서는 유체의 법적 지위를 소유권의 객체에 대한 목적적 제한의 차원에 머물러 보아서는 안 되고 유체의 본래적 속성인 사망자의 인격적 이익을 간과하지 않도록 해석에 주의를 기울여야 한다. 죽은 사람의 인격적 이익이 문제되는 여러 영역 중에서도 장례나 매장 등과 같이 유체의 보편적인 사후처리가 문제되는 국면에서 유체에 관하여 사망자가 갖는 인격적 이익은, 생전에 사람이 자신의 신체에 대하여 갖는 견고한 자기결정권의 연장선상에서 보면 사후에도 법적 보호 아래 있어야 할 타당성을 충분히 인정할 수 있다. 또한, 대상판결 사안은 망인과 유족인 원고의 인격적 이익이 충돌하는 사안은 아니지만, 만일 유체를 둘러싸고 사망자의 인격적 이익과 유족의 인격적 이익이 충돌하는 경우에는 후자가 후퇴하고 사망자의 인격적 이익을 먼저 그리고 중요하게 고려하는 것이 타당하다. 그리고 무엇보다도, 위와 같이 유체에 관하여 사망자가 갖는 인격적 이익을 법적으로 존중하고 보호해야 한다는 방향성은 2008년 전원합의체 판결과 2023년 전원합의체 판결 사이의 경향성 변화가 제시하고 있는 바이다.

다른 법률에 특별한 정함이 없는 한 무연고 시신의 처리 일반을 원칙적으로 규율하는 법령은 장사법 제12조이다. 달리 표현하면, 장사법 제12조는 장사법의 개별 규정이기도 하지만 유체의 사후처리라는 영역에서는 무연고 시신에 관한 한 일반법의 지위에 있기도 하다. 따라서 장사법 전체의 목적 규정이 일응 보건위생상의 위해 방지 등 공공 일반의 전체적인 이익 도모를 가리키고 있음에도 불구하고, 개별 규정인 장사법 제12조에 따른 무연고 시신 처리에 관한 직무상 의무를 해석하는 데 있어서는 유체에 관한 사망자의 인격적 이익에 대한 법적 존중이라는 사익보호 필요성을 고려하지 않을 수 없다. 덧붙여서, 비록 사후적 고려이기는 하나, 앞서 살펴본 바와 같이 2023. 3. 28. 법률 제19299호로 개정된 장사법 제12조에서는 무연고 사망자가 자신의 사망 후 장례에 관한 자기결정권 보장 차원에서 생전에 민법상 유언이나 자신이 서명한 문서를 통해 그 의사에 따른 장례주관자를 지정할 수 있는 법률적 근거가 마련되었다는 점을 아울러 고려하면, 무연고 시신의 처리에 관한 일반법인 장사법 제12조가 전적으로 공공 일반의 이익만을 위한 것이라고 해석되기는 더욱 어렵다.

(나) 무연고 시신에 대한 연고자의 법률상 이익 고려

대상판결 사안에서 원고의 형이 사망할 당시 시행되던 구 장사법

(2015. 1. 28. 법률 제13108호로 개정되기 전의 것) 제12조에서는 무연고 시체를 일정 기간 매장하거나 화장하여 봉안하도록 규정하고, 구 장사법 시행령(2015. 7. 20. 대통령령 제26418호로 개정되기 전의 것) 제9조에서는 그 기간을 10년[90]으로 정하는 한편, 매장 또는 봉안의 기간이 끝났을 때에는 일정한 장소에 집단으로 매장하거나 자연장하되 무연고 시신 등을 화장하지 않고 매장 또는 봉안한 경우에는 화장을 하여 비로소 종국적으로 처리할 것을 예정하고 있으며,[91] 구 장사법 시행규칙(2015. 7. 20. 보건복지부령 제334호로 개정되기 전의 것) 제4조에서는 장사법 제12조에 따라 무연고 시체를 처리하였을 때 사망자의 인적사항 등을 공고하고 그 공고사항을 10년 이상 보존하도록 규정하고 있다.

위와 같이 장사법령에서 무연고 시신의 매장 또는 봉안 기간을 정하면서, 그 기간이 끝난 후의 종국적인 처리 방법을 별도로 정하는 한편, 일정 기간 무연고 사망자의 인적 사항을 공고하고 그 공고 사항을 10년간 보존하도록 규정하고 있는 것은, 매장·봉안기간이 끝나기 전까지는 연고자가 무연고 사망자의 매장·화장·봉안된 장소를 확인하고 그 시신이나 유골을 인수할 기회를 보장하기 위한 것으로 볼 수 있다. 따라서 연고자로서는 매장·봉안기간 내라면 적어도 무연고 사망자의 매장·화장·봉안된 장소를 확인하여 그 장소에서 예우를 취하거나, 또는 그 시신이나 유골을 인수하여 봉제사를 할 수 있을 것이라는 기대를 법률상 보호받는다고 할 수 있고, 이 지점에서는 연고자가 사망자를 대신하는 지위에서가 아니라 연고자 본인의 지위에서 원고적격이 인정된다고 볼 수 있다.[92]

---

90) 2020. 1. 7. 대통령령 제30332호로 개정된 장사법 시행령에서는 무연고 시신의 매장 또는 봉안 기간을 5년으로 단축하였다.

91) 2018. 6. 19. 대통령령 제28981호로 개정된 구 장사법 시행령 제9조 제2항에서는 무연고 시신의 매장 또는 봉안의 기간이 끝났을 때에는 매장 또는 봉안이 되었던 유골을 화장(이미 화장된 유골은 제외)하여 장사시설 내 화장한 유골을 뿌릴 수 있는 시설에 뿌리거나 자연장하도록 개정하여, 산골(散骨)의 방식으로써 비로소 종국적으로 처리하도록 하고 있다.

92) 한편, 무연고 시신의 처리에 관한 규정에서 연고자를 상정하여 고려하는 것이

(3) 대상판결의 논증에 대한 타당한 이해

대상판결이 장사법 제12조의 사익보호성을 논증하는 데에 국가의 기본권 보호의무를 전면에 제시한 취지는 위와 같은 맥락을 바탕으로 할 때 비로소 이해할 수 있다. 장사법 제12조의 해석에 있어 기본적·우선적으로 고려해야 하는 법률상 이익은 유체에 대한 사망자의 인격적 이익이다. 이와 아울러서 연고자가 보호기간 내에 있는 한 무연고 시신을 인수하여 사망자에 대한 봉제사를 하거나 적어도 무연고 시신이 매장된 해당 분묘 또는 유골이 안치된 봉안시설에서 추모하려는 인격적 이익도 장사법 제12조의 보호범위 내에 있다. 그리고 사망자와 유족의 이와 같은 법률상 이익은 모두 헌법 제10조에서 보장하는 개인의 인격권과 행복추구권을 직접적인 권원으로 삼는다고 볼 수 있다. 특히 죽은 사람의 인격적 이익이 문제되는 영역에서 이를 보호해야 할 정당성을 국가의 기본권 보호의무 차원에서 이해하는 태도는 메피스토 사건에서 독일연방대법원이 사망 이후에도 일반적 인격권이 존속하는 근거로 독일 기본법 제1조 제1항의 인간으로서의 존엄을 제시한 이래, 그에 대한 헌법소원에서 독일연방헌법재판소가 '모든 국가권력에게 부과하고 있는 각 국민에게 인간 존엄의 침해에 대한 보호를 보장할 의무는 그 사람의 사망으로 인하여 끝나지 않는다'고 판시한 데에서 그 유래를 찾을 수 있다. 대상판결이 '인간으로서의 존엄과 가치에 관한 근본적인 내용을 구성하는 사후 시체

가능한지 의문이 있을 수 있다. 그러나 "연고자"의 정의 규정인 장사법 제2조 제16호의 아목에서는 '가목부터 사목까지에 해당하지 아니하는 자로서 시신이나 유골을 사실상 관리하는 자'도 연고자에 해당하는 것으로 규정하고 있는데, 『장사(葬事)업무 안내』에 따르면 위 규정에 따른 연고자에는 사실혼 관계나 공부상 등록되지 않은 친자관계 등 가족관계등록부 등 공부상으로는 가족관계가 확인되지 않으나 실제로는 장사법 제2조 제16호 가목 내지 바목의 유족으로 볼 수 있는 경우, 조카 또는 며느리 등 장사법 제2조 제16호 가목 내지 사목에 해당되지 않는 친족관계인 경우, 장기간 지속적으로 동거하며 생계나 주거를 같이 한 경우, 실질적 부양이나 경제적 지원 및 정서적 유대관계가 확인되는 경우, 지속적 간병이나 돌봄을 제공한 경우 등을 광범위하게 포함하는 것으로 실무가 운영되고 있다. 오늘날과 같이 가족의 형태가 다양해지고 1인 가구가 늘어나는 현실을 고려하면, 장사법 제2조 제16호 가목 내지 바목에서 예정한 유족이 아니더라도 아목에 해당되는 연고자의 존재를 충분히 예상할 수 있다.

의 처리에 있어서 무연고 사망자의 인간으로서의 최소한의 존엄성을 보장'하는 것과 '연고자가 일정 기간 내에 무연고 사망자에 대해 적절한 예우를 취하거나 시신·유골을 인수할 기회를 보장'하는 것을 병렬적으로 제시하면서 이를 '실질적으로 보장하기 위해서는 기본권 행사의 실질적인 조건을 형성하고 유지하는 국가의 적극적인 활동을 필요로 한다'고 판시한 것은 위와 같은 내용을 함축한 것으로 볼 수 있다.

3. 대상판결의 의의

유체가 함의하는 그 사망자의 인격적 이익은 2008년 전원합의체 판결의 반대의견 1이 판례에 처음 전면적으로 등장시킨 이래, 2023년 전원합의체 판결에서는 유체의 귀속권자인 제사주재자를 결정하는 데 있어 피상속인의 명시적·추정적 의사를 중요하게 고려하여야 한다는 다수의견과 별개의견의 공통의 전제로 발전하였다. 이와 같이 2023년 전원합의체 판결이 유체의 사후처리에 관한 사망자의 인격적 이익을 제사주재자 결정이라는 국면에서 피상속인의 의사를 적극적으로 고려하는 방안으로써 법적 존중을 실현하였다면, 대상판결은 유체의 사후처리에 관한 사망자의 인격적 이익 그 자체를 강조했다는 데에 큰 의의가 있다. 대상판결 사안에서 연고자 본인의 경건감정 침해만을 이유로 제시할 수도 있었을 것이다. 그러나 대상판결은 앞서 자세히 본 2008년 전원합의체 판결과 2023년 전원합의체 판결로 이어지는 경향성 변화의 연장선상에서 이해되어야 한다. 대상판결은 무연고 시신의 처리에 있어 무연고 사망자의 인격적 이익을 고려하여 "자신의 신체에 대한 권리는 인격권의 핵심으로 당사자가 살아있는 동안에는 물론 그 사후에도 최대한 존중되어야 한다"고 판시하였는데, 이는 2008년 전원합의체 판결의 반대의견 2에서 판시한 내용과 동일하다는 점도 지적하지 않을 수 없다. 이와 같이 대상판결은 2008년 전원합의체 판결에서 촉발되어 2023년 전원합의체 판결이 제시한 관점 변화를 반영하여, 유체에 관한 법률관계를 다루는 데에 있어 사망자의 인격적 이익의 보호를 고려한 해석을 적극적으로 한 첫 대법원

판결로서의 의미가 있다. 대상판결은 유체에 관한 법률관계에 있어 전원합의체 판결이 제시하고 있는 관점 변화의 연장선상에서 이해되어야 하고, 유체의 사후처리에 관한 사망자의 인격적 이익 보호를 적극적으로 고려하는 방향성을 제시하였다는 점에서 타당하다.

[Abstract]

Legal protection of a decedent's personality rights regarding the disposal of the dead body

– Commentary on Supreme Court en banc Decision 2018Da248626 Decided May 11, 2023 and Supreme Court Decision 2021Da286000 Decided June 29, 2023 –

Kim, Chan Mi*

In its interpretation of the statutory obligation of the head of a local government to dispose of an unclaimed dead body, which is stipulated in Article 12 of the Act on Funeral Services, the subject case (Supreme Court Decision 2021Da286000 decided June 29, 2023) elucidated that the statutory obligation includes the obligation to reasonably manage the unclaimed dead body, rather than merely burying and cremating the body in a certain period of time. Furthermore, the obligation to dispose of an unclaimed dead body under the Act on Funeral Services is explained in terms of the state's obligation to protect fundamental rights. In addition to the bereaved family's right to commemorate the deceased, the Court also cited the deceased's personality rights regarding the posthumous disposal of his or her body. The Court stated that "the right to one's own body is fundamental to the right to personality and must be respected in the most comprehensive manner possible, even after death. The disposition of the body following death represents a fundamental aspect of human dignity."

The initial case to address the matter of posthumous disposal of the dead body from the perspective of the deceased's posthumous personality

* Judge, Seoul Administrative Court.

rights was Supreme Court en banc Decision 2007Da27670 decided November 20, 2008, which ruled on the method of determining the person who will superintend ancestral rites. In the event of a discrepancy between the decedent's intention regarding the method of the disposal of his or her remains and the intention of the person superintending ancestral rites, who is the successor to the decedent's remains, the majority opinion initially sought to ascertain the rightful owner of the decedent's remains. Subsequently, it was determined that the wishes of the decedent in relation to a living holder (successor in title) are merely a matter of moral obligation by that holder. However, some dissenting opinions highlighted the necessity to provide legal protection to the deceased's wishes concerning their corpses in the context of posthumous personality rights and the exercise of the right to self-determination. In this regard, the recent Supreme Court en banc Decision 2018Da248626 decided May 11, 2023, altered the method of determining the person who will superintend ancestral rites. Notably, both the majority and dissenting opinions in the 2023 Supreme Court en banc Decision explicitly considered the deceased's wishes in determining the person who will superintend ancestral rites. This strongly suggests a shift in the jurisprudence towards legally respecting and protecting personality rights of the deceased regarding the posthumous disposal of the remains.

In the context of comparative law, numerous legal systems afford priority to the wishes of the deceased with regard to the posthumous disposal of their dead bodies. In some instances, these wishes are even accorded legally binding effect, even when they are to the exclusion of the bereaved. This approach effectively prioritizes the wishes and personality rights of the deceased. The rationale for the legal respect and protection of the deceased's personality rights regarding the posthumous disposal of corpses can be found in three key areas of discussion: the legal status of corpses, posthumous personality rights, and the harmonization of the legal framework. There is a theoretical basis for the argument that the personality element, which is an inherent property of corpses, should be subjected to detailed consideration in the context of legal relations surrounding corpses. It is essential to examine the scope and boundaries of legal protection afforded to the personality element inherent to corpses. It is crucial to comprehend personality rights of the deceased in relation to the corpses within the context of the deceased's personality rights and the right to self-determination with regard to their own body. Furthermore, personality rights of the deceased in relation to the posthumous disposal of their remains are distinct from those of the bereaved. In the event of a conflict between the two, it is appropriate to prioritize personality rights of the deceased. Furthermore, recent legislative developments, including Constitutional Court Decision on unclaimed corpses offered to medical school as cadavers (2021Hun-Ma940 decided November 26, 2015), the 2016 amendment to the Act on Dissection and Preservation of Corpses, and the 2023 amendment to the Act on Funeral Services regarding the designation of a funeral celebrant in accordance with the will of the unclaimed dead also prioritize the deceased's personality rights regarding their dead bodies, which aligns with the evolving trend in our jurisprudence.

In light of the aforementioned discussion, it becomes evident that the paramount legal interest to be taken into account when interpreting the Act on Funeral Services, which pertains to the obligation to dispose of unclaimed dead bodies, is the deceased's personality rights on their remains. The rationale behind the subject decision can thus be elucidated. The 2023 Supreme Court en banc Decision affirmed the deceased's personality rights regarding the posthumous disposal of their corpses as a means of actively considering the wishes of the decedent in the context of determining the person who will superintend ancestral rites. The subject decision recognizes and emphasizes the deceased's personality rights regarding the posthumous disposal of corpses in and of itself. The subject decision should be understood as an extension of the change of perspective set out in the Supreme Court's en banc decisions on the law relating to corpses. The Supreme Court's decisions are pertinent in that it provides an interpretation that actively considers the protection of the deceased's posthumous personality rights.

[Key word]

- posthumous disposition of the body
- posthumous personality rights
- the right to self-determination
- unclaimed dead body
- the Act on Funeral Services

참고문헌

[국내문헌]

1. 단 행 본

곽윤직/김재형, 민법총칙(제9판), 박영사(2013).
김상용, 민법총칙, 화산미디어(2009).
김용덕 편집대표, 주석 민법 총칙 2(제5판), 한국사법행정학회(2019).
백태승, 민법총칙, 집현재(2016).
서광민, 민법총칙, 신론사(2007).
송덕수, 민법총칙, 박영사(2015).
양창수 편집대표, 민법주해 I (제2판), 박영사(2022).
______, 민법주해 II (제2판), 박영사(2022).
윤진수 편집대표, 주해상속법 제1권, 박영사(2019).
윤진수, 친족상속법 강의(제5판), 박영사(2023).
이영준, 민법총칙, 박영사(2007).
일본민법전(역 권철), 법무부(2011).

2. 논 문

고철웅, "유체, 유해의 사후처리 법리에 관한 비교법적 검토-대법원 2023. 5. 11. 선고 2018다248626 전원합의체 판결을 소재로 하여-", 법조 제73권 제4호, 법조협회(2024. 8.).
권태상, "자신의 유체에 관한 사망자의 인격권", 법학논총 제33권 제2호, 단국대학교 법학연구소(2009).
김상훈, "유해의 귀속주체로서의 제사주재자", 민사법연구 제28권, 대한민사법학회(2020).
______, "일본민법상 제사재산승계규정의 변천에 관한 소고", 가족법연구 제21권 제2호, 한국가족법학회(2007).
김재형, "2008년 민법 판례 동향", 민법론 IV, 박영사(2011)(최초 발표: 2009).
______, "모델소설과 인격권", 언론과 인격권, 박영사(2012)(최초 발표: 1997. 11.).

______, “인격권에 관한 입법제안”, 언론과 인격권, 박영사(2012)(최초 발표: 2011).

______, “(2000년대 민사판례의 흐름) 채권법”, 민사판례연구 제33-2권, 박영사(2011).

김판기, “분묘 등의 승계에 관한 민법 제1008조의3의 해석론－대법원 2008. 11. 20. 선고 2007다27670 전원합의체 판결을 중심으로－”, 법학연구 제21권 제3호, 충북대학교 법학연구소(2010).

김형석, “유언의 성립과 효력에 관한 몇 가지 문제”, 민사판례연구 제38권, 박영사(2016).

박동규, “민법 제1008조의3에서 정하는 제사주재자의 결정방법”, 사법 제65호, 사법발전재단(2023).

배현미 · 최진솔 · 김제완, “제사주재자의 유골인도청구권을 인정한 판례 법리에 대한 비판적 고찰－영미법상 사체 · 유해 관련 법리의 시사점－”, 가족법연구 제36권 제2호, 한국가족법학회(2022).

백대열, “사망자의 인격권 보호를 위한 입법제안－유족을 통한 간접적 보호에서 사망자 본인의 의사 존중으로－”, 법조 제70권 제2호, 법조협회(2021).

송경근, “제사주재자의 결정방법과 망인 자신의 유체 · 유골에 관한 처분행위의 효력 및 사자의 인격권”, 대법원 판례해설 제77호, 법원도서관(2009).

성중모, “인체와 그 부분의 사법적 지위－대법원 2008. 11. 20. 선고 2007다27670 판결 평석을 겸하여－”, 고려법학 제69권, 고려대학교 법학연구원(2013).

양창수, “분리된 인체부분의 법적 성격”, 민법연구 제9권, 박영사(2007).

유지홍, “첨단 생명의료과학에 근거한, 시체의 민법상 지위 고찰”, 생명윤리정책연구 제8권 제2호, 이화여자대학교 생명의료법연구소(2014).

윤진수, “이용훈 대법원의 민법판례”, 민법논고 Ⅶ, 박영사(2015)(최초 발표: 2011).

이경희, “일본민법상 제사재산의 승계에 관한 연구”, 가족법연구 제15권 제2호, 한국가족법학회(2001).

이계정, “2023년 민법 판례 동향”, 서울대학교 법학 제65권 제2호, 서울대학교 법학연구소(2024).

이준형, “소유권에 기한 유체인도청구의 허용 여부－대법원 2008. 11. 20. 선고 2007다27670 전원합의체 판결－”, 의료법학 제11권 제1호, 대한의료법학회(2010).

장병일, "사자의 생전 법률행위와 사후 인격의 보호-대판 2008. 11. 20. 2007다27670(전원합의체) 판결을 중심으로-", 한독사회과학논총 제20권 제4호, 한독사회과학회(2010).

장재옥, "유족의 사자에 대한 추모의 정-유족의 인격보호로의 법리구성-", 강원법학 제14권, 강원대학교 비교법학연구소(2001).

전효숙, "제사주재자의 결정방법", 법학논집 제14권 제3호, 이화여대 법학연구소(2010).

정구태, "제사주재자의 결정방법에 관한 소고", 경희법학 제45권 제4호, 경희대학교 법학연구소(2010).

정다운, "유해에 대한 권리 귀속 결정의 기준-대법원 2023. 5. 11. 선고 2018다248626 전원합의체 판결을 중심으로-", 법조 제73권 제2호, 법조협회(2024).

최수정, "인체에 대한 권리관계의 새로운 패러다임", 법학논총 제29권 제1호, 한양대학교 법학연구소(2012).

허명국, "독일에서의 사자의 인격보호와 인격권의 간접적 침해에 관한 소고", 한림법학 FORUM 제20권, 한림대학교 법학연구소(2009).

[외국문헌]

Frank D. Wagner, Annotation, *Enforcement of preference expressed by decedent as to disposition of his body after death*, 54 A.L.R.3d 1037 (1973).

MünchKommBGB/Schneider, 9. Aufl. 2024, BGB §1815.

Philippe Ducor, *The Legal Status of Human Materials,* 44 Drake L. Rev. 195 (1996).

즉시연금보험 사건에서 보험약관을 통한 보험금의 확정과 약관의 편입*

이 병 준**

■요 지■

대상판결은 즉시연금 보험계약을 체결한 보험계약자가 보험자에게 사업비를 공제한 상태에서 보험금을 지급하였으나, 사업비 공제는 약관에 기재되어 있지 않았고, 단순히 지시문구만 있으며 교부되지 않은 산출방법서에만 기재되어 있었으므로 사업비의 공제는 계약의 내용이 되지 않았다는 이유로 보험금 전액을 청구한 사안을 대상으로 한다. 대상판결에서는 이와 같은 원고의 청구를 기각하였다.

대상판결처럼 교부되지 않은 산출방법서상의 내용 중 보험약관에 없는 내용이 보험계약의 내용으로 된다고 보기 위해서는, 보험약관을 규범설로 이해하고 상법 제638조의3을 약관법의 특칙규정으로 이해하여 약관의 편입에 관한 명시의무 위반의 법률효과를 부정할 때에만 성립할 수 있는 주장이다. 이러한 법리를 기초로 해서만 약관에 규정되지 않은 내용이더라도 산출방법서에 지시문구만 있으면 산출방법의 내용이 그대로 보험계약의 내용이 된다고 볼 수 있는 것이다.

본 논문은 보험약관에 이와 같은 특수법리가 적용되지 않고 다른 영역의

---

* 이 평석은 민사판례연구회 2024년 3월 월례회에서 발표한 것을 수정·보완한 것이다. 이때 좋은 토론을 하여 주신 박설아 교수님, 유형웅 판사님 그리고 김유성 교수님에게 감사의 인사를 전한다. 본 논문은 2024년 고려대학교 법학전문대학원 석탑연구비 지원에 의하여 이루어진 연구로 저스티스 통권 제201호에 게재되었다.

** 고려대학교 법학전문대학원 교수.

약관처럼 보험약관을 계약설을 기초로 이해해야 하며, 보험계약에도 약관법 제3조 제2항에서 설정한 약관의 편입요건이 그대로 적용됨을 논증하였다. 즉, 대법원 판례 입장처럼 보험약관도 계약설을 바탕으로 설명해야 하며, 상법 제638조의3은 약관법 제3조의 특칙규정이 아니라, 보험약관에도 약관법의 편입규정인 제3조 제2항이 중첩적용될 수 있다고 보았다. 그렇다고 한다면 사업비 차감사실을 약관에 밝히지 않고 산출방법서에서 일방적으로 규정한 경우에는 약관의 편입요건을 충족하지 않기 때문에 이를 보험계약의 내용으로 주장할 수 없게 된다.

보험자는 보험약관을 통하여 구체적인 보험금은 산출방법서를 통하여 확정할 수 있는 권한을 유보하고 있으며, 따라서 통상적으로 산출방법서는 보험금을 특정할 권한에 기초하여 구체적인 보험금을 산출하는 계산식이다. 그러나 이렇게 유보된 보험금 확정권한이 정당하게 행사되었다고 인정되기 위해서는 확정방법이 약관에서 정한 내용을 바탕으로 해야 한다. 그러나 보험자는 사업비 차감 사실을 약관 어디에도 밝히지 않고 교부되지 않은 산출방법서에만 기재하고 있었으므로, 이러한 경우에는 유보받은 정당한 보험금 확정권한을 정당하게 행사한 것으로 볼 수 없다. 이러한 경우에는 약관에 유보한 한도에서만 보험금 확정권한이 인정될 수 있다. 따라서 약관에서는 사업비 차감에 관한 언급 없이 일정한 이율에 기하여 보험금이 확정된다고 밝히고 있으므로 원고의 주장이 타당하다고 볼 수 있다.

[주 제 어]
- 계약설
- 규범설
- 약관의 편입요건
- 일방적 급부확정권
- 지시문구

대상판결 : 서울고등법원 2023. 2. 16. 선고 2021나2041465 판결

[사안의 개요]

Ⅰ. 사실관계

1. 원고는 2015. 11. 24. 피고보조참가인의 방카슈랑스 창구를 통하여 보험료는 5,000만원, 보험기간 10년, 보험수익자를 원고로 하는 상속연금형(만기형) 즉시연금보험계약을 피고와 체결하고, 보험료 5,000만원을 지급하였다. 피고는 보험계약 체결 전 원고에게 가입설계서와 상품설명서를 제시·교부하였고 이를 바탕으로 원고는 최종적으로 보험계약청약서에 서명·날인하였다. 보험계약에 따라 지급될 연금월액의 구체적인 액수는 '산출방법서'에 기재되어 계산식에 의하여서만 정확히 계산할 수 있었다. 그런데 그 산출방법서에 의하면 순보험료에 공시이율을 적용하여 계산한 적립금 중 일부를 만기에 연금계약적립금을 초과하는 납입보험료 전액의 지급을 위한 준비금(이하 '만기보험금지급재원'이라 한다)으로 별도 공제한 다음 그 나머지 금액을 연금월액으로 지급하도록 되어 있었다.

피고는 원고에게 이 사건 보험계약에 따라 연금개시 시점 이후 매월 생존연금(연금월액)을 지급했는데, 그 금액은 순보험료에 피고가 매월 정하는 공시이율을 적용해 계산한 금액 중 일부가 만기보험금지급재원으로 공제된 이후의 수준이었다. 이 사건 보험약관에는 생존연금은 연금계약의 적립액을 기준으로 계산되고, 그 계산에는 공시이율이 적용된다고만 기재돼 있었다.

2. 원고는 이 사건 보험약관에는 순보험료에 공시이율을 곱하여 구한 공시이율적용이익을 연금월액으로 한다는 내용만 있을 뿐이고, 연금월액의 산정에 있어 공시이율적용이익에서 만기보험금지급재원을 공제한다는 내용이 포함돼 있지 않으며, 보험계약 체결 당시 피고나 방카슈랑스가 만기보험금지급재원을 공시이율적용이익에서 공제한 금액을 연금월액으로 지급한다는 점을 설명하거나 알리지 않았다고 주장했다. 이에 따라 순보험료에 공시이율을 곱하여 계산한 이자액 전액이 연금월액이 되어야 하며, 피고에게 공시이율적용이익에서 실제 지급한 금액의 차액을 자신에게 지급해야 할 의무가 있다고 청구하였다.[1)]

---

1) 피고 보험회사가 2015. 11.부터 2019. 06.까지 원고에게 매월 연금으로 지급한 금액의 합계액은 3,717,771원이며, 만기보험금 지급재원을 공제하지 않고 지급하였

Ⅱ. 소송의 경과

이 사건 금융감독원의 분쟁조정에서 원고의 청구를 받아들이는 결정을 하였으나, 피고 보험회사가 이에 불복하였다. 1, 2심 모두 피고 보험회사의 주장을 받아들여 원고의 청구를 기각하였다.[2)]

1. 1심(서울중앙지방법원 2021. 10. 13. 선고 2019가합500661 판결: 청구 기각)[3)]

1심 법원인 서울중앙지방법원은 보험약관상 연금월액은 연금계약의 적립금을 기준으로 계산되고 그 계산에는 공시이율이 적용된다고만 기재되어 있으므로, 이 사건 보험약관의 기재만으로는 연금월액의 계산방법을 알 수 없고 이 사건 산출방법서에 의하여서만 비로소 연금월액의 계산방법을 알 수 있다고 보았다.

그리고 서울중앙지방법원은 산출방법서가 보험약관의 일부를 이루는지에 대해 보험약관상으로 '연금월액은 산출방법서에 정한 바에 따라 계산한다'는 내용의 직접적인 지시문구를 두고 있지는 않으나, ① 연금월액 산정의 기준이 되는 연금계약적립액에 관하여는 '산출방법서에 정한 바에 따라 계산한다'는 지시문구를 두고 있는 점, ② 이 사건 산출방법서 중 연금월액의 계산에 관한 부분은 그것이 계약의 내용으로 편입되지 않으면 보험계약자에게 지급할 연금월액의 액수를 확정할 방법이 없게 되므로 보험계약자와 보험회사 사이의 권리의무에 관한 사항에 해당하는 점, ③ 이 사건 가입설계서에 '연금월액을 산출방법서에서 정한 방법에 따라 계산한다'고 기재되어 있는 점 등을 고려했을 때 산출방법서 중 연금월액의 계산에 관한 부분은 이 사건 보험약관의 일부이거나 적어도 이 사건 보험약관은 당연히 이 사건 산출방법서에 따른 연금월액의 계산을 전제로 하고 있다고 보았다. 이에 따라 연금월액은 순보험료에 공시이율을 적용해 계산한 공시이율적용이익 중 만기보험금지

다면 그 합계액은 4,632,059원이다. 그 금액의 차이 914,288원은 보험회사가 만기보험금 지급재원으로 공제한 금액이었다. 원고 보험계약자는 2015. 11.부터 2019. 06.까지 그가 받아야 할 생존연금액은 4,632,059원임에도 불구하고 피고 보험회사기 지급한 금액이 3,717,771원만이므로, 그 차액 914,288원의 생존연금을 청구하였다.

2) 아래 판결을 소개하고 있는 부분에서 본 평석이 쟁점으로 삼은 약관의 편입 부분만 인용하였다.

3) 이 판결에 대한 평석으로 장덕조, "즉시연금 판결 비판", 금융법연구 제19권 제3호, 한국금융법학회, 2022, 243면 이하 참조.

급재원을 공제한 금액으로 계산된다고 판단했다.

2. 대상판결(서울고등법원 2023. 2. 16. 선고 2021나2041465 판결: 청구기각)[4)]

(1) 보험약관에 규정되어 있는 내용

서울고등법원은 보험약관에 규정되어 있는 연금월액에 관한 내용을 다음과 같다고 확인하고 있다.

> ○ 생존연금은 '연금계약의 적립액을 기준으로 계산'한다[별표1 (1)항].
> ○ '연금계약 적립액'이란 연금지급개시 전에는 '연금계약 순보험료(사망보장이 있는 경우 납입하신 보험료 중 위험보험료, 계약체결비용 및 계약관리비용을 차감한 금액)를 공시이율로 납입일부터 일자계산에 의하여 적립한 금액'이며, 연금지급개시 후에는 '생존연금 발생분을 차감한 금액'이다(가입자 유의사항).
> ○ 생존연금의 계산은 공시이율을 적용하여 계산되기 때문에 공시이율이 변경되면 생존연금도 변경된다(별표1 주석 제1항).
> ○ 만기보험금은 '이미 납입한 보험료 해당액'이다[별표1 (3)항].
> ○ '공시이율'은 '이 보험의 사업방법서에서 정하는 바에 따라 객관적 외부지표금리와 운용자산이익률을 가중평균하여 산출된 공시기준이율에서 향후 예상수익 등을 고려한 조정률을 가감하여 피고가 결정한 이율'이다(제32조의2 제2항).

이에 따라 보험약관에서는 연금월액은 '연금계약 적립액'을 기준으로 계산하되 그 계산에 공시이율이 적용된다고만 규정하고 있을 뿐이고, 이러한 연금계약 적립액에 대한 기본적 개념을 설명하고 있으나 실제 연금계약 적립액의 산출방식이나 구체적인 금액의 계산은 산출방법서에 따르는 것으로 규정하고 있으므로, 결국 보험약관의 기재만으로는 구체적인 연금월액의 계산방법이나 금액을 알 수 없고, 산출방법서에 의하여서만 비로소 연금월액의 계산방법을 알 수 있으며, 원고에게 지급되는 구체적인 연금월액을 산정할 수 있다.

(2) 산출방법서가 이 사건 약관의 일부를 이루는지 여부

서울고등법원은 ① 보험약관이 '연금월액은 이 사건 산출방법서에 정한 바에 따라 계산한다'라는 내용의 직접적인 지시문구를 두고 있지는 않으나, 이 사건 보험의 생존연금인 연금월액은 연금계약 적립액과 불가분적으로 함

4) 대상판결은 원고의 패소로 그대로 확정되었다. 그런데 동종 보험상품에 관한 그 이전의 다른 사건(서울고등법원 2022. 11. 23. 선고 2021나2031635 판결)이 현재 대법원에 계속 중이고(대법원 2022다308747 사건), 보험계약자 승소의 항소심 판결(서울동부지법 2022. 2. 9. 선고 2020나32079 판결)이 마찬가지로 대법원에 계속 중(대법원 2022다225897 사건)이다.

께 계산되는바, 이 사건 약관은 '생존연금은 연금계약 적립액을 기준으로 계산하고, 연금계약 적립액은 이 사건 산출방법서에 따라 계산한 금액으로 한다'라는 지시문구를 분명하게 두고 있는 점, ② 이 사건 산출방법서 중 연금월액의 계산에 관한 부분은 그것이 계약의 내용으로 편입되지 않으면 보험계약자에게 지급할 연금월액의 액수를 확정할 방법이 없게 되므로, 이는 보험계약자와 보험회사 사이의 권리의무에 관한 핵심적인 사항에 해당하는 점, ③ 보험료 및 책임준비금 산출방법서는 구 보험업법 제127조에서 정한 보험상품에 관한 기초서류로서 보험회사가 보험상품을 취급하기 위해서 반드시 작성해야 하는 서류인데, 보험업감독규정 제7-64조 제2호에 의하면 보험회사는 위 산출방법서에 '책임준비금의 계산에 관한 사항'(보험료적립금 산출시에 적용한 이율, 위험률 등에 관한 사항을 포함한다) 등을 기재하여야 하는 점, ④ 보험료 및 책임준비금 산출방법서는 고객에게 교부되는 서류는 아니나, 위 산출방법서에 기재된 책임준비금 등에 관한 수학식에 의한 복잡한 계산방법 자체는 설명의무의 대상이 되지 아니하며, 피고를 비롯한 대부분의 보험회사들은 즉시연금보험의 연금액에 관한 계산식을 약관이 아닌 위 산출방법서에 기재하고 있고, 금융위원회는 특정 기관 등을 통하여 위 산출방법서의 내용의 적절성 여부를 통제하고 있는 점(구 보험업법 제128조 제2항), ⑤ 피고도 특정 기관으로부터 '보험료 등의 산출내용이 이 사건 약관의 보장내용과 일치하고, 이 사건 산출방법서의 각종 계산이 정확함을 확인한다'는 취지의 요율확인결과를 통보받았던 점, ⑥ 더욱이 가입설계서는 보험계약의 주요한 내용을 기재한 서류로서 보험계약자에게 필수적으로 제공되는 서류인데[구 보험업감독규정(2016. 4. 1. 금융위원회고시 제2016-15호로 삭제되기 전의 것) 제7-45조 제2항 제1호], 가입설계서에도 '연금월액은 연금연액을 기준으로 분할시점에 예시된 각각의 이율을 적용하여 산출방법서에 정한 방법에 따라 나누어 계산합니다'라고 기재되어 있는 점 등에 비추어 보면, 산출방법서 중 연금월액의 계산에 관한 부분은 약관의 일부 혹은 적어도 약관은 당연히 이 사건 산출방법서에 따른 연금월액의 계산을 전제로 하고 있다고 판단하였다.

〔研 究〕

Ⅰ. 들어가며

1. 즉시연금보험 사건에서 논의되고 있는 주된 쟁점

만기환급형 즉시연금보험의 경우에는 매월 지급되는 연금 이외에 만기에 만기보험금이 지급된다. 만기보험금을 지급하기 위해서는 계리적으로 당연히 매월 지급되는 연금월액에서 만기보험금을 위한 적립액이 공제되는 것이 원칙이다. 다만 만기보험금을 위한 적립액이 공제된다는 사실을 교부되는 약관에서는 밝히지 않고 교부되지 않은 문서인 산출방법서에만 기재한 경우 단순히 연금월액을 산출방법서에 따라 계산한다는 지시조항으로 이러한 내용이 보험계약의 내용이 된 것으로 볼 수 있는지가 문제된다. 약관법상 편입조항인 제3조를 기초로 해서 보면 이 사건의 경우 만기환급형 연금보험계약에서 매월 지급하기로 한 연금지급금액에서 만기보험금지급재원을 공제한다는 사실이 보험약관에 명시되지 않았기에[5)] 이를 사업비라는 명목으로 차감하고 그 이후의 금액을 보험금으로

5) '산출방법서에 따라'라는 지시문구를 쓴 약관의 구체적인 유형은 다음의 4가지 유형으로 구분할 수 있다. 제1유형: 계약해당일부터 연금지급개시시의 연금계약의 적립액을 기준으로 계산한 연금월액을 매월 계약해당일에 지급. 〈주석사항〉 연금계약의 적립액은 이 보험의 산출방법서에서 정한 바에 따라 계산한 금액으로 합니다. 제2유형: 연금개시시의 책임준비금을 기준으로 만기 보험금을 고려하여 이 상품의 공시이율에 의해 계산한 이자 상당액에서 소정의 사업비를 차감하여 보험계약자가 선택한 기간동안 지급, 〈주석사항〉 책임준비금이란 보험료 및 책임준비금 산출방법서에 따라 계산한 금액입니다. 제3유형: 연금개시 시의 연금계약의 책임준비금을 기준으로 보험료 및 책임준비금 산출방법서에서 정한 바에 따라 계산한 연금액을 연금지급기간 동안 지급. 제4유형; 연금계약적립금을 기준으로 계산한 연금월액을 달마다 계약해당일에 지급(다만, 가입 뒤 5년 동안은 연금월액이 적도록 해 5년 뒤 연금계약적립금이 보험료와 같도록 함. 〈주석사항〉 연금계약적립금이란 보험료 및 책임준비금 산출방법서에 따라 계산한 금액으로 연금계약, 순보험료를 공시이율로 납입일부터 일자계산에 의하여 적립한 금액입니다. 그런데 결국 제2유형의 경우에만 사업비가 차감된다는 사실 자체가 약관에 규정되어 있고 나머지 유형의 경우에는 결국에서는 산출방법서에 따라 계산된다는 문구만 있다는 점에서는 동일하기 때문에 나머지 유형은 결국 동일한 내용을 갖는 것으로 볼 수 있다.

지급할 수 있는 근거로 볼 수 없다.

이러한 판단은 이미 금융분쟁 조정위원회와 몇 개의 하급심판결[6]에서 이미 동일하게 내려졌다. 그러나 대상 판결을 포함하여 많은 하급심판결[7]과 문헌[8]에서는 이에 반하여 약관의 주석조항이 있는 지시문구에 주목하여 산출방법서가 보험약관의 일부로 편입되었다고 보고 있다. 이 견해에서는 가입설계서 등에서 연금월액을 산출방법서에 따라 계산한다고 기재되어 있고, 산출방법서상 연금월액에 대한 계산부분이 계약의 내용으로 편입되지 않는다면 보험계약자 등에게 지급할 연금월액을 확정할 수 있는 방법이 없다는 점을 그 논거로 제시하고 있다. 이처럼 현재 판례들은 크게 보험약관상 지시문구를 통한 산출방법서 편입을 부정하는 입장과 약관편입을 인정하고 설명의무 위반 여부를 판단하는 입장으로 나뉘어 있다.[9] 그런데 산출방법서는 복잡한 수식으로 되어 있는 전문적인 문서로서 영업상 비밀이라는 이유로 보험계약자에는 교부되지 않는 문서이다. 따라서 엄밀한 의미에서 보면 산출방법서를 지시하는 문구가 약관에 있어도 이를 계약의 내용으로 보기는 힘들다고 보 수 있는 여지도 있다.[10]

2. 보험약관에 의한 계약체결의 특성과 적용되는 법률규정

보통 계약을 체결할 때는 계약의 성립하기 위한 모든 중요한 요소, 즉 본질적 구성부분(essentialia negotii)은 당사자의 합의를 통하여 결정하게

---

6) 서울중앙지방법원 2021. 1. 19. 선고 2018가단5276365 판결; 서울중앙지방법원 2021. 6. 3. 선고 2018가단275959 판결; 서울중앙지방법원 2021. 7. 21. 선고 2018가합572096 판결; 서울동부지방법원 2022. 2. 9. 선고 2020나32079 판결 등.

7) 서울중앙지방법원 2021. 10. 13. 선고 2019가합500661 판결.

8) 장경환, "만기형 즉시연금보험의 연금액 계산에서 만기보험금 충당액의 차감에 관한 보험자의 설명의무", 보험법연구 제12권 제2호, 한국보험법학회, 2018; 박세민, "산출방법서 내용의 약관 편입 여부와 설명의무에 관하여-만기환급형 즉시연금에 관한 분쟁조정과 관련하여-", 보험학회지 제119집, 한국보험학회, 2019.

9) 현재 소송의 진행상황에 대한 소개로 김은경, "즉시연금보험약관의 법적 쟁점", 상사법연구 제42권 제3호, 한국상사법학회, 2023, 216면 참조.

10) 이러한 설명으로 김은경, 앞의 논문(주 9), 214면.

된다. 그러나 보험계약의 경우에는 이러한 사항이 모두 보험약관을 통하여 결정된다. 즉, 보험약관에는 보험회사가 판매하는 보험상품의 내용, 즉 보험회사가 이행해야 하는 주된 급부의무의 내용을 결정하는 사항이 담겨져 있다. 따라서 보통 계약을 체결할 때에는 계약이 성립하기 위한 본질적 구성부분에 대하여는 당사자들의 개별적 약정을 통하여 합의를 본 후 부수적 사항에 대한 내용만 약관을 통하여 정함에 반하여, 보험계약에서는 모든 사항이 보험약관을 통하여 결정하게 된다는 특징이 있다. 따라서 독일에서는 '손으로 잡을 수 없고 볼 수 없는 보험상품의 내용을 결정하는 것이 보험약관이다'라고 본다.[11] 보험약관의 기능은 보험상품의 설명과 그 내용의 확정에 있고,[12] 보험약관을 통하여 보험계약의 법적인 기본형태가 갖추어진다.[13] 또한, 보험약관은 해당 보험에서 보장하려는 위험의 구체적 내용이 규율되고 보험계약자가 이를 통하여 자신의 권리와 의무를 확인할 수 있는 보험계약자에 대한 정보제공의 의미도 갖는다.[14]

통상의 계약에서와 달리 모든 계약내용을 약관을 통하여 결정한다는 측면에서 보험약관의 특징이 있지만, 보험약관도 약관법 제2조 제1호에서 말하는 약관임에는 틀림이 없다. 왜냐하면 보험약관은 다수의 고객과 보험계약을 체결할 목적으로 사전에 마련한 계약의 내용을 담고 있기 때문이다. 따라서 보험약관을 통하여 계약을 체결할 때에는 민법 계약성립에 관한 규정뿐만 아니라, 상법 보험편에 있는 규정, -그리고 여기서 강조하고 싶은 부분은 - 약관법에 있는 규정, 특히 여기서는 약관편입에 관한 규정도 전면적으로 적용된다. 따라서 보험계약이 체결되었는지 여부와 어떠한 내용으로 계약이 체결되었는지 여부는 이 규정들에 의하여 판단해야 한다.

---

11) Prölss, *VP*, 1936, p. 129.

12) Präve, *Versicherungsbedingungen und AGB-Gesetz,* 1998, Rn. 2.

13) Dreher, *Die Versicherung als Rechtsprodukt,* 1991, S. 162.

14) Rüffer/Halbach/Schimikowski/Brömmelmeyer, *Versicherungsvertragsgesetz : VVG*, Handkommentar, 3. Aufl., 2015, Einleitung, Rn. 60.

3. 논의 대상과 범위

앞에서 살펴본 바와 같이 보험계약을 규율하는 입법은 점차 다양한 측면에서 보험계약자를 보호하는 방향으로 발전하여 왔으나, 보험업계는 계속하여 보험계약의 성립과 관련하여 특별한 취급을 받기 위하여 노력하고 있다. 이러한 노력은 일부 보험법학계의 학자들에 의하여 끊임없이 뒷받침되면서 보험약관의 특수성을 강조하는 법리개발로 계속하여 나타나고 있다. 따라서 대상판결에서 논의되고 있는 논거들은 보험계약자의 보호를 위하여 꾸준히 발전해 온 입법과 법리를 무력화하기 위한 논의의 결과물이라고 생각된다.

이와 같은 경향은 약관을 계약으로 보지 않고 규범으로 보는 규범설에서 출발한다. 그 다음으로 상법 보험편에 새롭게 신설된 제638조의3의 특수성을 강조하여 약관법의 편입조항의 적용을 배제하려는 견해로 이어진다. 이러한 견해는 약관의 편입단계를 무력화려는 시도가 근저에 깔려있는 것이고, 이러한 이론적 논의를 바탕으로 대상판결의 논리가 성립된 것으로 보인다. 따라서 본 평석에서는 이러한 이론적 구조를 비판적으로 분석한 후 약관법 제3조의 편입조항이 대상 판결사례에서도 그대로 적용되어야 한다는 점을 논증하려고 한다.

결국 대상판결의 핵심적 쟁점은 약관의 편입단계 중 명시의무의 이행이 제대로 이행되었는지 여부이다. 즉, 지시문구만을 규정한 채 해당 지시문구가 지칭하는 문건이 고객에게 제시되지 않았을 때 해당 지시문구에 있는 내용이 계약에 편입된 것으로 인정할 수 있는지 여부이다. 따라서 대상판결에서 문제되고 있는 편입단계에서의 설명의무 위반의 문제, 약관의 해석단계에서의 객관적 해석 및 작성자 불이익 원칙의 적용 문제 등은 본 평석에서는 논하지 않기로 한다.[15] 왜냐하면 명시의무의 이행이

15) 이와 관련하여 대상판결의 논리구조는 '산출방법서가 약관에 의하여 인용되므로 약관의 일부이다' → '약관 및 산출방법서에 따르면 원고에게 불리한 방식으로 보험금액(=연금월액)이 결정된다' → '피고는 연금월액에 관한 설명의무를 이행하였다'라

부정되면 그 후의 단계는 더 이상 고찰할 필요가 없기 때문이다.[16]

아래에서 먼저 약관법상 명시의무의 내용과 그 위반행위의 효력에 대하여 대상판결 쟁점과 관련하여서 살펴보려고 한다(Ⅱ). 다음으로 이러한 약관법의 명시의무를 배제하기 위한 논리인 규범설의 내용과 그 부당성에 대하여 살펴보고(Ⅲ) 더 나아가서 상법 제638조의3을 특칙으로 이해하면서 약관법 제3조 제2항의 적용을 배제하려고 하는 견해의 부당성에 대하여 자세히 고찰해 보려고 한다(Ⅳ).

Ⅱ. 약관법상 명시의무의 내용과 그 위반행위의 효력

1. 명시의무의 내용

(1) 약관의 명시

약관법은 명시의무의 내용으로 "약관의 내용을 계약의 종류에 따라 일반적으로 예상되는 방법으로 분명하게 밝"힐 것을 요구하고 있다(약관법 제3조 제2항). 이처럼 명시의무를 인정한 것은 고객에게 체결된 계약의

는 것이고, 판결문 중 가장 많은 부분이 설명의무의 이행 여부에 할애되고 있다는 점을 기초로 하여, 대상판결은 피고가 설명의무를 이행하였다는 결론을 도출하는 과정에서, '대략적인 연금월액'과 '연금월액의 변동 가능성'은 설명할 대상이나 그것이 계산되는 구체적인 산출원리는 설명할 필요가 없다는 전제를 세우고, 특히 보험모집인이 원고에게 유사한 보험상품(상속종신형과 본건에서 문제된 상속만기형) 간의 금액을 대조하여 설명하는 과정을 거쳤음을 중요하게 본 것이라는 의견이 연구회 토론을 통하여 피력되었다. 특히 대상판결에 대하여 "연금보험에서 향후 지급받는 연금액은 당해 보험계약 체결 여부에 영향을 미치는 중요한 사항이므로, 연금보험계약의 체결에 있어 보험자 등은 보험계약자 등에게, 수학식에 의한 복잡한 연금계산방법 자체를 설명하지는 못한다고 하더라도, 대략적인 연금액과 함께 그것이 변동될 수 있는 것이면 그 변동 가능성에 대하여 설명하여야 한다. 따라서 이 사건 보험계약을 체결할 당시 피고가 원고에게 이 사건 보험계약에 따른 연금액이 1년 만기 정기예금이율에 따라 변동될 수 있다는 사실을 설명하지 않았다면 피고는 이 부분에 관한 설명의무를 위반한 것이다."(대법원 2015. 11. 17. 선고 2014다81542 판결)라는 판결이 영향을 미친 것으로 보인다는 지적이 있었다. 그러나 대략적인 연금액이 예시적으로 제시되어 설명되었더라도 구체적으로 사업비가 차감된다는 사실을 설명하지 않았기 때문에 사업비 차감 사실이 설명되었다고 인정하기 어렵다는 생각이다. 그러므로 설혹 약관의 편입이 인정되더라도 설명의무가 제대로 이행되지 않은 것으로 보아야 한다.

16) 이에 대한 논의는 장덕조, 앞의 논문(주 3), 253면 이하; 정진옥, "즉시연금보험약관에 관한 법리적 검토", 재산법연구 제38권 제3호, 한국재산법학회, 2021, 301면 이하 참조.

내용이 사업자의 약관에 의하여 결정된다는 점을 분명하게 알리고, 약관에 대하여 살펴볼 수 있는 가능성을 제공하여 고객이 원한다면 약관의 내용을 살펴볼 수 있도록 하기 위함에 있다.[17)]

사업자가 약관을 명백하게 제시하였다고 인정되기 위해서는 사업자가 고객에게 오해의 여지없이 분명하게 약관의 내용을 인식할 수 있도록 약관의 제시가 이루어져야 한다. 보험계약에서처럼 서면으로 계약을 체결하는 경우에는 계약서에 약관 자체를 인쇄하거나, 약관의 내용이 기재된 서면을 별도로 계약서에 첨부하는 방식으로 명시가 이루어져야 한다.[18)] 사업자가 서면으로 청약을 하는 경우에는 청약을 하는 서면에 약관이 기재되거나, 첨부된 상태로 고객에게 전달된 경우 명시의무는 이행된 것으로 볼 수 있다.[19)] 그 반면에 고객이 청약을 하는 경우에는 사업자가 고객에게 청약을 위하여 제공한 서면에 약관이 인쇄되어 있거나, 이러한 약관의 내용이 첨부되어 있어야 한다.[20)] 보험실무에서는 보험모집인이나 대리점이 보험가입을 권유하는 것이 통상적이므로, 즉 보험계약자가 청약을 하기에 보험자가 미리 만든 청약서를 활용하여 청약을 하게 된다.[21)] 따라서 해당 청약서에 인쇄되어 있는 내용 및 이와 함께 제공되는 각종 계약서류들이 함께 교부되면 약관에 대한 명시의무를 이행한 것으로 볼 수 있다.

(2) 약관에 대한 인식가능성의 부여

약관법에서 약관의 편입요건으로 명시의무와 교부의무를 인정하고 있는 것은, 결국 고객에게 약관의 내용을 인식할 수 있도록 하기 위함이

17) 이병준, "약관법상 약관의 편입요건으로서의 명시의무와 교부의무", 유통법연구 제10권 제2호, 한국유통법학회, 2023, 46면; BGH WM 1986, 1196; Stoffels, Rn. 267.

18) 이은영, 약관규제법, 박영사, 1994, 117면.

19) 이러한 취지로 손지열, 민법주해[XII], 박영사, 1999, 313면.

20) 이와 같은 취지로 이은영, 앞의 책(주 18), 117면; 권영준, 「주석민법 [채권각칙1]」, 한국사법행정학회, 2021. 590면.

21) 김성태, "보험계약의 성립－개정상법 보험편과 관련하여－", 고시계 92/3, 고시계사, 1992, 21면. 이에 따라 보험계약은 보험자가 승낙의 의사표시를 발송한 때 성립하며 이와 함께 발송되는 보험증권은 기본적으로 보험계약의 성립을 증명하는 증거증권으로서의 성격만을 갖는다(김성태, 앞의 논문, 23면).

다. 이를 약관법은 “고객이 약관의 내용을 알 수 있게 하여야 한다”고 표현하고 있다(약관법 제3조 제2항 본문). 따라서 약관법은 명시의무의 내용으로 고객의 인식가능성을 명문의 규정을 통하여 인정하고 있다.[22)]

일반원칙으로는 계약이 체결될 때 고객이 약관 전부를 볼 수 있는 가능성이 마련되어야 한다.[23)] 따라서 통상적으로 약관에 대한 인식가능성이 충족되기 위해서는 계약체결 전 또는 늦어도 계약체결시에 약관의 내용이 인쇄된 상태로 송부 또는 직접 교부되거나 구두로 약관의 내용을 전달해야 한다.[24)] 고객이 인식가능성을 활용하여 실제로 약관을 인식하기 위하여 읽었는지 여부는 여기서 중요하지 않다. 면전에서 계약을 체결하는 경우에는 사업자가 고객에게 약관을 교부하거나 교부를 제안했어야 한다.[25)] 보험계약의 체결도 통상적으로 면전에서 이루어지므로 약관의 교부를 통하여 약관의 인식가능성이 충족된다.

(3) 기대가능한 인식가능성의 부여

약관의 계약편입을 위해서는 형식적으로 약관의 교부를 통하여 인식가능성만 마련하면 족한 것이 아니라, 실질적으로 약관의 교부를 통하여 그 내용을 인식할 수 있는 기대가능성이 충족되어야 한다. 이는 결국 고객이 약관의 내용을 인식하기 위해서 기대할 수 있는 노력과 어려움의 정도가 평균적 고객을 기초로 해서 보았을 때 기대가능한 정도를 넘어서는 안된다는 것을 의미한다.[26)] 따라서 지나치게 기술적인 전문용어 또는 완전히 불확정적인 표현을 사용하면 이와 같은 인식가능성을 침해할 수 있다.[27)] 또한 약관이 일정한 정도로 조망이 가능해야 하며 거래의 중요성에 부합하는 정도의 분량을 가지고 있어야 한다.[28)]

---

22) 이와 같은 해석으로 손지열, 앞의 책(주 19), 316면; 이재현, “약관의 편입”, 부동산법학 제10집, 한국부동산법학회, 2004, 144면 이하.

23) Stoffels, Rn. 276.

24) Fornasier, *MüKoBGB*, § 305 Rn. 74.

25) BGH NJW 1990, 715 f.; Stoffels, Rn. 277.

26) Fornasier, *MüKoBGB*, § 305 Rn. 80; Stoffels, Rn. 283.

27) 손지열, 앞의 책(주 19), 313면.

28) BGH NJW 1995, 2859.

2. 지시문구와 약관 편입

대상판결의 쟁점이 되고 있는 지시문구를 통한 약관의 편입 문제는 바로 이러한 인식가능성 요건과 연관된다. 일반적으로 다른 형태로 존재하는 약관이나 약관규정을 지시하는 것은 허용된다고 본다. 다만 이 경우에 사업자는 계약관계에 적용될 모든 조건들을 고객이 인식할 수 있도록 해야 하므로 지시된 규정들을 인식가능한 상태로 만들어 주어야 한다.[29] 하지만 여러 약관을 사용하여 중첩적용을 하는 경우에 그 내용이 충돌하고 규정내용의 불명확성으로 이어지는 경우에는 인식가능성이 충족된 것으로 볼 수 없다. 왜냐하면 지시된 약관 내용이 너무 복잡하여 고객이 그 내용을 제대로 파악할 수 없다고 한다면 고객이 해당 내용을 인식할 수 있다고 볼 수 없기 때문이다. 또한 제시된 문서에 있는 내용은 지시문구가 전제로 하고 있는 내용과 일치해야 한다.[30]

우리 학설과 판례도 이와 같이 지시문구를 통한 약관의 편입을 인정하고 있다. 예컨대, 중재계약의 체결 여부와 관련된 사건이 대법원에서 문제된 적이 있었다. 해당 계약에서 계약서 자체에는 중재조항이 명시되어 있지 않았지만, 계약서와 함께 제공되었던 다른 문건(입찰에 관한 일반조건)에 중재조항이 있었고, 대법원은 사업자가 이에 대한 교부·설명의무를 다한 이상 이를 계약의 내용으로 인정해야 한다고 보았다. 대법원의 구체적인 판단 내용을 보면 "'입찰안내서'의 경우는 원고가 피고를 비롯한 이 사건 각 입찰에 참가할 국내대리점들에게 매 입찰시마다 이를 교부 및 설명하였고 또 '입찰에 관한 일반조건'의 경우에도 입찰시마다 이를 교부·설명하지는 않았지만 공급업체등록을 한 자들만이 참가하는 위 입찰에서 공급업체등록시 또는 첫 번째 입찰시에 이를 교부·설명하였을 뿐 아니라 이를 신문공고 및 위 '입찰안내서', 위임장의 기재 등을 통하여 거래상대방으로 하여금 인지가능하게 한 이상, 위 '입찰안내서'가 원·피

29) BGH NJW 2005, 1184 f.; BGH NJW 1990, 3197.

30) Staudinger/Mäsch, § 305 Rn. 152.

고 사이의 계약내용이 됨은 물론 '입찰에 관한 일반조건'도 위 '입찰안내서'를 통하여 위 각 계약내용으로 편입되었다"고 판시하였다.[31)]

또한 선하증권 자체에는 중재약정이 포함되어 있지 않았지만, 선하증권에 용선계약의 내용을 편입하고 이와 같이 편입되어 있는 용선계약의 내용 중에 중재약정이 있는 경우, 선하증권의 당사자 사이에도 중재합의가 있다고 본 대법원 판결도 있다.[32)] 해당 판결에서 "일반적으로 용선계약상의 중재조항이 선하증권에 편입되기 위해서는 우선, 용선계약상의 중재조항이 선하증권에 '편입'된다는 규정이 선하증권상에 기재되어 있어야 하고, 그 기재상에서 용선계약의 일자와 당사자 등으로 해당 용선계약이 특정되어야 하며, 만약 그 편입 문구의 기재가 중재조항을 특정하지 아니하고 용선계약상의 일반 조항 모두 편입한다는 취지로 기재되어 있어 그 기재만으로는 용선계약상의 중재조항이 편입 대상에 포함되는지 여부가 분명하지 않을 경우는 선하증권의 양수인(소지인)이 그와 같이 편입 대상이 되는 중재조항의 존재를 알았거나 알 수 있었어야 하고, 중재조항이 선하증권에 편입됨으로 인하여 해당 조항이 선하증권의 다른 규정과 모순이 되지 않아야 하며, 용선계약상의 중재조항은 그 중재약정에 구속되는 당사자의 범위가 선박 소유자와 용선자 사이의 분쟁뿐 아니라 제3자 즉 선하증권의 소지인에게도 적용됨을 전제로 광범위하게 규정되어 있어야 할 것이다"라고 판시하였다. 이 판시 내용 중에서 주목해야 할 부분은 지시문구로 편입되는 문건이 원 약관의 다른 규정과 모순되지 않아야 한다는 점이다. 즉, 지시문구로 편입되는 계약 내용이 원 약관에 정해진 계약의 내용을 보충하거나 구체화하는 경우에는 편입이 인정될 수 있으나, 충돌하는 경우에는 편입이 부정된다고 본 것이다.

---

31) 대법원 1997. 2. 25. 선고 96다24385 판결. 이 판결에 대한 평석으로 정병석, "중재계약의 성립; 중재약정이 다른 문서에 포함되어 있는 경우", 판례연구 제11집, 서울지방변호사회, 1998; 조희대, "중재판정에 대한 집행판결을 못하는 사유", 대법원판례해석 제28호, 1997.

32) 대법원 2003. 1. 10. 선고 2000다70064 판결. 이에 대한 평석으로 채동헌, "용선계약상의 중재조항과 선하증권에의 편입", 대법원판례해설 제44호, 2004; 석광현, "용선계약상 중재조항의 선하증권에의 편입", 법학논총 제22집 제1호, 한양대학교 법학연구소, 2005.

3. 지시문구와 산출방법서에 의한 보험금의 확정

서울고등법원 판결에서도 적시하고 있듯이 보험회사는 취급하려는 보험상품에 관한 기초서류를 작성하여 미리 금융위원회에 신고하여야 하고, 금융위원회는 보험사가 기초서류를 신고하는 경우 산출방법서에 대하여 특정 기관의 검증확인서를 첨부하도록 할 수 있다. 이에 따라 피고는 해당 보험을 판매하기 전에 특정 기관에 산출내용의 일치 여부, 산출방법서의 각종 계약의 적절성 여부 등에 관하여 검증을 의뢰하여 그 적정성을 확인받았다. 또한 피고는 산출방법서에 따라 계산되는 전산시스템을 마련하였고 피고보조참가인의 방카슈랑스 담당자는 위 전산시스템에 접속하여 보험가입자의 정보를 입력하여 산출방법서에 따른 즉시연금보험 연금월액 등이 계산된 가입설계서를 출력하여 이를 기초로 보험가입자에게 연금월액 등에 대하여 설명이 이루어졌다.

이러한 사실관계를 바탕으로 학설 중에는 (1) 산출방법서 지시조항이 연금액의 계산에 관한 일반원칙을 밝힌 것이고, (2) 산출방법서상의 전문적이고 기술적인 수학식에 의하는 연금액의 산출기준을 일반인 대상의 약관에 그대로 규정하는 것이 적절치 않으며, (3) 산출방법서 지시조항이 산출방법서의 적용범위를 연금액의 계산에 한정하고 있고, (4) 연금액을 감독당국으로부터 승인받은 기준에 따라 계산한다는 뜻을 밝힘으로써 보험계약자의 신뢰를 높일 수 있다는 점 등을 고려할 때, 산출방법서 지시조항이 '연금액의 계산을 산출방법서에 따라 한다'고만 규정하고 '그 산출방법서에서 정한 연금액 산출기준'까지 일일이 약관에 규정하지 않았다고 하여 이를 약관의 명시의무를 위반한 것이라고 보기는 어렵다는 견해가 있다.[33]

이러한 견해는 원칙적으로 타당하다. 즉, 해당 산출방법서가 약관에 규정되어 있는 내용을 구체화시켜서 단지 보험금액을 산출하는 방법만을

---

33) 장경환, 앞의 논문(주 8), 158면.

정한다면 타당한 내용이다. 공시이율에 관한 개념정의를 보면 '사업방법서에서 정하는 바에 따라 … 피고가 결정하는 이율'로 보고 있다(약관 제32조의2 제2항). 이에 따라 공시이율의 구체적인 확정을 피고가 유보하고 있고 이는 결국 보험금에 대한 확정권한을 자신에게 구체적으로 유보하고 있는 조항이라고 보여진다. 따라서 산출방법서가 지시문구를 통하여 지시되고 있지만, 고객에게 제시되지 않아 인식가능성이 충족되지 않아서 약관의 편입요건인 명시의무를 충족하지 못하더라도 이러한 보험금에 대한 확정권한을 자신에게 유보하고 있으므로 이러한 권한 행사가 정당하게 이루어진다면 이는 효력이 있는 것으로 볼 수 있다.

그러나 본 사안의 경우는 다르다. 왜냐하면 산출방법서에 약관에 없는 내용인 사업비 공제사실이 존재하고 해당 내용이 보험계약자에게 불리한 내용이기 때문이다. 지시문구가 원래 전제로 하고 있는 내용과 실제로 산출방법서가 담고 있는 내용이 일치하지 않는다. 이러한 경우에는 공제사실에 해당하는 내용을 약관에서 밝히거나 밝히지 않았다면 산출방법서를 보험계약자에 제시하였어야만 계약의 내용으로 편입될 수 있을 것이다. 당사자가 합의한 한도, 즉 약관에 명시된 한도에서만 확정권 행사가 효력을 갖는 것으로 보아야 하기 때문에 피고는 산출방법서에서 보험금의 확정권한을 약관의 내용과 다르게 행사하였기 때문에 자신에게 유보된 보험금에 대한 확정권한을 자의적으로 행사한 것이다.

이와 관련하여 산출방법서는 보험회사 내부의 계리적 문서에 불과한 것이고 영업비밀을 담고 있어서 보험계약자에게 교부되는 문서에 포함되지 않는다는 측면에 착안하여 원칙적으로 산출방법서는 사법관계에 적용되지 않는 문서로 보기도 한다.[34] 그런데 산출방법서에 있는 계산수식에 의하여 보험금이 구체적으로 산출되는 것이므로 이는 내부적 문서에 불과하지만 그에 따라 보험금이 확정된다는 측면에서 산출방법서도 사법관

34) 장덕조, 앞의 논문(주 3), 252면; 맹수석, 이준교, "약관해석과 설명의무 관점에서 즉시연금 소송 1심판결에 대한 비판적 고찰", 보험법연구 제16권 제1호, 한국보험법학회, 2022, 427면.

계에 적용된다. 그러나 산출방법서가 사법관계에 적용되는 것은 약관에 규정되어 있는 내용을 구체화하는 경우뿐이다. 그에 반하여 약관에 없는 내용을 고객에게 불리하게 추가하거나 약관에 있는 내용을 변경하는 경우에는 이 내용이 계약관계에 편입되지 않아 효력을 갖지 못한다.

4. 소　　결

약관에 규정되어 있는 내용대로 공시이율을 바탕으로만 계산되었다면 산출방법서를 교부하지 않았더라도 약관에 있는 지시문구만을 통하여 해당 산출방법서를 통하여 정하여진 연금월액은 효력을 가질 것이다. 왜냐하면 약관을 통하여 구체적인 연금월액을 일방적으로 정할 수 있는 권한을 피고는 유보하였기 때문이다. 하지만 이러한 유보된 권리는 약관의 내용을 구체화하는 경우에만 효력을 갖는다.

본 사안의 경우에는 사업비가 차감된다는 사실은 약관에 규정이 없었고 교부되지 않는 산출방법서에만 해당 내용이 있었다. 약관을 통하여 명시된 내용에는 사업비가 차감된다는 사실이 없으므로 보험계약자인 원고는 이러한 사실을 알 수 없었다. 따라서 약관법상 명시의무를 위반한 바, 피고인 사업자는 사업비가 차감된다는 것을 계약의 내용으로 주장할 수 없다. 이에 따라 원고의 주장대로 피고는 공시이율에 의하여 산정된 연금월액을 지급해야 해야 한다.

Ⅲ. 규범설에 의한 업계관행을 부정하기 위한 약관법 제3조의 편입요건으로서의 명시의무

대상판결의 1심인 서울중앙지방법원과 2심인 서울고등법원의 핵심적 논거를 정리하자면 산출방법서에 정한 바에 따라 계산한다는 지시문구만 있고 산출방법서가 보험계약자에게 교부되지 않았더라도 보험계약자와 보험회사 사이의 권리의무에 관한 사항에 해당하는 내용이기 때문에 보험계약자에게 해당 내용을 인식할 수 있는 가능성이 마련되지 않았더라도 당연히 계약의 내용으로 전제되거나 편입된다는 것이다. 이러한 논리는 약관법 제3조 제2항에 규정되어 있는 명시의무를 보험계약에 적용되지 않는다고 보는 경우에만 성립할 수 있는 주장이다. 왜냐하면 이미 앞에서 살펴본 바와 같이 약관법상 명시의무가 충족되기 위해서 고객이 약관의 내용을 알 수 있게 해야 하기 때문이다. 따라서 지시문구만 있고 지시문구를 통하여 연결된 문서를 보여주지 않는다면 해당 내용을 계약의 내용으로 주장할 수 없을 것이다.

이와 같은 주장은 최근의 학계와 다른 판례에서도 뒷받침되고 있다. 즉, "지시문구만 있으면 해당 내용은 계약의 내용으로 편입된다"는 주장,[35] "행위정황상 약관의 제시가 없더라도 당사자들이 당연히 약관의 내용을 전제로 하여 계약을 체결하였다"는 주장, "지시문구가 없더라도 그 내용이 계약의 내용을 구성하고 있는 이상 약관의 내용을 완성시키기 위하여 자동적으로(내지 당연히) 약관에 편입된다"는 주장[36] 등은 모두 대상판결의 논의와 일맥상통한다. 이러한 주장이 타당하기 위해서는 약관의 법적 성질을 법규범으로 보는 규범설을 취하거나, 보험계약에 대하여 약관의 편입에 관한 약관법 제3조 제2항이 적용되지 않아야 한다. 먼저 약관 내지 보험약관을 법규범으로 보려는 규범설의 내용과 그 부당성에 대하여 살펴보려고 한다.

1. 규범설과 약관의 편입

(1) 규범설의 내용과 편입단계에서의 의미

대상판결의 논리가 성립하기 위한 가장 기본적 법리는 규범설(Normentheorie)을 취할 때 성립할 수 있다. 규범설에서는 약관은 독자적·자생적인 효력을 갖는 법규범이며 계약당사자의 의사와 상관없이 계약내용을 형성한다고 본다. 이 이론은 실제 거래생활에서 마치 법규범처럼 약관이 사용되고 있음에 착안하여 약관에 규범적 효력을 부여하고 있다. 규범설 안에서도 자치법규설과 상관습법설이 있다. 자치법규설은 약관을 거래를 하는 집

35) 서울중앙지방법원 2021. 10. 13 선고 2019가합500661 판결.
36) 박세민, 앞의 논문(주 8), 16면.

단 내에서의 자치법규로 보며, 상관습법설은 약관의 내용이 거래관여자의 법적 확신에 의하여 관습법으로 되었다고 본다. 약관법이 시행되기 전에는 상관습법설이 상법학계의 다수설이었다.[37)]

규범설의 가장 큰 실질적 의미는, 약관이 당사자의 의사와 상관없이 효력을 갖는다는 것이다. 따라서 약관에 대한 양당사자의 인식도 필요하지 않고 약관이 계약관계로 편입되기 위해서 당사자의 합의도 요구되지 않는다. 이러한 차원에서 독일 제국법원 판례는 규범설을 바탕으로 하여 약관을 기초로 체결된 계약이 '진정한' 계약상의 합의를 바탕으로 하는 것이 아니라, 이미 완성되어 존재하는 법질서에 복종(Unterwerfung)의 의미를 갖는다고 보았다.[38)] 따라서 이와 같은 법질서에 편입되는 자가 그 내용을 알고 있는지는 중요하지 않다고 한다. 제국법원은 약관의 사용이 업계에서 일상적이거나 거래관행에 따라 고객이, 사업자가 거래 시 약관을 기초로 하고 있다는 사실을 알았거나 알 수 있는 한도에서는 약관에 대한 고객의 복종은 묵시적으로 이루어질 수 있다고 보았다. 이러한 경우에 고객 측에서 약관의 적용을 명시적으로 배제하지 않은 이상 약관은 계약의 내용이 되며, 이때 고객은 약관의 구체적인 내용을 알 필요가 없다고 한다. 독일 연방법원 판결도 약관법이 시행되기 전까지 규범설의 입장에서 약관편입에 대하여 계속하여 관대한 입장을 취하여 약관을 통한 계약체결이 거래관행상 통상적이었던 경우에는 고객은 사업자에게 약관의 편입을 하려는 (묵시적인) 의사가 있다는 점을 인식할 수 있어야 한다고 보았다.[39)]

(2) 규범설의 문제점

규범설의 원류인 독일에서는 제2차 세계대전 전 국가권력이 막강하여 국민생활 전반에 걸쳐 법적 통제가 행하여지던 시대에 규범설이 유행

---

37) 정희철, 상법학(상), 박영사, 1989, 55면; 손주찬, 상법(상) 제15판, 박영사, 2005, 43면; 최기원, 상법학신론(상), 박영사, 1986, 46면; 양승규/박길준, 개정 상법요론, 박영사, 1984, 41면.

38) RG DR 1941, 1210.

39) BGH NJW 1953, 541.

하였으며, 판례 또한 이를 받아들였다. 그러나 자유경제가 회복되고 자유민주적 법사상이 지배하면서 규범설을 주장하는 학자가 점차 줄어들게 되었다. 특히 약관법이 제정되면서 부분적으로는 규범설이 간혹 주장되기는 하였지만, 이제는 규범설은 자취를 감추고 계약설이 통설적 지위를 차지하게 되었다.

규범설의 문제점은 다음과 같다. 첫째, 입법권은 독점적으로 국가에 부여되는 것이다. 그런데 사인에 불과한 기업 내지 사업자가 어떠한 근거로 법규범을 만들어 낼 수 있는가를 규범설은 설명하지 못한다. 회사 또는 사단법인에서 제정하는 정관의 경우 국가가 단체에 자치법규를 제정할 필요성을 인정하고 법률로써 단체에 대하여 일정한 절차에 따라 자치법규를 제정할 권한을 부여하고 있으나, 약관의 경우에는 이러한 권한위임을 찾아볼 수 없다.[40] 둘째, 약관의 내용에 대하여 법적 확신이 형성되어 있다고 하여 관습법을 주장하는 것도 지나친 의제이거나, 극히 일부의 약관에 대하여만 해당되는 것이라는 측면에서 관습법설의 문제점을 찾을 수 있다. 또한 새로 제정 내지 개정한 약관을 상관습이라고 하여 적용하는 것은 무리가 있으며, 거래관행이라는 이유로 고객에게 약관의 효력을 주장하는 것은 결국 경제적 강자의 지배를 정당화하는 논리여서 부당하다는 비판도 적절한 것이라고 생각된다.

(3) 기본적으로 계약설을 취하면서도 보험약관을 규범으로 보려고 하는 견해

약관법이 입법되면서 계약설이 다수설의 입장으로 자리 잡았지만,[41] 보험약관의 특수성을 기초로 규범설을 주장하는 견해가 보험법학자들을 중심으로 주장되고 있다. 이미 상법 제638조의3이 제정되기 전부터 다른

40) 약관 중에는 법률상 약관을 작성하는 것이 의무화되어 있고 이러한 약관은 주무관청의 인가를 받도록 되어 있는 경우가 있으나, 이것을 가리켜서 규범제정권이 부여된 것으로 볼 수는 없는 것이다.

41) 손지열, 앞의 책(주 19), 304면; 김형배, "보통거래약관에 의한 계약", 고시연구 제20권 제2호, 고시계사, 1993, 61면; 장경환, "약관의 구속력의 근거", 고시계 제40권 제7호, 고시계사, 1995, 138면.

약관의 구속력 근거를 계약설로 보더라도 보험약관에 대해서만은 규범설 중 상관습법설을 취해야 한다고 보았다.[42] 그런데 상법 제638조의3이 제정된 후에는 규범설이 더욱 힘을 얻어 해당 규정을 약관법 제3조 제2항의 특칙규정으로 해석하여 약관법의 적용을 배제하는 한편, 약관에 대한 인식가능성을 편입요건으로 부정하기 위하여 규범설을 취하고 있다.[43]

보험약관에 대하여만 규범설을 취하는 주된 논거는 보험계약의 보험단체라는 특수성을 인정할 필요성이 있다는 점과 보험계약자 평등우대원칙을 실현할 필요성이 존재한다는 것이다.[44] 첫째, 보험은 동종의 위험에 속하는 사람들이 하나의 위험단체를 구성하여 그 위험의 발생률에 해당하는 보험료를 납입하고 보험사고가 발생하면 보험금을 수령하는 것으로서, 이와 같은 보험의 단체성이라는 특성으로 인하여 개별 소비자의 보호보다 위험단체를 구성하고 있는 일반 소비자의 보호를 우선해야 한다고 보는 것이다. 그러나 이러한 논거에 대하여 보험자는 기본적으로 자신의 영리를 추구하는 거대 사업자이며, 보험계약자는 보험자가 만들어 판매하는 보험상품의 구매자에 불과해 보험계약은 보험자와 보험계약자 사이에 개별적인 계약관계를 이루는 것이므로 이때에는 보험계약자들 상호 간의 단체성보다는 보험계약자의 개별적인 이익보호가 초점이 되어야 한다는 비판[45]이 타당하다고 생각된다. 둘째, 보험은 위험단체의 형성을 전제로 하므로 단체 내에서 약관의 명시, 설명의무위반 여부와 상관없이 모든 보험계약자에 대하여 동일한 내용으로 적용될 수 있어야 한다는 논거가 제기되고 있다.[46] 그런데 아무리 동일한 내용의 보험계약을 모든 보험계약자에게 적용할 이익이 보험자에게 있다고 하더라도, 약관 이외에

42) 양승규, "보통보험약관의 구속력", 서울대 법학 제27권 제4호, 서울대학교 법학연구소, 1986, 164-165면.

43) 장경환, 앞의 논문(주 8), 145-146면.

44) 이에 관하여 자세한 것은 장경환, 앞의 논문(주 39), 144면 이하 참조.

45) 주기동, "약관설명의무와 위험유지의무와의 관계", 법조 제49권 제5호, 법조협회, 2000, 231면; 박수영, "상법 제638조의3과 약관규제법 제3조와의 관계", 보험학회지 제59집, 한국보험학회, 2001, 133면.

46) 장경환, 앞의 논문(주 8), 144-145면 참조.

개별약정을 하는 경우, 명시·설명의무를 구체적인 계약체결과정에서 제대로 이행하지 않은 경우 등이 있을 수 있으므로 모든 약관의 내용이 그대로 모든 보험계약에 동일하게 적용될 수 없다면 약관법의 취지대로 해당 부분을 계약의 내용으로 주장할 수 없도록 하는 것이 타당하다. 셋째, 보험약관에 관한 보험제도의 집단성, 계획적 특성으로부터 발생하는 계약의 정형성, 획일적 처리의 요청, 내용의 합리성에 관한 행정적 감독의 존재도 보험약관을 법규범으로 이해해야 한다는 근거로 주장된다. 그렇지만 보험제도와 보험계약은 구별해야 하므로 보험계약이 개별적인 계약이라는 측면을 부정할 수 없으며, 인가를 받은 보험약관도 그 합리성이 언제나 보장될 수 없기 때문에 별도의 약관법에 따른 판단은 필요하다는 비판이 설득력 있게 제기되고 있다.[47)]

2. 판례에 의한 계약설의 확립

(1) 판례의 기본적 입장: 순수 계약설

판례는 약관의 법적 성질과 구속력과 관련하여 “보통거래약관이 계약 당사자에 대하여 구속력을 갖는 것은 그 자체가 법규범 또는 법규범적 성질을 가진 약관이기 때문이 아니라 보험계약 당사자 사이에서 계약내용에 포함시키기로 합의하기 때문이라고 볼 것이다”라고 하여 순수 계약설을 취하고 있다.[48)] 그리고 위 판결에서 보듯이 보험약관에 대하여도 규범설을 부정하고 계약으로 보고 있다.

판례가 취하는 순수 계약설은 약관법 제3조에서 계약설의 근본취지를 충분히 살리고 있으며 약관법 제2조의 사업자와 고객에 관한 정의규정에서 설정된 ‘제안하고 제안받는 관계’가 다름 아닌 고객의 승낙 내지 양해를 의미한다고 하면서 고객의 동의를 편입요건의 하나로 인정하고

47) 이러한 비판으로 고상룡, “보험거래와 약관규제에 관한 법률”, 비교사법 제4권 제2호, 한국사법학회, 1997, 116면.

48) 대법원 1998. 9. 8. 선고 97다53663 판결; 대법원 1990. 4. 27. 선고 89다카24070 판결; 대법원 1983. 12. 27. 선고 83다카893 판결.

있다.[49] 순수 계약설을 취하고 있더라도 약관을 통한 계약은 일반 계약과는 다른 다음과 같은 특징이 있다고 한다. 약관은 (1) 쌍방의 합의가 아니라, 일방이 마련하고 그 편입에 상대방이 동의를 한다는 점, (2) 다수의 거래를 통일적으로 사용되기 위하여 마련된다는 점, (3) 대체로 그 내용이 길고 복잡하면서 추상적인 조문의 형식을 취한다는 점 등에서 일반 계약과 다른 특징을 가진다고 한다.[50]

(2) 약관법에서 명시의무를 도입한 취지

약관편입에 있어서 명시의무를 인정한 것은 민법상 계약성립에 관한 규정보다 더 강화된 요건을 설정하기 위해서이다. 이는 다음과 같은 2가지 점에서 나타난다.[51]

첫째, 약관법 제3조 제2항에서 약관을 명시하도록 규정하고 있는 것은 사업자가 약관편입의 의사를 주변 정황을 통하여 밝히는 것을 배제하려는 목적이 있는 것이다.[52] 따라서 통상 법률행위 해석에 있어서 사업자가 한 계약체결의 의사표시 안에 행위정황을 기초로 편입의 의사표시도 함께 있는 것으로 볼 수 있는 가능성이 존재하지만, 이러한 가능성이 명시의무를 부과하면서 사라지게 된 것이다. 약관의 편입은 계약의 양 당사자의 명확하게 표시된 법률행위적 의사를 통하여 이루어져야 한다고 천명한 것으로 보아야 한다.[53]

우리 실무에서도 약관법 제정 전에 사업자가 약관이 편입된다는 사실을 알리지 않아도 고객이 해당 거래에서 약관이 통용됨을 알아야 하였을 것을 전제하고 계약을 체결하는 것이 관례였다고 한다.[54] 그러나 약관법의 제정 후에는 약관이 존재하는 것이 널리 알려져 있거나 약관이

49) 손지열, 앞의 책(주 19), 304면; 김진환, "약관규제법과 전자약관의 계약편입", 법학연구 제10집, 경상대학교 법학연구소, 2001, 43면.

50) 손지열, 앞의 책(주 19), 304면.

51) 이병준, 앞의 논문(주 17), 42면 이하; 이재현, 앞의 논문(주 20), 31면.

52) 이재현, 앞의 논문(주 22), 133면; Ulmer/Habersack, § 305 Rn. 119; Stoffels, Rn. 262.

53) 독일의 입법자는 약관의 계약으로의 편입이 다시 민법에 따른 법률행위적 계약의사를 기초로 이루어질 수 있도록 해야 한다고 보았다(BT-Drs. 7/3919, 13).

54) 이은영, 앞의 책(주 18), 116면.

사용되는 것이 거래관습으로 존재하더라도 편입요건을 별도로 갖추지 않은 이상 해당 약관은 계약의 내용이 되지 못하게 되었다.[55)]

둘째, 약관의 편입에 관한 제3조 제2항은 추가로 계약성립에 관한 민법의 일반원칙에 수정을 가하고 있다. 일반 계약법에 의하면 한 당사자는 계약의 내용을 모른 채 계약에 대한 동의를 할 수 있고 이렇게 체결된 계약은 문제가 없다. 이렇게 계약의 내용을 모른 채 동의를 하는 계기는 물론 다양할 수 있다. 계약상대방을 신뢰하는 경우도 있을 수 있고 계약의 내용을 자세히 살펴보는 것이 귀찮거나, 계약상대방이 계약의 내용을 살펴볼 기회를 주지 않아서 일 수도 있다. 마지막 사유인 계약상대방이 계약의 내용을 살펴볼 기회를 주지 않은 경우를 약관법의 입법자는 옳지 않다고 생각하였다.[56)] 이에 따라 제정된 약관법 제3조 제2항에 따르면 사업자는 고객에게 약관의 내용을 기대가능한 방법으로 인식할 수 있는 가능성을 마련해야지만 그 내용을 약관의 내용으로 편입할 수 있다. 더 나아가서 고객의 요구가 있는 경우에는 약관을 교부해야 하는 것으로 규정하여 고객에게 약관의 내용을 살펴볼 수 있는 기회를 더욱 확실하게 확보하여 주고 있다.

(3) 약관에 대한 인식이 필요하다고 보는 판례

더 나아가 약관에 대한 인식과 관련하여서도 판례는 6개월마다 반복하여 갱신하여 자동차보험계약을 체결하였는데, 무한보상에서 유한보상으로 변경되었음에도 불구하고 계약을 갱신할 때 이러한 사실을 알리지 않은 사안에서 "동일한 보험계약당사자가 일정한 기간마다 주기적으로 동종계약을 반복 체결하는 계속적 거래관계에 있어서 종전계약의 내용이 된 보험계약을 도중에 가입자에게 불리하게 변경하였다면 보험자로서는 새로운 보험계약 체결시 그와 같은 약관변경사실 및 내용을 가입자인 상대방에게 고지하여야 할 신의칙상의 의무가 있다고 봄이 상당하고, 이러한 고지 없이 체결된 보험계약은 과거와 마찬가지로 종전계약에 따라 체

55) 이은영, 앞의 책(주 18), 116면.

56) Stoffels, Rn. 263.

결된 것으로 봄이 타당하다"고 판단하였다.[57] 규범설을 관철하였다면 보험계약자가 약관의 내용을 모르더라도 약관은 효력을 갖기 때문에 변경된 약관으로 계약을 체결하는 경우 당사자에게 이러한 변경사실이 알려지지 않더라도 변경된 약관은 효력을 갖게 된다. 그러나 판례는 계약설의 입장에 서 있기 때문에 당사자에게 알려야 한다는 의무를 인정한 것이다. 해당 판결에서는 신의칙상의 고지의무위반을 인정하고 있으나, 약관법상으로 명시의무위반을 인정하였어도 충분하였을 것이다.

3. 소 결

약관법이 제정되면서 약관을 법규범으로 볼 수 없다. 또한 명시의무가 약관법 제3조 제2항에 규정됨으로써 규범설이 더욱 주장될 수 있는 논거가 없어졌다. 보험학계에서 보험약관만을 특수하게 법규범으로 인정하려고 하는 견해도 판례는 처음부터 인정하지 않았기에 보험약관에 대한 명시가 이루어져 인식가능성이 존재해야만 약관은 계약관계 내로 편입될 수 있는 것이다. 이러한 판례의 확고한 입장이 설정되어 있다 보니, 보험업계에서는 아예 약관법상 편입요건이 적용되지 않는 특별한 법논리를 추가적으로 개발하게 된다. 이에 관하여는 다음 장에서 자세히 살펴보기로 한다.

Ⅳ. 보험약관에 대한 편입요건에 대한 예외의 인정 여부

1. 약관법상의 예외 인정가능성

(1) 인정가능성에 대한 검토

우선 약관법 자체에서 보험계약에 관한 제외규정을 두고 있는지를 살펴볼 필요가 있다.[58] 이러한 제외규정에는 1) 편입단계만을 면제해 주

57) 대법원 1986. 10. 14. 선고, 84다카122 판결. 이에 대한 평석으로 강위두, "보통보험약관의 구속력 근거 및 약관의 변경", 상사판례연구 제2집, 한국상사판례학회, 1988, 180면 이하 참조.

58) 이병준, 약관법론, 세창출판사, 2023, 103면 이하 참조.

는 규정, 2) 내용통제단계에서 구체적 내용통제조항을 배제하는 규정 및 3) 약관법 전체의 적용을 배제하는 규정이 있다.

편입단계에서는 여객운송업, 전기·가스 및 수도사업, 우편업, 공중전화 서비스 제공 통신업 등에 대하여 명시의무를 면제하여 주고 있다(제3조 제2항 단서). 따라서 편입단계에서는 보험계약에 대한 예외는 인정되지 않고 있다. 독일에서는 민법에 편입되기 전에 특별법 형태로 약관법이 있었는데, 제23조 제2항에서 "보험계약은 같은 법 제2조 제1항 소정의 요건(편입요건)을 갖추지 아니한 경우에도 주무관청의 인가를 받은 약관에 따른다"는 내용의 예외규정을 두고 있었다. 즉, 약관법상 편입요건을 갖추지 않아도 되는 예외조항을 보험계약에 대하여 가지고 있었다. 그러나 유럽연합의 지침으로 보험약관에 대하여도 보험자에 대한 예외인정이 불가능하게 되어 약관법상의 편입요건이 동일하게 적용하게 되었다.[59]

또한 내용통제와 관련하여서는 국제적으로 통용되는 약관이나 그 밖에 특별한 사정이 있는 약관으로서 대통령령으로 정하는 경우에는 제7조 내지 제14조까지의 규정을 적용하는 것을 조항별·업종별로 제한할 수 있다(약관법 제15조). 이에 따라 국제적으로 통용되는 운송업, 국제적으로 통용되는 금융업 및 보험업, 무역보험법에 따른 무역보험에 대하여는 구체적인 내용통제 규정이 아닌, 일반적 내용통제 규정을 통하여 불공정성을 판단하도록 규정하고 있다. 그러므로 국제적으로 통용되는 금융업 및 보험업, 무역보험법에 따른 무역보험에는 예외가 인정되고 있으나, 이는 내용통제에 관한 구체적인 심사기준을 적용하지 않는다는 규정이고 일반적인 보험에 인정되는 예외규정도 아니다.

마지막으로 약관법 제30조 제1항은 "약관이 「상법」 제3편, 「근로기준법」 또는 그 밖에 대통령령으로 정하는 비영리사업의 분야에 속하는 계약에 관한 것일 경우에는 이 법을 적용하지 아니한다"라고 규정하고 있다.[60] 제30조 제1항에 정해진 거래분야에 대하여 약관법이 적용되지

59) 이러한 내용을 소개하는 우리 문헌으로 박수영, 앞의 논문(주 45), 129면 각주 5.

60) 법률에서는 기타 대통령령이 정하는 비영리사업의 약관에 대해서도 적용되지 아

않는 적용제외규정을 두고 있는 것은 해당 거래분야에서 이미 공정성 보장을 위한 특수한 규정들이 많이 존재하여 충분한 보호가 이루어지고 있으며, 거래의 성질상 약관법이 적용되는 것이 적당하지 않은 경우가 있기 때문이다.[61] 그런데 이 규정을 통하여 상법에서 제외되는 영역은 상법 제3편인 회사법이고 제4편인 보험법 영역이 아니다. 그런데 약관법 제30조 제2항[62]에서 "특별한 거래 분야의 약관에 대하여 다른 법률에 특별한 규정이 있는 경우를 제외하고 이 법에 따른다"라고 규정하고 있어 이 규정은 결국은 특별법 우선의 원칙을 규정하고 있다. 특별법 우선의 원칙은 명문의 규정이 없더라도 당연히 인정되고 있는 법원칙이다. 이에 대하여 상법학계에서는 상법 보험편(보험계약법)은 약관법에 대한 특별법의 지위를 겸하고 있다고 보고 있다.[63] 그런데 바로 앞 조항에서 명시적으로 제3편인 회사법을 언급하고 있는데, 보험편을 언급하고 있지 않고 있다는 점에 착안한다면 이러한 특별법의 성격을 보험편에 인정할 수 있는지는 기본적으로 의문이다.

(2) 독일에서 편입단계에서 예외를 인정하였던 사례

1) 1994년까지의 보험계약 실무와 독일 약관법 제23조 제3항

독일 보험계약 실무에서 이루어진 보험약관에 의한 보험계약 체결의 관행은 1994년까지 다음과 같은 모습을 띄고 있었다.[64] 보험계약을 체결하려고 하는 자는 보험자가 마련한 신청서를 직접 작성하거나 - 오히려 더 흔하게는 - 보험모집인에 의하여 신청서가 대신 작성되었고 해당 신청서에서는 분명하게 적용되는 보험약관이 명시되어 있었다. 이렇게 작성된 신청서가 구속력 있는 청약이 되어 보험모집인에 의하여 보험자에게

니하는 것으로 규정하고 있으나, 실제 시행령에는 비영리사업에 관한 규정이 없다.

61) 손지열, 앞의 책(주 19), 429면.

62) 이전의 논의에서 제30조 제3항으로 언급되는 경우가 있으나, 앞의 항이 삭제됨으로써 자리를 제3항에서 내용은 동일하게 제2항으로 옮겼다.

63) 손주찬, "보험약관의 명시의무; 개정상법과 약관규제법의 관계", 보험조사월보 제16권 제6호, 1993, 4면; 고상룡, 앞의 논문(주 47), 124면; 박수영, 앞의 논문(주 45), 131면.

64)Wolf/Reiff, AGB-Recht Kommentar, 5. Teil V 89.

전달되었고 보험자가 위험 등을 검토한 후 보험증권(Police)을 송부하게 됨으로써 승낙의 의사표시가 이루어졌다. 계약체결 시점은 보험계약자에게 보험증권이 도달한 때가 된다.[65] 보험증권을 송부할 때 보험약관이 함께 보내졌으므로 보험계약자는 결국 보험증권을 받을 때 보험약관을 실제 볼 수 있게 되어 있었다. 그런데 독일 구약관법 제2조와 현행 독일 민법 제305조 제2항에 의하면 약관이 계약의 내용으로 편입되기 위해서는 청약이 이루어질 때 약관에 대한 명시가 이루어지고 약관에 대한 인식가능성이 충족되어야 한다. 따라서 이러한 보험계약 체결 관행은 약관이 편입되기 위한 일반적인 요건을 충족하지 못한 상태가 된다.

하지만 1994년 전까지만 하여도 독일 구약관법 제23조 제3항에 보험계약에 대하여 특칙이 있었기 때문에 일반적인 약관 편입의 요건을 충족시키지 못하더라도 이러한 관행에 따라 계약이 체결되더라도 보험약관은 보험계약의 내용이 될 수 있었다. 해당 특칙에 의하면 관할관청의 인가를 받은 보험약관의 경우에는 약관편입의 일반적 요건을 충족시키지 않아도 되었다. 이 당시까지만 해도 대규모 위험을 제외한 대량 위험에 대한 보험계약에 대하여는 해당 관할관청[보험감독원(BAV), 2002년 이후 연방금융감독청(BaFin)]의 인가가 이루어지고 있었다.

2) 유럽연합에 의한 변경

그러나 이러한 오래된 관행은 유럽연합의 지침[66]에 의하여 변경될 필요성이 발생하게 되었다. 여기에는 두 가지 변경사항이 존재하였다. 첫째, 유럽연합에서 회원국들에게 보험약관에 대하여 관할관청으로부터 인가를 받는 것을 금지하였다. 둘째, 보험계약자에게 보험계약을 체결하기 전에 계약을 체결하려고 하는 보험상품에 대하여 다양한 정보를 제공할 의무를 보험자에게 법률상 부과하도록 권장되었다. 이러한 정보는 대부분 보험약관에 규정되어 있었다. 전체적인 유럽연합에서의 입법목적은

65) 우리나라와 같이 발신주의에 관한 규정이 없으므로 일반원칙인 도달주의가 적용된 결과이다.

66) 생명보험에 관한 지침(92/96/EWG)과 손해보험에 관한 지침(92/49/EWG).

규제완화를 도모하는 한편, 정보의 제공을 통하여 충분한 정보를 취득한 보험계약자가 규제 완화된 시장에서 자신에게 가장 적합한 보험상품을 찾을 수 있도록 하는 것이었다.[67)]

보험약관에 대하여 인가를 받도록 하지 말라는 요청은 보험계약법 제5조에 반영되었다. 이 조문이 효력을 갖게 된 1994년 7월 29일부터 채권법개정이 이루어진 2002년 1월 1일까지 보험약관에 대한 인가가 이루어지지 않게 되었다. 이에 따라 인가를 받은 보험약관이 존재하지 않게 됨에 따라 실제로 구약관법 제23조 제3항의 적용을 받는 경우는 없게 되었다. 따라서 채권법 개정을 통하여 제305조a에서 구약관법 제23조 제3항의 내용을 삭제한 것은 선언적 의미밖에 없었다. 결국 구약관법과 현행법에 의하여 보험약관에 대하여 특별규정이 약관편입과 관련하여 존재하지 않게 되었다.

3) 보험계약법 제5조a에 의한 편입(증권모델)을 통한 예외의 인정

실무에서는 신설된 보험계약법 제5조a에 따라 보험약관을 편입하고 있었다. 이 규정 제1항 제1문에 따라 보험계약이 보험증권, 보험약관 그리고 그 밖의 소비자정보를 기초로 체결되었다고 보기 위해서는, 보험자가 보험계약자에게 청약 시에 보험조건을 전달하지 않았고 보험계약자가 해당 서류를 받은 후 14일 이내에 문서형식으로 철회를 하지 않아야 한다. 이 규정은 보험자에게 기존에 가지고 있는 오랜 관행을 유지할 수 있도록 하고 있다.[68)] 왜냐하면 보험계약법 제5조a에 따른 계약체결은 원칙적으로 다음과 같이 이루어지기 때문이다. 보험계약자는 직접 또는 보험모집인에 의하여 보험청약서를 작성하며 보험청약서에 보험약관에 관한 명시가 있다. 보험자는 보험증권을 전송함으로써 승낙을 하게 된다. 보험증권에 보험약관, 기타의 소비자정보 그리고 보험계약자가 행사할 수 있는 철회권에 대한 고지가 이루어지는 서면 등이 첨부되어 전송된다.

---

67) Wolf/Reiff, AGB-Recht Kommentar, 5. Teil V 91.

68) Lorenz, Neue Aspekte zum Abschluß eines Versicherungsvertrags, VersR 1997, 774.

보험계약은 이를 통하여 체결되었으나, 그 효력발생은 철회기간이 종료할 때까지 유예된다. 이에 따라 철회기간이 만료할 때까지 보험계약의 효력은 유동적 무효의 상태에 있게 된다.[69] 결국 보험계약법 제5조a에 의하면 보험계약자는 보험약관과 기타의 정보를 1994년 이전처럼 보험증권을 전송받을 때 함께 받게 된다. 따라서 이 모델을 증권모델이라고 한다.[70]

보험계약법 제5조a는 보험계약법이 개정됨에 따라 삭제되었고 이에 따라 2008년부터는 보험약관도 제305조 제2항에 의해서만 계약에 편입될 수 있다.[71] 보험계약법 제7조 제1항에서 보험자가 보험계약자에게 계약체결을 목적으로 한 의사표시를 하기 전에 정보를 제공할 의무를 부과하고 있는데, 이 규정도 보험약관의 보험계약 편입과는 상관이 없는 것으로 본다. 왜냐하면 이 정보제공의무를 위반하더라도 철회권의 행사기간이 제한되어 있는 것을 소멸시키는 법률효과만을 발생시키기 때문이다(보험계약법 제8조 제1항). 따라서 이러한 정보제공의무를 위반하더라도 체결된 계약의 내용에는 영향이 없다.[72]

(3) 소　　결

독일 보험업계는 입법을 통하여 꾸준히 보험계약의 특수성을 주장하면서 편입단계에서 일반원칙에 대한 예외를 약관법 자체에서 인정받았다가, 그 규정이 삭제된 후에는 보험계약법상 예외규정을 두면서 약관법상 편입규정의 배제를 주장하여 왔었다. 그러나 이러한 보험업계의 노력은 결국 무위로 돌아갔고, 다른 업계와 마찬가지로 편입단계에서 약관법의 적용을 받으면서 명시의무를 제대로 이행한 경우에만 약관을 계약의 내용으로 주장할 수 있게 되었다. 이러한 독일에서의 입법적 변천은 우리나라와 크게 달라 보이지 않는다. 심지어 독일의 구법상황에서는 독일에 예외규정이 있다는 차원에서 우리 법상 보험약관을 특별하게 취급해야

69) Prössel/Martin/Prössel, § 5a Rn. 10.

70) Lorenz, VersR 1997, 774 f.

71) Langheid/Rixecker/Rixecker, 7. Aufl. 2022, VVG § 1 Rn. 27.

72) Langheid/Rixecker/Rixecker, 7. Aufl. 2022, VVG § 1 Rn. 27.

하는 논거로 삼기도 하였다. 하지만 독일의 입법 변화로 이제는 오히려 보험약관을 편입단계에서 특별하게 취득할 필요가 없고, 보험계약을 체결하는 고객의 보호를 위해서 필수적이라는 점이 비교법적 고찰이 주는 교훈이라고 볼 수 있다.

2. 상법 제638조의3이 약관법 제3조에 대한 특칙이라는 견해

(1) 학설의 내용

보험약관의 경우에 상법 개정을 통하여 제638조의3에서 보험자가 부담하는 보험약관의 교부·설명의무에 관한 특별규정을 두고 있다. 즉, 보험자는 보험계약을 체결할 때에 보험계약자에게 보험약관을 교부하고 그 약관의 중요한 내용을 설명하여야 하며 이러한 의무를 위반한 경우 보험계약이 성립한 날부터 3개월 이내에 취소할 수 있다.

이 규정을 기초로 약관의 법적 성질을 계약으로 보는 견해에서도 보험약관이 법규범이라는 견해가 주장되고 있다. 즉, 이 견해는 기본적으로 보험약관의 교부·설명의무에 관한 상법 제638조의3이 약관법 제3조에 대한 특별규정에 해당하므로 약관법 제3조는 배제된다는 전제하에서 논의를 시작하고 있다.[73] 즉, 상법 제638조의3은 약관법 제30조 제2항에서 말하는 약관법에 대한 특별규정에 해당한다고 보는 것이다. 따라서 별도의 편입절차 없이, 특히 계약설이 설정하고 있는 고객의 동의 내지 인식가능성 없이 해당 약관은 유효하게 계약의 내용으로 편입되고 교부·설명의무를 이행하지 않은 경우에 상법 제638조의3에서 규정하고 있는 위반효과로서 취소권을 행사하지 않으면 묵시적으로 해당 보험약관을 그대로 적용받겠다는 동의가 있는 것으로 볼 수 있다는 것이다. 결국 약관의 명시·설명의무 등 편입요건을 갖추지 않은 경우에도 보험계약자가

73) 양승규, "보험자의 약관명시의무위반과 보험계약자의 고지의무위반의 효과", 저스티스 제29권 제2호, 한국법학원, 1996, 138면; 손주찬, "보험약관명시의무위반과 고지의무위반을 이유로 하는 계약해지", 판례월보 제313호, 1996, 20면; 장경환, "보험약관과 약관규제법", 보험법연구 제2호, 한국보험법학회, 1998, 151면.

취소권을 행사하지 않은 경우에는 보험약관은 그대로 계약에 편입된다고 보는 것이다.

(2) 판례에 의한 중첩적용설의 채택

판례는 일찍부터 중첩적용설을 취하고 있다.[74] 이에 따라 "보험자 및 보험계약의 체결 또는 모집에 종사하는 자는 보험계약의 체결에 있어서 보험계약자 또는 피보험자에게 보험약관에 기재되어 있는 보험상품의 내용, 보험료율의 체계 및 보험청약서상 기재사항의 변동사항 등 보험계약의 중요한 내용에 대하여 구체적이고 상세한 명시·설명의무를 지고 있으므로, 보험자가 이러한 보험약관의 명시·설명의무에 위반하여 보험계약을 체결한 때에는 그 약관의 내용을 보험계약의 내용으로 주장할 수 없고, 보험계약자나 그 대리인이 그 약관에 규정된 고지의무를 위반하였다 하더라도 이를 이유로 보험계약을 해지할 수 없다"고 판시하였다. 또한 "상법 제638조의3 제2항에 의하여 보험자가 약관의 교부 및 설명의무를 위반한 때에 보험계약자가 보험계약 성립일로부터 1월 내에 행사할 수 있는 취소권은 보험계약자에게 주어진 권리일 뿐 의무가 아님이 그 법문상 명백하므로, 보험계약자가 보험계약을 취소하지 않았다고 하더라도 보험자의 설명의무 위반의 법률효과가 소멸되어 이로써 보험계약자가 보험자의 설명의무 위반의 법률효과를 주장할 수 없다거나 보험자의 설명의무 위반의 하자가 치유되는 것은 아니다"라고 보았다.

결국 판례의 입장대로 상법 제638조의3을 약관법 제3조에 대한 특별규정으로 이해할 수는 없다. 왜냐하면 약관은 약관법 제3조에서 전제로 하는 계약설로 인하여 명시·설명되어 고객이 약관에 대한 인식가능성을 가지느냐에 의하여 편입 여부가 결정되는 것이고, 상법 제638조의3은 교부·설명의무를 위반한 경우 취소권이라는 특별한 법률효과를 부여하고 있는 것에 불과하기 때문이다. 상법 제638조의3을 약관법 제3조에

74) 대법원 1996. 4. 12. 선고 96다4893 판결; 대법원 1996. 4. 12. 선고 96다5520 판결; 대법원 1999. 3. 9. 선고 98다43342, 43359 판결; 대법원 2003. 11. 14. 선고 2003다35611 판결.

대한 특칙규정으로 이해한다면 보험계약자를 특별히 더 보호하기 위하여 도입한 규정이 오히려 약관법에 의한 보험계약자의 보호를 박탈하는 결과에 이르게 된다.[75] 그러므로 상법 제638조의3은 명시의무를 포함하여 교부·설명의무를 대체하는 것이 아니고 법률효과만 추가로 부과하는 규정으로 보아야 한다.[76]

V. 나 가 며

대상판결처럼 교부되지 않은 산출방법서상의 내용 중 보험약관에 없는 내용이 보험계약의 내용으로 된다고 보기 위해서는, 보험약관을 규범설로 이해하고 상법 제638조의3을 약관법의 특칙규정으로 이해하여 약관의 편입에 관한 명시의무 위반의 법률효과를 부정할 때에만 성립할 수 있는 주장이다. 이러한 법리를 기초로 해서만 약관에 규정되지 않은 내용이더라도 산출방법서에 지시문구만 있으면 산출방법의 내용이 그대로 보험계약의 내용이 된다고 볼 수 있는 것이다.

본 논문은 보험약관에 이와 같은 특수법리가 적용되지 않고 다른 영역의 약관처럼 보험약관을 계약설을 기초로 이해해야 하며, 보험계약에도 약관법 제3조 제2항에서 설정한 약관의 편입요건이 그대로 적용됨을 논증하였다. 즉, 대법원 판례 입장처럼 보험약관도 계약설을 바탕으로 설명해야 하며, 상법 제638조의3은 약관법 제3조의 특칙규정이 아니라, 보험약관에도 약관법의 편입규정인 제3조 제2항이 중첩적용될 수 있다고 보았다. 그렇다고 한다면 사업비 차감사실을 약관에 밝히지 않고 산출방법서에서 일방적으로 규정한 경우에는 약관의 편입요건을 충족하지 않기 때문에 이를 보험계약의 내용으로 주장할 수 없게 된다.

그런데 보험자는 보험약관을 통하여 구체적인 보험금은 산출방법서

---

75) 약자인 보험계약자 내지 소비자보호 측면을 강조하는 입장으로 박수영, 앞의 논문(주 45), 153면.

76) 같은 입장으로 정찬형, 상법강의(하) 제23판, 박영사, 2022, 688면; 최병규, "상법 제638조의3과 약관규제법 제3조의 관계", 보험법률 제15호, 1997, 25면.

를 통하여 확정할 수 있는 권한을 유보하고 있으며, 따라서 통상적으로 산출방법서는 보험금을 특정할 권한에 기초하여 구체적인 보험금을 산출하는 계산식이다. 그러나 이렇게 유보된 보험금 확정권한이 정당하게 행사되었다고 인정되기 위해서는 확정방법이 약관에서 정한 내용을 바탕으로 해야 한다. 그러나 보험자는 사업비 차감 사실을 약관 어디에도 밝히지 않고 교부되지 않은 산출방법서에만 기재하고 있었으므로, 이러한 경우에는 유보받은 보험금 확정권한을 정당하게 행사한 것으로 볼 수 없다. 산출방법서는 교부되지 않은 문서이기 때문에 사업비 차감사실을 약관에 기재되어야만 계약의 내용이 될 수 있다. 이를 기재하지 않은 이상 사업비 차감은 계약의 내용이 되었다고 볼 수 없다. 따라서 약관에서는 사업비 차감에 관한 언급 없이 일정한 이율에 기하여 보험금이 확정된다고 밝히고 있고 산출방법서의 내용 중 사업비 차감에 관한 내용은 적용되지 않으므로 원고의 주장이 타당하고 볼 수 있다.

[Abstract]

Die Festlegung von Versicherungssumme durch ABG und die Einbeziehung von AGB im Fall von sofortigen Rentenversicherung

– Entscheidung des Obersten Gerichtshofs von Seoul 2021na2041465, vom 16. Februar 2023 –

Lee, Byung Jun*

Der Fall betraf einen Versicherungsnehmer, der eine sofortige Rentenversicherung abgeschlossen hatte und den vollen Betrag der Versicherungssumme mit der Begründung einforderte, dass der Versicherer die monatliche Prämie nach Abzug der Betriebskosten gezahlt habe, der Abzug der Betriebskosten jedoch nicht Teil des Vertrags gewesen sei, da der Abzug der Betriebskosten nicht in der Police, sondern lediglich in den Anweisungen und dem nicht ausgestellten Berechnungsformular angegeben war. Das Gericht wies diesen Antrag zurück.

Der Standpunkt des Urteils lässt sich nur begründen, wenn der Inhalt der Berechnungsmethode als Inhalt des Versicherungsvertrags verstanden wird und Artikel 638 Absatz 3 des Handelsgesetzbuchs als Sondervorschrift des ABG-Gesetzes verstanden wird, die die Rechtswirkung der Verletzung der ausdrücklichen Verpflichtung zur Einbeziehung der Allgemeinen Geschäftsbedingungen verneint. Auf der Grundlage dieser Rechtstheorie kann gesagt werden, dass, wenn es auch nur eine Richtlinie in der Berechnungsmethode gibt, der Inhalt der Berechnungsmethode zum Inhalt

* Korea University Lawschool, Professor.

des Versicherungsvertrags wird.

In diesem Aufsatz wird argumentiert, dass ein solches Sonderregeln nicht auf Versicherungsverträge anwendbar sind, sondern dass Versicherungsverträge auf der Grundlage der Vertragstheorie zu verstehen sind, genau wie Verträge in anderen Bereichen, und dass das Erfordernis der Einbeziehung von AGB in Artikel 3 Absatz 2 des AGB-Gesetzes weiterhin für Versicherungsverträge gilt. Mit anderen Worten, wie der Oberste Gerichtshof festgestellt hat, sind Versicherungsverträge auf der Grundlage der Vertragstheorie zu verstehen, und Artikel 638 Absatz 3 des Handelsgesetzbuchs ist keine Sondervorschrift zu Artikel 3 des AGB-Gesetzes, sondern Artikel 3 Absatz 2 des ABG-Gesetzes, bei dem es sich um eine Einbeziehungsvorschrift des ABG-Gesetzes handelt, kann bei Versicherungsverträgen auch angewendet werden. Wenn dies der Fall ist, dann kann die einseitige Festlegung in der Berechnungsmethode ohne Angabe des Amtes des stellvertretenden Wirtschaftsprüfers für Geschäftskosten in der Police nicht als Inhalt des Versicherungsvertrags geltend gemacht werden, da sie nicht den Anforderungen an die Einbeziehung der Allgemeinen Geschäftsbedingungen entspricht.

Der Versicherer behält sich das Recht vor, den konkreten Versicherungsbetrag durch die Berechnungsmethode im Versicherungsvertrag zu bestimmen, und daher ist die Berechnungsmethode in der Regel eine Berechnungsformel zur Berechnung des konkreten Versicherungsbetrags auf der Grundlage des Rechts, den Versicherungsbetrag zu bestimmen. Damit das Recht, den Versicherungsbetrag zu bestimmen, als ordnungsgemäß ausgeübt anerkannt werden kann, muss die Berechnungsmethode jedoch auf dem im Vertrag festgelegten Inhalt beruhen. Da der Versicherer den Betriebskostenabzug jedoch nirgendwo in der Police, sondern nur in dem nicht ausgestellten Berechnungsbogen angegeben hat, kann nicht davon ausgegangen werden, dass der Versicherer das ihm vorbehaltene Recht zur Bestimmung des Versicherungsbetrags zu Recht ausgeübt hat. Daher ist der Anspruch des Klägers berechtigt, da in der Police festgelegt ist, dass die Leistung auf der Grundlage eines bestimmten Satzes ermittelt wird, ohne dass der Abzug von Betriebskosten erwähnt wird.

[Key word]

- Vertragstheorie
- Normentheorie
- Einbeziehung von AGB
- Einseitiges Leistungsbestimmungsrecht
- Verweisungstext

참고문헌

[국내 문헌]

1. 단 행 본

곽윤직(편집대표), 민법주해 제12권[채권 (5)], 박영사, 1999.

김용덕(편집대표), 주석민법 [채권각칙1], 한국사법행정학회, 2021.

손주찬, 상법(상) 제15판, 박영사, 2005.

양승규/박길준, 개정 상법요론, 박영사, 1984.

이병준, 약관법론, 세창출판사, 2023.

이은영, 약관규제법, 박영사, 1994.

정찬형, 상법강의(하) 제23판, 박영사, 2022.

정희철, 상법학(상), 박영사, 1989.

최기원, 상법학신론(상), 박영사, 1986.

2. 논 문

강위두, "보통보험약관의 구속력 근거 및 약관의 변경", 상사판례연구 제2집, 한국상사판례학회, 1988.

고상룡, "보험거래와 약관규제에 관한 법률", 비교사법 제4권 제2호, 한국사법학회, 1997.

김성태, "보험계약의 성립-개정상법 보험편과 관련하여-", 고시계 92/3, 고시계사, 1992.

김은경, "즉시연금보험약관의 법적 쟁점", 상사법연구 제42권 제3호, 한국상사법학회, 2023.

김진환, "약관규제법과 전자약관의 계약편입", 법학연구 제10집, 경상대학교 법학연구소, 2001.

김형배, "보통거래약관에 의한 계약", 고시연구 제20권 제2호, 고시계사, 1993.

맹수석, 이준교, "약관해석과 설명의무 관점에서 즉시연금 소송 1심판결에 대한 비판적 고찰", 보험법연구 제16권 제1호, 한국보험법학회, 2022.

박수영, "상법 제638조의3과 약관규제법 제3조와의 관계", 보험학회지 제59집, 한국보험학회, 2001.

박세민, “산출방법서 내용의 약관 편입 여부와 설명의무에 관하여-만기환급형 즉시연금에 관한 분쟁조정과 관련하여-”, 보험학회지 제119집, 한국보험학회, 2019.

석광현, “용선계약상 중재조항의 선하증권에의 편입”, 법학논총 제22집 제1호, 한양대학교 법학연구소, 2005.

손주찬, “보험약관명시의무위반과 고지의무위반을 이유로 하는 계약해지”, 판례월보 제313호, 1996.

______, “보험약관의 명시의무 : 개정상법과 약관규제법의 관계”, 보험조사월보 제16권 제6호, 1993.

양승규, “보통보험약관의 구속력”, 서울대 법학 제27권 제4호, 서울대학교 법학연구소, 1986.

______, “보험자의 약관명시의무위반과 보험계약자의 고지의무위반의 효과”, 저스티스 제29권 제2호, 한국법학원, 1996.

이병준, “약관법상 약관의 편입요건으로서의 명시의무와 교부의무”, 유통법연구 제10권 제2호, 한국유통법학회, 2023.

이재현, “약관의 편입”, 부동산법학 제10집, 한국부동산법학회, 2004.

장경환, “만기형 즉시연금보험의 연금액 계산에서 만기보험금 충당액의 차감에 관한 보험자의 설명의무”, 보험법연구 제12권 제2호, 한국보험법학회, 2018.

______, “보험약관과 약관규제법”, 보험법연구 제2호, 한국보험법학회, 1998.

______, “약관의 구속력의 근거”, 고시계 제40권 제7호, 고시계사, 1995.

장덕조, “즉시연금 판결 비판”, 금융법연구 제19권 제3호, 한국금융법학회, 2022.

정병석, “중재계약의 성립 : 중재약정이 다른 문서에 포함되어 있는 경우”, 판례연구 제11집, 서울지방변호사회, 1998.

정진옥, “즉시연금보험약관에 관한 법리적 검토”, 재산법연구 제38권 제3호, 한국재산법학회, 2021.

조희대, “중재판정에 대한 집행판결을 못하는 사유”, 대법원판례해석 제28호, 1997.

주기동, “약관설명의무와 위험유지의무와의 관계”, 법조 제49권 제5호, 법조협회, 2000.

채동헌, “용선계약상의 중재조항과 선하증권에의 편입”, 대법원판례해설 제44호, 2004.

최병규, “상법 제638조의3과 약관규제법 제3조의 관계”, 보험법률 제15호, 1997.

[외국 문헌]

Dreher, Die Versicherung als Rechtsprodukt, 1991.

J. von Staudingers, Kommentar zum Bürgerlichen Gesetzbuch mit Einführungsgesetz und Nebengesetzen, 18. Auflage, 2019. [Staudinger/Bearbeiter로 인용].

Lorenz, Neue Aspekte zum Abschluß eines Versicherungsvertrags, VersR 1997.

Münchener Kommentar zum BGB, 9. Auflage, 2022. [MüKoBGB/Bearbeiter로 인용].

Präve, Versicherungsbedingungen und AGB-Gesetz, 1998.

Rüffer/Halbach/Schimikowski/Brömmelmeyer,Versicherungsvertragsgesetz : VVG, Handkommentar, 3. Aufl., 2015.

Stoffels, AGB-Recht, 4. Auflage, 2021.

Ulmer/Brandner/Hensen, AGB-Recht : Kommentar zu den §§ 305-310 BGB und zum UKlaG, 12. Auflage., 2016. [Ulmer/Bearbeiter로 인용].

Wolf/Lindacher/Pfeiffer, AGB-Recht, 7. Auflage, 2020. [Wolf/Bearbeiter로 인용].

지역주택조합 추진위원회와 신탁업자 사이에 체결된 자금관리계약에 기한 신탁업자의 대항범위와 채권자의 권리실현방법

정 문 경*

■요 지■

지역주택조합 제도는 무주택자들을 조합원으로 하여 주택을 건설·공급함으로써 주거안정을 실현하기 위한 것으로, 현재는 「주택법」을 근거법률로 하고 있다. 지역주택조합 설립 전에 미리 조합원이 될 자를 모집하여 그 분담금 등으로 조합설립인가 요건 충족에 필요한 사업부지의 사용권원 및 소유권을 확보해야 하므로 조합설립 준비 단계에서는 이처럼 장차 조합원이 될 자의 모집을 통한 초기 사업자금 확보 및 사업자금의 적정한 집행이 사업의 원활한 추진에 주요한 요소가 된다. 지역주택조합 설립을 위해 추진위원회가 구성되면, 추진위원회는 전문성을 갖춘 업무대행사를 선정하여 조합설립 등 관련 절차를 추진하는 한편, 「자본시장과 금융투자업에 관한 법률」에 따른 신탁업자와 자금관리 대리사무계약(이하 '자금관리계약'이라 한다)을 체결하여 신탁업자에게 사업자금의 보관·관리 업무를 맡기게 된다.

지역주택조합 설립 추진 단계부터 사업자금의 보관·관리업무가 추진위원회와 자금관리계약을 체결한 신탁업자에게 맡겨져 신탁업자 명의로 개설된 자금관리계좌에 보관되어 있다는 것과 관련하여, 추진위원회와 주택조합가입

* 서울고등법원 고법판사, 법학박사.

계약을 체결한 자(조합가입계약자) 등이 추진위원회에 대한 자신의 채권을 어떻게 실현할 수 있을 것인지가 실무상 주로 문제된다. 지역주택조합 설립 이후에도 자금관리계약 관련 지역주택조합의 조합원 등 채권자에게는 같은 문제가 발생한다. 다수의 이해관계인들이 얽혀진 지역주택조합인 만큼 하급심에서 이와 관련된 사건들이 계속 이어지고 있다. 지역주택조합 제도의 목적에 비추어 조합원(주택조합 가입 신청자 포함)의 출연과 금융기관 대출금으로 조성된 사업자금이 불법적으로 유용되지 않고 사업의 원활한 추진을 위한 정해진 용도에 사용될 수 있도록 할 필요성이 강하게 요청된다. 그러나 다른 한편으로, 추진위원회에 대한 채권을 실현할 수 있는 재원은 실질적으로 위 자금관리계좌에 입금된 자금이 유일하고, 달리 채권 보전조치를 취할 방법이 없다. 기존의 판례는 지역주택조합사업 사안과 유사하게 건축물·상가 분양사업 등의 신탁업자가 자금관리계약에 기하여 사업자금을 신탁업자 명의의 자금관리계좌에 보관·관리업무를 담당하고 있는 사안에서, ① 신탁업자가 사업시행사의 채권자에 대하여 직접 부당이득반환채무를 부담하는 것은 아니고, ② 위 채권자가 사업시행사의 신탁업자에 대한 자금집행요청권을 대위행사하여 돈의 지급을 구하더라도 신탁업자는 자금관리계약에서 정한 사유로 채권자에게 대항할 수 있다고 판단하였다. 대상판결의 판단은 위 ①, ②와 같은 기존 판례의 연장선에 있는 것으로서 그 논리 구성은 일응 타당한 것으로 보인다. 그러나 대상판결의 논리에 따를 때 추진위원회에 대하여 확정판결에 기한 채권과 집행권원을 가지고 있는 조합가입계약자 등 채권자는 신탁업자의 자금관리계좌에 그 지급에 충분한 자금이 있는 경우라도 그 채권을 실현할 또 다른 방안을 모색하여야 하는 상황에 놓이게 된다.

대상판결은 자금관리계약상 요건을 갖추지 않은 지급 청구에 대하여 신탁업자는 자금관리계약에서 정한 사유로 대항할 수 있음을 명확히 하였다. 이는 기존 판례의 일반 법리에 따른 것이어서 원칙적으로 이론상 타당하다고 볼 것이다. 그러나 채권자로서는 소송이 제기되어서야 증거 수집·제출 상황 등을 통해 비로소 자금관리계약의 내용을 확인할 수 있고, 설령 그 전에 그 내용을 확인하였더라도 그 자금집행요건 충족을 위한 관련 서류 등을 구비할 수 없어 부득이 신탁업자를 상대로 직접 소송을 제기한 경우가 있을 수 있으므로, 위와 같은 원칙 선언만으로는 채권자의 권리구제 측면에서는 미흡한 부분이 있다. 대상판결과 그에 앞서 선고된 일련의 대법원판결을 통해 적어도 신탁업자를 상대로 한 자금집행요청에 관한 동의권자의 동의를 얻은 자금집행요청서(자금인출요청서)가 제출되어야 함은 관련 거래 업계와 실무에 대해 명확한 원칙이 선언되었으므로 해당 서면의 제출이나 이를 대체·갈음할 수 있는 방안을 소송을 통해 관철할 수 있어야 할 것이다. 나아가 조합가입계약자(조합원)의 임의 탈퇴는 별론으로 하더라도 추진위원회 측의 귀책사유로 조합가입계약이 무효, 취소, 해제된 경우에까지 단지 자금집행요청서 등 서류를 제대로 구비할 수 없다는 이유로 채권 실현이 거부되는 것은 추진위원회와 지역주택사업의 진행을 신뢰한 조합가입계약자 등에게 지역주택사업으로 인한 경제적 위험부담을 고스란히 전가하는 셈이 된다. 「주택법」이 조합원(주택조합 가입 신청자 포함)들이 부당한 불이익을 입지 않도록 조합가입계약 체결의 단계에서 여러 안전장치를 강구하는 개정 입법 조항을 마련하여 시행하였는데, 추진위원회 또는 조합에 대해 채권을 가진 채권자의 사적인 이익과 아울러 조합자금을 안전하게 집행할 수 있는 공적인 이익 사이의 조화가 필요하다고 볼 수 있다. 이 글에서는 대상판결과 함께, 그에 앞서 비슷한 시기에 선고된 지역주택조합사업 관련 다른 대법원판결 사안에 나타난 신탁업자의 자금관리계약상 대항사유를 검토하였다. 그리고 이를 토대로 추진위원회의 채권자가 소송을 통해 자금관리계좌의 자금으로 그 채권을 실현하는 데 예상되는 실무상 법률적 쟁점으로서 신탁업자를 상대로 한 추심금 등 청구 소송에서 자금관리계좌에서의 자금집행 및 그 동의요청자인 추진위원회와 동의권자인 업무대행사 등을 함께 피고로 삼는 공동소송의 형태 또는 이와 별도로 해당 의사표시를 구하는 소송 형태 등에서 제기될 수 있는 여러 쟁점들을 살펴보는 것에 중점을 두었다.

[주 제 어]

- 지역주택조합 추진위원회
- 신탁업자
- 자금관리 대리사무계약
- 자금관리계좌
- 자금집행요청
- 의사의 진술을 명하는 판결

대상판결 : 대법원 2023. 5. 18. 선고 2022다265987 판결

[사안의 개요]

Ⅰ. 사실관계

1. 당사자의 지위

(1) 원고는 지역주택조합 추진위원회(이하 '추진위원회'라 한다)와 사이에 조합가입계약[1])을 체결한 자이다.

(2) 피고는 「자본시장과 금융투자업에 관한 법률」에 따른 신탁업자로서 추진위원회와 사이에 추진위원회가 시행하는 사업과 관련하여 조합원 분담금에 대한 자금관리업무를 위임받는 내용의 자금관리 대리사무계약[2])을 체결한 신탁회사이다.

2. 원고와 추진위원회 사이의 소송과 확정판결에 따른 강제집행

(1) 원고가 2018. 3.경 추진위원회와 조합가입계약을 체결할 당시 추진위

---

1) 조합가입계약에 따르면, ① 조합원 분담금은 신탁업자(피고) 명의 계좌(이른바 '자금관리계좌')로, 업무대행용역비는 추진위원회 명의 계좌로 각각 입금해야 하고, ② 신탁업자(피고)는 조합원 분담금이 입금되는 위 신탁업자(피고) 명의 계좌의 자금만을 관리하며(제4조 제2항), 업무대행용역비는 추진위원회, 업무대행사, 신탁업자(피고) 누구에게도 반환을 청구할 수 없고(제7조 제3항), ③ 원고가 조합을 탈퇴할 경우 기존에 납입했던 돈에서 업무대행용역비 전액과 조합원 분담금의 10%에 해당하는 금액이 공제되어 환불받는다(제8조 제1항).

2) 자금관리 대리사무계약에 따르면, ① 추진위원회와 업무대행사가 시공예정사의 동의를 받아 증빙서류를 첨부하여 자금집행요청서를 피고에게 제출하면, 피고는 조합원 분담금 등이 입금된 자금관리계좌 잔고 범위 내에서 정해진 자금집행 순서에 따라 집행하고(제12조 제2항, 제3항), ② 피고는 조합원(추진위원회와 조합가입계약을 체결하였으나 아직 조합설립 전인 경우 그 계약당사자 포함, 이하 같음)이 조합원 자격을 상실하거나 탈퇴할 경우 또는 조합설립인가를 받지 못하는 등 사업이 더 이상 진행될 수 없는 경우에 조합원에게 그 납부한 조합원 분담금을 반환하는데(제12조 제6항), 이 경우 추진위원회와 업무대행사가 피고에게 조합원 분담금 환불요청서를 서면으로 제출해야 한다(제12조 제7항). ③ 추진위원회는 조합원 모집 후 해당 조합원의 조합가입계약서 사본과 조합원으로부터 받은 서류 일체를 즉시 피고에게 제출해야 하고(제8조 제2항), 피고는 추진위원회 또는 업무대행사의 조합원 모집업무상 불법행위(조합가입계약서 및 조합원으로부터 받은 서류 일체에 명시되지 않은 사항을 약속하는 행위 등)에 대하여 일체의 책임이 없다(제18조 제2항). ④ 자금관리 대리사무계약 해지에 따른 조합원 분담금 반환은 조합가입계약서 등 조합원으로부터 받은 서류 및 조합원들 사이에 합의된 바에 따라 처리한다(제17조 제3항).

원회는 원고에게 안심보장증서(2018. 7.까지 관할관청에 도시개발구역 지정제안서를 접수하지 못할 경우 조합가입계약을 해지하고 그 납부한 조합원 분담금 및 업무대행용역비 전액을 반환할 것을 보장한다는 내용)를 작성해 주었다.

(2) 원고는 조합가입계약에 따라 조합원 분담금을 피고 명의 자금관리계좌로, 업무대행용역비를 추진위원회 명의 계좌로 각 납부하였다.

(3) 추진위원회는 안심보장증서에서 정한 기일까지 도시개발구역 지정제안서를 접수하지 못했다. 원고는 2019. 2.경 추진위원회에게 조합원 탈퇴 등 서류를 제출하고 안심보장증서의 내용대로 기존에 납부했던 조합원 분담금 및 업무대행용역비를 전액 환불해 줄 것을 요청하였으나, 추진위원회는 원고의 요청에 응하지 않았다.

(4) 원고는 2020. 3.경 추진위원회를 상대로 안심보장증서에 따른 조합가입계약 해제 등을 주장하면서 조합원 분담금 등 전액의 환불을 구하는 소를 제기하였다. 위 소송의 제1심에서 2020. 6.경 공시송달에 의한 원고 전부 승소판결이 선고되어 그대로 확정되었다.

(5) 원고는 2020. 7.경 추진위원회에 대한 위 확정판결에 기해 청구금액을 '추진위원회가 자금관리 대리사무계약에 따라 피고에 대하여 가지는 조합운영비, 업무추진비 등 주택건설사업과 관련한 모든 채권 중 위 확정판결에 의한 원리금 상당액'에 대하여 압류 및 추심명령(이하 '이 사건 압류 및 추심명령'이라 한다)을 받았고, 그 결정이 피고에게 송달되었다.

2. 이 사건 소 제기

(1) 원고는 피고를 상대로 이 사건 압류 및 추심명령에 기한 추심금 청구로서 '이 사건 압류 및 추심명령에 따른 청구금액 및 이에 대하여 2020. 7. 30.부터 이 사건 소장 부본 송달일까지는 민법에서 정한 연 5%,[3] 그 다음 날부터 다 갚는 날까지는 소송촉진 등에 관한 특례법에서 정한 연 12%의 각 비율로 계산한 지연손해금을 지급하라'는 취지로 이 사건 소를 제기하였다.

(2) 한편 자금관리 대리사무계약에 따라 조합원 분담금이 납부된 피고 명의 계좌에는 원고의 위 청구금액을 초과하는 금액이 남아 있었다.

3) 항소심에서 이 부분 지연손해금 청구를 추가하였다.

Ⅱ. 소송의 경과

1. 당사자의 주장

(1) 원고는 이 사건 압류 및 추심명령에 기한 추심금 지급을 구하였다. 아울러 항소심에 이르러 원고의 추진위원회에 대한 확정판결에 기한 채권을 피보전권리로 자금관리 대리사무계약에 따른 추진위원회의 피고에 대한 자금집행요청권을 대위하여 같은 청구취지 금액의 지급을 구하는 주장을 선택적으로 추가하였다.

(2) 피고는 다음과 같이 주장하면서 원고의 청구를 다투었다. ① 자금관리 대리사무계약에 따른 조합원 분담금 반환 요건인 '조합원 분담금 환불요청서'가 제출되지 않은 이상 원고의 청구에 응할 수 없다. ② 설령 '조합원 분담금 환불요청서'가 제출된 것으로 볼 수 있더라도 피고의 지급의무 있는 반환범위는 '피고 명의 자금관리계좌로 납부한 조합원 분담금으로 제한'되어야 한다.

2. 제1심(의정부지방법원 고양지원 2021. 8. 12. 선고 2020가단91017 판결)의 판단: 원고 패소

제1심은 다음과 같은 이유로, 이 사건 압류 및 추심명령의 피압류채권의 존재가 인정되지 않는다고 판단하여 원고 패소판결을 하였다. 즉, 자금관리 대리사무계약 제12조 제7항에 따른 조합원 분담금 환불요청서가 제출되었다는 것에 대한 주장·증명이 없고, 그 외에 피고의 자금관리 대리사무계약에 따른 추진위원회에 대한 금전지급 채무 발생을 인정할 만한 아무런 주장·증명이 없다는 것이다.

3. 항소심(의정부지방법원 2022. 7. 21. 선고 2021나218176 판결)의 판단: 원고 일부 승소(지연손해금 일부만 패소)

항소심은 아래와 같은 이유로 피고의 주장을 배척하고, 원고의 추심금 청구를 받아들여 일부 지연손해금을 제외한[4] 나머지에 관하여 승소판결을

---

4) 소장 부본 송달 이전의 지연손해금 부분에 대해서는 제3채무자가 지체책임을 부담하는 것은 압류채권자로서 추심금 청구를 받은 날의 다음 날부터인데(대법원 2012. 10. 25. 선고 2010다47117 판결 참조)인데, 추심금 청구 의사로 볼 수 있는 원고의 환불요청서가 언제 피고에게 도달하였는지 증명이 없다는 이유로 소장 부본

선고하였다. 한편 항소심에서 추가된 채권자대위권 주장에 대해서는, 피대위채권인 추진위원회의 피고에 대한 자금집행요청권을 추진위원회의 피고에 대한 환불요청의 의사표시를 의미하는 것으로 선해하여, 피고에게 '(원고의) 환불요청서'가 제출됨으로써 위 환불요청의 의사표시가 있었다고 인정하였다.

① [조합원 분담금 환불요청서 미제출 주장에 관한 판단] 원고는 추진위원회를 통해 조합원 분담금 등에 대한 환불요청서를 피고에게 제출하였으므로, 환불요청서 제출 요건이 충족되었다. 원고의 환불요청은 자금관리 대리사무계약서 제12조 제7항에 따른 조합원 분담금 반환 사유에 해당하여 그 반환을 위한 추진위원회의 자금집행요청 의사표시가 예정되어 있고, 원고의 채권은 확정판결에 따른 채권이므로 그 지급을 위한 자금집행요청이 부당한 요구라고 볼 수 없으므로, 이에 응하지 않는 것은 합리적 근거 없이 집행권원의 집행력을 제약하는 결과가 된다.

② [반환 의무 범위를 조합원 분담금 상당액으로 한정해야 한다는 주장에 관한 판단] 원고의 채권은 확정판결에 기한 채권이고, 피고의 조합원 분담금 자금관리계좌에는 이 사건 압류 및 추심명령의 청구금액을 초과하는 금액이 남아 있다. 자금관리 대리사무계약에서 말하는 조합원 분담금은 사업비로 사용될 재원이고, 조합원 분담금 자금관리계좌에는 각종 수입금도 입금하도록 되어 있고 자금집행 대상에는 업무대행자의 수수료도 포함되어 있다. 자금관리 대리사무계약이 해지된 경우에는 정산실시 후 조합원에 대한 환불금을 최우선 집행순서로 정하고 있다. 따라서 조합원 분담금 자금관리계좌에서 환불할 수 있는 금액이 반드시 해당 계좌로 납부한 금액에 한정된다고 볼 수 없다. 업무대행용역비가 피고 명의 자금관리계좌로 입금되지 않음으로써 발생하는 계약위반은 피고와 추진위원회 사이의 별도 문제이다.

Ⅲ. 대상판결 요지: 파기환송

1. 대상판결이 판단의 근거로 든 법리는 다음과 같다.

> [1] 지역주택조합과 조합원 사이의 법률관계는 주택법령, 조합규약, 조합과 조합원 사이의 조합가입계약 등 약정에 따라 규율되는데, 적법하게 조합원 지위를 상실한 경우 납부한 분담금 반환 범위, 방법 등이 정해져 있다면 이에 따라야 하고, 지역주택조합 설립 이전 단계의 모집주체와 조합원들 사이에서도 마찬가지이다. 지

송달일 다음 날부터의 지연손해금만 인정하였다.

역주택조합 설립인가를 받기 위한 추진위원회 등이 주택법 제11조의2 제1항, 제2항, 제3항에 따라 '자본시장과 금융투자업에 관한 법률'에 따른 신탁업자와 사이에 '자금의 보관 및 그와 관련된 업무'를 대행하도록 자금관리 대리사무계약을 체결하여 자금집행의 절차와 요건을 정하는 것은 신탁업자가 조합원 분담금 등의 자금관리 업무를 수행하고 추진위원회 등의 임의적인 집행을 방지하며 자금집행의 투명성과 적법성을 담보하기 위함이다. 추진위원회의 채권자가 추진위원회를 대위하여 자금관리 대리사무계약상 자금집행 요청권을 행사하는 경우 신탁업자는 자금집행의 절차, 요건, 범위에 관한 추진위원회와 사이의 자금관리계약 조항을 이유로 대항할 수 있다(대법원 2023. 4. 13. 선고 2022다244836 판결 등 참조).

[2] 금전채권에 대한 채권압류 및 추심명령이 있는 때에는 제3채무자는 채권이 압류되기 전에 압류채무자에게 대항할 수 있는 사유로 압류채권자에게 대항할 수 있다(대법원 2001. 3. 27. 선고 2000다43819 판결, 대법원 2017. 9. 21. 선고 2015다256442 판결).

2. 대상판결은 다음과 같은 이유로 원심의 판단에 자금관리 대리사무계약, 피압류채권 존재에 관한 증명책임 등에 관한 법리를 오해하거나 필요한 심리를 다하지 않아 판결에 영향을 미친 잘못이 있다고 판단하고, 원심판결을 파기환송하였다.

"피고는 조합원 분담금의 환불을 위한 자금집행 절차 및 요건, 범위에 관한 자금관리 대리사무계약에 어긋나는 자금집행 요청을 거절할 수 있다. 설령 원심이 인정한 바와 같이 추진위원회의 환불요청서는 피고에게 제출되었더라도 자금집행 절차에 관한 추진위원회와 사이의 자금관리 대리사무계약 제12조 제7항에서 정한 업무대행사의 분담금 환불요청서가 제출되지 않았다. 또한 원고가 추진위원회로부터 교부받은 안심보장증서의 내용이 원고의 조합가입계약 내용과 다른 이 사건에서 추진위원회가 위 안심보장증서를 원고로부터 받아 그 사본을 피고에게 제출하였다는 등의 사정이 현출되지 않는 이상, 피고는 추진위원회에 대한 관계에서 이 사건 자금관리 대리사무계약 제18조 제2항에서 정한 자금집행의 범위에 관한 내용을 이유로 대항할 수 있다. 이는 설령 원고가 추진위원회를 상대로 공시송달에 의한 승소판결을 받은 사정이 있더라도 달라지지 않는다."

Ⅳ. 파기환송 후 소송 경과

파기환송 후 원심(의정부지방법원 2023. 12. 14. 선고 2023나208913 판결)에서는 대상판결의 취지에 따라 자금관리 대리사무계약에서 정한 업무대행사의 분담금 환불요청서 등이 제출되어 있지 않다는 이유로 원고의 추심금 청구와 채권자대위권 행사에 기한 청구를 모두 기각하였다. 이에 대하여 원고가 상고하였으나 심리불속행으로 상고가 기각되어(대법원 2024. 5. 9. 선고 2024다209820 판결) 위 파기환송 후 원심판결이 확정되었다.

〔研 究〕

Ⅰ. 서 론

지역주택조합 제도는 무주택자들을 조합원으로 하여 주택을 건설·공급함으로써 주거안정을 실현하기 위한 것으로, 현재는 「주택법」을 근거법률로 하고 있다. 지역주택조합 설립 전에 미리 조합원을 모집하여 그 분담금 등으로 조합설립인가 요건 충족에 필요한 사업부지의 사용권원 및 소유권을 확보해야 하므로 조합설립 준비 단계에서는 조합원 모집을 통한 초기 사업자금 확보 및 사업자금의 적정한 집행이 사업의 원활한 추진에 주요한 요소가 된다. 조합설립을 위해 추진위원회가 구성되면, 추진위원회는 전문성을 갖춘 업무대행사를 선정하여 조합설립 등 관련 절차를 추진하는 한편, 「자본시장과 금융투자업에 관한 법률」에 따른 신탁업자와 자금관리 대리사무계약(이하 '자금관리계약'이라 한다)을 체결하여 신탁업자에게 사업자금의 보관·관리 업무를 맡기게 된다. 그런데 조합설립 준비 단계에서 조합원 모집이나 사업부지 확보에 어려움을 겪어 조합 설립이 사실상 무산될 위기에 놓이게 되면 추진위원회를 둘러싼 법적 분쟁도 상당히 많아지게 되어 최근 실무상 지역주택조합과 관련된 민사재판 사건이 적지 않다.

지역주택조합의 사업 시행을 위한 사업자금은 지역주택조합 설립 추진 단계부터 그 보관·관리업무가 추진위원회와 자금관리계약을 체결한 신탁업자에게 맡겨져 신탁업자 명의로 개설된 이른바 '자금관리계좌'에 보관되어 있다. 이와 관련하여 추진위원회에 대하여 채권을 가지는 이른바 '조합가입계약자'[5] 등이 자신의 채권을 어떻게 실현할 수 있을 것인지가 실무상 주로 문제된다. 지역주택조합 설립 이후 지역주택조합에 대한 채권을 실현하려는 경우에도 마찬가지의 문제가 발생한다.[6] 지역주택조합 사업 추진에는 다수의 이해관계인들이 얽힌 만큼 하급심에서 이와 관련된 사건들이 계속 이어지고 있다. 지역주택조합 제도의 목적에 비추어 조합원의 출연과 금융기관 대출금으로 조성된 사업자금이 불법적으로 유용되지 않고 사업의 원활한 추진을 위해 정해진 용도에 사용될 수 있도록 할 필요성이 강하게 요청된다. 그러나 다른 한편으로, 추진위원회에 대한 채권을 실현할 수 있는 재원은 실질적으로 위 자금관리계좌에 입금된 자금이 유일하고, 달리 채권 보전조치를 취할 방법이 없다. 기존의 판례는 지역주택조합 사안과 유사하게 신탁업자가 사업시행사와의 자금관리계약에 기하여 신탁업자 명의 자금관리계좌에 예치된 사업자금의 보관·관리업무를 담당하고 있는 사안에서, ① 신탁업자가 사업시행사의 채권자에 대하여 직접 부당이득반환채무를 부담하는 것은 아니고, ② 위 채권자가 사업시행사의 신탁업자에 대한 자금집행요청권을 대위행사하여 돈의 지급을 구하더라도 신탁업자는 자금관리계약에서 정한 사유로 채권자에게 대항할 수 있다고 판단하였다.[7] 대상판결의 판단은 위 ①, ②와 같은 기존 판례의 연장선에 있는 것으로서 그 논리 구성은 일응 타당한 것으로 보인다. 그러나 대상판결의 논리에 따를 때 추진위원회에 대하여 확정판결에 기한 채권과 집행권원을 가지고 있는 조합가입계약자 등 채권자는 신탁업자의 자금관리계좌에 그 지급에 충분한 자금이 있는 경우라도 그 채권을 실현할 또 다른 방안을 모색하여야 하는 상황에 놓이게

---

5) 추진위원회와 조합가입계약을 체결한 자는 장래 지역주택조합이 설립되면 조합원이 될 지위에 있으나 그 설립 이전에는 지역주택조합의 구성원으로서의 조합원은 아니므로, 이하 이러한 조합원과 구별하는 의미에서 지역주택조합 설립 전의 단계에서 위와 같이 조합가입계약을 체결한 자를 칭할 때에는 편의상 '조합가입계약자'라고 한다.

6) 대상판결 사안은 추진위원회 사안이므로, 이하 지역주택조합과 그 설립 전의 추진위원회로 구별하지 않고 추진위원회로 한정하여 서술한다.

7) 대법원 2014. 12. 11. 선고 2013다71784 판결, 대법원 2015. 1. 15. 선고 2013다26838 판결, 대법원 2018. 7. 12. 선고 2018다204992 판결 등 참조.

된다.

이 글에서는 대상판결과 함께, 그에 앞서 비슷한 시기에 선고된 지역주택조합과 관련한 다른 대법원판결 사안에 나타난 신탁업자의 자금관리계약상 대항사유를 검토하고, 이에 추진위원회의 채권자가 소송을 통해 자금관리계좌의 자금으로 그 채권을 실현하는 데 예상되는 실무상 법률적 쟁점을 살펴보는 것에 중점을 둔다. 이러한 쟁점은 추진위원회의 사업자금이 신탁업자와 체결한 자금관리계약에 따라 신탁업자의 자금관리계좌에 보관·관리됨으로 인해 발생하는 것이다. 따라서 구체적인 쟁점에 관한 논의에 앞서 우선 제2장에서는 지역주택조합 제도와 자금관리계약의 내용 등을 논의에 필요한 범위 내에서 개관하고, 제3장에서는 신탁업자의 자금관리계약을 둘러싼 채권실현에 관한 기존 판례의 흐름과 학설의 논의를 살펴본다. 그리고 제4장에서는 비록 대상판결에서는 더 나아가 살펴보지는 않았지만, 조합가입계약자 등 채권자가 자금관리계약이 체결된 신탁업자를 상대로 자신의 채권을 실현할 수 있는 구체적인 권리실현방안은 과연 무엇일지에 관해 검토하고 자금집행요청[8] 취지의 동의 의사표시를 구하는 장래이행 청구의 방식과 실무적 처리 방안을 구체적으로 제시해 본다. 그리고 마지막으로 제5장에서는 대상판결의 의의와 향후 논의 과제를 정리해 본다.

Ⅱ. 지역주택조합 제도와 자금관리계약의 내용 개관

1. 지역주택조합의 법적 근거와 법적 성격

(1) 법적 근거

지역주택조합 제도의 법적 근거는 1980. 1. 4. 법률 제3250호로 개정되어 같은 날 시행된 구 「주택건설촉진법」에서 처음 마련되었다. 이에

8) 지역주택조합 사안의 하급심판결에서는 추진위원회가 업무대행사의 동의를 얻어 신탁업자를 상대로 하는 자금관리계좌의 자금집행 요청을 가리켜 그 제시하는 서면의 명칭을 토대로 자금인출요청, 자금지출요청, 자금집행요청 등으로 다르게 칭하고 있는데, 이하 용어 사용 통일의 편의상 이를 가리켜 대상판결에서 사용한 '자금집행요청'이라 한다.

따른 지역주택조합은 주택이 없는 국민이 주택을 마련하기 위하여 설립한 조합으로서 구 「도시재개발법」 및 「주택개량촉진에관한임시조치법」에 의한 재개발구역 내의 주민들이 구성하는 조합이었다. 이후 구 「주택건설촉진법」이 개정됨에 따라 지역주택조합을 설립할 수 있는 무주택주민의 거주지역은 동일 또는 인접한 시(서울특별시 및 직할시를 포함한다)·군으로(1987. 12. 4. 법률 제3998호로 개정된 것), 다시 위 시가 직할시 대신 광역시로(1997. 12. 13. 법률 제5454호로 개정된 것) 확대·변경되었다. 구 「주택건설촉진법」은 2003. 5. 29. 법률 제6961호로 「주택법」으로 전부 개정되어 2003. 11. 30.부터 「주택법」이 시행되었고, 지역주택조합을 비롯한 주택조합은 「주택법」에서 규정해 오고 있다.

「주택법」 제2조 제11호에서는 주택조합의 정의에 관하여 '많은 수의 구성원이 (제15조에 따른 사업계획의 승인을 받아) 주택을 마련하거나 리모델링하기 위해 결성하는 다음 각 목의 조합을 말한다'라고 규정하고, 이하 가목에서 지역주택조합을 '다음 구분에 따른 지역에 거주하는 주민이 주택을 마련하기 위하여 설립한 조합'이라고 정의한다. 「주택법」 개정 과정에서 지역주택조합을 구성하는 무주택주민(조합원)의 거주지역 범위는 당초 동일한 특별시·광역시·시 또는 군(광역시가 있는 관할구역에 있는 군 제외)에서 2009. 2. 3. 법률 제9405호 개정으로 '광역자치도'가 추가되었다가 2013. 8. 6. 법률 제12022호로 개정된 후부터는 9개[9]의 구분에 따른 지역 범위로 변경되어 현재에 이르고 있다.

(2) 법적 성격

지역주택조합은 「주택법」상 주택건설사업의 사업주체이다(제4조 제5호). 판례는 다음과 같이 지역주택조합의 법적 성격을 비법인사단으로 보고 있다. 즉, 구 「주택건설촉진법」에 의한 주택조합에 관한 사안에서, "「주

---

9) ① 서울특별시·인천광역시 및 경기도 ② 대전광역시·충청남도 및 세종특별자치시 ③ 충청북도 ④ 광주광역시 및 전라남도 ⑤ 전북특별자치도(2023. 6. 7. 법률 제19427호로의 개정 이전에는 전라북도), ⑥ 대구광역시 및 경상북도 ⑦ 부산광역시·울산광역시 및 경상남도 ⑧ 강원특별자치도(2023. 6. 7. 법률 제19427호로의 개정 이전에는 강원도) ⑨ 제주특별자치도.

택건설촉진법」에 의하여 설립된 주택조합이 비록 조합이라는 명칭을 사용하지만 고유의 목적을 가지고 사단적 성격을 가지는 규약을 만들어 이에 근거하여 의사결정기관인 총회와 운영위원회 및 집행기관인 대표자를 두는 등의 조직을 갖추고 있고, 의결이나 업무집행방법이 다수결의 원칙에 따라 행해지며 조합원의 가입탈퇴에 따른 변경에 관계없이 조합 자체가 존속하는 등 단체로서의 중요사항이 확정되어 있는 점에 비추어 그 명칭에 불구하고 비법인사단에 해당한다."고 보았다.[10)] 이는 「주택법」상 지역주택조합에 있어서도 그대로 적용될 수 있다.

'조합'이라는 명칭과 관련하여 「주택법」상 지역주택조합 등 주택조합은 「도시 및 주거환경정비법」(이하 '「도시정비법」'이라 한다)에 따른 재개발·재건축조합과 대비될 수 있다. 조합의 사업 추진으로 신규 주택이 건설되어 조합원뿐만 아니라 일반 분양자에게도 공급될 수 있다는 점에서는 양자 간 유사한 점이 있다. 그러나 법적 성격에 있어서 「도시정비법」상 조합은 법인이지만(제38조), 「주택법」상 지역주택조합은 앞서 본 바와 같이 비법인사단이다. 설립 취지에 있어서 「도시정비법」상 재개발·재건축조합은 기존 주택의 소유자들이 노후·불량한 주택을 철거하고 그 위에 새로운 주택을 건설하여 주거환경을 개선하는데 있는 반면, 「주택법」상 지역주택조합은 무주택주민의 주택 마련을 통한 거주 안정을 주된 목적으로 한다. 또한 추진위원회의 설립 근거 규정에 있어서도, 「도시정비법」상 추진위원회는 그 구성·승인, 기능, 조직, 운영에 관한 명시적 규정(「도시정비법」 제31조 내지 제34조)이 있는 반면, 「주택법」상 지역주택조합은 조합설립을 위한 추진위원회에 관하여 별도의 규정을 두고 있지 않다는 점에서 차이가 있다.

---

10) 대법원 1997. 1. 24. 선고 96다39721, 39738 판결. 구 「주택건설촉진법」에 의한 주택조합이 비법인사단임을 전제로 한 후속판결로는 대법원 1998. 10. 27. 선고 98다18414 판결, 대법원 2021. 12. 30. 선고 2017다203299 판결 등 참조.

2. 지역주택조합의 사업 진행 절차 개관

(1) 절차의 흐름

「주택법」에 따르면 지역주택조합의 사업은 조합 설립 준비단계로서 조합원 모집, 사업부지 확보 등을 거쳐 조합의 설립과 사업계획승인, 주택의 건설, 감리 및 사용검사 등 절차로 진행된다. 사업의 안정적인 진행을 위해 주택조합과 그 발기인 및 조합의 구성원은 해당 업무에 전문성을 갖춘 일정한 자에게만 주택조합의 업무를 대행하도록 하여야 함과 아울러 업무대행자의 업무범위 등을 규정하고 있다. 특히 2020. 1. 23. 법률 제16870호로 개정되어 2020. 7. 24. 시행된 「주택법」에서는 조합원의 재산권을 보호하고 사업 추진의 투명성과 안전성을 제고하기 위해 주택조합설립인가 요건 강화, 조합원 모집 시 설명 의무 부여, 과장 광고 제한, 장시간 사업 지연 시 해산 절차 마련 규정을 신설하였다. 아래에서는 이 글에서의 논의와 관련이 있는 업무대행자의 범위, 조합 설립을 위한 요건으로서 조합원 모집에 관하여 개관한다.

(2) 주택조합업무 대행

주택조합의 업무대행은 등록사업자, 「공인중개사법」에 따른 중개업자, 「도시정비법」에 따른 정비사업전문관리업자, 「부동산개발업의 관리 및 육성에 관한 법률」에 따른 등록사업자, 「자본시장과 금융투자업에 관한 법률」에 따른 신탁업자, 그 밖에 법률에 따라 등록한자로서 대통령령으로 정하는 자에게만 맡길 수 있다(제11조의2 제1항). 이는 「주택법」이 2016. 12. 2. 법률 제14344호로 개정될 때 신설된 규정이다. 업무대행자의 업무 범위는 조합원 모집, 토지확보, 조합설립인가 신청 등 조합설립을 위한 업무의 대행을 비롯하여 사업계획서 작성, 설계자 및 시공자 선정, 사업계획승인, 자금의 보관 및 그와 관련한 업무의 대행, 그 밖에 총회의 운영업무 지원 등 국토교통부령으로 정하는 사항이다(같은 조 제2항). 「주택법」은 주택조합의 업무대행자에게 신의에 따라 성실하게 업무를 수행할 의무 등을 부담할 것과 그 귀책사유로 조합 또는 조합원에게 손해를 입힌 경우에는 손해배상책임이 있다는 점을 명시하고 있다(같은 조 제5항). 아울러 주택조합의 원활한 사업추진 및 조합원의 권리 보호를 위해 국토교통부장관이 공정거래위원장과 협의를 거쳐 표준업무대행계약서를 작성·보급할 수 있다고 규정하고 있다(같은 조 제6항).

(3) 조합원 모집

「주택법」상 지역주택조합 설립인가를 받기 위해 조합원을 모집하려는 자는 해당 주택건설대지의 50%에 이상에 해당하는 토지의 사용권원을 확보하여 관할 시장·군수·구청장에게 신고하고, 공개모집의 방법으로 조합원을 모집해야 한다(제11조의3 제1항). 「주택법」은 2020. 1. 23. 법률 제16870호로의 개정을 통해 토지 사용권원 확보 요건을 추가하였고, 조합원을 모집하려는 주택조합의 발기인은 대통령령으로 정하는 자격기준을 갖출 것(같은 조 제6항)과 위 발기인은 조합원 모집 신고를 하는 날에 주택조합에 가입한 것으로 보고(같은 조 제7항), 조합원 모집 업무를 대행하는 자를 포함하여 조합원 모집 주체와 주택조합 가입 신청자가 체결하는 주택조합가입계약에서 포함될 사항을 열거하였다(같은 조 제8항).

「주택법」상 추진위원회에 관하여 별도의 규정을 두고 있지는 않지만, 실무상으로는 조합 설립 이전에 지역주택조합의 발기인 자격을 갖춘 사람들이 추진위원회를 구성하고 해당 추진위원회가 업무대행사를 선정하여 조합원 모집 등 업무를 진행하고 있는 것으로 보인다. 대법원은 대상판결 및 대상판결이 인용한 추진위원회 사안 판결[11]에서 지역주택조합과 조합원 사이의 법률관계는 주택법령, 조합규약, 조합과 조합원 사이의 조합가입계약 등 약정에 따라 규율되고 이는 지역주택조합 설립 이전 단계의 모집주체와 조합원들 사이의 법률관계에서도 마찬가지라고 보았다.

11) 대법원 2023. 4. 13. 선고 2022다244836 판결.

3. 자금관리계약의 주요 내용

(1) 주택법의 관련 규정

「주택법」에 따르면, 주택조합의 업무 대행을 맡길 수 있는 자 중 하나로서 「자본시장 및 금융투자업에 관한 법률」에 따른 신탁업자를 규정하고 있다. 「주택법」은 2020. 1. 23. 법률 제16870호로의 개정 당시 계약금 및 자금의 보관 업무는 위 신탁업자에게 대행하도록 해야 한다는 조항을 신설하였다(제11조의3 제3항).

그에 앞서 「주택법」은 2019. 12. 10. 법률 제16811호로의 개정 당시 업무대행사를 포함한 조합원 모집주체는 주택조합가입신청자가 납부해야 하는 일체의 금전(가입비등)을 대통령령으로 정하는 예치기관에 예치하여야 한다는 조항을 신설하였다(제11조의4). 「주택법 시행령」 제24조의5에 따르면, 예치기관은 「은행법」에 따른 은행, 「우체국예금·보험에 관한 법률」에 따른 체신관서, 「보험업법」 제2조 제6호에 따른 보험회사, 「자본시장 및 금융투자업에 관한 법률」에 따른 신탁업자이고(제1항), 모집주체는 위 예치기관과 가입비등의 예치에 관한 계약을 체결하여야 하며(제2항), 주택조합가입신청자는 주택조합가입계약을 체결하면 예치기관에 국토교통부령으로 정하는 가입비등 예치신청서를 제출해야 하고(제3항), 예치기관은 그 예치신청서를 받은 경우 가입비등을 예치기관의 명의로 예치해야 하며, 이를 다른 금융자산과 분리하여 관리해야 한다(제4항)고 규정하고 있다.

(2) 자금관리계약 내용 개관 및 법적 성격

(가) 자금관리 업무의 대행

「주택법」에 따르면, 추진위원회는 신탁업자와 사이에 신탁업자로 하여금 계약금 등 자금의 보관 업무를 대행하도록 하는 내용의 자금관리계약을 체결하여야 한다. 자금관리계약에 추진위원회와 신탁업자 외에 업무대행사 등도 참여하지만 관리의 대상이 되는 자금은 추진위원회가 유치하여 인입시킨 것이고, 자금관리계약은 추진위원회의 자금관리 업무를 대행하기 위해 체결된 것이라는 점에서 업무대행사 등을 핵심 당사자로 보기는 어렵다.[12] 대상판결 및 그에 앞서 비슷한 시기에 선고된 추진위원회 관련 다른 대법원판결[13]과 그 하급심판결에서 언급된 내용을 토대로 구성한 신탁업자의 대항사유와 관련한 자금관리계약의 주요 내용은 다음과 같다.

■ 자금관리업무의 위임
- 사업자금의 수령 · 보관 업무

■ 자금관리계좌의 개설 및 입 · 출금, 이체 등 자금 집행
- 사업자금 관리를 위해 신탁업자 단독 명의로 각 정해진 용도별(예를 들어, 조합원 분담금, 업무대행용역비, 수입금 등) 계좌를 개설하여 통장을 보관 · 관리하고, 각 계좌간 자금의 이체, 입 · 출금 등 자금을 집행함
- 조합원 분담금 등 특정 비용은 해당 용도의 자금관리계좌로 입금되어야 정당한 납부로 인정함

■ 자금관리계좌 집행 사유
- 용도별 자금관리계좌로 입금된 돈이 특정 용도로만 사용될 수 있도록 그 지출 사유 및 용도를 특정하고 있음

■ 자금관리계좌의 집행 요건 및 집행 범위
- 추진위원회(조합)가 지출금액 등에 관한 증빙서류를 첨부하여 업무대행사 등의 동의를 얻은 환불요청서 내지 자금인출요청서를 신탁업자에게 제출할 것을 요함
- 추진위원회(조합)의 위 환불요청서 내지 자금인출요청서에 기한 서면 요청 외에 조합원이 일정 비율 이상 모집될 것을 추가 요건으로 정하는 경우도 있음
- 자금관리계좌의 잔액이 부족한 경우 용도별 자금집행순서를 정하여 그에 따라 집행함

■ 선관주의 의무
- 신탁업자는 자금관리업무에 관하여 선량한 관리자의 주의의무를 다해야 하고, 추진위원회(조합)와 업무대행사 등은 자금관리계약의 목적이 달성될 수 있도록 협조해야 함

■ 면책조항
- 추진위원회(조합)가 사업의 시행 및 손익주체로서 사업과 관련한 모든 권리와 의무를 부담하고, 신탁업자는 추진위원회(조합)으로부터 자금관리업무

---

12) 「건축물의 분양에 관한 법률」이 적용되는 건축물 선분양 사업을 위해 시행사가 수분양자로부터 지급받은 분양대금 등을 신탁업자가 관리 · 집행하기로 하는 대리사무계약에 있어 시행사, 신탁업자 이외에 시공사, 대출기관이 참여하더라도 위 시공사, 대출기관은 핵심 당사자가 아니라는 취지로는 이계정, "분양계약 해제에 따른 부당이득의 법률관계와 수분양자 보호방안", 자율과 정의의 민법학-양창수 교수 고희기념논문집, 박영사(2021), 808면, 각주 27 참조.

13) 대법원 2023. 4. 13. 선고 2022다244836 판결, 대법원 2023. 4. 13. 선고 2022다279773, 279740 판결.

> 를 위임받은 자로서 사업비 적정성 여부와 그 결과 등에 대하여 일체의 책임을 부담하지 않음
> –자금관리와 관련하여 신탁업자의 귀책사유가 아닌 권리제한조치, 소송 등으로 인해 자금집행이 적기에 이루어지지 않을 경우 신탁업자는 이에 대한 책임을 부담하지 않음
> –신탁업자는 조합 등의 불법행위(자금관리계약에 명시되지 아니한 사항을 약속하는 행위, 사업자금을 직접 수령하여 유용하는 행위)에 대해서는 일체의 법적 책임을 부담하지 않음

(나) 법적 성격

자금관리계약에서는 추진위원회가 신탁업자에게 자금관리계좌의 개설 등 업무를 '위임'한다는 표현을 사용하고 있다. 지역주택조합의 신탁업자가 추진위원회로부터 위탁받은 자금을 관리하는 자금관리계약의 법적 성격에 관하여 명시적으로 판시한 대법원판결은 찾지 못하였다. 다만, 대법원은 건물신축분양사업의 시행사가 신탁업자와 사이에 사업부지 및 신축건물에 관한 부동산처분·담보신탁계약 및 사업자금에 관한 자금관리계약을 체결한 사안에서, 자금관리계약이 제3자에게 직접 어떠한 권리나 채권을 취득하게 하는 계약이라고 볼 수 없다는 취지로 판단하였다.[14)]

14) 대법원 2006. 9. 14. 선고 2004다18804 판결(건축주와 부동산신탁회사가 상가건물의 건축·분양에 관하여 체결한 부동산처분신탁계약 및 자금관리계약에서 '건설비 등을 건축주의 요청에 의하여 부동산신탁회사가 당사자에게 직접 지급함을 원칙으로 한다'라는 취지로 약정하였더라도, 이는 부동산신탁회사가 자신 명의로 예금계좌를 개설하여 그 계좌로 분양대금을 지급받아 자금관리를 하기로 하였기 때문으로 보이고, 도급계약의 당사자도 아닌 부동산신탁회사가 위 상가건물 건축공사의 수급인에 대한 공사대금지급채무를 인수할 뚜렷한 이유가 없는 점 등에 비추어, 위 상가건물 건축공사의 수급인은 위 약정에 근거하여 부동산신탁회사에 직접 공사대금지급청구를 할 수 없다고 본 사례). 대법원 2018. 7. 12. 선고 2018다204992 판결(부동산담보신탁계약에서 신탁기간 종료 전 우선수익자 요청으로 신탁부동산을 처분한 경우 처분대금의 정산순위 1순위를 신탁계약과 관련한 비용 및 보수로, 자금관리계약에서 자금관리계좌에 입금된 자금의 집행순위 1순위를 신탁처리비용으로 각 규정하고 있다고 하더라도, 이는 신탁사업에 드는 비용의 부담주체를 정한 것이거나 비용 지출순서, 지출방법, 절차 등을 정한 것에 불과하므로, 부동산담보신탁계약 등의 당사자가 아닌 제3자인 수분양자로 하여금 수탁자인 신탁회사에 대한 권리를 직접 취득하는 규정으로 볼 수 없다고 본 사례) 등 참조.

또한 담보신탁계약과 자금관리계약은 그 계약 체결의 목적이나 규율내용이 전혀 다른 별개의 계약이므로, 자금관리계약에 따라 수령하게 되는 분양대금은 담보신탁계약에서 정하는 신탁부동산의 처분대금이나 이에 준하는 것으로서 신탁재산에 해당한다고 볼 수 없고, 분양계약이 해제되면 본인인 시행사가 분양대금을 더 이상 수령하지 못하게 됨에 따라 대리인인 신탁업자도 당해 분양계약의 수분양자로부터 분양대금을 더 이상 수령하지 못하는 것일 뿐 곧바로 자금관리계약의 효력이 소급적으로 상실하여 신탁업자가 이미 수령한 분양대금을 수납·관리할 법률상 원인이 없다고 볼 수는 없다고 판단한 원심을 수긍하기도 하였다.[15]

한편 위와 같은 분양사업에서 체결된 자금관리계약의 법적 성격에 관하여, 자금관리계좌에 입금된 돈을 신탁업자의 고유재산과 분별하여 관리하게 하는 도산절연성의 기능을 염두에 두고 체결된 신탁계약의 일종이라고 보는 견해가 유력하다.[16] 생각건대 자금관리계약은 앞서 본 대법원판결의 취지에 비추어 볼 때 제3자에게 직접 권리나 법적 지위를 가지도록 하는 것은 아니어서 제3자를 위한 계약이라고 보기는 어렵다. 그렇지만 자금관리계약은 자금관리계좌의 별도 관리를 통해 일정한 목적에 따라서만 그 예치금을 출급할 수 있도록 하여 추진위원회의 임의출급을 차단하고, 추진위원회의 채권자가 자금관리계좌에 예치된 자금에 대해 직접 강제집행을 하지 못하도록 하는 한편, 그 예치금을 신탁업자의 고유재산과도 분리시킨다는 점에 초점이 맞추어진 신탁계약적 성격이 특색이

15) 대법원 2014. 12. 11. 선고 2012다70852 판결, 대법원 2014. 12. 11. 선고 2013다82388 판결, 대법원 2014. 12. 11. 선고 2013다71784 판결, 대법원 2015. 1. 15. 선고 2013다26838 판결 등 참조. 이후 대법원 2018. 7. 12. 선고 2018다204992 판결에서는 '수분양자가 신탁업자의 자금관리계좌로 분양대금을 입금한 것은 이른바 '단축급부'에 해당하고 신탁업자는 사업시행사와의 자금관리계약에 따라 정당하게 분양대금을 수령한 것이며 수분양자는 자금관리계약의 당사자가 아니므로, 수분양자의 분양계약이 해제된 것만으로는 곧바로 신탁업자가 수분양자로부터 수령한 분양대금을 보유할 원인이 없어지지는 않고 분양대금을 부당이득으로 반환할 의무가 생기는 것은 아니다'라고 판단하였다.

16) 이계정, 위의 글(주 12), 808면; 최수정, "분양계약의 해제에 따른 분양대금의 반환", 인권과 정의 vol. 484(2019), 55면, 각주 8 참조.

라고 할 것이므로, 단순한 대리나 위임계약을 넘어선 '혼합계약' 내지 '특수한 유형의 계약'이라고 봄이 타당하다.

Ⅲ. 신탁업자를 상대로 한 채권실현 관련 판례와 학설상 논의

1. 채권자가 직접 취득한 채권에 기한 권리행사 방법

앞서 본 것처럼 분양사업시행사가 신탁업자와 부동산처분 · 담보신탁 및 자금관리계약을 체결한 사안에서, 판례는 신탁계약 및 자금관리계약에서 신탁업자가 시행사의 요청에 따라 시공자, 수분양자 등에게 직접 돈을 지급하도록 되어 있다거나 자금집행순위를 정하고 있다고 하더라도 그러한 규정만으로는 자금관리계약의 당사자가 아닌 시공자 등 제3자에게 직접 채권을 취득하도록 하는 계약이 아니라고 보았다. 따라서 시공자 등은 신탁업자에게 자금관리계약에 기하여 직접 돈의 지급을 구할 수는 없다. 또한 판례는 시행사와 수분양자 사이에 체결된 분양계약이 해제되어 실효되더라도 별개의 원인에 의해 체결된 시행사와 신탁업자 사이의 자금관리계약까지 실효되는 것은 아니므로, 신탁업자가 자금관리계약에 따라 수분양자로부터 직접 수령한 돈이 원인 없는 급여로 되는 것은 아니어서 수분양자의 신탁업자에 대한 부당이득반환청구는 인정되지 않는다고 판단하였다.

위와 같은 판례의 태도에는 계약법상 법리적으로는 타당하다고 판단되고, 해당 판례에 관한 관련 평석이나 논문에서도 대체로 찬성하는 견해가 우세하다.[17] 그리고 위와 같은 법리는 원칙적으로 지역주택조합사업의 자금관리계약에서도 마찬가지로 적용될 것이다.

한편 신탁업자가 직접 불법행위책임을 부담하는 경우가 있는지 문제된다. 비록 신탁업자가 추진위원회의 채권자와는 직접 계약관계가 없어 계약법상 책임을 부담하지는 않는다고 하더라도, 신탁업자가 자금관리계

17) 오상민, "담보신탁 및 자금관리대리사무에서 신탁회사의 분양대금반환책임", 판례연구 제29집, 서울지방변호사회(2016), 121-122면; 서희경, "시행사와 수분양자간의 분양계약이 해제된 경우 시행사와 담보신탁 및 자금관리약정을 체결한 신탁회사의 분양대금반환책임", 재판과 판례 제26집, 대구판례연구회(2017), 221면; 최수정, 위의 글(주 16), 51면 등 참조.

약에 따른 추진위원회의 인출요청이 있었음에도 불구하고 정당한 이유 없이 임의로 그 지급을 하지 않을 경우 제3자의 채권 침해로서 채권자에 대하여 불법행위로 인한 손해배상책임을 부담할 여지가 있다. 주택법 제11조의2 제5항에서는 주택조합의 업무를 대행하는 자는 신의에 따라 성실하게 업무를 수행하여야 하고, 자신의 귀책사유로 조합(발기인 포함)이나 조합원(가입신청자 포함)에게 손해를 입힌 경우 그 손해를 배상할 책임이 있다고 규정하고 있다. 또한 자금관리계약에서도 신탁업자의 면책규정은 신탁업자가 자신의 귀책사유로 인해 자금집행이 적기에 이루어지지 않을 경우 그 책임을 부담함을 전제로 규정하고 있다. 신탁업자에 대한 것은 아니지만, 판례는 상가분양사업의 시공자 겸 자금관리계약상 자금관리계좌의 인출동의권자가 정당한 이유 없이 시행사의 인출동의 요청에 계속 응하지 않아 시행사의 채권자가 결국 잔고 부족의 자금관리계좌에서 채권을 회수하지 못하게 된 사안에서 위법하게 제3자의 채권을 침해하였음을 이유로 한 불법행위책임을 인정한 적이 있다.[18] 이에 비추어 보면, 신탁업자가 자신의 귀책사유로 자금관리계좌 인출 업무를 수행하지 못하여 추진위원회의 채권자에게 손해를 입힌 경우에는 그 채권자에 대하여 직접 불법행위로 인한 손해배상책임을 부담할 수도 있을 것이다.

2. 채무자의 채권을 매개로 한 권리행사 방법

추진위원회의 채권자는 계약관계에 있지 않은 신탁업자를 상대로 직접 계약상의 책임을 구하기는 어렵다. 이에 상가 신축 및 분양사업이나 지역주택조합사업 등에 관한 판례 사안으로, 자금관리계약에 따른 시행사나 추진위원회의 신탁업자에 대한 사업비지출요청권이나 자금집행요청권 등을 대위하거나, 그 사업비지출요청이나 자금집행요청 등에 따라 신탁업자로부터 지급받을 금전채권에 대한 압류 및 추심명령을 얻어 추심금을 청구하였으나 아래와 같이 그 청구를 받아들이지 않는 사례가 있었다.

---

18) 대법원 2021. 6. 30. 선고 2016다10827 판결.

(1) 채권자대위권에 기한 청구

(가) 지역주택조합사업에 관한 사안은 아니지만, 대표적인 대법원판결로는 상가 신축 및 분양사업에 관한 사안에서 상가분양계약을 체결한 수분양자인 원고가 분양계약을 체결하였다가 이를 해제하고 분양자인 시행사를 상대로 분양대금반환에 관한 승소판결을 받은 후 신탁업자인 피고를 상대로 자금관리계약에 따른 사업비지출요청권을 대위행사하며 분양대금 반환을 구한 사안이 있다. 즉, 대법원 2014. 12. 11. 선고 2013다71784 판결에서는 자금관리계약에 기한 사업비지출요청권이 피대위채권이 될 수 있고, 이러한 대위청구는 채무자의 무자력을 요하지 않는다는 전제 아래, 자금관리계약에서 정한 사업비의 지출요청에 필요한 요건을 갖추지 못한 이상 피고에게 분양대금 반환을 청구할 수 없다고 본 원심을 수긍하였다.[19] 이는 "채권자대위권은 채무자의 제3채무자에 대한 권리를 행사하는 것이므로 제3채무자는 채무자에 대하여 가지는 모든 항변사유로써 채권자에게 대항할 수 있으나 채권자는 채무자 자신이 주장할 수 있는 사유의 범위 내에서 주장할 수 있을 뿐 자기와 제3채무자 사이의 독자적인 사정에 기한 사유를 주장할 수 없다."는 확립된 판례[20] 법리에 따른 것이다. 위 대법원판결의 원심은 '분양수입금관리계좌에 입금된 수입금 중 공사비를 제외한 모든 사업비의 지출은 시공사와 대출금융기관의 확인을 얻은 시행사의 서면요청에 의해 피고가 집행해야 하는데, 위 확인을 얻었다고 인정할 만한 증거가 없는 이상 시행사는 자금관리계약의 약정에 의해 피고에게 바로 분양대금 반환을 청구할 수 없어 사업비지출요청권을 행사할 수 없다'고 판단하였다.

(나) 대상판결에 앞선 지역주택조합사업에 관한 사안으로서, 조합가입계약자들(원고들)이 추진위원회와 사이에 조합에서 탈퇴하기로 합의하면

---

19) 채권자대위권의 요건 중 보전의 필요성과 피대위채권의 존부가 주된 쟁점이 되었다. 보전의 필요성에 대해서는 같은 취지의 대법원 2014. 12. 11. 선고 2012다70852 판결 등 참조.

20) 대법원 2009. 5. 28. 선고 2009다4787 판결, 대법원 2020. 7. 9. 선고 2020다223781 판결 등 참조.

서 기존에 납부한 조합원 분담금 및 업무대행비 합계 전액을 반환받기로 약정하였다고 주장하며 추진위원회를 상대로 조합원 분담금 및 업무대행비 전액 반환에 관한 확정승소판결을 받은 후, 추진위원회와 자금관리계약을 체결하였던 신탁업자(피고)를 상대로 자금관리계약상 추진위원회의 자금집행요청권을 대위행사한 사안이 있다. 위 사안에서 대법원은 신탁업자(피고)는 자금집행의 절차, 요건, 범위에 관하여 자금관리계약 조항을 이유로 추진위원회를 대위하여 자금집행요청권을 행사하는 조합가입계약자들(원고들)에게 대항할 수 있다고 보아, 이와 달리 판단한 원심판결을 파기환송하였다. 즉, 대법원 2023. 4. 13. 선고 2022다244836 판결(이하, '선행판결 1'이라 한다)[21]에서는 지역주택조합 설립 이전 단계의 모집주체와 조합가입계약자들 사이에서는 조합가입계약과 더불어 주택법령의 규정에 따라야 함을 명확히 하였고, 채권자대위권에서 제3채무자는 채무자에 대하여 대항할 수 있는 모든 사유로 채권자에게 대항할 수 있다고 보는 법리에 기초하여 판단하였다. 위 사안에서는, '원고들이 추진위원회와 조합가입계약을 체결하면서 추진위원회 및 피고 등에게 제출한 '자금인출 · 집행 동의서'에는 조합원 분담금의 반환은 추진위원회와 업무대행사가 연대하여 책임지고 피고는 조합원 분담금 관리계좌의 잔고 범위 내에서의 지급업무만 수행하며, 기존에 납부한 업무추진비는 환불요청할 수 없는 내용이 있음에도, 원고들이 위 동의서 내용과 달리 추진위원회와 사이에 업무추진비 전액을 반환받기로 합의한 것에 대해 피고는 대항할 수 있고,[22] 설령 원고들이 추진위원회를 상대로 무변론 승소판결을 받은 사정이 있더라도 달라지지 않는다'고 판단하였다.[23] 그리하여 추진위원회가

---

21) 같은 취지의 판결로는 같은 일자에 선고된 대법원 2023. 4. 13. 선고 2022다278570 판결도 있다.

22) 자금관리계약상 그 대항의 근거 규정은 면책조항 중 '조합 등의 불법행위(자금관리계약에 명시되지 아니한 사항을 약속하는 행위)'에 해당된다는 점에서 찾을 수 있다.

23) 위 무변론 승소확정판결은 원고들과 추진위원회 사이의 약정에 근거한 판결이고, 신탁업자는 해당 판결의 당사자도 아니어서 기판력의 주관적 범위에 포함되지 않는다는 점에서 업무추진비 전액 반환 부분에 대해서는 무변론 승소확정판결과는

업무대행사와 함께 날인한 자금집행요청서가 피고에게 제출됨으로써 자금관리계좌의 범위 내에서 자금집행이 실시되어야 한다고 판단하였다.

앞서 본 것처럼 대상판결의 파기환송 전 원심에서는 선택적 청구로서 채권자대위권에 근거한 청구가 추가되었다. 비록 대상판결의 파기환송 전 원심은 위와 같이 선택적으로 추가된 채권자대위권에 기한 청구에 관하여 명시적으로 판단하지는 않았지만, 이에 관하여는 위 선행판결 1에서 판단한 것과 같은 법리가 적용될 수 있을 것이다.

위와 같은 일련의 판례는 채권자대위권의 확립된 법리에 기초한 것이고, 제3채무자인 신탁업자가 채권자에게 대항할 수 있는 사유를 무엇으로 볼 것인지는 채무자와 체결한 자금관리계약의 내용 해석과 관련된다. 위 선행판결 1에서는 주택법령에 따라 추진위원회와 체결한 자금관리계약에서 자금집행의 절차와 요건을 정한 목적이 신탁업자가 조합원 분담금 등의 자금관리 업무를 수행하고 추진위원회 등의 임의적인 집행을 방지하여 자금집행의 투명성과 적법성을 담보하기 위함이라고 보았다. 이러한 자금관리계약의 목적에 비추어 보면 신탁업자가 추진위원회의 채권자를 상대로 자금관리계약의 내용으로 대항할 수 있도록 하는 것이 원칙적으로 부당하다고 보기는 어렵다.

(2) 추심금 청구

대상판결에 앞선 지역주택조합사업에 관한 또 다른 사안으로서 대법원 2023. 4. 13. 선고 2022다279733, 279740 판결(이하 '선행판결 2'라 한다) 사안이 있다. 위 사안에서는, 조합가입계약자들(원고들)이 추진위원회를 상대로 조합가입계약이 무효임을 주장하면서 계약금 등의 반환을 구하는 조정신청을 하여 조정에 갈음하는 결정이 확정되었다. 그런데 위 결정 확정 전에 추진위원회가 기존의 신탁업자와의 자금관리계약을 해지하고 새로운 신탁업자(피고)와 자금관리계약을 체결한 후 위 결정에 기한 채무를 이행하지 않자, 조합가입계약자들은 추진위원회가 위 새로운 신탁업자

무관하게 대항할 수 있다고 봄이 타당하다.

(피고)에 대해 가지는 금전채권[24)]에 관하여 채권압류 및 추심명령을 받아 추심금 청구를 하였다. 대법원은 '자금관리계약에 따라 새로운 신탁업자로부터 청약금과 조합원 분담금을 반환받기 위한 절차적 요건이 계약서 문언 자체로 명확하고 그 절차적 요건이 구비되어 있다고 볼 증명이 없는 이상 신탁업자로서는 추진위원회의 청약금 등 반환청구를 거절할 수 있어 추진위원회에 금전지급의무를 부담하지 않는다'고 판단하여, 이와 달리 보아 추심금 청구를 인용했던 원심판결[25)]을 파기환송하였다. 위 선행판결 2에서는 채권압류 및 추심명령에 기한 추심의 소에서는 피압류채권의 존재는 채권자가 증명하여야 한다는 것[26)]과 계약당사자 사이에 어떠한 계약내용을 처분문서인 서면으로 작성한 경우에 문언의 객관적인 의미가 명확하다면 특별한 사정이 없는 한 문언대로 의사표시의 존재와 내용을 인정하여야 하고, 특히 문언의 객관적 의미와 달리 해석함으로써 당사자 사이의 법률관계에 중대한 영향을 초래하게 되는 경우에는 그 문언의 내용을 더욱 엄격하게 해석하여야 한다는 것[27)]을 근거 법리로 들었다.

대상판결의 사안 역시 추심금 청구를 구하였던 사안이나, 대법원은 위 선행판결 2에서 근거로 든 법리 대신, '금전채권에 대한 채권압류 및 추심명령이 있는 때에는 제3채무자는 채권이 압류되기 전에 압류채무자

24) 피압류채권은 '추진위원회와 피고(신탁업자) 사이에 체결된 자금관리계약 등에 따라 추진위원회가 피고로부터 사업부지 매입 관련 비용, 사업관련 분 · 부담금, 제세공과금, 대리사무 보수, 대출이자 및 원금, 감리비 등 용역비 및 사업제경비, 조합원 분담금의 반환, 시공사의 공사비, 채무자의 운영비 기타 사업비, 업무대행비 등 그 명목 여하를 불문하고 지급받을 금전채권으로서 위 각 청구금액에 이를 때까지의 금액'이다.

25) 조합가입계약이 무효, 취소인 경우라도 조합가입신청해지에 의한 경우와 동일한 절차로 청약금 등을 반환받을 수 있는데, 강제조정결정은 추진위원회의 동의에 해당한다고 볼 수 있어 추진위원회가 피고에게 자금관리계약에서 정한 대로 청약금, 조합원분담금 등의 반환을 요청할 수 있으므로, 원고들이 취득한 채권압류 및 추심명령의 피압류채권이 존재하고, 위 채권압류 및 추심명령의 송달시점에 피고의 자금관리계좌 잔액 범위 내에서 원고별 추심금 지급의무를 일부 인정하였다.

26) 대법원 2007. 1. 11. 선고 2005다47175 판결, 대법원 2015. 6. 11. 선고 2013다40476 판결 등 참조.

27) 대법원 2008. 11. 13. 선고 2008다46531 판결, 대법원 2014. 11. 27. 선고 2012다21621 판결 등 참조.

에게 대항할 수 있는 사유로 압류채권자에게 대항할 수 있다'는 법리를 근거로 들었다. 그러나 제3채무자로서 피고인 신탁업자가 채권자인 원고를 상대로 채무자인 추진위원회와 사이에 체결하였던 자금관리계약에 따른 절차적 요건 등 충족이 없음을 대항사유로 주장할 수 있어, 그 요건이 충족되었다는 증명이 없다면 결국 원고의 피압류채권인 자금집행요청권 행사에 기하여 지급받을 금전채권이 없다는 점에서 선행판결 2의 판단과 그 결론에 있어 상통한다고 볼 수 있다.

한편 대법원은 조합에 대한 용역비 청구 사건의 집행력 있는 판결정본에 기초하여 조합의 조합원에 대한 분담금 채권 및 분양대금채권에 대해 채권압류 및 추심명령을 받은 추심채권자가 제3채무자인 조합원을 상대로 자신에게 조합원분담금을 지급할 것을 청구한 사안에서, '조합은 조합원에게 분담금 지급을 청구할 때 조합가입계약에서 정한 바에 따라 신탁회사 명의 계좌로 납부하도록 요구할 수 있을 뿐 조합에게 직접 지급하도록 요구할 수 없고 변제 수령권한도 없으므로 조합원인 피고는 조합이 직접 분담금 지급 청구를 할 경우 조합가입계약에서 정한 지급방법에 관한 약정을 이유로 그 지급을 거절할 수 있고, 조합의 조합원에 대한 채권을 압류한 채권자에 대해서도 그 사유로 대항할 수 있다'고 판단하였다.[28)]

대상판결을 비롯한 위와 같은 일련의 대법원판결들은 추진위원회가 자금관리계약에 따라 신탁업자에 대한 자금집행요청권에 기하여 지급받을 수 있는 금전채권 역시 압류 및 추심명령의 대상이 되는 채권임을 전제로 한다. 자금집행요청권에 기한 구체적인 금전채권은 자금관리계약에서 정한 요건이 충족되어야 실제 그 금전채권이 발생하여 신탁업자가 그에 상응하는 금전지급채무를 부담하는데, 신탁업자는 그 요건의 흠결로 추진위원회의 채권자에게 대항할 수 있으므로, 결국 그 요건이 충족되었

---

28) 대법원 2022. 6. 9. 선고 2021다270494 판결. 위 판결에서는 금전채권의 압류 및 추심명령이 있는 때에는 제3채무자가 채권압류 전 압류채무자에게 대항할 수 있는 사유로 압류채권자에게 대항할 수 있다는 기존 판례 법리를 근거로 하였다.

다는 점에 관한 증명이 없는 이상 피압류채권으로서 추심채권 또는 추심금 지급의무가 없다고 판단한 것이다. 이러한 판단 역시 기존의 판례 법리에 부합하는 것으로 보인다.

(3) 남겨진 과제

추진위원회의 채권자인 조합가입계약자 등은 자력이 있는 신탁업자로부터 돈을 받아 채권을 실현해야 하는 것이 현실이다. 그러한 조합가입계약자 등은 추진위원회를 대위하거나 추진위원회가 자금집행요청권에 기하여 지급받을 금전채권을 피압류채권으로 한 추심권 행사를 통해 제3채무자인 신탁업자로부터 자금관리계좌에 예치된 돈을 지급받을 수밖에 없다. 추진위원회는 스스로의 자력이 없는 경우가 대부분이기 때문이다. 그런데 하급심에 제기된 기존 대부분의 소송은 조합가입계약자 등 추진위원회의 채권자인 원고가 추진위원회가 아닌, 신탁업자만을 피고로 하여 그 돈의 지급을 구하는 소송을 제기한 사안이다. 지역주택조합사업 사안으로 조합가입계약자가 신탁업자를 상대로 제기하였던 선행판결 1, 2 및 대상판결이 선고된 이후에는 하급심은 위 대법원판결들의 판시 법리에 따라 업무대행사의 동의를 얻은 자금집행요청서의 제출이 없었음을 이유로 원고의 청구를 모두 받아들이지 않고 있는 추세이다. 앞서 분양계약 해제로 인한 분양대금 반환 사안에서 시행사의 사업비지출요청권을 대위하여 신탁업자를 상대로 금전지급청구를 하는 형태의 소송이 인정되었다. 그 영향으로 추진위원회와 조합가입계약을 체결했던 조합가입계약자나 용역계약을 체결한 채권자는 먼저 추진위원회를 상대로 소를 제기하여 자신의 채권에 대한 집행권원을 얻어 추진위원회의 신탁업자에 대한 채권에 관한 채권압류 및 추심명령을 받은 후 신탁업자를 상대로 채권자대위권에 기한 청구 또는 추심금 청구를 제기해 오고 있다. 위 선행판결 1, 2 및 대상판결의 일련의 판결들은 자금관리계약에서 정한 절차적 요건 등 구비 없이 신탁업자만을 상대로 한 청구는 인정될 수 없다는 점을 명확히 하였다.

그러나 애초에 추진위원회의 채권자가 추진위원회와 업무대행사가 함께 날인한 자금집행요청서 등 이해관계인들의 서류를 가지고 있었다면 소송 자체가 제기되지 않았을 것이기에 위 선행판결 1, 2 및 대상판결의 원칙적인 법리만으로는, 위 채권자의 가능한 권리구제방안 중 몇 가지가 소거·배척된다는 결론을 얻을 수 있을 뿐, 조합원 분담금 반환 등과 관련된 분쟁이 실질적으로 해결되지 않은 채 존속하고 있는 셈이 된다. 남은 과제로 그 절차적 요건이 언제 충족되는지를 해석·판단하고, 이를 소송에서 어떤 심리 과정을 거쳐 인정할 것인지가 문제된다.

Ⅳ. 채권실현을 위한 방안과 관련하여 제기될 수 있는 쟁점

1. 자금집행동의권자의 동의를 얻은 자금집행요청서의 제출

(1) 쟁 점

자금관리계약에 의하면 추진위원회는 업무대행사 등 자금집행에 관한 동의권자의 동의를 얻은 자금집행요청서를 신탁업자에게 제출하여 자금집행을 요청하여야 한다. 위 인출요청서에 따른 자금집행요청이 있었다면 자금관리계약에서 정한 다른 요건이 충족된 이상, 특별한 사정이 없는 신탁업자는 그 자금집행 요청에 따라 추진위원회의 채권자에게 돈을 지급할 것이다. 문제는 앞서 본 바와 같이 채권자인 원고는 추진위원회와 업무대행사가 함께 날인한 자금집행요청서 등 이해관계인들의 서류를 가지고 있지 않다는 점이다. 위 인출요청서 제출이 없는 경우 이에 갈음하는 절차를 소송을 통해 관철할 수 있는 방법이 문제된다.

(2) 의사표시에 갈음할 재판의 청구

(가) 「민법」 제389조 제2항 전단에서는 '채무자의 채무가 법률행위를 목적으로 한 때에는 채무자의 의사표시에 갈음할 재판을 청구할 수 있다'고 규정한다. 위 조항의 의사표시는 일정한 법률효과를 생기게 하는 것이어야 하나, 채무자가 채권자에 대하여 의사표시를 할 채무뿐만 아니라 채무자가 제3자에 대하여 의사표시를 할 것을 목적으로 하는 채무에 대하여도 적용된다.[29] 이러한 의사표시의 의제는 의사표시를 하여야 하는 취지의 청구권의 실현방법이므로 그 청구권의 실현을 명하는 재판인 이

행판결 등 이행을 명하는 재판에 기초할 것을 요한다.[30] 법률행위를 목적으로 하는 채무는 관념적인 법률효과의 발생을 목적으로 하는 것인데 의사표시를 하여야 할 의무는 의사표시에 의하여 발생하는 법률효과가 인정되기만 하면 집행의 목적이 달성되어 채무자 자신이 그러한 의사표시를 하는 것이 반드시 필요한 것은 아니므로, 의사표시를 명하는 판결의 확정으로 채무자의 의사에 갈음하도록 하고 다른 집행을 생략하고 있다.[31] 이에 「민사집행법」 제263조는 위 규정에서 정한 재판의 현실적 실현방법으로 '의사의 진술을 명하는 판결이 확정된 때에는 그 판결로 의사를 진술한 것으로 본다'고 규정하여 채무자의 의사표시를 명하는 판결이 확정된 때에는 채무자가 적법한 형식을 갖춘 유효한 의사표시를 한 것으로 보도록 하는 특수한 집행방법을 규정하고 있다.[32] 그러므로 의사표시가 서면에 의하여야 하는 것처럼 일정한 방식을 요하는 경우라면 채무자는 그 필요한 방식에 따라 의사표시를 한 것으로 보게 된다.[33] 그런데 이처럼 채무자의 의사표시가 있는 것으로 본다고 하더라도 그러한 의사표시 자체가 있었음을 의제하는 것일 뿐, 그 의사표시가 본래의 법률효과를 발생하기 위하여 갖추어야 하는 다른 요건이 있는 경우에는 그 다른 요건을 갖춘 때에 비로소 법률효과가 발생한다[예를 들어, 상대방이 있는 의사표시는 상대방에게 도달하여야 효력을 발생하는데(「민법」 제111조 제1항), 그 의사표시가 상대방에게 도달하였다는 것까지 의제되지는 않으므로, 의사표시의 상대방에게 당해 집행권원을 제시하거나 송부함으로써 도달시키는 것이 필요하다. 채권자가 판결이 확정된 것 등 의사표시가 의제된다는 사실을 알았을 때에 의사표시의 효력이 발생하고, 의사표시의 상대방이 제3자인 경우에는 채권자가 집행권원의 정본 또는 등본과

29) 편집대표 김용덕, (주석)민법 [3]: 채권총칙(1)(제5판), 한국사법행정학회(2020)[이하 '(주석)민법 채권총칙(1)'이라고만 한다], 587면(고홍석 집필) 참조.
30) (주석)민법 채권총칙(1), 588면(고홍석 집필) 참조.
31) (주석)민법 채권총칙(1), 585-586면(고홍석 집필) 참조.
32) (주석)민법 채권총칙(1), 586, 592면(고홍석 집필) 참조.
33) (주석)민법 채권총칙(1), 587-588면(고홍석 집필) 참조.

그 확정증명서 등 의사표시 의제의 효력이 발생하였음을 증명하는 문서를 제3자에게 제시하는 등의 방법에 의하여 제3자가 그 사실을 알았을 때에 의사표시의 효력이 발생한다].[34)]

(나) 자금관리계약에 의하면 신탁업자는 추진위원회로부터 동의권자의 동의를 얻은 적법한 자금집행요청서(인출요청서)가 제출되면 자금관리계약상 지급을 거절할 수 있는 사유가 없는 경우에는 위 자금관리계약에 따라 해당 자금관리계좌에서 자금집행을 할 의무를 부담한다. 따라서 추진위원회나 동의권자에게 이러한 의사표시를 명하는 판결이 확정되어 그 의사를 진술한 것으로 보게 되면 그에 따라 일정한 법적 효과가 발생하게 되므로, 이를 소송에 의해 관철시킬 수 있도록 그 의사표시를 구하는 이행의 소를 제기할 수 있을 것이다.

(다) 그런데 추진위원회의 채권자는 그 채권을 피보전권리로 하여 추진위원회의 신탁업자에 대한 자금집행요청권을 대위행사할 수 있다. 나아가 추진위원회의 채권자가 집행권원에 근거하여, 추진위원회가 신탁업자에 대한 자금지급요청에 기해 지급받을 수 있는 금전채권에 관하여 압류 및 추심명령을 받아 신탁업자를 상대로 추심금 청구의 소를 제기하는 기회에, 추진위원회를 별도의 피고로 삼아 신탁업자에 대하여 자금집행요청의 의사표시를 하라는 청구를 병합하여 함께 소로써 구할 수 있는지가 문제된다. 금전채권에 대한 추심명령은 강제집행절차에 있어서 추심채권자에게 제3채무자에 대한 채권을 추심할 권능만을 부여하는 것으로서 이로 인하여 채무자의 제3채무자에 대한 채권이 추심채권자에게 이전되거나 귀속되는 것은 아니다.[35)] 그러나 추심채권자는, 압류한 채권에 관하여 추심에 필요한 일체의 행위로서, 채무자에게 이행을 최고하거나 변제를 수령하고 제3채무자에 대한 채권자의 지위에서 선택권, 해제권, 해지권, 취소권 등을 행사함을 물론 보증인에 대한 청구도 직접 할 수

34) (주석)민법 채권총칙(1), 593-594면(고홍석 집필) 참조.

35) 대법원 1997. 3. 14. 선고 96다54300 판결; 대법원 2001. 3. 9. 선고 2000다73490 판결 등 참조.

있으며, 추심할 채권에 담보권이 있는 경우에는 직접 담보권을 실행할 권능도 취득하게 되어 자기 이름으로 담보권실행을 위한 경매를 신청할 수도 있다.[36] 이와 같이 추심채권자가 추심권능을 근거로 추심에 필요한 행위로서 추진위원회의 신탁업자에 대한 자금집행요청권을 직접 행사할 수 있는 것으로 볼 여지도 있기 때문이다.[37] 그러나 원고가 추진위원회를 별도의 피고로 삼아 자금집행요청의 의사표시를 할 채무이행을 구하고 있다면 이를 부정할 것은 아니라고 본다.

한편 채권에 대한 압류·추심명령이 있으면 제3채무자에 대한 이행의 소는 추심채권자만 제기할 수 있고 이 경우 채무자는 피압류채권에 관한 이행소송을 제기할 당사자적격을 상실하며,[38] 대위채권자는 채무자가 갖는 권리를 초과하여 행사할 수 없으므로, 채권에 대한 압류·추심명령이 있는데도 추심채권자가 채무자를 대위하여 제기한 소는 당사자적격이 흠결되어 부적법하다.[39] 대상판결 사안에서도 추진위원회가 피고에 대하여 자금관리계약에 따라 가지는 조합운영비, 업무추진비 등 주택건설사업과 관련한 모든 채권 중 확정판결에 따른 원리금 상당액에 관하여 채권압류 및 추심명령이 발령되었다. 그렇다면 이 경우 추진위원회는 그 피압류채권인 피고에 대한 위 채권에 관하여 이행소송을 제기할 당사자

---

36) 편집대표 민일영, (주석)민사집행법Ⅳ(제5판), 한국사법행정학회(2024), 341-342, 344-346면(범선윤 집필) 참조.

37) 보험계약자의 해약환급금청구권에 대하여 압류 및 추심명령을 받은 채권자는 특별한 사정이 없는 한 그 추심권에 기하여 자기의 이름으로 보험계약을 해지할 수 있다고 한 사례로는 대법원 2009. 6. 23. 선고 2007다26165 판결('금전채권에 대하여 압류 및 추심명령을 받은 채권자는 그 채권을 추심하기 위한 목적 범위 내에서 채무자의 권리를 대위절차 없이 자기의 이름으로 재판상 또는 재판 외에서 행사할 수 있는데, 보험계약에 관한 해약환급금채권은 보험계약자의 해지권 행사를 조건으로 효력이 발생하는 조건부 재산적 권리로서 그 채권을 청구하기 위해서는 보험계약의 해지가 필수적이므로 당해 보험계약자인 채무자의 해지권 행사가 금지되거나 제한되어 있는 경우 등과 같은 특별한 사정이 없는 한, 그 채권에 관하여 추심명령을 얻은 채권자는 채권을 추심하기 위한 목적 범위 내의 행위로서 채무자의 보험계약 해지권을 자기의 이름으로 행사하여 그 채권의 지급을 청구할 수 있다'고 판단하였다), 대법원 2013. 7. 12. 선고 2012다105161 판결 등 참조.

38) 대법원 2000. 4. 11. 선고 99다23888 판결 등 참조.

39) 대법원 2014. 2. 13. 선고 2013다85462 판결 등 참조.

적격을 상실하게 되었다고 보아, 원고 역시 추진위원회를 대위하여 신탁업자를 상대로 그 이행소송을 제기할 수 없다고 보아야 할 것인지도 문제된다.[40)] 채권자대위소송과 추심명령이 경합하는 경우에 관한 판례의 입장이 분명하다고 보기는 어렵다.[41)] 앞서 본 대상판결이나 선행판결들 중 채권압류 및 추심명령이 있었던 사안에서도 원고의 당사자적격이 없음을 이유로 채권자대위권 행사 주장을 배척하여 판단하지는 않은 것으로 보인다.

(라) 신탁업자 명의 자금관리계좌에서의 자금집행에 관한 동의권자에 대해 동의의 의사표시를 구하는 방법이 문제된다. 자금관리계약상 자금집행에 관한 동의권자는 업무대행사 등이 되고, 추진위원회는 자금집행 동의요청자가 된다. 동의의 의사표시는 자금집행요청에 대한 동의이므로, 우선 추진위원회의 동의요청권이 대위객체가 될 수 있는지 문제된다. 그러나 판례는 채권자대위권으로 대위될 수 있는 권리에 대해 일신전속권과 압류금지채권을 제외한 재산권에 대해 폭넓게 인정해 왔다. 이에 비추어 보면 추진위원회의 자금집행 동의요청권은 대위객체로서 적격이 인정될 수 있을 것이다.[42)] 이때 추심채권자가 추심권을 행사하기 위해 필요한 부수적 권능으로서 추진위원회의 위 동의요청권을 직접 행사할 수 있다거나, 경우에 따라서는 업무대행사 등 동의권자가 추진위원회와 함께

---

40) 채권자대위청구에 대한 소 부분을 각하한 서울중앙지방법원 2023. 5. 25. 선고 2021가합508569 판결 참조. 위 판결은 항소 없이 그대로 확정되었다.

41) 채권자가 채무자를 대위하여 제3채무자를 상대로 이행청구의 소를 제기한 후에 국가가 채무자에 대한 체납처분으로서 채무자의 제3채무자에 대한 동일한 채권을 압류하였다고 하더라도 그로 인하여 채권자가 채권자대위권을 행사하는 권한을 상실하는 것은 아니라고 판시한 대법원 2012. 9. 13. 선고 2009다9676 판결 등 참조. 한편 채권에 대한 압류 및 추심명령이 있은 후라도 채권자는 현금화절차가 끝나기 전까지 압류명령 신청을 취하할 수 있고, 이 경우 추심권도 당연히 소멸하게 되며, 추심금청구의 소를 제기하여 확정판결을 받은 경우라도 그 집행에 의한 변제를 받기 전에 압류명령의 신청을 취하하여 추심권이 소멸하면 추심권능과 소송수행권이 모두 채무자에게 복귀하는데, 이는 국가가 국세징수법에 의한 체납처분으로 채무자의 제3채무자에 대한 채권을 압류하였다가 압류를 해제한 경우에도 마찬가지이다(대법원 2009. 11. 12. 선고 2009다48879 판결 등 참조).

42) 같은 입장으로는 최수정, 위의 글(주 16), 67면 참조.

직접 채권자에 대하여 계약상 책임을 부담한다면 당사자 간 약정에 기하여 직접 동의 의사표시를 구할 이행청구권이 있다고 보는 것도 상정할 수 있을 것이다. 동의요청권이 있다는 것과 그 요청에 응하여 업무대행사 등이 추진위원회에 대하여 동의할 의무가 있다는 것은 그 주체나 내용 면에서 별개로 볼 수 있기 때문이다.

(3) 의사표시를 할 의무

추진위원회는 채무자로서 그 채무를 이행할 의무를 부담한다. 따라서 그 채무이행을 위한 부수적 의무로서 채권자의 요청이 자금관리계약의 내용에 명백히 반하는 것이 아니라면 신탁업자 명의 자금관리계좌에서의 자금집행에 대한 동의의 의사표시를 할 의무가 있다고 볼 수 있다.

자금관리계좌에서 자금집행을 할 때 동의권자의 동의를 거치도록 한 것은 추진위원회 등이 지역주택조합의 사업자금을 불법적으로 유용하는 행위를 방지하여 사업의 원활한 추진을 위한 것이다. 이러한 목적에 비추어 보면, 동의권자는 자금관리계약의 목적이 달성될 수 있도록 협조할 의무가 있다고 볼 수 있고, 자금집행에 정당한 사유가 있는 경우에는 특별한 사정이 없는 한 이에 동의를 해 줄 의무가 있다고 볼 수 있다.[43)] 조합원 등의 탈퇴에 따른 조합원 분담금 등 정산의무의 이행은 지역주택조합의 사업자금 불법 유용에 준하는 실질이 있는 경우가 아닌 한 사업의 원활한 추진 목적에 부합하는 업무의 일환이라고 평가할 수 있다. 따라서 동의권자인 업무대행사 등으로서는 부당한 자금집행이 아니라고 볼 수 있는 경우에는 신탁업자에게 동의권자의 자금인출·환불 등 자금집행 동의를 해 줄 의무가 있다고 봄이 타당하다. 손해배상책임에 관한 사안이지만, 대법원은 동의권자가 정당한 이유 없이 동의를 해주지 않아 결국 채권자가 그 채권을 실현할 수 없었던 사안에서 해당 행위가 위법한 행위로서 제3자의 채권 침해라는 불법행위를 구성한다고 보았으므로,[44)]

43) 같은 입장으로는 최수정, 위의 글(주 16), 67면 참조.

44) 대법원 2021. 6. 30. 선고 2016다10827 판결. 한편 위 대법원판결의 입장에 동의하면서 자금인출 동의를 거절할 정당한 사유가 없음에도 동의를 거부한 것은 행위

이에 비추어 보면, 업무대행사 등 동의권자의 동의 의무를 인정할 수 있을 것이다.

2. 신탁업자 명의 '자금관리계좌의 범위 내'의 의미

(1) 자금관리계약상 신탁업자의 지급의무 발생요건 및 그 책임대상 재산으로서의 자금관리계좌의 자금

자금관리계약의 내용과 취지에 의하면, 신탁업자는 자금관리자로서 자금관리계좌의 개설 및 그 보관 입출금 등 자금관리 업무를 담당한다. 자금관리계약이나 조합가입계약자(조합원)들로부터 받는 동의서에는 이와 관련하여 신탁업자가 사업으로 인한 비용의 집행에 대해서는 원칙적으로 자신의 고유재산으로 지급의무를 부담하지 않는다고 정하고 있다. 아울러 신탁업자는 자금관리계좌에 잉여 자금이 없을 때는 그 지급의무가 없고 잉여 자금이 부족한 때에는 자금집행 우선순위에 따라 자금을 집행하게 되므로, 채권자의 채권 행사에도 불구하고 이러한 상황이라면 결국 신탁업자가 추진위원회에 대하여 지급할 의무는 없게 된다. 이는 자금관리계좌에 잔고가 없으면 지급채무 자체가 없다는 점에서, 채무는 있지만 책임이 제한되는 한정승인과는 다른 측면이 있다. 그러므로 신탁업자가 위와 같은 사정을 주장하고 그것이 받아들여진다면 결국 채권자의 청구는 이유가 없게 된다. 사실심 변론 종결 당시에 해당 요건은 충족되어 지급의무 자체는 있으나 다만 신탁업자의 고유재산이 그 지급채무로 인한 강제집행의 대상이나 책임재산으로 되지는 않는다는 취지를 명확하게 할 필요가 있다면 '자금관리계좌의 범위 내에서' 지급하라는 문구를 판결 주문에 넣을 수도 있을 것이다.

(2) 신탁업자 고유재산에 대한 집행의 예외

한편, 「주택법」은 업무대행자에게 신의에 따라 성실하게 업무를 수

불법적 요소에서 고려되어야 한다고 한 취지로는, 김선화, "채권의 실현을 방해하는 제3자 채권침해의 위법성 판단기준: 대법원 2021. 6. 30. 선고 2016다10827 판결을 중심으로", 사법 제60호, 사법발전재단(2022), 273면 참조.

행할 의무를 부담시키고 그 귀책사유로 주택조합(발기인 포함) 또는 조합원(주택조합 가입 신청자 포함)에게 손해를 입힌 경우에는 손해배상책임이 있다는 점을 명시하고 있다. 자금관리계약에도 신탁회사는 자신의 귀책사유가 아닌 사유로 자금집행이 지연되는 것에는 책임이 없다고 규정하고 있을 뿐이다. 따라서 신탁업자가 자금관리계약에서 정한 요건과 절차 등이 갖추어졌음에도 불구하고 자금집행 등의 채무를 이행하지 않는다면 그 자신의 귀책사유로 인한 지체책임을 부담하고, 이는 자금관리계좌의 자금이 아닌 신탁업자의 고유재산으로 집행되어야 할 것이다.

3. 소송의 형태

(1) 소송의 형태와 주문 기재 방식

채권자가 신탁업자 외에 추진위원회와 자금관리계좌의 자금집행에 관한 동의권자를 공동피고로 하여 소를 제기할 수 있는지 여부가 문제된다.[45] 신탁업자를 피고로 삼은 채권자대위청구의 소 또는 추심금 청구의 소 외에, 추진위원회와 위 동의권자를 공동피고로 삼아 동의의 의사표시를 이행청구의 소로 병합하여 제기하는 방식이다. 하나의 소로써 자금집행동의서의 요건이 해결된다면 이는 당사자의 신속하고 효율적인 권리구제에 적합하다. 소로써 의사표시를 구하는 경우 그 의사의 진술을 명하는 판결이 확정되어야만 서면에 의한 의사표시가 있었던 것으로 된다. 물론 의사의 진술을 명하는 판결이 확정되기 전이라도 업무대행사 등 동의권자가 임의로 동의 의무를 이행할 수는 있을 것이다.

따라서 위와 같이 병합청구된 소송에서 재판부는 공동피고로 된 추진위원회, 동의권자에 대해서는 각각 해당 의사표시를 할 의무가 있는지를 심리하게 되고, 신탁업자에 대한 청구에서는 자금 지급을 거절할 대

45) 신탁업자와 함께 공동피고로 추진위원회와 업무대행사 등 자금관리계좌에서의 자금집행을 위한 환불요청서상 명의인을 공동피고로 추가하여 '환불요청을 하라'는 취지의 의사표시를 구하는 청구를 함께 제기할 경우 환불요청서 미비를 이유로 대위청구가 기각되지는 않을 것이라는 입장으로는, 서울고등법원 판례공보스터디, 조문별/4개년 민사판례해설 제1권(민법, 상사)(2023), 574면 참조.

항사유가 이유 있는지를 심리하게 될 것이다. 그 결과 재판부가 사실심 변론 종결 당시를 기준으로―동의권자의 자금인출(환불) 등 자금집행 동의의 의사표시 요건 외에―자금관리계약에 기한 자금집행의 절차, 요건, 범위 등을 충족하여 그 지급의무가 있다고 인정되는 경우에는, '피고 신탁업자는 피고 추진위원회로부터 자금관리계약에 따라 피고 업무대행사의 동의를 얻은 ○○○(조합원 분담금 등) 인출요청을 받으면[46] 위 자금관리계약에 따른 자금관리계좌 중 △△△(조합원 분담금 등) 계좌의 범위 내에서 금전(추심금 등)을 지급하라'는 취지의 장래이행의 소 형식으로 판결이 선고될 수 있을 것이다. 피고인 신탁업자가 그 지급의무의 존부와 범위를 다투고 있으므로 이를 미리 청구할 필요도 있다고 볼 수 있을 것이다.[47] 그런데 만약 신탁업자가 위와 같이 자금관리계약에 따른 자금집행요청을 받고서도 원고에게 돈을 지급하지 않는다면 특별한 사정이 없는 한, 신탁업자는 자금집행요청을 받은 다음 날부터 원고에 대한 지급채무에 관하여 독자적인 지체책임을 부담해야 할 것이다. 따라서 판결서의 주문에서는 '피고 신탁업자는 원고에게 위 돈에 대하여 위와 같은 인출요청을 받은 날[48]의 다음 날부터 다 갚는 날까지 법정 이율에 따른 지연손해금을 지급하라.'로 기재하면 될 것이다.[49]

---

46) 피고 추진위원회 및 피고 업무대행사에 대하여 아래에서 보는 바와 같은 각 의사의 진술을 명하는 판결이 확정되면 자금관리계약에 따른 자금인출요청 및 그 동의의 의사표시가 있는 것으로 간주될 것이다. 또한, 위 판결의 확정 전이라도 피고 추진위원회와 피고 업무대행사는 위 의무를 임의 이행할 수도 있다.

47) 장래이행청구에서 신탁업자가 환불요청을 거절하고 있는 상황에 따라 미리 청구할 필요가 인정될 수도 있을 것이라는 입장으로는 서울고등법원 판례공보스터디, 위의 책(주 45), 574면 참조.

48) 피고 추진위원회(자금집행요청권자) 및 피고 업무대행사(자금집행요청에 관한 동의권자)의 임의 이행(자금인출 · 환불요청서의 제출) 또는 확정판결에 따른 의사표시(간주)가 피고 신탁업자에게 각 도달한 날 중 먼저의 것이 이에 해당할 것이다.

49) 구체적인 판결의 주문례로 다음과 같은 안을 상정해 볼 수 있다.

1. 피고 A(추진위원회)는 피고 C(신탁업자)에 대하여 별지 기재 자금관리 대리사무계약에 따라 ㅁㅁㅁ(자금인출요청의 대상이 되는 금전을 특정함. 예를 들어 * * * 사건의 확정판결에 따른 원리금 0000원 등)에 관한 자금인출요청의 의사표시를 하라.
2. 피고 B(업무대행사)는 피고 A(추진위원회)에 대하여 위 1항 기재 자금인출요

(2) 지역주택조합사업 자금의 안전한 집행의 이익 보장을 위한 장치

이와 같이 동의요청 내지 동의의 의사표시를 구하는 이행의 소를 함께 제기하는 방식으로 조합가입계약자 등 추진위원회나 조합의 채권자가 권리실현이 가능해지게 되면, 신속한 소제기 및 그에 따른 판결을 통한 자금관리계좌에서의 수시 선집행으로 인해 그 소를 제기한 탈퇴한 조합가입계약자 등 일부 채권자 외에 여전히 조합가입계약을 유지하고 있는 다른 계약자들 내지 조합원들이나 지역주택조합사업의 존속과 진행을 위한 자금의 안전한 집행이라는 반대되는 이익 내지 공익의 보장이 소홀해지는 문제점이 있지 않을까라는 우려가 생길 수 있다. 그러나 앞서 제시한 추심금 청구에 의사표시를 구하는 청구를 병합하여 제기하는 방식은 재판부로 하여금 채권자인 해당 원고의 권리실현이 적정한 것인가에 관한 2단계의 심사를 할 수 있도록 한다. 즉, ① 1차적으로는 공동피고로 된 추진위원회의 자금집행요청이나 업무대행사 등 동의권자의 동의 의무가 있는지에 관한 심사를 하게 되고, ② 나아가 2차적으로는 신탁업자를 피고로 한 추심금 청구 등의 타당성에 관해 신탁업자의 대항사유를 심사하게 된다. 이로써 만일 추진위원회가 탈퇴할 조합가입계약자 등 채권자와 임의로 협의하거나 공모하여 조합원 지위의 해소에 따른 당초 반환 범위를 넘어서는 금액 반환을 약속하고 신탁업자에게 자금집행 동의 요청을 하였거나 심지어 동의요청서를 작성해 주었더라도, 신탁업자가 자금관리계약상의 면책조항 등을 들어 이에 대항을 하게 되면 위 ②의 대항사유 심사를 통해 그 지급이 거절되는 결론으로 귀결될 수 있다. 그 밖에 여러 가지의 사안에 있어서도 위 ①의 동의 의무가 있는지 여부와

청에 동의의 의사표시를 하라.

3. 피고 C(신탁업자)는 피고 A(추진위원회)로부터 별지 기재 자금관리 대리사무계약에 따라 피고 B(업무대행사)의 동의를 얻은 ㅁㅁㅁ에 관한 인출 요청을 받으면 원고에게,

가. 위 자금관리 대리사무계약에 따른 자금관리계좌 중 ○○○ 계좌의 범위 내에서 0000원을 지급하고,

나. 위 가항 기재 돈에 대하여 위 ㅁㅁㅁ에 관한 인출 요청을 받은 다음 날부터 다 갚는 날까지 연 00%의 비율로 계산한 돈을 지급하라.

②의 대항사유에 관한 탄력적인 해석을 통해 사업자금의 안전한 집행과 채권자의 권리실현 이익 사이의 조화로운 해결이 가능할 것이다. 신탁업자의 입장에서도 추심금 등 청구에 대해 대항사유를 강력하게 주장하는 근거는 만일 신탁업자가 자금관리계약상 자금집행에 필요한 동의 서류 등이 제대로 갖춰지지 않은 상태에서 자금을 인출해 줄 경우 자금관리계약상 선관주의의무 위반 등으로 손해배상책임을 질 것이기 때문인데, 만일 채권자의 청구가 부당한 자금집행으로 보이지 않고, 확정판결이나 강제조정·화해권고결정에 따라 확정된 채권에 기한 추심금 등 청구이며, 추진위원회의 자금집행 및 그 동의 요청이나 업무대행자 등의 동의가 있거나 해당 의사의 진술을 명하는 확정판결이 있는 경우라면, 더 이상 자금관리계약상 선관주의의무 위반이 있다고 보기는 어려울 것이다. 따라서 신탁업자가 손해배상책임의 부담 없이 자금관리계약에 따른 자금인출·환불 등 자금집행을 해 줄 수 있다는 점을 후속 판결 등을 통해 선언해 주면 충돌하는 이익 사이에서 분쟁의 조화로운 해결이 가능할 것으로 생각한다.

Ⅴ. 결　　론

대상판결은 자금관리계약상 요건을 갖추지 않은 지급 청구에 대하여 신탁업자는 자금관리계약에서 정한 사유로 대항할 수 있음을 명확히 하였다. 이는 기존 판례의 일반 법리에 따른 것이어서 원칙적으로 이론상 타당하다고 볼 것이다. 그러나 채권자로서는 자금관리계약의 내용을 일일이 확인하기는 어렵고, 소송이 제기되어서야 증거 수집·제출 상황 등을 통해 비로소 그 내용을 확인할 수도 있으므로, 추진위원회의 채권자의 권리구제 측면에서는 미흡한 부분이 있다. 앞서 든 일련의 대법원판결을 통해 적어도 자금관리계좌의 자금집행에 관한 동의권자의 동의를 얻은 자금집행요청서(자금인출요청서)가 제출되어야 함은 관련 거래 업계와 실무에 대해 명확한 원칙이 선언되었으므로 해당 자금집행요청서 제출이나 이를 대체·갈음할 수 있는 방안을 소송을 통해 관철할 수 있어야 할 것이다. 나아가 조합가입계약자(조합원)의 임의 탈퇴는 별론으로 하더라도 추진위원회 측의 귀책사유로 조합가입계약이 무효, 취소, 해제된 경우에까지 단지 자금집행요청서 등 서류를 제대로 구비할 수 없다는 이유로 채권 실현이 거부되는 것은 추진위원회와 지역주택사업의 진행을 신뢰한 조합가입계약자에게 지역주택사업으로 인한 경제적 위험부담을 고스란히 전가하는 셈이 된다. 「주택법」이 조합원(주택조합 가입 신청자 포함)들이 부당한 불이익을 입지 않도록 조합가입계약 체결의 단계에서 여러 안전장치를 강구하는 개정 입법 조항을 마련하여 시행하였는데, 추진위원회 또는 조합에 대해 채권을 가진 채권자의 사적인 이익과 아울러 조합자금을 안전하게 집행할 수 있는 공적인 이익 사이의 조화가 필요하다고 볼 수 있다. 앞으로 자금집행요청 서류의 누락을 해결할 수 있는 소송 방안으로서 신탁업자를 상대로 한 추심금 등 청구에서 자금관리계좌에서의 자금집행 및 그 동의요청자인 추진위원회와 동의권자인 업무대행사 등을 함께 피고로 삼는 공동소송의 형태 또는 의사표시를 구하는 소의 형태로 소송이 들어올 것이 예상되는데, 관련 사례의 축적과 함께 그에 따른 채권자의 권리구제에도 초점을 맞춘 대법원의 명쾌한 판단을 기대한다.

[Abstract]

Issues Regarding the Execution of Claims through a Lawsuit Filed by a Creditor of a Local-Based Housing Association Promotion Committee against a Trust Business Entity

Chung, Moon Kyung*

The local-based housing association system is based on the Housing Act, which is a system to contribute to the residential stability by constructing and supplying housing to people who reside in a certain area and do not own a house as members of the housing association. At the stage of the promotion committee preparing for the establishment of a local-based housing association, the promotion committee enters into a contract for joining a housing association with an applicant for joining a housing association and receives contributions and outsourcing work service fees from that applicant. If the contract is null, revocated or rescinded, the promotion committee is obligated to return the amount paid to the former member who made the payment. Meanwhile, for the safe keeping and proper execution of the business funds secured through the contract, the promotion committee enters into a fund management agency agreement with a trust business entity described in the Financial Investment Services and Capital Markets Act, and when the promotion committee and the outsourcing work agency agree on the execution of the funds, the trust business entity will withdraw the funds from the fund management account.

In the case of the Supreme Court Decision (Supreme Court Decision

* Judge, High Court Judge at the Seoul High Court/Ph. D. in Law.

2022Da265987 Decided May 18, 2023) reviewed in this article, the plaintiff, who had entered into a contract for joining a local-based housing association, claimed to rescind the contract and directly sought payment of the amount of the contributions and outsourcing work service fees paid by the plaintiff to the defendant, a trust business entity that had entered into a fund management agency agreement with the promotion committee. The Supreme Court ruled against the plaintiff, accepting the defendant's defense that the plaintiff could not be paid because there was no documentation that both the promotion committee and the outsourcing work agency agree to execute the funds. This seems to be no problem under the general principles of the law of obligations. However, if the plaintiff who wanted to rescind the contract had the execution consent documents of the promotion committee and the outsourcing work agency, he or she would have received a refund from the trust business entity as scheduled in the original fund management agency agreement, and there would have been no need to file a lawsuit. In this respect, the above Supreme Court Decision does not provide a fundamental solution to the problem of exercising claims upon termination of membership in a local-based housing association.

In trial practice, claims for the return of contributions and outsourcing work service fees against the trust business entity and claims for a declaration of intention to execute the funds against the promotion committee and the outsourcing work agency have been joined in one lawsuit. In order to resolve the dispute once and efficiently, it is necessary to consider allowing such joined claims in one lawsuit and accepting the plaintiff's claim for the return of the paid contributions and outsourcing work service fees if it is determined that the contract for joining a local-based housing association has been properly voided, revocated or rescinded. This article analyzes these issues from the perspective of the law of obligations, civil execution law and judgment drafting practice, and proposes solutions for each issue.

[Key word]

- Local-Based Housing Association Promotion Committee
- Trust Business Entity
- Fund Management Agency Agreement
- Fund Management Account
- Fund Execution Request
- Judgment Ordering a Declaration of Intention

참고문헌

1. 단 행 본

편집대표 김용덕, (주석)민법 [3]: 채권총칙(1)(제5판), 한국사법행정학회(2020).

편집대표 민일영, (주석)민사집행법Ⅳ(제5판), 한국사법행정학회(2024).

서울고등법원 판례공보스터디, 조문별/4개년 민사판례해설 제1권(민법, 상사)(2023).

2. 논 문

김선화, “채권의 실현을 방해하는 제3자 채권침해의 위법성 판단기준: 대법원 2021. 6. 30. 선고 2016다10827 판결을 중심으로”, 사법 제60호, 사법발전재단(2022).

김정우, “지역주택조합과 관련한 여러 쟁점들에 대한 연구: 대법원 2022. 2. 11. 선고 2021다282046(본소) 2021다282053(반소) 부당이득금반환 등 사안을 중심으로”, 부산판례연구회(2023).

서희경, “시행사와 수분양자간의 분양계약이 해제된 경우 시행사와 담보신탁 및 자금관리약정을 체결한 신탁업자의 분양대금반환책임”, 재판과 판례 제26집, 대구판례연구회(2017).

오상민, “담보신탁 및 자금관리대리사무에서 신탁업자의 분양대금반환책임”, 판례연구 제29집, 서울지방변호사회(2016).

유현송, “담보신탁계약과 자금관리계약의 상호관계”, 인권과 정의 vol. 438(2013).

이계정, “분양계약 해제에 따른 부당이득의 법률관계와 수분양자 보호방안”, 자율과 정의의 민법학-양창수 교수 고희기념논문집, 박영사(2021).

최수정, “분양계약의 해제에 따른 분양대금의 반환”, 인권과 정의 vol. 484(2019).

통신사실확인자료에 대한 문서제출명령의 가부 및 제도개선방안

장 두 영*

■요 지■

대상결정은 통신사실확인자료가 문서제출명령의 대상이 되는지를 다루고 있다. 이는 통신비밀보호법과 민사소송법의 법률해석 문제이면서, 2002년 민사소송법 전부 개정으로 일반적 문서제출의무가 도입된 문서제출명령 제도를 어떻게 운용할지에 관한 문제이기도 하다. 대상결정은 전기통신사업자는 문서제출명령에 대해 통신비밀보호법 제3조 제1항을 들어 통신사실확인자료의 제출을 거부할 수 없다고 판시하여 제출의무 긍정설의 입장에 섰다.

통신비밀보호법의 제 · 개정 경위와 그 입법취지, 목적을 면밀히 살펴보면, 통신비밀보호법에는 문서제출명령에 의한 통신사실확인자료의 제공을 배제하는 취지나 입법자의 의사가 없고, 오히려 민사재판상 필요한 경우 법원의 요청에 따라 이를 제공할 수 있다는 취지가 담겨 있음을 알 수 있다. 민사소송법에서 일반적 문서제출의무를 도입한 경위, 그 개정취지, 목적을 종합하면, 통신사실확인자료도 일반적 문서제출의무의 대상에서 제외하고 있지 않음이 명확하고, 법률의 문언도 그러하다. 금융거래정보 · 신용정보 · 과세정보 등 다른 민감한 개인정보에 관한 법률에서도 법원의 제출명령에 따른 해당 정보의 제공을 긍정하고 있다. 재판청구권과 통신의 비밀과 자유를 조화롭게 구현한다는 관점에서도 대상결정이 취한 제출의무 긍정설이 타당하다.

민사소송절차에 일반적 문서제출의무가 도입된 지 오래되었음에도 민사재판에서의 증거수집이 어렵다는 학계와 실무계의 지적이 계속되어 대법원에

* 광주지방법원 순천지원 부장판사.

서 2022년 디스커버리 연구반을 구성하여 제도 개선을 추진한 바 있다. 대상결정의 사안과 같이 법원이 발한 문서제출명령 등에 관련 기관이 협조하지 않는 사례도 여전히 나타나고 있다. 대상결정은 이와 같은 상황에서 일반적 문서제출의무의 의의와 취지를 다시 확인하고 강조하였다는 측면에서도 의미가 크다. 대상결정이 문서제출명령의 심리기준으로 필요성·관련성 요건 등의 신중하고 엄격한 심리를 제시하고 있는데, 일반적 제출의무의 도입 취지, 해당 제도가 현재의 민사소송절차에서 가지는 의미를 충분히 고려하여 지나치게 엄격한 심리기준을 적용하지 않도록 할 필요가 있다. 또한, 대상결정과 같은 분쟁이 계속 나타나는 것에서 알 수 있듯 현행 문서제출명령 제도만으로는 민사소송에서 충분한 증거수집이 가능하다고 보기 어려운 면이 있으므로, 입법적 개선이 함께 이루어질 필요가 있다. 문서제출명령의 대상범위를 확대하고, 제재수단을 다양화하며, 당사자 소지 문서도 필요적 심문을 거치도록 하는 등 심리절차를 개선하고, 불복절차를 간이화하는 방안을 고려할 수 있다.

[주 제 어]
- 통신사실확인자료의 문서제출명령 대상성
- 통신비밀보호법
- 통신사실확인자료
- 문서제출명령
- 디스커버리 제도
- 일반적 문서제출의무

대상결정 : 대법원 2023. 7. 17. 자 2018스34 전원합의체 결정

[사안의 개요]

1. 사실관계

이혼소송에서 원고(妻)가 피고(夫)의 부정행위를 주장하며 그 증명을 위하여 전기통신사업법이 정한 전기통신사업자인 에스케이텔레콤 주식회사(이하 '위반자'라 한다)에 피고의 통신사실확인자료(약 1년간의 통화내역)[1]에 대한 문서제출명령을 신청하였다.

1심법원이 문서제출명령을 발령하였는데, 위반자는 통화내역 자료 제공은 통신비밀보호법상 위반자의 협조의무로 규정되어 있지 않아 제출의무가 없고 압수수색영장에 한하여 자료 제공이 가능하다고 주장하면서 제출을 거부하였다. 다만, 위반자는 1심법원의 문서제출명령에 대하여 민사소송법 제348조에 따른 즉시항고로 다투지는 않았고, 문서제출명령은 그대로 확정되었다.

2. 소송의 경과

1심법원이 위반자의 제출거부행위에 대하여 과태료 500만 원을 부과하는 약식결정을 하였고, 위반자가 이에 대해 이의신청을 하자, 1심법원은 동일한 내용의 결정을 하였다.

이에 대해 위반자가 ① 통화내역은 '자기디스크 등 정보저장매체에 기억된 정보'이므로 문서제출명령의 대상인 문서에 해당하지 않고, ② '통신비밀보호법, 형사소송법 및 군사법원법의 규정에 의하지 않고는 통신사실확인자료의 제공을 할 수 없다'는 통신비밀보호법이 민사소송법에 우선 적용되므로 통신사실확인자료에 대한 문서제출명령은 위법하다고 주장하며 즉시항고를 하였다.

원심법원은 아래와 같은 이유로 위반자의 즉시항고를 기각하였다.

① 민사소송 등에서의 전자문서 이용 등에 관한 법률(이하 '민소전자문서법'이라 한다) 제2조 제1호, 제5조 제2항, 전자문서 및 전자거래 기본법 제2조

---

1) 가입자의 전기통신일시, 전기통신개시·종료시간, 발·착신 통신번호 등 상대방의 가입자번호, 사용도수 그 밖에 대통령령으로 정하는 전기통신사실에 관한 자료를 말하고(통신비밀보호법 제2조 제11호), 대상결정에서 문제된 수·발신내역 등 통화내역이 그에 해당한다. 이는 이용자의 성명, 주민등록번호, 주소, 전화번호, 아이디, 가입일 또는 해지일을 의미하는 전기통신사업법상 통신자료와 구별되는 개념이다.

제1호, 제4조 제1항의 내용을 종합하여 볼 때 전자적인 형태로 작성, 저장되는 정보도 문서제출명령의 대상이 되는 문서에 해당한다.

② 민사소송법, 통신비밀보호법의 내용, 입법목적 등을 종합하여 볼 때, 문서제출명령은 문서소지자가 제3자인 경우에는 심문절차를 거치고 불응 시 과태료를 부과하는 등 문서송부촉탁에 비하여 엄격한 심사를 통하여 정당한 이유가 있다고 인정되는 때에 문서의 제출을 강제하는 것으로, 통신비밀보호법에서 통신사실확인자료를 '문서송부촉탁의 방법'으로 제출을 요청할 수 있도록 정하였다고 하더라도, 법원은 결정으로 그 제출을 명할 수 있고, 전기통신사업자로서는 이에 따를 의무가 있다. 문제된 통화내역은 원고가 피고의 부정행위를 주장하면서 그 보조자료로 삼은 문서로서 인용문서에 해당하므로 위반자는 그 제출을 거부할 수 없다.

3. 대상결정 요지

(1) 다수의견(8인)

법원은 민사소송법 제344조 이하의 규정을 근거로 통신사실확인자료에 대한 문서제출명령을 할 수 있고 전기통신사업자는 특별한 사정이 없는 한 이에 응할 의무가 있으며, 전기통신사업자가 통신비밀보호법 제3조 제1항 본문을 들어 문서제출명령의 대상이 된 통신사실확인자료의 제출을 거부하는 것에는 정당한 사유가 있다고 볼 수 없다. 이유는 아래와 같다.

① 통신비밀보호법과 민사소송법은 그 입법 목적, 규정사항 및 적용 범위 등을 고려할 때 각각의 영역에서 독자적인 입법 취지를 가지는 법률이므로 각 규정의 취지에 비추어 그 적용 범위를 정할 수 있고, 통신비밀보호법에서 민사소송법이 정한 문서제출명령에 의하여 통신사실확인자료를 제공할 수 있는지에 관한 명시적인 규정을 두고 있지 않더라도 민사소송법상 증거에 관한 규정이 원천적으로 적용되지 않는다고 볼 수 없다.

② 통신비밀보호법은 이미 민사소송법 제294조에서 정한 조사의 촉탁의 방법에 따른 통신사실확인자료의 제공을 허용하고 있으므로, 통신사실확인자료가 문서제출명령의 대상이 된다고 해석하는 것이 통신비밀보호법의 입법 목적에 반한다거나 법 문언의 가능한 범위를 넘는 확장해석이라고 볼 수 없다.

③ 통신비밀보호법의 입법 취지는 법원이 신중하고 엄격한 심리를 거쳐 문서제출명령 제도를 운용함으로써 충분히 구현될 수 있다.

통신비밀보호법은 개인의 사생활 및 대화의 비밀과 자유를 보호하기 위해 통신사실확인자료에 대한 제공을 원칙적으로 금지하고 있으므로, 법원은 통신사실확인자료에 대하여 문서제출명령을 심리·발령할 때에는 이러한 통신비밀보호법의 입법 취지를 고려하여 통신과 대화의 비밀 및 자유와 적정하고 신속한 재판의 필요성에 관하여 엄격한 비교형량을 거쳐 그 필요성과 관련성을 판단하여야 한다. 그러므로 법원은 문서제출명령 신청의 대상이 된 통신사실확인자료의 내용 및 기간이 신청인이 제시한 증명사항과 밀접한 관련성이 있는지, 나아가 그 문서에 대한 서증조사를 통하여 증명사항이 사실로 인정되면 그러한 사실에 기초하여 신청인이 구체적으로 특정한 주장사실을 추단할 수 있는지를 심리함으로써 문서제출신청의 채택 여부 및 범위를 신중히 결정하여야 한다.

(2) 별개의견(1인)[2)]

① 문서제출명령 불응에 대한 과태료 재판은 이미 발령된 문서제출명령의 이행을 강제하기 위한 절차이지 문서제출명령 자체의 적법성이나 적정성을 다투기 위한 절차가 아니다. 그렇기 때문에 문서제출명령에 대한 과태료 재판에서 다툴 수 있는 사항은 문서제출명령 불이행에 정당한 사유가 있는지 등이고, 문서제출명령 자체의 적법성 여부는 포함되지 않는다. 따라서 확정된 문서제출명령의 집행을 확보하기 위한 후행 절차인 과태료 재판에서, 선행 절차에서 주장할 수 있었던 사정을 이유로 확정된 문서제출명령의 적법성을 다투는 것은 허용되지 않는다.

② 통신사실확인자료에 대하여 문서제출명령을 발령할 수 있는지는 문서제출명령사건에서 본격적으로 판단되어야 한다. 문서제출명령 자체의 적법성을 정면으로 다룰 수 없는 과태료 재판인 이 사건에서 위 쟁점에 대하여 판단을 하는 것은 민사소송법 규정 및 기존의 법리에 부합하지 않으므로, 위 쟁점은 추후 다른 문서제출명령 사건에서 문제될 경우 판단하는 것이 적절하다.

(3) 반대의견(4인)[3)]

법원은 민사소송법상 문서제출명령 규정을 근거로 통신사실확인자료에 대하여 문서제출명령을 할 수 없다. 설령 법원이 위 명령을 하더라도 전기통신사업자는 통신비밀보호법을 들어 문서제출명령의 대상이 된 통신사실확인

---

2) 대법관 김선수.
3) 대법관 안철상, 민유숙, 노정희, 오석준.

자료의 제출을 거부할 수 있고, 법원은 그 부제출을 이유로 전기통신사업자에게 과태료를 부과할 수 없다.

① 통신비밀보호법은 전기통신사업자에게 통신비밀보호법에서 정한 예외에 해당하지 않으면 누구에게도 통신사실확인자료를 제공할 수 없도록 하는 강한 일반적 금지의무를 부과하고, 예외적으로 법원에 통신사실확인자료를 제공할 수 있는 방법으로 조사·송부의 촉탁에 관한 민사소송법 제294조를 특정하고 있을 뿐이며, 이에 관한 전기통신사업자의 협조의무를 정하고 있지도 않다.

② 전기통신사업자가 법원에 통신사실확인자료를 제출할 의무를 부담하는지에 관하여는 규범의 충돌이 존재한다. 문서제출명령은 그 명령을 받은 제3자에게 문서제출의무를 부담시키고 위반에 대해 질서벌의 제재를 부과한다. 반면 통신비밀보호법은 법률에서 정한 예외에 해당하지 않으면 누구에게도 통신사실확인자료를 제공할 수 없도록 하는 금지의무를 부과한다. 전기통신사업자가 통신비밀보호법에 따라 통신사실확인자료를 제출하지 않아야 한다고 판단하여 그 제출을 거부하면 민사소송법에서 정한 문서제출명령에 따른 제출의무를 위반하게 되는 결과가 되므로 양 규범은 양립할 수 없고 그 사이에 충돌이 존재하는 것이다.

③ 전기통신사업자가 통신사실확인자료를 제출할 의무를 부담하는지에 관하여 규범의 충돌이 존재하는 이상 이러한 상황은 특별법인 통신비밀보호법을 우선함으로써 해소되어야 한다.

〔硏　　究〕

Ⅰ. 서　　론

모든 실체적 권리는 그에 관한 절차적 보장이 있어야 실현될 수 있다. 사법상 권리는 민사소송절차를 통하여 구현된다. 권리관계의 확정은 증거를 통한 사실관계의 확정이 선행되어야 가능하므로, 민사소송절차에서의 원활한 증거수집제도는 실체적 권리의 실현에 긴요한 부분이다. 이처럼 중요한 민사소송법상 증거수집절차가 권리를 행사하고자 하는 당사자에게 충분하지 않다는 지적은 오랜 세월 제기되어 왔다. 2002년 제도 개선의 일환으로 문서제출명령에 일반적 제출의무를 도입하였고, 실무상 중요한 서증신청절차로 이용되고 있다. 그러나 여전히 그 제도적 미비함이 지적되고 있고, 당사자나 제3자가 문서제출의무를 이행하지 않는 사례도 종종 나타나고 있다. 통신사실확인자료에 대한 문서제출명령에 관해서도 유사한 사례가 나타났다. 통신3사가 2015년경부터 통신비밀보호법 제3조 제1항 등을 이유로 법원의 사실조회와 문서제출명령에 응하지 않아 재판실무상 상당한 혼란을 초래하였다. 전기통신사업자의 문서제출명령 불응에 대해 법원이 과태료를 부과하고 이에 대한 즉시항고, 재항고가 이루어져, 대상결정을 통해 통신사실확인자료에 대한 문서제출명령의 가부가 본격적으로 다루어지게 되었다.

대상결정의 쟁점은 통신사실확인자료를 법원에 제공하는 경우에 관해 규율하고 있는 통신비밀보호법의 문언과 금융거래정보, 과세정보 등 다른 개인정보를 관계 기관이 법원에 제출하는 경우에 관해 규율하고 있는 금융실명거래 및 비밀보장에 관한 법률(이하 '금융실명법'이라 한다) 등 다른 법률의 문언 사이에 차이가 있는 데서 기인한다. 문언의 차이는 명확하다. 그러나 입법 경과나 취지 등을 살펴보면, 그 문언의 차이가 과연 통신사실확인자료를 금융거래정보나 과세정보, 그 밖의 다른 문서제출명령의 대상과 다르게 취급할 특별한 이유가 있어서 생긴 것인지 의문이 들게 된다. 이러한 상황에서 다수의견과 소수의견이 첨예하게 대립하였다. 이는 법률해석의 문제인 동시에 문서제출명령 제도를 어떻게 운용할 것인지에 관한 문제와도 깊이 연결돼 있다.

이하에서는 먼저 논의의 전제로 과태료사건에서 이미 확정된 문서제출명령의 적법성을 심리할 수 있는지(Ⅱ. 1.), 전자정보의 형태로 되어 있는 통신사실확인자료가 문서제출명령의 대상인 문서에 해당하는지(Ⅱ. 2.) 살펴보고, 민사소송법과 통신비밀보호법의 문언, 제·개정 연혁, 입법 취지 및 목적, 다른 법률의 체제 등에 비추어 볼 때 통신사실확인자료가 문서제출명령의 대상이 된다고 해석할 수 있는지(Ⅱ. 3.) 검토한다. 이에 더하여 대상결정과 같은 분쟁을 낳은 근본적인 원인이 되었다고도 볼 수 있는 문서제출명령 제도의 미비점과 관련하여, 그 적정한 개선 방향(Ⅲ.)

에 관해서도 간단히 짚어 보기로 한다.

Ⅱ. 통신사실확인자료의 문서제출명령 대상성

1. 과태료재판에서의 판단범위

대상결정은 과태료결정에 대한 재항고사건이란 특수성이 있다. 위반자가 즉시항고 및 재항고를 하면서 그 이유로 삼지는 않았으나, 심리를 하면서 과태료재판에서 이미 확정된 문서제출명령의 적법성을 다툴 수 있는지도 문제되었다.[4)]

(1) 긍 정 설

문서제출명령이 그 명령의 대상이 되는 문서에 대한 것으로서 적법한지는, 위반자가 해당 문서제출명령을 위반한 데에 정당한 사유가 있는지를 판단하는 과정에서 고려할 수 있는 사항이므로, 그 한도에서는 과태료재판에서도 문서제출명령의 적법성을 심리하고 판단할 수 있다는 입장이다. 대상결정의 다수의견과 반대의견이 취한 견해이고, 아래 Ⅱ. 3. (3)항에서 보는 바와 같이 통신사실확인자료에 대한 문서제출명령에 불응하여 과태료가 부과된 사안의 항고심들도 긍정설을 전제로 판단한 바 있다.

(2) 부 정 설

과태료재판은 이미 발령된 문서제출명령의 이행을 강제하기 위한 절차이지 문서제출명령 자체의 적법성이나 적정성을 다투기 위한 절차가 아니므로, 문서제출명령에 대한 과태료재판에서 다툴 수 있는 사항에 문서제출명령 자체의 적법성은 포함되지 않는다고 본다. 문서제출명령이 확정된 경우에는 준재심을 제기할 수 있을 뿐이고, 확정된 문서제출명령의 집행을 확보하기 위한 후행 절차인 과태료재판에서는 선행 절차에서

4) 비송사건절차법 제11조에서 직권탐지주의를 정하고 있으므로 과태료재판에 있어서 항고법원의 심리범위는 항고이유에 의하여 제한되는 것이 아니고, 항고법원은 불복의 대상이 된 결정의 당부를 가리기 위하여 항고이유의 주장 유무에 관계없이 기록에 나타난 자료의 진실 여부를 직권으로 조사하여 심리·판단하여야 한다(대법원 1982. 10. 12. 자 82마523 결정). 재판에 영향을 미친 헌법·법률·명령 또는 규칙의 위반이 있는지, 즉 재항고이유의 유무에 관한 심리·판단에도 같은 법리가 적용된다.

주장할 수 있었던 사정을 이유로 확정된 문서제출명령의 적법성을 다투는 것은 허용되지 않는다는 것이다. 대상결정의 별개의견이 취한 견해이다.

(3) 일본에서의 논의

우리와 같이 문서제출신청에 관한 결정에 대하여 즉시항고를 허용하고 있는 일본의 경우, 과태료재판에 대한 즉시항고를 함에 있어 제3자인 문서소지인이 문서제출명령의 확정 후에 제출의무가 소멸하였다는 것을 항고이유로 주장할 수 있음에는 다툼이 없으나, 문서제출명령의 위법·부당을 항고이유로 삼을 수 있는지에 관하여는 긍정설과 부정설의 대립이 있고 부정설이 우세하다고 한다.[5] 긍정설[6]은 ① 문서제출명령은 실체적 확정력(기판력)을 가지지 않는 재판이므로 형식적으로 확정된 후에도 그 위법·부당의 주장을 할 수 있고, ② 문서의 필요성은 현재 시점에서 판단되어야 하므로 그에 관한 사정을 항고이유로 삼는 것을 막을 이유가 없으며, ③ 문서제출명령의 발령 시 문서의 존재·소지에 관한 증명이 엄격히 이루어지지 않는 경우가 많으므로 과태료재판에서 이에 관하여 심사할 필요가 있다는 이유를 든다. 부정설[7]은 ① 문서제출명령 자체에 대한 즉시항고가 별도로 규정되어 있는 이상 문서제출명령의 위법·부당은 해당 절차에서 주장되어야 하고, ② 문서제출명령이 발령되어 이미 확정된 이상 문서소지인은 원칙적으로 제출의무를 다툴 수 없다고 해석하는 것이 문서제출명령 제도의 존재의의에 비추어 자연스럽고, ③ 문서제출명령을 받은 제3자가 과태료재판에 이르러서야 문서제출명령의 위법·부당을 본격적으로 다투는 것을 함부로 허용해서는 안 된다는 이유를 든다.

(4) 검　토

과태료재판을 함에 있어 과태료 부과의 대상이 되는 위반행위에 대

5) 注釋 民事訴訟法 第4巻, 有斐閣(2017), 681, 682면(名津井 집필 부분).

6) 斎藤ほか, 注解民事訴訟法(8) 第2版, 第一法規(1993), 195면(遠藤功·宮本聖司·林屋札二 집필 부분).

7) 兼子ほか, 条解民事訴訟法 第2版, 弘文堂(2011), 1256면(松浦馨·加藤新太郎 집필 부분).

하여 정당한 사유가 있을 때에는 법률의 규정 형식에 관계없이 과태료를 부과할 수 없다고 보는 것이 실무이다. 제3자가 문서제출명령에 따르지 않은 때의 제재에 관하여 민사소송법 제351조가 증언거부에 대한 제재를 정한 민사소송법 제318조를, 동조에서는 민사소송법 제311조 제1항을 각각 준용하고 있는데, 여기서도 증인이 '정당한 사유 없이' 출석하지 아니한 때 과태료에 처하도록 규정하고 있다. 즉 문서제출명령에 대한 위반행위가 있는지, 그에 정당한 사유가 있는지가 과태료재판에서 심리할 수 있는 쟁점이므로, 이는 결국 정당한 사유 유무를 판단할 때 문서제출명령의 적법성도 심리할 수 있는지의 문제이다. 불이행에 정당한 사유가 있는지가 반드시 위반자의 주관적 사정이나 천재지변 등 외부의 사정으로 한정된다고 볼 수는 없다. 증인의 경우와 마찬가지로, 문서제출명령의 적법성에 관한 사정도 정당한 사유가 될 수 있다고 할 것이고,[8] 이러한 관점에서 긍정설이 타당하다.

부정설은 후행 절차인 과태료재판에서는 선행 절차에서 주장할 수 있었던 사정을 이유로 확정된 문서제출명령의 적법성을 다투는 것은 허용되지 않는다고 하여, 문서제출명령에 기판력 또는 이에 준하는 효력이 인정됨을 전제하고 있다. 실체관계를 종국적으로 판단하는 내용의 결정 · 명령에는 기판력이 인정되나,[9] 문서제출명령은 소송절차의 진행을 위하여 내려지는 결정으로 그 내용이 실체관계를 종국적으로 판단하는 것이라 보긴 어렵다. 예컨대 민사소송법 제344조 제1항 제2호에 근거한 문서제출명령이 확정되어도 그에 따라 신청자가 문서소지인에게 문서를 넘겨 달라고 하거나 보겠다고 요구할 수 있는 사법상 권리를 가지는지가

---

8) 증인의 불출석에 대한 '정당한 사유'가 있는지와 관련해서는, 증인의 질병 등의 사정뿐 아니라 증인에 대한 출석요구서의 내용이 제대로 갖추어지지 않은 것도 정당한 사유가 되고[주석 민사소송법(Ⅳ) 제9판, 한국사법행정학회(2023), 271면(심담 집필 부분)], 적법한 출석요구를 받지 않은 증인에 대해서는 과태료를 부과할 수 없다[과태료재판실무편람 집필위원회, 과태료재판실무편람(2021), 118].

9) 대법원 2002. 9. 23. 자 2000마5257 결정[공2002.11.15.(166),2468]. 그러나 잠정적인 것에 불과한 강제집행정지결정의 경우는 확정되어도 기판력이 생기지 않는다. 대법원 1987. 2. 11. 자 86그154 결정[공1987.5.1.(799),620].

종국적으로 판단된 것은 아니다. 즉시항고를 허용하는 특칙이 있기는 하나, 문서제출명령신청은 본래 소송지휘권의 행사로서 하는 증거신청에 대한 재판이고 이러한 유형의 재판은 뒤에 변경할 수 있는 것임을 고려할 때, 문서제출신청을 기각한 결정이 확정되었다고 하여 이후 같은 재판절차 내에서 동일한 문서에 관하여 문서제출명령을 하는 것이 불가능하다고 볼 수 없고, 이러한 면에서도 실체관계를 종국적으로 판단하는 것이라 하기 어렵다. 이러한 면을 종합하여 볼 때, 과태료재판에서 문서제출명령의 적법성에 대한 심리 · 판단을 허용한다고 하여 확정된 문서제출명령의 효력에 반한다고 보기 곤란하다.

따라서 대상결정의 사안에서도 본래 과태료재판에서 판단할 수 있는 '위반행위에 정당한 사유가 있는지'를 심리 · 판단하는 전제로서 문서제출명령이 그 대상이 되는 문서에 대하여 이루어진 것인지에 관해 판단하는 것은 가능하다고 봄이 타당하다. 물론 그와 같은 심리와 판단이 가능하다고 해서, 과태료재판에서 정당한 사유의 판단을 위하여 확정된 문서제출명령의 형식적 · 실체적 요건 전반을 다시 검토하고 판단하는 것은 바람직하지 않고, 문서제출명령의 모든 형식적 · 실체적 흠이 항상 '정당한 사유'가 되는 것도 아닐 것이다. 대상결정의 경우와 같이 문서제출명령의 대상 자체가 아닌 문서를 대상으로 하였다는 등의 중요한 요건을 흠결한 때에 정당한 사유가 있다고 볼 수 있다.[10)]

2. 전자문서도 문서제출명령의 대상이 되는 문서인지

위반자는 통신사실확인자료가 자기디스크 등 정보저장매체에 기억된 정보로서 문서제출명령의 대상인 '문서'에 해당하지 않는다는 주장을 하였다. 이에 대해 원심법원도 문서에 해당한다고 보았고, 대상결정에서도 견해가 나뉘지 않았다.

---

10) 대상결정에서 긍정설의 입장을 취한 데에는 사안 자체가 장기간에 걸쳐 실무상 논란을 일으킨 쟁점에 관한 것으로 대법원이 명확한 견해를 밝힐 정책적 필요가 컸다는 점도 고려되었을 것으로 보인다.

민소전자문서법은 민사소송법에 따른 절차에 적용되는데(제3조 제1호), '전자문서란 컴퓨터 등 정보처리능력을 가진 장치에 의하여 전자적인 형태로 작성되거나 변환되어 송신 · 수신 또는 저장되는 정보를 말한다'(제2조 제1호)고 규정하면서, '이 법에 따라 작성 · 제출 · 송달 · 보존하는 전자문서를 민사소송법에서 정한 요건과 절차에 따른 문서로 본다'(제5조 제2항)고 규정하고 있다. 전기통신사업자는 전자문서의 형태로 저장된 통신사실확인자료를 그 저장된 형태대로 제출할 수 있고(제5조 제1항, 민사소송 등에서의 전자문서 이용 등에 관한 규칙 제3조 제7호), 그와 같이 제출한 통신사실확인자료는 위 각 조항에 따라 문서로서의 효력을 가지게 된다. 또한, 대상결정의 문서제출명령이 이루어진 시점(2016. 8. 23.)에 시행되고 있던 구 전자문서 및 전자거래 기본법(2020. 6. 9. 법률 제17353호로 개정되기 전의 것)은 전자문서를 '정보처리시스템에 의하여 전자적 형태로 작성, 송신 · 수신 또는 저장된 정보'(제2조 제1호)라 규정하면서 '이 법은 다른 법률에 특별한 규정이 있는 경우를 제외하고 모든 전자문서 및 전자거래에 적용한다'(제3조)고, 또 '전자문서는 다른 법률에 특별한 규정이 있는 경우를 제외하고는 전자적 형태로 되어 있다는 이유로 문서로서의 효력이 부인되지 아니한다'(제4조 제1항)고 규정하고 있다.[11] 통신사실확인자료는 정보처리시스템에 의하여 전자적 형태로 작성 또는 저장된 정보이므로, 위 법에 따른 전자문서에 해당하고 그에 따라 법적으로 문서로서의 효력을 가진다.

전자문서에 관한 위와 같은 관련 법령의 규정 내용에 비추어 볼 때, 문서제출명령의 대상인 '문서'에는 '전자문서'도 포함되고,[12] 통신사실확인

11) 현행 전자문서 및 전자거래 기본법의 내용도 큰 차이가 없다. 2020. 6. 9. 개정에 따라 제4조 제1항이 '전자문서는 전자적 형태로 되어 있다는 이유만으로 법적 효력이 부인되지 아니한다'로 개정되었고, 제4조의2가 신설되어 전자문서가 '1. 전자문서의 내용을 열람할 수 있을 것', '2. 전자문서가 작성 · 변환되거나 송신 · 수신 또는 저장된 때의 형태 또는 그와 같이 재현될 수 있는 형태로 보존되어 있을 것'의 두 요건을 모두 갖춘 경우 그 전자문서를 서면으로 본다고 규정하여, 전자문서의 효력과 전자문서를 서면으로 볼 수 있는 요건을 명확히 하였는데, 통신사실확인자료도 서면으로 볼 수 있는 위 두 요건을 갖추었음에는 별다른 의문이 없다.

12) 강현중, 민사소송법 제8판, 박영사(2023), 579면도 문서제출명령의 대상은 문서 또는 전자문서라 하여 같은 취지이다.

자료는 전자문서로서 문서제출명령에서 말하는 문서에 해당한다고 봄이 타당하다. 위반자는 통신사실확인자료가 문서가 아닌 민사소송법 제374조가 적용되는 그 밖의 증거임을 전제로 검증의 대상이 된다고 주장하였으나, 검증은 검증물의 존재사실이나 성상, 현상 등 주로 외형 자체에 대한 인식을 증거자료로 쓰는 것으로, 문서의 내용을 증거자료로 써야 하는 통신사실확인자료에 적합한 증거조사방식이 아니다.

3. 전기통신사업자의 문서제출명령에 따른 통신사실확인자료 제출 의무

(1) 쟁 점

관련된 법률규정의 내용은 아래와 같다.

통신비밀보호법

제3조(통신 및 대화비밀의 보호)

① 누구든지 **이 법**과 **형사소송법** 또는 **군사법원법**의 규정에 의하지 아니하고는 우편물의 검열 · 전기통신의 감청 또는 통신사실확인자료의 제공을 하거나 공개되지 아니한 타인의 대화를 녹음 또는 청취하지 못한다.(단서 생략)

제13조의2(법원에의 통신사실확인자료제공)

법원은 재판상 필요한 경우에는 **민사소송법 제294조** 또는 형사소송법 제272조의 규정에 의하여 전기통신사업자에게 통신사실확인자료제공을 요청할 수 있다.

민사소송법

제344조(문서의 제출의무)

① 다음 각호의 경우에 문서를 가지고 있는 사람은 그 제출을 거부하지 못한다.

1. 당사자가 소송에서 인용한 문서를 가지고 있는 때

(2호 생략)

3. 문서가 신청자의 이익을 위하여 작성되었거나, 신청자와 문서를 가지고 있는 사람 사이의 법률관계에 관하여 작성된 것인 때. 다만, 다음 각목의 사유 가운데 어느 하나에 해당하는 경우에는 그러하지 아니하다.

(가, 나목 생략)

다. 제315조제1항 각호에 규정된 사항중 어느 하나에 규정된 사항이 적혀 있고 비밀을 지킬 의무가 면제되지 아니한 문서

② 제1항의 경우 외에도 문서(공무원 또는 공무원이었던 사람이 그 직무와 관련하여 보관하거나 가지고 있는 문서를 제외한다)가 다음 각호의 어느 하나에도 해당하지 아니하는 경우에는 문서를 가지고 있는 사람은 그 제출을 거부하지 못한다.

1. 제1항제3호나목 및 다목에 규정된 문서

(2호 생략)

통신비밀보호법 제3조 제1항은 통신비밀보호법, 형사소송법, 군사법원법의 규정에 의하지 아니하고는 통신사실확인자료를 제공할 수 없다고 규정하면서, 통신비밀보호법 제13조의2에서 민사소송법 제294조에 따른 조사의 촉탁(사실조회)에 의한 통신사실확인자료의 제공을 규정하고 있을 뿐이다. 통신비밀보호법에는 민사소송법 제347조에 따른 문서제출명령에 의하여 통신사실확인자료를 제공할 수 있다는 명시적인 규정이 없다. 금융거래정보, 개인신용정보, 과세정보와 관련하여서는 금융실명법 제4조 제1항 제1호, 신용정보의 이용 및 보호에 관한 법률 제32조 제6항 제5호, 국세기본법 제81조의13 제1항 제3호, 지방세기본법 제86조 제1항 제3호가 '법원의 제출명령 또는 법관이 발부한 영장'에 따른 제공이 허용된다고 규정하고 있는 것과 대비된다. 한편, 일반적 제출의무를 정하고 있는 민사소송법 제344조 제2항은 몇몇 예외를 제외한 나머지 모든 문서가 제출의무의 대상이 될 수 있다고 규정하면서 통신사실확인자료를 명시적으로 제외하고 있지 않다. 관련 법률의 상황이 이렇다 보니 문서제출명령으로도 통신사실확인자료의 제출을 요청할 수 있는지 논란이 발생하게 되었다.

잘 알려져 있듯 위반자를 비롯한 통신3사는 2015년 2월경부터 법원의 민사, 가사사건 관련 통신사실확인자료 사실조회에 대한 회신을 거부하기 시작하였다. 전기통신사업자가 전기통신사업법 제83조 제3항에 따라 수사기관에 통신자료를 제공한 것에 대하여 손해배상책임을 인정한 하급심 판결[13]이 선고되는 등 이용자의 전기통신사업자에 대한 손해배상

---

13) 서울고등법원 2012. 10. 18. 선고 2011나19012 판결[각공2012하,1248]. 전기통신사업법은 일반적인 수사협조 의무를 확인하고 있을 뿐이어서 전기통신사업자가 수사기관의 개인정보 제공 요청에 따라야 할 어떠한 의무도 없고, 전기통신사업자인 피고 회사는 수사기관의 개인정보 제공 요청에 대해 개별 사안에 따라 제공 여부 등을 적절히 심사하여 이용자의 개인정보를 실질적으로 보호할 수 있는 역량을 갖추어야 하며, 구체적으로는 침해되는 법익 상호 간의 이익 형량을 통한 위법성의 정도, 사안의 중대성과 긴급성 등을 종합적으로 고려하여 개인정보를 제공할 것인지와 어느 범위까지 개인정보를 제공할 것인지에 관한 세부적 기준을 마련하는 등으로 이용자의 개인정보를 보호하기 위한 충분한 조치를 취할 의무가 있음을 전제로, 그 의무 위반에 따른 이용자에 대한 손해배상책임이 있다고 판시하였다. 이는

소송이 다수 제기되고, 통신자료 및 통신사실확인자료 회신업무가 과다하며, 통신비밀보호법상 법원에 대한 통신사실확인자료의 제공에 관해서는 전기통신사업자의 협조의무가 규정되어 있지 않다는 이유를 들었다. 이로 인해 일선 법원에서 재판 진행상 애로를 호소하는 사례가 증가하였고, 하급심에서 통신사실확인자료가 필요한 경우 과태료의 제재를 가할 수 있는 문서제출명령 제도를 활용하기 시작하였다. 문서제출명령에 대해서는 응하는 경우도 있었지만, 제출을 거부하는 사례도 적지 않았다.[14] 통신사 중 가장 규모가 큰 사업자인 위반자가 즉시항고와 재항고를 통하여 이러한 법적 쟁점에 대해 대법원의 판단을 받아보고자 하였고, 대상결정의 사안이 그것이다.

(2) 견해 대립

(가) 제출의무 긍정설

다수의견이 취한 견해이다. 통신비밀보호법과 민사소송법은 각각의 영역에서 독자적인 입법 취지를 가지는 법률이므로 각 규정의 취지에 비추어 그 적용 범위를 정할 수 있고, 통신사실확인자료에 대해서도 민사소송법상 증거에 관한 규정이 적용될 수 있으며, 통신비밀보호법 제13조의2에 따라 명시적으로 통신사실확인자료의 제공이 허용되고 있는 사실조회보다 더 엄격한 법적 절차를 거쳐 발령되는 법원의 문서제출명령에 따른 통신사실확인자료의 제공을 허용하더라도 통신비밀보호법의 입법

대법원 2016. 3. 10. 선고 2012다105482 판결[공2016상,556]로 파기되었다. 대법원은 수사기관의 통신자료 제공 요청이 있을 때 일반적으로 전기통신사업자에게 개별 사안의 구체적 내용을 살펴 그 제공 여부 등을 실질적으로 심사할 의무가 있다고 볼 수는 없고, 전기통신사업자가 전기통신사업법에서 정한 형식적·절차적 요건을 심사하여 이용자의 통신자료를 제공하였다면 특별한 사정이 없는 한 위법하다고 볼 수 없다고 판시하였다.

14) 민사, 가사 사건 관련하여서는 사실조회든 문서제출명령이든 통신사실확인자료를 제공할 수 없다는 게 당시 통신3사의 원칙적인 입장이었고, 형사 사건에 있어서는 에스케이텔레콤은 영장에 의해서만 제공할 수 있다는 입장, 케이티, 엘지유플러스는 제출명령(형사소송법 제107조 제1항)과 영장에 의해서 제공할 수 있다는 입장이었다. 그러나 실제로는 민사, 가사 사건과 관련하여서도 문서제출명령에는 응하는 경우가 꽤 있었다.

목적에 반한다고 볼 수 없고, 통신비밀보호법의 입법 취지인 통신비밀 및 자유에 대한 침해 방지는 문서제출명령의 허부에 대한 엄격한 심사를 통해 이루어질 수 있음을 이유로 든다.

(나) 제출의무 부정설

반대의견이 취한 견해이다. 통신비밀보호법의 규정 및 문언을 종합하여 볼 때, 통신비밀보호법 제13조의2는 법원에 의한 통신사실확인자료 제공요청을 사실조회로 한정하는 취지임이 명확하고, 명문의 규정 없이 통신사실확인자료를 문서제출의무의 대상이 되도록 하는 것은 통신비밀보호법의 입법 취지에 반한다고 본다. 일반적 제출의무를 규정하고 있는 민사소송법의 규정과 문서제출명령에 의한 통신사실확인자료 제출을 허용하지 않고 있는 통신비밀보호법의 규정 사이에 규범의 충돌이 있는 상황이므로, 이 경우 특별법인 통신비밀보호법을 민사소송법에 우선하여 적용함으로써 규범의 충돌을 해소하여야 한다고 한다.

(3) 기존 결정례

쟁점에 관하여 기존에 판시한 대법원 판결이나 결정은 없다. ① 당사자인 대한민국이 문서제출명령에 불응한 사건에서 인용문서가 공무원 직무관련문서로서 공공기관의 정보공개에 관한 법률(이하 '정보공개법'이라 한다) 제9조에 정하고 있는 비공개대상정보에 해당하여도 특별한 사정이 없는 한 그에 관한 문서제출의무를 면할 수 없다고 한 대법원 결정[15]과 ② 민사소송법 제344조 제2항은 각 호에서 규정하는 문서제출거부사유에 해당하지 아니하는 경우 문서소지인에게 문서제출의무를 부과하고 있으므로 개인정보 보호법상 개인정보에 해당하더라도 문서소지인이 문서의 제출을 거부할 수 없다고 한 대법원 결정[16]이 있으나, 전자는 제출의무 예외사유 자체가 없는 민사소송법 제344조 제1항 제1호의 인용문서에 관한 것이고, 후자는 개인정보 보호법 제18조 제2항 제2호가 개인정보처리

15) 대법원 2011. 7. 6. 자 2010마1659 결정, 대법원 2017. 12. 28. 자 2015무423 결정[공2018상,435].

16) 대법원 2016. 7. 1. 자 2014마2239 결정[공2016하,1033].

자는 '다른 법률에 특별한 규정이 있는 경우'에는 개인정보를 제3자에게 제공할 수 있다고 규정한 것에 터 잡고 있어, 두 결정 모두 본 쟁점과는 맥락에 차이가 있다.[17)]

전기통신사업자가 문서제출명령에 따른 통신사실확인자료의 제출을 거부한 데에 대하여 과태료를 부과하거나 그에 대한 즉시항고에 관하여 판단하는 국면에서 본 쟁점을 다룬 하급심 결정이 몇몇 있었을 뿐이고, 견해도 나뉘어 있었다.

(가) 제출의무 긍정설을 따른 하급심 결정

대상결정의 원심결정이 있는 외에, 제출의무 긍정설의 입장에서 통신비밀보호법 제13조의2에서 법원이 민사소송법에 근거하여 전기통신사업자에 통신사실확인자료의 제공을 요구할 수 있다고 규정하고 있음을 이유로 문서제출명령에 따른 통신사실확인자료의 제출을 거부하는 전기통신사업자에게 과태료 300만 원을 부과한 하급심 결정이 있다.[18)] 이와 더불어 민사소송법, 통신비밀보호법의 문언, 내용, 체계와 입법 목적 등을 종합하여 볼 때 법원은 통신비밀보호법 제13조의2 규정 등에 의하여 당사자의 신청에 대하여 심사를 거쳐 문서제출명령을 발령할 수 있는 권한이 있고, 법원이 그에 따라 문서제출명령을 발령한 이상 전기통신사업자는 통신사실확인자료의 제공을 하여야 하며, 이는 통신비밀보호법 제3조 제1항이 규정하고 있는 통신비밀보호법의 규정에 의한 통신사실확인자료의 제공에 해당한다는 이유로 문서제출명령에 따른 통신사실확인자료의 제출을 거부하는 전기통신사업자에게 과태료 500만 원을 부과한 1심법원

17) 다만, 전자의 결정은 민사소송법 제344조 제1항 제1호의 문언, 내용, 체계와 입법 목적 등에 비추어 볼 때, 인용문서가 정보공개법 제9조에서 정한 비공개정보에 해당하더라도 문서제출의무를 면할 수 없다고 판시하였다. 민사소송법 제344조 제1항이 정보공개법 제4조 제1항에서 정하고 있는 '다른 법률에 특별한 규정이 있는 경우'에 해당하기 때문에 비공개정보의 공개가 가능하다는 방식의 논리를 취하지 않고, 문서제출명령 제도 자체의 문언, 입법 목적 등에 비추어 비공개정보도 민사소송법상 증거수집절차의 대상에 포함된다는 법리를 밝힌 것으로, 본 쟁점 관련 법률 해석에 대하여 유의미한 시사점을 준다.

18) 부산지방법원 동부지원 2019. 1. 22. 자 2017가단220098 결정. 위반자가 즉시항고로 다투지 않았다.

의 결정을 그대로 유지한 하급심 결정도 있다.[19)]

통신3사가 사실조회에 의한 통신사실확인자료 제공을 거부하기 시작한 이래로 다수의 하급심이 통신사실확인자료에 대하여는 문서제출명령을 발하고 있었기 때문에, 하급심 실무의 다수는 긍정설에 따르고 있었다고 볼 수 있다.

(나) 제출의무 부정설을 따른 하급심 결정

다수의 입장과 반대로, 통신비밀보호법 제13조의2는 민사소송법 제347조의 문서제출명령을 포함하고 있지 않으므로, 전기통신사업자가 문서제출명령에 따라 통신사실확인자료를 제공하지 않은 것에는 통신비밀보호법의 해석에 따른 참작할 만한 사정이 있다고 보아 과태료를 부과한 1심법원의 결정을 취소하고 불처벌 결정을 한 하급심 결정이 있다.[20)]

(4) 검　　토

이는 결국 일견 모순·충돌이 있어 보이는 두 법률, 즉 문서제출명령에 관한 민사소송법 제344조 이하의 규정과 통신사실확인자료의 제공에 관한 통신비밀보호법 제3조 제1항, 제13조의2의 규정을 어떻게 해석할지의 문제이다. 널리 받아들여지고 있는 법률해석의 방법에 기초하여 관련 규정을 해석하여 보기로 한다.

(가) 법률해석 일반론

법률해석은 법률의 규범적 의미를 탐구하는 것으로, 일반적인 해석기준으로 제시되는 것은 네 가지이다. ① 법률에 쓰인 문장·용어를 기초로 하여 그 문자가 가지는 보통의 의미에 따라서 하는 문리 해석, ② 입법 당시의 자료 등을 참조하여 입법자의 의사를 파악하여 이를 기초로

19) 서울중앙지방법원 2019. 8. 9. 자 2019라582 결정. 해당 결정에서는 통신사실확인자료가 문서제출명령의 대상이 되는 문서에 해당하지 않는다는 항고인(에스케이텔레콤)의 주장에 대해 민소전자문서법 제2조 제1호, 제3조 제1호, 제5조 제2항, 전자문서 및 전자거래 기본법 제2조 제1호, 제4조 제1항을 근거로 통신사실확인자료도 전자문서로서 문서제출명령의 대상이 되는 문서에 해당한다고도 판시하였다. 이 결정에 대한 재항고심의 결정은 대상결정 이후에 이루어졌고, 대법원이 재항고를 기각하여 그대로 확정되었다(대법원 2023. 7. 28. 자 2019마6212 결정).

20) 청주지방법원 2018. 2. 23. 자 2015라338 결정.

해석하는 역사적 해석, ③ 입법의 목적, 취지, 보호법익, 가치판단을 고려하여 법률을 해석하는 목적론적 해석, ④ 법규정의 전체적인 체계, 다른 법률과의 관련성 등을 고려하여 논리적 정합성을 갖도록 해당 법률을 해석하는 논리적 · 체계적 해석이 그것이다.[21]

대법원이 법률해석의 방법으로 제시하고 있는 법리도 크게 다르지 않다. 대법원은 이른바 아름다운 판결로 알려진 대전고등법원 판결[22]에 대한 상고심에서 '법해석의 목표는 법적 안정성을 저해하지 않는 범위 내에서 구체적 타당성을 찾는 데 두어야 한다. 그리고 그 과정에서 가능한 한 법률에 사용된 문언의 통상적인 의미에 충실하게 해석하는 것을 원칙으로 하고, 나아가 법률의 입법 취지와 목적, 그 제 · 개정 연혁, 법질서 전체와의 조화, 다른 법령과의 관계 등을 고려하여 체계적 · 논리적 해석 방법을 추가적으로 동원함으로써, 앞서 본 법해석의 요청에 부응하는 타당한 해석이 되도록 하여야 한다'는 법률해석 방법론을 제시하였고, 이후 이를 적용한 판결을 다수 선고하였다. 이는 결국 문리 해석을 기본으로 하되, 목적론적 해석, 역사적 해석, 논리적 · 체계적 해석을 함께 활용하여야 한다는 취지로 일반적인 해석기준과 차이가 있지 않다.

근래에는 이와 함께 헌법합치적 해석론도 널리 받아들여지고 있다. 법률의 해석은 최고규범인 헌법에 합치되어야 하므로, 일반적으로 어떤 법률에 대한 여러 갈래의 해석이 가능할 때에는 원칙적으로 헌법에 합치되는 해석을 하여야 하고,[23] 이는 법률의 입법과정에서 고려할 수 있었던 사실관계에 대하여 입법자가 규율을 예상하지 못하였거나, 입법 후의 생활관계의 변화로 법률의 흠결이 생긴 경우에 유사한 사실관계에 적용

---

21) 곽윤직 · 김재형, 민법총칙 제9판, 박영사(2014), 48-51면; 송덕수, 민법총칙 제6판, 박영사(2021), 70, 71면; 이계정, "입법자의 의사와 법률해석의 문제", 서울대학교 법학 제63권 제4호(2022. 12.), 122면.

22) 대전고등법원 2006. 11. 1. 선고 2006나1846 판결[각공2006.12.10.(40),2570]. 사안의 특수한 사정을 고려하여 구 임대주택법(2005. 7. 13. 법률 제7598호로 개정되기 전의 것) 제15조 제1항에서 규정한 '임차인'의 의미를 실질적 의미의 임차인으로 해석하였다.

23) 헌법재판소 1989. 7. 21. 선고 89헌마38 결정[헌판집제1권].

되는 법률의 규정을 유추하여 적용함으로써 법률의 흠결을 보충하는 합헌적인 법률해석을 하는 방식으로도 이루어질 수 있다.[24)]

(나) 민사소송법, 통신비밀보호법상 관련 규정의 해석

앞서 본 법률해석의 방법에 따라 본 쟁점과 관련된 법률인 민사소송법 제344조 제2항[25)]과 통신비밀보호법 제3조 제1항, 제13조의2 등의 규범적 의미를 살펴본다. 이는 결국 두 법률의 문언과 함께 통신비밀보호법에서 일정한 경우 이외에는 통신사실확인자료의 제공을 금지한 취지 및 목적, 그와 같은 입법이 이루어진 연혁 및 경위, 문서제출명령제도에 일반적 제출의무를 도입한 취지 및 이를 통하여 달성하고 하는 목적, 그 개정연혁, 두 법률 및 다른 민감한 개인정보와 관련된 법률의 체제, 실체적 진실 발견에 기초하여 신속·적정한 재판을 받을 권리와 통신의 비밀과 자유란 두 헌법적 가치의 조화 등에 관하여 두루 고찰함으로써 이루어질 수 있다. 아래에서 자세히 본다.

1) 통신비밀보호법 제3조 제1항, 제13조의2의 제·개정 경위 및 입법 취지와 목적

통신비밀보호법은 1992년 14대 대통령선거 당시 있었던 이른바 '초

24) 김홍도, "형사사건으로 기소되어 휴직명령을 받아 봉급의 반액을 지급받은 자가 그 차액을 소급하여 수령할 수 있는 사유에 관한 규정인 군인사법 제48조 제4항 후단의 '무죄의 선고를 받은 때'의 의미와 관련하여, 형식상 무죄판결뿐 아니라, 공소기각재판을 받았다 하더라도 그와 같은 공소기각의 사유가 없었더라면 무죄가 선고될 현저한 사유가 있는 이른바 내용상 무죄재판의 경우도 이에 포함된다고 볼 수 있는지 여부", 대법원판례해설 통권 제52호, 법원도서관(2005), 27면. 대법원 2004. 8. 20. 선고 2004다22377 판결(공2004하,1583)에 대한 평석이다.

25) 대상결정의 원심법원은 문제된 통신사실확인자료를 민사소송법 제344조 제1항 제1호의 인용문서로 보았다. 그와 같이 보는 경우에는 별도의 제출거부사유가 없기 때문에 제344조 제2항의 제출거부사유 관련 문제도 없게 된다. 그러나 인용문서는 당사자가 소송에서 인용한 문서를 스스로 소지한 것을 말한다[김홍엽, 민사소송법 제11판, 박영사(2023), 668면; 이호원, "문서제출의무의 범위에 관한 개선방안 연구", 민사소송: 한국민사소송법학회지, 제17권 1호(2013), 13면]. 대상사건의 통신사실확인자료는 '당사자'가 소지하고 있는 문서가 아니므로 여기에 해당하지 않는다. 민사소송법 제344조 제2항에 따른 일반적 제출의무가 인정되는 문서에 해당하고, 대상결정도 이를 전제로 판단하였는데, 이 부분은 대상결정에서 견해가 나뉘지 않은 부분이고 특별히 견해대립이 있을 쟁점도 아니므로 상론하지 않는다.

원복국사건'으로 불법도청 문제가 국민적 관심사가 되면서 입법이 본격 추진되어,[26] 일정한 요건하에서만 통신제한조치를 할 수 있도록 하고, 그와 같은 요건을 구비하지 못한 감청을 형사처벌하는 것을 골자로 하여 1993. 12. 27. 제정되었다. 통신비밀보호법 제1조에서는 그 입법의 목적을, '통신 및 대화의 비밀과 자유에 대한 제한은 그 대상을 한정하고 엄격한 법적 절차를 거치도록 함으로써 통신비밀을 보호하고 통신의 자유를 신장함'으로 밝히고 있다. 그런데 이때의 '통신 및 대화의 비밀과 자유에 대한 제한'은 감청을 가리키는 것이었다. 제정 당시에는 통신사실확인자료에 대해서는 아무런 규율이 없었고, 입법의 관심 대상이 아니었다.[27] 당시의 통신비밀보호법 제3조 제1항 본문은 '누구든지 이 법과 형사소송법 또는 군사법원법의 규정에 의하지 아니하고는 우편물의 검열 또는 전기통신의 감청을 하거나 공개되지 아니한 타인간의 대화를 녹음 또는 청취하지 못한다'고 규정하고 있었는데, 민사소송법에 의하여 감청이 허용되는 경우는 애초 상정할 수 없었기 때문에 위 규정에 포함되지도 않았던 것이다.

통신사실확인자료에 관한 규율이 처음 입법된 것은 2001. 12. 29.자 개정에 이르러서다. 통신비밀보호법 제3조 제1항 본문의 '감청'이 '감청 또는 통신사실확인자료의 제공'으로 개정되었고, 그와 함께 현재와 같은 내용의 통신비밀보호법 제13조의2도 신설되었다.[28] 이는 종전에 관행적으로 수사기관 등의 요구가 있으면 전기통신사업자가 전기통신사업법[29]에 근거하여 통신사실확인자료를 제공하던 것을 사생활 보호 차원에

26) 이정만, 통신비밀보호법, 박영사(2024), 6면.

27) 제14대 국회 정치관계법심의특별위원회에서 최초 의원입법으로 발의된 통신비밀보호법안 2건을 심의한 다음 두 안을 폐기하고 대안을 작성하여 이를 가결하였다. 그에 관한 1993. 12. 1. 자 회의록의 위 법안에 대한 심사결과보고 관련 기재, 즉 '통신비밀보호법의 제정으로 지난 30년간 마구잡이로 진행되어 온 국가권력에 의한 전화감청사태, 이로 인하여 집에 전화를 2대씩이나 두고도 공중전화를 사용할 수밖에 없는 상황이 종식될 것으로 확신한다'는 표현을 보아도, 통신비밀보호법이 감청을 규율하기 위하여 태동한 법임을 쉽게 알 수 있다.

28) 다만, 당시는 민사소송법이 전부 개정되기 전이라 사실조회의 근거조항이 제266조였으므로, 조항의 표기만 그와 같이 되어 있었다.

서 통신비밀보호법에서 규율하도록 하는 취지였고, 통신비밀보호법 제13조를 신설하여 수사기관에 대한 통신사실확인자료의 제공절차에 관하여 규정하였다. 의안원문의 제안경위나 관련 회의록에는 제3조 제1항 본문과 제13조의2의 문언을 위와 같이 정한 경위와 관련된 구체적 내용은 없다.[30] 통신비밀보호법은 제정 당시 감청을 형사적 관점에서 규율하는 데 주된 관심을 두고 있었기에 통신비밀보호법 제3조 제1항 본문의 문언에 민사소송법에 관한 표현은 담기지 않았다. 그러한 상황에서 통신사실확인자료에 관한 내용이 추가되기에 이르렀지만, 그 시점에는 아직 문서제출명령 제도에 일반적 제출의무가 도입되지 않은 상황이다 보니, 당시 민사소송법에 따라 통신사실확인자료를 요청할 수 있는 유일한 근거조항이라 볼 수 있던 사실조회 관련 조항에 관해서만 제13조의2에 그 내용이 들어가고, 제3조 제1항 본문에 민사소송법을 추가하지는 않았던 것으로 보인다.

한편, 당시 수사기관에 대한 통신사실확인자료의 제공절차를 규정하기 위하여 신설된 제13조의 내용도 입법자의 의사를 파악하는 면에서 주목할 만하다. 신설된 제13조는 검사 또는 사법경찰관이 수사 또는 형의 집행을 위하여 필요한 경우 전기통신사업자에게 통신사실확인자료의 제공을 요청할 수 있도록 하면서, 원칙적으로 관할지방검찰청 검사장의 승인을 얻도록 했다.[31] 이는 검사 등에게 수사 또는 형의 집행 등의 필요

29) 그러나 전기통신사업법은 '통신자료'의 제공에 대해서만 규율하고 있었기 때문에, 엄밀히 보면 통신사실확인자료의 제공에 관한 근거법률은 없는 상태였다.

30) 제16대 국회 과학기술정보통신위원회 2000. 12. 5. 자 회의에서 통신비밀보호법 개정안에 관한 보고가 이루어지면서 '전기통신사업자에 대한 통신자료(통신사실확인자료를 이렇게 표현하고 있다) 제공도 사생활 보호차원에서 이것도 감청에 준하는 과정이다. 그래서 이것도 엄격히 통제를 해서 사생활 침범 여지를 차단해야겠다는 이런 입장에서 신설을 했다'는 표현이 나오고, 제16대 국회 법제사법위원회 2000. 12. 5. 자 회의에서 '전기통신사 가입자에 대한 통신자료 제공의 절차를 신설하여 통신자료 제공으로 인한 사생활 침해의 여지를 차단하도록 하였다'는 정도가 입법 취지에 관한 구체적 표현이다. '통신사실확인자료 제공도 … 감청에 준하는' 등의 꽤 강한 어조의 표현이 있긴 하나, 이하에서 보듯 실제 입법한 규율의 내용은 감청에 대한 규율보다 훨씬 낮은 수준이다.

31) 정보수사기관의 장의 경우엔 별도 승인이나 허가 절차 없이 요청할 수 있다고

에 의하여 통신자료를 제공할 수 있도록 정한 전기통신사업법보다는 가중된 요건이긴 했지만, 법원의 허가를 요건으로 하고 있지 않은 것으로,[32] 통신비밀보호법 제정 당시부터 원칙적으로 법원의 허가를 받도록 한 통신제한조치와 대비된다. 입법자가 통신사실확인자료의 제공에 대해 통신제한조치와 같은 수준의 엄격한 규율이 필요하다고는 생각하지 않았음을 보여준다.

요컨대 통신비밀보호법 제3조 제1항 본문, 제13조의2는 문서제출명령에 일반적 제출의무가 도입되기 전 신설된 것으로, 그 제·개정 경과, 목적, 취지, 시기에 비추어 볼 때, 문서제출명령에 의한 통신사실확인자료의 제공을 배제하려는 의도가 담겨 있다고는 볼 수 없다. 오히려 법원이 재판상 필요한 경우에는 민사소송법상 사실조회에 관한 규정에 근거하여 전기통신사업자에게 통신사실확인자료의 제공을 요청할 수 있다고 명시함으로써, 민사재판에 필요하여 법원이 요청할 때 통신사실확인자료를 제공하는 것은 통신비밀보호법이 보호하고자 하는 통신 및 대화의 비밀과 자유에 반하지 않는 조치임을 명확히 밝혔다고 볼 수 있다.

2) 일반적 문서제출의무의 도입 경과 및 입법 취지와 목적

문서제출명령에 관한 민사소송법 제344조 제1항, 제345조, 제347조 내지 제351조의 내용은 민사소송법 제정 당시부터 있던 내용이다. 민사소송법 제344조 제2항에서 규정하고 있는 일반적 제출의무는 2002. 1. 26. 민사소송법이 전부 개정되면서 처음 도입됐다. 신법은 구법과 달리 상대방이 가지고 있는 서증의 포괄적 개시를 목적으로 한 증거개시제도와 거의 같은 효과를 거둘 수 있도록 문서제출명령 제도를 확장·강화하였고 이를 위해 일반적 제출의무가 추가되었다.[33] 이에 의하여 증인의무,

---

규정되어 있었다(제13조 제2항).

32) 2005. 5. 26. 자 개정으로 법원의 허가가 요건이 되었다.

33) 신법에 대하여 미국법상 증거개시제도를 직접 도입한 것은 아니나 그 취지를 문서제출명령 제도에 충분히 반영하였다는 평가도 있다. 정영환, 신민사소송법, 법문사(2019), 715면. 법원행정처, 법원실무제요(Ⅲ)(2017), 1455, 1456면에서는, 우리나라에서 집중증거조사를 실현하는 데에 큰 애로점의 하나가 미국 디스커버리 제도와 같이 당사자가 증거를 적시에 수집할 효율적인 수단이 부족하다는 점이고, 이

검증물 제시 의무가 일반적 의무로 되어 있는 것과 균형을 맞추고 구법상 문서제출명령의 대상이 되는 문서의 범위가 지나치게 좁아서 공해소송이나 행정소송, 대기업을 상대로 한 소송 등 현대형 소송에서 자주 나타나는 증거의 구조적 편재에서 오는 당사자 간의 실질적 불평등을 시정하고자 하였다.[34] 의안원문에서도 '문서소지자에 대한 문서제출의무를 확대하여 직무비밀 · 직업비밀 등 증인의 증언거절사유와 같은 일정한 사유가 있는 경우와 공무원이 직무상 보관하는 문서의 경우를 제외하고는 모든 문서를 제출하도록 함으로써 실체적 진실의 발견이 용이하도록' 할 목적으로 일반적 제출의무를 도입하였음을 밝히고 있다.

이처럼 일반적 제출의무의 도입은 문서제출의무도 일반적인 의무로 삼아 모든 문서가 원칙적으로 문서제출명령의 대상이 되도록 함으로써 증거수집이 곤란하여 실체적 진실발견이 이루어지지 않는 일을 막는 데에 그 취지와 목적이 있다. 여기에는 1996년 먼저 이루어진 일본 민사소송법의 전면개정이 큰 참고가 되었고,[35] 미국 디스커버리 제도 역시 많은 참고가 되었다.[36]

를 해소하기 위하여 일반적 제출의무가 도입된 것이라 서술하고 있다.

34) 이시윤, 신민사소송법(제17판), 박영사(2024), 537면; 주석 민사소송법(Ⅳ) 제9판, 한국사법행정학회(2023), 497면(고홍석 집필 부분); 법원행정처, 민사소송법 개정내용 해설(2002), 207, 208면.

35) 일본 민사소송법도 1996년 개정되면서 문서제출명령제도에 일반적 제출의무를 도입하였다. 당시 일본 민사소송법의 내용은 신법의 제344조 제2항과 유사하다. 증거수집절차의 확충에 의하여 사안에 관한 공통인식을 당사자 및 재판소 간에 조기에 형성하여 쟁점정리나 화해를 원활하게 진행할 수 있도록 하고, 쟁점에 따른 집중적 증거조사에 의해 보다 충실한 심리에 기한 판결이 가능하게 하며, 당사자 간 구조적인 증거의 편재를 시정하고 정보접근의 불균형에 의한 불공평한 분쟁해결을 감소시키고 민사소송의 대원칙의 하나인 무기평등의 원칙에 이바지함을 목적으로 하였다. 이호원, "일본 개정민사소송법상의 증거수집절차의 확충", 민사소송(I), 한국민사소송법학회(1998), 120, 121면.

36) 미국은 1938년 연방민사소송규칙(FRCP)을 통해 디스커버리 제도를 도입함으로써 민사소송의 틀을 완전히 바꾸었다. 당사자에게는 완전하게 구성 · 형성된 분쟁관계를 제시할 의무가 있고 상대방에게는 협력의무가 없으며, 당사자의 제출증거에 대하여 비로소 법원이 판결을 내려준다는 커먼로상 소송제도에서 벗어나, 민사소송은 분쟁이 된 사실관계를 가능한 한 모두 밝혀 놓고 그 사실관계하에서 정당한 권리의무가 어디에 귀속되는지를 판단하는 절차임을 전제로 하여, 쌍방 당사자에

일반적 문서제출의무 도입은 통신비밀보호법에서 통신사실확인자료에 대한 규율을 도입한 이후 시점에 이루어진 것인데, 신법에서 통신사실확인자료를 제출의무의 대상에서 제외하거나 통신비밀보호법에 따라 규율되는 문서 내지 자료는 해당 법률에서 정한 바에 따르도록 하는 등의 예외를 규정하지 않았다. 이는 민사소송법 제344조 제2항에서 '공무원 또는 공무원이었던 사람이 그 직무와 관련하여 보관하거나 가지고 있는 문서를 제외한다'고 명시한 것과 대비된다.

이상의 일반적 제출의무의 입법 경과, 그 취지 및 목적을 고려할 때, 문서제출명령의 대상에서 일률적으로 배제되는 문서를 인정하는 것은 그 취지에 정면으로 반하는 것이므로 이를 신중하게 인정할 필요가 크다.

3) 금융거래정보 등에 관한 법률의 체제 및 그 해석

통신사실확인자료도 사생활의 보호 측면에서 보호가 긴요하나, 현대사회의 특성을 고려할 때 금융거래정보, 신용정보, 과세정보도 같은 측면에서 요구되는 보호의 정도와 수준이 통신사실확인자료보다 낮다고 단언하기 어려운 정보들이다. 이들에 대하여는 각각의 관련 법률에서 원칙적으로 그 정보의 제공을 금지하면서도 '법원의 제출명령 또는 법관이 발부한 영장'에 따른 제공은 허용된다고 규정하고 있다.

'법원의 제출명령'은 그 문언만 놓고 보면 민사소송절차에 있어서는 민사소송법 제347조에 따른 문서제출명령만 의미하는 것이라 읽힐 여지도 있다. 그러나 법원의 제출명령이 금융거래의 내용에 대한 정보 또는 자료의 제출을 요구하는 법원의 재판과 관련된 모든 요구행위, 즉 사실조회, 송부촉탁, 서류검증 시 문서제출요구, 진술최고서 등을 두루 의미한다는 것에 대하여 이젠 재판실무상 별다른 의문이 없고, 금융기관, 신용정보를 처리하는 공공기관 또는 단체, 세무공무원 등도 그에 따르고

게 증명책임과 무관하게 사실관계를 드러낼 의무가 있다고 보기 시작한 것이다. 전원열, "민사소송절차상 디스커버리 도입에 관한 검토", 인권과정의 Vol. 501, 113-116면. 일반적 제출의무를 도입할 때 참고가 되었던 미국 디스커버리 제도의 위와 같은 도입 경과와 취지는 우리 민사소송법상 일반적 제출의무의 도입 취지를 파악하는 데에도 참고가 될 수 있다.

있다.[37)]

결국 '법원의 제출명령'을 통한 정보의 제공이 가능하다는 조항을 둔 취지와 목적이 재판상 필요에 근거하여 법원이 자료 제출을 요구하는 경우에는 일반적으로 제공이 금지되어 있는 금융거래정보, 신용정보, 과세정보라도 이를 제공할 수 있다는 데에 있음을 충분히 고려한 해석이 재판실무상 정착되어 있다고 볼 수 있다. 이들 정보도 사생활의 비밀 측면에서 보호할 가치가 높고 각각의 법률에서 그 정보를 처리하는 기관 등에 타인에게 이를 제공하지 않을 일반적 금지의무를 부과하고 있다. 하지만 그러한 금지의무가 법원이 재판절차에서 실체적 진실발견을 위하여 해당 정보의 제공을 요청하는 것까지 금지하고 있는 것은 아니란 이해에 기초한 해석이 확립되어 있는 것이다.

4) 재판청구권과 통신의 비밀과 자유의 조화

법관에 의하여 법률에 의한 신속한 재판을 받을 권리와 통신의 비밀, 사생활의 비밀 모두 헌법에서 명문으로 보장하고 있는 기본권으로, 법률해석에 있어서도 두 기본권이 모두 조화롭게 구현되도록 할 필요가 있다. 헌법상 재판청구권이 실질적으로 보장되려면 재판절차에서 증거의 구조적 편재에 따른 실질적 불평등 없이 용이하게 증거를 확보하여 실체적 진실을 발견할 수 있도록 증거수집절차가 보장되어야 한다. 특히 민사소송에 있어 서증의 중요성을 고려할 때, 법원이 재판에 필요하다고 인정하는 때에는 그 서증이 통신사실확인자료인 때에도 재판의 심리과정에 현출될 수 있다고 보아야 적정한 재판을 받을 수 있는 권리가 보장된다고 할 것이다.

---

37) 금융거래정보 · 과세정보 제출명령에 관한 예규(재일 2005-1) 제2조에서는 제출명령은 '민사소송법 제294조, 형사소송법 제272조, 가사소송법 제8조에 의한 사실조회, 민사소송법 제347조에 의한 문서제출명령, 민사소송법 제352조에 의한 문서송부촉탁, 민사소송규칙 제112조에 의한 법원밖 서증조사 시 문서제출요구, 민사집행법 제237조, 제291조에 의한 압류(또는 가압류)명령 시 진술최고, 그 밖에 법원이 금융기관, 신용정보를 처리하는 공공기관 또는 단체, 세무공무원 등에 대하여 금융거래정보나 신용정보 또는 과세정보의 제출을 요구하는 일체의 처분 중 그 처리절차에 관하여 특별한 규정이 없는 처분'을 말한다고 정하고 있다.

이처럼 재판상 필요에 따라 법원에 통신사실확인자료를 제공하는 것이 통신의 비밀과 자유를 침해하는 것이라 보기는 어렵고, 통신비밀보호법 제13조의2가 이미 그와 같은 관점을 담고 있다. 위 조항이 들고 있는 사실조회보다 문서제출명령이 더 엄격한 절차를 거쳐 발부됨은 의문의 여지가 없다. 당사자가 문서제출신청을 할 때 문서의 표시, 취지, 문서소지인, 증명할 사실 등을 밝혀서 하여야 하고, 문서소지인이 제3자일 때에는 문서제출명령을 하기 전 제3자에 대한 심문을 반드시 거쳐야 한다. 이를 고려하면 문서제출명령으로 통신사실확인자료의 제출을 요청하는 경우가 사실조회로 그 제공을 요청하는 경우보다 통신비밀과 자유를 침해할 가능성이 더 적다고 볼 수밖에 없다. 결국 문서제출명령에 따른 통신사실확인자료의 제공을 허용한다고 하여서 통신의 비밀과 자유가 침해될 소지가 더 커진다고 볼 수는 없다.

반대로 문서제출명령에 의한 통신사실확인자료 제공이 허용되지 않는다고 보게 되면, 재판청구권은 상당 부분 위축될 수 있다. 사실조회에 의한 통신사실확인자료 확보만 가능하게 되는데, 전기통신사업자들이 명문에 반하여 그에 불응하고 있는 상태이므로,[38] 법원이나 당사자로서는 재판상 통신사실확인자료가 필요하더라도 이를 적법하게 확보할 방법이 없는 상황이 초래된다. 이러한 상태가 재판청구권과 통신의 비밀과 자유가 조화롭게 보장되는 모습이라 보긴 어렵다.

5) 민사소송법, 통신비밀보호법상 관련 조항의 문언

통신비밀보호법 제3조 제1항, 제13조의2만 놓고 보면 전기통신사업자가 법원에 민사소송법에 따라 통신사실확인자료의 제공을 할 수 있는 경우는 법원이 민사소송법 제294조에 따른 사실조회를 하였을 때뿐인 것처럼 읽힐 수 있다. 관련 부분만 보자면, 통신비밀보호법 제3조 제1항에

38) 통신비밀보호법에서 법원의 사실조회에 근거한 통신사실확인자료 요청에 전기통신사업자가 협조할 의무를 명시하고 있지 않더라도, 그와 무관하게 전기통신사업자에게는 협조의무 내지 법원의 요청에 응할 의무가 있다. 이에 관해서는 아래 (다) 2) 항에서 더 자세히 본다.

는 '누구든지 이 법의 규정에 의하지 아니하고는 통신사실확인자료의 제공을 하지 못한다'고 되어 있고, '이 법의 규정'이라 볼 수 있는 제13조의 2에는 '법원은 민사소송법 제294조의 규정에 의하여 전기통신사업자에게 통신사실확인자료제공을 요청할 수 있다'고 쓰여 있기 때문이다.

그러나 이 쟁점에 관해서는 통신비밀보호법상의 문언만 볼 것이 아니라 민사소송법 제344조 제2항의 문언도 함께 보아야 하고, 해당 문언까지 같이 보면 이야기가 달라진다. 관련 부분을 풀어쓰면 '공무원직무관련문서, 자기이용문서, 문서소지자 등에 대하여 형사소추 등이 될 증언거부사유에 해당하는 사항이 적혀 있는 문서, 직무상 비밀, 직업의 비밀 등 증언거부사유에 해당하는 사항이 적혀 있고 비밀유지의무가 면제되지 않은 문서에 해당하지 아니하는 모든 문서는 소지인이 그 제출을 거부하지 못한다'는 것이다. 민사소송법 제344조 제2항의 문언상, 통신비밀보호법 제3조 제1항이 민사소송법 제344조 제2항 제1호, 제1항 제3호 다목, 제315조 제1항 제1호, 제2호의 증언거부사유에 해당하지 않는다면, 통신사실확인자료도 그 소지인이 제출을 거부하지 못한다.

민사소송법 제315조 제1항 제1호[39]의 직업종사자는 제한적 열거로서[40] 직업상 알게 된 타인의 비밀을 누설하여서는 아니 된다는 법령이 있는 직책이어야 하는데, 특정 직업종사자가 아니라 모든 사람에 대하여 일반적 금지의무를 부과하고 있는 통신비밀보호법 제3조 제1항은 그러한 법령에 해당하지 않는다. 민사소송법 제315조 제1항 제2호[41]의 직업의 비밀의 경우 그 비밀이 보호가치 있는 비밀인 경우에만 문서의 제출을 거부할 수 있고, 어느 정보가 보호가치 있는 비밀인지는 정보의 내용과 성격, 정보가 공개됨으로써 문서소지자에게 미치는 불이익의 내용과 정도, 민사사건의 내용과 성격, 민사사건의 증거로 문서를 필요로 하는 정

39) 변호사 · 변리사 · 공증인 · 공인회계사 · 세무사 · 의료인 · 약사, 그 밖에 법령에 따라 비밀을 지킬 의무가 있는 직책 또는 종교의 직책에 있거나 이러한 직책에 있었던 사람이 직무상 비밀에 속하는 사항에 대하여 신문을 받을 때.

40) 주석 민사소송법(Ⅳ) 제9판, 한국사법행정학회(2023), 301면(심담 집필부분).

41) 기술 또는 직업의 비밀에 속하는 사항에 대하여 신문을 받을 때.

도 또는 대체할 수 있는 증거의 존부 등 제반 사정을 종합하여 비밀의 공개로 발생하는 불이익과 이로 인하여 달성되는 실체적 진실 발견 및 재판의 공정을 비교형량하여 정하게 된다.[42] 즉 통신사실확인자료라는 것만으로 곧바로 그에 해당한다고 볼 수 없다. 이처럼 통신사실확인자료는 민사소송법 제344조 제2항의 문언이 제출의무의 예외로 열거하고 있는 문서에 해당하지 않기 때문에, 민사소송법 제344조 제2항은 '통신사실확인자료는 소지인이 그 제출을 거부하지 못한다'는 의미를 포괄하고 있는 문언으로 볼 수 있다.

따라서 통신사실확인자료가 문서제출명령의 대상이라 보더라도 그것이 관련 법률의 문언 한계를 벗어나지는 않는다. 그와 같은 내용의 해석도 민사소송법 제344조 제2항의 문언에 기초하여 도출할 수 있으므로, 앞서 본 관련 법률의 입법 취지, 목적, 연혁, 다른 법률과의 체계적 해석 등을 통하여 적정한 해석을 도출해야 하는 상황이다. 아울러 이처럼 관계 법령들 사이에 모순·충돌이 있는 것처럼 보이는 경우에도 상호 조화롭게 해석하는 것이 가능하다면 양자의 모순·충돌을 이유로 쉽게 어느 일방 또는 쌍방의 무효를 선언할 것은 아니고, 이러한 경우 그러한 모순·충돌을 해소하는 법령해석을 제시하는 것은 법령에 관한 최종적인 해석권한을 부여받은 대법원의 고유한 임무임을 상기할 필요가 있다.[43]

6) 민사소송에서 법원의 요청에 따른 통신사실확인자료 제공을 금지하는 입법례를 찾기 어려움

법률해석에 큰 비중으로 고려할 요소는 아니긴 하나, 비교법적으로도 통신사실확인자료에 대하여 일률적으로 문서제출의무를 부과하지 않는 입법례는 찾아보기 어렵다. 민사소송에서 제3자에 대하여도 일반적인 문서 등의 제출의무를 인정하고 있는 법제는 다수 있다.[44] 미국의 디스

---

42) 대법원 2016. 7. 1. 자 2014마2239 결정[공2016하,1033], 대법원 2015. 12. 21. 자 2015마4174 결정[공2016상,267].

43) 대법원 2018. 6. 21. 선고 2015두48655 전원합의체 판결[공2018하,1381].

44) 법원행정처, 민사소송법 개정내용 해설(2002), 209-211면 참조.

커버리 제도에서는 제3자도 비닉특권이 있는 경우를 제외하고는 법원의 문서제출명령에 따라야 한다. 프랑스에서도 증인의무와 마찬가지로 국민 일반에게 직업상 비밀 같은 정당한 장애사유가 없으면 소지문서를 제출하는 방법으로 사법에 의한 분쟁해결에 협력할 의무가 있다. 스위스에서도 증언거절사유 등이 없는 한 일반적인 문서제출의무가 인정된다. 일본 역시 일반적 문서제출의무를 인정하고 있다. 이와 같이 일반적 제출의무를 인정하고 있는 국가 중 통신사실확인자료를 그 대상에서 일률적으로 제외하는 법제는 찾기 어렵다.[45)]

7) 소결론: 제출의무 긍정설

민사소송법 제344조 제2항의 문언상 통신사실확인자료도 문서제출명령의 대상에 해당하고, 위 조항에 따른 일반적 제출의무의 도입 취지와 목적도 증거수집절차를 개선하여 재판 과정에서 실체적 진실발견이 원활히 이루어지도록 하자는 데에 있어 통신사실확인자료를 문서제출명령의 대상에서 제외할 이유가 없으며, 이를 제외하는 것이 그러한 취지와 목적에 역행한다. 통신비밀보호법 제3조 제1항, 제13조의2는 문언만 보면 문서제출명령에 의한 통신사실확인자료의 제공을 배제하고 있는 것이 아닌가 하는 의문을 불러올 수 있으나, 그와 같은 배제는 입법자가 의도한 바가 아니고, 입법 목적 달성을 위해 필요한 부분도 아니다. 통신비밀보호법이 최초에는 감청의 규제에 역점을 두고 그에 대한 강력한 금지를 천명하는 내용의 제3조 제1항을 두었다가 나중에서야 같은 조항에서 통신사실확인자료도 함께 규율하게 되면서 현재와 같은 문언에 이르게 되었을 뿐이라 봄이 적절하다. 통신비밀보호법은 오히려 법원이 재판상 필

45) 우리의 통신비밀보호법에 해당한다고 볼 수 있는 일본의 범죄수사를 위한 통신방수에 관한 법률(犯罪捜査のための通信傍受に関する法律)에서도 감청에 관해서만 규율하고 있을 뿐, 통신사실확인자료의 제공에 관해 별도 규정을 두고 있지 않고, 민사사건에 관한 통신사실확인자료의 제공은 일정한 방식에 의해서만 가능하다는 등의 규정을 두고 있지도 않다. 한편, 독일의 경우 우리와 유사한 일반적 제출의무를 인정하고 있다고 보기는 어려우나, 민사소송법(ZPO)이나 서신·우편·통신비밀의 제한에 관한 법률(G10), 연방정보보호법(BDSG)에서 통신사실확인자료가 문서제출명령의 대상이 아니라는 등의 내용을 담고 있지는 않다.

요로 하는 경우 통신사실확인자료를 제공하는 것이 가능하다는 취지를 밝히고 있다. 이를 종합하여 볼 때 제출의무 긍정설이 헌법상 재판청구권과 통신비밀 및 자유를 조화롭게 보장하는 합리적인 해석이고 타당하다.

한편, 긍정설에 입각한 다수의견이 통신비밀보호법 제13조의2를 확장해석 내지 유추해석[46]하는 견해를 취하지는 않은 것으로 보인다. 즉 통신비밀보호법 제13조의2의 '민사소송법 제294조 또는 형사소송법 제272조의 규정'을 예시규정으로 보아 민사소송법 제347조도 민사소송법 제294조에 준하는 규정으로서 그에 따른 통신사실확인자료의 제공도 통신비밀보호법 제13조의2에 따라 허용된다고 보는 방식을 취하지는 않았다. 이는 앞서 본 하급심 결정 중 서울중앙지방법원 2019. 8. 9. 자 2019라582 결정이 취한 해석론이다. 그러한 해석론도 가능은 하다고 볼 수 있다. 앞서 보았듯 법률의 흠결이 있을 때 이를 보충하는 합헌적 법률해석이 가능하고, 통신비밀보호법 제13조의2는 입법 당시 입법자가 일반적 문서제출의무의 도입에 따른 규율의 필요성을 예상하지 못하여 흠결이 발생한 경우로 보이며, 그 결론에 있어서 문서제출명령에 따른 통신사실확인자료의 제출의무를 인정하는 것이 헌법상 재판청구권과 통신의 비밀을 조화롭게 보장하는 데 유익하기 때문이다. 형사사건에 관하여[47] 피고인에게 불리한 방향으로 하는 유추해석에 해당하지도 않아 유추해석이 원천적으로 불가능한 경우도 아니다.

하지만 앞서 본 바와 같이 민사소송법 제344조 제2항에 근거한 해석이 더 정론이고 바람직하다. 통신사실확인자료에 대한 문서제출명령의

46) 대법원이 유추와 확장해석을 지속적으로 동일한 부류로 파악하고 있지만, 축소해석과 확장해석은 법문의 가능한 의미 안에 들어가는 법 발견이나, 유추해석과 목적론적 축소해석은 법문의 가능한 의미를 넘어가는 법형성의 영역에 속하기 때문에 이에 대해서는 법치국가적 관점에서 그 정당성을 별도로 심사해야 한다는 입장에서 확장해석과 유추해석을 구별하는 견해로는, 김영환, "한국에서의 법학방법론의 문제점-법발견과 법형성: 확장해석과 유추, 축소해석과 목적론적 축소 간의 관계를 중심으로-", 법철학연구 제18권 제2호(2015), 150면 참조. 이에 따르면 이 경우 유추해석이 더 정확한 표현이다.

47) 통신비밀보호법 제13조의2에 위반한 경우 형사처벌하는 조항이 있지도 않다.

가부란 쟁점은 통신비밀보호법이란 특정 영역에서의 문제라기보다 민사소송에서의 증거수집절차라는 일반 영역 전체를 관통하고 영향을 미치는 문제에 해당하기 때문이다. 본 쟁점과 관련하여 민사소송법 제344조 제2항에 대한 해석론을 정립함으로써, 통신비밀보호법뿐 아니라 다른 법령의 경우에도 민사소송절차에서 재판상 필요로 하는 문서는 그 필요성, 관련성 등을 검토하여 심리의 대상으로 삼을 수 있음을 명료하게 밝힐 필요가 있다. 또한, 민사소송법 제344조 제2항의 문언에 기초하여서도 본 쟁점에 대한 결론의 도출이 가능한 상황이므로, 엄밀히 말하면 법률의 흠결이 있는 것도 아니어서 굳이 통신비밀보호법 제13조의2에 관하여 유추해석을 할 필요도 없다.[48)]

(다) 제출의무 부정설의 논거에 대한 비판적 검토

1) 규범의 충돌이 있는지

민사소송법 제344조 제2항, 통신비밀보호법 제3조 제1항, 제13조의2의 입법 연혁, 그 취지 및 목적, 문언 등에 비추어 볼 때, 문서제출명령에 의한 통신사실확인자료의 제공이 가능하다고 해석할 수 있으므로, 부정설의 주장과 같이 규범의 충돌이 존재하여 이를 두 규범에 대한 조화로운 해석으로 해결할 수 없는 상황이라고 볼 수는 없다.

2) 협조의무 유무에 따라 차이를 둘 필요가 있는지

부정설은 통신비밀보호법 제15조의2가 법원의 민사소송법 제294조에 따른 통신사실확인자료제공 요청에 대하여 전기통신사업자에게 협조의무를 규정하지 않고 있다는 점에 주목하여, 민사소송법상 사실조회에 의한 통신사실확인자료의 제공을 요청받더라도, 전기통신사업자가 그에 응할 의무가 없다고 보고 있다.[49)]

---

48) 소소하게는, 만일 추후 통신비밀보호법 제13조의2나 통신비밀보호법상의 다른 규정이 개정되어 통신비밀보호법 제13조의2에 위반한 행위가 형사처벌 대상이 되는 등의 변화가 생기면 유추해석을 계속 유지하기 곤란할 수 있다는 문제점도 있다.

49) 부정설은 이를 통하여 그만큼 통신비밀보호법 제3조 제1항에 따른 일반적 금지의무가 강력한 금지의무임을 강조하는 것으로 이해할 수 있다. 전기통신사업자로 하여금 통신비밀보호법 제13조의2에 따라 제공하는 것을 허용하고 있을 뿐, 그 경우조차 협조의무가 있지는 않다는 것이다.

그러나 애당초 법원, 수사기관 등에 권한을 부여하는 조항이 있는 경우 일반적으로 수범자에게 그에 따를 공적 의무도 있다고 보아야지, 수범자의 의무를 확인하는 조항이 별도로 있어야만 수범자에게 그에 따를 의무가 있다고 볼 것은 아니다. 예컨대 형사소송법에서도 법원은 피고인을 구속할 수 있다거나 물건을 압수할 수 있다고만 규정할 뿐, 이와 관련하여 피고인에게 구속에 협력할 의무를 부과하거나 물건의 소유자, 소지자 또는 보관자에게 압수에 협조할 의무를 부과하는 조항을 별도로 두고 있지 않다. 굳이 협조의무를 '확인'하는 조항을 두는 것은 통상 그와 같은 협조의무에 위반한 경우 이를 별도의 구성요건으로 하여 제재를 부과하거나 그 협조의무의 이행에 필요한 절차적 사항을 따로 구체적으로 규정하기 위하여 입법기술적으로 전제조항이 필요하기 때문인 경우,[50] 또는 협조의무를 특별히 강조하여 실질적 협력을 이끌어 내고자 하는 경우[51]가 대부분이다. 그와 같은 확인적 성격의 조항이 없다고 하여서 수범자에게 법원의 권한행사에 따를 의무가 없는 것은 아니므로,[52] 협조의무에 관한 조항의 유무에 별도의 의미를 부여할 것은 아니다. 법원이 민사소송법 제294조에 따라 통신사실확인자료의 제출을 요구하는 경우 전기통신사업자는 당연히 그에 응할 의무를 부담하고, 단지 그에 응하지 않을 경우 직접적 제재수단이 없다 보니 전기통신사업자들이 법에 따른 의무를 이행하지 않는 상황이 발생한 것뿐이다.

3) 긍정설에 따른 부정적 영향이 실재하는지

부정설은 긍정설을 취할 경우 법원이 법률문언을 엄격하게 해석해

50) 통신비밀보호법 제15조의2는 제1항에서 전기통신사업자의 협조의무를 규정하면서, 제2항에서 구체적으로 어떻게 협조하여야 하는지를 대통령령으로 정한다고 규정하고 있는데, 이처럼 통신사실확인자료의 보관기간 등 구체적인 협조사항을 정하고자 하는 데에 협조의무조항을 별도로 둔 주된 목적이 있다고 할 것이다.

51) 민사소송법 제352조의2가 이에 해당한다.

52) 전기통신사업자가 수사기관의 통신비밀보호법에 따른 통신제한조치 및 통신사실확인자료제공요청에 협조하여야 한다는 내용의 통신비밀보호법 제15조의2도 처음 신설된 것은 2005. 5. 26.인데, 통신비밀보호법이 제정된 후 해당 조항이 신설되기까지 10년 이상의 기간 동안 전기통신사업자가 수사기관의 통신제한조치 및 통신사실확인자료제공요청에 협조할 의무를 부담하지 않았다고 볼 수 없음은 자명하다.

온 그간의 태도를 깨고 재판절차상 권한 확대를 꾀한다는 비판을 마주하게 될 수 있음도 우려한 것으로 보인다. 대상결정이 나오고 1년 가까운 시간이 지났지만 그러한 비판은 찾아보기 어렵다. 위반자를 비롯한 전기통신사업자들도 통신사실확인자료 제출 관련 위법성 내지 손해배상책임에 대한 위험을 해소하고자 재항고를 하였던 것으로 보이고, 실제 대상결정이 고지되어 그와 같은 위험이 해소되고 나자 법원의 문서제출명령에 따르고 있을 뿐 별다른 반발은 없다. 학계와 실무에서도 다수의견에 찬동하는 취지의 평석이 있을 뿐,[53] 비판적 의견은 발견되지 않는다. 오히려 만약 반대의견과 같은 판시가 법정의견으로 나왔다면 문서제출명령뿐 아니라 사실조회나 그에 기반한 금융거래정보·과세정보 제출명령에 대해서까지 관계 기관들의 광범위한 비협조가 나타났을 가능성도 없지 않다.[54] 긍정설에 따른 대상결정이 이루어진 이후에도 법원이 민사소송법 제294조에 근거하여 내린 과세정보제출명령에 대하여 지방국세청에서 당사자 본인이 아닌 제3자에 대한 제출명령에는 따를 수 없다는 이유로 과세정보의 제출을 거부한 사례가 나타나는 등 관계 기관이 법률의 규정에 충실하지 않게 행동하는 모습이 여전하다.

Ⅲ. 문서제출명령 제도 개선방안

1. 들어가며

문서제출명령 제도에 관하여 일반적 제출의무를 도입한 핵심적인 목적은 민사재판의 심리상 필요한 경우 원칙적으로 모든 문서를 제출하도록 함으로써 실체적 진실의 발견이 용이하도록 하는 데 있다. 일반적 제출의무가 도입되고 20년 이상의 기간이 경과한 현 시점에서 볼 때 문서

---

53) 강헌구, "[판례평석] 통신사실확인자료에 대한 문서제출명령 가부와 심리, 발령의 기준", 법조신문 제889호(2023. 12. 26. 자), 2면; 전병서, "2023년 민사소송법 중요판례평석", 인권과 정의 Vol. 520(2024), 240면; 전원열, "2023년 중요판례분석 ⑤ 민사소송법", 법률신문 제5175호(2024. 5. 9. 자), 17면.

54) 금융실명법 등에서도 협력의무를 별도로 명시하지 않고 있고, 금융거래정보 등을 제출하지 않은 경우의 제재에 대해서도 정하고 있지 않다.

제출명령이 그와 같은 입법 목적을 충실하게 구현하고 있다고 확언하기는 어렵다. 대상결정의 사안만 하여도 전자문서가 문서제출명령의 대상인 문서에 속하는지, 통신사실확인자료가 문서제출명령의 예외에 속하는지와 같이, 보기에 따라선 기초적 쟁점이라 할 수 있는 일반적 제출의무의 대상 범위가 제대로 정립되어 있지 않아 발생한 분쟁이라 볼 수 있는데, 이는 새로 도입된 일반적 제출의무에 관한 제도적·법률문화적 여건이 충분히 성숙해 있지 않음을 보여주는 일면이다. 민사재판의 심리에 있어 문서제출명령 제도가 가지는 중요성은 다언을 요하지 않는다. 사안에 따라 증명책임을 부담하는 당사자가 입증자료를 수집할 수 있는 유일한 수단인 경우도 적지 않다. 이러한 제도적 의의와 그에 대비되는 재판실무에 있어서의 기능부전에 주목하여, 미국 디스커버리 제도의 도입 등 문서제출명령 제도의 여러 개선방안이 다수 주장되고 있다. 대상결정에서도 문서제출명령의 심리·발령기준에 관한 개선 방향을 언급하고 있으므로, 그에 관한 검토와 더불어 문서제출명령제도의 전반적인 개선 방향에 관해서도 간략히 살펴보기로 한다.

2. 문서제출명령의 심리방식 개선

(1) 대상결정이 제시한 심리·발령 기준 및 그 취지

대상결정은 통신비밀보호법의 입법 취지를 조화롭게 구현하기 위한 문서제출명령의 심리·발령 기준을 제시하고 있다. 법원이 통신사실확인자료에 대한 문서제출명령을 심리·발령할 때에는 통신비밀보호법의 입법 취지를 고려하여 통신과 대화의 비밀 및 자유와 적정하고 신속한 재판의 필요성에 관하여 엄격한 비교형량을 거쳐 그 필요성과 관련성을 판단하여야 한다는 것이다. 구체적으로는 '문서제출명령 신청의 대상이 된 통신사실확인자료의 내용 및 기간이 신청인이 제시한 증명사항과 밀접한 관련성이 있는지, 나아가 그 문서에 대한 서증조사를 통하여 증명사항이 사실로 인정되면 그러한 사실에 기초하여 신청인이 구체적으로 특정한 주장사실을 추단할 수 있는지'를 심리함으로써 문서제출명령 신청의 채택 여부 및 범위를 신중히 결정하여야 한다고 한다.

대상결정이 제시하고 있는 필요성, 관련성 기준이 새로운 것은 아니다. 기존에도 문서제출명령을 발령하기 전에 고려하여야 한다고 제시되었던 사항들이다.[55] 대상결정이 이를 다시 언급한 것은 실무상 그와 같은 심리가 충실하게 이루어질 필요가 있음을 강조하는 취지와 함께, 제출의견 긍정설에 따르더라도 통신비밀보호법의 입법 취지와 목적에 반하지 않음을 밝히는 취지로 읽힌다.

(2) 대상기간에 관한 적정한 심리의 필요성

대상결정의 판시는 제1심의 사실관계에 관한 고려도 작용한 것으로 짐작된다. 제1심의 사실관계를 보면, 원고가 다른 증거 내지 소명자료 없이 피고의 부정행위를 입증하는 데 필요하다는 주장만 하고 1년이 조금 넘는 장기간에 대한 통신사실확인자료에 대한 문서제출신청을 하였다. 즉, 이른바 모색적 증거신청이라 볼 여지가 있는데, 1심 법원은 그와 같은 신청이 있고 얼마 지나지 않아 위반자에게 같은 내용의 문서제출명령을 하였다. 이는 형사사건에서 통신사실확인자료제출요청에 대하여 사전허가를 하는 기준과 비교하여 볼 때 느슨한 심사임을 부인하기 어렵다. 대상결정의 사안으로 한정하여 보면, 피고와 제3자 사이의 부정행위 '유무'를 입증하기 위하여 필요한 통신사실확인자료의 범위가 1년 이상의 장기간이지는 않을 것이다. 부정행위의 유무를 판단하기 위해서는 1개월 또는 그보다 단기간으로 범위를 특정 내지 한정하여 통신사실확인자료를 제출받아 확인하여도 충분할 수 있고, 그와 같은 부정행위 유무에 관한 심리가 이루어진 다음 부정행위의 기간에 관하여 다툼이 있고 그 기간이 재판결과에 있어서도 의미가 있을 때 비로소 더 긴 기간의 통신사실확인자료를 확인하여도 될 것이다. 민사사건에서는 금융거래정보 등 일반적으로 공개가 금지되는 개인정보에 관해 수년 이상의 상당한 장기간을 설정하여 증거신청을 하는 경우가 종종 있고, 통신사실확인자료의 경우도

55) 대법원 2016. 7. 1. 자 2014마2239 결정[공2016하,1033] 등.

그런 경우가 적지 않으므로, 재판실무상 법원이 그 대상기간을 필요성과 관련성의 관점에서 엄격하게 심리할 필요는 있다.

(3) 지나치게 엄격한 심리기준이 초래할 수 있는 문제점

다만, 문서제출명령이 증거수집절차에서 가지는 의의와 일반적 제출의무가 도입된 취지에 비추어 볼 때 이와 같은 심리기준의 엄격성이 과도하게 강조되어서는 안 될 것이다. 앞서 본 것처럼 일반적 제출의무는 미국 디스커버리 제도를 참고한 것이기도 한데, 미국의 디스커버리 제도는 분쟁과 관련된 광범위한 증거의 상호 공유를 전제하는 것으로, 디스커버리 제도를 도입한 1938년 연방민사소송규칙 제정 과정은 모색적 증거신청의 금지라는 과거의 법원칙에 대한 투쟁의 과정이었다고 평가되고 있음[56]을 상기할 필요가 있다.

일정한 유형의 사안에서는 증거의 구조적 편재로 말미암아 문서제출신청 단계에서 충분한 특정이나 소명에 어려움을 겪는 경우가 많이 발생함은 주지의 사실이다. 이 경우 이른바 모색적 신청으로 분류될 수 있는 증거신청이 이루어지기 쉽다. 대상결정의 사안과 같이 부정행위가 쟁점이 되는 경우도 신청인이 접근하기 어려운 영역에 증거가 있다. 상대방이나 전기통신사업자 등이 가지고 있는 휴대전화, 이메일, 사진, 위치정보, 통화내역, 금융거래정보 등이 부정행위를 입증할 수 있는 주된 증거방법일 텐데, 문서제출명령 외에 신청인이 이를 적법하게 수집할 수 있는 방법을 상정하기 쉽지 않다. 부부공동생활 중 우연히 또는 우연을 가장하여 취득하거나, 불법적인 방법을 통하지 않고는 획득이 어렵다.

현재 민사소송의 증거수집절차와 관련하여 제기되는 주된 비판은 입증책임을 부담하는 당사자 측의 증거수집이 어렵다는 측면이지, 심리 과

56) 전원열, 앞의 글, 129면. 미국 디스커버리 제도의 도입 경과에 관한 상세는 같은 글 113-116면 참조. 같은 글 128-131면에서는 우리나라의 민사소송상 증거수집절차의 개선을 성공적으로 이루려면, 모색적 증거신청이 원칙적으로 금지된다는 과거의 입장에서 일정 부분 벗어나야 한다고 제시하고 있다. 어느 정도의 불분명이 있는 증거신청을 모두 모색적 증거신청이라고 하여 배척하면 문서제출명령 제도의 성립 자체가 어려워진다는 것이다. 현행 문서제출명령 제도를 어떻게 운용하는 것이 바람직한지에 관하여 좋은 시사점을 준다.

정에서 증거의 과도한 수집이 이루어지고 있다는 측면은 아니다. 증거수집은 실체적 진실발견을 위한 유일한 수단이고, 사실관계 자체를 밝히기 위한 별다른 증거를 수집하지 못한 상태에서 입증책임에 근거하여 판결이 내려질 경우 그 판결이 당사자의 신뢰를 얻기는 어렵다. 법원이 문서제출신청에 정당한 이유가 있는지 심리·판단함에 있어서는 이러한 측면도 충분히 고려하여, 일견 모색적 신청처럼 보이더라도 범위를 한정하여 신청을 받아들이는 등으로 문서제출명령 제도를 유연하게 운용할 필요가 있다.

3. 입법적 제도개선방안

(1) 문서제출명령 제도 개선의 필요성

민사소송절차에서의 원활하고 적정한 증거수집제도는 사법상 권리의 실현에 긴요한 부분임에도, 현행 민사소송법상 증거수집제도에 관하여는 종래부터 여러 문제점이 지적되고 있다. 증거의 편재 현상이 당사자주의 및 변론주의와 결부되어 불평등한 소송 결과를 초래할 위험이 있는데, 당사자가 증거를 수집할 수 있는 법적 수단이 미흡하다는 점이 자주 거론된다. 현행 민사소송법에서 당사자가 상대방이나 제3자가 소지한 자료를 수집할 수 있는 실효성 있는 법적 수단이 문서제출명령인데, 위반에 따른 제재가 크지 않다 보니 문서제출명령 제도에 기초하여 유의미한 자료가 제출되도록 하기가 쉽지 않은 상태다.[57)]

---

57) 대법원이 구성한 디스커버리연구반에서 2022년 8월 전국 법관을 대상으로 실시한 설문조사에서 '현 민사소송 제도하에서 당사자가 자료를 수집·확보하거나 법원이 실체적 진실을 발견하는 데 어려움이 있다는 지적에 공감하느냐'는 항목에 대하여 설문에 답한 법관 중 54.6%가 '매우 공감한다', 39.4%가 '약간 공감한다'고 답하여 공감을 표한 비율이 94%에 이르렀고, '미국 연방민사소송규칙 제정과 같이 분쟁당사자가 정보·증거를 상대방과 투명하게 공유하도록 하여 실체적 진실이 파악된 상태에서 다양한 분쟁해결방안을 모색하는 방식으로의 패러다임 전환이 필요하다'는 명제에 대하여는 40.8%가 '매우 공감한다', 45.1%가 '약간 공감한다'고 답하여 공감을 표한 비율이 85.9%에 이르렀다. 디스커버리 연구반, "디스커버리(증거개시) 제도 등 도입 검토"(2022), 99, 100[https://www.scourt.go.kr/supreme/news/NewsViewAction2.work?pageIndex=1& searchWord=&searchOption=&seqnum=20&gubun=943(2024. 6.

이러한 문제점을 해소하기 위하여 오래전부터 계속 논의되어 온 것 중 하나가 미국 디스커버리 제도의 도입이다. 우리 민사소송제도와 비교할 때 디스커버리 제도는 분쟁과 관련한 정보가 폭넓게 공개되어 실체적 진실 발견에 유리하다는 장점을 가진다. 이외에도 모든 자료가 사전에 수집·정리된 상태에서 변론절차에 돌입하게 되어 효율적으로 절차를 진행할 수 있다는 점, 쌍방 당사자가 사건의 유·불리에 관한 증거관계를 공유하게 되어 판결 전 화해, 조정 등으로 소송절차가 종결되기 용이한 점[58] 등도 장점으로 언급된다. 그러나 디스커버리 제도는 결국 당사자의 소송기간과 소송비용을 크게 증가시키는 원인이 될 수 있다는 등 제도 자체의 단점[59]이 있을뿐더러, 결정적으로 디스커버리 제도는 미국 고유의 법률문화와 법 규정이 결합된 산물이어서 다른 제도의 변화 없이 해당 제도만을 선별하여 우리나라에 성공적으로 정착시키기란 사실상 불가능에 가까운 일이다.[60]

---

27. 최종 확인)]. 디스커버리 연구반에서 미국 디스커버리 제도를 참조하여 진실의무 도입, 질문서 및 증언녹취 제도 도입, 문서제출명령 제도 개편 등 민사소송법상 증거수집절차를 개선하는 안을 제시하였고, 대법원 사법행정자문회의에서 2022년 10월 이를 반영하여 우리 실정에 맞는 디스커버리 제도를 마련할 필요가 있다는 결정을 하였으며, 그와 같은 내용이 담긴 의안이 제출되기도 하였으나, 실제 입법에 이르지 못한 채 제21대 국회 임기가 만료되었다.

58) 2019년 미국 연방법원의 통계에 의하면, 미국 연방법원에서 종국 처리된 민사소송 사건의 약 99%는 변론 전에 종결되었고, 약 0.7%의 사건만이 변론을 거쳐 종결되었다고 한다[외국사법제도연구(27): 각국의 사법제도, 사법정책연구원(2020), 68면].

59) 미국에서도 디스커버리제도는 당사자의 소송기간과 소송비용을 크게 증가시키는 주된 원인으로 지적되어 이를 개선하기 위한 노력이 이어지고 있다. 김형두, "새로운 법조양성체제하에서 미국식 디스커버리의 도입 방안", 법학평론 제9권(2019), 85, 86면.

60) 전원열, 앞의 글, 126, 127면; 박광선, "한국형 디스커버리 제도 도입에 관한 검토–디스커버리 연구반 활동을 종료하며", 민사소송 선진화 방안 공동세미나, 국회입법조사처·대한변호사협회 공동주최, 2023. 10. 13. 자 발표문, 7, 8도 같은 취지이다. 디스커버리 연구반도 변론준비단계와 변론단계를 구분하여 변론준비 단계에서 증거수집이 중점적으로 이루어지도록 하고 변론절차는 집중심리기일로 신속하게 진행하는 방식으로 디스커버리 제도를 참고하여 민사소송 제도를 개편하는 방안은 중장기적 방안으로 제안했고, 단기적으로는 민사소송 제도의 틀을 유지한 상태에서의 개선안을 제안하여 같은 입장이다. 디스커버리 연구반, 앞의 글, 34면 이하 참조.

디스커버리 제도의 전반적인 도입과 같이 기존 소송절차의 구조 자체를 완전히 뜯어 고쳐야 하는 방식의 개선안보다는, 현행 문서제출명령 제도를 몇 가지 측면에서 개선하는 편이 증거수집절차 개선에 보다 효과적이고 실현가능성도 높을 것으로 보인다. 문서제출명령 제도의 개선에 관하여는 최근의 디스커버리 연구반 보고서를 비롯하여 이미 다수의 구체적 연구가 있으므로, 아래에서는 개선에 관한 큰 방향성 몇 가지만 제안하는 것으로 논의에 갈음하고자 한다.

(2) 문서제출명령 제도의 개선 방향

(가) 문서제출명령의 대상 확대

먼저 일반적 제출의무의 대상을 확대하여 명시할 필요가 있다. 전자정보(ESI) 내지 전자문서도 관련 법률의 해석상 문서제출명령의 대상인 문서에 해당할 수 있기는 하나, 그에 관한 명문의 규정이 민사소송법에 없다 보니, 문서소지인이 전자정보임을 들어 문서의 제출을 거부하는 일이 생긴다. 또한, 제출 대상을 문서로 한정할 필요 없이 도면, 영상, 음성 등 다른 형태의 자료도 대상으로 삼아 실질적인 증거수집이 원활히 이루어지도록 할 필요가 있으므로, 그 대상을 '문서 등 자료' 또는 '자료'로 규정할 필요가 있다.[61] 이는 이미 특허법 제132조에서 2014. 6. 11. 자 개정으로 도입한 내용이고,[62] 하도급거래 공정화에 관한 법률 제35조

---

61) '문서 등 자료'로 확대할 필요가 있다는 견해로 디스커버리 연구반, 앞의 글, 60, 61면. 디스커버리 연구반이 전국 법관을 대상으로 실시한 설문조사에서는 문서제출명령 제도 개편 방안 중 제출명령 대상을 '문서'에서 '문서 등 자료'로 변경하는 방안에 대하여 공감하는 정도가 4.51점으로 가장 높게 나타났다(매우 공감함 5, 약간 공감함 4, 보통 3, 약간 공감하지 않음 2, 매우 공감하지 않음 1). 앞의 글, 100면.

62) 특허법 제132조는 2014년부터 2016년 기간 동안 제출대상을 '서류'에서 '자료'로 변경하고, 대상을 손해액 산정에 관한 자료에서 침해행위의 증명과 관련된 자료를 포함하는 것으로 확대하였으며, 침해의 증명 및 손해액 산정에 반드시 필요한 경우에는 영업비밀을 이유로 자료제출명령을 거부할 수 없음을 정하고, 정당한 이유 없는 제출거부 시의 제재를 더 구체화하는 등 진일보한 개정이 이루어졌으나, 위와 같은 개정 후로도 당사자의 불성실한 자료 제출, 성실제출 여부의 판단 곤란, 자료 훼손에 대한 제재 미흡 등으로 활용이 저조한 상황이라 한다. 전원열, 앞의 글, 112, 113면.

의2에서도 2021. 8. 17. 자 개정을 통해 해당 법률에 위반한 행위로 인한 손해배상청구소송에 관한 제출명령의 대상을 '자료'로 명시한 바 있다.

공무원직무관련문서를 일률적으로 일반적 제출의무 대상에서 제외하고 있는 현행 법제에 대해서도 재검토를 요한다. 일반적 제출의무를 도입한 취지에 맞지 않고, 민사소송법 제344조 제1항의 인용문서 등에 해당하지 않으면 당사자로서는 심리에 필요한 자료여도 정보공개청구를 통해 교부받는 우회적 방법에 의할 수밖에 없게 되어 불필요한 심리 지연을 초래하며, 정보공개법에서 정한 비공개범위가 넓어 심리에 필요한 증거를 확보하기 어렵게 만드는 측면도 있다.[63] 민사소송법에 따른 문서제출명령제도와 정보공개법에 따른 정보공개제도는 모두 별도의 취지와 목적을 가진 제도이므로, 공무원직무관련문서라고 하여 일률적으로 문서제출명령의 대상에서 제외할 것이 아니라, 민사재판 과정에서 개별 문서마다 그 관련성 및 필요성, 제출거부의 정당한 이유 유무 등을 심리하여 제출 여부를 정하도록 하면 충분하다.[64] 민사소송법 제344조 제2항을 신설할 때 참고하였던 일본의 1996년 전면개정 민사소송법 제220조 제4호도 공무원직무관련문서를 일반적 문서제출의무의 대상에서 제외하고 있었는데, 일본은 이미 2001년 개정을 통하여 공무원직무관련문서도 원칙적으로 문서제출의무의 대상이 되도록 개정하였음[65]을 주목할 필요가 있다.

---

63) 이시윤, 앞의 책, 540에서도 같은 취지에서 공무원직무관련문서도 실질비밀사항이 아니면 직접 제출하도록 입법 개선이 요망된다는 견해를 밝히고 있다.

64) 정보공개제도를 통한 우회적 증거수집만으로는 당사자의 증거수집권이 충분히 보장된다고 볼 수 없고, 공무원직무관련문서에 관한 '통일적 규율'이 필요하더라도 이는 정보공개법만 적용하는 방식에 의해서가 아니라 필요한 경우 사법적 판단에 의하여 그 공개의 범위를 일치시키는 것으로도 충분히 달성할 수 있으므로, 공무원직무관련문서도 문서제출명령의 대상으로 할 필요가 있다는 견해로 박지원, "공공기관에 대한 문서제출명령의 개선방안에 관한 소고", 민사소송: 한국민사소송법학회지 vol. 15-1(2011), 403, 404면 참조.

65) 일본에서 1996년 민사소송법 전면개정 당시 공무원직무관련문서를 대상에서 제외하였던 것은, 오히려 당시 일본에는 정보공개법이 제정되어 있지 않았기 때문이었다. 행정기관이 보유하고 있는 정보를 공개하기 위한 제도 정비가 진행 중이므로, 그에 관한 종합적인 검토가 마무리되면 민사소송법에서도 공무원직무관련문서에 관하여 규율하기로 하였던 취지였고, 이는 일본 민사소송법 부칙 제27조에도

(나) 문서제출의무 위반에 대한 제재수단 다양화를 통한 실효성 확보

문서제출의무 위반에 대한 제재수단을 더 다양하게 구성할 필요가 있다.[66] 이는 문서제출명령의 실효성을 확보하기 위해서다. 대상결정의 배경이 된 통신3사의 제출불응도 제재수단이 없거나 미약한 데에서 비롯된 측면이 있다. 현재는 당사자에 대해서는 문서의 기재에 대한 상대방의 주장을 진실한 것으로 인정할 수 있고, 제3자인 문서소지인에 대해서는 과태료만 부과할 수 있도록 되어 있어 그 제재수단이 빈약하다. 추가 여부를 고려할 만한 제재수단으로 당사자의 주장 자체를 진실로 인정할 수 있도록 하는 방안,[67] 해당 문서제출명령과 관련된 공격·방어방법을 제출하지 못하도록 하는 방안, 의무를 위반한 상대방에 대하여 전부 또는 일부 패소판결을 하는 방안, 의무불이행을 손해배상의 액수에 참작하는 방안, 소송비용을 부담하도록 하는 방안, 과태료 부과 금액을 상향하는 방안, 감치에 처하는 방안 등을 생각할 수 있다.[68]

명시되었다. 그런 연유로 1999년 행정기관이 보유하는 정보의 공개에 관한 법률이 제정되자, 2001년 민사소송법도 개정된 것이다. 상세한 경위는 伊藤眞, 民事訴訟法 第3版再訂版, 有斐閣(2006), 392면 참조. 한편, 공무원직무관련문서에 관한 일본의 위와 같은 민사소송법 개정 과정에서 영국의 법제가 많이 참고되었는데, 영국의 증거개시제도에서도 국가 및 공공기관이 사인과 달리 취급되지 않고, 국가나 공공기관이 소지하고 있는 문서라도 관련성이 있고 공익면제특권(public interest immunity) 등 거부특권이 인정되지 않는 한 이를 제출하여야 한다. 박지원, "공공기관의 문서제출명령의 비교법적 고찰", 동아법학 제62호(2014), 372, 373면 참조.

66) 디스커버리 연구반이 실시한 전국 법관 대상 설문조사에서 문서제출명령 제도 개편 방안 중 2번째로 공감 정도가 높았던 제도 개편 방향이 '문서제출명령 위반에 대한 제재 강화'로 4.39점이었다. 디스커버리 연구반, 앞의 글, 103면.

67) 일본 민사소송법 제224조 제3항에서도 일정한 요건하에서 이러한 제재수단을 인정하고 있다.

68) 미국 연방민사소송규칙 제37조 등에서 규정하고 있는 디스커버리 제도의 다양한 제재수단을 참고할 수 있다. 비용변상, 사실간주, 청구·항변 금지, 청구의 전부·일부 배척, 추가절차 진행 금지, 소송 내지 절차의 전부나 일부 각하, 의무불이행 당사자 패소, 법정모독으로 처벌 등 다양한 제재수단이 법원의 재량에 맡겨져 있고, 경우에 따라 당사자만이 아니라 증인이나 변호사도 직접 제재의 대상이 된다. 전원열, 앞의 글, 134-136면 참조. 프랑스의 경우 제3자인 문서소지인이 증거서류의 제출을 불이행하는 경우 간접강제금 내지 이행강제금과 유사한 아스트렝트(astreinte, 그 활용범위가 광범위하고 채권자에게 금액이 귀속된다는 점에서 간접강제금 등과 차이가 있다)를 이용할 수 있는바, 이러한 제도도 참고할 수 있다.

제재수단과 관련하여 제재의 부과 자체는 임의적이 아니라 필요적인 것으로 규정할 필요도 있다.[69] 이는 문서제출의무 위반이 있더라도 제재를 가하는 데 소극적인 법원의 실무를 보다 적극적으로 바꾸는 데에 효과가 있을 것이고, 결과적으로 문서소지인들이 문서제출의무에 더욱 협조적으로 임하는 법률문화를 형성하는 데에도 긍정적일 것이다.

문서제출의무 위반에 따른 제재수단을 문서소지인이 상대방인 경우와 제3자인 경우로 굳이 나눌 이유도 없다고 보인다. 현행 민사소송법은 당사자가 문서를 제출하지 아니하는 경우 등에만 법원이 그 문서의 기재에 대한 상대방의 주장을 진실한 것으로 인정할 수 있다고 규정하고 있다. 제3자가 문서를 제출하지 않은 때에는 과태료의 부과만 가능하다. 그러나 제3자가 소지하고 있는 문서 등의 자료가 소송결과에 상당한 영향을 미치는 경우도 있고, 이해관계 있는 당사자가 어느 일방의 유·불리를 고려하여 문서를 제출하지 아니하는 경우도 상정할 수 있는데, 500만원 이하 과태료의 부과는 충분한 제재라 보기 어렵다.[70] 일반적 제출의무의 도입 취지에 비추어 볼 때, 그 위반에 대한 제재를 수범자에 따라 차이를 둘 필요는 크지 않고, 다양한 제재수단을 규정하여 두고 법원이 위반행위의 구체적 태양과 소송에 미치는 영향, 소송의 진행 양상 등을 고려하여 적당한 제재를 선택하도록 하는 편이 신속하고 적정한 재판 진행에 더 도움이 될 것이다.

(다) 문서제출신청에 대한 심리절차 개선

문서제출명령의 대상을 넓히고 제재수단을 다양화 내지 확대하는 방향으로 제도를 개선함에 있어서는 그 심문절차 또한 보다 적정한 방향으로 함께 개선할 필요가 있다.

최광선, "현행 문서제출명령 제도의 문제점과 개선방안", 법과 기업연구 제7권 제2호(2017), 173-175면 참조.

69) 디스커버리 연구반, 앞의 글, 62면.

70) 과태료 상한을 인상할 필요가 있고, 제3자의 제출거부에 대해서도 당사자의 경우와 마찬가지로 당사자의 주장을 진실한 것으로 인정할 수 있는 규정을 두는 등의 입법적 정비가 필요하다는 취지의 견해로 최광선, 앞의 글, 183, 184면.

현행 문서제출명령 제도에서는 제3자에 대하여 문서제출명령을 하는 경우에만 필요적 심문절차를 규정하고 있다. 하지만 재판실무상 당사자에게 문서제출명령을 하는 경우에도 당사자용 심문서를 보내 의견을 제출하도록 하는 등 심문을 거치고 있고,[71] 현행 제도에서는 그 부제출에 따른 제재가 제3자의 경우보다 더 무겁게 규정되어 있기도 하므로, 당사자에 대한 심문절차도 필요적인 것으로 규정할 필요가 있다. 또한, 실무상 문서의 존재, 소지 및 점유 여부가 다투어지는 경우가 다수 있으므로, 이에 관한 다툼이 있는 경우 문서소지인이나 그 직원 등에 대한 심문절차를 거칠 수 있도록 규정하는 방안도 고려할 만하다.[72]

조문에 매우 간략하게만 언급되어 있는 비공개심문절차(in camera proceedings)에 대해서도 실질적인 활용을 독려하는 차원에서 더 구체적으로 내용을 규정할 필요가 있다. 예컨대 법원이 소송대리인(변호사)만 심문절차에 참여하도록 하되 비밀유지명령을 할 수 있도록 하는 등(attorney's eyes only) 적절한 심문방식을 실제 활용할 수 있게끔 세세한 내용을 규정하는 방안을 검토할 수 있다.[73]

(라) 문서제출신청에 대한 불복절차 간이화

현행 민사소송법은 문서제출신청에 대해 즉시항고로 다툴 수 있도록 하고 있다. 본래 증거신청에 대한 채부결정은 소송지휘권의 행사로서 하는 재판이므로 법원은 언제든지 이를 취소할 수 있고(민사소송법 제222조), 증거신청에 대한 채부결정에 대하여는 종국재판에 대한 불복 과정에서 다툴 수 있는 것은 별론으로 하고 원칙적으로 불복신청을 할 수 없다.

---

71) 법원행정처, 법원실무제요 민사소송[Ⅲ, 1460, 1461면에서도, 문서소지인이 당사자이면 변론(준비)절차에서 심리를 하되, 추가 심리가 필요한 때에는 심문기일을 열어 심리하거나 신청기일 외에서 추가 소명을 하도록 명하면 될 것이라 하여, 당사자인 문서소지인에 대해서도 문서의 존재와 소지 여부, 서증으로 필요한지 여부, 문서제출의무 부담 여부 등을 심리하는 것이 원칙임을 전제하고 있다.

72) 제21대 국회에서 이와 같은 내용을 담은 의안이 제출되었으나[조응천 의원이 대표발의한 민사소송법 일부개정법률안(의안번호 2110939), 박주민 의원이 대표발의한 민사소송법 일부개정법률안(의안번호 2124043)], 입법에 이르지는 못했다.

73) 디스커버리 연구반, 앞의 글, 61면.

문서제출신청도 성질상 증거신청에 대한 채부결정이므로 불복할 수 없음이 원칙인데, 문서제출신청의 중요성과 그 신속한 해결의 필요성을 고려하여 독립하여 조기에 상급심의 재판을 받을 수 있도록 특별히 즉시항고를 할 수 있다고 규정한 것이라 한다.[74] 그러나 즉시항고가 허용되다 보니 오히려 문서제출신청에 관하여 신속하게 결론이 나지 않는 일이 발생하게 되어 본래의 취지에 반하고, 법원에서도 이를 의식하여 문서제출명령의 활용을 꺼리게 되는 측면이 있다. 문서제출명령 제도를 더 활성화하고 신속한 재판이 가능하도록 원칙으로 돌아가, 문서제출신청에 대해서도 당해 심급에서의 이의절차 외에는 즉시항고로 다툴 수 없도록 하되,[75] 유형에 따라 위반에 대한 제재에 관하여는 즉시항고로 다툴 수 있도록 하는 방안을 고려할 필요가 있다.

Ⅳ. 결 론

민사소송법 제344조 제2항의 규정과 통신비밀보호법 제3조 제1항, 제13조의2의 규정은 일견 서로 모순·충돌하는 것처럼 보일 수 있어, 통신사실확인자료에 대한 문서제출명령의 가부는 실무상 뜨거운 논쟁을 초래한 쟁점이 되었다. 하지만 통신비밀보호법이 그와 같은 문언을 갖게 된 연혁, 입법자의 의사, 입법 목적, 문서제출명령 제도에 일반적 제출의무를 도입한 취지와 목적, 다른 개인정보에 관한 재판실무상 규율, 재판청구권과 통신의 비밀의 조화로운 보장 등을 종합적으로 고려하면, 문서제출명령에 의한 통신사실확인자료의 제공을 막을 입법자의 의사나 입법목적이 있지 않고, 그와 같은 제공이 통신비밀보호법의 입법 목적에 반하지 않음을 알 수 있다. 법원이 재판상 필요한 경우 통신사실확인자료에 대해서도 문서제출명령을 할 수 있다고 보는 것이 관련 법률에 대한 적정한 해석이고, 대상결정은 그와 같은 입장에 선 것으로 타당하다.

대상결정은, 2002년 일반적 문서제출의무를 도입한지 20년 이상 경

74) 주석 민사소송법(Ⅳ) 제9판, 한국사법행정학회(2023), 540면(고홍석 집필 부분).
75) 각주 72)의 의안들도 같은 취지의 조항을 규정하고 있었다.

과한 현 시점에도 민사재판에서의 증거수집이 어렵다는 지적은 계속되고 있고, 법원의 사실조회나 문서제출명령에 관련 기관이 법률에 따라 협조하지 않는 사례가 여전히 나타나고 있는 현 상황에서, 일반적 문서제출의무의 의의와 그 취지 및 목적을 재확인하고 강조하였다는 점에서도 의미가 크다. 만일 대상결정이 제출의무 부정설의 입장에 섰다면 문서제출명령 제도의 역할과 기능이 상당히 위축되었을 것이다.

대상결정에서 문서제출명령의 심리 · 발령기준도 제시하고 있고, 특히 대상기간의 심리에 있어서는 이를 참고하여야 할 것이나, 일반적 제출의무를 도입한 취지를 고려하여 지나치게 엄격한 심리기준을 적용하지 않도록 할 필요가 있다. 대상결정의 사안 자체로 방증되다시피, 현재의 문서제출명령 제도만으로는 민사소송에서 충분한 증거수집이 가능하다고 보기 어려운 측면이 있다. 문서제출명령의 대상 범위를 확대하고, 제재수단을 다양화하며, 불복절차를 간이화하는 등의 입법적 개선이 이루어질 필요가 있다. 대상결정을 계기로 향후 입법적 측면에서의 문서제출명령 제도 개선에 관한 논의도 더욱 활발하게 이루어지기를 기대한다.

[Abstract]

Permissibility of Court Orders to Produce Documents for Communication Confirmation Data and Systemic Improvement Proposals

Jang, Duyoung*

This Supreme Court Decision addresses the permissibility of communication confirmation data as subject to an order to produce documents. This involves interpreting the Protection of Communications Secrets Act(PCSA) and the Civil Procedure Act(CPA), and concerns the operation of the document production order system introduced by the 2002 revision of the CPA, which established a general duty to produce evidentiary documents. The Decision holds that telecommunications business operators cannot refuse to submit communication confirmation data by invoking Article 3, Paragraph 1 of the PCSA, thereby affirming the obligation to submit.

A careful examination of the legislative history, intent, and purpose of the PCSA reveals that it does not intend to exclude communication confirmation data from orders to produce documents. Rather, it implies that such data can be provided upon court request when necessary for civil proceedings. Considering the process, purpose, and intent of introducing a general duty to produce evidentiary documents in the CPA, it is evident that communication confirmation data is not excluded from this general duty. Other sensitive personal information, such as financial transaction information, credit information, and tax information, are also subject to production pursuant to court orders. From the perspective of harmoniously re-

* Presiding Judge, Suncheon Branch of Gwangju District Court.

alizing the right to access to courts and the secrecy and freedom of correspondence, the Decision's affirmation of the submission obligation is valid.

Despite the long-standing introduction of the general document production obligation in civil procedure, academic and practical circles continue to point out difficulties in evidence collection. The Supreme Court established a Civil Discovery Research Group in 2022 to promote systemic improvements. Cases, such as the one discussed here, still arise where relevant institutions do not cooperate with court-issued orders to produce documents. In this context, the decision is significant in reconfirming and emphasizing the meaning and purpose of the general duty to produce evidentiary documents.

While the Decision presents necessity and relevance as review standards for orders to produce documents, excessively strict application of these criteria should be avoided, considering the purpose of introduction and the current significance of the general duty to produce documents in civil procedure. Furthermore, the emergence of such disputes in the Decision suggests that the current document production order system may be insufficient for evidence collection in civil litigation, necessitating legislative improvements. Potential improvements include expanding the scope of document production orders, diversifying sanctions, improving procedural reviews, and simplifying appeal procedures.

[Key word]

- Protection of Communications Secrets Act
- Communication Confirmation Data
- Order to Produce Documents
- Discovery
- General Duty to Produce Evidentiary Documents

참고문헌

1. 단 행 본

편집대표 민일영, 주석 민사소송법(Ⅳ) 제9판, 한국사법행정학회(2023).
강현중, 민사소송법 제8판, 박영사(2023).
김홍엽, 민사소송법, 박영사(2019).
곽윤직 · 김재형, 민법총칙 제9판, 박영사(2014).
송덕수, 민법총칙 제6판, 박영사(2021).
이시윤, 신민사소송법(제17판), 박영사(2024).
정영환, 신민사소송법, 법문사(2019).

과태료재판실무편람 편집위원회, 과태료재판실무편람(2021).
법원행정처, 민사소송법 개정내용 해설(2002).
법원행정처, 법원실무제요(Ⅲ)(2017).
사법정책연구원, 외국사법제도연구(27): 각국의 사법제도(2020).

伊藤眞, 民事訴訟法 第3版再訂版, 有斐閣(2006).
兼子一 原著, 条解民事訴訟法 第2版, 弘文堂(2011).
斎藤秀夫 · 小室直人 · 西村宏一 編集, 注解民事訴訟法(8) 第2版, 第一法規(1993).
高田裕成 · 三木浩一 · 山本克己 · 山本和彦 編集, 注釋 民事訴訟法 第4卷, 有斐閣(2017).

2. 논문 등

김영환, “한국에서의 법학방법론의 문제점-법발견과 법형성: 확장해석과 유추, 축소해석과 목적론적 축소 간의 관계를 중심으로-”, 법철학연구 제18권 제2호(2015).
김형두, “새로운 법조양성체제하에서 미국식 디스커버리의 도입 방안”, 법학평론 제9권(2019).
김홍도, “형사사건으로 기소되어 휴직명령을 받아 봉급의 반액을 지급받은 자가 그 차액을 소급하여 수령할 수 있는 사유에 관한 규정인 군인사법 제48조

제4항 후단의 '무죄의 선고를 받은 때'의 의미와 관련하여, 형식상 무죄판결뿐 아니라, 공소기각재판을 받았다 하더라도 그와 같은 공소기각의 사유가 없었더라면 무죄가 선고될 현저한 사유가 있는 이른바 내용상 무죄재판의 경우도 이에 포함된다고 볼 수 있는지 여부", 대법원 판례해설 통권 제52호, 법원도서관(2005).

박지원, "공공기관에 대한 문서제출명령의 개선방안에 관한 소고", 민사소송: 한국민사소송법학회지 vol. 15-1(2011).

______, "공공기관의 문서제출명령의 비교법적 고찰", 동아법학 제62호(2014)

이계정, "입법자의 의사와 법률해석의 문제", 서울대학교 법학 제63권 제4호 (2022. 12.).

이호원, "문서제출의무의 범위에 관한 개선방안 연구", 민사소송: 한국민사소송법학회지, 제17권 1호(2013).

______, "일본 개정민사소송법상의 증거수집절차의 확충", 민사소송(I), 한국민사소송법학회(1998).

전원열, "민사소송절차상 디스커버리 도입에 관한 검토", 인권과정의 Vol. 501 (2021).

______, "2023년 중요판례분석 ⑤ 민사소송법", 법률신문 5175호(2024. 5. 9. 자).

최광선, "현행 문서제출명령 제도의 문제점과 개선방안", 법과 기업연구 제7권 제2호(2017).

강헌구, "[판례평석] 통신사실확인자료에 대한 문서제출명령 가부와 심리, 발령의 기준", 법조신문 889호(2023. 12. 26. 자).

박광선, "한국형 디스커버리 제도 도입에 관한 검토-디스커버리 연구반 활동을 종료하며", 민사소송 선진화 방안 공동세미나, 국회입법조사처 · 대한변호사협회 공동주최, 2023. 10. 13. 자 발표문.

전병서, "2023년 민사소송법 중요판례평석", 인권과 정의 Vol. 520(2024).

디스커버리 연구반(연구반장 박진수), "디스커버리(증거개시) 제도 등 도입 검토" (2022)[https://www.scourt.go.kr/supreme/news/NewsViewAction2.work?pageIndex=1&searchWord=&searchOption=&seqnum=20&gubun=943(2024. 6. 27. 최종 확인)].

사적 계약에 의한 기업지배구조의 개편*
-대법원 2021다293213 판결이 재정립한 주주평등원칙의 함의를 중심으로-

이 윤 재**

■요 지■

창립 초기의 회사는 자금을 조달함에 따라 투자자의 영향력이 증가하는 과정에서 회사의 지배구조를 수정하도록 압력을 받게 되고, 투자자는 중요한 경영사항에 관하여 투자자의 사전동의를 받도록 하는 사전동의권 약정을 통하여 자신의 이익에 반하는 지배주주의 경영판단을 제한하고자 한다. 대상판결은 이러한 사전동의권 약정이 주주평등원칙에 반하는지 여부를 주로 다루고 있다. 최근 주주평등원칙의 경직적 적용으로 인하여 당사자 간에 합의된 약정의 효력을 부인하는 것이 거래의 안전을 해하고 회사법의 발전을 저해한다는 취지의 연구가 다수 이루어졌던바, 대상판결은 주주 간에 차별이 있는지 여부를 주로 심리하던 기존의 분쟁 사안에서 주주 간의 차별에 합리적인 이유가 있는지 여부를 추가적으로 심리할 여지를 부여함으로써, 주주평등원칙을 실질적 평등의 개념으로 전환하여야 한다는 견해를 수용하였다는 데에 주된 의의가 있다.

한편 대상판결은 사전동의권 약정을 통한 주주 간 차등적 취급이 회사와 주주 전체에 이익이 되어 이를 정당화할 특별한 사정이 있다고 판시하면서,

---

* 이 글은 2024. 2. 19. 개최된 제468회 민사판례연구회 월례회에서 발표한 글을 수정 · 보완한 것으로서 그와 같은 사실을 알리고 사법 제68호에 수록되었다. 지정토론자로서 유익한 토론을 해 주신 안태준 교수님과 송영복 부장판사님, 발표 준비 과정에서 귀한 조언과 따뜻한 격려를 해 주신 모든 분들께 감사드린다.

** 서울동부지방법원 판사.

그 논증 과정에서 회사의 유동성 확보와 자본증가 등에 기여할 수 있는 신주인수대금을 언급하고 있다. 그러나 이는 회계적·재무적 이익에 한정된 것으로서 사전동의권 약정으로 투자자가 받는 이익이나 다른 주주가 입는 상대적 불이익이 모두 무형적·구조적인 지배권에 관한 것이라는 점과 균형이 맞지 않다. 따라서 대상판결이 설시한 실질적 평등의 내용을 확정하기 위해서는 회사 및 주주 전체에 주어지는 무형적·구조적 이익이 무엇인지를 탐구하여야 한다.

이 글에서는, 대상판결이 사전동의권 약정을 지배주주나 경영진에 대한 견제수단으로 이해하고 있으며, 사적 계약을 통해 지배권을 분배함으로써 의사결정주체가 다원화되어가는 과정 그 자체를 개선된 지배구조이자 회사 및 주주 전체가 받는 무형적·구조적 이익이라는 판단을 함의하고 있다고 보았다. 특히 대상판결의 피고 회사가 코넥스 상장회사라는 점을 고려한다면, 대상판결은 이와 같은 공개회사에 대하여까지 사적 계약을 통한 지배구조 개편에 관한 논의의 지평을 확장하였다는 점에서 더욱 의의가 크다.

다만 사적 계약으로 회사의 지배구조를 수정하는 것의 정당성에 관하여 주주평등원칙 위반 가능성 외에도 외부에 공시되지 아니하는 문제, 이행가능성의 한계를 들어 의문을 제기하는 견해가 제기되는바, 이와 같은 한계를 극복하기 위하여 사전동의권 약정을 체결하는 당사자들로서는 주주 간 계약의 내용을 정관에 반영하는 등의 방법으로 공시하는 방향을 고려하여야 할 것이고, 법해석론적으로도 정관에 기재된 주주 간 계약의 실효성을 존중하는 것이 바람직하다.

[주 제 어]

- 사전동의권 약정
- 주주평등원칙
- 기업지배구조
- 주주 간 계약
- 정관자치

대상판결 : 대법원 2023. 7. 13. 선고 2021다293123 판결

[사안의 개요]

1. 대상판결의 사실관계

(1) 원고는 VD(가상PC) 개발업체인 A 회사에 투자하면서, 2016. 12. 6. A 회사, A 회사의 대표이사 甲(甲은 2015. 10. 기준 甲과 그 배우자가 발행주식 중 합계 59.01%를 보유하고 있는 대주주였고, 그 외에 10% 이상의 지분을 보유한 대주주는 없었다)[1]과 사이에 신주인수계약[2]을 체결하였는데, 그 신주인수계약의 주요 내용은 아래와 같다.

○ A와 甲은 이 사건 신주인수계약상 의무를 연대하여 이행한다.

○ A 회사는 이 사건 주식 발행 이후로 신주 또는 주식 관련 사채를 발행하는 경우, 원고의 투자 이후 A 회사가 원고의 최종 주당 인수가격보다 낮은 가격으로 유상증자, 특수사채 발행을 하거나 A 회사의 임직원에게 주식매입선택권을 부여하는 경우 등 사정이 있을 때 원고의 사전 서면동의를 받아야 한다(이하 '이 사건 사전동의권 약정'이라 한다).

○ A 또는 甲이 이 사건 사전동의권 약정을 위반하는 등 사유가 발생하였을 시에는 원고는 A에 대하여 원고 보유 A 회사 주식에 대한 주식매수를 청구하거나, A 회사에 대하여 이 사건 주식의 조기상환을 청구할 수 있고, A 회사는 원고에게 위약벌로 투자원금 및 지연손해금 등을 지급하여야 한다.

(2) A 회사는 2018년 2회에 걸쳐 제3자 배정 방식의 유상증자를 실시하면서 원고에 대한 서면 사전동의 절차를 밟지 아니하였는데, 이를 A 회사와 원고 간의 신주인수계약과 비교하여 보면 다음과 같다.

○ A 회사는 원고에게 상환전환우선주 200,000주를 주금납입금액 20억원(주당 10,000원)에 배정하였으나, 전환조건에 피고 제품의 1년간 판매량을 기준으로 하여 전환비율을 조정하기로 하는 리픽싱 조항을 삽입하였고, 이로

---

1) 2015. 11. 24. 공시된 틸론 기업설명서(한국거래소 합동 IR) 참조. 전자공시시스템〈https://dart.fss.or.kr〉에서 2024. 5. 20. 최종 열람한 것, 이하 같다.

2) 원고와 A는 신주인수권자와 회사의 관계에서, 원고와 甲은 신주인수권자와 구주주의 관계에서 별개의 계약을 체결한 것으로 보아야 할 것이나, 신주인수계약과 하나의 문서로 혹은 같은 기회에 체결된 것으로 보이고 판례도 이를 통틀어 신주인수계약이라고 칭하고 있으므로, 이 글에서는 이를 구분하지 아니하고 단일한 신주인수계약으로만 보기로 한다.

인하여 2018년 당시 전환가액이 주당 7,500원으로 조정된 상황이었다.

○ A 회사는 ① 2018. 9. 6. X 회사에 상환전환우선주 160,000주를 주금납입금액 20억 원(주당 12,500원)에 배정하였고, ② 2018. 11. 29. Y 회사에 상환전환우선주 80,000주를 주금납입금액 10억 원(주당 12,500원)에 배정하였으나, 각 계약 당시 2019년 영업이익을 기준으로 하여 전환비율을 조정하기로 하는 리픽싱 조항을 삽입하였고, A 회사의 2017년 영업이익이 약 8억 원인 점을 고려한다면 2019년 이후 주당 전환가액이 5,000원(2019년 영업이익이 20억 원 미만인 경우) 내지 4,000원(2019년 영업이익이 10억 원 미만인 경우)으로 조정될 것으로 예상되었다.

(3) 원고는 2018. 12. 19. A 회사가 사전 서면동의 없이 유상증자를 실시하였다는 등의 이유로, A 및 甲 등을 상대로 인수주식의 조기상환 및 위약벌을 청구하였다.

2. 소송의 경과

(1) 제1심(서울중앙지방법원 2020. 12. 3. 선고 2019가합517157 판결): 원고 일부 승소

이 사건 사전동의권 약정은 A 회사의 신주발행이 원고의 주식 가치, 지분율 등에 영향을 미치게 됨에 따라 A 회사로 하여금 사전에 원고의 서면동의를 받도록 함으로써 신주발행 조건, 내용 등을 감독하기 위한 취지로 보이고, 신주발행 등에 관하여 상법상 요구되는 이사회 결의를 대체하여 원고의 서면동의를 받도록 한 것이 아니라 추가적으로 원고의 서면동의를 받도록 한 것이어서, 피고 회사 이사회의 주요 권한을 특정 주주인 원고에게 부여하는 것이라고 보기 어려우며, 소유와 경영의 분리라는 주식회사의 기본 원리에 반한다고도 볼 수 없다고 보아 이 사건 사전동의권 약정 위반을 원인으로 한 조기상환 및 위약벌 청구를 일부 인용하였다.

(2) 원심 판단(서울고등법원 2021. 10. 28. 선고 2020나2049059 판결): 원고 패소

이 사건 사전동의권 약정과 그 위반 시의 제재로서의 조기상환 및 위약벌 약정은, 불과 약 5.27%의 지분을 가진 원고에게 다른 주주들에게는 인정되지 않는 우월한 권리인 'A 회사의 주요 경영사항들에 대한 사전 동의권'이라는 권한을 부여할 뿐 아니라, 그 위반 시에는 조기상환 및 위약벌이라는 제재를 통하여 실질적으로 회사의 주주에 대하여 투하자본의 회수를 절대적으로 보장하는 기능을 하는 것인바, 이는 주주평등의 원칙에 반하는 것으로서 무효라고 판시하였다.

(3) 대상판결의 판단: 원심 파기환송

대법원은, 주주평등원칙이란, 주주는 회사와의 법률관계에서 그가 가진 주식의 수에 따라 평등한 취급을 받아야 함을 의미하는 것이나, 다만 회사가 일부 주주에게 우월한 권리나 이익을 부여하여 다른 주주들과 다르게 대우하는 경우에도 법률이 허용하는 절차와 방식에 따르거나 그 차등적 취급을 정당화할 수 있는 특별한 사정이 있는 경우에는 이를 허용할 수 있다고 보면서, 이러한 특별한 사정이 있는지 여부는 "주주를 차등 취급하는 것이 주주와 회사 전체의 이익에 부합하는지를 따져서 정의와 형평의 관념에 비추어 신중하게 판단하여야 한다."라고 판시하였다.

대법원은 이에 비추어볼 때, A 회사의 주요한 경영사항에 대한 사전동의권 등을 갖는 약정이 일부 주주에게 우월한 권리나 이익을 부여한 것이긴 하나, A 회사 전체의 이익에 부합하는 것으로서 그 차등적 취급을 정당화할 수 있는 특별한 사정이 있는 경우에 해당하여 허용될 여지가 있고, 회사가 이를 위반한 경우 손해배상책임 등을 부담하는 약정도 사전동의권 등 약정의 이행을 강제하고 그 채무불이행이 있을 때 주주가 입은 손해를 전보하기 위한 것으로, 주주평등원칙에 위반되어 무효라고 단정하기 어렵다고 보았다.[3)]

〔硏　　究〕

Ⅰ. 들어가며

국내에서도 스타트업[4)]의 창업과 그에 대한 투자가 일반화되면서 투자 생태계도 역동적으로 성장하고 있다. 대상 판결의 원심은 스타트업에 대한 투자계약시 일반적으로 포함되는 사전동의권 약정이 주주평등원칙에 반하

3) 이와 같은 판시로 다수의 판결(대법원 2023. 7. 13. 선고 2022다224986 판결, 대법원 2023. 7. 13. 선고 2023다210670 판결, 대법원 2023. 7. 27. 선고 2022다290778 판결)이 유사한 시기에 선고되었다.

4) 이 글에서는 1명 또는 소수의 창업주가 독자적인 기술 및 아이디어에 기반하여 새로운 시장을 개척하기 위해 창업하는 창립 초기의 회사를 지칭한다.

여 무효라고 판시하여 투자업계에 큰 반향을 불러일으켰는데, 대상 판결은 이를 파기하면서 주주평등원칙에 관하여 평등의 개념을 실질적 평등으로 전환함으로써 기존 학계의 견해를 수용하였다는 점에서 법리적으로도 시사하는 바가 크다. 필자는 대상 판결이 주주평등원칙을 재정립하였다는 점에서 나아가, 사전동의권 약정과 같은 사적 계약과 기업지배구조의 관계에 관하여 새로운 지평을 전개할 수 있는 함의를 내포하고 있다고 본다.

이 글에서의 논의 전개 순서는 다음과 같다. 먼저 대상 판결 사안에서 주주평등원칙 뿐만 아니라 기업지배구조의 논의를 함께 검토하게 된 배경에 관하여 살펴보고(Ⅱ), 주주평등원칙 및 기업지배구조의 쟁점 및 상호간 관계를 현행 법제도에 비추어 간략하게 개괄한 뒤(Ⅲ), 창립 초기의 회사, 특히 스타트업의 지배구조가 사적 규율(private ordering)에 의해 결정되는 과정 및 학계에서 논의되는 사적 규율의 한계점을 정리한다(Ⅳ). 이후 본격적인 평석에 들어가 대상 판결이 재정립한 주주평등원칙의 법리와 그 적용 국면에 따른 의문점을 제기하고(Ⅴ-1), 대상 판결이 다원화된 의사결정과정을 사전동의권 약정으로 인한 차등적 취급의 정당화 요소로 언급하였다는 점을 지적하며 대상 판결의 함의에 비추어 사적 계약에 의한 지배구조 개편의 정당성을 역설한다(Ⅴ-2).

Ⅱ. 논의의 배경

1. 사안의 배경

창립 초기의 회사는, 자금을 조달함에 따라 창업주(지배주주)의 영향력은 감소하고 투자자의 영향력이 증가하는 과정에서 회사의 지배구조를 수정하도록 압력을 받게 된다. 이때 신주발행을 통하여 투자자에게 주식을 제3자 배정함으로써 회사의 소유구조 자체가 변형됨에 따라 자연스럽게 지배구조가 수정되기도 하지만, 창업주(지배주주)로서는 투자자에게 추가적인 투자유인을 제공하고 추가 자금을 조달받기 위하여 주식배정 외의 방법으로 지배구조를 수정하고자 신주인수계약 내지 주주 간 계약에 투자자의 회사에 대한 지배권을 확보하기 위한 조항을 삽입하기도 한다.

창립 초기의 회사에 대한 투자계약 당시 작성되는 위 신주인수계약 내지 주주 간 계약은 실리콘밸리에서 벤처캐피탈이 벤처회사에 투자하여 투자수익을 거둔 사례를 바탕으로 그 계약서의 조항이 답습되었다. 이와 같은 관행적 조항은 미국의 경우에는 NVCA(National Venture Capital Association), 한국의 경우에는 한국벤처캐피탈협회[5)]의 표준계약서에 그대로 반영되기에 이르렀는바, 그중 하나가 대상판결에서 문제 된 사전동의권 약정이다.

투자자는 정관의 변경, 자본의 증감, 주식 관련 사채의 발행, 주식매수선택권의 부여, 회생 · 파산신청, 해산 · 청산, 합병 · 분할, 영업양수도 등 중요한 경영사항에 관하여 투자자의 사전동의를 받도록 하는 사전동의권 약정[6)]을 통하여 자신의 이익에 반하는 창업주(지배주주)의 경영판단을 제한하고자 한다. 대상판결 사안에서는 이러한 사전동의권 약정이 특정 주주에게 상법이 명문으로 규정하지 않은 권한을 부여함으로써, 그리고 회사에 사전동의권 약정 위반에 따른 손해배상책임을 묻는 것이 우회적으로 특정 주주의 출자회수를 허용함으로써 주주평등의 원칙에 반하는 결과를 초래하는지 여부가 쟁점이 된 것이다.

2. 주주평등원칙에 관한 기존 논의에 비추어 본 사안의 쟁점

주주평등원칙은 회사가 주주를 대우함에 있어서 평등한 대우를 하여야 한다는 법원리로서, 독일 주식회사법 제53a조, 일본 회사법 제109조

---

5) 벤처투자 촉진에 관한 법률(이하 '벤처투자법'이라 한다) 제76조 제2항에 근거하여 중소벤처기업부 장관의 일부 업무를 위탁받아 행사하는 단체이다.

6) 천경훈, "회사와 신주인수인 간의 투자자보호약정의 효력-주주평등원칙과의 관계를 중심으로-", 상사법연구 제40권 제3호, 한국상사법학회(2021), 75면에서는 피투자회사의 (ⅰ) 진술 및 보증 조항, (ⅱ) 손해배상 조항, (ⅲ) 주요 사항에 대한 사전동의 조항, (Ⅳ) 기간 내 상장의무 조항 등을 '투자자 보호약정'으로 정의하여 주주평등원칙에 저촉되는지 여부를 검토하고 있는바, 이하 평석에서는 (ⅲ) 주요 사항에 대한 사전동의 조항에 국한하여 검토하도록 한다. 미국에서도 우선주 보호조항(protective provision)이라는 항목하에 주요 경영사항에 대한 이사회의 결정에 대하여 투자자의 동의가 선행되어야 한다는 계약조항이 마련되어 있는 것으로 보인다(Therese Maynard/Dana Warren/Shannon Trevino, BUSINESS PLANNING: Financing the Start-Up Business and Venture Capital Financing 3rd edition, Wolters Kluwer(2018), 637-644).

제1조에서 명시적으로 규정하는 것과는 달리 우리나라에서는 회사법상 명시적으로 규정하고 있지는 않다. 주주평등원칙은 정의와 형평의 이념에서 도출된다고 보는 것이 일반적[7]이며, 다만 개별적인 상법 조항을 통하여 이러한 주주평등의 원칙이 투사된다고 본다.

한편 주주평등원칙이 성문으로 규정되어 있는 것이 아님에도 주주평등원칙을 강행규정으로 파악하여 이에 위반되는 법률행위의 효력은 무효라는 것이 통설이자 대법원의 일관된 판시였는바(대법원 2007. 6. 28. 선고 2006다38161, 38178 판결 등), 이와 같은 법리는 회사 내·외부적인 환경과 법기술의 발전으로 인하여 변천하는 금융기술을 제약하는 결과를 초래하였다.

이에 최근에는 주주평등원칙의 경직적 적용으로 인하여 당사자 간에 합의된 약정의 효력을 부인하는 것이 거래의 안전을 해하고 회사법의 발전을 저해한다는 취지의 연구가 다수 이루어졌고, 이에 주주평등원칙은 주주 간의 형식적 균등을 강제하는 것이 아니라 정당한 사유가 있는 경우, 특히 대상판결에서 설시한 바와 같이 주주와 회사 전체의 이익에 부합하는 경우에 행하여지는 합리적인 차등적 취급을 허용함으로써 유연한 해석을 하여야 한다는 입장이 설득력을 얻게 되었다.

기존에 주주평등원칙이 문제 된 사안에 있어서는, ① 특정 주주에게 수익보장·손실보전·이익배당을 하는 법률행위의 유효성[8]이나, ② 특정 주주에게 실질적으로 이득이 되는 내용의 의결 등 회사법적 행위의 유효성[9]이 쟁점이 되었다. 이는 일회적·개별적인 법률행위 내지 회사법적

7) 이철송, 회사법강의(제30판), 박영사(2022), 319-320면; 송옥렬, 상법강의(제12판), 홍문사(2022), 821면.

8) 대법원 2005. 6. 10. 선고 2002다63671 판결(유상증자에 참여한 투자자와 회사와 사이에 한 손실보전합의의 유효성이 문제 된 사안), 대법원 2007. 6. 28. 선고 2006다38161, 38178 판결(유상증자에 참여한 직원들과 회사 사이에 한 손실보전합의의 유효성이 문제 된 사안), 대법원 2020. 8. 13. 선고 2018다236241 판결(유상증자에 참여한 투자자들에게 회사가 투자수익금 명목으로 현금을 지급하기로 하는 내용의 투자계약의 유효성이 문제 된 사안) 등.

9) 대법원 1980. 8. 26. 선고 80다1263 판결(차등배당결의의 효력이 문제 된 사안), 대법원 2003. 5. 16. 2001다44109 판결(회사가 제3자에게 주식납입대금을 대출하고 그 회수를 보장하는 내용의 약정을 하여 한 수익약정 및 그 신주인수행위의 효력

행위의 효력과 관련하여 주주평등원칙에 관한 검토가 이루어졌던 것이라면, 사전동의권 약정은 주주와 계속적 · 포괄적인 계약을 체결함으로써 법령이 예정하지 아니한 권한 · 지위를 부여하는 것[10]에 논쟁의 여지가 있기에 유의미한 차이가 있다. 즉, 주주평등의 원칙에 관하여 주주 간 차등적 취급을 허용할 수 있는 '주주와 회사 전체의 이익에 부합하는 경우'에 관하여, 기존의 사안에서는 특정 주주의 이익과 회사 전체의 이익을 용이하게 계량할 수 있는 반면에, 사전동의권 약정은 특정 주주에게 부여되는 권한의 가치를 개별적 · 일회적인 사안에서 계량하기 곤란하다는 측면에서 그 판단에 어려움이 있다.

3. 기업지배구조 논의와의 접점

스타트업은 창업주가 지배주주로서 회사를 경영하는, 소유와 경영의 분리가 이루어지지 않은 창업 초기 단계의 소규모 · 폐쇄적 주식회사인 경우가 대부분이기 때문에, 회사를 구성하는 다양한 통제주체가 형성되지 아니하여 그 지배권의 분배에 관하여 논의할 실익이 크지 않았다. 그러나 스타트업의 성장세가 뚜렷해지고 국가의 제도적 정비[11]가 이루어짐에 따라 스타트업에 대한 투자가 확대되고, 벤처캐피탈 등 투자자들이 회사의 의사결정 지배권을 확보하기 위한 시도를 해옴에 따라 스타트업의 지배구조에 관한 관심도 자연스럽게 증가하게 되었다.

이 문제 된 사안) 등.

10) 대법원 2018. 9. 13. 선고 2018다9920 판결(특정 주주에게 임원추천권을 부여하였다가 위 임원추천권을 부여하는 대신 약정금을 지급하기로 한 사안에서 위 약정금 지급약정의 효력이 문제 된 사안)에서 주주에게 계속적 · 포괄적인 지위를 부여하는 약정의 효력이 다투어질 여지가 있었으나, 결국 약정금의 지급행위의 효력이 문제 되었다는 점에서는 종국적으로 개별적인 법률행위의 유효성만이 검토되었다고 보인다.

11) 국내법 제도상 일반적인 의미의 벤처캐피탈이 스타트업 등 소규모 창업회사에 투자를 하는 것에 대한 관리 · 감독 제도는 크게 ① 벤처투자법에서 정한 벤처투자회사가 벤처투자조합을 결성하여 벤처투자를 하는 경우와 ② 여신전문금융업법에서 정한 신기술사업금융업자가 신기술사업투자조합을 결성하여 투자를 하는 경우로 이원화되어 운용되고 있는바, 이하 평석에서 논의되는 '스타트업'이 벤처투자법의 대상인 벤처기업에 국한되는 것은 아니다.

사전동의권 약정은 회사의 중요한 경영사항에 관하여 창업주(지배주주)가 아닌 소수주주에게 일정한 지위와 권한을 부여하는, 즉 주주에게 회사의 의사결정과정에 개입할 지배권을 부여하는 약정으로서 기업의 지배구조를 변형하는 역할을 수행하는바, 스타트업에 대한 투자계약에서 주로 이루어지는 투자자 보호약정은 지배구조 담론에 있어 새로운 영역을 개척하였다고도 할 수 있다.[12)]

즉 사전동의권 약정을 비롯하여 투자계약 시 삽입되는 투자자 보호조항은 기업의 의사결정에 투자자가 영향력을 행사하게 함으로써 회사법에서 예정하지 않은 지배구조의 변형을 초래하는바, 대상판결은 주주평등의 원칙에 관하여 주주 간 차등적 취급을 허용할 수 있는 '주주와 회사 전체의 이익에 부합하는 경우'에 관한 해석뿐만 아니라 당사자 간 계약을 통하여 지배구조가 개편되어가는 과정에 대한 대법원의 시각을 반영하고 있다고 사료된다. 이하에서는 투자계약상 함께 이루어지는 투자자 보호조항이 지배구조를 어떻게 개편하고 대상판결이 이를 어떻게 바라보고 있는지에 관하여 논의하고자 한다.

Ⅲ. 기업지배구조와 주주평등원칙의 관계

1. 기업지배구조에 관한 종래의 논의

기업지배구조의 논의는 다양한 국면에서 이루어져 그 정의를 일의적으로 단정하기 어려우나, 일반적으로 지배구조란 주주, 이사회(경영진), 감독기관, 채권자, 시장 등 회사를 둘러 싼 다양한 주체가 회사의 의사결정에 영향력을 행사하는 일련의 과정에 적용되는 규칙, 관행, 절차 등의 운영시스템을 의미한다.[13)] 지배구조에 대한 논의는 소유와 경영이 분리된 주식회사의 특성에 기인하는 대리인 문제를 해결하기 위하여 회사의 지배권을 배분하고 상호 견제하기 위한 제도적 장치를 마련하는 과정에서

12) 남궁주현, "중소벤처기업의 지배구조에 관한 법적 쟁점", 경제법연구 제21권 제1호, 한국경제법학회(2022), 3-31면.

13) 김건식 · 노혁준 · 천경훈, 회사법(제5판), 박영사(2021), 32면.

시작된 것이다.

대리인 문제는 크게 회사의 지배권자가 회사와의 거래를 통해서 회사재산을 빼돌리는 등(소위 터널링) 회사로부터 사적 이익을 취함으로 인한 지배권자 측 대리인 비용[14]과, 회사의 경영인이 장기적인 주식 가치의 창출을 고려함이 없이 단기적인 실적만을 추구하는 등 부실경영으로 인한 경영인 측 대리인 비용을 최소화시키는 것을 과제로 하는바, 전자는 주로 소규모 폐쇄회사에서, 후자는 주로 대규모 공개회사에서 발생한다.[15] 다만 우리나라는 소위 재벌경영의 특수성상, 대규모 공개회사에서도 지배권자 측 대리인 문제가 부각되어 왔고, 회사 지배구조에 관한 논의도 대규모 공개회사를 주로 조명하였다는 점에서 특징이 있다.[16]

회사법상 대표적인 주식회사의 의결기관으로는 주주총회와 이사회가, 감독기관으로서는 감사·감사위원회가 있고, 이와 같은 의결기관과 감독기관이 지배권을 행사·견제하면서 회사의 기본적인 지배구조를 결정한다. 한편 회사의 경영판단에는 제품시장, 경영권시장, 자본시장 등 시장기능에 의한 간접적인 요소가 영향력을 미치기도 하는데, 이러한 시장이해관계인들을 포함하여 이해관계가 충돌하는 당사자들이 기업의 의사결정에 직간접적으로 관여하는 과정에서 도출되는 질서가 회사의 최종적인 지배구조를 결정한다.

따라서 회사의 지배구조는 기본적으로 단체법의 일반원칙인 다수결의 원칙이 지배하는 영역이고, 다만 회사는 그것이 '주주의 인원 수'가 아닌 '보유한 주식 수'에 따라 의결정족수를 판단하는 것이며, 소수주주권, 감사 선임 시 의결권 제한 등 수정제도를 통해 이러한 다수결의 원칙에 따른 한계를 보완하는 것이다.

---

14) 한국상사법학회, 주식회사법대계 I(제4판), 법문사(2022), 243면["기업지배구조"(김건식 집필 부분)].

15) Zohar Goshen/Assaf Hamdani, "Corporate Control and Idiosyncratic Vision", 125 The Yale Law Journal(2016), 582.

16) 김건식, 기업지배구조와 법, 소화(2010), 196-216면("지배주주의 통제방안: 행동, 구조, 시장").

2. 주주평등원칙에 근거한 지배구조의 형성

앞서 살펴보았듯이 주주평등원칙이 성문화되어 있는 것은 아니나, 공익권과 관련하여서는 1주 1의결권 원칙에 관한 상법 제369조가, 자익권과 관련하여서는 신주인수권, 배당청구권, 잔여재산분배청구권에 대해 각 상법 제418조, 제464조, 제538조가 주식 수에 따른 평등 취급의 원칙[17]을 명시하여 개별적인 상법 조항을 통하여 주주평등의 원칙이 투사되어 있다.[18]

그중 상법 제369조 제1항은 "의결권은 1주마다 1개로 한다."라고 규정하여 종래 주주평등원칙을 명문화한 것으로 학설[19] 및 판례[20]에 의해 승인되어 왔던바, 결국 주주평등원칙의 근거가 주주 간의 의결권에 관한 문제, 즉 주주 간의 지배권 분배에 관한 논의에 기초한다는 점에서 주주평등의 원칙은 기본적으로 회사 지배구조를 결정하는 출발점이라고 할 것이다.

한편 주주평등원칙의 예외로 상법에 명시되어 있는 것은 종류주식(제344조), 감사의 선임(제409조), 소수주주권(제366조 등), 단주의 처리(제433조)에 관한 규정이 대표적이다. 그중 사전동의권 약정은 법령이 허용하지 않은 거부권부주식 내지 황금주를 발행하는 것과 실질적으로 동일한 효과를 가진다는 점에서 종류주식 법정의 원칙에 반한다는 견해가 있어 왔고,[21] 이는 1주 1의결권 원칙의 근간을 위협하는 것으로서 대상판결의 원심도 이 문제점을 주로 지적하였다.[22]

---

17) 의결권(제369조)은 지배권(control)에 관한, 배당청구권(제418조)은 수익(earning)에 관한, 잔여재산분배청구권(제538조)은 순자산(net asset)에 관한 비례적 평등을 실현한다고 구분하기도 한다[이철송(주 7), 321면].

18) 김성탁, 회사법입문(제10판), 법문사(2020), 74면.

19) 한국상사법학회(주 14), 416면["주식의 개념, 본질, 주주평등의 원칙"(손영화 집필 부분)].

20) 대법원 2009. 11. 26. 선고 2009다51820 판결 등.

21) 전준영, "약정에 의한 주주의 사전동의권에 관한 검토", 상사법연구 제42권 제1호, 한국상사법학회(2023), 75, 79-80면.

22) "동의권부주식이나 이사선·해임권부주식 등과 같이 회사 경영과 관련하여 일부

3. 주주평등의 원칙의 예외로서 허용되는 종류주식과 그에 따른 지배구조의 변경

종류주식은 그 내용이 공익권에 관한 것인지[의결권의 배제 · 제한에 관한 종류주식(제344조의3)], 자익권에 관한 것인지[이익배당 · 잔여재산분배에 관한 종류주식(제344조의2), 상환에 관한 종류주식(제345조), 전환에 관한 종류주식(제346조)]와 무관하게 그 자체로 지배구조에 영향을 미친다. 상법은 정관변경, 주식의 배정에 관하여 주식의 종류에 따라 특수한 정함을 하거나 분할 · 합병 등의 과정에서 특정 종류주주에게 손해를 미치게 되는 경우, 다수결 원리가 적용되는 의사결정구조하에서 불이익을 입는 소수의 종류주주를 보호하기 위하여 종류주주총회(제435조, 제436조)를 주주총회결의의 부가적 요건으로 정하고 있기 때문이다.[23)]

그리고 상법이 허용한 종류주식 중에서는 의결권의 배제 · 제한에 관한 종류주식이 주주평등의 원칙의 예외로서 지배구조에 가장 큰 영향을 미친다. 지배주주로서는 회사지배권에 영향을 받지 않고 필요한 자금을 조달하기 위하여 의결권이 배제 · 제한된 종류주식을 발행할 유인이 있고, 한편 투자자에게는 주로 이익배당에 관한 종류주식과 결합하거나 상환 · 전환에 관한 조건을 설정하는 방식으로 종류주식을 인수할 유인을 부여한다.[24)]

주주에게만 특수한 권한을 부여하는 내용의 종류주식의 발행이 허용되지 않는 현행법 체계에서, 회사와 신주인수인 사이에 별개의 약정으로 주식에 표창된 권리를 넘어 위와 같은 내용의 권리 또는 권한을 부여하고 그 위반 시 강력한 제재를 가하는 방법으로 그 이행을 강제하는 것을 허용할 수는 없다. 만약 이를 허용할 경우 기존 회사로 하여금 신주발행의 형식(을) 통하여 실질적으로는 이른바 '황제주'와 같은 사실상 법이 허용하지 않는 내용의 종류주식을 발행하는 것과 같은 결과를 초래하게 될 우려가 있고, 이는 재무적으로 열악한 상황에 처하여 신주발행 방식을 통해 자금을 조달하고자 하는 회사의 기존 주주들을 매우 불공평하고 불리한 지위에 처하도록 만들게 된다."

23) 박철영, "종류주식의 활용과 법적 과제", 기업법연구 제25권 제4호, 한국기업법학회(2011), 32면.

24) 박철영(주 23), 19면.

그 외에도 복수의결권주식, 임원선해임권부주식, 거부권부주식 등 다양한 종류주식의 도입 필요성이 제기되어 왔고 이는 2011년 상법 개정 당시에도 논의된 부분이다.[25] 이 중 복수의결권주식은 회사의 현금흐름권과 지배권을 분리함으로써 지배권자 측 대리인 비용을 심화시킬 수 있다는 우려에도 불구하고 이를 도입하여야 한다는 견해가 있었고,[26] 창업 초기 단계의 회사에서 창업철학과 노하우를 가진 창업주가 지배권을 희석시키지 않으면서도 주식 발행을 통해 용이하게 자금조달을 함으로써 자본시장의 활성화에 기여할 것이라는 기대[27]하에 2023년 벤처기업육성에 관한 특별조치법(이하 '벤처기업법'이라 한다)이 개정되어 벤처기업의 창업주에 한하여 일정 금액 이상의 투자를 받는 경우 최대 10배의 의결권을 갖는 복수의결권부 주식의 발행을 허용하기에 이르렀다.[28]

한편 대상판결 사안에서 문제 된 사전동의권 약정이 부여된 주식은 앞서 논의하였듯이 종류주식 중 거부권부주식과 유사하다. 거부권부주식은 과거 유럽에서 국영기업이 민영화하는 과정에서 국가나 공공단체가 공공의 목적을 달성하기 위하여 지분에 관계없이 지배권을 행사할 수 있도록 한 황금주(Golden Share)에 연원을 두고 있는바,[29] 이에 관하여는 주주에게 특정 경영사항에 대한 독점적인 결정권을 준다는 의미에서 실질적으로는 무제한의 복수의결권을 부여하는 것과 같은 효과를 갖는다는 견해[30]도 있어 종국적으로는 도입되지 아니하였다.

---

25) 권종호, "적대적 M&A 방어수단의 도입 필요성－2008년 경영권방어법제 개선위원회의 입법초안을 중심으로－", 상사판례연구 제22권 제4호, 한국상사판례학회(2009), 4-10면.

26) 송옥렬, "상장회사의 차등의결권 주식에 대한 비판적 고찰", 법경제학연구 제12권 제1호, 한국법경제학회(2015), 9-10면.

27) 류지민, "주주평등원칙의 변화에 따른 기업지배구조 문제의 이해－미국의 차등의결권주식 제도를 둘러싼 논의를 중심으로－", 상사법연구 제39권 제2호, 한국상사법학회(2020), 571-572면.

28) 복수의결권주식의 발행 및 전환, 의결권 제한 등에 관하여는 벤처기업법 제16조의11 내지 16 참조.

29) 이형규, "상법개정안상 거부권부주식의 도입에 관한 검토", 상사법연구 제25권 제4호, 한국상사법학회(2007), 124-126호.

30) 유영일, "차등의결권주에 관한 연구－도입필요성을 중심으로－", 상사판례연구 제

Ⅳ. 스타트업의 지배구조와 사적 규율(private ordering)

1. 스타트업의 지배구조

투자자는 창립 초기 단계의 스타트업에 투자하며 채권자와 주주로서의 지위를 동시에 향유하기 위해 메자닌(mezzanine) 증권을 주로 활용하는데, 그중에서도 가장 빈번하게 활용되는 것은 대상판결 사안에서도 문제 된 상환전환우선주이다. 투자자로서는, 회사가 기업공개, 인수합병 등의 방법으로 출구전략(exit)에 성공할 경우 전환권을 행사하여 주주의 지위에서 회사가치에 대하여 지분비율에 따른 비례적 수익을 거두면서, 출구전략이 요원할 경우에는 상환권을 행사하여 채권자의 지위에서 투자자금에 대한 원리금을 회수하는 방법으로 투자이익은 극대화하면서도 그 손실은 최소화하는 운용이 가능하기 때문이다. 회사로서도, 일반기업회계기준(K-GAAP) 적용 시 상환전환우선주를 배정하며 투자받는 신주인수대금을 부채가 아닌 자본으로 인식함으로써 재무건전성을 확보한 투자를 받을 수 있다.[31)]

이와 같이 투자자는 상환전환우선주를 인수한 소수주주로서 스타트업의 지배구조에 편입되게 되고, 앞서 살펴본 바와 같은 투자자 보호약정 등을 통하여 실질적인 지배력을 행사하기 시작한다. 이때, 창업주가 회사의 지배주주로서 지배권을 행사하는 경우에는 지배권자 측 대리인 비용을 발생시키고, 투자자가 사전동의권 약정 등으로 지배권을 행사하는 경우에는 투자조합의 존속기간 내에 투자 자금에 대한 수익을 실현하기 위한 단기적 목적을 달성하기 위해 경영인 측 대리인 비용을 발생시킬 수 있다. 보다 구체적으로는, (ⅰ) 후속 투자의 투자 조건, (ⅱ) 상장 시점, (ⅲ) 청산 또는 매각 시점, (ⅳ) 전환·상환권의 행사조건 등 주요 경영사항에 관하여 창업주와 투자자는 ① 상호 투입한 자본의 성격이 다르

21권 제4호 , 한국상사판례학회(2008), 98면.

31) 박상철, "벤처투자계약의 국내법상 수용과 관련한 쟁점－상환전환우선주 조항의 효력을 중심으로－", 상사법연구 제37권 제2호, 한국상사법학회(2018), 386-387면.

다는 측면(창업주는 주로 인적 자원과 노하우를, 투자자는 거대 자금을 투입한다), ② 통상 투자조합을 결성하여 투자가 이루어지기에 투자자는 조합존속기간에 따른 시간적 한계가 존재한다는 측면에서 상호 이해관계가 달라 대립하게 된다.[32)]

이에 대하여 투자자는 상환전환우선주 인수 시에 신주인수계약 및 주주 간 계약을 통하여 회사 및 지배주주에게 (ⅰ) 신주발행 등 후속 투자 시 사전동의를 받게 하는 등 의결권의 행사내용을 구속·제한하거나, (ⅱ) 기간 내에 기업공개를 위한 외부감사 등 준비절차에 착수하도록 상장의무를 계약 조건으로 부가하거나, (ⅲ) 해산·청산 내지 주요 자산의 매각 시 사전동의를 받게 하는 등 의결권의 행사내용을 구속·제한하거나, (ⅳ) 전환가액의 조정(re-fixing) 조항을 삽입하여 지분가치의 희석화를 방지하는 등의 다양한 방법으로 자신의 지배권을 확보하려 하고, 그 과정에서 스타트업의 지배구조는 법제가 예정하지 아니한 사적 규율(private ordering)을 따르게 된다.

스타트업과 같은 소규모·폐쇄적 주식회사에서는 이러한 사적 규율에 의한 지배구조가 차지하는 중요성이 부각되는데, 회사법이 정한 경직적인 지배구조를 유연화하여 투자자들의 출자를 촉진하는 기능을 수행한다는 점에서, 그리고 주식 매각을 통한 회사관계에서의 탈퇴가 어렵기 때문에 상대적으로 주주들에게 회사 내부에서의 지배권 확보에 대한 유인이 크다는 점에서 그러하다.[33)]

2. 사적 계약을 통한 지배구조의 변경과 주주평등의 원칙

회사를 계약의 연결체(nexus of contract)로 보는 시각에 의하면 지배구조를 변경하는 사적 계약수단으로는 주주 간 계약이 가장 적합하다.

---

32) 이나래, "스타트업의 지배구조에 관한 법적 연구", 법학박사학위 논문, 서울대학교(2023), 95-100면.

33) 천경훈, "주주간 계약의 실태와 법리－투자촉진 수단으로서의 기능에 주목하여－", 상사판례연구 제26권 제3호, 한국상사판례학회(2013), 9-12면.

이와 같은 시각에서는 회사의 정관을 일종의 주주 간 계약으로 보고[34)·35)] 주식은 회사와 주주 간 계약적인 관계에서 발생되는 것으로서[36)] 주주 간 계약이 지배권을 분배하는 근거가 된다고 본다.

스타트업의 경우 주주 간 계약의 중요성은 더욱 증가한다. 스타트업은 혁신적인 기술·아이디어를 통해 새로운 시장을 빠르게 개척한 후 출구전략(exit)을 통해 고수익을 창출하는 것을 일반적인 수익모델로 정한다. 이와 같은 수익모델을 실현하는 과정에서, 초기에는 기술·아이디어를 개발하기 위하여, 중기에는 기술·아이디어를 상업화하기 위하여, 후기에는 기업공개·지분매각 등의 방법으로 출구전략을 성공시키기 위하여, 각 단계에서 대량의 자금을, 그것도 회사의 순자산이나 영업이익 등 지표를 통한 협상 레버리지가 부족한 상태에서 조달받아야 하기 때문에 여러 시리즈에 걸쳐 엔젤 투자자 및 다수의 벤처캐피탈로부터 투자를 받게 된다.[37)] 이로 인하여 회사와 투자자 간의 이해충돌 외에도 창업주와 투자자, 선행투자자와 후행투자자 간의 이해충돌이 회사의 지배구조를 결정하는 데에 개입되고, 따라서 스타트업의 지배구조는 단순히 회사와 투자자 간의 수직적 관계에서가 아니라 창업주, 복수의 투자자들의 수평적 관계에서 주주 간 계약으로서 정하여야 할 문제로 부상한다.[38)]

---

34) James Cox/Thomas Hazen, Business Organizations Law 4th edition, West academic publishing(2016), 86.

35) 곽관훈, "벤처기업에 있어서의 주주간 계약", 상사법연구 제22권 제1호, 한국상사법학회(2003), 337-338면에서는 독일의 경우에도 정관을 주주 간 계약의 일종으로 이해하며 다만 그 성립 요건에 차이가 있을 뿐이라고 이해하는 다수의 견해가 있다고 소개한다.

36) 최완진, 기업지배구조법(개정판), 한국외국어대학교 지식출판원(2016), 337면.

37) Elizabeth Pollman, "Startup Governance", 168 University of Pennsylvania Law Review(2019), 164-175에서 스타트업의 지배구조를 결정하는 2가지 요소로서 단계적 성장이론과 자본구조의 복잡성에 관하여 자세히 설명하고 있다.

38) 송지민, "스타트업의 지배구조－미국의 논의를 중심으로－", 상사법연구 제41권 제4호, 한국상사법학회(2023), 272-274면에서는 창업주와 투자자 간에 나타나는 전통적인 대리인 문제는 수직적 이익충돌로, 창업주, 선행투자자, 후행투자자가 각 보통주주 내지 우선주주로서 대립하는 이해관계는 수평적 이익충돌로 정의하면서, 스타트업에서는 전자보다 후자가 더 지배구조에 큰 영향을 미친다고 설명한다.

다만 사적 계약으로 회사의 지배구조를 수정하여 특정 주주에게 특별한 권한을 부여하는 것의 정당성 및 실효성에 관하여 의문을 제기하는 견해가 제기되는바,[39] 이러한 견해들은 주로 (ⅰ) 주주 간 계약으로 변경된 지배구조에 근거하여 회사에 대하여 그 지배권을 주장할 수 있는지 여부, 즉 이행가능성에 한계가 있다는 점,[40]·[41] (ⅱ) 주주 간 계약은 공시되지 아니하여 다른 주주의 예측가능성을 저해함으로써 단체법적 안정성을 후퇴시킨다[42]·[43]는 점을 주로 지적하고 있다. 여기에 우리나라에서 추가적으로 논의되었던 것이, (ⅲ) 주주 간 계약과 통상적으로 함께 체결되는 신주인수계약이 특정 주주에게 우월적 권리나 이익을 부여함으로써 주주평등원칙에 반하는지에 관한 쟁점이다. 이하에서는 순서대로 이를 살펴보기로 한다.

(1) 이행가능성의 한계

주주 간 계약에 기재된 지배구조 변경 조항은 주식회사의 단체법적 성격을 고려할 때에 그 효력이 회사에까지 미친다고 보기는 어렵다는 것

39) 전준영(주 21), 70-72면.

40) Gabriel Rauterberg, “The Separation of Voting and Control: The Role of Contract in Corporate Governance”, 38 Yale Journal on Regulation(2021), 1163-1165에서는 Quickturn Design Sys., Inc. v. Shapiro, 721 A.2d 판결, CA, Inc. v. AFSCME Employees' Pension Plan 953 A.2d 판결 등에서 이사회의 고유한 권한을 수정하는 내용의 계약은 무효이고 이를 집행할 수 없다고 판단한 점을 들어 그 이행가능성이 희박하다고 보고 있다.

41) 송옥렬, “주주간 계약의 회사에 대한 효력－회사법에 있어 사적 자치의 확대의 관점에서”, 저스티스 통권 제178호, 한국법학원(2020), 360-362면에서는 이사 또는 대표이사의 권한을 제한하는 프로큐어 조항이 포함된 주주 간 계약을 이사 또는 대표이사인 주주와 체결하였다 하더라도, 소유와 경영의 분리원칙을 강조하는 현행 대법원 판례 법리하에서는 주주가 회사에 대하여 그 주주 간 계약의 효력을 주장할 수는 없을 것이라고 보고 있다.

42) Jill Fisch, “Stealth Governance: Shareholder Agreements and Private Ordering”, 99 Washington University Law Review(2022), 945-953.

43) 류지민(주 27), 564-566면에서는 (차등의결권주식에 관한 것이긴 하나) 불충분한 공시로 인하여 발생할 수 있는 문제점에 관하여 지배권과 소유권의 분리 현상에 대한 계량적 접근이 어렵다는 점, 그로 인하여 변경된 지배구조에 대한 정량화된 정보가 제시되지 않는다는 점, 이와 같은 비전형적 지배구조에서 비롯되는 이해상충의 위험도 공시되지 않는다는 점 등을 언급하고 있다.

이 일반적인 견해이고, 심지어는 주주 전원 내지 95% 이상의 대다수 주주가 주주 간 합의에 이른 경우라 하더라도 상법에 정한 절차에 따라 내용이 확정되고 주주구성의 변경과 관계 없이 단체규범적 효력을 갖는 정관과는 달리 당사자 간 사법적 효력을 갖는 것에 불과한 주주 간 합의에 의하여는 회사가 구속된다고 볼 수 없다는 견해도 있다.[44] 이와 같이 주주 간 계약의 회사법적 효력을 부정하는 한, 이사회나 주주총회에서 사전동의권의 대상이 된 주요 경영사항에 대하여 투자자의 사전동의 없는 결의를 할 예정이거나 하였다 하더라도, 투자자가 결의의 하자를 들어 이를 다툴 수 있으리라고 보기는 어렵다.

그럼에도 불구하고 스타트업과 같은 소규모·폐쇄적 주식회사에 있어서는 주주 간 계약에 따른 정관자치의 범위가 확장되어 회사법적 효력을 인정하여야 한다는 취지의 논의는 지속되고 있는바, 폐쇄회사가 지배주주에 의하여 지배되고 있는 상황에서 주주 간 계약에서 소수주주에게 부여한 경영참여권을 부정하는 것은 경영진이 선관주의의무에 기초하여 회사를 경영하는 것을 보장하는 것이 아니라 반대로 지배주주의 전횡을 방치하는 결과가 된다는 견해,[45] 적어도 비상장회사에서 전부 또는 대다수의 주주들 사이에 주주 간 계약이 존재하고 이것이 정관에 반영된 경우에는 종국적 의사결정권을 가진 주주들의 합치된 의사를 존중하여야 하며, 법원이 그 합의를 대체할 공익상의 필요가 불확실하다는 견해,[46] 합작투자회사나 폐쇄회사와 같은 소규모 비상장회사로서 주주 전원의 합의로 의결권에 관한 주주 간 계약을 체결한 경우에는 의결권구속계약이 조직법적으로 효력을 갖는다 하더라도 회사를 비롯한 제3자에게 별다른 피해가 발생한다고 보기 어려울 뿐 아니라 주주 전원의 동의를 얻었다는 점에서 실질적으로 정관에 준한다고 볼 수 있다는 견해[47] 등이 그것이다.

---

44) 이철송, “주주간계약의 회사법적 효력론의 동향”, 선진상사법률연구 제86호, 법무부(2019), 18면.

45) 송옥렬(주 41), 360면.

46) 천경훈(주 33), 21-22면.

47) 전휴재, “의결권에 관한 주주간 계약의 효력과 그 이행확보 방안”, 저스티스 통

그러나 이러한 회사법적 효력의 한계에도 불구하고, 주주 간 계약의 실효성이 부정된다고 단정할 것은 아니다. 주주 간 계약의 당사자에 대하여 약정 위반에 의한 손해배상의무를 부담시킨다면 여전히 이행강제로서의 효과는 존재하고, 계약 조항으로 위반 시 지급할 위약금을 미리 약정해 두는 것은 상호 간 주주 간 계약을 준수하도록 하는 유효적절한 방법이 될 수 있다.[48] 단체법적 원리에 따라 회사 내부 결의의 하자를 부정하는 것과 사적 자치의 원리에 따라 주주 간 계약의 당사자에게 손해배상책임을 부담시키는 것이 양립불가능하지 않기에, 주주 간 계약의 회사법적 효력이 부정된다 하더라도 채권적 효력을 통하여 최소한의 실효성을 확보할 수 있다.

(2) 공시의 한계

정관 및 부속정관에 다양한 종류의 사적 규율을 기재하여 지배구조를 변경하는 것을 비교적 광범위하게 허용하는 미국에서조차, 투자자들은 구체적인 조항의 기밀성을 유지하기 위해서, 또는 동일한 종류주식을 보유한 주주 전체에 대하여 일괄적으로 적용되는 것을 방지하기 위해서[49] 주주 간 계약을 이용하기도 한다. 그러나 주주 간 계약의 실효성(이행가능성)을 확보하기 위하여 그 회사법적 효력을 인정하여야 한다는 견해에 의하더라도 단체법적 원리에 비추어 볼 때 이를 정관에 기재하는 등의 방법으로 공시하는 것이 전제되어 있음은 앞서 살펴본 바와 같기도 하다. 즉 기밀성(privacy)은 사적 계약의 고유한 기능임과 동시에 사적 계약의 한계인 것이다.

한편 지배구조 수정의 측면에 있어서, 사적 계약의 기밀성은 그 법적 효력 여부를 떠나서 여러 부작용을 야기할 수 있다. 사적 계약으로 변경된 지배구조가 공시되지 않는다면, 외부인들의 예측가능성을 저해하

권 제199호, 한국법학원(2023), 188면.

48) 권오성, "주주간 계약의 효력에 관한 연구", 홍익법학 제10권 제3호, 홍익대학교 법학연구소(2009), 437-438면.

49) Therese Maynard/Dana Warren/Shannon Trevino(주 6), 520.

고, 지배구조의 비표준화로 인하여 투자자들에게 불필요한 거래비용을 전가하게 되며, 주주 간 계약에 참여하지 아니한 소수주주에 의한 감시·감독권을 약화시키는 문제 등이 발생할 수 있고,[50] 이는 결과적으로 투자를 위축시키는 결과를 초래할 수 있다. 특히 스타트업과 같은 소규모·폐쇄적 주식회사에서는 외부감사법[51]이나 자본시장법[52]의 공시제도 적용 대상에 해당할 여지가 적어 그 부작용은 더욱 부각된다. 다만 실무적으로는, 스타트업에 대한 투자는 벤처캐피탈 등 주로 전문투자자에 의하여 이루어진다는 점, 벤처투자계약서의 표준화[53]가 진전되어 있어 최소한의 예측가능성이 담보되어 있는 점, 투자 당시 진술 및 보증 조항, 실사를 통해 스타트업 내부의 지배구조를 개시하고 투자가 이루어진다는 점 등의 사정으로 인하여 이러한 부작용이 크게 부각되지는 않는 것으로 보인다.

그럼에도 불구하고 주주 간 계약에 따른 지배구조의 변경내용을 현행 회사법상 정관의 내용에 기재할 수 있는지 여부 내지 공시하기 위한 방법에 관하여는, 특정 경영사항에 관한 이사회 및 주주총회 결의요건을 강화하여 정관에 기재하는 방법[54](사전동의권 약정의 경우, 투자자가 인수한 주식지분율이나 투자자가 지명한 이사의 비율을 주요 경영사항의 결의요건의 기준으로 정하는 방법), 특정 경영사항에 대하여 상법 제435조, 제436조를 유추적용하여 종류주주총회에서 동의를 받도록 하거나 특정한 주주총회 및 이사회 결의사항에 대하여 정관에 종류주주총회의 결의를 요구하도록 기

50) Jill Fisch(주 42), 945-953.

51) 주식회사 등의 외부감사에 관한 법률 제4조, 같은 법 시행령 제5조(직전 사업연도 말의 자산총액 또는 매출액이 500억 원 이상인 경우 등).

52) 자본시장과 금융투자업에 관한 법률 제159조, 같은 법 시행령 제167조(외부감사 대상으로서 증권 소유자가 500인 이상인 경우 등).

53) 앞서 살펴본 한국벤처캐피탈협회 내지 NVCA의 표준계약서 등이 그 예이다.

54) 천경훈(주 33), 17-19면. 다만 주주총회에서 정하도록 유보된 사항 이외의 사항을 정관에서 주주총회의 정관으로 정하는 것이 유효한지, 주주총회 결의요건을 상법상 특별결의요건보다 가중한 소위 초다수결 요건을 정관으로 정하는 것이 유효한지 여부에 관하여는 학설의 대립이 있다.

재함으로써 종류주주총회를 활성화 하는 방법[55](투자자에게 상환전환우선주식 등 특정 종류주식을 배정한 후 주요 경영사항을 종류주주총회의 동의사항으로 정하는 방법) 등이 고려될 수 있으며, 입법론적으로는 스타트업, 합작투자회사 등에 한정하여 중요 경영사항에 대한 거부권부주식을 종류주식으로 도입하여야 한다는 견해[56]도 제시되었다.

(3) 주주평등원칙과의 충돌

주주평등의 원칙은 회사와 주주 간의 권리의무를 정하는 신주인수계약의 효력에 관하여 주로 문제 되며, 주주 간 계약에 주주평등의 원칙이 개입될 여지는 적다. 그러나 우리나라 실무에서는 신주인수계약과 주주 간 계약이 혼합되어 하나의 계약서로 체결되는 경향이 있어, 그러한 경우에 신주인수계약에 따른 회사의 의무와 주주 간 계약에 따른 지배주주(또는 선행투자자)의 의무를 구분할 필요가 있고,[57] 특정 주주에게 차등적 취급을 하여 주주평등원칙에 반하는지 여부는 신주인수계약에서 정한 회사의 의무와 연관지어 살펴보아야 한다.

대법원이 인정하는 주주평등원칙 위반의 효과는 매우 강력하여, 대법원은 주주평등원칙에 반하는 주주총회결의나 이사회결의는 물론 적법한 절차에 따른 주주 간 합의로 작성된 정관까지도 무효화[58]하여 그 회사법적 효력을 부인할 뿐만 아니라, 회사와 주주 간의 계약에 근거한 채권적 의무 및 그 의무 위반에 부수하는 효과로서 위약벌지급의무 내지 손해배상의무까지도 무효화함으로써 사법적 효력까지도 부인하여 왔다. 이러한 대법원의 태도는 신주인수계약과 함께 체결된 주주 간 계약의 효력까지 위협함으로써 지배구조 변경을 위한 사적 계약을 주저하게 하는 요소로 작용하였다.

55) 박철영(주 23), 27-28, 32-33면.

56) 문준우, “영국 회사법의 종류주식과 그 시사점”, 상사법연구 제29권 제4호, 한국상사법학회(2011), 201면.

57) 천경훈(주 6), 75-77면.

58) 대법원 2009. 11. 26. 선고 2009다51820 판결, 다만 이는 주주평등원칙보다는 상법 제369조 제1항에서 정한 1인 1의결권의 원칙을 위반한 효과라고 보아야 할 것이다.

한편 회사가 특정 주주에 대해 차등적 취급을 하여야 할 의무를 부과하는 채권적 약정의 효력에 관하여 주주평등원칙을 경직적으로 적용하여 이를 실효시키는 것을 자제하여야 한다는 견해가 부상하였는바, 구체적으로 주주평등원칙은 출자환급금지, 자기주식취득의 제한, 종류주식의 제한 등 성문법적 근거에 따라 해결되지 않는 경우에 보충적으로 적용되어야 한다는 견해,[59] 불문법적 근거인 주주평등원칙에 근거하여 광범위하게 사적 자치를 제한하는 것은 부당하고 소수주주 보호를 위하여 한정적으로 적용하여야 한다는 견해[60]와 함께 주주 간의 형식적 평등이 아닌 실질적 평등을 고려하여야 하므로 차등적 취급이 회사와 주주의 공동의 이익이 되는 경우에는 허용된다고 보는 견해[61] 등이 대두되었고,[62] 이에 따라 주주평등원칙을 재정립하여야 한다는 학계와 실무의 공감대가 형성되었다. 대상판결은 이러한 공감대의 연장선에서 주주평등원칙의 개념을 재정립하였다.

Ⅴ. 대상판결의 평석

1. 주주평등의 원칙에 관하여

(1) 주주평등원칙의 실질적 평등으로의 전환

대상판결은 "회사가 일부 주주에게 우월한 권리나 이익을 부여하여 다른 주주들과 다르게 대우하였는지 여부"에 따라 주주평등원칙 위반 여부를 판단하던 기존 판례들과 달리, "주주와 회사 전체의 이익에 부합하는지 여부"를 재조명하여 주주 간의 차등적 취급이 일정한 경우에는 허용될 수 있다는 명시적인 법리를 설시하였다. 이는 주주 간에 차별이 있는지 여부를 주로 심리하던 기존의 분쟁 사안에서 주주 간의 차별에 합

59) 천경훈(주 6), 110-111면; 정준혁, "주주평등원칙의 발전적 해체와 재정립", 상사판례연구 제35권 제4호, 한국상사판례학회(2022), 242-243면.

60) 박상철(주 31), 394-396면.

61) 정준혁(주 59), 234-240면; 천경훈(주 6), 111-112면.

62) 이하 주주평등원칙의 경직적 적용을 완화하여야 한다는 취지의 선행연구는 정준혁(주 59), 218-219면에 압축적으로 정리되어 있다.

리적인 이유가 있는지 여부를 추가적으로 심리할 여지를 부여함으로써, 주주평등원칙을 형식적 평등이 아닌 실질적 평등의 개념으로 전환하여야 한다는 견해를 수용하였다는 데에 가장 큰 의의가 있다.

대상판결은 이때 차등적 취급이 실질적으로 평등한 대우인지 여부를 판단하는데 고려하여야 할 요소로서 ① 차등적 취급의 구체적 내용, ② 회사가 차등적 취급을 하게 된 경위와 목적, ③ 차등적 취급이 회사 및 주주 전체의 이익을 위해 필요하였는지 여부와 정도, ④ 일부 주주에 대한 차등적 취급이 상법 등 관계 법령에 근거를 두었는지 아니면 상법 등의 강행법규와 저촉되거나 채권자보다 후순위에 있는 주주로서의 본질적인 지위를 부정하는지 여부, ⑤ 일부 주주에게 회사의 경영참여 및 감독과 관련하여 특별한 권한을 부여하는 경우 그 권한 부여로 회사의 기관이 가지는 의사결정 권한을 제한하여 종국적으로 주주의 의결권을 침해하는지 여부, ⑥ 차등적 취급에 따라 다른 주주가 입는 불이익의 내용과 정도, ⑦ 개별 주주가 처분할 수 있는 사항에 관한 차등적 취급으로 불이익을 입게 되는 주주의 동의 여부와 전반적인 동의율, ⑧ 그 밖에 회사의 상장 여부, 사업목적, 지배구조, 사업현황, 재무상태를 들고 있는바, 이는 아래와 같이 정리할 수 있다.

<table>
<tr><th colspan="2">차등적 취급의 구체적 내용</th></tr>
<tr><td colspan="2">• 차등적 취급의 정당화 요소: 회사 및 주주 전체의 이익(A)
• 차등적 취급의 부정적 요소: 특정 주주가 받는 이익(B), 다른 주주들의 불이익(C)</td></tr>
<tr><th>사적 자치의 존중(거래법적 질서요소)</th><th>회사법적 한계(단체법적 질서요소)</th></tr>
<tr><td>• 회사가 차등적 취급을 하게 된 경위와 목적
• 불이익을 입게 되는 주주의 동의 여부와 전반적인 동의율
• 회사의 상장 여부, 사업목적, 지배구조, 사업현황, 재무상태</td><td>• 특정 주주에 대한 차등적 취급이 강행법규와 저촉되거나 채권자보다 후순위에 있는 주주로서의 본질적인 지위를 부정하는지
• 회사의 기관이 가지는 의사결정 권한을 제한하여 종국적으로 다른 주주의 의결권을 침해하는지</td></tr>
</table>

(2) 사전동의권 약정이 문제 된 사안에서 이익형량의 가능성에 대한 의문점

한편 위와 같이 대법원이 제시한 기준에 따르면, 사전동의권 약정을 통하여 특정 주주가 부여받는 이익의 가치(B)와 그에 대응하여 다른 주주가 입는 불이익의 가치(C)는 사전동의권 약정으로 인하여 부여된 지배권한에 잠재되어 있고 이를 개별적·일회적인 사안에서 그 가치를 평가하기 곤란하다는 측면에서 의문이 발생한다. 이는 사전동의권을 부여하는 국면과 사전동의권을 행사하는 국면을 구별하여 살펴볼 때에 비교적 명료하게 드러난다.

사전동의권을 부여하는 국면에서만 본다면, 그것이 주주와 회사 전체의 이익이 될 것은 분명하다. 투자계약 당시를 기준으로 한다면, 신주인수발행을 통해 납입되는 신주인수대금(지분 희석화의 문제를 제외하고는)은 회사와 기존 주주에 대하여 이익이 될 것이고,[63] 이는 사전동의권을 부여하는 조건이 신주의 발행가액을 높이고 신주인수인에게 부여하는 지분율은 줄이는, 즉 기존 주주의 지분 희석화를 최소화하는 목적을 달성하기 위하여 그에 대한 반대급부로 부가되는 현실을 고려할 때[64]에 더욱 그러하다. 이에 더하여 스타트업은 창립 초기 단계에 있어 영업이익이 본격적으로 발생하지 않기 때문에 시장에서의 평가지표가 한정적이라는 점을 고려한다면, 고가의 발행가액으로 신주를 배정하는 신주인수계약은 단순히 기존 주주들의 지분 희석화를 최소화한다는 측면보다도, 시장에서의 평가가치를 상승시킴으로써 향후 자금조달 및 경영협상과정에서 유리한 지위를 점할 수 있다는 측면에서 더욱 회사 및 주주에게 실효적인 이익을 가져다준다.

그러나 구체적·개별적인 사안에서 사전동의권을 행사하는 국면(권리를 행사하는 자가 의욕한 효과에 비추어본다면 사전동의권보다는 거부권이 더 적

63) 대상판결도 "이 사건 신주인수계약 당시 A 회사의 사업 현황 및 규모, 재무상태 등 제반 사정에 비추어 보면, 원고가 납입한 신주인수대금은 A 회사의 유동성 확보와 자본증가 등에 상당한 기여를 하는 등 주주 전체의 이익을 위하여 필요한 경우라고 볼 여지가 많다."라고 판시하였다.

64) 정준혁(주 59), 235-236면.

확한 표현이다)으로 진입하는 때에는 그렇지 아니하다. 투자자(또는 투자조합의 업무집행조합원)는 회사나 주주 전체의 이익을 대변하여 거부권을 행사하는 것이 아니고 투자자(또는 투자조합)의 이익을 위해 이를 행사할 것이며, 회사의 기관이나 임원이 아닌 개별 주주가 회사나 다른 주주에 대한 신인의무를 부담한다고 볼 근거도 없다. 실무에서도 선행 투자자가 후행 투자자에 대하여 할인된 가액으로 신주를 발행하는 경우(소위 다운라운드) 이에 대하여 거부권을 행사함으로써 분쟁이 발생하는 경우가 잦고,[65] 대상판결의 사안에서도 원고의 주당 인수가액보다 할인된 인수가액으로 후행 투자계약이 체결되어[66] 원고가 이에 관한 거부권을 행사하였다. 이러한 경우에 앞서 사전동의권을 부여하는 국면에서 신주인수대금의 납입이 주주와 회사 전체의 이익에 부합한다는 이유로 차등적 취급을 허용한다는 논리를 그대로 적용한다면, 사전동의권을 행사하는 국면에서 투자자의 후행 투자에 대한 거부권 행사는 주주와 회사 전체에 명백히 손해가 되는 행위가 되어 버리고 만다.

이에 대하여 대상판결은 사전동의권을 부여하는 국면과 사전동의권을 행사하는 국면을 구별하여, 사전동의권을 부여하는 국면에서는 '차등적 취급을 정당화할 수 있는 특별한 사정이 있다면 이를 허용할 수 있다.'는 취지로 판시하면서도, 사전동의권을 행사하는 국면에 진입하는 상황에 대하여는 다시 '신의성실의 원칙 또는 권리남용금지 원칙에 따라 그 권한행사를 통제할 수도 있다.'거나 '약정 위반의 효력에 따른 원고의 조기상환청구권이나 위약벌 약정이 공서양속에 반하는 경우에 이를 마찬가지로 제한할 수 있다.'는 점을 명시하여 그 손해배상청구의 전부 또는 일부를 기각할 수 있도록 여지를 남겨 두었다.

사전동의권 약정을 허용하는 판례의 취지를 존중하기 위해서는, 구

65) 이나래(주 32), 95-96면.

66) 2018년 당시, 원고가 보유한 상환전환우선주는 리픽싱 조항으로 인하여 주당 전환가액(인수가액)이 7,500원으로 조정된 상황이었고, X 회사, Y 회사가 새로이 인수한 상환전환우선주는 리픽싱 조항으로 인하여 그 신주인수 다음 해인 2019년에는 주당 전환가액(인수가액)이 5,000원 이하로 조정될 가능성이 높았다.

체적인 사안에서 사전동의권 행사를 통제하는 것은 예외적 남용 통제로 접근하는 것이 타당하다.[67] 따라서 투자자의 권리행사를 제한하는 근거가 되는 신의칙이나 공서양속은 주주평등원칙과는 별개의 것으로 보아야 하고, 그 권리행사가 제한되는지 여부는 회사와 주주 전체의 이익에 부합하는지 여부를 따져 이익형량의 방식으로 적극적으로 판단할 것이 아니라, 투자자가 오로지 회사에 손해배상 내지 위약벌 의무를 부과함으로써 투하자본을 회수할 목적으로 거부권을 행사하거나, 합리적인 경영상 이유가 없이 회사로 하여금 정상적인 업무를 영위하지 못하게 할 정도로 거부권을 행사하는 등의 경우에 그 권리행사의 동기, 목적, 태양, 결과 등을 종합하여 그 남용을 소극적으로 통제하는 방향으로 판단하여야 한다.

이와 같이 사전동의권 행사의 남용을 소극적으로만 통제하는 대상판결의 입장을 고려한다면, 사전동의권 약정이 그 권리행사의 국면에 이르러 회사 및 주주 전체에 대한 손해가 될 가능성을 감수하고서라도 이를 허용하여야 할 근거를 보강할 필요가 있다. 만약 사전동의권 부여 국면에서 발생한 회사 및 주주 전체의 이익(예를 들어, 신주인수대금 상당 선행투자금)보다, 사전동의권 행사 국면에서 발생할 회사 및 주주 전체의 불이익에 대한 기댓값(예를 들어, 후행투자가 거부됨으로써 상실할 후행투자금)이 더 클 경우, 결과적으로 실질적 평등을 인정할 근간이 되는 '회사 및 주주 전체의 이익'이 처음부터 없었던 것이 아닌지에 관한 의문을 해소해야 하기 때문이다.

이러한 의문이 발생하는 근본적인 원인은, 사전동의권 약정으로 투자자에게 부여되는 지배권은 무형적·구조적 이익으로서 단순히 경제적·회계적으로 그 가치를 평가할 수 있는 것이 아니고, 그에 상응하여 다른 주주(특히, 창업주 등 지배주주)가 상실하는 지배권 또한 마찬가지이며, 그 지배권에 잠재된 실질가치는 회사의 성장가능성에 비례하여 급격히 증식될 수 있기 때문이다. 따라서 사전동의권 약정이 회사 및 주주

67) 전준영(주 21), 81-82면.

전체의 이익이 된다는 판단은, 신주인수대금의 확보라는 경제적 · 회계적 이익에 기초하여서만 이루어져서는 안 된다.

말하자면, 앞서 살펴 본 표에 대입하여 보았을 때, 사전동의권 약정으로 특정 주주가 받는 이익(B), 다른 주주가 입는 불이익(C)이 모두 무형적 · 구조적인 것이기에, 나머지 항인 주주와 회사 전체 이익(A)이 회계적 · 경제적 이익에 한정된다면 차등적 취급의 정당화 요소와 부정적 요소 간 균형이 성립하지 않으므로 그 전체 이익(A) 역시 지배권의 이전에 상응하는 무형적 이익이어야 하고, 따라서 대상 판결이 설시한 실질적 평등의 내용을 확정하기 위해서는 회사 및 주주 전체에 주어지는 무형적 · 구조적 이익이 무엇인지를 탐구하여야 한다는 것이다. 그리고 필자는 대상판결이 그 무형적 · 구조적 이익을 사전동의권 약정에 의한 지배구조의 개편 그 자체임을 전제로 약정의 효력을 긍정하였다고 본다.

2. 지배구조의 변경에 관하여

(1) 대상판결에 함의된 지배구조의 쟁점

대상판결은 차등적 취급의 주체가 지배주주가 아닌 회사라는 점을 전제로 주주평등원칙의 위반 여부를 검토하였고, 그에 따라 신주인수계약을 대상으로 주주평등원칙에 반하지 아니하여 그 효력을 인정할 여지가 있다는 취지의 판단을 내렸을 뿐, 주주 간 계약 등 사적 계약으로 인한 지배구조 변경의 문제가 전면적으로 드러나지는 아니하였다.

그럼에도 불구하고 대상판결은 구체적인 사안의 포섭에 있어 사전동의권 약정으로 인하여 지배구조의 변형이 발생한다는 점을 인식하고 그러한 변형이 미치는 영향을 주된 고려요소로 삼고 있다. 즉, 대상판결은 "일부 주주에게 (사전동의권을 부여함으로써) 회사의 경영활동에 대한 감시의 기회를 제공하여 다른 주주와 회사에 이익이 (된다)"는 취지로 판시[68]

---

68) 대상판결과 같은 날 선고된 대법원 2023다210670 판결에서는 "사전 동의권 약정이 경영활동에 대한 감시의 기회를 제공함으로써 다른 소수주주에게 이익이 될 가능성도 있다."라고 더욱 직접적으로 설시하기도 하였다.

하면서, 상법에 정하지 않은 소수주주권 유사 권한의 작출 가능성,[69] 법정된 의결기관에 적법한 절차를 따르지 않은 변형을 가하였는지 여부,[70] 법이 허용하지 않는 내용의 종류주식을 발행하는 결과를 초래하는지 여부[71] 등을 검토하고 있는데, 여기서 사적 계약으로 인하여 지배구조가 변경되는 과정에 대한 대법원의 시각이 드러난다.

(2) 사전동의권 약정을 통한 스타트업 지배구조의 개선

대상판결은 지배주주나 경영진의 경영사항에 대한 감시·감독 등 목적에서 사전동의권을 행사하기 때문에 다른 주주에게 침해가 되지 않는다고 판단하였다. 그러나 실제 투자자가 단순 감시·감독 목적에서 사전동의권을 행사한다고 볼 수도, 또는 회사나 주주 전체의 이익을 대변하여 그러한 감시·감독 권한을 행사한다고 볼 수도 없음은 앞서 살펴 본 바와 같다. 그렇다면 이러한 감시·감독 권한은 구체적인 권한의 행사주체나 목적과는 무관하게 감시·감독 권한이 수행하는 견제 기능 자체만으로 평가되어야 한다.

그동안 스타트업의 창업주(지배주주) 측 경영권 방어수단에 관하여는 도입필요성이 꾸준히 논의되어 왔고, 앞서 2011년 개정 상법 당시 다양한 종류주식의 논의가 이루어졌던 배경도 주로 경영권 방어수단에 관한

---

69) "상법에서 일정한 지분율 이상의 주식을 보유한 소수주주의 권리를 인정하고 있고, 이와 유사한 측면에서 A 회사가 발행주식총수의 5% 이상을 취득한 소수주주인 원고에게 A 회사의 지배주주나 경영진의 경영사항에 대한 감시·감독 등 목적에서 그와 같은 권한을 부여하는 것만으로 다른 소수주주에게 실질적인 손해 등이 발생한다고 보기 어렵다."

70) "이 사건에서 쟁점이 되는 원고의 사전동의권 등 약정의 대상은 주식회사의 신주발행 내지 유상증자 여부 등이다. 이는 원칙적으로 이사회의 결의가 필요한 사항으로 특별한 사정이 없는 한 주주총회의 결의가 필요한 것은 아니므로, 원고와 같은 일부 주주가 사전동의권 등을 갖더라도 다른 주주의 의결권이 직접적으로 침해된다고 보기도 어렵다."

71) "이는 이 사건 신주인수계약에 따른 채권적 권리에 불과하고 제3자가 원고의 주식을 양수받아도 특별한 사정이 없는 한 양수인에게 그와 같은 지위가 승계되지 않는다. (…) A 회사의 경영사항에 대한 사전동의권 등이 원고가 보유한 주식 그 자체에 부여되었다고 볼 수도 없으므로, 원고가 보유한 주식이 상법상 허용될 수 없는 특별한 종류의 주식이라고 볼 수도 없다."

것이었다. 한편 그에 비하여 스타트업의 창업주(지배주주)의 경영권에 대한 견제수단을 제도적으로 도입하여야 한다는 논의는 상대적으로 적었고, 이는 주로 거래소 규정이나 사적 계약 등을 통한 자본시장의 기능[72]에 일임되어 있었다.

여기에 개정된 벤처기업법에 의하여 창업주에 대한 복수의결권주식 발행이 제한적으로 허용되기에 이르렀음은 앞서 살펴본 바와 같은데, 이에 반하여 대량의 자금을 투입하였으나 경영에는 직접적으로 참가하지 못하는 투자자가 회사의 중요한 의사결정에 자신의 의사를 반영하고자 하는 경우에 유용한 수단으로서 활용할 수 있는 동의권부주식[73]은 도입되지 아니하였다. 이처럼 개정 벤처기업법이 회사 지배구조에 있어서 지배주주의 지배권을 공고히 하는 복수의결권 제도를 도입하면서도 그에 상응하는 추가적인 지배구조 규제를 요구하고 있지 아니하고 있어 지배구조 규제의 공백이 발생하는데, 이는 일정액수 이상의 외부 투자를 복수의결권주식 발행의 선결조건으로 하는 만큼 해당 외부 투자자와의 개별 주주 간 계약 등으로 그 공백을 해결할 것을 예정한 입법자의 의도라고도 볼 수 있다.[74]

이러한 배경을 고려하여 볼 때 대상판결이 사전동의권 약정을 지배주주나 경영진에 대한 견제수단으로 이해하는 것은, 스타트업에서 사적 계약을 통하여 지배구조를 변경함으로써 결과적으로 창업주(지배주주), 그리고 투자자(견제주주) 간의 균형을 유지하려는 자본시장의 시도에 대한 긍정적인 신호로 해석될 수 있다. 즉, 대상판결은 사적 계약을 통해 지배권을 분배함으로써 의사결정주체가 다원화되어 가는 과정 그 자체를 개선된 지배구조로 이해하고 있는 것이다. 특기할만한 점은, 기존 학계에서 견해가 전개되는 과정에서 사적 계약을 통한 지배구조의 개편은 주로 폐

---

72) 김건식(주 16), 63-74면("기업지배구조의 개선과 경쟁").

73) 권종호(주 25), 24면.

74) 이한준, "복수의결권 제도의 필요성과 구현방안-개정 벤처기업육성에 관한 특별조치법의 분석을 중심으로-", 기업법연구 제37권 제2호, 한국기업법학회(2023), 49면.

쇄적 주식회사에서 문제 되었던 반면, 대상판결 사안은 A 회사가 코넥스[75] 상장회사임[76]에도 불구하고 이와 같은 공개회사에 대하여까지 전향적으로 논의의 지평을 확장하였다는 데에 있다. 대상판결 중 구체적 사안 포섭 부분에서 A 회사의 상장 여부가 미치는 영향에 관한 직접적 판단은 찾아보기 어려우나, 당시 주요 주주를 제외한 주주의 지분율이 주주총회 특별결의요건의 충족에 영향을 미치지 못할 정도로 적은 사정[77]을 고려한 것으로 생각된다.

(3) 사전동의권 약정으로 인한 지배구조 변경의 한계점에 대한 검토

다만 대상판결은 주주평등원칙 위반 여부를 주된 판단대상으로 하면서, 이와 같이 사적 계약으로 인하여 지배구조가 변경됨으로 인하여 발생할 수 있는 부작용에 대한 검토가 전면적으로 이루어지지는 아니하였다. 한편 원심판결은 사적 계약으로 인한 지배구조 변경의 문제점에 관하여 정면으로 지적하면서, 사전동의권 약정이 법이 예정하지 아니한 종류주식을 작출하고 이러한 결과가 외부에 공시되지 아니함으로써 거래의 안정을 해친다는 점을 주된 이유로 하여 그 효력을 부인하였다.[78]

이에 대하여 대법원은 제3자가 원고가 보유한 주식을 양수받아도 사전동의권이 승계되지 않는다는 점, 즉 수반성이 없다는 점을 들어 그 보

75) 한국거래소가 중소기업기본법 제2조에 따른 중소기업이 발행한 주권 등을 매매하기 위하여 개설한 증권시장으로서(자본시장과 금융투자업에 관한 법률 시행령 제11조 제2항 참조), 신생 중소기업 등 스타트업의 외부자금조달을 원활히 하기 위하여 개설된 시장이다.

76) A 회사는 원고와 신주인수계약을 체결하기 전인 2015. 5. 28. 코넥스 시장에 상장되었다.

77) A 회사의 2016. 3. 28. 자 감사보고서(정정)에 의하면 2015. 12. 31. 기준 주요 주주를 제외한 기타주주의 지분율이 14.72%이다.

78) "회사와 신주인수인 사이에 별개의 약정으로 주식에 표창된 권리를 넘어 위와 같은 내용의 권리 또는 권한을 부여하고 그 위반 시 강력한 제재를 가하는 방법으로 그 이행을 강제하는 것을 허용할 수는 없다. 만약 이를 허용할 경우 ① 기존 회사로 하여금 신주발행의 형식을 통하여 실질적으로는 이른바 '황제주'와 같은 사실상 법이 허용하지 않는 내용의 종류주식을 발행하는 것과 같은 결과를 초래하게 될 우려가 있고, … (중략) … ③ 그러한 계약 내용은 공시할 적절한 방법이 없는 상황을 고려할 때 주식의 거래 안전을 해할 우려도 있다."

유주식이 상법상 허용될 수 없는 특별한 종류의 주식이라고 볼 수 없다고 판시하였다. 그러나 종류주식에 부여된 특별한 권한이 반드시 영속적이라거나 수반성을 지녀야 한다고 볼 것은 아닌바, 벤처기업법상 새로 도입된 복수의결권주식도 양도될 때에 복수의결권이 상실되도록 정하고 있는 점,[79] 일반적으로 투자계약 당시 '주식 매도 시 포괄적 권리 · 의무 승계 조항'을 삽입하여 사전동의권 등 권한이 주식에 수반하여 양도되는 것으로 정하고 있는 점[80] 등에 비추어 보면, 원심판결이 지적한 종류주식의 문제를 수반성에 국한하여 검토할 것은 아니다.

이하에서는 앞서 살펴본 지배구조 변경을 위한 사적 계약의 한계를 대상판결의 함의에 비추어 살펴보기로 한다.

(가) 공시의 한계에 관하여

종류주식의 문제는, 원심판결이 적절히 지적하였듯이, 앞서 살펴본 사적 계약의 공시 기능의 한계와 결부지어 검토하여야 한다. 그리고 그러한 공시 기능의 한계는, 사전동의권 약정이 미치는 효력의 범위에 관하여 충분히 경청할 만한 경각심을 일깨우고 있다. 대법원은 회사의 다른 주주들이 사전동의권 약정에 대하여 명시적으로 동의하였는지 여부가 분명하지는 않다는 점을 인정하면서도,[81] A 회사의 다른 주주들이 원고에 대한 차등적 취급에 반대할 만한 동기가 존재한다거나 원고와의 관계에서 대립적인 이해관계를 형성한다고 단정할 수도 없다고 판시하였다. 그러나 결과적으로 원고의 사전동의권 행사로 인하여 A 회사 및 전체 주주들이 감수하여야 하는 회계적 · 경제적 손해액을 고려한다면, 지배주주

79) 복수의결권주식을 배정받은 창업주가 복수의결권주식을 상속하거나 양도한 경우에는 그 상속일이나 양도일부터, 자본시장법에 따른 증권시장에 상장된 경우에는 상장된 날부터 3년이 지난 날 보통주식으로 전환된다(벤처기업법 제16조의12 제1항 제2호, 제4호).

80) 한국벤처캐피탈협회가 제공하는 표준투자계약서 중 KAA 2021 기준투자계약서 [상환전환우선주식(통합형)] 제22조 참조〈https://www.kvca.or.kr/Program/board/listbody.html?a_gb=board&a_cd=12&a_item=0&sm=4_3&page=1&tm_num=1&po_no=6553〉(2024. 2. 8. 확인).

81) 이러한 판단 배경에는 A 회사가 코넥스 상장회사인 점이 고려되었을 것으로 보인다.

가 아닌 다른 주주들로서는 어차피 회사에 대한 실질적 영향력이 없는 자신들의 지분율을 포기하면서라도, 그리고 인수가액을 낮추고 투자자에게 배정하는 주식의 지분율을 높이면서라도 사전동의권 약정을 배제할 유인을 가질 여지가 있다. 어떤 소수주주는 사전동의권 약정의 부여행위를, 그 권리행사 국면의 위험은 회사에 전가하면서 창업주(지배주주)의 지분 감소율은 최소화하여 사적 이익을 취하는 터널링으로 볼 수도 있는 것이다. 그럼에도 불구하고 위 판시와 같이 다른 주주들의 추정적인 묵인이 있었다고 인정하기 위해서는, 적어도 다른 주주들이 사전동의권 약정에 대한 정보에 관하여 접근할 기회는 있었어야 한다고 본다.

이러한 공시 기능은 외부 당사자들의 예측가능성을 확보하는 작용을 하기도 하지만, 사적 계약에 단체법적 질서에 따른 회사법적 효력을 부여하는 근거가 되기도 한다. 결국 사전동의권 약정을 체결하는 당사자들로서는, 입법론적으로 동의권부주식이 종류주식으로 도입되어 제도화되는 방법이든, 해석론적으로 사전동의권의 취지를 정관에 기재하여 그 정관의 효력을 인정받는 방법이든, 그 실효성을 확보하기 위해서라도 종국적으로는 주주 간 계약의 내용을 공시하는 방향을 고려하는 것이 바람직하다.

(나) 이행가능성의 한계에 관하여

지배구조를 개편하기 위한 사적 계약은 법제가 정비되기까지는 정관에 이를 기재하는 방향으로 공시의 한계를 극복해 나갈 것으로 보이는바, 그렇다면 정관에 기재된 주주 간 계약이 이행가능성의 한계를 극복할 수 있을지, 즉 회사법적 효력을 부여할 수 있을지가 그다음의 문제로 부상할 것으로 보인다. 벤처투자업계에서는 그 실효성을 확보하기 위하여 주주 간 계약의 당사자에 회사를 포함시키는 등 회사를 상대로 한 효력을 확보하고자 하였으나, 주주 간 계약이 채권적 효력을 가질 뿐에 불과한 이상 그 계약당사자로 회사가 포함된다 하더라도 제3의 이해관계인이 형성된 이후에는 그 계약을 이행하기 어려울 것으로 보인다. 주요 경영사항에 대하여 회사에 투자자의 사전동의를 받도록 약정하였을 때 회사가 그 자체로 의결기관이 아닌 이상 회사가 그 조항의 이행의무자가 될 수 있는지에 관한 논의,[82] 회사를 상대로 내부 결의를 쟁송으로 강제할 방법론에 관한 논의[83]는 별론으로 하더라도, 회사가 그 경영판단으로 인하여 이해관계를 맺은 제3자에 대하여는 그러한 제3자의 채권 침해행위가 공서양속에 반하는 예외적인 경우를 제외하고는 사전동의권 약정의 이행을 강제할 방법이 없을 것이기 때문이다. 그렇다면 실무적으로도 주주 간 계약의 이행가능성을 확보하기 위해 회사법적 효력을 부여하려면 그 내용을 정관에 기재하는 방안을 모색할 필요가 있다.

정관에 기재할 내용이 이사회 결의사항이라면, 주주인 이사와의 주주 간 계약에 기하여 이사의 권한행사를 제약할 수 없다는 것이 판례[84]의 태도이고, 주주 간 계약의 당사자로 하여금 그 주주가 지명한 이사에게 특정 결의에 찬성하도록 하는 프로큐어(procure) 조항에 의한 때에도 여전히 이사의 충실의무와 주주 간 계약에 따른 채무와의 충돌이 문제될 수 있다.[85] 그러나 충실의무 위반을 이유로 주주 간 계약에서 자발적으로 합의한 사항을 번복한다면, 이는 신의칙 내지 금반언의 원칙에 또한 반하는 결과를 초래한다.[86] 계약은 지켜져야 한다(pacta sunt servanda)는 기본 법원칙에 비추어 본다면, 이사가 주주 간 계약으로 변경된 지배구조에 순응하여 의결하는 것은 주주 간 계약 체결 당시 이행한 충실의무의 연장선상에서 이해되어야 하며, 주주 간 계약으로 분배된 지배권의 행사시점을 미시적으로 관찰하여 그러한 이사의 의결이 충실의무에 반한

82) 이철송(주 44), 26-28면.

83) 고홍석, "주주총회, 주식 관련 가처분에 관한 최근의 실무상 쟁점", 민사판례연구 제45권, 민사판례연구회(2023), 1090-1092면.

84) 대법원 2013. 9. 13. 선고 2012다80996 판결: "주주 간 협약은 원피고들의 주주로서의 권한을 제한하는 효력을 가진다고 볼 수 있을 뿐 이사로서의 권한을 제한하는 효력을 가진다고 볼 수 없고, 이는 원피고들이 주주의 지위를 가지면서 동시에 이사의 지위를 가진다고 하더라도 마찬가지(이다)". 이철송(주 7), 558면.

85) 이철송(주 44), 25-26면.

86) 대상판결에서도, "이 사건에서 원고가 A 회사의 약정 위반을 이유로 손해배상 등을 구하자, 이에 동의하였던 A 회사 및 甲이 비로소 주주평등의 원칙 위반 문제를 주장하고 있을 뿐"이라고 판시하여 계약에 동의한 당사자들이 이를 번복하는 것에 대한 문제인식을 드러내고 있다.

다고 보는 시각은 지양되어야 한다.

정관에 기재할 내용이 주주총회의 결의사항이라면, 정관으로 주주총회 결의사항을 새로이 정할 수 있는지, 정관으로 주주총회 결의요건을 강화할 수 있는지가 문제가 된다. 먼저, 정관자치의 측면에서는 정관으로 회사의 지배구조를 결정하는 것이 부당하다고 보기 어려울 뿐만 아니라, 그러한 지배구조가 공시되는 이상 회사의 지배구조에 새로이 진입하는 제3자에 대하여도 그 단체규범적 구속력을 인정하는 것이 회사법의 단체법적 질서를 해친다고 보기도 어려우므로,[87] 주주총회의 결의사항을 정관으로 확장할 수 있다고 본다. 다음으로, 정관으로 주주총회 결의요건을 강화하면 경영상 교착상태에 빠져 회사의 영속성이 저해된다는 견해는,[88] 그러한 교착상태를 유발하는 지배주주 내지 경영진의 전횡적 운영을 방지하기 위함에 주주 간 계약을 통한 지배구조 개편의 본질적인 목적이 있으므로 이에 대한 당사자들(주로는 정관 변경의 결의요건을 충족하는 주주들일 것이다) 간의 합의를 부인하는 것은 타당하지 않다[89]는 점에서 반박될 수 있다.

사전동의권 약정을 비롯한 주주 간 계약에 대하여 손해배상액의 예정 내지 위약벌 등 간접적인 이행강제를 통해 그 실효성을 확보하려는 실무의 흐름은 한계가 있다. 대상판결에서도 "(사전동의권 약정) 위반의 효력에 따른 조기상환청구권이 상법상 배당가능이익의 존부 등 상환요건에 부합하지 않거나 계약 이후 지속적으로 증가되는 구조의 위약벌 약정이 공서양속에 반하여 그 효력을 인정할 수 없는지 여부"에 관한 판단을 파기환송심에 유보하였듯이, 실제 위약 시 상환청구권을 인정하거나 신주인수대금 전액을 손해배상 예정액 내지 위약벌로 하는 투자계약이 회사의 자기주식취득의 제한, 자본충실의 원칙, 출자환급금지의 원칙에 반하여

87) 김지환, "주주간 계약과 정관자치법리에 관한 연구", 상사판례연구 제26권 제3호, 한국상사판례학회(2013), 220, 229-230면.
88) 이철송(주 44), 572면.
89) 천경훈(주 33), 23면.

그 전부 또는 일부가 무효가 될 수 있다는 점을 고려한다면 간접적인 이행강제만으로는 그 실효적 효과를 장담할 수 없다. 그렇다면 사전동의권 약정을 통한 지배구조의 변경이 회사 및 주주 전체의 이익이 된다고 보아 긍정적인 개선이라고 평가한 대법원의 시각을 지지하기 위해서라도, 정관에 주주 간 계약을 반영하여 그 실효성을 확보하려는 노력은 존중되어야 한다.

Ⅵ. 결 론

대상판결은 주주평등원칙에서 평등의 개념을 실질적 평등의 영역으로 전환하였다는 점에서 주된 의의가 있으나, 이 글에서는 지배구조의 측면에서 사전동의권 약정의 효력에 관한 대상판결의 판시를 살펴보았다. 필자는 대상판결이 사적 계약을 통하여 형성되는 지배구조의 변화과정 그 자체를 회사 및 주주 전체에 주어지는 무형적·구조적 이익으로 판단한다고 이해하였고, 나아가 대상판결이 남긴 의문점을 극복하기 위하여 지배구조를 형성하기 위한 사적 계약을 정관에 기재하는 방법을 모색하여 보았다. 다만 대상판결에 대하여는 아직도 상장회사에 대한 일반적인 확장가능성 및 적용기준, 위약벌 및 손해배상금 감액의 정도에 관한 판단 기준, 사전동의권 약정의 이행의무자 확정 및 이행을 강제할 방법 등 이 글에서 풀지 못한 과제가 다수 남아 있고, 이 중에는 파기환송된 원심의 판단에 유보된 사항도 있다.

회사법적 영역인 기업지배구조를 형성하는 데에 사적 계약이 개입할 수 있는 역할과 기능에 본질적인 한계가 있다 하더라도, 계약이 연성규범(이 글에서 예를 들면 한국벤처캐피탈협회의 표준계약서)으로, 연성규범이 다시 경성법으로(이 글에서 예를 들면 벤처기업법상 복수의결권주식제도의 도입) 반영되는 과정에서 기업지배구조가 진화·발전할 수 있다는 데에 여전히 이를 탐구하는 의의는 있다. 벤처캐피탈이 투자계약서를 작성함에 있어서 미국 실리콘밸리의 성공사례를 답습하면서 고착화된 사전동의권 약정 등 투자자 보호약정은 모방적 동형화(memetic isomorphism)의 형태를 갖추고 있는바,[90] 사전동의권 약정이 표준계약서에 기재되어 간접적인 구속력을 갖는 것은 제도적 동형화(institutional isomorphism) 이론[91]에 그 사회학적 근거가 있다는 점에서도 이는 벤처회사의 지배구조에 관한 규범을 형성하였다고 보인다. 이와 같이 실무에서 형성된 사회학적 규범을 법제도로 편입시킴에 있어 균형 잡힌 기업지배구조를 완성하는 것이 입법, 사법, 학계에 주어진 과제라 할 것이다.

---

90) Gordon Smith/Brayden King, "Contracts as Organizations", 51 Arizona Law Review(2009), 52.

91) 어떠한 조직적 구조 내지 관행이 형성되어 제도로 정착·확산되어 결과적으로 이질적인 집단 간에 동질적인 구조·관행을 갖게 되기까지의 과정에 관하여, DiMaggio, Powell(1983)은 강제적 동형화, 규범적 동형화, 모방적 동형화 과정에서 동질적인 구조·관행을 갖게끔 하는 압력이 작용한다고 설명하였다. Paul DiMaggio/Walter Powell, "The iron cage revisited: Institutional isomorphism & collective rationality in organizational fields", American Sociological Review(1983), 147-160.

[Abstract]

Restructuring Corporate Governance via Private Contract

– Focusing on the Implication of the Principle of Shareholder Equality Reestablished by Supreme Court Decision 2021Da293213

Lee, Youn Jae*

As early-stage companies raise capital, they face increasing pressure from investors to restructure corporate governance, and investors seek to limit controlling shareholders' management decisions against their interests through protective provisions that require investors' approval for designated major management decisions. The subject case centers on whether such protective provisions on consent rights violate the principle of shareholder equality. In recent years, there have been a number of studies seen to the effect that the rigid application of the principle of shareholder equality denies the effectiveness of agreements agreed between the parties, harms the safety of transactions, and hinders the development of corporate law. The subject case is significant in that it accepted the view that the principle of shareholder equality should be transformed into a concept of substantive equality rather than formal equality, by giving room for further examination of whether there is any reasonable reason for the discrimination between shareholders, from the existing case in question, examining whether there is discrimination between shareholders.

On the other hand, the subject case concluded that there are special circumstances to justify discrimination between shareholders through the protective provisions on consent rights as such discrimination benefits the company and the shareholders as a whole, and in the course of its argument,

* Judge, Seoul Eastern District Court.

it refers to the subscription price that may contribute to the company's liquidity. However, this is limited to accounting and financial benefits and thus is not balanced by the fact that the benefits to investors and the relative disadvantages to other shareholders caused by protective provisions on consent rights are about intangible and structural control rights. Therefore, in order to determine the substantive equality of the subject case, the intangible and structural benefits to be given to the company and shareholders as a whole should be explored.

In this article, the author argues that the subject case implies that the protective provisions on consent rights are understood as a check on controlling shareholders and management, and that the process of diversifying the decision-making body by distributing control through private contracts per se is an improvement in governance and an intangible and structural benefit to the company and shareholders as a whole. Given that the defendant company in the ruling is listed on KONEX market, the subject case has a further significance in that the subject case extended the discussion of governance restructure via private contracts even to such public companies.

However, with respect to the legitimacy of restructuring the corporate governance via private contracts, there are views that raise questions on the grounds of possible violations of the principle of shareholder equality, the lack of public disclosure, and the limitation of enforceability. In order to overcome these limitations, the parties entering into a shareholders' agreement including protective provisions on consent rights should consider disclosing the contents of the agreement in the articles of incorporation and respect the effectiveness of the agreement stated in the articles of incorporation from a legal interpretation perspective.

[Key word]

- protective provisions on consent rights
- the principle of shareholder equality
- corporate governance
- shareholders' agreement
- autonomy by articles of incorporation

참고문헌

1. 단 행 본

김건식, 기업지배구조와 법, 소화(2010).
김건식 · 노혁준 · 천경훈, 회사법 제5판, 박영사(2021).
김성탁, 회사법입문 제10판, 법문사(2020).
송옥렬, 상법강의 제12판, 홍문사(2022).
이철송, 회사법강의 제30판, 박영사(2022).
최완진, 기업지배구조법 개정판, 한국외국어대학교 지식출판원(2016).
한국상사법학회, 주식회사법대계 I 제4판, 법문사(2022).

James Cox, Thomas Hazen, Business Organizations Law 4th edition, West academic publishing(2016).
Therese Maynard, Dana Warren, Shannon Trevino, Business Planning 3rd edition, Wolters Kluwer(2018).

2. 논 문

고홍석, "주주총회, 주식 관련 가처분에 관한 최근의 실무상 쟁점", 민사판례연구 제45권, 민사판례연구회(2023).
곽관훈, "벤처기업에 있어서의 주주간 계약", 상사법연구 제22권 제1호(2003).
권오성, "주주간 계약의 효력에 관한 연구", 홍익법학 제10권 제3호(2009).
권종호, "적대적 M&A 방어수단의 도입 필요성–2008년 경영권방어법제 개선위원회의 입법초안을 중심으로–", 상사판례연구 제22권 제4호(2009).
김지환, "주주간 계약과 정관자치법리에 관한 연구", 상사판례연구 제26권 제3호, 한국상사판례학회(2013).
남궁주현, "중소벤처기업의 지배구조에 관한 법적 쟁점", 경제법연구 제21권 제1호(2022).
류지민, "주주평등원칙의 변화에 따른 기업지배구조 문제의 이해–미국의 차등의결권주식(Dual-class stock) 제도를 둘러싼 논의를 중심으로–", 상사법연구 제39권 제2호(2020).

문준우, “영국 회사법의 종류주식과 그 시사점”, 상사법연구 제29권 제4호 (2011).

박상철, “벤처투자계약의 국내법상 수용과 관련한 쟁점–상환전환우선주 조항의 효력을 중심으로–”, 상사법연구 제37권 제2호(2018).

박철영, “종류주식의 활용과 법적 과제”, 기업법연구 제25권 제4호(2011).

송옥렬, “상장회사의 차등의결권 주식에 대한 비판적 고찰”, 법경제학연구 제12권 제1호(2015).

______, “주주간 계약의 회사에 대한 효력 -회사법에 있어 사적 자치의 확대의 관점에서”, 저스티스 통권 제178호(2020).

송지민, “스타트업의 지배구조–미국의 논의를 중심으로–”, 상사법연구 제41권 제4호(2023).

유영일, “차등의결권주에 관한 연구–도입필요성을 중심으로–”, 상사판례연구 제21권 제4호(2008).

이나래, “스타트업의 지배구조에 관한 법적 연구”, 서울대학교 법학박사 학위논문(2023).

이철송, “주주간계약의 회사법적 효력론의 동향”, 선진상사법률연구 제86호, 법무부(2019).

이한준, “복수의결권 제도의 필요성과 구현방안–개정 벤처기업육성에 관한 특별조치법의 분석을 중심으로–”, 기업법연구 제37권 제2호(2023).

이형규, “상법개정안상 거부권부주식의 도입에 관한 검토”, 상사법연구 제25권 제4호(2007).

전준영, “약정에 의한 주주의 사전동의권에 관한 검토”, 상사법연구 제42권 제1호(2023).

전휴재, “의결권에 관한 주주간 계약의 효력과 그 이행확보 방안”, 저스티스 통권 제199호(2023).

정준혁, “주주평등원칙의 발전적 해체와 재정립”, 상사판례연구 제35권 제4호 (2022).

천경훈, “주주간 계약의 실태와 법리–투자촉진 수단으로서의 기능에 주목하여–”, 상사판례연구 제26권 제3호, 한국상사판례학회(2013).

______, “회사와 신주인수인 간의 투자자보호약정의 효력–주주평등원칙과의 관계를 중심으로–”, 상사법연구 제40권 제3호(2021).

Elizabeth Pollman, "Startup Governance", 168 University of Pennsylvania Law Review(2019).

Gabriel Rauterberg, "The Separation of Voting and Control: The Role of Contract in Corporate Governance" 38 Yale Journal on Regulation(2021).

Gordon Smith, Brayden King, "Contracts as Organizations", 51 Arizona Law Review(2009).

Jill Fisch, "Stealth Governance: Shareholder Agreements and Private Ordering", 99 Washington University Law Review(2022).

Paul DiMaggio, Walter Powell, "The iron cage revisited: Institutional isomorphism & collective rationality in organizational fields", American Sociological Review(1983).

Zohar Goshen, Assaf Hamdani, "Corporate Control and Idiosyncratic Vision", The Yale Law Journal(2016).

자본시장법상 회사의 부실공시로 인한 주주의 손해배상청구에서의 인과관계
-대법원 2022. 9. 7. 선고 2022다228056 판결을 중심으로-

남궁 주 현*

■요 지■

본 연구는 대법원 2022. 9. 7. 선고 2022다228056 판결을 중심으로 회사의 부실공시로 인한 주주의 손해배상청구에서의 인과관계 문제를 검토하였다. 자본시장법상 공시의무위반에 따른 손해배상책임의 성립요건으로서 인과관계는 중요한 쟁점인데, 그중 거래인과관계는 투자자가 부실공시를 신뢰하여 증권을 취득하였는지와 관련되고, 손해인과관계는 부실공시와 손해 발생 사이의 인과관계와 관련된다. 대상판결은 정상 재무제표 공시 이후의 주식 취득에 관하여 거래인과관계를 부정하면서도, 정상 재무제표 공시 직후 형성된 주가를 곧바로 정상 주가로 볼 수 없다고 판단하였다. 이는 거래인과관계와 손해인과관계를 구분하여 적용한 것으로, 정보 갱신 이후의 신뢰 문제와 시장 평가의 즉시성에 대한 현실적 고려를 반영한 것으로 볼 수 있다. 대상판결은 공시의무위반에 따른 손해배상책임의 성립요건 중 인과관계에 관하여 기존 선례에 더하여 한 단계 더 구체적인 판단을 하였다는 점에서 의미가 있다. 거래인과관계는 민법상 '손해배상책임의 성립'에 관한 인과관계, 손해인과관계는 '손해배상의 범위'에 관한 인과관계의 문제로 볼 수 있다. 인과관계는 손해배상책임의 성립요건으로서 그 존부에 따라 책임의 인정 여부가 달라지므로, 그것을 어떻게 정의하고 해석하는지에 따라 손해배상의 범위도 영향

* 성균관대학교 법학전문대학원 부교수, 법학전문박사.

을 받을 수밖에 없다. 회사는 공시할 때 사실에 기반하여야 하는 것이 너무 당연하다. 따라서 투자자가 회사의 주식을 거래할 때 회사의 공시 내용이 진실한 것이라고 믿고 거래하는 것이 당연히 전제되는 것이다. 투자자에게 공시의 내용을 확인할 의무가 인정되지 아니하는 상황에서 투자자에게 공시의 내용이 진실이 아닐 수도 있다는 의심을 하고 모든 거래 시 그 내용을 객관적으로 검토하게 강제할 수는 없다. 비대면거래가 주를 이루는 현대의 증권시장에서 굳이 거래인과관계와 손해인과관계를 엄격하게 나누어 평가해야 하는지 고민할 필요가 있다. 이와 관련하여 거래인과관계와 손해인과관계는 거래 관련 위법행위에 있어 법적 가치 판단이 필요한 인과관계로서 상당인과관계의 개념에 포함하여 검토할 수 있다. 이에 기초하면, 공시의무위반으로 인한 손해배상책임에 있어 인과관계는 '부실표시로 증권의 가격이 왜곡되었고, 이로 인하여 손해를 입었는지'의 문제로 귀결한다. 그러나 이는 자본시장법상 회사의 부실공시로 인한 주주의 손해배상청구에서 인과관계에 관한 결론의 제시가 아닌 문제의 제기이다. 이 글의 논의에 더하여 비대면거래가 주를 이루는 자본시장에서 인과관계에 관한 세밀한 논의가 새롭게 전개되기를 희망한다.

[주 제 어]
- 자본시장법
- 부실공시
- 손해배상책임
- 거래인과관계
- 손해인과관계
- 시장사기이론
- 상당인과관계

대상판결 : 대법원 2022. 9. 7. 선고 2022다228056 판결

[사안의 개요]

Ⅰ. 기초 사실

1. 당사자의 지위

① 피고 회사는 유가증권시장 상장법인이고, 피고 甲, 乙, 丙은 피고 회사의 이사로 재직하거나 피고 회사를 실질적으로 경영하였던 사람들이다.

② 피고 법인은 피고 회사의 재무제표에 관하여 주식회사 등의 외부감사에 관한 법률(이하 '외부감사법'이라 한다)에 따른 감사를 담당하였던 회계법인이다.

③ 원고들은 유가증권시장에서 피고 회사 발행 보통주식(이하 '이 사건 주식'이라 한다)을 취득하였다가 이를 처분하였거나 보유하고 있는 사람들이다.

2. 피고 회사의 A에 대한 매출채권의 허위공시 경위

① 피고 회사는 A와 SCR[1] 공급계약을 체결한 후 A에 SCR을 공급하였다(이하 피고 회사의 A에 대한 매출채권을 '이 사건 채권'이라 한다).

② 2011년 말 기준 이 사건 채권의 잔액은 약 2,276억 원이 되었다.

③ A는 2011년 말 기준 자본총계가 -2,686억 원인 완전 자본잠식 상태이었다. 이 내용이 기재된 A의 재무제표를 포함한 감사보고서가 2012. 4. 13. 공시되었다.[2]

④ 피고 회사의 제58기 1분기보고서(2012. 1. 1.부터 2012. 3. 31.까지), 제58기 반기보고서(2012. 1. 1.부터 2012. 6. 30.까지), 제58기 3분기보고서(2012. 1. 1.부터 2012. 9. 30.까지), 증권신고서(이하 '이 사건 증권신고서'라 한다) 등에 포함된 각 재무제표에는 이 사건 채권에 대한 대손충당금이 설정되지 않았다.

⑤ 피고 회사는 제58기(2012년) 재무제표를 작성하는 데 A에 대한 채권

---

1) Southwire Continuous Rod의 약자로 통상 SCR 공정 또는 설비를 통해 생산된 소재 자체를 지칭하는 것을 말한다.

2) 2012. 4. 13. 최초 공시되었다가 2012. 4. 17. 빠진 내용을 추가하여 정정 공시되었다.

전체를 대상으로 한 장부금액과 현재가치의 차액인 302억 4,600만 원을 대손충당금으로 설정하였다.[3] 피고 회사의 제58기 사업보고서와 제58기 감사보고서는 2013. 4. 1. 공시되었다.[4]

⑥ 피고 회사가 2013. 11. 14. 제59기 3분기보고서(2013. 1. 1.부터 2013. 9. 30.까지)를 공시할 때는, 그 재무제표에 이 사건 채권 전액에 대하여 대손충당금을 설정한 것으로 표시하였다. 피고 회사는 2013. 9. 30. 기준 연결재무제표의 자본총계가 -3,294억 원인 완전 자본잠식 상태가 되었다.

⑦ 피고 회사가 2014. 3. 20. 공시한 제59기 감사보고서[5]와 2014. 3. 31. 공시한 제59기 사업보고서[6]의 각 재무제표에도 이 사건 채권 전액에 대하여 대손충당금을 설정한 것으로 표시하였다.

⑧ 피고 회사의 각 재무제표에 대한 감사보고서, 이 사건 증권신고서의 이 사건과 관련한 주요 사항을 정리하면 아래의 표와 같다.

구 분	제출 · 공시일	이 사건 채권
제58기(2012년) 1분기보고서	**2012. 05. 30.**	**대손충당금 미설정**
제58기(2012년) 반기보고서	2012. 08. 29.	
이 사건 증권신고서	2012. 09. 25.[7]	
제58기(2012년) 3분기보고서	2012. 10. 31.	
제58기(2012년) 감사보고서	2013. 03. 15.[8]	302억 4,600만 원 대손충당금 설정
제58기(2012년) 사업보고서	2013. 04. 01.	
제59기(2013년) 1분기보고서	2013. 05. 15.	
제59기(2013년) 반기보고서	2013. 08. 14.	
제59기(2013년) 3분기보고서	**2013. 11. 14.**	전액 대손충당금 설정

3) 피고 법인은 피고 회사의 제58기 재무제표에 대한 외부감사에서 피고 회사가 이 사건 채권에 대하여 설정한 대손충당금이 적정하다고 판단하여 감사보고서에 적정의견으로 표시하였다.

4) 제58기 감사보고서는 2013. 3. 15. 최초 공시되었다가 일부 오기를 정정하여 2013. 4. 1. 다시 공시되었다.

5) 2014. 3. 27. 현금흐름표 및 일부 주석사항이 정정 공시되었다.

6) 제59기 사업보고서의 재무제표에 대손충당금 설정 현황은 2014. 5. 9. 추가되어 정정 공시되었다.

7) 2012. 9. 25. 이후 3차례(2012. 10. 22. / 2012. 10. 23. / 2012. 10. 31.) 정정 공시가 있었다(발행조건 확정에 따른 정정 공시 제외).

8) 2013. 4. 1. 정정 공시되었다.

Ⅱ. 소송의 경과

1. 원고들 청구의 요지

원고들은 주위적으로 자본시장법 제162조 제1항(사업보고서 등), 제125조 제1항(증권신고서)에 따른 손해배상책임을, 예비적으로 민법 제750조, 상법 제389조 제3항, 제210조, 민법 제756조에 따른 손해배상책임을 주장하였다.

2. 1심 판결의 요지

① 피고 회사의 2012년 1분기보고서가 제출·공시된 날은 2012. 5. 30. 이고, 한편 이 사건 분식회계 사실이 공표된 시점은 피고 회사 발행주식 등의 거래정지일인 2014. 12. 4.로 볼 수 있다. 원고들의 손해는 2012년 1분기보고서가 제출·공시된 날의 다음 날인 2012. 5. 31.부터 이 사건 주식의 거래정지일인 2014. 12. 3.까지 사이에 취득한 피고 회사 발행주식의 거래로 인한 부분에 한정된다.

② 2013년 3분기보고서는 그 이전에 공시된 이 사건 보고서 등의 재무정보를 분식회계가 없는 상태로 수정한 것이 아니고, 이 사건 분식회계 사실을 인정한 것도 아니다. 2013년 3분기보고서가 공시되었다고 하여 이 사건 분식회계의 영향이 그 당시 주가에 모두 반영되었다고 볼 수 없으므로 2013. 11. 14. 정상 주가가 형성되었다고 할 수 없다.[9]

3. 원심 판결의 요지

(1) 피고들이 부담하는 손해배상책임

피고 회사의 제58기 1분기보고서, 반기보고서, 3분기보고서와 제58기 사업보고서, 제59기 1분기보고서와 반기보고서, 이 사건 증권신고서는 모두 그 중요사항에 관하여 거짓 기재가 있으므로, 피고 회사는 위 각 보고서의 제출인으로서, 피고 甲, 乙, 丙은 위 각 보고서 제출 당시 피고 회사의 이사로서, 이 사건 주식의 취득자인 원고들에 대하여 자본시장법 제125조 제1항, 제162조 제1항에 따른 손해배상책임을 부담한다.[10]

---

9) 피고들은 2013년 3분기보고서 공시일인 2013. 11. 14.의 종가가 정상 주가이고, 그 이후의 주가 변동은 이 사건 분식회계와 아무런 인과관계가 없다는 취지로 주장하였다.

10) 다만, 자본시장법 제125조 제1항은 원고들이 취득한 주식 중 발행시장에서 취득한 부분으로 인한 손해배상책임에만 적용된다.

(2) **손해배상의 대상이 되는 주식 취득 기간**

원고들이 이 사건 채권에 대한 대손충당금을 과소 계상한 거짓 기재로 인하여 입은 손해는 피고 회사의 제58기 1분기보고서가 제출·공시된 날인 2012. 5. 30.의 다음 거래일인 2012. 5. 31.부터 제59기 3분기보고서가 제출·공시된 날인 2013. 11. 14. 사이에 이 사건 주식을 취득함으로써 입은 손해에 한정되고, 위 3분기보고서가 제출·공시일인 2013. 11. 14. 이전에 이 사건 주식을 처분하였더라도 거짓 기재로 발생한 손해에서 제외할 것은 아니다.

(3) **제59기 3분기보고서의 공시 이후 취득한 이 사건 주식으로 인한 손해 또는 그 공시 이후의 주가변동으로 인한 손해와 거짓 기재 사이에 인과관계가 존재하는지에 관한 판단**

피고 회사의 제59기 3분기보고서부터 제60기 3분기보고서까지의 재무제표에는 이 사건 채권 전액에 대하여 대손충당금을 설정하였는데, 제59기 3분기보고서의 제출·공시일인 2013. 11. 14.의 다음 거래일인 2013. 11. 15. 이후 원고들이 이 사건 주식을 취득함으로써 생긴 손해 또는 제59기 3분기보고서를 반영한 주가가 형성된 이후의 주가변동으로 인한 손해는 이 사건 채권에 대한 대손충당금을 과소 계상한 거짓 기재와 인과관계가 존재하지 않는다.

(4) **정상 주가의 형성시점**

제59기 3분기보고서를 반영한 주가가 형성된 이후의 주가변동은 이 사건 채권에 대한 대손충당금을 과소 계상한 거짓 기재와 인과관계가 존재하지 않으므로, 이 사건 채권에 대한 대손충당금을 과소 계상한 거짓 정보로 인하여 부양된 부분이 모두 제거된 이 사건 주식의 정상 주가는 제59기 3분기보고서의 제출·공시 직후에 형성되었다고 봄이 타당하다.

Ⅲ. 대상판결의 요지

① 피고 회사의 제59기 3분기보고서가 중요사항에 거짓 기재 없이 공시된 이상 그 이후의 이 사건 주식 취득 행위는 주로 거기 수록된 재무제표 등에 기초한 것으로 볼 수가 있으므로, 이와 달리 위 재무제표 등에 수록된 내용이 올바른 시장가치 형성에 필요한 정보를 담고 있지 않다거나 중요사항에 거짓 기재가 있는 과거의 재무제표만을 온전히 신뢰하여 거래하였다는 등의 특별한 사정이 없는 한 위 공시 시점 이후의 주식 거래분에 대하여 자본시장법상 거래 인과관계가 인정된다고 단정할 수 없다. 그러나 그 경우에도

금융당국의 피고 회사에 대한 분식회계 적발 발표 및 주식거래정지 등의 조치를 통하여 피고 회사의 분식회계 사실이 아직 공표되지 않은 상황 하에서, 피고 회사가 대손충당금의 적립 여부 및 그에 따른 재무상태의 악화 사실을 공시하였다는 사정만으로 그 직후에 곧바로 피고 회사의 전반적 신뢰성에 대한 시장의 평가가 이 사건 주가에 온전히 반영되었다고 볼 수 없음은 물론, 자본시장법 제162조 제3항 및 제170조 제2항에 따른 손해액의 추정이 깨진다고 볼 수도 없다.

② 피고 회사의 제59기 3분기보고서가 공시된 2013. 11. 14.부터 원심이 정상 주가가 형성되었다고 판단한 2013. 11. 20.까지 이 사건 주식의 종가는 별다른 변화 없이 오히려 주당 약 340원 가량 상승한 반면, 이 사건 채권에 대한 대손충당금 과소 계상 등을 이유로 2014. 12. 4. 이 사건 주식의 매매거래가 정지되었다가 그 정지가 해제된 2015. 12. 8. 직후까지 하종가에 가까운 주가를 보이는 등 이 사건 주식가격의 변동 추이에 비추어 보더라도 2013. 11. 20. 종가에 피고 회사가 이 사건 채권에 대한 대손충당금을 과소 계상한 사실까지 모두 반영되었다거나 위 종가가 분식회계로 말미암아 부양된 부분이 모두 제거된 정상 주가라는 점이 증명되었다고 볼 수 없다.

③ 원심으로서는 이 사건 주식의 2013. 11. 20. 종가가 이 사건 채권에 대한 대손충당금을 종전에 과소 계상한 사실이 제대로 평가·반영되었음은 물론 분식회계로 인하여 부양된 부분까지 모두 제거된 정상 주가라는 점에 관하여, 위 시점을 전후한 주식가격 변동 추이 등 관련 사정도 함께 고려하여 자본시장법상 손해액 추정을 복멸할 정도로 증명되었는지를 면밀히 살펴보았어야 함에도, 피고 회사의 제59기 3분기보고서 공시에 중요사항의 거짓 기재가 없다는 사정만을 중시하여 판단하였는바, 이러한 원심의 판단에는 자본시장법이 정한 손해인과관계·정상 주가 형성에 관한 법리를 오해함으로써 판결에 영향을 미친 잘못이 있다.

〔研　　究〕

Ⅰ. 의의: 대상판결의 분석

증권의 발행시장과 유통시장에서 거짓기재 등에 의한 배상책임을 인정하기 위해서는 증권신고서(자본시장법 제125조)와 사업보고서(자본시장법 제162조) 등의 중요사항에 관하여 거짓의 기재 또는 표시가 있거나 중요사항이 기재 또는 표시되지 아니함으로써 증권의 취득자 등이 손해를 입어야 한다. 피해자가 이러한 손해의 배상을 청구하기 위해서는 위법행위와 손해, 그 사이의 인과관계, 상대방의 귀책사유 등을 주장·증명하여야 한다. 자본시장법은 공시서류의 부실표시로 인한 민사책임을 추궁할 때 가해자의 고의·과실에 관한 증명책임을 전환하고 아울러 손해액을 추정하는 등의 규정을 두고 있는데, 이는 민법 제750조에 관한 특칙에 해당한다. 대상판결은 이러한 공서시류의 부실표시로 인한 손해배상책임의 성립요건 중 인과관계가 가지는 법적 의미를 구체적으로 확인하였다. 그 법적 의미를 명확하게 설명하기 위해서는 1심, 원심, 대상판결의 판단의 과정을 비교·분석하고, 그 내용의 차이를 확인할 필요가 있다.

대상판결의 사안은 공시서류의 부실표시사실(분식회계사실)이 제3자(가령 금융당국의 확인이나 언론의 보도 등)에 의하여 공표된 기존 판례들[11]의 사안과 달리 피고 회사가 그 공표 전에 스스로 정상 재무제표를 공시하였다는 특수한 사정이 있다.[12] 이에 따른 1심과 원심의 인과관계 인정범위를 정리하면 다음과 같다.

---

11) 일반적으로 감사보고서의 거짓 기재 사실이 밝혀진 이후 그로 인한 충격이 가라앉고 그와 같은 허위정보로 인하여 부양된 부분이 모두 제거되어 일단 정상적인 주가가 형성되면 그와 같은 정상주가 형성일 이후의 주가변동은 특별한 사정이 없는 한 감사보고서의 거짓 기재와 인과관계가 없다고 할 것이므로, 그 정상주가 형성일 이후에 해당 주식을 매도하였거나 변론종결일까지 계속 보유 중인 사실이 확인되는 경우 구 자본시장법 제170조 제2항이 정하는 손해액 중 정상주가와 실제 처분가격(또는 변론종결일의 시장가격)과의 차액 부분에 대하여는 구 자본시장법 제170조 제3항의 손해 인과관계 부존재의 증명이 있다고 보아야 할 것이고, 이 경우 손해액은 계산상 매수가격에서 정상주가 형성일의 주가를 공제한 금액이 될 것이다(대법원 2007. 10. 25. 선고 2006다16758, 16765 판결, 대법원 2016. 10. 27. 선고 2015다218099 판결 등 참조).

12) 이때 '정상 재무제표를 공시하였다'는 것은 기존 재무제표의 분식사실을 밝히고 수정하였다는 것이 아니고, 단순히 새롭게 작성하는 재무제표에서 일정 시점 이후로 정상적인 평가의 내용을 기재하였다는 것을 의미한다.

[그림 1] 1심과 원심의 인과관계 인정 범위[13)]

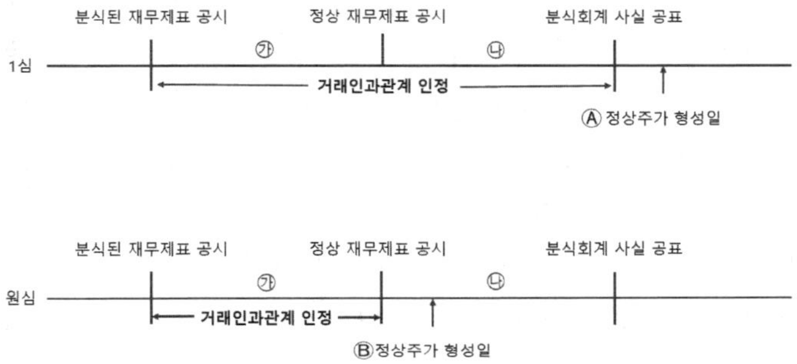

1심은 '㉮, ㉯'시점의 증권 취득에 관하여 모두 거래인과관계를 인정하였고, 원심은 '㉮'시점의 증권 취득에 관해서만 거래인과관계를 인정하였다. 손해인과관계 판단에 영향을 미치는 정상주가의 형성과 관련해서는, 1심은 금융당국에 의하여 분식회계사실이 공표된 시점(Ⓐ) 이후에 정상주가가 형성되었다고 본 반면, 원심은 정상 재무제표가 공시된 시점(Ⓑ) 이후에 정상주가 형성되었다고 판단하였다. 이에 관한 대상판결의 판단은 다음과 같다.

[그림 2] 대상판결의 인과관계 인정 범위[14)]

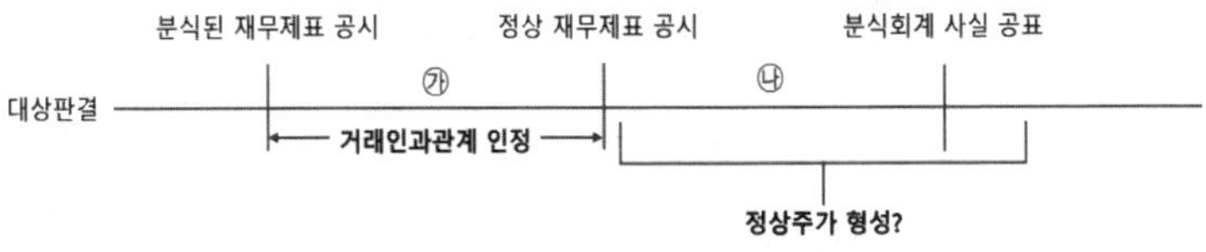

대상판결은 자본시장법에 근거한 손해배상청구에서 기존 판례의 법리를 재확인하고, 그 기초하에 거래인과관계와 손해액의 추정이 깨지는지

13) 김지웅, "2022년 자본시장법 주요 판결 및 결정", 『상사판례연구』, 제36권 제1호(2023), 194면 그림 참조.

14) 김지웅, 2022년 자본시장법 주요 판결 및 결정, 상사판례연구 제36권 제1호, 2023, 194면 그림 참조.

를 판단하였다. 대상판결은 거래인과관계와 관련해서는 원심과 같이 '㉮' 시점의 증권 취득에 관해서만 거래인과관계를 인정하였다.[15] 대상판결은 거래인과관계는 사실상 추정사항이므로 추정의 사실이 진실한가에 관하여 의심을 품게할 정도의 반증으로 그 추정을 번복할 수 있다는 취지로 판단하였다.[16] 거래인과관계 관련해서 분식회계사실 자체가 공표되지 아니하였더라도 정상적으로 작성된 재무제표가 공시되는 등 정보가 새롭게 갱신된 이상 분식회계로 작성된 과거 보고서를 신뢰하여 매수하였다는 거래인과관계 추정은 번복할 수 있다고 판단한 것이다.[17] 분식회계사실의 공표 없이 재무제표가 수정된 시점 이후에 해당 증권을 매수한 투자자(위 ㉯ 구간)는 분식된 재무제표를 믿고 거래하였다고 볼 수 없으므로 거래인과관계를 인정할 수 없다고 평가한 것이다.[18] 그러나 대상판결은 정상주가의 형성과 관련해서는 원심의 판단을 인정하지 아니하였다.[19]

---

15) 대상판결은 "피고 회사의 제59기 3분기보고서가 중요사항에 거짓 기재 없이 공시된 이상 그 이후의 이 사건 주식 취득 행위는 주로 거기 수록된 재무제표 등에 기초한 것으로 볼 수가 있으므로, 이와 달리 위 재무제표 등에 수록된 내용이 올바른 시장가치 형성에 필요한 정보를 담고 있지 않다거나 중요사항에 거짓 기재가 있는 과거의 재무제표만을 온전히 신뢰하여 거래하였다는 등의 특별한 사정이 없는 한 위 공시 시점 이후의 주식 거래분에 대하여 자본시장법상 거래 인과관계가 인정된다고 단정할 수 없다."고 판시하였다.

16) 김지웅, "2022년 자본시장법 주요 판결 및 결정", 『상사판례연구』, 제36권 제1호(2023), 203면; 이준범, "미국 판례상 시장사기이론에 관한 연구", 서울대학교 석사학위 논문(2015), 94면.

17) 김지웅, "2022년 자본시장법 주요 판결 및 결정", 『상사판례연구』, 제36권 제1호(2023), 203면.

18) 김건식 · 정순섭, 『자본시장법』, 박영사(2023), 316면.

19) 대상판결은 "피고 회사의 제59기 3분기보고서가 공시된 2013. 11. 14.부터 원심이 정상주가가 형성되었다고 판단한 2013. 11. 20.까지 이 사건 주식의 종가는 별다른 변화 없이 오히려 주당 약 340원 가량 상승한 반면, 이 사건 채권에 대한 대손충당금 과소 계상 등을 이유로 2014. 12. 4. 이 사건 주식의 매매거래가 정지되었다가 그 정지가 해제된 2015. 12. 8. 직후까지 하종가에 가까운 주가를 보이는 등 이 사건 주식가격의 변동 추이에 비추어 보더라도 2013. 11. 20. 종가에 피고 회사가 이 사건 채권에 대한 대손충당금을 과소 계상한 사실까지 모두 반영되었다거나 위 종가가 분식회계로 말미암아 부양된 부분이 모두 제거된 정상주가라는 점이 증명되었다고 볼 수 없다. 그렇다면 원심으로서는 이 사건 주식의 2013. 11. 20. 종가가 이 사건 채권에 대한 대손충당금을 종전에 과소 계상한 사실이 제대로 평가 · 반영되었음은 물론 분식회계로 인하여 부양된 부분까지 모두 제거된 정상주

대상판결은 손해인과관계 추정의 복멸과 관련하여 정상 재무제표 공시 직후 형성된 주가를 정상주가라고 보려면, 반드시 손해를 배상하는 측에서 그것이 허위 공시로 부양된 부분이 제거된 것이라는 점을 증명해야 한다고 판단하였다.[20] 대상판결은 금융당국의 피고 회사에 대한 분식회계 적발 발표 및 주식거래정지 등의 조치를 통하여 피고 회사의 분식회계 사실이 아직 공표되지 않은 상황하에서는, 피고 회사가 대손충당금의 적립 여부 및 그에 따른 재무상태의 악화 사실을 공시하였다는 사정만으로 그 직후에 곧바로 피고 회사의 전반적 신뢰성에 대한 시장의 평가가 이 사건 주식가격에 온전히 반영되었다고 볼 수 없다는 것을 전제로 판단하였다.

Ⅱ. 자본시장법상 공시의무위반에 따른 손해배상책임과 인과관계

1. 공시의무위반에 따른 손해배상책임의 규제체계

자본시장법은 증권시장을 발행시장과 유통시장으로 나누는데, 전자에 관해서는 증권의 발행회사에 증권신고서 등을 제출·공시할 의무를 부과하고,[21] 후자에 관해서는 사업보고서 제출회사에 사업보고서 등을 제출·공시하도록 하면서 사업보고서에 회계감사인의 감사보고서를 첨부[22]하도록 하고 있다. 부실공시에 따른 손해배상책임을 인정하기 위해서는 증권신고서와 사업보고서 등의 중요사항에 관하여 거짓의 기재 또

가라는 점에 관하여, 위 시점을 전후한 주식가격 변동 추이 등 관련 사정도 함께 고려하여 자본시장법상 손해액 추정을 복멸할 정도로 증명되었는지 여부를 면밀히 살펴보았어야 함에도, 피고 회사의 제59기 3분기보고서 공시에 중요사항의 거짓 기재가 없다는 사정만을 중시하여 앞서 본 바와 같이 판단하였는바, 이러한 원심의 판단에는 자본시장법이 정한 손해의 인과관계·정상주가 형성에 관한 법리를 오해함으로써 판결에 영향을 미친 잘못이 있다."고 판시하였다.

20) 김지웅, "2022년 자본시장법 주요 판결 및 결정", 『상사판례연구』, 제36권 제1호 (2023), 203-204면.

21) 기존 회사가 지분증권을 모집 또는 매출하는 경우 회계감사인의 감사보고서, 회계감사인의 연결감사보고서, 회계감사인의 반기감사보고서 또는 반기검토보고서 등을 첨부하여야 한다(자본시장법 제119조 제7항, 같은 법 시행령 제125조 제2항 제10호, 증권의 발행 및 공시 등에 관한 규정 제2-6조 제8항 제1호 가목).

22) 자본시장법 제159조 제2항, 같은 법 시행령 제168조 제6항.

는 표시가 있거나 중요사항이 기재 또는 표시되지 아니함으로써 증권의 취득자 등이 손해를 입어야 한다. 따라서 일반투자자는 증권신고서·투자설명서 자체의 기재만으로는 그 거짓기재가 있는지 파악하기 어려워 효과적으로 손해배상을 청구하기 어려운 것이 현실이다.[23] 피해자는 민법상 불법행위에 따른 손해배상책임을 묻기 위해서 행위자의 위법행위, 손해, 인과관계 귀책사유 등을 증명하여야 한다.[24] 자본시장법은 발행시장과 유통시장에서의 공시의무위반에 대한 손해배상책임에 관하여 피해자의 충분한 구제와 위반자에 대한 효과적인 책임추궁을 위하여 민법의 불법행위책임의 일반원칙을 일부 수정하여 규정하고 있다.[25]

2. 손해배상책임의 발생원인

(1) 발행시장

발행시장은 증권이 공모의 방법으로 일반투자자에게 판매되는 시장을 말한다.[26] 자본시장법은 증권의 모집·매출, 즉 공모를 하는 경우에 증권신고서와 투자설명서를 통하여 관련 정보를 공시하도록 하고(자본시장법 제119조, 제123조), 이에 부실의 기재가 있는 경우에는 민사책임을 부과함과 동시에 그 손해배상액의 산정에 관하여 특별히 정하고 있다.[27] 증권신고서와 투자설명서[28] 중 중요사항[29]에 관하여 거짓의 기재 또는

---

23) 임재연, 『자본시장법』, 박영사(2024), 535면.

24) 대법원 2007. 9. 21. 선고 2006다81981 판결.

25) 안수현, "온주 자본시장과금융투자업에관한법률 제125조", 로앤비(2024), 1면; 임재연, 『자본시장법』, 박영사(2024), 532면; 최민용, "2020년 자본시장법 판례회고", 『상사판례연구』, 제34권 제1호(2021), 171면.

26) 윤광균, "자본시장법상 민사책임요건으로서의 손해와 인과관계", 『인권과 정의』, 제446호, 대한변호사협회(2014), 27면.

27) 윤광균, "자본시장법상 민사책임요건으로서의 손해와 인과관계", 『인권과 정의』, 제446호, 대한변호사협회(2014), 27면.

28) 자본시장법 제125조가 적용되는 서류는 증권신고서와 투자설명서이다. 증권신고서에는 정정신고서(자본시장법 제125조 제1항)와 일괄신고서(자본시장법 제119조 제3항), 일괄신고 추가서류(자본시장법 제119조 제2항 후단)도 포함된다. 투자설명서에는 예비투자설명서, 간이투자설명서 모두 포함된다(자본시장법 제125조 제1항).

29) '중요사항'이란 '투자자의 합리적인 투자판단 또는 해당 금융투자상품의 가치에

표시가 있거나 중요사항이 기재 또는 표시되지 아니함으로써 증권의 취득자가 손해를 입은 경우에는 일정한 범위의 해당하는 자는 그 손해에 관하여 배상의 책임을 진다(자본시장법 제125조 제1항 본문). 다만 배상의 책임을 질 자가 상당한 주의를 하였음에도 불구하고 이를 알 수 없었음을 증명하거나 그 증권의 취득자가 취득의 청약을 할 때에 그 사실을 안 경우에는 배상의 책임을 지지 아니한다(자본시장법 제125조 제1항 단서).

(2) 유통시장

증권의 공모 후에 2차적 거래가 이루어지는 시장이 유통시장인데, 그 거래가 원활하게 이루어지기 위해서는 증권의 발행회사에 대한 공시가 안정적으로 이루어질 필요가 있다.[30] 자본시장법은 주권상장법인 등에 대하여 공시의무를 부과하고 있고(자본시장법 제159조, 제160조, 제161조), 이는 사업보고서 등에 의한 정기공시와 주요사항이 발생할 때마다 실시하는 수시공시가 있다.[31] 사업보고서 · 반기보고서 · 분기보고서 · 주요사항보고서 및 그 첨부서류(회계감사인의 감사보고서 제외) 중 중요사항에 관하여 거짓의 기재 또는 표시가 있거나 중요사항이 기재 또는 표시되지 아니함으로써 사업보고서 제출대상법인이 발행한 증권(그 증권과 관련된 증권예탁증권, 그 밖에 대통령령으로 정하는 증권[32] 포함)의 취득자 또는 처분자가 손해를 입은 경우에 손해배상책임이 발생한다(자본시장법 제162조 제1항). 제162조 제1항은 회계감사인의 감사보고서를 회계감사인의 책임대상에서

중대한영 향을 미칠 수 있는 사항'을 말한다(대법원 2018. 8. 1. 선고 2015두2994 판결). 이때 투자자는 손해배상청구를 하는 투자자가 아니라 시장의 합리적인 투자자를 의미한다(대법원 2015. 12. 10. 선고 2012다16063 판결).

30) 윤광균, "자본시장법상 민사책임요건으로서의 손해와 인과관계", 『인권과 정의』, 제446호, 대한변호사협회(2014), 28면.

31) 윤광균, "자본시장법상 민사책임요건으로서의 손해와 인과관계", 『인권과 정의』, 제446호, 대한변호사협회(2014), 28면.

32) '대통령령으로 정하는 증권'이란 다음과 같은 증권을 말한다(자본시장법 시행령 제173조).

1. 해당 증권(그 증권과 관련된 증권예탁증권을 포함한다. 이하 이 항에서 같다)과 교환을 청구할 수 있는 교환사채권
2. 해당 증권 및 제1호에 따른 교환사채권만을 기초자산으로 하는 파생결합증권

명시적으로 제외하고, 제170조에서 회계감사인의 감사보고서로 인한 책임을 규정한다. 제170조는 모든 감사보고서가 아니라 사업보고서 등에 첨부된 감사보고서만 책임대상으로 규정한다.

(3) 소 결

자본시장법은 증권의 발행시장에서 증권을 취득한 사람과 그 유통시장에서 증권을 취득한 사람의 손해배상청구권에 관하여 별도의 규정을 두고 있으나, 그 성립요건에 관한 내용과 규정 체계는 사실상 동일하다(자본시장법 제125조 제1항, 제162조 제1항).[33] 다만 유통시장을 규정하는 자본시장법 제162조 제1항은 그 첨부서류에서 회계감사인의 감사보고서를 제외하고 있다. 자본시장법 제162조 제1항은 제159조 제1항에 따라 주권상장법인 등 사업보고서를 제출할 의무가 있는 증권의 발행회사가 제출한 사업보고서, 반기보고서 등과 그 첨부서류(회계감사인의 감사보고서는 제외)에 중요한 사항에 관한 거짓의 기재가 있는 경우, 그로 인해 손해를 입은 유통시장 취득자에 대해 발행회사와 그 관련자들이 손해를 배상하도록 정하고 있고, 제170조는 위 사업보고서 등에 첨부된 감사보고서를 작성한 회계감사인의 손해배상책임에 관하여 별도로 정하고 있다. 자본시장법 제170조 제1항은 '선의의 투자자가 사업보고서 등에 첨부된 회계감사인의 감사보고서를 신뢰하여 손해를 입은' 경우 회계감사인의 손해배상책임에 관하여 외부감사법 제31조 제2항부터 제9항까지를 준용하도록 하고 있는데, 이때 손해배상의 청구는 '선의의 투자자'가 감사보고서를 '신뢰'하여 손해를 입은 경우를 전제로 하는 반면, 자본시장법 제125조 제1항(발행시장)과 제162조 제1항(유통시장)이 정하는 증권의 취득자에 관해서는 중요사항에 관하여 거짓의 기재 또는 표시가 있거나 중요사항이 기재 또는 표시되지 아니함으로써 손해를 입은 경우를 전제로 한다는 점에서 그 내용상의 차이가 있다.[34]

---

33) 윤광균, "자본시장법상 민사책임요건으로서의 손해와 인과관계", 『인권과 정의』, 제446호, 대한변호사협회(2014), 28면.

34) 다만 이에 관하여 "중요사항에 관하여 거짓의 기재 또는 표시가 있거나 중요사

3. 공시서류의 부실표시와 인과관계

(1) 거래인과관계

(가) 서 언

거래인과관계는 "취득자가 거래한 것이 부실한 공시서류 때문이었는지"에 관한 것이다.[35] 거래인과관계는 증권의 취득자가 증권신고서나 사업보고서 등에 기재된 부실표시에 유인되어 그 표시를 '신뢰'하여 증권을 거래하였는지와 관련된다.[36] 취득자가 부실한 공시서류의 내용을 진실한 것으로 신뢰하고 증권을 취득한 경우에 거래인과관계가 인정된다. 거래인과관계는 '신뢰'와 그 신뢰에 기초한 '거래'로 구성된다. 이때 신뢰의 대상은 일반적으로 회사가 외부에 공표한 공시의 내용이다. 자본시장법 제125조와 제162조는 거래인과관계에 관하여 특별히 정하고 있지 아니하다. 증권신고서의 부실기재에 따른 손해배상청구를 위해서 거래인과관계가 필요한지에 관해서 학설이 대립한다.

(나) 학설의 대립

1) 필 요 설

거래인과관계에 대하여는 손해인과관계와 같은 증명책임전환규정이 없으므로 거래인과관계에 대한 증명책임 자체는 취득자에게 있으나, 취득자가 신뢰를 추정할 만한 간접사실을 증명하면 이에 기초하여 신뢰가 사실상 추정된다는 견해,[37] 투자자가 증권회사 직원의 도움을 받아 투자하

항이 기재 또는 표시되지 아니함으로써…손해를 입은 경우"라는 법문의 해석상 거래인과관계를 요구한다고 해석하기도 한다[김병연 · 권재열 · 양기진, 『자본시장법 사례와 이론』, 박영사(2019), 269면].

35) 김건식 · 정순섭, 『자본시장법』, 박영사(2023), 250면.

36) 장근영, "시장사기이론과 거래인과관계의 재평가", 『비교사법』, 제23권 제3호, 한국사법학회(2016), 753면.

37) 김홍기, 『자본시장법』, 박영사(2024), 263면; 이동신, "유가증권 공시서류의 부실기재에 관한 책임", 재판자료 제90집 증권거래에 관한 제문제(上), 법원도서관(2001), 397면(간접사실을 인정함에 있어서, 중요성에 기초한 신뢰의 추정, 시장에 대한 사기이론 등 미국에서 판례에 의하여 발전한 이론도 우리 법의 해석론으로 원용할 만하다고 설명한다).

는 경우, 그 직원은 투자 대상 기업의 공시서류에 기재된 정보에 기하여 투자권유를 할 것이므로 투자자의 투자결정과 부실한 공시서류 사이에 인과관계를 부정할 수 없으나, 증권의 취득자가 거래인과관계를 증명하여야 하는 것이 아니라 배상의무자가 거래인과관계의 부존재를 증명하여야 면책된다는 견해[38] 등이 있다.

2) 불 요 설

자본시장법은 증권의 취득자의 손해배상청구와 관련하여 거래인과관계의 존재를 요건으로 규정하지 아니하므로, 취득자가 증권신고서 또는 투자설명서를 보고 그 내용을 신뢰하여 증권을 취득하였다는 것을 별도로 증명할 필요가 없다고 본다.[39]

(다) 판례의 태도

판례는 거래인과관계를 사실상 추정하고 있다고 평가받는데,[40] 거래인과관계가 추정되는 주식거래에 관해서만 손해배상책임을 인정하고 있다.[41] 거래인과관계는 손해배상 대상 주식거래 범위의 확정과 관련된다.[42] 판례는 거래인과관계에 관하여 효율적 시장이론과 시장사기이론을 명시적으로 언급하고 있지 않으나, 이를 전제로 거래인과관계를 인정한다고 평가받기도 한다.[43] 실질적인 주식가치를 제대로 평가한 분석기관의

---

38) 김건식 · 정순섭,『자본시장법』, 박영사(2023), 252면.

39) 김정수,『자본시장법원론』, SFL그룹(2011), 448면; 임재연,『자본시장법』, 박영사(2024), 575면.

40) 김지웅, "2022년 자본시장법 주요 판결 및 결정",『상사판례연구』, 제36권 제1호(2023), 198면; 임재연,『자본시장법』, 박영사(2024), 574면; 이준범, "미국 판례상 시장사기이론에 관한 연구", 서울대학교 석사학위 논문(2015), 95면; 장근영, "시장사기이론과 거래인과관계의 재평가",『비교사법』, 제23권 제3호, 한국사법학회(2016), 761면; 최민용, "2020년 자본시장법 판례회고",『상사판례연구』, 제34권 제1호(2021), 173면.

41) 대법원 2016. 12. 15. 선고 2016다206932 판결.

42) 김지웅, "2022년 자본시장법 주요 판결 및 결정",『상사판례연구』, 제36권 제1호(2023), 197면.

43) 김병연, "미국 판례법상 시장사기이론과 증권거래법상 손해배상책임에 있어서 인과관계의 문제",『비교사법』, 제11권 제1호, 한국사법학회(2004), 299면; 김연미, "사기에 의한 시장형성이론",『증권법연구』, 제20권 제3호, 한국증권법학회(2019),

평가의견이 증권신고서에 기재되었다면 투자자들이 그와 상당히 차이가 있는 공모가액으로는 공모에 응하지 않았을 것이라는 사정이 인정되는 경우에는 다른 특별한 사정이 없는 한 분석기관의 부당한 평가와 그 평가의견을 받은 투자자들이 공모에 응하여 입은 손해 사이에는 상당인과관계가 인정된다는 판례도 같은 맥락이라 할 수 있다.[44)]

판례는 한국강관사건(대법원 1997. 9. 12. 선고 96다41991 판결) 이후,[45)] 분식회계와 관련하여 자본시장법 제162조, 제170조, 민법 제750조에 따른 손해배상을 청구한 사건들에서 시장가격을 믿고 거래한 원고들에게 손해배상을 인정하였다.[46)] 판례가 시장사기이론의 적용에 있어 그 전제인 효율적 시장의 관한 판단을 명시적으로 하지 아니하고 있다는 점에서, 그 결론의 타당성 여부는 별론으로 하더라도 아직 시장이 형성되지 아니한 상태에서 증권을 취득한 자를 손해배상의 청구권자로 정하고 있는 자본시장법 제125조에 관해서도 기존 판례의 법리를 그대로 적용하는 것이 불가능한 것은 아니었다. 이와 관련하여 발행시장에서는 시장사기이론의 전제가 되는 효율적인 공개시장이 존재하지 아니하므로 일반적인 시장사기이론이 적용될 수 없다고 보는 견해도 존재한다.[47)] 대상판결의 원심은 자본시장법 제125조가 적용되는 발행시장에서 증권의 취득자에 대해서도 기존 판례의 법리에 따라 거래인과관계를 인정하였는데, 대상판결은 이를

137면; 윤광균, "자본시장법상 민사책임요건으로서의 손해와 인과관계", 『인권과 정의』, 제446호, 대한변호사협회(2014), 38면; 이준범, "미국 판례상 시장사기이론에 관한 연구", 서울대학교 석사학위 논문(2015), 95면; 장근영, "시장사기이론과 거래인과관계의 재평가", 『비교사법』, 제23권 제3호, 한국사법학회(2016), 767면.

44) 대법원 2010. 1. 28. 선고 2007다16007 판결.

45) 미국과 같이 시장사기이론으로 거래인과관계를 증명하는 것이 가능하다고 인정하는 것으로 평가되는데, 그 대표적인 사건이다[김연미, "사기에 의한 시장형성이론", 『증권법연구』, 제20권 제3호, 한국증권법학회(2019), 137면].

46) 대법원 2016. 12. 15. 선고 2015다241228 판결; 대법원 2007. 10. 25. 선고 2006다16758,16765 판결 등.

47) 김연미, "사기에 의한 시장형성이론", 『증권법연구』, 제20권 제3호, 한국증권법학회(2019), 137면; 최승재, "효율적 시장가설의 규범 포섭–시장사기이론의 적용한계의 획정을 중심으로–", 『증권법연구』, 제12권 제1호, 한국증권법학회(2011), 102-103면.

특별히 문제삼지 아니하였다. 이와 관련하여 대상판결은 원고들이 증권을 취득한 시장이 유통시장인지 발행시장인지를 구분하지 아니하고 기존 판례와 동일한 법리를 적용하여 거래인과관계를 인정하였다. 이에 의하면, 판례가 자본시장법 제125조에 따른 손해배상청구에 있어서도 시장사기이론을 적용하여 거래인과관계를 인정하였다고 평가할 수 있다. 다만, 이 사건의 경우 이미 피고 회사의 증권에 관한 시장이 형성되어 있는 상태에서 증자를 위해서 새롭게 증권을 발행하는 상황이었으므로, 순수하게 증권을 최초로 공모하는 시장에서 증권을 취득한 자에게도 위와 같은 법리를 그대로 적용할 수 있는지에 관해서는 논의의 여지가 남아 있다고 평가할 수 있다

(라) 검　　토

대법원은 사업보고서의 허위기재로 인한 손해배상청구소송에서 시장사기이론에 입각하여 거래인과관계를 인정하고 있다.[48)·49)] 시장에 대한 사기이론(fraud on the market)은 증권시장에서 거래하는 투자자는 시장에서 형성된 가격이 모든 공정한 정보가 반영되어 있다는 신뢰를 가지고 거래를 하는 것으로 보아야 하므로, 허위기재나 누락이 중요한 것이라면 시장가격의 형성에 영향을 주게 되었으므로 이러한 행위는 시장에 대한 사기에 해당하고 시장을 신뢰하고 거래한 투자자에 대한 사기도 성립한다는 이론으로서, 투자자는 거래인과관계(신뢰)의 존재를 입증하지 않더라도 손해배상청구권을 가진다고 해석한다.[50)] 거래인과관계를 손해배상청

48) "주식거래에서 대상 기업의 재무상태는 주가를 형성하는 가장 중요한 요인 중의 하나이고, 대상 기업의 사업보고서의 재무제표에 대한 외부감사인의 회계감사를 거쳐 작성된 감사보고서는 대상 기업의 재무상태를 드러내는 가장 객관적인 자료로서 일반 투자자에게 제공·공표되어 그 주가형성에 결정적인 영향을 미치는 것이어서, 주식투자를 하는 일반 투자자로서는 그 대상 기업의 재무상태를 가장 잘 나타내는 사업보고서의 재무제표와 이에 대한 감사보고서가 정당하게 작성되어 공표된 것으로 믿고 주가가 당연히 그에 바탕을 두고 형성되었으리라는 생각 아래 대상 기업의 주식을 거래한 것으로 보아야 한다."[대법원 2007. 10. 25. 선고 2006다16758, 16765 판결(대우전자 사건)].

49) 임재연, 『자본시장법』, 박영사(2024), 738면.

50) 임재연, 『자본시장법』, 박영사(2024), 738-739면.

구권 행사의 요건으로 보면, 취득자가 ① 증권신고서나 투자설명서의 부실기재내용을 보고, ② 그 내용을 신뢰하면서(즉, 부실기재라는 사실을 모르면서), 증권을 취득한 경우에만 거래인과관계가 존재하는 것이 된다. 그러나 대부분의 투자자는 증권신고서나 투자설명서를 보지 아니하므로 ①의 단계에서 이미 거래인과관계의 증명이 사실상 불가능하게 되는 문제가 있다.[51)]

(2) 손해인과관계

손해인과관계는 "취득자의 손해가 부실공시에서 발생하였는지"에 관한 것이다.[52)] 손해인과관계는 손해배상액의 문제와 연결된다.[53)] 증권을 발행한 회사 등이 공시서류의 부실표시로 증권의 취득자에게 배상책임을 부담하는 경우, 자본시장법은 손해배상액을 추정하는 규정을 두고 있다. 자본시장법은 위와 같은 부실표시로 인한 손해배상책임에 관하여 손해배상액을 추정함과 동시에 반증을 허용함으로써 손해인과관계의 증명책임을 피고에게 전환시키고 있다(자본시장법 제126조, 제162조 제3항 · 제4항). 배상책임을 질 자는 청구권자가 입은 손해액의 전부 또는 일부가 중요사항에 관하여 거짓의 기재 또는 표시가 있거나 중요사항이 기재 또는 표시되지 아니함으로써 발생한 것이 아님을 증명한 경우에는 그 부분에 대하여 배상책임을 지지 않는다(자본시장법 제162조 제4항). 배상책임자가 손해인과관계의 부존재를 증명할 책임을 부담하므로, 배상청구권자는 손해인과관계의 존재를 증명할 필요가 없다.[54)] '손해인과관계 부존재사실'의 증명은 직접적으로 문제된 당해 허위공시 등 위법행위가 손해 발생에 아무

---

51) 임재연, 『자본시장법』, 박영사(2024), 576면.

52) 김건식 · 정순섭, 『자본시장법』, 박영사(2023), 250면.

53) 김건식 · 정순섭, 『자본시장법』, 박영사(2023), 250면.

54) [대법원 2015. 1. 29. 선고 2014다207283 판결] "주식의 취득자 또는 처분자가 주권상장법인 등에 대하여 사업보고서의 거짓 기재 등으로 인하여 입은 손해의 배상을 청구하는 경우에, 주식의 취득자 또는 처분자는 자본시장법 제162조 제4항의 규정에 따라 사업보고서의 거짓 기재 등과 손해 발생 사이의 인과관계의 존재에 대하여 증명할 필요가 없고, 주권상장법인 등이 책임을 면하기 위하여 이러한 인과관계의 부존재를 증명해야 한다."

런 영향을 미치지 아니하였다는 사실이나 부분적 영향을 미쳤다는 사실을 증명하는 방법 또는 간접적으로 문제된 당해 허위공시 등 위법행위 이외의 다른 요인에 의하여 손해의 전부 또는 일부가 발생하였다는 사실을 증명하는 방법으로 가능하다고 할 것이나, 손해액 추정조항의 입법취지에 비추어 볼 때, 가령 허위공시 등의 위법행위 이후 매수한 주식의 가격이 하락하여 손실이 발생하였는데 그 가격 하락의 원인이 문제된 당해 허위공시 등 위법행위 때문인지가 불분명하다는 정도의 증명만으로는 위 손해액의 추정이 깨어진다고 볼 수 없다.[55]

Ⅲ. 대상판결에서의 인과관계 검토

1. 거래인과관계와 손해인과관계의 구체적 검토

(1) 거래인과관계에 관하여

(가) 문제의 소재

판례가 거래인과관계를 사실상 추정하는 것으로 평가받는 점은 앞에서 설명하였다. 거래의 현실을 고려할 때, 대부분의 투자자가 증권신고서나 투자설명서를 보지 아니함에도 그것을 신뢰하고 거래한 것으로 추정하면, 그 상대방인 피고 측에서는 그 추정을 번복하는 것이 사실상 불가능한 것이 아닌가 하는 의문이 든다.[56] 왜냐하면 투자자가 피고 측의 공시서류를 검토하지 아니하였음에도 그 내용을 신뢰하고 거래한 것으로 사실상 추정하므로, 이미 양측에 전제된 사실(공시서류를 검토하지 아니하였다는 사실[57])을 주장·증명하는 것만으로 그 추정이 깨어진다고 보기 어렵기 때문이다.[58] 이에 관하여 만약 투자자가 해당 공시자료 외에 다른

55) 대법원 2015. 1. 29. 선고 2014다207283 판결, 대법원 2010. 8. 19. 선고 2008다92336 판결, 대법원 2007. 9. 21. 선고 2006다81981 판결, 대법원 2007. 10. 25. 선고 2006다16758, 16765 판결, 대법원 2002. 10. 11. 선고 2002다38521 판결, 대법원 2022. 9. 7. 선고 2022다228056 판결.

56) 같은 취지 임재연, 『자본시장법』, 박영사(2024), 576면.

57) 이는 '공시의 내용을 신뢰하지 않았다는 사실'의 가장 직접적인 주장이다.

58) 김건식·정순섭, 『자본시장법』, 박영사(2023), 251-252면; 김정수, "증권집단소송법상 입증책임과 시장사기이론—미국에서의 발전과 우리 법과의 비교분석을 중심

개별 자료를 검토하여 투자하였다는 것과 같은 사정이 발견된 경우라면 사실상의 추정이 번복될 여지가 있다고 보기도 하나,[59] 그 사정은 투자자의 고유 영역에 있는 것이므로 피고 측에서 그 사정을 확인하여 주장·증명하는 것은 매우 어렵다. 이에 의하면, 거래인과관계의 추정은 사실상 번복하기 어려우므로 그것이 인정되면, 거래인과관계의 인정 범위가 대상판결의 1심과 같이 분식회계사실의 실제로 공표된 날까지 인정되고, 그로 인한 손해는 보통 공표일 이후에 주가가 하락하여 정상주가가 형성될 때까지 인정된다고 보는 것이 합리적이다. 대상판결은 거래인과관계와 관련하여 위와 다르게 판단을 하였다는 점에서 그 판단의 간극이 어디에서 도출된 것인지 검토할 필요가 있다. 양자의 차이를 확인·평가하는 과정에서 판례가 인정하는 자본시장법상 거래인과관계의 실체적 내용을 보다 선명하게 규명할 수 있을 것이다.

(나) 판례와 시장사기이론

시장사기이론은 주식이 거래된 시장이 효율적인 사실이 증명되면, 시장에서 부실공시의 내용을 반영하여 형성된 주가를 신뢰한 사실을 추정하는 것을 말한다.[60] 미국 연방대법원은 Basic Inc. v. Levinson 판결에서 위 이론을 정식으로 채택하였다.[61] 시장에 대한 사기이론은 증권시장에서 거래하는 투자자는 시장에서 형성된 가격이 모든 공정한 정보가 반영되어 있다는 신뢰를 가지고 거래를 하는 것을 전제로 한다. 따라서 허

으로-", 『주식』, 제243호, 한국증권거래소(2003), 12면; 남궁주현, "자본시장법상 회계감사인의 손해배상책임-증권의 유통시장을 중심으로-", 『증권법연구』, 제22권 제2호, 한국증권법학회(2021), 46-47면.

59) 심현지, "감사보고서상 거짓기재와 감사인의 손해배상책임-판례를 중심으로-", 『BFL』, 제82호, 서울대 금융법센터(2017), 65면.

60) 이준범, "미국 판례상 시장사기이론에 관한 연구", 서울대학교 석사학위 논문(2015), 93면; 최민용, "2020년 자본시장법 판례회고", 『상사판례연구』, 제34권 제1호(2021), 173면; 임재연, 『자본시장법』, 박영사(2024), 1088면.

61) Basic Inc. v. Levinson, 485 U.S. 224(1988). 연방대법원은 이 판결에서 시장에 대한 사기가 있을 때에 모든 주주가 이를 신뢰하였음이 추정된다는 "시장에 대한 사기이론(fraud on the market theory)"을 정식으로 채택하였다. 시장사기이론은 공개시장에서의 주가는 항상 공개된 모든 중요한 정보가 반영된다는 효율적 자본시장가설(efficient capital market hypothesis)을 기초로 한다.

위기재나 누락이 중요한 것이라면 시장가격의 형성에 영향을 주고 그 행위는 시장에 대한 사기에 해당하므로, 시장을 신뢰하고 거래한 투자자에 대한 사기도 성립한다. 시장사기이론은 채택한 Basic 판결 이후 증권사기를 억제하고 투자자들에 대한 손해배상기능을 하는 집단소송이 활성화되었다고 평가되거나 반대로 비용만 더 증가시켰다는 의견도 등장하였다.[62] 2013년 연방대법원의 Amgen Inc. v. Connecticut Retirement Plans and Trust Funds 판결[63]에서 일부 대법관들은 Basic 판결의 법리상 문제점을 지적하거나 Basic 판결이 재검토될 필요가 있다고 밝혔다. 그러던 중 미국 연방대법원은 2014년 Halliburton Co. v. Erica P. John Fund, Inc. 사건[64]에서 Basic 판결을 유지할지 여부에 대하여 판시하였다. 위 판결에서 다수의견은 Basic 판결의 시장사기이론에 기한 신뢰요건의 추정 법리를 유지하면서, 다만 피고가 집단소송 허가단계에서 피고의 공시가 주가를 왜곡하지 않았다는 증거를 제시하여 신뢰요건에 대한 추정을 깨뜨릴 수 있다고 판단하였다.

투자자는 거래인과관계(신뢰)의 존재를 입증하지 않더라도 손해배상청구권을 가진다.[65] 이때 추정의 사실은 부실공시의 내용을 반영하여 인위적으로 형성된 주가를 신뢰한 사실로, 이는 사실상 ① 효율적 시장에서 거래되는 증권의 가격에는 모든 중요한 공개정보가 반영된 것이라는 추정과 ② 증권의 매수인은 시장가격의 완전성을 신뢰한 것이라는 추정을 받는 것으로 나눌 수 있다.[66] 피고의 부실공시가 중요한 사실에 관한 것이어서 시장가격에 영향을 주었고 원고가 피고의 부실공시를 직접 접하지 않았더라도 그러한 시장에서 증권을 매매하였다면 피고의 부실공시

---

62) 이준범, "미국 판례상 시장사기이론에 관한 연구", 서울대학교 석사학위 논문(2015), 3면; 장근영, "시장사기이론과 거래인과관계의 재평가", 『비교사법』, 제23권 제3호, 한국사법학회(2016), 765면.

63) Amgen Inc. v. CT Ret. Plans & Trust Funds, 568 U.S. 455 (2013).

64) Halliburton Co. v. Erica P. John Fund, Inc., 573 U.S. 258 (2014).

65) 임재연, 『자본시장법』, 박영사(2024), 738-739면.

66) 이준범, "미국 판례상 시장사기이론에 관한 연구", 서울대학교 석사학위 논문(2015), 94면.

를 신뢰한 것으로 추정한다.[67] 거래인과관계의 사실상의 추정은 번복을 허용하므로, 부실공시가 중요한 사항에 관한 것이 아니어서 시장가격에 영향을 주지 않았거나, 원고가 표시의 허위성을 알았거나 시장가격의 완전성을 신뢰하지 않았다는 사실 등을 피고가 증명하면 위 추정은 번복된다.[68]

판례는 거래인과관계의 증명과 관련하여 시장사기이론을 받아들인 것으로 평가되는데, 그 주요 판시를 살펴보면 다음과 같다.

"주식거래에서 기업의 재무상태는 주가를 형성하는 가장 중요한 요인 중의 하나이고, 대상 기업의 재무제표에 대한 외부감사인의 회계감사를 거쳐 작성된 감사보고서는 대상 기업의 정확한 재무상태를 드러내는 가장 객관적인 자료로서 일반투자자에게 제공·공표되어 주가 형성에 결정적인 영향을 미친다. 주식투자를 하는 일반투자자로서는 대상 기업의 재무상태를 나타내는 감사보고서가 정당하게 작성되어 공표된 것으로 믿고 주가가 당연히 그에 바탕을 두고 형성되었으리라고 생각하여 대상 기업의 주식을 거래한 것으로 보아야 한다."[69]

판례의 이러한 판시에 관하여 일반적으로 주가의 진실성을 근거로 시장사기이론을 받아들인 것으로 평가한다.[70] 다만 대법원은 위 사건에서 원고가 공시서류를 직접 읽고 신뢰하였는지를 판단하지 아니하였다. 판례는 원고가 주식을 거래할 당시 그 주식 시장이 당연히 효율적인 것을 전제하여 그 시장이 실제로 효율적인지 여부는 심리하지 아니하여 미국의 시장사기이론과는 차이가 있다.[71]

---

67) 임재연, 『자본시장법』, 박영사(2024), 1089면.

68) 임재연, 『자본시장법』, 박영사(2024), 1089면.

69) 판례가 시장사기이론을 최초로 받아들였다고 평가되는 사건은 한국강관사건이다(대법원 1997. 9. 12. 선고 96다41991 판결). 그 외에 따름 판례로 대법원 2020. 4. 29. 선고 2014다11895 판결 등 참조.

70) 이준범, "미국 판례상 시장사기이론에 관한 연구", 서울대학교 석사학위 논문(2015), 91면.

71) 김건식·정순섭, 『자본시장법』, 박영사(2024), 250면; 김연미, "사기에 의한 시장형성이론", 『증권법연구』, 제20권 제3호, 한국증권법학회(2019), 137면; 김홍기, 『자본시장법』, 박영사(2024), 264면; 최승재, "효율적 시장가설의 규범 포섭–시장사기이론의 적용한계의 획정을 중심으로–", 『증권법연구』, 제12권 제1호, 한국증권법

(다) 대상판결에서의 거래인과관계

거래인과관계를 손해배상청구권행사의 요건으로 보면, 취득자가 ① 증권신고서나 투자설명서의 부실기재내용을 보고, ② 그 내용을 신뢰하면서(즉, 부실기재라는 사실을 모르면서), 증권을 취득한 경우에 거래인과관계가 존재하는 것이 된다. 그런데 실제로는 대부분의 투자자가 증권신고서나 투자설명서를 보지 아니하므로 ①의 단계에서 이미 거래인과관계의 존재를 인정하기 어렵다. 시장사기이론을 적용하면 효율적인 시장에서 형성된 증권의 가격은 모든 공개된 정보를 즉시 반영하고 부실공시의 내용도 즉시 반영하므로, 투자자는 회사가 제공하는 정보를 개별적으로 검토할 필요 없이 증권의 시장가격이 회사에 대한 모든 정보를 반영하고 있다는 점을 믿고 거래하면 충분하다.[72] 시장가격은 회사의 부실공시를 반영하고, 시장참여자들이 시장가격에 주식을 취득함으로써 그 부실공시를 신뢰하는 구조이다.[73]

대상판결의 사안으로 돌아오면, 1심은 부실표시가 공시된 이후에 실제 부실표시의 공표일까지 거래인과관계를 인정하였고, 원심은 그 사이에 정상 재무제표가 공시된 시점 이후부터는 거래인과관계에 관한 사실상의 추정이 복멸되었다고 보았으며, 대상판결은 원심의 판단과 같은 취지로 판단하였다. 대상판결과 원심은 분식회계사실 자체가 공표되지 아니하였더라도 정상적으로 작성된 재무제표가 공시되는 등 정보가 새롭게 갱신된 이상 더 이상 분식회계로 작성된 과거의 공시서류를 신뢰하여 매수하였다는 거래인과관계의 추정은 번복될 수 있다고 판단한 것으로 평가할 수 있다.[74] 이에 의하면 거래인과관계 추정의 복멸에 관해서도 시장사기

학회(2011), 99-100면.

72) 김연미, “사기에 의한 시장형성이론”, 『증권법연구』, 제20권 제3호, 한국증권법학회(2019) 132면; 김화진, “증권소송에서의 인과관계이론의 재조명—미국 판례동향의 시사점—”, 『저스티스』, 제144호, 한국법학원(2014), 214면.

73) 김연미, “사기에 의한 시장형성이론”, 『증권법연구』, 제20권 제3호, 한국증권법학회(2019), 132면.

74) 김지웅, “2022년 자본시장법 주요 판결 및 결정”, 『상사판례연구』, 제36권 제1호(2023), 203면.

이론을 적용하는 구조와 유사한 판단을 한 것으로 볼 여지도 있다. 대상판결의 판시를 보면, “피고 회사의 제59기 3분기보고서가 중요사항에 거짓 기재 없이 공시된 이상 그 이후의 이 사건 주식 취득 행위는 주로 거기 수록된 재무제표 등에 ‘기초’한 것으로 볼 수가 있으므로”라고 되어 있다. 문언 그대로만 보면, 투자자가 정상 재무제표를 직접 보고(위 문구 중 ‘기초’에 근거), 주식을 취득한 것을 전제로 하였다고 평가할 수도 있다. 그러나 앞서 설명한 것처럼 거래인과관계에 관한 논의는 투자자가 공시서류를 제대로 확인하지 아니하는 거래의 현실을 인정하는 전제하에 이루어진다. 따라서 위와 같이 문언을 이해하면, 사실상 존재하지 아니하는 사실의 증명을 인정한 것이어서 부당하다.

통상 거래인과관계에 관한 사실상의 추정을 번복시킬 수 있는 증명사항으로는 원고가 해당 정보가 ‘허위’사실임을 ‘알면서’ 거래를 했다거나,[75] 시장 참여자들이 이미 해당 정보가 ‘허위’사실임을 ‘알고’ 있었으므로 허위표시가 시장가격에 영향을 미치지 아니하였다는 점 등을 들고 있다.[76] 그 외에도 허위공시가 시가에 영향을 주지 아니하였음을 증명하여 그 반증을 할 수도 있다.[77] 거래인과관계 추정의 복멸은 이를 중심으로 살펴보는 것이 타당하다. 대상판결의 사안에서 정상 재무제표가 공시되었다는 것만으로 원고가 이를 근거로 과거의 재무제표가 허위라는 사실을 알면서 거래했다거나 일반적인 시장 참여자들이 해당 정보가 허위사실임을 알고 있었다고 평가하는 것은 무리가 있다. 대상판결은 부실서류의 공시 자체가 정정되지 아니하였더라도 그와 동일한 취지의 재무제표가 새롭게 작성되어 공시된 것에 초점을 맞추었다. 여기서 드는 의문은 과거에 표시되었어야 할 내용이 뒤늦게 표시되기는 하였으나, 그 과정에

75) 김건식 · 정순섭, 『자본시장법』, 박영사(2023) 252면(“배상의무자가 면책되기 위해서는 취득자가 신고서를 보지 않았다는 점을 증명하는 것으로는 부족하고, 취득자가 부실기재를 알았다는 점을 증명해야 한다”고 설명한다)

76) 김연미, “사기에 의한 시장형성이론”, 『증권법연구』, 제20권 제3호, 한국증권법학회(2019), 132면.

77) 이준범, “미국 판례상 시장사기이론에 관한 연구”, 서울대학교 석사학위 논문(2015), 94면

서 과거의 표시 내용이 허위임을 밝히지 아니한 경우, 과거의 허위표시 행위를 어떻게 평가할 것인가이다. 대상판결은 거래인과관계 추정을 소멸시키는 반증사항으로 '이 사건 채권 전액에 대하여 대손충당금을 설정된 사실'을 제시하였으나, 이것은 피고 회사가 현재의 상태를 설명하는 것이지 과거의 허위성을 인정하는 행위가 아니다. 따라서 위와 같은 사실의 공시만으로 과거 공시의 진실성에 관한 의심을 불러일으키기에 부족하다고 봄이 합리적이다. 회사 입장에서 정상 재무제표의 공시는 과거 재무제표에 문제가 없었고, 새로운 사정에 기하여 '이 사건 채권 전액에 대하여 대손충당금을 설정한 것'에 불과하기 때문이다. 그럼에도 대상판결은 정상 재무제표의 공시로 인하여 직전까지 추정되었던 부실표시의 사실을 모르고 증권을 취득하였다는 추정사실이 진실인가 하는 의심을 품게하였다고 판단한 것인데, 투자자가 공시서류를 검토하지 아니하는 상황에서는 공시의 존재만으로 그러한 의심을 가진다고 보기는 어렵다.[78] 대상판결은 허위의 사실이 공표된 이후에 주식을 취득한 주주와 회사가 허위의 사실을 숨긴 채 재무제표가 정상적으로 작성되고 있는 것처럼 공시하고 있는 상태에서 주식을 취득한 주주를 실질적으로 동일하게 평가한 것이다. 강조하건대 이 사안의 경우 정상 재무제표의 공시로 인하여 과거의 허위표시가 더이상 시장가격에 영향을 미치지 아니하였음이 증명되었는지를 평가하는 것이 더 합리적이다. 대상판결의 사안은 정상 재무제표의 공시 직후에도 시장가격이 이전과 크게 달라지지 아니하였으므로 위의 사실이 증명되었다고 보기 어렵다.

(2) 손해인과관계에 관하여

일반 불법행위로 인한 재산상의 손해는 차액설에 따라 산정한다.[79]

---

78) 대상사안에서 피고 회사의 제59기 3분기보고서가 공시된 2013. 11. 14.부터 원심이 정상주가가 형성되었다고 판단한 2013. 11. 20.까지 이 사건 주식의 종가는 별다른 변화 없이 오히려 주당 약 340원 가량 상승한 반면, 이 사건 채권에 대한 대손충당금 과소 계상 등을 이유로 2014. 12. 4. 이 사건 주식의 매매거래가 정지되었다가 그 정지가 해제된 2015. 12. 8. 직후까지 하종가에 가까운 주가를 보이는 등의 사정만 보더라도 그러하다.

79) 김건식 · 정순섭, 『자본시장법』, 박영사(2023), 252면.

부실표시로 인한 손해를 차액설에 따라 산정하면, 부실표시가 없었다면 지급하였을 증권의 가격인 정상가격과 부실표시로 인하여 현실적으로 지급한 가격인 취득가액의 차액을 손해배상액으로 본다.[80] 일반 불법행위 원칙에 따르면, 손해배상액은 피해자인 투자자가 증명해야 하는데, 정상가격의 증명이 어려우므로 손해배상액의 증명은 쉽지 아니하다.[81] 자본시장법은 부실공시로 인한 손해배상액을 추정하는 규정을 두고 있으므로, 원고는 손해인과관계를 별도로 증명할 필요가 없고, 피고에게 증명책임이 전환된다.[82] 손해인과관계 부존재의 증명은 문제된 사업보고서 등의 거짓 기재가 손해의 발생에 아무런 영향을 미치지 아니하였다는 사실 혹은 부분적 영향을 미쳤다는 사실을 직접적으로 증명하는 방법 또는 문제된 사업보고서 등의 거짓 기재 이외의 다른 요인에 의하여 손해의 전부 또는 일부가 발생하였다는 사실을 간접적으로 증명하는 방법으로도 가능하다.[83] 대상판결은 분식회계로 인한 허위 공시 이후 회사가 정상 재무제표를 공시하였더라도 주식을 취득한 주주의 손해배상책임 인정여부 및 손해배상액 산정을 할 때, '회사가 정상 공시를 한 직후 형성된 주가'가 허위 공시로 부양된 부분이 남아 있는 것인지, 제거된 것이 불분명하다는 이유만으로 그 주가(정상공시직후 형성된주가)를 손해배상액을 산정하는 기준 가액으로 보아서는 안 된다는 점을 명시하였다. 대상판결의 이 부분 판단은 원심과 그 결론을 달리한 부분으로, 정상 재무제표 공시 직후 형성된 주가를 정상주가라고 보려면, 반드시 손해를 배상하는 측에서 그 것이 허위공시로 부양된 부분이 제거된 것이라는 점을 증명해야 한다는 취지로서 의미가 있다.[84] 대상판결은 더 이른 시기에 표시되었어야 할

80) 김건식 · 정순섭, 『자본시장법』, 박영사(2023), 252면.

81) 김건식 · 정순섭, 『자본시장법』, 박영사(2023), 252면.

82) 윤광균, "자본시장법상 민사책임요건으로서의 손해와 인과관계", 『인권과 정의』, 제446호, 대한변호사협회(2014), 38면.

83) 대법원 2016. 10. 27. 선고 2015다218099 판결, 대법원 2016. 12. 15. 선고 2015다243163 판결 등 참조.

84) 김지웅, "2022년 자본시장법 주요 판결 및 결정", 『상사판례연구』, 제36권 제1호(2023), 203-204면.

내용이 뒤늦게 표시되기는 하였으나, 그 과정에서 이전의 표시 내용이 허위임을 밝히지 아니한 경우에도 거래인과관계의 추정은 소멸한다는 취지로 판단하였으나, 손해인과관계와 관련해서는 그 허위표시행위로 인한 영향의 결과를 고려하여 판단하였다. 참고로 원심은 정상 재무제표의 공시만으로 손해액에 관한 추정 역시 소멸된다고 보았다. 그러나 대상판결은 정상 재무제표가 공시되었다는 사실만으로 그 직후에 곧바로 피고 회사의 전반적 신뢰성에 대한 시장의 평가가 그 주식가격에 온전히 반영되었다고 보기도 어려운 점을 반영하여 원심과 달리 판단하였다.

2. 일본 사례의 검토

(1) 기존 논의

일본의 경우 공시서류 등의 허위기재 등을 이유로 주주의 손해배상 청구가 이루어진 경우 '취득 자체가 손해인 사례'와 '고가취득이 손해인 사례'로 나누어 검토하는 모습을 보인다.[85] 전자는 '허위기재 등이 없었다면, 해당 주식을 취득하지 않았을 것'이라는 사실을 증명한 경우이고, 후자는 허위기재 등이 없었다면 해당 주식을 취득하지 않았다고 할 수 없으나[86] 허위기재 등으로 인하여 주가가 본래보다 높게 책정되어, 원래의 가치보다 고가에 주식을 취득한 경우이다. 양자의 차이는 전자는 주식의 취득 자체가 손해이어서 취득가격에서 처분가격(계속 보유하고 있는

---

85) 子堂厚子・吉田瑞穂・宇田川翔, "虚偽記載等と相当因果関係のある損害の範囲[近時の証券訴訟における法的論点(3)]", 商事法務 No. 2352(2024), 40면; 松井英樹, "有価証券報告書等の虚偽記載に基づく投資者の損害額について",『白山法学』第13号(2017), 168면.

86) '허위기재가 없었으면 취득 없음'의 사례는 쉽게 상정하기 어렵다. 이미 주식을 취득하고 있는 상황에서 재무제표 등에 허위기재가 발생한 경우를 예로 들기도 하는데, 주식 취득 후에 허위기재가 발생하고, 그로 인해 해당 주식의 주가가 부당하게 부풀려지고, 그 후의 허위기재 사실의 공표에 의해 주가가 하락했더라도, 주주의 주식 취득 후에 발생한 부풀림분이 원래대로 돌아갈 뿐이다. 따라서 주주 의 주식 취득 후에 발생한 허위기재에 기초한 부풀림분은 발행회사의 법적 책임의 대상이 되지 아니한다[太子堂厚子・高田和佳・宇田川翔, "株式の取得時期と虚偽記載等による法的責任",『商事法務』No. 2353(2024), 26면].

경우는 구두변론 종결 시의 시가)을 공제한 금액이 손해액 산정의 출발점이 되는 반면,[87] 후자는 취득가격과 허위기재 등이 없었다고 가정할 때의 예상가격과의 차액이 손해액 산정의 출발점이 된다는 점에 있다.[88]

(2) 논의의 변화

일본의 이러한 논의는 두 건의 최고재판소 판결 이후 일부 수정되는 모습을 보인다. 서부철도 사건[89]은 '허위기재가 없었다면 취득 없음'을 인정하는 것을 전제로, 손해 산정 방법과 관련하여 '취득가액−처분가액(계속 보유하고 있다면 구두변론 종결시의 평가액)'을 기초로 하면서 '경제정세, 시장동향, 해당 회사의 업적 등 당해 허위기재에 기인하지 않는 시장가액의 하락분'은 허위기재와 상당인과관계 없는 것이므로 손해액에서 공제해야 한다고 판단하였다.[90] 기존에는 주식의 취득 자체가 손해라고 보는 경우에는 허위기재 이외의 요인에 의한 하락분을 고려하지 않았으나, 이 판결에서는 이를 고려하여 공제한 것이 특징이다.[91] 이는 기존의 엄격한 이분론에서 벗어나 보다 유연한 접근을 취한 것으로 평가할 수 있다. 이 판결은 기존의 손해 이분론을 기본으로 하면서도, 현실적인 시장 상황을 반영하여 손해액을 산정하는 보다 정교한 방식을 제시하였다.[92]

---

87) 취득 자체가 손해인 경우에는 주식 취득 후에 해당 주식의 주가 하락에 허위기재 등 이외의 요인에 의한 것이 포함되어 있더라도 손해액에 영향을 주지 않는다고 평가하기도 한다[潮見佳男, "虚偽記載等による損害—不法行為損害賠償法の視点から", 商事法務 No. 1907(2010), 15면].

88) 子堂厚子·吉田瑞穂·宇田川翔, "虚偽記載等と相当因果関係のある損害の範囲[近時の証券訴訟における法的論点(3)]", 商事法務 No. 2352(2024), 40면.

89) 유가증권보고서 등의 계속개시서류에 대한 허위공개에 근거한 투자자에 의한 해당 서류의 제출회사에 대한 책임추궁에 관한 선도적인 사례이다.

90) 最判 平成 23年 9月 13日 民集 65巻 6号 2511頁.

91) 子堂厚子·吉田瑞穂·宇田川翔, "虚偽記載等と相当因果関係のある損害の範囲[近時の証券訴訟における法的論点(3)]", 商事法務 No. 2352(2024), 41면; 松井英樹, "有価証券報告書等の虚偽記載に基づく投資者の損害額について", 『白山法学』第13号(2017), 169면.

92) 이에 관해서는 서부철도사건 판결에서 "서부철도 주식을 취득하게 된 것 자체가 손해이다"라고 인정하면서도, 경제 정세, 시장 동향, 해당 회사의 실적 등 해당 허위기재에 기인하지 않는 시장가격의 하락분을 그 차액에서 공제하여 산정해야 한다고 하여 취득 후의 상황이 고려요소에 포함되고 있는 점에서 취득자체손해설의 결론과 모순되므로 취득자체손해·고가취득손해 이분론은 판례에 의해 명확히 부

'라이브도어' 사건[93]에 관한 최고재판소 판결[94]은 "금융상품거래법 제21조의2는 일반 불법행위의 규정의 특칙으로서, 그 입증책임을 완화한 규정이라고 설명한 후, 제위 21조의2 제1항에서 말하는 '손해'란, 일반 불법행위의 규정에 근거하여 그 배상을 청구할 수 있는 손해와 마찬가지로, 허위기재 등과 상당인과관계가 있는 손해를 모두 포함하는 것으로 해석된다"고 판시하고, 그 대상을 취득시 차액에 한정해야 할 이유는 없다고 판단하였다.[95] 그리고 기업의 신용실추나 투매에 의한 주가 하락은 허위기재 및 그 발각에 의해 발생하는 것이 통상 예상되므로, 허위기재와 상당인과관계가 있다고 판단하였다.[96] 이 판결은 '허위기재 없었다면 취득 없음'이라고 할 수 있는지 여부는 명시적으로 판단하지 않은 채, 취득시 차액 이상의 손해배상청구를 인정하고 있어, 이분론의 틀 자체를 포기하고 있는 것처럼 평가하기도 한다.[97]

2건의 최고재판소 판결 모두 허위기재 등의 공표 후의 시장주가의 하락분에 대해 상당인과관계 법리를 적용하여 최종적인 손해액을 산정하고 있다. 일본 최고재판소가 손해액 산정에서 '취득시 차액에의 한정'을 엄격하게 따르지 아니하는 상황에서, 서부철도사건과 같이, 허위공시가 없었다면 '주식을 취득하지 않았을 것'이라고 할 수 있는 경우와 그 외의 경우를 구별하는 장점은 적어지고 있다고 평가할 수 있다.[98]

정되었다고도 평가하기도 한다[松井英樹, "有価証券報告書等の虚偽記載に基づく投資者の損害額について",『白山法学』 第13号(2017), 169면].

93) 허위의 유가증권신고서를 발행한 회사, 경영진, 외부감사인을 상대로 복합적인 소송들이 제기된 일본 최대의 주가조작사건이다[구체적 사실관계는 "김영주, '유가증권신고서의 허위기재와 외부감사인의 책임-일본의 라이브도어 사건 및 관련 판례를 중심으로-',『기업법연구』, 제28권 제2호, 한국기업법학회(2014), 367면 참조"].

94) 最判 平成 24年 3月 13日 民集 66巻 5号 1957頁.

95) 子堂厚子・吉田瑞穂・宇田川翔, "虚偽記載等と相当因果関係のある損害の範囲[近時の証券訴訟における法的論点(3)]", 商事法務 No. 2352(2024), 41면.

96) 子堂厚子・吉田瑞穂・宇田川翔, "虚偽記載等と相当因果関係のある損害の範囲[近時の証券訴訟における法的論点(3)]", 商事法務 No. 2352(2024), 41면.

97) 子堂厚子・吉田瑞穂・宇田川翔, "虚偽記載等と相当因果関係のある損害の範囲[近時の証券訴訟における法的論点(3)]", 商事法務 No. 2352(2024), 41면; 松井英樹, "有価証券報告書等の虚偽記載に基づく投資者の損害額について",『白山法学』 第13号(2017), 169면.

(3) 소 결

일본의 금융상품거래법 제21조의2는 유가증권보고서 등의 공시서류에 허위기재 등이 있었을 경우 유통시장에서 해당 공시서류가 공중의 열람에 제공되고 있는 동안 관련 발행자의 주식 등 유가증권을 취득하거나 처분한 자에 대한 해당 공시서류를 제출한 발행자 등의 손해배상책임에 관한 규정하는데, 이는 자본시장법 제162조에 대응하는 내용이다. 일본의 논의 중 '허위기재가 없었다면 취득 없음'의 인정 여부를 판단하는 것이 우리의 거래인과관계 판단과 유사한 측면이 있어 보이나, 우리는 거래인과관계가 인정되지 아니하는 경우 손해배상책임 자체가 성립하지 아니하는 반면에, 일본의 이분론에 의하면, 이 경우에도 허위기재 등으로 인하여 주가가 본래보다 높게 책정되어, 원래의 가치보다 고가에 주식을 취득한 경우에 해당하면 손해배상책임을 인정할 수 있다는 점에서는 차이가 있다.

대상판결 사안에서 정상 재무제표 공시 이후에 주식을 취득한 원고들에게 일본의 논의를 적용하면,[99] '허위기재가 없었다면 취득 없음'이 인정될 수 있으므로,[100] 그 설명이 거래인과관계에 관한 우리의 논의에 정확하게 부합한다고 평가하기는 어렵다. 설령 '허위기재가 없었다면 취득 없음'을 우리의 거래인과관계론과 동일한 것으로 평가하여 해당 요건의 충족을 인정하지 아니하더라도 곧바로 피고의 손해배상책임이 부정되는 것이 아니고, 원고가 원래의 가치보다 고가에 대상 주식을 취득한 경우에 해당하는지를 평가해야 하는데, 위 사안은 주주들이 고가취득의 손해를 입은 것으로 평가할 수 있다. 왜냐하면 원고가 당기의 정상 재무제표

98) 松井英樹, "有価証券報告書等の虚偽記載に基づく投資者の損害額について", 『白山法学』 第13号(2017), 169면.

99) 이러한 원고들은 과거 분기 재무제표의 분식사실이 정정되지 아니한 채, 이후 분기 재무제표만 정상 작성되었다는 사실을 알았다면, 이 사건 주식을 취득하지 않았다고 볼 수 있기 때문이다.

100) 당해 기수 보고서에 허위의 기재가 없었더라도, 주주가 해당 보고서가 인용하고 있는 과거 재무제표 관련한 허위기재가 있었다는 사실을 알았다면, 해당 주식을 취득하지 않았을 개연성이 있기 때문이다.

를 신뢰하고 주식을 취득하였더라도 과거의 재무제표의 허위성을 알았던 것은 아니고, 따라서 원고로서는 해당 주식의 가격이 정상보다 높은 범위에서 형성되었을 때 그 주식을 취득하였다고 볼 수 있기 때문이다. 이 경우 손해액은 취득가격과 허위기재 등이 없었다고 가정할 때의 예상가격과의 차액이 시작점이 되는데, 결론은 위법행위와 상당인과관계 있는 손해의 범위 내에서 산정될 것이다.

Ⅳ. 결 론

대상판결은 공시의무위반에 따른 손해배상책임의 성립요건 중 인과관계에 관하여 기존 선례에 더하여 한 단계 더 구체적인 판단을 하였다는 점에서 의미가 있다. 회사의 부실공시로 인한 손해배상책임과 관련해서는 미국에서의 논의의 영향을 받아 그 성립요건으로서의 인과관계를 거래인과관계와 손해인과관계로 나누어 설명하는 것이 일반적이다.[101] 거래인과관계는 민법상 '손해배책임의 성립'에 관한 인과관계, 손해인과관계는 '손해배상의 범위'에 관한 인과관계의 문제로 보기도 한다.[102] 인과관계는 손해배상책임의 성립요건으로서 그 존부에 따라 책임의 인정 여부가 달라지므로, 그것을 어떻게 정의하고 해석하는지에 따라 손해배상의 범위도 영향을 받을 수밖에 없다. 공시규제로 인한 부실표시와 관련해서는 명문으로 거래인과관계를 정하고 있지 아니함에도,[103] 그 해석론과 관

101) 김주영, "자본시장법상 불공정거래행위에 따른 손해배상청구의 청구인적격에 관한 검토", 『증권법연구』, 제15권 제1호, 한국증권법학회(2014), 232면; 윤광균, "자본시장법상 민사책임요건으로서의 손해와 인과관계", 『인권과 정의』, 제446호, 대한변호사협회(2014), 35면; 임정하, "자본시장 불공정거래행위에 대한 손해배상책임", 『경영법률』, 제28집 제1호, 한국경영법률학회(2017), 154-155면; 장근영, "시장사기이론과 거래인과관계의 재평가", 『비교사법』, 제23권 제3호, 한국사법학회(2016), 759면.

102) 김용재, "유통시장에서의 부실공시에 대한 손해배상책임", 『외법논집』, 제40권 제3호, 한국외국어대학교 법학연구소(2016), 53면; 오영준, "2000년대 민사판례의 경향과 흐름: 상법", 『민사판례연구』, 제33권(하), 민사판례연구회(2011), 839면.

103) 다만, 자본시장법 제125조와 제162조와 달리 제170조는 선의의 투자자가 사업보고서 등에 첨부된 회계감사인의 감사보고서를 '신뢰'하여 손해를 입은 경우에 그

련하여 투자자들이 주가에 영향을 미치는 공시의 부실표시를 신뢰하고 거래하였는지를 문제 삼는 특징을 보인다.[104] 이와 관련하여 손해배상책임을 인정함에 있어 시장사기이론[105]을 적용하여 신뢰를 추정하면서까지 거래인과관계를 요구할 필요가 있는지에 관한 의문을 제기하기도 한다.[106] 비대면 거래의 경우에는 시장이 가격을 결정하는 역할을 하고, 거래자는 이렇게 결정된 가격을 신뢰하고 거래하므로 원고에게 부실공시를 신뢰하였는지를 직접 묻는 것이 의미있는가 하는 문제를 제기하는 것이다.[107] 나아가 회사는 공시할 때 사실에 기반하여야 하는 것이 너무 당연하다. 따라서 투자자가 회사의 주식을 거래할 때 회사의 공시 내용이 진실한 것이라고 믿고 거래하는 것이 당연히 전제되는 것이다. 투자자에게 공시의 내용을 확인할 의무가 인정되지 아니하는 상황에서 투자자로 하여금 공시의 내용이 진실이 아닐 수도 있다는 의심을 가지고 모든 거래 시 그 내용을 객관적으로 검토하게 강제할 수는 없다. 이에 따르면 비대면 거래가 주를 이루는 현대의 증권시장에서 굳이 거래인과관계와 손해인과관계를 엄격하게 나누어 검토할 필요가 없다는 결론으로 이어질 수 있다.[108] 이때 거래인과관계와 손해인과관계는 거래 관련 위법행위에 있어 법적 가치 판단이 필요한 인과관계로서 상당인과관계의 개념에 포함할 수 있다.[109] 이에 기초하면, 공시의무위반으로 인한 손해배상책임에

회계감사인에 대하여 손해배상을 청구할 수 있다고 하여 거래인과관계를 명시적으로 규정한 것으로 평가할 수 있다.

104) 장근영, “시장사기이론과 거래인과관계의 재평가”, 『비교사법』, 제23권 제3호, 한국사법학회(2016), 753면.

105) 시장사기이론이란 부실표시로 주가에 영향을 미친 경우 그 행위는 시장에 대해서 사기이고, 나아가 그 시장에서 형성된 가격을 신뢰하고 거래한 투자자에 대한 간접적인 사기가 된다는 이론을 말한다[장근영, “시장사기이론과 거래인과관계의 재평가”, 『비교사법』, 제23권 제3호, 한국사법학회(2016), 762면].

106) 장근영, “시장사기이론과 거래인과관계의 재평가”, 『비교사법』, 제23권 제3호, 한국사법학회(2016), 778면.

107) 장근영, “시장사기이론과 거래인과관계의 재평가”, 『비교사법』, 제23권 제3호, 한국사법학회(2016), 789면.

108) 같은 취지 김주영, “자본시장법상 불공정거래행위에 따른 손해배상청구의 청구인적격에 관한 검토”, 『증권법연구』, 제15권 제1호, 한국증권법학회(2014), 233면.

있어 인과관계는 '부실표시로 증권의 가격이 왜곡되었고, 이로 인하여 손해를 입었는지'의 문제로 귀결한다.[110] 위법행위인 부실표시와 상당인과관계가 있는 손해의 존재 여부를 중심으로 판단하는 것이다. 이는 민법상의 손해배상청구의 성립요건인 인과관계의 주된 논의와 본질을 같이 한다.[111] 이때 불법행위에 있어서 재산상의 손해는 일반적으로 위법행위로 인한 재산상의 손해, 즉 불법행위가 없었더라면 존재하였을 재산상태와 불법행위가 가해진 이후의 재산상태의 차이를 말한다(차액설).[112] 다만, 이러한 논의는 손해배상액이 추정되는 자본시장법에 따른 손해배상책임보다는 민법상의 불법행위책임을 묻는 경우에 더욱 유용할 것이다.[113]

자본시장법상 부실공시로 인한 손해배상책임에서 거래인과관계는 청구권자의 범위를 확정하는 용도로 활용된다.[114] 거래 관련 불법행위에 기초한 손해배상청구의 근거규정인 민법 제750조는 명시적으로 청구권자의 범위를 한정하고 있지 아니함에도, 법원은 이 경우 해당 거래를 신뢰하고 어떠한 작위나 부작위를 하여 이로 인해 손해를 입은 경우에 한하여 상당인과관계를 인정한다.[115] 이에 의하면, 양자는 거래인과관계를 별도의 요건으로 검토하는지, 상당인과관계의 범위에 포함시키는지의 차이만 있을 뿐 실질적으로 결론에 있어서는 차이가 발생할 가능성이 크지

---

109) 같은 취지 김주영, "자본시장법상 불공정거래행위에 따른 손해배상청구의 청구인적격에 관한 검토", 『증권법연구』, 제15권 제1호, 한국증권법학회(2014), 233면.

110) 장근영, "시장사기이론과 거래인과관계의 재평가", 『비교사법』, 제23권 제3호, 한국사법학회(2016), 789-790면; 이 경우 거래인과관계가 인정될 수 없으면, 상당인과관계가 없어 손해배상책임이 부정될 것이다[김연미, "사기에 의한 시장형성이론", 『증권법연구』, 제20권 제3호, 한국증권법학회(2019), 145면].

111) 윤광균, "자본시장법상 민사책임요건으로서의 손해와 인과관계", 『인권과 정의』, 제446호, 대한변호사협회(2014), 34면.

112) 윤광균, "자본시장법상 민사책임요건으로서의 손해와 인과관계", 『인권과 정의』, 제446호, 대한변호사협회(2014), 38면.

113) 장근영, "시장사기이론과 거래인과관계의 재평가", 『비교사법』, 제23권 제3호, 한국사법학회(2016), 791면.

114) 김건식 · 정순섭, 『자본시장법』, 박영사(2023), 250면.

115) 김주영, "자본시장법상 불공정거래행위에 따른 손해배상청구의 청구인적격에 관한 검토", 『증권법연구』, 제15권 제1호, 한국증권법학회(2014), 228면.

않다. 이를 기초로 대상판결 사안을 손해의 관점에서 살펴보면, 주주는 과거의 재무제표의 허위기재로 인하여 해당 주식의 가격이 정상보다 높은 범위에서 형성되었을 때 그 주식을 취득하였다고 볼 수 있으므로, 허위사실이 공표되는 것을 기준으로 취득시와 정상가격 형성시의 주식 가격의 차이의 범위 내에서 위법행위와 손해 사이의 상당인과관계를 인정할 수 있다. 그런데 대상판결은 거래인과관계의 관점에서 해당 주주들을 손해배상 청구권자의 범위에서 제외하였다. 이러한 결론에 대해서는 자본시장법의 해석론과 민법상 불법행위에 관한 해석론의 차이에서 오는 논의의 실익이라고 평가할 수 있으나, 다른 한편으로는 해당 주주들에 대해서도 거래인과관계를 인정해야 하는 것이 아닌가 하는 의문을 품게 만드는 계기가 될 수도 있다. 후자의 의문이 대상판결을 구체적으로 분석한 본 논문의 출발점이다.

[Abstract]

Causation in Shareholders' Claims for Damages due to False Disclosure under the Financial Services and Capital Markets Act

– Focusing on the Supreme Court Judgment 2022Da228056 Delivered on September 7, 2022 –

Namgung, Ju Hyun*

This study examines the issue of causation in shareholders' claims for damages due to false disclosure by companies, focusing on the Supreme Court Decision 2022Da228056 delivered on September 7, 2022. The Court ruled that transaction causation cannot be presumed for stock acquisitions made after the disclosure of corrected financial statements. However, it also held that the stock price formed immediately after this disclosure cannot be automatically considered the normal price. This distinction between transaction causation and loss causation reflects practical considerations regarding the issue of reliance after information updates and the immediacy of market evaluations. This study points out that while case law, influenced by the U.S. fraud-on-the-market theory, requires transaction causation, this requirement may not align with the language of the Act or the characteristics of modern securities markets dominated by non-face-to-face transactions. In such markets, reliance on the market price itself is more significant than individual investor reliance, suggesting a need to reconsider the transaction causation requirement. Furthermore, this study proposes simplifying the cau-

* Assistant Professor, Sungkyunkwan University School of Law.

sation issue in false disclosure liability cases to whether "the stock price was distorted by the false disclosure and whether this distortion caused damage." This approach, focusing on loss causation, could harmonize the dual goals of investor protection and sound capital market development. In conclusion, this study emphasizes the need for continued discussion and research on the interpretation of causation as a requirement for liability in false disclosure cases, noting the direction of case law development through the examined decision.

[Key word]

- Financial Service and Capital Market Act
- False Disclosure
- Liability for Damages
- Transaction Causation
- Loss Causation
- Fraud-on-the-Market Theory
- Proximate Causation

참고문헌

[국내문헌]

1. 단 행 본

김건식 · 정순섭, 자본시장법, 박영사(2023).
김병연 · 권재열 · 양기진, 자본시장법 사례와 이론, 박영사(2019).
김정수, 자본시장법원론, SFL그룹(2011).
김홍기, 자본시장법, 박영사(2024).
임재연, 자본시장법, 박영사(2024).
한국증권법학회, 자본시장법 주석서 I, 박영사(2015).

2. 논 문

김병연, "미국 판례법상 시장사기이론과 증권거래법상 손해배상책임에 있어서 인과관계의 문제", 비교사법 제11권 제1호, 한국사법학회(2004).
김영주, "유가증권신고서의 허위기재와 외부감사인의 책임-일본의 라이브도어 사건 및 관련 판례를 중심으로-", 기업법연구 제28권 제2호, 한국기업법학회(2014).
김연미, "사기에 의한 시장형성이론", 증권법연구, 제20권 제3호, 한국증권법학회(2019).
김용재, "유통시장에서의 부실공시에 대한 손해배상책임", 외법논집 제40권 제3호, 한국외국어대학교 법학연구소(2016).
김정수, "증권집단소송법상 입증책임과 시장사기이론-미국에서의 발전과 우리 법과의 비교분석을 중심으로-", 주식 제243호, 한국증권거래소(2003).
김주영, "자본시장법상 불공정거래행위에 따른 손해배상청구의 청구인적격에 관한 검토", 증권법연구 제15권 제1호, 한국증권법학회(2014).
김화진, "증권소송에서의 인과관계이론의 재조명-미국 판례동향의 시사점-", 저스티스 제144호, 한국법학원(2014).
김지웅, "2022년 자본시장법 주요 판결 및 결정", 상사판례연구 제36권 제1호,

한국상사판례학회(2023).
남궁주현, “자본시장법상 회계감사인의 손해배상책임-증권의 유통시장을 중심으로-”, 증권법연구 제22권 제2호, 한국증권법학회(2021).
심현지, “감사보고서상 거짓기재와 감사인의 손해배상책임-판례를 중심으로-”, BFL 제82호, 서울대 금융법센터(2017).
안수현, “온주 자본시장과금융투자업에관한법률 제125조”, 로앤비(2024).
오영준, “2000년대 민사판례의 경향과 흐름: 상법”, 민사판례연구 제33권(하), 민사판례연구회(2011).
윤광균, “자본시장법상 민사책임요건으로서의 손해와 인과관계”, 인권과 정의 제446호, 대한변호사협회(2014).
이동신, “유가증권 공시서류의 부실기재에 관한 책임”, 재판자료 제90집 증권거래에 관한 제문제(上), 법원도서관(2001).
이준범, “미국 판례상 시장사기이론에 관한 연구”, 서울대학교 석사학위 논문(2015).
임정하, “자본시장 불공정거래행위에 대한 손해배상책임”, 경영법률 제28집 제1호, 한국경영법률학회(2017).
장근영, “시장사기이론과 거래인과관계의 재평가”, 비교사법 제23권 제3호, 한국사법학회(2016).
최민용, “2020년 자본시장법 판례회고”, 상사판례연구 제34권 제1호, 한국상사판례학회(2021).
최승재, “효율적 시장가설의 규범 포섭-시장사기이론의 적용한계의 획정을 중심으로-”, 증권법연구 제12권 제1호, 한국증권법학회(2011).

[외국문헌]

Fox, Merritt B. “Demystifying Causation in Fraud-on-the-Market Actions.” The Business Lawyer, Vol. 60, No. 2, 2005.

松井英樹, “有価証券報告書等の虚偽記載に基づく投資者の損害額について”, 白山法学　第13号(2017).
太子堂厚子・高田和佳・宇田川翔, “株式の取得時期と虚偽記載等による法的責任”, 商事法務 No. 2353(2024).
子堂厚子・吉田瑞穂・宇田川翔, “虚偽記載等と相当因果関係のある損害の範囲

［近時の証券訴訟における法的論点(3)］", 商事法務 No. 2352(2024).
潮見佳男, "虚偽記載等による損害―不法行為損害賠償法の視点から", 商事法務 No. 1907(2010).

附　　錄

「訴訟代理의　諸問題」

부록에 부치는 말

우리 연구회는 2024년 8월 24일 서울 강남구 잠원동에 있는 더 리버사이드 호텔 6층 몽블랑홀에서 제47회 하계 심포지엄을 열고 "소송대리의 제 문제"라는 주제로 여러 쟁점들을 검토하고 논의하는 기회를 가졌다. 이 부록은 그 모임에서 발표된 논문들을 다시 수정 · 보완한 것이다. 심포지엄은 다음과 같은 일정으로 진행되었다.

10:00~10:25 참가자 등록
10:25~10:30 개 회 사 ---------------------------------- 전원열 회장

10:30~12:30 제1세션: 주제발표와 토론

(1) 제1주제: 이익충돌과 쌍방대리금지－대법원 2024. 1. 4. 선고 2023다225580 판결의 평석을 겸하여－
------------------------------ 현낙희(성균관대 법학전문대학원 교수)

(2) 제2주제: 의뢰인-변호사 간 비밀유지권 제도 설계의 고려사항
--------------------------- 정준혁(서울대학교 법학전문대학원 교수)

12:30~14:20 오 찬

14:20~16:20 제2세션: 주제발표와 토론

(3) 제3주제: 민사소송 당사자 및 대리인의 진실의무
--------------------------- 곽희경(아주대학교 법학전문대학원 교수)

(4) 제4주제: 변호사 마케팅
------------------------------------- 이희준(서울고등법원 고법판사)

16:20~16:50　기념촬영 및 휴식

16:50~18:50　제3세션: 주제발표와 토론

(5) 제5주제: 리걸테크와 법률서비스 시장의 규율—영미법계를 중심으로 한 비교법적 검토와 시사점
---------------------------한애라(성균관대 법학전문대학원 교수)

(6) 종합토론

18:50~19:20　회원총회

19:20　폐회사 -- 전원열 회장

이익충돌과 쌍방대리금지*

현 낙 희**

■요 지■

최근 선고된 대법원 2024. 1. 24. 선고 2023다225580 판결에서는 공동법률사무소에 각 소속된 원, 피고 변호사가 주식매매계약의 체결 및 이행에 관하여 당사자 쌍방을 자문한 행위가 변호사법 제31조 제1항에 위반되는지와 위 주식매매계약의 사법상 효력이 문제되었다. 먼저, 변호사법 제31조 제1항 위반과 관련하여 대법원은 쌍방을 대리하는 자문 사건도 변호사법 제31조 제1항에서 수임을 금지하는 법률사건에 해당함을 선언하고, 변호사법 명문 규정에는 없으나 쌍방자문에 대하여 위임인의 동의가 있는 경우에는 이익충돌이 치유되는 것과 같이 해석하여 위 조항에 위반되지 않는다고 판단하였다. 주식매매계약의 사법상 효력에 있어서는 쌍방의 대리인이 변호사법 제31조 제2항에 따라 제31조 제1항 제1호를 적용할 때 하나의 변호사로 취급되는 경우에도 민법 제124조를 (확대)적용하여 이는 원칙적으로 허용되지 않는 무권대리행위이나 본인의 허락이 있는 경우에는 효력이 인정된다고 보았다. 대법원은 위 두 가지 쟁점을 판단함에 있어 변호사의 쌍방대리를 금지하는 가장 근본적인 목적을 본인의 이익보호라고 보고, 이를 구현하기 위해 변호사법 제31조 및 민법 제124조의 문언적 해석에는 약간 벗어나지만 양 조항의 통일적 해석을 꾀할 수 있는 방안을 모색한 것으로 평가할 수 있다. 아쉬운

* 이 글은 필자가 저스티스 통권 제206호, 한국법학원(2025. 2.)에 게재한 유사한 제목의 글을 본서의 편집체계에 맞게 수정하여 거의 그대로 게재한 것이다. 제47회 민사판례연구회 하계 심포지엄에서 토론을 맡아 주신 전보성 부장판사님을 비롯하여 귀중한 의견을 주신 모든 분께 깊이 감사드린다.

** 성균관대학교 법학전문대학원 부교수.

점은 변호사법 제31조에 따른 이익충돌을 치유하고 민법 제124조에 따른 사법상 행위의 효력을 인정할 수 있는 예외적 요건인 본인의 동의를 다소 쉽게 인정하였다는 것이다. 변호사와 의뢰인의 신인적 관계, 변호사 업무의 전문성, 변호사직의 공공성 등을 고려하면 본인의 동의가 보다 엄격한 요건하에 인정될 필요가 있다. 가령, 변호사가 쌍방대리를 하여 동일한 법률행위를 하는 경우에는 본인의 이익을 충실히 보호하기 위해 이익충돌상황 및 그로 인한 위험성 및 다른 대안 등에 관한 설명을 제공받은 후에 동의한 것이어야 한다.

[주 제 어]

- 이익충돌
- 쌍방대리
- 변호사법 제31조
- 민법 제124조
- 동의

Ⅰ. 들어가며

최근 대법원에서 공동법률사무소에 각 소속된 원, 피고 변호사가 주식매매계약의 체결 및 이행에 관하여 당사자 쌍방을 자문한 행위가 변호사법 제31조 제1항에 위반되는지와 그에 따라 체결된 주식매매계약의 사법상 효력이 쟁점이 된 사건에 관한 판결이 선고되었다(대법원 2024. 1. 4. 선고 2023다225580판결, 이하 '대상판결'이라 한다). 대상판결에서는 대리인과 사자의 구별기준을 비롯하여 대리와 관련된 여러 중요한 쟁점들이 다루어졌고, 대법원은 원, 피고측 변호사가 단순한 사자가 아닌 대리인이라 판단하였다. 이 글에서는 대법원의 판단과 같이 원, 피고측 변호사가 대리인임을 전제로 대상판결의 쟁점 중 변호사의 쌍방대리금지와 관련한 부분(변호사법 제31조 제1항 제1호 위반 여부, 민법 제124조의 쌍방대리 해당 여부)을 위주로 검토하고자 한다.

이하에서는 먼저 간략히 대상판결의 내용을 소개한 다음, 변호사의 이익충돌회피의무, 변호사법 제31조 제1항 제1호에 따른 수임제한의 구체적인 요건 및 위반행위의 효력에 관한 기존의 논의를 검토한다. 이어서 미국에서는 이와 유사한 이익충돌상황을 어떻게 규율하고 있는지를 함께 살펴보면서 대상판결의 타당성을 분석하고 변호사의 이익충돌에 관한 우리나라의 규제에 있어 시사점에 관한 간략한 의견을 밝힌다.

Ⅱ. 대상판결의 소개

1. 사실관계[1)]

원고(X 유한회사)[2)]는 피고[3)]를 상대로 A회사 주식매매계약(원고가 피고

---

1) 대상판결의 여러 쟁점들 중 본고의 주제와 관련된 쟁점에 관한 사실관계만을 간략히 정리하였다.

2) 특정 법인 또는 자산 등에 대한 투자를 목적으로 설립된 투자목적회사이다. 원고의 출자자는 사모투자 합자회사들이며, 각 사모투자 합자회사의 업무집행사원은 사모펀드 운용사인 Y 유한책임회사이다.

3) 실제 사건에서 피고들은 3인으로 지배주주인 A회사의 회장 및 그 가족들이나,

로부터 주식을 매수하고 A회사의 경영권을 양수하는 계약임)에 따른 이행으로 주식의 이전을 구함에 대하여, 피고는 (ⅰ) 위 주식매매계약의 체결 및 이행에 관하여 원고와 피고에게 자문을 제공한 변호사들은 모두 G 법률사무소에 소속되어 있었고, (ⅱ) 피고 측 변호사는 자문뿐만 아니라 주식매매계약서 초안의 준비, 수정 및 계약서에 피고의 날인을 받아 교환하는 업무까지 수행하는 등 피고를 대리하여 위 주식매매계약을 체결하였는바, 위 주식매매계약은 G 법률사무소 소속 변호사들의 쌍방대리에 의해 체결된 것으로 민법 제124조 및 변호사법 제31조 제1항에 위반되어 무효라고 다투었다.

2. 소송의 경과(제1심[4] 및 항소심[5]): 원고 승소

(1) 민법 제124조에서 금지하는 쌍방대리 해당 여부

피고 측 변호사에 대하여 수권행위를 증명할 자료가 제출되지 않았고, 묵시적 대리권 수여의사를 추단할 피고의 행위가 불분명하며, 피고 측 변호사가 업무수행과정에서 스스로 의사결정을 내린 적이 없고, 위 주식매매계약의 협상·체결과 관련한 행위가 모두 피고의 지시·승인 하에 이루어졌으므로 피고 측 변호사는 피고의 대리인이 아닌 사자에 불과하다(피고의 효과의사를 원고에게 전달 또는 표현하거나 이를 보조하는 사실행위를 한 것임). 따라서 대리인이 아닌 이상 민법 제124조가 적용되지 아니한다.

(2) 변호사법 제31조 제1항 위반 여부

계약 체결 및 이행에 관한 자문은 변호사의 직무 중 법률사무에 속하는 업무이고, 원, 피고 측 변호사가 선임될 당시 당사자들 사이에 권리·의무의 발생 및 그 범위를 두고 분쟁이 비화된 상태가 아니었던 점을 고려하면 위 주식거래에 관한 자문은 변호사법이 쌍방으로부터 수임을 금지한 법률사건에 해당하지 아니한다. 또한 피고는 (그가 변호사 선임

편의상 본고에서는 피고라고만 칭한다.

4) 서울중앙지방법원 2022. 9. 22. 선고 2021가합561102 판결.

5) 서울고등법원 2023. 2. 9. 선고 2022나2039292 판결.

업무를 맡긴 소외인을 통해) 쌍방 자문에 동의했거나 피고 측이 그 사실을 인식하고도 즉시 이의하지 아니하여 사후동의한 것이어서 변호사법 제31조 제1항에 위반되지 아니한다.

3. 대상판결의 요지

(1) 관련 법리

변호사가 아닌 자는 소송·비송·가사조정·심판·수사·조사 사건만이 아니라 '그 밖의 일반 법률사건'에 관하여도 법률관계 문서 작성 등 법률사무를 할 수 없으며 그 위반 행위는 형사처벌의 대상이 된다(변호사법 제109조 제1호). 이때 '그 밖의 일반 법률사건'이란 법률상의 권리의무에 관하여 다툼 또는 의문이 있거나 새로운 권리의무관계의 발생에 관한 사건 일반을 의미한다. 변호사는 당사자 한쪽으로부터 상의를 받아 수임을 승낙한 사건의 상대방이 위임하는 사건에 관하여 직무를 수행할 수 없으므로(변호사법 제31조 제1항 제1호), 이른바 '쌍방대리'는 원칙적으로 변호사의 직무 범위에서 제외된다. 그런데 법무법인·법무법인(유한)·법무조합이 아니면서 변호사 2명 이상이 사건의 수임·처리나 그 밖의 변호사 업무 수행 시 통일된 형태를 갖추고 수익을 분배하거나 비용을 분담하는 형태로 운영되는 법률사무소는 하나의 변호사로 취급되므로(변호사법 제31조 제2항), 이러한 법률사무소 소속 변호사들이 상대방의 관계에 있는 당사자 쌍방으로부터 각자 수임을 받은 경우에도 '쌍방대리'에 해당하여 변호사법 제31조 제1항 제1호에 따라 원칙적으로 수임이 제한된다.

변호사가 변호사법 제31조 제1항 제1호에 따른 수임제한 규정을 위반한 경우에는 민법 제124조가 적용됨에 따라 원칙적으로 허용되지 않는 무권대리행위에 해당하고, 예외적으로 본인의 허락이 있는 경우에 한하여 효력이 인정될 수 있다. '본인의 허락'이 있는지 여부는 이익충돌의 위험을 회피하기 위한 입법 취지에 비추어 쌍방대리행위에 관하여 유효성을 주장하는 자가 주장·증명책임을 부담하고, 이때의 '허락'은 명시된 사전 허락 이외에도 '묵시적 허락' 또는 '사후 추인'의 방식으로도 가능하다.

(2) 대법원의 판단: 상고기각

원심판결 이유를 관련 법리 및 기록에 비추어 살펴보면, 피고 측 G 법률사무소 변호사가 피고들의 사자에 불과하다거나, 이 사건 주식매매계약의 체결·이행에 관한 자문은 변호사법이 당사자 쌍방으로부터 수임을 금지한 법률사건에 해당한다고 볼 수 없다고 한 원심의 판단은 이를 수긍하기 어렵다.

그러나 이 사건 주식매매계약의 목적물이 구체적으로 확정되어 있었던 상황에서 피고 1이 가장 중요한 계약 내용이자 주된 급부에 해당하는 주당 매매대금에 대한 협상·결정을 직접 하면서 소외 3을 통해 G 법률사무소 변호사의 쌍방자문에 대하여 사전 또는 사후에 동의하였다는 등의 이유로 민법 제124조 및 변호사법 제31조 제1항에 위반되지 않는다고 한 원심의 판단은 결론에 있어 수긍할 수 있다. (중략)

Ⅲ. 변호사의 이익충돌회피의무

1. 이익충돌의 의의

이익충돌 상황이란 다른 의뢰인의 이익이나 변호사 자신의 이익 기타 이해관계 때문에 의뢰인을 위한 온전한 판단이 방해받는 상황을 의미한다.[6] 변호사의 가장 중요한 의무가 의뢰인에 대한 충실의무라고 했을 때, 이익충돌은 변호사의 본질을 구현하지 못하게 하는 심각한 딜레마를 초래하는바, 각국은 이익충돌이 있는 경우에 변호사에게 수임을 금지하거나 일정한 제한을 가하여 규제하고 있다(No one can serve two masters).[7]

2. 이익충돌에 대한 규제의 근거

이익충돌에 대한 규제의 근거는 다양한 관점에서 설명되고 있다. 대

6) 한인섭·한상희·김재원·이상수·김희수 공저, 법조윤리 제5판, 박영사, 2022, 184면.

7) 한인섭 외, 전게서, 183면.

법원 판례는 변호사법 제31조 제1항 제1호에서 당사자의 일방으로부터 상의를 받아 그 수임을 승낙한 사건의 상대방이 위임하는 사건의 경우에 변호사의 직무행위를 금지하는 이유는, "변호사가 그와 같은 사건에 관하여 직무를 행하는 것은 먼저 그 변호사를 신뢰하여 상의를 하고 사건을 위임한 당사자 일방의 신뢰를 배반하게 되고, 변호사의 품위를 실추시키게 되는 것"이기 때문이라고 한다.[8] 일본의 판례는 이익충돌의 규제이유를 "변호사를 신뢰하여 협의 또는 의뢰한 상대방의 신뢰를 배신하고, 변호사의 품위를 실추시키며, 변호사 전체에 대한 일반인의 신뢰와 신용을 잃게 하고, 사법의 공정한 운영에 대한 일반인의 신뢰를 해할 우려" 때문이라고 설명한다.[9]

미국에서는 이익충돌에 대한 규제 이유로 다음과 같은 논거를 들고 있다.[10]

(i) 의뢰인에 대하여 변호사의 충실의무를 보장해주기 위함이다. 고객은 변호사에 대하여 다른 이해관계인에게 분할되지 않는 충실(undivided loyalty)을 요구할 수 있고, 자신이 신뢰할 수 있는 변호사에 의하여 대리될 권리가 있는바, 그러한 신뢰를 구축하는 것 자체가 중요한 목적이다.

(ii) 변호사가 보다 효과적으로 직무를 수행할 수 있도록 하기 위함이다. 이익이 충돌되는 경우 변호사의 독립적이고 전문적인 판단력이 약화되거나 의뢰인의 이익을 위해 열정적으로 업무를 수행하지 못하게 될 우려가 있기 때문이다.

(iii) 의뢰인에 대한 변호사의 비밀유지의무를 실질적으로 보장하기 위해서이다. 이익충돌에 관한 규정을 둠으로써 변호사가 고객의 비밀정보를 그 고객에 이익에 반하여, 또는 변호사의 개인적 이익 또는 다른 의뢰인의 이익 또는 공적인 목적 등으로 사용할 여지를 봉쇄하는

8) 대법원 2003. 11. 28. 선고 2003다41791 판결.
9) 日最高載, 昭和 38. 10. 30. 民集 17卷 9号, 1266頁.
10) Restatement (Third) of the Law Governing Lawyers § 121 (2000).

것이다.

(iv) 변호사가 의뢰인에게 뇌물을 요구하는 등 부패하는 것을 방지하기 위함이다. 만일 이익이 충돌되는 의뢰인을 위해 일하는 것이 허용된다면 서로 유리한 조력을 받기 위해 변호사에게 부당한 이익을 제공할 가능성이 크기 때문이다.

(v) 대립당사자주의를 취하고 있는 소송구조 하에서 그 제도의 취지를 실현하고 사법절차를 정상적으로 작동케 하기 위해서이다. 만일 변호사 1명이 소송에서 양쪽을 대리한다면 증거조사절차가 복잡해지고 당사자주의에 따른 변론이 이루어지기 어려워진다.

3. 이익충돌에 대한 규제의 한계

한편, 이익충돌이 있다고 하여 무조건적으로 수임을 금지하면 다른 불합리가 생길 수 있으므로 일정한 경우에는 그 규제를 완화할 필요가 있다. 그 근거로는 다음과 같은 것들이 거론된다.[11)]

(i) 의뢰인에게 변호사의 선택권을 보장해주어야 하기 때문이다. 가령, 변호사가 많지 않은 지역에서 이익충돌의 법리를 엄격하게 적용하면 의뢰인은 적절한 변호사를 찾기 힘들고, 또 전문 변호사가 많지 않은 분야에서도 같은 문제가 생긴다. 또한 그와 같이 새로운 변호사를 찾고 선임하는 과정에서 의뢰인의 비용부담도 커지게 된다.

(ii) 변호사의 자유를 보장하기 위함이다. 이익충돌을 엄격하게 규제하면 변호사의 전직이나 로펌 간 통합이 어려워지는 등 변호사의 경제적 자유가 제한될 수 있고, 이익충돌에 관한 규제는 전문가로서 적절한 행동이 무엇인지에 관하여 스스로 최선의 결정을 내릴 수 있는 변호사의 판단의 자유와 충돌할 수 있다.[12)]

(iii) 이익충돌법리의 남용을 방지하기 위함이다. 가령, 소송에서 이익충돌위반을 무기로 삼아 절차를 지연시키거나 상대방을 곤란에 빠뜨릴

11) 한인섭 외, 전게서, 185-186면.

12) Restatement (Third) of the Law Governing Lawyers § 121 (2000).

수도 있고, 상대방의 변호사 선택의 여지를 줄이기 위해 여러 변호사와 상담함으로써 이익충돌상황을 조장할 수도 있다.[13)]

Ⅳ. 변호사법 제31조 제1항 제1호의 수임 제한

1. 의의 및 관련 규정

의뢰인 간의 이익충돌회피의무에 관한 관련 규정은 변호사법 제31조 및 변호사윤리장전 제22조에서 규정하고 있다.

[변호사법]

제31조(수임제한) ① **변호사는 다음 각 호의 어느 하나에 해당하는 사건에 관하여는 그 직무를 수행할 수 없다.** 다만, 제2호 사건의 경우 수임하고 있는 사건의 위임인이 동의한 경우에는 그러하지 아니하다.

1. **당사자 한쪽으로부터 상의(相議)를 받아 그 수임을 승낙한 사건의 상대방이 위임하는 사건**
2. 수임하고 있는 사건의 상대방이 위임하는 다른 사건
3. 공무원ㆍ조정위원 또는 중재인으로서 직무상 취급하거나 취급하게 된 사건

② **제1항 제1호 및 제2호를 적용할 때 법무법인ㆍ법무법인(유한)ㆍ법무조합이 아니면서도 변호사 2명 이상이 사건의 수임ㆍ처리나 그 밖의 변호사 업무 수행 시 통일된 형태를 갖추고 수익을 분배하거나 비용을 분담하는 형태로 운영되는 법률사무소는 하나의 변호사로 본다.**

[변호사 윤리장전]

제22조[수임 제한] ① **변호사는 다음 각 호의 어느 하나에 해당하는 사건을 수임하지 아니한다.** 다만, 제3호의 경우 수임하고 있는 사건의 의뢰인이 동의하거나, 제4호의 경우 의뢰인이 동의하거나, 제5호 및 제6호의 경우 관계되는 의뢰인들이 모두 동의하고 의뢰인의 이익이 침해되지 않는다는 합리적인 사유가 있는 경우에는 그러하지 아니하다. (개정 2017. 2. 27.)

1. 과거 공무원ㆍ중재인ㆍ조정위원 등으로 직무를 수행하면서 취급 또는 취급하게 된 사건이거나, 공정증서 작성사무에 관여한 사건
2. **동일한 사건에 관하여 상대방을 대리하고 있는 경우**
3. 수임하고 있는 사건의 상대방이 위임하는 다른 사건
4. 상대방 또는 상대방 대리인과 친족관계에 있는 경우
5. 동일 사건에서 둘 이상의 의뢰인의 이익이 서로 충돌하는 경우
6. 현재 수임하고 있는 사건과 이해가 충돌하는 사건

13) 이상수, 법조윤리의 이론과 실제, 서강대학교 출판부, 2009, 181면.

> ② **변호사는 위임사무가 종료된 경우에도 종전 사건과 기초가 된 분쟁의 실체가 동일한 사건에서 대립되는 당사자로부터 사건을 수임하지 아니한다.** (개정 2016. 2. 29.)
> ③ 변호사는 의뢰인과 대립되는 상대방으로부터 사건의 수임을 위해 상담하였으나 수임에 이르지 아니하였거나 기타 그에 준하는 경우로서, 상대방의 이익이 침해되지 않는다고 합리적으로 여겨지는 경우에는, 상담 등의 이유로 수임이 제한되지 아니한다.

위와 같은 이익충돌에 대한 규제를 표로 나타내면 다음과 같다.

구 분		수임가능 여부	관련 조문
현재 의뢰인과의 이익충돌 (동시적 쌍방대리)	동일 사건	불가능	• 변호사법 제31조 제1항 제1호 • 윤리장전 제22조 제1항 제2호
	다른 사건	동의 조건 수임 가능	• 변호사법 제31조 제1항 제2호
종전 의뢰인과의 이익충돌 (이시적 쌍방대리)	동일 사건	불가능	• 변호사법 제31조 제1항 제1호 • 윤리장전 제22조 제2항
	다른 사건	수임 가능	-

변호사법 제31조 제1항 제1호에 따른 수임제한은 ① 변호사가 당사자 한쪽으로부터 상의를 받아 그 사건의 수임을 승낙하였을 것, ② 상대방이 이미 수임한 사건과 동일한 사건을 위임할 것, ③ 이미 수임한 사건의 처리 중 또는 종결 후에 동일한 사건의 위임을 받았을 것을 요건으로 한다.[14] 나아가 변호사법 제31조 제2항에 따라 법무법인 등의 경우에는 변호사법 제31조 제1항 제1호의 수임제한사유를 판단함에 있어 법무법인 등을 하나의 변호사로 취급한다.

변호사법 제31조 제1항 제1호의 수임제한사유는 절대적 수임제한사유로서 의뢰인의 동의 또는 양해가 있어도 허용되지 아니한다.[15]

---

14) 정형근, 변호사법 주석(제2판), 정독, 2022, 338-343면.

15) 정형근, 전게서, 335면; 한인섭 외, 전게서, 187면; 이상수, 전게서, 189면; 박휴상, 법조윤리, 피데스, 2013, 251면.

2. 변호사법 제31조 제1항 제1호 요건의 구체적 검토

(1) 상의를 받아 수임을 승낙

'상의를 받아' '수임을 승낙'하였다는 것은 위임계약이 성립된 경우를 포함하여, 그렇지 않다고 하더라도 변호사가 상담자와 사건의 실체관계에 관하여 협의를 하고 법률적 견해를 제시하거나 법률적 해결책 등에 대한 조언이 있고 그 조언이 승낙과 동일시 할 수 있을 정도의 신뢰관계가 형성된 경우에도 이에 해당된다.[16] 대한변호사협회는 수임제한사유를 엄격하게 해석하는 입장에서 "수임의 승낙이란 구체적 사건에 있어서 일방당사자인 의뢰인 측을 위해서 업무를 수행하겠다는 의사표시를 구체적으로 한 경우를 말한다. 다만, 약정서나 위임장의 작성, 수임료의 지급이 없는 경우에는 특별한 사정이 없는 한 수임의 승낙이 없는 것으로 볼 수 있다"고 하였다.[17]

상담자가 변호사에게 일방적으로 수임요청 문서만 보냈거나 변호사

---

16) 최진안, 법조윤리(제3판), 세창출판사, 2014, 166면; 이광수, "변호사법 제31조 제1항 제1호 수임제한 요거의 해석기준", 인권과 정의, Vol. 441, 대한변호사협회, 56면(제31조 제1항 제1호는 제2호와 달리 "수임한"이 아니라 "수임을 승낙한"이라는 문언을 사용하고 있다).

17) [**대한변협** 2009. 12. 14.**자 질의회신**]

변호사가 A로부터 A의 기업을 인수한 B 및 B가 인수 후 설립한 C를 상대로 인수약정에 기한 약정이행청구에 관한 상담을 받아 무료로 상담하여 주고 C를 상대로 한 소송가능성 및 가압류 가능성에 관한 의견을 제시하고, 수임 시 착수금과 성공보수금에 대한 조건을 제시하자 A가 관련 자료를 보완하고 가압류 대상 법인의 제품 목록을 정리하여 돈이 준비되는 대로 다시 와서 위임하겠다고 한 후 2개월 간 아무런 연락이 없는 상태에서 B로부터 동일사건의 수임요청을 받은 사안에서, A가 사건위임을 유보하고 상담료를 지급하지 않았으며 약정서, 위임장 등을 작성한 바 없어 수임을 승낙한 경우가 아니라고 회신함.

[**대한변협** 2023. 12. 29.**자 질의회신**]

유료로 법률상담을 한 경우에도 이는 사건 수임을 전제로 한 변호사 보수가 아니라 일반적인 상담료이므로, 유료 상담료 지급 사정만으로 수임을 승낙한 경우에 해당한다고 보기 어렵다고 회신한 사례.

나아가 변호사 윤리장전 제22조 제3항에서는 "변호사는 의뢰인과 대립되는 상대방으로부터 사건의 수임을 위해 상담하였으나 수임에 이르지 아니하였거나 기타 그에 준하는 경우로서, 상대방의 이익이 침해되지 않는다고 합리적으로 여겨지는 경우에는, 상담 등의 이유로 수임이 제한되지 아니한다."라고 규정하고 있다.

가 상담자의 말을 일방적으로 들어준 경우, 또는 상담자가 희망하는 결론에 반대되는 견해를 제시한 경우 등은 이에 해당하지 않는다.[18] 변호사가 먼저 수임청약을 하고 의뢰인이 승낙하는 경우도 이에 해당한다고 할 것이나, 변호사가 단순히 수임제안서를 제출하는 정도만으로는 이에 해당한다고 보기 어렵다.[19] 즉, 어느 일방이 수임 제안을 하였으나 상대방이 이를 받아들이지 않았다면 수임의 승낙은 있었다고 할 수 없다.

(2) 사건의 동일성

(가) 사 건 성

변호사법에서는 구체적인 '사건'의 수임을 금지하는 형태로 규정하고 있다. 사건은 법률사건과 비법률사건을 가리지 않고, 소송사건뿐만 아니라 자문사건도 포함된다고 본다.[20] 다만, 소송사건의 경우에는 이를 특정하는 것이 용이하지만, 자문사건의 경우에 있어서는 어느 범위까지 수임이 제한되는 것인지가 문제이다.[21] 자문사건은 특정한 쟁점에 대하여만 구체적으로 다루거나 자문을 통해 결국 소송 등으로 이행하는 경우도 있는 반면, 일정 기간 계속적으로 법률자문이 이루어지거나 여러 가지 쟁점들을 복합적으로 다루는 경우, 또는 그 자문업무의 일부로 소송사건이 발생하는 경우 등 사건 단위로 정형화되지 않는 경우가 더 많다.[22] 수임제한 규정의 적용에 있어서 '사건'에 대한 해석의 기준과 관련한 기존의

18) 최진안, 전게서, 166-167면.

19) 특히 기업 의뢰인의 경우 대리인 선정에 앞서 주요 변호사 내지 로펌에 수임제안서를 요구하는 경우가 많고, 이러한 경우 요청받은 변호사 내지 로펌은 수임제안서를 제출하지 않을 수 없는데, 단순히 수임제안을 하였을 뿐 경쟁에서 탈락하였음에도 불구하고 상대방으로부터 사건의 수임이 제한된다면 오히려 기업 측이 이를 악용할 우려가 있다(수임제안서를 제출토록 한 후 해당 변호사, 로펌 등을 다 conflict out 시킴). 대한변협 2014. 2. 7. 질의회신 참조

20) 정형근, 전게서, 338-339면; 최진안, 전게서, 168면.

21) 변호사법 제31조의 수임제한 규정이 전통적인 송무사건 이외의 자문 기타 용역사건에 있어서는 엄격한 적용이 부적절한 측면이 있다는 문제의식으로는 김연미, "기업에 대한 법률자문에 있어 이익충돌의 문제", 홍익법학 제8권 제3호, 홍익대학교 법학연구소(2007); 이광수, 전게논문 등 참조.

22) 이광수, 전게논문, 41, 43-44면.

판례는 없는 것으로 보인다. 대한변호사협회는 "수임제한규정에 있어서의 '사건'이란 원칙적으로 소송사건에 적용되는 것이나, 자문사건 중에서도 ① 대립하는 당사자가 구체적으로 특정되고, ② 구체적인 법률관계에 대하여 ③ 일방 당사자에 대해 조력하겠다고 하는 의사가 표시된 경우에는 이를 '사건'에 포함시킬 수 있다."는 입장을 취하고 있다.[23)]

---

23) 이하는 자문사건의 사건성 관련하여 대한변호사협회 변호사법 질의회신에 문의된 일부 사례들이다.

[**대한변협** 2011. 10. 19.**자 질의회신**]

2년 전 독일회사의 주식 인수와 관련하여 상호협력관계에 있던 A회사와 B회사 사이에서 A회사와 법률자문계약을 맺고 MOU 검토의견 제시 및 A회사의 독일회사 주식인수와 관련한 미팅에 참여하는 등의 업무를 수행한 법무법인이, 현재 A회사가 B회사 및 B회사의 대표이사를 상대로 하는 MOU와 관련한 B회사의 주식인수대금청구 및 독일회사 주식인수계약의 성공수수료 선지급금의 반환청구 사건에서 B회사와 B회사의 대표이사를 대리할 수 있는지에 관한 질의에서, 종전 자문업무에서 현재 수임한 소송의뢰인의 상대방을 자문하였다고 하더라도 그 자문업무의 내용이 구체적으로 A회사와 B회사 사이에서 A회사의 편을 들어 조력하겠다는 의사까지 표현된 것으로 보기 어렵다고 회신한 사례

[**대한변협** 2021. 9. 17.**자 질의회신**]

A회사는 2020. 4. 1. B회사 및 C회사로부터 신축사업권을 양수하는 사업권양수도계약을 체결하였고, X법무법인은 2020. 6월경 A회사가 위 사업을 하기 위한 PF 대출 거래 관련 법률자문계약을 체결하였고, 그 무렵 자문계약이 종료되었음. B회사 및 C회사는 2021. 1. 4. A회사를 상대로 위 계약상 양수도대금지급청구소송을 제기하였고, 2021. 7월경 X법무법인에 위 소송대리를 의뢰한바, X법무법인이 위 양수도대금지급청구소송을 수임할 수 있는지 여부를 질의함. 이에 대하여 종전 자문계약의 내용에 따라 수임제한 여부가 달라진다고 회신함. 즉, PF 대출 거래에 관하여만 법률자문을 한 경우 X법무법인이 양수인 A회사에게 PF 대출 거래에 관하여만 법률자문을 하였다면, PF 대출 거래의 대립당사자는 A회사(채무자)와 대주단(채권자)이라고 할 것이고, PF 대출 거래의 성사에 있어서 양도인인 B회사 및 C회사는 양수인인 A회사와 같은 이해관계를 가지므로, A회사와 B회사 및 C회사를 대립하는 당사자로 볼 수 없는바, 위 법률자문계약에 사건성이 인정된다고 하더라도, X법무법인이 위 법률자문계약상 A회사와 대립하는 당사자가 아닌 B회사 및 C회사로부터 위 소송을 수임하는 것은 가능함. 그러나, 사업권양수도계약에 대하여도 자문을 한 경우라면, 사업권양수도계약에 있어서 양도인인 B, C회사와 양수인인 A회사는 대립되는 당사자이고, 사업권양수도계약이라는 구체적 법률관계에 관하여 A회사를 위해 자문하였으므로 사건성이 인정되고, 나아가 법률자문이 종료되었다고 하더라도 양수도대금청구소송은 사업권양수도계약 조항과 관련된 분쟁으로 종전 법률자문사건과 분쟁의 실체가 동일한 사건이라 수임이 제한된다고 회신한 사례.

[**대한변협** 2024. 1. 22.**자 질의회신**]

계약의 양 당사자가 동일한 변호사에게 함께 계약서 등 검토 자문을 의뢰하는

(나) 동 일 성

제31조 제1항 제1호의 수임제한사유에 있어 사건의 동일성을 판단하는 기준은 소송물의 동일성 판단 기준보다 훨씬 넓다. 판례는 변호사법 제31조 제1항 제1호에서 "사건이 동일한지의 여부는 그 기초가 된 분쟁의 실체가 동일한지의 여부에 의하여 결정되어야 하는 것이므로 상반되는 이익의 범위에 따라서 개별적으로 판단되어야 하는 것이고, 소송물이 동일한지 여부나 민사사건과 형사사건 사이와 같이 그 절차가 같은 성질의 것인지 여부는 관계가 없다."고 판시하였고, "동일한 변호사가 형사사건에서 피고인을 위한 변호인으로 선임되어 변호활동을 하는 등 직무를 수행하였다가 나중에 실질적으로 동일한 쟁점을 포함하고 있는 민사사건에서 위 형사사건의 피해자에 해당하는 상대방 당사자를 위한 소송대리인으로서 소송행위를 하는 등 직무를 수행하는 것"도 위 조항의 수임제한규정을 위반한 것이라고 판단하였다.[24)]

대한변호사협회는 변호사 윤리장전 제22조에서 "(기초가 된) 분쟁의

것이 변호사법과 변호사윤리규약상 가능한 것인지 질의하였는바(검토 자문에 중개업무는 미포함), 이에 대하여 계약서 작성 시점의 검토자문은 사건성을 충족할 정도에 이르지 않아 수임제한 대상이 되지 않는다고 회신한 사례

[대한변협 2024. 4. 22.자 질의회신]

A가 B 소유의 C회사 주식을 매수하기 위해 X법무법인에게 법률자문을 의뢰하고 자문료를 지급하였고, X는 중립적인 입장에서 A와 B사이의 주식매매계약서 작성 및 날인, 첨부서류 취합, 거래대금 지급 등 모든 절차를 주관한 경우, B가 A를 상대로 한 주식매매대금청구소송에서 A를 대리할 수 있는지 문의함. X는 중립적 입장에서 자문업무를 수행하였을 뿐 일방 당사자에 조력하겠다는 의사를 표시하지 않았으므로 사건성을 충족하지 않고, 사건성이 인정되어도 종전에 자문을 의뢰받은 A를 위하여 대리하는 것이므로 수임제한이 아니라고 회신한 사례

24) 대법원 2003. 5. 30. 선고 2003다15556 판결.

대법원 1968. 8. 1.자 68두8 결정에서도 "변호사가 고소인으로부터 피고소인을 상대로 하는 고소 대리를 수임하고 당국에 횡령의 고소를 하였는데 사건이 원만히 해결되어 고소는 취하되었으나 그 전에 피고소인으로부터 만일 고소인측에서 돈 30만원을 받아낼 수 있다면 그중 2할인 6만원을 주겠다는 취지로 화해의 수임을 받고 그와 같이 화해시키고 피고소인으로부터 6만원의 사례를 받았다면 그 행위는 본조 제1호에서 말하는 "상대방의 상의를 받은 사건으로서 그 위촉을 승낙한 사건"에 관하여 피고소인으로부터 화해를 수임하여 직무를 행한 경우에 해당한다"고 판단하였다.

실체가 동일하다"는 것은 사건의 진행에 있어서나 사건의 쟁점에 있어서 상반된 주장, 증명을 하여 실질적으로 모순적인 공격방어방법을 하게 됨으로써 변호사로서의 공정성과 직무적 가치를 훼손하고 각 사건의 의뢰인들에게 신의 및 신뢰를 저버릴 수 있는 경우를 의미하고, 자문의 경우에도 이러한 법리해석은 유사하게 적용될 수 있는데, 이해충돌 당사자, 분쟁 실체상 대립 당사자 등 사안을 개별적으로 판단할 필요가 있다는 입장을 취하였다.[25)]

(다) 상 대 방

'상대방'은 민·형사 사건을 불문하고 동일 사건의 사실관계에서 대립된 이해관계에 있는 당사자를 말한다. 또한 여기서 이해관계의 대립은 형식적인 대립관계가 아니라 실질적인 이해대립이 있어야 한다.[26)] 가령, 변호사가 의뢰인 A로부터 공유자 B를 상대로 하는 공유물분할청구사건을 수임한 후 B와 분할협의를 하였으나 협의가 성립되지 않았고, 후에 B로부터 A를 피고로 하는 공유물분할청구사건을 의뢰받은 경우에 이는 법원이 주도적 역할을 하는 형식적 형성소송이라도 이해대립의 가능성이 크기 때문에 변호사는 B의 사건을 수임할 수 없다.[27)] 판례는 독립당사자참가에서 원·피고 및 참가인은 서로 대립되는 지위에 있으므로 동일인이 그중 양 당사자를 대리하는 것은 허용되지 아니하나,[28)] 권리승계인이 소송에 참가하였는데 원고가 양도사실을 인정하고 탈퇴신고를 하였으나 피고의 동의를 얻지 못해 탈퇴하지 못하고 소송에 남아있는 경우 원고와 참가인 사이에는 서로 이해대립되는 관계에 있다 할 수 없으므로 같은 변호사가

---

25) [**대한변협** 2024. 5. 24.**자 질의회신**]
A회사와 자문계약을 수행하고 있는 변호사가 B회사와 새로이 자문계약을 맺으려고 하는 상황에서 질의함(B회사의 대주주 C법인이 A회사와 미국에서 특허 관련 소송이 진행 중이고, A변호사는 그 분쟁에 관여하고 있지는 않은 상태임). 포괄적인 자문의 경우 수임제한에 해당하지 않을 것이나, 현행자문과 후행자문이 분쟁기초가 동일한 것인지, 대립당사자인지 여부 등은 C와 A 사이의 분쟁과 개별 자문의 내용에 따라 판단할 필요가 있다는 취지로 회신함.

26) 정형근, 전게서, 340면.

27) 정형근, 전게서, 340면.

28) 대법원 1965. 3. 16. 선고 64다1691, 1692 판결.

원고와 참가인을 대리하여도 쌍방대리에 저촉되지 않는다고 하였다.[29)]

변호사 윤리장전 제22조 제2항의 "대립되는 당사자"의 개념과 관련하여, 대한변호사협회는 이는 "상대방"보다 넓은 의미로 상대방의 지위까지 인정할 수는 없지만 종전 사건의 당사자와 실질적으로 이해관계가 배치되는 지위에 있는 자까지 포함하는 것이라고 해석하고 있다.[30)]

위와 같이 소송의 경우에도 상대방 지위의 판단이 명확하지 않은 경우가 종종 있는데, 자문 등 송무 이외의 법률서비스 분야에 있어서는 적절한 규율이 더 어려울 수 있다. 가령 특정 사업과 관련된 법률자문의 경우 의뢰인의 현재 또는 잠재적인 경쟁사는 이익이 충돌되는 상대방으로 해석해야 할 것인가? 그렇게 해석하는 경우 변호사는 오로지 한 기업을 위해서만 자문을 제공해야 된다는 결론에 이르러 현재의 법률시장에서는 현실성이 없게 된다.[31)] 결국 사안마다 자문의 내용을 개별적으로 살펴 동시에 두 의뢰인을 상대로 한 자문을 제공하는 경우에 서로 동일성이 인정되는 쟁점에 관하여 한쪽 당사자를 위해 법률적 조력을 하여 대립되는 당사자로서 이해관계가 충돌되는 것이라면 제31조 제1항 제1호에 해당할 소지가 있으나, 그렇지 않은 경우에는 동일 사건에서 둘 이상의 의뢰인의 이익이 서로 충돌하는 경우(윤리장전 제22조 제1항 제5호)[32)]

---

29) 대법원 1969. 12. 9. 선고 69다1578 판결. 독립당사자 참가인이 원고만을 상대로 청구하는 경우 피고 소송대리인과 참가인의 소송대리인이 동일인이라고 해도 이익충돌에 해당하지 않는다. 大審院判決 昭和 14年 9月 2日 法律學說評論全集 28卷 民事訴訟法 384면.

30) 대한변협 2020. 8. 5.자 질의회신(A가 B를 상대로 제기한 제3자 이의의 소에서 A를 대리한 변호사가 후에 A가 C를 횡령으로 고소한 형사사건에서 C를 대리할 수 있는지 질의한 사안에서, C는 제3자 이의의 소에서 상대방은 아니나 변호사는 그 소송에서 C가 A 소유 유체동산을 임의처분하였다고 주장하였는바, C는 A와 실질적으로 이해관계가 배치되는 지위이므로 변호사 윤리장전 제22조 제2항의 대립되는 당사자에 해당한다고 회신함).

31) 김연미, 전게논문, 90면.

32) 주로 공동피고인으로 변론하려고 할 때 피고인들 상호간의 이해대립과 같이 동일한 이익이나 책임을 져야하는 당사자들 상호간에 이익이 충돌하는 경우라고 설명된다. 정형근, 전게서, 345면.

또는 현재 수임하고 있는 사건과 이해가 충돌하는 사건(윤리장전 제22조 제1항 제6호)[33]인지 등을 검토하여 이에 해당하는 경우 모든 의뢰인들이 동의하고 의뢰인들의 이익이 침해되지 않는 합리적인 사유가 있는 경우에는 수임이 가능할 것이다.

3. 이익충돌의 전가

법무법인 · 법무법인(유한) · 법무조합의 경우에는 변호사법 제31조 제1항이 준용되고(변호사법 제58조, 제58조의17, 제58조의31), 이에 해당하지 않으면서도 변호사 2명 이상이 사건의 수임 · 처리나 그 밖의 변호사 업무수행 시 통일된 형태를 갖추고 수익을 분배하거나 비용을 분담하는 형태로 운영되는 법률사무소는 제31조 제1항 제1,2호의 수임제한사유를 판단함에 있어 하나의 변호사로 취급된다(변호사법 제31조 제2항).[34] 이처럼 법무법인, 법무법인(유한), 법무조합, 공동법률사무소 등(이하 '로펌'이라 통칭) 내 한 변호사가 이익충돌을 이유로 특정 사건을 수임하지 못하면 그 로펌 내 다른 모든 변호사도 그 사건을 수임하지 못하게 되는바, 이를 이익충돌의 전가(imputation)라 한다. 따라서 로펌이 동일한 사건의 원고와 피고로부터 수임하여 담당변호사를 달리하여 업무수행을 하거나, 심급을 달리하여 양 당사자를 대리하거나 형사사건에서 피고인을 변호한 로펌이 그 피고인을 상대로 한 손해배상청구사건을 수임하는 것은 금지된다.[35] 또한 로펌은 분사무소의 위치나 소속변호사의 수에 상관없이 하나의 단일한 실체로 취급된다.[36] 판례는 나아가 법무법인이 수임했던 형사사건

33) 포괄적인 규정으로 다른 규정에 의해 포섭되지 않은 이익충돌상황을 피하려는 원론적인 수준의 원칙이라고 설명된다. 정형근, 전게서, 345면.

34) 변호사 윤리장전 제48조 제1항에서도 "제22조의 규정은 법무법인 등(윤리장전 제46조, 법무법인, 법무법인(유한), 법무조합 및 대한변호사협회 회칙에서 정한 공증인가합동법률사무소 및 공동법률사무소)이 사건을 수임하는 경우에 준용한다."고 규정하고 있다. 대한변호사협회회칙 제39조에서는 공동법률사무소를 사업자등록을 2인 이상이 같이 하는 경우와 2인 이상이 개인명의 이외의 명칭을 사용하는 경우라고 규정하고 있다.

35) 정형근, 전게서, 346면.

36) 한인섭 외, 전게서, 198면; 이상수, 전게서, 199면.

과 동일한 쟁점의 민사사건을 법무법인 해산 후에 변호사 개인의 지위에서 수임하는 것도 금지된다고 판시하였다.[37)]

로펌의 경우에 이와 같은 취급을 하는 주된 이유는 로펌 내에서 의뢰인의 비밀정보가 유통될 개연성이 크다고 보기 때문이다.[38)] 로펌 내에서는 변호사 사이에 조언과 협의를 할 수 있으므로 이익충돌회피 의무의 공유는 로펌 내 비밀정보 개시에 대한 안전판으로 기능한다. 또한, 로펌은 모든 소속변호사가 그 평판, 명예, 장래성 등을 공유하고, 상호 간에 다른 변호사와 보수를 배분하고 비용을 분담하는 등 일체성을 존립의 기초로 한다. 로펌에서 이러한 일체성을 확보하기 위해서는 로펌의 각 변호사가 모든 의뢰인에 대하여 성실의무를 다할 필요가 있고, 의뢰인의 입장에서도 로펌 자체의 법률적 역량을 신뢰하여 사건을 의뢰하는 경우가 많은바, 같은 로펌 내에서 의뢰인의 이익이 충돌되는 사건을 수임하는 것은 의뢰인에 대한 성실의무에 차이를 두는 결과가 된다.[39)]

한편, 이익충돌의 전가 현상으로 인하여 로펌의 활동이 지나치게 제한되는 것을 막기 위해 변호사 윤리장전 제48조 제2, 3항에서는 일정한 수임제한사유와 관련하여 수임제한사유가 있는 당해 변호사가 사건의 수임 및 업무수행에 관여하지 않고, 그러한 사유가 로펌의 사건처리에 영

37) 대법원 2003. 5. 30. 선고 2003다15556 판결
"(구 변호사법 제31조 제1호의) 규정은 같은 법 제57조의 규정에 의하여 법무법인에 관하여도 준용된다고 할 것이므로, 법무법인의 구성원 변호사가 형사사건의 변호인으로 선임된 그 법무법인의 업무담당변호사로 지정되어 그 직무를 수행한 바 있었음에도, 그 이후 제기된 같은 쟁점의 민사사건에서 이번에는 위 형사사건의 피해자측에 해당하는 상대방 당사자를 위한 소송대리인으로서 직무를 수행하는 것도 금지되는 것임은 물론이고, 위 법무법인이 해산된 이후라도 변호사 개인의 지위에서 그와 같은 민사사건을 수임하는 것 역시 마찬가지로 금지되는 것이라고 풀이할 것이며, 비록 민사사건에서 직접적으로 업무를 담당한 변호사가 먼저 진행된 형사사건에서 피고인을 위한 직접적인 변론에 관여를 한 바 없었다고 하더라도 달리 볼 것은 아니라고 할 것이니, 이러한 행위들은 모두 변호사법 제31조 제1호의 수임제한규정을 위반한 것이다."

38) 한인섭 외, 전게서, 198면.

39) 최진안, 전게서, 227면

향을 주지 않을 것이라고 볼 수 있는 때에는 로펌의 수임이 제한되지 않고, 그러한 경우 로펌은 수임제한대상 변호사와 사건을 처리하는 변호사 사이에 사건 관련 비밀을 공유하는 일이 없도록 합리적인 조치(소위 차단막)를 취해야 한다는 약간의 특칙을 두고 있다.[40] 그러나 위와 같은 특칙은 변호사법 제31조 제1항 제1호의 수임제한사유에는 적용되지 않는바, 동일 사건에 대한 동시적, 이시적 쌍방대리의 경우에는 로펌 내에 차단막이 설치되어 있더라도 수임이 불가능하다. 또한, 대한변호사협회는 변호사가 법무법인 간 이동을 한 경우에 있어서는 변호사의 직업선택의 자유(이직의 자유)와 의뢰인의 변호사 선택권이 위축되지 않도록 이익충돌의 전가를 좁게 해석하고 있다.[41]

로펌의 경우 다수의 변호사가 함께 일을 분담하므로 부지불식간에 이익충돌이 되는 사건을 수임하기 쉽기에, 변호사 윤리장전은 로펌의 경우 이해관계 충돌을 일상적으로 수행할 수 있는 체제를 갖출 것을 요구하고 있다.[42]

---

40) 특정 변호사에게 윤리장전 제22조 제1항 제4호(상대방 또는 상대방 대리인과 친족관계에 있는 경우), 제42조(특정 사건과 관련하여 공정을 해할 우려가 있는 공직을 겸직하고 있는 경우)의 수임제한사유만을 대상으로 한다.

41) 원고가 X 법무법인을 대리인으로 선임하고, 피고는 Y 법무법인을 대리인으로 선임하였는데, X 법무법인에 근무하던 甲 변호사가 Y 법무법인으로 이직한 경우, 甲 변호사가 X 법무법인에서 해당 사건의 담당변호사가 아니었고 업무에 실질적으로 관여하지 않았다면 Y 법무법인에 대해서는 변호사법 제31조 제1항의 수임제한 규정이 적용되지 않아 Y 법무법인은 甲 변호사를 해당 사건의 담당변호사로 지정해 업무를 수행하도록 할 수 있다고 회신한 바 있다. 변호사법 제31조 제1항의 수임제한 규정을 법무법인에 준용할 때 기준이 되는 것은 당해 변호사의 관여 여부이며, 만일 이와 같은 경우 Y 법무법인이 사건을 수임할 수 없다면 법무법인 입장에서는 경력 변호사의 영입을 주저하게 되고, 의뢰인 입장에서는 특히 전문화된 영역의 경우 선택할 수 있는 법무법인의 폭이 좁아지게 됨을 지적하였다. 대한변협 2023. 10. 25.자 질의회신.

42) [**변호사 윤리장전 제49조(수임 관련 정보의 관리)**]

법무법인 등은 전조의 규정에 의해 수임이 제한되는 사건을 수임하지 않도록 의뢰인, 상대방 당사자, 사건명 등 사건 수임에 관한 정보를 관리하고, 필요한 합리적인 범위 내에서 사건 수임에 관한 정보를 구성원 변호사들이 공유할 수 있도록 적절한 조치를 취한다.

4. 위반행위의 실체법적 효력[43]: 민법 제124조와의 관계

(1) 민법 제124조의 쌍방대리금지

대리인은 원칙적으로 동일한 법률행위에 관하여 당사자 쌍방을 대리하지 못한다. 대리인이 본인의 의사를 결정하여 그 이해관계에 중대한 영향을 미치게 된다는 기능에 비추어 볼 때 쌍방대리는 본인 중 일방의 이익을 침해할 우려가 있으므로 이러한 전형적인 이익충돌의 상황에서 대리권을 제한함으로써 본인의 이익을 보호하려는 것이 주된 취지이다.[44] '동일한 법률행위'인지 여부는 본인 양측의 이해관계가 충돌하는 의사표시를 요소로 하는 법률행위인가에 따라 판단되어야 한다.[45]

한편, 사적자치의 원칙에 비추어 본인이 허락한 경우에는 쌍방대리를 금지할 이유가 없기에 본인의 허락이 있으면 유효한 법률행위가 된다. 본인의 승낙은 대리행위 이전은 물론 이후에도 무권대리의 추인 형식으로 이루어질 수 있으며, 명시적 방법 이외에 묵시적으로도 이루어질 수 있다.[46] 본인 허락의 요건에 관하여 본인이 상반된 이해관계에 관한

---

43) 본고에서는 대상판결에서 문제된 실체법적 효력에 대하여만 검토한다. 위반행위의 소송법적 효력에 관하여는 절대무효설, 유효설, 추인설, 이의설 등이 있다. 이에 관한 상세한 논의는 고준성, "변호사법 제31조 제1항 제1호 위반 소송행위의 효력 및 배제방법", 명시법학, 제22권 제2호(2024. 1.), 235면; 김상준, "수임제한에 관한 변호사법 규정을 위반한 소송대리인의 대리권" 대법원판례해설 제44권(2004. 1.), 법원도서관, 544-547면 참조. 판례는 추인설을 따른 것도 있으나 이의설이 주류적인 입장이고(대법원 2003. 5. 30. 선고 2003다15556 판결. 그 외에도 대법원 1964. 4. 28. 선고 63다635 판결, 대법원 1973. 10. 23. 선고 73다437 판결, 대법원 1990. 11. 23. 선고 90다4037, 4044 판결, 대법원 1995. 7. 28. 선고 94다44903 판결 등 참조), 일본의 판례도 이의설의 입장이다(最大判昭和38年10月30日民集17巻9号1266項).

44) 민법주해 제2판 3권, 593면(김상중 집필부분).

45) 주석 민법 총칙(3)(제4판), 한국사법행정학회, 80면(문용호 집필부분). 또한 판례는 "민법 제124조는 '대리인은 본인의 허락이 없으면 본인을 위하여 자기와 법률행위를 하거나 동일한 법률행위에 관하여 당사자 쌍방을 대리하지 못한다.'고 규정하고 있으므로 부동산 입찰절차에서 동일물건에 관하여 이해관계가 다른 2인 이상의 대리인이 된 경우에는 그 대리인이 한 입찰은 무효"라고 판시한 바 있다(대법원 2004. 2. 13.자 2003마44 결정).

46) 대법원 2007. 5. 10. 2005다4284 판결 참조.

모든 주요사실을 알고 동의한 경우에만 본인 허락이 있는 것으로 해석해야 한다는 견해[47]도 있으나 그 외에 다른 논의는 보이지 않는다. 일방 당사자가 다른 당사자에게 백지 위임장을 미리 교부하여 자신의 대리인 선임을 위임하는 경우에 관하여도 민법 제124조 위반으로 무효라고 보지는 않고, 반사회질서 또는 불공정행위 등의 요건이 충족되는 경우에는 무효라고 봄이 일반적이다.[48]

나아가 채무의 이행의 경우도 이미 확정된 법률관계를 결제할 뿐이며 당사자 사이에 새로운 이해관계를 생기게 하는 것이 아니어서 본인의 이익을 해할 우려가 없기에 쌍방대리가 허용된다.[49] 본조에 위반된 쌍방대리는 무권대리행위가 되나, 본인 양측의 추인에 의해 소급하여 본인에게 효력이 생긴다(민법 제130조, 제133조).

(2) 민법 제124조의 적용범위

(가) 대리인이 변호사인 경우 본인의 허락이 있어도 쌍방대리가 불가능한지

쌍방대리를 하는 대리인이 변호사인 경우에는 본인이 승낙한 경우에도 변호사법 제31조 제1항 제1호나 변호사 윤리장전 제22조에 의해 쌍방대리가 허용되지 않는다는 견해가 있다.[50] 쌍방대리는 의뢰인에게 성실의무를 다해야 하는 변호사의 본래적 역할과 양립하지 않기에 변호사법

---

47) 본인의 허락이 있다고 하여 무조건적으로 자기계약, 쌍방대리를 허용하면 대리인의 지위남용으로부토 본인을 보호하려는 규정의 취지가 퇴색됨을 근거로 한다. 이지민, "본인과 대리인 사이의 권리의무에 관한 검토", 비교사법 제21권 제1호, 한국사법학회 (2014), 103면.

48) 주석 민법 총칙(3)(제5판), 한국사법행정학회 (2019) 151-152면(권순민 집필부분)

49) 부동산의 매도인과 매수인이 동일한 법무사로 하여금 소유권이전등기의 신청업무를 위임하는 경우 또는 주식의 명의개서에 관하여 매수인이 매도인의 대리인으로 되는 경우가 해당한다. 민법주해, 제2판 3권, 598면(김상중 집필부분). 또한 판례는 "해산한 법인이 해산시 잔여재산이 지정한 자에게 귀속한다는 정관 규정에 따라 구체적으로 확정된 잔여재산이전의무의 이행으로서 잔여재산인 토지를 그 귀속권리자에게 이전하는 것은 채무의 이행에 불과하므로 그 귀속권리자의 대표자를 겸하고 있던 해산한 법인의 대표청산인에 의하여 잔여재산 토지에 관한 소유권이전등기가 그 귀속권리자에게 경료되었다고 하더라도 이는 쌍방대리금지 원칙에 반하지 않는다."라고 판시한바 있다. 대법원 2000. 12. 8. 선고 98두5279 판결.

50) 이상수, 전게서, 189면; 이태영, "변호사의 이익충돌회피의무-현재 의뢰인 사이의 이익충돌을 중심으로", 법조(2012. 9.) Vol. 672, 법조협회, 42면.

에서도 그러한 취지를 밝히고 있는 것이고, 이러한 변호사의 이익충돌회피의무는 단순히 의뢰인의 이익보호라는 사적 가치를 넘어 변호사와 의뢰인의 신뢰보호 및 변호사의 독립성 유지를 통한 변호사제도의 유지라는 공익적 가치를 담고 있으므로 의뢰인은 쌍방대리를 허락할 권한이 없음을 논거로 든다.

반면 이에 대하여는 변호사법의 수임제한규정과 민법의 쌍방대리 금지규정은 입법취지가 동일하다고 보기 어렵고 적용대상도 다르며,[51] 규율의 측면도 전자는 공법적인 규제이나 후자는 법률행위의 사법상 효력에 관한 것으로 차이가 있는바, 변호사법 제31조 제1항 제1호의 규정이 민법 제124조의 적용을 배제하는 특별법의 지위에 있다고 보기 어렵다는 반론이 가능하다. 변호사가 대리인인 경우에도 민법 제124조가 적용된다는 것이 보다 주류적인 입장으로 보인다.[52]

(나) 변호사법 제31조 제2항이 적용되는 경우 민법 제124조의 동일 대리인으로 볼 것인지

민법 제124조의 쌍방대리금지의 규정을 대리행위에 의하여 본인과의 이익충돌이 발생할 수 있는 상황에 유추하여 확대적용할 수 있는지에 관한 논의가 있는바,[53] 쌍방의 대리인이 변호사법 제31조 제2항에 의해 하나의 변호사로 취급되는 경우에 민법 제124조에서도 동일한 대리인으로 볼 수 있는지 문제된다. 법무법인, 법무법인(유한)의 경우에는 법인격이 인정되므로 동일한 대리인에 당연히 해당될 것이나, 법무조합[54] 또는 민

---

51) 변호사법 제31조 제1항 제1호의 동일사건은 민법 제124조의 동일한 법률행위보다 넓은 개념이다.

52) 주석 민법 총칙(3), 152면(권순민 집필부분); 정형근, "변호사의 직업윤리에 대한 고찰", 법조(2009. 6.) Vol. 633, 법조협회, 320면; 대법원 1973. 10. 23. 선고 73다437 판결 참조.

53) 형식적으로 쌍방대리에 해당하지 않더라도 실질적으로 이익충돌의 위험이 있는 경우에는 그 대리행위를 무효로 해야 한다는 긍정설과 그러한 경우에는 민법 제124조를 적용하지 않고 각각의 사정을 종합적으로 검토하여 사회질서나 신의칙 위반 또는 대리행위가 대리권 남용이 되는지에 의하여 유효여부를 정해야 한다는 부정설이 있다. 주석 민법 총칙(3), 147면(권순민 집필부분).

54) 법무조합은 법적성격이 민법상 조합에 불과하여 조합의 구성원과 별개의 독립된

법상 조합의 성격을 갖는 공동법률사무소에 소속한 변호사들이 양측을 각각 대리하여 법률행위를 한 경우에 민법 제124조가 유추적용이 가능한지 여부이다.

부정설은 변호사법의 수임금지규정과 민법의 쌍방대리금지는 입법취지, 적용범위 및 규제의 측면이 다르다는 점, 민법상 법인격이 인정되지 않는 경우에까지 이를 확대적용하는 것은 민법의 체계에 부합하지 않는 점 등을 논거로 한다. 부정설에 따르면 변호사법 제31조 제2항은 변호사법 제31조 제1, 2호의 적용할 때에만 적용가능한 것이므로, 같은 공동법률사무소의 소속변호사들이 동일한 법률행위에 대하여 양 당사자를 각각 대리하여도 변호사법 위반에 따른 징계사유에 해당할 여지는 있을 수 있지만 이는 민법 제124조의 쌍방대리에는 해당하지 않으므로 본인의 허락 유무를 불문하고 법률행위는 유효하게 된다.

반면 긍정설은 부정설에 따른 해석은 지나치게 형식적이고 결국 동일한 사실관계에 대하여 변호사법에서는 쌍방대리로서 수임금지사유에 해당하나 민법에 의하면 쌍방대리가 아니라는 모순된 결론에 이르게 되어 부당하고, 2008. 3. 28. 개정으로 도입된 변호사법 제31조 제2항의 입법취지가 종래 민법상 조합 형태로 운영되는 공동법률사무소에 대하여 쌍방대리 금지규정이 법정화되어 있지 않아 이를 잠탈하는 것을 방지하고자 하는 것이라는 점, 업무형태 등에 비추어 볼 때 이익충돌로 인한 위험성은 비슷함에도 법무법인 또는 법무법인(유한)이 대리인인 경우와 공동법률사무소가 대리인인 경우를 달리 취급하는 것은 부당한 측면이 있는 점 등을 고려하면, 비록 민법에 변호사법 제31조 제2항과 같은 규정은 없지만 쌍방대리금지를 통해 이익충돌을 방지하려는 입법목적을 보

법인격이 인정되지는 아니하나, 변호사법은 법무조합에 대하여 소송상 당사자능력을 부여하고 있고(변호사법 제58조의 26), 법무조합의 명의로 업무를 수행한다(변호사법 제50조의 30, 제50조 제1항). 손창완, "우리나라의 변호사 조직에 대한 법적 규율", 법학연구 제19권 제1호 연세대학교 법학연구원(2009), 94면 참조. 한편, 대한변협 홈페이지 회원현황 조회 결과, 현재 법무조합은 존재하지 않는 것으로 보인다.

다 충실히 구현하기 위해서 유추적용이 가능하다고 한다. 긍정설에 의할 경우, 동일한 대리인이 쌍방대리를 한 경우에 해당되어 쌍방 본인의 허락이 없는 한 법률행위는 효력이 없다.

Ⅴ. 비교법적 검토: 미국의 논의를 중심으로[55)]

1. 현재 의뢰인 간의 이익충돌(Conflict of Interest: Current Clients)

(1) 표준규칙 1.7의 규정

표준규칙 1.7 (a)에서는 현재 의뢰인 간의(동시적) 이익충돌상황에 대하여 규정하면서 대리를 원칙적으로 금지하되,[56)] (b)항 각호의 예외조건을 충족하는 경우에는 대리를 허용한다.

> (a) (b)항에서 달리 규정하지 않는 한, 변호사는 현재의 이익충돌을 수반하는 의뢰인을 대리하여서는 아니 된다. 현재의 이익충돌은 다음과 같은 상황에서 존재한다.
> (1) 한 의뢰인을 대리하는 것이 다른 의뢰인에 대하여 직접적인 해(directly adverse)가 될 수 있는 경우 또는,
> (2) 변호사의 다른 의뢰인, 종전 의뢰인 또는 제3자에 대한 책임 또는 변호사의 개인적 이익으로 인해 하나 또는 그 이상의 의뢰인을 대리하는 것이 실질적으로 제한받을(the representation (…) will be materially limited) 상당한 위험이 있는 경우
>
> (b) (a)항에 따른 현재의 이익충돌이 존재하는 경우라도 변호사는 다음의 경우에 의뢰인을 대리할 수 있다.
> (1) 변호사가 영향을 받을 수 있는 각 의뢰인에 대하여 유능하고 성실하게(competent and diligent) 대리할 수 있다고 합리적으로 믿고,
> (2) 그러한 대리가 법에서 금지되지 않으며,
> (3) 동일한 소송 기타 판정부의 절차에서 한 의뢰인이 그 변호사에 의해 대리되

55) 직무행위 표준규칙(Model Rules of Professional Conduct)은 미국변호사협회(American Bar Association)에서 제정한 직무규칙으로 그 자체로서 구속력을 갖는 것은 아니나, 미국 대부분의 주 변호사협회에서 이를 그대로 또는 다소 수정한 내용으로 주변호사협회 직무규칙으로 채택하고 있다. 또한 미국의 주법원은 변호사 업무를 감독할 고유의 전속적인 권한을 가지고 있는데, 상당수 주법원들은 ABA 직무규칙을 채택한 주변호사회의 직무규칙을 법원의 권한으로 주법으로 채택하고 있다. 손창완, "미국법상 변호사의 보수규제", 성균관법학, 제23권 제1호, 성균관대학교 법학연구소(2011) 621-622면.

이하에서는 ABA 직무규칙 중 우리 변호사법 제31조 제1항 제1호 위반사유 및 대상판결의 쟁점과 관련성이 있는 것 위주로 살핀다.

56) Restatement of the Law－The Law Governing Lawyers § 128도 거의 유사한 내용을 규정하고 있다.

는 다른 의뢰인을 상대로 청구를 하는 것과 관련된 대리가 아니고,
(4) 영향을 받는 각 의뢰인이 정보를 제공받고 서면으로 동의를 하는 경우 (informed consent, confirmed in writing)

(2) 이익충돌상황

(가) 직접적인 해가 될 수 있는 경우

변호사는 현재 의뢰인에 대하여 충실의무를 부담하기에 그 의뢰인의 동의가 없는 한 그 의뢰인을 상대로 한 사건(당해 사건과 무관한 사건을 포함)을 대리할 수 없다.[57] 만일 이를 허용한다면 현재 의뢰인과 변호사의 신뢰관계를 훼손하여 변호사가 의뢰인을 효과적으로 대리하지 못할 수 있기 때문이다(가령, 변호사가 증인으로 출석한 현재 의뢰인을 상대로 반대신문을 해야 하는 상황이 생길수도 있음). 반면 서로 관련성이 없는 사건에서 의뢰인들 사이에 경제적 이해관계만이 상반되는 경우(가령 경쟁관계에 있는 기업들)에는 이익충돌이 있다고 보지 않으므로 각 의뢰인의 동의 없이 동시적 대리가 가능하다.[58]

(나) 대리행위에 실질적인 제한을 받을 상당한 위험

직접적인 해가 되지 않는 경우에도 변호사의 다른 책임 또는 이해관계로 인하여 의뢰인을 위해 고려, 제안 또는 적절한 행동을 할 능력이 실질적으로 제한될 상당한 위험이 있다면 이익충돌이 존재한다. 가령, 변호사가 합작투자를 하고자 하는 여러 명을 대리해달라는 요청을 받은 경우에 변호사는 각 의뢰인에 대해 다른 의뢰인들에 대한 충실의

---

57) 즉, 입장이 정면으로 반대되는 의뢰인들은 상호 적대관계일 가능성이 높고, 의뢰인들이 서로 적대적일수록 변호사가 자신들의 이익을 최대한 보호하여 줄 것이라고 신뢰할 가능성이 떨어진다. 가령 직원의 성차별과 관련한 소송을 당한 X 회사를 대리하는 변호사가 Y회사로부터 X와 Z 사이의 담합행위에 대한 소를 제기하여 달라는 제안을 받은 경우, 전소에서 변호사가 X를 위해 제공한 조언이나 소송전략이 후소에서 Y에게 영향을 미칠 것이라고 생각하기는 어렵지만, 만일 변호사가 Y의 제안을 받아들여 X를 상대로 소를 제기하는 경우 X는 변호사를 신뢰할 수 없어 자유롭게 비밀을 이야기하고 조언들 받아들일 수 없다. Geoffrey Hazard Jr, Susan Koniak, Roger Cramton, George Cohen, W. Wendel (Author), The Law and Ethics of Lawyering(6th ed), 396면.

58) 표준규칙 1.7. 주석 6.

무로 인하여 가능한 모든 입장을 취할 수가 없게 된다(의뢰인에게 제시할 수 있는 옵션이 제한되게 됨). 단지 향후 손해가 발생할 수도 있다는 막연한 가능성 정도로는 이를 공개하고 동의를 받을 것이 요구되지 않으나, 중요한 문제는 여러 다른 이해관계가 실제 발생할 가능성 및 그러한 것들이 변호사가 합리적으로 의뢰인을 위해 고려했을 대안이나 조치들을 독립적이고 전문적으로 판단하는데 실질적으로 개입될 것인지 여부이다.[59]

즉, '실질적인 제한'은 갈리는 이해관계로 인해 변호사의 대리행위의 질이 저하될 것이냐의 문제이다(소위 "pulling his punches" or "soft pedaling"). 가령 시(市)와 경찰관이 공동으로 시민의 사망과 관련된 민권소송에 대하여 방어하려는 경우와 같이 목적이 공통된 사안에서 변호사가 공동대리를 요청받는 경우에도 서로 이해관계가 달라 각자의 방어방법이 상반되는 경우(경찰관의 입장에서는 책임을 상급자 또는 시에 전가하기 위한 사실관계와 법리를 조사해야 하고, 시의 경우에는 반대일 수 있음)에는 변호사는 다른 의뢰인에게 해가 되지 않기 위해 대리의 범위가 제한될 수 있다.[60]

통상적으로는 변호사가 무관한 사건에서 서로 다른 의뢰인을 위해 각기 다른 법적 입장을 취하는 것만으로는 이익충돌 상황이 존재한다고 보지 않는다. 그러나 만일 변호사가 어느 의뢰인을 위해 한 행동이 다른 의뢰인을 다른 사건에서 효과적으로 대리함에 있어 실질적인 제한이 될 상당한 위험이 있는 경우에는 이익충돌이 존재할 수 있다.[61]

---

59) 표준규칙 1.7 주석 8.

60) Hazard *et. al., supra*, 396-397면.

61) 예를 들어 한 의뢰인에게 내려지는 유리한 결정이 다른 의뢰인의 입장을 심각하게 약화시킬 경우이다. 의뢰인에게 위험에 대하여 조언을 해줄 필요가 있는지를 판단하는데 고려할 요소로는 사건이 어느 법원에 계속되어 있는지, 쟁점이 실체적인 것인지 절차적인 것인지, 사안들 사이의 잠정적인 관계, 관련 의뢰인의 단기적, 장기적 이해에 중대한 영향을 미치는지, 변호사에게 위임을 한 의뢰인의 합리적인 기대 등이다. 만일 실질적으로 제한될 상당한 위험이 있다면 관련된 의뢰인에 대하여 정보를 제공하고, 의뢰인의 동의를 받지 못한 경우라면 변호사는 한쪽 또는 양쪽에 대하여 대리를 거절하고 한쪽 또는 양쪽으로부터 사임해야 한다. 표준규칙 1.7. 주석 24.

(3) 예외적 허용 요건

(가) 동의로 치유될 수 없는 경우

동의가능성은 이익충돌의 부담이 있는 대리에 관하여 의뢰인들이 정보를 제공받고 동의하는 것이 허용될 경우 그 의뢰인들의 이익이 적절히 보호될 수 있는지 여부에 따라 결정된다. 1.7(b)항 (1) 내지 (3)에 해당하는 경우,[62] 즉, 변호사가 영향을 받는 각 의뢰인에 대하여 유능하고 성실하게 대리할 수 있다고 판단되지 않거나, 법에 의해 이익충돌대리가 허용되지 않는 경우[63], 동일한 소송 또는 판정부 앞에서 이루어지는 절차에서 의뢰인들이 서로 정면으로 대립되는 경우에는 변호사는 동의를 요청할 수도 없고, 동의를 전제로 대리할 수도 없다.[64] 같은 소송 등의 절차에서 대립당사자[65] 사이의 이익충돌이 있는 경우 동의를 허용하지 않는 이유는 양 의뢰인의 입장이 대립되는 것이 기관의 이익에 부합하기 때문이다. 양 의뢰인이 서로 대립당사자인지는 각 절차의 성격, 내용 및 제반 사정을 살펴야 한다. 위 (b)(3)이 조정절차에서 한 변호사가 여러 당사자를 대리하는 것을 금지하지는 않으나 이는 (b)(1)에 의해 제한될 수 있다.[66]

(나) 동 의

1) 정보를 제공받은 후의 서면 동의(informed consent, confirmed in writing)

의뢰인의 동의로 이익충돌상황을 치유할 수 있는 경우, 영향을 받는

---

62) Restatement of the Law－The Law Governing Lawyers § 122(2)도 거의 유사한 내용을 규정하고 있다.

63) 일부 주에서는 피고인의 동의가 있더라도 사형사건에서 변호사가 1명 이상의 피고인을 동시에 대리할 수 없도록 규정한다. 또한, 연방형법에서는 종전 의뢰인의 동의가 있더라도 종전에 정부를 대리한 변호사가 일정한 경우 대리하는 것을 금지한다. 나아가 일부 주에서는 정부(가령 시, 군 등)가 이익충돌에 대하여 동의할 수 없도록 제한한다.

64) 표준규칙 1.7 주석 14-16.

65) 한편, 대립당사자가 아니라 공동원고, 공동피고인 경우에 공동 대리를 하는 경우에도 이해관계가 충돌할 여지가 있고 이는 1.7 (a)(2)에서 규율하고 있다. 가령, 증언의 내용에 있어서의 차이, 반대 당사자에 대한 입장에 있어 양립불가능성, 합의가능성 또는 사실관계와 관련한 차이 등이 있을 수 있다. 이러한 경우에는 1.7(b)항 각호의 요건이 충족되면 공동대리가 가능하다. 표준준칙 1.7. 주석 23.

66) 표준규칙 1.7. 주석 17.

각 의뢰인으로부터 충분한 동의(sufficient consent)가 있었는지가 문제된다.

"Informed consent"란 변호사가 제안한 일련의 행위로 인한 상당한 위험 및 합리적으로 가능한 다른 대안에 대하여 적절한 정보와 설명을 제공받은 후 변호사가 제안한 일련의 행위에 대하여 동의하는 것을 말하는바(표준규칙 1.0(e)), 변호사는 동의 여부에 대한 판단을 내리기 위해 필요한 적절한 정보를 제공할 수 있도록 노력해야 한다. 이는 주로 그러한 상황이 초래된 사실관계 및 배경에 대한 공개, 변호사가 제안하는 내용에 대한 주요한 이익 및 불이익, 다른 대안 등에 관한 것이다. 변호사는 이미 의뢰인이 알고 있는 정보에 대하여는 설명을 할 필요가 없지만, 직접 설명하지 않음으로 인한 불이익(불충분한 설명으로 인해 동의가 무효가 될 위험)은 변호사가 부담하게 된다. 제공된 정보나 설명이 적절하였는지를 판단함에 있어서는 의뢰인이 일반적으로 법률적 사안 및 그와 관련한 판단에 관한 경험이 많은지, 동의여부를 결정함에 있어 독립된 변호사의 조력을 받았는지 등을 포함하여 여러 요소를 고려한다.[67)]

이익충돌에 있어 informed consent는 영향을 받는 각 의뢰인이 관련된 상황 및 당해 사안, 충돌로 인해 그 의뢰인의 이익에 반할 수 있다고 합리적으로 예측되는 경우들에 대하여 인식할 것을 요한다. 이때 필요한 정보는 이익충돌의 성질 및 관련된 위험의 성질에 따라 달라질 수 있다.[68)] 한편, 변호사가 의뢰인에게 동의를 얻기 위해 필요한 정보를 공개하는 것이 불가능한 상황도 있을 수 있다. 가령, 변호사가 관련된 사건에서 다른 의뢰인을 대리하는 경우, 일방 의뢰인이 다른 의뢰인이 이익충돌에 관한 동의를 하기 위해 공개되어야 할 관련 정보의 제공을 허락하지 않을 수 있다. 어떤 경우에는 각 당사자는 추가 비용이 들더라도 개별적으로 변호사를 선임해야 할 수도 있고, 이러한 비용은 개별대리로 인한 이익과 더불어 공동대리가 영향을 받는 의뢰인들의 이익에 부합하는지를 판단함에 있어 고려되어야 한다.[69)]

67) 표준규칙 1.0. 주석 6.
68) 표준규칙 1.7. 주석 18.

동의는 서면[70]으로 이루어져야 하는바, 의뢰인이 작성한 서류에 의하거나, 의뢰인이 구두로 동의하면 변호사가 즉시 기록하여 의뢰인에게 보내는 것도 가능하다. 서면요건이 변호사의 의뢰인에 대한 설명의무 내지 위험 및 대안에 대하여 고려할 합리적 기회를 제공하고 질문 및 우려를 표시할 수 있도록 하는 것을 대체하는 것은 아니고 오히려 이는 의뢰인들로 하여금 동의의 중요성을 인식시키고 서면 부재시 발생할 수 있는 분쟁을 예방하기 위한 취지이다.[71]

동의를 하였던 의뢰인도 언제든지 동의를 철회하고 변호사와의 위임계약을 해지할 수 있다. 이때 변호사가 다른 의뢰인을 위해 계속 변호살 수 있는지는 제반 상황, 분쟁의 성격, 의뢰인이 상황의 중대한 변화로 철회하였는지, 다른 의뢰인의 합리적 기대, 다른 의뢰인 또는 변호사에게 중대한 손해가 초래되었는지 등에 따라 달라진다.[72]

2) 사전적 동의 내지 포기(waiver)

최근에는 로펌들이 수임계약서에 이익충돌에 관한 포기 조항을 포함시키는 경우가 많다. 대체로는 위임계약 종료 후의 후속적인(successive) 이익충돌에 관한 것이나 이따금씩 현재 의뢰인과의 동시적 대리에 관한 것일 때도 있다. 변호사 입장에서 이익충돌 상황이 발생할 때까지 기다리지 않고 사전적 동의를 얻고자 하는 이유는 의뢰인들이 이익충돌로 인한 피해가 크지 않은 경우에도 기회주의적으로 부동의할 것을 우려하거나, 소송 상대방이 소송전략적으로 자격박탈신청을 하는 것을 방지하기 위해서이다. 반면, 의뢰인의 입장에서는 사전적 동의를 하지 않으면 변호사가 수임을 거절할 것을 우려하여 동의를 하기도 한다.

1.7(b)항 각호의 요건을 충족하는 이상[73] 변호사가 장래에 발생할

---

69) 표준규칙 1.7. 주석 19.

70) 서면은 실물 또는 전자적 기록을 말하며, 수기, 타이핑, 인쇄, 복사, 사진, 음성 또는 비디오 녹화, 전자 통신 등을 포함한다. 표준규칙 1.0(n).

71) 표준규칙 1.7. 주석 20.

72) 표준규칙 1.7. 주석 21.

73) 1.7(b)항 (1) 내지 (3)에 의해 동의가 불가능한 장래의 분쟁에 대하여는 사전적 동의의 효력이 인정될 수 없다.

수 있는 분쟁에 대하여 사전적 동의를 요구할 수 있다. 한편, 그러한 동의의 유효성은 일반적으로 의뢰인이 그 포기에 따르는 중대한 위험에 대하여 어느 정도 인식하고 있는지에 따라 달라진다. 장래의 어떠한 종류의 대리가 발생할 수 있는지 및 그로 인해 합리적으로 예측되는 불이익한 결과는 무엇인지에 관하여 폭넓은 설명이 이루어질수록 의뢰인이 필요한 사항을 이해할 확률이 높아진다. 만일 의뢰인이 이미 익숙한 특정한 종류의 분쟁에 대하여 동의한 경우 그 유형의 분쟁에 대하여는 사전적 동의가 유효하다고 받아들여질 것이다.[74] 어떠한 경우에는 로펌이 의뢰인에 대하여 일반적 내지 제한 없는(open-ended) 포기를 요구할 수도 있다.[75] 일반적으로는 의뢰인이 그와 관련된 실질적인 위험에 대하여 이해하고 있을 가능성이 낮기에 그러한 동의는 통상 효력이 없을 것이나, 만일 의뢰인이 관련 법률서비스를 이용한 경험이 많고 이익충돌로 인해 발생할 수 있는 위험성에 대하여 합리적으로 정보를 제공받았다면 동의가 유효하다고 판단될 가능성이 높다.[76]

(4) 관련 문제

(가) 소송 이외의 이익충돌상황

(a)항 각호에 따른 현재 의뢰인과의 이익충돌상황은 소송 이외의 경우에서도 문제 될 수 있다. 가령 거래에 관한 사안(transactional matter)에서도 '직접적인 해가 되는' 경우가 발생할 수 있는바, 변호사가 어떠한 사

74) 표준규칙 1.7. 주석 22.

75) 가령 은행, 보험사 등은 수많은 상대방 당사자와 이미 소송이 계속 중이거나 장래 소송이 발생할 것을 예측할 수 있고, 그들 중 일부는 이미 위 은행, 보험사를 대리하려는 로펌의 의뢰인이거나 장래 의뢰인이 될 수도 있다. Hazard *et. al., supra*, 412면.

76) 특히 의뢰인이 사내변호사 등 변호사의 대리를 통해 동의하였고, 동의의 대상인 장래 분쟁도 현재 분쟁과 관련성이 없는 것에 한정된다면 더욱 그렇다. ABA도 그와 같은 사안에서 사전적 동의의 유효성을 인정할 수 있다고 해석한 바 있고(Formal Opinion 05-436, the Standing Committee on Ethics and Professional Responsibility), 뉴욕시 변호사협회에서는 현재 분쟁과 관련성이 있는 장래 분쟁에 대하서도 사전적 동의의 유효성을 인정하는 해석을 한 바 있다(Formal Opinion, 2006-1).Hazard *et. al., supra,* 412면.

업 매각에 있어 매도인으로부터 대리 요청을 받았는데, 협상 중인 그 거래의 매수인을 변호사가 이미 다른 무관한 거래에서 대리하고 있는 경우에 변호사는 각 의뢰인의 동의 없이는 매도인을 대리할 수 없다.[77] 소송 외의 상황에서 '변호사의 대리행위가 실질적으로 제한될 상당한 위험'이 있는지를 판단함에 있어서 고려할 요소로는 의뢰인과 변호사와의 관계의 지속기간 내지 밀접성의 정도, 변호사가 담당하는 역할, 의견불일치가 발생할 가능성 및 충돌상황으로 인해 의뢰인이 받을 불이익의 가능성 등이다.[78]

동의가 가능한지 여부도 상황에 따라 달라진다. 가령, 변호사는 서로의 입장이 근본적으로 적대적인 여러 당사자를 협상에서 대리할 수 없다. 반면, 의뢰인들의 이해관계가 약간 차이가 있더라도 일반적으로 유사한 경우에는 공동대리(common representation)가 가능하다. 가령, 둘 이상의 기업가인 의뢰인들 사이의 사업을 준비하는 경우, 회사정리 사건에서 둘 이상의 의뢰인이 재산의 분배 협의를 하는 경우 등이다.[79] 변호사는 의뢰인들의 관계를 우호적이고 상호 이익이 되도록 조정하여 공통의 이해관계를 발전시킴으로써 잠재적으로 대립될 수 있는 이익을 해결하려 할 수 있다. 그렇지 않은 경우 각 의뢰인은 추가 비용을 들이거나, 상황을 복잡하게 만들 가능성(심지어 소송까지)을 염두에 두고 각자 대리인을 선임해야 한다. 이러한 이유 등을 고려하여 의뢰인들은 한 변호사가 그들 모두를 대리하는 것을 선호할 수 있다.

(나) 공동대리에 있어 특별한 고려사항

동일한 사안에 대하여 복수의 의뢰인을 위해 대리할 것인지를 고려함에 있어 변호사는 만일 의뢰인들 사의 잠재적으로 대립하는 이해관계를 조화시키지 못해 공동대리를 하지 못하게 되는 경우에 추가적인 비용과 곤란한 상황 및 비난이 뒤따를 수 있다는 것을 염두에 두어야 한다.

77) 표준규칙 1.7 주석 7.

78) 표준규칙 1.7. 주석 26. 27(가령, 재산에 관한 처분계획 및 등록 등과 관련하여 이익충돌이 발생할 수 있다. 변호사는 여러 가족 구성원을 위해 유언장을 작성하라는 요청을 받을 수 있고, 상황에 따라 이익충돌이 발생할 수 있다.)

79) 표준규칙 1.7. 주석 28.

어떤 경우에는 실패로 인한 위험이 너무 커서 공동대리 자체가 불가능한 경우도 있다. 가령, 변호사는 다툼이 큰 소송이나 협상이 임박하거나 예상되는 경우에는 공동대리를 할 수 없다. 나아가 변호사는 공동으로 대리하는 의뢰인들에 대하여 공정할 것이 요구되므로, 공정성을 유지하는 것이 어려운 경우에는 공동대리가 부적절할 수 있다. 일반적으로 당사자들의 관계가 이미 적대적인 경우, 공동대리를 통해 당사자들의 이해를 잘 충족시킬 가능성은 낮다. 그 밖의 다른 고려요소들로는 변호사가 향후 계속적으로 양 당사자들을 대리할 것인지 및 그 상황으로 인해 당사자들 사이의 관계를 형성하는 것인지, 종료시키는 것인지 등이 있다.[80)]

또한, 공동대리의 적절성 여부를 판단함에 있어 특히 중요한 요소는 의뢰인과 변호사간의 비밀유지의무와 변호사의 비닉특권에 미치는 영향이다. 비닉특권과 관련하여 공동의뢰인들 사이에는 비닉특권이 인정되지 않는다는 것이 지배적인 법리이다. 그리하여 공동의뢰인들 사이에 소송이 발생할 경우 공동의뢰인들 사이에서는 변호사와 사이의 커뮤니케이션이 비닉특권으로 보호받지 못한다는 점을 전제해야 하고, 변호사는 그 점을 의뢰인들에게 조언해주어야 한다.[81)]

비밀유지의무와 관련하여, 만일 한 의뢰인이 변호사에게 다른 의뢰인에게 공동대리에 관한 정보를 공개하지 말라고 부탁하는 경우에는 공동대리를 계속하는 것이 부적절하다. 왜냐하면 변호사는 각 의뢰인에 대하여 동등하게 충실의무를 부담하고 있고, 각 의뢰인은 본인의 이해관계에 영향을 미칠 수 있는 대리와 관련된 사항에 대하여 정보를 제공받을 권리가 있으며, 변호사가 그러한 정보를 각 의뢰인의 이익을 위해 사용할 것이라는 점에 대한 정당한 기대가 있기 때문이다.[82)] 따라서 변호사는 공동대리를 시작할 때 및 각 의뢰인으로부터 동의를 얻기 위한 전제

80) 표준규칙 1.7. 주석 29.
81) 표준규칙 1.7 주석 30.
82) 표준규칙 1.4.에서는 변호사이 의뢰인에 대하여 설명해야 하는 사항들에 관하여 규정하고 있다.

로 설명을 함에 있어서 각 의뢰인에 대하여 정보가 공유될 것이고, 만일 일방 의뢰인이 대리에 관하여 중요한 어떤 사항에 관하여 다른 의뢰인에 대하여 비공개할 것을 요구하는 경우에는 변호사가 사임해야 한다는 점을 설명해주어야 한다. 드문 경우이나 만일 의뢰인들이 충분한 설명을 들은 후에 변호사가 일부 정보를 공개하지 않는 것에 동의한다면 변호사가 대리를 계속할 수도 있다. 가령, 변호사가 일방 의뢰인의 영업비밀을 다른 의뢰인에게 공개하지 않는다고 하여 의뢰인들 간의 합작투자와 관련한 대리를 함에 있어서 부정적인 영향을 미치지 않는다고 판단하는 경우에는 쌍방 의뢰인들이 그러한 정보를 비공개로 하는 것에 동의(informed consent)를 하도록 할 수 있다.[83)]

나아가 변호사는 공동대리에 관한 수임계약을 체결하거나 수임계약의 내용을 조정하려할 때, 수임계약에 따른 변호사의 역할이 무엇인지를 분명히 하고 일반적으로 기대되는 대립당사자적 지위에 있는 것이 아니라는 점, 개별적으로 대리되는 경우에 비하여 의뢰인들이 어떠한 결정을 함에 있어 보다 큰 책임을 부담할 것이 요구될 수도 있다는 점을 충분히 설명하여야 한다.[84)]

(다) 기 타

1) 계속적 관계에 있는 의뢰인

로펌과 계속적, 반복적으로 관계를 맺어온 의뢰인인 경우, 이익충돌 여부의 판단 시점이 문제될 수 있다. IBM v. Levin 사건에서, IBM의 다양한 노동사건을 수년간 대리하여 온 로펌이 IBM을 상대로 한 독점금지 소송을 대리한 사건에서 대리자격이 부인된 사례가 있다. 법원은 비록 독점금지소송 제기 당시 로펌이 구체적으로 IBM으로부터 위임받은 업무가 없었고, IBM과 사이에 수임계약을 체결한 것이 아니라 개별적으로 서비스를 제공할 때마다 보수를 지급받는 형식을 취하고 있었지만 소 제기 전후의 반복적인 패턴에 비추어 보면 로펌과 IBM 사이에는 계속적인 관

83) 표준규칙 1.7. 주석 31.
84) 표준규칙 1.7. 주석 32.

계를 인정할 수 있어 현재의 의뢰인에 해당한다고 판단하였다.[85)]

2) "뜨거운 감자의 법리(hot potato rule)"

현재 의뢰인 간의 이익충돌을 피하고 사건을 수임하기 위해 한쪽 의뢰인을 버릴 수 있는가? Picker International Inc. v. Varian Associates Inc. 사건에서 로펌이 작은 특허법인과 합병을 하였는데, 로펌의 오래되고 중요한 고객인 Picker가 합병된 특허법인이 관련 없는 사안에 대하여 대리하여 오던 다른 고객인 Varian을 상대로 소를 제기하려고 하였다. 법원은 로펌이 그 사건을 수임하여 Picker를 대리할 수 없다고 판단하였다.[86)] 변호사는 의뢰인에 대하여 완전한 충실의무를 부담하므로, 현재의 이익충돌상황을 해소하고 새로운 의뢰인으로부터 사건을 수임하기 위해 현재 의뢰인을 "뜨거운 감자"처럼 버려서는 안 되기 때문이다(특히 더 돈이 되는 고객을 만족시키기 위해 그렇게 해서는 안 된다).[87)] 만일, 이익충돌이 사후적으로 드러나는 경우에는 로펌이 선택할 수 있는 유일한 길은 두 당사자 모두를 포기하는 것이다.[88)]

2. 종전 의뢰인에 대한 의무(Duties to Former Clients)

(1) 표준규칙 1.9의 규정

현재 의뢰인에 대하여는 변호사가 충실의무와 비밀유지의무를 부담하는 반면, 종전 의뢰인에 대하여 변호사는 비밀유지의무만을 계속하여 부담하게 되는바, 그러한 비밀유지에 대한 신뢰를 위협할 수 있는 관련성이 있는 사안에 대하여만 대리를 제한하고 있다.[89)] 나아가 종전 의뢰

---

85) 579 F.2d 271, 281 (3d Cir.1978).

86) 670 F.Supp. at 1365 (N.D. Ohio 1987).

87) 현재 의뢰인의 대리를 사임함으로써 종전 의뢰인과의 이익충돌상황으로 만들 수는 없는 것이다. 다만, 이미 현재 의뢰인과의 위임관계의 종료가 예정되어 있었거나, 현재 의뢰인이 위임계약을 해지하는 경우에는 문제되지 않는다. Restatement (Third) of the Law Governing Lawyers § 132 (2000).

88) 한인섭 외, 전게서, 201면.

89) Deborah Rhode, David Luban, Scott Cummings, Nora Engstrom, Legal Ethics(7th ed), 472면.

인의 동의(informed consent)를 얻는다면, 종전 의뢰인의 사건과 동일 또는 상당히 관련된 사건에서 종전 의뢰인과 실질적으로 이익이 상반되는 사람을 대리할 수 있다. 즉, 종전 의뢰인에 대하여는 현재 의뢰인 간의 이익충돌상황에 비하여는 이익충돌로 인한 문제가 심각하지 않다는 전제에서 보다 완화된 규제를 하는 것이다.[90)]

> (a) 종전에 어떤 사안에서 의뢰인을 대리한 변호사는 종전 의뢰인이 정보를 제공받고 서면으로 동의(informed consent, confirmed in writing) 하지 않은 이상 그 이후 그 의뢰인의 이익과 다른 사람의 이익이 실질적으로 상반되는(materially adverse) 동일한 또는 상당히 관련된 사안에서 그 다른 사람을 대리할 수 없다.
>
> (b) 변호사는 그가 종전에 소속되어 있었던 로펌이 다음과 같은 의뢰인을 대리했던 사안과 동일한 또는 상당히 관련된 사안에서 그 사실을 알면서 다른 사람을 대리할 수 없다. 다만 종전 의뢰인이 정보를 제공받고 서면으로 동의(informed consent, confirmed in writing) 한 경우에는 그렇지 아니하다.
> (1) 의뢰인의 이익이 다른 사람과 실질적으로 상반되고,
> (2) 변호사가 의뢰인에 관해 규칙 1.6과 1.9(c)에 의해 보호되는 정보를 얻었고, 그것이 사안에서 중요한 경우
>
> (c) 종전에 어느 사안에서 의뢰인을 대리한 변호사 또는 현재 또는 종전의 소속 로펌이 어느 사안에서 의뢰인을 대리한 경우에 변호사는 향후
> (1) 이 규칙에서 허용하거나 의뢰인을 위해 요구되거나, 정보가 일반적으로 알려지지지 않는 한 대리와 관련한 정보를 종전 의뢰인의 이익에 반하여 사용해서는 안 된다.
> (2) 이 규칙에서 허용하거나 의뢰인을 위해 요구되지 않는 이상 대리와 관련한 정보를 공개해서는 안 된다.

(2) 구체적 검토

종전 의뢰인과의 관계에서는, 종전 의뢰인의 사안과 변호사가 새로 수임하려는 사안이 동일하거나 상당한 관련성이 없는 경우에는 대리에 제한이 없고, 그렇지 않은 경우에도 의뢰인으로부터 동의를 받으면 대리가 가능하다.

"사안(matter)"의 범위는 특정한 상황 또는 거래의 사실관계에 따라 달라진다. 변호사의 사안에 대한 관여 여부도 정도의 문제일 수 있다. 가령, 변호사가 종전에 특정한 거래에 직접 관여했다면, 그 이후 그 거래와

---

90) Lisa G. Lerman, Philip G. Schrag, Ethical Problems in the Practice of Law(4th ed), 395면.

관련하여 실질적으로 이익이 상반되는 사람을 대리하는 것은 분명히 허용되지 않는다. 반면, 변호사가 종전 의뢰인을 위해 반복적으로 어떠한 유형의 법률문제를 대리하였던 경우, 향후 다른 사람을 위해 같은 유형의 다른 사실관계에 관한 사안을 수임하는 것은 가능하다(설령 후속 사건에서는 종전 의뢰인과 반대되는 법적 입장을 취하더라도).[91] 즉, 두 사안에 법적, 사실적 유사성이 존재한다고 하여 반드시 "상당한 관련성"이 인정되는 것은 아니다.[92]

"상당히 관련된" 사안이란, 동일한 거래 또는 법적 분쟁에 관한 것이거나 종전 의뢰인으로부터 얻은 사실에 관한 비밀정보가 통상적으로 후속 의뢰인의 입장을 뒷받침할 수 있는 경우를 말한다. 가령, 어느 사업가를 대리한 변호사가 방대한 개인적인 재무정보를 획득한 경우, 변호사는 그 사업가의 배우자의 이혼사건을 대리할 수 없다. 또한 쇼핑센터 신축을 위한 환경 허가를 득하고자 하는 의뢰인을 대리한 변호사는 환경 영향으로 인해 구역설정이 새로 지정되어야 한다고 주장하는 인근 주민을 대리할 수 없다. 반면, 그 변호사는 임대료 미납으로 인해 쇼핑센터로부터 퇴거청구를 당한 임차인은 대리할 수 있다. 종전 의뢰인의 정보가 일반 대중 또는 종전 의뢰인의 상대방 당사자에게 공개된 정보의 경우에는 이를 이유로 대리자격이 부인되지 않는다. 기관, 단체가 의뢰인인 경우에는 의뢰인의 일반적인 정책이나 실무에 대한 지식은 후속 수임에 대한 제한이 되지 않으나, 종전 대리로 인해 취득한 구체적인 사실에 대한 지식은 제한이 될 수 있다.[93]

3. 이익충돌의 전가(Imputation of Conflicts of Interest: General Rule)

(1) 표준규칙 1.10의 규정

이는 로펌[94]에 종사하는 변호사들의 충실의무를 실현하기 위한 규정

91) 표준규칙 1.9 주석 2.
92) Hazard *et al. supra,* 462면.
93) 표준규칙 1.9. 주석 3.

이다. 즉, 로펌 소속 변호사들은 의뢰인들에 대한 충실의무에 관한 규정의 적용에 있어서는 본질적으로 하나의 변호사이므로, 각 변호사의 충실의무를 서로 대리하여(vicariously) 부담한다는 것을 전제한다. (a)(1)은 현재 로펌에 소속된 변호사들 사이에 적용되고, 변호사가 이직한 경우에는 규칙 1.9(b), 1.10(a)(2), 1.10(b)가 규율한다.[95]

> (a) 변호사들이 로펌(firm)에 속해 있는 경우, 그들 중 한 변호사가 어느 의뢰인을 대리하는 것이 규칙 1.7. 또는 1.9에 의해 금지되면, 다음의 경우에 해당하지 않는 한 그 로펌의 변호사 누구도 그 사실을 알면서 그 의뢰인을 대리할 수 없다.
> (1) 그 금지가 대리가 불가능하게 된 변호사의 개인적 이해를 기초로 한 것이고, 로펌의 다른 변호사들이 의뢰인을 대리함에 있어 실질적으로 제한을 받을 상당한 위험이 없는 경우 또는
> (2) 그 금지가 규칙 1.9(a) 또는 (b)에 근거한 것이고, 대리가 금지된 변호사의 종전에 근무하던 로펌과의 관계에서 비롯된 경우이면서
> (i) 대리가 금지된 변호사가 적절한 시기에 그 사안에 관여하지 않도록 차단되었고(screened), 그 사안으로부터 아무런 보수도 할당되지 않은 경우;
> (ii) 관련된 종전 당사자에게 이 규칙의 준수(시행된 차단 조치에 관한 설명; 로펌과 차단된 변호사가 이 규칙을 준수하겠다는 진술; 법원에서 이에 대한 심사가 이루어질 수 있다는 진술; 차단 조치와 관련하여 종전 의뢰인의 서면 이의 또는 질문이 있는 경우 즉시 답변하겠다는 로펌의 동의서를 포함)와 관련한 서면 통지가 즉시 이루어졌고;
> (iii) 차단 조치가 종료된 경우 종전 의뢰인의 서면 요구에 따라 합리적인 간격으로 이 규칙 및 차단 조치에 관한 절차가 준수되었다는 확인이 차단된 변호사 및 로펌에 의해 제공될 것
>
> (b) 변호사가 로펌으로부터 퇴사한 경우, 아래의 경우가 아닌한, 로펌은 그 이후 퇴사한 변호사가 대리했고 현재 그 로펌에서 대리하고 있지 않은 의뢰인의 이익과 실질적으로 상반되는 이해관계가 있는 다른 사람을 위해 대리하는 것이 금지되지 않는다.
> (1) 퇴사한 변호사가 대리한 의뢰인의 사안과 동일하거나 실질적으로 관련된 사

94) 표준규칙에서 "firm"이란 동업(law partnership), 전문회사(professional corporation), 개인사무소(sole proprietorship), 기타 법률사무종사가 허용된 단체의 변호사(들), 법률서비스 기관 또는 회사 또는 조직의 법무파트에 고용된 변호사들을 말한다(규칙 1.0(c)). 2인 이상의 변호사가 'firm' 에 해당하는지는 구체적인 사실관계에 따라 다르다. 가령, 2명이 사무실을 공유하고 종종 상의를 하거나 서로 돕기도 한다고 하여 "firm"에 해당하지는 않는다. 그러나 그들이 대외적으로 "firm"이라고 내세우거나 그처럼 행동할 경우 이 규칙의 적용에 있어 "firm"에 해당한다. 또한 변호사들 사이의 공식적인 약정의 내용과도 관련이 있는바, 의뢰인들에 대한 정보에 상호 접근이 가능한지가 달라지기 때문이다. 모호한 경우에는 이 규칙의 각 조항의 목적에 따라 판단해야 한다. 표준규칙 1.0 주석 2.

95) 표준규칙 1.10. 주석 2.

안이고 (2) 로펌에 남아있는 다른 변호사가 그 사안과 관련하여 규칙 1.6 과 1.9(C)에서 보호되는 정보를 취득한 경우 (c) 이 규칙에 의한 금지는 영향을 받은 의뢰인이 규칙 1.7에 명시된 조건에 따라 포기할 수 있다. (d) 생략

(2) 변호사의 이동이 없는 경우

어느 의뢰인과 로펌 소속 어느 변호사의 대리금지사유가 그 변호사의 개인적인 이해관계(가령 정치적 신념 등)로 인한 것이라면 이는 의뢰인에 대한 충실의무나 비밀유지의무와 무관한 것이므로 로펌의 다른 변호사들에게 금지가 전가되지 않는다.[96] 따라서 그 의뢰인의 동의를 받을 필요 없이 로펌의 다른 변호사가 그 의뢰인을 대리할 수 있다.

로펌 소속 한 변호사가 현재 의뢰인과 규칙 1.7에 따른 동시적 이익충돌상황이 초래되어 어떤 사람을 대리할 수 없거나, 규칙 1.9에 따라 종전 의뢰인과 이익이 실질적으로 상반되는 동일 또는 상당히 관련된 사안이어서 어떤 사람을 대리할 수 없는 경우, 이익충돌이 전가되므로 원칙적으로 로펌 소속 어느 변호사도 그 사람을 대리할 수 없다. 다만, 영향을 받는 현재 의뢰인 또는 종전 의뢰인의 동의를 받으면 전가를 막을 수 있는데, 그 동의는 규칙 1.7에 명시된 조건에 따라야 하므로, 로펌 소속 변호사들이 각 의뢰인에 대하여 유능하고 성실하게 대리할 수 있다고 판단하고, 그러한 대리가 법에서 금지되는 경우가 아니며, 각 의뢰인이 동일 사건의 소송 등 절차에서 대립당사자가 아니어야 하고, 각 의뢰인이 정보를 제공받고 서면으로 동의해야 한다.[97]

(3) 변호사의 이동이 있는 경우

이익충돌 전가의 법리가 전제하고 있는 가정은 로펌 내 변호사들 사이에서 의뢰인에 대한 정보가 공유된다는 것이다. 실제 정보 공유를

96) 표준규칙 1.10 주석 3.
97) 표준규칙 1.10 주석 6.

하였는지 여부가 중요한 것이 아니라 공유될 위험성만 있으면 된다.[98] 이러한 정보공유의 가설에 대한 반박을 허용한 판결[99]이 있었고, 그러한 내용이 규칙 1.9(b)에 반영되게 되었는바, 어느 변호사가 자신의 종전 로펌이 대리한 종전 의뢰인의 비밀정보를 가지고 있지 않다면, 다른 로펌으로 이직 후에 종전 로펌이 대리한 사안과 동일하거나 상당히 관련된 사안에서 그 종전 의뢰인의 이익에 실질적으로 대립하는 다른 의뢰인을 대리할 수 있고, 당연히 새로운 로펌도 그러한 의뢰인을 대리할 수 있다.[100] 만일 이직하는 변호사가 종전 로펌에서 의뢰인의 비밀정보를 접하여 대리가 금지되는 경우라면, 새로운 로펌에 이익충돌이 전가될 것이고 그 변호사 및 새로운 로펌 소속 변호사들은 종전 의뢰인의 동의를 얻어야 대리가 가능하다[규칙 1.9(b) 및 1.10(c)]. 그런데 종전 의뢰인의 동의를 얻지 못한 경우에도 이직하는 변호사를 다른 변호사들로부터 차단시킴으로서 새로운 로펌이 대리하는 것이 가능한바, 규칙 1.10(a)(2)에서 그러한 경우의 차단막 설치와 관련된 요건을 규정하고 있다.[101]

(4) 관련 문제

(가) 차단막 설치로 인한 동시적 이익충돌상황의 회피가능성

동시적 이익충돌 상황에서 로펌이 차단막이 설치되었으므로 이익충

98) 그렇기에 이익충돌의 법리는 손상의 규칙(harm rule)이라기보다는 위험성의 규칙(risk rule)이라고 하는 것이다. 이익충돌의 전가가 인정되는 이유도 이러한 손상의 위험성에 기초한다. Wendel, Bradley, Professional Responsibility, 292면.

99) *Silver Chrysler Plymouth Inc. v. Chrysler Motors Corp* 518. F.2d 751(C.A.N.Y., 1975).

100) 로펌을 옮기기 전이면 전가의 법리에 의해 수임할 수 없었을 사건도, 로펌을 옮긴 후에는 수임이 가능하다. 즉, 단순히 전가로 인해 대리가 금지되는 경우, 그 로펌을 떠나면 전가로 인한 금지는 더 이상 인정되지 않는다. 이상수, "차단막을 이용한 이익충돌의 회피", 법과사회 제36권, 법과사회이론학회(2009. 6.) 221-222면.

101) 전직 공무원이 사적 로펌으로 이동하는 경우의 차단막을 이용하여 이익충돌을 회피하는 것에 대하여는 큰 반대가 없었으나, 변호사가 사적 로펌 사이에 수평적 이동을 하는 경우에 있어서도 허용할 것인가에 대하여 1990년대 후반 및 2000년대 초반에 많은 논란이 있었고, 2009년 중순경에서야 표준규칙 1.0(a)(2)가 추가되었다. 다수의 주가 표준규칙을 채택하기는 하였으나, 차단막과 관련된 조항 및 구체적 요건은 주마다 상이한 경우가 많다. Lerman et al., supra, 421-422면.

돌을 피할 수 있다는 항변(Chinese Wall Defense)을 하는 것이 가능한가? 법원은 대체로 부정적인 입장을 취한다.[102] Fund of Funds Ltd. v. Arthur Anderson & Co. 사건[103]에서는 로펌이 Chinese Wall이 설치되어 있어 소속변호사들이 상반되는 입장의 의뢰인들을 대리하지만 비밀정보가 서로 유출되지 않는다고 주장하였으나, 1, 2심 모두 그 주장을 배척하면서 그와 같은 차단막은 단일한 로펌 내에서 설치될 수 없고, 상반되는 당사자를 동시에 대리하는 것은 로펌이 의뢰인에 대한 완전한 충실의무를 위반하는 것이라고 판시하였다. Westinghouse Electric Corp. v. Kerr-McGee Corp. 사건[104]에서 Westinghouse는 3개의 석유회사를 포함한 우라늄 생산자들을 상대로 독점금지 소송을 제기하였는데, Westinghouse를 K로펌의 시카고 지부가 대리하였다. 한편, 3개의 석유회사는 석유거래협회의 회원들이었는데, 위 협회는 에너지 업계에 대한 독점규제 강화에 대응하는 로비를 하기 위하여 K로펌 워싱턴 지부에 연구용역을 위탁하였고, 워싱턴 지부는 석유회사들로부터 독점금지소송과 관련한 비밀 정보를 수집하였다. 위 소송에서 석유회사들은 K로펌의 대리자격부인을 신청하였고, K로펌은 지부 간에 Chinese Wall이 설치되어 있다고 다투었다. 1심 법원은 개별 석유회사들과 K로펌사이에는 변호사-의뢰인의 관계가 성립되지 않았고, K로펌의 규모에 비추어 볼 때 조직적, 지리적으로 격리된 각 팀에서 업무가 이루어졌고, 실제 정보가 공개되지 않은 점 등에 비추어 대리자격 부인신청을 기각하였으나, 2심 법원은 견해를 달리하여 변호사-의뢰인 관계의 성립을 인정하고, 차단막의 설치만으로 로펌 소속변호사의 정보에 대한 인식의 추정을 깰 수 없으며, 대형 로펌이라는 이유로 다른 윤리적 기준을 적용할 수 없다고 하였다. 동시적 이익충돌상황의 경우에 동일한 로펌 소속 변호사들이 대리를 한다면,

---

102) 허용한 사례로는 *Boston Scientific Corporation v. Johnson & Johnson, Inc.*, 647 F.Supp. 2d 369, 374(D. Del. 2009).

103) 567 F.2d 225 (2d Cir. 1977).

104) 580 F.2d 1311 (7th Cir.), cert. denied, 439 U.S. 955 (1978).

이미 사건이 종료된 종전 의뢰인에 대한 이익충돌상황과 비교하여 볼 때 차단막이 설치되어 있다고 하더라도 일상의 업무과정에서 부지불식간에 의뢰인의 비밀정보가 유출될 위험성이 높으므로 차단막의 설치로 이익충돌상황이 회피될 수 있다는 주장에 대하여는 부정적인 시각이 많다.[105)]

(나) 이익충돌발견을 위한 조치

대부분의 로펌은 사건관리 소프트웨어를 사용하는데, 특히 현재 존재하는 또는 잠재적인 이이충돌을 발견하기 위한 기능도 마련되어 있는 경우가 많다. 당사자들의 이름, 잠재적인 증인 기타 주요 인물 등을 확인함으로서 로펌이 의도치 않게 현재 또는 종전의 또는 잠재적 의뢰인과 상반되는 사람을 대리하지 않도록 한다. 물론 그러한 소프트웨어도 필요한 정보가 적시에 적절히 입력되어야 효용을 발휘한다. 뉴욕의 경우 법원이 직권으로 도입한 독특한 윤리규정이 있는바, 모든 로펌으로 하여금 새로운 계약을 체결할 당시 또는 그와 매우 근접한 시점에 그에 관한 기록을 생성해두고, 현재 및 종전계약과 사이의 이익충돌 확인하는 정책을 마련하도록 요구한다. 나아가 이를 불이행한 경우, 실제 이익충돌이 발생하였는지 여부를 불문하고 로펌 자체에 대하여 독립적인 징계를 할 수 있는 근거도 마련하였다.[106)]

4. 이익충돌규정 위반의 효과

이익충돌규정에 위반한 경우 소송에 있어서 상대방 당사자가 대리인 자격부인 신청(Disqualification Motion)을 하는 것이 가장 일반적이다. 나아가 해당 변호사는 변호사 윤리에 관한 규정 위반으로 징계를 받을 수도 있고, 변호사를 상대로 한 직무과오소송의 원인이 될 수도 있다.

---

105) Editors, *Chinese Wall Defense to Law-Firm Disqualification*, 128 U. Pa. L. Rev. 677 (1980).687-691; Marc I. Steinberg, Lawyering and Ethics for the Business Attorney, 121-122면; 이상수, 전게논문, 238면.

106) New York Code of Professional Responsibility DR 5-105(e).

Ⅵ. 대상판결에 대한 분석

1. 변호사법 제31조 제1항 제1호 위반여부

(1) G 법률사무소의 법적 지위

G 법률사무소는 변호사법에서 규정하는 법무법인, 법무법인(유한), 법무조합에는 해당하지 않고, 사업자등록을 2인 이상이 같이하고 2인 이상이 개인 명의 이외의 명칭을 사용하는 대한변호사협회 회칙 제39조에 따른 공동법률사무소에 해당하는바, 그 법적성격은 2인 이상이 모여 공동사업을 하는 민법상 조합이라 할 것이다.[107)]

또한, 제31조 제2항의 입법취지가 민법상 조합의 형태로 운영되는 공동법률사무소 등에서 쌍방대리금지규정을 잠탈하는 것을 방지하기 위하여 마련된 것이고, G 법률사무소는 위 조항에서 규정하는 바와 같이 업무수행에 있어 통일성을 갖추고 수익 분배, 비용 분담을 하는 형태로 운영되고 있으므로 변호사법 제31조 제1항 제1호의 수임제한사유를 판단함에 있어서는 실제 사건을 담당한 변호사가 다르더라도 하나의 변호사로 취급하여 판단하여야 한다.

(2) 상의를 받아 수임을 승낙한 사건의 처리 중 위임

제1심 판결문에 원고와 피고가 각각 이 사건 주식에 관한 매매계약의 체결 및 이행에 관한 법률 자문을 의뢰한 시점은 나와 있으나(원고는 2021. 5. 11. G 법률사무소 소속 소외 5 내지 7 변호사들에게, 피고는 2021. 5 .17. 매각자문사 대표를 통해 G 법률사무소 소속 소외 4, 8 변호사에게 각 의뢰함), 심리 과정에서 위임장, 수임료 지급 내역 등 수권행위를 증명할 객관적인 자료가 제출되지 않은 것으로 보여 원고측 및 피고측 중 누가 먼저 G 법률사무소를 선임한 것인지는 분명하지 않다. 변호사들이 수행한 업무가 법적으로 어떻게 평가되어야 하는지에 대하여는 다툼이 있을 뿐, 변호사들이 원, 피고측으로부터 각각 자문 업무를 수임하여 수행한 사실

---

107) 손창완, 전게논문, 68면; 박상근, "변호사법 개정법률안 중 공동 법률사무소제도 개선안의 고찰", 서울대학교 법학 제45권 제2호, 서울대학교 법학연구소(2004), 72면.

자체는 명백하므로 이는 (어떤 것이 선행사건인지는 모르나) 이미 수임한 사건의 처리 중 사건을 위임받은 현재 의뢰인과의 이익충돌(동시적 쌍방대리)이 문제되는 상황이다.

(3) 동일한 '사건'의 '상대방'

제1심과 원심은 변호사법에서 변호사의 직무 중 '법률사건'과 '법률사무'를 구분하고 있음을 기초로(변호사법 제3조, 제34 내지 37조, 제76조) 계약 체결 및 이행에 관한 자문은 변호사의 직무 중 '법률사무'에 속하고, 제31조 제1항에서 수임을 금지하는 사건은 '법률사건'을 말하는데, 원, 피고 측 변호사를 선임할 당시에는 당사자들 사이에 권리 · 의무의 발생 및 범위에 관한 분쟁이 비화된 상태가 아니었으므로(즉, '법률사건'화 되지 않았다는 의미로 해석됨) 원, 피고측 변호사가 행한 자문 업무는 제31조 제1항의 수임금지대상이 아니라는 취지로 판단하였다.

아마도 제1심과 원심은 비정형적인 자문 업무 등도 수임금지대상에 포함시키게 되면 수임금지의 범위가 광범위해져 당사자의 변호사 선택권과 변호사의 경제적 자유를 과도하게 제약하는 등의 부작용을 우려하여 그와 같은 제한적 해석을 한 것으로 추측된다. 그러나 원심이 예시로 든 조항들을 포함하여 변호사법의 다른 여러 조문들을 보면 변호사법에서 '법률사건'과 '법률사무'의 개념을 구분하지 않고 사용하는 경우도 많고,[108] 두 개념을 비교적 명확하게 구분하고 있는 변호사법 제109조 제1호[109]를 보아도 법률사무는 법률사건을 처리하는 내용에 해당하는 구체

---

108) 가령, 법률사건 또는 법률사무라는 용어를 쓰거나(변호사법 제28조 제2항, 제29조, 제34조, 제35조, 제36조, 제37조), 사건 또는 수임사건이라고만 하는 경우(변호사법 제28조의2, 제31조, 제33조) 등이다.

109) 제109조(벌칙) 다음 각 호의 어느 하나에 해당하는 자는 7년 이하의 징역 또는 5천만 원 이하의 벌금에 처한다. 이 경우 벌금과 징역은 병과(併科)할 수 있다.

1. 변호사가 아니면서 금품·향응 또는 그 밖의 이익을 받거나 받을 것을 약속하고 또는 제3자에게 이를 공여하게 하거나 공여하게 할 것을 약속하고 **다음 각 목의 사건**에 관하여 감정·대리·중재·화해·청탁·법률상담 또는 법률 관계 문서 작성, 그 밖의 **법률사무를** 취급하거나 이러한 행위를 알선한 자

가. 소송 사건, 비송 사건, 가사 조정 또는 심판 사건

나. 행정심판 또는 심사의 청구나 이의신청, 그 밖에 행정기관에 대한 불복신청

적인 행위유형으로 보일 뿐이며, 판례도 변호사법 제109조 위반의 형사사건에서 변호사가 아니면서 소송 등 이외의 법률상 업무를 처리한 경우에 대하여 '기타 일반의 법률사건'에 관하여 법률사무를 처리하는 것으로 볼 수 있다고 판시한 바 있다.[110] 변호사가 수행하는 소송 이외의 업무에 있어서도 이익충돌상황을 규제할 필요성이 분명 존재함에도 불구하고, 원심과 같이 해석할 경우 분쟁화 되기 직전의 자문 업무를 제외한 변호사의 대부분의 자문 등 소송 외의 업무를 유형적으로 변호사법 제31조 제1항의 수임제한대상에서 제외시킬 우려가 있다. 대법원은 원심과 달리 변호사의 직무에는 "일반 법률사무"가 포함되고(변호사법 제3조), 제31조에 따른 수임제한에 해당하는 경우 "직무를 수행할 수 없으므로" 수임제한 대상이 되는 "사건"에는 변호사 고유의 직무에 해당하는 업무 영역이 모두 포함되므로 법률상의 권리의무에 관하여 다툼 또는 의문이 있거나 새로운 권리의무관계의 발생에 관한 사건 일반을 말하는 "그 밖의 일반 법률사건" 유형도 포함된다는 논리로 판단한 것으로 이해된다. 이는 변호사법 제109조 위반 사건에서의 법해석과의 통일을 기하고, 자문 등 소송 외 업무에 대하여도 이익충돌규제를 할 수 있는 타당한 해석이라고 생각된다. 다만, 대법원의 해석에 따르더라도 모든 자문 업무가 항상 변호사법 제31조 제1항의 수임제한대상에 해당한다고 볼 수는 없을 것이고, 사안별로 자문의 내용을 구체적으로 살펴 '사건성'을 충족하였는지를 판단해야 할 것이다.

대상판결에서는 변호사법 제31조 제1항에서의 구체적인 사건성 판단에 관한 기준을 제시하지는 않았다. 앞서 본 대한변호사협회가 자문사건에서 제시하는 기준에 비추어 검토해보면, 먼저 이 사건 자문 업무는 (i) 원, 피고 측 변호사에게 자문을 의뢰할 무렵 이미 매수인이 원고로

사건

다. 수사기관에서 취급 중인 수사 사건

라. 법령에 따라 설치된 조사기관에서 취급 중인 조사 사건

마. 그 밖에 일반의 법률사건

110) 대법원 2022. 10. 14. 선고 2021도10046 판결 등 참조.

결정되어 있었는바,[111)] 대립하는 당사자가 구체적으로 특정되었고, (ii) A회사의 경영권 양수도를 위해 A회사의 주식을 매매하는 것으로 구체적인 법률관계에 대한 것이다. 나아가 (iii) 원, 피고 측 변호사들이 각각 일방 당사자에 대해 조력하겠다고 하는 의사를 표시한 경우인지가 문제될 수 있다. 제1심 판결문 중 '매각자문사 대표가 "피고측 변호사를 선임할 당시 맨 처음에 이런 딜(deal)이 있으니 가격이나 조건은 당사자들이 결정할 것이고, 이를 계약서에 문제없이 반영시켜 주는 것이 필요하다고 지시(mandate)를 딱 그렇게 드렸다"라고 말하였고, 피고 측 변호사에게 이미 합의된 계약조건을 서면화하는 업무가 주어졌을 뿐 계약협상, 체결에 관하여 직접의사결정을 하도록 허락한 적이 없다고 증언하였다'는 사실인정이 있기는 하나, 그러한 사정만으로 이 사건 자문 업무가 양 당사자로부터 완성된 계약서의 검토만을 의뢰받거나, 중립적이고 일반적인 입장에서 절차를 주관하는 것과 같은 정도에 그친다고 보기 어렵다고 보인다. 오히려 이 사건 주식매매계약은 A회사의 지배주주인 피고가 원고에게 경영권을 양도하는 M&A 계약으로 거래규모는 총 310,729,160,000원에 이르는 점, 원, 피고 측 변호사들은 계약서 초안을 준비하고 이를 검토하며 각 자신들에게 자문을 의뢰한 쪽의 당사자에게 내용을 설명해주고 질의, 응답 및 계약서 수정·보완을 하며, 추가 요구사항 등에 관한 의사를 서로 전달하고 계약서의 서명 및 그 이후의 후속 조치 및 이행에 있어 발생한 문제들에 대하여도 자문한 점 등을 비롯한 이 사건 주식매매계약의 실질, 규모 및 금액, 복잡성 및 원, 피고 측 변호사들이 수행한 업무의 구체적 내용 등에 비추어 보면, 원, 피고 측 변호사들은 각기 사건을 의뢰한 각 당사자에게 조력할 의사로 자문업무를 수행한 것으로 보여 사건성이 인정된다고 생각된다. 또한 같은 법률관계인 주식매매에 관한 것이므로 동일성도 인정된다.

---

111) 제1심 판결문에 의하면 피고는 2021. 4. 29. 매각자문사를 선임하여 매수인 후보로 Y 유한책임회사를 소개받았고, 2021년 5월 중순경 이 사건 주식의 매수인을 Y 유한책임회사가 운용하는 원고로 결정하였다.

나아가 원고와 피고는 자문 업무를 각 위임할 당시에는 소송 등 분쟁이 진행 중이거나 그러한 분쟁이 가까운 시일 내에 예상되는 소송상 대립당사자적인 입장은 아니었고, A회사의 경영권 양수도를 우호적으로 합의에 의해 진행하는 차원에서 이 사건 주식매매계약에 관한 논의가 이루어진 점 등을 고려하면 원, 피고가 서로 적대적인 관계에 있는 자들이라고 보기는 어렵다. 그러나 결국 원, 피고는 이 사건 주식매매계약의 매수인과 매도인의 입장에서 주된 급부인 주당 매매대금을 비롯한 여타의 조건 등을 협상함에 있어서 이해관계가 실질적으로 대립되는 지위에 있었다고 할 것이므로 변호사법 제31조 제1항 제1호의 상대방에 해당한다.

(4) 동의에 의한 이익충돌의 치유 가능성

앞서 살핀 바에 의하면, 변호사법 제31조 제1항 제1호의 수임제한은 의뢰인의 동의 여부를 불문하고 허용되지 않는 절대적 수임금지사유이므로 원, 피고로부터 동의를 받았다고 하더라도 여전히 변호사법 제31조 제1항 제1호 위반에 해당하게 된다. 그러나 대상판결 사안에서 대법원은 원심과 달리 피고 측 변호사의 행위가 대리행위에 해당하고, 이 사건 주식매매계약의 체결·이행에 관한 자문이 변호사법 제31조 제1항에서 당사자 쌍방으로부터 수임을 금지하는 법률사건에 해당한다고 보면서도, "G 법률사무소 변호사의 쌍방자문에 대하여 사전 또는 사후에 동의하였다는 이유로 변호사법 제31조 제1항에 위반되지 않는다고 한 원심의 판단은 결론에 있어서 수긍할 수 있다"고 판단하였다. 즉, 대법원은 변호사법 제31조 제1항에서 명문으로 인정하고 있지는 않지만, 대상판결과 같은 자문 사건이 문제된 경우에는 위임인의 사전 또는 사후 동의에 의한 치유 가능성을 인정하는 취지로 보인다. 대상판결에서 그와 같은 결론에 이른 논거를 설명하고 있지 않아 정확히 알 수는 없지만 추측건대, 본인의 동의가 있다면 사법상 효력이 인정되는 민법 제124조와의 통일적 해석을 꾀하고, 자문 업무의 경우에는 그 비정형적인 특성상 수임금지의 범위가 광범위하게 될 수 있는 점을 고려한 것이 아닐까 생각된다. 한편, 대상판결은 기존 판례의 태도를 변경한 것은 아닌바, 위임인의 동의에 의한 이익충돌의 치유 가능성이 동일한 소송사건에서의 쌍방대리 등과 같이 이해충돌이 명백한 경우에까지 확장되어 적용되기는 어렵다고 보인다.

만일, 미국의 경우라면 원, 피고 간의 주식거래에 대한 동시적 자문이 의뢰인 간에 직접적으로 해가 되는 경우에 해당하여 현재 의뢰인 간의 이익충돌상황에는 해당할 것이나, 소송 절차 등에서 대립당사자를 대리하는 경우와 같이 동의가 불가능한 경우에는 해당한다고 보기 어려워서 쌍방의 동의를 얻으면 수임이 가능할 것이다. 다만, 사전적 동의와 관련해서는 변호사가 일방과 수임계약을 체결하면서 동일한 주식거래에 대하여 상대방 측을 동시에 자문할 경우 예측가능한 불이익 등에 대하여 충분히 설명을 한 후에 서면동의를 받았다면 유효한 동의로 인정될 가능성이 높다. 또한 위임계약 체결 시에 계약서에 포괄적인 동의 조항을 기재하여 둔 경우를 상정해보면, 변호사의 충분한 설명에 더하여 양 당사자가 M&A 관련 법률서비스를 이용한 경험이 많다거나(대상판결 사안에서는 원고 측은 그러했을 가능성이 있다), 사내변호사 등 독립적인 대리인을 통해 사전 동의에 관한 검토를 하였다면 유효한 동의로 인정될 수 있을 것이다.

(5) 소 결

따라서 변호사법 제31조 제1항에 관한 기존의 해석례에 의하면, G 법률사무소 소속 변호사들이 원, 피고 쌍방으로부터 동시에 이 사건 주식매매계약의 체결 및 이행에 관한 자문 업무를 수임하여, 원, 피고 측 변호사들이 각각 당사자에게 자문을 제공하면서 계약서 초안 작성, 수정, 교섭, 계약체결 및 후속 절차 이행 등에 관여한 행위는 변호사법 제31조 제1항 제1호에서 금지되는 쌍방대리행위에 해당한다고 볼 여지가 있으나, 대상판결에서 취한 대법원의 해석례에 따르면 위임인의 동의에 의해 이익충돌이 치유되어 변호사법 제31조 제1항에 위반되지 않는 것이 된다.

(6) 보 론

(가) 이익충돌을 사후에 발견한 경우

변호사법 제31조 제1항 제1호는 현재 의뢰인으로부터 사건을 수임한 상태에서 동일 사건의 상대방으로부터 수임 제안을 받는 경우를 상정하고 있으나, 실제로 수 백 명의 변호사들로 구성되고 다른 지역에 분사무소를 두고 있는 초대형 로펌들[112)]의 경우는 특히나 대상판결 사안과 같이 수임의 선후관계를 정확히 파악하기 어렵고, 이익충돌상황을 사후에 발견하게 되는 경우가 비일비재하다.[113)] 로펌은 수임관련정보를 잘 관리하고 이를 소속 변호사들과 공유하여 수임이 제한되는 사건을 수임하지 않도록 상시 조치를 취할 필요가 있으나,[114)] 부지불식간에 이와 같은 일이 발생할 수도 있다. 이와 관련하여 변호사 윤리장전 제27조(의뢰인 간의 이해 대립)는 "수임 이후에 변호사가 대리하는 둘 이상의 의뢰인 사이에 이해의 대립이 발생한 경우에는, 변호사는 의뢰인들에게 이를 알리고 적절한 방법을 강구한다."는 일반적인 규정만을 두고 있다.

만일 대상판결 사안에서 G 법률사무소가 동시적 이익충돌상황을 해결하기 위해 원, 피고 중 일방의 대리를 사임한다면(가령, 더 수임료를 많이 지급할 수 있거나, 종전부터 로펌과의 관계가 더 돈독한 고객을 택하면) 어떻게 될까? 기존의 해석례에 따르면 변호사법 제31조 제1항 제1호는 동시적 이익충돌뿐만 아니라 동일 사건에 관하여 종전 의뢰인과의 이익이 충돌되는 경우에 상대방으로부터의 수임도 금지하고 있으므로 한 사건을 사임하고 위임관계를 종료시켜 이시적 쌍방대리상황을 만든다고 하더라도 여전히 변호사법 제31조 제1항 제1호에 위반되게 된다. 미국의 경우라면, 뜨거운 감자의 법리에 따라 현재 의뢰인 간의 이익충돌을 피하고 사건을 수임하기 위해 한쪽 의뢰인을 버릴 수는 없으므로 양측의 동의를 얻을 수 없다면 두 사건에서 모두 사임할 수밖에 없을 것이다.

---

112) 2022. 4. 30.을 기준으로 하였을 때 한국 변호사의 수가 100명이 넘는 로펌은 14개로, 1위는 909명, 2위는 531명, 3위는 493명, 4위는 467명, 5위는 382명에 이르렀다. https://www.lawtimes.co.kr/news/178925

113) 한인섭 외, 전게서, 200면. 대상판결 사안에서는 원, 피고측 변호사들이 이익충돌상황을 미리 알고 있었는지, 사후에 알게 된 것인지는 명확하지 않으나, 제1심 판결문에 의하면 2021. 5. 20. 원, 피고측 실무자와 원, 피고측 변호사가 만나 실무자급회의를 하였으므로, 최소한 그 시점에는 쌍방자문사실을 알았을 것으로 보인다.

114) 변호사 윤리장전 제49조.

(나) 차단막 설치에 의해 이익충돌의 전가를 막을 수 있는가(Chinese Wall 항변이 허용되는가?)

대상판결 사안에서 만일 G 법률사무소 내에 차단막이 설치되어 원, 피고 측 변호사 사이에 A회사의 경영권 양수도 및 주식거래와 관련한 상대방 측 정보에 대한 접근이나 교류가 차단되어 있었다면 이익충돌의 전가를 막아 쌍방대리에 해당하지 않게 될 것인가? 그렇지 않다. 우리나라는 물론 미국에서도 로펌에 현재 속해있는 변호사 중 어느 한명이 수임하고 있는 의뢰인의 사건과 관련하여 생긴 이익충돌사유는 소속된 로펌 변호사 전원에게 전가되고, 설령 차단막의 설치되어 실제로 변호사들이 상대방의 정보에 접근하는 것이 불가능했다고 하더라도 이익충돌의 전가를 막을 수 없는바, 이와 무관하게 수임제한사유 판단에 있어 하나의 변호사로 취급된다. 변호사는 현재 의뢰인에 대하여 비밀유지의무뿐만 아니라 의뢰인을 완전하게 옹호할 충실의무도 부담하는데, 차단막의 설치는 비밀유지의무의 준수에는 도움이 될 수 있으나 이익이 충돌하는 상대방을 동시에 대리하여 충실의무를 다하지 못하게 되는 상황을 해결하지는 못한다.

(다) 자문 업무 중 공통의 이해관계가 더 큰 경우

대상판결은 의뢰인 상호간 이해관계가 실질적으로 대립되는 경우였으나, M&A 관련 사안도 그 유형 및 개별 사안의 사실관계에 따라, 또는 그 밖의 다른 사안들에 관한 자문에 있어서 의뢰인들 사이에 서로 이해관계가 일부 다른 점이 있더라도 공통되는 이해관계가 더 큰 경우가 있을 수 있다. 이러한 경우에는 의뢰인들을 동일한 변호사 또는 로펌이 대리하더라도 의뢰인들이 서로 대립된 상대방에 해당하지 않아 변호사법 제31조 제1항 제1호에 해당하지 않는다고 평가될 가능성이 높다. 이러한 경우에 관하여는 변호사법에는 아무런 규정이 없고, 변호사 윤리장전 제22조 제1항 제5호에 해당할 수 있는데 위 제22조 제1항에 의하면 이러한 경우 의뢰인들이 모두 동의하고 의뢰인들의 이익이 침해되지 않는다면 수임제한에 해당하지 아니한다. 동일한 변호사 또는 로펌이 이와 같은 여러 의뢰인들을 함께 수임함에 있어서는 의뢰인들의 비용 절감, 편의성 등의 요소 외에도 일부 또는 잠재적으로 대립되는 이해관계로 인해 큰 분쟁으로 비화될 가능성은 없는지, 의뢰인들 사이에 공유되어서는 안 되는 비밀이 있는지, 개별 대리에 비하여 공동으로 대리함으로 인해 각 의뢰인들의 입장을 충분히 반영하지 못해 피해를 입게 되는 의뢰인이 있는 것은 아닌지 등을 고려하고, 동의를 받음에 있어 이러한 제반 사항을 미리 충분히 설명해주는 것이 바람직할 것이다.

2. 민법 제124조 쌍방대리 해당여부 및 이 사건 주식매매계약의 사법상 효력

(1) G 법률사무소 소속 변호사들이 각 대리한 법률행위에 민법 제124조의 유추 내지 확장 적용

대상판결은 G 법률사무소 소속 변호사들이 원, 피고의 단순한 사자가 아니라 원, 피고를 대리하여 이 사건 주식매매계약을 체결하였고, 비록 민법에는 변호사법 제31조 제2항과 같은 규정이 없으나, 위 규정에 의해 하나의 변호사로 간주되어 변호사법 제31조 제1항 제1호가 금지하는 쌍방대리에 해당하는 경우에 있어서도 민법 제124조가 적용되는 것으로 보아 원칙적으로 허용되지 않는 무권대리행위에 해당한다고 보았다.

법률의 유추적용은 법률의 흠결을 보충하는 것으로 법적 규율이 없는 사안에 대하여 그와 유사한 사안에 관한 법규범을 적용하는 것이다. 이러한 유추를 위해서는 법적 규율이 없는 사안과 법적 규율이 있는 사안 사이에 공통점 또는 유사점이 있어야 하고, 법규범의 체계, 입법 의도와 목적 등에 비추어 유추적용이 정당하다고 평가되어야 한다.[115] 변호사법과 민법은 규율의 영역이 공법과 사법으로 다르기는 하나, 변호사법 제31조와 민법 제124조는 모두 쌍방대리로 인한 이익충돌상황에서 본인의 이익을 보호하려는 취지가 공통되고, 민법에서 공동법률사무소 소속

115) 대법원 2024. 5. 9. 선고 2023다311665 판결.

변호사들의 대리행위를 달리 취급하기 위해 의도적으로 변호사법 제31조 제2항과 같은 규정을 두지 않은 것은 아니므로, 이러한 경우에도 민법 제124조를 유추 내지 확대 적용함이 타당하다. 쌍방대리 금지의 잠탈을 방지하려는 변호사법 제31조 제2항의 입법취지를 사법적 영역에서도 보다 충실히 구현하고, 법해석의 통일성을 기할 수 있다는 차원에서도 이 부분에 관한 대상판결의 입장은 타당하다고 생각한다.

(2) 본인의 허락

대상판결은 쌍방대리로 인한 무권대리가 효력이 인정되기 위한 예외적 요건으로 본인의 허락이 있으면 가능한데, 이는 이익충돌의 위험을 방지하려는 입법취지상 쌍방대리의 유효를 주장하는 자가 주장·증명책임을 부담하고, 허락은 명시된 사전 허락 외에 묵시적 허락 또는 사후추인도 가능하다고 판시하였다. 그런데 이 사안과 같이 쌍방대리를 한 대리인이 변호사인 경우에도 본인의 허락 유무를 판단함에 있어 쌍방대리의 일반적인 법리를 그대로 적용하는 것이 과연 타당할까?

변호사와 의뢰인의 관계도 다른 일반적인 대리관계처럼 민법상 위임계약이 기본관계가 된다. 대리관계를 포함한 신인적 관계(fiduciary relationship)에 있어서는 충실의무가 법적으로 요구된다. 충실의무는 위임인의 이익을 수임인의 이익을 포함한 다른 여타의 이익에 우선시킬 것을 요구하고 수임인은 그에 따라 그와 상반되는 이익추구에 대한 제한을 받게 된다. 그 근저에는 대리인의 전문성 및 대리인의 배신적 행동에 대한 본인의 취약성, 본인이 대리인의 행동을 감독하기 어렵다는 점 등이 깔려있다.[116] 특히 변호사와 의뢰인의 위임관계는 그 업무의 특성상 의뢰인과의 깊은 신뢰관계를 특징으로 하며, 의뢰인은 변호사 직무의 전문성 때문에 변호사가 그 임무를 제대로 수행하고 있는지를 평가하기 어렵다. 위임계약의 양 당사자라고 해도 의뢰인과 변호사는 완전히 대등한 지위를 가지지 않는다고 평가되는 요소가 있고, 이에 변호사는 의뢰인에 대

116) Hazard *et al., supra,* 391면.

하여 법률지식을 갖추고 수임한 사건을 성실히 수행할 의무, 사건의 경과에 관한 정보를 제공할 의무, 비밀유지의무 등 보다 확장된 내용의 의무를 부담하게 된다.[117)] 또한 변호사법은 변호사가 기본적 인권을 옹호하고 사회정의를 실현함을 사명으로 하며(제1조 제1항), 공공성을 지닌 법률전문직(제2조)임을 천명하고 있다. 이와 같은 변호사가 의뢰인에 대하여 부담하는 특수하고 강화된 의무, 직무의 공공성에 더하여 통상 변호사에 의해 대리되는 법률행위는 그 내용이 일반적인 거래보다 복잡하거나 전문적일 가능성이 높은 점 등까지 고려하여 보면, 변호사가 당사자 쌍방을 대리하여 동일한 법률행위를 하는 경우에 그 법률행위의 효력을 예외적으로 유효하게 만들기 위해 요구되는 본인의 허락은 일반적인 경우보다는 좀 더 엄격한 요건 하에 인정될 필요가 있다고 생각된다. 그와 같은 방향이 동일 사건에 대한 동시적 이익충돌상황에서의 수임을 절대적 금지사유로 규정하고 있는 변호사법의 태도와도 더 부합한다.

허락의 구체적인 요건에 관하여는 미국에서 이익충돌상황을 치유하기 위해 요구되는 의뢰인의 동의(informed consent)의 요건에 관한 법리가 참고가 될 수 있을 것이다. 일응의 기준을 제시한다면, 의뢰인(본인)의 허락은 변호사(대리인)로부터 (i) 이익충돌 상황(동일한 사건에 대하여 쌍방대리가 이루어지는 상황), (ii) 합리적으로 예측되는 범위에서 그로 인해 의뢰인에게 야기될 수 있는 위험 내지 불이익과 가능한 다른 대안에 대한 설명을 제공받은 후에 스스로 결정한 것이어야 한다. 또한 본인의 허락이 갖는 의미의 중요성 및 향후 분쟁의 예방을 위해 허락은 가급적 서면에 의하는 것이 바람직할 것이다. 의뢰인이 이미 알고 있는 정보에 대하여는 다시 설명을 할 필요가 없겠지만, 변호사가 직접 설명하지 않음으로 인한 불이익 내지 불충분한 설명으로 인한 불이익은 대리의 유효성을 주장하는 쪽에서 부담해야 할 것이다.

---

117) 정형근, "변호사와 의뢰인의 수임관계에 관한 고찰", 외법논집, 제34권 제4호, 한국외국어대학교 법학연구소, 211면, 이상수, "변호사와 의뢰인의 관계", 법조윤리, 박영사(2010), 104면.

대상판결은 "이 사건 주식매매계약의 목적물이 구체적으로 확정되어 있었던 상황에서 피고가 가장 중요한 계약내용이자 주된 급부에 해당하는 주당 매매대금에 대한 협상·결정을 직접 하면서 매각주관사 대표를 통해 G 법률사무소 변호사의 쌍방자문에 대하여 사전 또는 사후에 동의하였다"는 등의 이유로 민법 제124조에 위반되지 않는다는 원심의 결론을 수긍하였다.[118] 제1, 2심 판결에 의하면, 피고는 매각주관사 대표를 통해 원, 피고측 변호사들이 모두 G 법률사무소 소속이었다는 점을 알았을 것으로 보이고, 피고가 이 사건 주식매매계약체결 직후에는 그러한 사실을 알면서 즉시 이의제기 하지 않았으며, 그 후 피고의 직원이 피고 변호사에게 추가 질의를 하기도 하였는바, 그렇다면 피고가 (변호사 선임 업무를 맡긴 매각주관사 대표를 통해) 쌍방 자문에 동의하였거나 그 사실을 인식하고도 즉시 이의하지 아니하여 사후 동의한 것이라 판단하였다. 상세한 사실관계는 알 수 없지만, 원, 피고 변호사들이 쌍방대리상황을 인식한 이후에 의뢰인들에 대하여 직접 그와 같은 상황을 설명하고 이에 대하여 이 사건 주식매매계약체결 전에 명시적인 허락을 얻지는 않은 것으로 보인다. 그런데 이와 같이 본인이 쌍방대리상황을 간접적으로 인지하게 된 후 이의제기를 하지 않은 것을 묵시적 허락으로 인정하기 위해서는 좀 더 신중하게 접근하여야 할 필요가 있다. 즉, 쌍방대리금지를 통해 본인의 이익을 보호하려는 제도의 취지를 잘 구현하기 위해서는, 본인이 쌍방대리 상황에 대하여 구체적으로 인식하고 있고, 그로 인한 불이익 등에 대하여도 알면서 이의하지 않은 것인지 등을 살펴야 할 것이고, 그러한 과정에서 유사한 법률서비스에 대한 경험, 대리한 변호사와의 관계, 별도의 법적 조력을 받아 쌍방대리를 하는 변호사를 선임한 것인지 여부 등이 고려될 수 있을 것이다.

118) 민법 제124조에서 본인의 허락은 본인 양측의 허락이 있어야 하므로, 쌍방대리에 대한 원고의 동의도 이 사건 주식매매계약을 유효로 하기 위한 요건이나 원고의 허락이 있었다는 점에 대하여는 다툼이 없었던 것으로 보인다.

Ⅶ. 마치며: 시사점 및 제언

과거에 비해 법률서비스의 수요 및 공급이 급격히 증가하고, 송무 이외의 법률서비스 영역도 매우 다양한 분야에 걸쳐 이루어지고 있다. 이와 같이 변화된 양태의 법률서비스에서 발생할 수 있는 이익충돌에 관하여도 적절한 규제가 이루어지기 위해서는 기존의 대립당사자 소송사건을 염두에 둔 변호사법으로는 한계가 있다. 이에 다양한 사안을 반영할 수 있는 보다 세밀한 규제가 필요할 것으로 생각된다.

또한 현행 변호사법은 의뢰인의 동의로 치유되지 않는 절대적 수임금지의 범위를 지나치게 넓게 인정하고 있다. 미국과 달리, 동일 소송 이외의 영역에서도 동일 사건에 대한 동시적 쌍방대리가 전면 금지되고, 동일 사건인 경우 종전 의뢰인과 이익이 충돌되는 경우에도 예외 없이 수임이 불가능한 것으로 규정하고 있다. 물론 변호사의 공공성 및 이를 통한 사법의 공정한 운영에 대한 국민의 신뢰는 반드시 지켜져야 할 가치이나, 이익충돌 행위별로 경중 및 필요성을 따져 그에 합당한 적절한 규제를 하는 것이 필요하다. 공익적 요소가 상대적으로 약한 경우에 있어서는 이익충돌로 영향을 받는 각 의뢰인들의 동의를 얻어 수임을 허용하는 방안이 타당할 것이고, 그러한 동의에 앞서 변호사로 하여금 이익충돌로 인한 위험성 및 대안에 대하여 충분한 설명을 하도록 요구하는 것이 오히려 변화된 현실을 반영하면서도 본인의 이익을 충실하게 보호할 수 있는 조화로운 해결책이라 생각한다.

[Abstract]

Conflict of Interests: Current Clients

– Korean Supreme Court Judgment 2023Da225580 –

Hyun, Nak Hee*

The main issues in Korean Supreme Court case 2023Da225580 were (ⅰ) whether attorneys which are regarded as one attorney under Article 31.2 of the Korean Attorney-at-Law Act("Attorney Act") representing both parties in a non litigation transactional matter would violate Article 31 of the Attorney Act, and (ⅱ) whether the sales contract represented by those attorneys was valid. Regarding the first issue, the Supreme Court declared that consulting or advising adverse clients on a non litigation matter falls within the scope of Article 31 which prohibits representation. However, the Court further ruled that (although there is no explicit mention in the Article 31 of the Attorney Act) such conflict of interests can be cured by the consent of the client. With respect to the second issue, the Court applied Article 124 of the Korean Civil Code in this situation where there are two attorneys(agents) but are regarded as one for the purposes of Article 31.1 because of imputation. In judging the above two issues, it appears that the Court considered the most fundamental purpose of prohibiting attorneys from representing both sides is to protect the interest of the clients, and to implement this goal, the Court allowed the interplay between the two provisions despite their literal text. Yet, what appears to be lacking from the Supreme Court ruling is the establishment of stricter requirements for obtaining the client's consent. Considering the relationship between the attorney

---

* Sungkyunkwan University, Associate Professor.

and client, the professional nature of the work that attorney conducts, the Court should have set out the requirements of consent, for instance that the consent should be given after receiving sufficient explanation from the attorney about the conflict of interest situation and the risk it entails as well as other alternatives.

[Key word]

- Conflict of interest
- Current clients
- Korean Attorney-at-Law Act Article 31
- Korean Civil Code Article 124
- Consent

참고문헌

[국내문헌]

1. 단 행 본

박휴상, 법조윤리, 피데스, 2013.
이상수, 법조윤리의 이론과 실제, 서강대학교 출판부, 2009.
정형근, 변호사법 주석 제2판, 정독, 2022.
최진안, 법조윤리 제3판, 세창출판사, 2014.
편집대표 양창수, 민법주해 제2판 3권. 박영사, 2022.
편집대표 김용담, 주석 민법 총칙(3) 제4판, 한국사법행정학회, 2010.
편집대표 김용덕, 주석 민법 총칙(3) 제5판, 한국사법행정학회, 2019.
한인섭/한상희/김재원/이상수/김희수, 법조윤리 제5판, 박영사, 2022.

2. 논 문

고준성, "변호사법 제31조 제1항 제1호 위반 소송행위의 효력 및 배제방법", 명지법학, 제22권 제2호, 명지대학교 법학연구소, 2024.
김상준, "수임제한에 관한 변호사법 규정을 위반한 소송대리인의 대리권" 대법원판례해설 제44권, 법원도서관, 2004.
김연미, "기업에 대한 법률자문에 있어 이익충돌의 문제", 홍익법학 제8권 제3호, 홍익대학교 법학연구소, 2007.
박상근, "변호사법 개정법률안 중 공동 법률사무소제도 개선안의 고찰", 서울대학교 법학 제45권 제2호, 서울대학교 법학연구소, 2004.
손창완, "우리나라의 변호사 조직에 대한 법적 규율", 법학연구 제19권 제1호, 연세대학교 법학연구원, 2009.
______, "미국법상 변호사의 보수규제", 성균관법학, 성균관대학교 법학연구원, 제23권 제1호, 2011.
이광수, "변호사법 제31조 제1항 제1호 수임제한 요거의 해석기준", 인권과 정의, 제441호, 대한변호사협회, 2014.
이상수, "차단막을 이용한 이익충돌의 회피", 법과 사회 제36권, 법과사회이론학회, 2009. 6.

______, "변호사와 의뢰인의 관계", 법조윤리, 박영사, 2010.

이지민, "본인과 대리인 사이의 권리의무에 관한 검토", 비교사법 제21권 제1호, 한국사법학회, 2014.

이태영, "변호사의 이익충돌회피의무-현재 의뢰인 사이의 이익충돌을 중심으로", 법조, 제672호, 법조협회, 2012.

정형근, "변호사의 직업윤리에 대한 고찰", 법조 제633호, 법조협회, 2009.

______, "변호사와 의뢰인의 수임관계에 관한 고찰", 외법논집, 제34권 제4호, 한국외국어대학교 법학연구소, 2010.

[외국문헌]

1. 단 행 본

Deborah Rhode, David Luban, Scott Cummings, Nora Engstrom, Legal Ethics(7th ed), Foundation Press (2016).

Geoffrey Hazard Jr, Susan Koniak, Roger Cramton, George Cohen, W. Wendel, The Law and Ethics of Lawyering(6th ed), Foundation Press (2017).

Lisa G. Lerman, Philip G. Schrag, Ethical Problems in the Practice of Law(4th ed), Wolters Kluwer Law & Business (2016).

Marc I. Steinberg, Lawyering and Ethics for the Business Attorney(4th Ed), West Academic Publishing (2016).

Restatement (Third) of the Law Governing Lawyers § 121, § 132 (2000).

Restatement of the Law–The Law Governing Lawyers § 122(2), § 128.

W. Bradley, Wendel, Professional Responsibility(6th ed), Aspen Publishing(2019).

2. 논 문

Editors, Chinese Wall Defense to Law-Firm Disqualification, 128 U. Pa. L. Rev. 677 (1980).

의뢰인-변호인 간 비밀유지권 제도 설계의 고려사항*

정 준 혁**

■요 지■

의뢰인-변호인 간 비밀유지권이 우리나라에도 도입되어야 한다는 내용의 연구와 논의가 2010년대부터 활발하게 이루어지고 있다. 특히 2012년에는 대법원 전원합의체 판결이 일상적 생활관계에서 변호사와 상담한 법률자문에 대하여 비밀유지권이 인정되지는 않는다고 판단하고, 수사기관의 변호사 사무실에 대한 압수수색 등을 통해 법률자문 내용이 확보되는 사례가 연이어 발생함에 따라 이를 도입해야 한다는 목소리가 커지기 시작했다. 비밀유지권을 도입하는 내용의 변호사법이나 형사소송법 등 개정안이 여러 차례 국회에 제출되기도 하였다.

그런데 지속적인 문제제기에도 불구하고 의뢰인의 비밀유지권 제도에 관한 입법이나 이를 보장하기 위한 수사 실무의 변화는 이루어지지 않고 있다. 비밀유지권 도입 필요성 관련 논의가 10여 년 넘게 이루어지고 있음에도 불구하고 별다른 변화가 이뤄지지 않는 것은 비밀유지권의 필요성 및 그 범위에 대한 법조계, 나아가 사회적 공감대가 아직 형성되지 못했다는 점에서 그 이유를 찾을 수 있겠다. 변호사 사무실 등에 대한 압수수색을 통해 법률자문

---

* 이 논문은 2024. 8. 24. 개최된 민사판례연구회 하계 심포지엄에서 발표한 원고를 수정 · 보완한 것으로 저스티스 통권 제206호(2025. 2.)에 게재되었다. 위 심포지엄에서 좋은 토론을 해 주신 박진수 지원장님(의정부지방법원 고양지원)께 감사드린다. 이 논문은 서울대학교 법학연구소의 2024학년도 학술연구비 지원을 받았음(서울대학교 법학발전재단 출연).

** 서울대학교 법학전문대학원 부교수, 법학박사.

자료를 확보하는 것이 변호사의 조력을 받을 권리를 침해할 수 있다는 점에 대해서는 공감하면서도, 비밀유지권의 범위와 요건, 절차에 대한 면밀한 검토 없이 도입될 경우 증거인멸 등 오남용이 발생할 수밖에 없다는 우려가 존재한다.

본 논문에서는 이러한 문제의식하에 의뢰인-변호인 간 비밀유지권이 우리나라 법제도상 과연 도입될 필요성이 있는지, 이를 도입하기 위해서는 어떠한 전제조건이 충족되어야 하는지를 검토하여, 우리나라 소송절차에 맞는 비밀유지권 제도 설계를 검토한다. 비밀유지권이 우리나라 수사, 조사 및 재판 절차에 적절하게 도입되기 위해서는 다음 여덟 가지 사항에 대한 전제사항이 인정되어야 한다. ① 비밀유지권 대상이 되는 의사교환은 법률의견서나 자문의뢰서 및 사실관계 설명 등 필요 최소한의 범위로 제한할 것, ② 비밀유지권 제도의 도입으로 진실 발견에 추가적인 장애가 발생하지 않도록 의뢰인에 대해 압수수색이 가능한 자료라면 변호사에 대해서도 압수수색이 가능하도록 할 것, ③ 비밀유지권은 의뢰인의 권리임을 명확히 해야 한다는 점, ④ 비밀유지권이 변호사 사무실에 대한 압수, 수색 등을 전반적으로 금지하는 등의 이른바 법률사무소를 성역화하는 수단으로 활용되어서는 안 된다는 점, ⑤ 비밀유지권은 판례보다는 입법을 통해 명확하게 정립되어야 한다는 점, ⑥ 수사 및 형사재판절차에 대해서도 민사소송법에서 인정되는 이른바 인카메라(in-camera) 절차가 도입되어야 한다는 점, ⑦ 허위진술이나 비밀유지권의 남용을 방지하기 위한 조치가 필요하다는 점, ⑧ 재판절차뿐만 아니라 행정조사절차에 대해서도 비밀유지권 제도가 도입되는 것이 필요하다는 점이 바로 그것이다.

이러한 점을 고려하여 이 글에서는, 비밀유지권 대상이 되는 의사교환의 내용을 ① 의뢰인이 적법한 법률자문을 받기 위한 목적으로 ② 독립적으로 자문을 제공하는 변호사 간의 법률자문과 관련한 의사교환으로서 ③ 비밀을 유지하여 이루어지는 경우로 한정하여 적용할 것을 제안한다. 또한 여러 입법례의 예에 따라 의뢰인이 스스로 포기하는 경우나 법률자문이 범죄나 위법행위를 조력하는 경우에는 비밀유지권이 인정되지 않아야 한다. 현재 비밀유지권 도입 논의는 대부분 미국 비밀유지권의 내용을 기반으로 하는데, 디스커버리 제도나 사법방해죄가 인정되지 않는 우리나라와의 법제도 차이를 고려하여 엄격한 형식적 요건하에, 법률의견서와 이를 위한 의뢰서와 같은 필요한 최소한의 범위 내에서 이를 도입하는 것을 제안한다.

[주 제 어]
- 비밀유지권
- 비닉특권
- 변호인의 조력
- 컴플라이언스
- 변호사법
- 형사소송법

Ⅰ. 들어가며

1. 비밀유지권 도입 논의와 현실

의뢰인-변호인 간 비밀유지권(attorney-client privilege)이란 의뢰인과 변호사 간에 법률자문을 위해 비밀리에 이루어진 의사교환 내용은 의뢰인의 동의 없이 공개되지 못한다는 의뢰인의 권리를 말한다.[1] 의뢰인과 변호사 간 의사교환의 내용이 외부에 공개될 수 있는 상황에서는 의뢰인이 변호인을 믿고 모든 사실을 털어놓지 못하게 되고 그 결과 변호인으로부터 충분한 조력을 받지 못할 수 있기 때문에, 의뢰인-변호인 간 비밀유지권이 우리나라에도 도입되어야 한다는 내용의 연구와 논의가 2010년대부터 활발하게 이루어지고 있다.[2] 특히 2012년에는 대법원 전원합의체

---

1) 이 외에도 privilege가 특권이라는 점에 착안하여, 비닉특권 등의 표현이나 attorney-client privilege를 국문으로 번역한 변호사-의뢰인 특권 등의 표현이 사용되기도 하나, 이 글에서는 의뢰인이 변호인과의 의사교환 내용을 비밀로 할 수 있다는 점에서 의뢰인-변호인 간 비밀유지권이나 의뢰인의 비밀유지권의 표현을 사용하기로 한다.

2) 권솔지 · 박동성, "변호사-의뢰인 특권의 의뢰인 권리로서의 해석과 입법화 방향 : 변호인 조력권의 실효성 보장을 위한 제언", 법학논총 제37권 제2호, 국민대학교 법학연구소, 2024; 김은열, "변호인 · 의뢰인 비밀유지권과 압수에 관한 입법 개선-형사소송법 제112조 압수거부권 조항 등의 현행 해석론과 개정안의 한계를 중심으로-", 형사정책 제35권 제2호, 한국형사정책학회, 2023; 김현수, "변호사의 비밀유지의무와 권리에 관한 고찰", 저스티스 제177호, 한국법학원, 2020; 김효성, "국내 경쟁법 절차에 비밀유지권 도입 검토-일본의 제도를 중심으로-", 경쟁법연구 제42권, 한국경쟁법학회, 2020; 남수진, "변호사-의뢰인 비닉특권의 도입 요구에 앞서 미국의 제도와 경험의 시사점", 서울법학 제26권 제2호, 서울시립대학교 법학연구소, 2018; 남희경, "사내변호사에 대한 변호인 · 의뢰인 특권 적용에 대한 연구", 법과사회 제43호, 한국법사회학회, 2012; "손창완, "변호사 · 의뢰인 간 비밀 의사교환의 보호-비닉권의 인정가능성 및 관련 법률의 해석-", 법학논총 제32권 제2호, 국민대학교 법학연구소, 2019; 이순욱, "사내변호사와 변호사의 비밀유지권", 법학논총 제40권 제2호, 전남대학교 법학연구소, 2020; 정상민 "기업의 내부조사와 변호사의 비밀유지권-독일연방헌법재판소의 폭스바겐-존스데이 결정을 중심으로-", 인권과 정의 제514호, 한국변호사협회, 2023; 정준혁 · 김슬기 "사내변호사에 대한 비밀유지권 도입 검토-기업범죄 억제를 위한 컴플라이언스 강화를 중심으로", 형사정책 제32권 제4호, 한국형사정책학회, 2021; 최광선 "프랑스의 변호사 비밀유지의무", 비교사법 제28권 제4호, 한국사법학회, 2021; 한애라, "의뢰인-변호사 간 비밀유지권에 관한 검토 및 개선방향", 법조 제68권 제4호(통권 제736호), 법조협회, 2019;

판결이 일상적 생활관계에서 변호사와 상담한 법률자문에 대하여도 변호인의 조력을 받을 권리의 내용으로서 비밀유지권이 인정되지는 않는다고 판단하고[3] 2016년에는 검찰이 대형 법무법인에 대해 압수수색영장을 받아 해당 법무법인이 대리하던 피의자 관련 자료를 제출받는 사건이 발생하면서 입법을 통해 비밀유지권을 도입해야 한다는 목소리가 커지기 시작했다.[4] 주요국가 중 비밀유지권이 인정되지 않는 나라는 우리나라와 일본뿐이라는 연구 결과도 있고,[5] 이로 인하여 우리나라 기업들의 준법(compliance) 수준이 낮고 우리나라 법조계의 경쟁력이 전반적으로 저하된다는 점도 꾸준히 지적되고 있다.[6] 대한변호사협회도 비밀유지권의 도입을 수년째 추진하고 있고, 이를 도입하는 내용의 변호사법이나 형사소송법 등 개정안이 여러 차례 국회에 제출되기도 하였다.[7]

Joonki Kim, "Recent Debates in Attorney-Client related Privilege and Confidentiality in Korea and Its Implications to International Arbitration", 중재연구 제33권 제3호, 한국중재학회, 2023; 서주연 · 윤종행 · 천하람, "변호사와 의뢰인 간 비밀유지권에 관한 연구", 한국형사정책연구원, 2021; 이상훈, 변호사-의뢰인 간 의사교환의 비밀보장에 관한 연구—형사절차에서 증거수집 및 사용을 중심으로—, 사법정책연구원, 2022; 최승재, 변호사와 의뢰인 사이의 비밀 보호를 위한 제도연구, 법률신문사, 2013 외 다수.

3) 특히 2012년 대법원이 전원합의체 판결에서 일상적 생활관계에서 변호사와 상담한 법률자문에 대하여도 변호인의 조력을 받을 권리의 내용으로서 비밀유지권이 인정되지는 않는다고 판결한 이후(대법원 2012. 5. 17. 선고 2009도6788 전원합의체 판결), 비밀유지권 제도를 입법화해야 한다는 논의가 보다 활발해지고 있다.

4) 대한변호사협회 2016. 8. 18.자 보도자료 "[성명서] 검찰과 법원은 변호사의 의뢰인 비밀유지권을 침해하는 영장을 남용하지 말라."

5) OECD, "Treatment of Legally Privileged Information in Competition Proceedings" (DAF/ COMP/WP3(2018)5, 26 November 2018), p. 32. 해당 자료에 의하면 36개 OECD 회원국 중 우리나라와 일본을 제외한 34개 회원국이 비밀유지권을 인정하고 있다고 한다. 다만 비밀유지권을 인정하는 국가 중에서도 미국과 영국은 상당히 넓은 범위 내에서 이를 인정함에 비해, 독일은 상대적으로 좁은 범위 내에서 인정하는 등 인정의 범위에는 국가별로 차이가 존재한다.

6) Joonki Kim, *op. cit.*; 정준혁 · 김슬기, 앞의 논문(주 2).

7) 20대 및 21대 국회에서 여러 차례 변호사법과 형사소송법 일부개정법률안이 발의된 것에 이어, 22대 국회에 들어서도 2024. 8. 26.자 변호사법 일부개정법률안(이건태 의원 대표발의, 의안번호 제2203182호), 2024. 9. 2.자 변호사법 일부개정법률안(김병기 의원 대표발의, 의안번호 제2203473호), 2024. 11. 4.자 변호사법 일부개정법률안(서영교 의원 대표발의, 의안번호 제2205222호)가 발의된 바 있다. 해

그런데 이러한 지속적인 문제제기에도 불구하고 의뢰인의 비밀유지권 제도에 관한 입법이나 이를 보장하기 위한 수사 실무의 변화는 이루어지지 않고 있다. 수사기관뿐만 아니라 국세청, 공정거래위원회, 금융감독원 등 행정조사기관들에 의한 피조사자에 대한 비밀유지권 침해에 대해서도 많은 비판이 있지만,[8] 조사 관련 규정 등에 비밀유지권을 보장하는 움직임은 전혀 보이지 않고 있다. 그러는 동안 수사기관이나 행정조사기관 등이 기업으로부터 외부 법무법인이 작성한 법률의견서나 관련 서류를 압수하거나 임의제출의 형식으로 제출받는 사건이 계속 발생하고 있고, 변호사 사무실을 직접 압수·수색하는 사례도 연이어 보도되고 있다.[9]

이처럼 비밀유지권 도입 필요성 관련 논의가 10여 년 넘게 이루어지고 있음에도 불구하고 별다른 변화가 이뤄지지 않는 것은 비밀유지권 제도의 필요성 및 범위에 대한 법조계, 나아가 사회적 공감대가 아직 형성되지 못했다는 점에서 그 이유를 찾을 수 있겠다. 변호사 사무실에 대한 압수수색을 통해 법률자문 자료를 확보하는 것이 변호사의 조력을 받

당 법안들은 모두 ① 변호사법에 비밀유지권의 내용을 신설하고, ② 직무와 관련하여 변호사와 의뢰인 간 비밀리에 이루어진 의사교환 내용, 변호사가 제출받은 서류나 자료, 또는 물건, 변호사가 수임 받은 사건과 관련하여 작성한 서류나 자료를 비밀유지권의 대상으로 하고, ③ 의뢰인의 자발적 승낙이 있는 경우, 범죄를 범할 목적으로 자문을 받는 등 중대한 공익상 필요가 있는 경우, 의뢰인과 변호사 간 발생한 분쟁에서 변호사가 자신의 권리를 실현하거나 방어하기 위하여 필요한 경우를 비밀유지권의 예외로 규정하며, ④ 이를 위반하여 수집한 증거는 재판뿐만 아니라 행정절차 등에서도 증거로 할 수 없도록 규정한다는 점에서 유사하다.

8) 김효성, 앞의 논문(주 2); 정준혁·김슬기, 앞의 논문(주 2).

9) 대형 로펌에 대한 압수·수색의 경우 2016년 롯데그룹 총수 수사, 2018년 사법농단 관련 수사, 2019년 가습기 살균제 피해 사건 재수사, 2022년 김만배 씨 관련 수사, 2023년 SM 시세조종 관련 수사 등이 언론을 통해 알려진 바 있다. 매일경제, "로펌·회사법무팀 압수수색 남발…"기업 방어권 털어가나"", 2019. 1. 19.자 기사 (https://www.mk.co.kr/news/society/view/2019/01/13399); 법률신문, "로펌 압수수색 때마다 '변호사 비밀유지권' 법제화 목소리" 2023. 8. 16.자 기사(https://www.lawtimes.co.kr/ news/190300); 파이낸셜뉴스, "잇따른 로펌 압수수색에 의뢰인은 불안…"비밀유지권 입법 절실"" 2024. 7. 11.자 기사(https://www.fnnews. com/news/202407111423574515), 아시아경제, "[변호사 비닉특권] ① 검찰의 로펌 '압수수색' 제동 걸리나…비밀유지권 수면 위로" 2024. 11. 11.자 기사(https://view.asiae.co.kr/article/2024110812065629218) 최종접속일: 2024. 12. 31.

을 권리를 침해할 수 있다는 점에 대해서는 공감하면서도, 비밀유지권의 범위와 요건, 절차에 대한 면밀한 검토 없이 도입될 경우 증거인멸 등 오남용이 발생할 수밖에 없다는 우려가 존재한다.[10] 피의자나 피고인 입장에서는 자신에게 불리한 주요 증거자료를 변호사 사무실에 맡겨 놓는 방식으로 수사를 방해할 수 있는데, 미국 등과 같은 사법방해죄가 없는 상황에서는 이러한 비밀유지권 남용으로 인한 부작용이 커질 수밖에 없다는 지적도 경청할 필요가 있다.[11] 비밀유지권 인정으로 인한 변호사 조력권 보장과 같은 공익적 효과보다, 수사기관이 의뢰인과 변호인간 의사교환 내용을 확보함으로써 쉽게 진실을 발견하는 것으로 인한 긍정적 효과가 크다는 인식이 아직까지는 우월한 것으로도 이해할 수도 있다.

2. 우리나라 소송제도하에서 비밀유지권의 특성

그런데 지금까지 관련 선행 연구를 살펴보면, 미국식 비밀유지권의 도입 필요성을 강조하고 이에 따른 법률안을 제시하는 것이 대부분이고, 비밀유지권 도입 시 발생할 수 있는 부작용이나 실제 운영상 문제점 등을 균형 있게 논의한 글은 많지 않은 것이 현실이다. 비밀유지권에 대한 도입 논의는 대부분 미국의 제도를 근간으로 하고 있는데, 미국에서는 주지하는 바와 같이 디스커버리 제도가 널리 도입되어 이를 통해 분쟁과 관련한 사실관계를 파악하고 증거를 발견한다. 따라서 미국에서 비밀유지권에 관한 논의는 비밀유지권을 이유로 당사자가 디스커버리 과정에서 증거 제출을 거절하는 것이 가능한지에 주로 초점이 맞춰져 있다.[12] 반

10) 2019. 7. 10. 조응천 의원, 대한변호사협회 주최 '변호사 비밀유지권 도입 정책 토론회' 윤성훈 법무부 서기관 토론 내용.

11) 법률신문, ""법치주의 후퇴 행위" vs "ACP 강조는 한쪽 편드는 것"", 2023. 8. 30.자 기사(https://www. lawtimes.co.kr/news/190753?serial=190753); 법률신문, "로펌 압수수색 때마다 '변호사 비밀유지권' 법제화 목소리", 2023. 8. 16.자 기사(https://www.lawtimes.co.kr/news/190300) 최종접속일: 2024. 12. 31.

12) 미국의 비밀유지권 판결례를 망라하여 정리한 Greenwald, David M., & Michele L. Slachetka, Protecting Confidential Legal Information, Jenner & Block(2017)을 보면 대부분의 내용이 민사소송 관련 디스커버리 절차에서 비밀유지권을 이유로 문서 등 제출을 거부할 수 있는가와 관련되어 있다.

면 우리나라의 경우 증거의 확보는 민사절차보다는 형사절차에서 수사기관의 압수·수색 등 공권력의 역할에 상당 부분 의존하고 있는 것이 현실이다.[13] 이러한 현실을 고려할 때 수사기관이 공권력을 통해 실체적 진실을 손쉽게 발견하는 것을 제한하고, 이를 민사소송에서 활용하는 것 역시 제한할 만큼 비밀유지권의 도입이 절실한지에 대한 공감대 형성이 무엇보다 필요하다.

이 글은 이러한 문제의식하에 의뢰인-변호인 간 비밀유지권이 우리나라 법제도상 과연 도입될 필요성이 있는지, 이를 도입하기 위해서는 어떠한 전제조건이 충족되어야 하는지를 검토하여, 우리나라 소송절차에 맞는 비밀유지권 제도 설계를 고민한다. 비밀유지권에 대한 미국을 중심으로 한 다른 나라 사례에 대한 연구[14]나 도입 필요성, 구체적인 법률 개정안에 대한 검토[15]는 이미 선행연구에서 충실하게 이루어졌으므로, 이 논문에서 이를 반복하지는 않는다. 이보다는 미국의 매우 다양하고 광범위한 비밀유지권 법리를 우리나라에 그대로 도입하는 것이 과연 바람직한지, 비밀유지권의 도입으로 인한 부작용에는 어떠한 것이 있고 이를 어떻게 해결할 것인지, 형사절차와 행정조사절차에서 비밀유지권 침해가 주로 문제되는 우리나라의 현실을 고려하여 실제 작동할 수 있는 제도는 무엇인지를 검토하는 데에 초점을 맞춘다.

이하에서는 먼저 우리나라 현행 법제도하에서의 의뢰인-변호인 간 의사교환이 어느 수준에서 보호되고 있고 우리나라 법제도는 어떠한 입장을 취하고 있는지를 형사, 민사, 행정조사, 국제 중재 및 국제 소송 절차로 나누어 살피고, 이로 인한 법률 자문 실무의 변화를 살핀다(제Ⅱ장). 이러한 검토를 바탕으로 과연 비밀유지권 제도의 입법이 필요한지를 검토하고, 도입 신중론과 도입 찬성론의 근거를 검토하며 도입 시 고려해

13) 김재덕, "민사사건에 대한 고소의 원인과 대책", 원광법학 제31권 제3호, 원광대학교 법학연구소, 2015.

14) 서주연 · 윤종행 · 천하람, 앞의 책(주 2); 최승재, 앞의 책(주 2).

15) 예를 들어 김은열, 앞의 논문(주 2)는 변호사법 개정안과 형사소송법 개정안의 내용을 상세하게 분석하고 문제점을 정리하였다.

야 하는 여덟 가지 전제 조건을 제시한다(제Ⅲ장). 이러한 논의를 바탕으로, 만일 비밀유지권 제도를 도입할 경우의 적용범위나 예외, 해당 여부를 판단하기 위한 인카메라(in-camera) 절차는 어떻게 수립할지 등 제도 설계 방안을 제시한다(제Ⅳ장). 결론에서는 이상의 논의를 정리하고, 앞으로의 논의 방향을 제안한다(제Ⅴ장).

Ⅱ. 현행 법제도하에서의 의뢰인-변호인 간 의사교환의 보호

1. 형사절차

헌법은 체포 또는 구속을 당한 경우에는 즉시 변호인의 조력을 받을 권리를 인정하고 있다(헌법 제12조 제4항). 형사소송법은 이러한 권리를 보장하기 위해, ① 구속된 피고인 또는 피의자가 변호사와 접견하고 서류나 물건을 수수하는 것을 보장하고(형사소송법 제34조), ② 변호사이거나 변호사였던 자가 그 업무상 위탁을 받아 소지 또는 보관하는 물건으로 타인의 비밀에 관한 것은 압수를 거부할 수 있도록 하며(제112조, 제219조), ③ 업무상 위탁을 받은 관계로 알게 된 사실로서 타인의 비밀에 관한 것은 증언을 거부할 수 있도록 한다(제149조). 여기에 변호사법은 변호사에게 그 직무상 알게 된 비밀을 누설하지 않을 의무를 부과하고 있다(변호사법 제26조). 우리 법은 피고인 등이 변호사에게 제공한 비밀 서류 등이나 변호인에게 알린 비밀이 변호인를 통해 공개되거나 수사기관이 변호인으로부터 이를 확보하는 것을 방지하는 방법을 통해, 변호인을 신뢰하고 의사교환을 하여 조력을 받을 수 있도록 하는 체계를 갖추고 있다.

그러나 위 조항만으로는 의뢰인과 변호사 간 모든 의사교환 내용에 대해 비밀 유지가 보장되지는 않는다. ① 먼저 변호사가 의뢰인으로부터 받은 서류나 알게 된 사실을 바탕으로 제공한 법률의견서 등 자문 내용이 압수 거부나 증언 거부 대상이 되는지가 분명하지 않다. 법률의견서 등은 변호사의 법적 판단과 의견을 담은 것으로서 형사소송법 제112조 문언상 변호사가 "업무상 위탁을 받아 소지 또는 보관하는 물건"이나 제149조에 따라 "업무상 위탁을 받은 관계로 알게 된 사실"로 볼 수 있는지 불명확하기 때문이다.[16] 다만 아래에서 살펴보는 대법원 2012. 5. 17. 선고 2009도6788 전원합의체 판결은 법률의견서도 변호사의 증언거부권 대상이 될 수 있다는 취지로 판시하여, 형사소송법 제149조의 문언에도 불구하고 증언거부권의 대상이 될 수 있음을 확인하였다.[17] 나아가 "중대한 공익상 필요"가 있는 경우에는 업무상 비밀을 이유로 압수를 거부할 수 없는데, 기준이 다소 추상적이고 그 의미가 명확하지 않아서 변호사가 현실에서 이를 이유로 압수나 증언을 거부하는 것은 쉽지 않다는 지적이 있다.[18] 그 결과 의뢰인이 변호사에게 제공한 서류나 알린 비밀은 보호되지만 변호사가 의뢰인에게 제공한 서류나 알린 비밀은 보호되지 않는다. ② 압수거부권은 변호사에게만 인정되기 때문에, 의뢰인은 변호사에게 제공한 문서의 복본이나 변호사와의 의사교환 내용에 대한 압수를 거부할 수 없다. 변호사를 통한 비밀의 유출은 통제되지만 의뢰인을 통한 비밀의 유출은 통제되지 않는다.[19] ③ 헌법 제12조 제4항은 체포 또는 구속을 당한 경우만을 규정하고 있기 때문에, 체포 또는 구속되지

---

16) 이와 관련하여 변호사의 증언거부권을 규정하고 있는 민사소송법 제315조와 형사소송법 제149조의 표현이 다소 다르다는 점도 주목할 필요가 있다. 민사소송법 제315조는 "직무상 비밀에 속하는 사항에 대하여 신문을 받을 때" 증언거부권을 인정함에 비해, 형사소송법 제149조는 "그 업무상 위탁을 받은 관계로 알게 된 사실로서 타인의 비밀에 관한 것"에 대해 증언거부권을 인정한다. 변호사가 의뢰인에게 제공하는 법률의견서의 경우 민사소송법에서 규정하는 것처럼 변호사의 "직무상 비밀"에 속함이 비교적 명백하지만, 형사소송법에서 규정하는 "업무상 위탁을 받은 관계로 알게 된 사실"에 해당하는지는 명확하지 않다. 다만 위 두 규정을 다르게 해석할 것은 아니고, 필요하다면 형사소송법 제149조 증언거부권의 내용을 민사소송법 제315조와 같이 개정하고, 증언거부권이 무력화되지 않도록 형사소송법 제112조에서 정한 압수거부의 대상을 '변호사 등 증언거부권자가 의뢰인으로부터 위탁받아 보관 중인 물건' 외에 '의뢰인과의 서신교신, 피의자가 업무상 신뢰관계하에 변호사에게 알린 내용이나 변호사 등이 업무상 작성한 법률의견서 등'으로 확대하는 방안을 검토할 수 있다. 이러한 내용을 지적해 주신 박진수 지원장님께 감사드린다.

17) "나아가 원심 공판기일에 출석한 위 변호사가 이 사건 법률의견서의 진정성립 등에 관하여 진술하지 아니한 것은 형사소송법 제149조에서 정한 바에 따라 정당하게 증언거부권을 행사한 경우에 해당….

18) 서주연 · 윤종행 · 천하람, 앞의 책(주 2), 33쪽.

19) 손창완, 앞의 논문(주 2), 36쪽.

않은 피고인, 피의자나 형사절차가 개시되기 전의 일반적 법률 자문 관계에 대해서도 헌법상 변호인의 조력을 받을 권리가 인정되는지가 명확하지 않다. 이러한 의뢰인에 대해서는 위 형사소송법 규정 이상으로 어떠한 권리를 인정하기가 쉽지 않다.

우리 법제도상 비밀유지권이 인정될 수 있는지가 직접적으로 판단된 대법원 판결은 대법원 2012. 5. 17. 선고 2009도6788 전원합의체 판결 한 건뿐이다. 대법원은 의뢰인이 법무법인으로부터 제공받은 법률의견서 파일을 압수한 후 이를 출력한 서류를 공판절차에서 검사가 이를 증거로 제출한 사안에서 위 헌법 및 형사소송법 규정의 취지를 바탕으로 “아직 수사나 공판 등 형사절차가 개시되지 아니하여 피의자 또는 피고인에 해당한다고 볼 수 없는 사람이 일상적 생활관계에서 변호사와 상담한 법률자문에 대하여도 변호인의 조력을 받을 권리의 내용으로서 그 비밀의 공개를 거부할 수 있는 의뢰인의 특권을 도출할 수 있다거나, 위 특권에 의하여 의뢰인의 동의가 없는 관련 압수물은 압수절차의 위법 여부와 관계없이 형사재판의 증거로 사용할 수 없다는 견해는 받아들일 수 없다”고 판단하여, 적어도 형사절차 개시 전에 받은 법률자문에 대해서는 의뢰인의 비밀유지권이 인정되지 않음을 명확히 하였다.[20] 다만 위 판결이 형사절차가 개시된 이후에 피의자 또는 피고인이 변호사로부터 받은 법률자문에 대해서까지 비밀유지권을 인정할 수 없다는 취지인지는 분명하지 않다.

한편 최근 한 하급심 결정(서울남부지방법원 2023. 2. 23. 자 2023보4 결

20) 다만 해당 사건에서 대법원은 증거로 제출된 법률의견서가 압수된 디지털 저장매체로부터 출력한 문건으로서 형사소송법 제313조 제1항에 따른 진술서에 해당하는데, 작성자 또는 진술자인 변호사의 진술에 의하여 그 성립의 진정함이 증명되지 않았으므로 증거능력을 인정하지 않았다. 나아가 변호사의 이러한 증언거부는 형사소송법 제149조에서 정한 바에 따라 정당하게 증언거부권을 행사한 것이므로, 형사소송법 제314조에 의한 증거능력에 대한 예외 사유에도 해당하지 않는다고 보았다. 그러나 검찰이 법률의견서의 내용을 이미 열람하여 피고인의 판단 내용을 파악하게 된 이상 위와 같은 방법으로 증거능력이 부정되더라도 피고인은 수사 및 재판 과정에서 불리한 입장에 처하게 될 수밖에 없다. 전원열, “민사소송절차상 디스커버리 도입에 관한 검토” 인권과 정의 제501호, 대한변호사협회, 2021, 132쪽.

정)은 의뢰인과 변호사 간 교환한 메시지, 메일, 법률자문 관련 문서에 대한 검사의 압수 처분이 변호인의 조력을 받을 권리를 침해한 것으로 보아 이를 취소한 바 있다.[21] 해당 사건에서 의뢰인은 선행사건으로 수사를 받고 있는 상황에서 법률자문을 받을 목적으로 법무법인 소속 변호사로부터 비밀리에 메일 등을 교환하고 법률의견서를 받았는데, 이후 후행사건에 대한 수사가 진행되면서 검사가 압수·수색·검증영장에 따라 위 메일 및 법률자문문서 등이 포함된 의뢰인 보유 저장매체를 압수하였다. 하급심 법원은 의뢰인이 법률자문을 받을 목적으로 변호사와 비밀리에 이루어진 의사교환에 대하여는 변호인과 의뢰인이 공개를 거부할 수 있다고 보아 압수 처분을 취소하였다.[22][23] 다만 이 사건도 수사 개시 후의 법률자문 관련 문서에 대한 압수가 문제된 사안이어서, 해당 결정이 수사 개시 전의 일상적인 법률자문에 대해서도 비밀유지권을 인정한 것으로는 볼 수 없다.

2. 민사절차

비밀유지권의 인정 여부 및 범위는 미국과 같이 재판 전에 디스커버리 제도 등을 통해 당사자들이 보유하는 사건과 관련한 자료들을 모두 제출해야 하는 법제도를 갖춘 국가에서 보다 중요하다. 앞서 살펴 본 바와 같이, 미국의 비밀유지권 관련 판결례 등을 보더라도 민사재판과 관

---

21) 해당 사건은 양 당사자의 재항고로 이 글 작성일 현재 대법원에 계류 중이다(사건번호 2024모730).

22) "위와 같은 각 규정과 헌법재판소 결정 및 대법원 판례의 취지, 의뢰인이 범죄를 구성할 수 있는 자신의 행위에 대하여 형사소추의 위험에 대비하고 강제수사에 대항한다는 측면에서 변호인의 조력을 충분히 받기 위해서는 변호인과 사이에 비밀보장이라는 신뢰가 전제되어야 한다고 봄이 타당한 점 등의 사정을 보태어 보면 <u>의뢰인이 피의자로 수사를 받고 있는 상황에서 헌법 제12조 제4항에 의하여 인정되는 변호인의 조력을 받을 권리 중 하나로서, 변호인과 의뢰인 사이에서 의뢰인이 법률자문을 받을 목적으로 비밀리에 이루어진 의사 교환에 대하여는 변호인이나 의뢰인이 그 공개를 거부할 수 있다고 봄이 타당하다."</u>

23) 위 결정에서는 검찰이 압수한 법무법인 관련 자료들 중 선행사건과 관련이 없는 자료 일체에 대해서도 영장이 허용한 범위를 벗어난 것으로 보았다.

련한 것들이 압도적으로 많고, 압수 등 형사절차와 관련하여 문제된 것은 오히려 소수다.[24)] 반면 민사재판 과정에서 광범위한 문서제출이 요구되지 않는 우리나라에서는 비밀유지권의 인정 여부가 형사절차에 비해 덜 중요하다. 상대방 당사자가 문서제출명령을 신청하더라도 제출의 대상물을 구체적으로 특정하기가 쉽지 않고, 법원이 신청을 인용하여 문서제출명령을 내리더라도 이에 응하지 않았을 경우의 실질적 불이익이 크지 않기 때문이다.[25)·26)]

현실적으로도 민사소송절차에서 일방 당사자가 상대방 당사자와 변호인 간의 법률의견서 등 의사교환 내용을 제출할 것을 요구하기는 쉽지 않다. 법률의견서 등은 민사소송법 제344조 제1항이 정한 문서제출의무 사유 중 제1호(인용문서)나 제2호(인도 · 열람문서)에 해당하지 않음은 분명하고 그나마 제3호의 법률관계문서(신청자와 문서를 가지고 있는 사람 사이의 법률 관계에 관하여 작성된 것)에 해당하는지가 문제될 수 있다. 그런데 제3호는 당사자 간의 계약서나 그 생성과정에서 작성된 문서 등이 포함되는 것이지,[27)] 법률의견서와 같이 당사자 간 법률관계를 분석한 문서를 지칭하는 것으로 보기는 어렵다. 한편 제344조 제2항의 일반적 문서제출의무 대상에는 포함될 수 있으나, 상대방 당사자의 변호인이 보유하는 경우에는 변호인의 증언거부권(제315조 제1항)에 따라 제출을 거부할 수 있고(제344조 제2항 제1호), 상대방 당사자가 보유하는 경우에는 오로지 문서를 가

---

24) Greenwald, David M., & Michele L. Slachetka, 앞의 자료(주 12).

25) 전원열, 앞의 논문(주 20), 112쪽.

26) 주지하는 바와 같이 민사소송법 제349조는 당사자가 문서제출명령에 응하지 않은 경우 법원은 "그 문서의 기재에 대한 상대방의 주장을 진실한 것으로 인정할 수 있다"고 규정하고 있지만, 그 구체적인 의미에 대해서는 학설 상의 대립이 있다. 판례는 "상대방의 그 문서에 관한 주장, 즉 문서의 성질, 내용, 성립의 진정 등에 관한 주장을 진실한 것으로 인정하여야 한다는 것이지 그 문서에 의하여 입증하고자 하는 상대방의 주장사실까지 반드시 증명되었다고 인정하여야 한다는 취지는 아니다"라고 판단하여, 법원이 자유심증에 따라 문서제출명령에 위반한 당사자의 주장을 인정할 수도 있다고 본다(대법원 1993. 6. 25. 선고 93다15991 판결, 대법원 2008. 2. 28. 선고 2005다60369 판결).

27) 전원열, 민사소송법 강의(제3판), 박영사, 2022, 438쪽.

진 사람이 이용하기 위한 문서, 즉 자기이용문서(제344조 제2항 제2호)으로 거부할 수 있다고 보는 것이 타당하다. 한편 상대방 당사자의 변호인이나 상대방 당사자에게 법률자문의 내용의 진술을 요구하는 것도 생각해 볼 수 있겠으나, 변호인은 증언거부권(제315조 제1항)에 따라 증언을 거부할 수 있고, 당사자신문의 실효성이 그리 크지 않음을 고려할 때, 이에 대한 진술 역시 별다른 의미를 가질 가능성이 높다.[28)]

문서제출명령과 달리, 민사소송법 제352조에 따른 문서송부촉탁은 법률의견서 등에 대해서도 실질적으로 문제가 될 수 있다. 예컨대 수사기관이 영장에 따라 압수하거나 관련 형사절차에서 법원에 증거로 제출한 법률의견서 등 변호사와의 의사교환 내용에 대해 민사소송의 법원이 수사기관이나 형사소송의 법원에 대해 송부할 것을 촉탁하는 경우를 생각해 볼 수 있다. 해당 자료는 이미 형사절차를 통해 확보된 자료이므로 의뢰인 비밀유지권의 인정 여부가 명확하지 않은 현재 상황에서는 수사기관이나 다른 법원이 그 송부를 거절할 제352조의2 제1항에 따른 정당한 사유가 있다고 보기는 쉽지 않다. 특히 2012년 대법원 판결의 취지에 비추어볼 때, 형사절차에 있어서도 인정 여부 및 범위가 명확하지 않은 의뢰인의 비밀유지권이 민사절차에서 별도의 입법 없이 헌법상 권리로 인정된다고 보기도 어렵다.

결국 디스커버리(discovery) 제도와 같이 광범위한 문서제출이 요구되지 않는 우리나라 민사재판에서는 역시나 법원이나 수사기관이 형사절차에 따라 법률의견서 등 의뢰인-변호사 간 의사교환 내용을 확보하는 것이 허용되는지의 문제로 다시 귀결된다. 미국에서 비밀유지권이 주로 민사절차에서 많이 논의되는 것과 달리, 우리나라에서는 형사절차에서 비밀유지권의 인정 여부가 중요하게 된다.

28) 참고로 민사소송법 제376조에 따르면 당사자 신문의 경우 정당한 사유가 있는 경우 진술을 거부할 수 있는데, 비밀유지권이 널리 인정되지 않는 상황에서 변호사와 의사를 교환하였다는 이유만으로 정당한 사유에 해당한다고 보기는 쉽지 않다. 손창완, 앞의 논문(주 2), 20쪽.

3. 행정조사절차

실무에서는 수사기관의 영장 집행 과정에서의 의뢰인-변호사 간 의사교환 내용 확보에 못지 않게 국세청, 금융감독원, 공정거래위원회 등이 행정조사절차 과정에서 피조사자로부터 임의제출의 형식에 따라 이를 제출받는 것이 많이 문제되고 있다.[29] 특히 공정거래법 상 조사방해죄(제124조 제1항 제13호, 제125조 제7호)와 같이 행정청이 조사에 관한 실질적인 강제력을 보유하는 경우에는 행정조사기관이 임의제출의 형식을 갖추어 피조사자의 내부 전산망에 직접 접속하여 자료를 광범위하게 열람, 복사하는 경우가 빈번하게 이루어지는 것이 현실이다.[30]

행정조사 절차에 대해서는 행정조사기본법이 이를 규율하지만 기본적으로 강제수사를 전제로 하고 있지 않기 때문에 민사소송법이나 형사소송법과 같은 수준으로 구체적인 증거수집 및 제출 절차 등에 대해 상세하게 규정하고 있지는 않다. 실무에서 많이 문제가 되는 국세청, 공정거래위원회, 금융감독원 등에 의한 조사에 대해서는 행정조사기본법의 적용이 배제되고,[31] 개별 법령의 규정에 따라 조사가 이루어지지만, 변호사와의 의사교환 내용에 대한 비밀유지가 관련 법령이나 내부 규정에 따라 보장되는 경우는 아직 없다.

특히 대부분의 경우 임의제출 형식으로 자료 확보가 이루어져서 영장주의 등에 의한 통제를 받지 않는다는 점, 피조사자들이 조사기관과의

29) 대한변호사협회, "의뢰인 변호사간 비밀유지권 침해 실태조사" 2019. 7. 4. 보도자료. 대한변호사협회가 실시한 설문에 따르면 검찰, 경찰에 의한 경우에 이어 국세청, 금융감독원, 공정거래위원회 등의 순서로 비밀유지권 침해 사례가 보고되었다고 한다.

30) 행정조사절차에서 적법절차가 준수되지 않는다는 점은 여러 연구에서 이미 지적된 바 있다. 조성훈, "공정거래위원회 조사와 적법절차: 조사방해죄의 제한해석을 중심으로", 저스티스 제198호, 한국법학원, 2023; 김병주, "행정조사에서 변호인 조력권과 진술거부권 침해 문제", 사법 제59호, 사법발전재단, 2022; 최용, "고권적(高權的) 행정조사에 있어 적법절차원칙의 준수 및 적용 필요성에 관한 연구-입법론적 개선방안을 중심으로-", 입법학연구 제18권 제1호, 한국입법학회, 2021.

31) 행정조사기본법 제3조 제2항.

장기적인 관계를 고려하여 사실상의 불이익을 피하기 위해 임의제출에 응한다는 점 등을 고려할 때, 행정조사절차에서는 형사절차나 민사절차에서 검토한 여러 법리들이 실질적으로 기능하기도 쉽지 않다. 의뢰인의 비밀유지권 인정에 대한 상세한 규정 등이 도입되지 않는 이상[32] 임의조사를 기반으로 하는 행정절차에서 의뢰인의 비밀유지권이 보장되지 않을 가능성이 형사절차나 민사절차에서보다도 오히려 크다고 볼 수 있겠다.

4. 국제 중재 및 국제 소송 절차

우리나라 중재법에도 의뢰인의 비밀유지권에 관한 규정이 존재하지 않기 때문에, 기본적으로 앞서 살펴본 민사절차에서의 논의가 중재법에 따른 중재에도 대부분 그대로 적용된다. 국제중재의 경우 획일된 기준이 있는 것은 아니나, 여러 중재판정부가 일응의 기준으로 널리 참조하는 국제중재의 증거채택에 관한 국제변호사협회 규정(International Bar Association Rules on the Taking of Evidence in International Arbitration) 제9조는 의뢰인의 비밀유지권을 인정하고 있다. 중재판정부가 적용된다고 판단하는 법률이나 윤리규정에 따라 비밀유지권의 대상이 되는 증거는 채택하지 않을 수 있고[9.2(b)],[33] 증거 채택 여부를 판단함에 있어서 해당 서면이나 구두 협의가 법률자문을 위해 이루어진 경우 그 비밀을 보호할 필요가 있는지 등의 사항을 고려하도록 규정하고 있다(9.4).[34]

---

32) 일본의 경우 2020년 7월 7일 일본 공정거래위원회 내부 규정인 「사업자와 변호사 간에 비밀리에 행해진 통신 내용이 기록되어 있는 물건의 취급지침(事業者と弁護士との間で秘密に行われた通信の内容が記録されている物件の取扱指針)」을 제정함으로써 조사절차에서 비밀유지권을 본격적으로 도입한 바 있다. 이와 관련한 자세한 설명은 김효성, 앞의 논문(주 2).

33) Article 9 Admissibility and Assessment of Evidence

2. The Arbitral Tribunal shall, at the request of a Party or on its own motion, exclude from evidence or production any Document, statement, oral testimony or inspection, in whole or in part, for any of the following reasons:

(b) legal impediment or privilege under the legal or ethical rules determined by the Arbitral Tribunal to be applicable (see Article 9,4 below)

34) 4. In considering issues of legal impediment or privilege under Article 9.2(b), and insofar as permitted by any mandatory legal or ethical rules that are de-

국제중재 당사자들이 소재한 국가가 서로 다른 경우에 비밀유지권 인정 여부와 관련하여 어느 국가의 준거법을 따라야 하는지는 사안마다 다를 수 있고 그 판단이 어려운 경우도 많지만,[35] 비밀유지권이 인정되지 않는 법제의 당사자들이 그렇지 않은 국가의 당사자들에 비해 불리할 가능성이 높다는 것이 일반적인 분석이다.[36] 비밀유지권 법제도가 없는 국가의 당사자의 경우 이를 바탕으로 자료제출을 거부하기 어려운데다가, 비밀유지권 관련 실무 관행에 익숙하지 않아 외국 법제도에 따른 보호를 받지 못하는 경우가 많기 때문이다. 비밀유지권의 불인정으로 인하여 우리나라가 국제중재지로서의 선호도가 낮아질 수 있다는 지적도 있다.[37]

경우에 따라서는 우리나라 법원에서 이루어지는 민사재판절차에 있어서도 우리나라 당사자가 외국 당사자에 비해 불리하게 취급될 수 있다.[38] 우리나라가 체약국인 민사 또는 상사의 해외증거조사에 관한 협약

---

termined by it to be applicable, the Arbitral Tribunal may take into account:

(a) any need to protect the confidentiality of a Document created or statement or oral communication made in connection with and for the purpose of providing or obtaining legal advice;

(b) any need to protect the confidentiality of a Document created or statement or oral communication made in connection with and for the purpose of settlement negotiations;

(C) the expectations of the Parties and their advisors at the time the legal impediment or privilege is said to have arisen;

(d) any possible waiver of any applicable legal impediment or privilege by virtue of consent, earlier disclosure, affirmative use of the Document, statement, oral communication or advice contained therein, or otherwise; and

(e) the need to maintain fairness and equality as between the Parties, particularly if they are subject to different legal or ethical rules.

35) 관련하여 미국 뉴욕주 법원은 의뢰인과 변호인 간의 대화를 비밀로 유지할 지배적인 이익이 있는 국가의 법률이 적용된다고 보아 외국 변호사가 외국에서 자문을 한 경우 해당 국가의 관련 법령이 적용된다고 보았다. Veleron Holding, B.V., v BNP Paribas SA, et al., (S.D.N.Y. 2014). 반면 잉글랜드 고등법원 형평부(High Court of Justice Chancery Division) 판결은 법정지법*(lex fori)*이 적용된다고 보아 미국 연방법에 따라 비밀유지권이 인정되는 경우라도 잉글랜드법이 적용된다고 보았다. Re The RBS Rights Issue Litigation [2016] EWHC 3161 (Ch).

36) Joonki Kim, *op. cit.*

37) Joonki Kim, *Ibid.*

38) 정준혁 · 김슬기, 앞의 논문(주 2), 119-120쪽.

(Convention on The Taking of Evidence Abroad in Civil or Commercial Matters ; Hague Evidence Convention)에 따르면, 위 협약의 체약국은 다른 체약국의 당국에 촉탁서로써 증거취득 또는 그 밖의 사법적 처분의 이행을 요청할 수 있지만(Article 1) 증거제출을 요청 받은 관계자는 집행국의 법에 의하여 증거제출을 거부할 특권이나 의무가 있는 경우 증거의 제출을 거부할 수 있다(Article 11). 따라서 비밀유지권이 인정되는 국가의 당사자는 우리나라 법원의 촉탁에도 불구하고 비밀유지권 대상이 되는 증거 제출을 거부할 수 있는 반면, 우리나라 당사자에게는 이러한 증거 제출 거부권이 인정되지 않을 수 있다.

5. 정리-현행 법제도에 대한 평가 및 당사자 행동 양식의 변화

(1) 현행 법제도하에서 의사교환 내용의 보호 정도

이상의 내용을 바탕으로 의뢰인과 변호인 간 의사교환에 대한 현행법의 보호 수준을 정리하면 다음과 같다. ① 의뢰인이 변호인에게 제공한 서류나 변호인에게 알려준 의뢰인의 비밀 관련 내용은 변호인으로부터 압수하거나 그 내용에 대한 증언을 강제할 수는 없다. 다만 동일한 내용을 의뢰인이 보유하는 경우에는 이를 압수할 수 있다. ② 위 서류나 비밀을 바탕으로 변호인이 의뢰인에게 제공하는 법률의견서나 소송전략 등 자문 내용은 변호인이나 의뢰인으로부터 압수할 수 있다. 다만 형사절차가 개시된 이후의 법률자문 등에 대해서도 압수가 가능한지는 아직 명확하지 않다. ③ 임의제출의 형식을 주로 취하는 행정조사절차에서 피조사자나 변호인에 대한 법률의견서의 제출을 요구하지 못하게 하는 등의 절차는 존재하지 않는다.

변호인으로부터의 조력은 통상 ① 의뢰인이 변호인에게 법률 자문을 받을 목적으로 사실 관계를 알리고, ② 변호인에게 관련 서류 등을 제공하며, ③ 변호인이 추가적 사실관계 등을 의뢰인에게 문의한 후 이를 바탕으로 법률의견서 등 자문을 제공하는 흐름으로 이루어진다. 이러한 단계별로 현행법이 어떠한 수준에서 의뢰인-변호인 간 의사교환 내용을 보호하는지를 정리하면 다음과 같다.

구 분	변호인이 보유하거나 아는 경우	의뢰인이 보유하거나 아는 경우
의뢰인이 변호인에게 법률 자문 목적으로 알린 사실	• 민사소송법 및 형사소송법 상 증언거부권 대상(민소 315, 형소 149) • 변호인의 비밀유지의무(변 26)	• 진술거부권(형소 244조의3, 283조의2)
의뢰인이 변호인에게 법률 자문 목적으로 제공한 자료	• 압수거부권 대상(형소 112, 219) • 변호인의 비밀유지의무(변 26)	• 의뢰인 보유 시 압수 · 수색 가능 • 민사 절차의 경우 수사기관, 법원 등이 기확보한 경우에는 문서송부촉탁을 통해 확보 가능(민소 352)
변호인이 의뢰인에게 제공한 법률의견서 등 자문 내용	• 민사소송법 상 증언거부권 대상(민소 315), 형사소송법 상 명확하지 않으나 판례는 인정 • 변호인은 비밀유지의무(변 26)	• 압수 · 수색 가능. 다만 2012년 대법원 전합 판결 취지 상 형사절차 개시 후에는 인정되지 않을 가능성 존재 • 민사 절차의 경우 수사기관, 법원 등이 기확보한 경우에는 문서송부촉탁을 통해 확보 가능(민소 352)

(2) 법률 자문 실무의 변화[39)]

이러한 상황에서 법률 자문 실무도 다음과 같이 변화해 온 것으로 보인다. 먼저 압수·수색을 통해 소송 전략 등이 유출되는 것을 막기 위해, 기밀이 요구되는 법률 자문 등의 경우 변호사가 의뢰인에게 이메일로 해당 내용을 보내는 대신 문서를 직접 전달하고 확인 후 파기하는 경우가 많다. 자문 관련 문서를 작성할 경우 압수·수색을 통해 그 내용이 유출될 가능성이 높으므로 변호사가 장문의 법률 의견서를 작성하는 업무가 점차 줄어들고, 회의나 전화를 통해 구두로 자문을 제공하거나 텔레그램 등 메시지 서비스를 이용하는 경우도 늘어나는 것으로 보인다.

민감하고 중요한 사안일수록 오히려 간단한 검토를 선호하거나 서면자료 작성을 꺼리는 관행도 발견된다.[40)] 로펌의 공식 이메일을 사용하는 대신 해외 메일 서비스 업체가 제공하는 변호사 개인 메일을 사용하는

39) 이하의 내용은 필자의 변호사로서의 업무 경험과 언론 보도 등의 내용에 바탕을 두고 있음을 밝힌다.

40) 국회의원 김병기, 김상욱, 한국경제신문 주최 "ACP(Attorney-Client Privilege) 입법콘서트" 정준혁 교수 발표 내용(2024. 11. 21.)

경우도 늘고 있고 압수·수색에 대비하여 로펌들이 내부 서버 대신 해외에 서버를 둔 클라우드에 자료를 저장한다고도 한다.[41)]

Ⅲ. 비밀유지권에 대한 찬반론과 도입의 전제 사항

1. 비밀유지권의 도입 필요성에 관한 찬반론 및 검토

이상에서 검토한 바와 같이, 현행 법제도는 의뢰인 등이 변호인과 한 의사교환이 변호인을 통해 공개되거나 압수 등을 통해 수사기관에 확보되는 것을 방지하는 방법을 통해 일정한 수준에서 그 비밀을 보장하는 체계를 갖추고 있다. 그리고 민사절차에서는 형사절차에서 확보된 수사기록 등의 송부촉탁을 통해, 수사기관이나 법원에 공개된 의사교환의 내용이 민사재판에서도 증거로 활용되는 것을 허용하고 있는 상황이다. 그렇다면 비밀유지권 도입의 필요성과 관련한 논의는, 의뢰인과 변호인 간의 의사교환에 대해 현행 법제도 수준의 보호만으로 충분한 것인지, 아니면 입법을 통해 그 이상의 보호를 하는 것이 필요한지의 논의로 귀결된다. 이하 도입 신중론과 도입 찬성론의 주요 근거를 살핀다.

(1) 도입 신중론

여러 토론회나 언론 등을 통해 확인되는 도입신중론의 내용을 정리하면 다음과 같다. ① 먼저 실체 진실 발견을 통한 형사정의 실현을 위해 비밀유지권 도입에 신중해야 한다는 점이다. 미국처럼 사법방해죄가 없는 상황에서 도입될 경우 부작용이 크다는 지적도 있다.[42)] 형사절차의 경우 일반적으로 실체 진실의 발견 필요성이 민사절차에서보다 크기 때문에, 비밀유지권을 도입할 필요성이 상대적으로 낮다는 입장도 있을 수

41) 법률신문, "로펌, 압수수색 피해 해외 클라우드로 '망명'" 2023. 3. 20.자 기사(https://www.lawtimes.co.kr/news/186124?serial=186124) 최종접속일: 2024. 12. 31.

42) 법률신문, "로펌 압수수색 때마다 '변호사 비밀유지권' 법제화 목소리" 2023. 8. 16.자 기사(https://www.lawtimes.co.kr/news /190300) ("ACP 도입 이후 로펌을 압수수색해 얻은 증거에 대한 증거능력이 무력해질 수 있다. 미국처럼 '사법방해죄'를 규정하고 있지 않은 상태에서 형사재판에서 '공정한 재판 받을 권리'가 구현되지 않을 수 있다")(차진아 교수 인터뷰 내용).

있다. ② 비밀유지권을 폭넓게 인정하면, 의뢰인이 자신에게 불리한 자료를 변호사와의 의사교환이라는 이유로 숨기거나, 변호사 사무실에 맡기는 방법으로 증거인멸을 시도하는 등 자칫 변호사 사무실을 성역화하는 것이 아니냐는 우려도 있을 수 있다.[43] ③ 그리고 현행 법제도하에서도 의뢰인과 변호사 간의 중요한 의사교환은 되도록 서면으로 남기지 않는다는지, 비밀 관리를 엄밀하게 하는 방법을 통해 법률자문의 비밀은 어느 정도 방지할 수도 있기 때문에, 새로운 제도 변화가 필요 없다는 주장도 가능하다. ④ 우리나라와 같이 재판 전 디스커버리 제도가 없는 나라에서는 비밀유지권의 도입 필요성이 상대적으로 낮다는 설명도 가능하다.[44] ⑤ 미국의 비밀유지권은 미국법 체계에 관한 여러 전제 조건을 바탕으로 발달해 온 제도이므로 전반적인 법체계가 다른 우리나라에 그대로 적용하기 어렵다는 주장도 경청할 필요가 있다.[45]

나아가 비밀유지권 제도의 본류인 미국에서도 비밀유지권 제도에 대한 비판이 존재한다. ⑥ 비밀유지권 제도가 변호인을 선임하는 당사자에게 유리하게 작용하고, 비밀유지권을 자신에게 불리한 사실이 유출되는 것을 방지하는 수단으로 악용할 가능성이 있으며,[46] ⑦ 변호사가 세무사, 회계사 등 다른 직역에 비해 우위에 서는데 도움이 된다든지, 사실 발견이라는 공익의 희생을 통해 변호사가 자신의 지대를 추구하는 결과를 가져온다는 주장도 있다.[47]

---

43) 법률신문, 위 기사["(ACP가 도입된다면) 변호사의 의뢰인 증거인멸 문제를 막을 수 있는 장치도 함께 마련돼야 한다"며 "로펌이 '의뢰인의 금고'가 될 우려가 있는데 이에 대한 방책이 없다면 형사 정의가 무너질 수 있다"고 말했다."](승재현 선임연구위원 인터뷰 내용). 다만 이에 대해서는 형사소송법 제112조가 업무상 위탁을 받아 소지 또는 보관하는 물건으로 타인의 비밀에 관한 것에 대해서는 압수거부권을 인정하므로 비밀유지권 도입 여부와는 관계가 없는 비판이라는 평가가 가능하다. 이 점을 지적해 주신 익명의 심사위원께 감사드린다.

44) Joonki Kim, *op.cit.*, 7.

45) 남수진, 앞의 논문(주 2).

46) Spaulding, Norman W., *Compliance, Creative Deviance, and Resistance to Law : A Theory of the Attorney-Client Privilege*, J. Prof. Law. (2013), p. 140.

47) Fischel, Daniel R., *Lawyers and Confidentiality*, 65 U. CHI. L. REV. 1 (1998), p. 18.

(2) 도입 찬성론

한편 도입 찬성론의 주요 근거는 다음과 같다. ① 변호인의 실질적인 조력은 의뢰인이 모든 사실을 변호인에게 공개할 때에 이루어질 수 있고, 의뢰인은 변호인과의 의사교환 내용이 공개되지 않는다는 보장이 있는 경우에 한하여 모든 사실을 공개할 것이다.[48] 따라서 헌법상 인정되는 변호인의 조력을 받을 권리가 실질적으로 보장되기 위해서는 비밀유지권이 폭넓게 인정되어야 한다는 주장이다. ② 현행 법제도하에서는 의뢰인이 모든 사실을 변호인에게 공개할 유인이 낮고, 법률자문도 서면보다는 증거로 확보하기 어려운 구두로 이루어질 유인이 크므로 법률자문의 수준이 전반적으로 저해될 우려도 있다.[49] ③ 기업 컴플라이언스 수준을 전반적으로 저해한다는 우려도 있다. 특히 여러 기술적인 행정법규의 발전으로 인하여 기업활동의 법률 위반 여부가 명확하지 않은 경우가 점차 늘어나고 있는데, 현재와 같은 비밀유지 법제하에서는 기업이 법률자문을 받았다는 것이 오히려 기업의 고의를 인정하는 사유로 작용할 수도 있겠다. 그 결과 충분한 법률 자문을 받지 못하여 기업의 준법수준이 낮아지고, 이로 인하여 기업범죄를 사전에 예방하는 것에 장애가 발생한다는 견해도 설득력을 갖는다.[50]④ 우리나라 기업과 법률 산업의 국제경쟁력이 낮아진다는 주장도 있다. 수사기관이 다국적 기업의 전략을 볼 수 있다는 점에서 다국적 기업이 우리나라에 본부를 두지 않을 것이라는 지적도 있고, 비밀유지권 제도에 익숙하지 않은 우리나라 기업들이 외국기업에 비해 법률문제로 어려움을 겪는 사례도 많다고 한다.[51] 앞서 검토한 바와 같이 외국기업과의 분쟁에서 우리나라 기업들이 불리해지는 측면도 존재한다. ⑤ 국세청, 공정거래위원회, 금융감독원 등 강제수사권이 없는 행정절차의 경우 임의제출의 형식을 통해 조사가 이루

---

48) Greenwald, David M., & Michele L. Slachetka, 앞의 자료(주 12), p. 1.

49) 정준혁 · 김슬기, 앞의 논문(주 2), 118쪽.

50) 정준혁 · 김슬기, 앞의 논문(주 2), 119쪽.

51) 국회의원 김병기, 김상욱, 한국경제신문 주최 "ACP(Attorney-Client Privilege) 입법콘서트" Arie Eernisse 변호사, 신영욱 변호사 토론 내용(2024. 11. 21.).

어지는 것이 실무이므로, 절차적 통제가 더욱 필요한 측면도 있다.

(3) 검　　토

비밀유지권이 헌법상 보장되는 변호인의 조력을 받을 권리로부터 도출되고 기업의 준법 수준을 높이기 위해 필요하다는 점을 고려하면, 의뢰인 등이 변호인과 한 의사교환이 변호인을 통해 공개되는 것을 제한하는 현행 수준의 보호는 다소 부족하다. 이러한 점에서 보면 변호인의 조력을 받을 권리를 침해하면서까지 수사기관이 압수·수색을 통해 의뢰인과 변호인 간 의사교환 내용이나 법률 자문 내용 등을 확보해야 한다는 주장은 받아들이기 어렵다.

그러나 비밀유지권을 무제한적으로 도입할 경우 증거인멸의 수단으로 악용될 여지가 있다든지, 변호사 사무실에 대한 압수·수색이 원천적으로 제한될 수 있다는 등 우려에 대해서는 이러한 부작용이 발생하지 않도록 신중한 고려가 필요하다. 특히 미국과 달리 사법방해죄나 디스커버리 제도가 없고 그 결과 소송에서 당사자들이나 변호사들이 거짓의 주장을 하는 경우가 많다는 비판을 고려할 때, 비밀유지권의 도입이 자칫 이러한 현상을 촉진하지 않게 하기 위한 제도적 뒷받침이 필요하다.

2. 비밀유지권 제도 도입을 위한 여덟 가지 전제 사항

결국 비밀유지권 도입은 이로 인한 긍정적 기능과 부정적 기능을 종합적으로 고려하여 어느 범위 내에서 입법에 대한 공감대가 형성되는지가 중요할 수밖에 없다. 비밀유지권 도입 필요성에 대한 여러 논의와 시도에도 불구하고 아직까지 별다른 진전이 없는 것은 비밀유지권 도입 여부 및 그 범위에 대한 법조계 내의 공감대 형성이 아직 부족하기 때문으로 생각된다. 이러한 점에서 이 글은 비밀유지권 도입 관련한 여덟 가지 전제 사항을 제시해 본다.

① 비밀유지권 제도가 실체 진실 발견을 저해할 수 있다는 우려를 고려하여, 비밀유지권 대상이 되는 의사교환은 필요 최소한의 범위로 한정하는 것이 바람직하다. 따라서 비밀유지권의 대상은 법률 위반 여부나

권리 의무의 존부를 묻는 법률의견서나 소송 전략에 대해 자문하는 의견서과 이러한 법률자문을 얻기 위한 자문의뢰서 및 사실관계 설명 등으로 그 범위를 제한할 필요가 있다. 디스커버리 제도가 없는 상황에서 그 예외가 되는 비밀유지권을 광범위하게 인정할 필요는 현재로서는 크지도 않다.

② 비밀유지권 제도의 도입으로 진실 발견에 추가적인 장애가 발생해서는 안 된다. 의뢰인이 변호사의 법률자문을 받았다는 이유만으로, 받지 않은 경우에 비해 증거 확보가 어려워져서는 안 된다. 따라서 의뢰인이 법률자문을 위해 계약서나 핵심 서증을 변호사에게 제공하였다는 이유만으로 해당 증거에 대한 압수가 제한될 필요는 없다. 의뢰인에 대해 압수수색이 가능한 자료라면 변호사에 대해서도 압수수색이 가능해야 하고, 이러한 점에서 변호사가 업무상 위탁을 받아 소지 또는 보관하는 물건으로 타인의 비밀에 관한 것은 압수를 거부할 수 있도록 하는 형사소송법 제112조, 제219조는 제한적으로 해석될 필요가 있다.[52)]

③ 비밀유지권은 의뢰인의 권리이지, 변호사의 권리가 아니다. 비밀유지권은 의뢰인의 변호사 조력을 뒷받침하기 위한 권리이지, 변호사 업계를 보호하기 위한 제도가 아니다. 비밀유지권의 행사나 포기는 의뢰인만이 행사할 수 있고, 변호사의 압수거부권이나 진술거부권은 의뢰인의 권리를 보호하는 범위 내에서만 대신 행사하는 것이다. 이러한 점에서도 변호사의 비밀유지권과 같은 용어보다는, 의뢰인의 비밀유지권이나 비닉특권 같은 용어의 사용이 바람직하다.

④ 위 전제의 연장선상에서 비밀유지권이 변호사 사무실에 대한 압수, 수색 등을 전반적으로 금지하는 등의 이른바 법률사무소를 성역화하는 수단으로 활용되어서는 안 된다. 변호사 사무실에 핵심 증거를 은닉

52) 이에 대해서는 의뢰인이 변호인으로부터 충분한 조력을 받을 수 있도록 형사소송법 제112조에 따른 압수거부권의 범위를 보다 넓게 해석해야 한다는 견해가 존재한다. 문재완, "변호인의 조력을 받을 권리와 법률자문의 보호", 인권과 정의 제335호, 대한변호사협회, 2004.

하거나, 변호인이 범죄에 연루된 경우에는 강제절차가 허용되어야 한다. 비밀유지권의 본류인 미국에서도 법률사무소에 대한 영장 집행으로 변호사 작성 문서 보호 원칙(work product doctrine) 대상이 아닌 문서에 대한 수색이 적법하게 인정된 사례가 있다.[53] 범죄를 촉진하거나 지원하기 위한 법률자문에 대해서는 비밀유지권 적용이 배제되어야 함은 물론이다(이른바 Crime fraud exception).

⑤ 비밀유지권의 실제 적용 범위는 입법을 통해 명확하게 정립되어야 한다. 영미법상 비밀유지권 관련 법리는 수백 년의 기간 동안 수많은 판례에 의해 형성되어 왔다. 연방증거법(Federal Rules of Evidence)이나 연방민사절차법(Federal Rules of Civil Procedure)은 비밀유지권과 관련하여 일반적인 조항을 두고 있고, 실제 세부적인 절차 등은 다양한 판례에서 정한 법리에 따라 이루어지는 것이 현실이다.[54] 이러한 법체계를 갖추고 있지 않은 우리나라의 경우 입법을 통해 비밀유지권의 대상이 되는 의사교환의 범위를 명확하게 규정하여야 한다. 필요하다면 법률에 근거 규정을 두는 것뿐만 아니라, 압수·수색 영장 집행 등에 있어서 수사기관 등이 비밀유지권 보장을 위해 준수해야 하는 내규 등을 상세하게 규정할 필요가 있다.[55]

⑥ 수사 및 형사재판절차에 대해서도 문서제출명령과 관련한 민사소송법 제347조 제4항에서 규정하는 이른바 인카메라(in-camera) 절차를 폭넓게 도입하는 것에 대한 공감대 형성이 필요하다. 변호사의 법률의견서나 의뢰인의 법률자문 의뢰 내용 등은 검사가 이를 설사 공판절차에서 증거로 제출하지 못한다고 하더라도 이를 열람하는 것 자체만으로 재판

---

53) In re Search Warrant for Law Offices Executed on Mar. 19, 1992, 153 F.R.D. 55, 58 (S.D.N.Y. 1994).

54) 김은열, 앞의 논문(주 2), 173쪽.

55) 예를 들어 미국의 경우 2006년 12월 12일 법무부 부장관 폴 맥널티가 기업범죄에 관한 연방기소 원칙, 이른바 맥널티 메모(McNulty Memorandum)를 발표하여 기업범죄와 관련한 의뢰인-변호사 간 비밀유지권을 포기하도록 부당하게 종용하는 것을 방지하기 위해 일정한 요건을 갖추어 법무부 부장관의 사전 승인을 받은 경우에만 가능하도록 하는 절차를 수립한 바 있다.

절차에서 크게 유리한 지위를 점할 수 있다. 따라서 영장 집행 과정에서 비밀유지권 대상임을 주장하는 경우 이를 수사기관이 직접 열람하여 판단하는 것을 방지하여야 한다. 그 대신 해당 증거에 대해 봉인 등을 진행하고 법원이나 독립된 기관이 해당 여부를 확인하는 절차를 수립할 필요가 있다.[56] 과연 이러한 절차를 도입하는 것이 여러 현실적인 여건을 고려할 때 가능한지에 대한 공감대 형성도 필요하다.

⑦ 재판절차의 공정성을 확보하고 허위진술이나 비밀유지권의 남용을 방지하기 위한 조치가 필요하다. 사법방해죄 등이 도입되는 전제하에 비밀유지권 법제화를 적극적으로 도입할 수 있다는 주장은 이러한 점에서 경청할 필요가 있다.[57] 찬반론이 존재하는 사법방해죄 등을 입법화하기 어렵다면, 비밀유지권 남용을 제재하는 변호사협회의 규정 정비 등이 함께 이루어져야 한다.

⑧ 재판절차뿐만 아니라 국세청, 금융감독원, 공정거래위원회 등 행정조사절차에 대해서도 비밀유지권 제도가 도입되는 것이 필요하다. 앞서 논의한 바와 같이 이러한 행정조사의 경우 임의제출 형식을 통해 변호사와의 의사교환 내용을 제출 받는 경우가 많기 때문에, 이를 제한하기 위한 구체적인 규정 도입이 필요하다.[58] 비밀유지권이 우리나라와 같이 비밀유지권이 인정되지 않는 일본의 경우에도 공정거래위원회가 관련 지침[59]을 제정하여 조사절차에서 비밀유지권을 보장하고 있다. 개별 행정기관의 규정으로 수립하는 것도 검토할 수 있고, 행정조사절차법 및 행정조사기관의 규정 개정을 통해 이를 전반적으로 도입하는 것에 대해서도 검토가 필요하다.

비밀유지권 제도의 도입은 위와 같은 전제 사항에 대한 공감대 형

---

56) 상세한 방식에 대해서는 한애라, 앞의 논문(주 2); 손창완, 앞의 논문(주 2) 참조.

57) 국회의원 김병기, 김상욱, 한국경제신문 주최 “ACP(Attorney-Client Privilege) 입법콘서트”, 석동현 검사 토론 내용(2024. 11. 21.).

58) 손창완, 앞의 논문(주 2), 38쪽.

59)「사업자와 변호사 간에 비밀리에 행해진 통신 내용이 기록되어 있는 물건의 취급지침(事業者と弁護士との間で秘密に行われた通信の内容が記録されている物件の取扱指針)」.

성이 이루어진 이후 추진되어야 한다. 비밀유지권 제도에 대한 우려가 있는 현재로서는, 비밀유지권을 도입하더라도 엄격한 형식적 요건을 갖춘 법률의견서와, 이를 받기 위한 자문의뢰서 및 사실관계 설명으로 제한하는 것이 현실적이다. 이하에서는 위 전제조건에 대한 공감대가 형성되었다는 전제하에, 구체적인 제도 설계와 관련한 방안을 비밀유지권의 적용범위, 적용제외사유, 검증절차, 위반 시의 효력의 네 가지로 구분하여 제시한다.

Ⅳ. 비밀유지권 제도의 설계

1. 적용대상 의사교환

비밀유지권 대상 의사교환은 다음과 같은 세 가지 요건을 갖출 것을 제안한다. ① 의뢰인이 적법한 법률자문을 받기 위한 목적으로 ② 독립적으로 자문을 제공하는 변호사 간의 법률자문과 관련한 의사교환으로서 ③ 비밀을 유지하여 이루어지는 경우에 적용되어야 한다.

① 적법한 법률자문을 받는 데에 목적이 있어야 하므로 법률자문의 목적이 아닌 범죄 등 위법행위를 수행할 목적으로 행해지는 의사교환에는 적용되지 않고, 변호사가 의뢰인과 공범 관계에 있거나 의뢰인의 위법행위를 조력하는 경우는 적용되지 않는다. 법률자문을 받는 것이 목적이라면, 수사 등 형사절차의 개시 여부를 불문하고 일상적인 법률 자문관계에 대해서도 적용하는 것이 합리적이다. 법률 자문을 받기 위한 경우라면 사법상 위임계약의 성립 여부, 소송절차 상 선임계의 제출 여부와 관계없이 보호대상이 될 필요가 있다. 법률자문을 받을 목적으로 이루어진 의사교환이라면 해당 압수·수색 대상자인 피의자, 피고인과 변호인간 의사교환뿐만 아니라 다른 의뢰인과 변호인간 의사교환 역시 보호대상이 되어야 한다.

이와 관련하여서는 2018년 선고된 폭스바겐 로펌 압수·수색 관련 독일연방헌법재판소의 결정[60]을 참조할 필요가 있다. 2015년 폭스바겐은 배출가스 조작 등 혐의에 대한 미국 정부 조사에 대응하기 위해 미국 로펌인 Jones Day를 선임하였고, 이를 위해 Jones Day 뮌헨 사무소 소속 변호사들은 폭스바겐에 대한 내부조사를 실시하였다. 그런데 이후 독일 수사기관이 폭스바겐의 자회사인 아우디에 대한 사기죄 및 허위광고 혐의를 조사하면서 Jones Day 뮌헨 사무소를 압수·수색하여 Jones Day가 과거 폭스바겐의 의뢰를 받아 수행한 자료를 대거 확보하였다. 독일형사소송법 제97조는 피고인과 변호사 간 서면 통신, 피고인의 변호사에게 제공한 정보 등에 대해 작성한 기록에 대해서 압수를 제한하는데, 독일 연방헌법재판소는 위 규정은 피고인과 그 변호인 사이에만 적용되는 것이므로 아우디의 형사 사건이 문제된 해당 사건에서의 압수·수색의 경우 위 규정이 적용되지 않는다고 보았다.[61]

이러한 상황이 발생하는 것을 방지하기 위해서는 피의자, 피고인과 변호인 간 의사교환뿐만 아니라 의뢰인과의 의사교환 전반을 보호대상으로 할 필요가 있다. 형사절차에서의 비밀유지권 보장은 물론, 형사절차 개시 전이나 행정조사절차에도 비밀유지권이 보장되기 위해서는 형사소송법과 함께 변호사법 개정이 이루어지는 것이 바람직하다.

② 변호인은 의뢰인에게 종속된 관계가 아닌 독립적인 지위에서 자문을 제공하여야 한다. 따라서 의뢰인의 요구에 따라 법률자문의 결론이 정해진 경우 등 영향을 받는 경우에는 적용되지 아니한다. 사내변호사의 경우 기본적으로 의뢰인인 회사에 종속적인 관계에 있으므로, 독립적인 지위에서 회사 경영진이나 법률자문을 의뢰한 사내부서의 영향력을 받지 않고 법률자문을 제공하는 경우에 한하여 적용대상이 된다.[62] 법률자문에 관한 의사교환이어야 하므로, 원칙적으로 변호사에게 자문을 문의하는

60) 2 BvR 1405/17, 2 BvR 1780/17, 2 BvR 1562/17, 2 BvR 1287/17, 2 BvR 1583/17.

61) 해당 사건의 경과 및 반응에 대해서는 정상민, 전게논문, 147-150쪽.

62) 기업이 의뢰인인 경우 기업의 여러 임직원 중 누가 의뢰인에 해당하는지가 문제될 수 있다. 미국의 경우 본래 변호사와 기업의 고위 임원과 같은 의사결정권자 간 의사교환에 대해서만 비밀유지권이 인정된다는 이른바 관리자 그룹 기준(control group test)을 택하고 있었으나, Upjohn Co. v. United States, 449 U.S. 383-389 (1981) 판결 이후에는 일반 임직원과의 의사교환에 대해서도 비밀유지권을 인정하였다.

자문의뢰서와 사실관계 설명 및 이에 대한 변호사의 법률의견서와 수사 및 소송 대응 전략에 관한 의견서로 한정된다.[63] 앞서 본 바와 같이 의뢰인이 유일한 증거를 변호사에게 제공하는 경우에는 이러한 증거의 제공이 설사 법률자문을 받기 위한 목적이었다고 하더라도 형사소송법 제112조의 중대한 공익상 필요가 있는 것으로 보아 압수대상에 포함되어야 한다.

③ 의사교환의 내용이 비밀로 유지되어야 하므로 의도적으로나 실수에 의하여 외부에 공개된 것은 대상이 되지 않는다. 절차적 명확성을 위해서는 해당 문서가 적절한 방법에 따라 비밀로 유지되어야 하고, 비밀유지권 대상임이 명확하게 표기되어야 한다. 미국의 경우 "attorney-client privilege"라는 문구를 문서에 표기하는 것이 일반적인데, 이에 준하여 "의뢰인 비밀유지권"이라는 문구를 문서 등 의사교환에 표기하고, 전자파일의 경우 파일명에도 이를 기재하는 형식적 요건을 갖춘 경우에 한하여 이를 보호한다. 비밀유지권 적용 대상 여부를 명확히 하기 위해, 변호사가 비밀유지권 대상 자료 관리부를 작성하게 하고, 관리부에 기재된 자료에 한하여 비밀성의 요건을 갖춘 것으로 하는 방법도 검토할 수 있겠다. 관리부에는 관리번호, 의사교환 일시, 의사교환의 제목 및 대략적인 내용, 의사교환의 발송인과 수신인을 기재하게 하여 비밀유지권 해당 여부를 일차적으로 확인할 수 있도록 하여야 한다.[64]·[65]

---

63) 참고로 일본 공정거래위원회의 「사업자와 변호사 간에 비밀리에 행해진 통신 내용이 기록되어 있는 물건의 취급지침」의 경우 ① 특정 행위자가 변호사에게 상담하는 문서, ② 변호사가 특정 행위자에게 회답한 문서, ③ 변호사가 실시한 사내조사에 근거한 법적 의견이 기재된 보고서, ④ 변호사가 출석하는 사내회의에서 해당 변호사와의 법적 의견에 대한 교환이 기재된 사내회의 메모만을 비밀유지권의 대상으로 하고 있다(제2조의1).

64) 미국에서는 디스커버리 절차 등이 개시되면 이른바 privilege log를 작성하여 상대방 당사자에게 제공하고, 이를 바탕으로 비밀유지권 해당 여부를 논의하는 것이 일반적이다. 구체적 절차에 대해서는 한애라, 앞의 논문(주 2), 240쪽.

65) Privilege log에 어떠한 내용을 기재해야 하는지와 관련하여 연방민사절차규정(Federal Rules of Civil Procedure) 26(b)(5)(A)(ii)는 "상대방 당사자가 특권의 주장을 판단할 수 있도록 비밀유지권 대상이 되는 정보를 밝힘 없이 제공되거나 공개되지 않는 문서, 대화, 또는 물건의 성격을 기술하여야 한다"라고 규정하고 있을

2. 적용제외사유

비밀유지권의 제외 사유는 크게 ① 의뢰인의 포기에 의한 경우와, ② 법률자문이 범죄나 위법행위를 조력하는 경우, ③ 변호사와 의뢰인 간 수임계약 등 관련 분쟁이 있는 경우의 세 가지를 상정해 볼 수 있다.[66] 적용 예외는 모두 그 예외를 주장하는 측(예를 들어 수사기관이나 행정조사기관)이 범죄가 시도되었다고 믿을만한 상당한 이유가 있고 문제가 된 의사소통이 이를 조장하고 있다는 점을 소명하여야 한다.[67]

① 비밀유지권은 의뢰인만의 권리이므로, 의뢰인에 의하여만 포기될 수 있다.[68] 기업 의뢰인의 경우 일반적으로 임원이나 이사를 포함한 기업 경영진 등 소위 관리자 그룹만 이를 포기할 수 있다고 보는 것이 타당하다.[69] 실수로 인한 유출의 경우 미국연방증거법은 추가 공개를 방지하기 위한 합리적인 조치를 취하고 상대방에게 해당 자료가 비밀유지권 대상임을 알리는 절차를 취할 것을 요구하는 조건하에 비밀유지권 대상이 됨을 인정한다.[70]

비밀유지권이 보다 문제가 되는 것은 임의제출의 방식을 통해 비밀유지권 대상 자료를 수사기관이나 행정조사기관에 제출하는 경우다. 임의제출은 수사기관이나 행정기관의 우월적 지위에 기반하여 이루어지는 경우가 많으므로, 내부 규정의 수립 등을 통해 실체적 진실 발견을 위해

뿐 privilege log에 구체적으로 어떠한 내용이 포함되어야 하는지를 규정하고 있지는 않다. 대개는 일시, 의사교환을 한 당사자, 대략적인 제목 등만을 기재하는 것이 일반적이라고 한다. Greenwald, David M., & Michele L. Slachetka, 앞의 자료(주 12).

66) 본 논문 작성 시점(2024. 12.) 22대 국회에 제출된 변호사법 개정안들은 모두 위와 같이 세 가지 사항에 대한 예외를 인정하고 있다.

67) 범죄-사기 예외의 경우, United States v. Jacobs, 117 F.3d at 87 (2d Cir. 1997); John Doe. Inc. v. United States, 13 F.3d at 637; S.E.C. v. Herman, No. 00-5575, 2004 WL 964104. at 2 (S.D.N.Y. May 5, 2004).

68) 미국의 판례도 같은 입장이다. Sandra T.E. v. S. Berwyn Sch. Dist. 100, 600 F.3d 612, 618 (7th Cir. 2010).

69) Commodity Futures Trading Comm'n v. Weintraub, 471 U.S. 343, 349 & n.5 (1985).

70) Federal Rule of Evidence 502(b).

해당 자료의 열람이 반드시 필요한 경우 등으로 제한적으로 운용할 필요가 있다. 과거 미국에서는 검찰이 기업범죄에 대한 수사 범위, 기소 여부, 유죄 협상(plea bargaining) 등을 결정함에 있어 기업이 자발적으로 범죄사실을 공개하고 검찰 수사에 협조하는지를 고려하면서, 피의자인 기업이 비밀유지권을 포기할 경우 이를 긍정적 요소로 고려하는 내용의 정책을 유지한 바 있다.[71] 이러한 지침으로 인하여 비밀유지권이 충분히 보호되지 못한다는 법조의 문제의식이 높아지자 2006년 맥널티 메모(McNulty Memorandum)을 통해 일정한 요건하에 법무부 부장관의 사전 승인을 받은 경우에 한하여 포기를 요청할 수 있도록 절차를 변경하였다.[72]

22대 국회에 제출된 변호사법 개정안들은 모두 비밀유지권 포기 승낙을 강요한 경우 이를 형사처벌 대상으로 하고 있으나,[73] 실무상 임의제출이 수사기관이나 행정기관의 강요에 의해 이루어졌다고 보기 어려운 경우도 많을 것이므로, 내부규정을 통해 비밀유지권 대상 문서의 제출을 제한하는 것이 바람직하다.

② 비밀유지권은 적법한 법률자문을 얻기 위한 목적으로 인한 경우에만 적용되므로, 변호사가 의뢰인과 공범 관계에 있거나 변호사의 법률자문이 의뢰인의 범죄의 실행에 이용된 때에는 비밀유지권을 적용하지 않는 것이 타당하다(이른바 범죄-사기의 예외, crime-fraud exception).[74] 비밀유지권의 주체는 의뢰인이므로 변호사가 범죄를 몰랐거나 이에 가담할

---

71) Deputy Attorney General Eric Holder, Memorandum on Federal Prosecution of Corporations 3 (June 16, 1999); Deputy Attorney General Larry D. Thompson, Principles of Federal Prosecution of Business Organizations (January 20, 2003); Acting Deputy Attorney General Robert D. McCallum, Jr., Waiver of Corporate Attorney-Client and Work Product Protections (October 21, 2005).

72) Deputy Attorney General Paul J. McNulty, Principles of Federal Prosecution of Business Organizations (Dec. 12, 2006).

73) 2024. 8. 26.자 변호사법 일부개정법률안(이건태 의원 대표발의, 의안번호 제2203182호), 2024. 9. 2.자 변호사법 일부개정법률안(김병기 의원 대표발의, 의안번호 제2203473호), 2024. 11. 4.자 변호사법 일부개정법률안(서영교 의원 대표발의, 의안번호 제2205222호).

74) United States v. Zolin, 491 U.S. 554, 563, 109 S.Ct, 2619, 2626 (1989).

의사가 없더라도 의뢰인이 이를 범죄의 목적으로 활용한 경우에는 예외가 적용된다.

③ 변호사와 의뢰인 간 수임계약에 대한 분쟁이 발생하는 경우에는 자문내용을 법원에 제출하는 것이 필요할 수 있다. 수임계약의 내용에 따라 변호사가 과연 성실하게 업무를 수행했는지 여부가 다퉈지는 경우, 변호사로서는 법률의견서 등 수행 업무와 관련한 자료를 의뢰인의 동의 없이 해당 사건을 판단하는 재판부에 제출하는 것이 필요할 수 있다. 다만 이 경우에도 필요 최소한의 범위 내에서 이루어질 필요가 있고, 이와 같이 제출된 자료가 문서제출명령 등을 통해 의뢰인의 다른 사건에서 활용되어서는 안 된다.

3. 비밀유지권 확인 관련 절차의 수립

비밀유지권 적용 대상 문서는 열람하는 자체만으로 피의자, 피고인 또는 상대방 당사자의 소송전략이나 법적 권리, 의무 내용을 파악할 수 있으므로, 비밀유지권 적용 대상임이 형식적으로 확인된 경우에는 이를 수사기관 등이 열람하지 않는 것이 중요하다. 만일 수사기관 등이 비밀유지권 해당 여부에 대해 다투는 경우에는 수사 등에 참여하지 않는 독립적인 제3자가 해당 문서 등을 열람하고 해당 여부를 결정하는 절차가 필요하다. 예를 들어 미국의 경우 수사기관이 영장을 집행하는 과정에서 비밀유지권 대상이 될 수 있는 문서를 압수하면 이 경우 수사에 참여하지 않는 검사로 구성된 이른바 "privilege team"이 비밀유지권 대상이라고 주장하는 문서를 사전 검토하는 것이 일반적이다.[75] 변호인의 법률 의견서와 같이 민감한 문서의 경우, 비밀유지권을 주장하는 당사자가 수사기관의 구성원이 아니라 법원이 지정하는 전문가(special master)가 비밀유지권 해당 여부를 검토할 것을 요청할 수도 있다. 일본 공정거래위원회의 경우 해당 사건의 조사에 관여되지 않은 사람을 판별관으로 지정하여 특

---

75) United States v. Derman, 211 F.3d 175, 176, 181-82 (1st Cir. 2000); United States v. Grant, No. 04 CR 207BSJ, 2004 WL 1171258 (S.D.N.Y. May 25, 2004).

권 대상 여부를 판단하게 한다.[76)]

우리나라에서는 법률 문화의 차이 상, 수사에 참여하지 않는 검사 등을 통해 비밀유지권을 담보하는 제도보다는, 민사소송법 제347조 제4항에서 규정하는 이른바 인카메라(in-camera) 절차를 준용하여 비밀유지권 대상임을 주장하는 경우 그 당위성을 법원이 검토하는 절차를 통하는 것이 보다 현실에 맞다고 생각된다.[77)] 해당 증거에 대해 봉인 등을 진행하고 법원이 해당 여부를 확인하는 절차를 수립할 필요가 있다. 행정조사 절차의 경우에는 행정청 내에 조사에 관여하지 않는 독립된 제3자가 이를 수행하는 방식을 택하는 것이 현실적일 것이다.

4. 위반의 소송법상 효과

비밀유지권 대상 법률의견서 등 의사교환을 압수한 경우 위법수집증거로서 증거능력을 배제하는 것이 타당하다(형사소송법 제308조의2). 위법증거의 민사소송상 증거능력에 대해서는 주지하는 바와 같이 이를 정면으로 다루고 있는 판례는 찾기 어려운바, 이에 관한 일반적인 논의에 준하여 처리하면 될 것으로 생각된다.[78)] 22대 국회에 제출된 변호사법 개정안 역시 비밀유지권 침해 시 재판뿐만 아니라 행정절차 등에서도 증거능력을 배제하는 규정이 포함되어 있다.[79)]

다만 증거능력을 부정하더라도 수사기관 등이 이미 해당 자료를 열람하여 제출한 경우 피고인 등은 소송에서 불리한 위치에 처해질 가능성

---

76) 事業者と弁護士との間で秘密に行われた通信の内容が記録されている物件の取扱指針 第4.

77) 한애라, 앞의 논문(주 2), 260쪽.

78) 예를 들어 형사법을 위반하는 범죄행위에 의하여 증거를 수집한 경우에는 증거능력을 부정하고, 그렇지 않은 경우에는 증거능력을 인정하자는 견해에 따를 경우 [전원열, 앞의 책(주 27), 366쪽], 만일 비밀유지권의 침해를 형사처벌 대상으로 한다면 증거능력을 부정하게 된다.

79) 2024. 8. 26.자 변호사법 일부개정법률안(이건태 의원 대표발의, 의안번호 제2203182호), 2024. 9. 2.자 변호사법 일부개정법률안(김병기 의원 대표발의, 의안번호 제2203473호), 2024. 11. 4.자 변호사법 일부개정법률안(서영교 의원 대표발의, 의안번호 제2205222호)

이 높고, 법원의 심증 형성에도 영향을 줄 가능성은 배제하기 어렵다. 이 문제는 비밀유지권을 의도적으로 침해한 경우 일정한 형사상, 행정상 책임을 묻는 방식을 통해 이를 억제할 수밖에 없을 것으로 생각된다.

V. 결 론

비밀유지권은 변호인의 조력을 받을 권리를 보장하고 적절한 법률자문을 통해 우리 사회의 준법 수준을 높이는 역할을 수행할 수 있지만, 이에 대한 남용을 적절히 통제하지 못할 경우 실체 진실 발견에 저해가 되는 등의 부작용이 발생할 수 있다. 현재 비밀유지권의 도입 필요성에 대한 논의는 대부분 미국 비밀유지권의 내용을 우리나라에도 도입하는 것을 그 내용으로 하는데, 소송제도가 다르고 매우 오래전부터 수많은 판례를 통해 형성된 미국의 제도[80] 를 우리나라에 그대로 도입하는 것은 현실적이지 않은 측면이 있다. 비밀유지권 제도를 입법을 통해 도입하기 위해서는 무엇보다도 비밀유지권의 필요성과 이로 인한 부작용을 줄이기 위한 전제 사항에 대한 공감대 형성이 필요하다. 형사절차에서 비밀유지권 해당 여부를 판단하기 위한 인카메라 절차를 어떻게 구현할 것인지에 대해서도 검토가 필요하다. 이를 전제로 엄격한 형식적 요건하에, 법률의 견서와 이를 위한 의뢰서와 같은 필요한 최소한의 범위 내에서 이를 도입하는 것을 제안한다.

---

80) 비밀유지권은 영국의 엘리자베스 1세 치세인 1577년 Berd v Lovelace 사건에서 처음 언급되었다고 보기도 하고, 1654년 Walfron v. Ward 사건에서는 변호사가 의뢰인의 비밀을 진술할 필요가 없음이 직접적으로 인정되었다고 본다. Hazard Jr, Geoffrey C., *An Historical Perspective on the Attorney-Client Privilege*, Calif. L. Rev. 66 (1978) p. 1070; Peiris, P.L., *Legal Professional Privilege in Commonwealth Law*, The International and Comparative Law Quarterly Vol. 31, No. 4 (1982), p. 609.

[Abstract]

Designing the Attorney-Client Privilege System in Korea

Chung, Joon Hyug*

Discussions and research on introducing the attorney-client privilege (ACP) to Korea have been active since the 2010s. In particular, the need for such a privilege gained traction following a 2012 Supreme Court en banc decision that ruled attorney-client privilege does not apply to legal advice provided prior to the initiation of criminal proceedings. Several cases involving the seizure of legal advice through searches of law firms by investigation agencies further amplified calls for its introduction. Bills proposing amendments to the Attorney-at-Law Act and the Criminal Procedure Act to introduce attorney-client privilege were also submitted to the National Assembly.

Despite these ongoing discussions, there has been no legislative progress on introducing the attorney-client privilege or changes in investigative practices to protect it. The lack of progress, even after more than a decade of debate, may be due to lack of consensus within the legal community and society on the necessity and scope of the privilege. While there is agreement that seizing legal advice through searches of law firms may violate the constitutional right to receive adequate legal assistance, concerns persist that introducing such a privilege without careful consideration of its scope, requirements, and procedures could lead to misuse, such as evidence destruction or tampering.

This paper identifies the preconditions for its implementation under the Korean laws. Taking into account of concerns that attorney-client privilege

* Associate Professor, Seoul National University, Ph.D.

may lead to misuse, this paper proposes that privileged communications should be limited to exchanges : (ⅰ) made for the purpose of obtaining legitimate legal advice, (ⅱ) involving an independent attorney, and (ⅲ) conducted in confidence. Similar with other jurisdictions, the privilege should not apply if the client waives it or if the legal advice facilitates criminal or unlawful conduct.

Current discussions on introducing attorney-client privilege in Korea primarily draw on the U.S. model. However, considering differences in legal systems—such as the absence of a discovery process or obstruction of justice in Korea—this paper suggests adopting a system with strict formal requirements, limited to documents like legal opinions by the attorney and consultation requests by the client.

[Key word]

- Attorney-Client Privilege
- Legal profession
- Legal assistance
- Compliance
- Attorney-at-Law Act
- Criminal Procedure Act

참고문헌

[국내문헌]

1. 단 행 본

서주연 · 윤종행 · 천하람, 변호사와 의뢰인 간 비밀유지권에 관한 연구, 한국형사정책연구원, 2021.

이상훈, 변호사-의뢰인 간 의사교환의 비밀보장에 관한 연구–형사절차에서 증거수집 및 사용을 중심으로, 사법정책연구원, 2022.

전원열, 민사소송법 강의(제3판), 박영사, 2022.

최승재, 변호사와 의뢰인 사이의 비밀 보호를 위한 제도연구, 법률신문사, 2013.

2. 학술논문

권솔지 · 박동성, “변호사-의뢰인 특권의 의뢰인 권리로서의 해석과 입법화 방향: 변호인 조력권의 실효성 보장을 위한 제언”, 법학논총 제37권 제2호, 국민대학교 법학연구소, 2024.

김병주, “행정조사에서 변호인 조력권과 진술거부권 침해 문제”, 사법 제59호, 사법발전재단, 2022.

김은열, “변호인 · 의뢰인 비밀유지권과 압수에 관한 입법 개선–형사소송법 제112조 압수거부권 조항 등의 현행 해석론과 개정안의 한계를 중심으로–”, 형사정책 제35권 제2호, 한국형사정책학회, 2023.

김재덕, “민사사건에 대한 고소의 원인과 대책”, 원광법학 제31권 제3호, 원광대학교 법학연구소, 2015.

Kim, Joonki, “Recent Debates in Attorney-Client related Privilege and Confidentiality in Korea and Its Implications to International Arbitration”, 중재연구 제33권 제3호, 한국중재학회, 2023.

김현수, “변호사의 비밀유지의무와 권리에 관한 고찰”, 저스티스 제177호, 한국법학원, 2020.

김효성, “국내 경쟁법 절차에 비밀유지권 도입 검토–일본의 제도를 중심으로–”, 경쟁법연구 제42권, 한국경쟁법학회, 2020.

남수진, “변호사-의뢰인 비닉특권의 도입 요구에 앞서 미국의 제도와 경험의 시사점”, 서울법학 제26권 제2호, 서울시립대학교 법학연구소, 2018.

남희경, “사내변호사에 대한 변호인·의뢰인 특권 적용에 대한 연구”, 법과사회 제43호, 한국법사회학회, 2012.

문재완, “변호인의 조력을 받을 권리와 법률자문의 보호”, 인권과 정의 제335호, 대한변호사협회, 2004.

손창완, “변호사·의뢰인 간 비밀 의사교환의 보호-비닉권의 인정가능성 및 관련 법률의 해석-”, 법학논총 제32권 제2호, 국민대학교 법학연구소, 2019.

이순욱, “사내변호사와 변호사의 비밀유지권”, 법학논총 제40권 제2호, 전남대학교 법학연구소, 2020.

전원열, “민사소송절차상 디스커버리 도입에 관한 검토”, 인권과 정의 제501호, 대한변호사협회, 2021.

정상민, “기업의 내부조사와 변호사의 비밀유지권-독일연방헌법재판소의 폭스바겐-존스데이 결정을 중심으로-”, 인권과 정의 제514호, 대한변호사협회, 2023.

정준혁·김슬기, “사내변호사에 대한 비밀유지권 도입 검토-기업범죄 억제를 위한 컴플라이언스 강화를 중심으로”, 형사정책 제32권 제4호, 한국형사정책학회, 2021.

조성훈, “공정거래위원회 조사와 적법절차: 조사방해죄의 제한해석을 중심으로”, 저스티스 제198호, 한국법학원, 2023.

최광선, “프랑스의 변호사 비밀유지의무”, 비교사법 제28권 제4호, 한국사법학회, 2021.

최용, “고권적(高權的) 행정조사에 있어 적법절차원칙의 준수 및 적용 필요성에 관한 연구-입법론적 개선방안을 중심으로-”, 입법학연구 제18권 제1호, 한국입법학회, 2021.

한애라, “의뢰인-변호사 간 비밀유지권에 관한 검토 및 개선방향”, 법조 제68권 제4호(통권 제736호), 법조협회, 2019.

3. 기타자료

대한변호사협회, “[성명서] 검찰과 법원은 변호사의 의뢰인 비밀유지권을 침해하는 영장을 남용하지 말라”, 2016. 8. 18.자 보도자료.

______, “의뢰인 변호사간 비밀유지권 침해 실태조사”, 2019. 7. 4. 보도자료.

매일경제, "로펌 · 회사법무팀 압수수색 남발…"기업 방어권 털어가나"" 2019. 1. 19. (https://www.mk.co.kr/news/society/view/2019/01/13399).

법률신문, ""법치주의 후퇴 행위" vs "ACP 강조는 한쪽 편드는 것"", 2023. 8. 30. (https://www. lawtimes.co.kr/news/190753?serial=190753).

______, "로펌 압수수색 때마다 '변호사 비밀유지권' 법제화 목소리" 2023. 8. 16. (https://www.lawtimes.co.kr/ news/190300).

______, "로펌, 압수수색 피해 해외 클라우드로 '망명'" 2023. 3. 20. (https://www.lawtimes.co.kr/news/186124?serial=186124).

아시아경제, "[변호사 비닉특권]① 검찰의 로펌 '압수수색' 제동 걸리나 … 비밀유지권 수면 위로", 2024. 11. 11. (https://view.asiae.co.kr/article/2024110812065629218).

파이낸셜뉴스, "잇따른 로펌 압수수색에 의뢰인은 불안…"비밀유지권 입법 절실"", 2024. 7. 11. (https://www.fnnews.com/news/202407111423574515).

[외국문헌]

1. 단 행 본

OECD, "Treatment of Legally Privileged Information in Competition Proceedings" (DAF/COMP/WP3(2018)5, 26 November 2018).

Greenwald, David M., & Michele L. Slachetka, Protecting Confidential Legal Information, Jenner & Block (2017).

2. 학술논문

Fischel, Daniel R., Lawyers and Confidentiality, 65 U. CHI. L. REV. 1 (1998)

Hazard Jr, Geoffrey C., An Historical Perspective on the Attorney-Client Privilege, Calif. L. Rev. 66 (1978) .

Peiris, P.L., Legal Professional Privilege in Commonwealth Law, The International and Comparative Law Quarterly Vol. 31, No. 4 (1982).

Spahn, Tom, Corporate Attorney-Client Privilege in the Digital Age: War on Two Fronts, Stan. JL Bus. & Fin. 16 (2010).

Spaulding, Norman W., Compliance, Creative Deviance, and Resistance to Law : A Theory of the Attorney-Client Privilege, J. Prof. Law (2013).

3. 기타자료

Deputy Attorney General Eric Holder, Memorandum on Federal Prosecution of Corporations 3 (June 16, 1999).

Deputy Attorney General Larry D. Thompson, Principles of Federal Prosecution of Business Organizations (January 20, 2003).

Acting Deputy Attorney General Robert D. McCallum, Jr., Waiver of Corporate Attorney-Client and Work Product Protections (October 21, 2005).

Deputy Attorney General Paul J. McNulty, Principles of Federal Prosecution of Business Organizations (Dec. 12, 2006).

민사소송 당사자 및 대리인의 진실의무*

곽 희 경**

요 지

변론주의가 지배하는 민사소송에서 당사자 또는 대리인이 허위의 소송자료를 제출하면 진실발견을 저해하여 정당한 판결을 통한 권리구제를 방해할 뿐만 아니라, 허위 주장의 진위 규명 과정에서 소송절차 지연과 소송불경제를 초래한다.

독일 민사소송법 제138조 제1항은 "당사자는 사실상 사정에 관하여 완전하고 진실하게 진술하여야 한다"라고 규정하고 있다. 이에 따른 진실의무는 객관적·절대적 진실에 대한 의무가 아니라 주관적 진실에 대한 의무, 즉 '정직의무', '소송상 거짓말의 금지'를 의미한다. 역사적 전개과정을 보면 진실의무는 많은 절차법들의 기본 요소를 이루어 왔으며, 신의성실의 원칙이 지배하는 오늘날의 민사소송에서도 여전히 중요한 의미를 가진다. 성실하고 공정한 소송수행을 보장하고 질서 있는 사법을 구현하기 위해서는 당사자 및 대리인의 진실의무를 인정할 필요가 있고, 이는 헌법상 재판청구권이나 당사자의 소송수행의 자유 및 소송대리인의 직업수행의 자유에 대한 부당한 제한이 아니다. 다만, 진실의무의 의미를 '소송에서 의식적으로 허위의 소송자료를 제출하지 않을 의무'를 넘어서서 '진실규명을 위해 필요한 모든 소송자료를

---

* 이 글은 2024. 8. 24. 민사판례연구회 하계 심포지엄에서 발표한 글을 수정·보완한 것으로, 저스티스 통권 제205호(2024. 12.) 317-357면에 게재되었다. 발표 당시 지정토론을 맡아 실무적 관점에서 심도 있는 토론을 하여 주신 법무법인(유) KHL 김현석 변호사님, 그리고 자유토론에서 다양한 관점에서 예리한 질문을 던져 주신 호문혁 서울대학교 법학전문대학원 명예교수님, 윤진수 서울대학교 법학전문대학원 명예교수님, 서울중앙지방법원 양승우 판사님께 감사드린다.

** 아주대학교 법학전문대학원 부교수.

적극적으로 제출할 의무'로까지 확장하려는 시도(일반적 해명의무 이론, 디스커버리 도입론)는 사적자치가 지배하는 사적 법률관계를 다루는 민사소송의 본질, 주장 · 증명책임에 관한 기본원칙 등에 비추어 바람직하지 않다.

우리 민사소송법은 진실의무에 관한 명시적인 조항을 두고 있지 않지만 해석론에 의해 독일과 유사한 내용의 진실의무를 인정하고 있다. 그러나 명문의 규정이 없다 보니 그 내용이 모호하고, 소송 당사자들이 진실의무를 인식하지 못할 뿐만 아니라, 진실의무 위반에 대한 제재수단이 미비되어 그 실효성은 매우 낮은 실정이다. 따라서 진실의무의 내용과 그 위반의 효과를 법에 명확하게 규정할 필요가 있다.

[주 제 어]

- 진실의무
- 변론주의
- 주장 · 증명책임
- 일반적 해명의무
- 디스커버리

Ⅰ. 들어가며

민사소송의 가장 중요한 목표는 정당한 판결을 통한 권리의 실현이다. "분장하지 않은 진실은 정의의 자매이다(Die ungeschinkte Wahrheit ist die Schwester der Gerechtigkeit)"[1]라는 말처럼, 정당한 판결은 무엇보다도 정당한 사실 인정에서 출발한다. 민사소송의 대원칙인 처분권주의 및 변론주의(제출주의)[2]에 의해 당사자가 심판의 대상을 정하고, 이를 뒷받침하는 사실의 인정을 위한 소송자료(주장과 증거) 역시 당사자들이 제출해야 한다. 따라서 당사자들이 허위의 주장과 증거를 제출한다면, 민사소송은 그 목표를 달성하기 어렵게 된다.

그런데 소송 현실에서는 거짓 주장·증거가 제출되는 일이 심심치 않게 일어나고 있는 것 같다. 우리나라가 변호사 강제주의를 채택하고 있지는 않지만 상당수의 소송은 변호사 대리에 의해 이루어지고 있는데, 그러한 경우 거짓 주장·증거의 제출이 변호사에 의해 이루어지기도 한다. 세간에는 변호사를 '거짓말의 기술을 능숙하게 구사하는 존재'로 바라보는 부정적인 시각이 오래전부터 존재해 왔고, 이는 변호사를 "살아있는 긴 코를 가진 피노키오"라고 부르는 것이나,[3] "잘 배운 법률가는 신을 숭배하는 수많은 자들보다 훨씬 더 사탄에 가깝다"라는 고대 무슬림 명언[4]에서도 잘 드러난다.

'거짓말'이 나쁘다는 것은 누구나 동의하는 명제이지만, '소송'에서의 진실과 허위의 문제, 특히 '변호사'에 의한 진실 위배의 문제는 변론주의

---

1) 독일 법학자 Schlosser의 명언이다(Brand, "Das Spannungsverhältnis zwischen Wahrheitspflicht und Verschwiegenheitspflicht", AnwBl. 2014, S. 286).

2) "변론주의(Verhandlungsmaxime)"라는 표현은 민사소송에 있어서 법원에서 변론을 열어야 한다는 뜻이라고 생각되기 쉬워 적절한 용어는 못되며, "제출주의(Beibringungsgrundsatz)"라는 용어가 보다 적절하다고 한다[호문혁, "민사소송에 있어서의 이념과 변론주의에 관한 연구", 서울대학교 법학 제30권, 서울대학교 법학연구소, 1989, 221면].

3) Kleine-Cosack, "Verlogenes Verbot der Anwaltslüge", AnwBl. 2009, S. 495.

4) Kleine-Cosack, a.a.O., S. 495.

및 주장·증명책임과 같은 민사소송의 기본원칙들과의 관계, 헌법상 국민의 재판받을 권리 및 변호사의 직업수행의 자유와의 관계, 변호사의 의뢰인에 대한 성실의무 및 비밀유지의무와의 충돌 문제 등에 비추어 볼 때 그리 단순한 문제는 아니다.

최근 변론주의의 수정 · 보완 필요성에 관한 논의의 일환으로, 정보 · 증거의 구조적 편재 문제에 대처하기 위한 영미의 디스커버리 제도의 도입 논의와 함께, 이른바 당사자 및 대리인의 '진실의무' 도입에 관한 논의가 이루어지고 있다(사법행정자문회의 결정사항에 따른 대법원 디스커버리 연구반의 연구보고서, 이하 '대법원 디스커버리 연구반 보고서'라 한다).[5] 위 보고서에서는, '증명책임에 매몰된 재판이 아닌 실체적 정의에 부합하는 재판으로의 패러다임 변화' 필요성을 제기하면서, 이를 위한 단기적 관점에서의 민사소송 제도 개편 일환으로, 민사소송법에 당사자 및 소송관계인의 진실의무 규정을 도입할 것을 제안하고 있다.[6]

이러한 시점에, 당사자 및 대리인의 진실의무에 관한 우리나라에서의 종래 논의를 정리해보고, 진실의무를 민사소송법에 명문으로 규정하고 있는 독일의 입법례를 좀 더 깊이 살펴보며, 이를 통해 우리 민사소송 제도가 나아갈 방향을 가늠해 보는 것은 의미 있는 일이 될 것이다.

Ⅱ. 현행 민사소송에서의 진실의무에 관한 규율, 논의 상황

우리 민사소송법에서는 당사자 및 대리인의 진실의무에 관하여 명문 규정을 두고 있지 않다. 그러나 민사소송법상 몇몇 규정들을 통해 간접적으로 진실의무를 인정하고 있는 것으로 해석되고 있다. 즉, 민사소송법

5) 대법원 홈페이지의 '대법원' – '사법정책자문위원회' – '소개' – '기존위원회(사법행정자문회의)' – 정보' – '회의자료' 탭에 들어가, 회의자료 목록에서 '제23차 회의자료'를 클릭하면 디스커버리 연구반이 제출한 최종 보고서(2022. 10.)를 다운로드받을 수 있다. 첨부파일명: '4. [자문회의 23차] 디스커버리(증거개시) 제도 도입.pdf'(https : //help.scourt.go.kr/news/NewsViewAction2.work?pageIndex=1&searchWord= &searchOption=&seqnum=20&gubun=943 (2024. 10. 9. 최종 확인).

6) 대법원 디스커버리 연구반 보고서(주 5), 4면, 43-51면.

제363조는 당사자 또는 그 대리인이 고의나 중대한 과실로 진실에 어긋나게 문서의 진정을 다툰 때에는 200만 원 이하의 과태료에 처하도록 하고, 제370조는 당사자신문절차에서 선서한 당사자가 거짓 진술을 한 때에는 500만 원 이하의 과태료에 처하도록 하고 있는데, 이러한 규정들은 진실의무를 전제로 한 규정이라고 해석된다. 또한 민사소송법 제1조 제2항에 의하면 당사자와 소송관계인은 신의에 따라 성실하게 소송을 수행하여야 하는데, 이와 같은 신의성실의 원칙의 발현으로서 진실의무가 인정된다고 해석된다. 이러한 규정들에 따라 인정되는 진실의무는, '당사자 및 대리인이 진실에 반한다고 알고 있는 사실을 주장해서는 안 되며, 진실에 부합한다고 알고 있는 상대방의 주장을 다투어서는 안 되는 의무'라고 설명된다.[7)]

진실의무 위반의 경우에 특별한 법률효과를 부여하는 일반적인 규정은 없다. 다만 개별적인 규정에 따라 당사자나 대리인이 고의·중과실로 문서의 진정성립을 허위로 다투거나, 당사자신문절차에서 선서한 당사자가 거짓 진술을 하면 과태료에 처해질 수 있다(민사소송법 제363조, 제370조). 또한 어느 당사자가 허위 주장·증거를 제출하였음이 드러나면 사실인정에 있어서 변론전체의 취지(민사소송법 제202조)로서 당해 당사자에게 불리한 영향을 미칠 수 있고, 경우에 따라서는 승소한 경우라도 소송비용을 부담할 수 있으며(민사소송법 제99조, 제100조), 상대방에게 손해가 발생한 경우 소송사기가 되어 민사상 불법행위로 인한 손해배상책임을 부담하거나(민법 제750조), 형사상 사기죄가 성립할 수 있다(형법 제347조).

특히 '변호사'의 진실의무에 관하여는 변호사 직무규정에서 보다 상세한 규정을 두고 있다. 변호사법 제24조(품위유지의무 등) 제2항은 "변호사는 그 직무를 수행할 때에 진실을 은폐하거나 거짓 진술을 하여서는

---

7) 김홍엽, 민사소송법 제11판, 박영사, 2023. 433면; 이시윤, 신민사소송법 제16판, 박영사, 2023, 334면; 전원열, 민사소송법 강의 제3판, 박영사, 2022, 277면; 정동윤/유병현/김경욱, 민사소송법 제9판, 법문사, 2022, 384면; 호문혁, 민사소송법 제15판, 법문사, 2024, 55면 등.

아니 된다"라고 규정하며, 이에 위반하면 제명, 3년 이하의 정직, 3천만 원 이하의 과태료, 견책 등의 징계 대상이 된다(변호사법 제91조 제2항 제1호, 제90조 제2호 내지 제5호). 대한변호사협회의 변호사윤리장전 역시 윤리규약 제2조(기본윤리) 제2항에서 "변호사는 그 직무를 행함에 있어서 진실을 왜곡하거나 허위진술을 하지 아니한다", 제36조(재판절차에서의 진실의무) 제1항에서 "변호사는 재판절차에서 의도적으로 허위 사실에 관한 주장을 하거나 허위증거를 제출하지 아니한다"라고 규정하고 있다.

위와 같은 우리 민사소송에서의 진실의무에 관한 규율 내용을 종합해 보면, 민사소송법상 명시적 규정의 부재에도 불구하고 해석론에 의해 당사자와 대리인의 진실의무가 인정되고는 있으나, 그 위반에 대한 제재 수단이 특별히 마련되어 있지 않아 그 효과는 미미한 것으로 평가된다.[8] 변호사가 대리하는 소송에서도 상황은 다르지 않다. 변호사에게 법률가로서의 명예심과 직업윤리에 기대어 진실의무에 충실할 것을 기대하는 것은, 변호사 수의 급격한 증가로 인한 무한경쟁의 현실에 비추어 볼 때 현실성이 떨어진다. 변호사법상 변호사가 진실의무를 위반하면 징계의 대상이 되기는 하지만, 실제 진실의무 위반을 이유로 징계가 이루어진 사례는 찾아보기 어렵다.[9]

진실의무(특히 변호사의 진실의무)에 관한 우리나라의 종래 연구를 살펴보면, (민사소송과는 절차의 성격이 다른) 형사소송에서의 변호인의 진실의무에 관한 몇몇 대법원 판례를 중심으로 한 논의[10]가 상당수를 차지하고

---

8) 같은 취지의 서술로 호문혁, 앞의 책(주 7), 56면; 정동윤/유병현/김경욱, 앞의 책(주 7), 385면.

9) 대한변호사협회 징계결정사례집(2019~2022)에 수록된 총 412건의 징계사건 중 진실의무 위반을 이유로 한 징계 사례는 한 건도 보이지 않는다. 대한변호사협회, 징계사례집 제8집(2019~2022년 징계결정사례 중심), 경성문화사, 2023. 12.

이는 대한변호사협회 홈페이지의 '자료실'–'기타 간행물' 탭에 들어가, 기타 간행물 목록에서 '징계사례집 제8집(2019~2022)'를 클릭하면 다운로드 받을 수 있다. 첨부파일명: '대한변호사협회 징계사례집(제8집).pdf '[https : //koreanbar.or.kr/pages/board/view.asp?teamcode=&page=1&seq=13392&types= 9&category=&searchtype=&searchstr=(2024. 10. 9. 최종 확인)].

10) 주된 논제는 형사변호인이 피의자 · 피고인을 변호하는 과정에서 한 일정한 행위

있으며, 또 다른 상당 부분은 변호사 직무윤리 관점에서의 고찰[11]이 차지하고 있다. 이에 비해 민사소송절차에서의 당사자 및 대리인의 진실의무의 내용 및 효과에 관하여는 독일 민사소송법상 진실의무 규정을 소개하는 몇몇 논문[12]을 제외하면, 아직까지 깊이 있는 연구는 이루어지지 않고 있는 것으로 보인다.

Ⅲ. 독일 민사소송법상 당사자의 진실의무에 관한 규율

우리 민사소송법은 주지하다시피 독일 민사소송법(ZPO)을 일본을 통해 계수하였고, 그간 양국에서 여러 차례의 법개정이 이루어졌지만 현재에도 양국 민사소송의 기본원칙과 구조는 매우 유사하다. 그런데 우리나라와 달리 독일 민사소송법 제138조[13]는 '사실에 관한 설명의무, 진실의

가 범인도피, 증거인멸 등 별도의 형사 범죄를 구성하는지 여부에 관한 것이다. 형사 변호인의 진실의무에 관한 문헌으로는, 김형준, "변호인의 진실의무와 진술거부권의 행사권고-대법원 2007. 1. 13.자 2006모656 결정-", 법학논문집 제31집 제1호, 중앙대학교 법학연구소, 2007; 배기석, "형사변호인의 진실의무와 변호권의 한계", 인권과 정의 통권 제357호, 대한변호사협회, 2006. 5.; 이효진, "증거위조죄와 변호인의 진실의무에 관한 고찰-대법원 2021. 1. 28. 선고 2020도2642 판결을 중심으로-", 아주법학 제15권 제2호, 아주대학교 법학연구소, 2021. 8.; 정형근, "변호사의 진실의무-대법원 2012. 8. 30. 선고 2012도6027 판결-", 인권과 정의 통권 제436호, 대한변호사협회, 2013. 9. 등 참조.

11) 법조윤리 측면에서의 변호사의 진실의무에 관한 문헌으로는, 김현수, "형사변호사의 직업윤리와 이해충돌에 관한 연구", 인권과 정의 통권 제459호, 대한변호사협회, 20016. 8.; 손창완, "변호사의 제3자에 대한 윤리", 홍익법학 제17권 제1호, 홍익대학교 법학연구소, 2016. 2.; 윤은경, "국제중재절차에서의 중재대리인의 직업윤리", 법학논총 제29권 제3호, 국민대학교 법학연구소, 2017. 2.; 이재방, "변호사의 직무상 책임과 윤리의 충돌", 홍익법학 제8권 제3호, 홍익대학교 법학연구소, 2006. 10. 등 참조.

12) 김상훈, "진실의무에 관한 소고", 민사소송(제4권), 한국민사소송법학회, 2001. 1.; 남동현. "변론주의의 제한과 수정-§ 138 ZPO를 중심으로-", 비교사법 통권 제28호, 한국비교사법학회, 2005; 정선주, "민사소송에서 부지(不知)의 진술의 제한과 평가", 민사소송 제14권 제2호, 한국민사소송법학회, 2010. 11.; 호문혁, 앞의 논문(주 2).

13) 이하 독일 민사소송법 원문의 번역은 문영화, 민사소송법 번역집(독일), 법무부, 2019에 따른 것이다.

§ 138 Erklärungspflicht über Tatsachen; Wahrheitspflicht(사실에 관한 설명의무, 진실의무)

(1) Die Parteien haben ihre Erklärungen über tatsächliche Umstände vollständig

무(Erklärungspflicht über Tatsachen; Wahrheitspflicht)'라는 표제 아래 그 제1항에서 "당사자는 사실상 사정에 관하여 완전하고 진실하게(vollständig und der Wahrheit gemäß) 진술하여야 한다"라고 규정함으로써 진실의무에 관한 명시적인 조문을 두고 있다. 위 조항은 1933년 개정에 의해 입법화된 이래 현재까지 유지되고 있는데, 그 사이 독일에서는 위 규정에 관한 많은 논의와 연구가 이루어져 왔다. 이러한 독일 규정과 그에 관한 해석론을 살펴봄으로써, 우리나라 민사소송에서의 진실의무의 규율 방향에 관하여 유용한 시사점을 얻을 수 있을 것이다.

1. 진실의무의 역사적 · 이념적 배경

독일 민사소송법 제138조 제1항에 진실의무 조항이 신설된 1933년은 아돌프 히틀러가 독일 총리로 취임한 해로, 나치의 국가사회주의가 서막을 올린 때였다. 아돌프 히틀러 정부에 의해 공포된 1933년 개정법의 공포문에는 민사소송법 개정 이유에 대해 다음과 같이 밝히고 있다. :

> "당사자들과 대리인들은, 사법(司法)이 그들에게만 봉사하는 것이 아니라 동시에 무엇보다도 민족 전체의 법적 안전에 봉사하는 것임을 알아야 한다."
>
> "어느 당사자에게도, 법원을 부진실로써 오도하거나, 악의 또는 부주의한 소송지연으로 법원의 인력을 남용하는 것이 허용될 수는 없다."[14]

---

und der Wahrheit gemäß abzugeben. (당사자는 사실상 사정에 관하여 완전하고 진실하게 진술하여야 한다.)

(2) Jede Partei hat sich über die von dem Gegner behaupteten Tatsachen zu erklären. (각 당사자는 상대방이 주장한 사실에 대하여 진술하여야 한다.)

(3) Tatsachen, die nicht ausdrücklich bestritten werden, sind als zugestanden anzusehen, wenn ni-cht die Absicht, sie bestreiten zu wollen, aus den übrigen Erklärungen der Partei hervorgeht. (명백히 다투어지지 아니한 사실은 자백한 것으로 본다. 단, 당사자의 다른 진술로 보아 이를 다투려는 의도가 드러나지 않는 경우이어야 한다.)

(4) Eine Erklärung mit Nichtwissen ist nur über Tatsachen zulässig, die weder eigene Handlungen der Partei noch Gegenstand ihrer eigenen Wahrnehmung gewesen sind. (알지 못한다는 진술은 당사자 자신의 행위도 아니고 스스로 인지한 대상이 아닌 사실에 대하여만 허용된다.)

14) Rechsgesetz vom 27. 10. 1933, RGBl. I S. 780. 해당 부분 원문은 아래와 같다. :

1933년 개정법은, 1877년 독일 민사소송법 제정 이래 고질적인 문제로 지적되어 온 소송지연의 문제를 해결하기 위해 집중주의를 실현하고자 하였으며, 그 구체적인 방법으로서 당사자의 진실의무 도입 외에 제2심의 실권(실기한 공격방어방법 각하) 강화도 그 내용으로 하였다.[15]

이처럼 독일 민사소송법 제138조 제1항은 국가사회주의자들에 의해 나치 이념의 영향 아래 탄생되었다.[16] 그러나 민사소송상 당사자의 진실의무는 위 개정법에 의해 처음으로 고안된 발명품은 아니며, 역사적으로 매우 오래된 뿌리를 가지고 있다.[17]

진실의무의 기원은 고대 로마법 시대로 거슬러 올라간다. 로마 민사소송법은 악의적 행위(schikanöses Verhalten)를 하지 않을 당사자의 일반적 의무의 일부로서, 당사자들에게 진실에 부합하는 주장(wahrheitsgemäßen Vortrag)을 할 의무(특히 부당한 소제기로 상대방을 괴롭히지 않을 의무)를 부과하고, 의무를 위반하면 형벌(Prozeßstrafen)을 가하였다. 또한 그 의무의 이행을 강제하기 위한 수단으로 선서(Kalumnieneid) 제도를 두고 있었는데, 원고는 악의적으로(aus Schikane) 소를 제기하지 않는다는 것을, 피고는 악의적으로 원고의 권리를 부정하지 않는다는 것을 선서하도록 하였으며, 선서를 거부하면 패소(Prozeßverlust)로 이어졌다.[18]

이러한 로마법상 당사자의 진실의무와 그 이행 보장을 위한 선서

"Die Parteien und ihre Vertreter müssen sich bewußt sein, daß die Rechtspflege nicht nur ihne-n, sondern zugleich und vornehmlich der Rechtssicherheit des Volksganzen dient."

"Keiner Partei kann gestattet werden, das Gericht durch Unwahrheiten irrezufuhren oder seine A-rbeitskraft durch böswillige oder nachlässige Prozeßverschleppung zu mißbrauchen."

15) 독일 민사소송법 1933년 개정법의 주요 내용에 관하여는 오정후, "독일 민사소송 제2심의 소송자료-그 변천사", 민사소송 제8권 제1호, 한국민사소송법학회, 2004. 2., 385-387면; Stein/Jonas, Kommentar zur Zivilpro-zessordnung, 23. Auflage, Band 1. 2022., vor § 1 Rn. 172(Brehm) 참조.

16) Brand, a.a.O.(2014), S. 286.

17) 이하 진실의무의 역사적 전개에 관하여는 Olzen, "Die Wahrheitspflicht der Parteien im Zivilproz-eß", ZZP 98(1985), 403ff. 참조.

18) Olzen, a.a.O., S. 403-405.

제도는 그 이후 카논법, 중세 게르만법을 통해 (일정한 변형을 수반한 채) 독일법계 절차법들에 전승되었다. 이에 있어서는 공통적으로 당사자들에게 객관적으로 진실한 주장이 요구된 것이 아니라, 자기 주장의 옳음(Richtigkeit)에 대한 주관적 확신(Überzeugung)만이 요구되었다. 이처럼 역사적 고찰에 의하면, 소송상 진실의무는 독일법계 절차법들의 기본적인 요소였음을 알 수 있다.[19)]

이와 같이 18~19세기 유럽대륙 각 국가들의 주요 민사소송법률들 및 초안들이 당사자의 진실의무를 인정하고 있었음에도 불구하고, 1877년에 제정된 독일 민사소송법에서는 그러한 규율을 찾아볼 수 없었으며, 그 입법 이유에서도 그에 관한 아무런 언급도 없었다. 법에서 진실의무 규정을 두지 않은 것이 19세기를 관통한 자유주의 시대정신에 부합하기 때문인지, 반대로 민사소송에서의 진실의무가 너무나 당연한 것이어서 그에 관한 규정을 넣지 않은 것인지는 불명확하였다. 이러한 입법자의 침묵으로 인해, 1933년 ZPO 제138조 제1항이 신설되기 전까지 수십년간 독일에서는 진실의무를 둘러싸고 격렬한 논쟁이 일어나게 된다.

논쟁은 두 가지 측면에서 이루어졌다.[20)] 먼저 이론적 관점에서의 논쟁은 민사소송에 대한 근본적인 이해 내지 관점의 차이에서 비롯되었다. 일부 견해는 민사소송을 당사자들 사이의 양면투쟁으로 보고, 거짓말을 포함한 모든 소송기술이 허용된다고 보았다. 이러한 견해에 의하면, '진실의 확인'은 민사소송의 목표가 아니고 목표가 될 수도 없으며, 이는 단지 사람들이 바라지만 보장되지 않는 결과(Resultat)일 뿐이라고 하며, 진실의무는 변론주의와 들어맞지 않는다고 보았다. 반면 다른 견해는 민사소송의 목표를 '진실의 발견'에서 찾았으며, 진실에 반하는 기초 위에서 이루어진 판결은 법발견(Rechtsfindung)이라는 공공의 이익에 반하는 것이고, 소송에서의 거짓말을 금지하지 않는 소송법은 부끄러운

---

19) Olzen, a.a.O., S. 407.

20) 이하 1877년 독일 민사소송법 제정 이후 이루어진 진실의무를 둘러싼 논쟁에 관하여는 Olzen, a.a.O., S. 413-414 참조.

것이라고 하였다.[21)]

다음으로, 실무적 관점에서의 논쟁은 소송절차에 대한 주도권 내지 영향력(Einfluß)을 둘러싼 법관단체와 변호사단체 사이의 의견 대립에서 비롯되었다. 법관 측에서는 변론절차에 대한 법관의 영향력을 강화하고자 하였으며, 이를 위해 직권탐지주의의 도입과 소송상 진실의무의 법규화를 주장하였다. 반면 변호사 측에서는 변론절차에서의 법관의 권한 강화를 경계하였으며, 진실의무를 도입하면 추측에 기초한 주장이 진실의무를 이유로 소송자료에서 배제될 수 있어 소송활동이 제한될 우려가 있다는 등의 이유로 반대 입장을 취하였다.[22)]

위와 같은 수십 년에 걸친 논쟁은, 1933년 독일 민사소송법 제138조 제1항이 신설됨으로써 종식되었다. 민사소송을 당사자들의 투쟁의 장으로 보고 거짓말을 포함한 모든 소송기술이 허용된다고 보았던 자유주의적 소송관은 독일 입법자에 의해 명시적으로 거부되었으며,[23)] 이로써 오늘날에는 위와 같은 자유주의적 소송관은 극복된 것으로 평가된다.[24)]

2. 진실의무의 규율 내용

(1) 규정의 목적

위와 같은 입법 과정에서 알 수 있듯이, 당사자의 진실의무에 관한 규정의 목적은 소송에서의 거짓말(Prozesslüge) 내지 간계(Arglist)를 금지함으로써, 법원을 속임수로부터 보호하고 상대방 당사자를 이익편취로부터 보호하는 것이다. 위 규정은 재판이 진실한 사실관계의 토대 위에서 이루어질 수 있도록 하고, 성실하고 공정한 소송수행을 보장하며, 질서 있는 사법을 구현함에 이바지한다.[25)]

---

21) Olzen, a.a.O., S. 413-414.

22) Olzen, a.a.O., S. 413-414.

23) Stein/Jonas, Kommentar zur Zivilprozessordnung, 23. Auflage, Band 2, 2022, § 138 Rn. 1(Kern).

24) Olzen, a.a.O., S. 417.

25) Rosenberg/Schwab/Gottwald, Zivilprozessrecht, 17. Auflage, 2010, § 65 Rn. 55, 64, 67; Münchner Kommentar zur ZPO, 6. Auflage, 2020, § 138 Rn. 1(Fritsche).

(2) 진실의무의 주체, 상대방

독일 민사소송법 제138조 제1항은 "당사자는 사실상 사정에 관하여 완전하고 진실하게 진술하여야 한다."라고 규정한다. 이에 의하면 진실의무가 직접 적용되는 것은 민사소송의 '당사자'이며, 해석상 그 대리인이나 보조인도 포함된다(이하 편의상 '당사자'의 진실의무라 통칭한다).

진실의무의 상대방은 법원과 상대방 당사자이다.[26]

위 규정에 따른 진실의무를, 당사자의 '소송대리인(변호사)'도 부담하는지에 관하여는 약간의 논란이 있으나, 통설에 의하면 변호사 역시 위 조항에 따른 진실의무를 부담한다고 본다[이에 관하여 자세한 것은 아래 (7)의 4)항에서 별도로 서술한다].

(3) 진실의무의 대상

진실의무는 '사실상 사정'에 관하여 진실하게 진술할 의무이고, '법적 진술'은 진실의무의 대상이 아니다.[27] 왜냐하면, '사실'에 관한 주장만이 진실하거나 진실하지 않을 수 있기 때문이다.[28]

다만 변호사는 '법적 상황'에 대해서도 고의적으로 왜곡해서는 안 되며, 납득할 수 있는 법적 테두리 내에서만 당사자의 이익을 대변해야 한다고 본다.[29]

당사자는 변론주의를 토대로 하여 실체법적 요건(Tatbestände)에 따라 그 권리 또는 의무를 근거 짓는 요건사실들을 주장해야 한다. 당사자는 어떠한 규범에 근거하여 어떠한 권리 또는 의무를 주장할 것인지를 정하고, 이를 뒷받침하기 위한 여러 개별 사실들을 주장한다. 진실의무는 이러한 당사자의 전체 진술 내지 설명을 포함하며, 당사자가 어느 사정을 중요하다고 여겼는지 아닌지는 상관없다.[30]

진실의무는 사실의 '주장'뿐 아니라 상대방의 사실주장에 대한 '다툼'

---

26) Rosenberg/Schwab/Gottwald, § 65 Rn. 57.

27) Rosenberg/Schwab/Gottwald, § 65 Rn. 56; MüKoZPO/Fritsche ZPO § 138 Rn. 2.

28) Stein/Jonas/Kerns, § 138 Rn. 3.

29) Rosenberg/Schwab/Gottwald, § 65 Rn. 56.

30) Stein/Jonas/Kerns, § 138 Rn. 9.; BGH NJW 2011, 2794, 2795.

에 대해서도 적용된다. 원고의 사실주장에 대해 피고가 다툰다는 것은 그 사실에 대한 증거조사의 요구를 의미하며, 다툼의 이유는 반대사실에 대한 적극적인 '확신'일 수도 있고, '부지(不知)'일 수도 있으며, 양자 사이에 놓여진 모든 단계의 '의심'일 수도 있다. 다만, 피고가 원고 주장 사실의 '진실성'을 '확신'함에도 불구하고 다투는 경우에는 진실의무 위반이 된다.[31)]

(4) 진실의무의 내용

1) 주관적 진실의무, 정직의무

진실의무는 '객관적 · 절대적 진실'에 대한 의무가 아니라, '주관적 진실'에 대한 의무이다. 당사자는 자신의 '최선의 인식(besseres Wissen)'에 반해서 주장하거나 다투거나 증명방법을 제출하거나 증거항변을 제기해서는 안 된다. 다시 말해, 당사자는 자신의 인식(Kenntnis)과 확신(Überzeugung)에 의할 때 사실에 부합하지 않는 사실적 상황에 대해 진술할 수 없다. 따라서 진실의무는 '정직(Wahrhaftigkeit)'에 대한 의무, '소송상 거짓말(Prozesslüge)'의 금지를 의미한다.[32)]

그러나 진실의무는, 당사자가 진실하다고 알고 있는 것만을 주장할 수 있다거나, 당사자가 부진실하다고 알고 있는 상대방의 주장만을 다툴 수 있다는 것을 의미하는 것은 아니다. 소송상 중요한 사실관계로서 증거조사가 이루어져야 하는 대상이 되는 사실관계가 규명될 수 있도록, '당사자가 알지 못하는 사실관계'에 대해서도 특정한 주장을 하는 것이 허용된다.[33)] 당사자가 구하는 법률효과를 위한 실체법상의 법률요건에 부합하게 주장하기 위해서는, 당사자가 알 수 없는 사실상 사정에 대해서도 주장할 수 있어야 한다. 예컨대 외부로 드러나지 않는 상대방의 내적 경과(innere Vorgänge), 의지(Willen), 인식(Kenntnis), 고의(Vorsatz)가 문제

31) Stein/Jonas/Kerns, § 138 Rn. 12.

32) Rosenberg/Schwab/Gottwald, § 65 Rn. 63; Stein/Jonas/Kerns, § 138 Rn. 4; MüKoZPO/ Fritsche ZPO § 138 Rn. 2.

33) Stein/Jonas/Kerns, § 138 Rn. 4.

되거나, 소로써 구하는 반복적 급부의 내용·금액·기간이 장래의 관계 형성에 달려 있는 경우 등에는, 원고는 상대방의 내적 경과를 알 수 없고 장래를 예견할 수 없지만, 자신이 알지 못하는 사실을 주장할 수 있어야 하고 상대방의 주장도 다툴 수 있어야 한다.[34)]

진실의무는 소송상 간계금지의 사례이며, 양당사자 사이의 대립과 투쟁이라는 소송의 속성을 감안하더라도 당사자의 행위가 더 이상 용인될 수 없는 경우에 비로소 진실의무가 개입한다.[35)] 따라서 ZPO 제138조 제1항에 의해 금지되는 것은 단지 '의식적'인 부진실의 주장이며, '추측·추정되는 사실'을 주장하는 것은 허용된다.[36)] 당사자가 적극적으로 알고 있지는 못하지만 상황에 따라서 진실하거나 가능하다고 여겨질 수 있는 사실관계를 제출하는 것은 허용된다.[37)] 당사자가 개연성의 정도를 어느 정도로 생각했든 차이는 없다.[38)] 이와 같이 설령 개연성이 낮아 보이는 주장 및 증거신청이라 하더라도, 그 자체를 아예 차단하는 것은 재판의 수용성(Akzeptanz)을 해할 것이라는 점에서, 법정책적으로도 바람직하지 않다.[39)]

다만, 아무런 단서 내지 근거(Anhaltspunkte)도 없이, 난데없는 마구잡이식의 주장을 하는 것은, 의식적인 거짓말과 마찬가지로 진실의무에 반한다고 본다. 독일 판례에 의하면, '난데없는(ins Blaue)', '마구잡이식의(aufs Geratewohl)', '요행을 바라는(auf gut Glück)', '아무런 기초 없는(ohne jede Unterlage)', '자의적인(willkürlich)', '허공에서 나온(auf der Luft greife)' 주장은 진실의무를 위반한 것이라고 한다.[40)] 이러한 경우 당사자는 주장을 할 권리를 남용한 것으로 여겨진다.[41)] 이러한 주장은 부적법한 것이고,

34) Rosenberg/Schwab/Gottwald, § 65 Rn. 63.
35) Rosenberg/Schwab/Gottwald, § 65 Rn. 64.
36) MüKoZPO/Fritsche ZPO § 138 Rn. 8; BGH NJW-RR 2015, 829.
37) Stein/Jonas/Kerns, § 138 Rn. 4.
38) MüKoZPO/Fritsche ZPO § 138 Rn. 9.
39) MüKoZPO/Fritsche ZPO § 138 Rn. 10.
40) MüKoZPO/Fritsche ZPO § 138 Rn. 8; RG JW 1936, 2228; BGH ZZP 71(1958), 365; NJW 1962, 731; NJW 1986, 246; NJW-RR 1996, 1212.
41) MüKoZPO/Fritsche ZPO § 138 Rn. 8.

신청된 증거조사로 나아갈 수 없다. 이러한 경우는 부적법한 '모색적 증명(Ausforschungsbeweis)'에 해당하게 된다.[42)]

또한 당사자는, 그것이 부진실이라고 믿고 있지 않는 한, 상호 모순되는 예비적 사실관계(Eventualverhältnis)를 주장할 수 있다.[43)] 원고가 주위적 주장에 확신을 갖지 못하면, 증명실패의 경우에 대비해 예비적 주장을 할 수 있다. 이와 같이 원고가 예비적 사실관계를 주장하는 것은 자신의 최선의 인식에 반하여 행동하는 것이 아니라, 규명되지 않은 사실적 상황에 놓여있기 때문이므로, 진실의무 위반이 아니다.[44)] 다만, 그 경우에 서로 모순되는 주장들의 상호 관계는 명확하게 밝혀야 하며,[45)] 그 중 어느 한 주장이 부진실이라고 믿고 있는 경우가 아니어야 한다.[46)]

2) 자기에게 '유리한(günstig)' 부진실한 주장의 금지

ZPO 제138조 제1항의 의미와 목적에 의할 때, 금지되는 것은 '자기의 이익을 위한' 부진실한 진술이다. 반면 자기에게 불리한 상대방의 주장을 원용하거나, 자기에게 유리한 반대주장을 제출하지 않는 것은 진실의무 위반이 아니다.[47)] 다만 당사자들이 악의적으로 공모하여 의식적으로 부진실한 자백을 함으로써 제3자의 불이익을 야기하는 경우는 예외이다[48)][이에 관해 보다 구체적인 것은 뒤의 (7)의 2)항 참조]. 진실의무 위반으로 허용되지 않는지 여부의 경계는 권리남용(Rechtsmissbrauch)의 관점에서 도출될 수 있다.[49)]

3) 완전의무(Vollständigkeitspflicht)의 내용, 진실의무와의 관계

독일 민사소송법 제138조 제1항은, 당사자는 사실상 사정에 관하여 '완전하고 진실하게(vollständig und der Wahrheit gemäß)' 진술하여야 한다고 함

42) Stein/Jonas/Kerns, § 138 Rn. 4.
43) Stein/Jonas/Kerns, § 138 Rn. 5; MüKoZPO/Fritsche ZPO § 138 Rn. 11.
44) MüKoZPO/Fritsche ZPO § 138 Rn. 11
45) Stein/Jonas/Kerns, § 138 Rn. 5.
46) MüKoZPO/Fritsche ZPO § 138 Rn. 11, 12.
47) Stein/Jonas/Kerns, § 138 Rn. 6; MüKoZPO/Fritsche ZPO § 138 Rn. 12.
48) MüKoZPO/Fritsche ZPO § 138 Rn. 12.
49) Stein/Jonas/Kerns, § 138 Rn. 6.

으로써, '진실의무'와 함께 '완전의무'를 병렬적으로 규정하고 있다. 규정 형식만 보면 완전의무와 진실의무가 별개의 독립적인 의무인 것처럼 보일 수 있지만, 위 규정의 해석상 완전의무는 진실의무의 일부라고 보고 있다.[50)]

완전의무는 당사자들이 공격방어방법(청구, 항변, 재항변)의 기초사실을 제출함에 있어 구체적으로, 주장 자체로 이유 있게 진술하여야 하며, 그에 있어서 정직하게(redlich) 진술하여야 한다는 것,[51)] 다시 말해 자신에게 유리한 개별사실만을 제출하고 불리한 개별사실을 침묵함으로써 전체 그림을 왜곡해서는 안 된다는 것[52)]을 의미한다. 이는 증인의무["… 어떤 것도 숨기지 않고(nichts verschwiegen habe) …", ZPO 제392조 3문[53)]]의 경우와 유사하게, 세부적인 사항을 묵비하는 것에 의해 왜곡된 진술은 부진실과 마찬가지라는 점을 말하고 있는 것이다.[54)] 예컨대, 부양청구권을 주장하여 소를 제기한 자는, 부양의 필요성을 부정할 수 있는 사정을 침묵해서는 안 된다.[55)] 또한, 원고가 피고의 보험자로부터 이미 일부 보상금을 수령하였다면, 이를 침묵한 채 손해배상 전액을 소구해서는 안 된다.[56)]

완전의무는 변론주의에 따라 주관적 주장책임의 범위 안에서만 존재한다.[57)] 원칙적으로 피고의 항변의 기초가 되는 사실(권리장애 · 권리저지 · 권리소멸 사실)을 원고가 미리 주장할 필요는 없으며, 이 경우에 원고는 피고가 스스로 이를 주장하는지를 기다리면 된다.[58)]

---

50) Rosenberg/Schwab/Gottwald, § 65 Rn. 60.

51) Rosenberg/Schwab/Gottwald, § 65 Rn. 58.

52) MüKoZPO/Fritsche ZPO § 138 Rn. 5.

53) § 392 Nacheid; Eidesnorm(사후선서, 선서문)

Die Beeidigung erfolgt nach der Vernehmung. Mehrere Zeugen können gleichzeitig beeidigt werden. Die Eidesnorm geht dahin, dass der Zeuge nach bestem Wissen die reine Wahrheit gesagt und nichts verschwiegen habe. (선서는 신문 후에 한다. 여러 명의 증인이 동시에 선서할 수 있다. 선서문은 증인이 최선을 다하여 오직 진실을 말하였고 어떤 것도 숨기지 않았다는 내용으로 한다.)

54) Stein/Jonas/Kerns, § 138 Rn. 7.

55) Rosenberg/Schwab/Gottwald, § 65 Rn. 58; BGH FamRZ 2000, 153, 154; Stein/Jonas/ Kerns, § 138 Rn. 7; BGH NJW 1999, 2804.

56) MüKoZPO/Fritsche ZPO § 138 Rn. 6.

57) Rosenberg/Schwab/Gottwald, § 65 Rn. 61; Stein/Jonas/Kerns, § 138 Rn. 11.

다만, 진실의무에 따라 원고로서는 '자기가 스스로 확신하고 있는' 권리장애·권리저지·권리소멸 사실들을 침묵해서는 안 된다. 예컨대 원고가 자신의 채권이 변제, 상계에 의해 이미 소멸하였음을 알고 있거나, 스스로 유효하다고 알고 있는 면제 또는 기한유예 합의의 존재를 알고 있음에도, 이러한 사정들을 침묵한 채 그 급부의 이행을 소구한다면, 이는 진실의무를 위반하는 것이다.[59]

반면, 원고의 시각에서 '부당하게' 상대방이 주장할 가능성이 있는 항변사실들까지 스스로 미리 주장해야 하는 것은 아니다.[60] 완전의무는 진실의무의 일부일 뿐이기 때문에, 당사자가 진술하여야 하는 것은 자신이 '알고 있는' 사실이며, 단지 '가능성 내지 개연성'이 있다고 여기는 사정을 진술하지 않는 것은 완전의무 위반이 아니다.[61] 예컨대 원고가 자신의 채권이 상계나 면제에 의해 이미 소멸하였음을 알고 있다면 이러한 사실을 침묵한 채 그 채무의 이행을 소구해서는 안 되지만, 원고가 그 채권의 소멸 여부를 확신하지 못하는 경우(예컨대 상계의 자동채권 존부에 관하여 확신하지 못하는 경우)에는, 원고는 그러한 항변사실을 스스로 진술할 필요가 없고, 피고가 이를 주장하기를 기다리면 된다.[62]

4) 이후 소송과정에서의 진실의무

진실의무는 소송절차의 진행 과정에서 계속 존재하므로, 당사자가 이미 한 진술이 부진실하다는 것을 뒤에 안 경우에는 기존 진술을 철회하고 진실한 사실관계를 밝혀야 하며, 상대방의 상반된 주장이 이후에 진실함을 알게 되었다면 더 이상 이를 다투지 않아야 한다.[63]

(5) 진실의무의 예외

지배적인 견해에 의하면, 증언거부권(ZPO 第384조 第2호[64])의 요건

58) Rosenberg/Schwab/Gottwald, § 65 Rn. 59.
59) Rosenberg/Schwab/Gottwald, § 65 Rn. 60; Stein/Jonas/Kerns, § 138 Rn. 11.
60) Stein/Jonas/Kerns, § 138 Rn. 11.
61) Rosenberg/Schwab/Gottwald, § 65 Rn. 60.
62) MüKoZPO/Fritsche ZPO § 138 Rn. 6.
63) Rosenberg/Schwab/Gottwald, § 65 Rn. 66; MüKoZPO/Fritsche ZPO § 138 Rn. 13.
64) § 384 Zeugnisverweigerung aus sachlichen Gründen(질문의 내용을 사유로 한 증언

과 유사하게, 당사자가 어느 사실을 공개하면 자신에게 불명예가 되거나 범죄행위를 이유로 소추될 위험이 발생하는 경우에는, 그러한 사실의 표명을 거부할 수 있으며, 이는 진실의무의 예외를 구성한다고 본다.[65)]

그러나 이러한 제한이 정당한지, 헌법적 이유에서 요구되는 것인지에는 의문이 제기될 수 있다.[66)] 일부 견해[67)]에 의하면, 자기의 의지와 무관하게 소송에 소환되어 배려를 받을 필요가 있는 증인과 달리, 당사자는 소송에서 주장 또는 방어를 할 것인지 여부를 스스로의 위험부담 하에 숙고하여 결정하여야 하며, 관련 사실의 진술에 따른 불명예·형사소추의 위험 또는 그에 관련된 사실을 설명하지 않음에 따른 소송상의 불이익(불완전한 주장으로 인한 패소위험, 소송상 명백히 다투지 않음으로 인한 자백간주 등)을 스스로 감수하여야 한다고 본다. 이러한 견해에 의하면, 그와 같은 경우에 통상 당사자는 해당 사실을 소송에서 진술하지 않을 것이고, 그 결과 그의 주장이 불완전하다고 평가되거나, 그가 상대방의 주장을 자백한 것으로 간주되는 결과(ZPO 제138조 제3항)를 가져올 뿐이라고 한다.[68)]

(6) 진실의무 위반의 효과

1) 소송상 효과: 일반적 제재 규정의 부재, 법원의 불고려

통상 법원은 증거조사를 마친 후에 사실관계를 확정하고, 그 과정에서 당사자들의 주장 내지 다툼의 진실여부에 대한 판단이 이루어진다.[69)]

거부)

Das Zeugnis kann verweigert werden: (증인은 다음 각호의 경우에 증언을 거부할 수 있다.)

2. über Fragen, deren Beantwortung dem Zeugen oder einem seiner im § 383 Nr. 1 bis 3 bezeichneten Angehörigen zur Unehre gereichen oder die Gefahr zuziehen würde, wegen einer Straftat oder einer Ordnungswidrigkeit verfolgt zu werden; (답변으로 말미암아 증인 또는 제383조 제1호부터 제3호까지 열거된 증인의 친척에게 불명예가 되게 하거나, 범죄행위 또는 질서위반을 이유로 소추될 위험을 발생하게 할 수 있는 질문)

65) MüKoZPO/Fritsche ZPO § 138 Rn. 14; Stein/Jonas/Kerns, § 138 Rn. 13.

66) Stein/Jonas/Kerns, § 138 Rn. 13.

67) MuKoZPO/Fritsche ZPO § 138 Rn. 14.

68) MüKoZPO/Fritsche ZPO § 138 Rn. 14.

법원이 당사자의 주장과 반대되는 사실관계를 확정하는 경우, 당사자 주장의 허위성이 드러나게 되며, 그러한 확정된 사실관계를 토대로 본안에 대한 판결이 이루어지게 된다.[70]

법원의 심리 결과 당사자의 진실의무 위반이 확인된 경우, 소송상 어떠한 효과가 발생하는가?

독일 민사소송법은 진실의무 위반에 따른 일반적인 제재수단(예컨대 소송비용 부담이나 과태료 부과와 같은)에 관한 규정은 두고 있지 않다. 진실의무 위반만으로는 법원조직법(GVG) 제178조[71]에 따라 질서벌로 처벌되는 법정모욕(Ungebühr)에 해당하지 않는다. 소송비용법(GKG) 제38조[72]

---

69) MüKoZPO/Fritsche ZPO § 138 Rn. 15.

70) Rosenberg/Schwab/Gottwald, § 65 Rn. 69.

71) 우리 법원조직법 제61조 제1항과 유사한 규정이다. 원문은 아래와 같다.
Gerichtsverfassungsgesetz (GVG) § 178
(1) Gegen Parteien, Beschuldigte, Zeugen, Sachverständige oder bei der Verhandlung nicht beteiligte Personen, die sich in der Sitzung einer Ungebühr schuldig machen, kann vorbehaltlich der straf-gerichtlichen Verfolgung ein Ordnungsgeld bis zu eintausend Euro oder Ordnungshaft bis zu einer Woche festgesetzt und sofort vollstreckt werden. Bei der Festsetzung von Ordnungsgeld ist zuglei-ch für den Fall, daß dieses nicht beigetrieben werden kann, zu bestimmen, in welchem Maße Ordnungshaft an seine Stelle tritt.
(2) Über die Festsetzung von Ordnungsmitteln entscheidet gegenüber Personen, die bei der Verh-andlung nicht beteiligt sind, der Vorsitzende, in den übrigen Fällen das Gericht.
(3) Wird wegen derselben Tat später auf Strafe erkannt, so sind das Ordnungsgeld oder die Ordn-ungshaft auf die Strafe anzurechnen.

72) 우리 민사소송법 제100조와 유사한 규정이다. 원문은 아래와 같다.
Gerichtskostengesetz (GKG) § 38 Verzögerung des Rechtsstreits
Wird außer im Fall des § 335 der Zivilprozessordnung durch Verschulden des Klägers, des Bekl-agten oder eines Vertreters die Vertagung einer mündlichen Verhandlung oder die Anberaumung eines neuen Termins zur mündlichen Verhandlung nötig oder ist die Erledigung des Rechtsstreits durch nachträgliches Vorbringen von Angriffs- oder Verteidigungsmitteln, Beweismitteln oder Bew-ei-seinreden, die früher vorgebracht werden konnten, verzögert worden, kann das Gericht dem Kl-äger oder dem Beklagten von Amts wegen eine besondere Gebühr mit einem Gebührensatz von 1,0 auferlegen. Die Gebühr kann bis auf ei-nen Gebührensatz von 0,3 ermäßigt werden. Dem Kläg-er, dem Beklagten oder dem Vertreter stehen gleich der Nebenintervenient, der Beigeladene, der Vertreter des Bundesinteresses beim Bundesverwaltungsgericht und der Vertreter des öffen-

에 따른 소송지연비용(Verzögerungsgebü-hr)은, 의식적인 부진실은 아니지만 경솔(Leichtfertigkeit)이라고 인정되는 경우에도 부과될 수 있다.[73)]

다만 위 규정의 해석상, 진실의무에 반한 당사자의 의식적인 거짓 주장이나 다툼은 부적법한 것으로 법원에 의해 고려될 수 없다고 본다.[74)]

그러나 이러한 취급은 실무적으로 별다른 의미가 없다고 평가된다. 왜냐하면 당사자의 주장이나 다툼은 그것이 객관적 진실에 반한다는 것이 확인되면 이미 소송에서 고려되지 않으므로, 나아가 그러한 주장이나 다툼이 주관적으로도 부진실한 것이었는지(당사자가 부진실을 인식하고서 주장하거나 다툰 것인지), 따라서 진실의무 위반으로 취급할 것인지에 대해 의문을 품고 나아가 심리할 동기는 통상 존재하지 않기 때문이다.[75)]

당사자가 고의로 허위의 주장이나 다툼을 함으로써 진실의무를 위반하였음이 확인된 경우, 자유심증주의에 따른 법원의 심증 형성 과정에서 당사자 주장의 신빙성이 흔들릴 수 있고,[76)] 증거평가에 있어 고려될 수 있다.[77)] 그러나 이는 진실의무 위반에 대한 직접적인 제재가 될 수는 없다.

이처럼 진실의무 위반의 소송상 효과는 사실상 미미하다.

2) 소송사기로 인한 형사상, 민사상 책임

진실의무는 부당한 재판을 방지함으로써 올바른 사법이라는 공공의 이익에 기여할 뿐만 아니라, 상대방 당사자를 잘못된 재판으로부터 보호하는 데에도 기여한다.[78)] 따라서 당사자의 의식적인 부진실 주장에 의해 잘못된 내용의 재판이 이루어지고 그로 인하여 타인에게 손해가 발생한 경우, 소송사기에 따른 형사상, 민사상 책임이 발생할 수 있다.

소송사기(Prozessbetrug)는 형사상 사기죄를 구성할 수 있으며, 그 경

---

tlichen Interesses sowie ihre Vertreter.

73) Stein/Jonas/Kerns, § 138 Rn. 17.

74) Rosenberg/Schwab/Gottwald, § 65 Rn. 69; MüKoZPO/Fritsche ZPO § 138 Rn. 15; Stein/ Jonas/Ker-ns, § 138 Rn. 14.

75) Stein/Jonas/Kerns, § 138 Rn. 14.

76) MüKoZPO/Fritsche ZPO § 138 Rn. 15.

77) Stein/Jonas/Kerns, § 138 Rn. 14.

78) Stein/Jonas/Kerns, § 138 Rn. 20.

우 재심의 소(ZPO 제580조 제4호[79])가 제기될 수 있다.[80]

거짓주장이나 의식적인 허위의 소제기에 의해 상대방이나 제3자가 손해를 입은 경우, 민사상 불법행위로 인한 손해배상 책임이 발생할 수 있다.[81]

(7) 진실의무의 적용범위

1) 적용되는 절차

진실의무는 제138조 제1항의 체계적 위치(제1장 총칙 부분에 위치함)에서 알 수 있듯이, 구술변론절차 뿐만 아니라 서면절차에도 적용되고, 판결절차뿐 아니라 독촉절차, 소송구조절차, 항고절차, 강제집행절차에도 적용된다.[82]

2) 재판상 자백, 자백간주 규정과 진실의무의 관계: 허위 자백이 법원에 대한 구속력을 가지는지 여부

자백의 구속력은 진실의무와 긴장관계에 있다.[83] 즉, 당사자가 의식적으로 허위의 자백을 한 경우, ZPO 제138조 제1항에 따라 진실의무에 반하는 주장으로 법원이 이를 고려하지 않을 것인지(즉 자백의 구속력을 인정하지 않을 것인지), ZPO 제288조[84]에 따라 그러한 허위 주장(자백)의 구

---

79) § 580 Restitutionsklage(회복소송)

Die Restitutionsklage findet statt : (회복소송은 다음 각호의 경우에 한다)

4. wenn das Urteil von dem Vertreter der Partei oder von dem Gegner oder dessen Vertreter du-rch eine in Beziehung auf den Rechtsstreit verübte Straftat erwirkt ist; (당사자의 대리인 또는 상대방 또는 그의 대리인이 사건과 관련하여 행한 범죄행위를 통하여 판결을 취득한 때)

80) Rosenberg/Schwab/Gottwald, § 65 Rn. 70; MüKoZPO/Fritsche ZPO § 138 Rn. 15,

81) Rosenberg/Schwab/Gottwald, § 65 Rn. 71; MüKoZPO/Fritsche ZPO § 138 Rn. 15; Stein/ Jonas/Ker-ns, § 138 Rn. 20.

82) Rosenberg/Schwab/Gottwald, § 65 Rn. 68; Stein/Jonas/Kerns, § 138 Rn. 2.

83) Stein/Jonas, Kommentar zur Zivilprozessordnung, 23. Auflage, Band 4, 2022, § 288 Rn. 42(Thole).

84) § 288 Gerichtliches Geständnis(재판상 자백)

(1) Die von einer Partei behaupteten Tatsachen bedürfen insoweit keines Beweises, als sie im La-ufe des Rechtsstreits von dem Gegner bei einer mündlichen Verhandlung oder zum Protokoll eines beauftragten oder ersucht-en Richters zugestanden sind. (당사자 일방이 주장한 사실을 상대방이 소송의 진행 중에 변론에서 또는 수명법관과 수탁판사 앞에서 조서로 진술하여

속력을 인정할 것인지 여부가 문제된다.

이에 관해 일부 견해[85]는, 당사자의 의식적인 허위 자백은 진실의무 위반으로 법원이 이를 고려할 수 없으므로, 이러한 자백은 법원을 구속하지 않는다고 본다. 진실의무는 상대방 당사자뿐 아니라 법원에 대해서도 존재하며, 진실의무 규정의 입법 목적은 법원을 악의적 요구로부터 보호하는 것이라는 점, 법원의 판단이 허위 주장에 구속되도록 하는 것은 민사소송법이 채택하고 있는 자유심증주의와 맞지 않는다는 점, 법관을 당사자 이익의 도구로 전락시키는 것은 독립된 사법기관으로서의 법관의 지위와 맞지 않는다는 점, 당사자의 사실관계에 대한 처분권한을 무제한적으로 인정할 수는 없는 점, 진실의무는 전체 민사절차에 통용되는 중요한 원칙이라는 점 등을 근거로 든다.

그러나 다수의 견해[86]는, 이러한 경우에도 자백의 구속력을 인정한다. 무엇보다도, 진실의무는 자신에게 '유리한' 부진실한 주장을 금지하는 것이지, 자기에게 '불리한' 부진실한 주장은 진실의무 위반이 아니라는 점이 근거로 제시된다. 또한 재판상 자백의 구속력은 당사자의 소송상 의사표시의 효력을 인정하는 것이고, 사실자료에 대한 당사자의 처분권한을 인정한 것이기 때문에, 이러한 경우 진실의무보다는 당사자의 지배권이 우선되어야 한다고 본다. 나아가, 진실에 반하는 자백의 철회는 착오로 인한 경우에만 허용된다는 ZPO 제290조[87] 규정도 이러한 견해의 근거가

자백한 때에는 그 사실에 대하여는 증명할 필요가 없다.)

(2) Zur Wirksamkeit des gerichtlichen Geständnisses ist dessen Annahme nicht erforderlich. (재판상 자백은 그에 대한 승인 없이 효력이 발생한다)

85) Olzen, a.a.O., S. 416-421.

86) Stein/Jonas/Thole, § 288 Rn. 42; Stein/Jonas/Kerns, § 138 Rn. 6; Rosenberg/Schwab/Gottwald, § 65 Rn. 67; MüKoZPO/Fritsche ZPO § 138 Rn. 13; BGH NJW 1995, 1432, 1433; BGHZ 37, 154.

87) § 290 Widerruf des Geständnisses(자백의 철회)

Der Widerruf hat auf die Wirksamkeit des gerichtlichen Geständnisses nur dann Einfluss, wenn die widerrufende Partei beweist, dass das Geständnis der Wahrheit nicht entspreche und durch einen Irrtum veranlasst sei. In diesem Fall verliert das Geständnis seine Wirksamkeit. (자백의 철회는 철회하는 당사자가 자백이 진실에 어긋나고 착오로 말미암은 것이라는 사실을 증명한 때에만 재판상 자백의 효

된다. 착오가 아닌 고의에 의한 허위 자백은 철회할 수 없으며 그 구속력이 유지된다고 본다. 그렇지 않으면 제290조의 제재효과가 상실되고 위 규정이 무의미해질 것이기 때문이다.

다만, 다수설에 의하더라도, 예외적으로 의식적인 부진실한 자백이 상대방과의 공모에 의해 이루어진 경우, 법질서가 허용하지 않는 효과를 달성하기 위한 경우(예컨대 강행규정의 회피, 제3자에 대한 위법한 손해 야기) 등 권리남용적 사례에서는 자백의 구속력이 인정되지 않는다고 본다.[88]

명시적인 재판상 자백의 경우 외에, 명백히 다투지 아니함으로 인하여 자백한 것으로 간주되는 경우(ZPO 제138조 제3항)에도 마찬가지로 사실자료에 대한 당사자의 지배권이 진실의무보다 우선하는 것으로 보아, 자백의 구속력이 인정된다고 본다.[89]

3) 피고의 불출석에 따른 자백간주와 진실의무의 관계: 원고의 허위 주장이 피고의 불출석으로 인해 자백된 것으로 간주되는지 여부

원고가 고의적으로 허위의 주장을 제출하였는데 피고가 불출석하여 ZPO 제331조[90]에 따라 궐석판결을 하게 되는 경우, 진실의무를 위반한

과에 영향을 미친다. 이 경우 자백은 그 효력을 잃는다.)

88) Stein/Jonas/Thole, § 288 Rn. 42; Stein/Jonas/Kerns, § 138 Rn. 15.

89) Stein/Jonas/Kerns, § 138 Rn. 15.

90) § 331 Versäumnisurteil gegen den Beklagten (피고에 대한 궐석판결)

(1) Beantragt der Kläger gegen den im Termin zur mündlichen Verhandlung nicht erschienenen B-eklagten das Versäumnisurteil, so ist das tatsächliche mündliche Vorbringen des Klägers als zugest-anden anzunehmen. Dies gilt nicht für Vorbringen zur Zuständigkeit des Gerichts nach § 29 Abs. 2, § 38. (원고가 변론기일에 출석하지 않은 피고에 대하여 궐석판결을 신청한 경우, 사실에 관한 원고의 주장은 자백한 것으로 본다. 제29조 제2항, 제38조에 따른 법원의 관할에 관한 주장에 대하여는 그러하지 아니한다.)

(2) Soweit es den Klageantrag rechtfertigt, ist nach dem Antrag zu erkennen; soweit dies nicht d-er Fall, ist die Klage abzuweisen. (소송상 청구가 정당한 때에는 이에 따라 승소판결을 하고, 소송상 청구가 정당하지 않은 때엥 소를 기각한다.)

(3) Hat der Beklagte entgegen § 276 Abs. 1 Satz 1, Abs. 2 nicht rechtzeitig angezeigt, dass er s-ich gegen die Klage verteidigen wolle, so trifft auf Antrag des Klägers das Gericht die Entscheid-ung ohne mündliche Verhandlung; dies gilt nicht, wenn die Erklärung des Beklagten noch ein-

원고의 주장을 자백된 것으로 간주할 것인지가 문제된다.

이에 대해서는, ZPO 제138조 제1항의 진실의무 위반의 효과로서 법원은 거짓된 사실주장을 고려해서는 안 된다는 점, 고의로 거짓 진술을 한 원고에게 이익을 주어서는 안 된다는 점에서, 이러한 경우 ZPO 제331조의 예외가 인정되어 자백간주의 효과는 발생하지 않는다고 본다.[91] 이와 같은 궐석판결절차에서의 자백간주는, 고의에 의한 허위자백(이는 ZPO 제290조의 철회 요건을 충족하지 못하므로 자백의 구속력이 그대로 인정되고, 결과적으로 진실의무를 위반한 주장이 소송상 그대로 고려된다)의 경우와 달리, 거짓 진술을 한 당사자에게 불이익을 가하는 것이 아니라 오히려 이익을 주는 결과를 가져오는 것이고, 원고가 고의적인 허위 주장으로부터 이익을 취해서는 안 되기 때문에, 이러한 경우 원고 주장이 자백된 것으로 간주해서는 안 된다고 본다.[92]

4) 소송대리인(변호사)에 대한 진실의무 인정 여부

일부 견해[93]에 의하면, ZPO 제138조 제1항은 변호사의 고유한 진실의무를 포함하지 않으며, 소송대리인은 단지 위임계약에 따라 의뢰인(소송 당사자)의 진실의무를 주의해야 할 뿐이라고 한다. 소송상 사실자료에 대한 인식은 원래 변호사가 가지고 있는 것이 아니고 변호사에게는 '정직

---

geht, bevor das von den Richtern unterschriebene Urteil der Geschäftsstelle übermittelt ist. Der Antrag kann schon in der Klageschrift gestellt werden. Eine Entscheidung ohne mündliche Verhandlung ist auch insoweit zulässig, als das Vorbringen des Klägers den Klageantrag in einer Nebenforderung nicht rechtfertigt, sofern der Kläger vor der Entscheidung auf diese Möglichkeit hingewiesen wor-den ist. (피고가 제276조 제1항 1문, 제2항에 위반하여 소에 대하여 방어하려는 의사를 적법한 기간 안에 진술하지 않은 경우, 원고의 신청이 있는 때에는 법원은 변론 없이 재판한다. 다만, 법관이 서명한 판결서를 사무국에 교부하기 전에 피고의 진술이 접수된 때에는 이를 적용하지 않는다. 원고의 신청은 미리 소장에 기재할 수 있다. 변론 없이 하는 재판은 부대채권의 소송상 청구가 이유가 없는 경우에도 원고에게 재판 전에 그러한 가능성을 알려주었다면 허용된다.)

91) Stein/Jonas/Kerns, § 138 Rn. 15.; MüKoZPO/Fritsche ZPO § 138 Rn. 16; Olzen, a.a.O., S. 421.

92) MüKoZPO/Fritsche ZPO § 138 Rn. 16.

93) Hirtz, "Der Umgang mit der Wahrheit im Zivilprozess", AnwBl. 2006, 780 ff.

하게 보고하는 것(Berichtstreue)'만이 문제될 수 있을 뿐이며, ZPO에 의하면 법원은 부진실한 주장을 자유심증으로 고려하지 않을 수 있을 뿐, 변호사의 고유한 진실의무 위반에 대한 제재 규정을 두고 있지 않으므로, ZPO로부터 변호사의 고유한 진실의무가 도출될 수는 없다고 본다.

그러나 대다수의 견해[94]는 당사자의 진실의무 규정이 소송대리인인 변호사에 대해서도 적용된다고 보고 있다. 진실의무의 입법취지를 고려하면 당사자뿐 아니라 당사자의 소송대리인에 대해서도 진실의무를 인정할 필요가 있고, 변호사가 진실의무를 위반한 경우 당사자와 별개로 독자적인 책임을 인정할 필요가 있는 점 등을 고려하면, 다수 견해와 같이 진실의무는 당사자 본인뿐 아니라 그 소송대리인인 변호사에 대해서도 적용된다고 보는 것이 타당하다.

다수 견해에 따르면, 변호사는 의뢰인의 주장이 진실에 반한다는 것을 알고 있으면서 이를 소송에서 제출해서는 안 된다. 변호사가 '의뢰인의 부탁에 의해' 진실에 반하는 진술을 하였다는 것만으로는 면책되지 않고, 반대로 변호사가 진실에 반한다고 알고 있는 사실을 소송에서 주장하지 않더라도 의뢰인에 대한 책임을 지지 않는다.[95]

변호사의 진실의무는 변호사가 의뢰인으로부터 받은 정보들을 어떻게 처리하였는지의 문제와 관련된다. 변호사가 그 정보의 진실성에 단순한 의심을 품은 것만으로는, 이를 소송상 제출하는 것이 금지되지 않는다. 그러나 정보의 진실성에 관하여 강한 의심이 든다면, 변호사는 사법제도의 독립된 기관으로서 그 진실성에 관하여 조사하여야 하고 의뢰인에게 해명을 요구하여야 한다. 나아가 변호사가 거짓임을 알게 된 주장은 소송에서 제출할 수 없다.[96]

의뢰인이 소송사기를 시도했다면, 변호사는 위임계약에 따른 충실의

---

94) Brand, a.a.O.(2014), S. 287; Kleine-Cosack, a.a.O., S. 495; Stein/Jonas/Kerns, § 138 Rn. 16; MüKo ZPO/Fritsche ZPO § 138 Rn. 4; Rosenberg/Schwab/Gottwald, § 65 Rn. 57.

95) Stein/Jonas/Kerns, § 138 Rn. 16.

96) MüKoZPO/Fritsche ZPO § 138 Rn. 4.

무 때문에 이를 공개할 수 없다. 소송대리인이 소송에서 의식적으로 허위로 진술하면, 그것이 소송기술적 고려에서 비롯된 것이라 하더라도 의뢰인에게 채무불이행에 따른 손해배상책임을 부담하게 된다.[97)]

ZPO 제138조 제1항을 위반한 변호사는 직무규정[98)] 위반으로 징계절차에 회부될 수 있고,[99)] 나아가 소송사기를 이유로 형사책임을 부담할 수 있다. 상대방이 손해를 입은 경우에는, 당사자와 마찬가지로 변호사도 손해배상의무를 부담한다.[100)]

3. 상대방 당사자의 설명의무, 부지(不知) 진술의 제한

독일 민사소송법상 진실의무를 직접적으로 규정하고 있는 것은 제138조 제1항이지만, 뒤이은 제2항(상대방 당사자의 설명의무), 제3항(명백히 다투지 않은 경우의 자백간주), 제4항(부지의 진술의 제한)[101)] 역시 당사자의 진실의무와 일정한 관련이 있다.

ZPO 제138조 제2항은 "각 당사자는 상대방이 주장한 사실에 대하여 설명(erklären)하여야 한다."고 함으로써, 상대방 당사자의 설명의무(Erklärungspflicht)를 규정하고 있다. 이는 일방 당사자가 한 소송상 주장에 대하여 상대방 당사자가 부담하는 의무로서, 앞선 당사자의 주장에 대해 상대방 당사자가 구체적으로(substanziiert), 자세하고 적극적인 설명으로써(mit näheren positiven Angaben) 답변해야 한다는 것을 의미한다.[102)]

이러한 설명의무가 인정되기 위해서는, 먼저 앞선 당사자의 주장이 주장 자체로 이유 있는(schlüssig) 주장일 것을 요건으로 한다. 처음부터

---

97) MüKoZPO/Fritsche ZPO § 138 Rn. 4.

98) BRAO(Bundesrechtsanwaltsordnung, 독일 연방 변호사법) § 43a Abs. 3 Satz 2; Berufsregeln der R-echtsanwälte der Europäischen Union(Anlage zur BORA-Berufsordnung der Rechtsanwalt) Nr. 4.4. 이에 따르면 변호사는 법원에 대해 고의로 진실에 반하거나 오도하는 진술을 하여서는 아니 된다.

99) Stein/Jonas/Kerns, § 138 Rn. 16.

100) Rosenberg/Schwab/Gottwald, § 65 Rn. 72.

101) ZPO 제138조 전체 조문 내용은 앞의 주 13 참조.

102) MüKoZPO/Fritsche ZPO § 138 Rn. 22.

주장 자체로 이유 없는 주장은 주장된 법률효과를 가져오지 않기 때문에, 이에 대해 다투어질 필요도 없기 때문이다.[103)]

상대방 당사자가 '어느 정도까지' 구체적으로 설명해야 하는지는, 앞선 당사자의 주장이 얼마나 구체적으로 이루어졌는지와 연동된다. 원래 주장책임을 지는 당사자가 단지 포괄적인 주장만 했다면, 상대방 당사자는 이에 대해 단순히 포괄적으로 다투기만 하면 되지만,[104)] 앞선 당사자의 주장이 구체적인 이유를 밝힌 것이라면, 이를 다투려는 상대방 당사자는 단순히 포괄적으로 다투어서는 안 되고, 그 다투는 이유를 구체적으로 밝혀야 한다. 예컨대 사용자가 피용자에 대한 해고를 주장하면서 피용자의 근로 미제공으로 인한 계약위반을 이유로 밝혔다면, 피용자는 사용자의 계약위반 주장을 단순히 포괄적으로 다툴 수는 없고, 자신이 근로를 제공하지 못한 이유 등에 관하여 구체적으로 진술하여야 한다.[105)]

상대방 당사자가 ZPO 제138조 제2항의 설명의무를 다하지 않으면 (즉 앞선 당사자의 주장에 대해 구체적으로 자세하고 적극적인 설명으로써 답변하지 않으면), 유효한 다툼이 없는 것으로 취급되어 같은 조 제3항에 따라 명백히 다투지 아니한 사실로서 자백간주의 불이익을 입게 된다.[106)]

나아가, ZPO 제138조 제4항에 의하면 당사자는 "스스로의 행위였거나 스스로의 인식의 대상이었던 사실"에 대해서는 단순히 '알지 못한다(부지)'라고 답변할 수 없다. 이러한 경우에는 통상 당사자가 자신의 인식에 기초하여 관련 사실을 구체적인 이유를 들어 다투거나 자백에 의해 시인할 것을 충분히 기대할 수 있기 때문이다.[107)]

위 규정 위반의 경우, 즉 앞선 당사자의 주장 사실이 상대방 당사자 스스로 관여한 행위이거나 스스로 인지한 대상이었음에도 불구하고 단순

---

103) MüKoZPO/Fritsche ZPO § 138 Rn. 18.

104) Stein/Jonas/Kerns, § 138 Rn. 30; BGH NJW 2008, 1801, 1802; NJW-RR 2008, 112.

105) Stein/Jonas/Kerns, § 138 Rn. 32; BAG NJW 1977, 167.

106) Stein/Jonas/Kerns, § 138 Rn. 26, 34, 36.

107) Stein/Jonas/Kerns, § 138 Rn. 42.

히 '알지 못한다'라고만 답변하는 경우에는, 그러한 답변은 허용되지 않는 부지의 진술이므로, 이 경우 역시 명백히 다투지 아니한 사실로서 같은 조 제3항에 따른 자백간주의 불이익을 입게 된다.[108)]

위와 같은 ZPO 제138조 제2항 내지 제4항의 규율은, 주장 · 증명책임을 부담하는 당사자가 일응 내어 놓은 사실적 주장에 대해, 그러한 책임을 부담하지 않는 상대방 당사자에게도 관련된 자기 지식과 정보를 내어 놓도록 함으로써, 진실의 규명에 기여하도록 하고 있다.

4. 주장 · 증명책임을 부담하지 않는 당사자의 '2차적 주장책임'

위에서 본 바와 같이, 일방 당사자의 주장을 상대방 당사자가 유효하게 다투기 위해서는(다시 말해 자백간주 효과를 피하기 위해서는) 상세하고 구체적인 설명으로써 다투어야 하는데, 이는 원래의 (1차적) 주장 · 증명책임을 부담하지 않는 당사자에게도 일정한 (2차적) 주장책임이 부과되는 것과 마찬가지의 효과를 가져온다.

독일 판례에 의하면, 원래의 (1차적) 주장책임을 지는 당사자가 자신이 주장해야 하는 사상경과(Geschehensablauf)의 밖에 서 있어서 중요한 사실에 대한 자세한 인식(Kenntnis)을 가지고 있지 않고 이를 얻을 수도 없는 반면, 상대방은 그 자신의 인식영역 안에서 일어난 경과에 관한 것이어서 그에 대한 인식을 가지고 있고 그에게 자세한 설명을 하도록 하는 것이 수인될 수 있는(zumutbar) 경우에는, 원래의 (1차적) 주장 · 증명책임을 부담하는 당사자는 포괄적으로 주장하면 되고, 오히려 상대방 당사자가 그에 관한 자세한 설명을 하여야 하는 '2차적 주장책임(sekundäre Darlegungs-oder Behauptungslast)'을 부담한다고 한다.[109)] 예컨대 환자가 보건위생위반에 대해 구체적인 단서 내지 근거(Anhaltspunkte)를 주장했으면, 병원운영자는 보건위생규정의 준수를 위해 취해진 조치들을 설명해야 한다.[110)] 이러한 예외는

108) Stein/Jonas/Kerns, § 138 Rn. 44.

109) Stein/Jonas/Kerns, § 138 Rn. 31; BGH NJW 2005, 2614, 2615; NJW-RR 2010, 110, 112.

정직한 소송수행에 대한 일반적 의무(신의성실)로부터 도출된다.[111]

2차적 주장책임은 특히 실체법상 어느 사실의 '부존재'가 청구권의 요건으로 되어 있는 경우에 그 기능을 수행하는데, 왜냐하면 그 경우 이를 다투려는 상대방에게 적극적 사실의 '존재'를 뒷받침하는 상황들에 대한 구체적인 진술을 요구하는 것이 충분히 수인될 수 있기 때문이다.[112]

이와 같이 원래 주장·증명책임을 부담하지 않는 당사자에게 2차적 주장책임이 인정되는 경우에도, 이것만으로 관련 문서를 제출할 의무가 발생하는 것은 아니며, 문서제출의무는 오로지 민사소송법의 관련 규정에 따라서만(ZPO 제422조, 제423조에 의한 문서제출의무가 있는 경우, 또는 ZPO 제142조 제1항에 의한 법원의 문서제출명령이 있는 경우에만) 인정된다고 본다.[113]

따라서 2차적 주장책임에 관한 원칙은 주장책임과 증명책임의 동일성에 대한 중대한 예외를 이룬다.[114]

5. 주장 · 증명책임을 부담하지 않는 당사자의 '일반적 해명의무' 인정 여부

민사소송에서 변론주의 및 주장·증명책임의 분배 원칙에 의하면, 원칙적으로 각 당사자는 자신이 주장·증명책임을 부담하는 요건사실을 주장하고 증명하면 된다. 그런데 주장·증명책임을 부담하지 않는 당사자도, 상대방이 요구하면 또는 스스로, 자신이 알고 있는 관련된 사실관계를 모두 밝혀야 하는가?

독일 민사소송법 제138조 제1항이 신설된 후, 종래의 변론주의 및 주장·증명책임 분배의 원칙과의 관계에서 많은 의문과 다툼이 생겨났다. 종래의 원칙들에 의하면 각 당사자는 자신에게 '유리한' 사실을 소송

---

110) MüKoZPO/Fritsche ZPO § 138 Rn. 24; BGH NJW-RR 2016, 1360.

111) MüKoZPO/Fritsche ZPO § 138 Rn. 24; BGH NJW-RR 2009, 1482, 1484.

112) Stein/Jonas/Kerns, § 138 Rn. 31; BGH NJW 1999, 579, 580.

113) Stein/Jonas/Kerns, § 138 Rn. 33; BGH NJW 2007, 2989, 2991; BGH NJW-RR 2008, 1269, 1270.

114) MüKoZPO/Fritsche ZPO § 138 Rn. 24.

에 새로이 제출하면 되지만, 신설된 위 조항은 당사자들에게 사실상 사정에 관하여 '완전하고 진실한' 진술을 할 의무를 부과함으로써, 각 당사자가 자신에게 '불리한'(반대로 상대방에게 유리한) 사실도(즉 원고가 항변사실을, 피고가 청구원인사실을) 제출할 것을 요구하는 것처럼 보이기도 한다. 따라서 변론주의와 위 규정에 따른 진실의무 및 완전의무 사이에는 긴장관계가 존재한다. 그러나 ZPO 제138조 제1항의 문언은 변론주의 및 주장·증명책임과의 관계를 명확하게 밝히고 있지 않기 때문에, 이러한 불명확성으로 인하여 해석상 많은 의문과 다툼을 불러일으켰다.[115)]

위 Ⅲ.의 2.항 내지 4.항에서 서술한 내용은, 이러한 논란에 있어서 ZPO 제138조 제1항의 의미를 종래의 변론주의 및 주장·증명책임 분배에 관한 원칙의 테두리 안에서 이해하는 지배적인 견해에 따른 해석론을 정리한 것이다.

그러나 다른 한편, ZPO 제138조 제1항의 진실의무 및 완전의무 규정을 단초로 하여, 주장·증명책임을 부담하지 않는 당사자의 '일반적 해명의무(allgemeine Aufklärungspflicht)'를 인정하려는 견해도 등장한다.

일찍이 Bruns는 ZPO 제138조 제1항의 완전의무에 지배적인 견해와는 다른 의미를 부여하고, 위 규정으로부터 '상대방 당사자의 해명의무(Aufklärungspflicht der Gegenpartei)'를 도출하였다. 그는 종래의 변론주의에 따른 소송자료 제출규칙을 최대한 상대화하여, 한 당사자는 구체적으로 가능한 범위에서만(im Rahmen ihrer konkreten Möglichkeiten) 사실관계를 제출하여야 하고, 제출의무가 있는 당사자의 인식(Wissen)이 끝나는 곳에서 상대방의 해명의무가 발생한다고 보았다. 그 경우 상대방은 자신이 인식하고 있는 사실관계를 밝혀야 하며, 이러한 해명의무를 따르지 않으면 이는 그의 불이익으로 평가된다고 보았다.[116)]

---

115) Brand, a.a.O.(2014), S. 286-287; Olzen, a.a.O., S. 403; Stürner, Die Aufklärungspflicht der Partei-en des Zivilprozesses, 1976, S. 9.(이에 의하면, 역사상 ZPO 제138조 제1항만큼 많은 의문과 다툼을 일으킨 조문은 없었다고 한다).

116) Bruns, Zivilprozeßrecht, 1968, § 16 Ⅲ, S. 116 ff, § 29 I S. 239 ff. (Stürner, a.a.O., S. 10 Fn. 6에서 재인용).

Stürner는 위와 같은 Bruns의 이론을 더욱 발전시켜, 주장 · 증명책임을 부담하지 않는 당사자의 일반적 해명의무를 도출하였다.[117)]

먼저 해명의무의 인정근거에 관하여 그는 다음과 같이 설명한다. 민사소송은 증명책임과 같은 위험의 분배를 통해 당사자들에게 사안을 해명하도록 동기를 부여하지만, 이를 넘어서서 위험을 부담하지 않는 당사자도 결국에는 사실관계의 해명을 위해 필요한 모든 것을 할 의무를 부담한다고 한다. 민사소송의 목적은 실체적 진실 발견을 통한 개인의 보호이며, 이는 주장 · 증명책임을 부담하지 않는 당사자의 광범위한 해명의무 없이는 불가능하다고 보았다. 독일 기본법(Grundgesetz) 제2조[118)]와 법치국가원리에 의해 진실발견에 기초한 권리보호절차가 헌법적으로 보장되어야 하며, 독일 민사소송법상 제138조 제1항의 진실의무 및 완전의무 규정과 제2항의 설명의무 규정, 그리고 기타 다른 규정들(당사자신문에 관한 규정, 문서제출의무에 관한 규정 등)의 종합적인 유추를 통해 소송상 해명의무가 도출될 수 있다고 한다.[119)]

해명의무의 요건과 관련하여는, 주장 · 증명책임을 부담하는 당사자가 일응 수긍할 수 있는(plausible) 권리주장을 하면, 상대방은 이에 관해 해명할 의무를 부담한다고 한다. 해명의무 발생을 위한 '수긍가능성(Plausibilität)' 요건이 인정되려면, 주장 자체로 정당한 구체화된 주장(schlüssigem substantiiertem Vortrag)이 있거나, 또는 전형적인 사실관계 부지(不知)(typischer Sachverhaltsunkenntnis)의 사안에서는 권리주장이 가능해 보이도록 만들 수 있는 단서 내지 정황들(Anhaltspunkte)이 있으면 족하다고 한다.[120)]

---

117) Stürner, a.a.O.

118) 우리 헌법 제10조와 유사한 조항이다. 원문은 아래와 같다.
Grundgesetz für die Bundesrepublik Deutschland. Art 2
(1) Jeder hat das Recht auf die freie Entfaltung seiner Persönlichkeit, soweit er nicht die Rechte anderer verletzt und nicht gegen die verfassungsmäßige Ordnung oder das Sittengesetz verstößt.
(2) Jeder hat das Recht auf Leben und körperliche Unversehrtheit. Die Freiheit der Person ist u-nverletzlich. In diese Rechte darf nur auf Grund eines Gesetzes eingegriffen werden.

119) Stürner, a.a.O., S. 378.

소송상 해명의무의 내용으로는 개별사실(Einzeltatsachen), 복합적인 사실(Tatsach- enkomplexe) 및 증명방법(Beweismittel)에 대한 정보를 제공할 의무, 일정한 조사를 포함한 목적물에 대한 열람을 수인할 의무, 신체와 정신에 대한 일정한 조사를 수인하고 적극적으로 지원(Unterstützung)할 의무를 포함한다고 한다. 또한 해명의무로부터 거의 무제한적인 문서제출의무가 파생한다고 본다. 나아가 그는 소송상 해명의무를 소제기 전 단계에까지 확장하여, 주장·증명책임을 부담하지 않는 당사자는 곧 임박한 법적 분쟁과 관련하여 해명수단(Aufklärungsmittel)을 보존해야 한다고 보았다(증거보존의무, Beweiserhaltungspflicht).[121]

소송상 해명의무의 위반 효과에 대해서는, 주장·증명책임을 부담하는 당사자에게 유리한 사실이 의제(Fiktion)되는 제재가 따른다고 보았다. 예외적으로 경미한 의무위반의 경우나, 반대사실의 우월한 개연성에 대한 확신(Überzeugung)이 있는 경우는 그 의제를 제거할 수 있다고 한다.[122]

위와 같은 주장·증명책임을 부담하지 않는 당사자의 "일반적 해명의무" 이론에 동조하는 일부 견해[123]도 있지만, 지배적인 견해[124]와 독일 판례[125]는 이를 인정하지 않는다.

무엇보다도, 민사소송법은 변론주의에 기초하여 필요한 사실을 주장하고 증명방법을 제시하는 것을 당사자들에게 맡겨두고 있고, 주장·증명책임에 관한 원칙 역시 이에 기초하고 있다는 점이 지적된다. 진실발견

120) Stürner, a.a.O., S. 378.

121) Stürner, a.a.O., S. 378.

122) Stürner, a.a.O., S. 379.

123) Stadler, Der Schutz des Unternehmensgeheimnisses im Zivilprozess und im Rechtshilfeverfahren, 1989, S. 80 ff.; Peters, "Auf dem Wege zu einer allgemeinen Prozessförderungspflicht der Partei-en?", FS Schwab, 1990, S. 399, 407 ff; Schlosser, "Die lange deutsche Reise in die prozessuale Moderne", JZ 1991, 599 ff. (Rosenberg/ Schwab/Gottwald, § 109 Rn. 8, Fn. 19에서 재인용)

124) Rosenberg/Schwab/Gottwald, § 109 Rn. 8; Stein/Jonas/Kerns, § 138 Rn. 47-50(다만 Rn. 51-54에서는 일반적 해명의무의 수용에 대해 열려있는 입장을 보이고 있다).

125) BGH NJW 1990, 3151; BGH NJW 1992, 1817, 1819; BAG NJW 2004, 2848, 2851.

이라는 임무도, 법치국가원리도, 입법자의 이러한 결단을 방해할 수는 없다고 본다. 민사소송에서 진실의무가 중요한 의미를 가진다고 하더라도, 당사자들에게 '최대한의 진실발견을 위해 기여하도록 행위할 일반적인 의무'를 부과하는 것을 허용하지는 않으며, '어느 당사자도 상대방의 승소를 위해 상대방이 가지지 못한 자료를 제공해 주어야 할 의무는 없다'는 원칙 안에 머물러야 한다는 것이다.[126] 왜냐하면 민사소송에서 '진실의 발견'은 그 자체가 목적이 아니라, 가능한 가장 정당한 판결에 의한 권리보호라는 목적을 위한 수단이기 때문이다.[127]

나아가, 소송 당사자가 상대방에게 정보의 제공이나 문서의 인도 등을 요구할 청구권을 가지는지 여부는 실체법상 권리의 문제라고 보는데,[128] 실체법은 일반적인 정보제공의무를 두고 있지 않고, 이를 도입하는 것이 소송법의 임무는 아니라고 본다.[129]

Ⅳ. 우리 민사소송에서 진실의무의 규율 방향

지금까지 살펴본 독일 민사소송법상 진실의무 규정과 그 해석론을 참고로 하여, 우리 민사소송에서 진실의무에 관하여 어떻게 규율하는 것이 좋을지를 살펴본다.

우리 민사소송법에 진실의무 조항을 도입할 것인지, 도입한다면 어떠한 내용으로 규율할 것인지를 살펴보기에 앞서, 먼저 민사소송에서 당사자의 진실의무를 인정할 것인지의 문제부터 짚고 넘어갈 필요가 있다.

1. 진실의무를 인정할 것인가?

사실 '진실'이 무엇인가라는 문제는 오랜 도덕적 · 윤리적, 나아가 종교적 · 철학적 탐구의 대상이 되어 왔지만 아직까지 완전히 규명되지 않

126) BGH NJW 1990, 3151.
127) Stein/Jonas/Kerns, § 138 Rn. 48.
128) 문서제출에 관한 ZPO 제422조 이하의 규정들은 당사자들의 실체법상 의무를 토대로 한다(Stein/ Jonas/Kerns, § 138 Rn. 51).
129) BGH NJW 1990, 3151; Stein/Jonas/Kerns, § 138 Rn. 49.

았고 앞으로도 규명되기 어려운 난제이다.[130] 이러한 심오한 논의는 차치하고, 민사소송법에서의 '진실'이라는 개념은 (요건사실의 존부와 관련하여) '주장(진술)과 실제(사실)의 합치(일치)'라는 의미로 사용되고 있다.[131] 민사소송에서의 진실의무는 앞에서 살펴본 바와 같이 소송 당사자의 '인식'에 의할 때 사실에 부합하지 않는 사실적 상황에 대해 진술하거나 사실에 부합하는 상대방의 주장을 다투어서는 안 되는 의무를 말하고, 따라서 객관적·절대적 진실에 대한 의무가 아니라 주관적 진실에 대한 의무, 다시 말해 '정직 의무', '소송상 거짓말의 금지'를 의미한다.

진실의무의 의미를 이와 같이 이해한다면, 민사소송에서 당사자의 진실의무를 인정하는 것을 반대할 이유는 찾기 어려워 보인다. 앞서 살펴본 진실의무의 역사적 전개 과정에서 알 수 있듯이, 소송에서의 거짓말 내지 간계의 금지는 소송 제도의 탄생 이래 시간과 공간을 뛰어넘어 많은 절차법들의 기본 요소를 이루어 왔으며, 신의성실의 원칙(민사소송법 제1조 제2항)이 지배하는 오늘날의 민사소송에 있어서도 여전히 중요한 의미를 가진다. 역사적으로 한 때 나타났던, '거짓말을 포함한 모든 소송기술이 허용된다'는 극단적인 자유주의적 소송관은 독일에서 이미 극복되었으며, 우리나라에서도 그와 같은 소송관을 지지하는 사람은 별로 없을 것이다.

민사소송의 기본원칙인 변론주의는 진실발견과 모순되는 것이 아니고, 오히려 진실한 사실관계의 발견은 민사소송의 목적인 권리보호를 위해 필요하므로, 당사자에게 진실의무를 부과하고 이를 강조하는 것은 민사소송 목적 달성을 위해 중요한 의미를 가진다.[132] 당사자나 대리인이

---

130) '진실(Wahrheit)' 개념의 종교적, 신학적, 철학적 논의의 전개에 관하여 자세한 것은 Olzen, a.a.O., S. 407-412 참조.

131) 예컨대 자유심증주의에 관한 제202조("… 자유로운 심증으로 … 사실주장이 진실한지 아닌지를 판단한다"), 불요증사실에 관한 제288조 단서("다만 진실에 어긋나는 자백은 그것이 착오로 말미암은 것임을 증명한 때에는 취소할 수 있다"), 소명의 방법에 관한 제299조 제2항("… 그 주장이 진실하다는 것을 선서하게 하여 소명에 갈음할 수 있다"), 문서성립의 부인에 대한 제재에 관한 제363조 제1항("… 고의나 중대한 과실로 진실에 어긋나게 문서의 진정을 다툰 때에는 …") 등.

132) Stein/Jonas/Kerns, § 138 Rn. 1.

간계를 부려서 사실을 왜곡하여 소송에서의 승패를 바꾸는 것은 용납할 수 없다는 인식을 반영한 것이 진실의무 조항이고,[133] 진실의무는 당사자에게 일반적으로 진실한 주장을 할 의무를 부과하는 것이 아니라, 당사자의 거짓된 진술이 도저히 묵과할 수 없는 경우에 비로소 적용되는 것이므로, 변론주의를 제한 내지 배제하는 것이 아니라 오히려 보충한다는 의미를 가진다.[134]

허위의 소송자료 제출은 '결과'에 있어서 진실발견을 저해하여 정당한 판결을 통한 권리구제를 방해할 뿐만 아니라, '과정'에 있어서 허위 주장의 진위를 가리기 위한 시간과 비용의 소모를 가져와 소송절차 지연과 소송불경제를 초래한다. 국가가 사회의 안전과 평화를 위해 구성원들 개인의 자력구제를 금지하고 사법권을 독점하는 대신 사적 분쟁의 해결 방법으로 마련해 놓은 것이 민사소송제도이고,[135] 따라서 모든 국민은 헌법과 법률이 정한 법관에 의하여 법률에 의한 재판을 받을 권리를 가지지만(헌법 제27조 제1항), 이러한 권리가 소송에서 허위의 주장을 제출하여 법원을 속이고 상대방 당사자의 이익을 편취할 권리까지 포함하는 것은 아니다. 성실하고 공정한 소송수행을 보장하고 질서 있는 사법을 구현하기 위해서는 소송 당사자에게 진실의무를 인정할 필요가 있고, 이는 헌법상 재판청구권이나 당사자의 소송수행의 자유 및 소송대리인의 직업수행의 자유에 대한 부당한 제한이라 할 수 없다.

따라서 민사소송에서 당사자의 진실의무는 인정되어야 한다.

2. 진실의무의 확장 여부: 일반적 해명의무 이론, 디스커버리 도입론에 대하여

논란이 될 수 있는 것은, 진실의무의 의미·내용을 보다 확장하여 소송 당사자들에게 진실규명을 위해 필요한 모든 것(사실에 관한 설명, 관

133) 호문혁, 앞의 책(주 7), 55면.
134) 호문혁, 앞의 논문(주 2), 245면.
135) 호문혁, 앞의 책(주 7), 4면.

련 정보와 자료의 제출 등)을 다 할 일반적인 의무를 부과할 것인지의 문제이다.

위 Ⅲ. 5.항에서 살펴본 독일의 '일반적 해명의무' 이론에 의하면, 주장·증명책임을 부담하지 않는 당사자도 사안을 규명하기 위해 필요한 모든 사실과 증명방법에 관한 정보를 제공하고, 관련 문서를 제출하며, 물건 및 신체·정신에 대한 각종 조사를 수인할 의무를 부담한다고 보는데, 이 경우 소송 당사자의 진실의무는 단지 '소송에서 의식적으로 허위의 소송자료를 제출하지 않을 의무'를 의미하는 것에 그치지 않고, 나아가 '진실규명을 위해 필요한 모든 소송자료를 적극적으로 제출할 의무'로 확장되는 결과를 가져온다. 이는 변론주의 및 주장·증명책임 분배 원칙에 입각한 종래의 민사소송의 틀을 바꾸는 것으로, 영미법상 디스커버리 제도에 맞닿아 있다고 볼 수 있다.[136)]

우리나라에서도 최근 정보와 증거의 구조적 편재 현상으로 인한 진실규명의 어려움과 당사자 불평등의 문제가 지적되면서, 이를 해소하기 위한 방안으로 영미법상의 디스커버리 제도를 (한국 상황에 맞게 변형하여) 도입하는 방안에 대한 검토가 활발하게 이루어지고 있다.[137)]

디스커버리 제도를 두고 있는 법제에서는, 민사소송이란 분쟁이 된

---

136) Stürner도 영국 민사소송법상의 디스커버리 제도를 검토하면서, "영국의 소송은 위험을 부담하지 않는 당사자로 하여금 자신의 카드를 완전히 테이블 위에 올려놓도록 강제하고 있으며, 독일 민사소송법보다 훨씬 더 강하게 상대방 당사자를 해명으로 이끄는 소송절차"라고 언급하고 있다(Stürner, a.a.O., S. 17-28).

137) 디스커버리 도입론에 관한 국내 문헌으로는 다음과 같은 것들이 있다. : 이계정, "특허소송 심리에 있어서 증거수집절차 개선방안에 관한 소고-미국의 디스커버리 제도의 시사점을 중심으로-", 사법 통권 제59호, 사법발전재단, 2022; 전원열, "민사소송절차상 디스커버리 도입에 관한 검토", 인권과 정의 제501권, 대한변호사협회, 2021; 전휴재, "우리 민사재판의 미래에 관한 소고", 민사소송 제27권 제1호, 한국민사소송법학회, 2023; 한애라, "미국 연방 민형사소송절차에서의 E-discovery와 국내적 시사점", 성균관법학 제32권 제2호, 성균관대학교 법학연구소, 2020; 이준범, "미국 연방 법제상 디스커버리 의무 위반에 대한 변호사 제재에 관한 연구, 민사소송 제28권 제1호, 한국민사소송법학회, 2024. 2.; 박지원, "2015년 미국 연방 민사소송규칙 개정과 한국형 디스커버리제도에 대한 시사점", 민사소송 제20권 제1호, 한국민사소송법학회, 2016.

사실관계를 가능한 한 모두 까발려 놓고 그 사실관계 하에서 권리의무의 귀속을 판단하는 절차임을 전제로 하여, 쌍방 당사자에게 증명책임과 무관하게 사실관계를 드러낼 의무를 부과한다.[138] 그 민사소송절차는 소장과 답변서를 제출하는 소답절차(pleading)－디스커버리 절차(discovery)－재판절차(trial) 순으로 단계별로 진행되는데, 법정에서 판사의 주재 하에 이루어지는 재판절차(trial)와 달리, 디스커버리 절차는 (예외적으로 불가피한 경우에 한하여 법원이 개입하는 것을 제외하고는) 원칙적으로 당사자(변호사)가 주도하는 절차이다. 디스커버리 절차에서는 질문서(Interrogatories), 문서·전자정보 및 유형물의 제출, 증언녹취서(depositions), 신체·정신 감정 등을 통해 광범위한 정보와 증거의 제출이 이루어짐으로써, 사건의 쟁점과 증거가 정리된다.[139] 디스커버리의 범위는 당사자의 청구나 항변에 관련되고(relevant), 당해 사건의 필요에 비례하는(proportional) 것으로서, 비닉특권이 없는(nonprivileged) 자료 전부가 포함된다.[140]

위와 같은 독일의 일반적 해명의무 이론이나 영미의 디스커버리 제도는, 변론주의 및 주장·증명책임 분배 원칙을 기초로 한 우리 민사소송과는 본질적으로 다른 제도이다. 위와 같은 이론 내지 제도를 받아들인다는 것은, 현행 민사소송의 기본구조 자체에 변경을 가하는 것을 의미하게 될 것이다. 기술의 발전으로 점점 좁아지고 있는 글로벌 사회에서 각국의 소송제도 상호간에도 경쟁이 일어나고 사회변화에 보다 부합하는 방향으로 소송제도가 변모해 나가는 것은 자연스러운 현상이다. 그러나 그 과정에서 새로운 제도를 도입함에 따른 영향과 기존 제도와의 정합성, 각 제도의 장점과 단점의 비교·분석 등 신중한 논의과정을 거쳐야 함은 물론이다. 다만, 디스커버리 제도의 도입 여부에 관하여 깊이 논의하는 것은 이 글의 직접적인 주제에서 벗어나므로, 여기에서는 소송 당사자의 진실의무 측면의 검토에 필요한 범위내로 논의를 한정하

138) 전원열, 앞의 논문(주 134), 116면.
139) 전원열, 앞의 논문(주 134), 114, 116-117면.
140) 전원열, 앞의 논문(주 134), 118면.

고자 한다.

일반적 해명의무 이론이나 디스커버리 제도를 채택한다면, 민사소송에서의 '진실의 발견'이라는 측면에서는 확실히 종래의 변론주의 및 주장·증명책임 분배 원칙에 입각한 소송제도에서보다 유리할 것임에 틀림이 없다. 종래의 소송제도 하에서라면 현출되지 못했을 소송자료들이 디스커버리를 통해서는 현출될 수 있을 것이기 때문이다.

그러나 '진실의 발견'이라는 것이 민사소송에서 언제나 최우선시되어야 하는 가치인가? 다른 소송상 이익을 위해 진실의 발견이 때로는 후퇴해야 하는 것은 아닌가? 변론주의라는 것은 처음부터 왜 채택된 것이며 왜 비판을 받고 있는가? 이러한 질문들이 검토될 필요가 있다.

민사소송에서 정당한 판결이 이루어지기 위해서는 진실의 발견이 중요하다는 것은 분명하다. 그러나 민사소송에서의 진실발견의 의미는 형사소송에서와는 다르다.[141] 국가형벌권의 행사를 통한 정의의 실현을 위해 형사소송에서는 실체적 진실발견이 무엇보다도 중요한 가치를 가진다. 이와 달리 민사소송은 본질적으로 개인이 처분할 수 있는 사적 법률관계에 관한 분쟁을 해결하기 위해 존재하는 제도적 장치이다. 민사소송에서 진실의 발견은 그 자체가 목적이 아니라 '정당한 재판을 통한 권리실현'이라는 목적에 이르기 위한 수단이다.[142] 그렇기 때문에 민사소송에서는 다른 소송적 이익과의 이익형량의 결과 진실발견이 후퇴될 수도 있음을 전제로 하고 있다.[143] 예컨대 실기각하 규정(제149조)에 의하면, 늦게 제출되었다는 이유로 진실한 주장이 재판에서 고려되지 않을 수 있다. 이는 소송경제를 위해 진실발견이 후퇴할 수 있음을 의미한다. 또한 증언거부권 규정(제314조 이하)은 증인의 개인적 법익의 보호를 위해 일정한 경우에 진실의 발견이 포기될 수 있음을 전제한다. 나아가 재판상 자

141) 호문혁, 앞의 논문(주 2), 238면.

142) Stein/Jonas/Kerns, § 138 Rn. 48.

143) Brand, "Grenzen zivilprozessualer Wahrheit und Gerechtigkeit : Disclosure- und Discovery- Ele-mente im deutschen Zivilverfahrensrecht", NJW 2017, S. 3559-3561.

백(제288조)이나 자백간주(제150조) 규정에 의하면, 진실에 반하는 사실도 법원을 구속하여 재판의 기초가 될 수 있다. 이는 사실자료에 대한 당사자의 처분권이 진실의 발견보다 우선함을 의미한다. 이처럼 민사소송에서는 '진실의 발견'이 언제나 최우선의 가치는 아니라는 점을 주목할 필요가 있다.

소송자료 수집 · 제출을 당사자에게 맡겨두는 변론주의는 시민적 자유주의와 함께 독일법계 민사소송에서는 너무도 당연한 것으로 받아들여져 왔다(너무나 당연한 것이었기 때문에 법률에 굳이 명시적 규정을 두지도 않았다). 그러나 개인주의 · 자유주의에 입각한 변론주의에 대해서는 역사적으로 많은 비판이 가해졌다. 19세기~20세기 전반에는 사회주의나 전체주의, 공산주의자들이 변론주의를 거세게 비난하였고, 이들은 법관의 직권을 강화하고 법관이 사회적 약자를 돕도록 해야 한다고 주장하였다. 나아가 1970년대에 Wassermann은, 소송에서 법관과 양 당사자는 실체적 진실 발견을 위한 작업공동체를 형성하고, 소송이란 이들이 서로 협동하여 진실을 발견하는 과정이라고 보는 이른바 '협동주의'를 제창하기도 하였다.[144)]

이러한 많은 도전에도 불구하고, 변론주의는 여전히 우리나라를 포함한 독일법계 국가 민사소송의 대원칙으로 자리하고 있다. 그 이유는 무엇인가?

무엇보다도 민사소송의 본질에 변론주의가 부합하기 때문이다. 민사소송은 사적자치가 지배하는 사법(私法)상의 법률관계를 대상으로 하므로, 사법상 권리 구제 절차인 민사소송에서도 사적자치의 원칙이 관철될 필요가 있다. 만일 소송자료에 관하여 당사자의 지배가 인정되지 않고 당사자들이 원하지 않는 사실관계까지 법원이 스스로 탐지하여 재판의 기초로 삼을 수 있다면, 소송은 당사자들이 원하지 않고 예측하지도 않은 방향으로 진행될 수 있을 것이며, 이로써 사적자치의 원칙은 유명무실하

---

144) 호문혁, 앞의 책(주 7), 446-447면; 이시윤, 앞의 책(주 7), 327면; 정동윤/유병현/김경욱, 앞의 책(주 7), 400-401면.

게 되고 만다. 따라서 변론주의는 사적자치의 결과임과 동시에 사적자치를 뒷받침하는 역할을 한다.[145)]

다른 한편, 변론주의의 근저에는 사건에 관하여 가장 잘 아는 당사자에게 자신의 승소를 위한 자료를 수집 · 제출하도록 하는 것이 법원이 직권으로 소송자료를 수집하는 것보다 실체적 진실 발견에 더욱 효율적이고 적합하다는 사고가 깔려 있다.[146)]

이러한 사고는 역사적 경험을 통해 통상적으로는 타당하다는 것이 확인되었지만,[147)] 예외적인 상황도 있을 수 있다. 즉, 당사자가 소송에서 의식적으로 허위의 소송자료를 제출하는 경우에는 변론주의를 뒷받침하는 위와 같은 논거는 더 이상 유효하지 않게 된다. 또한, 소송에 필요한 정보와 증거방법에 대한 접근가능성이 어느 한 당사자에게 제한되어 있는 경우, 소위 '정보 · 증거의 구조적 편재'의 사안에서는 당사자들에게만 맡겨 놓는 것으로는 진실의 발견이 어렵게 된다.

이러한 이유로 인해 변론주의에 대해서는 일정한 수정 내지 보완이 필요하게 되었고, 이를 위해 고안된 제도적 장치가 바로 법관의 석명권(경우에 따라서는 석명의무), 당사자의 진실의무와 같은 것이다. 또한 민사소송법은 문서제출의무(제344조), 당사자본인신문(제367조) 등을 통해 주장 · 증명책임을 부담하지 않는 당사자도 일정한 경우에 사안에 관하여 밝히고 증거를 제출하도록 하고 있다. 나아가 증거의 구조적 편재 현상이 두드러지는 공해 · 환경 · 의료과오 · 제조물책임 등의 이른바 현대형 소송에서는 주장 · 증명책임을 부담하는 당사자의 부담을 덜어주고 상대방에게 반대사실을 주장 · 증명하도록 하는 증명책임의 완화 내지 전환의 해석론도 판례에 의해 인정되고 있다(독일 판례가 인정하고 있는 '2차적 주장

---

145) 호문혁, 앞의 책(주 7), 447면; 이시윤, 앞의 책(주 7), 327면; 정동윤/유병현/김경욱, 앞의 책(주 7), 372면; 전원열, 앞의 책(주 7), 268면.

146) 호문혁, 앞의 책(주 7), 447면; 이시윤, 앞의 책(주 7), 327면; 정동윤/유병현/김경욱, 앞의 책(주 7), 372면.

147) 프로이센은 법관의 직권을 강화하여 소송자료를 수집하도록 하는 직권탐지주의를 시도하였으나 그것이 불가능하였기 때문에 결국 이를 포기하고 말았다[호문혁, 앞의 논문(주 2), 238면].

책임' 이론도 이러한 맥락에서 나온 것으로, 우리 민사소송에서도 고려할 만하다).

변론주의의 문제점 중의 하나로 지적되는 당사자간 실질적 불평등의 문제, 즉 이상과 달리 현실에서는 시민의 능력이 평등하지 않고 사회적 약자들이 무지·무경험으로 소송에서 불리한 처지에 놓이게 된다는 문제점은, 소송구조 제도의 강화와 변호사강제주의 채택 등의 방법으로 해결되는 것이 바람직하고,[148] 변론주의를 폐기할 이유가 되지 못한다.

이처럼 우리 민사소송의 근간을 이루고 있는 변론주의 및 주장·증명책임에 관한 원칙은 여전히 유효하고 타당하다. 현대 사회의 변화에 따라 일부 수정·보완이 필요한 특정 영역에서는, 해당 실체법 규범에서 주장·증명책임의 분배를 조정하거나 정보·문서의 제공의무를 규정하는 특별법 규정을 두는 것, 현행 민사소송법상 문서제출의무 및 문서제출명령 제도를 보완·강화하는 것 등의 입법론적 해결책이 고려될 수 있다. 이를 넘어서서 민사소송절차에서(민사소송법이 준용되는 다른 모든 절차들을 포함하여) 일반적으로 당사자들에게 사안에 관한 모든 정보와 증거들을(상대방에게 유리한 것들도 모두) 포괄적으로 공개·제출하도록 하는 것은 필요 이상의 과도한 조치일 뿐만 아니라, 디스커버리에 따른 비용의 증가·소송절차의 장기화·프라이버시나 영업비밀 침해 등의 문제를 고려하면, 이를 섣불리 도입할 것은 아니라고 생각된다.

3. 우리 민사소송법상 진실의무 도입 방안(입법 제안)

(1) 진실의무 규정 도입의 필요성

위 Ⅱ.항에서 살펴본 바와 같이, 우리 민사소송법은 당사자의 진실의무를 명시적으로 규정하는 조항을 두고 있지 않으나 해석론에 의해 이것이 인정된다고 보고 있다. 그러나 명문의 규정이 없다 보니 그 내용이 모호하고, 소송 당사자들에게 진실의무라는 것이 존재한다는 인식 자체가 별로 없을 뿐만 아니라, 무엇보다 진실의무 위반에 대한 제재수단이 미

---

148) 호문혁, 앞의 논문(주 2), 239면.

비되어 그 실효성은 매우 낮은 실정이다. 따라서 진실의무를 인정할 것이라면 그 내용과 위반의 효과를 명확하게 법에 규정하는 것이 바람직하다.

(2) 대법원 디스커버리 연구반 보고서의 검토

먼저 민사소송법상 진실의무 조항의 도입에 대해 구체적인 제안을 하고 있는 대법원 디스커버리 연구반 보고서에 대해 살펴본다. 위 보고서에 의하면, 중장기적인 관점에서는 변론준비 단계에서 영미의 디스커버리 제도를 참고하여 당사자의 주도 하에 다양한 방법(질문서, 증언녹취, 문서·전자적 정보·물건의 제출 요청 등)을 통한 '증거수집'이 중점적으로 이루어질 수 있도록 하고, 제1회 변론기일 이후에는 '증거조사'만 집중적으로 이루어질 수 있도록 제도를 개편할 것을 제안하면서, 이를 전제로 단기적인 관점에서는 현행 민사소송 제도의 틀을 유지한 상태에서 문서제출명령제도의 개편, 질문서 및 증언녹취 제도의 도입과 함께 진실의무 규정을 도입할 것을 제안하고 있다.

진실의무와 관련한 구체적인 제안 내용을 살펴보면, 민사소송법 제1조 제2항을 개정하여 "당사자와 소송관계인은 신의에 따라 성실하게 소송을 수행하여야 하고, 사실관계를 밝히기 위하여 신의에 따라 성실하게 협력하여야 한다."라고 규정할 것을 제안하고 있다. 그 제안의 이유로는, 증거의 구조적 편재 현상을 극복하고 변론주의를 보완하기 위하여 신의성실의 원칙에서 파생되어 인정되고 있는 당사자 및 소송관계인의 협력의무[149]를 인정할 필요가 있고, 이를 넘어서서 사안을 해명할 의무를 규율하는 것은 남용의 위험, 비효율적 절차진행의 우려, 증명책임의 기본원칙 위배 우려가 있어, 협력의무만을 규율하는 것으로 의견을 모았다고 밝히고 있다.[150]

위와 같은 제안은 여러 가지 문제점을 안고 있다.

먼저, 진실의무는 당사자 및 대리인이 부담하는 구체적인 소송상 의

149) 위 보고서에서는 '진실의무'와 '협력의무'를 구별하지 않고 혼용하고 있는 것으로 보인다.

150) 대법원 디스커버리 연구반 보고서(주 5), 49-51면.

무임에도 불구하고 이를 신의성실의 원칙 조문에 포함시켜 함께 규율하는 것은 적절하지 않다. 진실의무 규율의 기본정신이 신의성실에 바탕을 두고 있다고 하더라도, 진실의무의 요건과 위반효과에 관한 구체적인 규정은 따로 두는 것이 바람직하다. 개별적 · 구체적 법규정을 도외시하고 신의성실의 원칙과 같은 일반조항에 의지하려 하는 태도는 해당 제도 · 법리의 힘을 약화시킬 뿐만 아니라 불명확성과 자의의 위험이 뒤따르는 등 여러 문제가 있다.[151)]

또한, 위 보고서에서는 '진실의무'와 '협력의무'를 구별하지 않고 혼용하고 있는데, 이는 해석상 논란을 불러일으킬 수 있다. '협력'이라는 것이 구체적으로 무엇을 의미하는지 막연하고, 변론주의와 주장 · 증명책임에 관한 기본 원칙은 그대로 유지하는 것인지 아니면 이를 수정 · 변경하는 것인지(후자라면 어느 범위에서 수정 · 변경하는 것인지) 여부가 불명확하다. 비록 제안 이유에서는 일반적 사안해명의무는 도입하지 않는다는 의도를 명확히 하고 있음에도 불구하고, '사실관계를 밝히기 위하여 … 협력하여야 한다'는 표현은 사안의 해명을 위하여 필요한 행위를 하여야 하는 의무, 즉 사안해명의무를 의미하는 것처럼 읽힐 수 있다. 또한 위와 같은 표현은 독일에서 1970년대에 주장된 '협동주의'를 의미하는 것처럼 읽힐 수도 있다. 협동주의에 대해서는, 당사자의 자기책임의 우선을 포기하여야 한다는 점,[152)] 소송은 본질적으로 싸우는 과정이지 실체적 진실이란 보물을 찾기 위해 팀을 구성하여 합심협력하는 과정이 아님을 간과한 허황된 이론이라는 점,[153)] 사실자료 수집에 관한 법원의 협력을 과대평가하고 법원이 직권으로 사실을 수집할 수 없다는 본질적인 원칙은 그대로 유지되고 있다는 사실을 간과하고 있다는 점[154)] 등이 지적되면서, 학계로부터 지지를 얻지 못하고 있다.

---

151) 이른바 '일반조항으로의 도피'의 문제점에 관하여 자세한 것은 Hedemann, Die Flucht in die Generalklauseln : Eine Gefahr für Recht und Staat, 1933.

152) 이시윤, 앞의 책(주 7), 327면.

153) 호문혁, 앞의 책(주 7), 447면.

154) 정동윤/유병현/김경욱, 앞의 책(주 7), 401면.

나아가, 위와 같이 제안된 조문의 표현으로부터는, '진실의무'의 원래의 내용, 즉 사실상 사정에 관하여 진실하게 진술을 하여야 하고, 고의로 진실에 어긋난 주장을 해서는 안 된다는 내용은 오히려 도출되기 어렵다.

뿐만 아니라, 위 제안에 따르면 진실의무를 부담하는 주체가 '당사자 및 소송관계인'인데, '소송관계인'이 어디까지를 의미하는 것인지가 불명확하다. 진실의무는 원래 소송 당사자 및 그 대리인에게 부과되는 것인데, 진실의무 부담의 주체가 부당하게 확장될 우려가 있다.

마지막으로, 위 제안은 추상적인 협력의무만을 규율하고 있을 뿐, 그러한 의무를 위반하면 어떻게 되는지 그 효과에 대해서는 아무런 언급이 없다. 이러한 추상적인 의무 규정만으로는 그 실효성이 없을 것임은 충분히 예상할 수 있다.

진실의무 규율의 실효성을 담보하려면, 그 의무의 내용과 위반의 효과를 명확하게 규정하는 것이 중요하다. 진실의무의 내용에 대해서는 위 III.항에서 살펴본 독일 민사소송법상 진실의무 규정과 그 해석론을 참고할 수 있다. 다만 독일 민사소송법에서는 진실의무 위반에 대한 일반적인 제재수단을 규정하고 있지 않아 그 실효성이 떨어지는 문제가 있으므로, 우리 법에 진실의무 조항을 신설한다면 그 제재수단을 명확하게 규정할 필요가 있다.

(3) 진실의무 위반에 대한 제재수단

진실의무 위반에 대한 제재수단으로는, 과태료 · 감치의 부과, 소송비용의 부담을 고려해 볼 수 있다.

1) 과 태 료

먼저 과태료 부과 방법에 대해 살펴본다. 현행 민사소송법에서 과태료는 ① 원고가 소권을 남용하여 청구가 이유 없음이 명백한 소를 반복적으로 제기한 경우(500만 원 이하의 과태료, 제219조의 2), ② 소명에 갈음하여 선서한 당사자 등이 거짓진술을 한 때(200만 원 이하의 과태료, 제301조), ③ 증인이 정당한 사유 없이 출석하지 아니한 때(500만 원 이하의 과태료, 제311조), ④ 제3자가 필적 등의 대조에 필요한 문서 등을 제출하라는 명령에 정당한 사유 없이 따르지 아니한 때(200만 원 이하의 과태료, 제360조 제2항), ⑤ 제3자가 검증 목적물 제출 명령에 정당한 사유 없이 따르지 아니한 때(200만 원 이하의 과태료, 제366조 제2항), ⑥ 당사자 신문 절차에서 선서한 당사자가 거짓 진술을 한 때(500만 원 이하의 과태료, 제370조) 등의 경우에 부과하고 있다.

이러한 규정에 비추어 볼 때, 당사자 또는 대리인이 진실의무에 위반하여 고의로 사실상 사정에 관하여 진실에 어긋난 주장을 하거나 상대방의 진실한 주장을 다툰 때에 과태료를 부과하는 것은 큰 무리가 없다고 보이며, 그 액수는 관련 규정에 비추어 최소한 500만 원 이하로 규정하는 것이 상당하다고 생각된다(실효성 확보를 위해 더 큰 액수를 정하는 것도 고려해 볼 만하다).

2) 감　　치

다음으로 감치에 처하는 방법에 대해 살펴본다. 현행법상 감치는 ① 민사소송법 제311조에 따라 증인이 정당한 사유 없이 불출석하여 과태료의 재판을 받고도 다시 출석하지 아니한 때(7일 이내의 감치), ② 민사집행법 제68조 제1항에 따라 채무자가 정당한 사유 없이 명시기일 불출석, 재산목록 제출 거부, 선서 거부 행위를 한 경우(20일 이내의 감치), ③ 가사소송법 제67조 제2항에 따라 혈액 등 수검명령 위반 후 과태료를 부과받고도 정당한 이유 없이 다시 수검 명령을 위반한 경우(30일의 범위에서 그 의무를 이행할 때까지), ④ 법원조직법 제61조 제1항에 따라 법정 내외에서 재판장의 질서유지를 위한 명령 또는 녹화 등의 금지를 위반하는 행위를 하거나, 폭언·소란 등의 행위로 법원의 심리를 방해하거나 재판의 위신을 현저하게 훼손한 경우(20일 이내의 감치) 등에 부과될 수 있다. 현행법상 감치는 위법한 행위에 대한 순수한 제재적 성격을 띠는 경우도 있지만(위 ④의 경우), 일정한 의무의 이행을 강제하기 위한 수단으로서의 성격을 띠는 경우가 더 많다(① 내지 ③의 경우, 의무의 이행이 있으면 감치 결정을 취소한다).

신체의 구금은 의무이행을 강제하는 가장 강력한 수단이라 할 수 있으므로, 실효성 차원에서 본다면 진실의무 위반의 경우에 (법원조직법 위반의 경우와 유사하게) 20일 이내의 감치를 부과하고, 필요한 경우에는 과태료와 함께 병과하는 방법을 일응 고려해볼 수 있을 것이다. 그러나 감치는 비록 형벌은 아니지만 신체의 자유를 박탈하는 처분이라는 점에서, 그 부과에 신중을 기할 필요가 있다.

3) 소송비용 부담

마지막으로 소송비용을 부담하게 하는 방법에 대해 살펴본다. 민사소송법에 의하면 소송비용은 패소한 당사자가 부담함이 원칙이지만(제98조), 당사자가 책임져야 할 사유로 소송이 지연된 때에는 법원은 지연됨으로 말미암은 소송비용의 전부나 일부를 승소한 당사자에게 부담하게 할 수 있다(제100조). 당사자가 진실의무를 위반하여 허위 주장을 제출함으로써 소송이 지연되었다면 그 지연으로 인해 발생한 소송비용의 전부·일부를 진실의무 위반자에게 부담시킬 수 있을 것이다. 그러나 소송지연이 발생하였는지 여부와 무관하게 진실의무 위반 그 자체만으로 그와 관련된 소송비용을 부담하게 한다면, 그 제재 효과는 더욱 제고될 수 있을 것이다. 예컨대 피고가 원고의 금전지급 청구에 대해 허위의 변제 주장을 하면서 동시에 예비적으로 상계 주장을 하였고, 심리 결과 변제 주장은 명백한 허위임이 밝혀졌으나 상계 주장이 받아들여져 피고가 승소한 경우, 피고의 허위의 변제 주장으로 소송이 지연된 바는 없더라도 그 주장의 심리와 관련하여 발생한 소송비용은 피고가 부담하도록 하는 것이다.

(4) 진실의무 관련 조문의 구성

앞서 검토한 내용을 종합하여, 진실의무와 관련하여 다음과 같은 조문을 신설하는 방안을 제안해 본다.

먼저 당사자 및 그 대리인에게 소송상 진실의무가 존재한다는 점, 이를 위반하면 과태료 또는/및 감치의 제재가 부과될 수 있다는 점을 명확히 하기 위해, 제1편 총칙 제4장 소송절차 제1절 변론 앞부분에 다음과 같은 규정을 신설하는 것을 제안한다.

> **제134조의2(진실의무)** ① 당사자와 그 대리인은 사실상 사정에 관하여 진실하게 진술하여야 한다. ② 당사자 또는 그 대리인이 고의로 사실상 사정에 관하여 진실에 어긋난 주장을 하거나 상대방의 진실한 주장을 다툰 때에는 법원은 결정으로 20일 이내의 감치에 처하거나 500만원 이하의 과태료를 부과할 수 있다. 이 경우 감치와 과태료는 병과할 수 있다.

또한 진실의무를 위반한 경우 소송에서 승소하더라도 소송비용을 부담할 수 있다는 점을 명확히 하기 위하여, 제1편 총칙 제3장 소송비용 제1절 소송비용의 부담 부분에 다음과 같은 규정을 신설하는 것을 제안한다.

> **제100조의2(원칙에 대한 예외)** 당사자 또는 그 대리인이 고의로 사실상 사정에 관하여 진실에 어긋난 주장을 하거나 상대방의 진실한 주장을 다툰 때에는 법원은 그 주장의 심리와 관련하여 발생한 소송비용의 전부나 일부를 승소한 당사자에게 부담하게 할 수 있다.

Ⅴ. 나 가 며

이상으로 민사소송 당사자 및 대리인의 진실의무에 관한 우리나라에서의 종래 논의와 독일의 입법례 · 해석론을 살펴보고, 이를 토대로 우리 민사소송법에서의 진실의무 조항 도입에 관한 의견을 제시해 보았다. 최근 디스커버리 도입론에 맞물려 민사소송법상 진실의무 규정 도입에 관한 논의가 이루어지고 있는데, 이와 관련하여 더욱 다양한 의견이 제시되고 검토되어 신중한 입법이 이루어지기를, 그리고 그에 있어 이 글이 조금이나마 보탬이 되기를 기대해 본다.

[Abstract]

The Duty of Truthfulness of Parties and Representatives in Civil Litigation

Kwak, Hee Kyung*

In civil litigation dominated by the adversarial system, the submission of false litigation materials by parties or their representatives hinders the discovery of truth, obstructs the rightful adjudication of rights, and causes delays and inefficiencies in the litigation process.

Article 138(1) of the German Code of Civil Procedure stipulates that "the parties shall make a complete and truthful statement regarding the facts." This duty of truthfulness is not an obligation to provide objective and absolute truth, but rather a duty of subjective truth, meaning an "obligation of candor" and a "prohibition of lying in litigation." Historically, the duty of truthfulness has been a fundamental element in many procedural laws and continues to hold significant importance in contemporary civil litigation governed by the principle of good faith. To ensure sincere and fair conduct in litigation and to implement orderly justice, it is necessary to recognize the duty of truthfulness for parties and their representatives. This recognition does not unjustly restrict the constitutional right to seek judicial relief or the freedom of parties to conduct litigation, nor the freedom of legal representatives to perform their profession. However, attempts to extend the meaning of the duty of truthfullness from "the obligation not to consciously submit false litigation materials" to "the obligation to actively submit all litigation materials necessary for ascertaining the truth" (the theory of general duty of explanation, the introduction of discovery) are undesirable

* Associate Professor, Department of Law School, Ajou University.

in light of the nature of civil litigation governed by private autonomy and the fundamental principles regarding the burden of assertion and proof.

Although Korean Civil Procedure Act does not contain explicit provisions regarding the duty of truthfulness, they recognize a duty of truthfulness similar to that of Germany by legal interpretation. However, the lack of explicit regulations leads to ambiguity in its content, and parties in litigation are often unaware of this duty. Furthermore, due to the lack of sanctions for violations of the duty of truthfulness, this duty fails to function effectively in reality. Therefore, it is necessary to clearly stipulate the content of the duty of truthfulness and the effects of its violation in law.

Thus, I propose the introduction of provisions in Korean Civil Procedure Act, specifically Article 134-2, to clarify the content of the duty of truthfulness and to state that fines and detention may be imposed for violations, and Article 100-2 to clearly state that parties may bear litigation costs in cases of violation of the duty of truthfulness.

[Key word]

- Duty of truthfulness
- Adversarial system
- Burden of assertion and proof
- General duty of explanation
- Discovery

참고문헌

Ⅰ. 국내문헌

1. 단 행 본

김홍엽, 민사소송법 제11판, 박영사, 2023.
대법원, 사법정책자문회의 제23차 회의자료, '디스커버리(증거개시) 제도 도입', 2022. 10. [https://help.scourt.go.kr/news/NewsViewAction2.work? pageIndex=1&searchWord=&searchOption=&seqnum=20&gubun=943 (2024. 10. 9. 최종 확인)]
대한변호사협회, 징계사례집 제8집(2019~2022년 징계결정사례 중심), 경성문화사, 2023. 12. [https://koreanbar.or.kr/pages/board/view.asp?teamcode=&page=1&seq= 13392&types=9&category=&searchtype=&searchstr= (2024. 10. 9. 최종 확인)]
문영화, 민사소송법 번역집(독일), 법무부, 2019.
이시윤, 신민사소송법 제16판, 박영사, 2023.
전원열, 민사소송법 강의 제3판, 박영사, 2022.
정동윤/유병현/김경욱, 민사소송법 제9판, 법문사, 2022.
호문혁, 민사소송법 제15판, 법문사, 2024.

2. 논 문

김상훈, "진실의무에 관한 소고", 민사소송 제4권, 한국민사소송법학회, 2001. 1.
김현수, "형사변호사의 직업윤리와 이해충돌에 관한 연구", 인권과 정의 통권 제459호, 대한변호사협회, 20016. 8.
김형준, "변호인의 진실의무와 진술거부권의 행사권고–대법원 2007. 1. 13.자 2006모656 결정–", 법학논문집 제31집 제1호, 중앙대학교 법학연구소, 2007.
남동현. "변론주의의 제한과 수정–§ 138 ZPO를 중심으로–", 비교사법 통권 제28호, 한국비교사법학회, 2005.
박지원, "2015년 미국 연방민사소송규칙 개정과 한국형 디스커버리제도에 대한 시사점", 민사소송 제20권 제1호, 한국민사소송법학회, 2016.
배기석, "형사변호인의 진실의무와 변호권의 한계", 인권과 정의 통권 제357호, 대한변호사협회, 2006. 5.
손창완, "변호사의 제3자에 대한 윤리", 홍익법학 제17권 제1호, 홍익대학교 법학연구소, 2016. 2.
오정후, "독일 민사소송 제2심의 소송자료-그 변천사", 민사소송 제8권 제1호, 한국민사소송법학회, 2004. 2.
윤은경, "국제중재절차에서의 중재대리인의 직업윤리", 법학논총 제29권 제3호, 국민대학교 법학연구소, 2017. 2.
이계정, "특허소송 심리에 있어서 증거수집절차 개선방안에 관한 소고-미국의 디스커버리 제도의 시사점을 중심으로-", 사법 통권 제59호, 사법발전재단, 2022.
이재방, "변호사의 직무상 책임과 윤리의 충돌", 홍익법학 제8권 제3호, 홍익대학교 법학연구소, 2006. 10.
이준범, "미국 연방 법제상 디스커버리 의무 위반에 대한 변호사 제재에 관한 연구, 민사소송 제28권 제1호, 한국민사소송법학회, 2024. 2.
이효진, "증거위조죄와 변호인의 진실의무에 관한 고찰-대법원 2021. 1. 28. 선고 2020도2642 판결을 중심으로-", 아주법학 제15권 제2호, 아주대학교 법학연구소, 2021. 8.
전원열, "민사소송절차상 디스커버리 도입에 관한 검토", 인권과 정의 제501권, 대한변호사협회, 2021.
전휴재, "우리 민사재판의 미래에 관한 소고", 민사소송 제27권 제1호, 한국민사소송법학회, 2023.
정선주, "민사소송에서 부지(不知)의 진술의 제한과 평가", 민사소송 제14권 제2호, 한국민사소송법학회, 2010. 11.
정형근, "변호사의 진실의무-대법원 2012. 8. 30. 선고 2012도6027 판결-", 인권과 정의 통권 제436호, 대한변호사협회, 2013. 9.
한애라, "미국 연방 민형사소송절차에서의 E-discovery와 국내적 시사점", 성균관법학 제32권 제2호, 성균관대학교 법학연구소, 2020.
호문혁, "민사소송에 있어서의 이념과 변론주의에 관한 연구", 서울대학교 법학 제30권, 서울대학교 법학연구소, 1989.

Ⅱ. 외국문헌

Brand, "Das Spannungsverhältnis zwischen Wahrheitspflicht und Verschwiegenheitspflicht", AnwBl. 2014, 286 ff.

Brand, "Grenzen zivilprozessualer Wahrheit und Gerechtigkeit : Disclosure- und Discovery- Elemente im deutschen Zivilverfahrensrecht", NJW 2017, 3558.

Hedemann, Die Flucht in die Generalklauseln : Eine Gefahr fur Recht und Staat, 1933.

Hirtz, "Der Umgang mit der Wahrheit im Zivilprozess", AnwBl. 2006, 780 ff.

Kleine-Cosack, "Verlogenes Verbot der Anwaltslüge", AnwBl. 2009, 495 ff.

Münchner Kommentar zur ZPO, 6. Auflage, 2020.

Olzen, "Die Wahrheitspflicht der Parteien im Zivilprozeß", ZZP 98(1985), 403ff.

Rosenberg/Schwab/Gottwald, Zivilprozessrecht, 17. Auflage, 2010.

Stein/Jonas, Kommentar zur Zivilprozessordnung, 23. Auflage, Band 1, Band 2, Band 4, 2022.

Stürner, Die Aufklärungspflicht der Parteien des Zivilprozesses, 1976.

변호사 마케팅의 규제*

이 희 준**

■요 지■

법률서비스는 고객에게 발생한 법률문제를 해결해주는 것이기에, 변호사 마케팅은 고객의 특수한 수요를 반영하는 고객 가치 지향적 마케팅, 즉 유인을 중심으로 이루어졌다. 미국에서는 가족, 지인 등을 제외하고는 유인을 제한하였다가, 유인 역시 수정헌법 제1조에 의하여 보호된다는 논리에 따라 그 제한을 점차 완화하고 있다. 독일에서는 잠재적 고객의 보호라는 법익에 대한 구체적인 위험이 있어야 개별 사건의 위임을 목표로 하는 광고로서 금지된다고 본다. 우리나라와 일본에서는 공익의 관점에서 유인을 일부 제한하고 있다.

법률서비스에 대한 수요가 증가하면서, 그 수요를 효과적으로 끌어들이기 위해 대량 공급 중심의 마케팅, 즉 광고가 발달하기 시작하였다. 유럽에서는 변호사 시장의 경쟁을 증진한다는 측면에서 광고규제를 완화하고 있다. 미국에서는 광고 역시 상업적 발언으로 수정헌법 제1조에 의하여 보호된다고 보고, 광고의 제한을 완화하고 있다.

기술의 발전으로 마케팅은 크게 변화하고 있다. 디지털 뉴미디어가 등장함에 따라 이를 통한 변호사 마케팅을 어떻게 규율할 것인지 논란이 되고 있다. 유인과 광고의 장점을 결합한 변호사 중개 플랫폼이 등장함에 따라 이를 둘러싼 분쟁이 격화되고 있다. 변호사 마케팅 규제가 기술의 발전과 시장

---

* 이 글은 2024년 8월 24일 개최된 제47회 민사판례연구회 하계 심포지엄에서 발표한 내용을 보완한 것이다. 이 글의 내용은 작성자 개인의 견해에 불과하고, 법원의 공식 견해가 아님을 밝힌다.

** 서울고등법원 고법판사, 법학박사(행정법 전공).

의 변화에 발맞춰 국민의 기본적 인권 옹호와 사회정의의 실현이라는 변호사의 사명에 부합하는 방향으로 나아가길 바란다.

[주 제 어]

- 광고
- 유인
- 표현의 자유
- 상업적 발언
- 변호사 시장의 경쟁
- 디지털 뉴미디어
- 변호사 중개 플랫폼

I. 연구의 대상과 방법

변호사 업무는 고객으로부터 사건을 수임하는 것, 즉 고객과 관계를 맺고 그 관계가 수익을 낼 수 있도록 관리하는 마케팅(marketing)에서부터 시작한다. "소송에 실패한 변호사는 용서받아도 약정에 실패한 변호사는 용서받지 못한다."고 하지만, 마케팅에 실패한 변호사에게는 그 실패의 기회조차 주어지지 않는다. 그만큼 변호사 마케팅은 중요하다.

필립 코틀러는 마케팅이 제품 중심의 마켓 1.0에서 고객 중심의 마켓 2.0, 인간 중심의 마켓 3.0, 디지털 마케팅으로의 전환을 뜻하는 마켓 4.0, 인간과 기술의 융합을 꾀하는 마켓 5.0, 메타마케팅을 지향하는 마켓 6.0으로 변화한다고 보았다.[1] 이러한 변화는 변호사 마케팅이라고 해서 크게 다르지 않다. 다만 법률서비스는 고객이 겪는 법률문제를 해결해주는 것이기에, 처음에는 고객 개인의 요구에 집중하는 마켓 2.0에서 시작한다. 그러다가 비슷한 유형의 법률서비스가 대량으로 공급됨에 따라 마케팅도 대량 공급 중심의 마켓 1.0로 변하게 된다. 최근 기술의 발달로 마켓 2.0과 마켓 1.0이 결합하면서 인간 중심의 마켓 3.0으로 변화하였고, 디지털 마케팅으로의 전환(마켓 4.0)이 나타나고 있다.

아래에서는 유형별로 변호사 마케팅에 관하여 어떤 규제가 이루어지는지 비교법적 고찰을 하도록 한다. 이제는 마케팅 개념이 고객의 수요를 만족시키는 모든 것으로 확대되어[2] 수임 이후 고객을 위한 직무수행까지도 포함해야 하겠지만, 편의상 전통적 의미의 마케팅, 즉 팔고 광고하기(selling and advertising)를 중심으로 살펴본다.

---

1) 필립 코틀러 · 허마원 카타자야 · 이완 세티아완 지음/방영호 옮김, 필립 코틀러 마켓 6.0, 더퀘스트(2024), 17면 이하 참조.

2) P. Kotler/G. Armstrong, Principles of Marketing, 17th Ed., Pearson(2018), 29 참조.

Ⅱ. 고객 지향적 마케팅(마켓 2.0)

법률서비스는 본래 고객에게 발생한 법률문제를 해결해주는 것이기에, 처음에는 고객의 특수한 수요를 반영하는 고객 지향적 마케팅을 지향하게 된다. ① 시장을 각기 다른 수요·특성을 지닌 그룹으로 나누는 세분화(Segmentation), ② 세분화된 부문의 매력을 평가하여 서비스를 제공할 부문을 정하는 타깃선정(Targeting), ③ 타깃 고객의 시각에서 다른 서비스에 비해 상대적으로 돋보이는 입지를 차지하는 입지선정(Positioning)을 하는 전략을 취하는 것이다(STP 전략).[3)]

이러한 전략은 구체적으로 두 가지 형태로 나타난다. 첫째는 불특정 다수를 대상으로 하는 광고가 아니라, 고객 개개인의 수요를 파악하여 그에 맞는 서비스를 제공할 수 있음을 보여주는 방식으로 사건을 유치하는 것이다. 미국 변호사협회(American Bar Association, ABA)가 제정한 「모범 직무행동규칙」(Model Rules of Professional Conduct) 7.3(a)은 변호사 직무에 관한 커뮤니케이션 중 특정 문제에 관해 법률서비스가 필요하다고 인정되는 사람에게 그 법률서비스의 제공을 제안하는 커뮤니케이션을 『유인』(solicitation)이라고 한 다음 「모범 직무행동규칙」 7.3에서 달리 규제하고 있는데, 이 유인에 대해 어떤 규제가 이루어지고 있는지, 독일·일본·우리나라에도 이에 관해 어떤 규율이 있는지 살펴본다.

둘째는 중개인이 고객의 수요를 파악하여 그 고객과 변호사를 연결해주는 역할을 맡고, 변호사는 입지선정에만 주력하는 것이다. 즉 사건유치에 해당 업무를 처리하는 변호사 대신 다른 사람이 개입하도록 하는 것이다. 이는 변호사 아닌 자와의 제휴 문제와 연결되는데, 이에 관하여도 간단히 살펴본다.[4)]

---

3) P. Kotler/G. Armstrong, Principles of Marketing, 17th Ed., Pearson(2018), 74, 210-241 참조.

4) 이러한 방식의 마케팅은 소송을 부추기는 행위(barratry), 사건위임의 대가·유지로 돈을 지급하는 행위(maintenance), 타인의 권리를 양수하여 소송을 수행하는 행위(champerty) 등과 연결되기 쉽다.

1. 미　국

(1) 유인의 제한

ABA가 처음 제정한 윤리규정인 1908년 「직무윤리강령」(Canons of Professional Ethics)은 제27조에서 가장 효과적인 광고는 능력과 신뢰에 대한 명성을 쌓는 것이라면서 광고를 금지하였지만, 사적인 관계를 전제로 하는 유인을 금지하지 않았다. 「직무윤리강령」을 전면 재정비하여 1969년 제정한 「직무책임전범」(Model Code of Professional Responsibility) 강령 제2조는 일반인이 법률상담을 받는 것에 법조인은 협력해야 한다고 하여, 마케팅의 필요성을 인정하였다.[5] 그러나 관련 징계규칙(Disciplinary Rule, DR) 2-104는 사전에 요청받지 않았음에도 일반인에게 자문을 받아보거나 소를 제기해야 한다고 조언한 법조인은 그에 따라 수임해서는 안 된다고 하여, 사실상 유인을 금지하였다. 예외적으로 그 일반인이 가까운 친구, 친척, 종전 고객 등이라면 수임을 받을 수 있다고 하였다. DR 2-103(A)은 사건 위임에 관하여 조언을 구하지 않은 일반인에게 앞서 인정되는 방식을 제외하고는 자기 또는 소속 법무법인 등에 위임하라고 추천할 수 없다고 하였다. DR 2-103(D)은 독립적인 직무판단에 장애가 없는 경우에 한하여, 법률구조사무소나 국선변호인 사무소, 변호사회가 운영·승인한 변호사 소개 서비스, 일정한 요건을 갖춘 자선기관에 대해서만 홍보를 부탁할 수 있다고 하였고, DR 2-103(B)은 이 경우를 제외하고는 다른 사람에게 고객의 유인과 확보에 대한 보상을 지급해서는 안 된다고 하였다. 「직무책임전범」 강령 제5조는 변호사는 고객을 위하여 독립적으로 직무판단을 해야 한다고 규정하면서, DR 5-107(A)은 고객의 동의가 있지 않다면 고객 이외의 자로부터 보수 등을 받아서는 안 된다고 하였고, DR 5-107(B)은 변호사가 다른 사람이 자신의 직무판단을 지시하

5) 윤리적 고려사항(Ethical Considerations) 2-9는 변호사 광고에 관한 합리적인 규제는 유용하고도 의미 있으면서 중요한 정보의 흐름을 방해하지 않으면서 공익에 기여한다고 하였다.

거나 규제하는 것을 인정해서는 안 된다고 하였다. 「직무책임전범」을 재정비하여 1983년 제정한 현행 「모범 직무행동규칙」도 기본적으로 같은 방식으로 유인을 제한하고 있다. 「모범 직무행동규칙」 7.3(b)은 가족, 가까운 지인, 사전에 업무 관계가 있었던 자를 제외하고는 금전적 이익을 위하여 실시간 접촉[6]으로 유인하여 수임하여서는 안 된다고 하고 있고,[7] 5.4(c)는 타인이 자신의 직무판단을 지시하거나 규제하는 것을 인정해서는 안 된다고 하고 있다.

(2) 연방대법원 판결례를 통한 제한의 완화

유인을 원칙적으로 금지한 이 규정들은 수정헌법 제1조(표현의 자유)에 위배되는지를 기준으로 연방대법원 심사를 받았다.

처음에는 정치적 차원에서 유인을 금지하는 것이 적절한지 문제되었다. 1963년 NAACP v. Button 판결[8]에서 전미 유색인 지위향상 협회(National Association for the Advancement of Colored People, Inc.)가 학교 내 인종차별에 관한 소송의 원고를 모집하는 것은 표현의 자유에 의하여 보호된다면서, 그 모집을 제한하는 규제가 단지 높은 직업기준을 보장하는 것이지 자유로운 표현을 축소시키는 것이 아니라고 하는 것만으로 정당화되지 않는다고 하였다. 1978년 In re Primus 판결[9]에서 미국 시민자유연맹(American Civil Liberties Union, ACLU)에 있어 소송은 정치적 표현의 한 형태이고 그 소송에 참여하도록 유인하는 것은 수정헌법 제1조에 의하여 보호되는 것이라고 하면서, 공적 의료부조를 받는 조건으로 불임수술을 받은 여성에게 편지로 ACLU에서 무료로 법적 도움을 받을 수 있다고 알

---

6) '실시간 접촉'(live person-to-person contact)이란 대면접촉, 화상전화 그 밖의 실시간 시청각 커뮤니케이션과 같이 숙고의 시간 없이 개인적으로 직접 마주할 수밖에 없는 것을 말하는 것으로, 쉽게 무시할 수 있는 대화방, 문자메시지 등은 제외한다. 「모범 직무행동규칙」 7.3 Comment 2 참조.

7) 가족, 가까운 지인, 사전에 업무 관계가 있었던 자라고 하더라도 유인을 원하지 않는다고 알려진 사람을 상대로 하는 유인이나, 강요, 협박, 괴롭힘에 의한 유인은 허용되지 않는다. 「모범 직무행동규칙」 7.3(c) 참조.

8) 371 U.S. 415 (1963).

9) 436 U.S. 412 (1978).

려주었다는 사유로 ACLU 소속 변호사에게 내린 징계를 취소하였다.

노동조합 차원의 소송구조가 금지되는지도 문제되었다. 1963년 Railroad Trainmen v. Virginia Bar 판결[10)]은 조합원들이 입은 상해에 관한 손해배상청구 사건을 노동조합이 선정한 변호사에게 연결시켜 준다는 계획은 표현의 자유에 의하여 보호된다고 하였다.[11)] 1967년 Mine Workers v. Illinois Bar Ass'n 판결[12)]도 수정헌법 제1조와 제14조에 의하여 보장되는 언론, 집회, 청원의 자유는 그 구성원들이 법률상 권리를 주장하는 것을 돕도록 변호사를 고용할 권한을 보장한다고 하였다. 1971년 United Transp. Union v. State Bar of Michigan 판결[13)]은 사법 접근을 위한 집단적인 행동은 수정헌법 제1조의 보호 범위 내에 있는 기본권이라면서, 노동조합이 조합원 또는 그 가족에게 자문을 해주는 것, 상해를 입은 조합원의 이름 등 관련 정보를 제공하는 것, 노동조합이 변호사로부터 사건유치의 대가를 받는 것, 변호사 보수를 통제하는 것을 금지한 조치를 취소하였다.

이에 따라 「모범 직무행동규칙」 7.3(e)은 −비법조인 조직이 그 계획에 가입하도록 실시간 대면접촉 방식을 활용하고 있더라도− 비법조인 조직이 운영하는 선불 또는 집단 법률서비스 계획에 참여할 수 있다고 규정하고 있다.[14)]

(3) 유인의 제한을 인정한 연방대법원 판결례

연방대법원이 마냥 유인 등의 제한을 금지하였던 것은 아니다. 변호사 마케팅이 상업적 발언(commercial speech)으로 수정헌법 제1조에 의해 보호되더라도, 이는 절대적인 것이 아니기 때문이다. Central Hudson Gas and Electric Corp. v. Public Service Commission 판결[15)]에서 세운 기

10) 377 U.S. 1 (1964).

11) 상업적 발언이 표현의 자유로 보호된다고 인정한 Va. Pharmacy Bd. v. Va. Consumer Council, 425 U.S. 748 (1976)이 나오기 전이었음에도, 유인을 표현의 자유로 보호하였다는 점에 주목할 필요가 있다.

12) 389 U.S. 217 (1967).

13) 401 U.S. 576 (1971).

14) 비법조인 조직에 의한 법률서비스 중개는 "The Emergence of Lay Intermediaries Furnishing Legal Services to Individuals", 1965 Wash. U. L. Q. 313(1965) 참조.

준[16]에 따라 심사한 결과를 근거로 그 규제를 허용하기도 한다.

(가) Ohralik v. Ohio State Bar Ass'n. 판결[17]

오하이오 변호사였던 상고인은 교통사고로 상해를 입은 운전자를 찾아가서 사건을 수임하였고, 같은 사고로 상해를 입은 동승자에게도 접근하여 사건을 수임하였다. 오하이오 대법원 징계위원회는 오하이오 「직무책임전범」의 관련 징계규칙 2-103(A)[18]와 2-104(A)[19]을 위반하였다고 하여 무기정직 처분을 하였다. 상고인은 그 처분이 수정헌법 제1조를 침해한 것이라면서 상고를 제기하였다.

연방대법원은 유인이 장래의 고객에게 권리가 있다는 점과 이를 청구하기 위해 변호사를 이용할 수 있다는 점을 알려주기는 하지만, 일반적인 광고와 동등하지 않다고 보았다.[20] 변호사는 재판 운영이라는 정부기능에 중요한 역할을 맡기에 변호사를 규제하는 정부의 이익은 특별히 큰 반면에, 소송유발, 부당청구의 남발, 법조직역의 품위저하 등으로 유인의 폐해가 언급되고 있다면서, 오하이오 「직무책임전범」의 관련 징계규칙 2-103(A)과 2-104(A)는 일반인에 대하여 부당한 영향력이 행사될 가능성을 줄이고, 개인의 사생활을 보호하며, 의뢰인을 위한 변호사의 판단이 자신의 금전적 이익 때문에 흐려지는 것을 막는다고 보았다. 그 규제

---

15) 447 U.S. 557 (1980).

16) ① 오도하거나 기망적인 발언, 위법행위에 관한 발언은 수정헌법 제1조의 보호를 받지 못한다.
② 그 규제에 관한 정부의 이익이 실질적이어야 한다.
③ 그 규제를 통해 정부의 이익이 직접적으로 증진되어야 한다.
④ 그 규제가 필요 이상으로 지나쳐서는 아니 된다(비례성 심사).

17) 436 U.S. 447 (1978).

18) 변호사는 사건 위임에 관해 조언을 구하지 않은 비법조인에게 자신, 자신의 파트너 또는 어소변호사에게 사건 위임을 권고해서는 안 된다는 것으로, ABA 「직무책임전범」 DR 2-103(A)과 같은 내용이다.

19) 이는 앞서 본 ABA의 「직무책임전범」 DR 2-104(A)와 같은 내용이다.

20) 연방대법원은 Bates v. State Bar of Arizona 판결이 통상의 법률서비스에 관한 진실한 광고가 수정헌법 제1조, 제14조에 의하여 보호된다고 하였을 뿐이고, "변호사나 그 대리인 또는 주선자에 의한 -병실이나 사고현장, 그밖에 부당한 영향을 초래하는 상황에서의- 사적인 고객 유인의 규제 허용범위에 관한 문제를 명시적으로 유보하였다."라고 하였다.

에 관한 정부의 이익이 실질적이고, 이를 통해 정부의 이익이 직접적으로 증진된다고 본 것이다. 또한 그 징계규칙은 법익 침해가 발생하기 전에 막는 것을 목적으로 하는 예방적 조치라는 점, 일반적인 대면판매도 문제가 있다고 인정되는 마당에 변호사가 일반인을 상대로 하는 유인의 위험성은 더 커 보이는 점 등을 고려하여 국가가 변호사의 대면 유인이 고객에게 해가 되는 경우가 그렇지 않은 경우보다 많을 것으로 추정하는 것은 무리가 아니라고 하였다. 그러한 유인은 변호사와 고객 사이에서만 이루어지는 것으로 일반 공중의 심사를 받을 수 없다면서, 정부가 그것이 유해하다는 것을 증명하라고 요구하기 어렵다고 하였다(그 유인행위가 유해한지에 관한 증명책임을 상고인에게 사실상 이전한 것이다). 이 규제는 예방적 조치로서, 필요 이상으로 지나친 것은 아니라고 보아 합헌이라고 하였다.

변호사의 유인행위는 수정헌법 제1조의 보호를 받지만, 보통의 상업적 발언과 달리 비례성 심사 등에서 증명책임이 사실상 전환되어 가장 낮은 단계의 보호를 받는다고 할 수 있다.[21)]

(나) Florida Bar v. Went For It, Inc. 판결[22)]

1990년 플로리다 「직무행동규칙」이 개정되면서, 「직무행동규칙」 4-7.4(b)(1) 등에서 사고발생 후 30일 동안 피해자와 그 가족에게 광고용 우편물(direct mail)을 보내서는 안 된다는 규정을 두었다. 상고인은 이 규정이 수정헌법 제1조에 위반된다며 소를 제기하였다.

이에 관해 연방대법원은 5:4로 의견이 갈렸다. 다수의견은 피해자의 사생활과 평온을 보호하는 것에 정부의 실질적인 이익이 있다는 점을 인정하였다. 플로리다 변호사회가 제출한 요약보고서에 따르면 플로리다 주민들은 사고 직후의 광고용 우편물을 사생활의 침해로 본다는 점이 확

---

21) M. Freedman/A. Smith, Understanding Lawyers' Ethics, 4th Ed., LexisNexis(2010), 350은 ① In re Primus 판결과 같이 정치적 표현의 자유와 결부되는 경우 완전한 보호를 받고, ② Bates v. State Bar of Arizona 판결과 같이 일반적인 광고에서는 상업적 발언의 수준으로 보호를 받지만, ③ 이 판결에서는 그보다 낮은 수준의 보호를 받는다면서, 상업적 발언의 보호를 3단계로 분류한다.

22) 515 U.S. 618 (1995).

인되므로, 이 규제를 통해 정부의 이익이 직접적으로 증진된다고 하였다. 상업적 발언의 경우 최소 침해의 수단이어야 한다는 기준을 적용할 수 없다면서, 이 규제는 그 목적에 합당하게 적절히 제한되었다고 하여 필요 이상으로 지나친 것은 아니라고 보았다.[23)]

소수의견은 사고가 발생할 때 종종 당장 사건을 조사하고 증인을 확보하고 증거를 보전할 필요가 있다면서, 이 규제가 금지한 커뮤니케이션은 피해자에게 매우 중요한 것일 수 있다고 지적한다. 유인을 공격적으로 받아들일 가능성이 있다는 것만으로 그 유인을 억제할 정당성이 인정되지 않는다면서, 그 유인이 주장하는 것처럼 유해하다는 점에 대한 증명이 실패하였다고 보았다. 그 유인이 눈에 거슬렸다면 그 유인은 고객을 끌어 모으지 못하기 때문에 중단될 것임에도, 광고용 우편물이 많다는 것은 일반인들이 그에 대해 긍정적으로 생각한다는 지표라고도 하였다. 이 때문에 이 규제가 필요 이상으로 지나친 것이라고 보았다.

어쨌든 이 규제는 합헌으로 인정되었다. 이를 계기로 −ABA의 「모범 직무행동규칙」에는 없음에도− 앨라배마, 코네티컷, 켄터키, 루이애지나, 메릴랜드, 뉴욕, 텍사스에 이 규제가 도입되었다.[24)]

2. 독　　일

(1) 현행 규정

「연방변호사법」(Bundesrechtsanwaltsordnung, BRAO)은 제43b조에서 광고(Werbung)를 다루고 있다.[25)] "광고는 오직 직무활동의 형태와 내용에

23) M. Freedman/A. Smith, Understanding Lawyers' Ethics, 4th Ed., LexisNexis(2010), 335 이하는 플로리다 변호사회가 제출한 요약보고서에서 샘플 크기, 선별절차, 원자료 등의 제출이 미흡하다는 점을 인정하면서도 다수의견이 이 규제를 통해 정부의 이익이 직접적으로 증진된다는 점을 쉽게 인정하였다고 지적한다. 전면적으로 발송하든 타깃을 정하여 발송하든 사생활 침해나 변호사 이미지에 대한 손상은 동일하다면서, 다수의견에 반대한다. 보험회사 측의 피해자에 대한 접근에 관하여 더 분노하면서도, 이를 그대로 둔 채 변호사의 피해자에 대한 접근만 금지하는 것은 부적절하다고 지적한다.

24) J. Sahl/R. Cassidy/B. Cooper/M. Tarkington, Professional Responsibility in Focus, 2nd Ed., Wolters Kluwer(2021), 523 참조.

관하여 객관적으로 정보를 제공하며, 개별 사건의 위임을 목표로 하지 않을 때에만 변호사에게 허용된다."라고 규정하여, 개별 사건의 위임을 목표로 하는 광고, 즉 유인도 광고에 포함된다고 전제하고 있다.

(2) 판 결 례

문제는 BRAO 제43b조가 유인을 일괄하여 금지하고 있다는 점이다. 그래서 그 금지기준을 어떻게 해석할 것인지 논란이 되었다. 여러 판결례에서 각종 유인행위가 BRAO 제43b조에서 금지하는『개별 사건의 위임을 목표로 하는 광고』에 해당하지 않는다고 해석하였다. 연방헌법법원도 2008년 2월 19일 결정[26)]에서 변호사 자문을 인터넷 경매에 부친 것에 관하여 그 인터넷 경매 사이트를 방문한 것은 전적으로 고객의 의사에 의하여 이루어지는 것이기에 개별 사건의 위임을 목표로 하는 광고에는 해당하지 않는다고 하였다.

결국 연방일반법원은 2013년 11월 13일 판결[27)]로 논란을 종식시켰다. 이 판결에서는 펀드운용사가 도산관리인에게 배당금을 청구한다는 사실을 알게 된 변호사가 2010년 9월 그 펀드운용사 대표에게 편지를 보낸 것이 BRAO 제43b조 위반인지가 문제되었다. 연방일반법원은 기본법과 유럽연합 2006년 「서비스 지침」[28)] 제24조의 문언과 목적을 고려하여[29)] 이 규정을 보호법익에 대한 구체적 위험이 있어야만 광고를 금지하는 것으로 해석해야 한다고 보았다. 강압 등에 의해 결정의 자유가 침해

25) "Werbung"은 '무언가를 얻으려고 애쓰는 것'이라는 뜻이어서, 널리 알린다는 뜻의 "광고"(廣告)로 번역하는 것이 적절한지 의문이다. "마케팅"으로 번역해야 하지 않나 생각하나, 일단 통례에 따른다.

26) BVerfG, Beschluß vom 19.2.2008 - 1 BvR 1886/06 = NJW 2008, 1298. 이에 관하여는 이병준, "리걸테크와 변호사법: 법률서비스 플랫폼에 관한 독일의 논의를 중심으로", 소비자법연구 제8권 제1호, 한국소비자법학회(2022), 18-24면 참조.

27) BGH, Urteil vom 13.11.2013 - I ZR 15/12 = NJW 2014, 554.

28) Directive 2006/123/EC of the European Parliament and of the Council of 12 December 2006 on services in the internal market, 2006 O.J. L.376/36.

29) 다만 2006년 「서비스 지침」 제24조가 거부하는 절대적 금지는 특정 내용에 관한 것이 아니라 특정 미디어를 통한 광고나 일련의 미디어를 통한 광고의 금지를 의미한다면서, 변호사 광고의 금지는 개별 사안에서 형식, 내용, 전달수단에서 금지사유가 도출될 때만 가능하다고 보았다.

되는 것에서부터 잠재적 고객을 보호한다는 차원에서만 광고 금지가 정당화될 수 있고, 나아가 비례원칙에서 개별 사안에서의 이익형량을 해야 한다는 점이 도출된다면서, 구체적으로 자문이 필요하다는 것을 알고 잠재적인 고객에게 개인적으로 편지를 써서 수임을 하게 된 것만으로는 이 규정을 위반한 것은 아니라고 보았다. 가장 전형적인 사례에 관해서도 원칙적으로 개별 사건의 위임을 목표로 하는 유인이 가능하다고 한 것이다.[30)]

이 판결은 대체로 긍정적으로 평가되고 있다.[31)] 유인행위 제한은 완화되어, 「부정경쟁방지법」(Gesetz gegen den unlauteren Wettbewerb) 제7조의 성가시게 하는 행위(unzumutbare Belästigungen) 금지와 같아질 것이라고 보는 견해도 있다.[32)]

3. 일 본

「변호사직무기본규정」(弁護士職務基本規定, 会規 第70号) 제10조는 변호사는 부당한 목적을 위하여 또는 품위를 손상시키는 방법에 의하여 사건의 의뢰를 권유하거나 사건을 유발하여서는 안 된다고 규정하고 있다. 「변호사 등의 업무광고에 관한 규정」(弁護士等の業務広告に関する規定, 会規 第44号)(업무광고규정) 등에서는 광고와는 구분되는 유인 개념을 따로 두지 않았다. 업무광고규정 제2조는 광고를 변호사 또는 변호사법인이 구두, 서면, 전자적 방법, 그 밖의 방법에 의하여 자기 또는 자기의 업무를 타인에게 알리기 위하여 하는 정보의 전달 및 표시행위로 고객 또는 의뢰인이 되도록 유인하는 것을 주된 목적으로 하는 것이라 정의하여, 특정인을 상대로 하는 유인까지 포함하여 규율하고 있다.[33)]

---

30) C. Klaus, Berufs- und lauterkeitsrechtliche Grenzen der Anwaltswerbung, Springer (2019), S. 493은 이 판결을 '개별 사안 위임광고의 원칙적인 허용'이라고 평가하였다.

31) Henssler/Prütting, Bundesrechtsanwaltsordnung: BRAO, 5. Aufl., C.H.Beck(2019), § 43b Rn. 75 등 참조.

32) Kleine-Cosack, Bundesrechtsanwaltsordnung: BRAO, 8. Aufl., C.H.Beck(2020), § 43b Rn. 13 참조.

33) 弁護士広告: 業務広告規定の解説, 商事法務(2000), 62는 '특정 사건의 권유광고'가 광고의 측면과 사건유인행위의 측면이 있다고 설명하기도 한다. 「업무광고에

현행 업무광고규정 중에는 유인을 전제로 하는 규정이 있다. 업무광고규정 제5조는 고객의 사생활을 보호하는 차원에서, 안면이 없는 자[34]에 대해 원칙적으로 방문 또는 전화광고, 이메일 광고를 금지하고 있다.[35] 예외적으로 사건의뢰를 희망하는 자의 요구가 있는 경우, 형사 · 소년 사건에서 본인 이외에 변호인선임권을 가진 자의 요구가 있는 경우, 공익상 필요하다고 소속 변호사회 승인을 받은 경우에만 가능하다고 본다. 환경오염사건이나 소비자보호사건 등에서 피해조사는 고객의 유인을 주된 목적으로 하는 광고가 아니므로, 업무광고규정 제5조에 의하여 제한되는 것은 아니라고 본다.[36]

업무광고규정 제6조는 특정 사건의 당사자나 이해관계인으로 안면이 없는 자에 대하여 우편이나 그를 수신인으로 하여 직접 도달하게 하는 방법으로 해당 사건의 의뢰를 권유하는 광고[37]는 공익상 필요하다고 소속 변호사회의 승인을 받지 아니하였다면 할 수 없다고 규정하고 있다. 이러한 행위는 고객에게 불쾌감을 줄 뿐 아니라 고객의 어려운 사정을 신경 쓰지 않는 모습으로 비추어져 변호사의 품위유지 관점에서 문제되기에, 원칙적으로 제한한 것이다.[38] 다만 대형사고가 발생하는 경우 변호사가 피해자 구제 관점에서 적극적으로 대처에 나설 수 있도록 공익상 필요하다고 소속 변호사회 승인을 받으면 이러한 광고를 할 수 있도록 하였다. 소속 변호사회 승인에는 방법이나 기간, 횟수 등의 제한을 부가

관한 지침」 제5의 4에서는 업무광고규정 제6조를 설명하면서, 특정사건의 권유광고와 일반적인 광고를 구별하고 있다.

34) 현재 또는 과거의 고객, 친구, 친족, 이에 준하는 자가 아닌 사람을 말한다.

35) 「업무광고에 관한 지침」에서는 이것이 업무광고규정 제3조 제7호(변호사 등의 품위 또는 신용을 해칠 우려가 있는 광고)에 해당하기 때문에 제한하는 것이라고 설명한다.

36) *弁護士広告: 業務広告規定の解説*, 商事法務(2000), 61 참조.

37) 이와 관련하여 −미국 연방대법원 판결례에서 광고용 우편물이 광고인지, 유인인지 논란이 있는 것처럼− 무엇이 '특정사건의 의뢰를 권유광고'에 해당하는지가 문제되는데, 이에 관하여는 *弁護士広告: 業務広告規定の解説*, 商事法務(2000), 63-64 참조.

38) 「업무광고에 관한 지침」 제5의 3. 참조.

할 수 있다고 본다.[39)]

제3자에 의한 중개와 관련하여, 「변호사법」 제27조는 변호사는 제72조 내지 제74조의 규정을 위반한 자[40)]로부터 사건의 주선을 받거나 이들에게 자기의 명의를 이용하게 하여서는 안 된다고 하여 비변호사와의 제휴를 금지하고 있다. 업무광고규정 제8조도 변호사는 제3자가 변호사 업무에 관하여 한 정보의 전달 또는 표시행위[41)]로서 업무광고규정에 저촉하는 것에 대하여 금전 그 밖의 이익을 제공하거나 협력하여서는 안 된다고 하고 있다. 다만 업무광고규정 제8조는 제3자에 의한 광고 자체에 협력하지 말라는 것이 아니라 제3자에 의한 광고가 업무광고규정에 저촉되는 경우에만 협력하지 말하는 취지이다.[42)]

4. 우리나라

「변호사법」 제23조에서의 광고는 기본적으로 불특정 다수를 대상으로 알리는 것을 뜻하는 것으로 보인다. 그래서 「변호사법」은 유인을 직접 다루고 있지는 않다고 할 수 있다. 다만 제34조는 변호사 아닌 자와의 동업을 금지하고 있고,[43)] 제35조에서 사건유치를 목적으로 법원, 수사기관, 교정기관, 병원에 출입하는 것을 금지하여, 간접적으로나마 유인을 제한하고 있다.[44)]

---

39) 弁護士広告: 業務広告規定の解説, 商事法務(2000), 65 참조.

40) 변호사가 아님에도 보수를 얻을 목적으로 법률사무를 취급한 자(제72조 위반), 타인의 권리를 양수하여 소송 등으로 그 권리 실행을 업으로 하는 자(제73조 위반), 변호사나 변호사법인이 아님에도 그러한 표시나 기재를 하거나 이익을 얻을 목적으로 법률사무를 취급한다는 표시나 기재를 하는 자(제74조 위반)를 말한다.

41) 업무광고규정에서 말하는 광고는 변호사가 하는 광고로 한정되고, 제3자가 하는 광고는 포함되지 않는다. 弁護士広告: 業務広告規定の解説, 商事法務(2000), 67 참조.

42) 弁護士広告: 業務広告規定の解説, 商事法務(2000), 68 참조.

43) 헌법재판소는 이 조항이 죄형법정주의의 명확성 원칙에 위배되거나 직업수행의 자유를 침해하지 않는다고 하였다. 헌법재판소 2013. 2. 28. 선고 2012헌바62 결정; 헌법재판소 2018. 7. 26. 선고 2018헌바112 결정.

44) 같은 취지로 문현호, "의료법상 금지되는 환자유인행위와 허용되는 의료광고의 관계(2012. 9. 13. 선고 2010도1763 판결: 공2012하, 1696)", 대법원판례해설 제94호(2012년 하), 법원도서관(2013), 967면 참조.

대한변호사협회에서 정한 규칙·규정에는 유인에 관한 규제를 두고 있다. 「변호사윤리장전」 윤리규약 제9조는 사건의 알선을 업으로 하는 자로부터 사건을 소개받거나 이러한 자를 이용하여서는 안 된다면서, 사건의 소개, 알선 또는 유인과 관련하여 이익을 제공하지 못한다고 하였다. 제19조 제1항은 변호사로서의 명예와 품위에 어긋나는 방법으로 예상 의뢰인과 접촉하거나 부당하게 소송을 부추겨서는 안 된다고 하였다.[45] 「변호사 광고에 관한 규칙」 제2조와 「변호사 광고에 관한 규정」 제2조 제1항은 광고를 변호사 등에 관한 소개·홍보, 변호사 등이 수행하는 일체의 직무에 관한 소개·홍보 그 밖의 소비자와 변호사 등을 연결하는 일체의 수단과 방법이라고 포괄적으로 규정하여, 유인도 여기에 포함시키고 있다. 특히 「변호사 광고에 관한 규정」 제4조 제6호는 특정 사건과 관련하여 당사자나 이해관계인에 대하여 그 요청이나 동의 없이 방문, 전화, 팩스, 우편, 전자우편, 문자 메시지 송부, 기타 이에 준하는 방식으로 접촉하여 당해 사건의 의뢰를 권유하는 내용의 광고를 제한하고 있는데, 이것이 유인을 제한하는 취지라고 할 수 있다. 다만 미국과 달리 실시간 접촉이 아닌 경우에도 유인을 제한하고 있다. 「변호사 광고에 관한 규칙」 제3조 제4항 제1호는 법률상담 또는 사건을 소개, 알선 또는 유인하기 위해 변호사와 소비자를 연결하는 비변호사의 행위에 협조하여서는 안 된다고 하고 있고, 「변호사 광고에 관한 규정」 제5조 제2항 제1호는 변호사나 소비자로부터 경제적 대가를 받고 사건 등을 소개하는 행위를 하는 자에게 소개를 의뢰하거나 이에 협조하여서는 안 된다고 하고 있으며, 「변호사 광고에 관한 규정」 제5조 제4항은 소비자에게 경제적 이익을 공여하거나 공여할 것을 약속하는 방법으로 광고하여서는 안 된다고 하고 있다. 나아가 「변호사 광고에 관한 규정」 제8조는 법률상담 방식에 의한 광고를 제한하고 있는바, 이 역시 유인의 제한에 해당한다고 할 수 있다.

45) 윤리규약 제19조 제2항에서는 사무직원이나 제3자가 사건유치를 목적으로 이러한 행위를 하지 않도록 주의해야 한다는 규정도 두고 있다.

이처럼 「변호사법」에서는 유인을 따로 규율하고 있지 않음에도, 대한변호사협회에서 정한 규칙 · 규정에서 이를 규율하는 것이 법률체계상 정합적인지 의문이 제기될 수 있다. 미국 · 독일에서도 유인에 대한 규정이 따로 있다는 점 등을 고려하여 입법 차원의 정비가 필요할 것으로 보인다.

Ⅲ. 대량 공급 중심의 마케팅(마켓 1.0)

사회가 발전함에 따라 법률서비스에 대한 수요가 크게 증가하였다. 이에 최대한 효율적으로 그 수요를 끌어들이기 위한 마케팅 전략이 법률서비스 시장에서도 활용되기 시작하였다. 제품(Product), 가격(Price), 유통(Place), 촉진(Promotion)을 중심으로 하는 전통적인 마케팅 전략이 고려되기 시작한 것이다(4P 전략).[46] 제품, 가격, 유통은 변호사 업무의 내용과 관련이 있는 것이므로, 여기서는 촉진, 그중에서도 불특정 다수를 상대로 하는 광고에 초점을 두고 살펴본다.

광고 규제는 불특정 다수의 일반인을 상대로 하는 시장에서 건전한 경쟁이 활성화되도록 하는 방향으로 이루어진다. 이에 유럽에서는 변호사 광고 규제는 경쟁법 내지 부정경쟁방지법의 관점에서 고찰되었다. 광고는 고객에게 필요한 정보를 알려주기도 하므로 그에 대한 규율은 표현의 자유 관점에서 고찰될 수 있는데, 미국에서는 주로 이러한 관점에서 논의되었다. 이하에서는 유럽연합, 영국, 독일, 미국, 일본, 우리나라 순으로 변호사 광고 규제가 어떻게 변천되었는지 살펴본다.

1. 유럽연합

1977년 제정된 「법조인 서비스 지침」(the Lawyers' Services Directive)[47], 1988년 제정된 「디플로마 지침」,[48] 1998년 제정된 「법조인 모국 타이틀

46) 아베 테츠야 감수/서희경 옮김, 필립 코틀러의 마케팅 수업, 소보랩(2021), 16-17면 참조.

47) Council Directive 77/249 of 22 March 1977 to Facilitate the Effective Exercise by Lawyers of Freedom to Provide Services, 1977 O.J. No. L 78/17.

48) Council Directive of 21 December 1988 on a general system for the recognition

지침」(Lawyers' Home Title Directive)[49]에 의하여 유럽 변호사들은 회원국 내에서 자신의 직업 명칭과 소속을 포함하여 그 자격을 공개하는 것을 조건으로 법률서비스를 제공할 자유를 누리게 되었다. 이에 따라 변호사 광고 역시 자유화가 시작되었다.[50] 1988년 유럽변호사협회(Council of Bars and Law Societies of Europe)가 제정한 「유럽법조인 행위규범집」(Code of Conduct for European Lawyers) 규칙 2.6은 변호사 광고가 원칙적으로 허용된다고 하였다. 다만 적용받는 규칙에 따라 허용되는 범위와 방법 내에서만 광고할 수 있다고 하였고, 그곳 고객에게 알리기 위한 것을 목적으로 한다는 것을 증명하는 경우에만 그곳에서의 광고로 볼 수 있다고 하였다.

2000년 「전자상거래 지침」[51]이 유럽의회를 통과하면서, 전자상거래의 장애가 제거되어야 했다. 「전자상거래 지침」 제8조 제2항은 직업단체의 자치를 침해하지 않도록 해당 단체들이 유럽 차원에서 상거래 커뮤니케이션의 목적으로 제공될 수 있는 정보 유형을 정하도록 촉구하였다. 이에 2002년 개정된 「유럽법조인 행위규범집」 규칙 2.6.1.은 그 정보가 정확하고 고객을 오도하는 것이 아니며, 비밀유지의무나 그 직역의 다른 핵심가치를 존중한다면, 자신의 서비스에 관하여 일반인에게 알려줄 권리가 있다고 하였다. 규칙 2.6.2는 법조인에 의한 광고는 출판, 라디오, 텔레비전, 전자적 상거래 커뮤니케이션 그 밖의 어떠한 미디어에 의하든 규칙 2.6.1의 요건을 따르는 범위 내에서 허용된다고 하였다.

2006년 「서비스 지침」 제24조는 변호사회와 같이 자율규제를 하는

---

of higher-education diplomas awarded on completion of professional education and training of at least three years' duration, 1989 O.J. No. L. 19/16.

49) Directive 98/5/EC of the European Parliament and of the Council of 16 February 1998 to facilitate practice of the profession of lawyer on a permanent basis in a Member State other than that in which the qualification was obtained, 1998 O.J. No. L. 77/36.

50) 「법조인 서비스 지침」 제4조에 따르면 활동국가와 모국의 광고 규정을 모두 적용받는 문제가 있었기에 자유화가 더 절실히 필요하였다.

51) Council Directive 2000/31 of the European Parliament and of the Council of 8 June 2000 on Certain Legal Aspects of Information Society Services, in Particular Electronic Commerce, in the Internal Market, 2000 O. J. L 178/1.

규제직역(regulated profession)에서의 상거래 커뮤니케이션에 관한 제한은 모두 제거해야 한다면서, 다만 유럽법에 부합하여 그 직역의 독립, 존엄, 성실과 업무상 비밀에 관한 규정을 준수해야 한다고 하였다.

2. 영 국[52)]

영국(잉글랜드·웨일즈)은 오래전부터 법정변호사(barrister)와 사무변호사(solicitor)를 구분하였는데, 법정변호사는 광고가 전면 금지되었고, 사무변호사 역시 광고가 일부 제한되었다.[53)] 그러다가 1980년대부터 변호사 광고가 자유화되기 시작하였다. 법률서비스에 관한 왕립위원회(Royal Commission on Legal Services)에서 1979년 발간한 「벤슨 보고서」(Benson Report)는 부동산거래에 관한 사무변호사의 독점권한은 그대로 두기로 하였음에도, 갑작스럽게 1985년 「사법행정법」(Administration of Justice Act) 시행으로 부동산거래에 관한 사무변호사의 독점권한이 폐지되자, 사무변호사회(Law Society)는 1984년 10월부터 사무변호사의 광고 제한을 상당 부분 폐지하여, 거의 모든 매체에서의 광고를 허용하였다.[54)]

부동산거래에 관한 독점권한을 잃자, 사무변호사회는 법정변호사의 변론권 독점에 대해 공격하기 시작하였다. 이 때문에 사무변호사회와 법정변호사회(Bar Council)는 충돌하였다.[55)] 이에 법무대신은 1989년 변론권 독점을 포함하여 법조직역의 여러 문제를 다룬 「녹서」(Green Paper)를 발간한다. 「녹서」에서 법정변호사는 일반인으로부터 직접 지침을 받을 것

---

52) L. Hill, "Publicity Rules of the Legal Professions Within the United Kingdom", 20 Arizona J. Int'l and Comparative Law 323 (2003); M. Zander, "The Thatcher Government's Onslaught on the Lawyers: Who Won", 24 Int'L L. 753 (1990) 등 참조.

53) 강희원, "변호사의 직업윤리와 그 의무의 충돌: 변호사광고 및 비밀유지의무와 진실의무를 중심으로", 법과 사회 제29호, 법과사회이론학회(2004), 50면 이하 참조.

54) 1987년 「공개규범」(Publicity Code)으로 텔레비전 광고, 메일, 사무변호사의 서비스 품질평가, 제3자에 의한 광고까지 허용되었다.

55) 갈등을 해결하고자 1986년 4월 '마레 위원회'(Marre Committee)를 설립하였고, 1988년 7월 보고서를 발간하기까지 하였으나, 핵심 문제인 변론권 독점에 관해 합의를 이루지 못하였다.

인지, 어느 범위까지 받을 것인지 자유롭게 결정할 수 있어야 한다고 하였고, 법정변호사의 광고 규정은 사무변호사 수준으로 완화되어야 한다면서, 유일한 제한은 그 광고가 법적이고, 고상하며, 정직하고, 진실 되어야 한다는 것이라고 하였다. 법무대신은 1989년 「백서」(White Paper)를 발간하였고, 1990년 「법원과 법률서비스에 관한 법」(Courts and Legal Services Act)을 제정하였다. 이 법에 따르면 사무변호사도 특별교육과 연수요건을 충족하면 상급 법원에서 변론할 수 있게 되었고, 법정변호사도 직접 고객과 접촉하는 것이 허용되었다. 법정변호사회는 1990년 3월 31일 법정변호사에 의한 광고의 절대적 금지를 폐지하였다.

1990년에 「사무변호사 공개규범」(the Solicitors' Publicity Code)이 제정되어 나쁜 취향으로 간주되거나 부정확하거나 오도할 소지가 있는 공개는 배제하는 것으로 규정하였다. 2001년 개정으로 나쁜 취향으로 간주되는 광고를 배제하는 규정은 삭제되어, 광고에 관해 거의 완벽한 자유화를 이루었다. 2004년 3월 「클레멘티 보고서」(Clementi Report)가 발간되고, 이에 따라 2007년 「법률서비스 법」(Legal Services Act)이 통과되어 변호사 윤리에 관한 규범체계가 대폭 바뀌었고, 광고 제한 역시 더 완화되었으나, 진실 되고 객관적인 변호사 광고의 자유는 보장한다는 기본적인 틀은 크게 바뀌지 않았다.[56)]

3. 독　　일

(1) 현행 규정

과거 독일은 연방변호사회(Bundesrechtsanwaltskammer)가 정한 지침을 통해 변호사행위규제를 하였다. 연방헌법법원은 1987년 7월 14일 결정[57)]

56) 현재 법정변호사의 경우 법정변호사회 자매기관인 '법정변호사 기준 위원회'(Bar Standards Board)에서 작성한 「핸드북」(The BSB Handbook)에서 광고에 관한 규정을 두고 있다. 사무변호사의 경우 사무변호사회 자매기관인 '사무변호사 규제국'(Solicitors Regulation Authority)의 「사무변호사를 위한 행위전범」(Code of Conduct for Solicitors) 8.8 등에서 광고에 관한 규정을 두고 있다.

57) BVerfG, Beschluß vom 14.7.1987, Az. 1 BvR 537/81 = NJW 1988, 191. 이명웅, "변호사광고 규제와 표현·직업수행의 자유", 고시계 제49권 제9호, 국가고시학회

에서 변호사행위규제는 법률유보 사항으로 연방변호사회 지침으로 직업행사의 자유를 제한할 수 없다고 하였고, 이에 따라 1994년 BRAO를 개정하여 변호사행위규제 중 주요사항을 법률로 정하게 되었으며, 광고에 관한 BRAO 제43b조도 도입되었다. BRAO 제59b조에 근거하여 연방변호사회가 정한 「변호사 직무령」(Berufsordnung der Rechtsanwälte) 제2절(제6조부터 제10조까지)에서도 광고에 관한 규정을 두게 되었다.

(2) 판 결 례

BRAO 제43b조에서 변호사 광고는 오직 직무활동의 형태와 내용에 관하여 객관적으로 정보를 제공하는 것만 허용된다고 규정하고 있다. 『오직 직무활동 … 에 관하여』(직무관련성)와 관련하여, 종래에는 이 표지를 좁게 해석하였고 그래서 정보제공형 광고만 허용된다고 보았다. 변호사 광고는 오직 변호사 활동에 관한 절제되면서도 피상적인 사실의 전달로 제한된다고 보았던 것이다. 이미지 광고 등은 법률서비스의 핵심 요소(가격, 서비스 품질)로부터 관심을 돌리는 위법한 광고로 분류되었다.

그러다가 변호사들이 문화행사를 후원하여 포스터, 광고, 초대장 등에 후원자로 표시된 것이 문제된 사안에서, 연방헌법법원은 2000년 4월 17일 결정[58)]을 통해 BRAO 제43b조가 어떤 내용이 허용되는지 확정한 것은 아니므로 경쟁법의 틀 안에서 어떠한 방법으로 관심 있는 일반 대중에게 설명할 것인지는 광고하려는 자의 손에 달려 있는 것이라고 하였다. 후원이 공공의 이익을 위태롭게 할 가능성은 없지는 않겠지만, 후원자 표시는 그러한 변호사들이 있다는 것과 해당 문화행사를 후원한다는 사실을 명백하고 객관적으로 표시한 것이어서, 부적절하거나 과장된 광고라고 볼 수 없다고 하였다.

연방일반법원은 2001년 3월 1일 판결[59)]에서 직무관련성의 개념을

(2004), 38면은 변호사가 신문에 광고를 낸 것에 대한 징계처분과 관련한 결정이라고 하나, 변호사가 망언을 하였거나 도산관리인으로 부적절한 처신을 한 사안에 관한 결정이다.

58) BVerfG, Beschluß vom 17.4.2000 - 1 BvR 721/99 = NJW 2000, 3195.

59) BGH, Urteil vom 1.3.2001 - I ZR 300/98 = NJW 2001, 2087.

다시 정의하였다. 대중들에게 그가 변호사로 활동한다는 점을 지적하는 것도 변호사의 직무활동에 관하여 알려주는 것이라면서, 이를 넘어 더 많은 정보를 포함하고 있지만 그 정보가 이성적 · 객관적 관점에서 그 변호사에게 위임할 것인지를 결정하는 데 있어 충분히 의미가 있다면 이는 직무와 충분히 관련성이 있다고 하였다. 연방헌법법원은 2003년 8월 4일 결정[60]에서 해당 변호사에게 위임할지를 결정함에 있어 법 외적인 인식과 경험이 중요할 수 있음을 명확히 하였다. 이로써 이전 경력, 정치 · 학술 · 문화 · 사회 · 스포츠 영역에서의 참여, 소속 단체, 취미, 자녀, 결혼 여부 등과 같은 법 외적인 인식과 경험에 관한 정보를 제공하는 것도 가능하게 되었다.[61]

(3) 변호사 광고 규제의 폐지?

앞서 본 판결례를 통해 변호사 광고의 제한이 완화되고 있는데다가, 2006년 「서비스 지침」 제24조의 시행으로 상거래 커뮤니케이션에 관한 모든 제한은 제거해야 하기에, BRAO 제43b조를 당장 폐지해야 한다는 주장이 제기되고 있다. 연방일반법원은 2018년 7월 2일 판결[62]에서 상거래 커뮤니케이션에 대한 해당 직역 고유의 규율은 특히 그 직역의 독립성, 존엄성, 청렴성 보장과 직업상 비밀의 보장이 지켜질 때 허용된다면서, 이를 넘어 차별이 없어야 하고, 일반복리라는 강력한 근거에 의하여 정당화되어야 하며 비례해야 한다고 하였다. 변호사는 BRAO 제43조(변호사는 양심적으로 직무를 수행하여야 한다. 변호사는 직무 내외적으로 변호사의 지위가 요구하는 존경과 신뢰에 부합한다는 것을 보여줄 수 있게 행동하여야 한다)의 일반적 직무상 의무에 따라 「부정경쟁방지법」 등의 제한을 받기 때문에, BRAO 제43b조에 의한 추가적인 제한은 거의 없다면서, 이 조항은 완전히 불필요한 조문이라고 주장되기도 한다.[63]

---

60) BVerfG, Beschluß vom 4.8.2003 - 1 BvR 2108/02 = SpuRt 2004, 19.

61) C. Klaus, Berufs- und lauterkeitsrechtliche Grenzen der Anwaltswerbung, Springer(2019), S. 258-259 참조.

62) BGH, Urteil vom 2.7.2018 - AnwZ (Brfg) 24/17 = NJW-RR 2018, 1086.

63) Keline-Cosack, Bundesrechtsanwaltsordnung: BRAO, 8. Aufl., C.H.Beck(2020), § 43b

그러나 BRAO 제43b조는 아직 폐지되지 않았다. 연방헌법법원은 2015년 3월 5일 결정[64]에서 BRAO 제43b조를 근거로 하여, 변호사에 의한 괴롭힘이나 성적인 광고(어린이와 여성의 맨몸에 대한 구타, 광고주 머리 위의 총을 겨누기)를 금지하는 것은 표현의 자유, 예술의 자유, 직업행사의 자유에 어긋나지 않는다고 하여, BRAO 제43b조가 위헌은 아니라고 하였다. 사법기관으로서 변호사의 독립을 보장하기 위한 목적에서 이 조항이 여전히 필요하다는 견해도 있다.[65]

4. 미 국

(1) 광고의 제한

1908년 ABA의 「직무윤리강령」 제27조는 사적 관계가 없는 상태에서 유인물이나 광고, 면담을 통한 사건수임이나 부동산회사나 신탁회사 등을 통한 간접적인 수임은 비전문적이라고 규정하였다.[66] 명함을 돌리는 것을 당연히 부적절하다고 볼 수는 없다고 하면서도, 수임한 사건에 관한 신문 논평을 통해 간접적으로 광고하는 것은 매우 부적절하다고 하였다.

1969년 ABA의 「직무책임전범」 강령 제2조 관련 DR 2-101(A)에서는 허위, 사기, 오도, 기만, 자화자찬, 부적절한 진술이 포함된 공공커뮤니케이션의 형태를 사용하여서는 안 된다고 하면서, DR 2-101(B)에서는 이름, 업무 분야, 생년월일·출생지, 변호사 등록일자·장소, 학력, 경력, 전문

Rn. 1ff. 참조. 연방헌법법원은 1996년 5월 22일 약국광고 판결(BVefGE 94, 372)에서부터 이미 자유직업의 경우 그 직역 고유의 광고 제한은 통상 공익의 관점에서는 필요하지 않다고 하였다.

64) BVerfG, Beschluß vom 5.3.2015 – 1 BvR 3362/14 = NJW 2015, 1438.

65) Henssler/Prütting, Bundesrechtsanwaltsordnung: BRAO, 5. Aufl., C.H.Beck(2019), § 43b Rn. 11ff.; Weyland, Bundesrechtsanwaltsordnung: BRAO, 11. Aufl., C.H.Beck(2024), § 43b Rn. 1 등 참조.

66) 광고에 관한 「직무윤리강령」 제27조는 1937년, 1942년 1943년, 1951년 등에 개정되었고, 이에 따라 『마틴데일-허벨 법조인대관』(Martindale-Hubbell Law Directory)과 같은 법조인대관(law list)에 이름과 소속, 연락처, 학력, 경력 등을 제한적으로 게시하는 것은 허용되었으나, 광고에 의한 수임은 비전문적이라는 기본 태도는 유지하였다.

자격, 외국어 능력, 주요 고객(해당 고객의 서면동의서 포함), 연락처, 수임료 등 광고할 때 공개할 수 있는 정보를 제한적으로 열거하였다.[67] DR 2-102에서는 명함, 간판, 편지지 머리말, 전화번호부, 법조인대관 등의 기재 방법을 상세하게 규정하였다.[68]

(2) 연방대법원 판결례를 통한 광고의 자유화

앞서 본 바와 같이 변호사 광고를 엄격하게 제한하던 기조는 −반경쟁적인지가 아니라 표현의 자유를 침해하였는지의 관점에서− 연방대법원의 판결을 계기로 바뀌게 된다.[69]

1977년 Bates v. State Bar of Arizona 판결[70]은 변호사 광고 역시 상업적 발언으로 표현의 자유를 규정한 수정헌법 제1조를 통해 보호된다는 점을 처음으로 명확히 하였다. 이 판결에서 연방대법원은 광고와 전문성의 침식 사이에 관련이 있다는 주장은 부자연스럽다면서, 변호사가 광고를 못하는 것은 공동체에 기여하지 못하고 있다는 직역의 실패로 비추어질 수 있다고 지적하였다. 잠재적 고객과 접촉하기 위하여 그의 사회적·시민적 연결망을 조직하는 변호사의 행위는 용인하면서, 변호사의

---

67) DR 2-101(C)은 열거된 사항 이외의 사항을 광고하고 싶다면 관련 기관에 신청하여 허가를 받아야 한다고 하여, 이것이 제한적 열거임을 명확히 하였다.

68) DR 2-105(A)는 DR 2-101(B)에서 허용되는 경우와 미연방 특허청에서 인정받아 "특허변호사"라고 하거나 해당 분야 전문가로 공식 인증을 받아 이를 표시하는 경우 등을 제외하고는 공개적으로 해당 분야의 전문가로서 표시해서는 안 된다고 하고 있다.

69) 연방대법원은 Goldfarb v. Virginia State Bar, 421 U.S. 773 (1975)에서 변호사 활동에 대해 「셔먼 법」(Sherman Act)이 적용될 수 있음을 인정한 바 있다. 다만 광고와 유인에까지 확장할 수 있는지 명확히 하지 않았고, 법 개정으로 변호사 활동에 대한 적용을 배제할 수 있으며, 연방대법원이 주 정부에 변호사 직역을 규제할 수 있는 광범위한 권한을 인정하고 있어서, 변호사 마케팅 규제를 평가함에 있어 적절한 관점은 아니라고 본다. M. Freedman, "Advertising and Solicitation by Lawyers: A Proposed Redraft of Canon 2 of the Code of Professional Responsibility", 4 Hofstra L. Rev. 183, 188 (1976) 참조. 이러한 모습은 앞서 살펴본 유럽과 큰 차이를 보인다. 미국의 이러한 특수성 때문에 경쟁법적 관점에서 변호사 광고를 다루는 문헌에서도 변호사 광고에 대한 연방대법원 판결례가 아닌 다른 전문직 광고에 관한 판결례를 분석한다. 홍탁균, "전문직 광고에 관한 공정거래법적 문제 검토", 경쟁법연구 제20호, 한국경쟁법학회(2009), 133면 이하 참조.

70) 433 U.S. 350 (1977).

공개적인 광고는 금지한다는 바로 그 사실 때문에 그 직역에 대한 냉소가 발생할 수 있다고 하였다. 변호사 광고는 본질적으로 고객을 오도하는 것이라는 주장은 받아들일 수 없다면서, 변호사 광고가 자리 잡을 수 있도록 충분한 정보를 제공하면 된다고 하였다. 소송으로 다투기보다 조용히 손해를 감수하는 것이 항상 낫다는 개념도 받아들일 수 없다고 하였다.

그렇다고 하여 변호사 광고가 전면 허용되는 것은 아니었다. Central Hudson Gas and Electric Corp. v. Public Service Commission 판결에서 세운 기준에 따라 심사한 결과를 근거로 변호사 광고 규제를 허용할 수 있었다. 변호사 광고는 상업적 발언이기에 어떤 규정이 실질적으로 광범위하여 헌법상 보호되는 활동까지 규제한다면 그 규정은 무효라는 과도한 광범성의 원칙(Overbreadth Doctrine)은 적용되지 않는다고 보았다.[71] 각 州의 변호사회는 이를 기반으로 계속하여 변호사 광고에 대해 규제를 가하였고, 연방대법원은 표현의 자유를 기준으로 변호사 광고 규제를 심사하였다.

In re R.M.J. 판결[72]은 업무 분야를 기재하면서 property 대신 real estate를 쓰고, 미주리 변호사회에서 인정하지 않은 contracts와 securites를 쓰며, 업무 개시 알림장을 일반인들에게 보냈고 신문과 전화번호부에 미주리와 일리노이에서 허가를 받았으며 대법원에서 변론할 수 있도록 허가를 받았다고 광고하는 것은 고객을 오도하는 것이 아니라고 하였다. Zauderer v. Office of Dsciplinary Counsel of Supreme Court of Ohio 판결[73]은 자궁 내 피임기구 삽화를 실어 이를 사용하여 피해 입은 여성들을 모집하는 광고를 하는 것은 표현의 자유에 의하여 보호된다고 하였

71) Friedman v. Rogers, 440 U.S. 1 (1979)과 Central Hudson Gas and Electric Corp. v. Public Service Commission 판결 등 참조. 과도한 광범성의 원칙에 관하여 상세는 임지봉, "미국헌법상 표현의 자유와 과도한 광범성의 원칙 및 막연하므로 무효의 원칙", 미국헌법연구 제23권 제3호, 미국헌법학회(2012), 277면 이하 참조.

72) 455 U.S. 191 (1982).

73) 471 U.S. 626 (1985).

다.[74] Shapero v. Kentucky Bar Ass'n 판결[75]에서는 주거지가 압류된 사람들을 상대로 사건을 위임해달라는 광고용 우편물을 보낸 것[76]이 문제되었는데, 켄터키 대법원은 특정 사건을 겪는 개인들을 타깃으로 하는 서면광고를 금지하는 켄터키 대법원규칙 3.135(5)(b)(i)에 위반된다고 하였으나, 연방대법원은 수정헌법 제1조가 단지 더 효율적이라는 이유로 특정 표현을 금지하는 것을 허용하지 않는다면서 켄터키 대법원의 판단을 파기하였다. Peel v. Attorney Disc. Comm'n 판결[77]은 일리노이 「직무행동규칙」에서 정하지 않은 내용, 즉 전문기관으로부터 민사재판 전문가로 인증 받았다고 홍보물에 표시한 것이 본질적으로 고객을 오도하는 광고에 해당하지 않는다면서, 단지 잠재적으로 오도하는 광고를 규제할 수는 없다고 하였다. Ibanez v. Florida Dept. of Business and Professional Regulation 판결[78]은 전화번호부나 명함 등에서 이름 옆에 공인회계사, 공인 재정설계자라고 표시하는 것 역시 허용되어야 한다고 하였다.

(3) 현행 규정

연방대법원 판결례를 반영하여 현재의 「모범 직무행동규칙」은 상당히 완화된 형태로만 변호사 광고를 규제하고 있다.

변호사 광고에 관해 법률서비스의 정보 제공에 관한 규정(「모범 직무행동규칙」 7) 중에서 유인에 관한 특별 규정인 「모범 직무행동규칙」 7.3을 제외한 나머지 규정, 즉 「모범 직무행동규칙」 7.1과 7.2가 적용된다.

「모범 직무행동규칙」 7.1은 사실 또는 법에 관한 중대한 허위표시, 전체적으로 오도하지 않는 것처럼 보이기 위한 주요사실의 누락 등 변호

---

74) 다만 비용이 들지 않는다고 광고한 것은 허위이므로, 이를 이유로 한 징계는 정당하다고 하였다.

75) 486 U.S. 466 (1988).

76) 연방대법원은 광고용 우편물은 대면접촉이 아니라면서 '유인'과 같이 규제할 수는 없다고 하였다. 그러나 이는 특정인에게 광고용 우편물을 한 것이 아니라 다수를 상대로 광고용 우편물을 보낸 것이기 때문에 '유인'이 아닌 것으로 보아야 할 것이다.

77) 496 U.S. 91 (1990).

78) 512 U.S. 136 (1994).

사나 그 법률서비스에 관하여 허위 또는 오도하는 커뮤니케이션을 해서는 안 된다고 규정하였다. 별다른 근거 없이 다른 변호사와 비교하여 자신의 우수성을 내세우는 경우,[79] 장래의 결과에 대하여 약속하는 경우[80], 과거의 승소사례 등으로 정당하지 않는 기대를 낳는 경우[81]도 여기에 해당한다고 본다. 이 규정을 근거로 종전 고객이 광고에서 직접 증언하는 것[82]이라든가, 별명을 사용하는 것[83]이 제한되기도 한다. 공공기관이나 관련 없는 변호사 내지 법률사무소, 비법조인 단체와 연관이 있음을 암시하는 명칭도 사용해서는 안 된다.[84]

「모범 직무행동규칙」 7.2는 변호사 광고에 관한 세부규정이라고 할 수 있다. 「모범 직무행동규칙」 7.2(a)는 그 광고매체에는 제한이 없다고 규정하고 있다.[85] 「모범 직무행동규칙」 7.2(b)는 광고비용의 지급에 관하여 규정하고 있고, 7.2(d)는 커뮤니케이션에는 이름과 연락처를 포함해야 한다고 규정하고 있다. 「모범 직무행동규칙」 7.2(c)는 앞서 살펴본 연방대법원 판결례에서 다룬 특정 분야의 전문가로 인증되었다는 명칭에 관한 규정이다.[86]

---

79) Medina Cty. Bar Ass'n v. Grieselhuber, 678 N.E.2d 535(1997)("동네 최고의 송무변호사"라는 표현이 문제가 된 사건이다) 등 참조.

80) Public Citizen, Inc. v. Louisiana Attorney Disciplinary Board, 632 F.3d 212(5th Cir. 2011) 등 참조.

81) In re Frank, 440 N.E.2d 676(Ind. 1982)(음주운전자들에게 관련 사건에서 형량협상에 성공한 경험을 묘사한 편지를 보낸 사건이다) 등 참조. 그러나 승소사례를 광고하는 것을 원천적으로 금지하는 것은 아니다. Rubenstein v. Florida Bar, 72 F. Supp. 3d 1298(S.D. Fla. 2014)(승소사례 광고를 원천 금지한 플로리다의 광고규칙을 폐지하였다) 등 참조.

82) Oring v. State Bar of Cal., 4 Laws. Man. on Prof. Conduct (ABA/BNA) No. 12, at 206 (July 6, 1988); Office of Disc. Counsel v. Shane, 692 N.E.2d 571 (Ohio 1998) 참조. 몇몇 州에서는 "이 증언이 당신의 법률문제의 결과에 관한 보장이나 예측을 구성하지는 않는다."는 면책조항을 두면 허용하기도 한다.

83) Florida Bar v. Pape, 918 So. 2d 240 (2005) 참조.

84) 「모범 직무행동규칙」 7.1. Comment 5.

85) 결국 인터넷 홈페이지에서 변호사 약력 소개도 규제대상이 될 수 있다는 뜻이다. ABA Comm. on Ethics & Prof'l Responsibility, Formal Op. 10-457(2010) 참조.

86) 「모범 직무행동규칙」 7.4는 업무 분야 인증을 다루고 있었고, 7.5는 법률사무소 이름과 편지지 머리말을 다루고 있었으나, ABA 산하 직무행동규칙 평가위원회

5. 일　본

(1) 변천 과정

일본변호사연합회(日本弁護士連合会)는 1955년 「변호사윤리」(弁護士倫理)를 제정하면서 제8조에서 변호사는 학위 또는 전문분야 외에 자신 경력 그 밖에 선전에 관한 사항을 명함, 간판 등에 기재 또는 광고하여서는 안 된다면서, 광고를 원칙적으로 금지하였다. 1987년 개정한 「일본변호사연합회회칙」(日本弁護士連合会会則)(회칙)은 제29조의2에 "변호사는 자기업무의 광고를 하여서는 아니 된다. 다만 본회에서 정하는 바에 따라 실시하는 경우에는 예외로 한다."는 규정을 두어 일정한 범위 내에서 광고를 허용하였다. 이에 따라 「변호사의 업무광고에 관한 규정」(弁護士の業務広告に関する規定, 会規 第31号), 「변호사의 업무광고에 관한 규칙」(弁護士の業務広告に関する規則, 規則 第45号)이 제정되었다. 이 규정은 변호사의 품위를 손상시키지 않도록 광고 사항과 광고 매체 모두에 규제를 가하였다.

그러던 중 일본변호사연합회는 원칙적으로 변호사 광고를 자유화하는 방안을 검토하기 시작하였고, 2000년 3월 회칙 제29조의2를 "변호사는 자기의 업무에 관하여 광고를 하는 것이 가능하다. 다만 본회에서 정한 바에 반하는 경우에는 그러하지 아니하다."라고 개정하였고, 과거의 규정들은 모두 폐지하고 업무광고규정을 제정하기에 이르렀다.[87]

이에 더하여 일본변호사연합회는 2012년 3월 15일 이사회결의를 통해 「업무광고에 관한 지침」(業務広告に関する指針)을 정하였다.[88] 인터넷을

('Ethics 2000 Commission')에서 전면 개정을 요구하였고, 결국 폐지되었다. 이에 관하여는 오종근, "변호사업무광고에서 전문분야 표시의 문제점과 전문변호사제도 도입", 법조 제56권 제5호(통권 제608호), 법조협회(2007), 22면 이하 참조.

87) 업무광고규정은 2000년 3월 24일 제정되어 2001년 10월 31일, 2007년 3월 1일, 2008년 12월 5일, 2014년 12월 5일, 2021년 6월 11일 개정된 바 있다.

88) 이 지침은 2014년 12월 18일, 2018년 1월 18일, 2021년 6월 18일에 개정된 바 있다. 이 지침은 弁護士広告: 業務広告規定の解説, 商事法務(2000)에서 든 사례가 모두 소개되어 있을 만큼 매우 자세하다.

통한 광고가 늘어나자 2018년 1월 18일 이사회결의로 「변호사정보제공웹사이트에의 게재에 관한 지침」(弁護士情報提供ウェブサイトへの掲載に関する指針)도 마련하였다.[89)]

(2) 현행 규정

업무광고규정 제3조는 ① 사실에 합치하지 않는 광고, ② 오도 · 오인의 우려가 있는 광고, ③ 과대 · 과도한 기대를 갖게 하는 광고, ④ 특정 변호사 등과 비교하는 광고, 법령이나 회칙, ⑤ 회규를 위반하는 광고, ⑥ 변호사 등의 품위나 신뢰를 해할 우려가 있는 광고를 금지하였다. ① 내지 ④는 고객을 오도할 수 있는 광고에 해당하기 때문에 금지하는 것이라고 할 수 있다. ⑤는 관련 규정에 반하는 내용의 광고로, 예를 들어 변호사 보수 관련 회규에 위반되는 방식으로 보수를 정할 수 있다고 하거나 판사 · 검사와의 일정한 관계가 있음을 암시하여 부당한 기대를 갖게 하여 「변호사윤리」 등에 반하는 광고, 관련 법령에 의하여 그 표시가 금지되는 광고, 명예 · 신용을 훼손하는 광고, 저작권 · 상표권을 침해하는 광고가 여기에 속한다.[90)] ⑥은 변호사는 품위를 유지할 의무를 부담하기 때문에 그 광고 역시 그래야 한다는 취지로, 위법이나 탈법을 조정하거나 무마하는 것을 암시하는 내용이나, 기이하거나 저속하거나 불쾌감을 주는 광고가 여기에 속한다.[91)]

업무광고규정 제4조는 표시할 수 없는 광고사항으로 ① 승소율, ② 의뢰인, ③ 수임 중인 사건, ④ 과거에 취급하거나 관여한 사건을 들고 있다. 다만 ②는 그 의뢰인의 서면동의가 있으면 표시할 수 있고, ③과 ④는 의뢰인의 서면동의가 있어나 의뢰인이 특정되지 않는 등 의뢰인의 이익을 훼손할 우려가 없는 경우에는 표시가 가능하다. 이 역시 본질적으로 고객을 오도할 우려가 있다는 이유에서 광고에서 표시할 수 있는지 논란이 되었던 사항이다.

---

89) 이 지침은 2021년 6월 18일 개정된 바 있다.

90) 弁護士広告: 業務広告規定の解説, 商事法務(2000), 47-48 참조.

91) 弁護士広告: 業務広告規定の解説, 商事法務(2000), 48-49 참조.

6. 우리나라

(1) 변천 과정

우리나라에서 변호사 광고에 관한 최초의 통일적인 규범은 1993년 6월 28일 제정된 「변호사업무광고에 관한 규정」(규정 제44호)이다.[92] 이 규정은 광고할 수 있는 사항뿐 아니라 광고의 형식이나 방법 등을 엄격하게 제한하고 있었다.

2000년 1월 28일 법률 제6207호로 「변호사법」이 전부개정 되면서, 제23조에 광고 규정이 신설되었다. 당시 「변호사법」 제23조 제1항은 원칙적으로 광고를 할 수 있다고 하면서, 같은 조 제2항에서 대한변호사협회가 광고매체의 종류, 광고회수, 광고료의 총액, 광고내용 등을 제한할 수 있다고 규정하였다. 이에 맞추어 2001년 7월 9일 「변호사업무광고에 관한 규정」을 전부개정하였다.[93]

2007년 1월 26일에는 법률 제8271호 개정으로 대한변호사협회가 광고를 제한할 수 있다는 규정을 폐지하고 대신에 금지되는 광고를 구체적으로 나열하였다.[94] 제23조 제2항 제7호에서 대한변호사협회는 "그 밖에 광고의 방법 또는 내용이 변호사의 공공성 또는 공정한 수임질서를 해치거나 소비자에게 피해를 줄 우려가 있는 것" 중에서 금지하는 광고를 정할 수 있다고 하여, 대한변호사협회의 규제권한을 줄였다. 이 개정에 맞

92) 정형근, 변호사법 주석, 제2판, 정독(2022), 194에서는 「대한변호사협회 회칙」 제44조 제5항("회원은 광고 · 선전을 하거나 사무소표지를 설치할 때에는 이 회 또는 소속 지방변호사회가 규칙이나 규정으로 정하는 바에 따라야 한다.")이 최초의 변호사 광고 규정이라고 설명한다. 다만 이 규정이 언제 신설되었는지는 명확하지 않다고 한다.

93) 2001년 7월 9일 개정 전 「변호사업무광고에 관한 규정」에 대하여 헌법소원이 제기되었으나 개정된 규정으로 기본권 침해가 없어져서 각하 결정을 받은 바 있다. 이에 관한 상세는 이명웅, "변호사광고 규제와 표현 · 직업수행의 자유", 고시계 제49권 제9호, 국가고시학회(2004), 25면 이하 참조.

94) 이는 공정거래위원회가 규제개혁 일환으로 제안한 내용을 반영한 것이라고 한다. 이전오, "변호사 광고", 법조윤리 제6판, 박영사(2024), 254-255면; 정형근, 변호사법 주석, 제2판, 정독(2022), 195-196면 참조.

춰 대한변호사협회는 「변호사업무광고에 관한 규정」을 전부개정 하여 제명을 「변호사 업무광고 규정」로 바꿨고, 「인터넷 등을 이용한 변호사 업무광고 기준」도 제정하였다. 2016년 6월 27일 「인터넷 등을 이용한 변호사 업무광고 기준」을 폐지하면서 「변호사 업무광고 규정」을 전부개정 하였고, 2021년 5월 3일 「변호사 업무광고 규정」을 전부개정 하면서 그 제명을 「변호사 광고에 관한 규정」으로 바꿨다.[95] 「변호사 광고에 관한 규정」은 아래에서 볼 헌법재판소 2022. 5. 26. 선고 2021헌마619 결정을 반영하여 2022년 10월 11일 개정되었다. 나아가 2024년 10월 21일 규칙 제45호로 인공지능 광고의 제한과 기준 등을 정한 「변호사 광고에 관한 규칙」이 제정되기도 하였다.

(2) 현행 규정[96]

「변호사법」 제23조 제2항은 ① 변호사의 업무에 관하여 허위의 내용을 표시하는 광고, ② 국제변호사 그 밖에 법적 근거가 없는 자격이나 명칭을 표방하는 내용의 광고, ③ 객관적 사실을 과장하거나 사실의 일부를 누락하는 등 소비자를 오도하거나 소비자에게 오해를 불러일으킬 우려가 있는 내용의 광고, ④ 소비자로 하여금 업무수행결과에 대하여 부당한 기대를 가지도록 하는 내용의 광고, ⑤ 다른 변호사를 비방하거나 자신의 입장에서 비교하는 내용의 광고, ⑥ 부정한 방법을 제시하는 등 변호사의 품위를 훼손할 우려가 있는 광고, ⑦ 그 밖에 광고의 방법 또는 내용이 변호사의 공공성 또는 공정한 수임질서를 해치거나 소비자에게 피해를 줄 우려가 있는 것으로서 대한변호사협회가 정하는 광고를 금지하고 있다. ① 내지 ⑤는 고객을 오도할 수 있는 광고에 해당하기

---

95) 정형근, 변호사법 주석, 제2판, 정독(2022), 214 이하에서는 「변호사 광고에 관한 규정」은 '규칙'에 해당하므로 총회의 의결을 거쳤어야 함에도 그렇지 않았기 때문에 무효라고 본다.

96) 변호사 광고에 관하여는 대한변호사협회의 질의회신이나 징계사례 등을 통해 보다 구체적인 전모를 알 수 있을 것이다. 위 질의회신 등을 분석한 것으로는 최윤희, "변호사 업무광고의 제한법리", 일감법학 제48호, 건국대학교 법학연구소(2021), 853면 이하; 주강원, "변호사업무광고의 규제에 대한 고찰", 홍익법학 제8권 제3호, 홍익대학교 법학연구소(2007), 71면 이하 등 참조.

때문에 금지하는 것이다.[97] ⑥에는 법률상담 과정에서 의뢰인으로부터 판사나 검사에게 제공한다는 명목의 비용을 선임료 등에 포함시키는 행위가 포함된다고 설명된다.[98]

대한변호사협회는 「변호사법」 제23조 제2항 제7호, 제4항을 근거로 금지되는 광고가 무엇인지 정하고 있다.[99] 대한변호사협회는 「변호사법」 제23조 제2항에서 금지되는 광고도 중복하여 정하고 있다. 우선 「변호사 윤리장전」 윤리규약 제31조 제3항은 건전한 수임질서를 교란하는 과당염가 경쟁을 지양하여 법률사무의 신뢰와 법률시장의 건장을 유지하도록 규정하였고, 같은 조 제4항은 변호사 또는 법률사무 소개를 내용으로 하는 애플리케이션 등 전자적 매체 기반의 영업에 대하여 이에 참여하거나 회원으로 가입하는 등의 방법으로 협조하지 않는다고 규정하였다.[100]

「변호사 광고에 관한 규칙」 제4조는 광고의 방법과 내용과 관련하여 변호사의 품위나 타인의 명예를 훼손하거나 사실을 과장하거나 허위사실을 기재한 광고, 승소율이나 석방률, 결과 예측 등 사건에 대한 부당한 기대를 가지도록 하는 내용의 광고, 변호사 등이 아닌 제3자가 사건 또는 법률상담을 수행한다는 광고를 금지하였다. 제6조는 법원이나 검찰 등의 기관에 재직한 사실을 바탕으로 사건에 부당한 영향력을 행사할 수 있다고 오인될 만한 광고를 금지하였고, 제7조는 범죄명 등을 명시한 ○○변호사 등 품위를 훼손하거나 공정한 수임질서를 저해할 수 있는 명칭을 사용하는 광고를 금지하였다.

「변호사 광고에 관한 규정」 제4조는 광고 내용과 관련하여 다음의

---

97) ⑤를 ⑥과 묶어서 변호사의 품위훼손 광고라고 보는 견해가 있기는 하다. 정형근, 변호사법 주석, 제2판, 정독(2022), 207면; 이광수, 변호사법개론, 박영사(2016), 112면 참조. 이광수, 변호사법개론, 박영사(2016), 113면은 단순히 다른 변호사와 비교하는 광고를 금지할 필요가 있는지 의문을 제기하지만, 고객을 오도하는 광고이기 때문에 제한할 수 있는 것으로 보아야 할 것이다.

98) 정형근, 변호사법 주석, 제2판, 정독(2022), 207면 참조.

99) 정형근, 변호사법 주석, 제2판, 정독(2022), 210면 이하는 이러한 위임이 위헌·위법인지 검토하여, 문제가 없다는 결론을 내리고 있다.

100) 이 규정의 문제점은 정형근, 변호사법 주석, 제2판, 정독(2022), 224면 이하, 236면 이하 등 참조.

광고를 금지하고 있다.

① 변호사의 업무 및 경력에 관한 객관적 사실에 부합하지 아니하거나 허위의 내용을 표시한 광고

② 객관적 사실을 과장하거나 사실의 일부를 누락하는 등으로 고객을 호도하거나 고객으로 하여금 객관적 사실에 관하여 오해를 불러일으킬 우려가 있는 내용의 광고

③ 승소율, 석방률 기타 고객으로 하여금 업무수행결과에 대하여 부당한 기대를 가지도록 하는 내용의 광고

④ 다른 변호사를 비방하거나 다른 변호사나 그 업무의 내용을 자신의 입장에서 비교하는 내용의 광고

⑤ 변호사의 품위 또는 신용을 훼손할 우려가 있는 내용의 광고

⑥ 특정사건과 관련하여 당사자나 이해관계인에 대하여 그 요청이나 동의 없이 방문, 전화, 팩스, 우편, 전자우편, 문자메시지 송부, 기타 이에 준하는 방식으로 접촉하여 당해 사건의 의뢰를 권유하는 내용의 광고(다만 소속 지방변호사회의 허가를 받은 경우에는 그러지 아니한다)

⑦ 국제변호사 기타 법적 근거가 없는 자격이나 명칭을 표방하는 내용의 광고

⑧ 과거에 취급하였거나 관여한 사건이나 현재 수임 중인 사건 또는 의뢰인(고문 포함)을 표시하는 내용의 광고(다만 의뢰인이 동의하거나 당해 사건이 널리 일반에 알려져 있거나 의뢰인이 특정되지 않는 경우 등 의뢰인의 이익을 해칠 우려가 없는 경우에는 그러하지 아니하다)

⑨ 법률사건이나 법률사무의 수임을 위하여 재판이나 수사 등 업무에 종사하는 공무원과의 연고 등 사적인 관계를 드러내며 영향력을 미칠 수 있는 것으로 선전하거나 암시하는 내용의 광고

⑩ 「변호사법」 제31조 제3항에서 정한 수임제한의 해제 광고

⑪ 변호사 보수액에 관하여 견적, 입찰, 비교 등을 표방하는 등 공정한 수임질서를 저해할 수 있는 내용의 광고

⑫ 사건 또는 법률사무의 수임료에 관하여 공정한 수임질서를 저해

할 우려가 있는 무료 또는 부당한 염가를 표방하는 광고

⑬ 수사기관과 행정기관의 처분·법원 판결 등의 결과 예측을 표방하는 광고

⑭ 기타 법령, 변호사윤리장전, 대한변호사협회 및 소속 지방변호사회의 회칙이나 규정에 위반되는 내용의 광고[101)]

① 내지 ⑤, ⑦은 앞서 「변호사법」에서 금지하는 광고를 다시 규정한 것이다. ⑥은 유인에 대한 규제에 해당한다. 나머지 ⑧ 내지 ⑭가 「변호사법」 제23조 제2항 제7호의 위임에 따라 대한변호사협회가 정한 금지하는 광고에 해당한다. 다만 그 중에서 ⑧, ⑪, ⑬은 고객을 오도하는 광고의 일종으로 볼 수 있을 것이다.

③과 관련하여 대법원 2011. 9. 2. 선고 2008다42430 전원합의체 판결은 “변호사 정보 제공 웹사이트 운영자가 대법원 홈페이지에서 제공하는 ‘나의 사건검색’ 서비스를 통해 수집한 사건정보를 이용하여 변호사들의 승소율이나 전문성 지수 등을 제공하는 서비스를 한 사안에서, 공적 존재인 변호사들의 지위, 사건정보의 공공성 및 공익성, 사건정보를 이용한 승소율이나 전문성 지수 등 산출 방법의 합리성 정도, 승소율이나 전문성 지수 등의 이용 필요성, 이용으로 인하여 변호사들 이익이 침해될 우려의 정도 등을 종합적으로 고려하면, 웹사이트 운영자가 사건정보를 이용하여 승소율이나 전문성 지수 등을 제공하는 서비스를 하는 행위는 그에 의하여 얻을 수 있는 법적 이익이 이를 공개하지 않음으로써 얻을 수 있는 정보주체의 인격적 법익에 비하여 우월한 것으로 보여 변호사들의 개인정보에 관한 인격권을 침해하는 위법한 행위로 평가할 수 없다.”고 하였는바, 승소율 등을 기재하는 광고를 금지하는 이 규정이 계속 유지될 수 있을지 검토가 필요해 보인다.

「변호사 광고에 관한 규정」 제5조 제1항은 광고 방법과 관련하여

101) 헌법재판소 2022. 5. 26. 선고 2021헌마619 결정에 따라 ‘대한변호사협회의 유권해석에 위반하는 내용의 광고’ 부분은 삭제하였다.

다음과 같은 광고를 금지하고 있다.

① 불특정한 다수에게 전화를 걸거나 전자적 매체를 통한 메시지를 발송하는 행위

② 광고 전단, 명함 기타 광고물을 공공장소에서 불특정한 다수인에게 나누어주거나 살포하는 행위

③ 운송수단의 외부에 광고물을 비치, 부착, 게시하는 행위

④ 현수막, 애드벌룬, 확성기, 샌드위치맨, 어깨띠를 사용하여 광고하는 행위

⑤ 기타 큰 소음, 소란, 교통체증 등을 유발하는 등 변호사의 품위를 해칠만한 방법

「변호사 광고에 관한 규정」 제5조 제2항은 다음의 행위를 하는 자에게 광고·홍보·소개를 의뢰하거나 참여 또는 협조하여서는 안 된다고 규정하고 있다.

① 변호사 또는 소비자로부터 경제적 대가를 받고 법률상담 또는 사건 등을 소개·알선·유인하기 위하여 변호사 등과 소비자를 연결하는 행위[102)]

② 광고 주체인 변호사 등 이외의 자가 자기 자신의 성명, 기업명, 상호 등을 표시하거나 기타 자신을 드러내는 방법으로, 법률상담 또는 사건 등을 소개·알선·유인하기 위하여 변호사 등과 소비자를 연결하거나 변호사 등을 광고·홍보·소개하는 행위

③ 변호사 등이 아님에도 수사기관과 행정기관의 처분·법원 판결 등의 결과 예측을 표방하는 서비스를 취급·제공하는 행위

④ 변호사 등이 아님에도 변호사 등의 수임료 내지 보수의 산정에 직접 관여하거나, 이에 대한 견적·비교·입찰 서비스 등을 취급·제공하는 행위

102) 전에는 "변호사 등을 광고·홍보·소개하는 행위"라는 문구도 있었으나, 헌법재판소 2022. 5. 26. 선고 2021헌마619 결정에 따라 이를 삭제하였다. 이 조문에 대한 전반적인 비판은 정형근, 변호사법 주석, 제2판, 정독(2022), 230면 이하 참조.

⑤ 변호사 등이 아님에도 변호사 등의 직무와 관련한 서비스의 취급·제공 등을 표시하거나, 기타 소비자로 하여금 변호사 등으로 오인하게 만들 수 있는 일체의 행위

⑥ 기타 법령, 변호사윤리장전, 대한변호사협회 및 소속 지방변호사회의 회규에 위반되는 광고행위

「변호사 광고에 관한 규정」 제7조 제1항은 주로 취급하는 업무를 광고할 수 있다면서, 『전문』 표시는 대한변호사협회의 「변호사전문분야 등록에 관한 규정」에 따라 전문분야 등록을 한 변호사만이 사용할 수 있다고 규정하고 있다.[103]

Ⅳ. 기술 발전에 따른 변호사 마케팅의 변화

과학기술의 발전은 마케팅 분야에 변화의 바람을 몰고 왔다. 고객은 제품과 서비스뿐 아니라 기업의 태도와 사고방식에도 관심을 갖게 되었고, 이에 따라 기업은 정체성(identity), 이미지(image), 품격(integrity)이라는 3가지 측면에서 혁신을 추구해야 했다(마켓 3.0의 3i 모델). 제4차 산업혁명 이후 모든 것이 연결되는 연결의 시대를 맞이하여 콘텐츠 마케팅(content marketing), 옴니채널 마케팅(omnichannel marketing) 같은 디지털 마케팅 전략을 추구하게 되었다(마켓 4.0). 인공지능의 발달로 인간과 기술의 융합을 지향하는 마케팅 전략이 제시되었고(마켓 5.0), 이제는 생성형 인공지능(Generative AI)과 대규모 자연언어 처리 모델(Large Language Model, LLM)을 기반으로 물리적 영역과 디지털 영역 사이의 경계가 없어지면서, 고차원의 몰입 경험을 활용하는 메타 마케팅(metamarketing)까지 논의되고 있다(마켓 6.0).[104]

고객이 일시적으로 겪고 있는 현실의 법률문제를 해소하여 준다는

103) 변호사 전문분야 등록에 관하여는 서석호, "변호사전문분야등록제도의 이해와 전망", 저스티스 통권 제121호, 한국법학원(2010), 648면 이하 등 참조.

104) 필립 코틀러·허마원 카타자야·이완 세티아완 지음/방영호 옮김, 필립 코틀러 마켓 6.0, 더퀘스트(2024), 17-42면 참조.

법률서비스의 본질에 비추어 본다면, 3i 모델이라든가 몰입 경험의 활용 등이 변호사 마케팅에 그대로 투영될 것으로 보이지 않는다. 그러나 이러한 마케팅의 변화가 변호사 마케팅에서도 변화를 가져오고 있다는 것은 분명한 사실이다. 이미 전통적인 미디어를 넘어 SNS 등 뉴미디어를 통한 촉진이 활성화되기 시작하였다. 양방향 채널의 발전으로 불특정 다수의 고객을 상대로도 그의 특수한 수요에 맞는 서비스를 제공할 수 있는, 다시 말해 유인과 광고가 결합된 형태의 중개 플랫폼도 나타났다.

이하에서는 기술발전으로 새롭게 나타난 새로운 변호사 마케팅 사례를 중심으로 이에 관한 논의가 어떻게 진행되고 있는지 살펴보겠다.

1. 디지털 뉴미디어를 통한 마케팅

(1) 규율대상

기술의 발달로 기존의 미디어를 대체하는 디지털 뉴미디어가 급부상하기 시작하였다. 누구라도 쉽게 뉴미디어를 통해 소통할 수 있기에, 공급자가 뉴미디어를 통해 직접 고객과 연결하는 다이렉트 디지털 마케팅(direct and digital marketing) 등이 발전하게 되었는데,[105] 이는 변호사 마케팅에서도 마찬가지이다.

이처럼 뉴미디어를 통한 광고 내지 유인은 ―그 미디어의 특성 때문에― 규율의 차원에서 새로운 문제를 제기한다. 우선 해당 미디어에 의한 변호사의 커뮤니케이션이 규율대상이 되는지가 문제가 된다. 변호사가 개인적인 의사표현의 방법으로 소셜미디어를 활용하는 경우가 늘어나면서, 이를 순수한 자기의 의사표현으로 볼 것인지, 아니면 광고나 유인으로 보아서 규율해야 하는지가 문제되기 시작하였다. 캘리포니아 변호사회는 「모범 직무행동규칙」 7.1과 7.2의 적용을 받는 커뮤니케이션은 종전, 현재 또는 장래의 고객으로부터의 변호사 또는 법률사무소의 사건수임 가능성에 관하여 그 변호사에 의한 또는 그 변호사를 위한 모든 메시

105) P. Kotler/G. Armstrong, Principles of Marketing, 17th Ed., Pearson(2018), 510-539 참조.

지 내지 제안이라면서, 이에 따라 해당 소셜미디어가 그 커뮤니케이션에 해당하는지 판단해야 한다고 하였다.[106] 독일, 일본에서도 광고 개념에 관한 논의에서 보듯이 사건유치를 목적으로 하는지를 기준으로 규율대상이 되는 광고 내지 유인이 된다고 보는 것 같다.[107]

우리나라의 경우 법무법인이 2024년 3월 인공지능 챗봇을 출시하여 무료 상담을 할 수 있도록 하였는데, 이것이 과연 규율대상인 광고에 해당하는지 논란이 된 바가 있다.[108] 다만 2024년 10월 21일 제정된 「변호사 광고에 관한 규칙」 제5조 제2항은 소비자가 인공지능 등 프로그램을 직접 사용하게 하거나 소비자에게 인공지능 등 프로그램을 연결하는 방식 · 내용의 광고를 할 수 없다고 하여 이 역시 규율대상인 광고로 보고 있다.

홈페이지에 링크를 달아두어 다른 홈페이지로 연결되는 경우, 그 연결된 홈페이지 내용도 광고 내지 유인으로서 규율대상이 되는지도 논란이 된다. 이와 관련하여 독일에서는 링크된 홈페이지의 내용 역시 BRAO

---

106) Cal. Bar Comm. on Prof'l Responsibility & Conduct, Formal Op. 2012-186(2012) 참조.

107) 앞서 본 독일 연방헌법법원 2008년 2월 19일 결정(BVerfG, Beschluß vom 19. 2.2008 - 1 BvR 1886/06 = NJW 2008, 1298)은 인터넷 경매 플랫폼에서 변호사 자문 서비스를 올리는 행위가 변호사 서비스를 이용할 수 있도록 타인을 유인하기 위해 계획적으로 의도된 것이기에 광고에 해당한다고 보았다. OLG Nürnberg, Urteil vom 23.3.1999 - 3 U 3977 - 98 = NJW 1999, 2126은 변호사 홈페이지 방명록은 변호사 직무에 관한 방문객 진술이 활용될 수 있어서 BRAO 제43b조가 금지하는 광고에 해당할 수 있다고 하면서도, 막연히 '개별사건의 위임을 목표로 하는 광고'가 될 수 있다는 점만으로 금지할 수 없다고 하였다. Henssler/Prütting, Bundesrechtsanwaltsordnung: BRAO, 5. Aufl., C.H.Beck(2019), § 43b Rn. 61 참조.

108) "법률AI, 변호사법 적용 맞지만 무료라면 문제 없어", 2024. 3. 23. 자 법률신문 기사 참조. 이에 따르면 김기원 한국법조인협회 회장은 "의뢰인에게 변호사나 법무법인의 존재와 정보를 인식하게 만들 가능성이 있다면 넓게 광고로 볼 수 있다."면서 「변호사 광고에 관한 규정」 제8조 제1항에 따라 위법하다고 주장하였다고 한다.

양종모, "인공지능 챗봇 알고리즘에 대한 몇 가지 법적 고찰", 홍익법학 제21권 제1호, 홍익대학교 법학연구소(2020), 473-474면에서는 인공지능 챗봇을 통한 광고와 관련하여, 콘텐츠 자체가 협찬 기업의 상품과 관련된 것이라면, 챗봇 이용자가 챗봇 사용 전에 해당 콘텐츠가 광고임을 알 수 있도록 명확히 표시하여야 한다는 점을 강조하고 있다. 또한 챗봇을 이용하면서 이용자가 입력한 내용에 대응하는 광고를 표시하는 '검색연동형 광고'나 열람하고 있는 콘텐츠에 대응하는 광고를 표시하는 '콘텐츠 연동형 광고'의 경우, 챗봇이 개인정보를 수집하는 것이기 때문에 「개인정보 보호법」에 따라 사전 동의를 받아야 한다는 점도 강조한다.

의 규율을 받는다고 본다.[109)]

(2) 양방향성

디지털 뉴미디어의 특성으로 주목해야할 것이 바로 양방향성(interactive)이다. 종래에는 출판물 등과 같이 불특정 다수를 상대로 일방적으로 의사 등을 전달하거나, 전화 등과 같이 실시간으로 대화를 하는 방식으로 의사를 전달하였고, 이에 따라 전자는 광고, 후자는 유인에 해당한다는 식으로 구분하였으나, 토론방, 채팅룸 등 디지털 뉴미디어의 발달로 그 중간 단계의 양방향성이 나타나면서 광고에 해당하는지, 유인에 해당하는지 판단하기 어려운 문제가 발생하였다. 양방향성이 하나의 페이지에서 이루어진다는 점에서 고객의 발언 등을 변호사의 광고로 볼 수 있는지도 문제가 되었다.

필라델피아 변호사회는 변호사가 단지 대화형 댓글을 올리는 것 자체로는 부적절한 유인에 해당하지 않지만, 그런 대화가 계속됨에 따라 내용상 금지되는 유인으로 발전될 수 있다고 하였다. 일리노이도 게시판이나 채팅룸에서 코멘트를 올리는 것까지 규제할 수 없지만, 이를 통해 얻은 정보로 유인하는 것은 허용되지 않는다고 보았다.[110)] 변호사가 운영하는 홈페이지에 제3자가 단 댓글에 관하여 변호사가 책임을 지는지에 관해, 미국에서는 자신의 포스트에 달린 코멘트를 정기적으로 점검할 의무가 있다면서 이 역시 규제대상이 될 수 있다고 본다.[111)] 독일에서는 BRAO 제43b조가 금지하는 개별 사건의 위임을 목표로 하는 광고에 해당하는지 문제되는데, 앞서 본 바와 같이 독일 기본법과 유럽연합 2006년 「서비스 지침」 제24조의 문언과 목적을 고려하여 보호법익에 대한 구체

---

109) Henssler/Prütting, Bundesrechtsanwaltsordnung: BRAO, 5. Aufl., C.H.Beck(2019), § 43b Rn. 60 참조.

110) 문현호, "의료법상 금지되는 환자유인행위와 허용되는 의료광고의 관계(2012. 9. 13. 선고 2010도1763 판결: 공2012하, 1696)", 대법원판례해설 제94호(2012년 하), 법원도서관(2013), 993면 각주 38 참조.

111) S.C. Bar Ethics Advisory Comm., Op. 09-10(2009); N.Y. Bar Ass'n Com. & Fed. Lit. Section, Social Media Ethics Guidelines, Guideline No. 2.C., 2.D (Jun. 9, 2015) 참조.

적 위험이 있어야만 금지되는 것으로 해석하고 있기 때문에, 온라인 법률상담의 경우에도 설령 그 사이트가 플랫폼 사업자에 의하여 운영되고 있더라도 허용된다고 본다.[112)]

2. 변호사 중개 플랫폼

(1) 논의의 배경

양방향 채널의 발전으로 불특정 다수의 고객을 상대로도 그의 특수한 수요에 맞는 서비스를 제공하는 것이 가능해지면서, 이에 따라 유인과 광고가 결합된 형태의 변호사 중개 플랫폼이 나타나기 시작하였다. 이처럼 새로운 형태의 마케팅은 광고와 유인의 구별을 전제로 하는 종래의 규율체계를 뛰어넘는 측면이 있어서, 여러 논란을 야기한다. 우리나라에서는 로마켓(lawmarket.co.kr), 로톡(lawtalk.co.kr)의 변호사 중개 플랫폼 사업이 논란이 되어 대한변호사협회와 충돌을 겪기도 하였다. 변호사 중개 플랫폼은 허용될 수 있는 것인가. 허용된다면 어떠한 범위 내에서 허용되는 것인가.

(2) 비 교 법

미국은 2012년 리드생성서비스(lead generator)의 존재를 인정하는 방향으로 「모범 직무행동규칙」을 개정하여,[113)] 변호사 중개 플랫폼을 허용한다. 다만 「모범 직무행동규칙」 7.2(b)에서 『추천』(recommending)에 대한 대가의 지급을 금지하여 변호사 중개를 금지하고 있다. 변호사의 자격, 능력, 역량, 성격 등을 보증하는 것은 추천에 해당한다고 본다.[114)] 「모범 직무행동규칙」 7.2(b)는 ① 「모범 직무행동규칙」에 의하여 허용되는 광

---

112) Henssler/Prütting, Bundesrechtsanwaltsordnung: BRAO, 5. Aufl., C.H.Beck(2019), § 43b Rn. 79 참조. 나아가 OLG Hamm, Urteil vom 7.3.2013 - 4 U 162/12 = NJW 2013, 2038은 "온라인 이혼 → 시간, 신경, 돈 절약"이라는 광고는 오도하는 것이 아니라면서, 그 내용 역시 BRAO 제43b조에 위배되는 것이 아니라고 판단하였다.

113) 「모범 직무행동규칙」 7.2 Comment 5는 수수료 분배에 관한 「모범 직무행동규칙」 1.5(e), 변호사의 직무상 독립에 관한 「모범 직무행동규칙」 5.4, 그리고 리드생성서비스가 제시하는 광고가 「모범 직무행동규칙」 7.1에 부합하기만 한다면 리드생성서비스에 금전 등을 지급할 수 있다고 명시하고 있다.

114) 「모범 직무행동규칙」 7.2 Comment 2 참조.

고나 커뮤니케이션에 대한 합리적인 대가를 지급하는 것, ② 허가받은 또는 비영리 변호사 소개 서비스에 대해 통상적인 요금을 지급하는 것, ③ 감사의 표현으로 선물을 제공하는 것 등은 허용한다고 규정하고 있는데, 광고나 커뮤니케이션에 대한 합리적인 대가에 포함되는 것으로 종이 법조인대관, 온라인 법조인대관, 신문광고, 텔레비전·라디오 광고, 도메인 등록, 후원 수수료, 인터넷 기반 광고, 그룹광고 비용을 들고 있고, 마케팅 담당자에게도 지급할 수 있다고 한다.[115] 이와 관련하여 변호사 소개 사이트인 Avvo.com에서 변호사 평점을 공개하는 것이 추천에 해당하는지 등이 논란이 된 바 있다.[116]

일본은 「변호사정보제공웹사이트에의 게재에 관한 지침」 3.에서 변호사 정보제공 홈페이지에서 보수 목적으로 법률사건에 관하여 법률사무 주선을 업으로 하는 경우에는 변호사가 아님에도 보수를 얻을 목적으로 법률사무를 취급하는 것을 금지하는 「변호사법」 제72조 위반이 되고, 이에 협조하는 것은 「변호사법」 제27조 위반이 된다고 하면서,[117] 『주선』과 『보수 목적』이 무엇인지에 관하여 상세한 규정을 두었다.[118] ① 미리 명시된 객관적인 검색조건에 근거하지 않고 사업자의 판단에 의하여 선별·가공된 변호사 정보를 제공하는 때, ② 사업자가 고객 또는 변호사

---

115) 「모범 직무행동규칙」 7.2 Comment 3 참조.

116) 송시섭, "리걸테크(LegalTech)시대의 법조윤리: 변호사소개서비스를 중심으로", 아주법학 제12권 제4호, 아주대학교 법학연구소(2019), 179-186면; 정혜련, "리걸테크 플랫폼에 대한 비교법적 고찰: 미국 연방변호사협회모범규칙(ABA)과 관련사례를 중심으로", 유통법연구 제8권 제2호, 한국유통법학회(2021), 55-58면 참조.

미국에서는 한때 검색결과 상위에 나타날 수 있도록 변호사가 돈을 지급하는 것이 고객을 오도하는 것이 아닌지에 관해 논란이 있었다. 이에 관하여는 L. Hill, "Change is in the Air: Lawyer Advertising and the Internet", 36 U. Rich. L. Rev. 21, 37-47 (2002) 참조. 현재는 이를 허용하되, 대신 광고에 의한 것임을 표시하는 식으로 정리되었다. 검색결과 상위 부여에 관하여는 정혜욱, "리걸테크의 적법성에 관한 연구", 중앙법학 제24집 제2호, 중앙법학회(2022), 10-17면도 참조.

117) 만약 「변호사법」 제72조 위반이 인정되지 않더라도 이를 의심하기에 상당한 이유가 있다면 「변호사직무기본규정」 제11조 위반이라고 본다.

118) 종래 이를 규율하던 「업무광고에 관한 지침」 제2의 3.은 2018. 1. 18. 「변호사정보제공웹사이트에의 게재에 관한 지침」이 제정되면서 폐지되었다.

에게 연락하여 법률서비스 제공을 권장하거나, 상담일시를 조정하거나, 추가 정보를 제공하거나, 고객으로부터 상담 등의 내용을 받아 이를 변호사 선정 용도로 제공하는 때, ③ 고객과 변호사 사이의 의사소통을 중계하는 경우 그 의사소통을 위하여 통신의 내용에 가공하는 것일 때(단지 메일을 송신하기만 하고 법률상담이나 그 일정은 직접 소통하는 경우에는 주선으로 보지 않는다), ④ 그 밖에 사업자가 변호사나 고객을 소개한다고 표시하고 고객이나 변호사를 모집하는 경우, 그 밖의 광고 내용과 계약내용 등을 고려하여 고객에게 변호사 등을 소개하는 것으로 인정되는 때에는 주선에 해당한다고 보았다. 사업자가 고객으로부터 금전 기타 이익을 수령할 때나 주선이라고 인정되는 경우 변호사로부터 금전 기타 이익을 수령할 때, 변호사로부터 받은 이익이 소개받은 사건 수나 보수액에 따라 산정되는 때는 보수의 목적이 있다고 보지만, 이 경우에도 해당 사이트에 게재 기간과 그에 필요한 저장용량 등을 고려한 객관적·정액적인 대가에 그치는지 등을 고려하여 주선의 대가가 아니라고 인정되는 특별한 사정이 있다면 보수의 목적이 인정되지 않는다고 하였다.[119]

(3) 우리나라에서의 논의

(가) 로 마 켓

로마켓은 2005년 출시된 서비스로, 대법원 종합법률정보, 대한변호사협회 홈페이지 등에 공개된 법조인의 신상정보와 사건수임정보를 기초로 데이터베이스를 구축하고, 이를 기반으로 각종 법률정보를 제공하였다. 2005년 12월부터 변호사의 승소율과 인맥 등을 수치화하여 이를 유료로 공개하면서, 법조계에 논란을 일으켰다.

서울지방변호사회는 2005년 12월 로마켓을 명예훼손과 업무방해 혐의로 고소하였나, 혐의없음 결정을 받았다. 서울지방변호사회는 2006년 1월 정보공개중지가처분을 신청하였고, 서울중앙지방법원 2006. 3. 2. 자

119) 이에 관하여는 고철웅, "리걸테크 관련 일본 변호사법의 현황과 쟁점: 일본 변호사법 제72조를 중심으로", 소비자법연구 제8권 제1호, 한국소비자법학회(2022), 37면 이하 참조.

2006카합147 결정에서 소송정보와 개인정보를 이용하여 재처리한 정보를 제공하는 일체의 서비스 제공을 금지하는 결정을 받았다. 서울지방변호사회는 이어서 본안소송을 제기하였고, 결국 대법원 2011. 9. 2. 선고 2008다42430 전원합의체 판결에서 웹사이트 운영자가 사건정보를 이용하여 승소율이나 전문성 지수 등을 제공하는 서비스를 하는 행위는 그에 의하여 얻을 수 있는 법적 이익이 이를 공개하지 않음으로써 얻을 수 있는 정보주체의 인격적 법익에 비하여 우월한 것으로 보여 변호사들의 개인정보에 관한 인격권을 침해하는 위법한 행위로 평가할 수 없다고 하면서도, 변호사들의 개인신상정보를 기반으로 한 인맥지수를 산출하여 공개하는 표현행위에 의하여 얻을 수 있는 법적 이익이 이를 공개하지 않음으로써 보호받을 수 있는 변호사들의 인격적 법익에 비하여 우월하다고 볼 수 없어, 결국 운영자의 인맥지수 서비스 제공행위는 변호사들의 개인정보에 관한 인격권을 침해하는 위법하다고 하여, 일단락을 맺게 되었다.

로마켓 사건은 변호사 마케팅의 규율 관점에서도 여러 쟁점을 포함하고 있었지만, 개인정보자기결정권 관점에서만 다루어져 변호사 중개 플랫폼 문제는 미완의 상태로 남았다.[120)]

(나) 로 톡[121)]

1) 분쟁의 전개

로톡은 2014년 출시된 서비스로, 법률서비스 수요자와 변호사를 연결시키는 플랫폼을 추구하면서, 변호사의 전문성, 수임료, 상담후기, 해결

---

120) 로마켓 사건을 변호사 마케팅 관점에서 고찰한 것으로 황창근, “인터넷 법률사이트에서의 변호사윤리문제의 고찰”, 홍익법학 제8권 제3호, 홍익대학교 법학연구소(2007), 107면 이하; 송시섭, “리걸테크(LegalTech)시대의 법조윤리: 변호사소개서비스를 중심으로”, 아주법학 제12권 제4호, 아주대학교 법학연구소(2019), 192-193면 참조.

121) 로톡 사건 진행과정은 이전오, “변호사 광고”, 법조윤리 제6판, 박영사(2024), 266-270면; 박종배, “대한변호사협회 · 서울지방변호사회의 사업자단체 금지행위 및 표시 · 광고 제한행위 관련 심결례”, 경쟁저널 제216호, 한국공정경쟁연합회(2023), 92-94면; 주강원, “리걸테크 기업의 온라인 플랫폼 사업자로서의 책임에 관한 연구: 법률플랫폼 운영 사업자의 책임을 중심으로”, 연세법학 제44호, 연세대학교 법학연구소(2024), 730-737면 참조.

사례 등을 제공하고, 변호사와의 전화·방문상담 예약이 가능하도록 하였다. 대한변호사협회는 이를 변호사를 소개·알선하는 대가로 이익을 취하는 사무장 로펌과 같은 것이라면서, 전면 대응에 나서게 되면서 논란이 커졌다.

대한변호사협회와 서울지방변호사회는 2015년부터 계속하여 로톡을 변호사법 위반 등으로 고발하거나 불공정거래행위로 공정거래위원회에 신고하였다. 대한변호사협회는 2021년 5월 3일 이사회결의로 「변호사 업무광고 규정」을 전부개정 하여 「변호사 광고에 관한 규정」으로 제명을 바꾸면서, 제4조 제11호 내지 제14호를 신설하였다. 특히 제4조 제14호에서는 대한변호사협회의 유권해석에 반하는 내용의 광고까지 금지시켰다. 2021년 5월 31일 임시총회 결의로 「변호사윤리장전」 윤리규약을 개정하여 제31조 제3항은 건전한 수임질서를 교란하는 과당 염가 경쟁을 지양하여 법률사무의 신뢰와 법률시장의 건장을 유지하도록 규정하였고, 같은 조 제4항은 변호사 또는 법률사무 소개를 내용으로 하는 애플리케이션 등 전자적 매체 기반의 영업에 대하여 이에 참여하거나 회원으로 가입하는 등의 방법으로 협조하지 않는다고 규정하였다. 로톡은 2021년 6월 개정된 「변호사 광고에 관한 규정」에 대하여 헌법소원을 제기하였고, 로톡 탈퇴를 요구하는 대한변호사협회의 조치에 관하여 공정거래위원회에 신고하였다.

2) 헌법재판소 결정

헌법재판소는 2022. 5. 26. 선고 2021헌마619 결정에서 「변호사 광고에 관한 규정」 제3조 제2항, 제4조 제12호, 제13호, 제5조 제2항 제1호 중 '변호사등과 소비자를 연결' 부분, 같은 항 제2호, 제3호, 제5호, 제8조 제1항 본문, 제2항 제2호, 제3호에 관하여는 헌법에 합치된다고 하면서, 아래 두 부분에 대해서만 위헌 결정을 하였다.

① 「변호사 광고에 관한 규정」 제4조 제14호 중 유권해석위반 광고 금지규정은 적어도 수범자인 변호사는 유권해석을 통해 금지될 수 있는 내용들의 대강을 알 수 있어야 함에도, 규율의 예측가능성이 현저히 떨어지고 법집행기관의 자의적인 해석을 배제할 수 없는 문제가 있다고 하

였다. 이는 수권법률로부터 위임된 범위 내에서 명확하게 규율 범위를 정하고 있다고 보기 어려우므로, 법률유보원칙에 위반되어 청구인들의 표현의 자유, 직업의 자유를 침해한다고 하였다.[122)]

② 「변호사 광고에 관한 규정」 제5조 제2항 제1호 중 '변호사 등을 광고 · 홍보 · 소개하는 행위' 부분은 「변호사법」이 금지하는 소개 · 알선 · 유인행위를 넘어 법률상담 또는 사건 등을 소개하거나 유인할 목적으로 불특정 다수의 변호사를 동시에 광고 · 홍보 · 소개하는 행위도 위 규정에 따라 금지되는 범위에 포함하는 것으로 보았다. 헌법재판소는 각종 매체를 통한 변호사 광고를 원칙적으로 허용하는 「변호사법」 제23조 제1항의 취지에 비추어 볼 때, 변호사 등이 다양한 매체의 광고업자에게 광고비를 지급하고 광고하는 것은 허용된다고 할 것인데, 이러한 행위를 일률적으로 금지하는 위 규정은 수단의 적합성을 인정하기 어렵다고 하였다. 「변호사법」이나 다른 규정들에 의하여 입법목적을 달성할 수 있고, 공정한 수임질서를 해치거나 소비자에게 피해를 줄 수 있는 내용의 광고를 특정하여 제한하는 등 완화된 수단에 의해서도 입법목적을 같은 정도로 달성할 수 있으며, 이를 통해 입법목적이 달성될 수 있을지 불분명한 반면, 변호사들이 광고업자에게 유상으로 광고를 의뢰하는 것이 사실상 금지되어 청구인들의 표현의 자유, 직업의 자유에 중대한 제한을 받게 되므로, 위 규정은 침해의 최소성 및 법익의 균형성도 갖추지 못하였다고 판단하였다.[123)]

3) 공정거래위원회의 조치와 서울고등법원 판결

대한변호사협회는 2022년 10월 17일 로톡에서 탈퇴하지 않은 변호사들을 징계하였다.[124)] 이에 공정거래위원회는 2023년 4월 13일 로톡에 가

122) 같은 취지로 「변호사 광고에 관한 규정」 제8조 제2항 제4호 중 '협회의 유권해석에 위반되는 행위를 목적 또는 수단으로 하여 행하는 경우' 부분도 헌법에 위반된다고 하였다.

123) 이에 대한 평석으로 박재윤, "변호사광고규정 위헌결정이 리걸테크에 미치는 영향", 경제규제와 법 제15권 제2호(통권 제30호), 서울대학교 공익산업법센터(2022), 123면 이하; 정주백, "변호사 광고의 규제에 대한 헌법소원(2021헌마619)에 관한 분석: 법문, 그에 대한 해석, 그리고 과잉금지원칙의 적용에 대한 문제 제기", 법학연구 제34권 제1호, 충남대학교 법학연구소(2023), 57면 이하 참조.

입한 변호사를 상대로 한 징계는 자신이 가진 영향력을 남용하여 변호사 검색 · 광고 플랫폼을 통한 업무능력, 평판, 상담료 등에 대한 광고행위를 과도하게 제한함으로써 공정하고 자유로운 경쟁을 저해하는 결과를 초래하였다는 점에서 구성사업자의 사업내용 또는 활동을 부당하게 제한하는 행위에 해당된다고 판단하였다. 서울지방변호사회가 2021년 5월 27일 로톡 등의 변호사 검색 · 광고 플랫폼을 탈퇴할 것을 요구하고 구체적인 탈퇴 절차까지 안내하고, 2021년 7월 9일 법률플랫폼에서 탈퇴할 것을 요청하는 내용의 공문을 발송한 것은 특정 서비스를 이용하지 않을 것을 실질적으로 강요한 것과 다름이 없다면서, 로톡의 운영방식이 위법하지 않음에도 부당하게 로톡 등의 플랫폼 이용을 제한한 행위에 해당하고, 결과적으로 서울지방변호사회가 자신의 영향력을 남용하여 구성변호사들의 변호사 검색 · 광고 플랫폼을 통한 광고행위를 과도하게 제한하였다면서, 이는 법령에 따르지 아니하고 구성변호사들에 대한 광고를 제한한 행위로서 소비자의 이익을 보호하거나 공정한 거래질서를 유지하기 위하여 필요한 행위가 아니므로 「표시 · 광고의 공정화에 관한 법률」에 위반된다고 보았다. 이에 공정거래위원회는 대한변호사협회와 서울지방변호사회에 시정명령 · 통지명령 · 과징금 납부명령을 하였다.

그러나 서울고등법원은 2024. 10. 24. 선고 2023누43763 판결로 공정거래위원회의 시정명령 등을 취소하는 판결을 선고하였다. 서울고등법원은 변호사 직무의 공공성을 고려하여 대한변호사협회 등에는 변호사 광고를 제한할 수 있는 상당한 재량이 부여되어 있다면서, 변호사 징계 역시 구성사업자에 대한 감독권 행사의 일환으로 보았다. 대한변호사협회와 서울지방변호사회의 조치는 경쟁제한성이나 부당성이 존재하지 않

124) 이에 징계 받은 변호사 123명이 이의신청을 하였는데, 법무부 변호사징계위원회는 2023년 9월 26일 플랫폼을 통해 특정 변호사와 소비자를 직접 연결하는 행위 자체는 적법하다고 보았으나, 로톡이 가입한 변호사와 이해관계가 있다는 인상을 줄 정도로 자신을 드러내며 광고한 것과 법원 판결 등의 결과 예측을 표방하는 형량예측 서비스를 제공한 것이 「변호사 광고에 관한 규정」에 위반한다는 점은 인정하였으나, 변호사 120명에 대하여는 헌법재판소 심리가 계속 중이었던 점 등을 고려하여 혐의없음 결정을 하고, 나머지 3명은 불문경고 결정을 하였다.

고, 공정거래위원회의 시정명령은 명확성·비례성을 충족하지 못해 과잉금지원칙에 위반된다고 보았다.

변호사 중개 플랫폼에 관한 논의는 현재도 계속 중이다. 일각에서는 공공이 통제하고 민간이 기술을 제공하는 공익사업 형태의 변호사 소개 플랫폼이 필요하다는 주장이 제기되곤 한다.[125] 변호사 중개 플랫폼을 둘러싼 논의가 기술의 발전과 시장의 변화에 발맞춰 국민의 기본적 인권 옹호와 사회정의의 실현이라는 변호사의 사명에 부합하는 방향으로 나아가길 바란다.

---

125) 김기원, "변호사소개 플랫폼의 변호사 독립성 침해의 문제와 대안의 필요성", 인권과 정의 제502호, 대한변호사협회(2021), 26면 참조. 실제 독일에서는 공공 법률 플랫폼을 만들자는 논의가 나오고 있다. K. Jacob/D. Schindler/R. Strathausen(ed.), Liquid Legal: Towards a Common Legal Platform, Springer(2020) 참조.

[Abstract]

Regulation of Legal Marketing

Lee, Hee Jun*

Given that legal services are provided to resolve legal issues encountered by clients, legal marketing has been customer value-driven, focusing on solicitation. In the United States, solicitation, except among family and close persons, was restricted. However, this restriction has been gradually eased based on the principle that such solicitation is protected by the First Amendment. In Germany, legal marketing aimed at securing individual case assignments is prohibited only if there is a concrete risk to the interests of potential clients. In Korea and Japan, certain restrictions are imposed on solicitation from the public interest standpoint.

As the demand for legal services has grown, legal marketing, especially advertising, has evolved to meet this demand more effectively. In Europe, regulations governing legal advertising have been relaxed to foster competition in the legal market. In the United States, advertising is also protected by the First Amendment, resulting in a relaxation of advertising restrictions.

With advancements in technology, legal marketing is undergoing significant transformations. The advent of digital new media has raised questions about how to regulate legal marketing on this media. The emergence of lawyer referral platforms, which combine the benefits of solicitation and advertising, has intensified disputes surrounding them. We hope that regulations governing legal marketing will evolve in tandem with technological progress and market shifts, in a way that is consistent with lawyers' commitment to upholding fundamental human rights and achieving social justice.

---

* Judge, Seoul High Court.

[Key word]

- Legal Marketing
- Advertisement
- Solicitation
- Freedom of Expression
- Commercial Speech
- Competition in Legal Market
- Digital New Media
- Lawyer Referral Platform

참고문헌

1. 단 행 본

아베 테츠야 감수/서희경 옮김, 필립 코틀러의 마케팅 수업, 소보랩(2021).

이광수, 변호사법개론, 박영사(2016).

정형근, 변호사법 주석, 제2판, 정독(2022).

필립 코틀러 · 허마원 카타자야 · 이완 세티아완 지음/방영호 옮김, 필립 코틀러 마켓 6.0, 더퀘스트(2024).

한인섭 · 한상희 · 김재원 · 이상수 · 이찬희 · 김희수 · 김인회 · 정한중 · 이전오, 법조윤리 제6판, 박영사(2024).

C. Klaus, Berufs- und lauterkeitsrechtliche Grenzen der Anwaltswerbung, Springer(2019).

Henssler/Prütting, Bundesrechtsanwaltsordnung: BRAO, 5. Aufl., C.H.Beck (2019).

J. Sahl/R. Cassidy/B. Cooper/M. Tarkington, Professional Responsibility in Focus, 2nd Ed., Wolters Kluwer(2021).

K. Jacob/D. Schindler/R. Strathausen(ed.), Liquid Legal: Towards a Common Legal Platform, Springer(2020).

M. Freedman/A. Smith, Understanding Lawyers' Ethics, 4th Ed., LexisNexis (2010).

P. Kotler/G. Armstrong, Principles of Marketing, 17th Ed., Pearson(2018).

Kleine-Cosack, Bundesrechtsanwaltsordnung: BRAO, 8. Aufl., C.H.Beck(2020).

Weyland, Bundesrechtsanwaltsordnung: BRAO, 11. Aufl., C.H.Beck(2024).

弁護士広告: 業務広告規定の解説, 商事法務(2000).

2. 논　　문

고철웅, "리걸테크 관련 일본 변호사법의 현황과 쟁점: 일본 변호사법 제72조를 중심으로", 소비자법연구 제8권 제1호, 한국소비자법학회(2022).

김기원, “변호사소개 플랫폼의 변호사 독립성 침해의 문제와 대안의 필요성”, 인권과 정의 제502호, 대한변호사협회(2021).

문현호, “의료법상 금지되는 환자유인행위와 허용되는 의료광고의 관계(2012. 9. 13. 선고 2010도1763 판결: 공2012하, 1696)”, 대법원판례해설 제94호(2012년 하), 법원도서관(2013).

박재윤, “변호사광고규정 위헌결정이 리걸테크에 미치는 영향”, 경제규제와 법 제15권 제2호(통권 제30호), 서울대학교 공익산업법센터(2022).

박종배, “대한변호사협회 · 서울지방변호사회의 사업자단체 금지행위 및 표시 · 광고 제한행위 관련 심결례”, 경쟁저널 제216호, 한국공정경쟁연합회(2023).

서석호, “변호사전문분야등록제도의 이해와 전망”, 저스티스 통권 제121조, 한국법학원(2010).

송시섭, “리걸테크(LegalTech)시대의 법조윤리: 변호사소개서비스를 중심으로”, 아주법학 제12권 제4호, 아주대학교 법학연구소(2019).

양종모, “인공지능 챗봇 알고리즘에 대한 몇 가지 법적 고찰”, 홍익법학 제21권 제1호, 홍익대학교 법학연구소(2020).

오종근, “변호사업무광고에서 전문분야 표시의 문제점과 전문변호사제도 도입”, 법조 제56권 제5호(통권 제608호), 법조협회(2007).

이명웅, “변호사광고 규제와 표현 · 직업수행의 자유”, 고시계 49권 제9호, 국가고시학회(2004).

이병준, “리걸테크와 변호사법: 법률서비스 플랫폼에 관한 독일의 논의를 중심으로”, 소비자법연구 제8권 제1호, 한국소비자법학회(2022).

임지봉, “미국헌법상 표현의 자유와 과도한 광범성의 원칙 및 막연하므로 무효의 원칙”, 미국헌법연구 제23권 제3호, 미국헌법학회(2012).

정주백, “변호사 광고의 규제에 대한 헌법소원(2021헌마619)에 관한 분석: 법문, 그에 대한 해석, 그리고 과잉금지원칙의 적용에 대한 문제 제기”, 법학연구 제34권 제1호, 충남대학교 법학연구소(2023).

정혜련, “리걸테크플랫폼에 대한 비교법적 고찰: 미국 연방변호사협회모범규칙(ABA)과 관련사례를 중심으로”, 유통법연구 제8권 제2호, 한국유통법학회(2021).

정혜욱, “리걸테크의 적법성에 관한 연구”, 중앙법학 제24집 제2호, 중앙법학회(2022).

주강원, “변호사업무광고의 규제에 대한 고찰”, 홍익법학 제8권 제3호, 홍익대학교 법학연구소(2007).

______, “리걸테크 기업의 온라인 플랫폼 사업자로서의 책임에 관한 연구: 법률플랫폼 운영 사업자의 책임을 중심으로”, 연세법학 제44호, 연세대학교 법학연구소(2024).

최윤희, “변호사 업무광고의 제한법리”. 일감법학 제48호, 건국대학교 법학연구소(2021).

홍탁균, “전문직 광고에 관한 공정거래법적 문제 검토”, 경쟁법연구 제20호, 한국경쟁법학회(2009).

황창근, “인터넷 법률사이트에서의 변호사윤리문제의 고찰”, 홍익법학 제8권 제3호, 홍익대학교 법학연구소(2007).

L. Hill, “Change is in the Air: Lawyer Advertising and the Internet”, 36 U. Rich. L. Rev. 21(2002).

______, “Publicity Rules of the Legal Professions Within the United Kingdom”, 20 Arizona J. Int'l and Comparative Law 323 (2003).

M. Freedman, “Advertising and Solicitation by Lawyers: A Proposed Redraft of Canon 2 of the Code of Professional Responsibility”, 4 Hofstra L. Rev. 183(1976).

M. Zander, “The Thatcher Government's Onslaught on the Lawyers: Who Won”, 24 Int'L L. 753 (1990).

“The Emergence of Lay Intermediaries Furnishing Legal Services to Wash. U. L. Q. 313(1965).

리걸테크와 법률서비스의 규율 - 일반인용 리걸테크 서비스에 관한 영미법계의 동향을 중심으로*

한 애 라**

■요 지■

인공지능 기술의 급속한 발전에 힘입어 일반인을 대상으로 직접 맞춤형의 법적 조언을 제공하는 리걸테크 서비스가 기술적·상업적으로 가능해지면서, 비변호사의 법률사무 수행 금지, 비변호사의 변호사 고용 금지 및 변호사와의 동업이나 이익 분배 금지에 바탕을 둔 기존의 법률시장 규제 대신 일반인의 사법접근권 향상을 위한 새로운 법률서비스 규율체계를 마련해야 할 필요도 커지고 있다.

이 글은 먼저 영미법계에서의 리걸테크 발전과 그에 따른 법률시장의 변화 추세를 전반적으로 개관하고, 법률서비스 규율에 대한 전통적인 모델과 소비자 및 경쟁을 강조하는 새로운 모델의 이념적 배경과 특징을 살펴본다. 다음으로 호주, 영국의 법률서비스 시장 규제개혁의 경과와 현황, 시사점을 검토한 후, 미국의 법률서비스 규제개혁 논의, 특히 규제개혁에 성공한 유타주 규제 샌드박스와 애리조나주 ABS 제도의 내용과 현황을 살펴본다. 나아가 미국에서의 일반 소비자 대상 리걸테크 서비스를 둘러싼 다양한 분쟁의 양상을 소개하고 검토한다.

* 이 글은 2024. 8. 민사판례연구회 하계 심포지엄에서 발표한 내용을 바탕으로 수정한 것이며, 사법 제1권 제70호(2024년 12월호)에도 게재되었다.

** 성균관대학교 법학전문대학원 교수.

끝으로, 이 글은 위와 같은 검토를 바탕으로 우리나라에서 일반 소비자 대상 리걸테크 법률서비스의 규율체계를 수립함에 있어 고려해야 할 원칙과 구체적인 고려요소, 바람직한 규율방향을 제시한다.

[주 제 어]
- 리걸테크
- 법률서비스 규율
- 비변호사의 법률사무 수행
- 영국 법률서비스법
- 법률 샌드박스
- 대안적 사업구조

Ⅰ. 들어가며

리걸테크 시장은 인공지능의 발전과 함께 폭발적으로 성장하고 있다. 2023년 리걸테크 시장규모는 약 300억 달러로 추정되고, 2032년 시장규모는 700억 달러에 이를 것으로 예상된다.[1] 리걸테크 서비스는 보조적 서비스에서 변호사가 수행하던 법률사무를 대체하는 본질적 영역으로 확장되고 있고, 법률정보 검색, 문서작성과 검토, 소송분석 및 예측, 법률상담, 변호사 소개 등 다양한 서비스들이 점차 통합되고 있다. 특히 최근 등장한 초거대 언어모델(Large Language Model, LLM) 기반 생성형 AI는 리걸테크 서비스의 접근 가능성을 획기적으로 높여 마침내 "일상용어로 행해진 질문에 대해 적어도 외관상 변호사의 조언과 유사한 맞춤형 답변을 제공하는" 것을 가능하게 하였다.

이와 같은 리걸테크의 양적 · 질적 향상, 여러 리걸테크 서비스의 통합, 리걸테크 서비스의 접근 가능성 확대, 이용자 맞춤형 개별 · 구체적 서비스의 실현은 '법률사무'의 정의와 범위 설정, 비변호사의 법률사무 허용 여부, 리걸테크 업체와 변호사 · 로펌[2] 간의 협력과 이익분배 및 소유 · 고용관계, 수임료 체계, 광고 등 법률서비스 시장 전반에 걸쳐 기존의 규율체계를 뒤흔들고 있다. 리걸테크 서비스가 일반인에게 직접 '법적 조언'을 제공할 수 있는가의 문제에서 가장 극명하게 드러난다.

영미법계에서는 변호사 · 기업용뿐만 아니라 일반인용 리걸테크 서비스가 상업적으로 활성화되어 있고, 같은 코먼로 체계 내에서도 국가별, 주별로 넓은 법률시작 규제 스펙트럼과 규율방향에 관한 다양한 논의가 존재하며, 관련 분쟁도 다수 발생하고 있다. 이러한 영미법계의 논의와 분쟁 양상, 규제개혁의 시도와 성과는 일반인용 리걸테크 서비스에 대한

---

1) FMI, LegalTech Market Outlook (2022 to 2032)〈https://www.futuremarketinsights.com/reports/legaltech-market〉 (2024. 10. 30. 확인).

2) 이 글에서는 법무법인, 유한 법무법인, 법무조합이나 일반 조합, 영미법계의 Limited Liability Partnership (LLP), Limited Liability Corporation (LLC), Law Corporation(주식회사 형태의 로펌이 허용되는 경우) 등을 통틀어 '로펌'이라 한다.

우리나라의 규율방향을 모색함에 있어서도 많은 참고가 될 것이다.

이 글에서는 먼저 영미법계에서의 리걸테크 발전과 그에 따른 법률시장의 변화 추세를 개관한다. 다음으로 법률서비스 규율에 대한 영미법계의 두 모델(전문가-독립 모델과 소비자-경쟁 모델)의 이념적 배경과 특징을 살펴본 후, 영국과 미국에서 진행된 법률서비스 규제개혁의 논의와 현황, 일반인용 리걸테크 서비스를 둘러싼 분쟁의 양상을 검토한다.

끝으로, 위 검토를 바탕으로 일반인에 대한 리걸테크 기반 법률서비스에 관한 국내적 규율방향을 수립할 때 고려하여야 할 사항을 제시한다.

Ⅱ. 리걸테크 도입에 따른 법률시장의 변화와 도전

1. 리걸테크로 인한 법률시장의 변화

관할법역마다 정도와 범위의 차이는 있지만, 영미법계에서도 우리나라처럼 일정 범위의 법률사무는 오로지 변호사에 의해서만 수행되어 왔고 비변호사는 로펌 구성원이 될 수 없었으며 비변호사가 변호사를 고용하여 법률사무를 수행할 수도 없었다. 법률시장은 대기업 사건을 주로 담당하는 피라미드 구조의 대형 로펌과 일반인 사건을 주로 담당하는 단독 변호사나 소규모 로펌으로 나뉘고, 일부 예외도 있으나 변호사가 시간당 수임료(billable hour)를 받으며 전체 법률서비스를 담당했다.[3)]

그러나 적은 비용으로 더 많은 서비스를 요구하는 수요, 법률서비스 시장의 자유화 추세(비변호사에 의해 수행될 수 있는 법률서비스 영역의 확장), ICT, 특히 AI의 급속한 발전[4)] 등 여러 동인은 자동화와 상품화, 세계화와 외주화, 플랫폼화를 촉진하여 전통적 법률시장 구조를 뒤흔들고 있다.

① **자동화와 상품화(Commoditization)** 기존의 법률서비스는 전문성

---

3) A L Kaufman et al., Problems in Professional Responsibility for a Changing Profession, 6th Ed., Carolina Academic Press (2017), 971-972.

4) R Susskind, Tomorrow's Lawyer: An Introduction to your Future (3rd Ed), Oxford University Press (2023), 11-24.

을 갖춘 변호사들이 고도의 법적 추론에 기해 사건별로 개별적인 법적 조언을 제공하는 것이었다. 그러나 전형적인 법률서비스는 일련의 법률사무에서 분리되어 쉽게 표준화 · 자동화되고 건당 과금 또는 정기과금되는 상품이 될 수 있다. 이러한 변화는 기업법무 시장에서 현저하지만, 일반인을 위한 법률서비스 영역에서도 LegalZoom, Rocket Lawyer 등의 자동 법률문서 작성, 생성형 AI 기반 법률챗봇 등이 등장하면서 일정 영역에서 점차 자동화, 상품화가 진행되고 있다. 이로 인해 단순 · 전형적 업무를 수행하던 로펌 또는 기업 내 주니어 변호사, 단독 개업 변호사나 소규모 로펌의 수요가 감소될 수 있다.[5)]

② **외주화와 세계화** 20세기 후반 법률사무관리업체(Managed Legal Service Provider)[6)] 및 법률프로세스 외주업체(Legal Process Outsourcer, 'LPOs')가 등장하면서 기업법무 중 실사나 e-discovery 등 단순 반복작업을 수행하는 일정 업무가 이들 업체를 통해 저비용 국가의 저임금 변호사 또는 법률보조원에게로 외주화되었고 이와 함께 세계화도 급속히 진행되었다. 그 과정에서 본국의 변호사 면허규제는 소수의 본국 변호사가 다수의 외국 변호사 또는 법률보조원을 감독하는 형식을 취함으로써 회피되었다. AI 기반 리걸테크 서비스는 이러한 구조하에서 외국 보조원의 업무를 점차 대체하였고, 글로벌 리걸테크 기업이 성장하면서 세계화 추세는 더욱 가속화되고 있다.[7)] 리걸테크 서비스의 국경이 희미해지면서 개별 국가가 자국법에 의해 글로벌 서비스를 규율하는 것도 어려워지고 있다.

③ **플랫폼화** 법률서비스 시장의 플랫폼화, 혹은 '우버화'는 변호사간 시장, 변호사와 외부 서비스 시장 등 법률서비스의 여러 층위에서 발

---

5) D Hunter, "The Death of the Legal Profession and the Future of Law", UNSW Law Journal Volume 43(4), 1199, 1202 (2020).

6) Managed Legal Service는 변호사/로펌이 제3의 외부업체에 아웃소싱하는 일체의 법률 관련 서비스를 말한다. 여기에는 각종 행정적, 재정적 관리업무, 실사서류나 디스커버리 증거서류의 분류, 검토 등 지적 단순작업 등이 포함된다. L Erdelyi, "8 Wins of Managed Services for Law Firms", Clio Business Post 〈https://www.clio.com/blog/managed-services-for-law-firms/〉 (2024. 10. 30. 확인).

7) Hunter (footnote 5), 1204-1206.

견된다.[8] 그 중 법률시장 규율과 관련하여 특히 문제되는 것은 일반인 대상의 변호사 플랫폼이다. 미국의 Avvo, 우리나라의 로톡, 일본의 벵고시닷컴 등 법률소비자와 변호사를 연결하는 여러 플랫폼이 등장하였고, LegalZoom, Rocket Lawyer, DoNotPay 등의 일반인용 법률문서 작성 서비스나 일반인 대상 AI 법률상담 등 다른 일반인용 서비스와 통합되기도 한다. 변호사 플랫폼은 소비자의 정보 획득과 법률서비스 접근 향상, 변호사의 소비자에 대한 정보 전달과 홍보 등 장점을 가지는 반면, 변호사 알선 금지, 수임료 분배 금지 위반이나 변호사의 플랫폼 종속에 따른 독립성 침해 우려도 지속적으로 제기된다.

2. 법률시장 참가자가 직면한 도전과 규제 패러다임 변화의 요구

법률시장의 공급자와 수요자는 리걸테크 서비스가 확장되면서 여러 도전에 직면하여 있고, 이로 인해 기존의 규제 패러다임에 대해서도 변화가 요구되고 있다.

법률서비스의 공급자는 대형 로펌, 단독 변호사나 소규모 로펌, 대안적 법률서비스 제공자(대표적으로 리걸테크 업체)로 나눌 수 있다. 일반적인 대형 로펌의 경우 종래 "Cravath 모델"[9]로 불리는 시니어/주니어 피라미드 구조와 시간당 보수(billable hour) 체계를 따랐고, 이는 세계화를 통해 영미법계뿐만 아니라 대한민국을 포함한 여러 국가에 두루 전파되었

8) B2B 형태의 변호사 및 전문가 연결 플랫폼을 통해서 다양한 전문변호사를 상시 고용하는 대신 필요할 때 팀을 구성하는 긱 경제(gig economy)가 가능해지고[M Thornton, "Towards the Uberisation of Legal Practice", 1(1) Law, Technology and Humans 46, 53-59 (2019)], 법무관리에 다양한 기능을 통합한 각종 백오피스 리걸테크 플랫폼(Clio, My Space 등) 또한 종전에 백오피스 인력을 갖추지 못했던 단독 개업 변호사나 중소 규모 로펌에 대형 로펌과 동등한 수준의 인프라를 제공함으로써 경쟁력을 강화한다.

9) 19세기 중반부터 20세기 중반에 걸쳐 로펌 'Cravath'에 의해 정립된 최상위 인재 영입, 소수의 지분 파트너와 다수의 고용변호사로 구성된 피라미드 구조와 승진 경쟁, 지분파트너에 대한 연수입 배당, 시간당 보수(billable hours) 구조의 수임료, 비용 대비 효과를 고려하지 않고 완벽을 추구하는 모델을 가리킨다. Kaufman et al. (footnote 3), 968-973; J R Reardon & N A Knowlton, "Legal Regulations & Legal Tech Investment", 2024 ABA Techshow Presentation (Dec 7, 2023).

다.[10] 그러나 리걸테크 도입으로 보조적 영역뿐만 아니라 '법적 조언'의 영역에서도 리걸테크가 변호사의 업무를 조금씩 대체하고 있고(특히 생성형 법률 AI는 이례적으로 신속하게 로펌에 보급되었다),[11] AI가 발전하면서 로펌 사업모델도 기술과 자본, 데이터 관리, 분업화를 포괄하는 구조로 변화할 필요성이 커지고 있다.[12] 복잡하고 어려운 사건을 다루는 최상위 로펌들의 본질적 서비스에 관해서는 종래의 시간당 수임료가 유지되겠으나, 비본질적, 정형적 서비스에 대해서는 건당 고정 수임료(fixed fee), 구독형 수임료(subscription-based fee), 무료와 추가 수수료 혼합구조의 "freemium"[13] 등 다른 방식의 수임료 체계가 등장하고 있다.[14] 또한 지분파트너가 매년 수익을 배당받는 기존의 로펌 이익분배 구조에서는 로펌 자체 리걸테크에 대한 장기적인 투자와 개발이 어려우므로, 로펌 지배구조 개혁을 포함하여 외부 투자를 가능하게 하는 제도 변혁에 대한 수요도 커진다. 이는 로펌 스스로 일반인용 리걸테크 서비스를 시도하는 경우 특히 그러하다.

단독 변호사와 소규모 로펌은 일반인용 리걸테크 서비스와 시장이

---

10) 이러한 경향 전반은 M Suzuki, "The Protectionist Bar Against Foreign Lawyers in Japan, China, and Korea: Domestic Control in the Face of Internationalization," 16 Colum. J. Asian L. 385, 387 et seq. (2003) 참조.

11) ChatGPT, Claude, Gemini 등 범용 생성형 AI뿐만 아니라 Lexis+ AI, Westlaw Edge with CoCounsel 등 생성형 법률 AI나 Harvey AI와 같은 기업, 로펌 자체 법률 AI 구축 서비스도 등장했다.

12) LLM이 불러올 법률서비스의 변화에 관해서는, F Fagan, "A View of How Language Models Will Transform Law", Tennessee Law Review (Forthcoming 2025); I Rodgers, J Armour, M Sako, "How Technology Is (or Is Not) Transforming Law Firms", Annual Review of Law and Social Science 311 (2023); 로펌의 생성형 AI 도입 추세에 관하여는, Solicitors Regulation Authority, "Risk Outlook report: The use of artificial intelligence in the legal market" (20 November 2023), 〈https://www.sra.org.uk/pdfcentre/?type=Id&data=341008253〉 (2024. 7. 10. 확인) 참조.

13) 최초의 간단한 서비스는 무료로 제공하고 변호사에 의한 서비스는 추가비용을 요구하는 것.

14) T Brown, B MacEwen and J Stanton, "Exploring the Impact of AI on the Economics of BigLaw", ALM/Law.com (2024. 4.), 3-5 〈https://images.law.com/contrib/content/uploads/documents/1/Law_com-Pro-Fellows-Report_Exploring-the-Impact-of-AI-on-the-Economics-of-Big-Law_April-2024.pdf〉 (2024. 10. 30. 확인).

겹치므로 경쟁이 심화될 수밖에 없다. 법률서비스 수요자에 대한 접근을 위해 변호사 소개 · 평가 플랫폼에 가입해야 하는 압력에 직면할 수도 있고 사내 리걸테크 서비스를 구축하거나 기술전문가를 고용할 수 있는 대형로펌과의 경쟁도 더 어려워질 수 있다.[15] 그러나 한편으로는 단독 변호사나 소규모 로펌도 리걸테크 서비스를 통해 종전에 대형로펌만이 가지고 있었던 인적 · 물적 인프라를 제공받게 되므로 리걸테크가 이들의 경쟁력 강화 요인으로 작용할 수도 있다.

리걸테크 업체는 데이터 확보, 투자 유치, 기술 개발을 추진하고, 현 규제 체계 내에서 허용되는 사업영역을 발굴하는 한편, 규제 여부가 불투명한 영역에서도 시장선점을 위해 신규 서비스를 시도하면서 그에 따른 법적 분쟁에 대비하고 우호적인 규율환경 조성에 노력하여야 하며, 기존 법률서비스 공급자들과의 마찰에도 대응해야 한다.

법률서비스 소비자는 크게 사내변호사가 있는 대기업, 사내변호사가 없는 중견기업, 소기업 · 소상공인 · 중산층, 저소득층으로 나눌 수 있다. 이 중 사내변호사가 있는 대기업은 리걸테크 업체가 제공하는 '법률사무'적 서비스를 이용하는 데에 법적 문제가 없다. 사내변호사가 없는 중견기업의 경우 현재의 규제체계하에서는 직접 리걸테크 업체로부터 법률서비스를 받을 수 없으므로,[16] 이는 사내변호사 채용의 유인으로 작용하는 한편, 규제 완화 요구도 높아질 것이다. 일반인(소기업 · 소상공인 · 개인)을 위한 법률서비스의 경우, 종래 경제적으로 합리성이 없던 사안에 관해서도 리걸테크를 통해 염가의 자동화된 법률서비스 이용이 가능해지므로 소비자의 사법

---

15) M Finnemore, "Starting Up or Starting Over: Law Firms of All Sizes Need to Consider Their Tech Options," OR. STATE BAR BULL. (Apr. 2020) 26, 〈https://www.osbar.org/bulletin/issues/2020/2020April/offline/download.pdf〉 (2024. 10. 30. 확인).

16) 일부 예외를 제외하면 이는 비변호사의 법률사무 수행을 규제하는 대부분 국가에서 동일하다. 일본의 LegalOn Technologies는 법률사무적 성격을 띠는 계약검토 서비스 리걸포스의 회원가입을 변호사로 제한한다. 우리나라의 로앤컴퍼니가 제공하는 생성형 AI 기반 법률정보 및 법률문서 검토, 법률챗봇 서비스 '슈퍼로이어' 또한 가입 자격을 변호사로 제한한다.

접근권이 증진되지만, 이를 위해서는 비변호사의 법률사무 수행 문제가 해결되어야 하고, 소비자 보호 장치도 마련되어야 한다. 또한 부자는 인간 변호사를 이용하는 반면 일반인은 기계 서비스에 만족해야 하는 법률서비스 계층화를 초래할 것이라거나, 법률 AI가 유료화되면서 이에 접근할 여력조차 없는 저소득층이 보호되지 못할 것이라는 우려도 있다.[17]

이처럼 리걸테크 서비스가 법률시장 전반에 변화를 초래하는 상황에서, ① 리걸테크 업체가 일반인에게 직접 법률서비스를 제공하는 것을 허용할 것인가, ② 비변호사(리걸테크 업체 포함)의 로펌 소유, 변호사 고용, 로펌과의 동업 또는 이익분배를 허용할 것인가, ③ 리걸테크 서비스를 이용하는 소비자를 위해 어떠한 보호장치를 마련해야 하는가, ④ 변호사가 법률사무 수행 시 리걸테크 서비스의 조력을 받는 데 대해 어떠한 규제나 제한을 가해야 하는가라는 의문이 제기된다. 이 중 변호사가 리걸테크 법률서비스의 이용자일 경우에 대한 검토[18]는 이 글의 범위에서 제외하고, 이하에서는 일반인용 리걸테크 서비스와 관련된 ①, ②, ③의 질문에 대한 영미법계의 논의와 여러 제도개혁 노력을 살펴본다.

Ⅲ. 영미법계 리걸테크 법률서비스 규율의 현황과 논의

1. 영미법계 법률서비스 시장 규제의 두 가지 패러다임

가. 개 설

주요 영미법계 국가는 어떤 형태로든 법률서비스 시장에 관해 진입장벽과 변호사 면허제도를 유지하고 있으나, 이를 엄격하게 고수할지 일

---

17) C V Chien and M Kim, “Generative AI and Legal Aid: Results from a Field Study and 100 Use Cases to Bridge the Access to Justice Gap” (March 14, 2024), UC Berkeley Public Law Research Paper (Forthcoming), Loyola of Los Angeles Law Review (Forthcoming), 〈https://ssrn.com/abstract=4733061〉.

18) 변호사가 자기 책임하에 리걸테크 서비스를 보조도구로 사용하는 것은 비변호사의 법률사무 수행 금지의 대상이 아니라는 것이 주류적인 태도이다. 강윤희, “변호사의 인공지능 사용과 관련한 윤리규범-인공지능이 변호사를 대체할 수 있을까의 관점에서-”, 경영법률 제33집 제4호(2023); ABA House of Delegates Resolution 112, Adopted August 12-13, 2019. 〈https://www.americanbar.org/content/dam/aba/directories/policy/annual-2019/112-annual-2019.pdf〉 (2024. 7. 20. 확인).

부 완화할지는 어떠한 시각으로 법률서비스 시장을 바라보는가에 따라 크게 다르다.[19] 일률적으로 단언할 수는 없으나, 미국[20]과 캐나다[21]는 대체로 우리나라와 유사하게 변호사의 공익적 사명과 법률전문가의 독립성을 강조하여 변호사 면허가 없는 자의 법률사무 수행을 비교적 엄격하게 금지하는 모델(전문가-독립 모델)을 유지하고 있다. 반면 영국, 호주, 뉴질랜드, 싱가포르 등 일부 국가는 변호사 또한 다른 서비스와 마찬가지로 하나의 서비스로 보아 소비자 보호와 법률시장의 경쟁 촉진에 더 초점을 맞추고, 비변호사에 의한 새로운(대안적인) 법률서비스에 대하여 관용적인 태도를 취한다(소비자-경쟁 모델).[22]

나. 전문가-독립 모델

전문가-독립 모델은 변호사를 비롯한 전문자격을 통한 제한을 두는 것이 공공의 이익을 위한 것이라고 보는 공익설, 그중에서도 법적-윤리적 공익설에 이론적 기반을 둔다. 법적-윤리적 공익설은 자격을 부여받은 법률전문가가 시장 또는 국가로부터 독립하여 법률서비스를 제공할 수 있어야만 의뢰인과 법치주의, 공공이익을 수호할 수 있으므로, 법률서비스는 일반적인 시장이론이 적용되지 않는 예외적인 분야로 취급되어야

19) R G Pearce et al, "A Taxonomy of Lawyer Regulation: How Contrasting Theories of Regulation Explain the Divergent Regulatory Regimes in Australia, England/Wales, and North America", 16:2 Legal Ethics 258, 271-280 (2013).

20) 단 미국에서도 뒤에서 보는 유타, 애리조나주 등 예외가 있다.

21) 단 온타리오, 사스캐처원, 매니토바 등 캐나다 일부 주는 ABS(Alternative Business Structure) 도입, 대안적 법률서비스 제공자(비변호사)에 대한 제한적 면허 규제 완화 등을 도입하여 법률시장 규제를 완화했다. E Iacobucci and M Trebilcock, "An Economic analysis of Alternative Business Structures for the practice of law," Commissioned by the Law Society of Upper Canada for its ABS Symposium held October 4, 2013; G Tegart et al., "Final Report of the Legal Services Task Team" (Joint Staff Working Group of the Law Society of Saskatchewan and the Saskatchewan Ministry of Justice, August 2018), 〈https://www.lawsociety.sk.ca/wp-content/uploads/2020/03/107840-legal_services_task_team_report_august_14-_2018-1.pdf〉 (2024. 10. 30. 확인) 및 Law Society of Saskatchewan Rules (January 1, 2020) Part 10.

22) 영미법계의 관련 학술대립 전반에 대해서는 R G Pearce et al (footnote 19), 260-271 참조.

한다고 본다.[23] 변호사는 의뢰인의 이익 보호뿐만 아니라 공익과 법치주의의 수호자라는 근본적인 역할을 담당하므로 다른 서비스 제공자나 전문가보다 더욱 고도의 전문성과 도덕성을 갖추어야 하고, 영리목적을 추구하는 비변호사로부터 독립성이 보장되어야 하며, 외부인에 의해 변호사의 독립성과 공익성이 침해되지 않도록 변호사 규제의 자율성도 인정되어야 한다고 본다. ABA 모범윤리규범이 변호사를 '사법시스템의 역원(officer)'이라고 하거나 변호사가 '사회를 수호하는 데 핵심적인 역할을 수행한다'고 규정하는 것도 같은 차원이다.[24]

전문가-독립 모델은 변호사가 고도의 윤리성을 갖추고 어떠한 외부의 영향도 받지 않고 독립하여 전문가로서 의뢰인을 대리하는 것을 최우선의 가치로 삼는다. 따라서 변호사에게 공익을 수행하는 전문가로서 의뢰인 또는 제3자의 위법행위에 조력하지 않을 의무, 법원에 대한 진실의무, 공익활동의무,[25] 의뢰인을 위한 능력구비의무, 성실의무, 비밀유지의무 등을 부과한다.[26] 또한 오로지 자격을 갖춘 법률가인 변호사만이 법률사무를 수행할 수 있고, 비변호사의 법률서비스 제공은 '무권한자의 법률사무 수행'(Unauthorized Practice of Law, 'UPL')으로서 금지된다. 법률사무의 전문성과 독립성을 보호하기 위해 변호사는 비변호사의 영향(특히 영리적 영향)으로부터 격리되어야 하므로, 비변호사가 로펌을 소유하거나 변호사를 고용하거나 변호사와 동업하여 수임료를 분배받는 것은 엄격하게 금지되고,[27] 비변호사는 법무법인 형태의 로펌에서 지분을 소유하거나 이사 지위를 차지할 수 없다.[28] 또한 각 전문가 직역별로 요구되는 전문

23) R W Gordon, "The Independence of Lawyers," 68 Boston University Law Review 1, 9-19 (1988).

24) C Fried, "The Lawyer as Friend: The Moral Foundations of the Lawyer-Client Relation", 85 Yale Law Journal 1060, 1071 (1976).

25) ABA Model Rules of Professional Conduct 1.2, 6.5. 1.2, 4.1, 4.4, 3.2, 3.3, 1.2, 6.5.

26) ABA Model Rules of Professional Conduct 1.1, 1.3, 1.6.

27) ABA Model Rules of Professional Conduct 1.7, 1.9, 1.11, 1.12, 5.4, 5.5.

28) ABA Model Rules of Professional Conduct 5.4(d)(1).

성과 윤리의 내용이 달라 전문가 간에도 독립성이 유지되어야 하므로 다분야간 파트너십(multi-disciplinary partnership, MDP)[29]도 금지된다. 나아가 비변호사가 변호사의 전문적 판단을 지시하거나 통제할 수 있는 어떠한 계약관계도 금지된다.[30]

변호사의 의뢰인, 법원, 공공에 대한 의무의 진정한 의미는 변호사 자신만이 가장 잘 이해할 수 있으므로, 변호사 면허, 법률사무의 범위와 내용의 규율, 징계 등은 변호사단체가 자율적으로 수행하는 것이 가장 적절하고, 이로써 법치주의와 공익이 증진될 수 있다고 본다.[31] 또한 변호사 자격을 취득한 변호사는 직역에 요구되는 전문적 의무를 충실히 수행할 기본적인 자질과 윤리의식을 갖추고 있으므로 소수의 위반자만을 개별적으로 징계하면 된다고 본다. 따라서 주된 규제는 로펌이 아닌 개별 변호사를 대상으로 하고, 로펌 자체를 규제하는 경우는 예외적이다.[32]

다. 소비자-경쟁 모델

소비자-경쟁 모델은 전통적인 전문가-독립 모델을 법경제학적 관점에서 수정하고자 한다. 이 모델은 법률서비스 시장을 포함한 전문가 시장에서는 정보비대칭 구조, 서비스의 일회성 · 비정기성으로 인해 시장 매커니즘이 제대로 작동하지 않으므로, 면허제도 및 전문가 윤리규범을 통해 정보비대칭과 시장실패를 시정하여야만 서비스의 최소한의 질이 보장되고 의뢰인이 보호될 수 있다고 보아, 변호사면허 제도의 공익성 자체는 인정한다. 그러나 변호사제도를 다른 면허제도와 분리하여 특별취급

29) 다분야 간 파트너십은 다양한 전문적 자격(변호사, 회계사, 변리사 등)을 가지는 개인들이 하나의 파트너십을 구성하여 단일한 법인으로서 서비스를 제공하는 것을 뜻한다. Canadian Bar Association International Practice of Law Committee, "Striking a Balance: The Report of the International Practice of Law Committee on Multi-Disciplinary Practices and the Legal Profession" (1999), 11.

30) ABA Model Rules of Professional Conduct 5.4(d)(3).

31) ABA Model Rules of Professional Conduct Preamble Para 10.

32) T Schneyer, "A Tale of Four Systems: Reflections on How Law Influences the 'Ethical Infrastructure' of Law Firms", 39 South Texas Law Review 245 (1998); A Dodek, "Regulating Law Firms in Canada", 90 Canadian Bar Review 383, 404, 409 (2011).

하지는 않으며, 시장경제적 효율과 소비자 보호를 최우선에 두므로 이와 배치되는 경우 전문가 면허제도를 수정, 제한할 수도 있다.[33] 나아가 변호사 면허제도가 변호사의 이익을 보호하기 위해 존재한다는 견해[대표적으로 조지 스티글러의 '규제 포획이론'(Capture Theory of Regulation)][34]에도 영향받아, 변호사 면허제도나 변호사단체에 의한 자율규제가 광고 금지나 의뢰인 알선 금지 등 경쟁제한적 지대(rent) 추구로 이어지는 것을 경계한다.[35]

소비자-경쟁 모델의 핵심적인 특징은 경쟁과 소비자 보호이다. 법률서비스 시장 또한 다른 서비스 시장과 동일하게 경쟁 촉진과 소비자 보호를 핵심 가치로 삼아야 하므로, 법률서비스의 경쟁제한적 요소는 시정되어야 하고 경쟁을 가로막는 면허규제는 완화되어야 하며, 정확하고 충분한 정보를 바탕으로 양질의 서비스를 저가에 제공받을 소비자의 권리가 우선적으로 보호되어야 한다.[36] 이러한 핵심 가치를 추구하기 위해서라면 변호사의 독립성이나 법률시장의 특수성에 입각한 규제는 완화될 수 있고, 변호사에게 부과되는 여러 윤리적 의무 또한 수정될 수 있다. 변호사의 독립성을 엄격하게 요구하지 않으므로 비변호사가 로펌의 지분을 소유하거나 이익을 분배받거나 경영에 참여하는 것도 허용한다. 또한 법률시장의 경쟁 촉진을 위해 법률서비스를 변호사에게 독점시키지 않고 법률서비스의 내용별로 법률서비스 제공자의 다원화를 허용한다.

이 모델은 변호사단체의 자율규제는 경쟁과 소비자 보호 측면에서

33) L E Ribstein, "Ethical Rules, Agency Costs, and Law Firm Structure" 84 Virginia Law Review 1707, 1711-13 (1998).

34) G J Stigler, "The Theory of Economic Regulation," 2 Bell Journal of Economics and Management Science 3, 3-17 (1971). 규제포획이론은 경제적 이익집단이 국가의 강제력을 이용하여 해당 이익집단을 위해 규제를 포획하여 설계·운용한다고 보면서, 변호사제도도 일례로 든다.

35) G Hazard, R Pearce and J Stempel, "Why Lawyers Should Be Allowed to Advertise: A Market Analysis of Legal Services," 58 New York University Law Review 1084, 1094 et seq. (1983).

36) Commission of the European Communities, "Report on Competition in Professional Services" (2004); C Parker, "Regulation of the Ethics of Australian Legal Practice: Autonomy and Responsiveness", 25 University of New South Wales Law Journal 676 (2002).

제대로 작동하지 않으므로 변호사가 아닌 외부기구(정부기구나 비변호사가 과반수인 위원회 등)가 법률서비스 시장을 규제하거나 적어도 변호사와 비변호사가 함께 법률서비스 시장을 규제해야 한다고 보며,[37] 경쟁당국에 의한 변호사단체의 반독점·반소비자적 행위에 대한 제재 등도 허용한다.[38] 개별 변호사의 윤리위반뿐만 아니라 변호사가 일하는 로펌 또한 규제대상으로 삼아, 로펌 또는 법률서비스 제공업체 또한 윤리적 구조와 절차를 갖출 것을 요구한다.[39]

2. 영국의 법률서비스 시장 규제개혁

가. 호주의 개혁

영미법계에서는 1970년대부터 일반인의 사법서비스 접근권 향상 및 법률시장의 경쟁제한 해소를 위해 변호사 및 로펌에 의해 독점되는 기존의 법률서비스 구조를 개혁하고 규제를 완화해야 한다는 논의가 진행되었다. 영미법계 국가 중 가장 먼저 법률시장 자유화에 나선 것은 호주 뉴사우스웨일즈주이다. 뉴사우스웨일즈주는 전통적인 법률시장의 변호사 독점을 완화하기 위해 1980년대 말에서 1990년대 초에 걸쳐 변호사가 다른 영역 전문가와 동업할 수 있도록 한 다분야 간 동업(Multi-disciplinary Partnership, MDP),[40] 비변호사도 제한적으로 로펌 지분을 소유할 수 있도록 한 사무변호사 회사(Solicitor Corporations) 제도[41] 등을 도입했다.[42] 나

37) L S Terry, S Mark and T Gordon, "Adopting Regulatory Objectives for the Legal Profession", 80 Fordham Law Review 2661, 2673 (2012).

38) Parker (footnote 36), 676.

39) C Parker and L Aitken, "The Queensland Workplace Culture Check: Learning from Reflection on Ethics inside Law Firms", 24 Georgetown Journal of Legal Ethics 399, 401 (2011). 이는 로펌의 대표변호사에게 그 소속변호사의 윤리위반을 감독하지 못한 데 대한 개인적인 책임을 묻는 간접적인 방식에서 시작하여, 점차 로펌 자체에 소비자 민원처리절차 구축의무나 소비자 보호의무를 부여하는 등 직접 규제 방식으로 나아가고 있다. Dodek (footnote 32), 407; J Briton and S McLean, "Incorporated Legal Practices: Dragging the Regulation of the Legal Profession into the Modern Era", 11 Legal Ethics 241, 252 (2010).

40) Legal Profession Act 1987.

41) Legal Profession (Solicitor Corporations) Amendment Act 1990.

아가 1998년 "National Competition Policy Review of the Legal Profession Act"라는 보고서를 통해 비변호사와의 동업금지를 대폭 완화한 법률사무 주식회사(Incorporated Legal Practices, ILP)[43] 설립 등 규제개혁 방침을 수립하고, Legal Profession (Incorporated Legal Practices) Act 2000을 제정, 2001년부터 시행하였다.[44)·45)] 위와 같은 개혁의 이유는, ① 파트너들이 평등하게 의사결정권을 가지는 전통적인 로펌 구조는 대형화·국제화된 로펌 현실에 부합하지 않고, ② 외부인 지분투자가 불가능한 파트너십 구조의 로펌과 달리 ILP는 일반 투자자로부터 자본을 조달하거나 상장할 수 있어 신시장 및 국제적 경쟁에 대응할 수 있으며, ③ 내부 경영과 재정상황이 공개되지 않는 파트너십 구조와 달리 주식회사형 로펌에서는 내부 경영·재정정보가 채권자나 일반대중에게 투명하게 공개될 수 있고, ④ 주식회사 형태는 파트너의 사망, 이직 등 인적 구성이 변화해도 지속 가능하고 직원의 충성심도 더 강하다는 것이었다.[46]

제도개혁은 상당한 성과를 거둬, ILP를 도입한 주에서는 도입 10여년 만에 비변호사가 주주로 참여하는 회사 형태의 로펌이 전체 로펌의 20%에 이르렀다.[47] 또한 ILP 도입 덕분에 로펌과 지속적으로 거래하는

42) 다만 비변호사 지분 소유의 상한 규제, 의결권 행사 또는 배당의 제한, 변호사협회의 엄격한 허가 요건 요구, 회사법의 적용 배제 등으로 인해 실제 이용사례가 드물었고, 요건을 다소 완화한 Legal Profession Act의 일부개정에도 불구하고 이러한 상황은 크게 변하지 않았다. S Mark & G Cowdroy, "Incorporated Legal Practices–A New Era in the Provision of Legal Services in the State of New South Wales", 22 Penn St. Int'l L. Rev. 671, 673 (2004).

43) 비변호사의 ILP 소유 허용과 유한책임, 최소 1인의 변호사 이사를 통한 변호사 윤리규범과 전문적 의무의 준수와 준법감시 등을 특징으로 하며, 이를 통해 회사 구조에 따른 투자와 의사결정 및 지분이전의 자유와 전통적인 법률서비스 규제 간의 조화를 꾀했다.

44) Mark & Cowdroy (footnote 42), 672-674.

45) 뉴사우스웨일즈주와 빅토리아주는 2015년 Legal Profession Uniform Law를 통해 호주 전체 변호사의 75%를 점하는 양 주에서 ILP 규제를 통일시켰다. 이에 따라 호주 법률서비스 시장의 3/4에서 ILP가 허용되고 있다. Legal Profession Uniform Law 2014 (NSW), pt 1.1 s 3 (Austl.).

46) Mark & Cowdroy, (footnote 42), 675-681.

47) S Mark, "Re-imagining Lawyering: Whither the Profession?", Autralian Academy of Law Symposium Keynote Speech (25 July 2008).

보험회사나 채권추심회사가 기존 거래 로펌을 인수하기도 하고,[48] Slater and Gordon 같이 증권시장에 상장된 로펌도 등장했다.[49] 위와 같은 뉴사우스웨일즈주의 개혁은 다시 영국의 개혁을 촉발하였다.[50]

나. 영국의 ABS 제도 도입

1) Clementi Report와 Legal Services Act 2007의 입법

영국의 법률시장은 전문자격사의 업무수행이 법적으로 요구되는 특정 분야(송무, 법정변론 등)를 제외한 일반 법률자문 분야에 대해서는 변호사 독점 원칙이 없어 법률시장에 대한 전체적인 규제강도는 약한 편이었지만, 한편으로 법정변호사(barrister)와 사무변호사(solicitor)가 엄격하게 구분되고, 사무변호사의 법정변호사나 다른 전문직, 비변호사와의 동업 금지, 비변호사의 변호사 고용이나 변호사와의 동업 금지 등 원칙이 지켜져 왔다. 이러한 구조에 따른 비효율과 소비자 접근권의 제한을 개선하기 위해 법률서비스 규제구조의 근본적인 개혁이 필요하다는 데에 영국 내에서 점차 공감대가 형성되었고, 호주의 법률서비스 시장 개혁이 결실을 보면서 영국의 규제개혁도 추진력을 얻게 되었다.

영국 정부는 2003년 금융인인 David Clementi경[51]에게 잉글랜드ㆍ웨일즈의 법률서비스 시장 규제에 관한 검토를 의뢰하였고, Clementi경은 2004년 말 법조인의 시각에서 탈피하여 경쟁과 효율화를 강조하는 최종 보고서를 제출하였다('Clementi Report').[52] 위 보고서는 변호사와 비변호사

---

48) E M Iacobucci and M J Trebilcock (footnote 21), 16.

49) A Grech and K Morrison, "Slater & Gordon: The Listing Experience", 22 Georgetown Journal of Legal Ethics 535 (2009).

50) 다른 영미법계 국가인 뉴질랜드와 싱가포르도 비변호사의 로펌 소유를 허용한다. 유럽 대륙법 국가 중에서는 이탈리아(33%), 스페인(25%), 덴마크(10%)가 비변호사의 로펌 소유를 부분적으로 허용한다. ABA Commission on the Future of Legal Services to the Am. Bar Ass'ns et al., "For Comment: Issues Paper Regarding Alternative Business Structures" (Apr. 8, 2016), 4-6. 〈https://www.mnbar.org/docs/default-source/default-document-library/alternative_business_issues_paper-2.pdf?sfvrsn=0〉 (2024. 7. 5. 확인).

51) 전 영국은행 부총재이자 푸르덴셜의 의장이며, 변호사는 아니다. J Flood, "Will There Be Fallout from Clementi? The Repercussions for the Legal Profession after the Legal Services Act 2007", Mich. St. L. Rev. 537, 538 (2012).

의 동업 금지 또는 비변호사의 로펌 지분 소유 금지 등의 규제 철폐가 새로운 투자 유치를 용이하게 하고 다양한 전문적, 사업적 역량을 종합적으로 발휘할 수 있게 할 것이라고 보면서,[53] 법정변호사와 사무변호사의 동업, 변호사와 다른 전문가(회계사, 자산관리사 등)나 비변호사와의 동업,[54] 기업이나 기관의 변호사 고용과 이를 통한 법률서비스 제공 허용을 권고하였다.

영국 정부 또한 2005년 백서를 발간하여 비변호사와 변호사의 동업 및 비변호사의 로펌 소유를 허용하는 ABS(Alternative Business Structure, 대안적 사업구조)를 제안하였다.[55] 위 백서는 ABS 도입의 장점으로 법률시장 소비자 보호 차원에서는 공급자 선택권의 확대, 공급자 다변화, 다양한 전문가가 통합된 원스톱 서비스와 규모경제 실현을 통한 가격 인하, ABS 업체의 온라인·통합 서비스 등을 통한 법률서비스 접근권 향상과 편의 증진을, 공급자 측면에서는 자본시장에서의 대규모 자금 조달과 ABS 업체의 사세 확장 촉진(특히 국제시장에서), 주식회사 형태를 통한 위험 분산, 비법률서비스 업체나 전문가와의 협업과 시너지 등을 제시하였다. 결국 2007년 Legal Services Act 2007가 제정되면서 위 논의는 열매를 맺었고, 2012년 영국 최초로 ABS가 인가되었다.[56]

2) Legal Services Act 2007에 따른 ABS의 규율[57]

Legal Services Act는 특정한 '제한된 법적 행위(reserved legal activities)'

---

52) Sir D Clementi, "Review of the Regulatory Framework for Legal Services in England and Wales: Final Report" (2004).

53) *Ibid*, 133 et seq. 위 리포트는 특히 변호사와 회계사가 함께 종합적인 조언을 제공하거나 변호사와 자산관리사가 함께 서비스를 제공하는 경우와 같이, 여러 분야 전문자격사들로부터 종합적인 서비스를 제공받기를 원하는 소비자의 수요가 존재한다는 점을 강조하였다.

54) LDP(Legal Disciplinary Practices), MDP(Multi-disciplinary Practices). 이후 Legal Services Act가 개정되면서 2011. 10. Alternative Business Structure(ABS)로 통합되었다.

55) Department for Constitutional Affairs of U.K, "White Paper: The Future of Legal Services: Putting Consumers First" (2005).

56) Susskind (footnote 4), 14.

57) Legal Services Act 2007 Explanatory Note, 〈https://www.legislation.gov.uk/ukpga/2007/29/pdfs/ukpgaen_20070029_en.pdf〉 (2024. 10. 30. 확인).

는 권한 있는 자(authorised persons[58], 각 행위유형별로 요구되는 전문자격사), 혹은 해당 전문자격사만으로 이루어진 법인만이 수행하는 것을 원칙으로 하면서도 ABS 인가를 받은 법인(licensed body)에 대해서는 이러한 제한을 면하게 함으로써 로펌 지배구조 제한을 대폭 완화했다.

제한된 법적 행위(변호사 또는 전문자격사만이 수행할 수 있는 법률사무)는 ① 법정변론(the exercise of a right of audience), ② 소 제기 및 응소 등 소송행위(the conduct of litigation), ③ 부동산등록법(Land Registration Act 2002)에 따른 부동산 권리이전서류 작성(reserved instrument activities), ④ 유언검인, ⑤ 공증, ⑥ 선서를 받는 행위의 6개 행위로 명시되어 있다.[59]·[60] 위 6개의 제한된 법적 행위는 전문자격사 또는 전문자격사만으로 구성된 법인에 의해서 수행되는 것이 원칙이지만, 제한된 법적 행위를 수행하고자 하는 어느 법인의 경영자 또는 그 법인에 이해관계가 있는 자(주식을 가지거나 의결권을 행사할 수 있는 자)가 비전문자격사인 경우, 혹은 해당 법인에 관하여 다른 법인이 경영권 또는 이해관계를 가지고 있고 비전문자격사가 그 다른 법인의 의결권 중 10% 이상을 행사할 수 있는 경우, 해당 법인은 '인가 가능 법인'(Licensable body')에 해당한다.[61]

인가 가능 법인은 그 상태에서는 제한된 법적 행위를 수행할 수 없으나, 인가권한당국으로부터 인가를 받으면 자기 이름으로 제한된 법적 행위를 수행할 수 있게 된다.[62] 다만 인가된 법인(Licensed body)의 모든 소속 직원이 제한된 법적 행위를 수행할 수 있는 것은 아니고, 인가된 법인 명의로 제한된 법적 행위를 수행하는 법인 소속 개인은 해당 행위를 수행할 자격이 있어야 한다.[63] 최종 인가권한당국은 Legal Services

58) 변호사, 공증인, 특허변호사, 회계사 자격 등 해당 행위 수행에 필요한 자격 소지자.

59) Legal Services Act 2007 Sec. 12 Schedule 2. 각 행위별로 요구되는 자격이 다르다. 예를 들어 법정변론은 법정변호사만 가능하다.

60) 소송 외에서 법적 자문을 제공하는 행위나 소송 외의 분쟁해결 과정에서 당사자를 대리하는 행위에는 특별한 자격이 요구되지 않는다.

61) Legal Services Act 2007 sec. 72.

62) Legal Services Act 2007 sec. 71.

Board (LSB)이지만, 각 ABS의 업무성격상 가장 관련이 있는 직역단체 산하의 자율규제기구가 일차적인 인가권한을 행사하고(이러한 형태는 변호사 등 전문직역단체가 전문자격사를 자율규제하는 전통을 존중하기 위한 것이다), 어느 개별 자율규제기구에 인가권이 있는지 명확하지 않을 경우 LSB가 최종 인가권한을 행사한다.[64] 인가 가능 법인은 인가 신청 시에 Head of Legal Practice(법률사무책임자)와 Head of Finance and Administration(재정 및 행정책임자)를 지정하여야 하고 각종 정보도 제출해야 하며, 위 책임자들은 ABS 인가 후 해당 법인이 관련 규제를 준수하도록 할 의무를 부담한다. 또한 ABS 소속 변호사 등 전문자격사는 해당 직역에 요구되는 규제와 윤리적 책임을 다해야 하며, 인가된 법인의 전문자격사뿐만 아니라 인가된 법인 소속의 비자격사와 해당 인가된 법인에 이해관계가 있는 비자격사 또한 전문자격사가 관련 규제를 준수하는 것을 방해하지 않을 의무를 부담한다.[65]

요컨대, 위 법의 시행으로 비변호사(혹은 비변호사 소유의 회사)가 소유하거나 지분을 가지는 일반법인도 ABS 인가를 받아 변호사를 고용하여 과거 100% 변호사로 구성된 로펌만이 수행할 수 있었던 법률사무를 수행할 수 있게 되었다. 또한 기존의 변호사단체(사무변호사에 대하여 Law Society, 법정변호사에 대해 Bar Council)에 의한 변호사 개인의 규율 외에 LSB에 의한 ABS 규율이 도입되고, LSB의 규율방향이 대체로 법률시장에서의 경쟁촉진, 기술혁신, 소비자 보호에 중점을 두면서, 기존의 변호사 자율규제체계에도 큰 변화가 있게 되었다.[66]

---

63) Legal Services Act 2007 sec. 13.

64) Legal Services Act 2007 sec. 73 이하.

65) Legal Services Act 2007 sec. 90-92, 176.

66) LSB는 위 각 전문자격사별 자율규제기구를 관리감독하고 경우에 따라 최종적 인가권한을 행사하는 외에, 법률서비스 시장의 통계를 분석하고 정책을 연구하며 장기 정책방향을 설정하는 등의 기능도 수행하고 있다. LSB, "Guidance on promoting technology and innovation to improve access to legal services", Issued under s162 of the Legal Services Act 2007, Published 23 April 2024, 〈https://legalservicesboard.org.uk/wp-content/uploads/2024/04/Technology-and-innovation-guidance-for-publication.pdf〉 (2024. 6. 30. 확인).

3) ABS의 전개와 현황

초기에 인가받은 대표적인 ABS로는 Big4 회계법인(KPMG, PwC, Deloitte, EY),[67] 법률소비자협동조합, 통신회사, 인터넷회사, 자동차보험회사 등 대기업의 법무자회사 등이 있다.[68] 그 후 전통적인 대형 로펌(예를 들어 Reed Smith, Irwin Mitchell, Weightmans), 다수의 소형 로펌, 리걸테크 스타트업 등도 ABS로 인가받았고, 상장된 로펌(DWF, Knights, Keystone Law 등)도 있다.[69] ABS를 신청하게 된 주된 동기는 기존에 불가능했던 법률사무의 수행, 다양한 분야의 통합적 수행, 비변호사의 경영 참여, 투자 유치, 로펌 경영승계 등이다.[70]

ABS가 최초로 인가된 2012년으로부터 10년이 지난 2022년의 분석에 따르면, 영국에서는 1,600개 이상의 ABS가 인가되었고,[71] 이들이 전체 '제한된 법적 행위' 시장의 10% 이상을 차지하고 있다.[72] ABS의 약 80%는 기존의 로펌이나 법인이 ABS로 전환한 것이고 20%는 신규법인이다.[73] ABS 중 약 60%는 변호사가 과반수 지분을 소유하고 있으나, 약 20%의 ABS는 전적으로 비변호사 소유이다.[74] Stow Family Law와 같이

---

67) Big4 회계법인은 ABS로 등록하고 회계, 컨설팅, 법률서비스 업무를 통합, 강화하면서 전 세계적으로 각기 수천 명의 변호사를 고용하고 있다. LawtechUK, "Report 2021: Shaping the Future of Law" 〈https://27221500.fs1.hubspotusercontent-eu1.net/hubfs/27221500/LawtechUK%20archive%20reports/Shaping%20the%20Future%20of%20Law%20-%20The%20LawtechUK%20Report%202021.pdf〉 (2024. 10. 30. 확인).

68) Iacobucci and Trebilcock (footnote 21), 16-17.

69) Susskind (footnote 4), 15.

70) Solicitors Regulation Authority, "Research on alternative business structures (ABSs): Findings from surveys with ABSs and applicants that withdrew from the licensing process" (May 2014) 1-12.

71) 2023. 3분기 말 기준으로는 1,971개이다. Legal Services Board, "Working toward 10 year strategy", 〈https://reshapinglegalservices.org.uk/about-the-strategy/〉 (2024. 6. 30. 확인).

72) Market Structure Dashboard, Legal Servs. Bd., 〈https://legalservicesboard.org.uk/market-structure-dashboard〉 (2024. 6. 30. 확인).

73) LEGAL SERVICES BOARD, Evaluation: ABS and investment in legal services 2011/12-2016/17 – Main Report 4 (June 2017), 〈https://research.legalservicesboard.org.uk/wp-content/media/Investment-research-2017-ReportMain-report.pdf〉.

74) *Ibid.*

사모펀드가 로펌을 소유한 경우도 있다.[75)]

ABS 도입으로 기술 기반의 저비용 서비스를 제공하는 일반인용 법률서비스 업체(유언 및 유언검인, 부동산 양도, 개인상해나 교통사고 등)의 성장이 촉진되었고 LegalZoom과 같은 리걸테크 ABS도 다수 등장했다.[76)] ABS는 전통적 형태의 로펌에 비해 3배 이상 기술 도입과 혁신에 적극적이고, ABS가 기존의 로펌에 비해 소비자 효용을 해한다는 증거도 발견되지 않았다.[77)·78)]

위와 같은 자유주의적 법률시장 규율과 정부의 혁신에 대한 지원은 영국의 리걸테크 시장 발전을 촉진했다. 2022년 말 기준으로 유럽(EU와 영국) 전체 리걸테크 스타트업의 43%가 영국에 기반을 두고 있다. 2020년 기준으로 7,000명이 넘는 인원이 리걸테크 분야에서 일하고 있으며, 이 인원은 2026년까지 15,000명으로 증가할 것으로 전망된다.[79)] 리걸테크 스타트업뿐만 아니라 리걸테크와 결합한 로펌의 발전도 두드러져, Financial Times가 선정한 유럽의 혁신적인 로펌 순위에서 상위 10개 전부가, 상위 20개 중 15개가 영국 로펌이었다. 이러한 혁신 부문의 압도적인 우위는 ABS 제도 도입으로 비변호사의 로펌 투자, 소유, 경영이 가능

75) Stowe는 1982년에 설립된 영국의 가사 전문 로펌으로 2017년에 ABS 인가를 받은 후 사모펀드 회사인 Livingbridge에 인수되었고, 위 사모펀드의 투자를 활용하여 영국 전역으로 사무소를 확장했다. 〈https://www.stowefamilylaw.co.uk/home-v/〉 (2024. 10. 30. 확인).

76) J Hyde, "LegalZoom Enters Market with ABS License," THE LAW SOCIETY GAZETTE (Jan. 7, 2015), 〈https://www.lawgazette.co.uk/practice/legalzoom-enters-market-with-abs-licence/5045879.article〉 (2024. 10. 30. 확인).

77) LEGAL SERVICES BOARD, "Research Summary: Technology and Innovation in Legal Services" (Nov. 2018), 〈https://research.legalservicesboard.org.uk/wp-content/media/Innovation-survey-2018-web-FINAL.pdf〉 (2024. 10. 30. 확인); J K Morrow, "UK Alternative Business Structures for Legal Practice: Emerging Market and Lessons for the US," 47 Geo. J. Int'l L. 665, 668 (2016).

78) 다만 ABS의 주요 시장이 중산층을 대상으로 한 사건들이므로, 당초 기대했던 저소득층이나 극빈층의 법률서비스 접근권 증진에 관해서는 유의미한 변화가 관찰되지 않았다. D F Engstrom et al, "Legal Innovation After Reform: Evidence from Regulatory Change", Stanford Law School Deborah L. Rhode Center on the Legal Profession (September 2022), 19-20.

79) LawtechUK (footnote 67).

해졌고, 이에 따라 법조계와 대학, 금융 분야, 기술분야 간 유기적 연계가 형성된 데 기인한다고 분석된다.[80)]

다. 시 사 점

영국의 법률시장은 2022년 기준으로 연간 매출규모가 437억 파운드(한화 약 75조 원)에 달하고 무역수지 흑자가 57억 파운드에 달하는 대단히 경쟁력 있고 국제화된 시장이다.[81)] 또한 영국에서는 종래 일반 법률자문이나 일반 법률문서 작성(법률상 요구되는 경우 제외)에 대해서는 아무런 제한이 없었으므로 전체 법률시장에서 ABS 제도 도입이 미치는 영향은 크지 않았다. 반면 ABS 제도는 로펌의 소유, 경영, 양도, 투자 유치 등에서 타 분야와의 협력을 촉진하여 로펌이나 변호사에게 다양한 편의를 제공하고 법률시장의 규제 완화가 국제적 법률시장의 점유율 확대로 이어질 수 있으므로 변호사단체들도 비교적 개혁에 호의적이었다. 이러한 요소들이 복합적으로 작용하여 영국의 ABS 제도가 성공적으로 정착할 수 있었고, 혁신적인 리걸테크 서비스도 급성장할 수 있었다.

위와 같은 영국의 법률시장의 상황은 우리나라와는 매우 다르다. 우리나라의 전체 법률시장 규모는 아직 9조 원에 미치지 못하고 법률서비스 무역수지도 만성적인 적자 상태이며[82)] 국제적 성격을 띠는 사건의 비율도 높지 않다. 또한 영국에서 당초부터 규제대상이 아니었던 법률자문이나 계약서 작성 등도 모두 우리나라에서는 변호사만이 수행할 수 있는 법률사무이다. 따라서 우리나라의 법률시장 규율방향을 수립하는 데에 영국의 ABS 제도가 어느 정도 참고가 될 수는 있으나, 위와 같은 여러 상이점을 간과하거나 경시해서는 안 될 것이다.

---

80) TheCityUK, "Legal excellence, internationally renowned: UK legal services 2023" (Dec. 2023) 31-32. 〈https://www.thecityuk.com/media/0didtzlm/legal-excellence-internationally-renowned-uk-legal-services-2023.pdf〉 (2024. 10. 30. 확인).

81) *Ibid,* 4.

82) 한국은행 통계에 따르면 '2020년 법률서비스 분야 무역 수입 규모'는 9억 2,470만 달러(한화 1조 236억 원)이었다. 홍수정, "법률서비스 무역수입(收入) '사상 최고' 9억불 돌파", 법률신문 2024. 5. 11. 〈https://www.lawtimes.co.kr/news/168105〉.

3. 미국의 규율 및 규제개혁 논의

가. 기존의 규율 패러다임-비변호사의 로펌 지분 소유 금지와 UPL

1) 개　　요

미국의 법률서비스 시장 규제는 기본적으로 연방법이 아니라 주법의 영역이다. ABA(전미변호사협회) 모범윤리규범은 각 주에서 직접적으로 법적 구속력이 있는 것은 아니나, 각 주 변호사협회는 이를 기본으로 주별 실정에 따라 변형한 변호사윤리규범을 두고 있고 그 해석에서도 ABA의 의견을 존중하므로, ABA 모범윤리규범이 미국 전체에 실질적인 영향력을 가진다.

ABA 모범윤리규범 및 각 주 변호사법 또는 변호사윤리규범은 원칙적으로 앞서 본 전문가-독립 모델을 따른다. 그 중 리걸테크 업체의 일반인 대상 법률서비스와 가장 관련이 있는 조항은 비변호사의 변호사 고용, 로펌 소유, 변호사와의 동업을 금지하는 제5.4조와 비변호사의 법률사무 수행(Unauthorized Practice of Law)을 금지하는 제5.5.조이다. 이에 따르면, 법률사무는 원칙적으로 각 주에 등록된 변호사 또는 로펌만이 수행할 수 있고, 로펌은 변호사들로만 구성되어야 하며, 외부인(비변호사인 개인 또는 법인 등)의 로펌 지분참여나 의결권 행사는 금지된다.[83] 위와 같은 미국의 법률시장 규율은 우리나라의 법률서비스 시장 규율체계와 대체로 유사하다고 할 수 있다.

2) ABA 모범윤리규범 제5.4조

ABA 모범윤리규범 제5.4조는 변호사가 비변호사에게 수임료를 분배하거나 법률사무 수행을 위해 비변호사와 동업하거나 비변호사에게 고용되어 외부에 법률서비스를 제공하는 것을 금지한다. 이는 변호사의 전문적 독립성, 즉 변호사가 변호사 아닌 제3자에게 고용되거나 경제적으로 종속될 경우 전문가로서 양심에 따라 독립하여 법률사무를 수행하지 못할 수 있다는 점을 근거로 한다.[84] 따라서 비변호사인 리걸테크 회사가

---

83) 전체적인 내용은 Engstrom et al (footnote 78), 15-16 참조.

84) ABA Model Rules of Professional Conduct 5.4 Comment.

변호사와 공동으로 투자하여 리걸테크 기반 법률서비스를 개발한 후 수임료를 분배받을 수 없고, 로펌이 외부 투자자로부터 지분참여 조건으로 자본을 유치하여 리걸테크 법률서비스를 개발하는 것도 불가능하다. 로펌 경영에 비변호사인 리걸테크 전문가가 경영자 또는 파트너로서 의사결정에 참여할 수도 없다.[85)]

아직 대부분의 주는 위 제5.4조를 고수하고 있으나, 비변호사의 로펌 소유 및 투자의 허용에 찬성하는 견해도 점차 힘을 얻고 있다. 제5.4조 규제의 완화를 주장하는 측에서는, 로펌 소유구조의 경직성을 완화하고 외부 투자와 지분참여를 가능하게 함으로써 혁신에 필요한 유연성과 자금, 규모의 경제를 달성할 수 있고, 이러한 새로운 사업모델은 결국 경쟁 촉진과 법률서비스 비용의 감소를 통해 소비자의 법률서비스 접근을 증진할 수 있다는 점을 강조한다.[86)] 특히 일반인 대상의 전형적 사건들은 반드시 전통적인 한 사건 단위의 위임계약 방식으로 수행될 필요가 없고 서비스를 단계별로 분절·표준화하여 전문화된 서비스 제공자가 제공하게 하는 것이 훨씬 저렴하고 신속하므로 이 분야의 규제완화 필요성이 크다고 본다.[87)] 또한 외부인의 로펌 투자와 지분소유를 금지할 경우 로펌은 벤처캐피탈, 사모펀드 등 다양한 투자 메커니즘을 이용할 수 없고 오로지 자체 변호사 파트너들의 투자에 의존해야 하는데, 이는 로펌의 단기적 배당구조하에서는 쉽지 않으므로, 로펌 소유 및 지배구조가

85) 다만 워싱턴 D.C.의 경우 1991년 주 변호사윤리규범(Rules of Professional Conduct) 제5.4조 (b)을 개정하여 '전문서비스를 수행하는 개인'인 비변호사가 일정 요건을 충족하는 경우 로펌 파트너로 참여하거나 지분을 취득하는 것을 허용했다. 자세한 내용은 강석구 외, "리걸테크 도입 및 대응을 위한 법무정책 연구", 한국형사법무정책연구원(2022), 239-240 참조. 워싱턴 D.C.에서 비변호사의 로펌 지분 소유 완화는 주로 로비스트들이 로펌 파트너가 되는 데 이용되어 왔다. Kaufman et al. (footnote 3), 724.

86) J Solomon, D Rhode & A Wanless, "How Reforming Rule 5.4 Would Benefit Lawyers and Consumers, Promote Innovation, and Increase Access to Justice" Stan. Ctr. Legal Pro. (2020), 4 〈https://www-cdn.law.stanford.edu/wp-content/uploads/2020/04/Rule_5.4_Whitepaper_-_Final.pdfAm〉 (2024. 10. 30. 확인).

87) G K Hadfield, "The Cost of Law: Promoting Access to Justice through the (Un) Corporate Practice of Law," 38 Int'l Rev. L. & Econ. 43, 44, 52 (2014).

자유화되어야만 다양한 투자자로부터의 자금 유치와 위험 분산이 가능하다고 주장한다.[88)]

제5.4조의 개정에 반대하고 전통적 규율을 지지하는 측은 제5.4조의 규제완화가 법치주의 수호라는 변호사의 전통적인 역할을 약화시키고 의뢰인과 로펌 소유자 간 이해충돌, 로펌 운영의 지나친 상업화, 전체적인 법률서비스의 질 저하를 불러올 것이라는 점을 우려한다.[89)] 또한 시장에 기반을 둔 개혁은 결국 돈이 있는 사람들을 위한 것이므로 새로운 형태의 법률서비스 또한 저소득층의 법률서비스 접근권 향상에 기여하지 못할 것이고, 제5.4조의 완화는 결국 법률서비스 시장을 계층화할 뿐이라고 비판한다.[90)]

3) ABA 모범윤리규범 제5.5조

ABA 모범윤리규범 제5.5조(a)는 "변호사는 어느 관할권역 내에서 그 관할권역의 변호사 직역 관련 규정을 위반하여 법률사무를 취급하여서는 안 되고 타인의 이러한 위반행위에 조력하여서도 안 된다."고 규정한다. 이에 따라 해당 주에서 변호사 등록을 하지 않은 무자격자의 법률사무 수행(UPL)은 금지된다.[91)] 앞서의 ABA 모범윤리규범 제5.4조가 구조의 문제라면 제5.5조는 행위의 문제이다. 미국에서는 무엇이 '법률사무'인가에 관한 통일적인 기준이 없어 주별로 다른 태도를 취하고 있으나,[92)] 대체

---

88) Solomon, Rhode & Wanless (footnote 86), 4.

89) N Robinson, "When Lawyers Don't Get All the Profits: Nonlawyer Ownership, Access, and Professionalism," 29 Geo. J. Legal Ethics 1, 47 (2016)

90) N Garoupa & M Markovic, "Deregulation and the Lawyers' Cartel," U. Penn. J. Int'l L. Vol. 43:4 935, 989 (2022).

91) 따라서 원칙적으로는 타 주에서 변호사 자격을 취득했으나 해당 주에서 등록하지 않은 사람의 법률사무 수행도 금지된다. 예외에 관해서는 제5.5조 (c)-(d) 참조.

92) 예를 들어 유타주 대법원 사법행정규칙(Utah Code of Judicial Administration Rule) 14-802(b)(1)은 변호사만이 법률사무를 수행할 수 있음을 명시하면서, 이러한 법률사무에는 ①다른 사람의 법적 권리나 책임에 대해 조언하거나 상담하는 것, ②법적 권리나 책임에 영향을 미치는 법률문서를 선택, 작성, 완료하는 것, ③심사, 입법 또는 행정기관 앞에서 다른 사람을 대리하는 것(문서 준비 및 제출, 증거수집 등 포함), ④다른 사람을 대신하여 법적 권리나 책임을 협상하는 것이 포함된다고 규정한다. 이는 열거적이 아니라 예시적이다.

로 '특정 의뢰인의 현실적인 사실관계에 기초한 구체적이고 개별화된 법적 조언'으로서 송무뿐만 아니라 법정 외 자문이나 법률문서 작성까지 포함하는 넓은 개념으로 보고 있다.[93)]

기본적으로 비변호사의 법률사무 수행(UPL)은 금지되나 변호사가 비변호사의 조력(non-lawyer assistance, 소프트웨어 서비스 포함)을 받는 것은 허용된다. 다만 그 경우에도 변호사는 감독의무를 부담하고,[94)] 비변호사인 리걸테크 서비스의 조력을 받더라도 최종 법률사무는 자기 이름과 책임으로 수행해야 한다.

소프트웨어 기반 법률정보 제공 또는 법률상담이 '법률사무 수행'에 해당할 수 있는지에 관해서는 2000년대 초반부터 여러 분쟁이 있었으나, 일단 전통적 컴퓨터 소프트웨어 기반 서비스에 관해서는 오랜 분쟁 끝에 대체로 서기의 예외(scrivener's exception)가 인정되고 있다. 이는 다른 사람이 제공하는 정보를 단순기록하거나 법률문서 서식집 등 일반적인 법률정보를 제공하는 것이 법률사무 수행이 아닌 것처럼, 소프트웨어 내에 법률문서 템플릿이 저장되어 있고 각각의 응답에 따른 반응이 사전에 정형적으로 표준화되어 있는 전통적인 소프트웨어를 통해 법률문서를 작성받는 것은 '법률정보 제공'일 뿐 소프트웨어 제공자에 의한 법률사무 수행이라 할 수 없다는 것이다.[95)·96)] 다만 뒤에서 보는 것처럼 머신러닝이나 생성형 AI 기법을 활용하여 구체적, 개별적 법률문제에 대하여 맞춤형 법적 조언을 제공하는 소프트웨어에까지 같은 논리를 적용할 수 있는지는 별개의 문제이다.

---

93) 강석구 외(주 85), 241-244.; E Walters, "The Model Rules of Autonomous Conduct: Ethical Responsibilities of Lawyers and Artificial Intelligence," 35 Ga. St. U. L. Rev. 1073, 1087-1089 (2019).

94) ABA Model Rules of Professional Conduct 5.3.

95) 상세한 내용은 한애라, "법률문서 자동작성 서비스에 관한 연구", 민사소송 24-3 (2020) 참조.

96) ABA, "Best Practice Guidelines for Online Document Providers" (Aug. 2019) 〈https://www.americanbar.org/content/dam/aba/administrative/house_of_delegates/resolutions/2019-midyear/2019-midyear-10a.pdf〉 (2024. 10. 30. 확인).

이러한 UPL 규제에 대해서는 호주와 영국 등 규제개혁 성공사례의 영향으로 미국에서도 UPL 규제를 완화해야 한다는 요구가 점차 강해지고 있다. 변호사의 법률서비스 독점으로 인해 법률서비스의 가격이 과도하게 높고 일반 소비자의 접근가능성도 제한된다는 점,[97] 소비자 스스로도 UPL 규제 완화를 희망하고 있고 사안 유형에 따라서는 비변호사의 법률서비스로도 충분하다는 점,[98] 이미 여러 주변적 법률서비스 시장에서는 사실상 아무 규제 없이 비변호사가 법률서비스를 수행하고 있다는 점[99] 등이 그 근거이다.

UPL 규제완화에 반대하는 견해는 앞서 제5.4조 규제 완화에 대한 반대의 근거와 같이, 변호사의 법치주의 및 공익 수호자로서의 역할에 더해, 비변호사에 의해 수행되는 법률서비스의 질 저하, 법률서비스의 계층화 및 빈자의 법률서비스 접근권에 대한 근본적 침해를 근거로 든다.[100]

한편 UPL 규제가 표현의 자유를 침해하여 위헌이라는 주장이 최근 연방법원 하급심에서 잇따라 받아들여지면서 UPL 규제의 공고성 자체도 흔들리고 있다. *Upsolve v. James*[101] 사건에서는 법률 관련 비영리단체 Upsolve와 그 소속 비변호사 자원봉사자가 저소득층에 대해 법적 조언을 제공하는 것을 금지하는 뉴욕주 UPL 규정의 적용 금지를 구하는 임시적 처분 신청이 원고들의 표현의 자유를 침해할 가능성이 있다는 이유로 1심

---

97) R C Cavanagh & D L Rhode, "The Unauthorized Practice of Law and Pro Se Divorce: An Empirical Analysis," 86 Yale L.J. 104, 123-29 (1976).

98) D L Rhode and L B Ricca, "Protecting the Profession or the Public?: Rethinking Unauthorized Practice Enforcement," 82 Fordham L. Rev. 2587 (2013); R L Sandefur & T M Clarke, "Designing the Competition: A Future of Roles Beyond Lawyers? The Case of the U.S.A.,", 67 Hastings L.J. 1467, 1469 (2016).

99) Engstrom et al (footnote 78), 각주 52 참조.

100) State Bar Cal., Task Force on Access through Innovation of Legal Servs. ("AT ILS"), "Final Report and Recommendations" 30 (2020), 〈https://www.calbar.ca.gov/Portals/0/documents/publicComment/ATILS-Final-Report.pdf〉 (2024. 6. 30. 확인); F Wilmot-Smith, Equal Justice: Fair Legal Systems in an Unfair World, Harvard University Press (2019), 9.

101) *Upsolve, Inc., and Rev. Jhn Udo-Okon v. Letitia James, in her official capacity as Attorney General of the State of New York*, 604 F. Supp. 3d 97 (S.D.N.Y. 2022).

에서 인용되었다(현재 연방항소법원 제2순회법원에 항고심 계속 중). *Nutt v. Ritter*[102] 사건에서는 기술사로 등록하지 않은 자의 전문가의견서 제공이나 전문가 증언을 금지하는 노스캐롤라이나주 관련법 및 규제당국의 규제가 현재 은퇴하여 기술사로 등록되어 있지 않은 전직 기술사의 표현의 자유를 부당하게 침해했다는 약식판결이 내려졌다(현재 연방항소법원 제4순회법원에 항소심 계속 중). 이러한 결정 또는 판결은 전문가 자격제도 및 UPL을 표현의 자유나 반독점 등 다른 규율의 예외로 견지해 온 기존의 법리가 약화되고 있음을 보여준다.

4) 소 결

ABA 모범윤리규범 제5.4조 및 제5.5조에 따른 규제는 리걸테크 업체들이 일반인을 대상으로 한 법률서비스 시장에 전면적으로 진출하는 것을 상당 정도 억제하는 요인으로 작용하여 왔다. ABA 또한 변호사의 리걸테크 서비스 이용에 대해서는 전향적이지만, 위 제5.4조 및 제5.5조에 대해서는 종전의 아직까지 엄격한 규제를 고수하고 있다. 즉 ABA는 리걸테크의 도입을 통한 사법접근권 향상,[103] 각 주의 규제완화 실험은 긍정하면서도,[104] 그것이 변호사의 독립성이나 비변호사의 법률사무 수행 금지 원칙을 수정해서는 안 된다는 점을 강조한다. 그리고 그 근거로, 법률서비스에 대한 비변호사의 관여는 법조직역의 독립성과 자율규제를 잠식할 우려가 있다는 점, 비변호사가 변호사와 같은 수준의 윤리적 의무를 부담하지 않는다는 점, 로펌 소유자가 비변호사인 경우 주주의 이윤추구와 변호사의 의뢰인에 대한 의무 간에 불가피한 긴장이 발생한다는 점을 든다.[105]·[106]

---

102) Nutt v. Ritter, Case No. 7:21-cv-00106 (E.D.N.C. Dec. 20, 2023).

103) 적법한 ABS에 대한 변호사의 수동적 투자를 허용하는 ABA Standing Committee Formal Opinion 499 on Passive Investment in Alternative Business Structures (Sep. 8, 2021) 참조. 〈https://www.americanbar.org/content/dam/aba/administrative/professional_responsibility/ethics-opinions/aba-formal-opinion-499.pdf〉 (2024. 10. 20. 확인).

104) ABA Resolution 115, Adopted by the House of Delegates, February 17, 2020, 〈https://www.americanbar.org/content/dam/aba/directories/policy/mid-year-2020/2020-midyear-115.pdf〉 (2024. 10. 20. 확인).

그러나 적어도 주 단위에서는 아래에서 보는 바와 같이 유타주 대법원이 2020년부터 규제 샌드박스를 도입하고[107] 애리조나주 대법원 또한 사법행정규칙 개정[108]을 통해 2021년부터 ABS 제도를 전면도입함으로써 위 제5.4조 및 제5.5조에 따른 규제를 완화한 실례가 등장하였다.[109]

캘리포니아주,[110] 오레곤주,[111] 미네소타주,[112] 워싱턴주[113] 등 여러

---

105) *Ibid,* 4-5.

106) 이에 대해서는 합리적 리걸테크 규율방향 설정의 기반이 되는 데이터 축적을 해서는 개별 주 단위 규제완화 실험으로는 부족하고 전미 차원의 규제 샌드박스가 도입되어야 한다는 견해도 있다. D Simshaw, "Toward National Regulation Of Legal Technology: A Path Forward For Access To Justice," 92 Fordham L. Rev. 1, 31-49 (2023).

107) Utah Sup. Ct. Standing Ord. No. 15 (Aug. 14, 2020), 〈https://utahinnovationoffice.org/wp-content/uploads/2021/07/Signed-Utah-Supreme-Court-Standing-Order-No.-15-Amended-June-3-2021.pdf〉 (2024. 10. 30. 확인); Utah Work Grp. on Regul. Reform, Narrowing the Access-to-Justice Gap by Reimagining Regulation (2019). 〈https://www.utahbar.org/wp-content/uploads/2019/08/FINAL-Task-Force-Report.pdf〉 (2024. 10. 30. 확인); L Moran, "Rocket Lawyer Is among the First Legal Innovation After Reform: EVIDENCE FROM REGULATORY CHANGE / 54 Applicants Approved to Join Utah's Regulatory Sandbox Program," ABA J. (Sept. 8, 2020, 4:38 PM CDT), 〈https://www.abajournal.com/web/article/rocket-lawyer-givenapproval-to-join-utahs-regulatory-Sandbox-program〉 (2024. 10. 30. 확인).

108) Arizona Code of Judicial Administration § 7-209 (2020); Order Amending the Ariz. Rules of the Sup. Ct. and the Ariz. Rules of Evid. (Aug. 27, 2020), 〈https://www.azcourts.gov/Portals/215/Documents/082720FOrderR-20-0034LPABS.pdf〉 (2024. 10. 30. 확인); Arizona Supreme Court Rules 31 and 31.1(c).

109) 앨버타(https://www.lawsociety.ab.ca/about-us/key-initiatives/innovationsandbox/), 브리티시 컬럼비아(https://www.lawsociety.bc.ca/our-initiatives/innovation-sandbox/), 온타리오(https://lso.ca/about-lso/access-to-innovation) 등 캐나다의 일부 주도 유사한 규제 샌드박스를 도입하였다.

110) 캘리포니아주 변호사협회는 2020년 UPL과 비변호사의 로펌 소유 제한의 완화 또는 철폐, 자동화된 변호사 추천 또는 온라인 매칭 서비스, 변호사 광고 관련 규제 완화 및 이와 관련한 일반인 의견 수렴, 규제 샌드박스 등을 권고하였고, 그 후속으로 샌드박스 워킹그룹 설립을 승인했다[State Bar of Cal., Task Force on Access Through Innovation of Legal Services Report: Request to Circulate Tentative Recommendations for Public Comment (2019), 〈https://board.calbar.ca.gov/docs/agendaItem/Public/agendaitem1000024450.pdf〉; State Bar of Cal., State Bar Task Force on Access Through Innovation of Legal Services, Final Report and Rocommendations, March 6 2020 〈https://www.calbar.ca.gov/Portals/0/documents/publicComment/ATILS-Final-Report.pdf〉 (각 2024. 10. 30. 확인)]. 그러나 캘리포니아 주의회 상원 및 하원 법사위원회는 위와 같은 개혁이 법률소비자 보호를 약화시키고 변호사-고객 관계의

주 변호사협회도 유타주 등의 개혁에 영향받아 법률서비스 시장 규제개혁에 관한 전향적인 논의를 진행하고 있으나, 개혁이 좌절·지연되거나[114] 아직 유타주나 애리조나주와 같은 전면적인 시행에는 이르지 못하고 모색 단계에 있다.[115]

나. 유타주와 애리조나주의 개혁

1) 개 설

유타주의 법률 샌드박스와 애리조나주의 ABS는 각 2020년과 2021년

기본원칙을 훼손할 수 있다는 우려를 제기하였고[State of California Judiciary Committee Chairs' Letter to the State Bar, December 7, 2021, 〈https://www.abajournal.com/files/Lawmakers_December_letter.pdf〉 (2024. 10. 30. 확인)], 결국 주 의회는 2022년 신설된 캘리포니아주 사업 및 직업에 관한 법률(California Business and Professions Code) 제6034.1조에 의해 '주 변호사협회는 샌드박스 추진에 있어 일반 회사의 로펌 소유나 변호사와의 이익분배 금지, 비변호사의 법률사무 수행 금지 원칙을 고수해야 하고, 이에 반하는 연구에 어떠한 자금도 지출할 수 없으며, 법률 샌드박스 관련 주 변호사협회의 지출에 대해서는 주 의회의 통제를 받아야 한다'고 규정함으로써, 주 변호사협회의 샌드박스 관련 활동을 2025년까지 사실상 중단시켰다[Cal. Bus. & Prof. Code § 6034.1, Added by Stats 2022 ch 419 (AB 2958), s 3, eff. 9/18/2022.; S F Ward, "California bill signed into law restricts state bar sandbox proposals", ABA Journal (Sep 21, 2022) 〈https://www.abajournal.com/news/article/california-bill-signed-into-law-restricts-state-bar-sandbox-proposals#google_vignette〉].

111) OR. State Bar Futures Task Force, OR. State Bar, The Future of Legal Services in Oregon 7 (2017), 〈http://www.osbar.org/_docs/resources/taskforces/futures/futurestf_summary.pdf〉 (2024. 6. 30. 확인).

112) Minnesota State Bar Association WORKING GROUP ON AI Report and Recommendations, "Implications of Large Language Models (LLMs) on the Unauthorized Practice of Law (UPL) and Access to Justice" (June 2024)〈https://www.mnbar.org/docs/default-source/default-document-library/msba-ai-working-group-final-report-and-recommendations.pdf〉 (2024. 10. 10. 확인).

113) 워싱턴주 대법원은 비변호사가 소유·경영하는 법인이라도 혁신적 사업모델을 제시하는 경우 한시적으로 제한된 영역에 관하여 법률서비스를 제공하는 것을 허용하는 파일럿 테스트 명령을 발표하였다. Supreme Court of Washington, Order No. 25700-B-721 (Dec. 5, 2024) 〈https://www.courts.wa.gov/content/publicUpload/Supreme%20Court%20Orders/Order%2025700-B-721.pdf〉 (2025. 1. 20. 확인).

114) 각주 110) 참조.

115) 한편 워싱턴주, 유타주, 애리조나주 등은 개인인 준법률전문가가 한정된 특정 영역에서 인가를 받아 법률서비스를 제공할 수 있도록 하는 제도도 채택했으나, 이는 리걸테크 서비스와 관련이 크지 않으므로 이 글의 검토 대상에서 제외한다.

에 도입된 대표적인 규제개혁 성공사례로서 비교·검토할 필요가 있다. 양주의 제도는 법률서비스의 변호사 독점을 완화한다는 점에서, 그리고 법인 단위로 개혁을 추구한다는 점에서 공통되지만, 다음과 같은 차이점도 존재한다.

우선, 유타주는 ABA 모범윤리규범 제5.4조에 따른 구조 규제(비변호사의 로펌 소유 금지 및 변호사 고용 금지, 동업 금지) 및 제5.5.조에 따른 행위 규제(비변호사의 법률사무 수행 금지)의 면제를 모두 대상으로 한다. 반면 애리조나주는 제5.4조의 폐지만을 개혁 대상으로 삼았다. 방법론에서도, 유타주는 샌드박스 시스템을 채택함으로써 규제당국이 ABS에 승인을 내준 후에도 샌드박스 기간 동안 감독을 계속하는 반면, 애리조나주는 규제당국이 ABS 허가신청 단계에서 사전심사를 하는 것으로써 대부분의 규제를 종결한다.[116)]

애리조나주의 개혁은 로펌 지배구조 및 이익분배구조에만 관련되어 있고 최종 법률서비스의 제공자는 여전히 변호사로 한정되므로, 로펌 소유구조를 자유화함으로써 리걸테크 도입에 필요한 신규 투자를 유치하거나 로펌 경영에 비변호사인 기술전문가를 참여하게 할 수는 있지만 소프트웨어 혹은 비변호사에 의한 법률서비스를 제공하는 것까지 허용하는 것은 아니다.[117)] 반면 유타주 규제 샌드박스하에서는 ABA 모범윤리규범 제5.5조의 규제 면제를 통해 소프트웨어 또는 비변호사가 직접 법률서비스를 제공하는 것도 허용될 수 있으므로, 더 혁신적인 법률서비스 형태가 가능하다.

2) 유타주 규제 샌드박스

유타주 규제 샌드박스는 유타주 대법원의 주도로 추진되었다. 유타주 대법원 산하의 규제개혁 워킹그룹은 2019년 발표한 보고서에서, 법률서비스 시장에 대한 소비자 접근권 증진을 목표로 변호사윤리규범에 따

116) Engstrom et al (footnote 78), 10.

117) Arizona Judicial Branch, ABS FAQ 참조 〈https://www.azcourts.gov/accesstolegalservices/Questions-and-Answers/abs〉 (2024. 10. 30. 확인).

른 제한(소개료 지급 금지, 비변호사의 로펌 소유 금지, 이익분배 금지, 광고 제한 등)의 완화, 비전통적인 조직 및 행위를 규율할 새로운 규제당국의 신설, 혁신에 대한 경험적, 데이터 기반 평가를 가능하게 하는 샌드박스[118] 형태의 규제개혁을 제안하였다.[119] 유타주 대법원은 2020. 8. 14. 이를 채택한 Standing Order No. 15를 발령하였다.[120]·[121]

기존의 변호사와 로펌에 대한 규제 주체는 유타주 변호사협회 및 궁극적으로 대법원이다. 그러나 샌드박스에 관해서는 대법원 산하기구로 신설된 Office of Legal Services Innovation(법률서비스 혁신사무국, 'OLSI')[122]이 샌드박스 승인(Authorization) 신청 및 승인받은 법인의 관리감독을 담당하고, 유타주 대법원의 독립 자문위원회인 법률서비스 개혁위원회(Legal Services Innovation Committee, 이하 'LSI 위원회')가 법률 샌드박스의 정책방향을 권고하고 OLSI의 규제업무를 감독한다. LSI 위원회에서는 대법원에 의해 유타주 변호사 외에도 다양한 비변호사[다른 주 소재 로스쿨 교수, 아동보호 및 가족 전문 사회활동가, 승인받은 법률보조인(licensed paralegal practitioner) 등]가 위원으로 임명되어 정책결정에 참여한다.[123]

전통적인 로펌구조(변호사 100%) 및 법률사무 수행구조(변호사만이 법률사무 수행)에서 벗어나는 법인은 샌드박스 승인을 받아야 한다. 즉 소유 및 의사결정구조는 전통적인 구조를 따르더라도(100% 변호사 소유) 대안적

---

118) 이는 덴버 대학교의 Institute for the Advancement of the American Legal System (IAALS)에서 제안한 모델을 거의 그대로 따른 것이다. 〈https://iaals.du.edu/sites/default/files/documents/publications/iaals_independent_regulator_of_legal_services_policy_outline.pdf〉 (2024. 10. 30. 확인). 〈https://iaals.du.edu/projects/unlocking-legal-regulation/utah-evaluation〉 (2024. 10. 30. 확인).

119) Utah Work Group on Regulatory Reform, *supra*.

120) Utah Supreme Court Standing Order No. 15.

121) 위 Standing Order는 두 차례에 걸쳐 개정되었고, 당초의 샌드박스 기간도 2년에서 2027년까지 7년으로 연장되었다. 현 Standing Order인 Utah Supreme Court Standing Order No. 15 (Amended) (Amended September 21, 2022) 는 〈https://utahinnovationoffice.org/wp-content/uploads/2022/10/Standing-Order-No.15-Amended-9.21.22.pdf〉 참조 (2024. 10. 30. 확인).

122) 〈https://utahinnovationoffice.org/〉 (2024. 10. 30. 확인).

123) 〈https://utahinnovationoffice.org/who-we-are/〉 (2024. 10. 30. 확인).

인 방법으로(변호사 아닌 사람 혹은 소프트웨어에 의해) 법률서비스를 제공하고자 하는 경우, 혹은 법률서비스는 변호사가 제공하더라도 그 소속 법인이 전통적인 로펌이 아닌 경우(비변호사가 지분을 소유하거나 이익을 분배받는 경우), 혹은 위 양자 모두에 해당하는 경우, 이러한 업체가 법률서비스를 제공하기 위해서는 샌드박스 승인이 필요하다.[124)]

승인신청 법인은 그 사업구조 및 서비스 중 전통적 로펌의 사업구조나 변호사에 의한 법률서비스에서 벗어난 부분[법률서비스를 제공하는 ABS에 대해 비변호사가 지분을 가지거나 의사결정에 관여하는 경우, ABS가 변호사 중개 플랫폼을 제공하는 경우, 대안적 법률서비스 제공자(Alternative Legal Provider)가 있는 경우, 즉 비변호사인 사람(Human Alternative Legal Provide, “HALP”), 혹은 비변호사인 소프트웨어(Software Alternative Legal Provider, “SALP”)가 법률서비스를 제공하는 경우[125)] 등][126)]을 특정하고 이와 관련된 변호사윤리규범의 면제를 신청해야 한다.[127)] 그중 리걸테크와 특히 관련이 있는 것은 “소프트웨어 대안적 법률서비스 제공자(SALP)”이다. OLSI 매뉴얼은 전통적 소프트웨어에 의한 간단한 법률문서 작성 서비스에 대해서는 샌드박스 승인이 불필요하지만 이를 넘어서는 모든 소프트웨어 기능 확장

124) Office of Legal Services Innovation, Innovation Office Manual (Feb 20, 2024) 1, 〈https://utahinnovationoffice.org/wp-content/uploads/2024/02/Innovation-Office-Manual.pdf〉 (2024. 10. 30. 확인).

125) 이와 같이 비변호사인 사람이나 소프트웨어가 법률서비스를 제공하는 경우, 그 법률서비스 제공에 유타주 면허가 있는 변호사가 관여하는지, 관여한다면 얼마나 어떻게 관여하는지 신청 시 특정하여야 한다.

126) 로펌 지배구조나 비변호사의 법률사무 금지 외에 변호사 알선 금지, 변호사신탁계정 등 변호사윤리규범상의 다른 규제도 면제될 수 있다. 예를 들어 Off the Record는 교통위반 티켓을 받은 소비자로부터 티켓 사진을 전송받아 이의신청이 받아들여질 가능성에 대한 무료 검토를 제공하고 소비자가 원할 경우 소비자로부터 수수료를 받아 제휴변호사를 연결해 주며 일정 조건으로 수수료 환불보장을 제공하는 서비스인데, 위 법인은 유타주 변호사윤리규범 제1.15조(의뢰인으로부터 지급받은 선급 수임료 등 의뢰인 재산의 신탁계정 보관의무)를 면제받는 샌드박스 승인을 받아, 고객으로부터 지급받은 수임료 선급 성격의 수수료를 변호사 신탁계정이 아닌 자체 계정에 보관하다가 고객 확인이 있을 때 변호사에게 수임료를 지급하는 자체 애스크로 시스템을 구축했다. 〈https://offtherecord.com/UT-utah/why-fight-your-traffic-ticket〉 (2024. 10. 30. 확인).

127) OLSI, Innovation Office Manual 2024, 6-8.

은 규제 대상임을 명시한다.[128)]

OLSI는 각 신청에 대해 혁신성과 위험성 평가를 거쳐 승인 권고 초안을 LSI 위원회에 제출하고, LSI 위원회는 대법원에 해당 법인의 구조와 법률서비스 방법을 특정하여(예를 들어 “변호사 참여 하의 HALP”) 심사 및 승인을 권고한다. 비변호사나 소프트웨어가 변호사의 참여 없이 직접 법률서비스를 제공할 경우 위험성이 높게 평가된다. 대법원은 LSI 위원회의 권고를 참작하여 재량적으로 승인 여부를 결정한다.[129)] 샌드박스 승인을 받은 법인은 정기적 데이터 보고 및 모니터링, 각종 정보게시(샌드박스 승인 배지 게시, 비변호사 소유 또는 비변호사에 의한 법률서비스 제공이라는 문구 게시) 등의 의무를 준수하여야 한다.[130)]

OLSI는 소비자 불만 건수, 데이터 보고 이행 여부, 정보게시의 적절성, 소유관계 게시, 승인받은 범위 외의 법률서비스 제공 여부 등을 지속적으로 모니터링하여 샌드박스 법인을 5단계(만족/감시/경고/정지/종료)로 관리한다.[131)] 승인받은 법인이 12개월 이상 성공적으로 일정 수 이상의 서비스를 제공하고 OLSI에 의한 준법감시 심사와 감사를 통과하는 경우 인가(Licensure)를 신청할 수 있다. 인가받은 법인은 여전히 OLSI의 규제하에 있으나 데이터 보고 등 의무가 대폭 경감된다.[132)]

제도 시행 후 2023년 말까지 총 105건의 신청이 있었고 51건이 승인되었으며(승인받은 후 프로그램 참여를 철회한 법인이 6개, 정지되거나 승인종

---

128) “소비자에게 간단한 법률문서 작성 서비스를 제공하는 소프트웨어 플랫폼은 소비자가 제공한 정보를 사용해 양식을 작성하도록 도와주는 경우 법적 조언을 제공하지 않기 때문에 법률사무를 수행하는 것이 아닙니다. 이러한 플랫폼은 샌드박스 규제구조 밖에서도 많이 존재하며, 따라서 샌드박스 승인이 필요 없습니다. 그러나 단순한 양식 작성과 법률정보 제공을 넘어서는 모든 소프트웨어 확장은 사무국의 규제를 받아야 합니다. 소비자의 선택을 한정하는 안내적 질문을 사용하는 소프트웨어는 법률사무로 간주될 수 있으며, 따라서 사무국의 규제를 받아야 합니다.” OLSI, Innovation Office Manual 2024, 12.

129) OLSI, Innovation Office Manual 2024, 14.

130) *Ibid*, 15-28.

131) *Ibid*, 30-32.

132) *Ibid*, 17-20.

료된 법인이 2개), 총 69,829건의 법률서비스가 샌드박스 법인에 의해 제공되었다. 서비스 분야는 상사(46.1%), 이민(15.6%), 군인/재향군인 복지(12.8%), 상속계획(5.2%), 사고/개인상해(4.5%), 혼인/가족(1.8%), 개인파산 및 추심(1.6%) 등이고, 대부분 다양한 소프트웨어와 플랫폼을 채택하고 있다. 샌드박스 관련 불만 접수는 매년 수 건 정도로 극히 적었다.[133)]

리걸테크 기반 사업모델이 샌드박스를 통해 확장된 대표적 사례로 Hello Divorce가 있다. Hello Divorce는 자동 온라인 이혼신청서류 작성과 관련 법률정보를 제공하는 DIY 단계부터 변호사의 지원과 조언을 받을 수 있는 상위 단계까지 다양한 정액제 패키지를 제공하는 이혼 플랫폼으로, 캘리포니아주 이혼 전문 변호사에 의해 설립되었다. 비변호사의 변호사 고용이 금지된 캘리포니아주에서는 회사가 DIY 단계 서비스까지만 제공할 수 있고 변호사에 의한 추가 서비스는 외부 로펌 · 변호사에게 넘겨줄 수밖에 없었으나, 유타주에서는 샌드박스 승인을 얻음으로써 자체 변호사를 고용하여 소비자에게 원스톱으로 모든 단계별 서비스를 제공할 수 있게 되었다.[134)]

또 다른 예인 Superlegal[135)]은 주로 소상공인 · 소기업을 대상으로 하는 계약 작성 · 검토 서비스로, 2021. 4. '변호사 참여 SALP'로 유타주의 샌드박스 승인을 받았다.[136)] Superlegal의 모회사인 LawGeex는 규제위험을 피해 법률사무에 해당할 여지가 있는 AI 기반 맞춤형 계약서 작성 · 검토 · 수정 서비스를 사내변호사가 있는 대기업에만 제공하지만, Superlegal은 샌드박스 승인을 통해 사내변호사가 없는 소기업 · 소상공인에 대해서

133) OLSI, Activity Report: December 2023 〈https://utahinnovationoffice.org/wp-content/uploads/2024/02/December-Activity-Report.pdf〉 (2024. 10. 30. 확인).

134) DIY 99달러, 변호사 조력을 추가하는 경우 조력 범위에 따라 1,500달러/2,500달러/3,800달러. Off. of Legal Servs. Innovation, Utah Sup. Ct., Sandbox Authorization Packet: Hello Divorce (2021), 〈https://utahinnovationoffice.org/wp-content/uploads/2021/04/Auth-Packet-Hello-Divorce.pdf〉 (2024. 10. 30. 확인).

135) 〈https://www.superlegal.ai/〉 (2024. 10. 30. 확인).

136) Superlegal은 홈페이지에서 "The only AI licensed to practice law in the US"라고 광고한다.

도 위 서비스를 제공할 수 있게 되었다.

SALP 승인을 받은 업체들이 제공하는 서비스가 '단순한 양식 작성과 법률정보 제공'을 넘어서는 법률서비스에 해당하는지[137)]는 명확하게 단정할 수 없으므로, 위 업체들은 규제 리스크를 피하기 위해 일단 SALP 승인을 받아 두면서도, 자사의 서비스가 결코 법률서비스가 아니고 일반적인 법률정보 제공에 지나지 않는다는 점을 약관에서 강조한다.[138)]

3) 애리조나주 ABS 제도[139)]

애리조나주 대법원의 의뢰로 2018년 구성된 법률서비스 제공에 관한 태스크포스는 2019. 10. 비변호사의 로펌 소유 등을 금지하는 윤리규범 제5.4조를 전면적으로 폐지하고 그 대신 ABS 내에 적어도 1인의 준법감시 변호사를 두는 새로운 규율방식을 권고하였다.[140)] 위 권고의 배경에는, 제5.4조가 변호사의 독립성 수호를 표방하나 실제로 비변호사의 로펌 소유나 변호사 고용으로 인해 변호사의 독립성이 침해된다는 증거가 없고, 위 조항은 변호사가 다른 전문가나 비변호사와 공동으로 원스톱 서비스를 제공하는 것을 방해할 뿐이라는 인식이 있다.[141)] 애리조나주 대법원은 위 권고를 받아들여 주 변호사윤리규범 제5.4조를 폐지하고 ABS

137) OLSI, Innovation Office Manual 2024, 12.

138) Superlegal은 홈페이지에서 '법률사무 수행이 인가된 미국 최초의 AI'라고 자랑하면서도, 약관에서는 그 서비스가 절대로 법적 조언이 아니라고 강조한다("이것은 법적 조언이 아닙니다. 어떤 웹사이트도 법적 조언을 제공한다고 믿지 마시기 바라며, 저희도 여기서 법적 조언을 제공하는 것이 아닙니다. 저희는 정보를 제공하고 있으며, 이는 법적 조언과는 다릅니다.") 〈https://www.superlegal.ai/terms-of-use/〉(2024. 6. 30. 확인). 법률문서 작성, 법률정보 제공, 법률챗봇 등을 제공하는 리걸테크 회사인 1LAW 또한, 자사의 서비스가 '법률서비스의 미래'라거나 '24시간 법률지원', '변호사와 만나지 않고도 법률서비스에 접근'한다는 점을 홈페이지에 게시하면서도, 약관에서는 자신들의 서비스가 법률정보 제공일 뿐 법률서비스가 아니라고 명시한다. 〈https://www.1law.com/legal-advice-online/〉 (2024. 6. 30. 확인).

139) 세부적인 내용은 강석구 외(주 85), 257-262면 참조.

140) Supreme Court of the State of Arizona Task Force on the Delivery of Legal Services, "Report and Recommendations" (October 4, 2019), 10-16. 〈https://www.azcourts.gov/Portals/74/LSTF/Report/LSTFReportRecommendationsRED10042019.pdf?ver=2019-10-07-084849-750〉 (2024. 10. 30. 확인).

141) B A Green, "Lawyers Professional Independence: Overrated or Undervalued?" 46 Akron L. Rev. 599, 618 (2013).

제도를 도입하여 2021. 1. 1.부터 시행 중이다.[142)]

유타주와 달리 애리조나주의 ABS 개혁은 오로지 윤리규범 제5.4조(로펌 소유구조 및 이익분배구조)만을 대상으로 하고 제5.5조(비변호사의 법률사무 수행)는 대상으로 하지 않는다.[143)] 따라서 비변호사의 로펌 소유와 이익분배는 대폭 자유화되었으나, ABS 내에서 실제 법률서비스 제공 주체는 여전히 변호사로 제한된다. ABS는 다양한 구조를 취할 수 있고 100% 비변호사 소유도 가능하나 적어도 1명의 준법감시 변호사를 두어야 한다. 법률사무 수행 시의 비밀유지의무 등 변호사의 윤리적 의무도 그대로 유지된다. ABS 위원회의 인가심사 시에는 준법감시 변호사가 존재하는지, 변호사의 윤리적 의무가 담보될 수 있는지 등이 심사된다. 인가는 1년간 유효하며 ABS는 매년 갱신심사를 받아야 한다. ABS가 법률사무를 수행하는 과정에서 변호사윤리규범을 준수하지 못한 경우, 그에 대한 감독과 징계는 원칙적으로 애리조나 변호사협회가 담당하는 자율규제 형태를 취한다.[144)]

제도 도입 이래 2023년 12월까지 총 66건의 신청이 있었고 1건을 제외한 65건이 인가되었다. 애리조나주 ABS 또한 개인상해(14건), 집단불법행위 또는 제조물책임(15건), 상속자산관리/신탁(10건) 등 일반 소비자 관련 사건이 상당한 비중을 차지한다.[145)]

애리조나주 ABS의 대표적 사례로 LegalZoom을 들 수 있다. LegalZoom

142) Order Amending the Ariz. Rules of the Sup. Ct. and the Ariz. Rules of Evid. (Aug. 27, 2020), 〈https://www.azcourts.gov/Portals/215/Documents/082720FOrderR-20-0034LPABS.pdf〉 (2024. 10. 30. 확인).

143) 위 태스크포스는 비변호사의 로펌 지분소유를 허용하되 비변호사 투자자(소유자)를 등록하게 함으로써 비변호사 소유구조를 공개하는 방식, 규제 샌드박스를 통해 시범적으로 제5.4조 규제를 완화하는 방식도 고려하였으나, 결국 보다 단순한 방식의 규제개혁을 채택했다.

144) 강석구 외 (주 85), 259-262면.

145) J Kemper and A Halaby, "The Arizona ABS Program—Three Years In", for panel presentation "Recent Developments in Legal Ethics & Professional Responsibility" for The Federalist Society (December 8, 2023) 〈https://www.gtlaw.com/en/insights/2023/12/published-articles/the-arizona-abs-program-three-years-in〉 (2024. 10. 30. 확인).

은 법률문서 자동작성 서비스로 시작하여, 소비자가 스스로 온라인으로 자동작성하는 작업 부분과 변호사로부터 전문적인 법률서비스를 받고자 하는 작업 부분을 선택하는 사업모델을 개발했는데, 이러한 형태의 서비스는 LegalZoom이 변호사를 고용하여 자체적으로 서비스를 제공할 때 가장 원활하게 제공될 수 있다. LegalZoom은 영국에서는 2015년 ABS 지위를 획득하고 로펌(Beaumont Legal)도 인수하였으나 미국에서는 변호사 고용이 불가능했는데, 2021년 애리조나주에서 ABS 승인을 받음으로써[146) 자체 변호사를 통한 단계별 서비스 모델을 제공할 수 있게 되었다.

유타주 샌드박스와 애리조나주 ABS의 차이를 잘 보여주는 것이 Rasa Legal[147)의 사례이다. Rasa Legal은 전과자의 범죄기록 말소 자격을 확인하고 그 절차를 수행할 수 있도록 돕는 공익기업(public benefit corporation)[148) 이다. Rasa Legal은 유타주와 애리조나주 모두에서 승인 또는 인가를 받았으나 서비스 형태는 다르다. 유타주에서 Rasa Legal은 SALP(소프트웨어)와 HALP(비변호사)에 관해 모두 샌드박스 승인을 받아, 1차적으로는 소프트웨어에 의해 범죄기록 말소 가능성을 선별·확인하고, 가능성이 있는 사건에서 말소신청 양식을 작성·제출하거나 이용자에게 법적 조언을 제공하는 것은 Rasa 소속의 비변호사 담당자들이 담당한다(다만 이들은 유타주 변호사의 교육과 자격 검증 및 지속적인 감독을 받는다). 반면 애리조나주에서 Rasa Legal은 ABS로 인가받아 변호사를 고용할 수는 있으나 비변호사가 법률서비스를 제공할 수는 없다. 따라서 단순한 소프트웨어 기반 선별·확인은 가능하나 추가 단계에서는 Rasa Legal을 변호사로 선임하거나(그 경우 Rasa Legal 소속의 변호사가 법률서비스를 제공한다) 다른 외부 변호사를 선임해야 한다.

---

146) 〈https://www.legalzoom.com/〉

147) 〈https://www.rasa-legal.com/〉

148) 미국 각 주법상 인정되는 회사 형태로, 이윤 극대화 목적 외에도 특정 공익을 추구하는 이중 목적을 가지고, 정기적으로 공익 목적 달성 여부를 평가, 공개하며 이사회가 명시된 공익 목적의 달성을 위해 의사결정을 해야 하는 등의 특징을 가진다. 〈https://www.law.cornell.edu/wex/public_benefit_corporation〉 (2024. 10. 30. 확인).

4) 분 석

스탠포드 로스쿨 Deborah L. Rhode Center on the Legal Profession이 2022. 6.말을 기준으로 유타주 샌드박스와 애리조나주의 ABS를 분석한 바에 따르면, 샌드박스 업체 또는 ABS는 ① 전통적인 로펌이 비변호사에게 지분 또는 소유권을 이전한 경우(약 35%),[149] ② 리걸테크 회사가 변호사를 고용하여 추가적 서비스를 제공한 경우(약 35%),[150] ③ 로펌이 아닌 회사가 법률시장에 새로이 진출한 경우(약 18%),[151] ④ 법률소비자와 변호사를 연결하는 플랫폼,[152] ⑤ 비변호사인 사람이나 소프트웨어를 통해 법률서비스를 제공하는 경우[153]로 분류할 수 있다.

유타주 모델과 애리조나주 모델 중에서는 변호사윤리규범 제5.4조(로펌 지배 및 이익분배 구조)와 제5.5조(비변호사의 법률사무 수행) 모두에 대한 규제완화를 허용하는 유타주의 모델이 혁신 및 소비자 수요를 보다 광범위하게 반영한다. 비변호사 혹은 소프트웨어로 하여금 법률서비스를 제공하게 하는 것(HALP, SALP)은 유타주 샌드박스하에서만 가능하고, 유타주 샌드박스의 약 1/3이 이에 해당한다. 이러한 서비스는 대부분 초기단계 선별 등 검토를 소프트웨어가 수행하거나(앞서의 Rasa Legal) 훈련받은 비변호사가 수행하고(Utah Legal Advocates,[154] Holy Cross Ministries

---

149) 변호사가 은퇴하면서 비변호사인 친지에게 로펌 소유권을 이전한 경우, 변호사가 장기근속한 법률보조원(paralegal)에게 일부 지분을 이전한 경우, 전통적인 로펌이 서비스 확장(모바일 앱, 플랫폼 개발)을 위해 외부 자본을 유치하면서 일부 지분을 넘겨준 경우 등.

150) 종전에 UPL 제한을 회피하여 법률문서 작성, 계약관리, 법인설립, 이혼 본인소송 서식 제공 등 법률 관련 서비스를 운영하던 리걸테크 기반 회사들(로컴퍼니)이 ABS로 전환하여 변호사를 고용한 후 기존의 서비스에 변호사만이 할 수 있는 서비스를 결합한 경우.

151) 회계, 세무 전문법인이 종합적인 전문서비스를 제공하기 위해 ABS 승인을 얻은 경우(앞서 본 Big4 회계법인의 사례), 비법률분야 회사가 원래의 사업과 연관된 법률서비스 분야에 진출하기 위해 ABS 승인을 얻은 경우(GoAssist Legal은 여행회사가 이민법 서비스까지 제공하기 위해 유타주에서 ABS 승인을 얻은 사례임)등.

152) 앞서 본 교통위반 티켓 이의신청 플랫폼 Off the Record 등.

153) 비변호사인 훈련된 상담자가 의료 부채 관련 법적 조언을 제공하는 Holy Cross Ministries, 전체 법률서비스 중 초기 단계 서비스를 소프트웨어가 제공하는 Rasa Legal 등.

Immigration Office Solutions[155] 등) 그 이상의 서비스는 변호사가 제공하는 단계별 법률서비스로 구성되어, 1단계는 무료 또는 소액의 고정수수료, 다음 단계는 그보다 높은 변호사 수수료를 과금한다.[156] 리걸테크 회사는 변호사를 고용하여 소프트웨어 서비스와 추가 단계 변호사 서비스를 직접 제공할 수 있으므로 소비자가 소프트웨어 서비스와 변호사 서비스를 용이하게 넘나들며 법률비용을 절약할 수 있다. 새로운 제도의 혜택을 받는 리걸테크 서비스가 대부분 대기업이 아닌 일반인용이라는 점, 두 주의 승인받은 법인들 중 2/3 정도는 어떤 형태로든 기술적 혁신을 도입했고, 절반 정도는 대안적 수임료 구조도 채택했다는 점, 접수된 소비자 불만이 현저히 적다는 점 또한 주목할 만하다.[157] 즉 유타주와 애리조나주의 개혁의 성과는 일반인의 법률서비스 접근권 강화(특히 소액사건), 효율적이고 통합적인 사업모델의 확대, 높은 소비자 만족으로 요약된다.

그러나 소비자 불만이 적은 것은 아직 리걸테크 서비스가 진정한 '법적 조언'에 이르지 못하는 단순한 서비스이거나 분쟁 액수가 작아서일 수도 있다. 리걸테크 기술 발전에 따라 분쟁성이 강하고 액수가 큰 사건으로 제한 없이 서비스 범위가 확대될 경우, 하자 있는 서비스에 따른 소비자 위험도 증가할 것이다. 또한 리걸테크 ABS 혹은 샌드박스 업체가 "AI 변호사", "변호사 수준" 등으로 광고하면서 약관에서는 법률서비스임을 부인하는 등 모순되는 태도를 보이고, 뒤에서 볼 여러 분쟁이 발생하는 등, 리걸테크 업체의 소비자 보호 수준도 아직 충분하지 않다.

다. 생성형 AI의 일반인에 대한 법적 조언과 규제개혁 논의

생성형 AI는 2022. 11. 처음 등장한 이래 법조계에서도 이례적으로 빠른 속도로 확산되었고 그에 따른 다양한 문제도 차례로 불거졌다. 변

154) 〈https://www.utahlegaladvocates.com/〉 (2024. 10. 30. 확인).

155) 〈https://www.hcmutah.org/legal-immigration-program/〉 (2024. 10. 30. 확인).

156) 반면 애리조나주의 ABS는 "법률서비스 자체는 변호사만이 제공할 수 있다"는 윤리규범 제5.5조를 유지하고 있으므로, SALP나 HALP 형태의 법률서비스 제공은 불가능하다.

157) Engstrom et al (footnote 78), 36-46.

호사가 ChatGPT가 작성한 준비서면을 아무 검토 없이 그대로 법원에 제출했다가 징계받은 유명한 Avianca 사건[158] 이후, 미국의 여러 변호사회 및 ABA가 변호사의 생성형 AI에 관한 가이드라인을 발표하고[159] 법원들도 변호사의 소송절차상 생성형 AI 사용에 관한 상설명령을 발표하는 등,[160] 관련 규율도 정비되고 있다. 현재 각 변호사협회나 법원의 기본적인 태도는, 변호사는 감독의무 등 윤리적 의무를 준수하는 것을 조건으로 법률사무 수행 과정에서 AI를 활용할 수 있으나, 생성형 AI 서비스가 일반인에게 직접 법적 조언을 제공하는 것은 기존의 UPL 규제에 따라 계속 금지된다는 것이다.[161]

그러나 기존의 UPL 체계에 따라 생성형 AI의 법적 조언을 일관성 있게 규제하는 것이 과연 가능한가, 그리고 그것이 적절한가에 대한 고민도 커지고 있다. 법적 조력을 받지 못하는 다수의 민사 본인소송 당사자들에게 최소한 AI의 도움이라도 제공하는 것이 더 바람직한가, 아니면 법적 조언의 성격을 띤 AI에 대한 금지를 유지해야 하는가? 이러한 금지를 유지하더라도 일반인들이 직접 생성형 AI를 이용하여 법적 조언을 얻거나 법률문서를 작성한다면 현실적으로 이를 막을 수 있는가? 일반인들

---

158) Mata v. Avianca Inc., No. 22-cv-1461 (PKC), 2023 WL 4114965 (S.D.N.Y. June 22, 2023).

159) 플로리다〈https://www.lawnext.com/wp-content/uploads/2024/01/FL-Bar-Ethics-Op-24-1.pdf〉; 미시간〈https://www.michbar.org/opinions/ethics/numbered_opinions/JI-155〉; 캘리포니아 〈https://www.calbar.ca.gov/Portals/0/documents/ethics/Generative-AI-Practical-Guidance.pdf〉; 뉴저지〈https://www.njcourts.gov/sites/default/files/notices/2024/01/n240125a.pdf〉; 뉴욕 〈https://nysba.org/app/uploads/2024/04/Task-Force-on-AI-Report-draft-2024-04-02-FINAL.pdf〉; ABA Standing Committee on Ethics and Professional Responsibility, Formal Opinion 512 July 29, 2024. 〈https://www.americanbar.orgcontent/dam/aba/administrative/professional_responsibility/ethics-opinions/aba-formal-opinion-512.pdf〉 (각 2024. 10. 30. 확인).

160) LAW360/Pulse, "Tracking Federal Judge Orders On Artificial Intelligence," 〈https://www.law360.com/pulse/ai-tracker〉 (2024. 7. 20. 확인).

161) 이창규, "변호사 업무에서의 인공지능(AI)의 사용과 변호사 윤리: 미국 변호사협회 모범변호사업무규칙(ABA Model Rules of Professional Conduct) 분석을 중심으로", 아주법학 제17권 제4호(2024); ABA Formal Opinion 512 (Generative Artificial Intelligence Tools), July 29, 2024 등.

이 생성형 AI로부터 법적 조언을 얻는 경우 AI의 허위, 편견, 환각(hallucination)으로부터 이들을 어떻게 보호할 것인가? 또한 생성형 AI를 통해 양질의 답을 얻으려면 그 사용방법(작동원리 및 프롬프트 작성 방법)을 알거나 환각이 적은 유료 법률 AI를 사용해야 하는데 이러한 지식이나 재력이 없는 빈곤층이나 약자를 위한 대책은 무엇인가?[162)]

미네소타주 변호사협회는 최근 발표한 "초거대 언어모델의 UPL 및 사법접근권에 대한 함의"라는 제목의 보고서에서 ChatGPT 등 생성형 AI의 일반인에 대한 법적 조언에 대해 일반인의 사법접근권 증진 차원에서 보다 진보적인 태도를 취할 것을 제언한다.[163)] 나아가 "법률사무 수행" 혹은 "법적 조언"과 "법률정보 제공"를 구분하는 명확한 기준을 수립하기는 어려우나, 생성형 AI를 통한 일반적인 "법률정보 제공"은 일반인의 사법서비스 접근을 위해 권장되어야 하고, '법률사무'에 해당하는 '구체적인 특정 사실관계에 대한 맞춤형 법적 조언' 또한 규제 샌드박스를 통해 일정 범위에서 허용되어야 하며, 특히 주택임대차, 이민, 조정 등 본인소송 비율이 높은 특정 분야에 관한 분야별 규제 샌드박스가 적극 추진되어야 한다고 제언한다.[164)] 또한 인공지능의 안전, 보안, '신뢰성 있는 인공지능의 개발 및 이용에 관한 미합중국 대통령 행정명령'[165)] 및 EU 인공지능법[166)]에서 채택한 위험 기반 접근법에 따라, 법률구조기관이 본인소송 당

162) New York State Bar Association Task Force on Artificial Intelligence, supra, 44-46. 다만 위 보고서는 이러한 질문에 대해 아직 명확한 답을 주지는 못하고, 잠정적으로 혁신의 존중, 일반대중을 위한 교육 프로그램 개발 등을 대책으로 제시한다.

163) Minnesota State Bar Association WORKING GROUP ON AI Report and Recommendations, "Implications of Large Language Models (LLMs) on the Unauthorized Practice of Law (UPL) and Access to Justice" (June 2024)〈https://www.mnbar.org/docs/default-source/default-document-library/msba-ai-working-group-final-report-and-recommendations.pdf〉(2024. 10. 10. 확인).

164) *Ibid*, 30-31.

165) U.S. President's Executive Order on the Safe, Secure, and Trustworthy Development and Use of Artificial Intelligence (2023. 10. 30.).

166) Regulation (EU) 2024/1689 of the European Parliament and of the Council of 13 June 2024 laying down harmonised rules on artificial intelligence and amending Regulations (EC) No 300/2008, (EU) No 167/2013, (EU) No 168/2013, (EU)

사자에게 제공하는 생성형 AI 기반 소송서류 작성 서비스, 법률 챗봇, 판례 또는 법률정보 제공 서비스 등은 비록 법률사무적 성격이 있더라도 '저위험군'으로 분류하여 형사처벌이 면제되어야 한다고 권고한다.[167)]

보다 급진적인 견해는, 누구라도 생성형 AI로부터 구체적 사실관계에 대한 맞춤형 법적 조언을 얻을 수 있게 된 이상 더 이상 기존의 UPL 체계에 따라 법률서비스를 일관성 있게 규제하는 것은 불가능하므로, 그 대안으로 변호사에 대한 규제체계(변호사 교육, 면허제도, 변호사단체의 자율규제 등)는 종전과 동일하게 유지하되, 리걸테크 업체가 비송무적 자문이나 법률문서 작성에 관해서 법적 조언을 제공하는 것은 완전히 허용함과 아울러, 리걸테크 업체에 비변호사임의 명시, 허위·과장광고의 금지, 소비자에 대한 엄격한 손해배상책임의 부담, 면책약관이나 중재약관의 금지 등 의무를 부과하는 방안을 제안한다.[168)]

생성형 AI가 법률서비스에 활용되기 위해서는 환각·오류가 현저히 적어야 한다. 이를 줄이는 방법으로 최근 RAG(Retrieval-Augmented Generation, '검색-증강 생성') 기법이 각광받고 있다.[169)] 법률에 특화된 생성형 AI는 검증된 법률 데이터베이스를 기반으로 RAG 기법을 이용하여 범용 생성형 AI에 비해 환각을 현저히 감소시켰다.[170)] 그러나 업계 선두 리걸테크 서비스인 LexisNexis의 Lexis+ AI나 Thomson Reuters의 Westlaw

---

2018/858, (EU) 2018/1139 and (EU) 2019/2144 and Directives 2014/90/EU, (EU) 2016/797 and (EU) 2020/1828 (Artificial Intelligence Act) OJ L, 2024/1689, 12.7.2024.

167) Minnesota State Bar Association, Supra, 32-35.

168) J J Avery, P S Abril, A del Riego, "ChatGPT, Esq.: Recasting Unauthorized Practice of Law in the Era of Generative AI", Yale Journal of Law & Technology Volume 26, Issue 1 64, 101-129 (2023).

169) LLM에 의한 응답 생성 전에 학습 데이터 소스 외부의 신뢰할 수 있는 지식 베이스를 참조함으로써 신뢰성, 정확성을 향상시키는 기법이다. Y Gao et al., "Retrieval-Augmented Generation for Large Language Models: A Survey", arXiv preprint (2024), arXiv:2312.10997.

170) 예를 들어, S Wellen, "How Lexis+ AI Delivers Hallucination-Free Linked Legal Citations", LexisNexis Legal Insights (2024), 〈https://www.lexisnexis.com/community/insights/legal/b/product-features/posts/how-lexis-ai-delivers-hallucination-free-linked-legal-citations〉 (2024. 7. 25. 확인).

AI-Assisted Research, Ask Practical Law AI에마저도 답변에 각 17%, 33%의 비율로 환각이 포함되어 있는 등,[171] 환각을 완전히 없앨 수는 없다는 것이 일반적인 인식이다. 결국 생성형 법률 AI가 어느 정도까지 환각·오류를 제거하고 신뢰성을 갖출 수 있는가가 UPL 규제 완화에 영향을 미칠 것이다.

라. 리걸테크 서비스와 관련된 미국 내 최근 분쟁

여러 규제에도 불구하고 일반인 대상 리걸테크 서비스 시장은 꾸준히 성장 중이다. 아래에서 소개하는 분쟁의 양상을 종합하면, 리걸테크 업체가 법률사무와 법률정보 제공의 경계에 있는 일반인용 서비스를 제공하는 경우가 점차 확대되고 일반화되면서, 전체적인 분쟁이 비변호사의 법률사무 수행 등 변호사 면허규제의 차원에서 나아가 이용자에게 비변호사에 의한 법률정보 제공 서비스라는 점을 정확하게 고지했는가, 변호사에 의한 법률서비스로 오인될 광고나 표시가 있었는가, 서비스의 품질이 고지 또는 광고된 수준에 상응하였는가 등 소비자보호, 불공정거래 쟁점으로 확대되고 있음을 알 수 있다.

① **변호사협회의 징계** 비변호사에 의해 '법적 조언'과 경계가 모호한 새로운 법률 관련 서비스가 등장할 때마다 미국의 여러 주 변호사협회는 이에 대한 금지와 징계를 청구해 왔다.[172] 변호사협회의 리걸테크 서비스에 대한 규제 움직임은 2010년대 초반 LegalZoom의 전통적 소프

---

171) V Magesh et al, "Hallucination-Free? Assessing the Reliability of Leading AI Legal Research Tools", Stanford HAI (2024, preprint), 〈https://dho.stanford.edu/wp-content/uploads/Legal_RAG_Hallucinations.pdf〉 (2024. 10. 30. 확인). 연구방법이나 연구에 사용된 도구가 적절하지 않아 과도한 환각률이 도출되었다는 두 업체의 반박에 관해서는, Artificial Lawyer, "Stanford GenAI Study Debacle—Thomson Reuters + LexisNexis Both Reply + HAI Comment" (2024. 5. 20.) 〈https://www.artificiallawyer.com/2024/05/24/stanford-genai-study-debacle-thomson-reuters-replies/〉 (2024. 10. 30. 확인).

172) 예를 들어 "DIY" 이혼가이드북에 관해, *New York County Lawyers' Association v. Dacey,* 28 A.D.2d 161 (N.Y. App. Div. 1967), rev'd on dissenting opinion, 287 N.Y.S.2d 422 (1967); 법률문서양식 CD에 관해, *Unauthorized Practice of Law Comm. v. Parsons Tech,* No. Civ.A. 3:97CV-2859H, 1999 WL 47235, 1 (N.D. Tex. Jan. 22, 1999) 등.

트웨어 기반 온라인 법률문서 자동작성 서비스에 대해 각 주 변호사협회가 '비변호사의 법률사무 수행'임을 이유로 징계청구하면서 절정에 이르렀다.[173] 결과적으로 대부분의 사건은 '미리 코딩해둔 정형적인 프로그램에 일정 사항을 입력하면 정해진 답이 도출되고, 이용자가 입력한 내용은 결과물에 그대로 표시되고 이를 비변호사가 임의로 수정하지 못하며, 해당 서비스가 변호사의 법률서비스가 아님이 명확히 고지되는 것을 조건으로 서비스가 허용된다'는 내용으로 화해로 종결되거나 입법적으로 해결되었고, '서기의 예외'도 정립되었다.[174]

그러나 '서기의 예외'를 벗어나 인공지능 기술을 활용한 새로운 서비스들이 등장하면서 변호사협회와 리걸테크 서비스 간의 긴장관계는 새로운 국면으로 접어들고 있다. DoNotPay에 대한 징계 움직임이 대표적이다. DoNotPay[175]는 일반인을 대상으로 하는 AI 기반 법률 챗봇, 법률문서 자동작성, 이용자 맞춤형 소액사건 제소 안내 등 서비스로, AI 기반 맞춤형 서비스라는 점에서 LegalZoom보다 한 단계 앞선 서비스이다. 위 서비스는 '세계 최초의 로봇 변호사'이고 이 서비스를 통해 '누구나 소액사건 제소를 할 수 있다'라고 공격적으로 마케팅하면서 주목받았고, 결국 캘리포니아주 변호사협회는 2023. 6. DoNotPay에 대해 위 회사의 AI 서비스가 비변호사의 법률사무 수행에 이르렀으므로 "로봇 변호사", "누구나 제소" 등의 표현을 제거할 것과 웹사이트에서 법률문서를 생성해 주는 서비스 전부를 중지하라는 중지통고(Cease-and-desist Notice)를 하였다.[176]

---

173) *In re: Jayson Reynoso: Frankfort Digital Services et al., v. Sara L. Kistler, United States Trustee et al.* (2007) 447 F.3d 1117; Joint Motion for Preliminary Approval of Class Action Settlement Agreement, Janson v. LegalZoom.com, Inc., No. 2:10-cv-04018-NKL (W.D. Mo. Sept. 28, 2011); *Medlock v. LegalZoom.com, Inc.*, 2014 BL 126159, No. 2012-208067 (S.C. March 11, 2014); *LegalZoom.com, Inc. v. N.C. State Bar*, No. 11 CVS 1511, 2014 WL1213242, 9 (N.C. Super. Ct. Mar. 24, 2014) 등.

174) 한애라 (주 95), 418면 이하.

175) 〈https://donotpay.com/〉

176) The State Bar of California, UPL Cease and Desist Notice to Joshua Browder, dba DoNotPay, Inc. of San Francisco: sent on June 15, 2023.

DoNotPay는 위 중지통고를 이행하였다고 답하였으나 실제로는 동일한 광고와 서비스를 계속하였고, 이는 뒤에서 보는 FTC 제재로 이어졌다.

온라인 플랫폼이 초기 단계에서 소프트웨어적으로 사안을 선별하여 서비스 제공 여부를 결정하는 것이 '법률사무 수행'에 포함된다고 본 *The Florida Bar v. TIKD*[177] 사건도 있다. 위 서비스는 운전자로부터 업로드 받은 교통 딱지 사진을 자동분석하여 이의의 성공가능성이 있는 경우에 한해 서비스를 수락하고, 서비스를 수락받은 운전자로부터 정액 수수료를 받아 이후의 변호사선임비용과 제소비용, 이의신청 기각 시 벌과금액 지불을 책임지고(초과금액은 업체 부담) 이의절차를 수행할 제휴 변호사를 소개해주며(단 위임계약 체결은 이용자가 자유롭게 결정), 일정 조건하에서는 수수료를 환불해주는 것이었다. 플로리다주 변호사협회는 TIKD에 대해 주 대법원에 징계청원을 제출했고, 주 대법원은 이를 받아들여 TIKD의 서비스를 영구적으로 금지했다(4 : 3).[178] 다수의견은 '딱지에 대한 이의' 절차 자체는 변호사가 수행하더라도, TIKD는 서비스 제공 여부의 결정, 관련 요금 설정과 징수 등에서 통제권을 가지고 변호사와 책임을 분할하며, 그 수익이 오로지 법률서비스 제공과 관련되어 창출되므로, TIKD의 서비스는 무면허 법률서비스에 해당한다고 보았다(반면 소수의견은 TIKD가 딱지에 대한 이의의 성공가능성을 검토하여 서비스를 수락하거나 거절하는 것은 타인의 법률사무 수행이 아니라 자기의 사업을 위한 것이므로 금지되지 않는다고 보았다).

② **경쟁자로서의 금지 또는 손해배상청구** 일반인 대상 리걸테크 서비스의 경쟁자로는 같은 분야 사건을 다루는 단독 변호사나 중소 로펌, 혹은 다른 리걸테크 서비스 제공자가 있다. 전자가 원고가 된 대표적인 사건으로는 *Millerking v. DoNotPay*[179]가 있다. 원고 Millerking, LLC는 일

177) The *Florida Bar v. TIKD Services LLC and Christopher Riley, individually and as founder of TIKD,* No. SC 18-149 (Fl. Sup. Ct. Oct 14, 2021).

178) 위 사건에 대해서는 양쪽 당사자를 각기 지지하는 다수의 Amicus 의견서가 제출되었는데, 이는 〈https://www.responsivelaw.org/the-florida-bar-v-tikd.html〉에서 확인할 수 있다.

리노이주의 소규모 로펌으로서, '미국 내 다른 모든 로펌'을 대표하여 피고 DoNotPay를 상대로 연방지방법원 일리노이 남부법원에 손해배상 및 서비스 금지청구, 법정모독 확인 및 징계, 민사벌 등을 구하는 소를 제기했다. 원고의 주장은 ① 피고가 등록된 변호사 · 로펌이 아님에도 "로봇 변호사", "법적 조력" 제공 등 허위 · 과장 광고 또는 표시를 하였고, ② "완벽한 주차위반 티켓 이의서," "완벽한 청구서한" 등 완벽한 법률문서를 생성해 준다고 광고하였으나 광고한 것과 같은 완벽한 문서를 제공하지 못했으며, ③ 서비스의 내용이 실제 사건에 대한 구체적 법적 조언에 해당하여 비변호사의 법률사무 수행을 금지한 주법 및 주 변호사윤리규범을 위반했고, 이로 인해 원고 등 로펌의 고객을 빼앗거나 원고 등 법률서비스 제공자 전반의 평판을 저하시켜 피고의 직접 경쟁자인 원고 등에게 손해를 야기했다는 것이었다. 그러나 법원은, 원고가 주장하는 피고의 행위가 어떻게 원고 등에게 손해를 끼쳤는지를 원고가 구체적으로 적시하지 못하였고, 원피고가 유사한 시장에서 영업한다 하더라도 보통의 로펌인 원고 등이 AI 기반 자동 문서작성 서비스를 제공하는 피고의 "직접 경쟁자"라고 보기 어려우며, 설령 이를 인정한다 해도, 단순히 양자가 동일 시장에서 경쟁한다는 것만으로 한 경쟁자가 다른 경쟁자에 대해 금지청구나 손해배상청구를 할 수 있는 것은 아니라는 이유로, 원고의 소를 각하하였다.

Legalforce v. Legalzoom[180] 사건은 원고가 로펌이자 상표 출원을 대량으로 처리하는 리걸테크 서비스(Trademarkia.com) 운영자라는 점에서 위 Millerking 사건과 다르다. Legalforce는 피고의 무면허 법률사무 수행, 허위 · 과장광고('변호사 수준의 서비스')를 문제삼는 것에 더해, 자신은 리걸테크 서비스를 제공함에 있어 로펌으로서 변호사 고용, 법률책임보험 가입 등 의무를 부담하는 반면 피고는 일반업체로서 그러한 의무를 회피한 채

179) *Millerking, LLC v. DoNotPay, Inc.*, 3:23-CV-863-NJR (S.D. Ill. Nov. 17, 2023).

180) LegalForce RAPC Worldwide et al. v. LegalZoom.com, Inc. et al., No. 17-cv-07194-MMC, 2018 WL 1730333 (N.D. Cal. Apr. 10, 2018).

사실상 법률서비스를 제공하고 있으므로 공평한 경쟁이 이루어지지 못하고 있다고 주장하면서, 연방법 및 주법에 기한 금지청구 및 손해배상 등을 청구하였다.[181] 위 사건은 같은 시장에서 직접 경쟁하는 리걸테크 사업자끼리의 사건이어서 MillerKing 사건보다는 가능성이 있었으나, 법원은 원고가 그 주장된 피고의 행위로 인해 손해를 입었음을 주장, 증명해야만 당사자적격이 인정되는데 원고는 이를 충분히 보여주지 못했다는 이유로 소 대부분을 각하하였고,[182] 남은 청구들은 2019년 화해로 종결되었다.[183]

③ **리걸테크 서비스 이용자의 청구** 서비스 이용자가 원고가 된 사건에서는 리걸테크 업체가 법률사무를 수행할 수 없음에도 마치 합법적인 서비스인 것처럼 이용자를 오도하거나, 변호사 수준에 미치지 못함에도 변호사 서비스 수준으로 과장하거나, 서비스의 결과물에 하자가 있다는 점이 주로 쟁점이 되었다.

LegalZoom에 대해서는 일찍이 미주리주 이용자들에 의해 비변호사의 법률사무 수행이라는 이유로 집단소송이 제기되었다가 화해로 종료된 바 있는데,[184] 최근에도 다시 LegalZoom 서비스를 구매한 뉴저지주 주민들을 대표하는 원고에 의해 뉴저지 주법원 및 연방법원에서 집단소송이

181) 아울러 주 변호사협회도 LegalZoom을 제대로 규제, 징계하지 않았다는 이유로 피고로 삼았다.

182) Case No. 17-cv-07194-MMC (N.D. Cal. Apr. 10, 2018).

183) 로펌과 리걸테크 업체가 유사한 서비스를 제공하는 상황에서 전자만이 더 강한 규제를 받는다는 불만은 독일에서도 발견된다(특히 독일 법률서비스법상의 채권추심서비스제공자 관련). 독일 법률서비스법에 따른 채권추심서비스제공자가 소비자향 소액사건 리걸테크 서비스 업체로 발전한 경위, 이와 관련한 Lexfox 판결, 그 후의 법률서비스법 개정에 관해서는, 정신동, "리걸테크와 소비자 분쟁해결–독일 법률서비스법 개정 사례를 중심으로–", 소비자법연구 제8권 제3호(2022. 8.); 이병준, "리걸테크 서비스와 소비자의 보호를 위한 입법과제", 소비자법연구 제8권 제3호(2022. 8.); 이병준, "리걸테크와 변호사법–법률서비스 플랫폼에 관한 독일의 논의를 중심으로–", 소비자법연구 제8권 제1호(2022. 2.) 참조. 이와 아울러 변호사와 동업 가능한 전문분야를 대폭 확대하고 주식회사 형태를 포함한 '전문사무회사' 설립을 허용한 2022. 8.의 독일변호사법(BRAO) 개정도 참조.

184) D. C. Weiss, "LegalZoom Can Continue to Offer Documents in Missouri Under Proposed Settlement", ABA Journal (2011. 8. 23.), 〈https://www.abajournal.com/news/article/legalzoom_can_continue_to_offer_documents_in_missouri_under_proposed_settle/?utm_source=maestro&utm_medium=email&utm_campaign=daily_email〉.

진행 중이다(Erasmus v. LegalZoom et al).[185] 위 사건에서 원고는 LegalZoom이 법률서비스를 제공할 자격이 있는 것처럼 이용자를 오도하면서 법적 조언에 해당하는 위 서비스를 제공함으로써 관련 법령상 금지되는 불공정한 영업, 기만, 사기 행위 등을 하였다고 주장하면서 LegalZoom이 무면허로 법률사무를 수행하였음의 확인, 서비스 제공 중단 명령, 손해배상을 구하고 있다.[186]

DoNotPay에 대해서도 이용자가 원고인 집단소송이 제기된 바 있다.[187] 위 사건의 대표원고 Faridian은 DoNotPay 서비스의 구독자로서 다른 구독자를 대표해 캘리포니아 주법원에 (ⅰ) 피고의 행위가 캘리포니아 변호사법 및 변호사윤리규범(비변호사의 법률사무 수행 금지) 위반임의 확인, (ⅱ) 원고 등이 지급한 구독료 일체의 반환, (ⅲ) 위법행위의 금지 등을 청구하는 집단소송을 제기하였다.[188] 위 사건에서도 비변호사인 피고가 '세계 최초의 로봇 변호사' 표방, '변호사 수준의 서비스'라고 과장광고하거나 법적 조언을 제공하는 것이 불공정경쟁법(Unfair Competition Law)에서 금지하는 불법 · 불공정 · 사기성 있는 영업행위 및 주 변호사법과 변호사윤리규범에서 금지하는 무면허 법률사무 수행에 해당한다는 점이 문제되었는데, 위 사건은 본안전 절차 진행 중 2024. 6.경 화해로 종료되었다.[189]

④ **FTC 및 경쟁법 관련** 전문자격사 제도는 본래부터 독점금지와 긴장관계에 있다. 변호사협회의 리걸테크 서비스 규제에 대해서도 경쟁법 쟁점이 제기되었다. 앞서 본 노스캐롤라이나주 변호사협회의 LegalZoom

---

185) Erasmus v. LegalZoom.com, Inc., et al., No. ESX-L-003775-24 (N.J. Super. Ct. Law Div. filed June 3, 2024); Eramus v. LegalZoom.com, Inc. et al., No. 2:24-CV-07831 (D.N.J. filed July 17, 2024).

186) 2024. 10. 말 현재 본안전 쟁점으로 중재약관(중재에 의하는 경우 집단소송이 불가능하다)의 유효성이 다투어지고 있다.

187) *Faridian v DoNotPay, Inc.*, 3:2023cv01692 (N. D. Cal.) (filed: March 3, 2023).

188) *Faridian v DoNotPay* Complaint, 10-11.

189) K Black, "AI Legal Startup DoNotPay Reaches Settlement in 'Robot Lawyer' Class Action", Law.com (2024. 6. 7.), 〈https://www.law.com/therecorder/2024/06/07/ai-legal-startup-donotpay-reaches-settlement-in-robot-lawyer-class-action/?slreturn=2024111635834〉 (2024. 10. 30. 확인).

에 대한 징계청구 사건에 대한 대응으로 LegalZoom은 변호사협회를 상대로 반독점법 위반에 따른 손해배상청구의 소를 연방법원에 제기했는데, 이는 징계사건과 함께 화해로 종결되었다.[190] 또한 위 사건 종결 후 노스캐롤라이나 주법 제84-2.2[191]가 일반인 대상 법률문서 작성 소프트웨어를 허용하되 엄격한 조건을 신설하자, FTC와 연방 법무부는 위 개정법이 소비자 보호 조치를 지나치게 엄격하게 요구함으로써 경쟁을 저해하고 가격을 인상시키며 소비자의 선택을 감소시킬 우려가 있으므로 과도한 제한은 지양해야 한다는 취지의 권고성명서를 발표하기도 했다.[192]

FTC는 최근에는 소비자 보호 차원에서 리걸테크 서비스에 대한 제재에 나섰다.[193] FTC는 2024. 9. 25. DoNotPay가 로봇 변호사로 자처하거나 변호사 수준이라고 과장광고하고, 소비자들에게 변호사 없이도 소를 제기하고 완벽하게 유효한 법률문서를 순식간에 생성할 수 있다고 약속하고도 이를 이행하지 못했으며, AI의 결과물이 실제로 인간 변호사 수준과 동등한지 확인하는 테스트를 실시하지 않았다는 점 등을 들어 DoNotPay를 연방거래위원회법(Federal Trade Commission Act) 위반으로 제소함과 아울러, 193,000달러의 과징금 납부, 서비스 가입자들에게 서비스의 법률 관련 기능의 한계에 대해 경고하는 통지의 제공, 자사 서비스가 변호사의 전문서비스를 대체할 수 있다는 주장의 금지 등을 내용으로 하는 동의명령(Consent Order)을 제안하였다. DoNotPay는 위 동의명령에 동의했다.[194]

---

190) T Carter, "LegalZoom resolves $10.5M antitrust suit against North Carolina State Bar", ABA Journal (October 23, 2015) 〈https://www.abajournal.com/news/article/legalzoom_resolves_10.5m_antitrust_suit_against_north_carolina_state_bar〉 (2024. 10. 1. 확인).

191) NC Gen Stat § 84-2.2 (2017).

192) 권고성명서 원문은 아래 링크 참조. 〈https://www.ftc.gov/system/files/documents/advocacy_documents/comment-federal-trade-commission-staff-antitrust-ivision-addressing-north-carolina-house-bill-436/160610commentncbill.pdf〉 (2024. 10. 15. 확인).

193) FTC Complaint, In the Matter of DONOTPAY, INC., FILE NO. 232-3042 〈https://www.ftc.gov/system/files/ftc_gov/pdf/DoNotPayInc-Complaint.pdf〉 (2024. 10. 15. 확인).

194) FTC, "FTC Announces Crackdown on Deceptive AI Claims and Schemes" (2024. 9.

마. 소　　결

소비자향 리걸테크 법률서비스를 둘러싼 미국의 규율논의와 분쟁의 양상을 요약하면 다음과 같다.

첫째, 전통적 소프트웨어 기술을 바탕으로 한 법률문서 자동작성 서비스나 일반적인 법률정보 제공 서비스는 '서기의 예외'에 의해 허용되는 것이 일반적이다. 그러나 AI가 '구체적인 사안에 대한 맞춤형 법적 조언'을 제공하는 것이 기술적으로 가능해지면서, 일반인에게 이러한 리걸테크 서비스를 직접 제공하는 것이 비변호사의 법률사무 수행에 해당할 법적 위험도 커지고 있다.[195)]

둘째, 아직 절대다수의 주는 기존의 비변호사의 로펌 지배 및 소유의 제한 및 비변호사의 법률사무 수행 제한을 견지하고 있다. 그러나 소비자의 법률서비스 접근권 증진 요구, AI 기반 법률서비스의 등장 등으로 인해 이를 완화하고자 하는 시도와 논의가 점차 확대되고 있으며, 실제로 개혁을 시도한 유타주, 애리조나주의 사례에 따르면 규제개혁이 기술의 도입과 혁신을 촉진하고 소비자의 만족도 비교적 높다는 점이 드러난다. 또한 각 주 변호사협회도 점차 소비자의 사법접근권 향상을 위해 필요한 일정 영역에서는 규제 샌드박스 등을 통해 UPL 규제를 완화해야 한다는 태도를 표명하는 경우가 늘어나고 있다.

셋째, 일반인용 리걸테크 서비스 시장이 성장하면서 분쟁 양상도 UPL 규제 위반에 따른 리걸테크 업체 징계나 서비스 금지에서 나아가 소비자 분쟁으로 확대되고 있으며, 변호사로 오도될 수 있는 표현으로 표시·광고하는 경우, 서비스의 수준을 변호사 수준으로 과장하는 경우, 광고된 것에 비해 결과물의 수준이 부족하거나 흠결이 있는 경우, 약관

25.) 〈https://www.ftc.gov/news-events/news/press-releases/2024/09/ftc-announces-crackdown-deceptive-ai-claims-schemes〉 (2024. 10. 30. 확인).

195) 생성형 AI가 구체적인 사실관계에 대하여 법을 적용할 능력이 있다면 법률사무 수행으로서 UPL 규제의 대상이 된다는 견해로, D Riehl, "AI, UPL, and the Justice Gap: A Profession at the Crossroads," Bench & Bar of Minnesota, Vol. 81 Issue 3 18, 18-22 (Apr 2024).

이 소비자에게 불리한 경우로부터 법률소비자를 보호할 필요성도 커지고 있다.

Ⅳ. 우리나라 리걸테크 법률서비스의 규율방향 수립에서의 시사점

1. 새로운 규율체계의 필요성

리걸테크 서비스의 규율과 관련한 다양한 논란과 분쟁의 발생은 우리나라에서도 마찬가지이다. 로톡의 변호사 플랫폼과 형량예측 서비스에 대해서는 대한변호사협회, 검찰, 헌법재판소, 공정거래위원회, 법무부, 법원에 두루 걸친 일련의 법적 분쟁이 있었었다. 법무법인의 일반인 대상 무료 AI 법률챗봇이 등장했다가 대한변협의 징계절차가 시작되자 서비스가 중단되었고, 소송금융 서비스에 관해서도 논란이 있다. 한편으로는 리걸테크 서비스에 대한 규제를 완화하거나 새로운 규율체계를 수립하려는 시도도 계속되어, 이전 국회의 입법시도에 이어 제22대 국회에서도 대한변호사협회의 변호사광고규정 제개정권을 제한하는 변호사법개정안,[196] 리걸테크 서비스를 유형화하고 유형별로 허가 요부, 유상 서비스 가부, 일반인에 대한 제공 가부를 달리하여 허용하는 리걸테크 산업진흥 및 이용촉진에 관한 법률(이하 '리걸테크사업진흥법'이라 한다)안[197](권칠승 의원안) 등이 발의되었다.[198] 법무부 또한 일본 법무성 가이드라인("AI 등을 이용한 계약서 등 관련 업무 지원 서비스의 제공과 변호사법 제72조와의 관계에 대하여")[199]

196) 윤소영 의원안(의안번호 2200297, 2024. 6. 11. 발의).

197) 권칠승 의원안(의안번호 2201960, 2024. 7. 18. 발의).

198) 위 법안은 리걸테크 서비스를 "가. 학력, 경력, 업무실적 등 법률분야종사자에 관한 정보제공, 나. 자동화된 법률 자문, 다. 구체적 사건에 대해 법률을 적용한 결과의 예측, 라. 자동화된 법률 문서 작성수단의 제공, 마. 법령, 판례, 주석 등 법적 분쟁의 해결을 위한 정보제공, 바. 논문, 보고서, 보도자료, 신문기사 등 법률자료의 제공"(제2조 제2호 각목)으로 분류하면서, 각 유형별로 허용 요건(허가받은 사업자만 제공 가능, 무상 서비스만 가능, 법률사무종사자에 대해서만 제공 가능)을 달리한다.

199) 法務省大臣官房司法法制部, "ＡＩ等を用いた契約書等関連業務支援サービスの提供と弁護士法第72条との関係について", 昭和5年8月, 〈https://www.moj.go.jp/content/001400675.pdf〉 (2024. 8. 15. 확인). 일본의 리걸테크 서비스 규율 전반에 관해서는, 고철웅, "리걸테크 관련 일본 변호사법의 현황과 쟁점–일본 변호사법 제72조

과 같은 리걸테크 서비스 관련 가이드라인 제정을 검토 중이다.[200)]

법치주의와 근대적 사법제도를 이룩한 국가들은 시민의 자유와 권리, 재산을 보호하기 위해 능력을 갖춘 변호사로부터 조력을 받을 권리를 핵심 인권으로 보장하면서 법적 조력을 제공할 수 있는 법률전문가의 자격을 엄격하게 통제했다. 변호사의 공공성, 윤리성과 독립한 전문가로서의 정체성은 법경제학적 수정에도 불구하고 여전히 법치주의와 사법제도의 중요한 한 축을 이루는 헌법적 가치이고, 기존의 법률시장 규제를 변호사의 밥그릇 지키기로 폄훼하거나 뽑아버려야 할 규제 대못으로 치부해 버리는 것은 성급하고 위험한 태도이다. 앞서 소개한 여러 국가의 사례를 보더라도, 사람이 아닌 소프트웨어가 법률전문가 아닌 일반인을 위해 법률사무의 본질적 영역까지 수행하는 것을 직접적으로 허용한 경우는 아직 찾아보기 어렵다.

그러나 국민의 법률서비스 접근권 향상, 법률서비스의 저비용화와 효율화를 위해 리걸테크 서비스 규제완화가 요구되는 영역이 분명히 존재한다. 일반인이 법을 잘 이해할 수 있게 하고, 종전에 자력이 없거나 경제적 합리성이 없거나 정보 부족으로 접근할 수 없었던 법률서비스를 싸고 편하게 이용할 수 있게 하는 리걸테크 서비스를 그 명백한 효용을 도외시한 채 무조건 금지하는 것은 법치주의에 역행한다. 이미 일정 영역에서는 AI가 질적으로도 인간 변호사를 능가하며, AI가 생성한 결과물이 인간의 수준에 미치지 못한다 하더라도 그 신속성과 경제성에서는 인간을 압도한다. 규제개혁을 미룰수록 제대로 된 규제 없이 애매한 상태에서 법률 관련 AI 서비스를 제공받는 소비자의 위험이 커지고, 규제를 회피하기 위해서 사업모델이 비효율적이고 왜곡된 형태를 취할 수밖에 없다. 특히 생성형 AI가 언어의 장벽을 넘어 타국에서도 한국법에 관한 법적 조언을 제공할 수 있게 된 이상, 국내적 규제체계를 고수하는 것은

를 중심으로-", 소비자법연구 제8권 제1호(2022. 2.) 참조.

200) 허란, "리걸테크 '숨통' 트이나…법률AI 가이드라인 만든다", 한국경제(2024. 6. 23.), 〈https://www.hankyung.com/article/2024062356011〉.

현실적으로 어려울 뿐만 아니라 리걸테크 시장을 외국 업체에 뺏기는 결과로 이어질 수 있다.

지금 고민해야 할 것은, 경직적인 규제체계에서 벗어나 시민의 사법 접근권 증진과 법률시장의 확대, 소비자 보호 등 여러 가치를 실현시키는 바람직한 규율방향을 수립하는 것이다.

2. 규율방향 수립에서 고려해야 할 사항

가. 행위규제와 구조규제

리걸테크 법률서비스의 규율은 구조적 측면과 행위적 측면, 즉 '비변호사(리걸테크 업체)의 로펌 소유와 경영참여 또는 변호사 고용, 변호사와 비변호사(리걸테크 업체) 간의 이익분배를 허용할 것인가'(ABS)와 '변호사가 아닌 소프트웨어가 일반인에게 법률서비스를 제공하는 것을 허용할 것인가'(UPL)의 문제로 구분될 수 있다.

비변호사(리걸테크)의 법률사무 수행 문제가 해결되지 않는다면 설령 리걸테크 업체의 변호사 고용이나 수임료 분배를 허용한다 하더라도 여전히 직접적인 법률서비스는 리걸테크 업체의 피용자인 변호사가 제공해야 하고 리걸테크 업체가 자동화된 법률서비스를 일반인에게 직접 제공할 수 없다. 변호사나 로펌이 서비스를 제공해도 변호사가 결과물을 최종 검토 · 승인하지 않는다면(예를 들어 법률서비스를 제공하는 로펌 명의 24시간 챗봇) 여전히 '비변호사의 법률사무 수행'에 해당한다. 따라서 더 본질적인 문제는 '리걸테크 서비스 제공' 행위의 규제이고, 로펌 지배구조와 이익분배 구조의 개혁이 반드시 필수적인 것이라고는 할 수 없다.

그러나 리걸테크 업체가 원스톱으로 소프트웨어와 변호사가 연계된 유기적인 법률서비스를 제공하고자 하거나, 로펌이 외부 투자를 통해 자체 기술역량을 향상시켜 리걸테크 기반 법률서비스를 제공하고자 하거나, 로펌과 리걸테크 업체가 데이터와 기술을 공유하면서 협업하여 공동으로 법률서비스를 제공하고 이에 따른 이익을 분배하고자 하는 경우, 로펌 소유구조와 이익분배 구조에 대한 제한을 완화할 필요가 발생한다.

영국, 애리조나주의 ABS와 같이 비변호사의 로펌 소유, 변호사 고용을 허용하는 개혁이 로펌 지배 및 이익분배 구조의 한 끝단에 있다면, 비변호사의 로펌 지분 소유와 이익분배를 일체 금지하는 규제가 다른 한 끝단에 있다. 그 중간에는 로펌 소유구조는 건드리지 않고 리걸테크 업체와 로펌 간의 수임료 분배만 허용하거나, 로펌 소유지분의 상한비율이나 지배구조를 다양하게 설정하는(예를 들어 비변호사 소유지분을 소수지분으로 제한, 비변호사의 로펌 의결권 행사 제한, 비변호사 중 전문가와의 동업만 허용) 등의 여러 단계가 존재한다.

국내 리걸테크 시장 규율은 현재 행위규제의 문제에 논의가 집중되고 있으나, 장기적인 리걸테크 서비스 발전을 위해서는 구조규제 문제도 함께 검토할 필요가 있다.

나. 규율의 방식

리걸테크 법률서비스에 대한 규율방식으로는, 변호사법에 의한 규율, 특별법에 의한 규율(전면시행형/샌드박스형), 법무부 가이드라인, 대한변협 회칙이나 회규에 의한 규율 등을 생각해볼 수 있다.

법률시장에 관해 근본적이고 통일적인 규제개혁을 이루고자 한다면 변호사법을 개정해야 할 것이다. 그러나 리걸테크 서비스를 허용하기 위해 변호사법에 특별한 예외규정을 삽입할 경우 법률 전체의 정합성이 떨어지고, 리걸테크 법률서비스를 위한 구체적이고 세부적인 규정을 두는 데 한계가 있으며, 급속히 변화하는 리걸테크 환경에 부합하도록 적시에 법률을 개정하는 것도 용이하지 않다.

특별법에 의한 규율로는 전면시행형과 샌드박스형을 고려해볼 수 있다. 전면시행형은 법적 안정성이 확보된다는 장점이 있는 반면 결국 논란이 적은 사항에 관해 좁은 범위에서 규제를 완화하는 데 그치기 쉽고, AI 기술이 급속히 발전하는 상황에서 섣불리 경직적인 규율체계를 도입하는 경우 입법과정이 끝날 무렵에는 이미 시장현실과 기술수준에 걸맞지 않은 낡은 규제가 되어 버릴 위험도 있다. 샌드박스형은 나날이 진화하는 다양한 기술과 사업모델에 따라 각 서비스를 구체적, 개별적, 한시적으로 규율할 수 있고 소비자에게 위험이 없는 경우 연장하거나 졸업시킬 수 있으며 이미 법률 샌드박스 성공사례가 존재한다는 장점이 있는 반면, 법적 불안정성이 존재하고 규제당국의 의지에 효과가 크게 좌우한다는 문제가 있다.

앞서 본 리걸테크산업진흥법안은 리걸테크 서비스를 법률분야종사자에 대한 정보 제공, 자동화된 법률자문, 구체적 사건의 결과예측, 법률문서 자동작성, 법률정보 제공, 법률자료 제공으로 분류하여 유형별로 제공자, 이용자, 무상/유상 여부에 따라 달리 규제하는 전면시행형이다. 그런데 무엇이 단순한 '법률정보 제공'인지 혹은 '특정 의뢰인의 현실적인 사실관계에 기초한 구체적이고 개별화된 법적 조언'으로서 '법률자문'인지의 구별 자체가 명확하지 않으며, 기존에 허용되던 법률정보 제공도 생성형 AI의 도입으로 개별, 구체화되면서 법률자문에 해당하게 될 수 있다. 또한 문서작성, 법률자문, 법률정보 제공, 결과예측 등 다양한 리걸테크 서비스가 통합되어 유형별 경계가 희미해지는 상황에서 유형별 규제를 경직적으로 적용할 경우 새로운 사업모델의 출현을 봉쇄하거나 서비스 형태를 왜곡하고 규제가 자의적으로 적용될 우려가 있다. 그렇다고 해서 유형별로 접근하지 않고 전면적으로 규제를 완화한다면 법치주의의 한 축인 변호사제도의 근간을 흔들고 법률소비자의 보호에도 역행할 우려가 있다.

샌드박스형 규율의 단점이 없는 것은 아니나, 다양한 리걸테크 서비스의 여러 장점과 위험을 종합하여 허용 여부를 결정할 수 있는 점, 기술발전을 적시에 반영할 수 있는 점, 새로운 방식의 서비스를 과감하게 도입하기에 유리한 점 등을 고려할 때, 리걸테크 서비스 규율에는 샌드박스가 더 타당하다고 생각된다. 다만 감독기구의 구성(변호사의 비율)과 승인 과정에서의 적극성, 소비자 위험 관련 데이터 수집과 평가 등에서 운용의 묘가 요구된다.

한편 법무부의 가이드라인 등 연성규범은 새로운 입법 전까지 리걸테크 서비스와 관련된 법적 불확실성을 상당 정도 감소시킬 수 있다. 다만 그 제정이 지나치게 늦어지거나 판례에 의해 확고하게 인정된 사항을 정리하는 것에 그친다면 큰 의미가 없을 것이다.

대한변협 회칙, 회규는 현재까지는 리걸테크를 규제하는 방향으로 개정되어 왔다.[201] 그러나 국민의 눈높이에 맞지 않는 과도한 규제로 흐른다면 결국 입법에 의해 변호사단체의 권한이 축소될 우려가 있다. 한편으로는 변호사 독립과 자율규제의 취지를 존중하여 리걸테크 관련 입법 시 일정 영역에서 변호사단체의 자율규제권을 보장하는 것도 고려해 볼 수 있다.

다. 샌드박스형 규율 시의 고려사항

법률 샌드박스는 다양한 리걸테크 서비스를 일률적으로 금지하거나 무조건 허용하는 것이 아니라 이용자의 편익과 피해발생 위험 간 형량을 통해 이용자 편익이 위험보다 큰 리걸테크 서비스를 일정 조건하에서 한시적으로 승인하되 허용기간 동안의 데이터 수집과 소비자 피해를 종합하여 영구적인 인가(샌드박스 졸업) 여부를 결정한다. 샌드박스형 규율을 채택할 경우 리걸테크 서비스 승인 시에 고려해야 할 사항은 다음과 같이 정리할 수 있다.

① 해당 서비스가 아니라면 당사자가 법적 조언을 받기 어려운가?

분쟁가액이 매우 작아 변호사로부터 법적 조언을 받는 것이 경제적 합리성을 결여하는 경우(극소액 사건), 혹은 당사자가 저소득층이거나 소외계층이어서 법률서비스 접근이 제한되어 있고 본인소송 비율이 높은 경우(파산·회생·임금 사건 등), 아무런 법적 조언을 받지 못하는 것보다는 리걸테크 서비스를 통해 불완전하더라도 조력을 받는 것이 소비자에게 무조건 이익이 될 것이다. 같은 차원에서 경제적 여건상 소 제기가 불가능했던 당사자에 대한 소송금융 성격을 포함하는 서비스 또한 비교적 위험이 낮을 것이다.

---

201) 최근 대한변협 대의원회에서 통과된 '변호사 광고에 관한 규칙 제정안' 또한 협회 인증 없는 프로그램에 관한 변호사 등의 AI 광고, 소비자가 인공지능 등 프로그램을 직접 사용하게 하거나 소비자에게 위 프로그램을 연결하는 방식·내용의 광고를 금지한다.

② 법적 조언의 오류가능성이 어느 정도인가?

리걸테크 알고리즘의 학습에 이용된 데이터의 질과 양, 알고리즘의 우수성, 서비스 대상 분야의 특정성과 서비스 내용의 정형성, 서비스의 설계·운영·감독 과정에서의 변호사 관여 등이 서비스의 정확성에 영향을 미친다. 정형적이고 유형화된 법적 조언은 일부 '실제 사실관계에 기한 구체적 법적 조언'의 요소를 포함하고 있더라도 선택지가 제한되어 있으므로 오류 발생 위험이 크지 않다. 이용자와의 상호작용 시에만 생성형 AI를 이용하고 핵심 결과물 생성은 전통적 소프트웨어 기법에 의하거나, RAG 등 AI 기법을 통해 생성된 결과물의 정확성을 높이고 자유도를 낮출 수도 있다. 알고리즘의 정확도를 측정하는 제도를 도입할 수도 있다.

③ 서비스의 하자로 야기될 수 있는 피해가 어떠한가?

법적 조언의 대상인 분쟁 또는 법률관계의 액수가 작은 경우 위험이 크지 않을 것이나, 분쟁 액수가 큰 경우 위험이 업체가 감당하지 못할 수준으로 커질 수 있다. 위험을 낮추기 위해 서비스 가능 금액을 제한하는 것을 고려해볼 수 있다.

④ 분쟁 또는 법률관계를 최종적으로 확정하는 서비스인가?

소송 전단계의 내용증명 작성이나 법적 조언은 소 제기나 응소 단계의 법적 조언보다 위험이 작을 것이다. 또한 소비자가 일차적으로는 AI를 통해 기초적인 법적 조언을 받고 구체적인 법적 조치는 변호사를 통하는 형태의 서비스는 최종적인 위험이 비교적 작을 것이다. 맞춤형 계약서 작성·검토는 법률관계를 확정한다는 점에서는 위험이 크지만, 위 ①, ②의 요소가 고려될 경우 위험도가 낮아질 수 있다.

⑤ 소비자가 해당 서비스를 과대평가하거나 변호사의 법적 조언과 동일시할 가능성이 얼마나 큰가?

우선 무상 서비스나 초저가의 서비스의 경우 소비자가 해당 서비스를 변호사의 법적 조언 수준으로 신뢰할 가능성이 낮을 것이다. 'AI 변호사', 'AI 법률서비스', '변호사 수준,' 'AI 법률상담' 등의 문구를 사용하거나 서비스의 품질을 강조하는 경우 소비자 위험이 커질 것이고, 해당 서비스가 변호사를 대체할 수 없고 오류가 있을 가능성이 상당히 있으며 반드시 변호사로부터 법적 조언을 받으라는 경고문구가 잘 보이는 곳에 명시되어 있다면 위험이 낮아질 것이다.

⑥ 소비자 보호장치가 충분한가?[202)]

소비자에 대한 허위·과장광고의 금지, 서비스 위험의 충실한 고지 외에도, 리걸테크 업체의 자본과 재무상태가 어떠한지, 약관상의 분쟁해결 조항이 소비자 친화적인지, 과도한 면책약관이 존재하는지, 책임보험에 가입되어 있고 그 액수가 충분한지 등에 따라 위험도가 달라질 것이다.

샌드박스 승인 시에는 이러한 요소들이 복합적으로 판단되어야 할 것이고, 무엇보다도 기존에 허용된 서비스를 제한하는 방향으로 운영되어서는 안 될 것이다.

Ⅴ. 결 어

리걸테크 서비스가 급속히 발전하여 점차 이용자 맞춤형으로 진화하고 국내외로 다양한 일반인용 리걸테크 서비스가 등장하는 상황에서, 기존의 규제를 유지하며 무조건 일반인 대상 리걸테크 서비스를 막는 것은 사실상 불가능하게 되었다. 규제개혁의 당위성은 다수가 공감하고 있으나, 가능한 규제개혁의 방법과 정도, 범위에 대해서는 많은 선택지가 있다.

일반인용 리걸테크 서비스의 규율방향을 정함에 있어서는, 변호사제도를 한 축으로 하는 법치주의와 사법제도의 수호, 소비자의 법률서비스 접근권 증진, 법률서비스의 경제성과 효율성 향상, 서비스에 의해 발생할 가능성이 있는 소비자의 피해 방지와 서비스의 책임성 제고, 국내 리걸테

---

202) 리걸테크의 소비자보호법상 책임에 관해서는 이병준, "리걸테크 서비스와 소비자의 보호를 위한 입법과제", 소비자법연구 제8권 제3호(2022. 8.); 주강원, "리걸테크 기업의 온라인 플랫폼 사업자로서의 책임에 관한 연구–법률플랫폼 운영 사업자의 책임을 중심으로–", 연세법학 제44호(2024. 2.) 참조.

크 시장의 보호 및 육성 등 다양한 요소가 충분히 고려되어야 할 것이다.

아울러 리걸테크 서비스로 인해 변호사에 대한 법률서비스의 수요에 큰 변화가 불가피한 이상, 리걸테크 서비스의 규율체계 수립 과정에서는 적정한 변호사 수에 관한 고민도 필요하다. 이미 법률서비스 수요보다 훨씬 빠르게 변호사 수가 증가하면서 변호사 시장의 지나친 상업화와 경쟁 과열, 비윤리적 행위의 증가 등 악영향이 나타나고 있다. 이러한 상황에서, 법률시장의 수요와 공급 문제를 리걸테크 정책방향 수립 시에 충분히 고려하지 않을 경우, 변호사의 공공성, 독립성, 윤리성은 더욱 흔들릴 것이고, 이는 궁극적으로 국민들의 피해로 이어질 것이다.

[Abstract]

Regulation of Legal Tech and Legal Services: Focusing on Trends in Common Law Jurisdictions Regarding Legal Tech Services for the General Public

Han, Ae Ra*

With the rapid advancement of artificial intelligence, the emergence of legal tech services capable of directly providing tailored legal advice to the general public has become technologically and commercially feasible. This development highlights the growing need for a new regulatory framework for legal services aimed at enhancing public access to justice, rather than relying on traditional regulations such as the prohibition of non-lawyers from practicing law, hiring lawyers, or sharing profits or partnerships with lawyers.

This article first provides an overview of the development of legal tech and the resulting changes in the legal market within common law jurisdictions. It then examines the ideological foundations and characteristics of the traditional regulatory models for legal services and the newer models that emphasize consumer interests and competition. Subsequently, the article reviews the progress, current status, and implications of regulatory reforms in Australia and the United Kingdom. It also analyzes the regulatory reform discussions in the United States, focusing particularly on Utah's regulatory sandbox and Arizona's ABS (Alternative Business Structures) system, both of which have successfully implemented reforms. Furthermore, the article explores and evaluates various disputes surrounding legal tech services target-

* Professor, Law School, Sungkyunkwan University.

ing general consumers in the U.S.

Finally, based on this analysis, the article proposes principles, specific considerations, and desirable directions for establishing a regulatory framework for legal tech services for general consumers in South Korea.

[Key word]

- Legaltech
- Legal Services Regulation
- Unauthorized Practice of Law
- UK Legal Services Act
- Legal Sandbox
- Alternative Business Structure

참고문헌

1. 단 행 본

A L Kaufman et al., Problems in Professional Responsibility for a Changing Profession, 6th Ed., Carolina Academic Press (2017).

R Susskind, Tomorrow's Lawyer: An Introduction to your Future (3rd Ed), Oxford University Press (2023).

F Wilmot-Smith, Equal Justice: Fair Legal Systems in an Unfair World, Harvard University Press (2019).

2. 논　　문

강윤희, "변호사의 인공지능 사용과 관련한 윤리규범-인공지능이 변호사를 대체할 수 있을까의 관점에서-", 경영법률 제33집 제4호(2023).

고철웅, "리걸테크 관련 일본 변호사법의 현황과 쟁점-일본 변호사법 제72조를 중심으로-", 소비자법연구 제8권 제1호(2022. 2.)

김도훈, "변호사의 업무상 인공지능 사용에 관한 소고-미국변호사협회의 법조윤리모델규칙에 따른 윤리적 의무를 중심으로-", 미국헌법연구 제29권 제3호(2018).

이병준, "리걸테크 서비스와 소비자의 보호를 위한 입법과제", 소비자법연구 제8권 제3호(2022. 8.).

______, "리걸테크와 변호사법-법률서비스 플랫폼에 관한 독일의 논의를 중심으로-", 소비자법연구 제8권 제1호(2022. 2.) 참조.

이창규, "변호사 업무에서의 인공지능(AI)의 사용과 변호사 윤리: 미국 변호사협회 모범변호사업무규칙(ABA Model Rules of Professional Conduct) 분석을 중심으로", 아주법학 제17권 제4호(2024).

주강원, "리걸테크 기업의 온라인 플랫폼 사업자로서의 책임에 관한 연구-법률플랫폼 운영 사업자의 책임을 중심으로-", 연세법학 제44호(2024. 2.)

정신동, "리걸테크와 소비자 분쟁해결-독일 법률서비스법 개정 사례를 중심으로-", 소비자법연구 제8권 제3호(2022. 8.).

한애라, "법률문서 자동작성 서비스에 관한 연구", 민사소송 24-3(2020).

J J Avery, P S Abril, A del Riego, "ChatGPT, Esq.: Recasting Unauthorized Practice of Law in the Era of Generative AI", Yale Journal of Law & Technology Volume 26, Issue 1 64, (2023).

J Briton and S McLean, "Incorporated Legal Practices: Dragging the Regulation of the Legal Profession into the Modern Era", 11 Legal Ethics 241 (2010).

R C Cavanagh & D L Rhode, "The Unauthorized Practice of Law and Pro Se Divorce: An Empirical Analysis," 86 Yale L.J. 104 (1976).

C V Chien and M Kim, "Generative AI and Legal Aid: Results from a Field Study and 100 Use Cases to Bridge the Access to Justice Gap" (March 14, 2024), UC Berkeley Public Law Research Paper (Forthcoming), Loyola of Los Angeles Law Review (Forthcoming).

A Dodek, "Regulating Law Firms in Canada", 90 Canadian Bar Review 383 (2011).

F Fagan, "A View of How Language Models Will Transform Law", Tennessee Law Review (Forthcoming 2025).

J Flood, "Will There Be Fallout from Clementi? The Repercussions for the Legal Profession after the Legal Services Act 2007", Mich. St. L. Rev. 537 (2012).

C Fried, "The Lawyer as Friend: The Moral Foundations of the Lawyer-Client Relation", 85 Yale Law Journal 1060 (1976).

Y Gao et al., "Retrieval-Augmented Generation for Large Language Models: A Survey", arXiv preprint (2024), 〈arXiv:2312.10997〉.

N Garoupa & M Markovic, "Deregulation and the Lawyers' Cartel," U. Penn. J. Int'l L. Vol. 43:4 935 (2022).

R W Gordon, "The Independence of Lawyers," 68 Boston University Law Review 1 (1988).

A Grech and K Morrison, "Slater & Gordon: The Listing Experience", 22 Georgetown Journal of Legal Ethics 535 (2009).

B A Green, "Lawyers Professional Independence: Overrated or Undervalued?"

46 Akron L. Rev. 599 (2013)

G K Hadfield, "The Cost of Law: Promoting Access to Justice through the (Un) Corporate Practice of Law," 38 Int'l Rev. L. & Econ. 43 (2014).

G Hazard, R Pearce and J Stempel, "Why Lawyers Should Be Allowed to Advertise: A Market Analysis of Legal Services," 58 New York University Law Review 1084 (1983).

D Hunter, "The Death of the Legal Profession and the Future of Law", UNSW Law Journal Volume 43(4), 1199 (2020).

V Magesh et al, "Hallucination-Free? Assessing the Reliability of Leading AI Legal Research Tools", Stanford HAI (2024, preprint), 〈https://dho.stanford.edu/wp-content/uploads/Legal_RAG_Hallucinations.pdf〉.

S Mark & G Cowdroy, "Incorporated Legal Practices—A New Era in the Provision of Legal Services in the State of New South Wales", 22 Penn St. Int'l L. Rev. 671 (2004)

J K Morrow, "UK Alternative Business Structures for Legal Practice: Emerging Market and Lessons for the US," 47 Geo. J. Int'l L. 665 (2016)

C Parker, "Regulation of the Ethics of Australian Legal Practice: Autonomy and Responsiveness", 25 University of New South Wales Law Journal 676 (2002).

C Parker and L Aitken, "The Queensland Workplace Culture Check: Learning from Reflection on Ethics inside Law Firms", 24 Georgetown Journal of Legal Ethics 399 (2011).

R G Pearce et al, "A Taxonomy of Lawyer Regulation: How Contrasting Theories of Regulation Explain the Divergent Regulatory Regimes in Australia, England/Wales, and North America", 16:2 Legal Ethics 258 (2013).

D L Rhode and L B Ricca, "Protecting the Profession or the Public?: Rethinking Unauthorized Practice Enforcement," 82 Fordham L. Rev. 2587 (2013).

L E Ribstein, "Ethical Rules, Agency Costs, and Law Firm Structure" 84 Virginia Law Review 1707 (1998).

D Riehl, "AI, UPL, and the Justice Gap: A Profession at the Crossroads,"

Bench & Bar of Minnesota, Vol. 81 Issue 3 18 (Apr 2024).
N Robinson, "When Lawyers Don't Get All the Profits: Nonlawyer Ownership, Access, and Professionalism", 29 Geo. J. Legal Ethics 1 (2016).
I Rodgers, J Armour, M Sako, "How Technology Is (or Is Not) Transforming Law Firms", Annual Review of Law and Social Science 311 (2023).
R L Sandefur & T M Clarke, "Designing the Competition: A Future of Roles Beyond Lawyers? The Case of the U.S.A.", 67 Hastings L.J. 1467 (2016).
T Schneyer, "A Tale of Four Systems: Reflections on How Law Influences the 'Ethical Infrastructure' of Law Firms", 39 South Texas Law Review 245 (1998).
D Simshaw, "Toward National Regulation Of Legal Technology: A Path Forward For Access To Justice," 92 Fordham L. Rev. 1 (2023).
G J Stigler, "The Theory of Economic Regulation," 2 Bell Journal of Economics and Management Science 1 (1971).
M Suzuki, "The Protectionist Bar Against Foreign Lawyers in Japan, China, and Korea: Domestic Control in the Face of Internationalization," 16 Colum. J. Asian L. 385 (2003).
L S Terry, S Mark and T Gordon, "Adopting Regulatory Objectives for the Legal Profession", 80 Fordham Law Review 2661 (2012).
M Thornton, 'Towards the Uberisation of Legal Practice', 1(1) Law, Technology and Humans 46 (2019).
E Walters, "The Model Rules of Autonomous Conduct: Ethical Responsibilities of Lawyers and Artificial Intelligence," 35 Ga. St. U. L. Rev. 1073 (2019).

3. 보고서 및 기타 문헌

강석구 외, "리걸테크 도입 및 대응을 위한 법무정책 연구", 한국형사법무정책연구원(2022).
허란, "리걸테크 '숨통' 트이나…법률AI 가이드라인 만든다", 한국경제(2024. 6. 23.), 〈https://www.hankyung.com/article/2024062356011〉.
홍수정, "법률서비스 무역수입(收入) '사상 최고' 9억불 돌파", 법률신문 2024. 5. 11. 〈https://www.lawtimes.co.kr/news/168105〉

法務省大臣官房司法法制部, " ＡＩ等を用いた契約書等関連業務支援サービスの提供と弁護士法第72条との関係について", 昭和5年8月, ⟨https://www.moj.go.jp/content/001400675.pdf⟩

ABA, "Best Practice Guidelines for Online Document Providers" (Aug. 2019). ⟨https://www.americanbar.org/content/dam/aba/administrative/house_of_delegates/resolutions/2019-midyear/2019-midyear-10a.pdf⟩

ABA Commission on the Future of Legal Services to the Am. Bar Ass'ns et al., "For Comment: Issues Paper Regarding Alternative Business Structures" (Apr. 8, 2016). ⟨https://www.mnbar.org/docs/default-source/default-document-library/alternative_business_issues_paper-2.pdf?sfvrsn=0⟩

ABA House of Delegates Resolution 112, Adopted August 12-13, 2019. ⟨https://www.americanbar.org/content/dam/aba/directories/policy/annual-2019/112-annual-2019.pdf⟩

ABA Resolution 115, Adopted by the House of Delegates, February 17, 2020. ⟨https://www.americanbar.org/content/dam/aba/directories/policy/midyear-2020/2020-midyear-115.pdf⟩

ABA Standing Committee Formal Opinion 499 on Passive Investment in Alternative Business Structures (Sep. 8, 2021). ⟨https://www.americanbar.org/content/dam/aba/administrative/professional_responsibility/ethics-opinions/aba-formal-opinion-499.pdf⟩

ABA Standing Committee on Ethics and Professional Responsibility, Formal Opinion 512 July 29, 2024. ⟨https://www.americanbar.org/content/dam/aba/administrative/professional_responsibility/ethics-opinions/aba-formal-opinion-512.pdf⟩

Artificial Lawyer, "What Do Corporate Clients Want From Legal Tech?" (2021. 1. 26.) ⟨https://www.artificiallawyer.com/2021/01/26/what-do-corporate-clients-want-from-legal-tech/⟩

D Bindman, "Slater & Gordon acquires Fentons and extends its PI reach," Legal Futures (21 August 2013). ⟨http://www.legalfutures.co.uk/latestnews/slater-gordon-set-acquire-fentons-extend-reach-uis/print/⟩

Bloomberg Law, "2023 Legal Ops+Tech Survery", 6-7. ⟨https://assets.bbhub.io/bna/

sites/7/2023/07/2023-Legal-Ops-and-Tech-Survey.pdf〉.

T Brown, B MacEwen and J Stanton, "Exploring the Impact of AI on the Economics of BigLaw", ALM/Law.com (2024. 4.).

Canadian Bar Association International Practice of Law Committee, "Striking a Balance: The Report of the International Practice of Law Committee on Multi-Disciplinary Practices and the Legal Profession" (1999).

CBA/CBF Task Force on the Sustainable Practice of Law & Innovation, Task Force Report (September 28, 2020) 〈https://chicagobarfoundation.org/pdf/advocacy/task-force-report.pdf〉

Sir D Clementi, "Review of the Regulatory Framework for Legal Services in England and Wales: Final Report" (2004).

Commission of the European Communities, "Report on Competition in Professional Services" (2004).

Consumer Law Experts, Civil Legal Services Organizations, and Civil Rights Organizations, Brief of Amici Curiae, in Opposition to Plaintiffs' Motion for a Preliminary Injunction, Upsolve v. James (S.D.N.Y.) Case 1:22-cv-00627-PAC Document 57 (Apr. 13, 2022).

Department for Constitutional Affairs of U.K, "White Paper: The Future of Legal Services: Putting Consumers First" (2005).

D F Engstrom et al, "Legal Innovation After Reform: Evidence from Regulatory Change", Stanford Law School Deborah L. Rhode Center on the Legal Profession (September 2022).

L Erdelyi, "8 Wins of Managed Services for Law Firms", Clio Business Post. 〈https://www.clio.com/blog/managed-services-for-law-firms/〉

M Finnemore, "Starting Up or Starting Over: Law Firms of All Sizes Need to Consider Their Tech Options," OR. STATE BAR BULL. (Apr. 2020) 26, 〈https://www. osbar.org/bulletin/issues/2020/2020April/offline/download.pdf〉

FMI, LegalTech Market Outlook (2022 to 2032). 〈https://www.futuremarketinsights.com/reports/legaltech-market〉

FTC Complaint, In the Matter of DONOTPAY, INC., FILE NO. 232-3042. 〈https://www.ftc.gov/system/files/ftc_gov/pdf/DoNotPayInc-Complaint.pdf〉

J Hyde, "LegalZoom Enters Market with ABS License," THE LAW SOCIETY GAZETTE (Jan. 7, 2015). 〈https://www.lawgazette.co.uk/practice/legalzoom-enters-market-with-abs-licence/5045879.article〉

E Iacobucci and M Trebilcock, "An Economic analysis of Alternative Business Structures for the practice of law," Commissioned by the Law Society of Upper Canada for its ABS Symposium held October 4, 2013.

J Kemper and A Halaby, "The Arizona ABS Program—Three Years In", for panel presentation "Recent Developments in Legal Ethics & Professional Responsibility" for The Federalist Society (December 8, 2023). 〈https://www.gtlaw.com/en/insights/2023/12/published-articles/the-arizona-abs-program-three-years-in〉

LawtechUK, "Report 2021: Shaping the Future of Law." 〈https://27221500.fs1.hubspotusercontent-eu1.net/hubfs/27221500/LawtechUK%20archive%20reports/Shaping%20the%20Future%20of%20Law%20-%20The%20LawtechUK%20Report%202021.pdf?__hstc=251652889.ada91e8fca5524e2f2718b87589fdbc2.1715411375608.1715411375608.1715411375608.1&__hssc=251652889.1.1715411375608&__hsfp=4110474762〉

LSB, "Guidance on promoting technology and innovation to improve access to legal services", Issued under s162 of the Legal Services Act 2007, Published 23 April 2024 〈https://legalservicesboard.org.uk/wp-content/uploads/2024/04/Technology-and-innovation-guidance-for-publication.pdf〉

Legal Services Board, "Working toward 10 year strategy." 〈https://reshapinglegalservices.org.uk/about-the-strategy/〉

LEGAL SERVICES BOARD, Evaluation: ABS and investment in legal services 2011/12-2016/17—Main Report 4 (June 2017). 〈https://research.legalservicesboard.org.uk/wp-content/media/Investment-research-2017-ReportMain-report.pdf〉

LEGAL SERVICES BOARD, "Research Summary: Technology and Innovation in Legal Services" (Nov. 2018). 〈https://research.legalservicesboard.org.uk/wp-content/media/Innovation-survey-2018-web-FINAL.pdf〉

S Mark, "Re-imagining Lawyering: Whither the Profession?", Autralian Academy of Law Symposium Keynote Speech (25 July 2008).

L Moran, "Rocket Lawyer Is among the First Legal Innovation After Reform: EVIDENCE FROM REGULATORY CHANGE / 54 Applicants Approved to Join Utah's Regulatory Sandbox Program," ABA J. (Sept. 8, 2020, 4:38 PM CDT). 〈https://www.abajournal.com/web/article/rocket-lawyer-givenapproval-to-join-utahs-regulatory-Sandbox-program〉

Minnesota State Bar Association WORKING GROUP ON AI Report and Recommendations, "Implications of Large Language Models (LLMs) on the Unauthorized Practice of Law (UPL) and Access to Justice" (June 2024). 〈https://www.mnbar.org/docs/default-source/default-document-library/msba-ai-working-group-final-report-and-recommendations.pdf〉

New York State Bar Association Task Force on Artificial Intelligence, "Report and Recommendations" (April 2024). 〈https://nysba.org/app/uploads/2024/04/Task-Force-on-AI-Report-draft-2024-04-02-FINAL.pdf〉

Office of Legal Services Innovation, Innovation Office Manual (Feb 20, 2024) 1. 〈https://utahinnovationoffice.org/wp-content/uploads/2024/02/Innovation-Office-Manual.pdf〉

OR. State Bar Futures Task Force, OR. State Bar, The Future of Legal Services in Oregon 7 (2017). 〈http://www.osbar.org/_docs/resources/taskforces/futures/futurestf_summary.pdf〉

F Ready, "EY Eyes Continued Legal Services Growth with Pangea3 Acquisition", Law.com (online, 5 April 2019). 〈https://www.law.com/legaltechnews/2019/04/05/ey-eyes-continued-legal-services-growth-withpangea3-acquisition/〉

J R Reardon & N A Knowlton, "Legal Regulations & Legal Tech Investment", 2024 ABA Techshow Presentation (Dec 7, 2023).

Solicitors Regulation Authority, "Risk Outlook report: The use of artificial intelligence in the legal market" (20 November 2023). 〈https://www.sra.org.uk/pdfcentre/?type=Id&data=341008253〉

Solicitors Regulation Authority, "Research on alternative business structures (ABSs): Findings from surveys with ABSs and applicants that withdrew from the licensing process" (May 2014).

J Solomon, D Rhode & A Wanless, "How Reforming Rule 5.4 Would Benefit

Lawyers and Consumers, Promote Innovation, and Increase Access to Justice" Stan. Ctr. Legal Pro. (2020), 4. 〈https://www-cdn.law.stanford.edu/wp-content/uploads/2020/04/Rule_5.4_Whitepaper_-_Final.pdfAm〉

State Bar Cal., Task Force on Access through Innovation of Legal Servs. ("ATILS"), "Final Report and Recommendations" 30 (2020). 〈https://www.calbar.ca.gov/Portals/0/documents/publicComment/ATILS-Final-Report.pdf〉

State Bar of Cal., State Bar Task Force on Access Through Innovation of Legal Services Report: Request to Circulate Tentative Recommendations for Public Comment 22 (2019). 〈https://board.calbar.ca.gov/docs/agendaItem/Public/agendaitem1000024450.pdf〉

State of California Judiciary Committee Chairs' Letter to the State Bar, December 7, 2021. 〈https://www.abajournal.com/files/Lawmakers_December_letter.pdf〉

Supreme Court of the State of Arizona Task Force on the Delivery of Legal Services, "Report and Recommendations" (October 4, 2019). 〈https://www.azcourts.gov/Portals/74/LSTF/Report/LSTFReportRecommendationsRED10042019.pdf?ver=2019-10-07-084849-750〉

G Tegart et al., "Final Report of the Legal Services Task Team" (Joint Staff Working Group of the Law Society of Saskatchewan and the Saskatchewan Ministry of Justice, August 2018). 〈https://www.lawsociety.sk.ca/wp-content/uploads/2020/03/107840-legal_services_task_team_report_august_14-_2018-1.pdf〉

TheCityUK, "Legal excellence, internationally renowned: UK legal services 2023" (Dec. 2023) 31-32. 〈https://www.thecityuk.com/media/0didtzlm/legal-excellence-internationally-renowned-uk-legal-services-2023.pdf〉

Utah Sup. Ct. Standing Ord. No. 15 (Aug. 14, 2020). 〈https://utahinnovationoffice.org/wp-content/uploads/2021/07/Signed-Utah-Supreme-Court-Standing-Order-No.-15-Amended-June-3-2021.pdf〉

Utah Work Grp. on Regul. Reform, Narrowing the Access-to-Justice Gap by Reimagining Regulation (2019). 〈https://www.utahbar.org/wp-content/uploads/2019/08/FINAL-Task-Force-Report.pdf〉

S F Ward, "California bill signed into law restricts state bar sandbox proposals", ABA Journal (Sep 21, 2022). 〈https://www.abajournal.com/news/article/california-bill-signed-into-law-restricts-state-bar-sandbox-proposals#google_vignette〉

S Wellen, "How Lexis+ AI Delivers Hallucination-Free Linked Legal Citations", LexisNexis Legal Insights (2024). 〈https://www.lexisnexis.com/community/insights/legal/b/product-features/posts/how-lexis-ai-delivers-hallucination-free-linked-legal-citations〉

民事判例研究會 日誌

▣ 월례 연구발표회 ▣

○ 第467회(2024. 1. 22.)

1. 정문경 고법판사 : 지역주택조합 추진위원회와 신탁업자 사이에 체결된 자금관리 대리사무계약에 기한 신탁업자의 대항 범위와 채권자의 권리실현방법

   지정토론 : 이창현 교수, 양승우 판사

2. 문혁 판사 : 유치권자의 선관주의의무 위반에 대한 유치권 소멸청구의 청구권자에 관한 고찰

   지정토론 : 김영희 교수, 이새롬 판사

○ 第468회(2024. 2. 19.)

1. 김병선 교수 : 무효등기유용의 효력

   지정토론 : 송재일 교수, 오대석 판사

2. 이윤재 판사 : 사적 계약을 이용한 지배구조의 개편－대법원 2021다293213 판결의 주주간 차별적 취급이 허용되는 정당한 사유와 관련하여

   지정토론 : 안태준 교수, 송영복 고법판사

○ 第469회(2024. 3. 18.)

1. 이병준 교수 : 즉시연금보험 사건에서 보험약관을 통한 보험금의 확정과 약관의 편입

   지정토론 : 박설아 교수, 유형웅 판사

2. 성창희 판사 : 채권자취소권에서 인정되는 기초적 법률관계론의 의미와

적용에 관한 비판적 검토
지정토론 : 여하윤 교수, 조재헌 판사

○ 제470회(2024. 4. 22.)

1. 안병하 교수 : 현저히 불성실한 진료로 인한 위자료
   지정토론 : 김천수 교수, 이혜미 판사
2. 김유성 교수 : 보험재판에서 의료감정을 통한 보험사고 인정법리에 관한 연구
   지정토론 : 박혜진 교수, 김기홍 판사

○ 제471회(2024. 5. 20.)

1. 김현진 교수 : 자의 성·본 결정과 모성으로의 변경허가의 기준
   지정토론 : 최준규 교수, 장지용 고법판사
2. 이성범 교수 : 유증과 사인증여의 관계
   지정토론 : 이동진 교수, 박종원 판사

○ 제472회(2024. 6. 17.)

1. 김세용 부장판사 : 추심채권자와 제3채무자의 상계 가능성에 대한 연구
   지정토론 : 권태상 교수, 임윤한 판사
2. 김태균 부장판사 : 파생상품거래의 착오취소와 민법 제109조 제1항의 적용
   지정토론 : 김형석 교수, 조은경 부장판사

○ 제473회(2024. 7. 22.)

1. 장두영 부장판사 : 통신사실확인자료에 대한 문서제출명령의 가부 및 제도개선방안
   지정토론 : 강윤희 교수, 이국현 부장판사
2. 김찬미 판사 : 유체의 사후처리에 관한 사망자의 인격적 이익의 법적 존중과 보호

지정토론 : 조원경 교수, 고은설 부장판사

○ 제474회(2024. 9. 23.)

1. 허성욱 교수 : 환경소송에서 원인물질과 손해 사이의 인과관계가 불분명한 경우 피해자의 구제방법-원자력발전소 인근 주민의 갑상선암 발병사건을 중심으로-

지정토론 : 김수정 교수, 이봉민 고법판사

2. 한성민 판사 : 신의칙에 기한 변호사 보수 감액 법리에 대한 소고-대법원 2022다293937 판결 및 2023년 하급심 판결을 중심으로-

지정토론 : 이계정 교수, 이종기 부장판사

○ 제475회(2024. 10. 21.)

1. 나진이 부장판사 : 해제권 발생 후 미행사 중 본래 채권이 시효소멸된 경우 해제권 행사의 가부

지정토론 : 고유강 교수, 강지웅 부장판사

2. 남궁주현 교수 : 자본시장법상 회사의 부실공시로 인한 주주의 손해배상청구에서의 인과관계

지정토론 : 송옥렬 교수, 이혜민 부장판사

○ 제476회(2024. 11. 18.)

1. 이종문 변호사 : 과소 대지지분을 보유한 구분소유자의 대지공유자에 대한 부당이득반환의무 및 그 예외 사유

지정토론 : 이정수 교수, 허문희 판사

2. 이종욱 판사 : 임대차계약 종료 후 계속 점유자에 대한 임대인의 부당이득 반환 청구 －대법원 2023. 3. 30. 선고 2022다296165 판결을 계기로－

지정토론 : 최우진 교수, 유아람 부장판사

▣ 하계 심포지엄 ▣

○ 제47회(2024. 8. 24.) (서울 강남구 '더 리버사이드 호텔 몽블랑홀')

주제 : 「소송대리의 제 문제」

1. 이익충돌과 쌍방대리금지－대법원 2024. 1. 4. 선고 2023다225580 판결의 평석을 겸하여－(현낙희 교수)

   지정토론 : 전보성 부장판사

2. 의뢰인-변호사 간 비밀유지권 제도 설계의 고려사항(정준혁 교수)

   지정토론 : 박진수 부장판사

3. 민사소송 당사자 및 대리인의 진실의무(곽희경 교수)

   지정토론 : 김현석 변호사

4. 변호사 마케팅(이희준 고법판사)

   지정토론 : 장보은 교수

5. 리걸테크와 법률서비스 시장의 규율－영미법계를 중심으로 한 비교법적 검토와 시사점(한애라 교수)

   지정토론 : 이지은 변호사

民事判例硏究會 2024年度 會務日誌

1. 월례발표회

□ 2024년에도 하계 심포지엄이 열린 8월과 연말인 12월을 제외한 나머지 달에 빠짐없이 연구발표회를 개최하여 총 20명의 회원들이 그동안 연구한 성과를 발표하였다. 2024년 1월의 제467회 월례발표회부터 11월의 제476회 월례발표회까지의 발표자와 논제는 위 일지에서 밝힌 바와 같다.

□ 2024년에도 연구발표회를 PPT 슬라이드를 활용한 주제 발표 및 하나의 주제에 관한 회원 2명 토론 등의 방식으로 유지함으로써 더욱 효율적이고 생동감 있는 방식으로 월례발표회가 운영되었다.

2. 제47회 하계 심포지엄

□ 2024년도 하계 심포지엄은 8월 24일 서울 강남구 잠원동에 있는 더 리버사이드 호텔에서 "소송대리의 제 문제"라는 주제로 개최되었다. 심포지엄은 92명의 회원 등 총 94명이 참석하여 성황리에 진행되었고, 매우 유익한 발표와 토론이 이어졌다. 상세한 일정은 앞의 "부록에 부치는 말"에서 밝힌 바와 같다.

□ 회원이 아니면서도 심포지엄에 참석하여 발표를 맡아 주신 이희준 서울고등법원 고법판사님과 지정토론을 맡아 주신 이지은 변호사님, 회원으로서 발표를 맡아 주신 현낙희 교수님, 정준혁 교수님, 곽희경 교수님, 한애라 교수님, 지정토론을 맡아 주신 전보성 부장판사님, 박진수 부장판사님, 김현석 변호사님, 장보은 교수님과 심포지엄의 원활한 진행을 위하여 도움을 주신 모든 회원님들께 깊이 감사드린다.

3. 송년모임

□ 2024년도 송년모임이 12월 13일(금) 서울 서초구 강남대로 213 소재 엘타워 엘하우스홀에서 개최되어 총 72명의 회원과 배우자들이 참석하였다.

□ 송년모임의 연사로 정선근 교수님(서울대학교 의과대학)을 모시고 '백년운동: 척추/관절 아프지 않게 100세까지 운동하는 법'이라는 주제의 매우 흥미롭고 유익한 강연을 들었다.

□ 바쁘신 가운데에서도 시간을 내어 강연을 해 주신 정선근 교수님께 이 기회를 통해 다시 한 번 감사의 말씀을 드린다.

4. 회원동정

□ 안태준 교수님께서 2024년 2월 한국기업법학회 기업법연구 우수 논문상을 수상하셨다.

□ 권오곤 전 ICC 의장님께서 2024년 6월 제3기 대법원 사법정책자문위원회 위원장으로, 전원열 회장님께서 사법정책자문위원회 위원으로 각각 위촉되셨다.

□ 최봉경 교수님께서 2024년 12월 한국법학교수회 회장으로 선출되셨다.

□ 강영수 변호사님께서 2024년 12월 개인정보 분쟁조정위원회 위원장으로 위촉되셨다.

□ 권대우 교수님께서 2024년 12월 한국학술단체총연합회 이사장에 연임되셨다.

□ 허성욱 교수님께서 2025년 2월 제10대 한국법경제학회 회장에 연임되셨다.

5. 2024년도 신입회원

□ 학계의 김화(이화여대), 서종희(연세대), 송방아(이화여대), 이상훈(서울대), 임재혁(이화여대) 교수와 김준하, 박재남, 신진경, 유은지, 이승은, 전은진, 정중원, 최항선 판사의 신청을 받아 2025년도 신입회원으로 맞이하였다.

(간사 범 선 윤)

民事判例研究會 2026年度
新入會員 募集 案內

우리 연구회에서는 2026년도 신입회원을 모집합니다. 민사법, 상사법, 민사소송법 분야의 판례 및 이론 연구에 높은 관심과 열의가 있으신 법학교수 및 법조인(판사, 검사 및 변호사 포함)으로서 우리 연구회에 가입하여 활동하기를 원하시는 분들께서는 2025. 10. 17.까지 아래 연락처로 문의해 주시기 바랍니다.

– 아　　래 –

주　　소 : 서울 서대문구 연세로 50 연세대학교 법학전문대학원
광복관 508호(조인영 교수)

이 메 일 : inyoung.cho@yonsei.ac.kr

전화번호 : (02) 2123-2994

民事判例研究會 定款

(2010. 8. 28. 제정)

제1장 총 칙

제1조(목적) 본회는 판례의 연구를 통하여 민사법에 관한 이론과 실무의 조화로운 발전에 기여하고 회원 상호간의 친목을 도모함을 목적으로 한다.

제2조(명칭) 본회는 「민사판례연구회」라고 한다.

제3조(주소지) 본회는 서울특별시에 그 주소지를 둔다.

제4조(사업) 본회는 제1조의 목적을 달성하기 위하여 다음 사업을 한다.

1. 판례연구 발표회 및 심포지엄의 개최
2. 연구지를 비롯한 도서의 간행
3. 그 밖에 본회의 목적을 달성함에 필요한 사업

제2장 회 원

제5조(회원) 회원은 본회의 목적에 동의하는 다음 각 호에 해당하는 사람으로서 가입신청을 하여 운영위원회의 승인을 얻어야 한다.

1. 민사법의 연구에 관심이 있는 대학교수
2. 민사법의 연구에 관심이 있는 법관, 검사, 변호사, 그 밖에 변호사 자격이 있는 사람

제6조(회원의 권리 · 의무) ① 회원은 본회의 운영과 관련된 의사결정에 참여하며, 본회의 각종 사업에 참여할 수 있는 권리를 갖는다.

② 회원은 정관 및 총회 결정사항을 준수할 의무를 지며 회비를 납부

하여야 한다.

제7조(회원의 자격상실) 다음 각 호의 1에 해당하는 회원은 그 자격을 상실한다.

1. 본인의 탈퇴 신고
2. 회원의 사망
3. 회원의 제명 또는 탈퇴 결정

제8조(제명 또는 탈퇴 결정) ① 회원이 본회의 명예를 심각하게 훼손한 때 또는 본회의 목적에 위배되는 행위를 하거나 회원으로서의 의무를 중대하게 위반한 때에는 총회의 의결로 제명할 수 있다. 제명에 관한 총회의 의결은 회원 3/4 이상의 출석과 출석회원 과반수의 찬성으로 한다.

② 회원이 정당한 사유없이 상당한 기간 동안 출석을 하지 아니하는 등 회원으로서 활동할 의사가 없다고 인정되는 경우에는 운영위원회의 의결로 탈퇴를 결정할 수 있다.

제 3 장 자산 및 회계

제9조(자산의 구성) 본회의 자산은 다음 각 호에 기재한 것으로 구성한다.

1. 회원의 회비
2. 자산으로 생기는 과실
3. 사업에 따른 수입
4. 기타 수입

제10조(자산의 종류) ① 본회의 자산은 기본재산과 보통재산으로 구분한다.

② 기본재산은 다음 각 호에 기재한 것으로 하되 이를 처분하거나 담보로 제공할 수 없다. 다만, 부득이한 사유가 있는 때에는 운영위원회의 의결을 거쳐 이를 처분하거나 담보로 제공할 수 있다.

1. 기본재산으로 하기로 지정하여 출연된 재산
2. 운영위원회에서 기본재산으로 하기로 결의한 재산

③ 보통재산은 기본재산 이외의 재산으로 한다.

제11조(경비지출) 본회의 경비는 보통재산에서 지출한다.

제12조(자산의 관리) 본회의 자산은 운영위원회의 의결에 의하여 운영위원회에서 정한 관리방법에 따라 회장 또는 회장이 지명하는 회원이 관리한다.

제13조(세입 · 세출 예산) 본회의 세입 · 세출예산은 매 회계연도개시 1개월 전까지 운영위원회의 의결을 얻어야 한다. 다만, 부득이한 사정이 있는 경우에 운영위원회의 의결은 새 회계연도 후 첫 회의에서 이를 받을 수 있다.

제14조(회계연도) 본회의 회계연도는 매년 1월 1일에 시작하여 12월 31일까지로 한다.

제15조(회계감사) 감사는 연 1회 이상 회계감사를 하여야 한다.

제16조(임원의 보수) 임원의 보수는 지급하지 아니한다. 다만 실비는 변상할 수 있다.

제4장 임 원

제17조(임원의 인원수 및 자격) 본회에는 법률상 그 결격사유가 없는 자로서 다음과 같은 임원을 둔다.

1. 회장 1인
2. 운영위원 5인 이상 20인 이내
3. 감사 1인
4. 간사 2인 이내

제18조(임원의 선임) ① 회장은 운영위원회에서 선출하며 총회의 인준을 받는다.

② 운영위원은 회장이 추천하여 총회의 인준을 받는다.

③ 감사는 총회에서 선출한다.

④ 간사는 회장이 지명한다.

제19조(임원의 직무) ① 회장은 본회의 업무를 통괄하고 본회를 대표한다.

② 회장 유고시에 운영위원 중 연장자가 그 직무를 대행한다.

③ 감사는 본회의 업무 및 회계에 관한 감사를 한다.

④ 간사는 회장의 지시에 따라 본회의 실무를 수행한다.

제20조(임기) 회장, 운영위원 및 감사의 임기는 4년으로 하되 연임할 수 있다.

제21조(명예회장과 고문) ① 본회의 발전을 위하여 명예회장과 고문을 둘 수 있다.

② 명예회장과 고문은 운영위원회의 추천에 의하여 회장이 추대한다.

제5장 총 회

제22조(총회) ① 총회는 본회의 최고의결기구로서 회원으로 구성한다.

② 회장은 총회의 의장이 된다.

제23조(총회의 소집) ① 총회는 정기총회와 임시총회로 나누되 정기총회는 년 1회 하반기에, 임시총회는 회장 또는 운영위원회가 필요하다고 인정한 경우에 각각 회장이 소집한다.

② 회장은 회의 안건을 명기하여 7일전에 각 회원에게 통지하여야 한다. 이 통지는 본회에 등록된 회원의 전자우편주소로 발송할 수 있다.

제24조(총회의사 및 의결의 정족수) 총회는 회원 30인 이상의 출석과 출석회원 과반수로서 의결한다.

제25조(표결의 위임) 회원은 다른 회원에게 위임하여 표결할 수 있다. 이 경우 그 위임을 증명하는 서면을 미리 총회에 제출하여야 한다.

제26조(총회에 부의할 사항) 총회는 다음에 기재하는 사항을 의결한다.

1. 정관의 제정 및 개정에 관한 사항
2. 임원의 선임과 인준에 관한 사항
3. 세입세출의 예산 및 결산의 승인
4. 기본재산의 처분 · 매도 · 증여 · 기채 · 담보제공 · 임대 · 취득의 승인
5. 본회의 해산
6. 그 밖에 주요사항으로서 운영위원회가 총회에 부의하기로 의결한 사항

제 6 장 운영위원회

제27조(운영위원회의 구성) ① 운영위원회는 회장과 운영위원으로 구성한다.

② 회장은 운영위원회의 의장이 된다.

제28조(운영위원회의 권한) 운영위원회는 다음 각 호의 사항을 심의 의결한다.

1. 회장의 선출
2. 회원의 가입과 탈퇴에 관한 사항
3. 운영계획에 관한 사항
4. 재산의 취득, 관리, 처분에 관한 사항
5. 총회의 소집과 총회에 회부할 의안에 관한 사항
6. 총회가 위임한 사항
7. 그 밖에 회장이 회부한 본회의 운영에 관한 중요사항

제29조(운영위원회의 소집) ① 운영위원회는 정기 운영위원회와 임시 운영위원회로 구분하고 회장이 소집한다.

② 정기 운영위원회는 년 1회 이상 개최한다.

③ 임시 운영위원회는 회장이 필요하다고 인정하거나 운영위원 1/3 이상 또는 감사의 요구가 있을 때에 회장이 소집한다.

제30조(운영위원회 의사 및 의결의 정족수) 운영위원회는 운영위원 5인 이상의 출석과 출석운영위원 과반수의 찬성으로 의결한다.

제 7 장 보 칙

제31조(정관의 변경) 본 정관은 총회에서 회원 1/3 이상의 출석과 출석회원 2/3 이상의 동의를 얻어 이를 변경할 수 있다.

제32조(해산, 잔여재산의 처분) ① 본회는 민법 제77조 및 제78조의 규정에 의하여 해산한다.

② 총회원 3/4 이상의 출석과 출석회원 2/3 이상의 찬성으로 본회를 해산할 수 있다.

③ 본회가 해산한 때의 잔여재산은 총회의 결의를 거쳐 유사한 목적을 가진 다른 단체에 출연할 수 있다.

제33조(시행세칙의 제정) 본 정관의 시행에 필요한 세칙은 운영위원회의 의결을 거쳐 정한다.

부 칙

제1조(시행일) 이 정관은 2010년 8월 28일부터 효력이 발생한다.

제2조(회원 및 임원 등) ① 이 정관의 효력 발생일 당시의 민사판례연구회의 회원은 본회의 회원으로 본다.

② 이 정관의 효력 발생일 당시의 회장은 이 정관에 의하여 선임된 것으로 본다. 그 임기는 본 정관의 규정에 의하되, 정관 효력발생일부터 개시된다.

제3조(기존의 행위에 관한 규정) 이 정관의 효력 발생 이전에 민사판례연구회가 한 활동은 이 정관에 따른 것으로 본다.

民事判例研究 간행규정

2005년 12월 27일 제정
2021년 2월 22일 개정

제 1 조(목적) 이 규정은 민사판례연구회(이하 연구회)가 발간하는 정기학술지인 『민사판례연구』에 게재할 논문의 제출, 작성 기준에 관한 사항을 규정함을 목적으로 한다.

제 2 조(삭제)

제 3 조(논문의 제출자격) 논문의 제출은 연구회의 회원인 자에 한하여 할 수 있다. 그러나 운영위원회의 승인을 받은 경우에는 회원이 아닌 자도 논문을 제출할 수 있다.

제 4 조(논문의 제출기일) ① 『민사판례연구』에 논문을 게재하고자 하는 자는 발간예정일을 기준으로 2개월 전에 원고를 이메일로 간사에게 제출하여야 한다.

② 연구회가 주최 또는 주관한 심포지엄 기타 학술모임에서 발표한 논문을 『민사판례연구』에 게재하는 경우에도 제 1 항에 의한다.

제 5 조(삭제)

제 6 조(원고분량의 제한) 논문은 200자 원고지 240매를 초과할 수 없다. 그러나 논문의 성격상 불가피하다고 인정될 경우에는 운영위원회의 승인을 얻어 게재할 수 있다.

제 7 조(논문불게재) 연구회는 운영위원회의 심의를 거쳐 제출된 논문을 게재하지 아니할 수 있다.

제 8 조(원고작성 기준) 게재를 위하여 제출하는 원고는 아래와 같은 기준

으로 작성한다.

1. 원고는 흔글 워드 프로그램으로 작성하여 제출하여야 한다.
2. 원고표지에는 논문제목(영문제목 병기), 필자의 인적 사항(성명, 영문성명, 소속, 직책) 및 연락처를 기재하여야 한다.
3. 논문의 저자가 2인 이상인 경우에는 주저자와 공동저자를 구분하고 주저자·공동저자의 순서로 표시하여야 한다.
4. 목차순서는 다음과 같이 기재한다.
   ㉠ 로마 숫자　　　예) Ⅰ.
   ㉡ 아라비아 숫자　예) 1.
   ㉢ 괄호 숫자　　　예) (1)
   ㉣ 괄호 한글　　　예) ㈎
   ㉤ 반괄호 숫자　　예) 1)
5. 논문의 결론 다음에는 국문 및 국제학술어(영어, 독일어, 프랑스어)로 된 논문초록 및 10개 이내의 주제어를 기재하여야 한다.
6. 마지막으로 참고문헌 목록을 작성하여야 한다.
7. (삭제)

제 9 조(원고제출 및 게재안내) ① 게재를 신청하는 원고의 접수 및 그에 관련된 문의에 관한 사항은 간사가 담당한다.

② 『민사판례연구』에는 다음 호에 게재할 논문의 투고 및 작성기준을 안내한다.

부　　칙(2005년 12월 27일)

이 규정은 2006년 1월 1일부터 시행한다.

부　　칙(2021년 2월 22일)

이 규정은 2021년 3월 1일부터 시행한다.

民事判例研究會 會員 名單

(2025. 2. 28. 現在, 304名, 가나다 順)

姓 名	現 職	姓 名	現 職
姜東郁	변호사	金圭和	법원행정처 형사전자소송심의관
姜棟勛	광주고법(제주) 판사	金琪泓	서울남부지법 판사
康承埈	변호사	金度亨	변호사
姜永壽	변호사	金東鎬	서울고등법원(춘천) 판사
姜僑希	고려대 법전원 교수	金文煥	국민대 법대 명예교수
姜志曄	의정부지법 남양주지원 판사	金旼秀	변호사
姜智雄	대법원 재판연구관	金民柱	서울남부지법 판사
姜賢俊	인천지법 판사	金炳瑄	이화여대 법전원 교수
高範溱	인천지법 판사	金相瑢	중앙대 법전원 교수
高錫範	수원고법 판사	金上中	고려대 법전원 교수
高唯剛	서울대 법전원 교수	金相哲	변호사
高銀設	서울행정법원 부장판사	金善和	서울가정법원 판사
高弘錫	대법원 수석재판연구관	金成昱	변호사
郭喜卿	아주대 법전원 교수	金星泰	연세대 법전원 명예교수
丘尙燁	법무부 법무실장	金世容	창원지법 통영지원 부장판사
具聖勳	춘천지법 영월지원 판사	金昭英	전 대법관
具泰會	서울고법 고법판사	金水晶	명지대 법대 교수
具河庚	인천지법 부천지원 판사	金延美	성균관대 법전원 교수
權光重	변호사	金永錫	창원지법 통영지원 부장판사
權大祐	한양대 법전원 교수	金泳完	서울행정법원 판사
權珉瑩	울산가정법원 판사	金煐晋	변호사
權五坤	전 ICC 당사국총회 의장	金榮喜	연세대 법전원 교수
權載文	서울시립대 법전원 교수	金龍潭	전 대법관
權 澈	성균관대 법전원 교수	金禹辰	서울고법 부장판사
權兌相	이화여대 법전원 교수	金雄載	서울대 법전원 교수
金敬桓	변호사	金有成	연세대 법전원 교수

姓 名	現 職	姓 名	現 職
金裕鎭	변호사	文容宣	변호사
金在男	법원행정처 민사지원제1심의관	文準燮	변호사
金載亨	전 대법관	文 赫	대구지법 의성지원 판사
金廷娟	이화여대 법전원 교수	閔聖喆	서울고법 고법판사
金俊河	서울동부지법 판사	閔日榮	전 대법관
金志健	법원행정처 형사지원심의관	朴健熙	부산고법(창원) 판사
金辰河	춘천지법 강릉지원 판사	朴東奎	울산지법 부장판사
金讚美	서울행정법원 판사	朴珉俊	부산지법 부장판사
金贊榮	대구지법 서부지원 판사	朴庠彦	서울중앙지법 부장판사
金昌模	서울중앙지법 부장판사	朴相漢	대법원 재판연구관
金天秀	성균관대 법전원 교수	朴雪娥	부산회생법원 부장판사
金泰均	대구지법 부장판사	朴雪娥	경희대 법전원 교수
金兌宣	서강대 법전원 교수	朴秀坤	경희대 법전원 교수
金兌珍	고려대 법전원 교수	朴仁範	인천지법 부천지원 판사
金賢錫	변호사	朴仁煥	인하대 법전원 교수
金賢眞	인하대 법전원 교수	朴栽楠	서울중앙지법 판사
金炯錫	서울대 법전원 교수	朴宰瑩	변호사
金 華	이화여대 법전원 교수	朴在允	전 대법관
金滉植	전 국무총리	朴鍾垣	서울고법(인천) 판사
金孝貞	수원지법 안양지원 판사	朴之姸	변호사
羅載穎	인천지법 판사	朴鎭秀	고양지원장
羅眞伊	서울행정법원 부장판사	朴贊益	변호사
南宮珠玄	성균관대 법전원 교수	朴 徹	변호사
南馨斗	연세대 법전원 교수	朴哲弘	대법원 재판연구관
南孝淳	서울대 법전원 명예교수	朴海成	변호사
盧榮保	변호사	朴彗辰	한양대 법전원 교수
盧柔慶	수원지법 안양지원 부장판사	方泰慶	변호사
盧在虎	변호사	裵容浚	서울고법 고법판사
魯赫俊	서울대 법전원 교수	白慶一	숙명여대 법대 교수
都旻浩	부산회생법원 판사	白昌勳	변호사
睦榮埈	전 헌법재판관	范鐥允	광주지법 순천지원 부장판사
睦惠媛	고려대 법전원 교수	徐 敏	충남대 법전원 명예교수

姓 名	現 職	姓 名	現 職
徐乙五	이화여대 법전원 교수	呂河潤	중앙대 법전원 교수
徐 正	변호사	吳大錫	창원지법 부장판사
徐靚源	성균관대 법전원 교수	吳玟官	서울행정법원 판사
徐鐘喜	연세대 법전원 교수	吳英傑	서울대 법전원 교수
石光現	전 서울대 법전원 교수	吳泳俊	서울고법 부장판사
成昌姬	서울서부지법 판사	吳姃厚	서울대 법전원 교수
孫哲宇	서울고법 고법판사	吳宗根	이화여대 법전원 교수
孫台沅	대법원 재판연구관	吳興祿	수원지법 부장판사
宋德洙	이화여대 법전원 명예교수	劉아람	인천지법 부장판사
宋方兒	이화여대 법전원 교수	柳元奎	변호사
宋相現	전 ICC 재판소장	柳恩知	서울서부지법 판사
宋永福	서울고법 고법판사	柳濟瑨	서울고법 고법판사
宋沃烈	서울대 법전원 교수	劉亨雄	광주지법 부장판사
宋宰馹	명지대 법대 교수	劉慧珠	서울중앙지법 판사
宋惠政	서울고법 고법판사	尹聖憲	대법원 재판연구관
宋鎬煐	한양대 법전원 교수	尹榮信	전 중앙대 법전원 교수
申世熙	청주지법 제천지원 판사	尹楨雲	특허법원 판사
申元一	변호사	尹智暎	대법원 재판연구관
申智慧	한국외국어대 법전원 교수	尹眞秀	서울대 법전원 명예교수
申津京	서울서부지법 판사	李健熙	전주지법 부장판사
沈承雨	서울고법 고법판사	李京珉	창원지법 진주지원 부장판사
沈仁淑	중앙대 법전원 교수	李啓正	서울대 법전원 교수
安炳夏	강원대 법전원 교수	李恭炫	전 헌법재판관
安正鎬	변호사	李國鉉	법원행정처 사법등기국장
安台埈	한양대 법전원 교수	李均釜	서울서부지법 판사
梁勝宇	울산지법 부장판사	李東明	변호사
梁栽豪	변호사	李東珍	서울대 법전원 교수
梁鎭守	광주고법(전주) 고법판사	李茂龍	서울대 법전원 교수
梁彰洙	전 대법관	李丙儁	고려대 법전원 교수
嚴東燮	서강대 법전원 명예교수	李鳳敏	서울고법 고법판사
呂東根	수원고법 판사	李相元	변호사
呂美淑	한양대 법전원 교수	李相勳	서울대 법전원 교수

姓 名	現 職	姓 名	現 職
李새롬	창원지법 통영지원 부장판사	李賢鍾	서울중앙지법 판사
李宣憙	성균관대 법전원 교수	李惠美	창원지법 마산지원 부장판사
李城範	서울대 법전원 교수	李慧民	대법원 재판연구관
李秀眞	경희대 법전원 교수	李孝濟	변호사
李承揆	변호사	李興周	대전고법 고법판사
李承恩	서울서부지법 판사	林奇桓	서울서부지법 부장판사
李丞鎰	법원행정처 사법정책심의관	林 龍	서울대 법전원 교수
李承勳	대법원 재판연구관	任允漢	대법원 재판연구관
李縯甲	연세대 법전원 교수	任載爀	이화여대 법전원 교수
李允宰	서울동부지법 판사	林貞允	울산지법 부장판사
李仁洙	서울고법 고법판사	張斗英	광주지법 순천지원 부장판사
李載根	변호사	張 明	서강대 법전원 교수
李在敏	수원지법 판사	張民河	수원지법 평택지원 판사
李栽源	창원지법 부장판사	張輔恩	한국외대 법전원 교수
李載璨	변호사	張善鍾	수원고법 판사
李在璨	부산지법 동부지원 부장판사	張洙榮	창원지법 수석부장판사
李在赫	서울고등법원 고법판사	張允瑄	서울동부지법 부장판사
李政玟	인천지법 부장판사	張允實	부산고법 판사
李政洙	서울대학교 법전원 교수	張埈赫	성균관대 법전원 교수
李貞兒	대법원 재판연구관	張志墉	법원행정처 국제교류추진단장
李政桓	변호사	張智雄	대전고법(청주) 판사
李鍾文	변호사	張哲翼	변호사
李鍾郁	서울동부지법 판사	張泰永	춘천지법 속초지원 판사
李鍾赫	서울대 법전원 교수	全甫晟	서울서부지법 수석부장판사
李準珩	한양대 법전원 교수	全元烈	서울대 법전원 교수
李重基	홍익대 법대 교수	田恩珍	서울중앙지법 판사
李芝姈	법원행정처 사법지원총괄심의관	全宰賢	대법원 재판연구관
李鎭萬	변호사	全烋在	성균관대 법전원 교수
李彰敏	변호사	鄭璟煥	변호사
李昌鉉	서강대 법전원 교수	鄭肯植	서울대 법전원 교수
李玹京	울산지법 부장판사	鄭基相	변호사
李賢洙	변호사	鄭多周	변호사

姓　名	現　　職	姓　名	現　　職
丁文卿	서울고법 고법판사	崔文壽	대법원 재판연구관
鄭炳浩	서울시립대 법전원 교수	崔文僖	강원대 법전원 교수
鄭仙珠	서울대 법전원 교수	崔俸京	서울대 법전원 교수
鄭素旻	한양대 법전원 교수	崔瑞恩	의정부지법 부장판사
鄭洙眞	변호사	崔乘豪	춘천지법 속초지원 판사
鄭宇成	서울회생법원 판사	崔宇鎭	고려대 법전원 교수
鄭煜都	의정부지법 부장판사	崔允瑛	서울중앙지법 판사
丁義眞	이화여대 법전원 교수	崔竣圭	서울대 법전원 교수
鄭載優	창원지법 진주지원 부장판사	崔恒瑄	서울남부지법 판사
鄭晙永	서울회생법원장	韓나라	창원지법 부장판사
鄭俊爀	서울대 법전원 교수	韓相鎬	변호사
丁重元	서울동부지법 판사	韓成旼	서울중앙지법 판사
鄭泰綸	이화여대 법전원 명예교수	韓愛羅	성균관대 법전원 교수
鄭鉉熹	창원지법 부장판사	韓政錫	서울남부지법 부장판사
諸哲雄	한양대 법전원 교수	咸允植	변호사
趙敏惠	수원가정법원 판사	許文姬	헌법재판소 헌법연구관
趙炳九	법원행정처 사법지원실장	許盛旭	서울대 법전원 교수
曺媛卿	성균관대 법전원 교수	玄洛姬	성균관대 법전원 교수
趙恩卿	대구지법 김천지원 부장판사	玄昭惠	성균관대 법전원 교수
趙璘英	연세대 법전원 교수	玄在彦	대구고법 판사
趙在憲	대법원 재판연구관	胡文赫	서울대 법전원 명예교수
趙弘植	서울대 법전원 교수	扈帝熏	변호사
朱大聖	변호사	洪思彬	광주고법 판사
朱宣俄	변호사	洪承勉	변호사
池宣暻	대구지법 안동지원 판사	洪晙豪	변호사
池元林	고려대 법전원 명예교수	洪眞映	서울대 법전원 교수
陳賢敏	서울고법 고법판사	黃勇男	대구지법 서부지원 판사
車永敏	서울중앙지법 형사수석부장판사	黃銀圭	변호사
車峴宇	서울서부지법 판사	黃進九	서울고법 부장판사
千景壎	서울대 법전원 교수	黃惠蓮	서울행정법원 판사

民事判例研究〔XLVII〕

2025년 2월 20일 초판인쇄
2025년 2월 28일 초판발행

편 자 전 원 열

발행인 안 종 만 · 안 상 준

발행처 (株)博 英 社

서울특별시 금천구 가산디지털2로 53, 210
(가산동, 한라시그마밸리)
전화 (733) 6771 FAX (736) 4818
등록 1959. 3. 11. 제300-1959-1호(倫)

www.pybook.co.kr e-mail: pys@pybook.co.kr

정 가 69,000원

ISBN 979-11-303-4985-5
978-89-6454-552-2(세트)
ISSN 1225-4894 48